中小學校長

談校務經營

下冊

林文律◎主編

主編簡介

林文律，1951 年出生於台中市

專　　長：英語教學、教育行政

學　　歷：輔仁大學英文學士暨語言學碩士、伊利諾大學香檳校區英語教學碩
　　　　　士、賓州州立大學教育行政博士

經　　歷：輔大、高雄海專、靜宜、台灣教育學院、逢甲、中台、空大、海洋、
　　　　　警專、台灣科大等校英文講師、副教授，國立台北師範學院副教授
　　　　　兼進修部主任、國民教育研究所所長、中小學校長培育與專業發展
　　　　　中心主任

現　　職：國立台北教育大學教育政策與管理研究所副教授

教學領域：英語會話、英語演說、英文作文、中英翻譯、教育行政、組織分析、
　　　　　行政領導、校長學

序

　　在個人校長學追夢與築夢的過程中，第一本台灣本土由現職校長撰寫的校長學實務專書終於問世了。這是一件頗值得慶賀的事。

　　個人自1987年就讀賓州州立大學教育行政博士班開始，將近20年來，一直對校長一職充滿好奇。究竟校長是什麼樣的人？為什麼會有人想當校長？校長對於學校能夠帶來什麼作用？校長辦教育的想法以及組織領導的想法是什麼？校長的教育思想與領導思想，是否有值得探究之處？校務經營的重點有哪些？校長最重視的層面有哪些？校長用怎樣的心思與方法去經營學校？有哪些困難？如何克服？從校長的眼光來看，校務經營是怎樣的心路歷程？這些都是我感到好奇的地方。

　　由於有了這種好奇心的驅使，並且看到美國許多大學、州教育廳、地方學區以及民間教育行政專業機構，普遍設置了校長中心，因此我在美國就讀博士班時，就興起了畢業後在台灣成立校長中心的念頭。可是這一構想，自我回到台灣任職後，在學校相關會議中提案，歷經波折，一直到2000年12月才得以在我服務的學校的校務會議通過。2001年1月，教育部正式核准國立台北師範學院（2005年已改制為國立台北教育大學）成立「中小學校長培育與專業發展中心」，這是台灣第一所校長中心。在我擔任這一所學校國民教育研究所所長以及後來擔任首任校長中心主任的任內，國立台北師範學院在2001年3月及2002年9月，先後辦理了兩場大型的校長培育與專業發展研討會，兩次均各邀請了9位國外知名的校長學學者及校長中心實務經營者來台灣發表論文。在2001年第一次的研討會中，除了國際學者之外，另有20位台灣學者發表論文，共襄盛舉。兩次研討會均吸引了400位人士出席，帶動了台灣教育界人士關注校長學的風氣。隨後幾年，台灣其他許多所大學也紛紛成立了校長中心，共同為校長培育專業化以及校長學的發展投入心力，並逐步與國際上各主要國家的校長中心以及中國大陸地區的「中學校長培訓中心」接軌。這些都是非常可喜的現象。

2005 年初，我有了新的想法。為了更進一步促成台灣地區校長學的發展，我決定編輯兩本校長學專書，一本為學術取向的，另一本為實務取向的。我也決定編輯一本台灣本土的「學校行政個案集」專書。有關學術取向的校長學專書，書名暫訂為《校長學專業之建構：從國際到本土》。這本學術取向的專書，就稿件來源而言，擬分為台灣校長學與國際校長學兩部分。台灣校長學部分，目前已商請了 40 餘位台灣知名學者執筆。有關國際校長學部分，亦已覓妥十數篇國際知名學者最近 3 年之內已發表的校長學相關文章，一一取得版權，正在進行翻譯之中。這一本學術取向的校長學專書，目前正在進行撰稿與譯稿中，預計 2006 年年底之前可以出版。

有關台灣本土的「學校行政個案集」專書之編輯，承蒙許多位校長及學生的大力協助，目前我已蒐集了 100 篇以上的學校行政個案，正在分門別類整理之中，並配合著每一篇個案，準備撰擬討論問題，以作為教學與討論之用。預料這本台灣本土的學校行政個案集的編輯，對於台灣地區校長培育與專業發展以及學校行政的研習，將有一定程度的助益。

至於有關實務取向的校長學專書這一部分，在 2005 年年初，我決定要請台灣地區一些現職的中小學校長談談校務經營。我試擬了一份撰稿大綱（見本書附錄），內容包括：(1)擔任校長的念頭以及校長養成的過程；(2)教育思想與領導思想的源頭；(3)行政領導、課程領導與教學領導；(4)對特殊需求學生的照顧；(5)教育資源的爭取與有效運用；(6)組織內外人際關係之經營；(7)學校特色；(8)學校變革經營；(9)學校經營的法律層面；(10)環境對校務運作的影響；(11)對當今教育政策的反省；(12)價值與倫理；(13)領導學習社群；(14)德智體群美五育均衡；(15)資訊融入行政與教學；(16)塑造學校文化；(17)與上級關係之經營；(18)校長身心健康之維護。這些重點就構成了本書的主軸。在 2005 年年初，我向台灣北部地區之台北縣市、中部之台中市、南部之高雄市，以及其他縣市我認識的一些現職校長，共計約 300 位，發出邀稿函。這項邀稿，獲得了 120 位校長首肯，答應撰稿。迄 2005 年 6 月，共計有 95 位校長完成撰稿。這些校長的校務經營論述作品，就構成了這本《中小學校長談校務經營》。

在說明了這本書的出書緣起之後，現在我就針對這本書的內容與性質，提出一些有關於校務經營個人粗淺的見解，並試圖對本書的結構與布局，作一些簡單的介紹，希望對於讀者閱讀本書會有一些幫助。

　　學校經營，首要之務在於做好教育經營，亦即把課程、教學、所有學生的有效學習，這一個純屬教育的領域做得好。可是我們發現：教育經營這一部分，不論是目標、過程或結果，尤其是這三者之間的連結，常常是相當模糊的，是很難去著力的，也是很難有效掌握成效的。更何況，校務經營除了教育經營這一個最重要的區塊之外，仍不可避免地包含了非常多的非教育的部分，比如公關經營、文化經營、變革經營、政治經營、各種資源的爭取與有效運用等，這些事情花費了校長相當多的精力與時間，而原本這些非教育事務，卻都是需要依據教育原則（亦即指對學生學習與成長最有利的原則）來進行。可是我們會發現，要這樣做很不容易。如果我們從教育的價值與倫理的角度來做一些嚴謹的思考，我們可以體會到：校務要完全根據學生最大利益的原則來運作，並不容易。這也是校長在經營校務最辛苦的地方，也是校長偉大之處。

　　從本書中，我們看到每位校長都具有高度愛心，全心致力於提供學生良好的學習環境，並努力致力於學校教育目標的達成。校長好像是甘願背負著千斤重擔的人。「歡喜做，甘願受」是許多校長苦行僧的寫照，由此來看，每位校長都是仁者。

　　在校務經營追求組織目標與效能的歷程中，不論是事、物、資源的爭取與使用、人員管理、預算分配與執行等各種行政歷程，莫不圍繞著「人」這一個核心。換句話說，若說校務經營（亦可說是：在任何組織之內，組織目標之追求過程，亦即行政歷程）之根本，乃在於人心之經營，大抵一點也不為過。而人心之經營正是天下事物最複雜也是最困難的部分。君不見，在校務經營中，有多少基於人的需求、人的信念、人的喜好、偏好與欲念，甚至基於人的偏執，所引發的相關問題，校長都需費盡心思去處理。常聽許多校長慨嘆校長難為，因為在校務經營的過程之中，有時候會遇到許多相反方向的拉扯力量，一而再、再而三的抵消掉校長校務經營的一片良好的企圖與用心。因此，面對校務經營屬於人的部分，也是校務經營最難處理與最艱困的部分，校長有時甚至感到黯然神傷。但是，本著職責，校長仍須以堅毅的態度，一一勇敢去面對。由此看來，校長是勇者。

　　此外，從本書中，處處不乏校長面臨校務經緯萬端，在各種人、制度，與環境眾多元素錯綜複雜的交互作用中，仍能找出精準有效的方法，讓人的良善與優質的那一面，找到一個表現的出口。即便是原本乘風破浪緩緩前進，慢慢

的就能發展出一套校務經營的世界中有效運作之道,悠遊其中,遊刃有餘,並且在平凡之中,成就了很多大大小小不平凡的事情。由此來看,校長是智者。

　　在本書中,只要各位讀者細心地閱讀本書,細心地品嘗文章中校長的話語,了解其思想,觀看其行事之風格與著力之處,不難發現有許多著力輕盈,但力道卻深入之處。其正向效果難以估計。

　　讀了這本書,讀者會幡然醒悟:原來我們常常從教育人士口中聽到的「得天下英才而教之,一樂也」,其實只是教育工作的樂趣之一而已,但絕對不是全部。不論是從班級層次的教學來看,或從學校層級的校務經營角度來看,教育的樂趣與意義,絕對不只是「得天下英才而教之」而已。更重要的,教育的意義乃在於發現每個學生學習的無限可能,讓每個學生都能找到自信,慢慢發展出成熟的自我。教育是讓每個學生學會如何過生活,如何為自己學到安身立命的能力。教育的作用也是在於引導每個學生學習品嘗人生樂趣,學習到為他人服務的必要能力與主觀的意願,並能從中體會出助人的樂趣與動力。在每一個小孩子的身上,培養了這種生活能力以及自助與助人的能力與體認,並能身體力行,這個世界就能顯得更為和諧,每個人對社會也都更能有所貢獻。這就是教育更基本的意義,也是從事教育工作者根本的樂趣所在。

　　本書可以讓有志於擔任校長的人,了解現職校長眼中所看到的校務經營的世界,也可以讓現職校長深刻反省自己的校務經營世界,以及自己內心的各種欲求、期望、習性、執著等,與學校裡裡外外的人與環境之中的各種元素,在自己的校務經營世界之中,是否得到最大的調和,並從而找出最佳的成就事情之道。校長的作用不就在於帶動學校進步嗎?這要看身為校長的人,如何能領悟天地萬物運行的道理,並從複雜的校務經營世界中,找出調和、平衡,與著力之道,使得老師願意跟你走,願意滿心歡喜的奉獻最大心力在學生身上,以求帶好每一位學生。

　　其實,這本書也不只是為了未來的校長及現任的校長而編輯的。這本書是為了所有關心校務經營的人編寫出來的,對象包括教育界人士、教育行政決策人員、家長、立法委員,以及有志於了解學校行政與校長職務的學生或一般社會大眾。這本書的讀者群也不只是在台灣的讀者而已。所有華人世界中關心教育以及校務經營的人,都會發現這本書很值得一讀。它不只是 2005 年台灣教育、教改,以及學校經營實況的見證,也是一本學校經營與校長學課程永遠的

參考書，因為書中所呈現的，不只是當今台灣中小學校務經營的實際情況，並且是由校長們在校務經營過程中，引領教師追求學校目標，提供學生學習的過程中，辛苦、努力、煩惱、欣慰等各方面深刻體會的最佳寫照。從書中的各篇文章中，可以看出學校領導者運籌帷幄，以及領導者與被領導者，以及領導者與各種教育利益關係人，在組織目標、個人需求、組織變革、文化塑造，以及政治、文化、經濟、社會等各項教育脈絡因素，與教育目標的追求與教育實務作為之間，交替互動與運作的過程。

　　不過，在浸淫於這本書所展現的校務經營世界之際，各位讀者仍須留意：這本書所呈現在讀者眼前的，雖然是校務經營真實的世界，但並不是校務經營全部的世界。在校務經營的歷程之中，校長們仍有許多不方便或不足為外人道之處，這是不可避免的。有一位校長好意地告訴我：將來他退休以後，如果我還保有這一次編輯本書的這一份精力與熱情，想要另外編輯一本「校務經營秘辛」或「校務經營外一章」之類的書的話，他可以考慮再幫我撰稿一次。有關這一部分，各位讀者可能得耐心等待了。

　　如前所述，在這次的邀稿中，總共有 95 位校長完成作品。大家都知道，在台灣的校長們每天校務繁忙，不只白天忙碌，晚上也常常必須參加與校務相關的活動。校長能在百忙之中想辦法靜下心來，把自己的校務經營心得寫下來，這是非常不容易的事。有 95 位校長辦到了，真是可喜可賀。在本書中，每位讀者都可以抱著探索校務經營的心，有空坐下來時，就翻閱一下這本書。時間較允許時，甚至可以一次看個 5、6 篇，細細的感受一下校長校務經營的思維。你可以把這本書當成一般教育雜誌、報紙副刊，或報章上的教育心得小品來看。或許你可以抱著閱讀教育傳記的心情，來體會一位位校長經營學校的心路歷程。你會發現有些校長完成教育目標或解決教育問題的心情是急切的；有些是自信滿滿、按部就班，一步一步完成目標。每位校長都是身負重任、充滿責任感與使命感；每一位校長都是熱愛教育、滿心歡喜，願意為教育付出、為莘莘學子提供最適切的協助。從本書中，你可以看到辦教育是非常辛苦的，但也是非常值得的。

　　本書全書分上、下兩冊，共 95 篇，由三編組成。第一編為「高中國中校務經營」，計 9 篇，這一編的文章的作者，有一位是大學教授兼高中校長，其他作者包括 5 位一般高中校長及 3 位國中校長。第二編為「初任校長經營小學」，

計 27 篇,這一編的作品都是由初任(擔任校長第一任)校長寫成的。第三編為
「小學校務經營」,計 59 篇,這些作者都是擔任一任以上的小學校長,其中一
位校長並兼任國中部的校長。全書三編中,除全書首篇之外,每一編之中,各
篇文章出現之順序,原則上是依校長年資排列。不論是放置於何處,每篇文章
的地位與重要性都是一致的。由於這本書是校長將其校務經營的理念與做法,
現身說法,篇篇均是每位校長對教育理想努力付出的最佳心情寫照。這本書無
疑是研究學校行政與校長學的必備參考讀物。

　　感謝本書 95 位作者辛苦的寫作與付出,共同成就了這一本台灣校長學里程
碑的書。也感謝心理出版社總編輯林敬堯先生的協助與慨允出版,以及心理出
版社編輯同仁的費心協助。另外,我也要特別感謝台北市溪山國小翁世盟校長
(也是本書作者之一)協助設計本書的封面。編輯過程中,我盡量盡心盡力在
做,但疏漏之處仍在所難免。尚祈作者鑑諒,並祈各位教育方家與所有關心校
務經營的讀者不吝指教。冀望本書的出版,以及後續的《校長學專業之建構:
從國際到本土》及「學校行政個案集」等一系列的校長學專書,能帶動台灣校
長學更進一步的發展。

林文律

2005 年 9 月 25 日序於

國立台北教育大學教育政策與管理研究所

目　錄

學校經營的「心」思考、新視野

李明堂
原任高雄市建國國小校長
現任高雄市楠陽國小校長

壹、回首校長來時路

　　回首來時路，不知何時腦際閃過擔任校長的念頭，只因年輕師專剛畢業時曾擔任體育組長承辦學校 40 週年校慶運動會，在籌備過程中，校長在教師晨會當眾讚賞過我的行政能力。4 年後考上主任又上教育研究所就讀，發現碩士班的學姊 32 歲很年輕就考上國小校長，心想如果自己選擇校長之路，應該也會順理成章吧！有此想法之後，開始整理研究所時期的研究著作，參加教育局的研究譯著比賽，連續幾年都獲得優異成績，並請人推薦教育芬芳錄與特殊優良教師選拔，參與或承辦教育局的工作與活動爭取獎勵，找尋讀書夥伴固定時間共同切磋、模擬與分享。後來第 1 次校長甄選就以第一名成績上榜，34 歲分發都會地區小型學校擔任校長。

　　當時（1990）參加台灣省板橋教師研習會校長班儲訓，大夥兒都住在研習會宿舍，身穿制服，作息正常。每天往返講堂與宿舍之間，開始會去思考未來經營學校的事情。儲訓時的 3 分鐘演講與每週的生活隨筆，對後來校長角色有些幫助。另外，在研究所期間訓練的資料蒐集、撰寫研究報告、對教育事務與法令的敏感，乃至大學擔任講師授課的經驗，對後來擔任校長都有很大的幫助。

貳、校務經營理念與具體策略

一、校務經營理念的發微

(一)教育理念──教育的主體是學生

　　每位學校經營者都有一些基本的思考，我認為，教育的主體是學生，因為有學生才有老師，有老師才有學校，有學校才有校長。「學校因學生而存在」，教師因學生需要而被聘用，當學校沒有學生時，學校自然沒有其存在價值。學校經營者如能從此方向思考，就很容易找出教育的本質與主體，很多改革措施的優先性都不證自明。因此，如果學校經營者不把學生視為教育的主體，學校的發展方向會走偏。

　　當教育的主體是學生時，學校辦理各項教育活動，自然會優先考量學生的需求與興趣。在校園中每位教職員工都會負責維護學生的安全與尊嚴，並會盡全力保障學生的受教權。教師會以「尊重差異，肯定多元」的理念，發展適才適性的教育，「帶好每位學生」，只要老師不放棄任何一個孩子，使每個不同潛能與特質的學生都受到尊重，並獲得充分發展的機會，相信每個學童都會有機會成就他們自己。

(二)領導理念──做對的事情

　　校長是領導者，負責擬訂學校的願景，確定學校發展方向與特色，主任是管理者，負責學校各項業務計畫與執行，預算編列與問題解決，控制與評鑑；校長是做對的事情（Do right things），講究效能（effectiveness），主任則把事情做對（Do things right），強調效率（efficiency）。校長的責任是在變動中找出方向，主任的責任則是用最經濟效率的方法，穩健地執行既定政策。校長要激勵員工、整合人力、提供資源；主任負責管理員工。領導與管理是兩個特殊又互補的行動系統，兩者各有其功能和特有活動，領導不必然優於管理，也不見得能夠替代管理。沒有好的管理，領導不會成功，沒有好的領導，管理會失去目標。

　　因此我會花心思為學校「興利」而非「防弊」。我認為學校很多制度是因人而設，不能產生目標置換的荒謬，為了避免衝突與對立，凡事保持彈性，有時順水人情又何妨，不能原來應該服務人的制度，卻以非人性化的手段來管理。

二、行政領導──善用教師的專業，形成扁平化的組織

　　今日組織所面臨的外界環境已和往昔迥然不同。對於絕大多數的機構及其管理，帶來莫大的衝擊，由於資訊科技之高度發展和普遍應用，使得傳統的策略觀念、組織結構以及作業流程等，都發生根本改變，尤其影響組織內工作者所擁有權力和決策能力之分配，譬如組織結構自金字塔形式走向扁平化即是一種趨勢。傳統的「管理」，諸如計畫、組織結構、規章程序等，多發展於較為靜態的組織之中，已不能適應動態學校環境，管理的存在和瑣細化發展，對於「領導」而言，所產生的掣肘和限制作用，有時反而大於其支持作用，管理者如何協助領導者去實踐組織的願景與特色，必須重新思考兩者的角色概念。

　　在學校經營上，我將學校組織結構區分為「行政團隊」與「專業工作團隊」兩種，行政團隊負責政策執行、工作協調、管理與考核等，執行較為傳統的行政事務，校長負責行政團隊的決策與方向的指示，並追蹤工作的執行情形。專業的工作團隊是執行工作的單位，其性質有時是長期的工作團隊或短期的任務編組，團隊的領導者往往不是主任亦非組長，而是由教師所推舉出的領導者，如資訊種子團隊、生命教育工作坊團隊、藝文教師團隊、體育教師團隊、有線電視台團隊、國際文化交流團隊等。平行化的協調反而比主任去做還有效果。善用教師的專業，形成扁平化的組織，讓工作更有效率，我會在人力與經費上給與工作團隊支持，並對團隊有期望而不是給壓力。

　　我一向是採走動管理，常在校園中走動，不是巡堂，而是發現問題或與「非正式組織」接觸，試圖找到「意見領袖」進行溝通，很少把教師或行政人員叫到校長室溝通。我一定走到辦公室或教室去找人，找不到，1 次、2 次、3 次，找到為止。因為經營大學校，我自己覺得要啟動大巨人的末梢神經，不能加大心臟的馬力，而是走去按摩它，讓巨人全身舒展通暢。

三、提升教育品質的教學領導

　　一般而言，校長的角色在教學領導是較弱的，因為校長依法是專任，非教

師兼任的行政人員，平時並未進行教學工作。我認為校長的教學領導可著力之處：教師如何專業分工與課務的分派、教學觀摩的實施、進行教師專業評鑑、協助教師專業成長、提供現代化的教學媒體、鼓勵教師進行教學研究、在職進修提升教學品質等，從行政的立場而言，應該是後勤支援及教學視導的角色，以促進教師專業成長提升教學的效能。

這些年我在教學領導較有績效的是，推動資訊科技融入領域教學，不但設置數位（資源）教室與高互動教室，讓教師方便使用資訊設備，並在學校網站建構知識管理的分享平台。讓很多教師能分享團隊所研發出來的教學模式與教學素材。學校資訊種子團隊被教育部遴選為初級、中級到資訊融入教學的典範學校。從實施資訊融入社會領域的教學推廣到其他學習領域，從部分教師推廣到全年級、全校甚至校外的教師。其次，實施教師專業評鑑，透過民主與尊重教師的方式，確實執行動態的教室觀察與靜態的檔案評量，評鑑結果能鼓舞教師的成長。

比較不滿意的教學領導則是，因為老師級科任輪替辦法經校務會議通過後，將安排教師級務的權力回歸教師依志願自行選擇，卻缺乏專長教師資格的認定辦法等配套措施，行政單位只是執行級科任分配的輪替作業，造成專業分工不是很理想的現象。

四、專業堅持的課程領導

九年一貫課程實施，校長負有課程領導之責，特別對於學校本位課程的發展應有自己的思考，如何去建構學校的課程願景，以及達成願景的課程結構都需領導教師去討論，並進行學校 SWOT（優勢、劣勢、機會、威脅）分析，讓學校課程的實施除了領域課程外，還有屬於學校本位的課程發展。

課程發展委員會負責課程計畫審查，各學習領域節數分配的討論，另外設領域小組，領域召集人每週減 2 節課，並安排共同空堂的時間，讓領域召集人每 2 週有固定時間聚會，研討學校本位課程的發展與領域的進修活動。此外，學校規畫 7 間領域研究室，讓教師有感情寄託的地方、有教學相互研討的所在、有下課休息或批改作業的去處，藉以營造專業對話的氛圍。並設置各領域學習步道，每 1～2 個月更換一次，布置各領域學習內容。每學期補助各領域進修費用 3,000～5,000 元，可聘請校外專家學者或教師來演講，至於進修方式可由各

領域教師自行討論決定，另外還要參加一學期 2 次全市國小策略聯盟的領域進修。

對於課程評鑑，學校曾邀請學者專家與校內教師進行課程外部評鑑，以檢視課程發展的適切性與合理性。對於學校本位課程的發展與實施，學校課程發展委員會的運作均能提出具體的建議與改革方向。因對課程專業的堅持，本校於 2003 年榮獲教育部「九年一貫課程推手——標竿 100」學校。

五、特殊學生的安置與輔導

一所完全的學校，是要服務全校所有的學生，不管是普通、資賦優異或身心障礙的孩子都應受到照顧。因此，學校除了普通班級之外，也應設置各種不同的資源教室，來服務不同需要的學生，雖然特殊教育需要昂貴的經費與資源，卻是國家教育進步的指標。目前設有 2 班不分類身心障礙資源班，對各種學習、行為、情緒及社交障礙的學生，透過各班級任導師與家長的評估，資源班教師到教室進行觀察記錄，經家長同意後送學校特殊教育推動委員會通過，再送教育局鑑定安置輔導委員會審核通過後入班。

本校爭取多年設置資優資源班，主管教育行政基於資源分配，一直未核准一所超過 3,000 位學生的大學校設置，讓有需求的家長必須越區到別的學校就讀，每年到 5、6 月份就有 1、20 位二年級資優生轉學，事實上對我們學校的學生與家長是不公平的。後來 4 年前設置自給自足的直笛班（才藝班），剛開始第 1 年運作不順利，第 2 年行政單位進行分工，教務處負責招生、學務處負責對外比賽及演出活動、輔導處負責親師溝通與家長的連繫，導師負責與外聘指導老師連繫訓練事宜。自此運作順利，比賽成績斐然，連續 2 年（2004～2005）獲得高雄市國小直笛合奏優等第一名、台灣區音樂比賽南區決賽優等第一名、荷蘭國際木笛音樂節 11 歲組第二名。直笛班因此成為學校的特色，亦受到家長的重視與肯定。

至於關懷其他弱勢學生，包括單親、中輟、外籍配偶子女、低收入的學生，每年家長會編列經費（1 年 5 萬多元）聘請學校老師或實習教師，每週 3 天、每天 1 個半小時於課後輔導這些學生的功課。我覺得學生家長會只花一點經費卻做了一件非常有意義的事。後來輔導處爭取教育部教育優先區的經費持續辦理，受輔導的學生家長與導師對輔導成效均持高度的肯定。

六、教育資源的爭取與有效運用

　　學校的各項教育資源，包含人力與經費，教育行政單位每年固定編列單位預算，甚至到最近幾年的教育基金是採取依學校規模給與不同配額的預算，然後學校再依優先順序去執行為數很少的經費。如果屬於緊急的工程或需求還是可以行文教育局要求補助。但教育部就有不少經費屬於計畫型補助，學校根據需求提出企畫書，如資訊種子學校、九年一貫課程試辦與深耕計畫、小班教學精神實驗計畫、班級教室電腦計畫、英語多媒體教學計畫、書包減重計畫、永續校園計畫等等，我們學校曾經因資訊種子學校獲得教育部 300 多萬元的經費挹注。

　　其次是運用家長的人力，這些年家長有了參與教育事務的觀念，從參加班親會到協助班級各種事務，乃至於協助學校的事務，如導護義工、圖書室志工、環保義工、美綠化義工，目前導護與圖書室的志工人數都超過 3、50 人，我會協助制定志工團組織的運作辦法，讓他們自己管理自己，有團長、副團長、各組組長等幹部，然後學校設有對口的聯絡人。我一向將他們視為學校的人員，各項餐會或摸彩活動都與教職員工共同參與。這些志工確實給與學校及學生的學習很多的協助。另外，社區的人力資源還有多個宗教團體協助學校推動生命教育，如福智文教基金會的生命教育、紫竹林香光尼僧團的心智教學、彩虹媽媽的心靈教育、大愛媽媽的靜思語教學、崇正文教基金會的讀經教育等，都是彌補教育改革的不足，對學生的品格教育有很大的助益。

七、恰如其分的對外公共關係

　　學校組織是一個開放系統，經營對外的關係對學校校長而言是一項挑戰，對外的關係屬於學術上的「學校公共關係」。因此，絕大部分的校長，遴選到新學校時，在未上任之前都會去拜訪社區的里長、地方仕紳、民意代表及學區的企業主管，一方面能彼此認識，另方面隱含著「拜碼頭」之意——以後學校有事時請多照應。多年來，我認為經營對外的關係要花很多時間與心力，如果太過強調對外關係將影響校長學校內部的經營心力，而無法正常運作，甚至造成惡性循環。其實對外關係良好不等於有很多資源，學校經營績效良好與口碑才是學校最好的公共關係。

　　校長經營對外的關係，我覺得保持一定的程度即可，對外關係不等於資源，兩者沒有絕對的正相關，處理不好反而是負擔，少數民意代表會運用此關係介紹生意與人事請託案件，徒增學校的困擾。倒是也有校長認為對外關係良好是一種「保健因素」，萬一學校或自己有事情時，能有人可以照應。至於與媒體的關係，我是保持「若即若離」，抱持不拒絕與坦然接受的態度，與媒體相處久了，便能掌握媒體所要的新聞，但是上報率並不代表辦學績效，因此，媒體記者來要新聞，學校絕對可以找到新聞給記者，然很少主動發布新聞。

　　至於社區，建立「社區學校，學校社區」的理想，與里長或社區人士保持良好的互動關係，彼此辦理的活動能相互配合參與，開放學校場所提供社區民眾使用，能充分運用社區資源，讓學校與社區有良好的結合。

八、借力使力與家長良好的互動

　　家長是學校教育的合夥人，與學生家長會維持和諧與合作的關係，將有助於校務經營。目前很多法令明確規範家長有參與學校教育事務的權利，如校務會議的代表、教評會的代表、課程發展委員會、教科書選用委員會、教師專業評鑑及其他的相關委員會等，如果與家長會維持和諧的關係，家長都會協助學校推動各項校務工作。

　　因此，家長會辦理的活動或聚會，我會盡量參與，一方面能與家長會成員建立情誼，另一方面，利用機會說明學校經營的目標與方向，取得家長會成員的信任與支持。其次對全校其他家長，我會透過每個月一封「光武家書」給全校每位家長，說明學校要實施的教育措施與辦理的教學活動，希望家長要配合的事項，傳達自己的辦學理念及宣導教育政策，也對社會時事、政治議題、教育理念、人生啟示及校務發展等分享自己的想法，7、8 年來持續發行從未停止，讓所有家長感受學校的用心與堅持。我覺得「光武家書」的功能比預期的效果還大。

　　其實有些校友或家長，因為感念學校對他或自己孩子的照顧，而給與學校回饋，甚至每年固定捐助學校經費。曾經有位不是在我任內畢業的學生家長，擔任企業的經理人，每年固定寄 2 萬元給學校，我都會親自回一封非常感性的信給他，感謝他的付出並說明此筆經費一定會用在孩子身上，如此長達 6 年。

九、活化學校內部的源泉

　　學校的校長與主任，就如同車子的駕駛與 4 個輪子，再好的駕駛技術，沒有性能良好的車子很難平順行進，駕駛負責行進的方向，各輪胎壓正常，不會產生顛簸難行。新時代的學校領導者所面對的乃是一群各有專長的知識工作者。一方面，他們有較高的自主性，不能容忍他人的頤指氣使；另一方面，身居領導者一般不可能在各方面專業上都比老師們強，因此，也不可能像從前那樣對教師發號施令。在這種狀況下，我們幾乎可以說，對於領導者之需要乃是相對於各成員之需要所衍生出來的。換句話說，他們彼此間的關係，乃屬於一種合作與諮商的關係，而非像過去那種指揮與控制的關係。

　　辦學要有績效，除了堅強的行政工作團隊，還要有和諧的校園。學校教師會於 1996 年成立，面對當時權力集中於行政單位，甚至校長的身上。教師開始積極爭取校園民主化。教師會幹部經常會到校長室來溝通，協商一些制度，尤其與教師權益有關的事務，如級科任的安排、教師課務的負擔、導護工作的安排、親師間衝突的處理。就權責分配而言，與教師會協商教師權益相關事務，我都可以接受協商，但屬於學生學習權益或行政裁量權的部分是不容置喙，因為校長仍是負責學校經營成敗之責的人。

　　後來我發現教師會雖然有組織卻沒有資源，教師會的幹部仍須負擔繁重的課務與級務，運作有其根本上的限制。行政單位為與教師會維持良好關係，運用一些策略：首先補助教師會辦理教師在職進修活動鐘點費，第 1 年全部的費用，第 2 年補助一半，第 3 年不再補助，引導教師會朝向教師專業成長的方向發展。其次，答應教師會一些合理的要求，鼓勵教師會幹部進修，轉移他們的心力與焦點。4 年後教師會已逐漸發展為教師福利部，不再是行政單位的負擔。

　　至於行政人員和職工是學校的工作團隊，會注意他們的工作士氣，只要願意提出工作構想或創新做法，絕對會獲得支持。至於職工部分，有時我會施點小惠，並給與適當的尊重，他們會享有較多的福利。記得有一年送給每個行政人員一個刻上每個行政人員名字的陶杯，卡片上寫著：「夥伴們！來杯咖啡，喝口茶，感受此刻的溫馨與寧靜，休息是為了走更長遠的路，謝謝您為學校與孩子的付出與努力」，來肯定行政同仁的用心。

十、建立有如「親子」的學生關係

以父母的心經營學校，因自己的孩子也在學校讀書，在校園中有父親及校長的雙重角色，更能感受孩子的心。每天早上我都會在校門口迎接學生上學，一路走來始終如一，給親師生安定與安全感，觀察學生上學快樂否？也是關懷同仁、感謝導護志工的最好時機。每學期的開學典禮及休業式，一定集合全校3,000多位學生講話，說故事、講道理，且在10分鐘內完成，因此會要求全校學生安靜站著聽講。平常升旗一定親自參加，偶爾會上台講話，期望學生成為有教養的小孩：是一個愛整潔、守秩序、有禮貌、勤讀書、負責任的人。多鼓勵少責備，容許老師多發獎狀給孩子，鼓勵他們好的表現。推動五度五關榮譽制度，讓學生經常受到獎賞，而往好的方向發展。

我期望自己在學生心目中看起來親切卻帶有一些威嚴。事實上，在大學校擔任校長不容易認識學生，除了一些經常上台領獎的小朋友，或發生特殊行為的學生。在孩子心目中校長是個話不多，不囉唆的人，在校園中經常面帶笑容，很親切與學生打招呼的校長。學生在校園中遇到校長，他們一定打招呼：「校長好！」我也一定回禮，從學校網站留言版中得知學生認為校長是親切的。

十一、不卑不亢與教育主管單位的應對

過去學校對於所謂上級單位（教育部或教育局）的行政命令大概都會照章行事，大多數的學校都會遵守，更有校長會以執行上級的命令，而對教師時有不是很合理的要求。但近年來教育改革強調鬆綁，落實學校本位管理與自主經營，激發學校內在的自生力量，讓學校有足夠的空間與彈性發展特色，教育局在自主經營的精神下，相對地要求學校的績效與教育品質的提升，不斷進行學校評鑑與教師專業評鑑。其實在學校經營上，我會根據學校的實際情況與條件，選擇性參加各項教育任務的執行。事實上，目前主管教育行政機關對於學校事務並沒有多少人力執行應辦的業務，大部分是由學校協助承辦。因為參與九年一貫行政工作坊多年，有機會主動去提供意見與建議，讓不少在工作坊決定的國小教育事務更為合理可行。至於其他相關的平行單位（環保局、衛生局、社會局等），原則上學校會配合執行一些相關的業務。

學校與教育部的關係，是因為參與國民中小學九年一貫課程審議的3、4年

期間，有機會接觸課程的學者專家、教育部人員，也讓教育現場的聲音在九年一貫課程綱要審議過程被重視。後來在教育局的九年一貫課程工作坊、課程計畫的審查、研習計畫審議具有一定的影響力。

十二、探索「only one」的學校特色

有人認為「校長有何種專長，就可以發展哪種學校特色」，這是錯誤的，因為校長是決策者不是執行者，殊不知學校特色的發展首重人力，其次才是資源。學校經營者要了解學校的傳統與社區家長的期望、教師的專長、學生的興趣與需要，整合人力與資源，才能發展學校的特色。其實接掌一所學校，首先要先了解學校的各項人力資源、傳統的特色，再與教師、家長討論自己的想法及未來想發展的項目。所謂學校特色應該是各校較少發展的項目，比較是「only one」不是「number one」，基本上學生讀、寫、算能力與生活教育與品格教育是不能忽視的，有學校發展運動項目、音樂團隊、自然科學、語文教育等，目前學校除運動及音樂團隊有傑出的表現外，本校的資訊融入教學、有線電視台及國際文化交流活動很有特色，也都獲得「2004 Innoschool 全國學校經營創新獎」中學生展能組的特優獎與優等獎的肯定。

這些學校特色的發展，是依賴專業工作團隊教師長期的投入，學校給較多「特權」，其實所謂「特權」就是資源，給較多的經費支援，給與減課及行政上的支持，並建立較可行的制度，也符合我的思考「有做事就有特權」的公平正義。

十三、實施變革領導進行組織再造

7、8 年前剛好接掌一所 90 幾班、3,000 多位學生的大學校，又面臨各項教育改革，第 1 年推動開放教育與實施小班教學精神實驗，面對極大的阻力，老師不太願意配合，因此採取逐步漸進的方式，掌握一些關鍵少數，逐步推動。經營大學校，猶如駕駛一艘大船，大船要轉彎，先要繞大圈，否則太快，就會翻船，大船上有 70% 至 80% 的人划水，就會慢慢前進，而那少數 20% 的人也不敢落後太多。大學校一直會有鞭長莫及的現象，猶如大巨人的末梢神經，總有少數「變革倖存者」，以不變應萬變的心態面對所有學校的變革。因此，不以加大心臟的馬力——採取威權管理的方式，固然加大輸出，能加強刺激，卻有

心臟衰竭的危機。反而以走動管理方式去按摩末梢神經。多溝通,凡事由下而上,「軟軟硬」,擇善固執,堅持久了,應該都能推動成功,只是也許需要更多時間。

根據這些年推動教育改革的經驗,學校變革是有步驟的,變革過程需要管理,管理需要策略。其具體的做法:㈠變革要有願景目標;㈡重視受變革影響的個人與團體,因為他們是變革成敗的關鍵;㈢有效的溝通是變革管理非常重要的步驟;㈣變革的相關分析是變革前的準備工作;㈤學校要建立變革領導核心團隊;㈥制定變革方案與管理策略;㈦最後將變革制度化並導入學校文化之中。變革成效可以由校務評鑑與學校評鑑均獲得極優異的成績來得到回饋。

參、關注學校經營法律層面

學校的行政運作需要制度,特別在一所大規模的學校,讓學校的成員很清楚自己的權利與義務。學校行政運作會經校務會議通過一些相關的法令,如《教師管教與輔導學生辦法》、級科任輪替辦法、教師授課原則、校務會議實施辦法、教師專業評鑑實施辦法等,將這些相關規定整理成學校行政章則,讓每位教師人手一冊,採活頁裝訂,修正時可隨時抽換,離職時才繳回。很多眾人事務,建立制度比較不會產生爭議,理解法令是校長必備的能力,像學校相關的法令如《國民教育法》、《強迫入學條例》、《特殊教育法》、《教師法》、《教育基本法》、《兒童及少年福利法》、學生家長會設置條例、《採購法》等及一些相關的教育法規,了解法令可以讓學校運作在法律的範圍之內,避免誤觸法令而不自知。

訂閱全國法規資料庫電子報,隨時去注意各項相關法令的修正,並隨身自備一本教育法規的小冊子。另外,有位擔任律師的家長會常務委員,成為學校的法律顧問,並擔任學校教評會的委員,性別平等教育委員會委員,學校碰到幾次法律的案件都請他幫忙。

肆、環境的衝擊與學校因應之道

　　面對社會各種的變遷，從政治體制的轉型，提供教育改革的環境與動力，政治意識型態影響學校組織的變革，多元成為主流價值，引導教育事務走向多元與差異的型態，多元智慧、多元評量、多元教學等非定於一尊思考，使學校組織結構在總量管制下亦允許各校因應不同功能需求而有所差異。21世紀隨著經濟發展已進入知識經濟的時代，知識的管理觀念在學校組織中受到重視，如何將有形、無形的知識與經驗能不斷的傳承與創新，組織成員得以不斷彼此互相學習、分享、成長，並適時的取得所需知識經驗以達成組織目標，並藉此提升組織整體因應外在環境變遷的能力，進而提升組織的效能及不斷自我變革的動力。因此，學校如何進行知識的取得、儲存、分享、應用與創新等管理非常重要。社會大眾對教育日益重視，對教育的期待也和過去只以升學為導向的想法有所不同，社會要求教育改革的呼聲便形成一股力量，促使學校進行變革。

　　校園民主的浪潮，讓我在學校經營上會尊重不同的聲音，特別在教師會、學生家長會陸續成為學校權力系統之一。其次，知識管理對學校經營的衝擊不少，開始重視各種檔案管理、教師的教學檔案、學生學習檔案、學校網站與知識分享平台的建置，進行知識與經驗的取得、儲存、分享、應用與創新等管理。經濟發展減緩教育預算減少，如何開源節流亦是經營的方向，租借學校場地收取場地清潔費，減少辦公經常開銷，如報紙、電話、影印等，讓學校經常開支平衡，成效不錯。學校教育方式，開始重視學生學習權、教師的專業自主權、家長的教育參與權，對過去以行政為主的型態有極大的不同。

伍、執行與評估教育政策與行動方案的可為與應為

　　近10年教育改革，教育行政機關推動的政策與行動方案，我是無役不參，從82學年度起擔任國小課程標準修訂的「鄉土教活動」課程研訂委員，84學年度學校參與教學及評量改進實驗班，85學年度擔任高雄市開放教育推動小組創意活動組召集人，86學年度擔任高雄市小班教學精神實驗推動委員會委員，

88學年度起擔任教育部國民中小學九年一貫課程綱要審議委員，91學年度起擔任高雄市教訓輔三合一整合實驗方案成員，參與多項教育改革方案的制定與實施。這種躬逢其盛的機會，讓我更能掌握教育改革方案的精神，使政策與教育現場實況結合，協助教師逐步推動教育改革。

多年來我發現教育政策與改革行動方案不斷推出，因為教育部長更迭不斷，多項教育政策無法持續，使得學校的基層教師對教育改革產生質疑，如小班教學精神實驗三年計畫，教訓輔三合一整合實驗方案實際推動三年等，都是才起步且有效果就結束。

陸、教育價值與校園倫理的思考

身為校長，每天都會面臨很多決定，我會以學生的最大利益為主要考量，特別當親師衝突，雙方情緒高漲時，彼此的自尊心常被無限上綱，我會引導教師和家長從孩子的利益去思考，讓家長與老師去感受「是你的孩子，也是我們的學生」，大家是可以冷靜處理的。

我一直認為國民教育並非菁英教育，學校經營者能以人文關懷、全人教育的理念，以學生為主體，考量學習者的需要，提供一個讓學生快樂學習、充分發揮潛能的環境。我一直相信學校可以更精緻、細膩地照顧到每位學生。因此，對於獎盃文化與價值有特別思考，其實會為學校爭取榮譽只是少數的菁英學生，然而，將學校很多資源運用於少數人身上，雖然讓學校獲得到榮譽，但對大部分的學生並沒有利益。我在乎「是不是全體小朋友都被照顧到了」。

過去的明星班級與明星老師，一直是家長想盡辦法透過關係來關說，但不能讓所有關心孩子家長的學生集中在同一班，我仍堅持一些公平正義的原則，目前採電腦編班導師抽籤的方式，解除校長的困擾亦讓編班更符合公平原則。

柒、發展學校成為學習社群

近年來學校教師參與在職進修的人數不斷增加，而以進修碩士學位為主，因為部分辦公時間進修的名額受到限制，因此制定教師公假在職進修處理原則，

避免教師錄取以後,為何者優先給與公假進修而產生爭議。當然事前報名應經
學校同意,錄取後每週給與 2 個午間公假,碩士班 2 年、博士班 3 年時間以修
完課程為原則,論文的撰寫期間應自行請事假,我自己亦利用 3 年時間完成博
士班課程。

我覺得改變觀念才能改變行動,學校的研習以議題演講、經驗分享、團隊
討論、參觀活動為主。學校每週均安排教師進修活動,並長期支持教師會辦理
專業成長活動,他們常以學校教師為主的講座彼此分享經驗。其次是以家長為
主的父母成長團體、親子的繪本導讀、親職教育講座、義工的成長講座。其中
父母成長團體有 40 人後來導入圖書室擔任義工,負起圖書室的經營。

捌、進行校務行政電腦化與資訊融入教學

剛調任新學校時,1998 年即利用學生的電腦維護費,架設校園網路與有線
電視系統,第 2 年再爭取經費完成全校校園網路的鋪設工作,雖然班級教室沒
有電腦,有了資訊基礎建設完成後,並申請 T1 專線與中山大學資訊中心連線,
陸續與中央大學合作專案研究與教育部班級教室電腦計畫,逐步配合預算與家
長會的經費完成「班班有電腦、班班能上網」的理想,並架設有線電視台,提
供孩子嘗試電視廣播機會及進行電視教學,經營 4 年的電視台後來還獲得創意
領導獎,及全國學校經營創新獎學生展能組的特優。

有關資訊融入教學,因為團隊參與大學的研究計畫,後來參加教育部資訊
種子學校的遴選,從初級、中級到典範學校,資訊種子團隊從資訊融入社會領
域教學開始,發展各種資訊融入教學模式,並架設課程設計分享平台,如今推
廣到其他學習領域,團隊老師不斷透過經驗分享影響全校教師甚至其他學校的
老師。

玖、塑造學校的文化

有人認為:「有怎樣的校長就有怎樣的學校」,校長的價值觀、行事風格
與領導方式會影響學校的文化,特別是長期的領導。這是學校校長在塑造學校

文化上的非凡角色。學校文化是學校的人格特質，它包含教師對一件事的共同看法、學校的組織氣氛、教師彼此互動的方式與習慣、對典禮儀式的做法。對於學校的傳統的延續，有時因學校經營者的不同，對過去的做法會重新思考對組織的價值，保留或另行發展應加以評估。例如過去每天要召開教職員晨會，後來改成 3 次（每週一、三、五），從學生集合降旗後放學，到各班教室前排隊直接放學；其他如學校組織結構調整：增加課程研究發展組及教學資源中心，幹事的工作內容，職工的工作場所調整，建立輪調制度，讓行政運作更為順利。

我認為教師不需監督（巡堂）就應該把班級與教學做好，這是教師的義務，如果每位教師要靠校長巡堂才要教學，學校豈不大亂。學生到校應該學習做人做事的道理，如果愈學愈壞就不要到學校，因為學校功能不在。因此學校每位成員要自動自發做好自己該做的事，並為自己的行為負責。在學校中逐漸形塑重實際不重表面形式的學校文化。

拾、倒吃甘蔗優游於校務的經營

綜理校務需要經驗的累積，每天都會面對各項決策，有些決策簡而易行，有些決策影響層面較大且廣，我覺得在第 2 任時，處理校務會較為嫻熟，真正得心應手應該是第 2 所學校的第 2 任，那時已是擔任校長 11 年，經常可以對爭議的事情，以四兩撥千金的方式處理，很多事情可以很堅定又溫柔的處理。掌握大原則，又不太管枝微末節的事。經營校務不但要專業、自信、堅持，更要溫柔與感動。推動校務無需危言聳聽去談事情重要性，反而會說服同仁跟隨。

不斷進修，增強專業知能，充分掌握教育新資訊與法令，對教育新聞的敏感度，以身作則，誠懇待人，建立起教育專業的權威，依法、依理、依情、依職權行事，樹立專業、果斷、合理、廉潔的行事風格。

拾壹、對教育局與學校關係的建議

主管全市的教育事務，要有前瞻性的思考，如果我是教育局長，會提出自己的教育理念與全市的教育願景，讓學校經營有方向，並由各科室提出達成願

景的業務計畫或行動方案，執行局長的教育理念。其次，會鼓舞各級學校校長的服務士氣，肯定他們的辦學績效，給與校長最大的支持。因為校長是教育政策的執行者，只要他們願意跟隨，相信教育必能立竿見影。再其次，願意為校長解決學校所遇到的困難，不管是經費的支援或法令的修正，讓學校經營能無後顧之憂。給與校長更多自主管理的權力，激發學校發展自己的特色。最後，提供各種學習成長的機會，除了學校經營管理知能，其他如法令、人文素養、身心靈健康等方面的學習，如此必能獲得校長們的支持。

拾貳、維持身心健康與家庭的經營

身心健康是本，沒有健康的身體，學校辦得再好也沒用。滿多校長經常早出晚歸，全心全力為學校付出。事實上，一個人的精力是有限的，每天拖著疲憊的身軀回到家，不是在沙發上打瞌睡，就是坐在沙發看電視、報紙，一動也不想動，看到家人總是無言以對。有時平時忙於校務，星期例假日還為其他公務奔忙。我覺得應有所抉擇，否則只有校長角色做好，其他角色都不及格，不要在工作崗位倒下時才令人覺得惋惜。

為維持體力，我平時定時活動。每週有兩晚打網球，週末偶爾到附近尖山爬山，在忙碌生活中給自己喘息機會，保持體力與維持身材一樣重要。校長擔任久了，家人逐漸了解校長的角色與工作性質尚能體諒。平時盡量不將學校的事帶回家，有時仍會影響家庭角色的扮演，偶爾因為公務忙碌沒時間陪家人休閒，但我仍盡可能把家庭的角色做好。

拾參、如果重新來過

對於「校長」的角色，年紀很輕（34 歲）就順利當上國小校長，當時認為年紀不是問題，只要有誠意應該可以把校長扮演好。當走過 2 所不同規模學校 15 年的校長，反而覺得 40～45 歲以後擔任才適當，擔任校長之前多累積各項工作經驗及處理事情的模式，對未來擔任校長更能得心應手。其實校長與主任角色不同，工作性質亦有所差異，同仁對兩種角色行為有不同的期待。過去擔

任校長時較會「事必躬親、身先士卒」，經常做澆水、鋤草、撿垃圾等非校長的事情。現在會分權或授權給主任，給大原則而不再干預，只追蹤進度，再擔任「加油」與「整合」的角色，勇於接受挑戰，責任仍是一肩扛，對領導的角色掌握得更精準。

拾肆、現行校長培育制度的反省

過去對校長培育並沒建構「校長學」的課程結構，從甄選、儲訓、分發就實際去承擔學校經營之責。我從擔任行政人員開始，累積行政經驗，觀察自己學校校長處理各種行政事務的方式。因為校長儲訓時沒有安排實習課程，似乎沒有人將經驗傳承給我們。因此經營學校，只能從教育行政理論與實務中慢慢學習，記得決策理論提到，決定就是如何尋找滿意的解決方式而非最佳的決定，包含領導理論、溝通、系統理論、組織氣氛等，乃至後來的學校效能、組織變革、衝突理論，從實務與理論中，開始論述自己的教育哲學與領導理念。其實，培育校長的領導與組織管理知能非常重要，其次是校長的實務經驗。聽講與實務演練的方式應該並行。

多年來有 7 位實習校長來校實習，為了給實習校長一些具體的理念，開始會去整理自己對學校經營的想法：一、校長如何去建立專業自信心，不斷進修是必要的；二、改變自己的認知，從多元與差異的思考，去接納不同的意見；三、處理事情原則要堅持，方法可以有彈性；四、先要求自己，再公平對待所有的人；五、校長與全校的教職員工一樣，只是做不同工作，沒那麼偉大；六、第一等校長是如何整合人力完成組織目標，第二等校長是親自帶著大家做事，第三等校長是什麼事都自己做而別人看；七、讓教職員工願意、歡喜做事，而非命令他們做事；八、用的主任要奉行「老二哲學」；九、給的藝術：對你的付出而給，而非你的要求而給；十、不可能百分之百的人喜歡你，只要「多人讚美，少人嫌」即可；十一、掌握大原則，不要管太枝微末節；十二、校長社群是同業公會，要多互動幫襯。

拾伍、校長角色的調整

　　從報端刊載校園偶爾出現一些爭議事件，經常是校長與行政人員、教師或家長的衝突，而衝突往往來自「過度的管理」、「看似堅持原則，卻不見得合情合理的事情」。究其原因是校長堅持某些事情，從很小的嫌隙到大的衝突，如果沒有中間的協調者，往往鬧到最後不是校長以「人地不宜」被調動，就是學校在過程中受到傷害。

　　在學校行政上，看到不少主任初任校長職位時，未能轉換角色，仍扮演中層管理的角色，處處干預下屬的作為，無法信任或授權部屬執行管理的工作，部屬凡事請示，由於角色的混淆與觀念不清，導致大家在做「互相重疊」的瑣事，嚴重影響行政效能。因為校長可能只以過去自己當老師或主任時代，所接觸過的校長為典範，認為校長角色就是如此。然而往往「應該扮演領導者」卻「實際扮演管理者」，校長花很多時間在做防弊、維持秩序和解決問題的角色。此種「管理過度」（overmanaged）與「領導不足」（underlead）在校園中屢見不鮮，身為學校的領導者有必要重新思考並調整自己的角色。

　　如果說自己對學校有些許的成就，我認為：

一、對教職員工建構一個彼此公平對待的環境，學校不能存有因身分不同而有特權存在，即使是校長或行政人員、家長委員。

二、在學校塑造一個彼此願意分享的平台，讓老師對別人的經驗分享給與尊重，不會因年齡、性別或教學年資有所差異，只因「術業有專攻，聞道有先後」。

三、重視學生的權益，讓所有教師將學生的權益列為首位。體認到把學生教好、班級經營好是教師最大的任務，無須監督。

四、讓學生家長參與教育事務是自然的、自發的，親師彼此相互合作，雙方不再是監督的角色與防禦的態度，是可以成為孩子成長過程的親密夥伴。

　　走過時間的長河，我看見教育改變了，也感覺到自己的改變。15 年的學校經營適逢教育改革如火如荼的展開，面對學校的轉型時期，如何在傳統與創新中找尋平衡點，讓學校獲得良好的發展。另外，我覺得自己對傳統校長角色的重新詮釋，樹立另類風格的學校經營執行長（CEO）的角色。期間參與多項教

育政策的擬訂與執行，有機會在教育現場實踐自己的教育理念與理想，不管是對教育或組織的承諾，從不後悔自己的付出，因為總有一群教育夥伴陪著我，盡心盡力真情的付出，共築教育的希望工程。

作者簡介

　　李明堂，1956 年 8 月 6 日生，屏東師專 1976 年畢業，1983 年國立高雄師範大學教育系畢業，1987 年教育研究所畢業，2006 年 9 月獲得國立屏東教育大學教育學博士學位。曾經擔任國小教師 6 年，主任 6 年，國小校長 17 年。1989 年起陸續在國立台南師院、屏東師院、台東師院擔任兼任講師 13 年。1994 年參與教育改革工作：擔任 1993 年國小課程標準鄉土教學活動課程研訂委員、1996 年高雄市推動開放教育創意活動組召集人、1999 年國中小九年一貫課程綱要審議委員、2002 年起擔任國小校長遴選委員 3 年，教訓輔三合一整合實驗方案委員。

　　當你將學生視為自己的孩子，把教職員工視為自己的家人，無私的付出才會快樂。

苦行此生　甘之如飴——談我擔任校長的心路歷程

李柏佳
原任台北市景興國小校長
現任台北市中山國小校長

　　這一波教育改革中，校長首當其衝。遴選制度帶來了一番新氣象，但也帶來了一陣民粹的浪潮。首先，校長要面對挑戰權威；其次，校長要因應教育改革；接著，校長要面臨組織變革；再者，校長要重視家長聲音；還有，校長要精熟法令制度；另外，校長要做好公共關係……。這樣全面性的動盪，校長如何作全方位的思考與應對，真是值得深思熟慮。1

　　此刻，我猛然想起魯迅有句名言：「橫眉冷對千夫指、俯首甘為孺子牛」，校長當然不必橫眉冷對，否則又要引來對社會大不敬之譏；但是，面對當前的潮流趨勢，對於擔任校長 15 載的我，其實心中有無限的感慨與期盼。

　　之所以敢提出這一篇的論文，實在是基於師範傳統的精神，常常以「俯首甘為孺子牛」的胸襟自我期勉，甚至更以「歡喜做，甘願受」的心境，承擔所有的壓力與責任，這也是自我品味「苦行此生、甘之如飴」的寫照。

　　由於純屬心得與經驗的「真情告白」，行文雜亂無章自言自語，甚至於文獻引據來源也甚難查考，有所冒犯之處，謹此致歉並就教於方家。

1　有謂：制度與政策的錯誤，其浪費社會成本之嚴重性，比貪瀆更可怕。國內小學校長遴選制度，其實法制上大部分抄襲大學校長遴選制度，大學校長遴選時，風氣之敗壞令人痛心。小學校長遴選制度也深受民粹主義之害。設計時原意在掃除政治校長的污名，沒想到恰好相反，製造更多需要勤跑公關拉緊人際關係之政治校長。

壹、擔任校長像天邊的一朵雲　偶然投射到心靈深處

　　說到當小學校長，對我而言是個偶然；小時候雖然也曾做過白日夢，當當校長也不錯；但是真正背後的動力卻是前輩陳根深校長的積極鼓勵，無意中參加校長甄試，很僥倖的考取，就這樣當上校長。再者我也做了省思，當了 10 幾年老師加上 10 幾年主任，總覺得很多理想無法實現；想試試看當校長之後是否能實現自我的理想。考取校長之後，想了想也就欣然就任了。

　　如果說個冠冕堂皇的理由，那可能是師範學校時師長常常勉勵的一句話：「笑臉對兒童，鐵肩擔重任」，使我有一股強烈的使命感、責任心，期許自己當上校長之後，能帶動學校進步、促進教育正常、使學生受到好的對待與栽培。

　　我在陽明山教師中心受訓的時候，剛好母親重病稍癒出院在家，我身負全家生活重擔，其實壓力相當大，隨時都有退訓的打算。不過我很用心，最後也僥倖以第一名成績結業。由於中心安排的課程偏重學理，且多是老生常談，至少有三分之一以上的內容，在前幾屆「校長儲訓專輯」或教育雜誌中重複出現，校長甄試前差不多讀的相當純熟，所以要過關並不難。但是最讓我有信心的是在中心認識了不少的「前輩校長與行政專家」，對於日後學校經營助益良多。這也是我日後極力主張「培育和儲訓」要分離的理由；亦即，培育應重在「校長基本知識能力」的獲取，可由「大學或學術單位」承辦，而儲訓階段才是真正能讓準校長們「體會、學習與歷練校長經營手法」。2

2　台北市立教育大學及國立台北教育大學設有小學校長培育中心，其培育課程和台北市教師研習中心儲訓課程已有部分分離，顯見國內在小學校長培育與儲訓正走向專業證照制度。筆者有幸多次擔任國北教大、北市教大及教師中心校長培育班與儲訓班之師傅校長，特別強調領導實務之體驗。

貳、校務經營的理念與具體的策略

一、家世清寒來自鄉下　鍛鍊出刻苦耐勞與堅忍不移的意志

　　我出身清寒家庭，小時候的鄉居生活，鍛鍊出刻苦耐勞的意志與硬朗的身體。小學生活十分快樂，初中以後家父經商失利家道中落，就讀板橋高中1年，即將輟學之際，僥倖考取新竹師範；畢業之後奉派台北市西園國小服務，開始國民教育生涯。之後當兵2年，服役地點歷經本島中南部及金門戰地。退伍之後，刻苦自勵公餘努力進修，先後修畢中興大學法律系、台灣師大教育研究所40學分班、台灣師大公民訓育研究所碩士班、台北市立師院輔導學分班及資優教師訓練班之專業課程；求學過程可謂坎坷波折，但都能克服困難達成自我的目標。

　　家中兄弟姊妹甚多，但和樂融融，相互照應。雖然清苦生活尚稱如意，目前兄弟姊妹仍然往來頻繁互動良好。我已婚，育有2子都已成年，惟均在就學中。一家四口雖非大富大貴，生活素質尚稱良好。此無他，個人信仰耶穌基督，常守「知足常樂」、「心靈充實則豐富，物質簡約則清高」信念；崇尚「自然、簡樸、節約、刻苦、自律」的人生觀所致。

二、慎思明辨執著擇善　堅守正確的教育理念

　　從事教學24年，擔任校長15年的行政生涯，「使命感、責任心、意志力」一直是我對國民教育無怨無悔的支撐動力；「腳踏實地、崇法務實、剛正不阿」向來是我終身行事待人處世的圭臬；「鐵肩擔重任、笑臉對兒童」更是我畢生從事國民教育工作的心願。「教育無他，惟愛與榜樣而已」更讓我矢志為下一代服務奉獻：小學行政必須先從「心靈的純淨、向善、上進」做起。當然，「得天下英才而教育之」固然是人生樂事，但是「帶好所有的通才，造就少數的庸才，使人人都是可用之才」，何嘗不是人生最樂！

　　我的個性相當執著，只要經過深思熟慮，且用常理印證是正確的事，我會堅持到底，幾乎毫無妥協。這種「寧可玉碎，不願瓦全」的個性，我自己也無

法解釋；這也曾經造成我生命中甚多困擾，[3] 雖然我試圖漸進的改變這種「拗脾氣」，總是無法周全，留存相當大的「臭脾氣」痕跡。

三、強悍的領導風格　其實是穩健中成長　紀津中有情理

人家都說我很強悍，我不認為是這樣，應該是說在某些方面我是相當堅持，尤其是自認為基本原則或者關鍵事項，如此而已。在經營學校時常常謹記下列原則：㈠觀念前瞻、㈡行動快速、㈢腳步落實、㈣追求績效、㈤堅守目標、㈥時時精進、㈦重視民意。

在領導策略方面，我比較重視「行政效率」，唯有「主動、積極」的為師生提供敏捷有效服務，才能進而要求老師的教學素質。個人也了解並做到：㈠尊重專業、㈡嚴守法際、㈢多元發展、㈣察納雅言、㈤明確果斷、㈥走進社區、㈦接近當代、㈧省思檢討。

歷史記載「大秦帝國」中的始皇帝位高權重不可一世，其實在各種決策之前，事先都必須經過「廷議」，並請教「三公大老」後，才做「斷然的決定」。相較之下，卑微的校長當然不能自比始皇帝，尤其深知「既使威權盛世，也不能違逆主流價值」，我自己認為這樣的領導風格對於少部分老師是一大衝擊，因為我的「步伐相當快、思維很縝密、反應很敏銳」；這大概是我大學時所受的「法學教育思辨訓練」所致吧！但是我常常回頭看看，隨時作必要的調整。可說是「剛中帶柔」。我尚稱滿意自己的領導風格。

四、行政管理擺在第一　教學服務不可怠慢

我一向「克勤克儉」，所以也提倡「節約資源、勤儉治校」。但是，在行政管理、教學資源運用、預算及相關社會資源取得或其他方面，一定要做到充分協助老師、家長和學生，來完成學校教育的目標。我時時刻刻提醒同仁做到下列：

　㈠行政管理：要做到敏捷、服務、主動、積極的行政。

　㈡教學資源：要做到每一分錢都用在刀口上，逐年充實各項教學資源，並且

3　小時候常常因為個性太拗，多次離家出走或被父親重罰，至今在親長間仍流傳為笑柄。

充分運用資源。尤其是善用社會資源。

㈢預算運用：編列要嚴實、運用要節儉、資源多功能、績效求第一。

㈣資源取得：學校經營好、有績效、有口碑、計畫確實不浮華，經費自然不會被教育局或議會刪除。此外，向民間資源或其他公家單位爭取資源時，也是如此。有成績、好計畫、肯付出，資源自然來。4

五、行政管理首重以身作則　充分溝通協調落實　並積極鼓勵參與行政

行政管理必然會遭遇障礙，唯有先透過溝通協調，繼之以紀律約束，才能順暢有效，但重要的是，自己要以身作則。常見的阻攔有：

㈠人員的障礙：學校教師或行政人員，故步自封、憚於改革，就會有所抗拒。

㈡文化的障礙：學校傳統做法跟不上時代的腳步，要改很難。這些傳統有時不是單純幾位人員的想法而已，可能形成制度甚至牢不可破，有時又涉及社區人士或個人利益。

㈢環境的障礙：學校物理環境無法做重大改變，費時日久相當困難，有時不是 1、2 任校長所能改變。我校的新建工程就是例子，規畫爭取就費時 4 年，施工驗收又花了 4 年。5

行政工作對於一般教師是很辛苦的。在台北市由於人員編制較多，這項困擾比較少。不過，兼任行政工作，仍然有很多人不願意。行政工作中有兩大類，一類和實際教學關連性較少，稱為「庶務行政」；另外一類和教學訓輔有關，稱為「教學行政」。我們鼓勵教師不要排斥教學行政，因為和教師有密切關係，且有助於教師了解且增進教學實務技巧。我常常鼓勵新任教師參與行政工作；本校也訂定有「教師兼任行政工作的規則」，萬一找不到老師兼任行政工作時，

4　目前國內有很多非政府組織或民間團體，在人力或物力資源方面經常協助小學，只要努力經營，爭取資源並不難，包括文史工作會、文教基金會、寺廟、社區發展中心；甚至村里辦公處都有很多配合鄉土藝文的資源。

5　目前校長任期制及遴選制的相互影響之下，期望一位校長能夠在至多 2 任（8 年）任期內為學校長期發展做長遠的努力甚至於完成，是相當困難的。

依據這項規則安排兼任人員。

　　總之，行政工作不是想像中的那麼可怕或困難，反而可以訓練教師「規畫、設計、推動、溝通、協調、執行」等等能力與素養，這些經驗和歷練，能使教師更具有智慧，待人接物處世更加圓熟。何況，這些不是「書本上」可以學到的。

六、在校務的實際運作上　堅信團結和諧　安定中才能力求進步

　　校長對於學校事務「一定要很清楚」，最好要很「精熟」；至少在「教務、訓育、輔導」方面，要下功夫深切的了解業務的來龍去脈與重要的關鍵環節，在「總務、人事、會計」方面，要隨時研修相關的法令，讓自己「瞭若指掌」完全進入狀況，不致於「做離譜的決定」，甚至於「違法亂紀」而猶不自知。惟有如此同仁才會「敬重」你；更進一步而言，才會「洞燭機先」掌握全盤狀況，事先「發掘問題所在」，預為各種「改進、補救、籌謀」而使校務順利實施。此外，我經常省思並做到：

　　㈠凡事以身作則：先求自我磨練，倡導關懷，說之以理、動之以情，喚醒教育良知。

　　㈡人際圓融成熟：誠懇溝通意見、凝聚多方共識，家長、教師、行政三者攜手合作。

　　㈢勤勞務實風格：勤於了解、不避勞怨，一步一腳印、點滴積累、成就務實本色。

　　㈣建立民主制度：愛護學生、尊重教師、取信家長，建立民主開明的校務運作制度。

　　㈤形塑專業權威：建立校長專長，獲得師生家長肯定，兼顧教學領導與行政管理專業角色。

　　㈥帶領學校進步：建立努力標竿，作出具體成就，爭取大家支持，讓景興朝向現代化進展。

七、經營學校重在具體實踐　應有一套明確的經營方針作為努力的標竿

對於「啟蒙階段」的小學教育，數千年來東西方教育家或思想家都有很多「至理名言」或「智慧明燈」可供指引。在擷取大師的「銘言與智慧」之餘，要自己統整出適合於自己學校經營的「方針圭臬」，以作為校務的「標竿與量尺」。多年來我一直秉持並倡導下列原則：

(一)愛心的教導

師道無古今，無愛不成師。[6]「對學生有愛心」是小學教師的基本條件也是必備要件。教師在教導與管教學生時，要「尊重兒童」、以愛為本、發揮師道、師倫、師愛、注重人本精神。唯有「充滿愛心」才能善盡「教導兒童」求知做人的責任。

(二)創思的學習

金礦銀礦總不如「腦礦」來得有價值，在教育過程中培育菁英是相當重要的，因此，如何教學使學生具有創造力是關鍵。創造力來自教師的教學與學生的學習，要掌握「方法多元、活潑多樣、學習有方、有趣、有效、提升教育素質」。唯有「啟發創思」才能發揮「學生的潛能」，真正的培育「自由的公民」與「遠見的人才」。

(三)寬裕的課程

學校的課程設計與實施，要能「彈性融通、多元選擇」，讓學生「自由學習、開發潛能」，發揮課程功能。換言之，在制式的課程之外，應多元設計「課外活動或選修課程」，讓學生有「自由選擇」與「擴大學習」的機會。

學校規畫寬裕的本位課程，並創造「彈性寬裕、自由選修」空間，具有開

6　少部分教師經常大談要爭取自己的權利，甚少自我要求履行教師義務，並發揮教師的愛心，那是昧於東方師道精神。

放教育的特色，目的在使學生「喜歡學習、主動學習」，並使師生能有發揮潛力的機會，符合教育自由化的潮流。

㈣歡欣的教室

教室是師生學習的天地，在進行各項學習活動時氣氛活絡，使師生的創意無限，是相當重要的。教師要掌握「心靈自由、氣氛和諧、互動良好、人際健全、追求績效卓越」的要訣。校長當然不要干預，甚至於不宜指導太多，除非有明確的事實或現象顯示「違背教育原理」或有「立即的危險或安全顧慮」，校長應該放手讓老師發揮「創意」，善用各種教學方法，讓學生學習方法「搞怪一點」只要不太離譜其實也無妨。[7]

㈤快樂的學校

現代化的學校環境，要做到「處處可學習，俯拾皆教材、人人都會用」的「完全學習的環境」；學校的校舍、校園、硬體設施或教學設備，基本上要做到「空間寬敞、設施齊全、接近自然、欣欣向榮、瀰漫快樂氣氛」，才能使師生很自由自在的學習。這在公立學校比較困難，尤其是「校長遴選制與任期制」形成之後，要求校長有長遠的構思與規畫，是相當不容易的。我每次到任新學校之後大約一個學期，一定會縝密思考提出「中長期發展計畫」，作為自己經營學校環境設施的期程。

時下校長遴選時，要求校長對欲參加遴選的新學校，提出「校務經營中長期計畫或願景」，我相當的不以為然。因為這就像「隔靴搔癢」，甚至「隔空抓藥」，是相當可笑的事。試想：「對於尚未到任學校的歷史沿革、背景資料與人事現況，都未能充分了解」的情況下，要怎樣務實精確的提出「具體可行、符合眾議、長期發展」的遠景與計畫呢？除非，曾經在那所學校有長期服務的經驗。因此，僅能就自己的經營理念，「抽象的複製」成為在新學校的經營計

7　行政院教改會在教改總諮議報告書中，首度公開要求小學校長，要兼具行政領導與
　　首席教師的雙重角色。校長在教學視導中所扮演的角色，應為「教學領導者」之地
　　位。目前巡堂或稱走動領導，其實不是「教學領導者」之角色，至多是行政管理之
　　一環。教學視導與教學領導應有所差異。

畫，真正要落實的具體策略或方針，還是要到任後經過一段時間觀察了解後，才能提出完整的學校經營計畫。

　　校長要有勾勒「快樂學校」藍圖的能耐，當然，前人如果已經有現成的，你就能稍微寬心些。但是，你仍然要有「落實執行並發揚光大」的本事。由於「中長程發展計畫」的期程通常是指4至6年；因此校長在一任之內仍然有「接續訂定校務發展計畫」的機會。

　　快樂的學校是什麼？就由校長您的經驗歷練與睿智遠見，透過民主開放的程序，徵詢全校師生家長意見，再來訂定「理想中快樂學校」的計畫或描繪它的圖像吧！8

(六)豐盛的童年

　　這一波教育改革，人人都提出一大堆的口號與願景；校校都宣稱「以兒童為本位、要讓兒童快快樂樂的學習」。這樣的主張的確動人心弦，不過，學習真的都以兒童為本位嗎？學習真的「全都是快快樂樂」的嗎？我認為不盡然。學習過程需要一番準備與努力，加上「學習方法」需因應時代與趨勢，當然是要費一番心血的。因此學習只有在「有了成果」或達到「預期的目標」，有了成就感或自我實現之後，才會有快樂的感覺。我強烈的主張，在童年階段，要讓學生「身心健康、知能豐盛、情意態度向善，人格健全成長」，換言之，不僅要快樂，還要讓學生有豐盛的收穫，揮譜金色年華。

八、課程領導要掌握「能力本位、統整協同」的脈絡

　　課程領導是這一波教育改革的特色。其主要意涵在於彰顯「教育自由化」與「學校本位管理」。校長的課程領導在當前是重要的「領導事項」，課程領導所涉及的「校內外環境變遷趨勢、學校組織結構的健全、學校權力結構的平衡、學科性質的差異、學校文化的良窳」，有時並非校長一朝一夕所能扭轉。因此，對於學校組織運作的熟稔，是擔任校長相當重要的課題。

8　快樂的學校應因地因時制宜。校長要主動提出理念構想，傾聽大眾心聲、接納專業意見，融入當地自然與人文環境、更要考量住民與學生需求，形成藍圖與願景，展現其不同風格與特色。

　　依據專家學者研究顯示，校長在課程領導的角色約有：㈠趨勢與新興議題的感知者、㈡課程任務與目標的研訂者、㈢課程事務的協調者、㈣課程問題的解決者、㈤課程發展的管理者、㈥成員進修的帶動者、㈦課程實施的評鑑者、㈧課程改革的激勵者、㈨課程專業文化的倡導者、㈩各種資源的整合者。9 但是我基於這幾年經驗深知，一般教師對於課程規畫是相當冷漠的，充其量在「課程發展委員會」中，為某種學習領域爭取多安排節數，其餘大多「委託」教務行政人員處理。其中關鍵因素乃在於「傳統課程規畫與設計」幾乎都是「國家課程」，由教育行政機關主導，長期承襲蔚為傳統，遂成為牢不可破的陋習。

　　務實的做法是校長也要成為「課程規畫的實際設計者」，親自領軍和教務處人員一起先做「課程規畫草案」，並率先和教師對談。校長更要對某項學習領域相當熟稔，成為「課程領域的專長者」，校長更要能「前瞻性的思考」，深思本校「課程發展」的長期規畫與重點把握。例如：課程設計時要掌握「能力本位」的精神、要深知當前學校課程發展重點為「語文教育、資訊教育」、要倡導課程實施的「統整協同」特色，讓教師普遍重視「群組合作、協同教學」，學生學習能加強「合作思考、自主學習」。

九、教學領導要跟上「多元創新、績效卓越」的趨勢

　　因應課程改革的「課程規畫、課程發展、課程管理、課程評鑑」的要求，加上「教學時數普遍的降低」、「學習內涵大量的增加」，因此，除了課程規畫與教材編輯要把握「課程統整與教學協同」之外，教師在教學上的革新重點，更要把握「發揮教學專業自主」、「多元創新與績效卓越的教學」的必然趨勢。

　　校長在課程領導要擔綱「親自操持」的身教角色，在教學實施方面，同樣的也要擔負起「教學輔導與教學示範的角色」。當然，校長不可能對任何一個領域都很熟稔，但至少在七大領域或六大議題之中，至少要精熟一個領域以上。最近，「同儕教學輔導」、「教學視導」與「教學評鑑」的風氣已開；因此，校長應具備「初階」以上的教學輔導能力或視導能力。因為，唯有如此校長才有「教學實施的示範能力」或者「教學輔導的指導能力」。也唯有如此，才能

9　見黃旭鈞（2001）。校長課程領導的模式。台灣師大教研所博士論文。

使教師或家長對你的課程領導與教學領導有信心。[10]

　　為了要達到前述的「課程領導、課程管理、課程評鑑、教學領導、教學評鑑」等等任務，校長當然要「與時俱進隨時學習」，包括擁有相當程度的「知識管理、教學輔導、教學檔案管理、資訊基本技能」等現代的教育專業能力。唯有如此，校長才能「趕上知識經濟時代」，也能具有對「教學專業發展」指導的能力。

十、彎下腰桿和學生對談　放下身段和老師懇談

　　新一代的校長大都具有「彎下腰桿和學生對談，放下身段和老師懇談」的能耐與觀念。其實，這就是「趨勢領導」項目與方法之一，唯有如此才能展現「和藹可親、傾聽心聲」的真誠。

　　和學生談什麼？談生活上的點點滴滴、談學生喜歡的流行文化、談學校活動的緣起期望、談學習的來龍去脈……。只要和學生生活與學習契合的話題，什麼都可以談。怎樣談？當然要從學生熟悉的生活經驗談起，但是無論如何切入，都應該把握「教育的核心價值」，隨機把重要的思想觀念以及應做應為，告訴學生並循循善誘。

　　和教師談什麼？在合法、合理、合情的原則之下，和老師談「師道、師倫、師愛」；和老師「話家常、說嗜好、論養生」；和老師談「政經局勢、社會百態、國家發展、人文關懷」；和老師談「知識管理、教學輔導、同儕互動、專業成長、省思分享」；和老師談「學校的願景、家長的心聲、學生的未來、教師的發展」。當然，也應該「分享教師成長的喜悅、祝賀老師教學的榮耀、關懷同仁的悲歡離合」。因為和教師有懇談的經驗，同仁也都清楚校長在各方面的「看法與做法」，甚至於諒解校長在「某些方面的堅持」，校務推動的阻力，自然就減少到最低。

　　從語意傳達的意涵而言，注重自己的角色地位，談該談的議題或看法，只要是「合法、合理、合情」且符合教育的理念，校長的「寶劍鋒也可成為繞指

10　這一波國小課程改革重在課程領域與內涵之變革，對於教學活動鮮有著墨，確實令教育現場同仁感嘆莫名。號稱「以培養學生基本能力為本位」的課程綱要，應加強「教師教學方法與活動、學生學習方法與興趣」這兩大方向。

柔」，獲得教師同仁及家長學生的認同。但是，校長絕對不隨著學生的「次文化」任意響應；也不應和同仁談「風花雪月、流長蜚短、尖峰對立、庸俗腐化」的爭議話題，保持適度的「莊重風格」是必要的。

十一、正確的經營公共關係不僅明哲保身　更能被人敬重進而開拓人脈

很多人一談到公共關係，就會聯想到「送往迎來、吃飯喝酒、巴結阿諛」的表象。其實那是最大的曲解，尤其對「單純、中立、弱勢」的國民小學，更是莫大的諷刺。我對公關的認知與詮釋是：「把學校所做所為，平實的告訴家長、社區或廣大的民眾，獲得他們的肯定，有困難時爭取他們的支持與協助。」如此定義目的在於把公共關係中性化、功能化與普遍化。至於，具體的做法為何？簡述如下。

㈠和家長或家長會的關係

家長或家長會和學校同仁應該是「親密的教育夥伴」，其目標都在於造就與培育學生。和家長或家長會的關係務必是「和諧、同心、協力」的密切關係；尤其在志工普遍化的現代，家長對於學校的各項支持，再也不能以「捐款奉獻」為唯一的期待。甚至，對家長或家長會的基本原則是「不敢期望是學校的助力，但是，至少不要造成是學校發展的阻力」。

㈡和社會人士的關係

開放的社會與民主的制度之下，社會人士對學校的「關心、關切、關懷、關說」方式真是五花八門。學校基於「廣結善緣」之原則，應該保持相當程度的「和諧與溝通順暢」的關係，但是也要維持適度的距離以策安全。有人會問：「直截了當的說吧，到底要如何面對他們的關切呢？」我常常抱持「合法的原則下，可以給順水人情」，尤其是對於民意代表的介入，通常我還是會堅持「合法性操作」，譬如介入「工程、設備或物品採購案」，如有非法或非分要求，一定要斷然拒絕。只要你有1、2次的「堅守原則」，之後就會成為「標記」，不再找上你了。當然，最基本的靠山是「堅守自我操守的廉潔」，否則你將有

一連串的苦頭吃。

　　通常學校某些狀況需要「有力人士」幫忙時，我不會直接找上門請其協助，我會請家長會伸出援手，再間接請託協助。這樣不但能讓家長會有表現功能的空間，促進家長會和學校的互動，而且避免直接的欠下人情債，否則之後的需索是沒完沒了。

㈢和社區的關係

　　學校是社區的「文化中心」，在「公民社會」的建構理念下，市民主義或社區主義是必然的趨勢。和社區可以平等互惠資源共享，是區民也是學生的福祉。通常社區欠缺「較寬敞的活動空間與休閒文化設備」或者「學習活動與文藝資訊」，學校如能給與支援，可以換取社區的敬重與協助。例如：假日時平面校園與運動場能無償提供區民使用、學校運動會時時邀請社區人士共同組隊參與競賽、校慶藝文活動邀請社區參與等等，都能贏得社區的向心力與歸屬感。

㈣和夥伴學校的關係

　　近數年來流行「教師群組、夥伴學校」，其實就是「團隊合作精神」的發揮。尤其是「資訊教育、英語教學、鄉土教學」的被重視，各校紛紛列為重點。但是礙於各校人力資源的不對稱，所以「跨校聯合」的關係建立，可以相互提攜共同成長，對於專業發展是相當有助益的。合作項目其實很多，例如：聯合甄選教師、聯合運動會、教學平台資源共享、重大節慶共同辦理等。

　　在夥伴學校關係中，彼此的態度相當重要，「先付出，不求必有回報」、「以大護小、以小附大」、「施比受更有福」，如此既可以節約資源、發揮多重效益，更可以相互觀摩提升素質。

㈤和新聞媒體的關係

　　新聞媒體號稱「第四權」、「輿論的全貌反映」、「民眾的代言者」、「扒糞者」、「社會黑暗層面的挖掘者」……等等不一而足。事實上民眾有知的權利，新聞自由更是進步國家的具體指標。學校當然要正視媒體的存在價值。因此，有必要和媒體做朋友並適度的保持良好關係。

　　目前台北市各級學校都設有新聞發言人制度，其目的在於「適時適度」的

發布學校相關活動資訊，且和媒體建立良好關係。但是，對於「意外事件」或者「校園醜聞」發生時，媒體照樣是「窮追不捨」，對此學校有必要建立一套制度以資因應。

我對媒體的基本態度是：「誠實面對，不遮掩不包庇、內部應先行建立共識、對外發言要口徑一致、不藉故拖延，要主動提供消息、有保留必要者要預留智慧空間、該斷然拒絕者要果敢說不、維護教師及學生的隱私與尊嚴、愛惜學校的形象，更要讓真相呈現、要理性的判斷是公領域或私領域關係。」話雖如此，要完全達到或做得恰到好處是相當難的。

前輩校長曾經告訴我「即使不和媒體做朋友，也不可使他成為敵人」，這句話真是一針見血，也道盡了「微妙且模糊」的策略是和媒體關係的最佳註腳。

(六)和上級關係的經營

和上級長官關係的經營，從前被認為是必要的，「送往迎來」的風氣大開，也因此有「政治校長」之譏。對此，我相當不以為然。基於「行政倫理、角色尷尬、利益迴避」的因素，校長非常不適宜以各種「奉承阿諛」的手段，去經營「和上級長官的關係」，以免玷污校長的人格。最佳方式是「誠懇的接受上級委託業務」、「用心的承辦各種教育活動」、「勤修學校內政使上級備感榮耀」、「避免學校發生意外帶給上級困擾」如此即可。上級長官如有「婚喪喜慶、升遷轉調」時，我是從來不參加或送禮的，這是校長必要的也是最基本的「風骨」。

同樣的道理與情景，擔任校長期間適逢母親及岳母過世，曾經有「收不收奠儀」的困擾。略加思索我決定「事先明確的表明」，且事後確實的把「奠儀」全數捐給當時服務的學校──指南及景興，充分表示「接受同仁誠摯的敬意」並「轉移母親及岳母的大愛」，這和我堅持「不經營和上級長官有任何私人關係」，以避免「公關與私交」混淆，兩者的理念是相通的。

總之，公共關係相當重要，公共關係的正確觀念與做法也要釐清觀念；公共關係絕對不是去討好別人或一味的做誇大的宣傳到外拉關係，或博得喜悅或討好外人。學校的年度計畫、重點工作、教學策略、模式、內容；盡可能透過「網頁、出版品、活動、書面通知、新聞稿」等方式，要讓家長、行政、老師、學生、社區人士或者和學術有關的學者專家等，讓該知道的人都能夠知道，尋

求相關的支援這才是公關的正解。換言之，這就是現代傳銷或企業形象的所謂「資訊公開」，用之於政府或學校的，也就是「行政公開資訊透明」的具體作為，即是好的公共關係。

十二、讓同仁自然的發展學校特色

「校長有什麼嗜好，學校就有什麼特色」，這是一般人刻板的印象。我卻與眾不同。我主張讓同仁發揮專長，自然的發展學校的特色即可；當然，校長是要多方鼓勵師生，才會有較佳的成果。初到新任學校對於「原有的特色」要盡量保留且發揚光大，如有餘力再另行發展「新創的特色」。其實學校特色可多可少，不見得「愈多愈好」；有的學校「社團、活動」一大堆，經常上媒體製造新聞特色；這種做法並不符合我「長遠的考量、縝密的規畫、紮實的做事」的自我要求。

譬如：我到景興時就有歌仔戲團，雖然所費不貲，每年都要為訓練經費傷透腦筋，但是我絕不藉此機會「把它廢掉」，仍然極力向各單位爭取，如此克勤克儉一撐也就「繼續撐了8年」。最近學校新建活動中心，我更是獨具遠見將表演舞台「擴大設計」成為「專業化」的劇場，讓家長、社會人士及師生都感受到「戲劇表演」的「美感與融入心靈」的氛圍。其實，我對戲劇的熱愛與投入已有長年歷史，只不過不為大多數人所熟知。因此，也就趁勢而為「支持並鼓勵」各型各類的「戲劇教學與戲劇表演」，歌仔戲之外還包括：幼兒戲劇、英語戲劇、相聲、偶戲、說故事等；期望將來還會有掌中戲、皮偶戲、歌劇、交響樂團等等表演藝術的演出。

發展學校特色必須激發「教師的歸屬感、榮譽感與成就感」，否則往往徒勞無功或虛應世故，毫無真誠意願，其成就必然無法如所預期的令人滿意。最近台北市頒布「國民小學課外社團設置要點」，鼓勵各校多元聘用校內外師資，以安排符合學生興趣與學校發展所需之課外社團活動。校長要盱衡學校「整體背景因素」，把握「配合教育改革趨勢」以及「考量學校整體人力能量」的原則，順其自然的發展學校特色；須知：「正常中發展真特色、平凡中造就不平凡」也是學校經營的「穩紮穩打」的好策略，切勿好高騖遠虛華不實。

十三、面對全球化的衝激以及政府組織的變革 學校組織的變革因應

隨著全球化的影響,加上近年來國內政經建設的發展與企業組織變革的影響,學校組織變革備受重視。然而,當前教育最重要的關鍵也是最大的危機在於如下所述。

(一)教育行政的無能與無奈

教育行政的運作,被另一股「政治意識型態」所操縱,已經喪失教育行政的專業。尤其是相當多的「政策與計畫」,是被一群不負任何責任的專家學者(非教育本質或領域的專家學者)的研究結果所左右。中央如此,地方呢?也是百般無奈的轉成行政要求,對下屬學校宣達強調一番。

(二)學校行政的無怨與無悔

作為學校基層的行政工作者,接受一連串的「政策、計畫、研習、訪視、檢討、成果」等任務,只有「無法埋怨無法懊悔」的狀況下,像傳統的學校行政工作者一般「逆來順受」的面對。但是更可嘆的是,這些「新鮮的行政人員」通常流動率很大,他們常說:「唉,再熬個幾天,就解脫啦!」行政專業化的制度如果無法建立,導致行政人才青黃不接,那是相當嚴重的校園危機。11

(三)權責不分的體制下,無法釐清教育的目標

教育改革者打著「權力下放、校園民主」的旗幟,諸多的變革與新增的事務,源源從上而下,百般要求學校要符應教改的需求,另一方面卻又高唱「尊重教師專業」,事事讓老師自由自主,使得夾在中間的學校行政,不知如何因

---

11 行政專業化的建制早有建議,例如:應在國家考試中訂出「中小學校行政人員」的普考或高考類科。或者和校長培育制度一般,設置修習20學分以上的主任培育班。此外,加重行政人員的「行政津貼」以及預設升遷管道,作為校長培育或甄選儲訓之必備條件。

應。尤其是學校決策體制與行政程序的變革，更讓學校行政幾乎是透不過氣來。

我曾經寫了一篇短論〈台北市國民小學行政的困境與活路——從組織結構與權力重建觀點論述〉，[12] 細述當前台北市學校行政的亂象與對策，限於篇幅無法一一詳述，歡迎參閱。

參、校長在學校經營中必備的法治素養

傳統的師範養成階段並無法治或法律課程，即便是師資多元化之後的教育學程，亦缺乏相當的基礎法學課程。我在大學聯考時僥倖考進中興大學法律系夜間部。畢業後雖然屢次想轉行或遠渡重洋留學，終因家庭經濟因素無法達成心願。沒想到從事「學校行政」多年，5 年的法律教育訓練，不但「具備足夠的法律知識」，而且擁有「嚴謹的邏輯思考」習慣；再加上「堅實的法律意識」，對我在學校行政工作而言真是獲益良多。僅就個人實務所得，提出現代教師、學校行政人員，特別是國民中小學校長所應具備的基本法治素養如下。

一、法律意識

法治乃指法律主治，法治素養包括法律意識、法律知能與法律實踐。而所謂「法律意識」，一般而言，是指個人對於現行法律所抱持的認知、感情、感覺、觀念、信念、態度等概括性的總和。法律意識多為主觀心理態度，會影響對法治的接納、理解、學習、實踐等意願，是法治素養的前提。法律意識成為個人或社會體群心目中，「法律上所當為」的意願來源，是個人的意識，但也是社會群體的意識。

二、法律知識

事實上法學博大精深、體系完整，很難對全部的法律常識或專業的法規有所認識。筆者認為下列各項教育法規，是身為校長必須精熟的。分述如下。

---

12 原載於 90 學年度校長會議引言報告，之後潤飾部分內容再發表於學校行政學會第
　　13 次學術研討會。

(一)關於教育目的、宗旨與教育政策

例如:《世界人權宣言》、《兒童權利公約》、《學習權宣言》、我國《憲法》教育文化專章、《教育基本法》等。

(二)關於教師培育、任用及權利義務

例如:《師資培育法》、《教師法》、《教育人員任用條例》等及施行細則與相關委任立法之各項法規。

(三)關於小學教育實質內涵

例如:《國民教育法》、《私立學校法》、《強迫入學條例》、《特殊教育法》、《幼稚教育法》等及其施行細則,以及課程綱要、設備基準等。

(四)關於家長或學生教育權利

例如:《兒童及少年福利法》、《少年事件處理法》、《性侵害防治法》、《兒童及少年性交易防制條例》、《殘障福利法》等及其施行細則。再者,有關家長參與學校事務的法令,例如「家長會設置辦法」亦是。

(五)關於教學訓輔之實施

例如:《國民中小學學生成績考查辦法》、《教師輔導與管教學生辦法》,以及有關教務、訓導、總務、輔導之法令與行政規章。

(六)有關組織領導或行政管理

例如:教育人事法令(尤其是教師任用、獎懲、考績考核、差假、進修研究)、《事務管理規則》、《勞動基準法》及其相關法令等。

(七)其他相關教育法令

例如:《政府採購法》、《合作社法》、《社會教育法》、《補習及進修教育法》、《學校衛生法》、《國民體育法》,以及有關教育之大法官會議解釋、最高法院判例等。

此外，一般法律基本概念，包括法律之意義、法律之性質、自由法治之本質、法律之目的、法律與社會現象、世界主要法系、法律之淵源、法律之分類、法律之制定與法規之訂定、法律制定之名稱及規定事項、法律之修正與廢止、法律之效力、法律之適用、法律之解釋、法律之制裁、權利與義務概說等，是建立法律知識之基本，也是實踐法律之指針。

三、法治實踐

法律貴在具體可行，貴在實踐應用。學校行政人員尤其身為校長，在主持校務、推行政策、學生保護等方面，必須以身作則具體遵守法令規定，落實依法行政，以建立法治的學校。

面對國家社會逐漸達成「民主化、法治化」的境界，教育事業當然也要「依法行政」，才能充分保障學生的學習權。唯有「精熟各種教育法規」才能順利無礙的經營學校，包括：保障「學生、教師、家長」的權利，做好「任免、獎懲、考核」等組織領導；掌握「校務經營、訓輔實施、業務推廣」的精神；做好「校地、校產、設備、採購」的管理，使校務能「合法合理」。[13]

肆、環境對學校運作的衝擊與學校因應之道

一、校長對外在環境的敏感度

當代的校長對於時下環境對學校運作的衝擊，要瞭若指掌並且能「快速的做出適時適度的反映」。對外在環境如何「知己知彼」？唯有靠校長專業的敏感覺知與判斷；對學校的運作如何能做絕佳的反映？唯有靠校長自身修為，才能有明確果敢的「決斷力」。[14]

---

13 當前中小學相當缺乏法律背景之行政人才，每次發生意外事件後，學校應對無方甚至處處挨打，筆者曾多次建議教育局聘請律師團 3 至 5 人，擔任本市各級學校之法律顧問，以補當前學校法制人才之不足，可惜未獲採納。

14 校長不宜涉入政治或地方派系之爭，但不能不對政治、經濟或社會等等周邊事項，毫無覺察或深入了解。

(一)政治敏感度

例如:「政治民主、政黨輪替、兩岸互動、國家認同」,對於「校園民主、愛國教育、地方分權」的影響,教育行政與學校行政面臨「溝通協調」的高難度挑戰。

(二)社會敏感度

例如:「社會惡質風氣、社會與學校互動」,對於家長「參與學校、校務決策」的影響,甚至於「社會意外事件」也會造成校園氣氛的緊張。

(三)經建敏感度

例如:「國內經濟蕭條、全球化浪潮、資訊化革命」,可能會造成「學生外顯行為、學生網咖次文化、改變學生行為品德、影響學校淳樸風氣」,因此訓育政策勢必要改變。

(四)教育敏感度

例如:「教育生態、教改潮流、組織變革、教育法制」的丕變,衝擊「學校行政的運作、親師關係的調整、管教態度的改變」。

(五)文化敏感度

例如:「學校文化、教師文化、學生文化」受到社會風氣的影響,加上校園內部的互相濡染,造成教師在「管教態度疏忽、服務意願低落、保護兒童觀念淡泊、師生疏遠漠視」等偏差現象。

(六)組織敏感度

例如:學校行政「組織僵化、職掌不明、人員變動」直接影響「行政意願不高、工作效率低落、業務認同度低、反映系統遲鈍」等組織病態逐漸形成。

(七)國際敏感度

例如：國際政治影響國內政治生態，造成「國家認同、族群關係、教育內涵」等的爭議。學校行政與教學都會有大的困擾。

以上所舉均為犖犖大者，校長及行政人員要有「與社會脈動同步」的敏感度，適時提出來和學校同仁分享、省思並提出作為學校教學上因應的對策。尤其有「立即的危險」與「直接的威脅」者，更要給教職同仁明確的提醒。舉例言之：屏東大同國小發生畢業旅行大車禍，隔天開始，定時的提出訊息及本校應注意事項，向全體同仁宣達；319槍擊事件之後，社會普遍動盪不安，校長在朝會時，多次提醒教師要「不介入政治漩渦、客觀中立的說明事實、不加以批判或價值判斷、適切的輔導學生心理震撼」等等，以維持校園中立及正常運作。

二、校長對學校事務的決斷力

雖然外在環境相當程度的影響校園氣氛，但是校長在務實面對這些外在因素時，最難做「睿智的抉擇」，校長必須善用「統觀、洞察、前瞻、組織」的思考能力，才能做較佳的判斷。換言之，對校務的決斷力要做到：

(一)釐清觀念找出校務重點，否則必然事倍功半，甚至徒勞無功。
(二)統整人力支配運作組織，掌控組織量能，分工合作追求績效。
(三)盡速建構完整實施架構，人員發揮潛能，業務追求效率效能。
(四)靈活調整業務方針做法，學習企業經營，行政一體主動敏捷。
(五)察納雅言諮詢各種建議，以開放的心胸，接納建言凝聚向心。

伍、最近10年來教育部及教育局政策之評析

我國已經是開放的社會、法治的國家，教育要邁向世界，比美先進國家的不二法門就是「教育自由化、教育法治化」。但是，政治、社會、經濟及文化因素依然深深的影響與支配著教育。自從行政院教育改革審議委員會打著「改革開放、鬆綁自由」的招牌之後，傳統的教育簡直是兵敗如山倒，尤其是一向被視為國家精神國防的國民教育，也被迫「顛覆性」的改革。10年來教育政策

評析如下。

一、當前教育政策的充滿不確定性 造成小學教育成效明顯的倒退

在教育現場，尤其是第一線的國教同仁，都會感受到近年來人人忙得人仰馬翻，幾乎透不過氣。有人戲稱：大陸文化大革命 10 年即已落幕，台灣近 10 年來「雜亂無章」的教改何時才會落幕？的確，當前教育政策確實有相當多的錯誤或缺失。舉其犖犖大者。

(一)國民中小學課程改革

這一波課程改革最震撼人心的，就是九年一貫課程綱要的實施。真是一個「亂」字形容。課程綱要基本上是「臨時任務」編組所擬訂的，嚴重違背《國民教育法》第七條及第八條之規定：

「第七條（目的之達成與課程之安排）

國民小學及國民中學之課程，應以民族精神教育及國民生活教育為中心，學生身心健全發展為目標，並注重其連貫性。

第八條（課程綱要）

國民小學及國民中學之課程綱要，由教育部常設課程研究發展機構定之。」

換言之，目前課程綱要是「非法機關所製造的非法產品」。其令人痛心還有「政治意識型態掛帥、一味的抄襲外國、不確定的授課時數、名不副實的學校本位」，更讓基層辛苦。

(二)學校組織變革的假象

多少的專案研究與年度試辦計畫，期望組織變革能趕上時代，且能與企業改造及政府改造同步發展。可惜「法制未能配合修正」，以致組織變革僅止於「試辦階段」；但是弔詭的是「凡是試辦都很成功」，很多興致勃勃的學校都想試辦看看，最後還是無法實際做通盤的變革。

(三)法制重建的紛亂與無奈

雖然教育改革諮議報告書特別強調「教育法制重建的必要與重要」，但是，10年來教育法規新訂與修訂進度太慢，而且「位階倒錯依然如故、法律充滿衝突競合、搭接式的修法使法律衝突或疏漏更多」。例如：《國民教育法》中至少有8處是相互衝突或抵觸的；《教師法》中授權訂定法規者，包括教師請假規則、教師獎懲辦法等，迄今已近2年依然無法推出；《教育人員任用條例》的修正速度緩慢，目前仍須大修者甚多。再如《教師待遇條例草案》送進立法院至少2年迄今仍無消息。

(四)教育政策的草率形成

近5年來教育政策深受「政治意識」所左右，以至於很多資源浪費，但也有很多業務缺乏資源，造成資源分配嚴重不均。舉實例而言，過度重視「鄉土語文教學」各種研習、專案、活動、教學支援人員等等，大肆擴張散財如潑水。真正缺少資源問題嚴重的國語文與數學，卻未見有「立即性」的政策補救。

(五)教育中立的多重挑戰

《教育基本法》公布實施之後，教育中立問題備受重視。但是，基層學校經常受到「民意機關」隨時的指責與介入。校長遴選制度深受「惡質選舉風氣」的影響，以致校園生態丕變，校長無法施展教育抱負，教育中立也僅具象徵意義。

基本上中央教育主管機關仍然掌控教育的大權，和《教育基本法》所規定的「中央與地方」在教育的權限規定相違背，教育部顯然的不是單純「依法監督」，而是直接指揮命令。

二、面對行政的不當現象　雖然逆來順受　但仍需繼續努力企求改變

俗語說「上樑不正，下樑歪」；但上樑不正，下樑可以歪嗎？我是相當反對的；如果這樣，那就「喪失教育的本質」，也輕忽「學校教育的功能」了。

面對教育行政當局諸多「政策反覆不定、過度政治干擾」的措施，雖然學校相當無奈，但還是要接受並且正正當當的把業務做好，至多以「迂迴柔性」方式，另謀蹊徑。除非，校長有絕對的把握，能夠「指證錯誤、扭轉劣勢」。畢竟學校要保有「純淨、中立」的特質，不宜像社會上普羅大眾般「不爽就反」，須知以緊張的方式對立，終究各方都深受其害，尤其受害較大且深的是學生。[15]影響當前小學教育相當重要的政策或要務如下，我總是小心翼翼的應對：

　　㈠教師應如何同步跟進，迎接課程內涵的徹底改變？

　　㈡怎樣建立「以績效責任為導向」的現代化學校行政？

　　㈢怎樣建立組織新制，以重組學校的權力結構？

　　㈣怎樣甄選培育儲訓，以發揮校長的專業領導？

　　㈤怎樣制定優質的教育政策，以促進改革進步？

　　㈥怎樣發揮企業經營理念，建立行政專業的形象？

　　㈦怎樣釐清教育行政本質，以做好學校本位管理？

　　學校教育像大樹的成長茁壯，當教育政策有如外在惡劣環境的無法改變時，不要渴望「陽光、空氣和水」的永不匱乏，而應積極的把樹根或樹幹「向下、向水、向空」的深度發展。這就是我對「不當教育政策」建立理性的回饋與積極奮鬥的方向。

陸、有關教育價值與學校倫理的思考

一、教育的普世價值與道德價值

　　教育當然有普世價值，如同道德價值一般。基於學校行政倫理的考量，校長有「綜理校務」的責任，要堅守「教育不變的道理與教育常態的事務」。不可人云亦云、顢頇鄉愿。分析如下。

15　沒有執行力，哪有競爭力？知易行難是古今中外每個個人或組織都要面對的課題，企業界如此，行政機構或學校行政亦復如此，行政的效率不彰，如何為教學服務？哪來的教育品質可言？詳見郭台銘的《鴻海帝國》等三本書。

(一)教育的變與不變

例如：教育本質、教育功能、教育目的、教師形象、校長角色、家長地位是不可變的。教育政策、教育方略、教育內涵、學校定位、學校形象，依現實思潮，是有所該變的。

(二)教育的常與不常

例如：校園情境、教師大愛、教學內涵、教學策略、師生倫理、學校活動、學生權益是要守常的；至於作息時間、行政角色、社區關係、學校發展、人力管理等，是可權變的。

二、教育應維持應有的特色

(一)教育的非權力性：學校不論公私立，都沒有「權力性」的直接監督與服從
　　關係。

(二)教育的純中立性：教育應摒除「政治、宗教、特權」的介入與干預，但是
　　教育中立並非教育孤立。

(三)教育的向善本質：教育本質上即為「指導學生向上向善」之歷程，提醒學
　　校教師要善盡為人師表之責任，把別人的孩子當作自己的孩子。

三、再確認小學教育的功能

(一)全人的教育：教讀書教為人、身心健康快樂、五育充分發展、符合社會期
　　望。

(二)統整的教育：統整課程內涵、統整學習方法、培養動機興趣、達成完全學
　　習。

(三)基本的教育：教導基本知能、啟迪正確人生、培養基本學力、建立教育初
　　階。[16]

---

16 直到目前，小學教育被認定為啟蒙的、基本的學校教育，旨在統整的教導學生「知
　識、能力、為人」，之前的學前教育，尚在「教保或保育」階段。

四、現代校長對學校經營應具備的基本信念

下列概念校長應純熟的記在心中，隨時隨處作為學校經營的「指針」：

（一）鬆綁：教育法制要「鬆開不合理的綁、綁該綁的綁、鬆該鬆的綁」。

（二）自由：學生的學習有「選擇的自由、自律的自由、統整的自由」。

（三）品質：重視「效率、效果、效能」，以完成「目標、滿意、觀感」。

（四）風格：具有「特色、品味、風格」，以兼具「個別、同感、普效」。

（五）力行：強調「先知、先作、先覺」，以達成「自助、人助、群助」。

（六）轉變：遵從「務實、漸進、穩健」，以達到「改變、改善、改進」。

柒、塑造學校的文化策略與方法

這一波課程改革其大力推展的「能力本位、課程統整、協同教學」方法策略，其實是植基於「教師群組、合作學習」的學校文化基礎上。學校文化無疑的對於學校經營默默影響，是「隱藏」在政策與制度之後，具有舉足輕重的關鍵要素。校長從事學校領導，有必要對學校文化做深入的了解與運用。

一、學校文化的發展

學校文化，係指一個學校組織擁有共同的價值觀（What is important）及信仰（How things work），與組織架構及管理系統相互影響，而產生的行為模式（the way we do things about here）。更具體的說，乃是組織處理事情的方法（特色、傳統、精神）、管理機制與組織特性。通常學校文化是很不容易改變的，尤其是「各種型態的學校文化如何取捨」、「傳統與當代的均衡」、「生態與領導權責的影響」，均非一朝一夕可扭轉的。

表現在現代企業、學校或文化機構的「積極文化」有哪些？包括：團隊合作、創新思維、人文素養、相互關懷以及終身學習。傳統上組織結構與組織文化的影響，因為首長是採納傳統的學校文化，由於是「首長專責」，教師順從性較高，因此只要「首長具有龍馬精神」，學校必然能「持盈保泰」，教師也能在安定中求發展。

現代學校組織結構丕變、行政運作與組織文化的影響不再是「單純的順

從」，[17] 學校文化「多元發展、多采多姿」，加上學校發展要作「全方位的考量、數位化的發展、國際化的視野」，因此「雁群文化」隨之因應而生。

二、雁群文化與其他文化的分析與比較

㈠煮蛙文化——不感知潮流也無改革行動，慢慢被淘汰而不自知。

㈡螃蟹文化——各行其道，互不相讓，非社會性文化。

㈢猴子文化——慣用舊思維，不知其然也不敢突破。

㈣老鷹文化——強者生存、適度淘汰，強者獨行勇猛，弱者永遠落後。

㈤土虱文化——有熱情活力的人，進入平靜之團體，引起騷動但未必帶來生氣。

㈥雁群文化——學校人員組織像雁群，有不同資歷與不同思維步調的成員。如果被不一樣文化的人從中拖累，步調慢了，不論雁頭多強，多想往前，但速度總還是會有影響。換言之，雁群中一定要有團體意識，人人要互助合作、協同成長、貢獻自我力量，並承擔必要的群體責任。

三、雁群文化的特點與啓示

相較而言，雁群文化是近年來備受企業界深深感動，當作學習的典範。這是繼「蜜蜂文化」、「螞蟻群組」後，人類謙卑的向大自然學習的佳例。學校要營造「雁群團隊同步發展」的機會與氣氛。也很適合於「發展中且想突破」的理念學校或概念校長。其特點與啟示如下：

㈠團隊合作、群體協調、組織嚴謹：飛行、棲息、覓食、繁殖；均有群體社會化本色。

㈡頭雁帶隊、副手救援、合力同心：領導有使命感、重責任；副手多歷練隨時接替任務。

㈢激勵群雁、隨時護持、和諧團結：對傷患、體弱、幼小者，給與體力與精神的支持。

㈣重視倫理、能力成長、能力本位：重視倫理；虛心學習覓食、守候、警戒

---

17 有怎樣的校長，就有怎樣的學校。同樣的，有怎樣的老師，就有怎樣的學生。基本上我們希望學生成為有智慧的公民，而不是順民；準此，也不希望教師是順民。

等任務。

㈤信禮節智、四德具備、團體紀律：定時遷徙、群體生活、守貞重節、啣蘆避繳。

就學校組織的結構與功能而言，當然以「團隊合作、主動積極」的組織文化為佳。有句話說「入境問俗」，但我不認為一定要隨俗，學校文化總是有存在的背景與意義，希望透過了解之後，還要營造優質的學校習俗才是上策。學校內營造「雁群文化」可以造就「自由、獨立、創意、發展、成就」的個人與群體，我試著把此發展策略引進學校，頗受同仁所接納。

最近，我也感受到「慈濟文化」的作育功深，對於「師範精神日益淡化」的小學，有相當大的助益。因此努力的去了解並試圖模仿學習其「熱愛生命、犧牲奉獻」的精神，尤其是「合心、和氣、互愛、協力」[18]的團隊精神，值得大家學習。但願不久能有「慈濟學校文化」在很多小學裡「撒種、萌芽、茁壯、生根」，以至於蓬勃發展，蔚然成為廣大的文化森林。

捌、對校務的嫻熟程度愈高　校務愈能迎刃而解

一、認清校長的基本職務

校長的職務有哪些？具體而言大約有十大項。

㈠教育課程編成與運用

此為課程領導與教學領導，包括：課程規畫、實施督導、視導評量、改革進步。

㈡兒童對話與服務保護

此即訓輔領導與兒童保護，包括：實踐喜好、良善關係、發現人性、圓熟人情。

---

18 證嚴上人的開示，慈濟人的基本信條。

(三)新任教師指導與示範

校長應為首席教師，不僅能作為標竿，且能激勵師道、重視師倫、發揮師愛、研修指導。

(四)教職員工的激勵關懷

校長是仁慈長者，凡事能理解同仁、激勵成長、規畫人生、民主經營。

(五)校內與校外研習進修

專業可共同成長，校長要以身作則、掌握時潮、配合政策、尊師重道。

(六)校務分掌與職員會議

要做到授權增責，以達到知人善任、專才專用、適才適所、廣納雅言。

(七)行政事務與學校財務

堅守廉能績效，必須貫徹行政三聯制、注重管考、廉潔第一、善用資源。

(八)親師溝通與社區合作

建立友善校園，以促進和諧團結、親師攜手、師生和諧、社區一體、襄贊學校。

(九)教育行政與公共關係

發揮行政特色，以釐清法定關係、行政一體且牽連、適度公開校務、做良性公關。

(十)校園安全與危機管理

具有憂患意識，以體認危機與轉機、做好經常性的管理、居安思危、有備無患。

二、建立校長的具體形象

校長為人處事必須果決明斷,且能踏實任事,勇於負責,做到下列各項。

(一)業務的嫻熟

認清輕重緩急、優先順位、作業流程、內涵要項、重要關鍵、法規依據。

(二)幕僚的領導

做到定期會談、原則指示、要點提示、關懷倡導、分層授權、回饋制度。

(三)領導的特質

注意原則明確、指示清楚、給與發揮、多賞少罰、勤於檢核、留下資料。

(四)遇事的態度

都能縝密規畫、落實執行、遇事權變處理、率先以身作則、坦然肩負責任。

三、校長在處理重大或固定事務的基本過程

有人說我「威權、強悍」,其實不然,已如前述。我的行事風格及處理事務過程大致如下。

(一)充分的討論

重大事項要多傾聽、整合意見、建立共識;廣徵眾議之後才能釐清觀念,謹慎做決定。

(二)多方的溝通

兼顧多數人、少數人與弱勢之聲音。達成共識之前,一定做多方良善的溝通。

(三)經常的協調

事務處理之過程、要項、人員,要明確且順暢。共識形成之後,要充分協調以建構進程。

(四)權責的尊重

注意行政裁量的原則、裁量方式、最後決定者。徵詢意見並非全盤照收,尊重各個單位的權責與角色定位。

(五)和諧的氣氛

激發同仁「團結和諧、相忍為校、安定中求進步」的意識。因為良善的組織文化才能做大事,唯有教師的自律,才可使學校進步。

(六)有效的達成

行政運作的「效率、效果、效能」要確實達到。追求績效是目前企業界與教育行政的主流意識,教育品質更是眾望所歸。

四、校長對校務的基本領導觀點

凡事豫則立,不豫則廢。有心理準備的校長,其實在擔任主任時,就應該把「準備當校長」作為座右銘。最佳上策是多元嘗試性質不同的行政業務,如果怕辛苦可能會造成自己「經驗不足」,導致意外事件頻傳。以下是我對校務領導的觀點:

(一)盱衡國教工作的全貌:了解全部業務,深知各種業務內涵及其重要性、延續性、潛藏性。

(二)洞悉國教業務的關鍵:順利推展之關鍵、基本原則之保持、輕重緩急之權宜判斷。

(三)體察學校整體的能量:掌握時效、整合全校力量、發揮最高效率、支持訓導業務。

(四)思索學生權益的保障:重視學生人權、改進輔導與管教策略、考量兒童最佳利益。

㈤建構本校工作的圖像：行政與教師以服務學生為本，教學與活動有一定程度的標準。

㈥掌握社會脈動的訊息：時時關心國家大事、前瞻規畫教育改革、常常思考因應對策，避免脫離現實世界。

玖、校長身心健康之維護與家庭的經營

校長每天要「知道、察覺、指導、決定」哪些事？其實不勝枚舉。下列是重要的經驗。

一、察覺當前重要教育問題的核心

環境設施的現象與功能、制式化的活動與儀典、對學生對教師對行政不同的基本要求、對自然生態的主張與實際作為、對教學活動的看法——校長的原則與堅持為何？校長的兒童人權觀、校長的空間概念與心靈互動的看法、校長的用人與待人基本原則等等。

二、倡導知識管理帶領行動研究

校長如何倡導「怎樣讓學生學得有收穫、看得見」、「怎樣讓老師的教學更有意義更有創意」，如何把「教學過程中，隨時隨處都能深度思索，願意不斷的研究如何改善」，成為就地取材的教學研究活動，並獲得有效的解決策略。

三、嚴謹的做好時間管理

校長在校內與校外活動的安排、校長和師生對話的時數、校長思考困難問題的時間因子、校長做決定的一般模式、校長主持會議的時間控制策略、校長不在校的時間分配與校務掌控方式、校長對教學觀察的時間控制與關鍵掌握、校長巡視校園的時間與路線安排等。

四、適切的做到情緒管理

校長對喜怒哀樂是否形於色而轉化時間甚長？校長是否會遷怒或移情？校長對師生的表現如何反應？「終身學習、終身奉獻、終身運動、終身修為」四

個終身，校長如何實踐體驗？校長有哪些「富含品味」的幽默感或是「耐人尋味」的喜感？校長外形是否「臭面相」？這些平時校長不容易自我察覺的，一定要適時的省思並自我控制。

五、充分的發揮人際管理

校長能安穩的坐鎮學校，其實需要廣結善緣，但也不可太浮濫，尤其忌諱「阿諛奉承」。對下屬要「隨時不忘鼓勵」，對幹部要「恩威並重，明確的指導與示範」。同仁的婚喪喜慶要盡量蒞臨參加，「禮數」既要公平又要等差；有時「無法捧人場，禮數卻一定要到場」，當然，因為時間衝突或事務繁雜無法一一觀照，也要用「適當的方法致意」。對上司則要嚴守「倫理分際」，免得落人口實認為是在「巴結逢迎猛做公關」，人際關係的管理考驗校長的智慧。

六、有效的達成經濟管理

我一向勤儉持家，「把錢花在刀口上」、「一分錢至少當二分用」。經濟且有效的管理有時會和其他原則相衝突，此時也考驗著校長的「輕重緩急與權變取捨」。經濟管理不僅用在財務也用在「成本效益的評析」與「品質風格形塑的效果」，而且也適用在「時間管理、人際管理與績效管理」的策略上。

七、領導氣質及決策能力

校長應擁有「品行高潔、熱情關懷、組織運作、流程順暢、績效掌握」的領導氣質。其具體表現在於「校長處理重大事件時，程序明確流暢；校長思考事情時，表情是堅毅有信心；校長下達指示的流程與動作，明快清晰具體可行；校長的各項決策，具有一貫的原則立場，絕不任意變更、多變善變或捉摸不定；校長對待決的問題，了解透徹因應快速；校長面對各種決策時，廣徵眾議接納善意；校長各種行事作為，絕不膽大而妄為。」

八、校長的綜合能力與整體素養

多年的實務磨練與嘗試錯誤中得到珍貴的教訓：校長要具備「現代化教育觀、指導教師的能力、教育的大愛、寬容接納的心胸、執行決斷的能力」；校長要做校務的「啟發者、實行者、統合者」；校長要讓人人有「可信賴度、健

康身心、執行能力」的感覺。

校長必須要「學會孤芳自賞、學會靜思、不斷學習、健康一番仕事二番（日語：意指健康擺第一、工作其次）、職業敏感度」。[19] 唯有如此，才能夠維繫身心健康而不至於焦慮或憂鬱。通常，勤修校務內政的校長，容易疏於照顧家庭；認真負責的校長也會形成「自我期許較高」，以致造成患得患失，甚至於緊張過度而造成失誤。

其實，大多數的校長在任職幾年之後，或多或少都有「焦慮或身心不平衡」的現象。此時，我建議要多做「靜思、冥想、禪坐、退修」的心靈體操，讓頭腦清醒；多做各種輕鬆的肢體運動，讓身體也能保持充沛的活力。最好能走向戶外田野，讓身心靈的疲憊與塵埃，在大自然中洗滌淨化，恢復原有的充沛體力與清晰頭腦。

我喜歡走近大自然，我也是資深鳥友，平常我喜歡開著吉普車，到戶外健行、賞鳥、欣賞地形、觀察植物等等。我更熱愛志工工作，從 1983 年起分別在台北野鳥學會、墾丁、陽明山、太魯閣、台中科博館、東北角等各處擔任解說員義工。義工工作讓我能心胸開朗地親近大自然，除了增廣見聞之外；也能忙裡偷閒、忘卻煩憂、解除身心壓力；更能認識很多不同行業的朋友，增廣日後學校所需的人脈。再者，大自然的環境之下，「靜思、遠眺、聯想」能激發校長的創造思考與審慎決定。

拾、面對小學經營的諸多問題與困境　校長的策略思考

一、提升學校效能的代價

校長想要好好的經營學校，是注定要「付出青春歲月、淡薄人生欲求、放開得失心情、形成良性文化」。因此最好的策略就是心裡要有一把「鐵尺」，

---

19 有關校長的修為與資質，詳細可參考：下村哲夫（1996）。現代校長學，p10-58。日本東京：東洋館。

那就是處事盡量用心，「簡化程序但嚴守法制、提升效能但不失本質」，終究會贏得他人的支持。

二、對不適任人員的處理

面對不適任教師的問題，總是受到「傳統尊師習慣、法令制度鬆散、人情包袱沉重、重建專業規範」的限制。這時更要「小心應對、謹慎處理」，這種棘手問題，必須嚴守法定的程序、激發學校同仁共同的道德勇氣，集合群體的合作思考，才能有驚無險的落幕。我擔任校長期間處理了7、8個案例，雖然都順利完成，但至今仍然「餘悸猶存」。

三、意見溝通協調的障礙

由於社會日益民主開放，傳統行政至上或權威優勢已經盡失，加上社會價值混亂，校長若要等待「昔日安定的」思潮回歸，那是難上加難。校長必須敞開心胸，盡量能在關鍵之處堅持，最好先縮小範圍並掌握重點，逐步擴大堅實自我，才不至於信心盡失。

四、營造學校氣氛的困境

有人感嘆「學校倫理式微、親師關係重整、學生價值質變、社會風氣入侵」，校長當然也感受良深。但奉勸身為校長的我輩，「切勿好逸惡勞、請別趨吉避凶」，唯有營造和諧氣氛，其策略是「審慎獎勵同仁、和同仁分享榮耀、率先作服務學習」。

五、促進社區意識的矛盾

當前社區意識抬頭，尤其社會運動力量釋放，再者公民意識淡薄、民粹主義交纏。校長其實必須相當謹慎的和社區打交道。尤其要切記「教育專業與一般常識要取得調和、尊重社區與禮遇仕紳的分寸須拿捏得準、保守中立而不孤立自己的旨意」。

六、推動教育改革的迷思

台灣是個「移墾社會」，融合了多元文化，但也存在諸多衝突。尤其教育制度甚多是外來制度整體的移植，但是「土壤氣候不改、上下左右不通、誤解鬆綁釋權」，使得理想與現實始終落差甚大，最苦的是基層人員。例如：教師本位的基本理念是要自律才能自主；學校本位的事項範圍，採取的是多元自主不宜全部寬容；地區本位的思考，是作主導或作客卿要界定清楚。這些，校長心中要有定見，不是全面移植，必須先行試辦推廣，才能匯通觀念與行動準則。

七、面對龐雜業務的無奈

校長雖非日理萬機但至少也有「百機」，尤其近年來「新興議題陡增、理念理想掛帥、基層實務鬆散」，其實是有待重整理緒。在實務上，我是採取「以簡御繁、能量考慮、慎選重點、做適切人力調整，並且留下重要且關鍵的紀錄」。

八、推動校園民主的阻力

雖然台灣施行民主已近半世紀，但是普遍的的現象是：誤解民主真諦、法治觀念不足、忽視實驗研究、政策未能健全教育的體制。這對於基層的責任更為深重，唯有從下一代的教育中，加強民主訓練，讓法治植基生根才是長期的治本之道。

九、維持教育中立的不易

我對於「政治不當介入、社會文化失調、價值觀念偏差」相當關心，我也試圖積極的重建教育本質。因此，我堅決：謝絕商業、遠離政治、謹慎宗教、避免干預。唯有如此，學校才能「乾淨單純」守住中道。

十、學校行政骨幹的凋零

多年來大家對於學校行政的骨幹相當重視，由於環境的重大變遷、高層對菁英的忽視、基層對苦勞的不屑、制度上對權利責任規範的失衡；造成人才大量流失退休，這是個警訊。恕我直言，這不是我能力所及，只能大聲呼籲建請

大家重視這種現象，但願透過集思廣益，構思對策，例如：激勵保健的策略、修正行政組織的結構、保障功績者權益、擴大心靈教育等等。

拾壹、經驗與分享　省思與展望

一、擔任校長多年之實務所得，認為下列是校長培育與儲訓的必要內涵

(一)校長學基本對談

現代校長觀、基本法規認識與問題探討、思維習慣與練習（包括：統觀能力、洞察能力、前瞻能力、思辨能力、創新能力、執行能力、省思能力等的實力與應用）。

(二)校長的領導觀

小學及附幼的經營、課程觀、訓育觀，及協調統整力、總務觀，及校園規畫、輔導觀、決斷力及融合力。

(三)校長法政素養

教育法規問題深究、行政管理對談、教育政策對談、公共關係對談、校園經營對談、教育政策的執行。

(四)校長的專業成長

五項修練實務、法治素養概說、危機管理實習、文化學習對談（包括：慈濟文化、家長文化、群雁文化、教師文化、學生文化、校長文化、官場文化等的認識與應用）、校園個案討論。

(五)校長的公關哲學

務實且誠懇的與教師建立良好關係、與家長對談、與社區人士合作、與資

深或退休教師協談。

(六)校長甄選及遴選面面談

例如筆試與口試要訣、儲訓與培訓所得、實習與候用之體驗、遴選與初任的試煉。

二、我對教育的最大貢獻就是擔任校長時的成就及其對社會的影響

也許這是「宿命」吧！我到哪個單位都有大的任務。當了校長之後更加吃重。下列是我自認擔任校長期間,直接對學校及師生較大的貢獻。

(一)79～81學年度服務指南國小期間,推動「田園教學」,深獲好評

由於田園課程的實施,使指南國小倖免被廢校之厄運,並建立「自由學區」、「教師聘任」、「學校本位課程」之典範。指南國小如天蠶蛻變,從一所幾乎被遺忘的學校,成為台灣地區體制內開放教育之先驅。「田園教學」[20]成為全台各地膾炙人口的教改與學校本位課程的典範。

(二)82～85學年度服務萬芳國小期間,繼續推動「開放教育」,頗有收穫

各學年成立「改進教學與評量實驗班」,倡導教學改進、評量多元活潑、家長參與教學等改革。此外,並積極推動教師資訊能力研習訓練、和「光寶文教基金會」合作,推動戲劇教學、栽種大樹增進校園風格、處理學校全棟大樓「鋼筋外露補強」工程、規畫「以大自然為本」的生態校園等等。校園整體環境、教學活動及師生互動,均充滿生機朝氣。

---

20 田園課程或田園教學,為1992年起在台北市8所郊區小學所推廣之課程改革,是開放教育之先驅,也是後來台北市積極推動開放教育,建構「教育自由化與學校本位課程」之基礎。當時主要目的在於保住8所郊區偏遠學校以免除被廢校的厄運。筆者是當年積極推動者,也是「田園課程」名詞原創者。

(三)86~93 學年度在景興國小進行「學校再造」，成效已見

景興國小校園狹窄，近 10 餘年來學生數暴增，經教育局核定為「額滿學校」。全校整體環境相當不良，嚴重影響教學品質及教師服務意願。1999 年到職以來，兢兢業業為學校「轉型再造」戮力不懈。於 2001 年 3 月完成中程發展計畫。此外，更積極規畫新建教室及活動中心，使景興校舍面積擴增 1.4 倍（原有之 2,760 建坪，增加到 6,980 建坪）。目前全部工程業已完成並已進駐使用。景興國小完全脫胎換骨，成為現代化設施的學校。除上述「改善學校整體環境」之外，今年更繼續擘畫景興的十大願景「倡導教師進修研習、充實教學設備資源、改進各項學習課程、帶動多元活潑教學、推展各項學生活動、發展學校經營特色、做好親師密切溝通」等均有顯著的成效，開創兒童學習的新天地。

此外在公餘更積極參與各項教育事務，自認對所有國教同仁都有所助益的，例如：

(一)長期關注「國民教育法規、教育行政法令規章」，協助教育部及教育局修正或訂定相關教育法規，參與法案十餘項，並擔任台北市立教育大學及國立台北教育大學相關課程教師。

(二)長期關注「校園安全、學校文化、教育人事行政」，並在台北市立教育大學及國立台北教育大學開相關課程。

(三)長期探討「公民教育、法治教育、兒童人權教育」，經常參加學術研討會並發表 10 餘篇論文。

(四)配合各項教育政策並承辦各項委託業務

承辦或協辦畢業生市長獎頒獎典禮、教師節遊園會、兒童節遊園會、表揚績優幼教人員、表揚健康寶貝、夏令營營隊活動、城鄉交流活動、傳統藝術文化表演（歌仔戲）活動。

(五)做好正當的公共關係

使社區人士、家長暨家長會、教師會及民間團體（包括研華基金會、慈濟功德會、民間司改會）積極協助學校推動相關業務。和學區做好敦親睦鄰，4 位里長均積極為學校服務。景興國小新建工程 3 年內「無工安、無鄰損、無抗爭」事件，堪稱工程典範。

(六)推動積極有效的行政服務體系與專業成長的教師團隊

景興國小不僅在單項有特色,而且要積極發展成為全方位的精緻的「優質學校」。

三、為苦行做見證　校長應有的覺知

想當年我初任校長就「勵志」做個好校長,因為要當個好校長不止立志而已,還要勵志;亦即不斷的砥礪節操,鍛鍊意志。有位前輩校長問我:「你想當教育的校長、宗教的校長、苦行的校長、創意的校長或者政治的校長?」似乎我又「註定」的要苦行此生,當個苦行的校長。因此我心中踏實的自我檢討:當校長「沒有權力只有服務,沒有榮耀只有辛苦」。因為權力不是可專擅而是有責任的;榮耀使你有信心但要更謙虛。當然我更覺悟作個掌舵領航者,只因校長不同於教師、不同於主任;校長的領航必須精練事務且精準判斷;掌舵有時抓緊但也要圓熟。

回憶來時路,如果我能重新來過,其實還是怕怕的。至於如果重來是否會再參加校長甄選、培育儲訓甚至遴選,膺任這麼艱鉅但非常有意義的工作?說真的我也是相當猶豫。當然,我有這個能力、機會且真的國家社會需要我,相當「認命」的我還是會承擔下來。不過,至少我會有下列的覺知:

(一)不要眷念職位,校長不是「非我莫屬」:上台要準備隨時下台,如此,才有堅持原則的空間。當然,要做好情緒管理,不是隨著任何人的聲音就草率離去,反而有逃避責任之譏。

(二)校長要有風骨,切忌人云亦云沒有定見:教育人員的本質與分際要掌握得宜,時時以「鐵肩擔重任,笑臉對兒童」為己任。

(三)只要肯努力,必定有掌聲:校長的職業聲望其實還是相當高,不要妄自菲薄,要時時自我求進步,語云:「疾風知勁草、板蕩識誠臣」,好校長還是會受到敬重的,這也是我在困頓之中,得以繼續奮鬥之動力。[21]

---

21 ※後記　感謝林文律教授,讓我有機會把從事校長15年的心路歷程寫出來,供大家分享與批判。由於時間倉卒,行文草率且有多處不盡周延之處,文責由我自負。謝謝各位指教。

作者簡介

　　本文作者李柏佳先生，原任台北市景興國小校長，現任台北市中山國小校長、台北市國小校長協會理事長。苗栗縣苑裡鎮人，1947 年出生於大甲鎮。1966 年畢業於新竹師範；1977 年畢業於中興大學台北夜間部法律系；1990 年台灣師大教育研究所暑修班結業；1997 年台灣師大公民訓育研究所碩士班畢業。先後服務於台北市西園國小、華江國小、指南國小、萬芳國小、景興國小、中山國小。1989 年台北市國小校長儲訓班（陽明 4 期）結業。1991 年擔任指南校長時，首倡「田園課程」，開啓國內公立小學「開放教育」之先河。長期關注學校行政並從事行動研究，對於教育法規、公民教育、兒童保護、田園教學、自然生態、綜合活動、兒童戲劇——等有深入之研究。2005 年完成景興國小「學校再造」浩大工程，提倡「空間開放、心靈自由」之學校規畫設計與經營理念。2007 年榮獲教育部校長卓越領導獎。

孤帆遠影——校務經營

李漢敦
台北縣光華國小退休校長

壹、蓄　勢

　　小時候的志願，曾經要當「蔣總統」。長大後，志向小了，進了師專，老師成了唯一而終身的職志。進到學校教學現場，快樂的和學生玩在一起。主任來遊說當教學組長，也勝任愉快。有一天，校長說：你不補習不賺錢，去考主任吧！幸運的考上了，分發到山上的小學校，當了 1 年教導主任，莒光國小林秀地校長又要我回去接總務主任。當了大學校的主任後，學著做事，當校長成了唯一的出路，主任滿 4 年時，距離理想近了，但競爭者眾，又多強棒，失之交臂。次年捲土重來，卻也名列前茅。

　　儲備的方式，這 10 幾年改變甚多，以前在台灣省教師研習會的校長主任儲訓班，經過 10 週的全省（我們那期還有高雄市代訓）集中研習，各縣市的菁英相互激盪、研討，辯論會上，時見機鋒，惺惺相惜。相處 10 週，也成好友，雖回各縣市就任，但常聯絡，遇校長難題，也相互支援，經驗交流。其功能也類今之 EMBA，建構人際網路的有利平台。

　　教育是知識演進的方式之一，學校也是經驗、價值延續的所在，尤其當組長、主任時，常常跟在校長身邊，向他稟報計畫，一起處理危機，日常閒聊，都是學習的時候，尤其在莒光國小創校之初就一起工作，跟在林秀地校長身邊 11 年，耳濡目染，受其影響不可謂不深，日後處理校務或教師問題時，常會想著以前老校長怎麼做？是很重要的參考。當學校要做一件大事，她會先集合 4 位主任，找出 1 位總負責，規畫、分工，每處室都參與，強調行政是個團隊，合作而分工，依工作性質不同，分由不同主任擔任總召，檢視進度，幾經歷練

之後，成員都可獨當一面，但不會各自為政。一直到現在，仍是我的做事模式，一個強而有力的行政團隊。

林校長給我的另一告誡：人是不容易改變的，想法及觀念的形成，都在家庭成長中累積而成，我們不是聖賢、神明，沒有辦法一席話就讓他改變，多說無益，徒惹人嫌而已，唯有透過制度的建立、外在的約束，讓整個學校運作正常，經常而有效的民主過程，形成共識之後再推動。相信每位老師都能自覺，每班也都能帶好，唯一不該相信的是，我都說過了，一定會做到。校長是資源、觀念整合者，不是神。

貳、揚帆──理念與策略

一、根本──找來好老師

我從小就不是個聽話的孩子，長大以後仍然沒變，即使當了老師，做了主任，甚至是校長了，仍然不平則鳴，會放砲。總認為教育是人的工程，人教人的過程，老師居於絕對主導的位置，有愛心、耐心的對待班上的每個學生，都是人師、經師、好老師，校長只要提供資源協助、整合、分配，公平對待每一師生、每一事務，校園必然和諧，校長老師每天都可以過著幸福快樂的日子。

要達到這境界，前提是要找到好老師，師範院校所培養出來的老師，絕大部分都善良而認真，專業知識也有一定水平。師資班的老師，因為知道自己要的是什麼，有的更在私人公司歷練過，知福更惜福，果真每位老師都如此，校長又何愁之有？

替學校找到好老師，是校長最重要的工作；教評會的委員、老師們，替自己、為同仁找到好夥伴，則是切身的問題。從報名的應徵者分組，由委員分別透過私人關係（教育界很小很封閉的，一定可以問到每位應徵者的原服務學校、實習學校）查詢之前的服務狀況，為人處事的評價，凡有疑問者，口試官再詳細詢問，最近幾年，應徵者眾，可挑者不少，能雀屏中選者，都不令人失望。光華國小近 5 年來，以此方式招聘進來的老師近 7、80 位，沒有看走眼的，或許有人要質疑不公平。我都會反問：招聘人師，如果只用紙筆測驗，僅憑一張試卷一小時考試，就能打敗平時認真、負責，兢兢業業 1、2 年的人，那才真的

不公平。學校需要的是認真有愛心的老師，會不會考試，不是很重要。

　　全體教評會委員都有使命感，不循私，這一點，光華的委員們做到了。另一層次是，校長也要為委員們擋住外來的壓力，來自縣府長官（各局室都可能有）、民意代表（立委、議員、代表）及各方意想不到的關心，校長要運用智慧，公平的處理。當立場堅定、公平對待時，會被體諒、尊重，不至於議場被辱，卻可以贏得教評會委員的敬重。權衡得失，這些年來，外來的壓力，只到校長室，所有的八行書、履歷表都存在抽屜裡，委員們一個都不知道，就這樣在良性互動的氛圍中，建立了認真的教師團隊，也獲得家長的肯定，幾年來學生持續增加，93 學年度已躍升為全國最大國小，200 多位老師素質齊整，都是一時之選。

二、動力──行政好團隊

　　找到好老師，帶好每個班級，校長無後顧之憂。從好老師中，選聘優秀幹部，組成堅強的行政團隊，可以做到任何事情，對內對外都稱心，老師可以無怨，校長可以了無牽掛。

　　理想如此，但不可能憑空組成，學校已經存在，主任、組長也都各在其位，新到的校長不可能解散重聘，因為不了解，也不敢。等 1 年以後才能逐漸換血，但仍有包袱，處理方法就因組織特性而各異。15 年前初接鄉中心小學時，70 幾班的中型學校，老教務主任資深、忠厚但了無創意，只好直接帶著組長做，組長年輕有衝勁，給他提示，創意源源不絕，那幾年很像明太祖朱元璋，廢宰相，親統六部。

　　10 年前接市區的一所 100 多班老學校，主任走到只剩 1 位，他校有經驗主任都不敢來，聘了 3 位剛儲訓出來的新主任，組成了另一種行政團隊，主任年輕有衝勁，組長比較資深有經驗，前 1、2 年校長成了師傅，指導諮詢兼有。

　　現在制度變了，主任只要經過校長的聘請，遴選去儲訓，這給了校長更大的揮灑空間，尤其我們這種百多班的大校，不難找到聰明又能幹的組長，再從其中選聘，擢升為主任，如此客觀公正的做法，同仁們看在眼裡，心中自有評價，只要校長有眼光、不循私，不會和同仁們有太大的落差，稱職、會做事。這是第一要務：找對人。

　　至於團隊戰力的提升，要有機會操兵，才能提升能力，增加凝聚力，我們

這個團隊，就曾承辦全縣國小師生田徑賽、2003年全國運動會藥檢組、台灣燈會，視野寬廣了，能力也累積了，舉重若輕。

學校的成敗，繫於老師之良窳，但必須要有良好的行政團隊才能發光發熱。「良師興國」4個大字掛在台灣師大紅樓入口門楣上，能進師大、師院就讀的學生，都是資質優異的孩子，師範院校也不負所託，培養出良好的中小學老師，良師不缺，而學校有差距，關鍵在校長及行政團隊，好的主任、組長，規畫合宜的課程及活動，有效率的執行各種計畫，使得老師安心教學，績效就顯現出來，校內一團和氣。

行政團隊的組成，核心是主任，大型學校的主任所面對的變化，處理的人際關係，數倍於小校。因此，慎選人才，充分授權，才能彌補校長的不足，校長也才能在制高點上，不會為瑣事羈絆，得以宏觀看校務，思索未來。

如何授權？是領導上的藝術，我怕煩，神經索又粗，所以細節處，就授權主任、組長決定了。譬如：在修繕及採購上，1萬元以上的才需校長簽准，其他的由主任決定，甚至事務組長也有一定的授權。校長的公庫印鑑章，也交給總務主任保管，出納、會計和總務都在一樓總務處，由主任代管代行，可以省時間也方便。有人會懷疑，這樣可以嗎？這當然有前提：總務主任是正直、可靠（否則為何請他當主任？），支出憑證需要先經校長核章，才開支票，哪會有問題？

經費的授權，除總務處之外，其餘各處，各主管業務，也有適度的空間。在人事權方面，也要給主任空間，才能贏得老師的支持。教職員請假，依規定是要經校長核可，但授權教務主任，除了一天以上及連續假期前後日，要請假人親自向校長請假之外，一天之內的，老師們去找主任，權威就會受到尊重，爾後對老師勤惰考核、教學視導，教務主任即使再年輕，都會受到一定的敬重。

三、資源──取得與運用

資源的爭取與合理有效運用，在學校經營上是很重要的環節。在公司管理上就是增加營收，降低成本，達到最大獲利。學校可以不問營收，公立學校學生多少和薪水無關，也無關績效，但是成本控管一樣重要，補助款及經常費都一定，對外募款又不易，如何將有限經費做最大運用，需要智慧。扣緊不放，老師怨；鬆了，沒錢難為巧婦。

教育經費自 2001 年之後大幅縮減，再加上檢調積極偵辦議員地方建設配合款之後，風聲鶴唳，校長為學校爭取經費而遭約談、移送者所在多人，明哲保身為要。學校經費短缺更雪上加霜，但又奈何？在這困窘的情況下，家長委員會的捐款，對學校來說就是很大的挹注，家長會的經營是校長的必修學門。

家長們一層層的組織完整後，發聲的份量就愈來愈大，不論在政策制定，校長遴選上，都逐漸發揮影響力。學校家長會的組織也更健全，非 1、2 人所能掌控。家長會基金，校務發展基金的運用也制度化。以光華為例，每年約 200 萬的經費，先由各處提預算，校長彙整後，增刪需求，再提家長委員會，各主任蒞會說明，對委員們充分尊重，也讓他們知道所捐的錢用到哪裡。每學期要將收支情形在委員會上報告，公開流程，家長們都肯定，也避免會長、校長個人私心、好惡的支用。

資源運用分配上，謹守多數人使用的原則，不可偏在某些特定團體上，常聽到有些學校為了校隊出國比賽，將眾多資源集中在少數人身上。部分老師也會以團隊、指導科展等機會，採購一些只有少數人，甚至 1、2 人用得到的器材，主任也會伺機購買相機、錄放影機等昂貴設備，放在身旁使用，別人不知，也無從借用，完全的公物私用。當然也避免裝潢宿舍、校長室，不是不能做，只是會落人口實，即使不公開指責，也會私下耳語，指指點點。讓人信服，是很重要的因素。另一個考慮的是比例原則，譬如治安不好，教室常遭小毛賊入侵，老師氣急敗壞的質疑，為何不裝鐵窗？也在校務會議上提案。細算 1 年遭竊損失多少，不銹鋼鐵門窗一間教室大約近 10 萬元，全校只裝一樓，就得花上近 300 萬元，累積 10 年的竊損也不到百萬，何苦把師生都關在鐵窗內呢？但老師常不這樣想，主事者要權衡輕重。

另外也應考慮投資報酬率，10 年前普通教室視聽化計畫，每班裝 2 台電視、1 台錄放影機，實在理想，但第 2 年就無以為繼了。我們評論這決策，都是直覺、理想化的思考，如果經費充裕，教室更應每生 1 部電腦、固定懸吊的投影機、印表機，太美好了。可是想想，一週看幾次影帶？失竊風險？升級汰換率又如何？除了台北市有充裕的教育經費之外，其餘學校承擔得起嗎？我們把教具室管理得宜，老師借用方便，全校買個 10 台、8 台，使用頻率高，隨時機種更新，就不會造成資源的浪費。

四、合夥——家長經營

　　每年的家長代表大會,在 200 多位班級家長代表面前,都會自我定位為年度的公司股東大會,我這總經理做年度的營運報告,率各部門主任蒞會,充分尊重。而家長委員會則有如公司董事會,與公司不同的是校長所提的校務報告,僅止於報告,並不需要董事會通過,人事任命也獨立行使。確定學生才是學習的主體,家長有權知道孩子在校如何學習?如何生活?老師的班級經營中,利用班親會時間,將理念告知,並和家長討論,交換意見,了解家長的想法,取得共識,相處更容易。

　　家長的組成,就是社會橫向的集合而已,社會中會有的份子,家長中也會有,沒有選擇的多元組成,所以如何導之有序,使之戮力齊心為校、為孩子。果能如此,大同世界。如何維持平衡,趨善避惡,小型校用情感,大型校用制度,尊重制度,一體適用,校長尤需以身作則,否則難以服人。如採購午餐,教師甄選,教材選用等等牽涉利益部分,尊重制度,秉公處理,即使有怨言,也只是少數。而校長本身行得正,不偏私,想干涉者也無從下手,無法如願。可能有怨,但不至於有恨,更不可能有玉石俱焚的報復。所以干涉校務與否,端看是否給與可乘之機。家長會的重要性,在現今教育體系中,愈來愈取得地位,是時勢所趨,也是他們努力的成果,因為熱心、參與,進而了解、奉獻,自然而然的就會贏得尊重,對學校的貢獻,也與時俱增,只要善加運用,都是可用資源。在校務會議中,家長代表雖僅占 1/4,但在理念上,他們與行政較近,有他們在場,部分老師的非理性言論也會節制,如果會前先溝通,需要表決時,也以行政馬首是瞻。在教評會、課發會中,也常有其關鍵位置,當然,也有例外,會長是民意代表,不願得罪人,寧當濫好人,又另當別論。

　　教評會中,家長代表雖只有一席,但卻是法定代表。曾有某校,因為教評會中,非行政老師占 80%(校長也非教評委員),挾其多數,許多議案都不經過討論,強行表決,家長氣憤難平,當場宣布退席抗議,聲明家長會不派代表,質疑如此組成是否合法,將行文縣府解釋,逼迫主席改變態度,並允許其他家長委員得在旁旁聽。如果這算是干涉校務,也是正向的干涉,是另一種制衡的力量。

五、蔟錦──特色發展

我們常被「特色」迷失，以為學校一定要有特色，可是很少去推究，為什麼要有特色，什麼是特色？談到棒球，就想到美和、華興，可是誰能告訴我台大、哈佛的特色是什麼？台北市立教育大學的特色又是什麼？他們的好，受到社會的肯定，好的普遍，好的多元，這算是特色嗎？

或許，當我們不是哈佛、台大，退而求其次，只要有一小部分頂尖的好，就喜不自勝的誇為特色，宣示於社會。當我們教學普遍都好，美術、音樂、體育各項也都有突出表現，給有特殊專才的孩子，施以訓練，獲得成就。或者給有抱負、有專長的老師，予以支持，培育學生，延續傳統，也讓老師的長才得展，成就自己，在縣內或全國獲致佳績，這就世俗所謂學校特色發展建立。

這些特色的建立，各有其背景，首要是師資，老師有熱忱，成功了一大半，光華沒有游泳池，但有位康書源老師很熱心，組成游泳隊，和社區私人泳池合作，幾年下來，小選手已在全國賽嶄露頭角了。棒球隊已有 10 餘年傳統，沒有師資，但外聘教練，得以維持。大鼓隊和圍棋則是地方的期待，所以請家長會協助，成團之後，外聘老師，家長成立後援會，附屬在家長會底下。至於管樂團、直笛團、弦樂團、合唱團則是老師熱心，家長關心，所以成績斐然。

美術的發展，又與前述不同：原有老師因與行政理念有差距，所以不見成效。我曾選修美術，和他們也投緣，幾年來增聘 2、3 位老師，形成一個理念相同的團體，近年在全國兒童美展大有斬獲。各種專長特色的建立，型態各異，因勢利導，給有意願老師較大空間及較多支持，在人才不缺的大學校，會有不錯成績。不過任何特色，都須植基在學校優良校風，家長認同，社會肯定，普遍都好的好學校，就是最大特色。

學校特色的形成，除前述的老師及傳統之外，校長及老師相契合也是因素，在林口國小時，選手出身的吳金燕、林建興 2 位年輕老師，帶手球隊打到全國第三名，將到丹麥的喬陵蘭參加國際分齡錦標賽。大家最擔心的經費，要 200 多萬元才夠，縣府才補助 20 幾萬元，不足 200 多萬，家長會長是鄉民代表，請他一起帶隊到歐洲，鄉長沒空去，小兒子是林口國小的學生，也掛名在選手之列，財政課長的兒子也一起去，就這樣公所補助 170 萬，一切 OK。這趟丹麥的杯賽，不負所望的獲得 12 歲組的冠軍，帶回了一座造型優美，校史上

第一座的外國獎盃。那次的歐洲行,孩子們的收穫最大,除了比賽獲勝之外,飽覽北歐四國風光:挪威的峽灣,山頂積雪半溶,處處飛瀑,山間的小湖半邊清澈見底半邊冰。峽灣的遊船,波羅的海的遊輪,丹麥到挪威的渡輪,遊覽車上船的景象,北角的午夜太陽,聖誕老人村的半夜遊河,都是印象鮮明的回憶。最值得一提的是比賽期間的 6 天,都住在丹麥日德蘭半島的小鎮,優美而恬靜的農村,租了腳踏車閒逛鄉間。比賽地點是一所高中,五面足球場連接在一起,綠草碧連天,那種大氣,令人懾服。十面場地同時比賽,都是平生首見。這歐洲行,也是學校特色的副產品,更是帶隊老師的最佳自我實現,激勵持續的力量。

參、風雨──變與價值

一、學校出租中

這 10 年來是台灣內、外環境變化最大的一段時間,以後是否會更劇烈,我們不知道。以經濟來說:學校經費在 1991 年前後,相當充裕,尤其硬體建設、學校新設、教室更新,每校都有不少工程在進行,可是到了 1999 年前後,經濟不景氣,再加上《憲法》保障的 15%教科各預算也修掉了,這 6、7 年來各校都在度小月,連基本修繕及維護費都快沒了,只是擔心以後可能都是小月。這些年來,「執政成績」與「施政績效」成了民意代表與媒體檢視縣市首長成績的正當性,4 年就一定要看到成績,也最好能反映在選票上,監督者與被監督者的看法竟然一致,那「急功近利」與「速效」成了共同的價值。落實在經費資源分配上的結果,百年樹人的教育工作,是無效的經費投入,《憲法》又不保障了,政府從中央到地方,都安心的刻意忽略,教育部長與局長都是政務官,怎會與執政當局相左呢?無心也無力。因此,年年度小月,確定是常態了。可悲的是十幾二十年後,國家競爭力將倒退,我們只有嘆息而已!

因應經費的縮減,自籌財政財源就相對的重要,大型學校在市區裡,以企業手法經營學校,將設備做最有效的運用。如停車場出租,禮堂、教室能出租收費的都可以出租。家長委員會的捐款也是可觀的來源,本校家長委員採自願式,從各班家長代表中產生,擔任委員 1 萬,常委 2 萬,副會長 5 萬,會長 20

萬元。整年中不會再有任何捐款,享受組織中的認同感與尊重。這些年來,運作順暢,家長委員的捐款,成為校務推動的主要財源,縣府的經費,只是維持基本運作的能源而已。

這種經費窘迫的情況,老師同仁知道,但如果干涉利害關係時,不見得會體諒,譬如:教室出租會造成原班級的不便(不若自己單獨使用的私密),停車場晚上收費,教師與社區民眾一樣付費,要努力溝通,化解既得利益者的反撲。而家長會的積極參與校務,是認同與尊重的前提,這也會引發老師的不快,曾有「校長被家長會綁架」的說法,如何在尊重、參與之間,讓老師感受到些許壓力,又有可以靈活運用的經費,能帶動許多創新的活動,是校長的課題。

二、學生銳減中

社會的變遷中,人口結構的改變最大,從中可以看出對教育、對學校的影響。當10年前普設高中、大學的呼聲成為政策,成為經濟投資的事實時,需求與供給就產生了大改變,進大學不再是窄門。10年前剛到民安國小就任時,在那補習風氣仍盛的地區,在對新生家長的校務報告中,就告訴家長,孩子以後能否讀大學,關鍵不在孩子,在於家長您口袋錢夠不夠?當時家長滿臉疑惑,看著這新來的校長,說出這驚人之語。10年之後印證這話,應該有幾分正確吧!也因此逐漸改變了某些家長的看法。

另外也不時的和老師溝通觀念,校外補習將愈來愈不敷成本了,開放教育的實施,改變了部分家長原本只重學科記憶的老方法,不再給孩子補習了。小班小校的呼聲,老師的補習招生也稍見困難。再透過教務行政的改變:不再統一命題,不再班級成績比較,不得班上月考成績排名等等措施,幾年之後老師在校外補習的風氣,無形之中減少了,甚至沒了。那些補習名師,也轉變為九年一貫課程的本位課程名師。

三、環境更新中

這世界在變,學校也與時俱進,不可能不變,只是大小變之別而已。「新人新政」、「新官上任三把火」,基本上都是變革,對校務,對人事的不同而已,但目的都相同——希望會更好,但真的是否更好?改善?改惡?會不會有「人存政舉,人亡政息」之譏,都是在變革前需要仔細思考的。

　　環境的變革,最大的莫過於老校園更新,牽涉到的經費很大,來源如何?老師、家長、校友對舊環境的情感依戀,學校傳統的維持。記得 1990 年剛接任林口國小,初任的校長,接那 72 班、75 年歷史的老大學校,面對老舊教室有著不滿,也有著更新改建的動力。老校主建築建於日據時期,小小川堂,小小校門,面對窄窄的老縣道林口路,每天上下學都擁擠不堪。而這些老建築有的是戴帽式(一樓建於日據,二樓建於 1971 年)、有的是三明治式(一樓建於 1961 年,二樓建於 1970 年代,三樓鐵皮輕鋼架約完成於 1981 年),全校都沒使用執照,補辦使用執照 8 年還下不來,而老建築經鑑定安全有顧慮,縣府來函,建議不要使用。不用!行嗎?3,000 名學生都不上課了嗎?整個林口台地上就只有這個小學,在無計可施之下,回函繼續使用,校長負責。也趁這機會,向縣府爭取改建經費,找人規畫校園,將校門從向南移向西,面對新闢 20 公尺寬的竹林路,主建築後退 30 公尺,讓校門口氣勢恢宏。這遷移校門之舉,非比尋常,老師、家長、校友都可能有意見,甚至有人提風水之說,認為學校應朝北才是大吉之位,可是原校門朝南,西邊有大路,北邊是深深的山谷,幾經溝通之後,不再有異見,才能逐期建築,在下任邱月英校長手上全部完成,這是環境變革一例。

四、組織變革中

　　在組織的變革上,以往是沒有機會的,所有組織都是上級所定,學校完全沒有任何空間,直到 2004 年才有組織再造的試辦之議。在教師團體抗議教師不兼任行政的氛圍中,校務的推展,面臨很大考慮。國小的行政組織向來就比國、高中的職員少很多,很多工作由老師兼著做,但愈來愈不被老師認同,事實上也很不經濟,少聘 1 位老師的薪水,可聘 2.5 位專任職員。在這前提之下,學校的組織再造計畫,少聘 3 位老師,增聘 4 位行政助理,不只各處都有協助的專職人員,不用因為要去上課而中斷服務,而且有多餘了數百節的課,可供老師申請發展特色課程,行政、老師雙方都有利,是試辦各校中頗獲好評的辦法之一。

　　校務的變革,現今事事都要校務會議通過的情況下,要進行影響深遠的變革,實在是不容易,必須要找到適當時機,因勢利導才行。曾有這麼一次,在民安國小的任期中,開放教育正如火如荼的在北縣推展著,以往定期評量都是

統一命題、集中考試，老師省時省力，一個年級20幾班，一科只要1位老師命題即可，再集中委外印製考卷，可是常有洩題事件發生，防不勝防，趁著一次鬧大了，附近一家補習班知道試題，先行複習考，家長事後告到學校，老師們也知道事態嚴重，檢討之餘，也無從防堵，就趁機推出考試週概念，不統一命題，不集中定時考試，期中考在一週內完成，比照大學期中考的方式，各出試題，各班自找時間考試，就沒有洩題的可能，也符合評量的原則。在這種氛圍中，老師可能都不敢有意見，也確無對策，就這樣6、7年來都採用考試週的方式進行評量，實屬不易。

五、政策回憶中

(一)開放教育

近年來在台北縣推動最成功的教育改革，雖然是前教育局長鄧運林先生邊做邊修的政策，但呼應了當時教育鬆綁的社會呼聲，再配合研討、觀摩、出版書籍、出國考察，又給與經費支援，形成一股沛然莫之能禦的氣勢。設立縣立完全中學，讓升高中不再那麼難，使得國中階段的升學不再需要惡補再惡補，否則沒有學校可念。也影響到小學，可以說服家長，不需要補習了，快樂學習。雖然人亡政息，但觀念已建立。很可惜，好不容易鬆綁的國中升學競爭，竟因為立意良善的九年一貫一綱多本的政策，造成老師、學生的惶恐，不知道這一本課本是否遺漏，只好讀了多本課本或到補習班補習，避免疏漏，造成學生負擔更重，補習班更嚴重，其他縣市或許感受不深，台北縣對此尤其強烈。倉促上路的政策，未經實驗，所造成的反效果，如今才一樣樣的修補、銜接，對孩子已造成傷害，實在不公平，更不應該。

(二)閱讀計畫

預算少，學生的活動等等已捉襟見肘，哪有餘錢買書？學校圖書館都快成了真空館，推動閱讀運動，就很諷刺。可是上位的部長，哪知道這根本的問題。為徹底解決這根本困難，光華國小商請家長會每年支援10萬元買書，更在3年前和老師、學生取得共識，將每年合作社送給兒童節禮物的錢，改成固定提出30萬元買書，作為兒童節的禮物，充實學校圖書館，擴大借書範圍及時間，並

於去年印製閱讀進階配套的鼓勵獎卡,不斷增強、鼓勵閱讀,在光華已見成效,但相信這不是教育部、局的功勞,只是學校自發性的運動,也證實了政策的推動,如果沒有執行者的支持,都是空談。

六、價值原則裡

做人不能沒有原則,但死守原則又成了頑固的代名詞,有原則必有例外,但例外又不能成為常態,否則又沒有原則了,這多少、輕重的拿捏,是經驗,也是藝術。師生不合、親師衝突,如何秉公處理,「抹壁雙面光」,很不容易。「我心如秤」,很難,上帝都做不到。但是在學校現場,都常常上演,校長如何做「公親」,排難解紛,但常常「公親變事主」,家長認為校長官官相護,一味的偏袒老師,置學生於不顧,毫無愛心,要向上級反映,向媒體爆料。而老師則認為校長不體諒老師的辛勞,藉家長的力量打壓老師,在遴選時走著瞧,透過縣教師會系統全力封殺。那時,不訝異於鏡中所見豬八戒的哀戚面容。

依情、依理、依法是最可長久、經得起質疑的處事原則,心裡存著「我是學生的最後依靠」,老師是成年人,自己負責。學生是小孩,就是無知,才來上學。犯錯是學生的權利,有校規糾正,不適用國家法律。老師則不然,在孩子面前,沒有嘗試錯誤的機會,更沒有犯錯的權利,犯錯,付出代價。

幾年前,性騷擾、性侵害等法未明定時,我和五年級 20 幾位班長舉行高峰會議,會後有位女班長偷偷告訴我:老師曾經摸女同學的大腿,抱女生到大腿上,好討厭!下課都盡快溜出教室。經輔導主任查訪、問卷之後,證實是真,先告知老師,並自下學期調整職務,不再擔任級任老師,改任特教班在家自學訪視老師。以現在的法律來看,這樣的處置是太輕而且不合法,但在當時已有人認為太重,不給面子。他的太太也是學校同事,私下都說是校長打壓,欺負她老公老實人。

新學年的志願調查,他仍表示要當高年級老師,為了不願落實「打壓」之名,安排他再擔任五年級的級任老師,半年,平安無事。次年 4 月,他班上的一位家長電話告訴我,孩子回家無意間說起,老師在體育課後為一位疑似腳踝受傷的女生按摩,但從腳趾摸到大腿,好幾次。他認為不應該如此,請校長處理。再請輔導主任去查,屬實,又犯了,要不要處理?要,他工作就沒了;不要,還會有多少學生受傷害,一輩子陰影跟隨。一家哭或一路哭的抉擇。

　　孩子沒有選擇老師的權力，學校、校長有義務為其把關。而且現在不處理，問題永遠存在，不定時的炸彈有時傷害可能更大。所以果決的報教育局，也召開教評會，果然不出所料，在17席的委員中，有6位認為情節不重，摸摸大腿有什麼大不了，罪不至《教師法》十四條。教育局派了3位督學聯手調查，也來文證實，情節重大，要求教評會依法處理。再召開教評會，6位委員仍認為情節不重，要就這樣解聘老師，他們的手舉不起來，再怎麼表決都未達法定的三分之二同意。處理過程中，有人洩漏了，導致媒體大幅報導，教育局副局長也叫那6位反對的委員去面談，聽說副局長面色鐵青，不歡而散。家長不願意去法院提告訴，教育局無權解聘，校長又不是教評委員，要記名表決都被程序問題否決，這些制度上的盲點，迄今仍未見改善或修法。但不能就此放棄理想，校長有權召開教評會，時屆暑假，連續召開，不到者依法請假，請假太多有考績乙等之虞，那6位只好妥協，通過不續聘案。雖非解聘，他仍可放棄本校這2年年資，以前一校證明，再至他校應聘。但請縣府行文各縣市，讓他永遠離開教育界，校長也付出慘痛代價：他太太每天怨恨的眼光、部分同事的不諒解，以及當年考績乙等（曾當面質問，侯副局長的答覆：上報就是你的錯，影響教育界的形象），但我不後悔，再一次，我還是會站在學生這邊，站在正義的一方。尤其不能讓學校的同事看輕，認為你只是個欺軟怕硬，沒有擔當，沒有原則的爛好人，以後就很難領導這個學校，也就是該離開的時候。

肆、鵬程──倫理與文化

一、倫理白髮中

　　學校倫理的建立與維護，和老鳥欺負菜鳥的教學生態間，沒有一定的標準，因時因地應有變化。學校是傳遞文化的場所，也是傳統延續的所在，尊重傳統是理所當然的。但是年輕一代的挑戰傳統也是進步的動力，更是人類的傳統。這一波退休潮，校園裡已看不到50歲以上的教師，對於校園生態的衝擊，傳統的延續，會有多大的影響，才將開始，未來會如何？只有預測，沒有研究，坦然面對，順其自然吧！

　　國中小教師的角色，對老年人（50歲以上）是尷尬的，尤其白髮男人，內

外煎熬，要體諒他們，適度的導引，給與尊重和表現機會。他們內心有著許多
挫折與不滿，看著當年同班同學各有成就，自己執著30年的教育圈子，地位不
升反降，家長都已是學生輩，明的不敢說，暗的透過關係，不希望孩子給老的
教，希望轉班轉學。同事間又斤斤計較，事事講求公平（小學生式的公平），
毫不尊重經驗。在這種氛圍中，上焉者獨善其身，帶好我的班級，做好分內的
事，其餘時間發展自己的專長，從事喜歡的休閒活動，不問世事，大隱於校。
下焉者牢騷滿腹，事事反對，以其經驗才智，興風作浪，贏得另一層次的成就
與滿足，至於是否有虧教育倫理，那另當別論。等而下之者，一皮天下無難事，
教育界待2、30年了，什麼事都沒看過，笑罵由人，要轉班我鼓勵；要轉校更
歡迎，學生少，我薪水不會少，你奈我何？

至於白髮女老師一般來說，問題不大，她們大都家庭安定美滿，甚至已是
升格為祖母級了，慈祥、和藹，更有耐心與愛心，是教師生涯中另一高峰，她
們退休離開，是教育界的損失。了解老師的結構及基本心態，在老師級務的安
排上，如何合理而妥適的落定，會影響到學校組織的安定與否。但是在教師自
主、校園民主的呼聲中，學校的職務安排，採用積分自願制，雖然完全尊重教
師意願，但是否能防範上述結構的負面影響，也是學校經營者在安排人事時必
須要考慮的因素。譬如說：我尊重她們的志願，也讓志同道合者同一班群，可
以合作而相處愉快，但可能會造成新進的、年輕的落在一起，這個班群在這一
年中可能會是問題，所以要她們每一班群空出1位，留給後來的新進教師，既
可平衡各班群素質，也可收提攜後進之效，讓本校組織文化很快的同化新進同
仁，認真而互動優良的傳統，透過資深帶資淺的過程，認真工作的價值觀也傳遞
了下去，資深老師也贏得尊重與認同，組織內部就更形穩固，代溝就不明顯了。

二、文化青黃中

學校文化是很抽象的命題，看不到、摸不到，但是可以感覺到，在具體可
評斷的面向上，可以從學校整體、老師的行為與價值取向、學生的表現、家長
的評價各個面向分別描述，無從整體定義。

老師的價值取向，影響著學校的整體形象，也關係著所謂的校風。初到校
報到時是暑假，從校門口到操場，無處不垃圾，有些地方還厚厚一層樹葉夾雜
著紙屑，教室玻璃都破了，滿地碎屑，無人聞問，因為校長退休半年了，主任

4 位走了 3 位，教師門前雪也不掃，課後校外補習，賺補習費；畢業前介紹學生到附近補習班，賺豐厚的介紹費。開學後更發現有位老師常請病假，甚至一學期請 2、3 次流產假，因為先生是開業醫生，自己的診所忙碌，教書只是副業，更過分的是她是音樂科任老師，暑假前 1 星期才回校，把全班的成績都打 60 分，級任老師來告訴校長怎麼辦，找她來問個原委，她還理直氣壯的說，學生我都不認得，代課老師又沒幫忙打成績，都給及格，不錯啦！確實沒有辦法，等吧！夜路走多了，在一次的請假證明單上，有人發現掛號章與其他人台大醫院的章不符，東窗事發，聰明人爽快的表示要離開，不再追究。

　　工友在開學前 2 週要他們都正常上班，還向新到任的總務主任要加班費和午餐便當。主任說，去找校長拿啊！其中退輔會派來的 2 位，真的到校長室，理直氣壯的說：以往下午都不用上班，為什麼你來就要？老師們錢領的比他們多，也不用來呀！不歡而散，每天中午就離開。請新總務主任忍耐，並記錄，會人事。開學之後，2 位之中有 1 位晚上在外兼職，白天到校，在工友休息室開冷氣睡大覺，敲門都不理。1 個月後，以工作不力及曠職理由，通知他 1 個月後離職。

　　老師為了校外的補習能多招學生，月考排名，印發全班的成績及排名總表，如此一來就會讓家長心生警惕，孩子成績不佳喔！要去老師那兒補習。更有甚者，藉統一命題之便，在補習班洩題或做類似題型的模擬考。如火如荼推動的開放教育、教育鬆綁等潮流，在校園中不起絲毫漣漪。體育課除了打躲避球之外就是自由玩，這樣一個組織文化，已非一朝一夕，要改變也非短期可竟其功，唯有一點一滴，一樣樣的改，害群之馬一個個除去，幾年之後才略見成效，家長才漸有信心。

　　那段過程，回憶起來仍驚心動魄，離職工友威脅要殺我，既得利益者群起反撲，一一面對，不憂不懼。改革從小處著手，首先要做的是讓校園乾淨，尤其是新生入學時，總要給孩子一個好印象吧！前一天是返校日，發動全校大掃除，整理環境，老師根本不到現場去指導打掃，學生不會掃，也散漫慣了，髒慣了，中午放學時，仍然是髒的很，尤其是新生教室旁的廁所沒人理，小便斗上一層灰，女生廁所裡的排泄物都乾了、滿了。叫 6 位工友去掃那 6 間廁所，務必掃乾淨，下班前檢查。4 點了，仍然有人沒掃，透過廣播找人來，堅持掃乾淨再下班，第 2 天老師們都很訝異，廁所竟然可以那麼乾淨，集合家長座談

時也特別提這段，贏得家長的信心，當老師們知道是工友去掃的廁所，他們更感到不可置信，因為平常工友是沒有人可以叫得動去做事的，比誰都大，怎麼可能去掃廁所？環境改變，想法會變。從此，校園漸漸乾淨了，偶爾有人會去指導打掃了。那開冷氣睡覺的工友，也在 10 月底離職了；給全班成績 60 分的那位老師也在 1 年後辭職，專心經營診所，聽說現在事業很成功，跨足兩岸，跨業經營，賺了許多錢，還真該謝謝我才對！

學習型態的改變，曾藉著有一次洩題被告了，將集中命題、集中考試的方式改為各班評量，1 週內完成的考試週形式，自己命題就不會洩題，也不會全學年比較，考試型態改變之後，家長也不再在意成績，再加上外在環境也改變了，老師在校外補習的風氣也逐漸淡了，從原來五、六年級老師是很搶手的職務，幾年之後變了，成了最冷門了，這是校內改革和校外環境配合的好時機，才能很快見效。這些原來補習賺錢的人，不補了，回頭去進修，生活方式變了，價值取向也變了，幾年之後成了各領域的佼佼者，因為他們都很聰明，只是價值改變而已，學校文化也變了。

不同的學校，有不同的文化。好的，尊重、保存。以現在學校來說，教師素質平均，認真工作，帶好班級，做好教學是共同價值，這是前人的努力。相對的，教師自主性研究，小團體、自發性的教學研究也少，這也是學校文化的一部分。

學校文化的形成，是多年的累積，非朝夕可成，一人力量亦難竟其功，要制度改變、人員結構更新，才有可能見效。前述例子，工友上班睡大覺，會影響士氣，整個組織是懶散、沒效率的，教師也跟著鬆懈。解決之道是改變環境，進行整併搬遷，將原來有冷氣的值夜室拆除，以不再值夜為名，不設類似小房間，工友的辦公桌分到各處，最後逼他離職，進用一位認真而有專長的工友，總務處內的組織文化就產生變化了。

伍、無痕──校務的嫻熟

一、千帆過盡

「新兵、老兵」對戰場的嫻熟，對戰爭的貢獻誰多？回憶剛當校長的那幾

年，一個新手需要帶領 100 多位老師、3,000 位兒童往前衝，於今想想會臉紅，常常是走了一段，才發覺可能方向錯了，緊急叫停，重新來過，雖然同仁們都包容，如今回憶起來就覺得好笑。領導人沒有犯錯的權利，孩子只有一個童年，怎麼能 NG 重來？

擔任相同職務久了，累積的經驗就多，疑難雜症碰多了，就成名醫。學校是義務教育，學生來自整個社區，家長更是社會的縮影。人多嘴雜，是非更多，教師圈內一樣，是非多，衝突也不少，儘管都受高等教育，但想法與一般社會人士並沒有多大差異，人性本質的部分，與受教育的高低也沒有明顯不同，因此經驗豐富，會讓經營者預知危機，危機處理較得當，犯錯較少。看多了，也較能見微知著，防範於未然，這也是為什麼大企業聘請專業經理人（CEO）時，曾擔任的職務是很重要的因素，類型或規模相當的經驗都是要借重，從沒看過大公司去聘請只管過小公司的 CEO，經驗與眼界關係到公司的現在及未來。

當主任時，只要把分內工作做好，人際關係處理好，就是稱職的主任了。小學校的校長，人手不足，許多事要親自處理，事必躬親，做得很滿足也有成就感，自然就沒有授不授權的問題。大校就不同了，全校 200 餘位教職員，3、4,000 位家長，5,000 位學生，如果事必躬親，必定忙不過來，主任也沒有成就感。適度授權，前提是先找對人，從許多的老師中培養幹部，再從中擢升最有能力的組長，4、5 位主任如果都能獨當一面，學校就等於有了 4、5 位校長，和經驗豐富穩健的老校長，可以密切互補。這是近幾年來在光華最安心的事，也最感得心應手的時候。

二、回首蕭瑟處

公司經營、業務拓展，靠策略及眼光，而危機處理則靠經驗，默契的團隊也是共度難關不可缺的。921 大地震，台北地區最大的災害就在學校圍牆外，「博士的家」倒了，半夜開放教室收容災民，一早救難人員、慈濟志工都到了，盡快召集幹部，擬具對策。先探視傷亡學生，準備好紅包，到新莊市內幾個較大醫院，請急診處的小姐將所有新進來 6 到 12 歲的傷患、床位都列出，逐一探視，看著孩子驚惶的眼神，請級任老師趕來安慰陪伴，孩子父母在哪個醫院也不知，舉目無親，老師是最親近的人。有的父母已死，也不敢告知，輕拍手臂，

好言安慰。

傍晚，趕到安置災民的兩處社區活動中心，這些都是鄰棟危樓，和父母一起搬出，同學玩在一起，看到校長來，都高聲問好，也問明天要不要上學？要？學校及周圍道路都封鎖著在救災，實在不便。不要？餘震不斷，人人都成了驚弓之鳥，父母要上班，孩子單獨在家，孤單更害怕，到學校有老師、有同學，可以說說心中的恐懼，有團體療傷的好處。因此決定上課，同學們又說沒有書包、沒有課本，更沒有制服，怎麼辦？救災第一，心中盤算著，制服、書包、文具合作社都有庫存，教科書教務處有 1、2 套，圖書館也有 1、2 套教師用書，勉強湊合著用，大聲的告訴學生，明天到學校就好，一切校長想辦法，沒問題！當下李應元立委來，也聽到了，因此在「2100 全民開講」批評政府救災的反應太慢，不如一位國小校長。

第二天上課，清查學生死亡或尚未救出的有 6 位，班上師生哭成一團。由社工員對受傷或親人死亡的進行個別輔導，也在鄔佩麗、夏林清及廖清碧 3 位教授的指導下，對老師進行「哀傷輔導」，老師回到各班教室進行輔導，邊學邊輔導，師生很快的走出哀傷，而社工員也竭盡心力，和學生逐漸建立信賴關係，尤其幾位有父母或弟妹死亡的孩子，深深的自責，社工員以極大的耐心，經過幾天才逐漸打開心胸，痛哭失聲。

餘震不斷，博士的家前面未倒 2 棟，樑柱都裂，岌岌可危，擔憂向前倒塌，將會壓到 20 間教室，緊急圍起封鎖線暫停使用，少這 20 間教室對一個 140 班已經飽和的學校來說，是難以消化的難過，唯一辦法是縮班，各年級打散 3～4 班，重新編班，課表重排，平常暑假各要 3～5 個工作天的工作，一個晚上全部要搞定，更令人氣憤的是教育局長官的指令各不相同，不管了，把學校擬妥的方案報告局長，首肯後馬上秉燭趕工（停電數天），真要感謝當時教務處的組長，老師們也很快安定就緒，2、3 個月後危樓拆除，才又回復原樣。

救災期間，SNG 車整排停在圍牆邊，校內記者穿梭，搶救無所獲時，就進來校內挖新聞填空檔，教室的裂痕，輔導的過程，隨時要準備新聞稿。

學校隨著全國的募捐，家長們都熱烈響應，我們的詹婉寧老師連續 10 天到市區去沿街募款，令人動容。有位孩子、先生都罹難的媽媽，我們把捐款要分給她 30 萬，她又捐出來，哀哀的說：一個人不用錢了。寬鬆的黑衫，隨風飄盪的身影，依稀仍在眼前。收到的捐款都挪用在傷亡學生身上，最後還留了 40 餘

萬當作受災學生的午餐費，支持將近 4 年，是最實惠的照顧。

陸、泊靠——學校與教育部、局

　　教育部、局對學校經營影響最大，是學校的直屬長官，甚至有人認為學校是教育局、縣市政府分店，只有門市行銷權，進貨、採購、營運方針，公司願景都在總公司。也確實如此，課程目標，教育願景都掌握在教育部手上，學校課程發展委員會雖然名稱很專業自主，其實所能決定的只是細節而已，完全依照部頒的課程總綱在進行教材選擇。更何況以現有學校組織的樣態，教師的編制低、課務重，根本沒有能力自行編定教材，只能使用部審通過的民間教科書當教材，學校教育的自主性其實有限。因此，教育部首要之務是扮好自己的關鍵角色，課程總綱及能力指標審慎的訂定，「審慎」2 字，在教育領域中尤其重要，不可急功近利求速效，政策有一致性，則學校經營就能有依歸。基層所企求於中央者，也僅此根本而卑微的期待。

　　縣市政府是學校直接長官，掌握著學校的人事和經費，對學校影響至深且鉅，最大的當然是為學校找一位合適的經營者，校長的任用及考核權都在教育局，當然有些縣市並不全然，局長或許仍然無權，縣市長才是老闆，是否專業任命？或是政治酬庸？所在都有，其結果無需聞問。局長真要對教育歷史負責，是建立良好的校長遴選制度，像台北縣這套制度就已差強人意了，專業考量占了很大的分量，雖然未臻完美，但方向對了。

　　如果學校只是縣市政府的分店，那麼總公司就有必要對各分店長進行輔導與教育，使其營運能屢創高峰。這在民間公司企業是理所當然的事，教育、考核、獎賞、分紅都是總公司每年在做的事，可是教育局對學校似乎缺了好幾項，只有考核一途而已。其實現在的校長非常上進，進修成長隨時都在進行，長官可以做的事，只要不再打壓就萬幸。以出國考察、學術交流為例，台北縣多少年來都不准校長在學期中出國，只能在寒、暑假期間為之，可是那時候外國學校也在放假。校長需要寬廣的視野，才能有前瞻的策略、國際的經驗，每次的教育考察，都是成長的觸媒。長官只要不阻止，改訂鼓勵的配套措施，校長們會願意自費參加，自我成長。國際化，必須先讓他們跨出國門，踏入各先進國家的學校，可以對學校經營產生很大的質變。最明顯的例子是台北縣在 7、8 年

前，鄧運林局長在推動開放教育，鼓勵許多種子教師、主任、校長，分赴日本、澳洲、英國等開放教育著名學校（如緒川小學、夏山學校）參觀，帶回許多感動，產生了很大的改變，很可惜人亡政息，繼任者沒有這眼光，氣度也小，謹慎而保守，重新限制了所有校長的發展，國際化成了口號。

現在的遴選評鑑制度，校長們都戰戰兢兢，全力以赴，對校務經營的用心無庸置疑，需要增強成長的，唯有經營與眼界而已。鼓勵成立校長讀書會，讀書、讀人，也建立經驗傳承的渠道，是很好的方式。台北縣目前有 4、5 個校長的讀書會，每會都有 10 至 20 位校長參與，精神可嘉。而眼界的提升，則有待制度的增強，校際的交流是很有效的方法之一。以校園規畫為例，每縣市的風格都有些相近，因為校長所見，建築師群固定，所以必須走出去，到外縣市參觀，譬如 921 震災重建的學校就很具特色，因為打破既有的壟斷，就值得北部的校長去觀摩，可以因為感動而改變視野。而國外的學校建築，校園規畫更不同於國內，課程的安排，學生作息，社團的規畫，教室的配備，樣樣都新奇，長官可以鼓勵分組由教授帶隊出國參訪、座談、對話，他山之石可以攻錯，眼界、視野就無形中增廣，國際化將深植每位校長心中，決策時，方向就不再鎖國了。所費不多，影響校務不大，校長不在時，正是讓主任歷練，獨當一面的最佳時機。總統都可以出國訪問多日，校長出國竟然會影響校務過大而不准。有前景的公司，花大錢培養他們的幹部；我們的店長（校長）儲訓，要自負高額學費，真不知從何說起。

柒、整補——健康運動

年輕時養成運動習慣是很重要的，這誰都知道，但喜歡運動的又有多少？尤其能當上校長的人，都是喜歡讀書，又會讀書，多的是初教系、教育系出身，體育系絕少，而且當上校長時已是中年，過去的已無補修，也是白搭，但逝者已矣，來者可追。君不見，黃昏時候的學校運動場上，運動、跑步的，都是中老年人居多，需要嘛！

為自己找 1、2 項可以終身運動的項目，也是現代校長愛惜自己的部分，當我們晉身主管之林，運動方式也可以某些方向的調整：和同仁博感情，可以在校內進行的運動，桌球、羽球、網球及籃球是很普通的運動，和老師們較量羽

球，和老師及社區的民眾在學校的籃球場 3 對 3 鬥牛，或打全場，到 50 歲了，體力彈性都不如年輕人，但眼界更寬廣了，當控球後衛時，人到球到，助攻得分。老師們都喜歡和我同組，因為 1 次助攻 2 人高興。有些運動年紀大了，真有些危險，除了羽球、網球之外，都該考慮運動傷害，10 幾年前剛當校長時，是最年輕的，成了校長排球隊的一員。負責前排的攻擊及攔網，已年近 40，上半身愈來愈重，下半身雙腿的肌力卻愈來愈差，熱身又不足，幾年下來，造成膝關節及髖節的受傷，近年常疼痛，骨科醫師建議不可再從事有彈跳的運動，年過中年及忙碌的校長，年輕時再如何勇猛，都已過去，即使要參加各項練習或比賽，熱身及護具都不可缺。

電視上報導李登輝前總統到林口打高爾夫球，安全維護造成警力戒備的新聞，記者問他立委質詢的反應，他很生氣的說：不打球我會死啦！看得出他對小白球的喜愛，也讓人羨慕他因為打球而維持著健朗的身體，想起我那前年去世的父親，和李前總統同年，就是少了這經常的運動。高爾夫球運動，教育界很少人從事，覺得是很高貴難以接近。其實不然，10 幾年前，任職於林口國小時，有幾位家長委員邀我打球。有空就到附近練習場揮桿，慢慢發現這項運動的迷人，下班時碰到塞車，就到鄰近的練習場，自個兒打一個鐘頭的球，花費也才 1、200 元，不需要找伴，打完球擦擦汗就上車回家吃晚餐。地利人和的環境中，與高爾夫球結緣了，就這樣持續至今，因為有團體，就有歸屬，都成了好朋友。這是在商界最普遍的運動方式，也是可以運動到老的項目，在球隊中，接觸不同的商界人士，長時間的打球閒聊中，學到不少經營企業的方法，異業間的溝通，讓人視野寬廣，不再拘泥於小學的短小思維。

捌、歸帆——也無風雨也無晴

50 歲了，回首前塵，當了 15 年的校長，經歷過的都是 70 班以上的學校，從生澀到無所罣礙，都是成長的過程。「三十而立，四十不惑」，都經過了，而今而後，是否知天命？細細思量，感嘆校長難為。佩服孔夫子的睿智及早熟，四十怎能不惑？五十或可略知天命，耳順無須期待。對教育前景，自己未來，輪廓已清晰，進退去留之間，已更了然。回首向來蕭瑟處，也無風雨也無晴。

作者簡介

　　冬天，頂著冷冽海風上學的孩子，最後一屆的初中畢業生，為了好玩上台北，1970那年考進台北師專。沒有規畫，像油麻菜籽，一切隨緣。跟隨同學進管樂社，還當了3年社長，開啓了我古典音樂的門，更因而將音樂科的學妹娶回家。

　　喜歡繪畫，選修美勞組，還得到全國大專西畫創作展水彩組優選，卻懷疑自己的藝術才氣，棄彩從文。再讀了台灣師大國文系、所。合夥辦過《大雨童詩刊》，1年後停刊，賠光老本。

　　是長跑好手、手球校隊、縣教師代表隊主力球員，當過台北縣手球總幹事，小學體育促進會主委，體育科輔導團召集人，課本審查委員，幾乎被歸類為體育校長。也曾製作過台視節目「伴我成長」7年，得過金鐘獎。

　　踏上講台迄今剛好30年，前半是老師、主任，後15年的校長生涯，歷經林口、民安、光華3校各5年。都是大校，光華還是當今全國最大的小學，具名發出了畢業證書萬餘張。

　　兩鬢飛霜，年過半百，學書、學劍兩不成。人生都不在規畫中，隨緣去吧！

校長學的永安經驗

許銘欽

台北市永安國小退休校長

壹、關於我：一個平凡的師專生

　　我成長在一個樸實的農家，一個地主在三七五減租、耕者有其田政策之後，僅靠著留下來的幾分田地過活，物質不虞匱乏，卻也沒有豐富成長支撐的農家；進入師專（1968 年）就讀，符合家族的期望，對自己而言，只不過是一個剛剛離開家鄉的遊子，來到人地生疏的台北，一種自然的選擇而已；對教育談不上多大的認識，也只不過不排斥罷了。

　　在師專教育的薰陶下，逐漸了解並培養國小老師必須的素養，也逐步憧憬著自己未來可能的教師生涯的種種；但在「終點教育」、「前途無亮」的師專校園裡，我和其他同學一樣，總感到不安與徬徨；不再執著於把國小老師當作終身職志，為另謀發展而努力，成為當時師專生普遍的心理；在這股氣氛中，有意無意的，我選擇研讀「日本語」，除了英語在師專教育政策下早被忽視以外，從地理與歷史的角度看台灣與日本的關係，必然仍是相當密切的，幾位研讀日語的同學們心中有著共同的願望：假如能考上「導遊」，可以一日登天，徹底改變眼前的卑微心態。

　　師專畢業後，在當時可謂毫無日語學習環境的現實下，並未放棄日語的學習，先插班淡江文理學院夜間部東語系就讀，畢業後繼續用盡各種可能的方法自修，歷經 10 年的努力，終於考取「日語導遊」的執照，多年的夢想實現的同時，人生也面臨重要的抉擇點，我必須辭去教職；經過仔細的思考，發現導遊生活並非我的喜愛，於是我必須選擇繼續留下來，但留下來需要有留下來的理由和意義，我當時的思考與決定如下：我可以轉變學習日語的態度，不再專攻

日語語法等，而把日語當「工具」，作為研究外國教育的工具，而且在我這個年齡層懂日語的人數與社會需求仍不成比例，於是我決定參加國小主任的甄試，繼續朝國小校長的職位努力，我相信在這塊領域裡，應該有我發揮的空間。僥倖的是我很快考取國小主任，並在4年後考取國小候用校長的甄試（1989年）。

貳、影響我的改變：在日本的留學

到日本留學，對我來講，只是腦中曾經飄過的一股淡淡的願望，從來不曾認真去思考過；就在候用校長儲訓後等待分派的當時，學校公布了行政院人事行政局「公教人員出國進修與研究」的公文，而當年剛好有一學門「學校行政」的出國指定是日本；在學校前輩的慫恿下，抱著姑且一試的心情參加甄選，由於在準備校長甄試的過程中，對於當前國內外的教育重點已有所研讀，又有多年學習日語的實力，在這一場競爭中順利的被選上，1991年我帶職帶薪負笈東瀛，而當時我已分派台北市大佳國小校長的工作。

在服務國小 20 年後，以校長的身分出國進修，是一種挑戰，也是一種使命；挑戰的是必須暫時離開家庭，和已經非常習慣的生活方式，使命來自於在比較兩國學校教育的異同時，有較多的感觸，也有較多的自我期許。我很快的發現到日本學校教育的先進，深深的衝擊到我們原有制式的認識與慣性的思考；於是我決定申請留職停薪，繼續第 2 年的進修研究。

在日本的進修研究方式，主要有下列幾個方式進行：

一、在東京學藝大學主修學校經營，在指導教授兒島邦宏先生的指導下修讀碩士課程，並蒐集相關資料。

二、利用跟隨教授訪視學校的機會或自行安排旅遊考察計畫，參觀訪問日本各地學校，充分蒐集研究相關資料；總計 2 年內參訪學校達百次左右，參訪學校遍及北海道到沖繩縣的日本各地學校。

三、利用機會和熟識的日本教育界朋友深度討論教育相關問題，這些朋友包含大學教授、教育行政人員、小學校長、教頭、老師，以及大學生。

四、利用可能的機會參加教育相關學術研討活動，以及各學校教學研究發表會。

2 年下來，主要的研究與發現綜合整理如下，這些研究與發現，在回國後永安國小的籌建開辦過程中都有深厚的影響：

一、關於「學校行政」的研究：為回應公教人員出國進修的責任，第 1 年的時間大多花在學校行政的探討，包括學校教師任用、學校行政組織運作、學校文化、學校開放與管理諸問題的研究，並完成《歸國報告書》一冊。

二、關於「學校課程」的研究：當我發現日本的學校都有一本「學校教育全體計畫」（約類似我國九年一貫課程實施之後的學校課程總體計畫）時，我感受到台灣正當國家課程解構的開放時機，「學校課程」的時代即將來臨；於是我接下來的研究主題鎖定「學校層級的課程編制與實施」，並當作碩士論文；研究這個主題，我以探究理論為基礎，並實際拜訪許多學校，和校長、老師深談，以印證實際的實施狀況，主要研究的內容包括：教育課程的法制與行政、學校教育目標的制定與實現、學校課程的編制與實施、學校課程的創意與改善等，我確信這塊領域的研究在台灣教育史上的重要性。

三、關於「課程與教學」的研究：在實際採訪學校的過程中，我發現到多樣化的課程型態與教學模式，改變了我的習慣性經驗：認為課程型態只有學科教學，而教學模式只有傳統大班級的單元教學；特別是重視孩子主體學習的「開放時間」與「總合學習」，更是超越學科單元教學的框架，這些心得對後來我規畫永安國小的彈性課程——「永安學習」、「明水時間」有莫大的幫助；對九年一貫課程實施後的「統整」、「協同」也有莫大的啟發。

四、關於「開放空間」的研究：基於在台灣校舍的興建修繕是校長的工作與責任，因此在拜訪學校的過程中，映入眼簾的開放空間的班群教室自然是我關注的焦點；空間的釋放對教與學的思考有著許多的關連，也是打破在傳統教室進行傳統教學思考的關鍵；參訪中每一個學校校舍和設施設備的特色，全部用 V8 或照相機照下來，這些所見所得在後來永安國小的校舍興建中應用的淋漓盡致。

參、因緣的聚會：籌建永安國小

　　1996 年的台灣，興起了一股「開放教育」的風潮，台北市政府教育局決定將籌建中的永安、新生、健康三所學校改為開放空間的建築規畫；我也奉命接

下了永安國小的籌備工作，因為我認為這是國家社會成熟進步的必然，而非偶然；籌備一所新學校，等於建構了一個課程與教學改革的基本舞台，我憧憬著在不久的將來，可以在這舞台上實現夢想。

接手籌備之後，我面臨著兩大關鍵的挑戰，一個是開放空間的學校建築如何規畫設計？一個是開放教育理念下的課程與教學如何實施？這兩個課題在台灣的教育史上不僅首見，也毫無經驗；屬於第一層次的課題。

更重要的是這兩個課題碰頭後所衍生的其他更多、更複雜的許多亟待思考的課題；包括：空間釋放出來之後將來可能的課程與教學型態是什麼？應該先規畫好這種課程架構，並研擬可行的教學模式；或者應該說因應將來開放式的課程與教學是什麼？而事先必須規畫設計這種需求的學習空間；屬於第二層次的課題。還有第三層次的課題是：將來使用這些空間的教師如何產生？如何培訓？

我必須在 4 年半的籌備期間完成這些事情，籌備處的人手除了總務主任 1 人外，另配置了教務主任 1 人、研究教師 1 人、工友 1 人；一場課程與工程同步思考進行的新建學校的籌備工作於是在 5 人小組的齊心齊力下展開；心中雖有幾分的篤定，但也只能摸著石頭過河般的一步一步地前進。

一、關於工程部分

雖然校舍建築依相關法規規定「設計監造均甄選建築師負責」，但開放空間校舍在台灣不僅首例，建築師也毫無經驗；於是在外觀由建築師專業負責外，內部空間的教學功能就得由我們自己來；我們以一個班群空間為單位，完整的規畫出教學的需求：利用彈性隔板與軌道配置，以發揮空間彈性使用的功能；在當時單槍昂貴不普及的情況下，各教室配置電腦向上連接學校伺服器、虛擬光碟櫃等，向下連接電視，同時配置投影機、幻燈機、放影機、錄音機等，完整的規畫全校網路系統與班級媒體教學系統；充分使用牆壁及隔板設計展示板，務必使所有學生都有展現作品的機會；可調式黑板及課桌椅更增加實用性。

這些設計功能在學校開辦後受到老師們覺得「好教」，學生們覺得「好學」的佳評，除了留學日本參觀學校的心得充分發揮以外，籌備團隊的精心思考，虛心討教，都是圓滿完成的因素；在設計期間適逢台北市教育局 2 次組團到日本考察，我們得以再度的蒐集必要的資訊；另外教育局對籌備工作的用心，

除諮詢顧問的台灣學者而外，亦曾邀請日本學校建築與課程的教授親臨指導，都奠定了無重大錯誤發生的基石；籌備晚期再度派遣研究教師赴日長達半年的考察，對後續學習櫃、置物櫃以及各專科教室的功能設計亦有莫大的貢獻。

為符應社會變遷與進步所帶來學校功能的需求，我們規畫了 12 項水電系統，包括高低壓供電、空調、緊急發電、消防、滴灌噴灌、中央飲水、校園網路、給水、排水、視聽媒體、監視、智慧型全面監控系統等，除委託建築師（水電技師）設計外，籌備小組成員針對各系統都參觀許多新建學校，並與建築師討論，提供建議與審核責任，投入心力難以形容。

二、關於課程部分

關於課程部分，我一直掌握、也一直確信「學校課程」的時代已經來臨；1996 年的台灣教育，雖然開放教育如火如荼的展開，我始終以學校課程的觀念和理論檢視；也以學校課程的觀念和理論開始思考將來永安的課程。

在校舍新建籌備的 5 年，同時也是課程準備的 5 年，主要的心路歷程略述如下：

(一)開放教育是什麼

從傳統到開放，到底開放什麼？從文獻探討中發現傳統學校教育中有許多有形、無形的框架，阻礙了教學的思考，如「班級」、「教室」、「學年」、「學科」、「校園」等等，這些習以為常的學校教育印象，也習以為常的對課程與教學的思考產生一些慣性、制式的想法與觀念；打開這些框架不就是開放教育嗎？於是「學習內容的開放」、「學習方法的開放」、「學習時間的開放」、「學習空間的開放」、「學科界壁的開放」、「學年界壁的開放」、「教師心靈的開放」等 7 個開放提供了探討開放教育的方向。

開放之後會是怎樣的型態？這又湧起一股好奇又必須知道的衝動；於是試著寫下開放教育的特徵：「學校課程自主化」、「學習型態多樣化」、「學習內容統整化」、「學習空間多元化」、「學習時間彈性化」、「學校教育社區化」；再試著去思考這樣一個憧憬如何實現。

(二)開放教育學校課程的概念形成

1996 年起，開放教育導入台灣的學校教育，掀起了一股改革開放的熱潮，同時也造成國家課程解構，直接跳入教室課程的異象；一種束縛已久的教師心靈的解放，一種束縛已久的教材內容的解放，一種束縛已久的學習空間的解放；但是開放只是一種相對的概念，仍需有一套完整的構想與實施策略方能竟其功，但是在當時大家並不想花時間去想這個問題，應該說在當時可能沒有人有這些想法；於是開放教育實施的結果是看到一次又一次的戶外教學、一張又一張的學習單，充其量只是一種對長期中國意識教材的反制、台灣本土鄉土教育興起的短暫現象。這些現象在九年一貫課程實施，台灣本土教材納入正式教科書之後，就沒有多少討論的空間。

開放教育實施的結果，會掀起另一波對基本學科能力低落的質疑，一個應該面對、也必須探討的課題顯然已經浮現——「開放教育的開放程度問題」。討論這問題可從世界各國的課程趨勢得到一些答案：當東方的國家急著向西方學習開放精神的同時，其實西方也正向東方學習基本學科教學，一種東西方碰頭、融合、再生的課程趨勢，才是 21 世紀的課程改革必走之路。

不管在任何時間、任何場合，我總是以「學校課程」的觀念檢視，於是漸漸形成「開放教育學校課程」的概念，並同時逐步構思永安將來的課程。

(三)開放教育學校課程的基本構想

1. 以「總體論」為課程建構的基礎

「學校課程」的真正涵義是學校層次的課程編制與實施，亦即大家所熟悉的課程計畫與課程發展兩部分；探討學校課程需以「總體觀」的概念來架構所有學校層次相關課程的理念、結構與策略等，我試著用「學校課程總體營造」一詞來形容之。

用「學校課程總體營造」的概念來檢視開放教育的實施，或者說將開放教育的理想置放在學校總體課程營造的平台上，既可免除開放教育實施面的凌亂現象，又可確保開放教育理想的實現；於是在課程思考上逐漸形成「以『總體論』為課程建構的基礎」的第一個開放教育學校課程的基本構想，並作為學校課程總體營造的思考主軸。

2. 以「中庸道」為課程規畫的原則

戰後台灣的學校教育在長期制式國家課程的宰制後，突然有了改革開放的機會，這個機會對所有包含教育界、非教育界的人士而言，一頭熱的只想破除傳統學校教育的許多框架，追求所謂開放的理想；特別是英美各國都已經重新重視學科基本能力學習的同時，在台灣卻反而想丟掉東方國家引以為傲的學科教學。

看清楚世界各國國民教育改革的趨勢，在檢視 1990 年代台灣開放改革的熱潮，當社會普遍在引頸企盼教育改革的願景時，我卻憂心於台灣教育將被引領到一個無法預測的危險深淵；於是在課程思考上逐漸形成「以『中庸道』為課程規畫的原則」的第二個開放教育學校課程的基本構想，確定開辦後的永安課程是兼重基本課程（學科教學）與彈性課程（開放學習），並且在校舍規畫上除了設計適合開放學習的班群空間而外，也留下傳統教學功能的教室空間。

3. 以「階段說」為課程發展的過程

假如一座工廠因為設備老舊、生產線落伍，也許只需廠房更新、引進自動化生產系統，員工施以短期訓練，即可再度重新開廠，達到工廠改建的目標；但是學校教育的改革並非如此容易，永安的新建校舍，雖然提供了工廠再建的功能，但是，一套兼重基本課程與彈性課程、兼重班群空間與傳統教室空間的永安課程如何在校舍啟用之後有效的實施，對於將來來到永安的教師，不管是有傳統教學年資的教師，或是初任教師而言，都是一項空前的挑戰；更重要的是，工廠的更新，失敗可以宣布破產，再伺機再起，而學校教育的對象是學生，學生的童年只有一次，不可能重來；於是在課程思考上逐漸形成「以『階段說』為課程發展的過程」的第三個開放教育學校課程的基本構想，這個構想的目標是提供一個永續課程發展的階段性策略，在穩定、明確的步伐上，帶領教師從傳統走向開放。思考這個問題時，又讓我回想到在日本留學時，到處參觀學校的情形，我試圖從各校課程發展中所呈現的不同的比較中，找出一套階段性課程發展的流程。

(四)開辦前需要做好的課程準備

在確定永安課程的三大基本構想「總體論」、「中庸道」、「階段說」後，如何確保學校開辦後能夠有效的實施，必須有更詳細的思考與規畫。

課程的構思回到開放教育的原點：「學習內容的開放」、「學習方法的開放」、「學習時間的開放」、「學習空間的開放」、「學科界壁的開放」、「學年界壁的開放」、「教師心靈的開放」等7個開放，課程的構思也以實現開放教育的理想為依歸：「學校課程自主化」、「學習型態多樣化」、「學習內容統整化」、「學習空間多元化」、「學習時間彈性化」、「學校教育社區化」。

1. 「學習空間多元化」的構想與實現策略

永安的校舍新建工程在政策上採用開放空間學校建築，在學者教授與建築師的努力，以及禮聘日本學校建築的學者來台指導的雙重效應下，班群空間的規畫採用日本實施20多年的經驗，並不需太多的掛慮；關鍵在於班群空間的內部功能設計，必須能符合將來課程與教學實施的需要，以及將來的永安教師使用班群空間的能力與信心、信念的建立。

班群空間如何使用？須先了解多樣化的學習型態是什麼？在還沒有詳細研究之前，至少我們在班群空間做了幾個重點的突破：

(1)設計教室基本教學功能的資訊媒體系統。

(2)每一學生規畫兩個置物櫃，增加課桌椅移動的輕便。

(3)增加布置版面，提供每一位學生展現作品的機會。

(4)可調式黑板、可調式課桌椅。

(5)班群空間的彈性隔板，依軌道變化組合，依教學需求而變化空間。

噪音影響上課是教師排斥班群空間的理由，必須先說服教師認同班群空間的功能，繼而才能期待教師能夠發揮其功能；因此必須先擬具說帖，以建立教師使用班群空間的信心與信念：

(1)確認班群空間是學習的場所，不是嬉戲的地方，減緩噪音的發生。

(2)培養師生彼此尊重的自覺，不想別人吵你，就不要去吵別人。

(3)激發學生主體學習的意願，能夠投入有興趣的學習思考，聲音的影響沒有預期的嚴重。

(4)不要太在意，習慣就好。

(5)回歸有聲音的自然環境。

2.「學習型態多樣化」的構想與實現策略

班群空間打破傳統以教為主的教師意識，轉換為以學生為主體的學為主，自然能跳脫傳統單向講述為主的大班級教學，而呈現多樣化的教學型態。為了想知道更具體的多樣化教學型態是什麼？也試圖找出一套活用班群空間的教學模式；我們找到了日本全國個性化教育聯盟在加藤幸次教授引導下所開發出來的「個別差異教學模式」；這套模式按照學生的「學習能力」、「學習性向」、「學習速度」、「學習經驗」、「學習興趣」的不同，而產生不同的學習方式。

不僅多樣化教學型態有了具體內容，更因為同時出現幾個不同的學習路徑，而可能打破原有班級，產生班級重組的機會，於是班群空間的應用水到渠成，而且更提供班群協同教學最基本的論理。

當這樣的論理構想完成時，我更成立工作坊，邀集台北市的教師們研發各個個別差異教學模式的參考案例，以提供永安成立後新進教師的參考；永安開辦後，教師團隊能迅速進入狀況，不排斥班群空間，還能活用班群空間，這套個別差異教學模式以及工作坊研發出來的教學案例，產生了甚大的發酵作用。

3.「學習內容統整化」的構想與實現策略

20世紀雖然對知識的精進、分化有很大的進步，學校教育也因為過度分科而造成學習只是零碎知識的堆砌；而且對許多的社會議題甚或疾病等，並非單一領域的知識可以解決；因此，可以掌握的是學習內容的統整是課程改革必然的趨勢。

但是習慣於傳統學科教學的教師如何進行課程統整，如何進行課程統整才可以兼顧學科基本能力，並培養問題解決能力？這又是另一個亟需解決的課題；於是我們又成立第二個工作坊，帶領台北市的教師研發課程統整的模式；這個模式主要著眼於一個主題的內容太過龐雜，無法當作一個單元做好教學活動設計，因此必須發展出以「次級統整要素」或「學習階段」的概念來區分龐雜的主題內容，成為數個單元，在進行單元活動設計；這個工作坊開發出「教材連結圖」、「課程結構圖」、「教學流程圖」等圖

例，後來成為永安課程統整的特色。

4.「學校課程自主化」的構想與實現策略

當國家課程解構，一片開放教育思潮襲捲台灣學校教育之際，我總是以「回歸國民教育本質」的思考看待這件事情；國民教育除了重視孩子的受教權而外，也應注意到政府為保障教育機會均等、教育品質水準的權力；因而學校層次的課程並非可以任意而為，必須符應國家的課程基準的規範。

因此，在學校課程自主化（即目前所謂的學校本位課程發展）的思考上，我總是秉持「兼重基本課程與彈性課程」的原則；同時考量教師在課程專業能力養成的階段性構想時，基本課程為保障學生基本學習領域的學習，以教科書的改造為主，不強調完全的自編教材，只需改造教科書的各個單元成為本校合理可行的教學方案；而彈性課程以培養學生的個性發展為主，重視學生選擇、決定、自主思考的學習過程，於是規畫學生自主學習的「明水時間」，與團體學習的「永安學習」，而此一部分完全由教師自主開發課程與教學的方案。

5.「學習時間彈性化」的構想與實現策略

時間的限制與時間的活用深深影響著學生在學校的學習與生活的步調；40分鐘1節固定的上課時間與10分鐘固定的下課時間，僵化了學習與生活的節奏；這是產業革命之後，講求時間管理效應慢慢形成的結果，彈性微調以回復農業社會循環時間觀的做法，才能有效改變目前學校僵硬的時間節奏。

結合2節40分鐘成為一個80分鐘的時間帶，讓教師依照教學的需要彈性應用成20、40、60或80分鐘的學習時間，輔以一週教學計畫的週案制度，依實際教學科目逐週統計教學節數；並將下課時間調整為5分鐘以及30分鐘，輔以內外鞋的制度讓學生在大節下課可以換外鞋盡情的遊戲運動；充分調整學生在學校的學習與生活的節奏，而增加學習效率與生活樂趣。

6.「學校教育社區化」的構想與實現策略

永安社區是一個新興的住宅社區，永安國小是一個新的學校，學校就像社區的中庭；在學校是因為社區而存在的基礎上，能夠規畫學校社區化、社

區學校化的理想，確實是需要而且值得努力的目標。

校舍新建時將操場與緊鄰的明水公園同步規畫，平常將公園納入成為學校教學的一部分，放學後及假日將操場開放，與公園成為社區居民重要的休閒運動場所；在課程安排上，規畫以社區學習為主的彈性課程，並建置社區資源網站，提供教學與學習所需的支援。

肆、理想的展現：永安國小的誕生

西元 2000 年的暑假過後，永安國小開辦招生，就像一顆初起的星星在銀河系裡劃出一道光芒，吸引了眾人注目的眼光；因為籌備期間充分的校舍工程與課程教學的規畫，讓這顆初起的星星顯然已經找到運行的軌道，期待璀璨星空的到來。

西元 2000 年是千禧金龍年，是新世紀來臨的第 1 年，永安國小得以在這一年頭開辦招生，顯然已經注定是一所引人注目的學校，以及眾人眼光背後所跟隨而來的不得不面對的挑戰。

因為籌備期間完整規畫課程所導致的辦學信念，我認為必須在一開始就能完整的表達給大家知道，於是寫下一篇「永安國小建校誌」，並用大理石雕刻後鑲在學校顯目的牆壁上。

一顆初升的星星　永安國民小學建校誌

當我們踏過 20 世紀傳統教育的洗禮後，心中必然充滿無限地懷思；當我們驅動 21 世紀教育改革的步伐時，心中亦然滿懷殷切地期望。歷經 5 年艱辛地籌畫，就如一顆初起的行星，在旋轉醞釀的星河裡摸索前進，在歷經撞擊迎合的挑戰過程中，力圖找到一條可以精密運行的軌道，而千禧金龍 2000，永安初啼，讓我們靜待璀璨星空的到來。

以「新世紀、新教育，新空間、新學校，新思維、新課程，新環境、新社區」為建校基調，在「兼重基本學科與彈性課程」、「兼具學校安全與校園開放」、「兼融傳統文化與現代科技」、「兼顧學校社區化與社區學校化」的原則下，以開放空間的理念規畫學校建築，

透過學習空間的連續延伸，促發教育變革的無限可能；以總體營造的觀念建構學校課程，透過總體課程的實施，培養孩子人格的統整發展；並重視孩子的個別差異，提供彈性而多樣的教學方式。

學校是孩子「學習」的地方，也是孩子「生活」的場所；我們認為：孩子在校園裡可以藉由嘗試錯誤、找尋自我，尋求總合能力的培養與個性、潛能的無限發展，我們期待：各個孩子均能達到「自信、自立、共生、共榮」的能力與態度的學校教育目標。

迎接九年一貫課程的實施，永安課程含括「基本課程」與「彈性課程」，前者著重各學科領域基本基礎的學習，以「指導的個別化」為原則，把每一個孩子帶起來；後者著重興趣、態度、性向、方法的自我探索，以「學習的個性化」為原則，培養孩子主體學習的能力。並透過課程統整、協同教學、空間應用、科技融合等多元方式，培養孩子帶得走的能力，以因應新世紀的劇變。

我們共同的語言是：永安國小是「孩子所喜愛、教師所認同、父母所信賴、社區居民所關注」的一所前瞻性開放小學。

校長　許銘欽　中華民國 89 年 7 月 1 日

永安國小開辦招生時，我們已經做好了充分的準備，也醞釀了一些基本的教育理念，以支撐學校今後的發展。

一、學校是孩子找尋自我的地方

㈠落實學校教育目標（先自我建立自信、在人群社會自立、與自然環境共生、和國際未來共榮）與課程的連結，健全人格的發展。
㈡有效提升彈性課程（永安學習、明水時間）的教學品質，提供孩子個性、潛能的多元發展。

二、學生是學習的主體

㈠落實基本課程的基礎學習，培養學科基本能力。
㈡積極培養學習的態度、意願，思考判斷，以及解決問題的能力。

㈢透過品德的教育、生命教育以及生活教育，培養良好的生活習慣與態度。

三、教師是教學的主體

㈠研發教學模式，全面精緻化教學品質。

㈡提升班級經營與單元教學的基本能力。

㈢透過教師群組的編組、協同討論、共同成長、根植專業能力與形象。

四、行政以服務為宗旨

㈠落實課程行政運作的機制，有效執行九年一貫課程的政策。

㈡暢通正式與非正式的溝通管道，有效解決教職員工遭遇的困難。

㈢落實設施設備的維修養護，支援教師的「教」與學生的「學」。

㈣逐年更新電腦設備，提升行政效率與資訊融入教學的需要。

五、家長是教育的合夥人

㈠積極協助家長會的正常運作，重視家長會對校務的參與模式。

㈡積極協助志工團的組配與運作。

㈢隨時透過問卷調查、意見反映，了解家長對學校教育的反應與期待。

六、校園是社區的中庭

㈠落實校園的開放，提供社區居民與青少年、兒童的假日休閒場所。

㈡充實社區資源網站（文史資料庫、資源資料庫、人才資料庫），有效支援教學。

七、校長是僕人

㈠總是樂觀的期待，悲觀的準備；運用前瞻性的眼光與智慧，預期可能的發展，並有效解決可能的困難。

㈡透過參與的過程，隨時調整決策的指數，兼顧教師壓力的調適與課程持續發展的動力。

　　就學校經營的總體構想如下：

一、揭櫫明確的學校願景與學校教育目標，作為全體同仁、家長與學生努力的
　　方向。
二、以學校課程總體營造的觀念，建構總體性的課程架構，作為全體教師在課
　　程計畫與發展上的平台。
三、規畫階段性課程發展的策略，搭起教師在課程發展上的鷹架，採用經驗傳
　　承與逐年累積的課程發展觀念，引領教師進行持續性的課程研究。
四、營造學校團隊文化，作為學校永續經營的沃土，透過教師群組的協同編組，
　　進行協同討論、協同教學，以發揮團隊的力量，避免單打獨鬥的現象。

　　歷經 5 年的努力，在具體措施與實踐成果方面，大致也有以下幾個重點：
一、建立以課程與教學為核心的學校經營觀，調整行政運作模式，以扁平化理
　　念規畫學校四項會議──行政會議㈠：組長幹事、行政會議㈡：學年行政
　　召集人、課程會議㈠：學年課程召集人、課程會議㈡：學習領域召集人。
　　校長親自主持，輪流召開，有效解決行政與教學相關課題；本項行政運作
　　模式的改革榮獲「中華創意發展協會 2003 學校經營創新獎」行政管理革新
　　組特優獎。
二、發展課程統整與協同教學
　　以主題統整的永安模式為參照，發展學習領域間課程統整，注重內容的統
　　整，彈性課程的統整，注重學習主體的統整；而協同教學係因應課程設計
　　的需要而產生的，共發展永安協同教學模式 20 餘種。
三、視階段性課程發展與經驗傳承
　　㈠每年規畫全校性課程發展主題：「主題統整」、「協同教學」、「多元
　　　評量」、「新學力觀點的成績單轉化」、「學習空間應用」、「主體學
　　　習思考的教學活動設計」等，依序發展，逐年累積經驗。
　　㈡每年將課程發展成果舉辦對外「教學成果發表會」，延續永安課程發展
　　　的動力，並發揮校際分享的效用。
　　　2001.10.17.舉辦教育部九年一貫課程教學成果發表會，發表課程主題統
　　　整研究成果「讓永安孩子成為自己的主人」。
　　　2002.10.16.舉辦教育局九年一貫課程研發組研究成果發表會，發表多元
　　　評量研究成果「開展永安孩子學習的潛能」。

2003.10.22.舉辦教育局九年一貫課程研發組研究成果發表會，發表「學期成績評定與成績單轉化」研究成果。

2004.10.20.舉辦教育局九年一貫課程研發組研究成果發表會，發表「活用學習空間的永安經驗」教學成果。

四、重視教師團隊的組成與專業成長的動力

㈠依教師意願與學校整體考量籌組學習領域教師群組（A研）與學年課程發展教師群組（B研）。

㈡提供教師群組共同課程討論的時間，建立教師專業對話的平台。

㈢建立永安課程行政運作的機制，有效解決課程與教學的相關課題。

㈣鼓勵教師群組進行課程研究，並參與教師行動研究等徵稿，成果豐碩；90學年度、92學年度、93學年度榮獲國小團體組第一名，91學年度團體第二名；本校二年級教師團隊榮獲教育部第一屆教學卓越獎（92學年度）。

㈤經常組團參訪國外教育參訪，增進教師國際視野，並提升課程與教學能力，回國後編撰專輯、舉辦心得發表會，分享經驗：2001年2月訪問日本，2002年2月訪問美國洛杉磯、聖地牙哥，2003年2月訪問新加坡。

五、發展彈性課程的特色

利用彈性學習節數與綜合活動節數規畫彈性課程，將彈性回歸給學生，以增進學生主體思考、自我選擇決定的機會，以促發學生的潛能人格及個性的發展；彈性課程包括綜合廣場（全校性活動與分組活動）、永安學習、明水時間等。

六、安排多樣化活動，啟迪學生多元智能發展

㈠體育活動：重視體育教學、定期舉辦體育表演會、園遊會及班際體育競賽，成立樂樂棒球、田徑隊、三對三籃球隊等球隊，並參與校際競賽；90學年度體育訪視評鑑績優。

㈡語文學藝活動：舉辦國語文、鄉土語言、英語及深耕閱讀等多樣化學藝活動，增進學生多元語文素養。

㈢藝術與人文活動：多功能音樂與美勞教室（含陶藝教室）的準備，主題統整教學，彩繪校園，成立弦樂團、直笛隊、樂隊等。

㈣自然科學活動：「明水時間」學生自訂研究主題自行研究，科展指導，

設置星象館安排星象教學,設立永安天文網站。

㈤校際交流活動:與尖石鄉原住民小朋友互訪活動,增進多元文化了解;
並捐助受土石流風災的尖石國小及受難小朋友。

伍、現在的我:回顧與前瞻

回顧自 1996 年籌備校舍新建工程以來,自工程與課程雙管齊下的構思,到
學校開辦後的實際經營實務,處處都留下努力的痕跡;永安國小今年邁入第 5
個年頭,假如說永安的經驗值得提出來跟大家分享的話,我試著去分析。

一、在留學日本之後,我掌握了課程改革的趨勢,我所探究的專業領域:學校
層次的課程編制與實施,正是九年一貫課程所面臨最重要的「學校本位課
程發展」的範疇,而在國內並沒有這方面的研究與相關經驗。此一領域的
研究,不僅讓我有能力解析 10 多年來台灣教育改革的紛爭與亂象,更讓我
精準的建構永安課程的總體架構,提供永安在課程發展上深厚的舞台。

二、在 10 多年的教改歷程中,我從不缺席,並且認真參與,用以啟發此一教改
潮流的思考;從參與行政院教改會課程組的專案討論,參與九年一貫課程
總綱專案小組的討論,參與中華民國開放教育學會的發起、成立與運作,
從參與的過程中,融合了在日本的留學心得與台灣的現實環境,在腦海裡
逐步建構了屬於永安特有的理念、架構與實施策略。

三、2000 年永安的開辦,因為完整的課程構想與合理可行的策略,很快的讓近
百位素未謀面、卻風雲際會來到永安的教師同仁能夠很快地步上軌道、各
就各位;在課程發展上找到可以運行的軌道,不會迷失方向,而且過程順
暢,容易達到目標。

因為永安教師團隊的表現,也很快的讓 3,000 多位家長從對永安的空幻期
待轉化為實質的認同與信賴;因認同而信賴,因信賴而支持、支援學校。

而校園的主人,1,700 位孩子,因為校舍規畫的完整,因為課程規畫的完
整,因為教師和家長的努力,也很快的喜歡上學校,快樂的學習。

回顧過往,所有點滴在心頭,未曾停下腳步;展望未來,一切盡在不言
中,豈能蹉跎歲月;學校經營的事務千頭萬緒,尤其在現今變動的台灣環境中,
影響的外在因素仍然很多;在永安的學校經營中,以課程與教學作為核心,展

開必要的行政運作，並以學生的需要為依歸，在建立團隊共識的氣氛中，減緩不必要的衝突與對立，維持學校發展的方向；而第 5 個年頭，是組織氣氛轉型的關鍵期，只有度過這個關鍵期，學校的發展才能穩定，現在只能說尚未成功，仍需努力。

作者簡介

　　許銘欽，1973 年畢業於省立台北師專，服役後歷經級任、組長、主任，於 1990 年開始擔任校長，其間獲選為行政院 80 年度出國進修人員，留學日本，鑽研日本學校行政、學校課程編制與實施等領域。

　　回國後，運用所學，籌備台北市永安國小，將校舍興建與課程規畫同步思考與建構；配合台灣教育改革開放的浪潮，規畫班群空間，並以課程總體營造的觀念建構學校課程，於 2000 年永安開辦，實施九年一貫課程，帶領一群年輕教師，挑戰班群空間的應用，也挑戰主題統整、班群協同的教學方式，更規畫永安學習、明水時間等彈性課程，培養孩子個性潛能的發展；如今，度過 5 個年頭，永安國小已是學生所喜愛、家長所信賴的學校。目前已退休。

校長的 15 個 365 天

蔡純姿

原任高雄市前金國小校長

現任慈惠醫護管理專科學校幼兒保育科助理教授兼科主任

壹、快樂出航

一、緣起緣生當校長

　　碰到困境或瓶頸，善於為自己打開一扇門窗，是我成為校長的關鍵。婚後賢妻良母的召喚，不得不數度向校長表白請調離家近的學校，校長總是動之以情再三慰留，只好參加主任甄試，透過別人所謂的高升，校長才可能放手，雖然必須透過層層考試，當主任、考校長在我身上都是隨緣隨性的，幾乎沒有任何的生涯規畫或周詳準備，卻總是一不小心就成為那一副跌破的眼鏡！其實從擔任老師開始，藉著兼職行政的歷練，我喜歡行政運作的俐落，只要用心，都足以激發下一次更完美的演出，在行政歷程中可以清晰看到一步一腳印的績效，因為得到認同，就不害怕、不排拒往行政生涯的路上邁進，常有前輩校長誇讚我，行政似乎與我一拍而合，當我從相關理論了解校長的必要特質，也覺得自己具備成為校長的優勢條件！曾經有一年級的小朋友，配合課程——「認識校園」的主題教學，現場 call in 問我說：「妳最喜歡做什麼？」我的回答讓大家會心一笑，答案是「我最喜歡當校長！」我十分清楚自己的優勢能力與領導魅力，有關校長的能力與特質，這一切不過是向內去照鑑自己的本心罷了！如果重新來過，在教育路途上，我還是會選擇做 only one，我堅持自己的價值體系與教育理想，甚且我知道我有什麼樣的能耐，能夠快樂自在走在校長的路上，15 個 365 天的校長生涯，只覺得有機緣當校長真好，有理想可供驅馳，人生的風景真是無限繽紛。

二、學習如何當校長

校長是一校之領航者，是老師的榜樣，更是學生的標竿。我相當同意「有怎樣的校長，就有怎樣的學校」這樣的論調，校長的辦學理念、人格特質與能力，深深影響著校務的發展。身為校長，如何兼備在地化與全球化的多元觀點與核心價值，清晰課程及教學的發展趨勢，隨時不斷自我精進，校長的角色也在這一波的浪潮中被重新檢視，在倡導學生為主體的教育思潮中，校長被賦與較強的專業角色。加上《教師法》、《國民教育法》以及《教育基本法》的施行，明定了教師及家長的決策參與學校教育的權力，校長必須經由不斷的學習，力求品德、能力、專業素養不斷的精練。

回顧15年前經由校長甄選，赴板橋教師研習中心參與校長儲訓的反省，校長儲訓課程對日後擔任校長最大的助益，在於確認校長的心向與價值，在儲訓過程中驗證理論與實務，不斷與自己內在的特質對話，不斷的澄清自己成為校長的信念，了解校長的工作性質與工作內容與專業發展的必要性，增長校長必備的知識與能力與實務演練，且同期校長結盟的革命情誼，成為日後校長生涯互切互磋或是分享解憂的夥伴。擔任校長之前，擔任各處室組長與主任行政工作的歷練與承辦全國性、全市性大型活動，對整體計畫執行的控管、資源的整合運用、人事的協調溝通、解決問題與危機處理的經驗，累積對教育專業、相關法規的精熟、行政運作的靈活與對上級教育主管機關的熟稔，對日後擔任校長頗有助益，尤其是有提攜之情的前輩校長，更是一路扶持照應，既是良師更是益友。

貳、校務經營理念與具體策略

一、積極營造愛與榜樣的氛圍

想要探尋自己的教育與領導思想的源頭，就必須從我的原生家庭說起，我是家中的老大，也是4個孩子中唯一的女孩，在父母眼中，幾乎從小就健康開朗、優秀傑出。歌聲婉轉且具創意的公務員父親是我最好的啟蒙老師，注音符號、英文字母經由父親改編成歌曲，一學就通，在鄰里間，會讀書成為我們這

一家孩子的標記；具有商業頭腦的母親，在 1960 年代，即能善用稀有資源創造財富，靈活的經營手法及人際互動，見長於家族。童年的我，不僅有父母的寵愛，也甚得街坊鄰居的誇讚，當時比鄰而居的公公婆婆甚至幫著兒子追求，與先生結婚後還常被取笑是他們家的童養媳呢，常常覺得自己得天獨厚，考場上無役不勝，職場上自由揮灑，一路走來，三千寵愛集一身，父親用愛包容，母親用心引導，先生相知相惜，2 個兒子窩心相挺，家人把我當成他們的榮譽，我也願意努力成為家人的驕傲。

二、期許每個老師都是孩子生命中的重要貴人

　　1967 年，我自國小畢業，當時升初中有兩個管道：保送每班前 5 名學生到第一志願，其餘的參加聯考，對於成績始終保持在前三名的我，保送絕無問題，當畢業成績宣布，竟然是第八名（畢業獎七名），直覺荒謬又不公，小小年紀的我，明知無力回天，卻又想抗拒什麼，一直挨到老師宣布完第一名，當下我把所有我曾聽聞過，最兇狠罵人的話，當場對著老師轟出去以表達我的憤怒，心想老師應該給個「為什麼是第八名」的理由吧？老師居然沒有半點回應！走在回家的路上，眼淚終於止不住，啪塌啪塌的掉，面對這件難以接受的事，父親、母親沒有責罵老師，只有心疼女兒受委屈，哭累倦極而眠的我，渾然不知那個深夜發生了什麼事。第二天，當我醒過來，書桌前已經用紅紙金字剪了 8 個字「用功讀書，全力以赴」，父母濃濃的不捨與愛，讓我受傷的心因而得到平靜，轉化為衝刺 2 個星期後的初中聯考的動力，當在廣播中聽到「蔡純姿」考上第一志願，父母終於放心女兒已經跨越了一個不經意的傷害！

　　那份童稚的無畏延續到現在，不管是擔任老師或是校長，我總是極力維護校園中的公平正義，其實是有跡可循的，不忍卒睹的那一幕，從來不曾在記憶中消失。這樣一個深刻的印痕，一家人看到一個老師，竟然可以因為區區人情與紅包，沒有是非，犧牲尊嚴。在這個經驗過程中學會——傷害也是一種啟蒙，當然激發更是；被激發的感受來自一個會講又愛講故事的老師，一部《水滸傳》整整講了 1 年，帶著濃濃鄉音的老師，其實不討校長和家長的歡喜，然而老師深厚的文學涵養與唱作俱佳的故事情節，著實令我著迷。有一天，老師一躍一踢講著武松打虎，平常穿的黑包鞋就這樣穿越了玻璃窗飛到窗外，這幅景象後來我將它寫在「我最敬愛的老師」這篇作文中，沒想到老師竟然要我把作文唸

給全班聽，而且還誇讚我是全班寫得最好的，老師的鼓勵，讓我充滿信心，回想自己當了老師之後，常常緬懷老師給我的那份美好的感受，甚至影響到後來成為校長，我總是把握每一個因緣際會，不斷的鼓舞老師努力成為孩子生命中的重要貴人。

三、校務經營策略能因應學校不同的屬性與生命週期

歷經 3 所不同類型的學校，深刻感受到，不同的學校屬性應有不同的領導風格，第 1 任學校，位處邊陲，老師十分年輕，可塑性大，教學經驗卻不足，學校可說是新兵訓練所，高倡導的領導風格展現強勢的霸氣；而第 2 任學校卻迥然有別，校園氣氛封閉，學校文化保守，老師安於本職工作，不願意有太大的改變。記得剛調任時，在第 1 個學校雷厲風行的作風，早早傳入學校同仁的耳中，除了傳聞中的：比較嚴苛、比較堅持、比較完美之外，還有女校長性別認同的問題要處理，整整 1 年，不斷的溝通，當溝通還是混沌，情勢仍然不明，可貴的在磨合發展的過程裡，強化了我的包容與達觀的胸懷和面對得失之間的坦然，我學到了承接一個有歷史、有包袱、有既成慣性文化的學校，當注入新的領導方式，該如何在既定包袱跟舊體制之間折衝。

在僵局中，信念的再造與激發教師的承諾是重要的，彼此之間都在試探，只要一出手即是一場勝負的定奪，我學習到帶動老師最好的方法，就是順勢以身作則！以自己的真誠與行動跟老師互動、跟家長互動、跟孩子互動，這是最佳的領導作為。比如學年團隊的醞釀、組織學習的開展，講座都是校內優秀同仁，而每一個學年團隊安排有創意、積極的老師擔任 leader，學年團隊自然願意動起來。行政運作是要講方法、講步驟的，一個決策的歷程、每一項決定，先與核心團隊腦力激盪，確立方案規畫，進行資源的整合，提供支持系統，再分組模擬可行策略，提供誘因與獎勵、進行績效評估，兼顧氣勢磅礴與綿密細緻，其實是建立在不斷的自我省思與不斷的學習。

四、用心護持每一位學生

喜歡孩子、關心孩子，永遠保有一顆赤子之心，是我樂在校長工作的關鍵，我擔任校長的第 1 所學校，位處邊陲的臨海工業區，家長社經背景與文化水平參差不齊，單親與隔代教養的問題十分嚴重，我與老師花了許多心思，盡

可能的引導所有的家長關注每一位學生，辦理父母成長團、家長電影讀書會，讓家長能有更多的知能陪伴子女的學習和成長，在每一年的歲末年終，辦理學生學習成果發表與親職聯歡會，邀請家長參與。記得有一年結合明華園公演，造成全村萬頭鑽動。體力強、活力旺的學生組成足球隊，不僅榮獲全市冠軍，更遠征芬蘭、瑞典。對於行為適應困難或偏差學生，特別號召熱心家長實施關懷認養，嚴重的個案社區心理衛生、兒童福利等輔導機構進行行為矯治。

第 2 任學校，機緣湊巧被推薦率先參與教改方案——建立學生輔導新體制之實驗工作，在三級輔導的架構下，積極推動認輔關懷學生，用心護持每一位學生，關注每一位學生認知、技能、情意的學習與發展，啟發IQ、EQ、CQ與AQ 齊頭發展，涵養學生學習與生活的能力，配合兼任輔導社工駐校輔導，提供全方位輔導機制。

第 3 任學校，未到任之前，即以音樂、藝術等特色享有盛名，學校特殊班級型態多元，設置有資優資源班、音樂班（國樂班）、體育班等各類藝能科之實驗班與啟智班，且有因應學校特色，自設管樂班、游泳班，剛開始，我相當好奇，到底是怎樣的作為，在每一年的市賽、省賽均能獨占鰲頭且歷久不衰，如何傳承創新這樣的學校特色，固然是我思考的重點，但更重要的是如何將學生的精湛才藝，藉由交流分享，營造充滿人文關懷的氣息，涵養孩子們的氣質，讓每個孩子學會欣賞、學會生活中加上美學概念。具體策略說明如下。

㈠聘請專長教師，重視不同人才的交流運用

學校依據特殊班需求與發展，甄選專長人才，並聘請學有專精之兼任教師，特殊班級種子團隊教師組成成長團體，持續提升核心競爭力之相關知能。

㈡外聘教師專業評鑑

妥善規畫人力資源成長機制，辦理外聘教師專業評鑑，以提升學生學習成效。

㈢運用家長社區資源，成立家長後援會

整合家長與社區各項有利資源，建立親師的「夥伴關係」，音樂班（國樂班）、自設管樂班，常有配合藝術節活動、巡迴公演、交流訪問之藝術展演活

動,成立家長後援會,統籌家長與社區資源與籌募經費,讓學生能經由典禮、儀式與校內外活動中展現創意與活力。

(四)獎勵楷模教師與績優學生以激勵士氣

經營特殊班級必須以永續經營的概念,才能維持特色績效於不墜,重視楷模教師與績優學生獎勵,提供有利誘因以激勵士氣。

(五)結合學生社團,多元才藝展現生活美學

學生課後社團學生參與校內與校外活動,表現傑出,令人激賞!讓才藝成為休閒生活的一部分,因而發展學生多元智慧與生活美學。

(六)辦理藝術交流與文化互訪活動,引導學生欣賞與分享

(七)重視學生行為、情緒、社交、學習等身心適應與適性輔導

五、整合資源有效運用

開發與善用家長及社區資源,是校長角色裡的一個重點工作,各項教育資源的爭取與有效運用,因學校學區屬性不同而有殊異,共通點是應對學校的需求進行評估,建立各項資源庫與人才庫,通常我會與主任主動拜訪、尋求認同後,頒發顧問證書。並循序漸進引入資源以協助教師教學及學生學習,將資源系統建構完成後,編印小摺頁及運作流程,讓每位教師及家長了解運用。

(一)人力資源活用化

調查並整合社區人力、物力等資源並引入學校,人力資源經由培訓成立志工團隊,擔任校務責任,以補學校人力之不足,包括故事媽媽、導護志工、圖書志工、保健志工與補救教學與輔導諮詢志工等。再者,引進專業人士與家長參與校務,諸如校舍庭園美綠化、系統化資訊設施、校務會議、課發會、專業評鑑、圖書選用等各項行政決策。

(二)資源運用網絡化

在空間、物力等資源，主動結合社區社福、心理衛生、諮商輔導、精神醫療、警政法律等機構，運用社區資源，帶動教學精緻化。

(三)夥伴資源互享化

與其他學校、機構互相合作及結盟，進行夥伴學習。

(四)親師合作成長化

籌組班級親師協會，倡導親師合作。

(五)經費籌措多角化

以辦學績效爭取各種經費補助，整合學區內慈善機構、企業公司，認養清寒學童營養午餐，與社教機構合作開設多元社團嘉惠學童。

六、公共關係與人際 EQ

校長的公共關係與人際 EQ，可謂之網路綿密，除了對外與社區、地方仕紳、媒體、民意代表、企業、各級政府單位等關係的經營外，對內關係的經營亦十分重要，包括與老師、學生、家長、教師會、行政人員、職工關係的經營，每一個環節皆輕忽不得，校長的公共關係的建立與發展，我一向強調「合」的概念，打破處室各自本位，一切作為皆合於學生身上，我始終認為教師是學校最重要的資產，教師會是協助學校永續發展的教師專業組織，家長及家長會與學校辦學的最佳啦啦隊，至於如何有點黏又不至於太黏，具體做法說明如下。

(一)善用校長的專業形象與領導魅力

每次新上任一所學校，我總是花了許多時間，積極聆聽來自學校內外的聲音與意見，除拜訪社區耆老、民意代表、歷任家長會會長，更與校內老師、行政人員、職工與教師會、家長會等團隊座談，通常從校長交接隔天起，總要花個10 多天，才能和學校所有成員對話一輪，聽大夥兒談學校的種種豐功偉業、應興應革的想法，我總能駕輕就熟的運用團體動力，敏察每一個成員的反應，可

以收放自如的將對話氣氛調至溫暖感性，不著痕跡的傳達建立親師生共享願景的想法，引導教師發展對學校與對學生的承諾。我的真誠常常得到許多老師的回饋，我對校育理想的堅持常常喚起老師的熱情，願意陪我一起寫一段學校的故事。但是，偶爾也會有「出槌」的情況，有所謂為反對而反對的特異份子或是留有行政傷痕的老師，這些少數案例，通常我會掌握第一時間，當天晚上持續電話懇談，了解其質疑或挑釁背後的真正意涵，在互動中同理、激勵與引導，再難纏的老師也會放空原來的怨懟，適時化解了可能的拉扯與敵對！善用校長的專業形象與領導魅力，在溫暖的行政支持與互動中，收妖降魔，這是公共關係與人際 EQ 第一招。

(二)充分協調溝通，相互支援配合

我始終認為行政與教學、教師與家長、學校與家庭都必須充分協調溝通，相互支援配合。要老師動起來，要家長支持學校，校長要清楚的說明學校的發展方向，經由溝通宣導的歷程，讓親師生願意配合，將老師與家長置放在同一平台上溝通交流，而不是在邊緣、離心的體系中互動；提供一個讓學生、老師與家長演出的舞台，花些時間去鼓舞激勵，欣賞。建構一所能夠讓學生快樂學習成長的校園，共創親師生三贏的學校，每一個教師都能在教學中獲得快樂，每一個學生都能在學習中獲得成就感。共同創造的成就與經驗，並能彼此關懷支持、團隊合作與共享成果，是公共關係與人際 EQ 第二招。

(三)能以主動多元的行銷策略推廣辦學績效

針對學校發展重點工作，發行家書或行政實務手冊，讓每一個團隊成員清楚明白，讓親師生願意配合，其中目標、策略、具體做法與效益評估都要具體明白。例如學校想推廣「親師合作」，必須有說帖說明如何做？做什麼？並以主動多元的行銷策略推廣辦學績效，包括定期編印親師專刊、定期舉辦學習博覽會、成果發表會、親職講座、舉辦親子活動、設置學校網站，提供更完整的相關資訊，搭起與學校面對面溝通的橋樑以獲得社區、家長等學校內外部顧客肯定，是公共關係與人際 EQ 第三招。

㈣激發團隊成員的優勢能力

我喜歡激發老師的能力，引導老師樂於為人師，其中最大的考驗在於如何讓老師願意承諾，老師是否願意成為孩子一輩子的牽引，這樣的價值現在的處境相當困窘，因為關係到環環相扣的社會觀感，包括老師的社會地位與形象定位。老師在這樣充滿不信任的前提下，如何成為孩子一輩子的牽引？我總是努力的讓我所有的老師能朝向這個定位來努力，這也是我自覺校長工作裡最有趣的區塊，能激發老師突破現狀，不斷的自我挑戰、提出創見、追求自我實現，追尋身為教師的價值與意義，因而學校辦學與教師教學能贏得家長與學生的信服，是公共關係與人際 EQ 第四招。

㈤不卑不亢化解危機

凡走過必留下痕跡，15 年的校長生涯，和教育主管機關長官的互動，評估自己應該屬於捍衛教育政策，能積極落實轉化為學校特色的學校經營者，常常扮演政策制定的諮詢者與策略提供者，卻仍有意見相左、拂袖而去的衝突場面，印象最深的是學區調整會議上據理力爭，被誤解為咆哮公堂，遭「冷處理」2年，終究能以不卑不亢的態度，化解危機為轉機，這個事件讓我學習到如何跟握有權力的長官，解凍彼此的僵局，處理棘手問題。或許一般人認為所謂的負面經驗，對我而言，只是行政複雜歷程中的一種現象，它的存在是理所當然的。事實上，負面的、失敗的經驗是行政推動歷程裡必然的現象，選擇當校長就應該有能力承受，或許在別人的評價裡，校長在負面事件裡是挫折的，但是就我來講，只覺得又找到一個有例可循的前車之鑑。堅持自己的信仰，以辦學績效，不卑不亢化解危機，是公共關係與人際 EQ 第五招。

七、帶動學校變革，創新典範

在我歷經的 3 個學校中，以第 2 任學校，帶動學校變革創新的歷程，最為人所稱道。到任時，學校組織氣氛鬆散，教師文化封閉保守，學校與社區互動不足，學生嚴重流失。在這樣的大環境背景下，經由開放教育、小班教學精神、九年一貫課程，教訓輔三合一等教改方案的率先推動與深耕，帶動全校親師生群策群力，願意超越封閉保守、願意突破與社區互動不足、學生嚴重流失的校

園文化，循序漸進建立協調機制，建構一個高效能的經營團隊，因而豐富了學校生命力。

(一)學校變革的帶領與歷程

1. 變革因素分析：掌握學校外在與內在背景深入分析，了解變革之優劣勢。
2. 建構共享願景：與學校教師、行政人員、家長和學生，經由討論建立學校願景，發展教育承諾。
3. 打造高效能團隊：以開放教育理念為核心，改變教師思維模式，強化教師有效教學、以九年一貫課程為基礎，整合觀念、人員與資源、以教訓輔三合一為策略，統整教師教訓輔專業，轉化教師角色、學校體質與創新學校生命。
4. 深耕多元化內涵：從建構組織、規畫方案，帶動學校活力與生機。維護教師專業、保障優質學習、鼓勵家長參與、活化班級經營，帶動e化知識分享。
5. 建立最佳互動模式：彈性調整學校組織編制，行政與教學e化管理，建立評鑑系統，強化人力資源與組織精實，建立教訓輔最佳互動模式。
6. 優質永續化的發展：建構一個能讓孩子們每一天歡喜上學的新學校。

(二)學校變革的瓶頸與因應

1. 醞釀期──如何化解不動如山之守舊心理
   (1)背景：學校氣氛鬆散、教師文化封閉保守、親師生互動不足、學生嚴重流失等問題關鍵在於：是否有足夠的覺察與前瞻，是否願意一起努力？
   (2)行動策略：以高關懷領導，激勵和賦與學校成員活力，強化學校核心團隊；鼓舞士氣，尋求學校成員的支持與合作，且循序引導教師了解問題，解決問題。
   (3)帶給學校的轉變與省思：經由「從可以看得見的改變開始改變」帶動親師生動起來，並且願意對學校承諾；鼓舞學校成員的價值感，還有一段遙遠的路；對資源整合與運用已有清楚的概念，整體而言，整合家長與社區資源，親師生合力打造美麗校園已經不是夢！教師從規避問題轉化為正視問題、從墨守成規到自覺反省、從單打獨鬥到有團隊運作的雛

形！

2. 磨合期——如何轉化校園成規之暗潮洶湧

　⑴背景：整體環境混沌，行政倡導，教師觀望。問題關鍵在於：經營團隊是否能夠掌握危機？是否能夠說服教師願意合力開創新機？

　⑵行動策略：共築學校願景，強化親師對學校的承諾，即時化解學校成員抗拒，經由空間規畫、創意教學、多元評量、親師合作，推動組織學習，強化教師專業，倡導家長參與，親師生團隊學習，帶動自我超越。更重要的是持續溝通與協商、建立支持系統，即時化解學校成員抗拒。

　⑶帶給學校的轉變與省思：愈來愈多的老師由抗拒、觀望、轉化到願意主動參與，願意參與學校創新；愈來愈多的家長關心學校、支持學校，願意走入校園，鼓舞了行政團隊的用心，激發學校的潛力。一路走來，從混亂到清晰的磨合很辛苦，卻是滿心歡喜。整體而言，漸漸朝向學習型組織發展組織，由行政主導，觀望質疑的學校氣氛也慢慢轉為願意接受挑戰了！

3. 推進期——如何系統整合教改方案

　⑴背景：難以建立以「學校為核心」、「學生為主體」的學校創新經營，人員、信念、資源還是無法整合為用。問題的關鍵在於：是否建立全品質管理機制，是否系統轉化教改方案，使親師成長，使學生受益。

　⑵行動策略：系統整合「開放教育」、「教訓輔三合一」、「九年一貫課程」，營造新校園文化，且建立全品質控管機制，教師專業評鑑指標與回饋系統。

　⑶帶給學校的轉變與省思：學校變革管理在學校現場具體落實，還是困難重重，從規畫、行動、反省、再規畫、再行動的歷程中，激起教師願意自我挑戰與團隊合作的意願與行動力，學校體質稍有整體性的改善。

4. 豁朗期——如何分享與創新變革成果

　⑴背景：持續努力變革與創新，融合科技資訊與人文關懷，致力於整合與創新的學校經營典範等。問題關鍵在於：是否能夠創新永續發展機制？

　⑵行動策略：持續融合科技資訊與人文關懷，創造 21 世紀新學校典範、經由知識管理與學校行政 *e* 化，推動策略聯盟與學校再造，創新學校文化，帶動組織調整彈性化、人力資源加值化與行政效益優質化。

(3)帶給學校的轉變與省思：因緣際會得以系統整合「開放教育」、「小班精神教學」、「教訓輔三合一」、「九年一貫課程」，因而帶動校務創新經營與轉型成功之典範，還獲得「2003 INNO-SCHOOL」學校經營創新優等獎。感謝一路攜手的夥伴，感謝所有成就光環的人、事、物，歷經 8 年學校變革與再造，深刻體會出：每一次挑戰都是機會，每一次用心都可能創造成就。

參、強化學校經營的法律素養

熟悉教育相關各種法令規章，是身為校長的必要功課，從學校工程營繕、總務財務採購、人員晉用、考核、校舍校地、輔導管教、親師生溝通、學生安全與教師福利等學校事務，事涉法律層面，不勝枚舉，都可看出學校經營對法律層面的倚賴程度。初任校長時，面對校務經營尤其是人事、主計、工程等法令，深感法律知識與規範不足，加上未曾有總務主任之資歷，又碰到校舍更新重大工程，常如臨深淵、如履薄冰，深怕誤觸法令的艱困局面。因此，身為校長加強自身的法律知識、善用家長與社區中具備法律知識之人士，聘請設置法律諮詢顧問，協助學校處理，確保學校安然無虞，是身為校長的武功秘笈。

肆、環境對學校校務運作的衝擊與學校因應之道

隨著社會、政治、經濟、文化及家庭結構的急遽變遷，導致社會價值的混淆與生活秩序的崩解，學生適應日趨困難，兒童與青少年犯罪時有所聞，學生偏差行為日趨複雜，學生的問題愈來愈棘手，行為偏差現象從生活缺乏目標、價值混淆、不服管教、濫用藥物、成就低落、網路沉迷，退縮、懼學、參加幫派、自殘、自殺、自我放棄……等等層出不窮，導致更惡質化的校園情境。加上教改浪潮風起雲湧，一波接一波的創新教學方案推陳出新，在班級經營與師生互動上，老師面臨極大的挑戰，許多老師們笑容愈來愈少，難得露出的笑容裡，也隱含著苦澀與無奈的成分，甚且家長意識高漲，社會上要求多、批判多，吝於鼓勵，老師們總覺得動輒得咎，不知如何引導學生的心帶回學習上，怎樣

把混沌的班級轉化為人性化、令人如沐春風的班級氣氛，因應老師們面對的班級經營之困境，源於這樣的背景，因應新環境的衝擊，在第 3 任學校，特別規畫「天使導師」──生命教育融入班級經營的實施計畫，期望經由資源整合、資訊融入，建構班級經營教學與輔導網路，提供教師們支持系統，以協助學生悅納自我，發展社會興趣，能與人溝通分享、尊重多元文化、終身學習，能兼具科技與人文素養，並能發展良好的生涯與情緒智商及問題解決能力。並且遴薦「種子天使導師」7 名，進行培訓，建構一個系統整合資源與具備愛與關懷的學校團隊，生命教育融入班級經營的推動，並且全面實施，期待愛與關懷能夠在校園相遇，以溫暖的師生互動，喚回教育的春天。

伍、對各項教育政策與行動方案的反省與評析

此時此刻，我們面對的是一個價值多元的時代，也是一個融合統整的時代，一波接一波的教育政策與行動方案，引領學校走向新紀元，特以「建立學生輔導新體制──教訓輔三合一方案」為例，說明基層學校執行的感受與建議。

本方案主要是以三級預防輔導理念，有效結合社區資源並配合學校行政組織的彈性調整，建構校內最佳互動模式，親師生共同營造一個人性化的輔導機制與校園文化，重點在激勵教師具備輔導能力，以貫徹帶好每一位學生的目標。認真投入參與本方案，從積極宣導推動、辦理各項進修、結合社輔資源，協助教師提升教學效果及發揮輔導功能，在推動過程中的確碰到一些困難與瓶頸，有待突破與改進，歸納羅列如下，作為永續推動的參考。

一、教師信念心態的調整與覺醒

本方案能否在教育現場具體實踐，即在於教師「教師信念」的重建，將傳統「教書」回歸到「教人」的教育本質，雖不斷宣導，仍有部分教師墨守成規，不願改變，在教學中融入輔導，部分教師仍感「心有餘而力不足」；建議應持續宣導理念與內涵，建立全面參與之認知，重建其教育信念。

二、輔導專業人力不足，二、三級輔導力有未逮

國中小專業輔導人力不足，隨著學生行為問題的複雜與嚴重，需要專業輔

導教師之投入，方能克竟全功，否則，高危險群之個案未能得到專業深層的支援，加上輔導行政繁雜，輔導人員疲於奔命，卻往往將重要的「個別輔導」與「團體輔導」擱置，建議盡速修編法規，鬆綁學校人事權，學校得依需要進用輔導教師。

三、教師擔任導師及參與認輔意願不足

《教師法》雖明文規定教師要負「輔導與管教」學生責任，但是學生輔導工作常被推回到輔導人員身上，面對學生問題，部分教師認為其擔任「認輔教師」於法無據，且不願擔任未享有減授課時數的認輔教師，建議落實「導師責任制」，明定導師職責，提供認輔教師軟、硬體資源協助，訂定適切獎勵制度，簡化紀錄。

四、建構最佳互動模式仍需持續磨合

依現行教育法規限制，學校進行組織調整，只能在不增加員額、經費的前提下進行微幅的編制調整，處室名稱改變，實無法發揮該有的功能，應尋求相關法規的鬆綁，重新思考功能性的整合與分工，確立學校行政組織最佳互動組合。

五、持續整合輔導網絡，提升輔導效能

學生輔導工作需要等各領域架構聯防網絡，在橫向部分，跨越相關部會、警政單位、民間組織、公益團體、傳銷媒體，結合行政人員與教師，引進專業輔導人員及社工專業、心理衛生、分衛護理、法務警政、心理治療、公益團體、社區義工、學生家長、退休教師等各專業領域人力，群策群力，建構網網相連之資訊平台，持續整合網絡資源，帶動輔導效能的不斷提升。

六、持續營造輔導文化的校園氛圍

隨著學生的心理及行為問題日趨複雜，鼓勵教師以大愛與專業，強化教學、訓導與輔導工作之密切融合，成功扮演學生的生命典範、人生導師。再者，藉由家庭、學校、社會環境的重整，帶動優質再造的學校創新作為，藉以形塑「教師有效教學、行政認真辦學、家長熱心助學、學生快樂求學」的教育願景。

七、建立完善的配套措施，力求貫澈實踐

應盡速突破現行教育法規限制，訂定明確的法規依據，落實學校本位之組織再造；提供誘因鼓勵教師研修輔導課程；建立教學視導與專業評鑑規準，加強執行教師聘約準則上之規定，提升教師教學品質。

陸、發展學校成為學習的社群的具體想法與做法

我在發展教師團隊專業成長的作為，一直為人所津津樂道，更因而榮獲「教育部 92 學年度教學卓越團隊特優──總統獎」，榮獲獎金 60 萬元。回首來時路，雖曾兩岸猿聲啼不住，輕舟應已航過萬重山，重點簡要敘述。

一、儲備種子教師──發展深層互動的團隊動力

剛開始邀請專長教師，擔任校內教師進修講座，並讓這些講座形成一個讀書會，蒐集相關資訊分享討論，再針對自己的分享主題彙整資料提供教師參考，鼓動學年老師互相支持與加油，學習團隊相挺的氣氛就浮現了。

二、營造溫暖的學習情境──落實有效能的教學

溫馨、充實的校園規畫與教室布置，以愛營造教室的每一個角落，創意揮灑，多元運用，期許教室能成為學習的樂園，建構一個超人氣的學園。從情境布置、課程研發、教材選擇、主題教學、活動設計、多元評量，行動研究等，快樂的老師造就快樂的學生。

三、教學中有輔導──引導全人格發展

活用班級輔導策略，重視孩子獨特的心思與想法，透過多元趣味的輔導策略，可使老師更了解他們的內心世界，教師有能力辨識行為問題；開發多元智慧，創造孩子成功的經驗；在教學歷程中培育學生帶得走的基本學力，融入生活教育、品德教育、生命教育、性別平等教育等，引導全人格發展。

四、認知轉化為行動力──讓每一個老師都能

學習團隊展現學校活力,除工作能力的提升,心理層面也須相互支持,認知轉化為行動力。讓每一個老師能夠自我肯定,就會不斷創造令人驚喜的經驗,然後這種特質會互相影響,慢慢激盪出學習型的氣氛。成立讀書會,在行動中驗證理論,從教學策略反覆論辯、親師溝通的技巧、學生個案問題能更圓熟。

柒、對校長培育的反省

曾有兩次的機會,擔任校長儲訓班的輔導校長,深深覺得經由一套周全的校長培育課程,讓校長學習如何當校長是必須的,對校長培育課程的內涵與學習的方式有些想法,說明如下。

一、了解自己──對內探索與自我對話

校長培育的目標在於養成適任優質的校長,在進入校長職務之前,經由培訓課程,首先經由團體動力、剖析自己的相關課程,透過對內探索自己與自我對話、分析,對即將成為校長的這個「人」的特質,探析是否具備領導者的心向,乃是必要的校長儲訓或培育課程,要當校長的人,一定要搞清楚自己在校長角色的優勢能力與限制,了解自己有什麼?能什麼?要什麼?涵養統觀與時時反省的特質,建構自我的教育價值體系與領導風格,不足的或限制的也不必氣短,可以遴聘主任或核心團隊補自己的不足以強化整體競爭優勢。

二、校長必備的知識與能力

校長職務頗具難度且充滿挑戰性。在當前各項變革之下,校長必備的關鍵能力項目繁多,如何經由培育課程養成應具備的各層面能力,看法如下:

　　㈠個人特質:具備論理清晰的教育哲學觀,願意學習、能接納新的想法,包括敏察度、資訊蒐集、問題分析、溝通協調、決策力、壓力容忍能力等。

　　㈡領導與管理:擁有知人、識人、用人的領導能力與綜理校務,統籌計畫、組織、行動、品質控管與績效評鑑的能力。能營造一個安全、有效率及有效能的學習環境,能激發所有教師願意投入且增進全體學生的學習成就與

辦學績效。

㈢學校實務領域：具備教、訓、總、輔與研發之實務與領導經營能力，包括教學視導能力、評鑑教學、總務營繕採購、校園規畫維護、活動設計、全品質實務管理流程等，包括資源整合應用、環境規畫布置、課程設計、學生輔導等能力。

㈣與家庭及社區合作：整合運用社區的資源，推動與社區及家長合作。

㈤人際關係領域：強調學校與內外部顧客之間人際關係的經營、資源整合運用、促進身心健康、壓力調適、整備支持系統與解決問題能力。

㈥教育脈絡領域：統觀影響學校運作的各種環境脈絡因素，包括文化、經濟、政治、政策、法規、研究發展與公共關係等能力。

捌、對自己擔任校長的深刻反省

截至 2005 年，我擔任國小校長已經整整 15 年了，評估自己在校長這個位置上，頗能得心應手，原生家庭蓄積的生命能量，家人溫暖的支持，加上自己不斷從做中學，在教育現場中，無論是實然面或應然面，歷程中雖然有高潮與低谷，對我而言，都只是從什麼角度或高度看待的問題，生命法則與領導邏輯很簡單，是那種淬鍊後的簡單，那就是永遠充滿生機與希望。

一、隨時不斷自我策勵精進

「追求卓越提升品質」是教育思潮之所趨，校長角色，也在這一波教改浪潮中被賦與專業領導的使命，因而激發自己勇於突破，自我挑戰，不斷的自我提升的動力。感謝許多機緣，讓我有機會成為教育部「教訓輔三合一方案」部聘督導委員、學校校務評鑑委員、校長遴選委員與校長儲訓輔導校長，多元參照的學習機會，開拓了宏觀視野，讓我感動的是許許多多的校長，一點一滴的為教育努力，喜樂於為培育健康活潑的下一代用心用力，為無數年輕的學子，煥發璀璨的生命與快樂的學習成長引航點燈。回首來時路，一路鑽研教育、輔導與學校經營管理，目前雖然為教育經營與管理研究所的博士候選人，卻仍樂於學習，樂於當校長。在專業風範獲得推崇與肯定，是我覺得身為校長最大的價值與喜悅。

二、感恩一切因緣，能夠共創親師生三贏的快樂校園

　　身為校長最大的安慰，即在自己經營的學校，能因應教育發展趨勢，建構一所能夠讓學生快樂學習，讓全校親師生驚喜與感動的校園。就學生而言，讓學生喜愛上學、樂於學習，每一個學生都能在學習中獲得成就感；就教師而言，能激盪團隊的向心力與承諾感，專業能力提升，教師都能在教學專業的本質與功能中融入積極關懷，接納引導每一個學生，激勵學生向善向上，且每一個教師都能在教學中獲得快樂；就家長而言，家長學會如何參與學校教育，如何稱職的扮演教師的合夥人角色，親子互動更親密，家庭氣氛充滿溫馨關懷。

　　校長生涯歷經 15 個 365 天，期許透過校務創新經營與領導，學校親師生能主動追求向上向善的卓越精神，懷抱尊重關懷的人本關懷，展現教育大愛，與莘莘學子攜手同行，為新世紀校園開展無限生機，為校務經營展現風華，創新典範。

作者簡介

　　溫暖而理性，清明而感性，喜歡當校長的蔡純姿，2005 年榮獲國立台南大學教育經營管理研究所博士。截至 2005 年，雖然尚未滿 50 歲，卻已經擔任國小校長整整 15 年了。15 個 365 天，每一天感恩自己的幸運，歷經 3 所不同類型的學校，無論是瘠土或沃土，總能長成一片蒼翠，因而深刻體驗過生命的高峰經驗。雖然號稱港都九年一貫國母一號（高雄市最資深女校長），卻還是智慧美女，充滿活力。常常覺得自己得天獨厚，考場上無役不勝，職場上自由揮灑，一路走來，三千寵愛集一身，人生的風景自是美麗繽紛。現任慈惠醫護管理專科學校幼兒保育科助理教授兼科主任。

校長之路──理念與做法

蔡政明
原任台中市文心國小校長
現任台中市僑孝國小校長

壹、前 言

人生的旅途上，往往充滿了意外與驚奇！是機緣？是命運？抑或是夢想的實現？在一個偶然的機會，由於同事的慫恿，半推半就的走向行政工作的路途，以一個純然教學的教師角色，轉變為支援教學的行政人員──主任；接觸層面的差異，使自己有著如履薄冰的使命感；任職期間也擔任數學科輔導員，從事教學輔導工作，更覺不斷進修以充實自我的迫切性，也因此更進一步接觸到行政事務的理論與實務；由同儕之間的互動與影響，萌生嘗試「校長」一職的念頭，將日子過得美麗、有價值、有意義，擴展生命的廣度，加深生命的厚度，不正是我們所追求的嗎？擔任校長也許更能發揮理想。

有了理想目標，似乎覺得充實有衝勁，因此定下了邁向校長之路的三階段。

一、校長甄試的挑戰

「工欲善其事，必先利其器」，請益前輩學長的寶貴經驗，首先將校長甄試所需要的參考書籍，理論與實務並重；包括政策、重要法令、行政、學校經營與領導等，筆試或口試所需者廣泛蒐集、擬訂準備進度、妥善運用時間研讀思考，歸納重點，並模擬試作，幸運的登上榜單，應驗一句老話：「一分耕耘，一分收穫」，有努力加上運氣方能如願。

二、儲備能量的校長培訓

　　帶著期待與好奇的心情，到了號稱國教聖地板橋的台灣省「國民學校教師研習會」，接受10週的訓練課程，內容堪稱豐富精彩，涵蓋了博雅素養的通識課程，國民教育政策、學校行政與課程教學實務、教育專業新知、綜合活動、實務演練、參觀訪問，以及生活輔導，盡可能提供擔任校長所需的能力涵養與所需具備的知識。其中前輩校長（生活輔導員）及同儕學員的經驗分享，提供了寶貴的建言：如「依法行政」、「校長為公眾人物，必須謹言慎行」、「校長之道無他，愛與榜樣而已」，諸多為校長應正視且念茲在茲的基本觀念與做法；其次是學校經營管理與領導的理論與實務，人際溝通技巧等均對擔任校長具有實質的功能；最可貴的是給與充足的信心，對自己未來生涯的挑戰，充滿莫大鼓舞。

三、累積能量的職前經歷

　　校長綜理校務，關心的是學校的整體，不能只看局部，因此任職前的一段時間更積極於各處室工作的學習與接觸，尤其是總務工作的詳細了解；這其間也算是因緣吧！儲訓後就任前的1年多的日子裡，有幸成為台灣省國民教育巡迴輔導團團員，巡迴全省，包含離島的金門，從事教學輔導的工作；不僅看到了全國各地不同類型、地區學校老師為國民教育奉獻的努力；更難能可貴的是全國各地許多優質校長，有效經營學校的策略方法相當值得學習；同時在巡迴輔導過程中，由於辦理團務及行政連繫溝通的經驗，獲得很多的啟發與指引。

　　研習會吳清基主任說過「以精緻教育為核心，愛為半徑，畫出人性化的教育園地」；省團李宜堅團長經常提到的「沒有不可教的學生，只有未善盡職責的學校校長、教師和家長」，這些想法仍深深影響個人對學校經營的態度與原則；所謂待人應守儒家之忠誠，治事應持法家之嚴明，事業酌用兵家之權變，養心應信釋家之超脫；無欲則剛，有容乃大，皆是為人處事的座右銘。

貳、校務經營的理念與具體策略

一、教育與領導理念的體現

「一樹蓓蕾莫道是他人子弟，滿園桃李當看作是自己兒孫」，初任校長首日，有位 80 歲學區老先生送了他親手書寫的一幅對聯，成了日後看待學生的基本態度；而校務推動的基本原則是學生第一、教師專業、效率行政、尊重家長意見。

教育的主體是學生，沒有學生就沒有學校的存在，學校教育的主要目標是使學生能快樂、健康、有效的學習與成長；因此各項校務工作的推動，應以學生為中心；舉凡行政措施、課程與教學的安排、設備的充實，均以學生為優先考量；而教學活動的進行，教師是第一線的工作者，學生學習的成效端賴教師的有效教學；教師要能有效教學，勢必教師要有專業的知能；因此提供專業發展的環境與鼓舞的措施，使老師有學科的專業知識、敬業樂業的精神，展現教育的專業倫理，更有不斷專業成長的企圖心！再說作為教學的後勤支援，學校行政的推動必須具有效率，且有效能，以提供學生學習及教師教學最迅速最有效的具體服務。而家長是教育的需求者，最大的期望是其子女能獲得妥適的關懷與指導；他們有著不同看法與需求，尊重其看法，容忍其差異，方能化阻力為助力，獲得肯定與支援，為教育的合夥人。

校長是學校的領航者，思想與人格特質可能影響學校的走向，反思本身特性，較為平實、追求和諧，總希望在穩定中求取進步與創新。

校長路上頗多感觸，從新鮮好奇、憂慮，歷經摸索、學習、適應、熟識到思索突破困難瓶頸的現在，其間酸甜苦辣兼而有之；尤其這些年來，教育現場的變遷快速，教育改革、政黨輪替、民主發展，給與學校很大衝擊；在這教改洪流中，校長由權威領導轉為權變領導、僕人領導；萬年校長到有任期的校長，有如學術上行政與領導理論的更迭一般，其壓力與挑戰日復一日；蕭規曹隨無為而治，或英雄式的領導，似乎無法適應此一教育場域；隨著而來的是應認清現況、調適心態、調整步伐；領導是藝術，雖有方法但非固定；衝得太猛頭破血流，無所作為終將淘汰，學理上所謂的非線性渾沌理論，蝴蝶效應在學校中

似乎可以得到印證,如何有所為與有所不為,值得省思。

二、經營有效的行政團隊,發揮集體智慧

效率行政是校務推動的必要條件,而優質的行政夥伴就是效能發揮的最大動力,因此經營有效的行政團隊是非常重要的!

(一)適才適所,完成人事布局

行政人員的安排是校長用人的基本權責,也是找人做事的重要手段,因此除參考其意願之外,專長能力及是否用心是必要的考慮,組長之任用宜以能和主任配合為首要,因此主任之安排格外重要。

(二)民主參與適度授權

用人不疑,疑人不用,信任應是獲得同仁支持的根本,從事各項業務之推展,各人均有其優點與不足之處,因此宜給個人發展的空間再適時施以援手,掌握基本方向即可,往往因為給與揮灑空間,能產生創新的作為,尤其在學校活動的設計與安排上,更能顯現特色。

(三)肯定與支援

給與肯定就是信任、就是給信心,尤其要在他們有困難的時候適時伸出援手,為其排解困難及爭議,隨時提供人力、物力的支援,校長有時就像一張底牌,往往要用在關鍵時刻。

(四)整合意見,發揮集體智慧

透過定時行政會議及不定時的聚會時間,針對整體或個別的工作,以團隊合作的方式推動業務與解決問題,學校很多的工作均必須各處室的協助與配合,因此集體的思考是不可或缺的,因而校長的協調角色與整合功能就顯得特別重要。

(五)運用資訊科技並建立完善的行政體制

配合 e 化之需求,各項作業系統及資料檔案儲存建置均以資訊化處理,個

人平時就應有建立資料檔案的習慣，遇到業務考評或業務的推展時，有例可循，有案可查，事半功倍，正是以「智慧建立制度，以制度推行校務」，使行政作為更有效率、更有效能。

三、教學領導──激勵引導教師，發揮教學成效，帶好每一位學生

　　校長的教學領導在於催化教師的專業能力與熱忱，以活化教師教學，使學生獲得有效學習；影響教師教學效能的相關因素很多，如：教師的人格特質、敬業熱忱、學科知識與教學能力的專業素養、學校的設備資源、組織文化、領導者決策等內在環境及學區家長的特性與關心程度和學生素質能力、特質、人數等外在環境。因此校長得針對這些關鍵因素著手，以帶動教師的有效教學，以下為個人覺得滿意之處：

㈠充實良好的教學設備，提供資源，如教學媒體、教具，以利教師運用，學校教學資源中心堪稱豐富。

㈡建置網路資源，充實資訊設備，以資訊融入教學，提升教師資訊運用能力及互動平台。

㈢加強團隊合作與組織學習，促進老師的專業能力。

　1.發揮課程發展委員會及領域委員會功能，引進教師參與決策，充分發揮團隊功能。

　2.發揮校內進修功能，辦理研習座談、教學觀摩、主題工作坊、專業對話、班級經營學習輔導等研討。

　3.充實圖書設備，尤其是有關教師教學方面之書籍。

　4.獎勵教師教學設計，並透過行動研究，針對相關問題進行研究。

　5.出版教師專業成長專輯，提供發表的園地。

　6.成立讀書會，透過心得分享意見交換，增進同仁的知能。

　7.教師教學檔案的設置，從省思中獲得改進教學方法策略。並配合教師自我教學評鑑表，了解教學優劣，提升教學效果。

㈣尊重教師教學專業，依據教師意願、專長安排適合其發揮的課務與職務。

㈤鼓勵教師運用班親會家長資源，協助教師班級經營、環境布置、教學活

動、校外教學支援、特殊學生個別輔導,一方面分擔教師工作負擔,一方面建立良好親師關係。

教學成敗繫於教師的敬業熱忱,而校長教學領導關鍵在於校長之執行力,其中家長參與利弊參半,就看教師與家長之間之信賴感,能互信互重,則發揮功能成為助力,反之則為阻力,不可不慎。

四、課程領導以發展適合學校之本位課程

校長透過有效的領導方式,針對學校核心工作——課程與教學進行領導,營造良好情境與組織文化提供有利支援,塑造學校願景,以協助教師專業成長,改進教學方法,確保學生學習品質。九年一貫課程的實施給與學校自主發展的空間,個人有幸躬逢其盛,和學校夥伴一起走過課程改革的路途,由小班教學的實驗、九年一貫課程的試辦,到正式的全面實施,確實歷經迷惑、摸索、釐清、適應、理解的階段,也體會一些心得;為妥善規畫學生學習的內容,透過以下的實際運作過程:

㈠成立課程規畫小組即核心工作小組,共同擬訂實施計畫。

㈡分析學校背景並建構學校願景,以SWOTS分析學校地理環境、社區資源、人力資源、學區背景、學生狀況、師資設備等與家長溝通觀念,建構學校願景與課程發展目標。

㈢成立課程發展委員會及各領域研究會,積極運作。發揮發展課程與設計功能。

㈣蒐集相關資訊,建置教學資源網,連結相關網站提供課程實施的有效資源。

㈤與台中師院結合,運用師院資源接受輔導,合作規畫課程。

㈥整合運用家長、社區資源,為課程規畫及教學活動的豐富資源。

㈦編定學校課程計畫包涵發展特色。

㈧進行教學活動,並做評鑑、省思課程實施的成果。

省思此一歷程,有幾許心得:

㈠激發了老師們的信心,促進老師對課程與教學的研究與成長,教師絕對有能力發展課程、編寫教材,從實施成果彙編、本位課程設計成果、專業成長專輯及各項主題設計中,可以發現老師的潛能。

㈡主題活動及本位課程的設計，結合周遭的環境可以符合學生實際的生活情境。

㈢活潑了學生的學習活動，透過教師之間的合作互動可以激發創意。

㈣塑造了專業、參與、分享、開放的學校文化，教師與家長之間關係較密切，因為家長也參與了課程與教學。

㈤校長領導的角色應可重新定位，不再只是學校的行政管理，應多放些心力於課程與教學的領導，由回應者、管理者轉化為倡導者、引導者的角色，並不斷的追求自我成長，營造學校課程發展的有利條件，建構學習型組織，培養團隊互動能力。鼓勵教師參與專業成長與研究活動，樂意接納教師；同儕、社區、家長和學者專家的智慧，進行分享對話，激發信心，促進成長。

當然在九年一貫課程的實施有一些困難，如家長觀念的溝通及專業素養的欠缺、參與課程討論設計能力與意願不足、教師自編課程耗時耗力時間不足、必須透過合作方式及給與充足的時間、學習評量問題家長意見多，由於家長仍然重視成績，解決方法似乎仍應有配套措施如擬訂具體辦法量化成績。

五、有教無類，特殊學生的積極輔導

針對特殊學童必須以個別化、適性化的輔導方式，提供其成長的機會，零拒絕是基本的原則。

㈠資優學生的指導

學科與藝能科資優生的輔導在沒有設置特別班級的情況下，必須於一般的教學中給與特別的強化，使其獲得更好的發展，除了於班級中教師多給與關心之外，可以透過以下幾個方式促進其學習：

1. 辦理藝文活動，給與發表展示之機會。
2. 辦理育樂營隊，提供學習與表現空間。
3. 實施資優教育方案，針對其特長學科進行加深加廣之學習。
4. 結合校內外資源成立社團，如科學探究小組、舞蹈隊、樂團、球隊等，以發展其潛能。
5. 提供機會鼓勵其參與校內外競賽，以獲得成功的滿足更而促進其學習。

6.鼓勵參與鑑定進入資優班就讀。

(二)智能、行為、情緒、社交、學習障礙學生的輔導

為落實融合教育與零拒絕教育，對於特殊學生的鑑定、安置、輔導與個別化教育計畫，需要落實執行以協助其生活適應與學習。

1.設置資源班，安置具有各項障礙的學生，由巡迴輔導教師、級任教師、資源班教師擬訂 IEP 進行個別指導。

2.結合特教單位，提供特教專業的團隊服務，如語言、物理及職能等專業的治療。

3.針對學生的特殊需求，調整學習評量方式，如報讀評量。

4.辦理親職教育座談會、定期不定期提供特教學生家長諮詢資訊、輔導及親職教育課程，共同關懷學生。

5.有效推動認輔工作，落實個別輔導。

6.以身心障礙特教方案課業輔導計畫，加強融合教育之實施，使就讀普通班之學習障礙學生得以適性發展。

7.設置個別諮商室，針對級任教師轉介之個案，由輔導老師進行個別輔導，建立晤談資料持續追蹤。

8.以三合一的輔導理念，初級預防掌握個案，二級預防適時介入，三級轉介，引進資源，使學生獲得妥善照顧，建立具有輔導文化的友善校園。

(三)單親、原住民、隔代教養、外籍新娘等弱勢族群子女之關懷服務

1.推動弱勢族群親職教育，辦理語文、教養、手藝研習探討活動，使其融入實際生活，適應社會。

2.開辦補習學校，提供文化不利之父母學習機會，增進其適應現代生活智能。

3.進行課業輔導補救教學，趕上學習進度。

六、校內外教育資源的有效整合與運用

校內資源包含了優質的教職員工，可動用的經費預算，各項相關的設施與設備，而校外資源除了學區家長人力資源外，也涵蓋了地方的社團、文教機構、

活動設施，這些人力、物力、財力、空間的可貴資源，也正是學校校務推展的有力支援，為求有效整合，透過以下的方式加以評估、建置與運用：

(一)教師能力、專長、意願的調查與運用，健全各類組織，配置適當的人員，掌握「用對的人，做對的事」的原則，適才適用，發揮團隊機能。

(二)建立學區家長、地方社團、文教機關之人力、物資源資料庫，提供課程、教學及辦理各項藝文活動之運用。

(三)依據校務發展短、中、長期計畫，詳列校務推動優先順序所需軟硬體設備，配合學校願景及發展特色，分期分年詳列所需經費預算，配合經費來源（市府預算、社團贊助、家長捐款、社區善心人士……等）逐項付諸實施。

(四)以資源共享，相輔相成，共存共榮的原則，善用社區資源，並回饋社區使用校園各項設備，平時建立良好關係，以爭取更多社區資源，並營造良好互動文化，協助校務推展，如：

1.獅子會、同濟會等公益社團、愛心志工、家長會等提供人力物力支援。

2.社區人士與團體，提供各項教學資源與獎助學金，成立急難救助專戶，協助弱勢學童解決實際困難。

3.開放校園各項設施及合辦各項活動，達成學校社區化目標。

七、妥適處理外界影響力，作好公共關係

社區人士、地方仕紳、民意代表及政府相關單位，對於學校是具有相當影響力的，正面而言，可以提供豐富人力、物力、財力支援；反之則可阻礙學校的正常運作與發展，打擊同仁的士氣，不可不慎；良好公共關係的經營，必須靠平時，所謂一分耕耘一分收穫，經常參與社區活動，提供協助，基於互利互信，則較能得到認同，因而能有實質的效益。

本校在推展鄉土教育時，即因其鼎力協助，建置了鄉土教學資源中心，典藏了許多珍貴文物，學校也因獲得肯定而有很好的聲譽；在媒體方面，平時與駐地記者建立良好互動，學校若有具有特色的活動，則主動提供給媒體報導，以提升學校良好形象，而在有負面報導的可能事件時，本諸學校危機處理的程序，統一口徑，設置發言人制度，讓損害降至最低。

民意代表涵蓋了中央、地方民代、村里長，尤其縣市議員、學區里長與學

校關係最為密切，平時就要坦誠交流，使其關心學校，一則可以替學校爭取各項資源，一方面在與家長或社區有所誤解與衝突時，可以成為溝通和解的橋樑，當然了解他們的立場與需求是需要的，以合情、合理、合法的協助其選民家長的關心是基本考量。

企業及政府各級單位則可配合其許多政令宣導，活動辦理；如區公所、社教站、消防警察、衛生所等，都是可大大運用的教學資源單位，它們是合作的對象也是資源共享的夥伴。

八、有效經營家長及家長會的關係，發揮積極的功能

家長會於學校來說，是支撐學校的三大支柱之一，即行政、教師、家長會，它也是學校中正式的法定組織，關係到學校的安定與進步，因此如何使它成為學校經營的動力，而非阻力，格外重要；首先要與家長及家長會維持良好關係，一方面要使家長會組織健全，重要的是依據組織辦法來運作，會長、常委委員、代表等依民主化正式程式產生，其次平時就需與家長、成員良性互動，應適時參與社區活動、婚喪喜慶，以誠意，多方探求家長們對學校之意見看法。積極關心其子女的學習情形，談談學校校務推展狀況，親師之間若有衝突，應從維護學生的利益為前提，學校校譽為首要，耐心真誠解決問題，化解彼此之間的歧見。

「有所為與有所不為」，避免家長由於過度關心形成干涉校務之情形，必須讓家長了解校務運作的合法性、專業性及制度，因此很多事情的處理，應盡可能公開、公平的處理，若有特殊情形應加以說明，在必要性及法制上應由家長參與之校務，鼓勵積極參與，一方面了解學校校務推動的方式，一方面可以讓其有參與感，尤其家長會經費的運用，一定要透明公開，方能取信家長，而對學生及校務的推動，應可積極使其參與，貢獻心力！發揮家長個別的專長，如衛生宣導、學生輔導、班親活動、校外教學、課業輔導等。

學校主體是學生，而學生的父母是家長，家長的希望寄託在子女身上，因此學校辦學績效，對家長而言是相當重要的！現應透過建立夥伴關係，為教育合夥人，共同為學校、為學生盡力！

九、營造溫馨和諧的學校氣氛，組織優質的教育團隊

　　有優良和諧的學校組織文化，同仁之間互信互賴，必能發揮團隊的功能，促進學校的進步，因此校長與校內每一分子維持良好的關係，是經營學校的首要工作。

　㈠了解同仁的個人性格、專長、特性，甚至家庭、社交狀況有其必要。

　㈡誠懇真心待人、積極關懷、盡心協助解決同仁碰到的公私難題。

　㈢信任，以同理心多替同仁思考，多關心問候，可多利用節日如生日、教師節等，配合家長會辦理慶生活動，表達敬意與謝意。

　㈣帶人要帶心，校長職權中多運用參照權、專家權，少用法職權。

　㈤建立制度化、合理化而有效率的行政模式，加強授權，建立橫的協調連繫，給與揮灑的空間。

　㈥察納雅言，多聽同仁不同意見，於情理法上積極考量同仁的需求。

　㈦融入老師團體，採用正式及非正式溝通方式，座談、閒聊、聚餐、休閒活動，彼此交流溝通各種關心的話題。

　　在一個充滿和諧溫馨的學校家族裡推展校務，其阻力自然較為輕微，大家工作若愉快，師生均能受益。

十、樹立親和形象，為父亦為師，作一個能和學生親近的長輩

　　校長爺爺？校長伯伯？或校長叔叔？小朋友的感覺是直接而不掩飾的，尤其中低年級的學童，好惡寫在臉上，在學童心目中，我想建立的是為父、為師的形象，一方面是照顧他們的大家長，一方面是指導他們學習成長的師長，親切招呼是拉近距離的方法，私下寒喧是摒除高高在上之刻板印象；在我認為，對於學童的行為應有善惡好壞的標準，因此應嚴肅慎重的要求其為規矩的行為！對學童本身可以絕對的關懷，也就是將學生的「行為」與「人」適度區分，可以關愛學生，但不能縱容其不對的行為。與學校同仁一樣，對學生的積極鼓勵、指導、關心同樣也是校長的職責。

十一、了解政府政策,配合執行上級交付任務

　　學校接受上級單位的指導與支援,因此教育部與教育局的政策,學校有遵行與執行的責任;各項校務措施,在上級規定之下,若有因地制宜之處,學校可以在許可範圍內,發展自己學校本位特色;因此一方面貫徹上級單位的要求,一方面也有自主的空間,在教育鬆綁的今天,校長必須負起學校的績效責任,合法、合理、自然是首要,而通權達變符合學校需求的權變措施,也是非常重要的,經費資源的爭取,端視學校實際需要,其方法是依學校校務發展計畫及願景特色,提出具體可行且急需之經費需求,依序爭取,畢竟上級有限的資源必須看到成效,也就是用在刀口上,切忌浪費或無效率。

　　平時宜盡量配合執行上級推展或交辦工作;如政令宣導、承辦活動、課程實驗等,隨時提供建言,適度行銷學校,與上級建立良好關係,需要時自然可以獲得及時的有效支援,而其他平行單位如衛生局、區公所、文化中心等關係,也不能忽視;適度配合辦理相關活動,一則廣結善緣,一則可以成為學校的支援夥伴,尤其學校已不再是封閉的系統,必須走出校園加強與外界的互動。

十二、發展學校特色,孕育具有競爭力的未來公民

　　具有特色的學校,不只讓學校獲得社區的肯定,激發師生家長的榮譽感,願為學校盡力,而學生也以學校為榮。

　　特色的發展有其傳統歷史,也和歷任校長及現任校長之價值觀、專長、家長的期待及學校發展過程有關,發展學校特色宜考慮以下因素:
　　㈠學校的背景:將學校的人力(教師、家長、社區人士)、物力(發展所需的財源設備)、學區特色(區域背景、地理環境)作一評估。
　　㈡校長本身教育理念、家長期待的價值分析。
　　㈢學區可運用資源及永續經營的可能性評估。
　　㈣師資來源及學校教師意願的調查分析。
　　㈤學生身心發展及發展的可能性與全面性。
　　㈥社會價值觀的判斷與接受的可能性評估。

　　經由分析及共同研商(教師、家長、社區相關人士、行政人員)評估訂定發展學校特色項目、發展程序、資源獲得與整合、評估效益等著手,回顧本身

服務學校特色發展，基於建構具有人文素養的學校理念，結合學校傳統、社會脈動及家長期望，乃以發展藝文活動、直笛教學、閱讀教育、語文教育、鄉土學習、資訊教育等人文教育的主軸課程教學活動，冀望學生是具有人文素養、競爭力的未來國民。

十三、變革與創新的經營

　　學校在這波教育改革的浪潮中深受衝擊，外有政治、經濟、教育政策、民間教改思潮的龐大壓力；內有教師、自主性急速升高、家長要求介入校務的強大要求，為因應此一變革發展的必要性，如何調適自身心態與做法，增進學校組織效能，營建優質組織文化，提升組織應變能力為校長必須面對的難題，今日變革事項，不只課程與教學內容與方式由單一形成多元，學校人事方面，教師來源多元化，家長背景與參與校務意見多元，學生家庭背景、學習能力、行為問題更是多元而複雜；因此學校制度規章、人員專業素養、思考方面均應有所變革，否則無法因應此一情勢，可能淹沒在此一浪潮中，無法立足。

　㈠人員專業素養方面：教師需具有學科知識、教育專業輔導知能、人際關係智慧，更重要的是敬業樂業的精神，與人溝通的技巧；必須透過進修研習專業對話，共塑願景，並以教學視導，激勵措施來強化同仁這一方面的認知與作為。

　㈡學校制度規章方面：面對快速變革，學校制度規章應較具有彈性，因此制度層面除依法令規定之外，宜保留適度彈性，政府推行組織再造、友善校園、教訓輔三合一，均在賦與學校充分了解學校本身情況，彈性調整組織結合，使工作更有績效。

　㈢調整工作心態方面：校務推動，課程與教學、訓導與輔導工作，除了需傳承既有優良的策略方式之外，應有適度的創新；校長與全校工作夥伴均應有此認知。就如學校本位管理、知識管理、領導方式的變革，都是教育同仁應不斷思考與理解的課題。

　　變革可能遇到阻力，由於人皆有安於現狀，以不變應萬變的心態，因而抗拒變革，為使學校能在較為平穩中蛻變，以下是幾個心得：

　㈠細心觀察思考學校需要變革創新的事項，變革不是「改變現狀」而是「改善現狀」。

㈡掌握變革契機,適度運用外界影響力。政策法定推動,老師家長強烈需求,學校有承辦教育活動,獲得經費資源,可直接間接借力使力推動變革。

㈢區分輕重緩急,循序漸進,逐步推行。「呷緊弄破碗」,操之過急很可能全盤皆失,可從阻力最小的硬體設備之改善開始。

㈣充分溝通,說明清況。

㈤考慮後果,評估正負面之影響,謹慎處理。

參、校長的素養與思維

一、經營學校的法學素養

校長經營學校,「依法行政」是最基本的要件,一方面依法能有積極作為,以發展校務並維護師生權益;另一方面則為避免觸法保護自己。

相關法令及行政規章甚多,實難面面精通,但卻不得不留意,基本上重要的法令規章,如《憲法》、《教育基本法》、《教師法》、《國民教育法》、《教育人員任用條例》等攸關教育理念,人事任用與校務法規,務必熟稔。而《兒童福利法》、《家暴防治法》、《兩性平等法》等,維護兒童少年權益之相關規定,以及《民法》、《刑法》等對於公務人員服務時需特別留意的法規,以及《政府採購法》、《事務管理規則》等和財物管理與採購等法令均應深入探究。而分屬其他業務單位執行時依據的行政規章,則可大概了解,由承辦人員確實熟悉,並作為諮詢對象。

了解這些法律知識與教育法規,除了平時研讀相關書籍外,研習進修、座談會議、實務經驗,以及透過相關單位人員的直接請益均是充實自己可用的方法;唯法令規章隨著時代變遷、社會多元,時時作修正,因此必須持續不斷進修成長。如從教育部、教育局等相關網站去了解,並多方參與研習座談,時時關心媒體報導,並進一步深入省思與檢討,細心觀察方能具有充實的法學素養而立於不敗之地!

二、敞開心胸，面對變遷與衝擊

政治解嚴、社會開放、價值多元、經濟快速成長、功利主義盛行，直接衝擊學校的是：組織鬆散、校長權威瓦解、教師參與決策與意見的受到重視、學生受教權格外獲得關心、家長意見與要求使教師管教學生顯得綁手綁腳，不只教師必須調適心態，以更有耐心與挫折容忍力，面對學生的複雜問題，校長更是難為，要以更大的包容、更有技巧來處理複雜的親師衝突，以績效責任經營學校，不只求平安也要求創新的發展。

準確的評估現實環境與妥善因應變得相當重要，具體而言：

㈠充分了解教育政策的改變與走向，審慎分析政策法令的規定與要求。

㈡權變領導因勢利導，但有所堅持，處事要合情、合理、合法，尤其以合法為優先考量。

㈢掌握教育的核心價值，價值多元的社會環境中有很多不同的看法，如要求加強英語、數學或是要求重視成績、排名等，但校長必須把握給與學生基本能力，具有良好品德能健康、活潑、快樂學習的教育規準：認知性（cognitiveness）、價值性（Worthwhileness）、自願性（Voluntariness），是堅持的原則。

三、省思教改行動的得失，瞻望未來的遠景

10年教改激化穩定守成的教育生態，產生了改變，一波一波政策與行動方案，讓人應接不暇，如多元入學、高中社區化、小班教學、九年一貫課程、校長遴選制度、教育理想所勾勒的願景確屬美好，但這些政策與行動到了學校層級的最前線，執行上卻也產生諸多困境；以九年一貫課程的推動為例：首先是心理上的無法立刻適應，課程改革快速上路邊做邊學，大家互相模仿，彼此交流確也開創了許多不一樣的教育活動。激發教育同仁諸多潛力，從建構學校願景，本位課程的擬訂規畫、課程設計、試編教材、發展協同教學模式、改變評量方式、社區資源運用、家長參與、教學資源蒐集，都發揮了或多或少的功能，難得的教師動了起來；但也因時間較為倉促，產生諸多問題，如課程發展委員會之運作功能未能彰顯、學校願景之描繪偏於理想缺乏實質意義、能力指標的了解與教學實務運作有困難、家長觀念仍待溝通、配套方案不甚明確，因此有

值得省思與解決的必要。

　　身為學校校長，對教改政策具有責任，面對困境，尤其家長老師的質疑，有義務從宣導與協助的立場和大家一起嘗試與推動，個人覺得教育工作是需要在穩定中求進步，重大政策的創立應慎重，有人說改革不一定會帶來進步，但沒有改革絕不會進步，見解誠然不假！但畢竟變革是「改善」現狀而不是「改變」現狀，欲速則不達，何況是百年樹人的教育事業，因此需要循序漸進，第一線工作者的心理建設特別重要，配套措施的完備、時程的安排及適度調整步伐、政策方案的推動較易成功，否則只是被動的應付，難有重大突破！

四、價值與倫理思考，合宜的行政決定

　　「兩害相權取其輕，兩利相權取其重」？「學生第一，教師專業，尊重家長意見」、「依法行政」等是各項行政的基本原則；當學生、家長、教師及外界各項期望有所衝突時，首先思考的為是否合法，再求合理與合情，行政實務上，十全十美、面面俱到的決定似乎不太可能，就如學生學習領域與授課節數而言；教師有其專長與興趣的考量；而家長有其期待，希望增加他們期望的科目與節數；但在課程綱要上有必須遵循的規定，因此在決定上就必須多加斟酌，那就是在法令許可之範圍內以學生受教權益為重，輔以教師、家長的看法做出決定。

　　學生資質與家庭背景各有不同，但在國民教育階段，受教育是每一個小孩子的權利與義務，必須基於平等的原則受到照顧，因此需求有所衝突時是以最多數人之利益為優先，而學習不利的學生與資優生，在實際的校務運作上也要詳加考量，提供可用資源；聰明與富有、有權有勢的人，在其本身可運用的資源會較多，但是在學校當中所做的各項決定與資源的提供，基本上並無太大差別；個別的是學校給與弱勢族群學生提供的補助與輔助，如資源班的設置、貧困學生學費、午餐補助、低成就學生的學習輔導等，以符合公平、正義的原則。

五、發展學校成為學習社群，共謀專業成長，樹立專業形象

　　學生的有效學習、教師專業進修、家長的同步成長都是帶動學校進步的動力。要使學校成為學習社群，帶動組織學習風氣，學校領導者──校長可從以下具體方式著手：

㈠以身作則：由本身作起，積極參與研討進修，包含校內學校本位的研習活動，一則增進自我知能，一則與同仁共同成長。

㈡營造學校優質的學習環境，充實軟硬體設備；尤其是資訊與圖書設備，以提供組織學習的有利條件。

㈢採用激勵措施，鼓勵同仁參與各長短期進修研習；如報考研究所、大學相關系所，參加學術研討會。

㈣出版進修專輯及各項刊物，提供師生、家長發表及相互觀摩之機會，並宣導教育政策及學校校務。

㈤成立讀書會、工作坊，並落實各項教學研究會、觀摩會、座談，促進同仁、家長等經驗交流與分享。

㈥推展班親活動，建立親師合作的良好機制，如晨間說故事、親師座談、讀書會、親職教育，共同學習與成長。

六、五育均衡發展的學校目標

國民小學教育以培養活活潑潑的兒童，堂堂正正的國民為目的，應注重國民道德之培養、身心健康之鍛鍊，並增進生活必須之基本知能。

德智體群美五育均衡發展，是我國的國小教育目標，永遠不應也不會被忽視的。以本校為例，它是教育工作的核心價值，於學校中要落實此一工作，應可從下列方向著手。

㈠形塑願景

分析學校背景因素，運用民主參與集思廣益，共同訂定願景，以博愛為校，溫馨為校風，快樂安全為生活指標，培養能愛人、愛事、愛物，富國際觀、前瞻性、具競爭力的現代化國民。

㈡課程與教學活動的有效掌握

1. 加強校長的課程與教學領導，有效督導、落實課發會、領域小組，訂定課程計畫並落實執行，貫徹教學正常化。

2. 分析學校教學情境與教師專長，發展學校特色課程，提供學生多元學習機會如資訊、直笛、英語與鄉土教學。

3.各學科、領域教材與設計多元化,而教學活動力求生活化、活潑與適性化。

4.推展閱讀運動,建立護照獎勵制度,並提供多樣化發表園地,提升語文能力,豐富生活內涵。

(三)訓輔工作的落實

1.落實生活教育、法治教育、辦理自治市長選舉活動、組織自治市、成立幹部組織、辦理活動,發揮民主精神及自治精神。

2.實施超級任務計畫,有系統、有目標、有步驟的落實生活教育。

3.實施優質生活護照,落實生活教育自我要求管理之精神。

4.推動榮譽制度,辦理榮譽兒童育樂營,激發兒童榮譽心、責任感。

5.落實輔導工作、推動教訓輔三合一、建置輔導網絡、建構友善校園;如輔導資料運用,愛的連線通報系統,提供師生家長多元輔導資訊;性別平等教育、生命教育、情緒教育、融入教學;認輔個案、提供輔導信箱給與學生傾訴對象管道。

6.親職教育,增進親師互動成長,建立良好夥伴關係。

(四)重視社團、推展藝文活動,提供學生多元學習管道,孕育人文素養,協助學生適性發展

1.組訓幼童軍、直笛隊、節奏樂隊、桌球、田徑、躲避球、籃球、拔河等團隊,開辦圍棋、美術、點心製作、自然科學等假日營隊。

2.設置藝文走廊,提供作品展示空間,辦理才藝表演活動,實施社會學習卡,結合榮譽制度設置榮譽獎。

(五)重視學童保健,推展體育教育,發展體育社團,延續優良傳統,落實衛教工作

在推動過程中仍有許多困擾,如部分家長依然相當看重考試成績;也有因工作關係不甚關心學生,將指導責任推給學校,對子女教養不夠積極,有待透過親職教育、社會教育及政府宣導措施加以釐清,尤其社會價值觀的導正,更

為迫切需要！

七、推動資訊教育、校務行政電腦化，提升行政效率，促進教學效果

e 化的世代，資訊教學與電腦化行政刻不容緩，依本校做法如下。

(一)推動校務行政電腦化，宜掌握科學化原則，建構校園行政網路，分享資源與傳達訊息，有效提高行政效率

1. 成立資訊推動小組規畫資訊發展計畫，提升資訊使用能力。
2. 行政人員皆有專屬電腦，行政業務全面數位化。
3. 班級、教師休息室，配置電腦設備提升校務電腦化成效。
4. 透過電子公文系統，運用文書處理流程，強化行政效能。
5. 建置圖書管理系統，簡化圖書管理流程，強加圖書流通效率。
6. 建置校務布告欄各處室業務上網公告。

(二)樂趣、多元、經濟、有效的資訊教學

1. 充實資訊設備，班班有電腦，並能上網，有利資訊融入教學活動。
2. 透過班級網頁，呈現活潑多元教學成果，提供師生家長溝通園地。
3. 建置九年一貫課程專區、英語教學、圖書利用、學生作品、相關網站等教學資源，以供親師生作為參考使用。
4. 辦理資訊學藝競賽（網路作文、繪圖等）、學生電腦育樂營，提供學生展現學習成果機會。
5. 建立網路平台，連結資源網路，運用於教學。
6. 實施資訊課程教學，孕育學生資訊素養與技能。

　　推行之後已使教師均具備基本技能與素養，學生也都能獲得應有的知能。在實施中發現有個困難點：資訊設備日新月異，且維護更新經費甚鉅。由於學生家庭社經背景具有差異，形成資訊能力的落差現象，因此在經費上除了爭取上級補助外，也得利用校外資源、社區家長的資助，而學生能力的差異則透過教材的編排及個別化的指導盡力克服，以縮短彼此之間的落差。

八、塑造優質的學校文化凝聚向心力

　　學校文化是學校成員共有的價值信念，這些價值信念影響了成員的價值觀與行為規範，表現在學校中成為學校同仁平時工作方式、做法，孕育了學校的特質，也可以說是形成學校特有的風格與氣氛。也因此學校文化會規範學校成員的行為，共同遵循與信奉，常聽說某學校是一所老學校建築老舊、風氣保守，或說某學校建築新穎，校風開放，具有活潑氣息，應和學校組織文化有關。

　　學校文化有其正面的與負面的功能。正面而言，成員認同此學校，願為學校的名譽與發展奉獻，由於學校成員的共識，提供了思維與言行的規範，自動約束同仁的作為，若能形塑尊重人性信賴的優質文化，可以促進學校的發展；而其負面功能可能因內部非正式組織小圈圈次級文化的存在，可能造成彼此衝突，阻礙創新及合作。

　　學校文化是學校所有成員長期互動累積出來，不是輕易可以改變的，因此優良傳統自應蕭規曹隨，但不良風氣習慣，理應於適當時機切入，形塑優質學校文化，凝聚向心力，促進學校和諧進步，其進行方式可為：

　㈠校長以身作則，表現出所要營造的學校文化類型，如要使學校具有積極的開放氣氛，則可表現出樂觀、積極、民主參與、積極作為的風格。

　㈡注意學校的空間管理，多採用開放空間則易顯現開放的氣氛，採用明亮色彩，則可顯現樂觀氣氛，布置藝文走廊則可營造人文氣息。

　㈢建立公平且具建設性的獎勵制度，激發學校成員積極作為，營造優質學校組織氣氛。

　㈣舉辦具有特色的活動，突顯學校本身的特色，展現組織的氣氛類型。

肆、省　思

一、校務嫻熟的路途備覺艱辛

　　學校的領導工作絕非書本理論所能描述清楚，也不是儲訓課程所能完全涵蓋，在校務推動中可能碰到對人的無法掌控、對事的認識不清楚、對環境評估不準確及很多外在內在因素的困擾，要能順手必須累積經驗，雖然說一回生，

兩回熟，三回能當頭，但牽涉到人的問題，便顯得複雜，因人有情緒、有個性，而環境絕非一成不變。因此校務的嫻熟，除了用心學習外，更需多方請益前輩校長的寶貴經驗，廣泛與他人交換意見，藉由正式與非正式的場合，虛心學習別人的看法與做法。

嫻熟校務個人認為應可從以下路徑尋求：

㈠不恥下問，虛心求教；三人行必有我師。

㈡躬身入局，親身體驗；不入虎穴焉得虎子。

㈢涉略群書，廣泛求知；持之以恆，不斷成長。

㈣集思廣益，尋求共識；發揮集體智慧。

㈤掌握重點，專心一致；掌握刺蝟精神。

㈥時時反思，累積經驗；檢討過去，策勵未來。

二、教育局長理想中的校長

校長是教育局長推動教育工作的左右手；將國家教育政策、地方首長施政理念、民眾對學校教育的期許，賦與校長貫徹執行任務，對於校長工作的績效，寄予厚望；因此如何找到好校長，並和校長建立良好關係，引導這些學校領導者順利完成任務是教育成敗的關鍵，以局長立場應可從以下幾個方向加以著力：

㈠完備校長遴選制度，以更為審慎的方式尋找學校的領導者。

㈡與所有校長建立更緊密的關係，非只是督導的立場，而是具有休戚與共的夥伴結合。

㈢適時有效提供校長人力、物力支援及各種資源管道的協助。

㈣關心並積極協助學校本身無法解決，必須由上級單位支援的特殊難題。

㈤信任校長處理學校內外問題的有效方法。

㈥重視績效與責任，推動校務評鑑、教師評鑑，積極鼓勵與肯定學校正面功能。

㈦訂定校長專業成長辦法，規畫進修課程，鼓勵校長不斷的學習與成長，如透過研究所進修、研討會、交流觀摩、成立校長專業團體——校長協會、參與相關社團、定期辦理正式會議或聯誼方式、彼此提供辦學經驗互通有無，提供解決校務運作難題的有效方法，使校長能應付變革並適度創新。

三、身心健康的維護與家庭的經營

擔任校長首先要具有高度的抗壓性，其次是有時間管理的概念，更重要的是維持身心健康，如此才能用清晰冷靜的頭腦思考問題，以充沛的體力應付各種挑戰：

㈠妥善安排假日休閒生活：利用休假至國內外旅遊，一則增廣見聞，一則放鬆心情，紓解壓力。

㈡多運動，參與球團；以固定時間活動，也藉此舒活筋骨，防止老化。

㈢參與民間社團活動，廣結善緣，拓展人際關係。

㈣重視自我健康檢視，畢竟健康是一切工作的基本動力。

㈤多留時間與家人相處，用心校務，關心別人的孩子，也要留意自己的子女，沒有家庭的後顧之憂才能專心於校務。

㈥培養閱讀習慣，涉獵書籍應不限於教育相關領域，應以較為休閒的態度廣泛接觸，擴大視野。

四、重新來過的想法──校長培育的反省思考

10 年多了！回首來時路頗多感觸，過程裡有憧憬、興奮、滿足；也有畏懼、挫折、失望；校長不是只意味著榮耀，它是責任、是挑戰，也是一種專業實踐的過程與發展；充分的準備，包括心理的調適──決心接受挑戰，以及基本學養的充實和承受壓力的預期，都是邁向校長之路的必要；不論任職前或任期後都是相同的；而擔任校長的工作必須隨著時代脈動，學校工作現場的實際情況，作因地制宜的權變領導作為，當然把握心中一把尺即教育的核心價值觀，正確的理念，依法行政的作為是不變的原則。

校長之學非生而俱有，要成功的領導學校，順利推展校務是一門複雜多元且變動不拘的學問，涵蓋了人、事、時、地、物等諸多複雜的不確定因素，是非線性結構，較難預測的；但基本必備的功夫，配合細心思維，平穩掌握並非不可能。

以自己經驗而言，學會當校長是自己學，也靠別人的經驗與指導，如果設計一套校長培育課程，以下的學養基礎我覺得是必要的：

㈠通識課程：人文、藝術、法學、休閒、財經……等宏觀視野的課程。

㈡教育理論知識：如教育行政、心理、哲學、財政、教育社會學等教育專業領域。

㈢教育相關實務：如法令規章、教育政策的認知與詮釋、課程與教學的領導、人事安排、預算編列與執行、公共關係的經營、人際技巧、危機處理等項目。

㈣其他有關常識：如行政管理、企業管理、時間管理、壓力管理、心理衛生、輔導與諮商等。

㈤專業成長與研究發展的能力：如以行動研究解決實際問題。

　　而這些課程可以自我研讀、心得報告、經驗分享、講述與研討方式並行，若能蒐集學校經營管理中經常可能碰到的問題，透過經驗分享與相互討論找出共識，作為日後解決問題的參考，應更有價值。本身在擔任校長儲訓班輔導員的經驗中，發現受訓學員來自各地，實際上均有相當的行政經驗，也都在各自的學校裡處理過相當多的校務難題，這些都是校長培育的可貴知識，透過對話可提供培訓學員很多寶貴的處方，運用之妙就靠上任之後的表現了。而上任之後更可透過校長之間的平時聯誼，提供做法參考，加上不斷的自我要求與專業成長，將可成為稱職且有績效的校長。

伍、結　語

　　民主開放、多元價值觀及自我意識的抬頭，學校必須以更開放更有效率的積極態度發展學校特色，才能在此一競爭激烈的現實環境中獲得肯定，而學校的舵手——校長，更是責無旁貸的要擔負此一重責大任，回想過去，對教育的貢獻，只能說是盡職，面對日益複雜的教育生態，努力空間何其巨大，對學校教育的影響，自己認為可從以下幾個方式作努力。

一、整體思維把握重點

　　以學校整體考量為前題，全校師生的最大利益為出發點，雖然尊重少數，但仍以大多數人的需要為首要，且以最重要且急迫性事務為優先。

二、釐清目標，訂定計畫

凡事豫則立，不豫則廢，有步驟、有程序的推動校務工作。

三、參與管理，民主決策

重要決策是學校核心工作，發揮團隊精神，集合共同智慧可以避免錯誤，獲得較佳選擇。

四、以身作則，言行一致

有人說：校長之道無他，榜樣而已。

五、適度授權，分層負責

處理校務不需事必躬親，給與同仁成就即是自己的成就，也是學校的成就。

六、重視對學校同仁的關懷與鼓勵

平時建立良好關係是獲得助力的泉源。

七、隨時保留獨自思考的空間，每天給自己反省思考的時間

省思檢討，釐清各項工作的先機。

八、善用資訊科技，運用知識管理

九、發展人際關係，重視學校公開行銷

整合運用校內外各項資源，這是平時和長期耕耘的結果，所謂平時不燒香臨時抱佛腳。

與其埋怨陰雨綿綿，不如撐起雨傘走出去，面對更大的挑戰，高峰經驗、自我實現，不正是吾人生命真正的價值與意義嗎？

作者簡介

蔡政明

學習歷程：1971年省立台中師專畢業後進入私立中國醫藥學院藥學系就讀，完成學業後到國立高雄師範大學教研所40學分班課程結業，並於2003年於國立台中師院國教所畢業；於板橋教師研習會49期主任班、64期校長班儲訓結業。

經歷：曾擔任台灣省教育廳國民教育巡迴輔導團數學科輔導員，85期主任班及100期校長儲訓班生活輔導員。歷經國小教師13年、主任8年，並曾任台中市泰安國小、中華國小、文心國小校長，現任台中市僑孝國小校長。

驀然回首　雲淡風輕——校長生涯留影

戴振浩
原任桃園縣忠福國小校長
現任桃園縣文化國小校長

壹、擔任校長之前的準備工作

一、懵懂歲月

當年加入教育陣容，實在是沒有太多的憧憬。因自小家裡清貧，兄弟3人，且個個成績名列前茅，家庭的微薄收入，真的無法供應所有的孩子繼續升學，所以就讀免費的師範教育，是我可以繼續升學的唯一一種選擇。

因為師專 5 年的耳濡目染，和寄宿式的養成教育，使得心中對教育工作有了使命感的理念。所以開始當老師時，對自己的要求與對學生的要求一樣多，也因此給了自己更多的學習機會，因為心中總是認為每一個學生都是英才，而我當全力以赴。

或許因為工作的態度得到長官和同儕的肯定，所以他們扮演了我生命中「貴人」的角色。他們引領我走入行政工作，拓展了我寬廣的工作領域，也讓我有全方位考驗和學習的機會。因此，我由級任老師轉而擔任組長，而參加主任甄選，一路順遂。

二、擔任校長的念頭與醞釀

從參與行政工作的運作裡，我從其中體會挑戰與突破的嚴苛，歷盡人際的冷暖，領悟人性的無常，與自覺人生追求自我實現的必要性與歷史意義。所以在當上主任之後，我給了自己想要擔任校長的承諾。

對教育問題，我開始學習、四處請教與深入分析的思考。雖然我也可以和

多數的同儕一樣,每天快樂聊天、打球,或從事不是為社會全然接受的課後輔導,但是當年因為家庭環境限制,而被迫放棄選擇就讀新竹省中的潛在意念,仍偶爾會隱隱作祟。所以我捨棄一切,投入了繼續讀大學的路徑,因為我相信讀書不只是有助於校長甄選時,可以增加積分而已,更可以接近過去無緣親近的學術殿堂;當然,我也廣泛的參與校內與校外的各項教育研習與競賽指導,因為那是最貼近教育內涵的實戰經驗。

三、校長儲訓的反省

參加了當年設在板橋的台灣省國校研習會的校長儲訓班的研習,是一個深刻而又令人難忘的記憶。遠離家園,投入整天嚴謹的生活教育要求,和排得滿滿的研習課程、參觀活動,及接受 3 分鐘即席演講、撰寫研習心得等的種種考驗,可以說是專業知能、行為養成與心靈陶冶的集大成。儲訓時的當下,或許並不是一種愉快的調適與學習,但是也讓我們見識了所謂的「校長典範」應有的專業認知、行為規範、人際思維和實務運作的背景了解;雖然那些經驗,未必與日後擔任校長時的情境全然相同,但是至少可以是參照的隱形指標。

另外,值得一提的是,在那裡有機會認識來自全省各地的教育菁英,不只是生活上的相互勉勵與交誼,更難得的是可以確切了解各地的教育實然風貌。對不同學校類別、不同縣市及城鄉之間的教育實踐,有一個最真實的了解;這樣的知識與資源,正可以作為日後分別在不同學校,擔任校長時的重要參考和比對標準。

四、萌發前的種子

「吃得苦中苦,方為人上人」固然是勉勵人們坦然接受苦難、迎接考驗的話,但確實也是讓我們磨難心智、深耕體會的不二法門。因為參與才會深入,因為失敗才肯虛心重新思考,因為受到打擊與踐踏,才能頓悟心痛的感覺;所以從當老師之後的種種體驗,包括教學成效、親師對話、行政接觸與社區服務,都對日後校長角色的扮演,有關鍵性的影響。

貳、校務經營理念與具體策略

一、教育思想與源頭

「讓每一位小朋友懷抱希望，使學校成為圓夢的溫床。讓每一位小朋友擁有舞台，使他們可以盡情的揮灑。讓每一位小朋友快樂學習，因為金色童年只有一個。」正因為自己在成長的過程中，曾經有過的跌跌撞撞，與難忘的內心感動，教師生涯中的點滴體驗，以及和教育理論中的相互驗證，使得我在學校經營中，一直有著這樣的想法和執著。從不少前輩校長或教師的政策或教學風格裡，讓我學會認真學習與用心體認；所有的想法與實踐或許都是一種教育與理想。對於學生，有的或許只是短暫的訓練，有些則是一輩子的奠基；我為後者的意義常做反覆的思索，然後試著尋找支持自己努力工作及一以貫之的理由。

成為校長的角色之前，曾經有過的愉悅、怨恨和渴望，在我的心中一直都是相當的鮮明與難以忘懷。所以一旦成為領導和決策者之後，我總會先從相對角色去思考，期望在領導者與被領導者之間，尋求平衡點，盡量規避不必要的錯誤，協助被領導者說服自己，願意接受我的說法和做法。

二、行政領導

在充分的讓同仁了解我的行政風格、教育理念之後，我以開放性的方式徵詢有志一同的夥伴，擔任我的行政團隊成員。我以專業成長的方式，透過正式與非正式的進修和安排參訪觀摩，使每一位夥伴知道行政的倫理、程序和法律的規範，垂直系統的分層負責，以及橫向溝通協調的技巧。使得學校的行政推展，能在一致的信念和節奏下，提供全校師生最適切的服務。

當然，必要的績效評析，和徵求學校其他同仁和家長的意見，一直是我們對行政團隊不斷反省與求進步的功課之一。我們也將教師和家長反映的意見，作為行政團隊修正下一次行政作為的重要參考。而成員對團隊的認同，是我最在乎的關鍵。如果成員有認同的困難或溝通不易時，我會即時的給與尊重，更換成員。

三、教學領導

　　學生有效的學習，是學校教育的核心價值。而教師有效的教學，是達成此一目標的積極做法；所以在支援教師的教學方面，一直是我在學校經營的重點。我從要求教學環境布置做起，邀請專家到校演講之後，帶著全校教師逐班做觀摩評鑑，並請優秀教師做心得分享。另外定期實施觀摩教學，讓每一位教師有機會了解與分析他人的教學現場，參觀之後還要舉行書面與口頭的報告，也因為如此，使得每一位教師對「教學」有全方位觀照的能力，包括教學態度、教學環境布置、教材安排、師生互動、評量方式、媒體運用等，都可以提出系統性的批判與分享。

　　在推動教師舉行教學觀摩之初，有位資深的老師，曾經以書面聯署方式，策動其他老師向校長施壓，表達其非必要性與擾民的意思，且在公開場合發言，表示校長太過認真，企圖讓校長改變做法。然因為這所學校屬新創校，且教師教學年資都在 5 年以下，教學方法仍有很大進步空間，所以我有了教師必須專業成長的堅持，教學觀摩的實施，仍然繼續進行著。

四、課程領導

　　在教育改革的聲浪中，在上級教育行政單位的推動，與各項法令的頒布要求之下，學校的課程設計和規畫，也隨之起舞起來。一系列的研習活動，和不斷的強力宣導，才讓老師覺知課程改革的迫在眉睫；而推動之初，因為教育高層步調前後缺乏一致性，配套措施的不成熟，確實使得學校行政單位吃盡了苦頭，也使得許多學校的校園氣氛僵化了。而對新的政策，一向持漸進式、緩和式的推動方式，反而使我在一片改革的浪頭上，避開了沒有必要的風險。

　　因為課程改革的實施，賦與了學校與教師對學生學習內容上，擁有了設計規畫的空間；當然此番改變，同時也顯現出了學校和教師在課程設計上，專業背景知識不足的困擾。所以學校實施一番的研習和座談，勢所難免；過程縱有所怨言，但也讓老師對課程設計規畫到實踐的歷程，倒有了從所未有的新體驗。

　　因為設計的課程，必須落實到課程教學的實踐中，所以教師體會到必須基於審慎的態度，去面對它在學校及教室實施的可行性。正因如此，所以我們分別從健康與體育、國語文、自然與科學、藝術與人文等方面，發展出屬於我們

所特有的「學校特色」。

在教師負擔最少、學生學習最易、家長配合最少、影響學生最久、場所限制最少等前提下，我們虛心的逐年檢討修正，現在已真正形成了「學校本位的課程設計」，且有了具體的實踐。認識愛心果園種植的水果、每年的直笛比賽、詩詞的背誦等，學生在每一個年級，都會有不一樣的學習內容和深度；而搖呼拉圈、打陀螺、跳繩、耍溜溜球、擲飛盤、扯鈴，是每一位學生在本校完成國民小學教育時，自一年級起，必須拾級而上的體能競技學習，每年的親職教育日或運動會時，就是全民大考驗的時刻。

每一位學生，都是表演場上的主角；每一位家長，都忙著為他的孩子加油喝采；我們不必逼著孩子練習，我們不愁家長不參加運動會；因為我們真的讓孩子學到帶得走的能力，孩子會迫不及待的邀請家長來觀看他的表現。

五、對特殊學生的關照

陽光無法普照每一個角落，所以有了教師的角色，來撫慰心情躲在黑暗角落的學生。在學生不算太少的班級經營裡，每一位教師要貼心的照顧每一位學生，的確有其難處。所以在優異學生的加深加廣的學習方面，我們讓圖書館和愛心媽媽們，扮演了積極的角色，當然安親班也有相當的輔助功能。

對於學校活動中扮演苦行僧（班長、衛生股長、掃廁所的負責人、家長會成員的子女、單親子女、特殊表現的學生——比賽得獎或四處滋事）與家庭特殊的孩子，除了級任老師的加強關照之外，輔導室的小團體輔導，也做了一系列的懇談和溫馨對話。而在個人歷任的不同學校校長生涯中，一直跟著我而沒有中斷的活動，就是特殊學生與校長共同進行的「咖啡時間」。

精緻設計、彩色、加以護貝後的邀請函，在一個星期前就送到小朋友手中。總希望家長與學生，能夠共同激盪和分享我們對他的一份尊重與肯定；在特定的時間，精美的器皿中散發的濃濃咖啡香、簡單的點心和輕鬆的話題，拉近了校長與學生之間，原本的陌生與疏離。我們除了表示最直接的慰勉之外，更想建立的就是校長不是集會時始終拿著麥克風的訓話者，或是學校活動中的邊緣人，而是親切得可以對話，和反映心聲的人，或許成果是潛在的，但我始終執著。

六、教育資源的爭取與運用

每一所學校均座落在社區中,所以學校與社區的關係很難釐清,也很難不相往來,而在政府有限的經費與相關法律限制下,學校的發展要因應地區的特性、家長的期望或學校的個別差異時,的確非爭取和善用地方資源不可。

家長會與學校的關係,除了有法源基礎之外,更是學校與地方連繫的重要窗口。因為學區中的仕紳、家長與各級政治階層,有其重要的政治版圖與政治生態的複雜關係,所以在學校的發展與資源取得上,家長會與村里長扮演著重要角色。學校因為家長會的成立,而有了向外衍生的觸角;學校的活動與發展策略,若能得到家長的認同,使其領會學校的前途,就是子女的前途,就是地方的希望時,地方的人士,就會為學校的前途主動的提供適當的各種支援。

家長會和村里長,知道哪裡有人力、物力、財力和文化的資源,也知道如何穿針引線的讓他順勢的用到學校來。學校在平日也主動參與地方的各項活動,包括里民大會、婚喪喜慶、民俗表揚等文化活動,適時的做好公共行銷,發展雙方良好的互動關係。當然校長也必須巧妙的利用機會,讓所有提供資源的單位和人員,知道學校不是生產單位,且是在法制運作下的正式組織,若有所請託或冀望回饋時,是有相當限制的。唯有如此,彼此的關係才會長久而不相為難。

七、對外關係的經營

學校基本上已在政府的編制下,設有相當的人員和經費預算,且有許多明確的法令規範其運作,所以爭取外界的支援,應該只是在相當的範圍之內,而不需要抱著多多益善、來者不拒的態度。不可諱言的,有些補助款買的東西,對學校而言,只是多編財產目錄,多負責保管報廢而已。校長應該有勇氣委婉的拒絕,有所困難時,應該可以透過家長會或地方人士加以緩頰,避免產生沒有必要的對立和誤會。

八、家長會的經營

依據相關法令規定,家長會的法律位階,在學校教育的推動中,已經扮演著相當關鍵的角色。水可以載舟,也可以覆舟,所以我們應該樂觀以對,固然

學校應該以敞開的胸襟，迎接所有有參與意願的家長，來參與校務的推展。但平實而論，教育其實是相當專業的，在參與的背後，家長應該要有相當的教育和民主素養，才不會幫倒忙，或背離教育的原則和法令的規定。

所以教育行政單位或高階主管機關，必須基於專業的理念下，訂定相當的規範和領域，讓家長循著一定的程序，參與校務的發展或學校的運作。而不是以家長具有「教育參與權」的說法，非常含糊籠統的留下了彼此解釋和衝突的空間。且每每政治力與教育專業衝突時，教育單位常是以和為貴，或校長不善溝通為由，讓政治勢力或非專業決定得勢，使得校長節節敗退，得不到支援之後，因為專業的堅持只好掛冠求去，平白的使國家失去一位長期培養而不可多得的教育人才，此案例還真不少。

九、對內的經營

就學校發展的歷史定位而言，每一位校長都是長距離接力賽的選手之一，我們別無選擇的從前一位選手的手中接下棒子，然後必須在既有的人員條件和物質基礎上繼續努力奮鬥。所以校長必須調整自己，設法在有所限制的範圍內，做最好的發揮。

校長必須與每一位學校成員溝通，形成「生命共同體」的共識。學校任何一個成員或部門的不健全，或跟不上步調，則它的負面效應必然由全體成員共同承擔，沒有一個人可以置身事外。所以「同理心」的思維，對每一個老師、教師會、行政人員、職工都是必須具備的。學會對他人諒解和尊重的同時，更要學會要求自己；而行政單位在運作的過程中，秉持社會正義和建立依循的學校章則制度，是不可或缺的。大家心裡有一個共識的準則時，不僅懂得工作的對照指標，更不易產生互相爭執與誤會。

十、與學生關係的經營

校長在行政管理上，或許是一個決策者，是一個輔導者，是一個負責人；但對學生而言，他可能被想像成是一個權力的主宰者，因為老師常向學生說不可能的事，只有校長可以或有辦法解決，如果學生不聽話，就會被送到校長室去處理。

實際上，校長是將教育政策、教育原理轉化成學校現場的實踐者。所以校

長隨時貼近學生，傾聽學生的心聲，是必要的。所以「咖啡時間」的對話，是我了解教育實際，及建立與學生親近關係的方式之一。當然，在各種集會和活動時，用和善的語言對學生給與激勵和肯定，也是一個很好的方法。其實，在各種學習場所，老師們已經對學生有許多的訓勉或責難了，校長大可不必拿起麥克風，又再加一頓的苦口婆心，校長只要和顏悅色的扮演聖誕老公公的角色即可，不是嗎？

十一、與上級單位關係的經營

學校是教育活動實踐的最前線，而教育部、教育局對學校而言，是政策的制定者，也是教育法令的詮釋者，資源的掌控和分配者，他們的每一項抉擇，對學校而言，都會是很重要的影響。近年因為教育改革的影響，在相關法令的規範下，在課程設計、學生管理、教師甄選、經費編列上，在「學校本位管理」的呼聲中，也給了學校許多自我發揮的空間。所以教育行政單位，對學校而言，由過去的監督角色，逐漸轉而成為輔導的角色。

教育行政單位對於資源的分配，依據各學校的資料和條件，基本上都有一套分配的原則。所以學校資源的爭取方面，除了極少數的緊急特殊案例，否則已經不需要動用所謂的特殊管道了。至於非教育主管單位和學校的互動，除了業務的宣傳推展，否則很少往來。

十二、發展學校特色

因為目前任職的學校，是一所自己新創立的學校，所以學校的特色是由校長和老師及家長會共同規畫的，當然校長的意見和想法是主要的關鍵。

校長的想法會成為學校特色的主軸，主要是校長有豐富的教學和行政經驗，也深知教師的能力，各項法令章則的規定，縣府、學校、社區各項資源的分配運用的可能性，更重要的是能分析學校特色，對主要課程內容是否相輔相成，對老師工作負荷的程度，及對學生未來發展的助益性。學校特色，絕不是校長個人喜好和專長的表徵，否則很難有持續性。

十三、學校變革的經營

雖然教育法規相當明確，但任何一個學校都有其運作的模式，也都有其文

化形成的歷程。所以新舊任校長的行事風格，或教育政策改變時，常會造成教師及員工心理的適應問題。

　　組織變革對組織進步的影響，是不容否認的。當然若不恰當，也可能會帶來傷害。以個人經驗而言，我會選擇漸進、擇項、小規模、影響最少的方式進行。在正式實施之前，先確知法律的規定，然後透過行政的草案規畫，巧放試探氣球，年級教師的討論，知會家長會之後才正式定案。在實施之前，應先預忖可能的困難、反彈或需要的支援，廣徵反應之後，再酌予修正，若一切都沒問題而仍面對少數反彈時，則當予以輔導，且表明堅持實施的態度，不可動搖，否則會影響最終結果。

參、學校經營的法律層面

　　學校對法律的了解與解釋能力，其實還有相當的努力空間。一方面固然是教育專業養成期間，對於教育及其他相關法令接觸和了解的機會不多，一方面教育現場的法律或行政命令的規定，常常是在彈性原則下實施，非常容易模糊了其間的界限。

　　衡諸教育現場，我們常常發現政府本身的作為，就常常無法達到明確的法令要求，也沒有能力要求家長或社會大眾遵從相關的法令規定，這實在是一個很大的諷刺。例如對於學校營養師、護士、職員的編制，中央雖有明確立法規定，但到了地方時，縣市政府常以預算限制為由而無法足額晉用。就因如此，常使得學校教師要在專業知識不足的情況下，卻要分擔相關的工作，如辦理午餐、兼任主計、出納、採購、發包工程、監工、驗收等，應該是具有專門證照才可以做的事。在此狀況之下，想要求他們不在法律邊緣遊走，實在是不太可能的事。

　　以目前師資培育和校長培育階段的內容而言，面對與時俱進的法律變更，和完全注意到學生受教權、教師權益、學校財產、預算、審計，或與外界的權益交涉，基本上校長是相當缺乏與無助的。因為，校長在教育專業領域的課程教學、視導、學生心理、家長、社區溝通，就是一項相當嚴苛的挑戰；還要注意學校行政有效率運作的行政組織管理，實在是相當的不易。他絕不是如高中以上學校校長，大多只注重行政管理即可，這是多年來教育高層與社會所全然

忽視的地方。

所以為了避免校長在學校經營時發生侵權行為，根本之計，是在師資養成及校長培育階段，即將各項法律知識列為必修課程。教育局和縣市政府（法規室）增列各項法規諮詢的對口單位，編列足額的事務人員，專職專才的擔任與各項權益相關的工作，一則減少錯誤，再則也可以充分保障學校及師生的各項權益。

肆、環境對校務運作的衝擊與學校因應之道

在家長受教育機會較少，或教育知識尚未普及之時，校長與教師的社經地位相當的高，且社會大眾對學校教育內容或教師教學，只有絕對的尊重與配合，並且有極高的熱情與少量的物力支持。但當台灣經濟起飛、社會繁榮、家長教育程度愈來愈高時，學校的經營卻面臨了另外一種的挑戰——教育內容、教學方法、管教方式、師生互動、親師連繫等都面臨了顛覆式的挑戰。人人可以談教育，個個有主張，而且強烈要求被接納和重視，否則即見諸媒體與一陣叫罵。所謂的教育專業地位，已經早被快速起飛的經濟，和民意至上、民主參與的聲浪所淹沒，校長與教師在狹縫中，不是委曲求全，就是掛冠求去，「教育專業」被踐踏莫甚於此。

我們不可否認，學校的經營應該和社會進步的步伐共同前進，但是在整個大社會尊重「時代愈進步，愈重視專業」的同時，不可以忽略教育也是一項值得關注且應該尊重的專業，絕不是人云亦云。許多的社會大眾、民意代表或強調接受高知識的家長們，其本身不注重教育專業，卻又要求校長帶領的團隊，要有專業的表現，這不是很奇怪的邏輯嗎？

當然很嚴肅且教育界該深入檢討的是：我們的教育專業經得起檢視嗎？如果驚爆的教育事件，最後查出是我們教育專業的未成熟，或教育人員的疏失時，專業團體或學校，應該有快刀斬亂麻的魄力，壯士斷腕，以維護專業的水平。而不是一味的姑息養奸，假維護教師權益之名，而靜待社會大眾對教育專業的再一次踐踏！

伍、各項教育政策在學校的實踐反省

　　近 10 年來，教育界從《教師法》的頒布、確立了教師的權利義務、專業組織的設立；《師資培育法》的頒布，有了全新的師資培育、聘任；九年一貫課程的改革，打破了課程結構，毀了原有的教具，卻缺乏經費，所以趕不上新的充實，也突顯教師教學能力的不足，所有的一切，使得「教育」根本上有了非常大的變化。它對教育的影響與衝擊，是正面或負面，真的仍有待歷史來定位，今日來斷言，仍不免失之草率與主觀！

　　任何改革的意義，應是以興利除弊，且符應社會的變遷需要為前提，而不是譁眾取寵式的以新潮而沾沾自詡。而更不可以「推翻」來宣示行動的說服力、正當性和震撼性。當報章雜誌以「青少年飆車、街頭砍人、援交氾濫、吸毒販毒、愛滋徒增、打家劫舍、缺乏挫折容忍力、草莓族」來描述年輕的下一代時，社會常以「教育失敗」輕輕帶過時，公平嗎？何以教育政策的形成或實施之前，忽略了基層行政人員與教師的參與和諮詢！其實政策是用來實踐，而不是宣示用的，只有評析而沒有實驗的改革，是充滿風險的。不可否認的，近些年我們為許多先前政策所做的善後和補救，遠比推出一個新的政策，所投注的人力、物力還辛苦，不是嗎？

陸、有關價值與倫理的思考

　　身為校長，在做決定時，所秉持的原則是「以不違背法令規定，追求合理利潤」為原則。當然，因為有學生，才有教師；有教師，才有校長。所以學校的行政管理運作，應以「追求學生有效的學習」為依歸。

　　在做決定時，難免會在學生、教師、家長、社區人士之間產生衝突。但是，畢竟「追求學生有效的學習」才是行政決定的最大公約數。當教師、家長、社區人士要求減輕工作負擔或爭取福利時，只要是有礙於學生的基本學習權時，行政決定必然無法因討好教師而有所偏執。

　　《教育基本法》中明定「教育中立」和「教育機會均等」的原則，所以在

學校資源有限的前提下，行政決定的考量，是以學習不利優於資優生，貧窮優於富有，單親優於雙親的大原則做思考。一般的家長、社會人士及民意代表，或許少數仍存在著位高權重、有錢有勢者，可以擁有較多的資源選擇機會，但是多數的人如果經過誠懇的溝通之後，多半會接受，只有少數的人會執意要求。

　　學校的行政運作，難免需要兼顧學校之外的需求，如果只是給與協助，或無關犧牲其他學生的學習機會時，校長似應有彈性考量的必要。

柒、發展學校成為學習社群

　　學校成為重要的學習社群，已是必然趨勢。

　　在快速更迭的社會變遷中，學校被要求合法、效率、公開、參與，已是趨勢，學校完全無法規避。所以在設備沒變、成員依舊、法令卻一日三變的情況之下，學習型組織的進修成長，是維持組織不斷接受考驗的唯一方法。

　　在進修之前，應該形成讓學校成員具有「進修需求」的氣氛和情境。例如，現在許多的表格與文件，都需要以電腦填寫、傳遞時，承辦人員就會有急迫的學習需求，教師的教學成效無法為家長接受，或整天為班級經營愁眉不展時，或教師想參加各種考試，而不知所措時。在成員有需求的狀況下，效果當然不一樣。

　　在發展或推展學習社群時，除了注意需求之外，仍應注意師資的水平；畢竟在學校的在職進修，不比在師院的師資培育。如果沒有相當的內容或教學技巧，很難引起大家的學習興趣；另外時間設計得宜，也是因素，不必太長，有效遠比時間長重要。其他，如空間設計、座位安排、成效評量、進修登記管理等，都是促成「有效而成功」的學習社群的重要因素。

捌、在學校推動德智體群美的做法

　　教育的本質為何，是每一位教育工作者，都需要進一步了解和加以深入探討的。

　　在教育思潮不斷推陳出新的狀況下，的確令許多相信「改革萬能」的人，

在教育的改革浪潮中失去了方向，且偏離了主軸。個人一直相信教育固然有其「該變」之處，但有更多「不變」之處。在後現代主義的衝擊之下，大家忙著挑戰傳統，忙著顛覆現代思維；凡是「變就是進步」，凡是「遵循傳統」就該被淘汰，我覺得這是值得每一位教育工作者冷靜思考的嚴肅問題。

不管用什麼字眼來詮釋教育的目的，但通俗的說法，就是希望學生長大後，能迎接未來的挑戰，成為社會上有用的人，應該很少人會去否定的。所以「德、智、體、群、美」的教育，其實也相當符合上述大家對教育目的的期許。

小學階段，因為沒有升學的壓力，且以生活教育為核心，所以只要和家長及教師溝通觀念，擬訂具體的做法，一般在推動上，阻力不大。主要是要能以「同理心」的角度，「你的孩子，我的學生，日後我們都期望以他為榮」來說服家長。如此，家長在學生行為被糾正，或學習內容的爭議上會較少。不必用相對的立場，或企圖用「誰比誰會，誰比誰專業」的論辯來一較高下，因為最後必然是兩敗俱傷。

「智」育掛帥的教育現實，是所有家長和學生揮不掉的夢魘。之所以會持續不墜，主要是許多家長沒有辦法接受自己孩子在升學之外的發展，總認為應該參加考試之後，才願意接受事實。其實，在這個過程之中，學生受到的傷害已是千瘡百孔了。更遺憾的是，許多家長一直以學習成績為首要考慮，而不重視學生的行為習慣和學習態度，所以使得成績在後段的學生，除了學業成績不好之外，品德也跟著令人擔心。

玖、學校行政電腦化

學校行政電腦化，對提升行政效率、資源分享、節省人力、知識管理、學校行銷、親師連繫、學校公共形象的形塑，有著莫大的幫助。而政府近年來，不管在硬體設備的充實或資訊的研習方面，均有相當的投入，對全面提升教育品質，確實有重大意義。

較資深的老師，初期對於電腦的操作有恐懼和排斥的心理，是可以理解的。但如果學校能利用教師進修或漸進方式，推動行政資訊管理及資訊融入教學的策略，以溫和或編組的方式，讓學校的工作團隊，知道學校行政和教學電腦化的方便時，相信大家學習的意願必然會增加，而且還會自我要求，不斷努

力。

在目前小學階段的課程結構中，一方面是讓學生要學習書寫基本的國字，一方面也無法安排更多的資訊課程，否則學生的學習能力，是非常驚人的。況且目前家庭購買電腦的也已相當普遍，學習工具上已不是問題，倒是學生如何正確運用網路資訊，應該是要多努力的部分。

拾、塑造學校文化

學校文化，是學校團隊的夥伴們，所共同了解、認同，沒有約束，但卻願意遵守實踐的互動行為模式和價值觀，而其表徵、特質，和其他學校或是有所區隔的。

我個人服務的是一所新設立的學校。初期，學生和老師是由其他學校撥入，我是新到任的首任校長，在領導初期，就面臨了文化認知的衝突；因為原有教師是源自同一所學校，他們有舊學校的文化認知，所以對新校長的領導、行政管理、教育活動的模式，會有不同的期許及抗拒，甚至想以團體署名的方式，傳達他們對校長新主張的不認同。

一所老學校、資深教師的文化，固有其可貴之處，但亦有其不自覺的盲點所在。在一個充滿挑戰與競爭的時代裡，學校很難不跟上社會的腳步，而一所新學校的誕生，更是充滿著地方仕紳、家長與學生的深深期待。所以新學校有較嚴謹的教育理想、較正常的行政管理制度的運作、有較正常的教師專業成長，而且是必然的堅持。

在面對挑戰時，我利用各種機會，以正式或非正式的方式，或個人，或少數，或全體的，向所有的學校團隊的成員宣導。讓他們知道我所想要的學校文化，是站在學校永續發展的角度思考，而非校長個人的英雄作風。它是符合教育法令、當今教育風潮、社區和家長的期許；而更重要的它是可以實踐的，而且以漸進式方式進行，它預期的效果，對學校的團隊是可以爭取工作尊嚴，對多數的積極者而言，是有利的，只對少數的消極者產生困擾。

每一個理念和配套活動的推出，都是經過思考、討論、漸進方式，事先排除可能的阻力，和擬好應對的策略，讓成員找不到拒絕的理由。當然，校長必然身先士卒，走入實踐的現場，一起體驗其可行性和困難度，且及時給與最好

的支援。

　　在現在的教育環境中，家長的確是要扮演學校教育的重要合夥人。學校教育的許多資源，要靠家長支持和提供，同時學校的教育品質，也要靠家長來共同維護。對一個懂得自律的個人和團體而言，監督和考評的意義或許不大，但對於不善於自省的個人或團體時，它卻是必要的。所以我也利用機會，讓家長會和社區家長了解，校長所企圖形塑的學校文化。讓他們知道那不只是理念的宣導，也有具體的實施策略，那是社區所有子弟往後童年生活的搖籃文化，是子女教育品質的保證。

　　在獲得家長充分的支持，及多數老師的認同之後，我們開始了學校文化的形塑與發展。如感恩、尊重、樸實、包容、堅持，期望在和諧的氣氛、有體制的行政管理、多數人的利益考量下，擁有一個具有公平正義的工作團隊；它或許不是最好，但是有品質；每一個人都要努力工作，而且有明確的方向。隨時都保有一點工作壓力，因為那樣才會進步，我們正朝著理想邁步中。

拾壹、對校務的嫻熟

　　第 1 任校長任內，的確是曾經手忙腳亂一番。抱著滿腔的教育理想和社會的期待，戰戰兢兢的謹慎行事，一切依法、依照章則，有步驟、無方法，結果弄得師生兵疲馬困，縱小有成績，也不符經濟效益。那時，讓我深深的覺得新任校長，應有被輔導和作專業成長的必要性。

　　第 2 個任期時，因為累積了前任的經驗，且經檢討反省之後，逐漸理出了頭緒。一方面對於校長同儕的人脈也漸寬廣，對法令政策較嫻熟，對行政管理的內容、教師的文化生態及人性的了解較為深入，所以在學校經營運作上就較為順心，也才有辦法兼顧對外的經營，和期待教育理念的實踐。

　　步上校長的生涯中，固然是從擔任老師時，即接受課程編輯、教學方法、班級經營、評量技巧等種種歷練，及擔任組長、主任時的行政實務歷練，但是等當上校長後，才知道自己知道的真的非常有限，不管是理論或實務，都有很大的成長空間。

　　當主任時，有校長在旁邊，隨時可以輔導，可以諮詢。但當上校長之後，一切只靠摸索和個人面對問題的解決方式，我覺得這種將校長推向高峰之後，

「任其發展」的方式來辦教育，對校長或學校教育的發展，都是存在相當大的風險。

當我們不斷的強調教師專業成長的階段、模式、課程規畫時，更應重視校長的領域，因為它的影響力和重要性是不容忽視的。

拾貳、對教育部或教育局與學校關係的建議

學校校長是落實國家教育政策的第一線尖兵，也是教育政策的詮釋者和實踐者。但是，教育部每年對學校的校長，似乎很少著墨與關心。或許認為那是地方政府的層級，而非自己業務範圍；實際上，這種思維或許應當有所改變了；因為基層教育的成功，教育部當為社會所肯定，當基層教育出問題時，教育部豈可卸責？所以教育部、教育局與學校校長，根本就是脣齒相依、禍福與共的關係，何以可以毫無眷顧？

對學校校長的關懷與支持，傾聽基層的聲音，提供與編列校長系列專業成長，或國內外相互觀摩成長的經費與機會，是促成教育進步最實惠、最實際的行動。少數的官僚心態，總認為教育事務的參觀，是旅遊，是變相的福利要求，成效有限。而經濟、財經、科技、軍事的四處取經考察，才是正事。這真是一項嚴重的諷刺，不給校長擴展專業視野的學習機會，然後再責怪基層教育的不夠新潮、國際觀，有理嗎？

現今的校長，如果不戰戰兢兢辦學的，恐很難逃過淘汰的命運。而且個個積極進取，相信數年後，不具碩士資格的，恐怕很難有被遴選校長的機會了。如此高水準的專業經理人才，教育高層可以忽視，而不充分發揮他們的潛力嗎？那將會是國家的損失與遺憾。

教育是專業的，絕不是人云亦云的。社會應該追求多數人的公平正義，要給弱勢族群發展的空間，所以當教育以外的非專業人士，不分青紅皂白，以媒體譁眾取寵的方式，對教育工作者攻訐或污辱時，請教育行政單位要有勇氣捍衛校長的尊嚴，不要總是以「以和為貴」的訴求，模糊與踐踏了社會正義與教育專業。

拾參、校長身心健康的維護與家庭的經營

　　就高中以下學校的校長工作內容而言，校長被要求做好行政管理和專業領導；專業領導必須深入而持續，才有辦法勝任示範與診斷的角色，而行銷管理則必須要注意學校全方位的關照，有企業的經營成效，且注重政策行銷與品牌的建立。可知校長角色的複雜與吃重，當然其平日承受的工作壓力，自然是不在話下。

　　當決定要擔任校長的角色時，在心理上，就要有相當清晰的分析與理解：它是全天候的服務，它要接受無所不能的要求（實際上能力相當有限），它可以走入專業的學術殿堂，也要能和販夫走卒暢飲對談，天文地理，古今中外，溝通無礙。它是經理人，也是專業人，它要有紳士的風度，和政治人的身段。

　　有了上述的理念，擔任校長之後比較不會自我矛盾和得不到家人的諒解。校長要具有多元思考，說服他人和自己的能力，和對人生意義有寬廣的詮釋；當然，在專業上也應該要有專業的堅持，否則會因為強調周旋和圓融，而容易流於世俗與膚淺。

　　人生可以努力，但不必拚命。每一所學校教育的成功、特色的形成，常和學校傳統、家長支持、教師特質、政策風尚有關，校長只是適時的扮演策畫、揉合、推動者，所以不必凡事「舜何人也，予何人也，有為者亦若是」而自我惕勵。太過強求之後，只有增加自己的傷害和灰心而已──這不是消極，而是一帖自我拯救的良方。

拾肆、如果重新來過

　　雖說人生不重來，人生很多時候沒有「如果」的存在，但是走過一遭，總是有些心得，否則豈不是空轉一場！

　　如果重新來過，要準備「邁向校長」之路時，我還是會敬告晚輩的教育英才們，人生可以夢想「成功」，但是不必躁進而操之過急。正如「果實」要自然成熟，才會香甜可口，如果硬是用快速催熟的手段，可能只是徒具形式而苦

澀的難以下嚥。

所以我們應懷著一顆謙卑的心，很務實的從基層的歷練做起，一邊進修，探討學理；一邊從教師、主任的服務工作開始，深入的體會學校教育的實務，了解與體驗人性，學會與他人的互動。罵人雖然是不必學習就會，但是「被罵和被冤枉」時，要能吞忍得下去，而不亂方寸，卻是很深厚的功夫；這是擔任任何行政人員，最基本的入門修為。

「前輩校長」是值得我們好好用心深究、品讀的一本好書。雖然有的是娓娓道來，唱作俱佳；有的是做的比說的多，崇尚的是沉默的實踐；有的表現突出；有的成績平平。但不管前輩用什麼方式呈現它的風采，他們都是值得我們細細品味的一本好書，近則藥到病除，遠則滋補養生；甚至自用送禮兩相宜。

拾伍、對校長培育的反省

在台灣省板橋研習會的校長培育過程，印象與影響，深刻而久遠。

校長培育的課程，應該包含生活禮儀（穿著、應對進退）、教育專業（哲學基礎理論緣由）、行政管理（歷程效率）、公共行銷（倡導與公關）、基本法令（民刑法概要教育法學）、實務觀摩（不同類型的操作探討）等。

學會當校長，其實也是一路跟跟蹌蹌的。有些是靠自己的發現，有些則是虛心的向前輩請教，當然有些也是藉進修的教育理論，來澄清自己對教育的認知與理解。因為在當校長之前，所有的教育活動，都是聽命行事、依樣畫葫蘆，但擔任校長後卻必須要學會批判、策畫與評鑑的能力，才能做出最好的價值選擇。

拾陸、校長生涯的反思

學習，是一條漫漫的遠路，永無止境。

生命，不只是現象存在的本身，而更要認真思考的是生命意義的延伸，亦即生命附加價值之所在。其實，當初擔任校長，並非教育生命中的唯一規畫，但是 10 餘年下來，夜深人靜時，偶爾仔細思量，倒也給自己許多的肯定與認

同。雖然不完美，但也算是相當盡力。

　多年來，對事，認真確實；對人，誠懇關懷；心中堅持追求些許的公平正義。我總用最大的真誠，踏實、樸實、平實的面對我的工作和同事；以經營自己事業的態度，來經營我經手過的學校。我總把同仁和學生，當成家人、朋友和子女般的尊重、對待與親近，在那個時空的當下，給與最好的機會、協助和發展空間。當然，或也因為有所堅持，讓同事們留下了許多深刻而不自在的印象。

　校長有任期限制，幾經多次調任學校，「分離時，依依難捨，再見時，熱情寒喧」後，讓我發現：漫漫歲月證明了「真誠待人、認真做事」的道理。我以「咖啡有約」親近了班長、衛生股長及特殊優異表現、遭逢變故、行為不適應的學生和家長會成員的孩子，傾聽他們的心聲，給與鼓勵、尊重、打氣與包容。一張精緻的邀請卡，一個特殊約定的日子，一杯濃濃咖啡香，我沒有多大的奢望，我只是想要讓他們知道，我是多麼的支持與在乎他們。

　我也用相同的方式，和老師及愛心媽媽們座談。除了了解需求之外，更重要的是想表達心中對他們的感謝。我常常向他們自我坦白：「我是一個會要求的校長」；當然，所謂的要求，都是建立在「學校將來會更好」的前提下提出的。我知道因為如此，而使得他們必須有所努力與調適。「我當過老師，我絕不踐踏老師的尊嚴」是我心中非常鮮明的理念，況且我深知被要求的感覺，所以我謹慎行事，不輕易出點子。

　真誠感恩在生命中每一個時程、每一個階段的每一位生命中的貴人。因為鼓勵，給了我支撐的力量；因為機會，讓我成長了自己；因為耐心教導，使我有了不一樣的人生視野。當然，也感謝那些不吝指教、嚴苛要求，讓我飽嚐挫折和失敗的人，使我知道前進時，也知道轉彎；讓我有機會分辨人間的冷暖；讓我學會沉潛，懂得培養生命的韌力。讓我體會出生命的行動哲學：為感謝幫助過我的人，我願幫助更多的人。所以感恩的教育，一直融入在我經營的學校裡。

　讓學生與同仁學會「感恩」，是我著墨很深、用力最多的地方。在任何時間、任何地方，我總設法傳達的「感恩」理念，和實踐「感恩」的行為。因為懂得「感恩」，才會包容，才懂得尊重，才會心甘情願的奉獻，而不會有任何的矯情與不自在。

　　如果，教師，是人類心靈的工程師；校長，是同心協力完成偉大工程的推手；則慶幸我曾經積極與用心的扮演過這兩種角色。回首來時路，15 年的校長生涯，總覺瞬間流逝。若非定下心來，慢慢回味，還真是忘了其中的許多生疏、酸澀、辛苦與難堪，而只留下了心底清晰的感恩，與真誠的努力回饋。

作者簡介

　　戴振浩，原任桃園縣忠福國小校長，現任桃園縣文化國小校長。台灣省新竹縣人。新竹師專，台灣師大，國立台北教育大學國民教育研究所碩士、教育政策與管理研究所博士候選人。雖然受限於當年的環境，懵懂的進入教育領域，但從無哀怨與後悔。接觸教育行政，是人生極大的學習與成長，而 15 年的校長生涯，雖然歷經酸甜苦辣，但仍深深感恩能夠擁有一個淬煉自己、修為自己的天地。如果，教師，是人類心靈的工程師；校長，是同心協力完成偉大工程的推手；則慶幸自己曾經積極與用心的扮演過這兩種角色。或許，人，終極一生不一定要璀璨，但回首履痕，也不覺汗顏。只是一路走來，常懷感恩，卻是不曾或忘。

爲教育植根基　替童心創希望

鄭玉疊
原任台北縣永福國小校長
現任台北縣思賢國小校長

壹、累積教育經驗，儲備校務領導能力

「努力不一定會成功，但成功一定要努力」。

要成為優秀的學校領導者，除了對自我有充分的了解，建立正確的教育理念與良好的教育態度，認真做事努力實踐非常重要。由於自己是鄉下孩子，從小父母教導做事要樸實、負責、努力不懈，還要有挑戰新環境的毅力，這讓自己在從事教職過程中，受益不少。也承蒙許多師長、同事的照顧、指導，方有機會在教 12 年書之後，即刻考上校長。其過程有幾個關鍵點值得陳述。

一、確認自我角色——我是個適合教書的人

在師專畢業初教書時，我有非常明確的信念：「我是個適合教書的人」，因自覺沒有從商的個性特質，不善於巧言溝通的人際互動，讓我很早就選定教育是一生的職志。所以一路走來，人生目標明確，全力以赴，快樂從事教職。我把握每一個教學機會，扮演好教師角色，做一個學生喜愛又有內涵的老師；也隨時充實自己，等待教育機會來臨。所以在當了主任之後，也有了嘗試考校長的念頭。

二、勤奮努力全心投入教育

初任教職那幾年，學校校長與主任指派許多工作，我都不曾拒絕，也努力執行，反而讓自己獲得許多寶貴的經驗。例如在淡水鄉下的 6 班學校，除了擔

任導師又兼主計、負責學生活動經費規畫,更要參與學校各種表演與比賽,傍晚下課後,還主動留學生義務作課後輔導。任教 1 個月,校長就以前一年推展社會教育得獎的小功獎勵我,給我極大的震撼。多年來,我盡力認真從事教學,關照接觸過的每位學生,與同仁真誠相處,用心付出每一分鐘,因而讓自己擁有許多機會,接觸全新的工作,累積寶貴的教育經驗。當下的盡心,為自己播下紮實的辦學根基。

三、追求教育新知──持續進修成長

從 1978 年教書開始,我一直保持不斷進修方式自我成長。在 1981 年接受國北師智能不足師資培訓,1982 年到國立台灣師範大學教育心理系特殊教育組夜間部進修,畢業 3 年後,1988 年暑假,再到國立台灣師範大學特殊教育研究所修習 40 學分結業,期間又有 1984 年的輔導主任儲訓 10 週,1990 年的校長儲訓 10 週。1998 年,更與北縣多位校長、家長、教授自組校長「活水讀書會」,定期自我進修,歷經 8 年未斷。1999 年到台北市立師範學院國民教育所輔導教學碩士班進修,以維持對教育新知的接觸,提升自己的專業知能。

四、接受創新工作──挑戰自我

「掌握機會尋求教育的新經驗」,建立我時時接受教育新挑戰的信念,讓我受益匪淺。1981 年開始,我選擇到國北師接受台灣省智能不足師資訓練班受訓,從事啟智教育工作 3 年,讓我在教育範疇、學生輔導與自編教材中,建立了自我挑戰、發揮創意、變通方法與關懷弱勢族群的信念。我也參與我國第一次全面性的特殊教育普查,走遍台北縣各鄉鎮,了解特殊教育的問題;更協助教育局辦理全國首創的「身心障礙學生畫展」,開發身心障礙者的才藝潛能。

1981 年進入北師大教心系特教組,讓我於 1984 年考上台灣省第 1 期輔導室主任的儲訓(台灣省 47 期輔導主任培訓班),為台灣的國小教育擔任第一線的輔導尖兵,那時的業務推展有將無兵,全靠自己一人的規畫執行,在摸索中,開發創新建立制度,突破困境,有極大的揮灑空間。自 1986 年起,擔任台北縣國民教育輔導團輔導活動輔導員多年,其間,走遍北縣各國小,並以相機逐一記錄各校的優點與特色,增廣見聞,拓展視野,學得許多校長辦學的理念與學校經營的技巧。此乃在任教 12 年後能順利考上校長的主要原因之一。

在第 1 任校長任內，奉教育局指示（1991 年），擔任初創的台北縣特殊教育輔導團召集人，直到 2000 年。對於北縣教育的創新推展，走在全國之前，我亦緊跟腳步，不曾落後，先是開放教育的推動，保持積極關心參與，再者是九年一貫的推展，也於第 2 年主動爭取試辦，希望讓學校的教育夥伴能接觸教育新訊息，走在潮流前端。93 學年度有兩項創舉，首先是評估學校的經營運作後，與老師商量主動報名縣內的校務評鑑；下學期又帶領老師主動參與台北縣政府教育局積極推展的「教師教學評鑑」試辦工作，勇敢嘗試教育新體驗。

當前教育的領導者，唯有保持勇於嘗試、體驗創新、接受挑戰的行動力，方能展現教育的專業性，走在時代教育之前，才不致被社會淘汰。

五、校長儲訓——以學習新知、統整認知、自我省思並重

每位準備應考校長的教育人員，總會博覽群書，學習將教育理論與實務結合，統整經驗，熟練表達的溝通技巧，並保有宏觀的視野與心胸，培養敏銳的覺察力與實踐力。能否考上校長的差別，可能就在教育經驗統整夠不夠深入，教育理論的運用夠不夠透徹，為人處世、做事態度是否圓融有歷練，並非能力問題。

在接受校長儲訓時，以五、六成時間學習新觀念、教育新知、校務經營的策略與技巧；其他時間，全心投入做生涯規畫的自我省思、教育信念的統整、淨化內心、學習危機處理與分析規畫未來教育的走向，模擬校務推動，更學習如何讓自己成為一個雍容大度的領導者。因而在校長儲訓結束後，即刻接受派任，也能在角色上有很好的調適。

六、成為優秀校長的磨練——接近善知識、善人士

每個人的成長背景與工作經驗，以及周遭同事的互動，都會影響一個人的價值體系。有幸在擔任校長職務前，承蒙幾位影響我至深的教育前輩，他們許多的教育觀念與做法，成為我辦學的借鏡與楷模。

初任教職，分發至台北縣淡水鎮中泰國小，當時張世樸校長的言行與風範，更深深影響著我。如：經常提醒即將調校的老師，不一定要選校，而是選擇一位有教育理念的校長，將來受惠更多。確實，校長的用心及辦學理念，破爛的學校也能變好。其次張校長辦學嚴謹，對老師的關照無微不至，積極爭取

同仁福利,又能大公無私,讓我們都能專心認真的投入教學工作。再則對於教學不力的老師,絕不做鄉愿姑息,會積極給與輔導與提醒;對於學生的語文教育也極重視,中泰國小雖然是淡水的鄉下學校,仍大力推動國語文閱讀與心得寫作,帶動學生閱讀風氣,績效卓著。

張世樸校長放開身段,接近學生的教育風範,讓我留下一幅充滿教育愛的情景,至今仍深深的感動著我。有一次,一年級老師出差開會,張校長以年近60,身高180幾,壯碩又具威儀神采的身影,跟一群一年級的小蘿蔔頭在草坪上翻滾了起來,這一幕真情感人的畫面,完全打破我對校長威儀嚴肅的形象認知,也體悟到,真正的教育是要放開身段的。

另一位影響我至深的是當時領導二重國小的許連興校長,他對學校的經營,不只關心每位學生,也重視全人教育,又能在均衡中發展學校特色,形塑當時二重國小良好的校風。其次,許校長重視行政人才的培育,提供老師發展長才的空間,所以在他任內二重國小培育了近10位優秀的校長人才,也發展手球、桌球、田徑、國語文等特色。我也方能在二重服務時,獨自籌設啟智班,從規畫、採購、測驗、招生、診斷分析等工作,一手包辦,從中得到最佳的磨練機會。

同樣的,許校長對於不適任或不用心教師的教學輔導,絕不馬虎隨便,也不鄉愿;更積極落實作業抽查、教學巡堂工作,甚至寒暑假都留校檢閱學生作業,開學後,逐一提醒老師批閱上的問題,平時導護崗哨更是每天巡視,非常重視學生安全。

教育影響人最深的是「人師」。1981年,我在國北師接受智能不足兒童師資訓練時,遇到影響我做事態度至深的陸莉教授。在做學問上,她是一位嚴師,要求仔細,條理清楚;對待學生和藹可親,熱忱服務,又如慈母般照顧學生,身教示範,感動多少特教老師,至今我仍以此為標竿「服務代替領導」,作為治校的理念之一。

家兄曾在商船工作,遊歷世界各國,他在我北上教書時,送我的一句話:「路長在嘴巴上」,也讓我在人生的旅程上,受益匪淺。經營學校的過程,總會遭遇各種問題,如何從困境中突圍,除了自我進修、學位進修,向他人請益指點迷津是另一途;組校長讀書會,與周遭的師長、前輩、同儕定期討論教育,分析問題解決的策略,讓我在10幾年的校長生涯,得以平順發展。

貳、校務經營理念與具體策略

一、我的教育信念

「我是個很適合教書的人」，這個明確的信念，讓我義無反顧，沉醉與享受於教育的挑戰。師專時修習過特殊教育，開始認識身心障礙朋友，也引導我走入身心障礙與輔導教育20幾年，深知，嚴重如重度身心障礙都可教可學，又有何不可教之學生。只要教師用愛、用方法，以專業的知能，包容的心面對學生，循循善誘，樂於付出，引導每一位學生向上、向善學習，並朝「全人教育」發展，就能展現無限的教育希望。教育有了愛與關懷，才能突顯生命的意義與價值，教師也因為有愛，情感方能傳遞出去，知識的學習方能獲得回響，童真燦爛的笑容，清脆的笑聲，方能如銅鈴般的常掛臉上。

總之，教育講求的「愛需要方法，關懷需要技巧，知能需要專業，包容需要智慧，信心需要鼓勵，教育需要志願」。如此方能為孩子營造一個溫馨又具創意的學習天地，教師方能從中體會到教育的樂趣。

二、建構學校的教育目標

以生動活潑多元的教學，發展全人格的教育，培養五育均衡、真性情的個體，讓學生當自己（學校、家庭、社會）的主人，快樂學習知能、才藝與應變能力，適應未來21世紀的生活。因此我在辦學時，會積極引導學生：「對人的尊重與自勵、對自然的關心與愛護、對社會的關懷與參與」，也以此勉勵教育同仁，不要放棄任何一位學生，能耐心的指導，再頑固的童心，都可感化。唯有教化出能對自己尊重、對生活與自然關心，對社會有一份認知及關懷的孩子，教育才是成功的，我以此為目標努力實踐。

三、校務行政領導的經營策略——關懷、鼓勵、溝通與效能

學校重視科層體制的行政領導時代已過，當前是專業與行政並重，甚至強調扁平式的溝通領導，校長是深入教師群參與教學的課程專家、教育諮詢者、心理輔導者、組織催化者、機會提供者。因此，現行校務行政的領導，不能只

重視業務推展,還需做組織氣氛的經營、教師教學需求的專業支援,困境的化解,士氣的激勵與教學信心的建立。以下是個人推動校務行政與教學時把握的原則。

(一)建置學習型組織團隊,建立周延的行政運作制度

行政運作要有效能,建立良好的運作制度,定期溝通互動,強調解決問題導向的會議都是必要的。例如學校行事曆與各種教學計畫、行政活動,均強調事前規畫、事中調整、事後檢討的機制。每年 7 月,行政處室就需將學年度的推展重點規畫妥當,讓教師可配合訂定課程進度與教學計畫。

再則,每月第 1 個週一下午定為擴大行政會議時間(含括校長處室主任組長、學年主任與相關人員),隔週則為行政聯絡(校長、主任、組長)時間,主任與校長則是需要機動召開會議。對於全校教師朝會行政業務聯絡則訂於每週一、四早上舉行,宣導各種教育政策與推展活動之溝通說明,強調全校各種行政事務推展的周延性。

每週星期二早上除了兒童朝會,也是學校與學年共同活動時間。各學年每週 1 次的共同活動彈性時間,規畫推展學校處室活動或表演活動,並考量年段、年級的活動需求,事先排定,融入教學課程實施。

(二)暢通溝通管道,加強處室與學年團隊連繫

行政團隊的運作,需要行政人員以身作則,重視走動管理,誠懇溝通,並加強處室、學年間縱向與橫向連繫,適時的相互支援,並以解決問題導向作思考,因此學校主任、組長間,走動管理服務同仁的信念需要落實;擴大行政會議也優先解決學年教師的需求,理性溝通,以營造校園良好的組織氣氛與溫馨的工作環境,發揮教育團隊的最大效能。

(三)積極培育優秀的教育人才,鼓勵創新,展現自信

培育教育人才,是學校校長的基本職責。校長有義務創造一個大家樂於付出的教育工作環境,提供老師揮灑的教育空間,尤其不要吝於對教師的勉勵肯定,給與展現成就感與自信的機會。校長唯有發掘一流人才擔任行政工作,方能建置一個有效率的行政團隊,服務老師;更有責任激勵教師的熱忱,貢獻專

長，展現才華。在我的認知裡，發展老師的專長能力，比推展校長的專長特色
還重要，因為教育人才的養成與學校特色的發展，需要靠全體教師來推動。所
以如圖 1 的學校願景與教師專長特色發展關係圖，可了解教師如何在學校環境
中，經營自己的教學特色與發展舞台。其理念與架構如圖 1 所示。

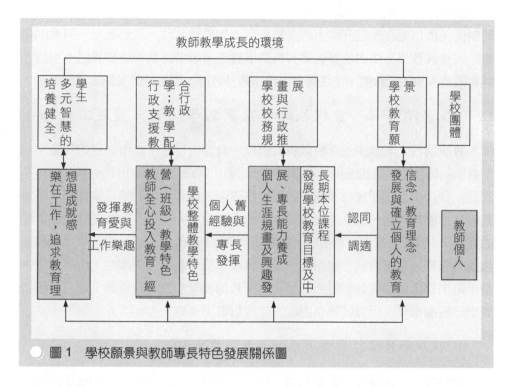

● **圖 1　學校願景與教師專長特色發展關係圖**

　　教師在發展自己的專長興趣時，可努力闖出自己的路，但如果掌握學校願
景的發展目標，充分利用學校的資源及良好的環境條件，更易發揮自己的潛能
與專長，服務教育學子。筆者 15 年的校長生涯，積極栽培教育人才，其中有
10 餘位共事過的主任、老師，順利考上校長、當選師鐸獎、社會教育有功人
員；還遇到更多志同道合，堅守於教育崗位的老師，替自己創造一片蔚藍的教
育天空。

㈣堅持「學生為本」的教育

　　學生是教育的主體，一切教育活動與行政措施，均應以學生需求優先考

量。多年來，重視發展性輔導與全體學生的學習活動，也顧及各類身心障礙與特殊需求學生的學習狀況，多鼓勵少指責，多協助少挑剔，正是我辦學的方式之一。凡是有助於學生興趣激發與豐富學習內容的多元教育活動，即使面臨各種阻力與困境，我會努力溝通堅持到底，在方法可改、目標不變的前提下，設法加以落實。對於教學不力或不適任教師的輔導，亦能透過「專業支援與協助」的制度，加以處理，提升學生的受教品質；如果情、理、法都顧及，但教師仍難以改善其教學方法與品質，又有具體事實者，筆者認為鄉愿作風已不可行，唯有顧及學生的受教權，依法行事處理不適任教師，以維持教師的專業與尊嚴。

四、教學領導──重視教師專業與教學品質，發展班級特色

教改過程，老師最怕全盤翻新的措施，會讓自己產生無所適從的現象。初接掌永福國小時，適逢九年一貫課程開始試辦，當時可理解老師們的擔心害怕。因此，我採漸進式的宣導、規畫各種進修研習，提升老師們的專業知能，了解新教育推展的問題，試著走出屬於自己的教學途徑。首先，加強老師教學問題的掌握，引導從教學舊經驗出發，統整各種課程與新觀念結合，理出教學頭緒，也透過觀察、蒐集資料，協助老師落實班級經營，關心弱勢學生，發展教學創意，走出個人與學校教學特色。其次掌握教師與學生的心理需求，建立支援及教學諮詢的默契，以突破教學困境。並採行以下措施。

(一)從教學舊經驗出發，推動九年一貫課程

推動九年一貫課程，最難為處在於老師的排斥與不理解。永福在初推展九年一貫課程時，老師都心生恐懼，不知如何做，筆者則引導老師從舊經驗出發，找尋合於九年一貫課程教學的理念與做法，肯定老師舊經驗與新觀念的連結，逐步漸進的加以統整，走出學校編寫課程的新概念。以此種方式改變老師課程教學的歷程時間較長，卻較能減少推展的阻力，獲得實際的支持。

(二)不怕麻煩，為學生規畫多元的教學活動

在我的觀念裡，教師多設計各種教學活動讓學生觀察體驗，乃天經地義之事。身為校長，更須公正無私，認真推展各種教育活動，營造良好的教育情境，也鼓勵老師用心教學，設計生動有趣的多元活動供學生學習。這需要上自校長

下至老師建立不怕麻煩的教育心態，方易達成。歷年來，筆者一直以此信念經營學校，服務學子，發展多元教學，追求「全人教育」的理想。其次是每個月例行的行政會議，都優先解決學年老師的教學需求與問題，當學年主任報告說明後，由各處室逐一回應處理方法，無法辦理的事項也需要加以解釋，其目的在落實行政支援教學的理念。當學年與班級規畫各種創意教學活動，都能獲得行政支持與教學支援時，老師方樂於盡力替學生策畫教學活動。

　　其次是每週二早上8點至10點不排科任課，除了學年與級任共同活動，各處室配合學年的彈性課程，安排各種體育競賽、音樂發表、閱讀活動、民主法治、兩性教育、人權教育、殘障宣導或學校有主題特色的活動，讓週二的時間，成為學校多樣性的特色活動時間。

(三)展現教師教學的主動性、多元性與特色，定期做教學成果發表

　　老師活潑的教學，創意的教法，可提升學生的學習效果，更能獲得家長的認同。當老師處處展現生動有趣的教學活動，又對領域教材有深入研究，加上學校的定期作業抽查、教學巡堂輔導等落實正常化教學的措施，即顯示教師應有的專業素養，及對教育品質的維護。除此之外，學期初舉辦學校「家長日」，請老師向家長說明班級經營計畫，讓家長了解老師的教育理念與經營方向，建立親師共識更形重要。平日的親師溝通與良好關係的建立，共同關心孩童的教育問題，亦能減少讓親師衝突。

　　筆者最感溫馨的是，開學前，提醒各班老師打電話與家長聯絡，事先了解學生的學業、行為、生活習慣、家庭問題，及家長的教育觀等問題，掌握與家長聯絡的主動性，有絕對的好處。此一主動溝通的做法，深獲多數老師認同。筆者亦透過各種管道向家長宣導老師的認真、用心之處，建立人人都是優秀教師的良好形象。其次，每年10月的閱讀教育月；12月的創作舞蹈、聖誕嘉年華；1月的跳蚤市場寫春聯義賣；3月的文藝季；4月的中高年級直笛觀摩賽，5月的運動會、社團成果發表；6月辦理畢業典禮、美勞書畫、水墨畫展等；或者利用週末或假日，規畫「週末下午茶」音樂會、學生才藝表演，邀請親子參與，共同分享學習成果。

　　教育的最大樂趣在於自發性的研究，對於勇於嘗試各種教學實驗、行動研究、發展教學特色的老師，學校行政必定全力支持，提供各種教學支援，讓老

師有更大的揮灑空間。

㈣積極處理不適任教師，建立教師專業形象

處理不適任教師經常是學校教育最大的痛，也是校長校務經營最大的挑戰。對於那些用心度不夠、上課中經常打電話、班級常規凌亂、學生課業退步、缺少關心、師生關係不良、教學狀況百出、經常是教學不力的老師，甚至產生許多抗拒與衝突，造成校園氣氛的不和諧。

對於教學不力的老師，只要家長舉證事實，我們會透過一套處理不適任教師的輔導模式，積極輔導該教師。當告訴案件成立後，首先請當事人和家長溝通，必要時，邀請當事人及班級家長、行政處室主任、學年老師代表、教師會與家長會代表等共同溝通討論，如何改善老師的教學，並記錄簽名，會中希望找到提供老師改善教學的策略，並給與老師說明機會；對於教學問題嚴重的老師，也編排資深優秀老師、教評會委員、考核委員做隨堂輔導，以改善教學。雖然此一方式會給教師教學壓力，但在大家的協助下，老師的教學品質得以改善，家長也更支持老師。未能改善者，也能具體的依《教師法》相關規定處理。

此舉，雖然處理過程會遭遇各種阻力與衝突，但正義的堅持非常重要，必要時也評估問題的嚴重性，適時的公布真相，讓有心人士知難而退，校長更要善用民意（家長會、家長與認真教師）的支持力量，推展校務。

㈤堅持教師進修、教學觀摩與寒暑期備課的制度

中大型學校最難處理的另一校務問題，是教師進修與備課。由於教育法規未明確規定寒暑假教師該如何到校備課，經常造成學校教師會的反對，使校長推動校務更加困難。早期，筆者會利用各種行政職權，請老師到校做教學準備與進修研習，時間長達 1 週；後來因為教育單位統一規定寒暑假的備課時間縮短，只好依其規定辦理。至於各學年的教學觀摩與老師的進修研習，更要堅持辦理，因為這是維持教師專業知能與提升教育品質的重要管道。

總之，帶領老師進修與專業成長，校長以身作則極為重要，對於教師的教學觀摩，更要撥空參加學習成長，展現校長的重視與關心。惟有教師的專業成長與備課工作建立良好制度，教育的品質方易提升。

五、建構學校特色教育，要從發展課程著手

「課程是發展出來的」一直是我推動課程教學的中心信念。我國傳統課程以統編為主，教師長期依賴教科書教學，課程教材準備模式早已僵化，雖然教育行政單位不斷提醒教師要培養自編教材能力，社會大眾也期許課程教改的活潑性，但教師缺乏迫切的危機感與需求感，讓教育改革一路走來顛沛流離，阻力不斷。因此，漸進式的引導教師參與、接觸、了解，逐步提出課程改革，或給與彈性空間，讓教師逐次調整是較適當的方法。筆者在大型學校服務，深知校長是發展課程的關鍵人物，以下是個人的幾項做法。

(一)校長以身作則，學習課程知能，陪伴教師發展校本課程

筆者曾有編寫啟智班教材的經驗多年，九年一貫開始推展之時，更積極進修，參與各種課程工作坊研習，厚實自己的課程編寫與教材設計知能，深入了解九年一貫課程的觀念及推展技巧，在親身觀察體驗後，於試辦第 2 年即帶領永福教師主動參與九年一貫課程試辦。因有校長的陪伴，學校同仁建構校本課程時，走得更穩健；校長亦可帶動優秀的核心教師，做漣漪式的擴散推展，逐步建立學校本位課程。

(二)掌握校園文化與權力關係，以「草履蟲式」的溝通突破困境

校長在發展學校課程教學時，需了解學校次文化的微妙關係，掌握行政與老師的權力重心，逐步運用由下而上和由上而下交互更替的權力流動，突破教師抗拒的心靈，讓老師樂於參與課程改革。如果組織的次文化已形成負面勢力時，必定有礙課程推展，筆者會評估組織風格，逐步蠶食漸進，突破教師個別的心理障礙，給與老師成就感。推動課程遇到困境是經常之事，我突破阻力的方式之一，是「草履蟲式」的溝通：鎖定目標，方法彈性可變，以達到目的為訴求。例如在推展教師教學評鑑試辦時，先做全面性的觀念宣導與共識建立，再到學年與老師面對面做溝通，強調以協助老師「增能」為主，不與教師分級和考核相結合。若此做法仍然無法全面說服老師的參與，再找教務處主任、組長就學校全體教師分析可能參與教學評鑑試辦者，並請該師關係最好的行政同仁，進行遊說，最後終於找到 30 餘位老師參與教學評鑑試辦。

(三)建構學校願景，發展校本課程與學校特色課程的概念

學校特色課程的建置，需根據學校願景及課程目標，掌握各種推展因素，如現有的教科書、教師專業、學生需求、校長領導、學校資源、社區資源、教育政策、時代趨勢等，作為發展課程依據，更須以七大領域、六大議題、鄉土資源、自編課程作為教材選用的參考；然後顧及知識、情意、技能面向，融入生活教學，運用有效的教學策略，發展學生潛能。學校在建置校本特色課程時，是根據學年教學需求，透過班級教師、班群與學年運作，逐步建置，並重視跨領域教學主題，生活經驗統整與親師生合作的模式，一起發展學校的特色教學。其關係如圖 2。

(四)積極運作課發會，透過行政與教師交錯建置學校課程

本校每月定期的課發會運作，討論各種主題的課程，已成為固定運作的模式。由於推展九年一貫課程需要行政的規畫統整，也強調教師編寫課程的專業自主，為提高運作效率，發展校本課程時，有些需要處室規畫初稿，再引領老師討論，也有透過領域小組召集討論，再提課發會確認的方式。本校在此方面，依據 7 大領域、6 大議題及彈性課程的走向，持續幾年努力建置校本課程。

(五)建立增能共識，積極引導老師做課程知識的專業成長

校長的課程領導以讓老師「增能」為目標，也提醒教師，「增能」是所有教育人員應有的自我期許，更是家長所期盼的專業教師。唯有教師對課程知識熟悉，再運用教學知能、活潑的教學，吸引學生的注意，並根據學生動機、意願、能力、環境與起點行為，引導學習，彰顯學習成效。所以教師要建立課程知識的平台，不斷自我充實，方易達成教育目標（其關係如圖 3）。在課程推展過程中，校長需要隨時發覺教師對課程規畫與執行的優良做法，給與推薦表揚，甚至記功鼓勵則屬必要。

(六)宣導教師選用與自編課程兼並的觀念

教師在寒暑假編選課程時，常感困擾，如何自編，所以筆者不斷宣導課程的編寫選用，可以多數選用，部分自編，減少教師自編教材的壓力。如果對課

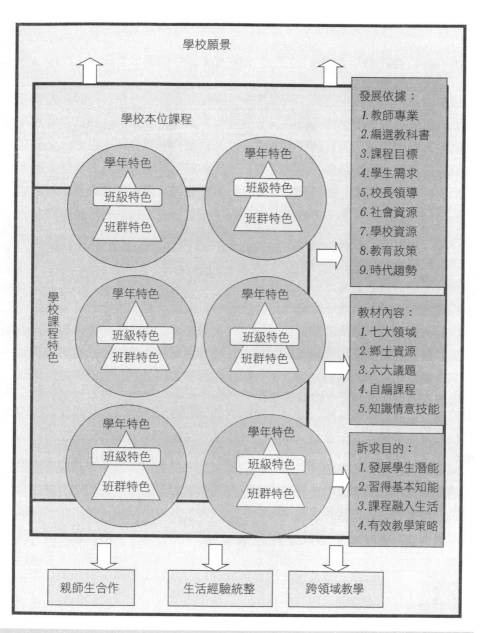

● 圖2　學校願景、學校本位課程與課程特色之關係

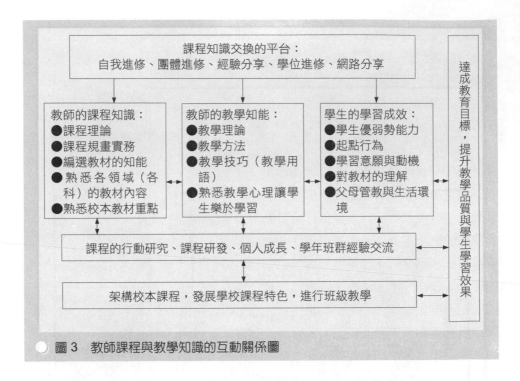

課程知識交換的平台：
自我進修、團體進修、經驗分享、學位進修、網路分享

教師的課程知識：
● 課程理論
● 課程規畫實務
● 編選教材的知能
● 熟悉各領域（各科）的教材內容
● 熟悉校本教材重點

教師的教學知能：
● 教學理論
● 教學方法
● 教學技巧（教學用語）
● 熟悉教學心理讓學生樂於學習

學生的學習成效：
● 學生優弱勢能力
● 起點行為
● 學習意願與動機
● 對教材的理解
● 父母管教與生活環境

課程的行動研究、課程研發、個人成長、學年班群經驗交流

架構校本課程，發展學校課程特色，進行班級教學

達成教育目標，提升教學品質與學生學習效果

● 圖3　教師課程與教學知識的互動關係圖

程較有概念、創意性夠，又喜愛自我挑戰的老師，則鼓勵其嘗試自編教材，甚至將編妥的教材與其他同仁分享；學年老師則透過班群分工，共同編寫各領域課程教材。本校在三重區近 2 年的課程核備，有極多領域被推薦為優秀課程。例如 93 學年度上學期有 9 個領域、下學期有 12 個領域被縣輔導團員評為區的優秀課程，共計 40 幾位老師被記嘉獎。此舉對激勵教師編寫課程的信心，有極大的幫助。

㈦將學校行事曆融入課程教學活動

以往，學校行政主導教學，所有措施都以行政觀點考量；現在則以學生及教學優先，行政服務師生與支援教學。當各項考量以學生需求出發時，會產生以下現象：

1. 學校處室活動課程化、教學化。
2. 寒暑假前，學校行政提早規畫，訂出學校的整體行事曆（特色化）、處室行事曆，也顯現學校發展的特色，學年的教學進度並融入行政活動與課

程，加上班群課程與教師專長，建立教師的教學特色。

3.因應各處室活動與季節不同，訂有共同的主題活動做統整教學。

4.課程規畫強調學年或班群推展，並建構系統課程為終極目標。

5.學校課程訴求須與學校願景結合。

(八)建構學校系統課程的困難

學校本位的課程概念，提供學校有了建構課程的方向，但統整性的課程發展，是各校最後努力的目標。關於此部分，我們做了許多學年領域的課程重點架構，卻一直未彙整已完成的領域課程特色。其困難在於城市學校的多元發展，讓老師分心；似乎行政人員的決心不足，雜事太多，亦是關鍵。再則課程人才的培訓深感不足，協助規畫統整的能力有待加強；大型學校的人多嘴雜，提意見者多，願意執筆實際行動的仍少之故。

整體而言，筆者在推動學校課程發展過程，引領老師建立課程概念與執行力著力最深，最引以為傲，希望逐步建立學校本位的特色課程。對於大型學校推展九年一貫課程，深感比中小型學校更為困難，主要是推動課程改革過程耗費許多人力在溝通宣導上；其次找對教務主任協助推展課程，可達到事半功倍之效，所以筆者才會積極做行政人才的培訓，以解決推動課程的窘境。

六、建立學生心目中的校長形象──從生活示範開始

「學生為中心」的教育，強調各種活動及行政措施均應以學生為主體加以考量，這看似簡單的理念，執行起來卻頗具挑戰性。

要落實這些信念，筆者認為要從生活禮儀與起居習慣做起。師長放下身段，主動與學生打招呼，上下學時，在校門口迎接學生；也關心學生的學習感受與情緒；提醒教師能放下身段，與學生互動；考量學生的興趣需求，盡力規畫各種教育活動供學生參與，也顧及各類特殊需求與弱勢學生的補救與輔導，給與最大的關懷照顧。

以早上在校門口迎接學生和打招呼為例，多數老師習慣等待學生的問候，我則主動與學生道「早」說「好」，對於沒回應的孩子，更是熱情招呼。7年來，佇立永福校門口迎接兒童上學的喜悅心情，是我一天中最快樂的時光。因為從孩童雙眸中所顯露的熱情，口中所散發的宏亮聲音，精神抖擻：「校長早！

老師早！義工媽媽早！」猶如振奮人心的樂章，會讓人不自覺的、喜樂的回應：「小朋友早！」這正是我一天工作動力的來源。所以我常自豪的說：「我是全永福最幸福的人。」前述生活教育的推展，希望能養成學生懂得如何與人互動的禮儀，變成有氣質的孩子，這才是我們要努力的。

平時我常在校園走動，參與學生活動。下課時放下師長的身段，與學生一起嬉戲，都能讓孩子們感受到校長陪伴身旁的喜悅與滿足，即使只是跳跳繩、跑跑步、打打球的小動作，學生都會快樂好久。放學時，我也常在校門口送學生出校門，看著他們展露滿足的笑靨，踏著輕快的步履回家，我總會趨前問他們：「今天上學快樂嗎？」「喜歡到學校嗎？」「喜歡老師上的課嗎？」孩子總是以堅定而明確的語氣回應「快樂」、「喜歡到學校」。看著孩子樂在上學，心中無限感謝，老師們提供一個兒童歡樂與學習的園地，給與孩童最好的教學與啟發，希望能網住屬於童年的夢想，留下美好的成長回憶。

七、特殊需求學生，從給與關愛、創造學習機會開始

早上，我習慣在校門口招呼學生，注意每個孩子的衣著、表情與身影，觀看家長如何接送孩子。有些學生經常睡眼惺忪的上學遲到，可知是晚上作息不正常的現象。有些乾瘦細小學童，又可能是父母過度疼愛、偏食的學生；那些每天到校衣著又髒又黑的學生，多少可嗅出家長管教不力或缺少父母關愛。這些孩子，每天給與一點點的關注問候，有時摸摸頭、拍拍肩，詢問一下早餐吃過了沒有，都能讓孩子為之飛揚雀躍；一聲讚美，一個身體語言的鼓勵：「今天特別早哦！」「今天特別有精神，衣服好乾淨喔！」孩子走路也會突然有精神起來。這是我晨間的學生輔導時間，讓我大致了解各類特殊需求學生的狀況，也提醒所有老師們，給與必要的關照。

我教過啟智班，深知嚴重如重度智障的孩子都可教，又有何不可教之學生。因此我推展積極性的輔導，強化導師功能，請輔導處建立輔導網絡，支援老師做學生輔導，希望讓每位資優生與弱勢學生都獲得最好的照顧。例如：

　　㈠從導師的輔導觀念著手，強化對特殊需求學生的輔導技巧：定期規畫老師對智能、行為、情緒過動與學習障礙學生的輔導知能研習，做經驗交換；建立包容與協助的觀念，也強化班級導師的輔導能力。

　　㈡建置教訓輔三合一的團隊輔導機制：對各類特殊需求學生建立教務、訓導

與輔導共同輔導的實際行動，透過行政會議與個案會議找尋輔導的策略。例如本校一年級一位罕見疾病學生，臉的長相特異，學校為了該生乃規畫一個安置輔導計畫，做了以下措施：1.在該生入學時請罕見疾病基金會同仁，跟全校教師與學生做相關研習；2.請家長到校先與行政人員及導師溝通輔導安置策略；3.孩子初入學時家長陪讀一段時間；4.對該生就讀班級之全班同學做輔導；5.請家長向班上同學上課，說明形成罕見疾病的原因與表示感謝；6.訓導處隨時提醒學生要關心與協助班上的特殊學生；7.班級裡找尋愛心小老師，給與個案協助。透過這一系列的輔導措施，讓每個個案得以獲得更多的關愛與輔導。

㈢運用各種資源全力協助弱勢學生：除了建置弱勢學生檔案，我們會利用各種資源全力輔導。例如行為偏差學生，除了級任老師常與家長聯絡，也請輔導室做小團體輔導，安排到資源班做補救教學，更指導認輔志工學習補救教學技巧；某些學生透過認輔老師、志工媽媽與社工員協助做輔導，建立多元輔導途徑，減少學生行為惡化，提升學習成效。

㈣替弱勢學生創造學習機會與成就感：學校會充分利用各種經費，辦理學習低成就或各類弱勢學生的小團體輔導、免費的校外教學、校際交流，或請校長給與適時的表揚；班級導師甚至指導才藝，安排演出，希望給與更多的學習與成就感。

身為教師，除了教學，經常做父母沒做的輔導工作。由於童年只有一次，這些弱勢學生，可能因家庭功能失常、身心的障礙，無法如一般學生班享有較多的關注，今因老師的真心付出，多規畫一些活動，提供更多的學習情境與表現，給了他們一個編織夢想世界的機會。

八、以寬廣的視野與創意、企業理念與團隊合作經營教育資源

所謂教育資源是舉凡學校經營者與教師，透過各種管道途徑，向學校及各級政府機關、社會機構、企業團體、民間單位、社區人士、家長等，爭取專業人才、人力與金錢、設備，用以充實學校的各種教學活動與設施，提升教學績效的資源；或利用學校所在地的社區人文、民俗、文史、自然資源，設計課程、

融入教學，豐富學校教育內涵的工作都是教育資源。至於經營學校教育資源的途徑，筆者遵循如下方式。

(一)找尋教育資源，從觀念改變開始

筆者確知以新觀念經營學校，找資源的重要。如何培養開闊的心胸、創意的想法、敏銳的觀察力，再以企業理念與團隊合作方式找尋教育資源，是當前教育經營者所應具備的基本能力。唯有校長的經營理念改變，學校周遭的人事物，方易轉變成教育資源。至於學校經營者與教師，如何爭取教學資源，我則掌握三個面向：

1. 在教育態度上：要保有開放的心胸、積極熱忱又堅持的態度開發教育資源。所以社區各種公益活動與熱心人士的接觸交往，就不可少；更不能把參與社區活動當成是苦差事。
2. 在教育專業的熟悉度上：要對教學概念、課程教材內容、學生能力、資源來源充分掌握與了解，以專業素養取得合宜適用的教學資源。尤其是用於弱勢學生身上的教育資源，更要優先爭取，並顯示其成效。
3. 在找尋資源的行動力上：教育資源的開發，需要根據學校的教育願景與教學需求，詳加規畫、勤於走動，認真執行，展現教育家的用心、決心與真誠，可感動許多熱心人士。所以校長參與地方事務，行銷學校形象與教育成效，適時感謝資源提供者，都能以行動替學校建構教育資源網絡。

(二)學校教學資源整合的依據

筆者在經營學校找尋教育資源時，大致依據下述方向：

1. 執行學校願景目標的發展。
2. 根據校長的辦學理念。
3. 評估學校環境與設備的修繕、建設需求。
4. 學校的校務發展方向，及校長與處室推動校務的發展重點。
5. 學校學期或學年行事曆的工作進度與活動規畫。
6. 教育部政策與縣市政府推動的教育政策。
7. 掌握時代潮流教育趨勢的發展。
8. 根據學校課程發展、各領域能力指標與教學發展需求。

9.評估社區環境資源的最大特色，並建立資源檔案。

10.根據教師專長興趣及班級教學特色發展。

11.其他影響教育發展的重要活動。

這些都是我在爭取各種教育資源，規畫評估資源需求的重要方向。

(三)教學資源的取用原則

筆者在經營學校資源時，掌握以下原則去爭取及使用：

1. 學生優先原則：應以直接用於學生學習或活動為優先，或者改善學習環境、提升教師專業知能，間接嘉惠學生為目的，讓資源提供者了解其資源被用於所當用之處。

2. 互利原則：對於教育資源的提供者與取得者，可以互利作考量。例如三重市市民代表重情意、重教育，替永福爭取經費提供戲劇演出，使學生受益，學校適時的對民意代表表示感謝，推薦媒體報導。其次了解贊助者的需求，例如獅子會、扶輪社、同濟會以尋求社會服務為績效，學校即可協助其辦活動，給他們報告成果，甚至透過媒體宣傳報導。

3. 不怕麻煩原則：爭取經費需不怕麻煩的態度，亦即找尋資源要有誠懇的態度、熟練的專業知能，和堅定的行動力，讓贊助者感動。

4. 專業原則：以教育的專業經營與理念，說服他人爭取資源贊助。

5. 發展關係原則：建立良好的社會關係，讓贊助者了解校長的真誠用心，就易取得資源。

6. 發展教育政策原則：了解政府最新的教育政策，配合推動教學計畫，向政府爭取教育資源。

7. 特色原則：利用所取得的教育資源，建立學校特色，或者以特色活動爭取經費與各種人力物力的資源補助。

8. 共享原則：樂於與人分享自己的教學資源，不要浪費取得不易的教育資源。

上述原則是我在爭取各種教育資源，建設學校或支援教學時，都是了解學校建設、教學需求、發展學校特色所要的需求為何，再逐一找尋。

四評估分析學校各階段的教學與設備需求

從教育需求看，學校經營者需要深入了解學校的現況與未來發展需求，評估檢討哪些是現階段需要迫切改善的問題，哪些需要長期推展的。例如筆者初就任永福國小時，先走遍學校每個角落，探訪與學校有關的人物、教師，聽取意見，再針對學校的校舍建築與教學設備、軟體設施、教師教學士氣激勵、學生生活需求、化解組織對立等問題，列舉學校當時的缺失，並排列出現況最需改善的問題，以及可能需求的教育資源，再將已取得的教育資源，投注於當前最迫切需要、最能顯現改善成果、最易見到成效的活動與建設上，讓全體親師生感受到學校的改變。

五教學資源的統整歸類

以學校而言，教育資源可簡單歸類成三種，有屬於金錢及建構學校硬體設備或教學設施的資源；有屬於地方文史藝術、民俗活動、自然生態等構成課程教材的教學資源；有潛藏於學校、社區與社會各角落，執行學校教學與發展學校特色的人才資源。上述的教育資源可以校內外及區域區分，如校內、社區（學區內）、鄉鎮市區、大都會區或地形環境形成的資源、網路資源。也可以是類型區分：如人力資源、物力經費資源、機關團體資源、地形景觀、風景名勝古蹟、新聞媒體、社區文史、其他資源等。筆者也以此作為經營學校教育資源的途徑。

六永福國小社區資源融入教學的使用實例

以下從校內外考量人力、物力，列舉筆者歷年經營永福國小經常利用的資源實例，供大家參考。

1. 人力資源融入學校活動教學
   ⑴老師與家長人力資源之利用
      ①老師環遊世界百餘國，熱心製作認識世界的光碟，供全校老師教學使用。
      ②培訓讀經家長協助教師朝會做晨間領讀：由家長會支持，熱心家長引進「崇德文教基金會」，做家長、社區人士與志工的讀經培訓，然後

利用每週2次的教師晨會時間，協助老師引導小朋友讀經，並辦理全校學生讀經過關活動。

③各班班親會或家長，協助各班晨間早讀、照顧學生與說故事。

④家長會是親師生溝通的橋樑與支援者：家長會全力協助老師校外教學支援人力，會長更協助化解各種親師衝突。對於行為偏差、中輟學生、特殊班學生的輔導，前後4任家長會長、里長經常陪同做家庭訪問，解決學童就學問題。

⑤培訓志工做多元化服務：積極招募學校志工，超過百餘人，其中一半以上是社區家長。並建立常態性的支援工作，例如：導護工作、圖書管理、健康中心、導護商店、校園教材園與綠美化、特教班協助、班級陪讀、補救教學、認輔、班級晨間故事媽媽與輔導室午間故事坊、永福志工劇團巡迴各班及鄰校表演、讀書會等小組，協助老師照顧低成就學生學習。輔導主任、組長更帶領做說故事研習、戲劇研習、認輔志工定期做補救教學專業知能研習，並請低年級老師做國語、數學教材教法的指導研習、資源班老師與校長做學生心理的輔導，提升志工的專業知能。

⑥有效利用家長的職業專長，協助導師做教學支援：例如家長任職台北市立美術館，協助規畫美術館的參觀教學。家長賣魚幾十年，請到學校做認識魚類介紹。開布行、縫製衣服家長協助班級創作服裝製作、跳舞者協助教舞。

⑵社區單位、機構及專長人士之資源利用

①與國立三重高中合作，向教育部申請學生暑期圖書館與補救教學工讀計畫：為永福國小暑期圖書館開放、各班低成就學生暑期補救教學與教育影片播放的工讀活動。

②邀請各類社區專長人員到校協助指導家長與學生：❶請社區氣功師父利用晨間7：00～7：30，協助晨間運動推廣教學。❷社區圍棋老師的社團教學及義務指導多年。❸配合課程融入教學的民俗技藝教師及志工：如布袋戲老師、糖葫蘆師父、糖蔥師父、兒童文學家的立體書製作指導等專長人士支援。其中有給鐘點費者，亦有義工性質。❹牙醫師的牙齒診療義診6年，也協助做衛生教育宣導，並捐出診療費每年

　　　3、4 萬元做衛生保健推展。

③與台北縣、三重市地方社團合辦教育活動或親職講座：例如紳士協會、三重市志工協會、三重市圍棋協會（辦理 6 次的圍棋比賽）、台北縣家長協會、台北縣家長會長協會等，辦理親職教育、九年一貫宣導講座。

④與地方機構、企業團體、民意代表、里長合辦之教學展覽與體驗活動，例如：❶多次請三重消防隊到校做消防演練，提供學生高樓逃生、救火、高空滑降等體驗。❷配合學校運動會、畢業典禮，邀請三重郵局到校設臨時郵局與辦郵票展。❸邀請縣立醫院、衛生所之醫生護士做衛生宣導、實和醫院的義診。❹邀請三重稅捐稽徵處到兒童朝會做稅務宣導。❺透過獅子會接洽台北縣眼鏡工會協助全校學生做全面性的視力檢查。❻接洽國語日報邀請作家到校做教學指導與學生座談。❼與社區的萊爾富商店、社區里長、地方的寺廟、幼稚園、補習班等，發動 1,000 人做「世界清潔日」的社區清潔服務，獲得極大的回響。

⑤邀請各種基金會、機構之專業人士到校做各種戲劇與教育宣導。例如：農委會之愛用蔬果劇團宣導，各種防範犯罪、宣導青少年遠離毒品之劇團、罕見疾病基金會、中華民國視障藝文推廣協會的視障音樂家與體驗活動、伊甸殘障福利基金會（盲人樂團、殘障輪椅國際標準舞）、台中惠明學校、口足畫家謝坤山等多人到校做宣導，成效良好。

⑥經常與國內外及鄰近學校做校際交流。

2.社區經費資源融入教學、輔導及充實設備

　(1)社區經費資源融入教學或輔導

　　找尋社區經費直接融入教學則是另一做法，例如：①尋求社區的游泳教學資源：經由家長會同意，與附近的私立游泳池合作，全校師生家長給認同卡，讓學生家長享有更便宜的游泳價格。②找尋民意代表、獅子會等社會熱心人士辦理各班低成就、低收入戶學生免費校外教學及才藝活動，給弱勢學生更多學習機會。③找尋安泰銀行贊助朱銘美術館 1 年 5 萬元，提供永福國小全體師生可免費參觀朱銘美術館 1 年的教學活動。

④找尋民意代表經費,邀請劇團到校演出等,都是直接受益於學生。

(2)社區經費資源充實設備與協助學生

學校也經常透過各種管道爭取社區經費建設學校,例如家長會近3年約替學校爭取500餘萬元經費。社區熱心人士每年捐助經費協助無力繳交學費學生。與社區機構合作推展「地球清潔日」社區打掃活動,獲得近5萬元的掃具捐贈。請慈濟功德會協助搭建組合屋做教室修繕的應變空間,節省政府經費百餘萬。協助成立李振圻同學紀念圖書館於社區,其家長也捐書及經費給永福國小舉辦徵文比賽,嘉惠永福學生。定期透過書展與捐書活動充實學校圖書。鄰近寺廟義天宮的熱情贊助經費,建設學校設施與教學活動等,引進許多社區資源,充實在學校設備與教學上。

(3)社區文史環境資源融入教材與教學活動

充分利用三重、台北地區的環境資源、文史資料支援教學是我們所努力的。例如三重文史發展、社區商店、寺廟、公園機構的融入教學活動;社區環境如二重疏洪道、關渡自然保護區的環境教學,冬季賞雁鴨、賞鳥、騎腳踏車課程等。利用北部地區、三重地區的文化展場、基金會之人力支援教學。如三級古蹟先嗇宮、保安宮、新竹金雞蛋農場、動物園、兒童育樂中心、市立美術館、北市的各個博物館、郭元益糕餅博物館、植物園、陽明山國家公園管理處之支援教學。

總之,教學資源的爭取需要經營者的用心耐心,與社區建立良好的人際關係,更需要適度的經營行銷,把學校學的教學績效行銷給家長及社區人士知道。永福國小經由如此多元的教育資源協助下,老師的教學更為認真,社區也更肯定老師的教學成效,學生對學校的教學引導,也充滿期許與樂趣,這是經營者最感高興的。未來的教育環境,校長與教師共同找尋教學資源的機會愈來愈多,因此,教學經營的觀念確實需要改變,方能豐富教學資源,提升教育品質。

九、積極主動的親師溝通──引領家長參與教育、認識學校

家長是教育的合夥人,也是學校的夥伴,有權了解學校各種教育政策與教學活動的推展。所以校長經營學校時,不能忽略與家長會的互動、家長對於教育的期許。誠懇、主動讓家長會了解學校推展各項活動的目的與用心,適時向家長宣導教育政策與學校措施,都是必要的做法。以下是我經常運用的策略。

(一)每月一封給家長的信，搭起親師溝通的橋

多年來，我最感驕傲的一件事，就是每個月寫一封信給家長，除了做教育理念與政策宣導，說明學校各種活動推展，也介紹各處室活動成果、學年教學，讓家長充分了解學校的教育訊息。我也常常詢問家長是否閱讀學校給家長的信件，請教其意見，更提醒平日少與老師互動的家長，多關心自己子女的教育。此一主動出擊的做法，可獲得家長的肯定，對無暇關心子女者，常因支吾其詞說不出學校的活動內容，讓學校也有給家長機會教育的理由。

幾年來，這一份主動說明的親師信件，確實增進校方與家長彼此的了解，也化解許多可能的親師衝突，逐漸讓家長肯定校長與老師辦學的用心，取得彼此信任的共識。

(二)評估家長會長的教育認知，建立協助不干預校務的機制

平日校長辦學，除了秉持認真、負責、關心學童展現教學績效之外，定期向家長會說明校務推展的狀況仍屬必要，並建立家長會的支援不限定經費的觀念，舉凡人力、物力都歡迎。而校長在與家長會互動時，評估會長的教育理念及行動認知極為重要，校長如果遇到教育理念正確又熱心的家長會長，則學校親師間的互動必然良好，校務容易蒸蒸日上；如果家長會成員有利用職權干預校務的錯誤觀念，學校與家長會間就易衝突。例如校長與家長會長稱兄道弟，一旦有提早入學、各種利益或關說問題談不攏時，衝突就易發生。所以筆者與家長成員的互動是真誠對待，熱絡相處，但不提教育經費的支援，各項活動也以學生需求優先考慮，做給家長看，再透過處室提經費預算讓家長會審查，達到制度化運作。一旦家長會長等成員有干預校務或不當的要求時，筆者會以平常心看待，婉轉說明，必要時透過第三者協助溝通，保持對家長會應有的尊重及適度的距離。其中的細膩情感與溝通技巧，確實需要校長多加琢磨，用心與智慧去化解。

(三)經常做社區巡視，保持與家長的互動

在我的校務經營過程，走入家長生活圈、深入社區、巡視路隊、關心學生的社區生活，容易建立親民的校長形象，讓校務更易推動。連同平日在校門口

迎接學生，都可隨時與家長溝通互動，替家長解惑，宣導學校的教育措施，亦
能了解家長的期許與心聲。

㈣提醒老師學期初主動與家長聯絡，建立情誼

我常常提醒全校老師，開學前主動與家長聯絡，討論孩子的教育與學業問
題，說清楚班級經營的方式，可改變家長對老師的第一印象，也能增進親師情
誼。這種主動出擊的親師互動，讓老師掌握教育主動權，引領家長，還可減少
許多的親師衝突。

㈤引領家長認識老師，肯定老師的認真與教學

透過親職講座、一年級新生家長座談會、家長日等大型集會，詢問家長，
是否經常與老師互動，接到老師的聯絡電話；也透過刊物介紹老師，讓家長見
證、確認老師的認真與用心，提升教師的專業形象。

十、教育形象的行銷從家長與媒體開始

良好的教育行銷，可提升學校的形象，而家長則是第一個行銷的對象，唯
有讓學區家長對學校認同與肯定，學校教育方能蒸蒸日上，教育資源方易引進，
這是筆者經營學校的重要理念之一。前述教育資源領域筆者著墨甚多，取得許
多地方教育資源，有些是透過社交途徑取得，有些則是地方家長、社會人士肯
定學校的經營方向與績效，主動提供資源。因此，把學校好的教育活動，適時
的做新聞媒體（報紙、電視）的宣導傳銷，讓社區人士了解永福的教育措施，
教學活力，極為重要。其次是參與公所與社區的活動，認識地方仕紳，宣導學
校的特色。再則主動辦理社區活動，或者推薦學校特色社團，參與社區活動表
演，都能宣導學校的教育成果。此舉雖然教師較辛苦，但也相對的獲得地方肯
定與鼓勵。

校長辦學，需要評估學校成員與地方仕紳互動的影響力。我的做法是：常
與地方仕紳互動，除了確立與社區的互動原則，對於熱心人士、團體或善知識
都能保持親近，盡量給人支援，施惠於人，不要有求於人，否則容易造成辦學
關說之壓力。對於具影響力的民意代表，則視其對教育的關心，維持互動，評
估是點頭之交，或可深交。我亦曾透過熟識的地方家長，協助對校內的次級團

體領導者作非正式溝通,化解推展教育過程的阻力。

再則保持學校與社區的良好關係,非常重要。一旦遇到校園危機事件或學校重大事件,均須向社區家長說清楚。例如永福國小的海砂屋問題,需要全校改建,就須向所有家長與社區人士講清楚。對於媒體的採訪,也能誠實以對,反而容易獲得支持。

十一、重視生活關懷與同仁福利,凝聚教育情感

大型學校校長對於同仁的關懷以及人際關係的互動,經營不易。我的做法是透過走動管理,經常巡視校園,利用老師課餘空檔做溝通關懷動作。也會定期參與學年會議,傾聽老師的心聲,會議場上尊重老師的意見,但對於有益於學生學習與教育的活動,也能適時的堅持。雖然有時會有阻力,大致都能取得共識。許多學校會有替老師做生日的活動,我則是掌握每一個老師生日的時刻,親自致送一份禮物到老師面前,可能是一本書、一張校長親自畫的卡片,一件經過觀察後,屬於老師喜愛的小禮物,它不在價格昂貴,而在關懷與情意的表達。我更利用送禮物的時刻,問候關心老師的生活事務,如此實施 7 年不輟。

平日,對於同事家人與自己的婚喪喜慶,生老病死的問候與祝福,更是慎重其事,以能親臨現場、親身致意為主,表達校長的關懷與支持,個人認為這是學校領導者應有的做法。唯有學校同仁在家居平順、身心調和的情況下,方能用心投注於教育事業。雖然公立小學能為老師找尋的福利極其有限,但爭取其他途徑的教育資源替老師加油打氣,慰問鼓勵,更屬必要,因為這是校長與老師們拉近情感距離的重要途徑之一。

對於校內教育意見多的老師,校長的關心問候更不可少,建立同仁被重視的感覺。平時再深入了解其動機與意願,或者私下請教,多傾聽接納與鼓勵,肯定其對學校的經營建議,再找尋當事人各種優良表現,給與公開表揚。如此的作為,可減少學校組織文化的對立,建立和諧共榮的教育情感。

十二、以整體規畫、優秀師資、熱忱與經費支援,發展學校特色

所謂的特色是別的學校所沒有的教學活動或團隊,或是其他學校也有,但

自己的學校做得比別人好，也可能是大家都在推展的活動，但能顯示出比他校更有不同處。筆者認為國民教育階段，所有的學生都應該關照，把每個孩子帶上來更是學校責無旁貸的責任。所以學校在推動教學特色時，不應匯集多數的教學資源集中於少數學生身上，應該從學校的課程特色發展著手，顧及全體學生的教學，發展多元教育，激勵所有教師成為優秀師資，熱忱帶動，展現教學特色。

因此永福在推展學校特色過程時，偏重發掘專長教師的熱忱參與，讓老師主動規畫發展，學校全力給與經費和精神支持。例如學校的足球隊訓練、田徑隊訓練、非洲手鼓的教學推廣、德育教學的讀經教育、閱讀教學與三級閱讀輔導的推展，學校綠美化及永續校園的經營，其他如節奏閱讀隊與直笛隊、週末下午茶的定期學生才藝發會，都是以此方式發展出來，許多項目更深獲學生熱愛，展現快樂學習的成果。另一部分則是根據校長的重視、社會趨勢與學生喜愛，延攬人才，與課程教學結合所發展出來的特色教學。如每年 12 月份的學生創作舞教學觀摩會，已連續辦 7 年，深獲學生喜愛；每年 6 月的學生水墨展與畢業班畫展，則是指定美勞老師的教學推展，也已辦了 4 年，前教育部長黃榮村還曾參觀過我們的畫展呢！

這些教學活動與特色發展，全以融入課程教學加上晨間、課餘時間的練習呈現，老師們雖然辛苦，卻也樂在其中，孩子們都喜愛參加學校社團。

十三、宣導教改，接受教育挑戰──建構一個體認變革的學校

筆者自 1998 年接任前一所服務的學校，接任之初，即大力宣導教育改革時代的來臨，老師們要有心理準備。第 2 年校長遴選開始，學校教評會運作與自聘教師的工作逐漸進入常軌，接著九年一貫課程開始試辦，筆者服務的學校也於第 2 年（2000 年）參與試辦，正式投入教改行列。在此之前，各種課程改革宣導、觀念溝通、親師互動、教學討論，不斷進行，也促成老師對社會領域九年一貫能力指標的分析，讓老師們有實際的分析創編課程經驗。這一路走來，雖然不算順利，校長的率先參與課程研習，充實課程專業知能，有示範作用；而 7 年期間，教務主任也已換了 3 位，課程改革的理念卻也能持續至今，只因

校長展示推動教改未變的決心，行政支援教學與行政活動教學化理念也能逐步落實，學校的課程編排與教學運作也已建立一套運作模式，由課發會與學年教師代表共同商討決定，同仁也還滿意。

最讓筆者肯定的是班級導師功能的發揮，親師間有綿密的互動；班群間的合作與運作，有其模式；對於大型學校每學期的課程核備，我們有 12 個領域的課程設計被評為區的優良課程，顯見全校老師對編寫課程的概念。但仍有一些老師在課程編寫的過程，永遠依賴他人的協助，逃避編選課程，甚至全盤移植教科書的教材內容，即使給與提醒，仍然難以改變。整體而言，筆者掌握 20% 的菁英、人才，帶動 80% 老師的比率原則，引導學校教師接受教改的挑戰，也漸有成效，多數老師對課程改革的概念逐漸明確，這顯示老師對教改的體認與接受教育變革的態度大為提升。

參、保有教育良知及熱忱，更需依法經營

教育雖然是良心事業，但是當前的教育經營，要求依法行事的情形，愈來愈明確。教師爭取工作權益，例如不要當導護、不做與教育無關的工作，甚至處理不適任教師，都需要有合法的法定程序，對老師考績打乙等，更需要有具體事實、紀錄與輔導過程，無不以法源為依據。相對於老師，家長對於子女的受教權，本身的教育參與權，還有孩子的管教問題，更是斤斤計較，要求呈現專業照顧與教學。所以老師的不當體罰、管教，容易被告，有些縣市教育行政單位更明確宣示，體罰學生經調查屬實，至少記小過乙次（有些縣市記大過乙次）；上課時老師不在場而學生受傷，老師要負法律責任；學生受虐、性侵，老師有舉發之責，否則失職；學校的校舍與設備管理不周，讓學生發生意外，更難脫法律責任。學校工程與採購，更是事事涉及《政府採購法》，需要小心應對；其次是政府法令更新速度快，身為校長者，唯有隨時保持對法令的研究與進修，才能依法行政。

這一系列現象在在說明，教育人員需要熟知與教育相關法律的重要。筆者常於教師朝會提醒全校老師，要熟悉教育法令，更要觀察社會，了解教師的權益與責任，接受教育變革的挑戰。校長更要熟讀法律，深諳主持會議的流程，尤其在校內經常有人事爭議、體罰事件、黑函或控告案件時，更需要公平公開

原則、依法行事。學校必要時可以聘請法律顧問，作為校學執法的諮詢者，了解如何依法辦教育。

肆、社會環境的變遷，學校以主動出擊做因應

教育改革速度追趕不上社會變遷的速度，加上政治干預教育嚴重，致使教育措施一波波的推出，已讓許多老師手足無措。對此混亂的社會價值，筆者隨時保持社會對教育評論的蒐集，教育事件的觀察，教育法規的了解，以及對教育政策研究與掌握，利用學校教師朝會與進修時間，提醒全體教師因應之道。當前家長以企業效能要求老師，父母管教觀念又受社會環境影響，造成孩子受寵、又吃不了苦；當家庭功能逐漸解構，破碎家庭或複合式家庭不斷增加時，親師溝通衝突相對增加，徒增老師管教的難度，可以預見。

永福國小位處三重市東區，中低收入的外地人口多，民眾的政治意識色彩鮮明，加上政治環境複雜，造成學校經營能難度增加，所以教師面對家長的要求與溝通，挑戰性大。筆者在教育現場，常與學校同仁共勉：「主動與家長溝通，以專業引導家長，保持老師的積極優勢，則老師的任教會輕鬆許多，親師衝突也會少許多。」唯有不斷提升自己的教育專業知能，改進教學方法，調整心態，才是適應當前教育生態的不二法門。所以永福國小老師每學期開學前會與家長電話聯絡，已成慣例，主動和家長討論孩子的管教問題，了解家長的需求與心聲，讓家長樂意與老師配合。多年來，這一互動模式，讓我們親師間合諧許多，即使有不同意見，也能良善溝通化解誤會。

社會的多元化，資訊的普及，地球村的世界已然形成，學校教育已無法用教科書為單一教本，唯有跨越學校圍牆的教育，老師引領學生走出教室，走入社區與利用資訊拓展視野。更需要讓社會大眾了解，學校老師以積極的態度、專業的教育知能，因應社會的變遷。

伍、教育政策不延續，基層教師難為

政策的不延續及不斷更異的專案，是近幾年常見的教育現象，讓許多老師

丈二金剛摸不著頭緒，更難以理解新政策的精神，加上推動過程的重重阻力，執行起來必然是成效不彰。就以教育部大力推展的教訓輔三合一專案為例，在93學年度宣布廢止，取而代之的是「友善校園」的專案推展。當筆者2004年11月還在努力統整學校教訓輔團隊合作，替全校學生與特殊需求學生整理各種服務活動的績效，應付縣內尚在追蹤考評的成效時，教育部早已在2004年7月底公告廢止此專案。「友善校園」新專案雖然擴展了內容，卻仍與教訓輔業務有關。此種換湯不換藥的做法，容易使基層老師無法掌握政策改變內涵，失去推展成效。如果我是此政策的制定者，仍會以原有的教訓輔三合一為主標題，副標題是「友善校園」，因為「友善校園」的推動主題如：法治教育、品德教育、學生輔導、兩性教育、弱勢學生輔導、除霸凌、親師溝通懇談等，均可利用發展、預防與治療三級輔導概念，透過教訓輔處室合作給與輔導，反而讓原有的推動3年的輔導業務得以延續。

　　小學已是執行教育部門與教育局政策最認真的單位，推動過程仍難免問題重重。以往教育部推動各種政策與法案，往往忽略基層教師的心聲，加上許多教育政策宣導與貫徹執行不力，造成績效不彰。就以國中小中輟生、弱勢需求學生的輔導問題看，如果學校行政人員與老師沒有改變與學生互動的觀念態度，了解青少年的心理需求、考量學生的家庭結構，要做好去霸凌、中輟生、特殊學生與低成就學生的輔導，實在很難有成效。對此，筆者極佩服台北縣教育局長潘文忠，認為要有效減少學生中輟，就需要學校細心、不厭其煩的找尋學生、給與關懷協助，做有效安置輔導，讓回校就讀的中輟學生不會感覺芒刺在背。潘局長關懷中輟生的方式，是親自與所有國中校長、輔導主任座談，要求說明對每位中輟學生的輔導與追蹤方式，讓學校的服務人員，更用心去思考協助學生的策略與方式。這也影響各校對弱勢學生輔導的態度，認真去執行，這是近幾年，教育局推展各種政策最務實追蹤成效的做法。本校亦秉持把每一位學生帶上來的理念，不講形式，以實質的行動做教育關懷。

陸、教育價值與倫理的思考

　　校長角色的挑戰，在於校務龐雜，各種校務需隨時隨地做決定，並需隨時處理遭遇的危機，顧及校內外的人際互動與問題化解。當大人與學生權益衝突

時，如何決定與處理，不犧牲學生權益而調整大人做法的考量，才是學生教育優先的價值考量。例如在親師衝突發生，筆者在協調親師雙方時，盡量周延考量，並秉持一些原則：如優先保護學生安全、減少學生傷害、顧及學生面子，盡量不讓老師失去尊嚴，體諒家長感受，然後秉公處理，不在學生面前與家長討論問題，都是我所重視的。

其次，對於優秀學生與弱勢學生的教學輔導，我會更重視弱勢學生的關心協助。首先對資優生的教學，會提供更具彈性的學習空間與策略，以教育學生自動自發的學習為目標。弱勢學生的輔導則須動員各處室成員、導師與學習網絡，給與協助，並投入許多教育資源，激勵學生成長。因為對弱勢學生如果現在不費心，未來可能要付出更多的社會成本，所以筆者的觀念是：「辦教育要不怕麻煩，多給學生機會，替學生辦活動」、「多推展發展性輔導工作，就可減少預防性與治療性輔導的學生」、「教師的關愛，可以彌補一部分父母沒給的愛」、「落實導師功能，可以減少許多學生輔導的問題；而最好的教學就是最好的輔導」。所以我會極盡所能的規畫各種教育活動，提供給學生學習，給與肯定與成就感，讓學生喜愛上學。

對於家長干預學校教育或地方民意代表要求關說教育問題，筆者一向採用的原則是：在可能的範圍內給與最大的協助，如有破壞制度，造成負面教育影響者，則婉轉說明加以拒絕。例如社區人士要求挑選教師，本校一概拒絕，全按學生編班原則加以編班，並向家長說明，本校每位老師都是好老師。這樣的作風，初始階段會遭受極大的社會壓力，一旦學校堅持，久而久之，社區人士自然接受學校作風，就不會再作要求。筆者一向鼓勵夜間與寒暑假、週末假日的進修，不鼓勵教師日間時段的進修，自己也以身作則，利用晚上和寒暑假進修，減少對行政工作的影響，全是對學生受教權的尊重，與維護教育品質。

柒、經營與發展學校成為學習的社群

校長經營學校時，獨自認真的進修成長，並不是發展學習社群最好的方式，能激勵老師做學位進修、研習成長或以學習小組、工作坊形式，建立彼此互信的溝通平台與討論機制，做學術與教學經驗分享，自由自在的論述教育，方屬可貴。

　　到永福多年，積極推動學年合作的班群教學及協同教學，已顯見成效。各學年間規畫活動或主題教學，已能融入社區，考量學校的特色發展，透過班群合作與教師專長交換教學，達到資源共享的教育推展。其次是帶動學校教師進修風潮，全校有近30位老師在研究所碩士與博士班進修教育有關的學位，透過學位進修的自我成長，增廣見聞，拓展視野，有助於學校教學品質的提升。

　　再則積極推動教學研究，參與教育局推展的教師教學評鑑試辦工作，帶動老師做全面性的專業成長，走在時代教育的前端。雖然此一推動過程困難重重，筆者的積極推動與堅持，展現永不放棄的精神，也感動一些老師，參與研究討論，目前正逐步進行中，希望能替老師出版教學研究或行動研究專輯。

　　推動學校成為學習社群，已是教育專業領導的一部分，校長保有教育活力，也有敏銳的觀察力，隨時將教育走向與趨勢提供教師參考，策畫各種研習做經驗分享，與學校同儕相互分享知識，都有彼此激勵的作用。由於學校老師提筆寫作的習慣較少，所以定期出版教師研究專輯的做法並未持續，如果能夠帶動20%老師的進修研究，加強種子教師培訓，可逐步建置學習社群的風氣。

捌、塑造學校的文化，先架構堅強的行政團隊

　　學校文化是附著於全校每一位師生身上，在教師與行政間、教師同儕間、學生活動間流動，更是建構學校特色的一股共識、習慣與榮譽感。他可能是正向也可能是負向的文化。例如每位校長初接掌學校時，都會遇到更換領導者的調適期，如果校園文化良好的學校，調適期就短，如果要帶動組織鬆散、行政效能低、教師心態保守、設備老舊的學校起死回生，就需要一番寒徹骨的努力。為此筆者從以下方向著手。

一、建置服務領導的行政團隊，行事積極、公開，教學優先

　　筆者在要塑造學校文化時，行政運作從三方面著手：

　　㈠改善黑函文化從透明、公開、信任做起：筆者初到永福時，老師的投訴黑函滿天飛，學校行政與老師彼此有一份不信任感。化解之道就是積極評估學校可改善的校務，積極徵詢各方意見，行事公開、公平，就事論事，讓全體老師參與及了解。

㈡建立相互支援與互信的行政團隊：行政團隊的本位化，易讓服務效能減低，透過 2 週 1 次的行政溝通，協調相互支援的做法，達到服務教學的目的。必要時，個別找處室主任、組長與學年主任做溝通，建立互信的默契；雖然開始時辛苦，有些老師甚至表面配合，暗地破壞，有時透過家長會或第三者的私下溝通、提醒，減少推展阻力，逐漸建立行政效能與學校文化。

㈢相互肯定與提供教師才能揮灑空間：教育單位最難處在公開鼓勵老師也有錯，這是因為追求平庸的文化作祟，筆者了解此一難處，利用公開及私下場合，不斷鼓勵老師們，即時遭遇挫折，也不退卻，凡是正面思考，激勵老師，使學校成員較易突破平庸的校園文化，獲得一些突破性成效，讓大家樂於貢獻與付出。

二、從生活教育與學生興趣帶動學生文化

教育改革最難處在知識分子的傲慢，自以為是，難以溝通；有時學生比老師還好教，筆者掌握此一現況，率先作禮儀示範：

㈠校長以身教示範，推展禮貌運動：從接掌永福的第一天開始，每天早上在校門口迎接學生，主動跟學生打招呼「小朋友早」、「老師早」，帶動師生同儕間禮儀，也透過宣導，提醒全校師生、家長與志工，加入禮儀示範的行列，改善學生冷漠與禮貌不佳的問題，形成學校文化。

㈡重視學生興趣嗜好，掌握主動學習的意願：永福國小推動學生的創作舞蹈教學，就是以學生的興趣嗜好、流行趨勢融入教學，在宣導、協助、尊重學生參加意願及半規定的情形下，建立 7 年的學生舞蹈教學文化，甚至激發學生主動學習與團隊合作的意願。

三、建立相互關懷扶持、和諧的校園文化

校務推展過程遭遇困境是常事，透過溝通化解歧見更是普遍。多年來，筆者有一個做事原則：遇事先積極找解答，不是先抱怨、指責，養成就事論事習慣。必要時，事後作檢討以求改進。這讓我在處理事情過程中，減少許多對立，也讓校園多一份和諧，增加大家找尋解決方案的可能性。對於學校派系與次級團體的處理，校長亦須有包容心，允許不同意見的聲音存在，就容易建立合諧

的校園文化。

玖、校務的嫻熟，需要懷抱一份用心與理想

　　歷經 3 所學校，15 年的校長生涯，也隨者年歲的增長，對教育的付出與辦學經驗的累積，仍有一份憧憬。教育是一個需要有理想追求的事業，從第 1 所小型學校的經營，充滿熱情、摸索、創意與修正；到第 2 所大型學校，不斷利用以往建構的教育價值體系，修正經營方向，適應大型學校的師生需求，追尋教育理想。例如建構「教務處提升學生素質，訓導處室改變學生氣質，總務處支援教學品質，輔導室發展學生特質」的概念，作為經營學校行政的期許。第 3 所學校的經驗，讓我更知道從何處著手，掌握教育問題癥結，尋求突破；並在現行的教育環境中，走出自己的教育風格。在永福國小 7 年，將近 2 任的校務經營，是至今個人深感得意的教育階段。雖然這個學校因為海砂問題需要校舍改建及重建，規畫過程困難重重，遭遇不少阻力，但仍感到推動校務的順利、同事的和諧。

　　每位校長的教育領導風格與經驗不同，筆者認為，教育工作者對社會現況、教育政策、時代趨勢，保持一份敏銳度，也努力學習如何經營學校，積極對自己做心理建設，都有助於校務經營的推展。把握當下，努力扮演好校長的角色，將心中的教育理想，以行動實踐，用心體會經營，必能從生澀轉為嫻熟、有創意的學校，因為「有怎樣的校長，就有怎樣的學校」。

拾、學校是政府教育的延伸線，校長是教育局的工作夥伴

　　國小是縣政府的二級單位，也是政府教育的延伸線，校長則是學校的經營者與領導者，更是教育局的工作夥伴，影響學校教育發展甚深。筆者一直以教育為職志，也不妄自菲薄，所以自認不只是執行教育局政策的教育夥伴，更有揮灑空間，展現創意可在教育情境中貢獻自己心力。因此，對各種教育活動都

採取積極參與的態度，對於各種教育會議也都認真參與，常以全縣及學校現況問題考量，提出建言或找尋解決策略。對於各種教育事務挑戰也不迴避，積極參與教學實驗或教育試辦工作。個人認為多接觸教育部、教育局的政策推展，了解教育趨勢，對學校經營與教學推展、掌握教育走向有實質的幫助。當然與教育行政單位的長官熟識，對爭取教育經費而言會有實際幫助，但筆者爭取經費的考量，仍會以校務發展及實際需求為考量，不做無謂的浪費建設。

拾壹、調整身心靈提升抗壓力，顧校也要愛家

現行的教育改革，讓校長的工作壓力與負擔加重。在經營學校與家庭間，就得付出更多，方能兩者兼顧。筆者在工作、進修之餘，也調整自己的生活休閒，學習心理與工作態度，盡量做到愛己、顧校又愛家的生活處世。

一、調整飲食維護身體健康

高工作壓力需要良好的身心調適，首先作生活飲食的調整，例如每天早上以五穀雜糧包及蘋果及各式水果為早餐，而且一定要用完餐再出門。蘋果因為是弱鹼性食物，增加身體的抵抗力，各種水果則能提供均衡的營養，早餐則不吃麵包等發酵食品。除此之外，每天早上起床，一定先喝一大杯開水清腸排解體內的毒素，也有助於維持身體的健康，減少生病感冒機會。

二、積極的自我鼓勵與心理的調適

平日學校工作繁忙，校長工作時間長，因此，保持愉快的心情是必要的。筆者每天早上出門之前要做兩件事，第一件事是梳洗之時，提醒自己面帶微笑，調整臉上笑容。第二件事是出門前做自我暗示：「今天是愉快的一天、今天是很棒的一天」，讓自己每天都帶著希望到學校，面對學生，並學習欣賞學生的笑容，感受到教育的希望，此種自我心理暗示，能提升自己的免疫系統及免疫力，更能以快樂心境面對工作，也樂在工作。

再則學習調適縮短不愉快的心情時間，我們無法避免遭遇困境及不愉快的經驗，校長甚至需要隨時處理許多危機事件，其工作壓力之大可想而知。改變他人難，改變自己較容易，學習調適自己情緒，讓不愉快的情緒時間縮短，是

很好的紓壓方式。其次是不要輕易動怒發脾氣，口不擇言，出口罵人，都無助於問題的解決，因為以他人的過錯，來懲罰自己是最笨的行為，所以筆者常言「包容需要智慧」，如何包容他人確實需要不斷的學習與惕勵。

三、中午時，找時間做短暫休息

由於學校活動多，並非每天中午都有時間可休息，筆者校長室亦無休息室，只能利用辦公椅做短暫時間的「禪坐」休息，即使十分鐘也好，以調節體力，應付長時間的工作。

四、假日時間盡量陪家人從事爬山活動

筆者內人亦是教師，喜愛大自然，假日時常到戶外登山健行，舉凡台北縣市地區如陽明山、觀音山、三峽地區、新店烏來地區、東北角等的步道景觀，都有我們的足跡。由於平日忙碌，積極參與太太規畫的戶外活動，一則達到休閒效果，再則增進與家人的情感連繫，也能獲得家人對自己投入教育的支持。

五、組成校長讀書會，和同好分享辦學經驗

與眾多知心好友成立校長的「活水讀書會」，每月定期聚會 1 次，歷時 8 年不輟。讀書會在愉快沒有壓力的情境下，談天說地，交換工作經驗，是一件快樂的事，更是我每個月所珍惜的活動。由於讀書會兼具知性、感性與休閒性，讓人不自覺的感受到放鬆與壓力的紓解，更從中獲得經營校務的經驗傳承。

拾貳、對校長培訓的反省──統整教育知能及磨練心胸視野

既然校長儲訓功能在於培訓「優秀的學校領導人」，豐富的學識、專業的領導、開闊的心胸、敏銳的覺察力、活潑熱忱的人格特質、充滿創意的想法，都是優秀校長應具備的能力。由於考校長前的自學，已架構每位儲訓校長的基本教育知能，所以知識的傳授與教育經驗傳承，只是訓練課程之一。培養開闊

的心胸、宏觀的教育視野、明確的教育觀、學會激勵教育士氣、經營學校的策略、解決問題的能力才是儲訓的重點。因此，儲訓課程除了學習教育專業知能，如基本教育學理的運用與討論、教育政策的了解、規畫與執行校務經營技巧、教育法令的運用、處室工作的推展、課程改革等問題；應花更多時間培訓準校長確認自己的教育理念，磨練教育心志，統整自己的先備知識與教育經驗，從不同領域學習教育新知，思考教育的新觀念，更需要對時代趨勢做觀察分析與掌握，培訓危機處理與抗壓能力，以成為一個優秀的教育領導者。

　　教育現場的情境，由教師、學生、家長、環境、課程與教材等眾多因素，建構成多樣的問題，並隨時間地點、人物與對象不同，而有不同的問題出現。許多候用校長是上任當校長後才學會處理事情，因為有許多學校實務問題，並未在校長培訓課程中涉及；其次，校長的教育信心與良好特質的培訓非常重要，所以到教育現場模擬見習，加強學校教育情境問題的分析、危機的處理、校長心性的磨練、自我教育信念的澄清等實務培訓課程，都有助於校長儲訓的實務經驗磨練。或透過規畫與執行教育專案，以各種關卡檢定其執行成效；亦可利用跟隨實習學校的師傅校長，連續做 3 天至 1 週的教育觀察，詳細記錄、分析、探討學校現場的問題處理，都會有許多實際的培訓效果。由於傳統課堂培訓的訓練方式，已不符合現代教育培訓領導人才的課程需要，結合企業界團隊訓練與領導統馭的心理溝通技巧，誠屬必要課程，以跟上新時代腳步。

拾參、自己對教育最大的貢獻與深刻反省

　　歷經 15 年的校長，盡心盡力自不在話下，但檢省自己的工作貢獻，倒是有幾件值得加以介紹。

一、推動鶯歌鎮假日親子陶瓷之旅，認識鶯歌陶藝

　　本人初任職鶯歌鎮中湖國小時，結合鶯歌地方陶瓷產業及救國團，每次動員近百人服務團隊，連續 2 年利用週六、日，辦理「假日親子陶瓷之旅」，引導親子從捏陶、拉坯、參觀磁磚工場、陶藝品的製作教學與成品展示歷程，作深入的參觀解說，帶動社會大眾對鶯歌陶瓷產業的新認識，也讓每年的鶯歌陶瓷展逐漸融入教學的功能，從基層民眾教育起。

二、創設中湖跆拳道館,培育世界級跆拳道國手

筆者在中湖國小任職時,創設跆拳道館,邀請國家教練宋森通先生到中湖指導學生,在找對伯樂的情況下,宋教練為鶯歌鎮培育了世界盃與亞洲盃跆拳道冠軍,更培育許多國內的跆拳道好手,這些學生的成就,至今都是我深以為傲的。

三、創設台北縣特殊教育輔導團,服務教師及身心障礙學生
與家長

在中湖國小任內,規畫另一影響台北縣特殊教育深遠的工作——協助教育局創設特殊教育輔導團,讓北縣特教工作走入另一新紀元。至今我仍擔任特教輔導員的工作,也在台北縣的「特殊兒童鑑定及就學輔導委員會」任職委員,協助推動特殊教育,更以關心弱勢學生的心境,辦理學校,服務學生。

四、推展殘障宣導月,落實融合教育的理念

至今接觸特殊教育24載,深知學校的身心障礙學生,需要更多人伸出關愛之手,尤其國內積極推展融合教育後,普通班級裡的身心障礙學生增多,更需要透過制度化的宣傳,協助全校老師認識這些學生,了解輔導的策略。所以早在1990年代初,北縣特教輔導團對全縣學校推動「殘障宣導月」,透過輔導室設計各種身心障礙體驗活動,對普通班師生宣導如何與身心障礙學生相處,至今深獲各校的回響。

五、以真誠的、創新的教育,真誠的對待,找尋教育知音

真誠的教育、真誠的對待,是我辦教育原則之一,對學生如此,對教育同仁亦如此。透過真誠的教育推展,讓師生感覺得到校長的用心與推動的誠意,進而貢獻心力,樂於參與教育,提供學生一個適宜學習的環境。其次是推動創新教學與帶動教育新活動,亦是我重視的。讓每一位教育同仁覺得校長推展教育工作,不僅是領導,更是協助與支援,遭遇困境時,能陪伴老師一同處理問題,共同關心學子的學習,讓行政與教師攜手,共創教育新契機。所以筆者所

追求的教育理想是，找到志同道合的教育夥伴，因理念相同、彼此影響，產生自願的教育，快樂的辦學。

六、積極培育教育界人才，擴大對教育的影響

　　一個好校長，辦好一所學校，可能影響全校師生，大型學校其影響面更大。但筆者認為，除了鼓勵老師盡責扮演好老師角色，更應積極的提供各種機會，培育教育界的優秀師資人才，成為更優秀的專業教師、主任或校長，擴大服務層面，發揮其更深更遠的影響力，必能培育更多優秀的教育學子。是故，筆者會在各種場合裡，積極鼓勵學校同仁，栽培教育人才。此一理念，獲得許多朋友的認同，更有不錯的績效。

七、協助永福國小做整體規畫的重建設計

　　任職永福國小期間，因發現學校全是海砂興建，必須補強與重建，乃積極向教育部、教育局爭取經費做補強，並作全校的重新設計，進行重建工作。至今，經費爭取、規畫設計、建照均已完成，準備進入第 1 期的發包興建階段。能替一所新學校完成規畫設計工作，確實不易，更希望這樣的規畫，能符合未來教育的需求，造福更多學子。

八、融入社區辦教育，更有辦學績效

　　家長是學校教育的合夥人，學校教育有家長的全力協助，並將課程融入社區資源，發展出校本特色課程，將讓學校的經營，獲得更多人的支持，推展阻力會更小，也容易展現整體績效。筆者歷經 3 所學校，均以此理念深入社區，挖掘社區資源，讓教師有豐富的教學之支援，也呈現一定的辦學績效，獲得社區的肯定。

拾肆、如果重新來過（代結語）

　　教育之最大樂趣與成就感，在造就人才；教育之最大挑戰，在教導與人為善，把許多不可能變成可能。教育更是啟迪人類心智的工作，需要愛心、耐心、毅力、包容力與堅持，更需要創意與方法，讓工作過程變得更趣味橫生，學生

學習變得活潑有趣。校長的角色多元，責任又重，如何當個快樂又有內涵的校長，一直是我努力的目標；如何辦有特色的學校，培育更多人才，讓每位學子快樂上學，更是我所追求的。雖然現行的教育環境愈趨複雜，許多教育人員急於退休，但潛藏於我內心的，仍然期盼做有意義的教育工作，所以即使重新來過，我還是選擇當教育人員，因為我是個適合從事教職的教育工作者。

作者簡介

　　鄭玉疊，國立台北教育大學教育政策與管理研究所校長專業發展博士學分班結業。歷任台北縣中湖、樂利、永福等校校長，現任台北縣新莊市思賢國小校長，曾任台北市立教育大學教育系兼任講師，現為國立台北教育大學特教系兼任實習指導老師。在從事教職 30 年中，曾任國小普通班、啟智班教師、輔導主任與校長等職，其校長年資 19 年。由於對於國小行政、班級經營、特殊教育、兒童輔導有濃厚興趣，曾任台北縣市的校務評鑑委員、特教輔導團召集人；現在亦是台北縣校長協會理事、台北縣特殊教育學生鑑定及就學輔導委員會委員、台北縣學校教師特別醫療審議委員會委員等職務。其著作有《班級經營——做個稱職的教師》、〈班級經營成長課程對國小新進教師班級經營效能影響之研究〉（碩士論文）等 4 冊，及文章論述數十篇。

校長之路的反思與再精進——細數經營學校的 5000 個日子

林和春
原任桃園縣西門國小校長
現任桃園縣桃園國小校長

壹、前言——初生之犢不畏虎

1984 年 4 月，受朋友的慫恿，無意間一起參加了當時教育廳所主辦的第 1 期國小輔導室主任甄選，僥倖獲得錄取，就開始走向學校行政之路；也許是順應潮流吧！7 年後，又順理成章的跟著同夥一起參加國小校長甄試，順利通過後，便懷著既欣喜又惶恐的心情，到位於板橋的「台灣省國民學校教師研習會」參加為期 10 週的校長儲訓，以學習如何扮演校長。還記得當時所欣喜的是，我竟然一次就過關，而不必獨吞落榜的沮喪與準備考試的身心煎熬，至於稍感惶恐的是，30 餘歲的我，只擔任過輔導室主任，未來如何扮演一個稱職的校長？因此，我便期許自己在儲訓的過程中，一定要全力以赴、用心學習。

10 週的儲訓，在課程的安排方面並未讓我留下深刻的印象，倒是生活教育的嚴格要求，以及課外活動要有特殊表現最令人難以忘懷，因為那會關係到個人的儲訓成績，所以各個都力求表現，甚至還造成惡性競爭呢！此外，值得一提的，則是績優學校的參觀，那位既資深又績優的校長期勉我們：「要做個有格調的好校長，不用每到學年度快結束，就擔心有許多老師會請調，相信只要您把學校經營好，自然會把老師留下來，甚至外校的好老師，也紛紛想調進來向您學習，並和您一起打拚……。」這一段話一直留在我的腦海裡，當然也成了我的座右銘，我至今仍時時警惕自己，要做個有品味又受師生、家長歡迎的好校長。

貳、經營學校的理念與策略

回首來時路，一轉眼，擔任校長已邁入第 14 個年頭，在這將近 5,000 個日子裡，我不忘時時進修，以提升自己的專業知能，當然也經常參觀績優學校以及虛心向教育前輩請教，而期許自己：「我所經營的學校一定要有理念、有創意，以嘉惠莘莘學子。」而這一信念可說自始至終從未改變，因此，我一直朝著以下幾個方向去努力。

一、以學生做學校的主體

我們都知道：有學生才有學校，也才有教師，學生到學校最主要的目的就是要學習，所以，每一個學校都要提供既安全又舒適的學習環境，讓學生愉快的生活、有效的學習；而學生的學習是否有成效？又和老師的教學態度有密切的關係，換言之，必須每個教師都能發揮教育愛，且樂於做好教學，學生的學習才有成效可言，也因此，每一個校長辦學，都應有「學生第一、教師為先」的共識。

二、以行政支援教學

學校應以教學為主、行政為輔，因此，我會秉持以服務代替領導的信念，來帶領學校行政團隊做好支援教學的工作。即我會貫徹「走動領導」，去了解學校各個環節所存在的問題。同時，也能順勢關懷學校裡的每一個同仁，讓大家對學校有向心力也有參與感，然後實施分層負責；這時，有效的溝通與協調、公平的獎賞與慰勉，以及合理的決策與執行最重要。當然，校長的為人、操守、能力、眼光與擔當，都會影響自己的行政領導成效，所以，一位優秀的校長，平時也要特別注意自己的修為，以充實經營學校的能量。

三、發展學習型學校

管理學大師彼得‧聖吉在《第五項修練──學習型組織的藝術與實務》中提出學習型組織的概念。他強調學習型組織的五項修練，係以系統思考為核心，再加上建立共同願景、自我超越、改善心智模式和團隊學習，才能使組織釋放

其潛藏的最大能量,以提升整體組織的最大效能。我特將其奉為圭臬,即除了自己以身作則,自我要求做個學習的領導者外,亦透過不斷的研習與進修,來溝通教師觀念。當然!也經常進行實地參訪,來改變全體教師守舊、保守的觀念,而鼓勵全體同仁能試著去敞開心胸、共同合作、分享經驗,也能樂於學習,勇敢的接受新的挑戰,其最終目的,就是要讓我所經營的學校,能充滿學術的氣息與蓬勃的朝氣。

四、重視教師進修

我堅信:「唯有擁有最優秀的師資,才有教學品質可言。」所以,我以身作則率先報考教育研究所,以帶動全校教師進修的風氣,甚至其後還向更高的學位挑戰。當然!也經常參加各種專業知能研習與專業對話,使自己能了解時代的脈動,也能汲取教育的新知,而不為時代的巨輪所吞噬,也因此,我除了會主動引進教育新知外,辦理教師進修是我最重視的一環,即每個月都有固定的教師進修時間,以提升教師的專業精神和改進教學技巧,好讓每個老師的教學技術都能有所精進。

五、形塑學校共同願景

此為全校師生、家長配合社區背景與學校的優劣勢,所共同建構的理想圖像與努力目標,所以,各項教學活動都應以此為主軸,來達成學校既定的目標。以本校為例,我們共同的願景是「勤學、活力、自信」,於是我的經營策略,便以圖書館作為全校的心臟,許多教學活動都與圖書館相結合,甚至擴大辦理圖書館的利用教育,以培養全體師生樂於學習、建立信心、勇於發問,進而實現學校的共同願景。

六、提供學生適性發展

帶好每位學生,讓個個學生都有最好的發展,是為人師的天職,也是學校經營者的基本信念,因此,「因材施教」與「有教無類」絕不可流於口號,於是,我除了倡導普通班應加強適性輔導與關懷弱勢族群之學生外,也爭取設置特殊班,包括資源班以照顧學習緩慢的學子,讓他們的學習更有成效;與資優的音樂班、英語班,好讓有特殊才能的學生,能夠盡早培育以獲得更好的發展,

如此,不但廣獲家長的肯定,本校音樂與英語資優的學生,其優異的表現,更為學校增添許多榮譽。

七、發展學校特色

學校如能善用教師專長與社區資源,去建立學校的學科特色,如此,不但可促進學校的蓬勃朝氣,也可凝聚社區的向心力,更可充實學生學習的內涵,以厚植未來的競爭力,所以,各個學校無不絞盡腦汁在發展學校特色,以本校來說,語文教育、科學教育、鄉土教育、音樂教育與體育教學都是我們發展的重點,由於學校先天已有優良的傳統,加上專長教師的願意犧牲奉獻,以及家長會的全力支持與經費協助,使得本校的發展學校特色也就頗有績效。

八、善用社會資源

今日學校的經營,是無法關在象牙塔裡閉門造車,相反的,則要敞開大門,讓學區家長、社會人士、地方賢達與民意代表共同合作,大家有錢出錢、有力出力共同來經營學校,而使學校成為社區文化的精神堡壘,因此,學校的校長一定要廣結善緣,與各個民意代表建立友善的等距關係,也要尊重學區意見領袖的意見,此外,則可善用家長與地方仕紳的寶貴資源,讓他們樂於奉獻以協助學校,如學校志工的招募與組訓,以及各類文教基金與後援會的成立,都是可行之道,惟其前提則是校長的經營與領導要先獲得肯定。

參、創新做法與具體成效

學校是個有機體,其要有效的經營可謂千頭萬緒,惟要永續經營,並讓它產生績效,一定要堅持理念與講求方法,以個人 10 餘年來扮演學校行政領導者的角色與經驗,茲不揣簡陋的將個人的感想與心得分述如下。

一、在行政領導方面

校長應以德服人,同時,帶人要帶心,是故,校長的行政領導,首先,力行「四大公開」是絕對必要的,包括人事公開、經費公開、意見公開、獎懲公開,以贏得全校同仁的信服;其次,則要以身作則,採高關懷、高倡導的方式,

去帶領整個學校行政團隊，包括做好專長分工與分層負責，以及博採眾議去獲得最佳共識，同時，又能獎賞分明與適時鼓勵，如此，個個有參與又獲得尊重，自然樂於貢獻智慧去全力以赴，進而完成個人的使命；也因此，校長千萬不可只會利用個人的法職權，然後頤指氣使的吆喝學校行政人員，因為，缺乏工作士氣與團隊合作的行政團隊，是無法產生學校效能的。

二、在課程與教學領導方面

在學校裡，校長不僅要做好行政領導，以激勵全校同仁的服務士氣，更要做好課程領導與教學領導，來提升教學品質，讓全體學生學習更有成效。尤以近年來九年一貫課程的實施，學校本位課程的推動是一個極為重要的方案，所以，校長一定要重視課程領導，審慎的籌組學校課程發展委員會，然後帶頭去有效的加以運作，大家共同討論以研發合適的學校本位課程，讓學生學到帶得走的能力；而要讓學生學習有成效，改善教學方法最為重要，也因此，校長應以「首席教師」自居，去改進教師的教學方法，包括用心參與各領域的教學研討會，傾聽教師的心聲，以及適時鼓勵績優教師樂於分享個人成功的教學經驗，當然！也要提供必要的教學設施與引進有效的教學資源，甚至加強辦理教師進修與協同他校規畫校際間的教學策略聯盟，都是做好教學領導的主要方法。

三、在塑造學校文化方面

學校文化有些是自然形成，有些是靠人為的安排，儘管並不一定完全符合教育的需要，但無論是物質文化、制度文化或心理文化，都可引導其發展的方向。且學校的組織文化，乃牽涉到學校成員的價值、信仰、社會理想，以及學校活動儀式、典章制度、庭園設計與建築規畫的潛移默化，所形成一套組織成員所共享的經驗與體制。是故，學校的校長在領導與治校的過程中，如能在學校的象徵性活動，包括各種活動的典禮儀式與具體管理型態；以及在學校的共同行為模式方面，涵蓋各類成文的規定與非正式的行為準則；甚至在學校的基本假定方面，包括個人教育信念與哲學觀……等，從這三個層面去作為形塑學校優質文化的主要理論架構，如此，學校策辦各項教學活動，都有積極求好與講究精緻的觀念，也有合宜的典章制度與最有效的工作流程和方法，當然，更有一定水平的績效展現，就這樣，讓它事事建立制度、形成文化，日積月累後

就成為學校組織文化，則未來無論在學校行政領導、課程領導或教學領導上，都能夠有最高的品質展現，相對的，學校裡的學生，也將有最卓越的學習成就表現。

四、在發展學校特色方面

每一個學校都必須依據學校的特殊背景或學校成員的特殊專長，去發展學科特色，以作為全校師生共同努力的目標，如此不但可增進學生的學習效果，也可提升學校的校譽與知名度，真是好處多多，所以，各個學校無不在卯足全力發展學校特色。只是在發展的過程中，一定要注意到傳承與創新，所謂「傳承」，就是學校已有的優良傳統，一定要讓它繼續傳承下去，甚至加以發揚光大，絕對不可讓其中途失傳；至於「創新」，則是依據現有的優勢，包括校長的個人興趣、教師的特殊專長、學區的有效資源以及學生的特別喜好，都可積極加以規畫來發展為學校特色。以本校為例，音樂教育與體育教學為本校原有的學科特色，我將它繼續傳承，而讓教師的教學與學生的表現有一定的成效展現；至於在科學教育、鄉土教育與英語教學方面，我則透過個人的專長與興趣，積極的去帶頭與參與，包括網羅優秀師資，積極引進有效資源與提供創新點子，如此用心投入，學校不僅有設施完善的自然專科教室、英語圖書館、英語律動教室與鄉土教育資源中心，學生在這三個領域的表現更是可圈可點，因此，不但已成為學校新增的學科特色，更讓學校遠近馳名，這是當初所始料未及的。

五、在營繕工程與充實設備方面

在國內，各級學校的校長，除了要扮演好學校的行政領導、課程領導與教學領導外，學校營繕工程的規畫與教學設施的添購，也是一項非常繁重的任務與使命，因為俗話說得好：「設計不當所浪費的公帑，比貪污更嚴重」，因此，學校校長在規畫營繕工程與添購教學設施時，一定要特別謹慎，不但要有前瞻性的眼光，也要有縝密的思考，更要博採眾議不可獨斷獨行，這時，除了依法行事與把握合乎教育性與節省公帑的原則之外，多加參觀比較、請教專家、信任專業是絕對必要的。以個人所經營的學校為例，對於各項營繕工程規畫與教學設施的添購，我一定先召開學校的營繕工程小組會議，探討學校之所需與特殊需求之所在，然後再找專業的建築師做規畫設計，這時，提供學校需求、

經費額度與創意點子，然後與建築師共同商討最為重要。而等整個預算書圖定案後，接著，則是依法上網公開招標或進行採購，然後，就是嚴謹的監工與工程驗收，此時，仍有許多大學問，包括審慎的了解與看清工程圖說、有效的與工人溝通協調、確實的監工與填寫監工日誌，步步都要依法行事、謹慎處理，不可便宜行事，自然就會有良好的工程品質與合乎教學需要的教學設施出現。

六、在爭取社會資源方面

依現況，各縣市的教育經費皆極為有限，如果僅靠各級政府所編列的經費預算可謂杯水車薪，這時最重要的，就是身為一個學校的校長，一定要能有效的爭取社會資源。此資源包括人力、物力與財力，都可有效的幫助學校，換言之，應爭取社會的各個層面，在合法的前提之下，大家有錢出錢、有力出力，共同來協助學校。而爭取社會資源是要講求方法的，即除了有效的建立社區人才資料庫外，也要與社區保持良好的互動，包括注意平日合宜的送往迎來、參與相關的聯誼與聚會，此外，適度的開放校園空間與提供相關資源以嘉惠社區或民間社團，也是極為必要的；如此，彼此建立良好情誼，並讓學校能真正成為社區的文化精神堡壘，許多社會資源自然願意投入學校。以本校為例，除了擁有200多位的學校志工，協助學校解決許多人力不足的問題，該等志工亦提供學校許多特殊技術與諮詢服務，而節省學校許多開支外，各級民意代表、地方仕紳與意見領袖，以及各公益團體，包括扶輪社、獅子會、同濟會，甚至是各廟宇或各相關之文教基金會，都曾經給與本校經費奧援以及人力協助。此外，一些民間企業也常回饋學校，包括石油公司與鄰近醫院，都曾經贊助學校經費，協助學校充實各項教學設施。

七、在建立學校公共關係方面

今日學校的經營，無法閉門造車，而必須敞開大門，接受學區家長與社會大眾的檢驗；因此，建立學校良好的公共關係也就極為重要，其不但可化阻力為助力，還可利用其資源來協助學校。當然！更可透過眾人的口耳相傳，讓學校的各項政策與辦學的具體績效廣傳千里。以個人為例，我就非常重視學校公共關係的營造，包括對上級單位的支持與協助、與各級民意代表建立良好關係，以及相關的政府機構、民間團體、公益組織，我都會與其保持良好的互動，當

然其前提是合法、尊重，且對全校師生有所助益，如提供學校人力資源或貢獻個人智慧，我都極為樂意，如此，建立起密切的關係與友好的情誼，於日後，不但可從其中獲得可觀的資源來協助學校，就是學校面臨困難時，也能透過彼此所建立的情誼，來協助學校化解橫逆。

肆、所面臨的困境與突破方法

我們都知道：領導是一門藝術，管理是一種哲學，以一所學校的經營管理與校務領導來說，更有一定的難度與深度，其絕對無法將一套管理哲學或領導理論，一成不變的加以套用，而必須與時俱進去做檢討改進，以尋求最有效的領導方法與管理原則，才能將學校治理得井井有條，且有最高的學校效能展現。以個人擔任 10 幾年的校長，所走過的 3 所學校，分別位於偏遠的山區、純樸的鄉間與人口密集的都會區學校為例，其實各類型的學校都有其經營的困境與解決的方法，惟其所不變的，則是個人對教育的熱愛以及一顆勇往直前與不怕挫折的心，加上對教育理念的堅持與執著，才能有美好的成果展現。如今，回首過往的日子，可謂有心酸、有血淚，當然更有甜美與喜悅，茲分述如下。

首先，是在山上服務的日子，那是一所極為迷你的小學，全校學生僅 40 餘位，教職員工則有 15 位，每位教職員工平均只要照顧 2、3 位學生即可，照道理來說，學生應有最好的學習成效才對，但事實並不然，由於學校位於山區，各項教學資源極為貧乏，家長社經背景較差，也比較不重視孩子的教育，加上學生數少，根本缺乏同儕的競爭力，以致學生學習成就極為低落；我目睹此情況，便積極引進社會資源，協助貧困家庭學生，免費提供三餐，好讓無辜的學生先獲得溫飽，然後積極改善教學設施與提升教師的教學技巧，而使每個學生都樂於學習，且學習也有良好的成效；當然！我也配合山地學區特色與原住民學生擁有美好歌喉的天賦，積極發展音樂教育與原住民舞蹈教學，以激勵學生學習士氣與獲得成就感；而在學科領域的教學方面，則加強補救教學，並爭取設置住宿學校，讓有需要的學生放學後在生活上與課業上都能獲得良好的照應，而在我們全體教職團隊共同的努力下，可說展現極為亮麗的成績，不但各類的成果考核或評鑑皆獲得優等的佳績，學生的學習成效亦大幅提升，不但獲得全鄉國語文競賽的第一名，還獲得全國科學展覽的第二名，這是非常難得的成績，

我們全體師生都欣喜若狂，當然也建立彼此的革命情感，整個學校就像一個大家庭一樣，我們都熱愛這個學校，直到我的任期已到，且因每天來回需 3 個小時的路程，實在過於遙遠，我才依依不捨的調離，回到離住家較近的學校服務。

其次，是在鄉間小學服務的生涯，不算短的 5 年，卻有如白駒過隙轉眼即逝。此校是一所極為優質的小學，全校 12 班計有 400 多位學生，學風極為純樸，校內有 5、6 位教師是校友，大家都熱愛學校，所以，能在這所學校服務真是三生有幸。儘管學校位在鄉間，但家長卻非常重視教育，尤以家長會更是學校堅強的後盾，只要對學生有益的，家長會一定全力支持，因此，我先從提升校內的教學品質做起，各類教學研討會不斷的召開，並邀請家長代表參加，讓其了解學校的運作與用心之處，經過 2、3 年的努力，校譽可說蒸蒸日上，同時，許多越區前往市中心就讀的學生也紛紛轉回，這是令我們最感快慰的事，因為我們的教學品質已贏得家長的信任。其後，各項教學活動的推動也就非常順遂，我們還獲得許多佳績呢！包括榮獲全國十大環保績優學校的殊榮，學校的北管樂團與河洛語教學更是名聞遐邇，尤其是學校各項教學活動都極為精緻，加上校舍的整修也極為亮麗且設備完善，是故，還被鄉公所評選為「櫥窗學校」，只要有外賓蒞臨本鄉參觀，一定會造訪我們學校，也因此，在這所學校服務，最深的感覺就是很有成就感。我依稀記得，當初我奉調此學校服務時，還有校長同儕警告我，此校最大的問題在於校內有元老級的「土地公」，他們是地方的地頭蛇，要擺平他們簡直是比登天還難；還好我不信邪只信真理，果然，也許受我的真誠與用心感動吧！我們相處得極為融洽，他們個個都是我的得力助手呢！我還慶幸學校幸虧有他們的帶頭做犧牲奉獻。而即使現在我早已調離該校，但我們卻成為好朋友；茲探索其中的學問，應是因為我很尊重他們，他們也很有分際，大家都有共同的信念，就是為這個學校好。

天下無不散的筵席，因任期的關係，我依依不捨的調離該校後，也許是因為過去有良好的績效，而讓我沾光調到現今所服務的學校。這是一所都會型的明星學校，學生 2,000 多人，學校僅有 30 幾年的歷史，但卻有優良的傳統，學生家長的社經地位極高，是屬文教區，家長非常重視教育，相對的，對學校的要求也就極高。我永遠記得：到任後的第一次家長代表大會，就給我一次難忘的震撼教育，3 個多小時的會議欲罷不能，家長有太多的建議案，也對我有許多的期許，我告訴自己：一定要拿出治校的成績來，否則日子不好過，且學生

也會大量流失，因學校附近有許多新設學校，他們都有宏偉的校舍與完善的設備，故有誰願意留在這老舊學校，且校地還這麼窄小呢！我首先發揮自己的興趣和專長，而從語文教育和科學教育著手，結果有耕耘必有收穫，在這麼優質的學區，這兩個學科立即成為學校的特色，學生參加全市或全縣的比賽也就所向無敵，家長立刻對我們刮目相看。緊接著，我積極進行校園的整建，我深知校地有限，校舍又無法拆除重建，就只能原地整修，因此，在如何化腐朽為神奇方面，我著力甚深，我用了許多創意的新點子，使許多校園的死角變成良好的教學場所，諸如天文走廊、創意表演教室、鄉土教育資源中心……等，都成為學校的特色。也許就因為我的投入，感動了我的上級長官和學生家長吧！5、6 年來，學校軟硬體設施的改善，竟高達 4 仟萬元左右，換言之，學校的平面與立面，皆有我努力的痕跡，在此，我特別要感謝教育局歷任長官的支持，與家長會和各級民意代表的協助，當然！更要感謝全體教職員的投入，才能造就我們今日美好的成果；但我們並不以此自滿，我們深知：教育品質的提升，永遠無法止於至善，因此，我們都願繼續努力。

伍、檢討與改進

　　教育是改造人類的希望工程，真慶幸自己能選擇「教育」作為終身的志業，儘管先前並未立志要當校長，而認為能當個傳道、授業、解惑的好老師，就像自己最尊敬的「國小老師」一樣，我就心滿意足了。不料，竟在同儕的慫恿以及昔日恩師的鼓勵下，踏上了學校行政之路，此後，我的座右銘是「做什麼就要像什麼」、「不放棄任何學習的機會」，因此，我總是提醒自己要虛心學習，也訓練自己應勇敢的接受挑戰，結果，10 餘年的校長之路，由起初的生澀、退縮，慢慢走向成熟、穩健，甚至還被推舉為師傅校長，但學習的腳步並不會因此而停歇，因為，我深覺扮演校長就如同教師擔任教學一樣，也是時時在「教學相長」。

　　而回首過往的日子裡，最值得慶幸的，就是常有貴人相助，每當在我最低潮無助的時刻，就有要好的同儕或好友聽我傾訴；當我有困難急需幫助的時刻，也有他們伸出友誼的手，幫我度過難關，所以當校長最需要有同儕好友的支持與鼓勵。其次，則要感謝家人的支持，以個人的經驗來說，扮演校長的角色，

日子一直過得非常充實與忙碌，這時，與家人的相處自然減少了許多，所以，我特別要感謝內人的支持與孩子們的體諒，而使我在經營繁雜的校務時，根本無後顧之憂，可全力做衝刺。此外，我則要感謝曾經與我共事過的同仁，他們都有最高的氣度與涵養，很有風度的接受我的領導，不管工作再忙、事情再繁瑣，大家都能共體時艱，圓滿達成任務，我由衷的感謝大家。最後，我則要感謝所服務過學校的家長會長、家長會幹部以及所有志工朋友，由於我們之間有良好的互動，而建立起緊密的情誼，大家彼此信任、互助，共同為教育志業在打拚，即使您我早已卸任或離職，但卻仍維護著珍貴的情誼，這是最難能可貴的，我們將永遠珍惜。

　　然而，人間之路並非事事順遂，同樣的，我扮演校長當然也非事事稱心。仔細做個自我反省，只見亟需改進與不滿意之處仍有許多，而有待我去加把勁，並做心理的調適。首先，我最感到心虛的，是對弱勢族群學生的照顧，似乎仍然還有許多著力的空間，我時常覺得：學校裡的英語和音樂資優班，我應是投入了許多心力，包括優良師資的延攬、教學環境的改善與各項教學活動的舉辦，都有我用心的痕跡；相反的，學校裡的啟智班和資源班，儘管我也爭取設置，但其有效的個別化教學內容，以輔導學生適性發展，則是我應再加強要求的。其次，對於不適任教師的處理，是我最感棘手的，我總是無法狠下心來加以整頓，只是盡量將其安排做科任教師，好讓受害的學生能減輕到最少，但這絕非長久之計，且這也許是大環境使然，學校校長並無權逼退教師，但我仍希望循序漸進，採有尊嚴的方式給與勸退，因為處理一個不適任教師，應算是做一件功德吧！此外也曾讓我深感沮喪的則是，今日的校長難為，可說動輒得咎，如我曾因學校老師處理學生的偶發事件不當，連帶的就被不理性的家長罵得狗血噴頭，後來透過理性的溝通，才化解上報的難堪；也曾被不熟識的人誣告，理由是學校升旗的時候，導護老師利用麥克風廣播報告：「學校旁的空屋住有流浪漢，小朋友放學時不宜靠近，以免發生危險。」結果，那位流浪漢立刻按鈴控告，說校長侮辱他的人格，就這樣，1、2個月後，我竟莫名其妙的接到地檢署所寄來的「不起訴處分通知書」，而讓我感到既錯愕又覺得不可思議。更感嘆這是什麼時代，只要貼上5塊錢郵票或打一通電話，甚至mail一封投書，就可隨便誣控濫告，以打擊學校和校長的服務士氣，真是遺憾之至。於是，每當自己遭受委屈或看到同儕受辱，我總會想：鄰近的日本，他們學校校長是多麼

的獲得尊崇，而國內的校長其尊嚴卻常被踐踏，難怪許多校長，每到可辦理「月退休」的年齡就紛紛求去，試想：這豈是國家之福？莘莘學子之幸？

陸、結　語

所謂：「檢討過去，策勵將來」，能夠徹底的檢討自己，然後作為未來改進的依據，這是非常重要的，所以人人都應懂得自我反思。尤其是一個學校的校長，更要時時自我反省，因為校長是一個學校的舵手，人們常說：「有怎樣的校長，就有怎樣的學校」，由此可見，校長正確的領導與否對一個學校的學生影響有多深遠，也因此，身為校長的我們，豈可不知警惕。

如今，我已做了徹底的反思，而細數過往校長的生涯，應是飽嚐酸甜苦辣的滋味，但我並不後悔走向這條充滿挑戰與崎嶇的「校長之路」。因為付出的辛酸與血淚總是一時的，更何況是看您從哪個角度去看，如果往好的方面去想，並把它當作一種磨練去看待，也就不算什麼了；所以，既然要擔任校長去接受挑戰，就要時時懂得調整自己的心態。而自擔任校長以來，讓我最感快慰的是，我最喜歡以自己的創新點子，去改善學校的教學環境，讓全校師生都喜歡到那既溫馨又舒適的課室裡進行教與學，這時，眼看教師能方便的進行教學，學生也樂在其中，我就覺得非常有成就感。其次，我還喜歡到教室裡和學生共進午餐，並與學生閒聊趣事，這時，不但感覺可使自己變年輕，且由閒談中去了解學生之所需，以作為自己改進校務的參考，那將是最有意義的事。此外，帶學生參加對外比賽，甚至出國訪演，這經驗也令我永遠難忘，為爭取學校榮譽，那種凝聚許多小生命所形成的生命共同體，大家共同聲嘶、吶喊，為自己學校加油打氣的快感，唯有擔任校長才能深切體會。

總之，在無心插柳柳成蔭的情況下，走上擔任校長之路，真慶幸自己這一路走來，並未遇到重大挫折，所以，我並不後悔當校長，甚至，我還會鼓勵有「領導者」之人格特質的主任，要趕緊參加校長甄試，好讓自己一股熱愛教育的熱忱，能夠嘉惠給更多的學生；同時，由於個人有幸能常協助縣政府教育局辦理校長主任甄選與儲訓的相關事宜，如此，也就順理成章的擔任了「師傅校長」的角色，這時，我還會期勉新科的候用校長，未來只要能真心的做到「關懷學生、尊重教師、擁抱家長」，就已踏出成功辦學的第一步了。此外，由於

校長的工作，可謂經緯萬端，所以，我真希望有志於擔任校長的同儕們，讓我們共同努力、互相切磋，並期許自己能做個既稱職又快樂的好校長吧！

作者簡介

　　生性積極、樂觀、開朗的我，1974 年自新竹師專畢業後，從事教職已歷 30 餘寒暑；我感謝政府的德政，讓我一直能帶職帶薪進修，就是現在仍是國立台北教育大學教育政策與管理研究所博士班的學生，如此，不但能實踐終身學習的理念，我的熱愛學習，也可在校起帶頭作用。我慶幸有個幸福美滿的家庭，能無後顧之憂的在工作崗位上全力以赴，迄今 14 年愉快的校長生涯，天天樂而忘憂的我，最要感謝曾經與我共事的同仁，由於大家的努力，我們才能共享榮耀，甚至讓我獲得師鐸獎的殊榮，我感恩他們。

我的校務經營理念與做法

胡英捷
基隆市八斗國小校長

壹、感恩溯源

　　1983 年夜大畢業，校長江定山先生費了一天口舌，說服我參加主任甄試，雖再三推辭校長的盛情，終在下班報名截止前點頭答應，害老校長忙著與教育局陳情，要求先報個名，翌日再補送各項證件，獲教育局同意後，在隔日更親自替我上課，讓我前往體檢，及辦妥報考手續。在這種不知主任、校長是做什麼的情況下，就糊裡糊塗地當主任，也不曾預先思考、規畫、準備之下，又當了校長。在年歲漸增的現在，每天聽到小朋友道早問好就快樂賽神仙；看到兒童天真活潑模樣就欣喜的「滿意校長工作」心態，再猛回頭省思當初不願考主任，從未想過要「當校長」，但一路走來當校長也已 13 個年頭，年歲愈增愈感恩，若無江校長為提攜後進，耐心教導，怎會有現在享受教育樂的我。

　　很湊巧的，主任儲訓時，是在完成一般大學畢業之初；校長儲訓時，是在師大進修，高唱驪歌之時，因此對儲訓時所接受的短暫、零碎之課程，好像沒什麼記憶，倒是在來自全省各地聚集一塊受訓的先進中，獲得不少終生受惠的「同期友誼」。

　　現在回想擔任校長之前，那些學習或經歷對個人擔任校長工作最有助益的，約有三項因素：

一、文化大學行政管理學系的學習

　　在面對複雜的社會以及學校管理，若僅具「教育學」的專業知識，可能尚難應付需求，很冒昧地說像念國文系擔任校長，若非靠實務學習，就會較難以

其專業知識來「應付」管理實務，個人認為我在行政管理學系學的行政學、經濟學、人事行政、社會學、人際關係、行政法、法學緒論、刑法概論……等，在主任、校長職務上其實用性都有相當高的相關連結性，超越教育學之外的跨學科、科際整合知識是校長需不斷吸收學習的。

二、從工作中獲得「準備能量」

我在 1984 年第一次派任仁類國小訓導主任，在行政獎勵（記功、嘉獎）積分已滿（考校長資績評比）情況下，為了歷練更多工作經驗，調任一所勇類國小擔任教導主任兼任人事及安全維護（保防）秘書，後者是前者工作量的數倍。之後，再調任另一所智類學校的總務主任兼任學生營養午餐秘書，如此經歷 3 種類型的學校，擔任不同的工作職務，僅輔導主任未擔任過，但在實務上，在仁類、勇類學校的輔導工作包含於訓導處、教導處，因此輔導工作也是我曾經經營與熟悉的工作。

三、教育局的學習提升視野層次

在考上校長候派期間，借調教育局在體健課及局長室擔任秘書，對教育局教育行政內涵及在教育人員中的人際關係層面，均獲得終身受用的經驗，再加上雖只短暫擔任過國民教育輔導團幹事，但經常參與省教育廳輔導團蒞臨縣市輔導考評的工作，因此，在個人視野上已超越國小校內行政的層級，這些工作的參與經驗均是對擔任校長工作有直接的幫助。

貳、理念澄清

江校長是個才子，在 30 出頭已歷經大型（智類）學校，卻因不怎麼積極迎接蒞校視察的長官，而被調任明顯已縮班的學校，似落體般迅速地由智類規模降至勇類邊緣，但他卻甘之如飴。在我派任主任之前，贈給我一句成為我終生奉行的規準，他說：「不要新官三把火，第一天上班的時間，就是往後上班的時間。」他這種不爭名利、在平凡中堅持理想的人格特質，帶領著我從事校務經營。

但也因為上述的理念，讓我在派任主任之後，吃盡苦頭，剛擔任主任時，

不善交際應酬，雖埋頭苦幹，但難獲校長青睞，不受主任同儕接納（當時太年輕，才28歲）。考上校長後，碰到一位耿直的局長長官鄧郁敦局長，在校長儲訓結訓那天，命令我翌日到教育局報到，在等待派任的1年半日子裡，歷經鄧局長、蕭局長錦利栽培，歷練體健課、輔導團幹事、局長室秘書之職務，這段準（quasi）行政人員的生涯，增添了不少新的「經驗」，對於往後校務的經營及領導，奠立了深厚的根基。另外，與莫逆之交的朱校長憲瑾相互切磋、扶持，亦是教育理念及領導策略的隱性知識及技巧之主要來源。

借調教育局以及初任校長階段，活動、應酬頻繁，經常日以繼夜或假日都犧牲了家庭生活與休閒，健康也亮起了紅燈，幸虧太太包容力大，而且自己也迅速醒悟的察覺警訊，以再進修為由，脫離一些不必要的應酬，以修養身體，並滋長心智。

我在35歲初任一所由分校所新成立的創校首任校長，同仁包括1位不到30歲的初任年輕主任、2位合格初任老師、6位代課老師。創校維艱又初膺重任，因此戰戰兢兢的過了3年。升遷至18班的仁類學校後似比初任較為得心應手些，應是有經驗之後較自信，且中型學校在人力資源運用上比大多數是代課老師的6班學校來得充裕，但當時（1992年～1995年）師資培育尚未開放，隆聖國小位屬邊陲，小學校每個老師都得接行政工作，甚至一人兼多職，致合格老師均1年就調離，連總務主任、主計等職都委請代課老師兼任，與這群比合格老師更具專業精神的代課老師一起粉刷教室，一起研究解決行政報表的圖像，永遠鮮明的烙印在心田中。該校的家長普遍經濟力量並不富裕，但對學校活動的支持非常盡心，運動會的司令台是我們一起砍竹子，搬板模搭架；畢業餐會是一家一菜的美食拼組；其中一位家長的話，是我教育理念中與家長會、家長相處及經費資源處理的關鍵性啟蒙。當時一年一度的運動會，我把家長、各界送來的飲料，委請家長會代收，並在操場四周擺放大型水桶，無限量的供應到校師生、校友、家長、社區人士……，結果全校僅240位學生，但收到300多箱飲料，有位家長特地告訴我：「校長，如果早知道你這樣做，我會送更多」，這句話鏤刻在我心上，成為當校長13年來經費資源分配上的圭臬，因此，我在1992年當校長後，就將家長會的經費從學校的代管回歸給家長會，讓家長會參與運作，使其更了解學校經費運作情形，因此獲得家長會正面的支持與肯定。

　　回想在擔任主任時，為了多歷練不同工作性質，而在教導、訓導、總務三處流轉，不管當時是否有為當校長而預做的準備，但這不同處室主任的歷練，確定是在擔任校長後用以領導他人，以及運用經驗來分析事件脈絡作果斷決定的根基準備，但因初任校長之後，少年時代跳水受傷的肺部疾病復發，身體健康狀況不佳，致影響心情，雖無惡意，但老師總認為校長面色不善，影響教師工作士氣與組織氣氛。因此，時光若能倒流，可以重新來過，或要教導他人成為好校長，我會告訴他，各項工作歷練不可少，但人際關係更是領導的核心，而要發揮領導的功用，其最主要前提是情緒管理，情緒智慧或了解情緒勞務（emotion labor）的涵義，讓內心平和（inner peace）並具體實踐以修德來增能，以魅力來增進領導功效。

　　有了以上的反思，所以現在必以最愉悅的心情，最熱情的外顯行為與師生接觸，多鼓勵讚美師生，把資源之運用符合師生最迫切的需要，讓師生在滿意的身心狀況下從事教育活動，亦即提供、激發師生快快樂樂地進行教與學活動，應是擔任校長的最大貢獻，而要達到此理想，不是只靠專業的理論學識即可達成，尚需以成熟的人格特質來濡化、激勵師生，以深厚的實務（practical）經驗來洞察改革契機，以符應師生真正需求。

　　基於上述個人理念教育思想源頭的回溯以及有關價值與倫理的思考，加以歸納，提列幾項個人的管理哲學謹供參考。

一、管別人之前，先管好自己

　㈠堅持理想：持之以恆，不急功近利，且前後一致。

　㈡哲學思維：具分析、批判能力，以哲學思維區辨關鍵所在，來領導後繼所執行（implement）的科學（效率、客觀、精確……）性策略。

　㈢系統思考：凡事均縝密地探討其脈絡，並加以統整，力求周延。

　㈣分享關懷：物質、資源、知識、權力均與他人分享，絕不貪小利，更需多付出關懷及賦權增能予他人。

　㈤修德增能：人格、道德、情緒均可藉由反省來學習，唯有管理好自己的情緒、充滿教育愛方能成為一個好領導者。

　㈥建立品牌：自信、果決、明確、有擔當、讓人信賴（Trust）。

　㈦做領導者：領導者是「do right thing」，管理者是「do thing right」，因

此，要以道德吸引被領導者主動參與，而非以權力宰制、嚴密掌控。

二、管理（策略）哲學

(一)人性本善：對學生、老師都以人文精神對待，給與學習、成長機會，多予讚美、激勵。

(二)共同價值觀：任何行動均以有利於學生為前提，將計畫、願景、任務等獲取師生心中認同的意義（meaning）形成共識（consensus）或共同信念（common belief），在信賴下，承諾共同為全體師生福祉貢獻。

(三)滿足需求：觀察、發現問題，洞察真正需求，以解決問題並作為激勵（motivation）、增強系統（reinforcement system）的根基。

(四)贏得信任：以真誠待人、熱情（passion）助人來贏取信任，讓被領導者依賴（depend on），獲取不可取代的領導權威。

(五)立竿見影：以智慧及清晰的思維，藉由控制（control）、評鑑（evaluation）洞察情境關鍵因素，並展現魄力以除弊興利。

(六)公平正義：凡事公開、公正、公平，善盡溝通、協調之責，尤其資源分配若符合前述原則，領導效能方能彰顯。

(七)人力資源：把人力當成資源提供專業發展機制建構學習型組織的教育團隊。

參、行動反思

校長之綜理校務工作職責，依據個人之碩士論文〈基隆市國民小學校長評鑑指標建構〉所提出的校長角色向度及林文律教授所擬大綱之內涵分成下列部分來說明校務經營的具體策略。

一、發展學校願景與實踐計畫

接任一所學校，必須深入了解其現況與歷史背景及周遭社經文化等背景，思考因校長的來臨，可為這所學校做些什麼？帶領這所學校何去何從？因此願景必須不斷分享給他人，以期獲得認同、支持與協助，在「校長的願景」、「校長受人信賴」未獲得大部分人認同前，絕不可輕易推動變革，也不是直接

的宣示校長的願景為何，變革的事項與步驟為何，而需將校長的願景、變革的目的透過不斷溝通、對話，將其轉化成同仁們的共同願景與自發地變革，亦即需將願景與變革成為被領導者心目中「有意義」的認同，如此，變革不是額外負擔，是在日常生活中平實的進行，願景是在日復一日中很自然的水到渠成。

二、課程與教學

課程與教學領導是目前對校長角色要求所關注的議題，校長直接領導此二向度是非常重要，但在目前的行政與社會生態上，光是會議及應對與處理家長有關事務，就占據校長大部分時間，因此，個人認為校長需先關注於能提升與促進教學與課程的「基礎結構」（infrastructure），而非親自到班級教學，何謂「基礎結構」列舉二項說明之。

㈠提供陽光、水分，種子自然萌芽、成長

在實施九年一貫課程前，先實驗推展小班教學，東光國小是一所仁類小學，代課老師亦占了幾近一半，為了實驗小班教學，與教務主任及老師籌組一團隊（包括代課老師），先為此團隊設一研究室，大量購置相關書籍，定期研讀文獻，參訪他校，由教務主任擔任召集人，定期討論研讀心得，策畫推展計畫。東光國小在小班教學的推展，獲得市府評鑑列為特優。2002 年調來八斗國小之後，發現八斗國小在九年一貫課程的推廣上仍在起跑點上，乃循上述模式，組織課程發展委員會，由教務主任擔任召集人，從購書、對話、建構願景、學校本位課程、組織學科領域小組等做起，更帶領全校同仁到東光國小參觀、學習教室布置、班級經營與多元評量等等；在 93 學年度，基隆市政府所實施的校務評鑑結果，八斗國小榮獲特優評比（該年度評鑑全市第一名）。

㈡工欲善其事，必先利其器

91 學年度到八斗國小，發現校務行政電腦化設備不足，各處室電腦嚴重缺乏，學務處同仁尚自費購置電腦處理公務；而 1,000 多位學生卻只有 1 間設備老舊不堪的電腦教室，學生只有在上資訊課等正式課程時才摸得到電腦，而位處海濱的學校社區，家庭中有電腦設備者亦不多。因此，籌措經費，包括家長會、志工們的樂捐，由老師們自行組合電腦，先充實校務行政電腦化之設備，

處處有電腦，繼之在家長會辦公室設置 6 部電腦提供教師上網搜尋資料，另為鼓勵教師運用資訊融入教學，設置 3 處可上網與單槍投射的教學場所，最後，更設立第二電腦教室（經費自籌），提供學生在正式課程之外的時間（如早自習、午休）使用電腦，現在，雖未達班班有網頁、班班有電腦的理想，但班級網頁、班級留言板 BBS、學生電腦繪圖作品比賽等都有些成果。

在教學與課程領導上，校長只要指引方向即可，需高度尊重與激發教師專業能力，由教師們自行決定達到目標的工具與方法。

三、行政管理

行政領導上，若缺乏有默契、肯做事的主任，校長能力再強，發揮的領導效能也有限，帶領行政團隊首重公平，否則必生嫌隙影響團結，亦即資源的分配必須公開、公平、公正，具體做法是校內的經費需求、使用及人事問題均在行政會議上公開討論，以求有效的協調整合各處室間分工，建立民主、參與公開、共同決定的決策方式，有效的力行轉化領導，將學校利益置於個人與處室的利益之上，追求行政的轉型與革新。要達到上述行政效能，其基本前提即校長須先摒除私利，公平對待團隊成員，進而充分授權，讓團隊主動積極，尤其校長的理念與做法須很明確，且讓主任能準確地預測，以共同的信念（common belief）或共同的價值觀來作為行政行為的規準，只要按照這規準來做，任何人都可以做決定，不是事事都得請示校長，將權力分享，賦權增能予行政工作同仁，才能營造出全面品質的行政效能，也才能彈性、靈活地對應政治、社會等各項變遷之衝擊。

教育事務的對象是人，因此學校行政必須以人文的精神作思考根基。凡事以教育為本質、以學生為主體、以學習為核心來作為上述的規準，對於各種改革為因應變遷也不能完全故步自封不予理睬，但也不能太「輕率的」隨風起舞，需以上述規準審慎地在穩健中求實質地成長蛻變，而非僅形式或隨波逐流的一味迎合作秀。

四、學生事務與輔導

在單親、隔代教養日趨眾多的現代社會，部分兒童比過去物質欠缺的農業社會更缺乏父母的關愛，尤其我現在服務的八斗國小有七分之一的原住民小朋

友，其家庭經濟狀況都屬弱勢族群，對於這些需要多予關懷的孩子，除了政府的補助，如午餐、學雜費之補助外，本校之家長會及獅子會等善心團體亦經常提供獎學金、衣鞋等各項實質協助。在團體協助上，本校很幸運有位原住民的代課老師——朱瑞祥老師，以傳承民族文化的使命感在為孩子們服務，除研究撰寫阿美族語言教材、從事課後輔導，更發揮原住民與族人分享的博愛精神，認養 4 位欠缺父母關愛的小朋友到他家吃住，每天帶著他們上、下學；朱老師更組織原住民舞蹈社，將原住民的農作、狩獵、節慶等文化編織融和，帶領幼稚園到六年級的原住民兒童，以他們天生的音樂、舞蹈基因，像個大家族年年歡唱舞蹈，年年都代表基隆市參加全國學生舞蹈，年年獲得教育部頒發優等獎牌，原住民是學校的寶貝，是學校特色之一。在學生個別的照護上，亦是運用社團的團體動力來協助學生，如喜歡在外遊蕩、流連網咖的學生，在外成群結隊參加八家將等團體之學生，就為其設立舞獅隊，透過參與舞獅的學習，加以學習與生活的輔導，在學有所成之後，經常受邀在各種場合表演，一則滿足其成就動機；一則在表演後有獎金等收入，便帶孩子吃牛排、買衣鞋及文具用品，以補償其父母所沒給與的，而家長會長郭美舒個人更長期捐贈經費給舞龍、舞獅及排球隊等提供設備，鼓舞學生參賽，是學校最大的支柱，孩子們的守護神。

為了符應九年一貫課程需要，得培養孩子自行搜尋資料的能力，但原住民或清寒家庭根本無電腦可用，而在 1,000 多位學生的學校裡，也僅有 1 間設備老舊的資訊教室，學生除了正式課程，要接觸電腦大概網咖才是其唯一去處，但在海邊的我們，連網咖都沒。因此為讓家裡沒電腦的孩子有機會接觸電腦，在家長會志工、老師的捐款下，合力購買材料，由老師們在夜晚、在假日組裝成立第二電腦教室，提供弱勢孩子在早自習、下課時間可用電腦的機會，此舉不但增進孩子學習資訊與世界接軌，也減少孩子到網咖受到不良污染的機會。

在原住民學生個別照護上，我們曾替位於山凹內的工寮加裝門窗，也替孩子找寄養家庭及升學國中慈暉班（免費供吃住），也提供工讀機會，讓孩子有零用金能買早餐。另外，對於像一對不負責任又為購毒品積欠黑道金錢的家長，在警察抓人、黑道追錢之下，經常東躲西藏，把兩個孩子丟給老母，老母對罹患糖尿病的小女孩又有偏心，認為她照顧一個男孩已無餘力再照顧小女孩，致小女孩得自行施打胰島素，小女孩在父母被黑道追打或警察緝捕時，到校後常發生嘔吐、不能呼吸等現象，經學校送醫急救，聯絡親人都無法聯絡上，老祖

母也不願到醫院為小孫女辦理住院等手續，讓學校人員折騰擔心。行政會議上眾人憤怒其家人之不顧、擔心送醫途中或在校發生重大變故，曾提議要求該生不可早到學校，尤其感到身體不舒服時，更不要到學校來，就留在家中休息。但一位主任說：「孩子為什麼在極端不舒服下，仍到學校來，因她知道若留在家裡沒人會理她。」於是，我們決定，如果我們是孩子唯一的希望，更不能關掉這扇門；我們也碰到在大清晨，孩子發燒，明顯不舒服，但父母還是把孩子送到學校就斷了音訊，無法聯絡上。送孩子就醫，為孩子出錢都是教育人員願意做的事，但背負著若萬一發生不測之事，家長必追究學校老師延誤送醫等等，讓人無法承受的重責，但還是有很多的老師無怨無悔的在付出，守護孩子，散播著至高的教育愛。

五、公共關係（社區資源）

前已述及我在初任隆聖國小時，體會校長只要讓家長信任，讓家長參與校務，讓家長與學校成為一體，則必受家長支持，資源源源不絕。因此，對家長會與家長，隨時歡迎他們參與校務經營，也只有公正不阿、無任何私心者（校長、家長、教師）才能生存，學校優先提供進修機會（如親子共讀、醫學講座、讀書會、電腦資訊研習）給家長會、志工，讓他們與老師們一起專業成長，則最受歡迎。

家長會的資源亦是協助教師專業發展與展現個人才華的最大助力，我服務過的 3 個學校，我都請家長會設置激勵教師的辦法，如教師參與各種比賽得名或指導學生參加各種比賽都依表現訂定激勵辦法，形成一股學習型組織的教師個人學習或團隊學習與表現的風氣，如自製教學媒體、行動研究等，本校均獲教育部評定優等成績，另外，也常運用家長會資源舉辦家長委員會與志工及教師旅遊踏青、參訪名勝古蹟，一則休閒，另可使大家水乳交融，形成一個大家庭的組織氣氛。

校長剛到任某校，必須主動拜訪地方耆老、仕紳，並經常連繫，一遇婚喪喜慶更需主動關懷、熱心參與。並將學校開放給社區，與社區共同持有學校。與民意代表或上級單位的經營更不可少，但不可太政治化，而須以熱忱服務，但以堅守教育本質的立場來獲得民意代表或長官之尊敬，千萬不能只顧左右逢迎或汲汲鑽營，否則日久很容易左右不是人，自喪尊嚴。

　　維持我對教育工作樂此不疲的最關鍵因素即是與學生的親密關係，我不喜歡舊式的權威，例如主任或老師會禁止學生到校長室，或規定到校長室門口時須喊報告（老師亦有人如此做），但我都打破其禁忌，鼓勵學生沒事到校長室逛逛亦可，於是有很多的學生會來校長室聊天、坐沙發；在上、下學途中，我也會像叫客計程車般沿途搭載學生，學生也會主動招手爭相搭便車。每日在校中聽到童稚純真的「校長早」、「校長好」之招呼聲，更是一大享受，可讓心情整日愉悅；聆聽以原住民語、台語、國語、英語、客家話來講演或說故事比賽，更覺得幸福無比。也許是我老了，但能 enjoy 老師與小朋友的各種表現；enjoy 自己的各種工作，對校長工作持高度的滿意與感恩，則生命是充實的、生活是愉悅的。

六、發展學校特色

　　校長到任後必須以敏銳的觀察、睿智的思慮，勾勒帶領學校何去何從的藍圖（願景），但不是完全依照自己的想法，訂定一套實施標準作業程序，要求大家執行，如此一來必被認為新官上任三把火，老師也會將校長交代的事當成額外負擔，不激烈排斥就要感謝，更別奢望教師們主動積極參與，因此要發展學校特色絕不可移植成強求，一定是符合教師人力資源開展，不超過其工作負荷，且其資源是學校社區俯拾可得的，則渾然天成或水到渠成的學校特色就很容易自然形成。如前所述，八斗國小在我 2002 年到任時，課程發展還停留在起點，因學校位處基隆八斗子漁港、碧砂漁港，於是海洋童子軍成為本校學校本位的課程主題，海洋教育的推展諸如海洋生態、水族箱、參觀漁船、請老船長敘說「老人與海」的故事、參與魚苗放流……，以及以海洋生物為各班吉祥物，來研討其特性，作為教室布置及體育服裝的 logo 等，都是家長經驗的再現，自然獲得家長、學生熱烈地回應，老師們在課程實踐與特色建立上，不但不排斥，在獲得熱烈回應下願投注更多的心血來從事。

　　在原住民的關注上，前述已提起，除校內的努力外，更爭取資源建立特色，如爭取原住民委員會經費籌建原住民教育資源中心，爭取政治大學民族研究所教授指導與研習活動之辦理，均是學校特色建立的助力。

　　但更重要的也是最根本的要務，是激勵老師願意投注更多的心力來從事專業發展，亦即學習型組織文化的建立，才能順利建立學校特色。比如規畫鄉土

課程及教材，需先充實教師對社區文物、自然生態等認知與認同；並鼓勵教師參與文建會所辦理之社區營造工程，讓教師在自我專業成長外，更將其研究成果直接運用實踐在教學活動上，也間接替學校建立特色，更透過學習型組織的營造來塑造新的學校文化，展現新的生機。

肆、結　論

在服務將屆滿 28 年，擔任校長工作 13 年的歲月，有此機會反思回顧，內心充滿感恩。感謝老師、小朋友讓我天天過的非常快樂，更感恩過去政府及各界對教師之重視，提供教育人員在職進修、專業成長之機會。尤其讓我們這批在 40 年代貧困家庭出生的小孩，在享受公費師專教育之後，得以憑自己的努力循公正、公平的主任校長甄選、儲訓制度（省教育廳時期），擔任校長獲致教育英才的神聖工作。反思童年心酸、困頓，及受教育的好處，而思以辦好教育回饋或推及他人，應是大多數校長的共同心願。

作者簡介

胡英楗，1957 年出生於彰化縣溪湖鎮，1977 年從省立花蓮師專畢業後從事教職至今。1979～1983 年間在職進修私立中國文化大學行政管理學系、1988～1991 年進修國立台灣師範大學公民訓育學系取得雙學士學位、1992～1996 年暑期在台灣師範大學教育研究所 40 學分班進修，又於1999～2001 年獲得國立台北師範學院國民教育研究所碩士學位，從 2003 年開始在國立台北教育大學教育政策與管理研究所博士班二年級進修中。省教育廳辦理之 45 期主任儲訓、66 期校長儲訓，1992 年出任基隆市隆聖國小創校校長、1995 年調任東光國小，2002 年獲聘八斗國小校長。

闡揚愛心、變通與毅力的信念，成就教育的一切可能

連寬寬
原任台北市太平國小校長
現任台北市士東國小校長

　　清晨金黃色的陽光灑滿千坪的綠地操場，綠意盎然的花園與枝葉濃密的茄苳樹，襯托著紅色跑道，增添了幾許自然的喜悅；鳳凰樹上白頭翁正吱吱喳喳的爭先歌唱，喜鵲和野斑鳩也不時的駐足草地覓食，鋪陳出一片靜謐祥和的校園，這真是個學習的好環境；歡喜凝視著學童稚嫩的臉龐，一張張天真的笑容，一句句「校長早！」的歡呼聲，直讓筆者忘卻了許多非「教育因素」的困擾。就是因為太愛小朋友，太喜歡看到他們沉浸於學習樂趣的模樣，甚至感動落淚於小朋友展演的舞台，讚嘆學童無限的潛能，筆者堅信「教育能給與學童無限的空間」，而願以「真摯的愛心、靈活的變通與堅忍的毅力」全心投入校務經營，讓一切「教育的可能」得以實現。

壹、「教育的可能」之楔子

　　教育的「愛」讓一切都變成可能，回憶家父從事教育工作40多年的歷程，筆者在耳濡目染之下，發現擔任教育人員的快樂，乃來自施展有效教學的功夫，並輔以對學生深情款款的關懷，從而能感受到學生的歡樂成長。因此筆者深信「心中有愛，態度敬謹」，除了能嘉惠學子，更能讓自己無往不利，因此促使筆者步上學校行政的道路，同時更支持著往後校務經營的信念。

一、因為「心中有愛」而踏上學校行政的道路

　　筆者早期擔任資優班教師，當時的教育政策是以發展菁英教育為主，雖然

在享受教學成果上是豐碩的；但是深感「錦上添花，不若雪中送炭」，於是開始兼任行政工作，期待自己一片真誠的教育愛能嘉惠更多的學童。擔任一個班級的導師能影響的力量很有限；但是成為行政人員（組長、主任、校長），可以掌握的資源與影響層面必定擴大許多，於是因為「心中有愛」，踏上了學校行政的道路。

擔任校長一職，操練好自己的專業能力，絕對是第一要務；其次，涵養優質的情緒智商，將深刻影響往後的辦學績效。因此開始關注教育問題、閱讀教育期刊、磨練教學實務、充實教育知能，甚至體驗領導的風格，計畫性安排讀書計畫，實務操作、專業研討或省思紀錄，都能為邁入校長之路鋪好路基。

觀摩有經驗校長的校務經營運作，與之對話，甚至於堅定自己的教育信念，例如：「提供學童無限的學習空間，有耐心完成各項服務性的教育工作」這都可以促使經驗與觀念深植我心，除了讓自己更踏實，不怕開天窗，更能事事順暢、左右逢源。而發現前輩不符時宜的做法，千萬別再重蹈覆轍，無論在規畫課程或軟硬體建設，都要以假若自己要去使用的時候，該期待何種待遇，應獲得哪些規格的服務，享用如自己家中的方便性，那一切皆會訴諸人性化、合理化，讓溫馨滿布，自然所有可能的阻礙都會被自動篩掉，經營學校最實在的學問，就是滿腔「敬謹」的心態。

二、校長行政經驗的焠鍊

多年的第一線教學經驗，是穩固個人專業實務的基石；擔任組長、主任的行政經驗，是內化校長校務經營能力的延伸園地。而校長儲訓班更是統整過去經驗的教室，可以讓你打通任督二脈，信心滿滿的出發擔任校長。

務實的儲訓課程規畫，對於跳到更高的觀點來俯看學校，實有匠心獨具的功效，因為擔任教師、組長、主任等層級，其各自的眼光必定不同，也因為如此，才會發生校內同仁因意見不同而產生離齬。儲訓制度，除調配個人的課程、總務、教學、發展、會計等基本能力，更教導準校長如何跳到更高的觀點、更寬廣的眼光，來處理、判斷接踵而來的校務事件。

三、強調「內化成效」的績效要求

愛因斯坦曾經說過：「當在學校所學的一切都忘記時，還留在身上的才是

教育」，足見內化學習的重要。從現今九年一貫課程，就能力指標的設計來看，已能發現這就是最受重視的「帶得走的能力」。而筆者也一向主張，讓學童學會如何生活，從規畫實際的生活情境做起，經過多方體驗，再從體驗的歷程中，省思活動規畫的用意，等到學習熟練之後，就能內化成自己能力的一部分。將來在生活當中，遇到類似的問題，必能從容的依靠已經內化的能力來解決問題，自我實現。

　　學童「內化」的程度並不容易考驗，卻非常的重要。如果一切的教學活動，只在過程之體驗，而無內化之評估，充其量只是經驗而已，無法保證下次再碰上時會是怎麼樣？因此，筆者堅信學習之後，必須「內化」的落實。課程與教學規畫要明訂具體目標，並且建構相關評鑑成效的指標。而在校務運作上亦是如此，工程規畫須考量在學習上會有哪些實質益處；教師專業成長的方向，必須具備行動研究的經驗，那就要規畫每位老師以個別或分組方式確實完成一篇行動研究，並能與他人分享成果，如此走一遭，經驗有了，能力也內化了，自然可以提高興趣而觸發下次自發性的研究精神。

　　無論從全面品質管理或績效責任制等行政管理的角度來看，內化成效也是可以作為判斷的一項參考重點，因為內化之後，成員或行政策略便能達到成熟穩健的地步，所以強調「內化」的教育思想，是筆者極力推動的一貫信仰，它給與所有參與者自食其力的能力，而且還可以保證校務經營的具體成果，是絕佳的教育思維。

貳、校務經營的教育思想和具體策略

　　學校擁有「學生、教師與校舍」卻無「校務經營的目標與策略」，就如同鬆脫掉齒輪的馬達，只會不斷的空轉，速度雖然很快卻毫無效率，只是浪費能源而已；規畫具體周延的學校發展目標與方案，則可以讓「教與學」更準確的落實。然而，「教與學」的落實，事關校務經營的良窳，此又與校長的經營理念和教育素養，息息相關。

一、闡揚愛心、變通與毅力精神的教育思想

　　教育思想牽動著校長個人經營學校的方向，為了不斷督促自己，筆者經常

自詡「永保教育愛心的校長，願意為太平國小無私的奉獻；要以清新的形象，尊重多元的變化與永不斷電的系統，撒下一粒粒愛的種子，並期待教師、學童和家長，心中的蓮蕊一朵一朵的綻放。」其中包含「以人為本，用心辦學的真摯愛心」、「權變領導與彈性網絡的靈活變通」以及「融合社區與積極落實校務的堅忍毅力」。分述如下：

(一)「以人為本」的哲學思維：充分認知教育的本質需要符應「合價值性」、「合認知性」、「合自願性」三大規準的哲學思想，因此在尊重個人多元智能的前提下，所規畫的學校教育發展方案，都需以此三項規準作為檢驗之指標。凡校務經營的內容必先考慮是否符合教育的價值，是不是可以增添學童內化的認知，其教與學是否都是出於自發性的、愉快的，而不是被迫的、痛苦的。

(二)用「心」辦學的專業信仰：「心寬天地寬，物物皆自如」，以「生命教育」為主軸來規畫課程與校務發展，必不會偏離教育即生活的軌道；同時堅信辦學的精神，即是在助人均衡發展身心靈的生命，成為有用、自由和幸福的人。因此在校可以推行禮貌運動，從尊重他人、禮貌問候，逐步開啟幸福的共存生活。

(三)教學、行政的權變領導：隨著「後現代」渾沌、模糊、邊陲理論的興起，傳統的領導策略，已不能適應，強行硬拗，將招致更多無謂的困擾，甚至有「劣幣驅逐良幣」之感。領導者應考量接納多元及可能有些脫離傳統思維的觀念，考量學校歷史、文化特性，因時、因地制宜，彈性權變的領導，可以獲致殊途同歸、較少阻力的完成教育改革工作。

(四)營造「組織學習與知識經濟」的學習風格，建構彈性的資源網絡：在「後現代」的認知中，「知識經濟」強調的是能力。因此，學校要教的是訓練學童「獲取知識的能力，而不只是吸取知識」，強化「教師專業判斷的能力」，尊重「家長的教育選擇權」，進而能使教師、學生、家長均能運用科學方法（PDCA）解決問題。同時結合社會的資源網絡，提供隨處可上手的知識管理網絡，例如建構網路系統的新知資源庫，利用熱門的校園通道，發行知識情報刊物，提供各種動動腦的機會。

(五)學校教育只是社會教育的一環，尊重家長為教育合夥人的關係，同時融合家長及社區的資源，接納家長的教育理念，制定學童終身學習的實施辦

法，提早推展終身學習的觀念，並能設計「貫串教育改革與家長、教師教育改革觀念的系統方案」，分析可預知的阻撓與困境，縱然遭受非議，亦應以擇善固執與堅忍不拔，永不斷電的堅忍毅力來推展教育理念。

二、建構校務發展願景及其經營的目標、理念與措施

就如同一般「企業管理」的標語，學校的校務發展為了讓消費者（家長、學生）一目瞭然、安心就學，甚至也可以作為學校自我努力的標竿，因此有必要訂定校務發展願景，再依此擬訂經營目標及推展落實的理念。

(一)建構校務發展願景

筆者考量學校及社區特色，在集體共識之下擬訂了「尊重關懷赤子心，敬業樂群太平人」的校務發展願景，其內涵包括以下6點：1.健康：建立熱愛運動，擁有健康身心的優質人生。2.科學：培養主動探索、獨立思考、解決問題的能力。3.藝術家：孕育具備「人文氣質」、「和諧關係」與「正當休閒」的生活藝術家。4.快樂：營造積極、樂觀、進取，具備抗壓力與能調適挫折的人生觀。5.尊重：體悟「珍愛生命與關懷他人」的人本精神。6.求進步：規畫「革新革心」、「日新又新」、「發展生涯」的終身學習觀念。

(二)研擬校務經營的目標

依據上述校務展願景，乃研擬了4點具體的經營目標：

1. 營造優質、人性化的學習環境：活絡學校各項行政、教學文化與機制，以培養學童主動探索、解決問題的學習精神。
2. 闡揚真心關懷、耐心陪伴的輔導理念：融合輔導知能與課程，以涵養學童成為「體認生命、和諧人際、溫馨休閒」的現代化國民。
3. 充實教師各項知能，落實專業分工：掌握「多元智慧」發展歷程，以實踐學童「能知、能行、能發展」的完全學習。
4. 豐富「欣賞、表達、審美與創新」的分享舞台：提供活動機會以雋永學童的人文與藝術素養，使人人都能成為「生活藝術家」。

(三)健全校務經營的理念

為順利達成校務發展願景，流暢校務經營運作，筆者更具體化的擬訂了 8 點校務經營應有的具體理念如下：

1. 發展學習型組織，實施團體學習，改變成員心智模式，凝聚共識，同創教育願景。
2. 成立危機應變小組，重視事前預防，並能實施形成性評量，確保安全無虞。
3. 方案措施因地制宜，具彈性，講實效，並能力求「好還要更好」。
4. 強化教師進修，提升師資素養，營造有效教學。
5. 結合大稻埕地區與學校特性，發展符合學生、家長、社區意願的學校本位課程。
6. 依據學校發展需要，編列合理預算，確實分配使用經費，充實教學設備，支援教學活動。
7. 活絡行政單位組織，講求「專業分工，績效責任」。
8. 融合行政、教師會、家長會與社區資源，共創學校發展的美景。

(四)活化校務經營的措施

為積極有效的落實校務經營的目標，在掌握經營理念之下，擬訂下列措施：

1. 建置優質學習空間：規畫新世代人性化發展舞台，營造學童快樂生活、有效學習、和諧關係的人文氣息。
2. 活絡行政教學機制：彈性調整行政組織結構，發揮高倡導、高關懷的行政文化，善用教師、學生的次文化，建構成教學支援整合系統，實現知識管理、事前預防的應變機制。
3. 健全教師學習組織：實施教師本位進修，承諾超越自我，以統觀、關鍵、可行的系統思考，迎向組織學習。
4. 發展學校本位課程：營造「健康、卓越、生活藝術家、快樂、尊重、求進步」六大主軸的學校發展願景，讓學童發展自己，活得有尊嚴。
5. 融合輔導教學評量：真心關懷，耐心陪伴，實踐「知識經濟，創意教學」

的新風貌，以因應新世紀的競爭。

6.掌握多元智能：培養學童體認生命，了解自己，建立符合自己信心的抱負水準，進而彩繪亮麗的人生。

三、形塑達成優質「內化成效」的具體策略

校務經營的成效若僅止於「表面成效」，仍舊像是「馬達在空轉」，因為時間久了、評鑑過了，一切又回到原點，還是屬於資源的浪費。因此，用心規畫每一個環節的詳細操作流程，才不會讓自己的心血白費，更能贏得學童優質學習內化成效的喜悅。其具體經營策略，述說如下。

(一)分析校務需求，企畫「土質、體質與氣質」三向度的革新方案

本校設校至今已屆 108 年，在教育經費連年短缺的現實情況之下，為創造靈活如願的校務經營成效，在考慮多方的要求之下，有必要針對「土質、體質與氣質」三向度提出配套方案。

「土質改良」部分，乃針對營造溫馨適宜的學習環境，提供安全無虞，方便運用的資源網，以及充滿人性關懷的情境，進而發揮境教的功能，施作內容列舉如表1：

● 表1　土質改良施作內容

1.規畫校舍整體發展，維護校園安全，落實全校無障礙環境設施	
*校園保全系統	*消防設施工程
*活動中心屋頂暨鋼筋外露改善工程	*落水管整修工程
*無障礙設施工程	*中央監控系統工程
*廁所暨校舍整修工程	*全校電源改善工程
*屋頂防漏隔熱工程	*廁所衛生美化工程
*1F 殘障廁所整修工程	*校舍結構安全修繕工程
2.改善教學環境，創造優質空間並充分發揮境教功能	
*教室鋁窗整修工程	*專科教室及圖書室整修工程
*鐵門、木門整修工程	*校園教學步道
*全校中央播放系統工程	*視聽教室整修工程

⬤ 表1 （續）

*幼稚園教室地板鋪施工程	*班班有電腦工程
*2F 展演廳改善（家長會贊助）	*教室鋁窗改善工程
*溫馨園教室改善（家長會贊助）	*普通教室改善
3.增設、改善運動設施，落實五育均衡教育理念	
*PU 人工跑道工程	*遊戲場安全設施工程
*戶外球場夜間照明工程	*游泳池整修工程
*簡易體能設施工程	*幼稚園遊戲設施工程
*游泳池冷水改溫水工程	
4.實現社區總體營造，養成對人文、藝術、歷史的關懷	
*校史室整修工程	*社區小小美術館工程
5.實施營養教育，教導學生感恩、知足與惜福	
*學校學童午餐設施工程	*開辦學校學童營養午餐

　　校園環境的建置，將深刻的影響學童的學習，因而校長的首要任務，必須要保持或營造一個更具安全、充滿人性與學習氣息的校舍環境。因此編列預算妥善規畫校舍安全無障礙的硬體修繕建設是必要的，例如對於樓地板的結構安全、消防緊急避難設施、排水防漏與粉刷的修繕、教室教學基本配備、電源照明機具的安置，乃至於圖書設備、電話多媒體設備、體育健科設施、無障礙人性化設施等等，都是必要隨時留意，每學期檢討改進的重要注意事項。

　　而有關「體質涵養」部分，乃希望建立教師專業形象，而努力安排的各項專業成長活動與相關諮詢組織的建立。

　　1. 教師本位研習：於週三安排有關小班教學、九年一貫課程、多元評量、資訊教育、休閒生活等相關議題，聘請專家學者演講；週四、週五並安排各年級教師分時段資訊教育融入各科教學研習，也根據教師建議安排符應各學年需求之研習。

　　2. 教師專業對談：安排週三進修各領域、各學年專業對談，並完成下年度學校總體課程方案。同時要求每次會議均留下討論紀錄，作為下次檢討改進之參考，也能帶動教師進取向上之心。

3. 教師行動研究：已完成「太平國小校園步道」、「小小美術館專輯——藝術與人文開步走」、「全校各班班級網頁」、「小美館網頁」以及「小班教學成果彙編」、「學童 You Can Pass 學習認證」、「教師研究成果分享專輯」、「延平北路、迪化街鄉土教材專輯及光碟」、「學童各項學習成果分享專輯」等。

4. 聘請專家學者協助校本課程發展，及提供課程設計與教學評量之諮詢，例如辦理教與學座談會、建構資源庫網站、提供諮詢服務搜尋網站與管道的建議目錄網頁，同時添購專業書籍置於各學年研究室，鼓勵並計畫性監控成長。

「氣質提升」部分，無非是希望學童在充實知識的經驗之後，更能以熱切的態度與積極的興趣，展現優雅的氣質，其具體做法如下：

1. 配合社區總體營造，成立社區小小美術館，辦理定期多元展覽，推選小小館員、訓練小小解說員、編製學習單，展出成果並能公開於小美館網站供大家分享。其他諸如語文交流日、學習分享站、教學成果展等等，都是絕佳的提升氣質機會。

2. 成立社區親師生絃樂團，弦歌曼妙、氣質湧現，親師生共奏、陶醉在樂聲中，趣味橫生。辦理結合社區的藝文活動、親子週末成長營、成人教育班、家長成長班、親職及義工教育研習，展現組織學習的動能。

3. 辦理多樣化課外活動，舞蹈團、圍棋隊、直排輪、橋藝社、籃球隊、幼女童軍，及各種藝文性、音樂性、技巧性社團，外聘專業教練，廣受家長及學童之喜愛，同時展演時刻更提供了學童展現無限活力的舞台。

4. 透過多樣化的機會，真心關懷親師生，誠意溝通凝聚共識，洋溢溫馨友善的校園文化。辦理小團體輔導活動、溫馨小天使活動、諮商服務及關懷小天使服務，設置哇哈哈信箱及雙享報提供諮詢，六年級的生活輔導及認輔制度的實施，各項心理測驗的施測，在在提供了教師在班級經營上的後勤支援。

5. 辦理「潛能開發班」，協助需要幫助的學生，有教無類在太平國小，獲得熱烈回響。平常每日上午開辦一對一之學習輔導時間，及小班補救教學之課程，提供學習遲緩學童迎頭趕上的機會。而資優、資源班的鑑定，審核和鑑定可以入班之學童，則請特教及資優班教師，協助設計個別化教學方

案，以提升學童之內化成效。

(二)善用組織團隊，發揮「跟我來」而不是「你去做」的領導藝術

「好將軍不用選戰場」，組織的氣氛與動能的營造，完全在主觀的心念裡。有擔當、勇於負責，接納多方建議，展現親切的融合態度，更能以人性化的尊重角色，來推展校務，必能得到組織同仁的好感。召開會議前一定要有計畫性，掌握會議進程，勿疲勞轟炸，在充分討論之後，決議要能確實執行。不宜反覆批判過去的不是，而要勇敢的向前看。妥善分配人力資源，當任務分派完成，則充分授權，只從旁協助，但不給與壓力，如此可以緩和業務執行的和諧氣氛。

校長室一定要有工作計畫，推動校務時必須要帶著大家做，也就是強調「跟我來」的合作夥伴關係，而不是「你去做」的官僚態度。權力要能下放分享，適時的讓組織成員有決定權，則成員必能用心且滿心歡喜的參與活動。例如：教師行動研究、一同規畫校本課程計畫、探討校務發展方案、提供各項教育相關諮詢服務與管道。只要態度積極、主動參與，老師們必能感同身受，而更加賣力。

(三)深入了解社區特性，分析學童能力與家長期盼，規畫校務遠景

學校教育原本即是社會教育的一環，其校務經營的方向本當與社區相結合，開放學校的資源，透過各班愛心家長、家長會、里長或社區訪問的機會凝聚共識，可以使學校的經營得到更多的奧援。尤其是近年來，教育法令賦與家長的「校務參與權及教育選擇權」，讓家長成為學校教育的夥伴，如再不重視家長的聲音，似乎已說不過去了。

本校因位處早期台北市人文薈萃的「大稻埕迪化商圈」，家長和社區始終對學校保有尊敬和配合的態度，家長會更能以支持學校行事為目標。因此，家長、社區和學校，可以說是充滿著一片祥和，當然此時擔任校長的任務，就必須與相關的關鍵人士保持一定的對等情誼，對於學校的經營與校務發展，都能一五一十讓家長和社區理解，進而提供資源，可以帶來絕佳的共鳴效果。

透過學校日行政座談、家長與教師座談、家長會定期會議、學童聯絡簿，不經意的校園或校外與家長不期而遇，或是學校不定期的問卷調查等，再經由

各處室的彙整，其實都不難看出家長的期盼；而分析學童學習的能力點與檢視生活座談、日記、作文、約談等內容，也可以尋獲學童的能力與需求；參與社區里長、里民訪視或參與里民大會、社區發展協會活動，甚至於利用假日與區公所聯合辦理區域文化整合活動，都會有意想不到的收穫，再透過 SWOTS 分析，考量優勢、劣勢、機會與策略的探討擬訂，將能規畫出合宜的校務展計畫。本校即透過集體共識。訂定了「健康、卓越、生活藝術家」的課程發展願景。

㈣編織教育資源網路，活絡校務經營資源的運用

處在今日資訊網路瞬息萬變之際，對於如何做好「知識管理」的能力，已成為企業、機關和個人最重要的成功關鍵。所以哪裡可以找到解決問題或研究困境的資訊，如何統整多如繁星的知識，建構資料成為有用的資訊，不但是要教給學童可以帶得走的能力，更是讓校務經營順暢的利器。

學校圖書館總會收到一大堆各單位所發行的研究經驗分享專輯、光碟片、多媒體等資訊，可是要如何去應用呢？當然有關校務經營的經驗與知能，也都充斥其中。所以擔任主官非得要有一套知識管理的做法，才能輕鬆、有效的活絡自己的校務經營。其中，筆者認為最重要就是要對所有的資料做分類，交代圖書室管理員、各處室，蒐集並分類整理各項資源。在規畫校務發展計畫時，不要再浪費時間自己去創新，因為你手中的資料已足夠讓你去分析、重組，建構成為符應本校需求的有用資訊了！善用別人的經驗，可以不必再錯誤嘗試，讓自己更快成就事功。

將資料或資訊化成電子檔，或在網路上搜尋相關業務所需要的電子檔，整理成校務經營的資料庫，當必須進行運作推廣時，則下載各種做法，再透過行政或委員會議取得集體共識，並修正成本校可執行的模式。例如：為達成檢視本校學童學習成果的校務發展內容，於是規畫發展「You Can Pass 校本學習認證」，此時對於學習認證的標竿內容，則可透過事先採集的北市標竿學校對於學童應具備的能力內容，修正為符應本校特色的要求，並能以量化檢驗的模式，發展成本校獨有的機制，整個方案執行下來其實是滿方便，也很有效率的，這就是拜「知識管理」之賜。

參、現階段教育政策於校務運作上的困境與出路

國家教育政策有其延續性與一貫性，身為第一線教育工作者，必須依據政策並考量本校特色，規畫成符應各方需求的校務發展計畫，唯在實際推展經營當中，難免困難重重，但只要依循教育的「合價值性」、「合認知性」、「合自願性」三大規準，相信都能找到良善的出路。以下略述三項困境與出路的經驗。

一、「學校本位精神」的再釐清

20世紀末期的後現代思維，對於「多元、模糊、去中心化與重視邊陲」等觀念的興起，影響人類社會眾多變革甚鉅。其中對於本土、本位觀念的強調，也深植於教育革新之中，例如在九年一貫新課程中對於「學校本位課程」的重視，給與學校必須發展自己特色課程的規範，於是積極制定校本發展願景、課程願景，乃至於重視各方的多元意見，體認學生的多元智能、施予多元評量等概念，早已成為校務經營的主流。然而舉目可見，詞藻華麗、意境深遠的學校願景標語，以及各種標榜特色課程的創新教學，令人目不暇給，讚嘆不已。但是這些就是我們要的「本位」嗎？學校發展通通展現本位主義就很好嗎？或許還有值得探討之處。

為了開始重視原本被視為邊陲的一些思維或對象，而強調從中央集權的課程標準，轉化為學生的能力指標，各校再依自己的解讀，轉化能力指標成為配合本校學童特性的學習目標，或許真的給了學生立足點的平等；但是城鄉差距、文化、數位落差、真正帶得走的能力都一致了嗎？或許這是需要再做「後設評鑑」的。

為了重視多元的概念，新興的課程都採用融入的方式，記得最近又發現了一個新課程，那就是要在正式課程之外，再加入一項4小時的「家庭教育」，真的教得完嗎？這樣做真的有效嗎？在眾多「本位精神」的紛擾之下，呈現了一片模糊，或許這是要走向清晰主軸的必經之路。身為校長，認為還是要先做一些切割，70%屬必要之領域課程、能力指標還是盡量以中央之規畫執行之，如盡量採用審定之課本；而30%屬可以因時因地制宜之學校特色部分，則可於課程中融入各校精神。至於，在學校經營的本位管理上，因我們的學校制度與

歐美的學區委員會的制度仍有結構上的不同，其中尤以經費來源及組織建置的差異，使得家長、社區對學校的影響力不若國外那麼大，但是我們的學校真的有本位自主權嗎？按筆者的感覺，現在當校長的權力已愈來愈式微了，僅存的是以「尊嚴」為底限去執行校務而已。

二、普及特殊教育，讓人人皆平等

這些年來，因出生率的下降，致使學童人數銳減；而外籍配偶、社會因素造成的單親家庭、數位落差人口，卻節節上升，這當中還夾帶著優生保健問題產生的兒童，讓學校裡的過動兒、情緒障礙、學習遲緩等兒童不斷增加，其中還有些學童因口語構音的不健全，造成輸在起跑點的情形。現在的普通班老師，並不會因學童班級人數的下降而輕鬆，因為相較過去出現更多的學童學習問題、班級經營問題，在在困擾著老師的教學，這是亟待解決的重要課題。

現階段的課程內容，雖屬彈性多元，然而因為所要傳授內容的多樣化，造成程度上的淺化，雖然能力指標的內容都已達成，但是對於很優秀的學童，如資優班的學生，則普通班教師仍需發揮「大班教學中的小班精神」，給與學生個別化、彈性化、適性化的學習，讓他們覺得學校的課程，還是很有挑戰性的，或請其擔任「小師傅」，給與服務他人的責任感，而資優班的教師更需規畫其個別化學習方案（IEP），安排其加深加廣的學習，同時有展演的機會。至於學習遲緩或有身心問題的學童，除了給與更多實質上的關照以外，應請資源班的老師依其程度給與適性學習。而本校更借助「中興保全文教基金會」的協助，安排學童至「潛能開發班」，除了給與學童課業上的指導，更協助料理單親或貧困學童的家庭生活，讓學童深刻感受到實質的溫暖，進而勇敢向善、努力向學。

三、優質學校學習環境的用心營造

學校經營強調的是績效責任，因為學校接受納稅人的貢獻，理應辦好教育，讓資源得以有效發揮其功用。然而在強調「優質」之下，「績效」是否也能同時被發揮呢？透過資源管理者的妥善分配，校務推展者可以有效率的執行預算，讓教學的成效在一定的時間內展現成果。然而，當注意到非「優質」不可時，則可能就無法在短暫的時間內看到好成績，因為「慢工才能出細活」，

所謂精熟學習是需要達成 90%以上成效的,所以要在預算時間內完成「績效」,與強調「優質」學校的觀念,是需要尋求平衡點的。

依照筆者的概念,想要在一定時間內達成優質的績效,是需要一些配合措施的,那就是先訂定達成優質的「具體標準」,這些標準內容需要有「門檻、標準、最佳表現」的三種評價描述,再分別依此三種評價,分別組織出行動方案,分別達成其「績效」,如此配合,便是一種平衡點的取得。以下列舉一項《台北市優質學校經營手冊》中之「學生學習指標之學會認知體驗」向度的優質指標與績效具體實現策略,建構情形如表 2:

● 表 2　優質指標與績效具體實現策略建構情形

指標名稱	學會認知體驗	
優質的表現水準	評價	績效具體實現策略
學校教育歷程能激發學生主動學習的熱忱,樂於求知學習,並能善加活用學會的知識與能力,以因應新世紀的挑戰。當今尤以培養學生語文能力、資訊能力及溝通表達能力,最為迫切,此三者的紮實,能幫助學生有效伸展認知體驗的觸角,奠定終身學習的基礎。學習過程中並應掌握國際視野與鄉土情懷的培養,以增長學生的情意,豐富學生的經驗,開拓學生的眼界,使作為具有國際觀與鄉土情的現代學生。	門檻	規畫適性發展課程,辦理多樣化學藝活動,營造全語文學習環境,建置完善校園資訊環境,辦理兒童各種自治活動,辦理校際交流活動。
	標準	1. 規畫適性發展課程,擬訂具體學習目標。 2. 辦理多樣化學藝活動,引導學生善用自我優勢能力。 3. 辦理各項語文比賽,營造全語文學習環境。 4. 建置完善校園資訊環境,指導學生善用網路資源。 5. 辦理兒童各種自治活動,提供各種溝通平台與管道。 6. 提供各類學習平台,辦理校際交流活動
	最佳表現	1. 規畫適性發展課程,擬訂具體學習目標,營造利於學校的校園文化,給與學習成果展示。 2. 辦理多樣化學藝活動,引導學生善用自我優勢能力,擴展學生學習視野,發揮團隊專長。 3. 辦理各項語文比賽,營造全語文學習環境,養成學生深度閱讀的習慣,鼓勵正確使用與應用。 4. 建置完善校園資訊環境,指導學生善用網路資源,辦理各項資訊活動與競賽,提升學生及家長運用資訊的能力。 5. 辦理兒童各種自治活動,提供各種溝通平台與管道,實施隨機教學,指導學生合宜的溝通表達禮儀。 6. 提供各類學習平台,辦理校際交流活動,辦理鄉土教學育樂活動,營造兼重國際化與鄉土情的校園文化。

肆、調和社會因素對校務經營的影響

網路世界的訊息無遠弗屆，報章雜誌多媒體隨侍在側，公眾人物的信口開河與無聊對話，現實社會的許多怪現象，讓我們的學童終日沉浸其中，顯而易見的整個社會亂象，不斷的衝擊著學校教育與校務經營。這當中造成了許多外界對學校的誤解，掀起了價值與倫理的拉鋸戰，當然透過社群的合作，或可為學校帶來新的氣象與對社會的交流機會。以下分述法律層面與社會衝擊，造成學校經營的困頓，社會價值觀與傳統倫理的拉鋸，以及結合學校育社群的資源，可以再創校務發展的新生機。

一、法律層面與社會衝擊的困頓

校務的推動首重守法，尤其是攸關教育人員的相關法條更需理解，例如《教師法》、《國民教育法》及《教師甄選辦法》等，這些會觸及權利義務的法條，必須相當留意。而學校經營的法規，在從事行政多年的經驗之下，其實大致上只要不以私相授受的觀點出發，都是不會有問題的。倒是對於總務方面的法條必須特別謹慎，例如《採購法》的施行細則、工程設計、監造、驗收等規定，因為牽涉到公平交易與工程施作的品質，必須非常注意。其他有關安全部分，如《交通安全法》、公共建築物安全、消防安全、防空避難、飲用水安全、環境保護、廢棄物清理等法規，也要弄清楚，以避免被稽查人員裁罰。

自從《兒童及少年福利法》、《性別平等法》及《家庭暴力防制法》的立法之後，整個社會對人權的意識快速提升。學校機關最需留意的是「零體罰」或「語言暴力」，而對於遭受侵犯兒童人權之家庭，教師也必須負起告知相關單位的責任，若不留心，嚴重者甚至會被判刑。而第一線訓育工作人員，在工作上最有可能侵犯到兒童人權的事項會是什麼？管教和輔導是最有可能發生侵犯學生人權事件的作為。比如說，對學生服裝儀容的管理，對學生不當行為的管理或輔導等。此外，在辦理學童團體活動中，未能留意到學童的需求或要求一致的水準，都將影響學童權益；又如「春暉專案」，學校裡會蒐集學生的尿液，但蒐集的過程，可能有些不妥；健康檢查、場地安排是否注意到隱私等，都不可忽視。

　　總之，在我們採取管理或管教行動時，應該關照：在這些過程中，我們有沒有侵犯到學生的人身自由權和隱私權？我們有沒有因此損及學生的尊嚴？一般而言，由於我們這個社會有某種威權的特性，通常屬於上位的人或管理地位的人（如老師、行政人員），對居於下位的人，通常會用比較不客氣甚至粗暴的方式，其中最容易疏忽的就是語言暴力，如「妳這樣的穿著像個酒家女或檳榔西施」或是「你的父母是怎麼教你的，講話那麼沒禮貌！」或是「你的牙齒太髒了，我來幫你洗！」我們不妨用人權的理念，來檢視我們當下教育工作者的作為，有哪些不合人權的理念？然後進行檢討改善。

　　一般社會大眾對學校的要求，總是以顯微鏡來檢視，尤其是大眾媒體，遇到一點校園中風吹草動的小事件，總是誇大報導，最後再加上一句「我們的學校教育生病了」，如此一竿子打翻一船人，實在令人氣結。其實社會上的眾多事件，例如政府單位與民意單位的齟齬，甚至彼此粗暴相向；社會大眾一心追求利益，用盡欺騙的伎倆；家庭單位因父母、兄弟、隔代的爭端，延燒到稚齡學童等等，不勝枚舉的社會亂象，難道都要由學校來負責嗎？這裡所要提出的重點，不是在互相推諉卸責，而是身為一校之長，要能洞悉事實，展現高超的容忍力，阻止社會上的不良示範對學校發生負向作用，甚至因勢利導，將之融入課程，例如推動友善校園、親師生禮貌運動、正面善意去思考及解讀社會現象，以扭轉社會衝擊可能造成的傷害。

二、價值與倫理的拉鋸戰

　　「價值觀」導引著個人的所作所為，當然順著時代的演變，價值的取向勢必會有極大的改變，身為校務的推動者，或許也需要與時俱進，在傳統倫理與現實生活中的價值建構上，尋求一個均衡點。最簡單的就是先從與校內「年輕同仁」互動開始，這些e世代的老師或行政人員，其實已經有許多觀念與中古老師的倫理價值信念不同了。例如「期待受到完全的尊重」、「應對進退失據」、「舉一反三的態度缺乏」、「只要我喜歡，沒有什麼不可以」、「三分鐘熱度」、「敬謹精神不夠」等等。其實做事的能力尚能培養，但是經由興趣、態度、欣賞所建構的情意價值，卻因各人生長的環境，有極大的差異。這些問題在徵選教師時，實是看不出來的，但是一經正式任用，許多令人失望的表現，真不知該如何是好，最後只好無奈的改變自己。

　　當然還是要相信「唯愛可以止恨」，價值和倫理原本就存在著拉鋸戰，完全的依循傳統倫理觀，也會讓自己處處受阻，難以前進；而全然的接受新興的時代價值，例如「儼然形成的笑貧不笑娼」、「唯利是圖」、「好逸惡勞」，也無法讓我們贊同，因此透過課程與教學的設計，給與學童從真實的情境中去體驗省思，去做道德澄清與價值判斷，進而內化為自己中庸的倫理價值觀。

　　學校是社會的一環，社會上所有產生的現象，都會影響學校教育，甚至於也會在學校以小社會的縮影呈現，時有所聞的校園暴力，甚至語言暴力，許多在家庭或時下社會環境中的亂象，無論問題發生在學童身上，或展現在教師同仁間，著實困擾著校務推動，因此積極制定價值與倫理的重整運動，絕對是刻不容緩的。建立學童應有的倫理內涵，例如尊師重道、兄友弟恭、孝悌楷模等觀念，進而建構其判斷價值的機制，並要求能實現於日常生活中，此時教師即成為仲裁判斷者，透過檢核表督促學童進步，當然校長亦應負起建構充滿倫理愛心的「師道」。

三、學習「社群」的新串連

　　企業界強調的「策略聯盟」，過去高職與工廠的「建教合作」方案，乃至於今日透過社區總體營造，建立學校與社區密切合作的案例，皆可成為學習社群新串連的基石。近年韓國在國際市場上展現的高度競爭力，導因於大型企業的串聯，形成龐大的企業實體，善用大量的資本累積，再輔以政府周邊基礎設施的充分建置，就連日本廠商所發展的商業高科技案例，都得前去韓國市場進行實驗與拓展，這當中說明了「社群」建立的重要性，各單位的成長已不再是「自立於學習中心」之外，而能閉門造車、獨當一面了。

　　學校的資源有限，必須借重社會相關單位的支援，而其他的社群機構，也因進入學校這塊園地，以推廣其研究與理念，因此相互建立學習的社群關係，亦能帶來新興的氣息。例如本校因需語言矯治之資源，乃透過愛心家長之協助，而得到專業人士之鑑定與安置；對於注意力缺陷之研究，學術單位需要學校之配合，因此本校亦與中央研究院、台大醫院建立夥伴關係，長期配合並提供診療服務；而本校獨有之「社區小小美術館」，即與「廣達文教基金會」建立整年度之藝文展演合作方案，對學童藝文涵養與企業界期盼貢獻的門路，提供了出處；其他諸如編撰「大稻埕鄉土教材」與海關博物館合作、接受大學院校城

鄉所的指導，規畫校園學習步道、與中興保全「潛能開發班」的合作案，一一展現學習社群串連的實質益處。

校務推動上，總會提到對社會資源的整合，足見社群觀念早已深植教育人員心中，然而如何去發現、建置、總合資源，供給者與需求者在哪裡？彼此應以何種態度相互溝通？目的在哪裡？如何整編與運作？這牽涉到許多技術層面的問題。筆者認為先確認本校的需求，再透過網絡搭起合作的橋樑，無論與哪一單位建立學習社群關係，一定要排除商業上的利益，專注在提供學術探討、社會公益及學童養護的運行機制。

伍、重新掌握教育本質的校務經營概念

教育的本質是在教導人如何生活，在經歷許多教育政策上的變革，可能造成了家長、學生、教師、學校行政的疑惑與不知所措。學校為了求生存，為了讓表象看起來很好，於是標新立異、花樣百出，但靜思這一切的付出，是否讓我們的學童，都得到他們應得的教育內容？如果不回歸到教育的本質去思考，大概會繼續不知所措下去，因而本節將對學校文化、五育均衡進行探討，並進而論述在此之下的學校特色及階段性變革之營造。

一、塑造生活藝術家的學校文化

現代人似乎比過去不愉快，除了生活壓力過大，造成自殘與令人驚悚的事件，時有所聞，更重要的因素就是對休閒生活的體驗闕如，因此學校推行休閒教育應屬當務之急。首先讓校園成為很休閒的場所，此時除了美化校園，裝置藝術作品之外，塑造「生活藝術家」的氣息是一項良善的措施。

一個人一輩子都沒有一項自己喜愛的興趣，是很可悲的，「生活藝術家」活動的推展，就是希望每一位小朋友，在國小階段就能涵養一項興趣，並能展演分享給他人，除了建立自己的信心，更能讓自己的生活更有意義。筆者在本校推動「生活藝術家」的用意，即是希望學童都能規畫自己的休閒生活，都能喜愛自己，進而以快樂充滿希望的精神，經營自己的生命，也因此編撰了「生活藝術家學習認證標準」希望學童在制式的規範中，逐漸發現並養成好的休閒生活習慣，而使人人都能成為「生活藝術家」。

　　休閒生活的範圍是很廣泛的，在校務推動上，首重「喜愛閱讀」，因而每週二上午辦理語文交流日，讓學童分享彼此從閱讀中得到的樂趣。當然對平面藝術與音樂表演藝術，亦定期規畫展演。例如，每月一個主題的小美館藝術展，當然小小解說員的培育，廣徵學童自願分享的作品及公開的鼓勵，都能激勵學童的興趣。而每學期的音樂發表，讓學童展現自己所學，特別重視學習的過程，讓它是豐富的、有趣的。當然辦理體育健身運動、個人興趣展、遊戲嗜好活動等，會安排各類展演區，區分展演時段，開放自由申請與創作表演，同時輔以「學習認證」，這都是本校塑造「生活藝術家」學校文化的既定歷程。

二、學習評量回歸於「德、智、體、群、美」五育均衡

　　新興的課程設計，雖不再明列「德、智、體、群、美」的評量內容，然而這曾經伴隨我國國民教育的均衡發展方向，難道就要如此消失嗎？其實仔細觀察之，它只是換個方式呈現，尤其對於「德育」部分，雖然沒有明列能力指標，不過教師可以在各領域的指標詮釋過程中，將其納入道德層次的轉化，而在校務推動上，亦可把它列為一項重點。例如本校的「尊重關懷赤子心」，其實所要展現的就是友善且充滿愛心的德育。

　　當時下琳瑯滿目的教育政策與課程計畫，個個都很重要，樣樣都有創意，然而，還是要回頭看看成效到底如何？教育的可能都做到了嗎？因此評鑑的工作勢必展開，而該如何去看待才能避免掛一漏萬呢？最簡便的就是看看「德、智、體、群、美」是否均衡發展？過去有「中心德目、實踐規條、生活競賽、團體活動、自治社區，乃至於常規訓練比賽」，今天還是可以把它放到教學活動中，以認證規條來檢視學童的表現，至少可以達成初層次的檢驗，提供辦學者了解現況，作為改進發展的方向。

三、營造學校特色與階段性變革

　　為了迎接社會與時代潮流，規畫學校的發展應有其階段性，這當中除了應把握特色之外，對於近程、中程、遠程之計畫擬訂，絕不可馬虎。因此學校的領導者要有高眺的遠見，例如會考量到未來招生的困難，會建立涵養學生休閒生活能力特色的課程規畫，會配合教學內容編列軟硬體工程，會對於教職員能力的涵養辦理職中輔導，會檢視與提升學童語文與數學能力，這一切均能以創

新學校特色，給學童優質學習內涵為前提，就如同國外的特色學校、燈塔學校一樣，現今推廣校務，已不能再迷失於傳統只把課本教完的思維了。

筆者分析現階段學校的優勢與弱勢，並考量能夠整合的社群資源，乃規畫短期（1～2年）階段性變革重點為：

㈠積極發現並輔導家庭、學習弱勢學童的學校生活。

㈡推動「生活藝術家」系列課程。

㈢提升學童語文與數學基本能力。

㈣培養「知道如何學習」的能力。

至於中期（3～5年）發展則將加入積極建立「休閒素養教育」的規畫，而長期（6～8年）發展，則以「體驗生命、創新生活」為主軸。而其他一切建設及校務推動均依此變革重點長期規畫。以上所述不難看出，本校發展之特色乃建立在生活休閒藝術之涵養，因而規畫出階段性完成之重點主軸。從小教育學童知道如何生活，培養其基本的生活知能，知道如何學習，了解自己的興趣所在，最後能以歡愉的心情體驗生命，面對彩色的人生，進而創新自己的生活。

陸、反思後的再出發

回首這些年來，擔任校長一職，內心真是百感交集！甄選上校長，又能順利出任一校之經營者，以政府編列的經費，依據教育政策，以自我的教育理念去推展校務，的確是非常棒的一件事，因為熱愛教育的我，終於有機會、有舞台，去實現自己的理想。每每看到學童成長的喜悅，情緒的沸騰必然跟著起伏，但是處在今日家長殷殷期盼，教育政策不斷翻新的年代，困境的確接踵而來，在校園生態負向改變之下，不知令我掉了多少次眼淚，然而愈挫愈勇的堅毅精神，卻扶持我走過許多的大風大浪，再回首，再檢視走過的足跡，一切的苦楚已不再辛酸了！

自己的健康是家人最關心的，而與家人團聚是最奢侈的享受。不能否認擔心自己做得不夠好，於是夜以繼日以校為家，甚至憂心同仁、學童的個別處境。的確，健康狀況已大不如前，但是這些尚可及時彌補，而百年大業，一不小心卻是一輩子也彌補不完的。再回首，我還是熱愛這份工作！

總務工作因與師範院校的本業教育較為遙遠，因此擔任校長之前，對於預

算、工程、採購、發包、監工與執行等，應有深入的了解，尤其是在專業法規上，更應細心理解，以避免不小心的錯誤，卻招致非教育因素的傷害。其次，在校長的情緒管理及時間管理上，或許往後的校長培育班，可以加強訓練安排，如果校長沒有心力推動校務？卻要天天阻擋流言，時間必然不夠使用。回首校長培育的過程，的確需要安排更多與「人」相關的實務課程，而筆者自忖在此方面，表現尚佳，至少同仁的向心力都滿夠的，這從學校經營的活動中，可以清楚感受到。

柒、平心靜氣，再接再厲——結語

　　這些日子，筆者不斷的省思，自己的校務經營歷程，的確有些挫折，曾讓我短暫失去鬥志，但我也發現：只要「調整並跳到更高的觀點去思考大環境」，便可以讓自己以更寬廣的心，去設計、去推動校務發展。相信沒有人不想把事情做好，只是戲法人人會變，巧妙各有不同，筆者自覺是一個務實的人，做事的態度與個性都積極樂觀，雖然人生不如意十之八九，但教育的歷程卻是甘醇的，以下謹提供繼往開來的幾項措施，給與大家腦力激盪的參考向度：

一、融入「台北市教育發展綱領」所揭櫫之「生命教育」、「完全學習」、「全人發展」等三大理念，於各科教學活動中，並能發展「學童體適能」活動，以涵養學童成為 21 世紀好國民。

二、「革新必先革心」，繼續推動「心教育」，親師生均能體認「尊重生命」、「了解自己」之真諦，進而達成符合理想的「生涯發展」與「自我實現」。

三、營造教師「終身學習」、「行動研究」、「專業對話」的契機，以提升教師的專業素養。

四、設計貫串「九年一貫新課程與教師教學革新」之通盤計畫。

五、活絡組織運作，善用「權變管理」，融合正式、非正式組織，在傳統中求創新，促使組織再造。辦理任何活動一定要有配套措施，因為無論年輕或中古的老師，都不會有耐心等待，當他覺得心煩氣躁，或需要大力配合時，你將會面對不可思議的臉孔，此時你的心裡若是氣得牙癢癢的，也必須面帶微笑從容應對，因為現在的校長，已不再那麼具有權威了！

六、發展「教訓輔三合一」輔導新體制，讓教師體認「教學和輔導，是教師的

兩大天職」，學生亦能接納輔導老師之協助。

七、融合「個別化、彈性化、適性化」之小班教學精神，於班級經營之中，並能重視學生「多元智能」，進行協同教學與多元評量，讓每位學生均能接受符合其能力與期待的學習。

八、發展學校資訊教育，便捷網路設施，讓資訊素養融入生活之中。

九、規畫符應教學評量所需之軟、硬體設施。

其實，教學才是學校最主要的任務，其他所有的校務規畫，皆需要以此作為前提，據以規畫學童成長的方向，再輔以幫成長的配合措施，那麼校務經營的航程，就不會有失誤。回首投入教育工作 30 多年，自忖問心無愧，當然期待自我能再檢討、再激勵，展現對教育學童永遠熾熱的愛心。值此進入 21 新世代的當兒，曾經遭受的衝擊，嚴正的告訴自己，不可再墨守成規，思維模式要與時俱進。因此對於現在年輕老師的文化是什麼？新新人類最愛的是什麼？年輕父母的期待又是什麼？都毋需懷疑，卻要不斷檢討，不斷改進，做好危機處理的機制，展現有效率的領導動能，尤其是千萬不可被「人或事」激怒，當然更須繼續堅持「闡揚愛心、變通與毅力的信念」，如此才能永遠保有源頭活水，邁向「止於至善」的教育歷程。

作者簡介

連寬寬，原任台北市太平國小校長，現任台北市士東國小校長。曾任教育部生命教育委員、西門國小資賦優異班教師兼召集人、教學組長，建安國小訓導、教務主任，湖田國小校長。台北市立師範學院國民教育研究所學校行政碩士。曾獲全國科展國小物理組第一名、台北市教具製作展優等獎。榮獲台北市特殊優良教師、成人教育特殊貢獻獎、全國學術聯合年會木鐸獎。重要研究與著作：《成人教育教材》、《環境教育》、《美國資賦優異概況》、《生活與倫理健康教育教學專輯》、《田園教學教材專輯》、《語文教學專輯》等。

誰識乾坤造化心──教育工作者的視野

黃玉幸
原任高雄市苓洲國小校長
現任正修科技大學通識教育中心助理教授

　　曾經一天，參加喪禮公祭後，到醫院探望住院的同事、因被告去法院出庭應訊、參與教師進修、列席導護志工改選隊長、主持學生樂樂棒球賽開球、接受視力保健工作訪視，晚上盛裝到喜宴致詞祝福……，跑馬燈似的人生呀！

　　曾經一天，來了推銷報紙的記者、憤怒的家長、自薦排入教師進修的健康諮詢公司、借學校場地辦喜宴的里長、推展品德教育的志工、生命教育的義工、經典學會的董事……，各界索求無邊、國民教育是岸呀！

　　校長這個「人」，隨著場景的流動，時空的變動，角色不斷地在工作舞台上演著。

壹、蓄　勢

　　當老師、主任時，學校裡有一位「校長」，要聽他說話、看他做事，喜歡發呆的我，常會「模擬」如果我是校長，會怎麼說？怎麼做？就這樣假戲真做，當了校長。

　　校長儲訓不像主任儲訓遠到板橋全省主任儲訓班，只有在高雄自辦，國中小就20位，第一次自辦嘛！當試驗「角色」，課程很枯燥，上課很無聊，大部分是政策說明和工作辛苦談，還有許多「威脅」，一動「什麼……」差錯，就要上法院、就會考核乙等、就名譽掃地等，只記得太多的「規矩」，交接要說什麼話，到新校要顧忌什麼，辦公室要擺何方位……，盡是一些緊頭箍，弄得原有的興味都沒了，有用的是同儕情誼，日後彼此工作分享、相互支援，經常資源共享和難題解憂。

　　「校長」不是官爵祿位，也不是光環金罩，就是一個有別於老師、主任的

工作角色,事前情境的模擬和經常的閱讀習慣,蒐集教育新聞剪報,學習前人、旁人經驗,拉回反身思考自己的限制與優勢,做適合當下時空的「校長」,對於「教育品牌」、「學校品質」的雕琢與堅持,一直是自許的「校長格調」,這些「自家規格」有助於擔任校長安身自在。

貳、循 勢

當了校長,成了學校座標,自己的工作角色跟著移位,追本溯源是自由主義思潮,管理少一點,放手多一點;自己淡一點,別人亮一點,共處的學生、老師、職員等有多一點的成長發展空間,不畫地自限、少言少指導,留著人際「距離」,欣賞同事夥伴的言行舉止;保持課程的「空白」,有彈性運作空間;校園環境先除死角、淨化、留地,再談綠化美化;學校活動把握節奏,緊湊舒緩有節,本身「求簡」、「從容」,比較追求中國的「空」、「遠」、「闊」境界,表現於校園的氣氛是較鬆散而彼此有充裕空間,形成「盡其在我」豐富潛在特質。

行政領導以「精簡」為先,組織扁平,層級縮短,流程簡化,多觀察能量耗去處,把握契機、調整發揮點,經常調節學校能量至適中處。橫向連結以各處室為主,擴及教育局、社區、教師團體、家長團體、志工等,縱向貫穿不同年齡學生,從幼稚園到成人補校。行政團隊要有戰力,校長先要有識人能力,了解團隊成員特質及相輔互補安排,一定要有不斷地工作協調溝通,激盪工作創意要有時間醞釀,允許成員錯誤嘗試,形成有挑戰、激起成就感氛圍,有校長和大家一起「上船」的擔當和宣告,有別於過去的「差異」幅度,有適當的人在適當的時機安排適當的工作考慮,更有長時間相處培養的工作默契。

2004年11月到12月底接連辦理百週年校慶系列活動,到教育部參加百年老校記者會、全國百年老校文化展、全市高中職、國中、國小建立輔導新體制教學訓導輔導三合一實驗方案成果觀摩會、全市近萬人的幼兒體能運動會,其中還接受民政局委託編輯一套三冊高雄市外籍配偶基本教材,這些「大工程」就是精簡人力組織再造後3位主任和10位教師兼組長陸續完成,沒有額外加班,維持正常校務運作,完成想都沒想過可以做到的「任務」。

學校以教師教學為重,有專長的老師要找機會,有意願的老師在找時機,

有能力的老師在看契機；年輕的老師要肯定，資深的老師要尊嚴，老師的特質千種風貌，有時說變就變，一股勁作時說撒手就不回頭。安排職務及課務工作，除了參考教師意願之外，了解形成教師文化習性是「決定假設」，避免將老師定型：他（她）就是只教低年級、他（她）20年都教高年級、科任只有他（她）行等固定安排……，希望老師對於各年段的學生有機會接觸，學校各種職務有機會嘗試學習，2、30年的教師生涯，歷經不同工作職務、不同年齡學生，有不同機會轉移經驗，安排老師「挑戰」「新鮮」的職務，才能產生教學的「好奇」，親師生之間才有新的互動，學生才能學得好。

每學年開學老師欣然接受職務安排，是感到滿意的，最不滿意的是教師進修的動力顯得衰弱無力，勁道不足，希望老師表達進修需求時意興闌珊，「學校安排就好」，實在很無奈的樣子。好不容易聘了講座或安排活動，遲到早退有之、批改作業有之、盡作他事有之，實在佩服企業界自費進修充實自己終身學習的活力，怎地？到了幾乎有終身工作保障的學校，「人」就不一樣了，沒有學習動力又不肯學習新知的老師，怎能教導未來的現代國民。經常焦急這事，但部分老師們「悠哉悠哉」，只要拿研習時數交差了事就好。為什麼會這樣？是公家機關保障怠惰了學習動力？是站穩正式編制、較難評估教育績效的職場削弱了學習激勵？是保守安定、自恃平淡蒙蔽了自省不足？面對這種情況只有舉白旗，實在無法取而代之，只好「自家腦袋自家顧」聊以安慰。

1999年試辦九年一貫課程，以各學年組成教學團隊為軸，老師不跨學年排課，學校空間及教室分配以學年為單位，課程設計、親師互動、學生行為輔導、學生活動、代課、轉出入、社團活動、團隊代表對外競賽等由學團規畫，行政提供支援系統，全校分成六學年教學系統，結合社區課程，是全校共同運作的協同教學模式。

在新舊課程交錯的過渡期，「要作就全校一起作」，避免某些老師或某些學團試辦，其他人隔岸觀火，對岸潑冷水。延續這經驗，到試辦教訓輔三合一方案及精簡人力組織再造，學校教學專業系統和行政科層系統巧妙地結合。

「零拒絕」、「團隊合作」、「融合教育」對於特殊學生需求的三大原則，不是一位導師的孤軍奮鬥，是一群團隊的持續合作相互支援，不是一位教練的即時指導，是一群團隊長期規畫持續合作，因此，多位多重障礙的學生在普通班適應良好，田徑隊、羽球隊、腰鼓隊、合唱團等學生社團，在不是特殊

才藝班資優班的學校，屢獲佳績。

學校附近的意誠堂 5 年來近百萬元贊助繳不起學童午餐的學生，北極殿 4 年來 50 餘萬元認養腰鼓隊及百週年校慶，學校近 50 名家長志工分別在圖書室、交通崗位、校園美綠化、說故事、手工書、跳蚤市場等交流著智慧和愛心。

一場學校百週年校慶，先來個社區化妝遊行，邀請社區民眾來學校一起慶祝，繞場的有各界校友、家長會、家長志工、學區各里、廟宇、醫院、銀行、飯店等單位，熱鬧呀！由於平常與社區來往，半年多時間募得百週年校慶基金近 300 萬元，政府單位撥款補助設施近千萬元，也算學校百歲生日禮物吧！有計畫、公開說明、建立學校信用、組成委員會，是辦理百週年校慶防止外界不利影響的作為。

隨著自己年齡增加，與家長年齡從同輩到年長，由於年齡給人較成熟的感覺，與家長會的互動也就較容易，尊重家長會運作，經常具體表達家長會參與校務實例，感謝帶來改變，經常關心家長們孩子在學校學習情形，還可以啦！

對學校同仁或組織之關係，尊重資深同仁、引導新進同仁、促進新舊經驗交流的人際互動時間和空間，保持著「某些距離」的「模糊」是較一致的做法。

對於學生就能談了，校長不常在正式場合說話，較常在走廊、校園裡遇見學生就談了起來，學生不怕來校長室，一些學生在校園裡看見會來抱抱，算是「媽媽級校長」。

上級單位很多，上級長官也很多，較多著墨在自己學校的穩定發展，無論是教育部或各單位，只要適合學校的，可以促進學校進步的，就主動爭取各種資源機會，成與否在於計畫實力，不是靠關係背景。

學校特色順勢而為，百年歷史、學生社團、學校組織、精簡人力、校園環境、學生文化、活動儀式、社區學習等，太多特色就沒特色，只有一種特色又失去安排豐富學習機會及激發各種潛能情境，因此適時聚焦突顯，避免單一特色而定型，造成學校形象固著，校長功能僵化。

學校特色須每年不斷修正創新，從原有基礎不停地累積成果，以學生社團腰鼓隊來說，成立之初，學生自付服裝費，家長不認同孩子學傳統藝術，但經營幾年，家長支持鼓勵孩子參加，設備服裝道具陣容年年擴大創新，成了高雄市國際性活動重要的表演隊伍，它會成為學校特色，不是現成的，是長期努力的。腰鼓隊以學生社團組成，不是來自特殊才藝班、也沒有自費到舞蹈社學才

藝的孩子，完全是普通班學生，沒有舞蹈訓練基礎。從提供學生參與發展潛能機會、組織指導教師團隊、傳承新舊經驗、激發學生榮譽感、引導喜好活動學生訓練體能與才藝等方向努力，成了維繫社團發展重要力量。因此，學校特色是長期經營成果，不斷地賦與意義，時時行銷以凝聚社區、家長、學生的認同情感。

變是常態，別老想著「怎麼會這樣？」每天有著「不確定」的心理準備，經常保持「思考」，留著「空白」，事情總有許多意外。俯瞰變革大環境之脈動，適時掌握校園變革節奏，因勢利導、順勢而為，必要時，可逆向操作，創新作為。變革，可大刀闊斧，也可微調變動，可小處著手，也可大幅動作，學校組織結構變了，與社區關係變了，校園環境變了，教師生態變了，沒有絕對好或壞、對和錯、是與非，我們都在找尋一個此時此刻最適合的工作環境和最有利學生成長的地方，也在找尋一個快樂生活、勝任愉悅的心靈空間。

參、運　勢

第1任學校校舍工程延誤多時等著解決，憑著一股初生之犢勇氣，廠商控告未付款，自己請教了法規會後，逕自寫答辯狀，親自到庭應訊，維護學校權益，緊接著不斷地與廠商談判、仲裁，工程終於完工，學生有校舍可用，官司還一直在打，過了2年多後官司結束，4仟多萬元的保證金進入公庫。

陸續因設備招標、拆除攤販或公家宿舍等訴訟案，都聘請律師協助學校處理，因非專業讀法律條文，只能望文生義逐字解讀，缺乏法律素養，進不了狀況，徒勞無功。遇有訴訟，還是要請律師較有助於解決問題。

教育政策修訂或法規訂定，在書櫃裡是工具書，需要時隨手可取，畢竟人的思慮和記憶無法長久或即時應變。認識法律界朋友，可非正式請教參考他們的意見，周全自己處事面向，但也不必「杯弓蛇影」，驚嚇自己，教育原則要掌握，行政道理要清楚。

環境變遷是必然，對教育的影響層面在於老師或行政人員應變能力與資訊充足，教師甄選從自辦到委辦而聯合委辦、《採購法》的頒布與修正、學校護理師的約僱、委外醫院回到正式編制，學生各種代表團隊一定要組隊參加全市比賽到鼓勵參加，政策主題經常在變，誠實專案、升旗儀式、開放教育、遠足、

戶外教學、資訊教育、特殊教育、親職教育、兒童閱讀、少子化、非學校型態實驗、外籍配偶子女教育等,即時提供資訊,轉達會議決議,身在「今世」,少去回味「前世」,把變遷的來龍去脈說清楚,調整一味非理性抗拒的心態為面對它、接受它,學校的工作氣氛較積極,大家有跟上時代的感覺,自然而然產生不甘落後的努力。

肆、觀　勢

　　教育部及教育局在提出預算需求經立法院或市議會審查,年年有許多不同的預算項目,了解行政程序的必要,沒有什麼無奈好談,倒是經驗不少。如小學總務處專任人員,談了1、20年,國中高中一直是專任人員,國小就是由老師兼任,4年前,搭「建立學生輔導新體制三合一實驗方案」便車,處室精簡調整,後又參加試辦教育部3年「精簡人力組織再造方案」,3年來,總務處幹事兼組長,可以領組長津貼,少1位主任、2位組長,老師心力放在教育學生,全然專心教學工作,寒暑假休閒、進修甚少到校處理事務,少3位教師兼行政人員,比較沒有找不到組長的問題,學校運作還算順暢的過了3年,接下來的政策呢?沒有人能回答?要再回到原點,學校已有減班壓力,已時不予也。學校自主的鬆綁尺度,一直要去試探,校長有這空間探險,多與人事會計討論,程序盡量求周延,法令盡量要熟慮,如果只等著公文辦事,學校沒有適度調節機能,以後要處理的難題更多。

　　高雄市因市長、局長甚為重視民間團體辦理的創新經營和創新教學獎,經費補助了,說明會也開了,獎勵一切從優,說是鼓勵,但技巧上有點強迫,真正落實於學生有多少,很難評估,是獨厚某民間團體、助長學校虛榮心?還是老師們有機會動手整理教學資料,勇於嘗試走出教室和各縣市老師交流經驗?得與失之間很難一時論斷,反正做校長,還是要做一些別人看得見的事。如果我是一位政策創定者,依然是掌握時代社會脈動,呼應社會需求,依程序提出預算,通過後會議溝通,說清楚政策方向,鼓勵各校提出計畫申請,沒有什麼驚人創見。過去全部經費同放一個籃子齊頭式分配,現在應可調整,留住鬆綁原則、各校自主空間是重要的考慮。

伍、審　勢

作為國民小學校長，推動國民教育，不能不清楚把握國民教育本質，在 2 所學校服務均秉持普及化、維護每個學生受教權原則，提供校園裡充分學習機會，學生在學 6 年裡有機會嘗試各種學習，至今沒爭取設資優班、特殊才能班，也沒巧立名目自設才藝班、資優班，學生各種表現仍舊亮麗。心中有一把尺，進入這所學校的學生都能先有相同的資源，先求均，再求質。對於弱勢學生外加爭取政府、民間資源協助，如教育優先區、課後安親班補助、善心人士協助、設立仁愛基金等。

近日得知因去年曾透過媒體呼籲各界贊助學校獲總統教育獎學生，該生已得多位善心人士長期贊助學雜費、生活費至完成高等教育，多溫馨的社會。「校長」這職位還是有信用度，只要是能提供學生適時幫助，不妨多拿著名片拜訪，不避諱上報亮相，資源總是源源不絕。

陸、順　勢

學校本身就是一個學習社群，比一般機關更需要終身學習，有些很奇怪的情形，老師要求小朋友要讀書，自己已經不考試了就不讀書了，老師聚在一起談的事情大多是自己的婚姻、戀愛、小孩等，較少談學生學習狀況，老師經常反映校長不進修、學校沒有安排研習、政府沒有經費補助公假研習，真正有了公假、有了經費，也依老師需求安排進修方式，還是認為參加進修是行政人員強迫的。家長、職員、工友等學習動機較單純，只要能引起學習挑戰的課程，他們的參與度往往高於教師。

我的想法是：談教師分級制度、論教師換證是外加的誘因，要指望實施那一天，我已不是校長了，還是要想辦法激起內在的學習動機，多看一些努力學習的夥伴，請他們經常分享學習樂趣，少數不願意參與的，就讓團體默契制約，如果團體形成不了這無形規範，只好公事公辦。我很堅持老師應該參與研習進修，終身學習，討價還價後還是要做、要參加，同仁知道這部分對這個校長而

言沒什麼好商量的。

柒、逆 勢

社會偏重智育,價值觀升學主義導向,班親會、親職教育、親師溝通通訊等,簡明扼要與家長談談多元社會價值,學習成就因人而異。學生獎勵措施、設計各種儀式、調整學習空間,安排人際互動動線,規畫學生活動,訓練學習社團,安排彈性課程、社區學習服務等無一不是推動德智體群美的課程,是有利於學生的,有助於人格發展的,那就不是困難的決定。

全校學生人數千餘人,組成多年來經常參加國際性、全市性活動的腰鼓隊、田徑隊、羽球隊、合唱團等,每位學生每週2節社區服務,每學期2次社區學習,學校沒有游泳池,仍安排游泳教學等,只有獎狀沒有獎品的獎勵,每名畢業生都上台領獎的畢業典禮,每名新生穿越花道迎新式、每個學生年年化妝到社區遊行、至少參加2項競賽的運動會,種種學校活動規畫和設計,力求周延廣泛,不強調單一價值,學校本是個有無限學習機會的地方,本來如此,應該如此,就是如此,沒啥困難。

捌、造 勢

校務行政電腦化,經費來源一直追不上資訊設備更新的程度,硬體方面注重智慧財產權及基本設備,由一小組討論決定在有限經費做最大幅度更新,如只是1位執行秘書決定,只有他會操作,那學校資訊系統將會癱瘓,大部分聽小組的決議,再參考1~2位有專長老師且是使用者的意見,業務移轉知識管理要著力。

資訊融入學校行政、教師教學、學生學習等方面的落實,申請教育部攜手計畫等專案是較長期做法,短期方法如教師資訊認證、提供進修研習、鼓勵老師指導學生參加如數位典藏、國際網等競賽。

小組定期開會討論,有困難提到會議討論,決議後分組以個人實際操作通過為進修方式,如職工友的校內修繕系統、行政人員的文書收發作業、教師的

進修認證系統、行政電子公告系統等，定期小組開會，激發同仁終身學習，跟上資訊學習腳步，人人普遍參與。

玖、成　勢

　　學校文化是學校人員在所處環境因應外在環境、解決內部等問題之共同行為，當然有可以經營生根的部分，如設計與持續學校儀式、再定義學校傳統、訴說學校英雄、察覺與引導教師行為場域的習性、規範與調整學校價值等。

　　承先啟後是校長在短暫任期內必須面對的時間限制及可為空間，有些校長可能想要突顯功績，不惜斬斷學校過去一切，這是很危險的做法，舉凡校園有歷史意義的建築、文物、學校人員潛在價值觀、社區特質，必須觀察了解後，作適度調整。別大張旗鼓說改革，低調地、默默地、慢慢地修正，對於在學校原有資深人員，多詢問、多向他們學習、多尊重他們甚至禮遇他們，重新詮釋舊有價值在新時空背景的解釋，如試辦九年一貫課程時，資深老師說「我們不是不做，是怕做錯。」又說「協同教學、統整教學不是和我們以前的大單元教學、體育循環教學差不多嗎？」「課程設計和教學進度表、教學單元設計沒兩樣。」「研究組，我們以前教務處就有研究組」……等，多有智慧的資深老師，新課程經他們一說全連結了舊經驗，學校面對教育改革因此從容一些。

　　學校的精神與靈魂，採取內外夾攻方式，外在力量來自資源轉化、校園環境改變、與社區頻繁互動等，內在力量適時舉例說明校園事件、學校印刷刊物或文件表達意見，學校人員能夠察覺這是何種價值之下之作為，彼此都能了解對方的想法，價值觀就能慢慢形成，如舉辦每位學生都能上台領獎的畢業典禮、每位新生進入校園的迎新式，自然而然形成學校每位學生都是學校主角的潛在價值。這是互動之後相互影響的力量，說得少，做得多，透過環境或儀式或象徵符號的設計傳達價值訊息，學校相關人員無形中感受到的力量才能長遠，自己也不過度期待任期滿會留下什麼，因為，學校的故事會成為傳說，說學校故事的主角會換人，學校會繼續發生許多不同的故事。

　　嫻熟校務在第 2 所學校的第 2、3 年較得心應手，剛開始比較衝撞，這個想做、那個要做；這裡不對、那裡不行；這個沒做、那裡不好，一進學校盡跟自己過意不去，一天下來就覺得「怎會這樣？」把自己看得很重，壓力跟著來，

學校同仁也拭目以待，摩拳擦掌，弄得校園氣氛很緊張。

　　經過自己的調適和放下身段，慢慢摸索出怎樣用校長角色與學校人員互動，同理他們怎樣看校長角色，提醒自己要主動、露笑臉，先表達關心他家人、生活等方法。

　　人際關係與溝通方面，經常察覺怎樣用校長角色和每位接觸的人互動，如教育局、其他局處的公務人員、商業、文化、媒體界的人，經常有說完話，離開後很後悔的懊惱，幾次之後，注意看、聽別人的言行，再修正自己的言行。當然，要注意「校長」的格調，為與不為之間，沒有絕對標準，當校長好處之一，人際彈性空間比較大，比較容易把自我放大，壞處之一是常忘了自己是誰，因此，經常提醒自己：「權力使人腐化」、「別膨脹自己」。

　　當了校長，與教育部長或教育局長又是另一層次的立場與人際關係，我認知的「長官觀點」是：只要不要有家長或民意代表來說學校的不是，這位校長就很稱職了，如果在公開會議說某位校長的好，不會獲得其他校長見賢思齊，只有讓這位校長更孤立而已，所以，從教育部長或教育局長角度來看校長的學習或成長，我覺得頭臉角色重於執行角色，當校長們感受到教育部長或局長經常讓我們看得見，見面時表達關心、鼓勵、支持，校長們會更盡心經營校務。老是把校長考核掛在嘴邊，老提校長遴選的績效評核，會把人際關係弄得很工具，多放手、多尊重，校長們還是可以激發智慧潛能。

　　雙生涯家庭的父母，經常陷於工作與家庭、個人與家人的困境，認定校長疏於照顧家庭是對校長角色的「社會印象」，就像校長下班後忙於應酬的「刻板印象」值得商權。我不認為校長這工作等於疏於家庭照顧，也不認為校長工作就是忙碌，更不認為校長工作就是要特別維持身心健康，每個人的生活世界要做某項工作，在家庭生涯和個人發展就有某種程度的規畫與決定，尋找各種可用支持之平衡點，自然而然能維持身心健康，從容以對校長這工作角色。

　　我已做了 11 年多的校長，如果重新來過，還是想做校長，它是不錯的工作。不過，對我而言，以現在的校長遴選制度，也許沒有以前的機會當得了校長。對於要選擇校長這條路的工作同伴，我認為要準備好：很多事不是一定要如願，當校長是幸；不當校長也是幸，人間事沒有什麼絕對要如何。當校長能光宗耀祖，是教育工作生涯的頂端，這種想法已經過時了。

　　校長前後做法因個人的成熟、經驗累積、進修學習、時空變遷有所不同，

但是這是一個很有趣的工作角色，值得嘗試，因為能看到人間世態，能與小學生相處，能透過人際互動更體會人性，做一些事情很容易就獲得讚美，也能常常感謝別人的幫忙，不錯的工作。

　　如果一定要說校長前後不同做法，會讓自己更柔軟一些，別那麼事事理直氣壯，可以理直氣和，別那麼在意別人對我的評價，別死心眼堅持自己的格調。學校的事、教育的事離不開人的世界，多溫存人際互動和校園品味，多耐心等待家長諒解和學生改變，多花心思過濾教育政策的可為空間。別急著跑在前端，雖有冒險有挑戰，但壯志易耗損，豪情易衰竭。「放輕鬆些」、「別著力太深」的態度，面對與教育局或教育部的關係，以及校園人際關係的互動，應該可以掌握得好些。

拾、待　勢

　　校長的培育課程，多些人文素養涵育課程、少些經營績效管理；多些跨學科領域、少些管理技術演練；教育工作者的視野和胸懷需長時間培育，多些深沉經典文化探討，東西方文化思潮、人類歷史的認識與了解，少些現場工作者的埋怨與牢騷，這是我期待的培育課程。經常聽到準備當校長的夥伴說：不要講理論，告訴我做校長會遇到什麼事？要怎麼做才能保住校長工作？我建議他大概要找神仙了，因為沒有人能說盡校長會遇見的事，也沒有人能提出一套標準作業程序，完全解決校長可能碰到的問題。

　　當了6位準校長的師傅，教學理念是引導同伴了解每個作為背後的思維，慢慢地了解自己的特質和培養觀察校園一切的敏銳力，當校長是「有用」的角色，如何用之是重要課題。正用與誤用常在學習摸索中，已經當了校長，資源、權力都有了，責任承擔要重些，牢騷埋怨要少些，別太在意留下什麼，多關心當下可以做什麼，多給自己思考的空間，少些無謂的應酬和規矩。多欣賞別人的成就，多與不同工作領域的人互動，校長深深影響著教育的視野與格局，不能妄自菲薄，輕言無奈。

　　因此，就是多與人們討論談話，多閱讀經典名著、現期書刊，多觀察自己的處境與環境的變化，尋找可為契機，順勢而為，自然而行。

拾壹、安　勢

現在回想起來，擔任 2 所學校校長，值得談的是深植了學校文化和突顯教育價值，讓家長、老師、社區、校友等學校相關人員，覺得教育是有希望的，是值得努力的；學校是可信賴的，是親近的；在學校工作是幸福的，有成就感的；在這所學校服務和學習是人生旅程一段有意義的經歷。

第 1 所學校運用了學校芒果樹林，形塑了樣仔腳的校園文化，第 2 所學校追溯學校歷史，重寫校史故事，善用百週年歷史與各界資源，凝聚苓雅寮人不同世代的童年記憶，1 年時間規畫，辦理了一系列有人文情懷和歷史味道的百週年校慶活動。

我是一個喜歡文學、歷史的人，擅長寫描述文辭，說淺白話語，傾聽轉述感人的校園故事，勤於社區走動，不畏潑冷水，也不怕拒絕難堪，只要有可用資源，臉皮很厚、身段很低，鍥而不捨直到爭取成功，善用每一分資源發揮十分力量，誠信公開說明運用資源的過程，尊重不同領域專長工作者，取得提供資源者的信任與認可，大家一致相信這樣做是有利於學校發展，有助於學生成長。

蓄勢、循勢、運勢；觀勢、審勢；順勢、逆勢、造勢；成勢、待勢、安勢，校長在所處大環境見機行事、自然而為。校長是那個運用各方資源的穿針引線人，是那個和校園裡每個人一起喜怒哀樂的人；是那個了解個人卑微、體現人性光輝的人，是那個觸發學校生機、領悟萬物自有造化的人。

作者簡介

黃玉幸，1956 年生，台灣省台南市人，1977 年屏東師專畢業，分發台南市喜樹國小服務，1984 年調至高雄市服務，任四維國小各處室主任 10 年。

1993 年高雄市左營國小校長，1999 年高雄市苓洲國小校長，為屏東教育大學教育行政研究所博士，現任正修科技大學通識教育中心助理教授。居於南部院轄市，處於民主開放社會，年輕、女性的我有機會逐步職業生涯階梯，探索一段別具意義且豐富的生命。作為教育工作者，喜歡與人互動，性格傾向是非分明，較堅守公領域的作為。

創新用心經營博愛

周瑞雲
原任台北市博愛國小校長
現任台北市永樂國小校長

　　台北市信義計畫區內的博愛國民小學，自 1992 年 8 月設校至今，學區為安康、松友、廣居、國業、富台等 5 個里，普通班 74 班、身心障礙資源班 2 班、資優班 2 班、幼稚園 3 班。校地面積 23,049 平方公尺，教職員工共 155 人。東側與興雅國中為鄰，校舍四周有世貿中心、台北市政府、市議會、信義區行政中心、國父紀念館、華納威秀影城、新光三越百貨公司與全球最高的 101 摩天大樓等，可說是台北市「京畿重地」之精華區，占盡地利之便。

　　在個人的細心耕耘下，博愛的種子從發芽到開花，幼小的樹苗已漸成蔭，因為校長的理念，博愛得以穩健發展，分享校長的教育理念與辦學績效。

壹、教育理念

一、營造開放自由民主，活潑多元學習環境。
二、結合社區資源文化，組織發展學校特色。
三、用心傾聽孩子聲音，用愛關懷孩子成長。
四、用情陶冶孩子品格，創造快樂童話王國。

貳、經營理念與目標

一、鼓勵教師發揮專業知能，以開放的心靈結合社區優良家長的力量，走出教
　　室、打破班級，進行活潑多元的教學。
二、實施多元化教學評量改變傳統之紙筆測驗方式，以生動活潑之教學及主動
　　學習的方式擴充學習領域、提升教學品質。

三、重視藝能科教學，每學期均舉辦成果發表會及作品展覽以提升兒童創作欣賞的能力，並增進學生潛能的發揮和氣質的陶冶。

四、重視圖書館的利用教育，舉辦各項多元學藝活動，如兒童自創圖書，以培養兒童自動自發的學習態度和習慣。

參、開放多元的學生社團規畫

個人十分重視學生的人格教育，人格教育的養成環境是重要的決定因素，培養身心健康、活潑積極快樂的兒童是深耕教育工作者的使命，在博愛國小任內，個人大力推廣各式各類社團發展，參與社團是多數博愛兒童重要學習的一環。

在博愛，社團活動十分多樣，參與人數多，我們擁有體育性社團、藝文性社團、知識性社團與服務性社團。體育性社團有：排球隊、直排輪隊、羽毛球隊、游泳隊、五人制足球隊、田徑隊、跆拳道社、籃球社與乒乓球社；藝文性社團有：葉子劇團、二胡社、合唱團、弦樂團與管樂團；知識性社團有：瘋狂科學營與魔法數學營；服務性社團有：幼童軍團與女幼童軍團。我們的師資來源兼具校內及校外，並成立課外社團委員會定期考核追蹤成效。亦利用晨光、午休及課後時間進行運動校隊訓練，如羽球、排球、田徑、游泳、樂樂棒球、五人制足球及扯鈴隊，學生參與熱烈，對外比賽成績斐然。

幼（女）童軍活動的實施情形：本校隸屬台北市中國童子軍第 168 團，共有 66 人，目前新招募三年級男女童軍共 32 人。每隔週六舉行團集會進行各項課程活動，內容以服務、技能與生命教育為核心，發展出多元的精神，並多次參與校外舉辦之童軍活動。每年定期辦理宿營活動，提升小狼與小蛙的童軍技能、童軍常識與合作學習的概念。目前本團發展方向為社區團，家長皆積極參與木基、木章及各項養成訓練，也參與團集會活動的設計與教學，並有完善的「童軍團家長後援會」組織。在豐富的人力資源、經費及相關設備的配合下，本團為健全有組織的童軍團。

在個人的大力推動下，博愛管樂團於去年 10 月成立，特別聘請個人學弟現任職於台北市立交響樂團演奏組主任暨管樂教育家許雙亮先生為我們規畫管樂團師資、管樂團課程，並擔任我們的專任編曲作家與管樂團指揮。在個人與家

長會的支持下，管樂團表現亮眼，一成立就招收 50 多名學生，每一聲部都有小小演奏家，管樂團結構完整，學生在此團優游於音樂中，學習 2 個月半就上台表演，得到許多長官、音樂界人士與家長的讚可。

肆、多元創新的教學活動

教育思潮的演進，隨著教改與各項教育政策的推動，校長是校內教學活動的推手，個人嗅到教育新思維，感受課程統整是現今九年一貫課程發展的趨勢，落實小班教學，實施開放教育、鼓勵創新教學是博愛課程規畫的精神。推展人文與品德教育的養成，我們於每週四實施「心靈早餐」靜思語教學，故事引導、戲劇演出、相聲唸謠或音樂演出形式帶領孩子們提升心靈層面。性別平等教育、主題式教學或注音符號闖關活動，與兼具深度廣度的校外參訪活動，讓博愛兒童在學養上增廣視野，博學多聞，在人際關係上學習尊重，肯定自我，培養出「快樂、積極、勇敢、健康」的博愛好兒童。

伍、多元完善的校園環境

每一個博愛人最引以為傲的就是我們有美麗的校園，在校長任內，規畫校園的一草一木，整理裝修所有的專科教室，爭取經費興建學生活動中心，現在博愛校園五臟俱全，擁有令人稱羨的硬軟體設備，這都是大家的努力而成。美麗科技的教學環境是博愛引以為傲的校園特色，美勞教室、音樂教室、自然教室、英文教室、電腦教室、韻律教室、社會教室與視聽教室，以及剛剛落成使用的學生活動中心，新穎的設備與教學環境皆提供老師與學生教學與休閒運動最好的環境。

初落成的本校「學生活動中心」為地下三層、地上四層之教學活動大樓。地下二、三層為汽機車停車位，地下一樓是溫水游泳池，一樓是多媒體語言教學中心及戶外開放空間，二、三樓為音樂教室及多功能演藝廳，四樓為活動中心暨羽球、籃球及排球多功能綜合球場兼大型集會場地。室外則漸有無障礙設施以利殘障人士通行。

此外，博愛開放空間也提供社區人士一個嶄新的活動空間，不僅能促成學校與社區有更優質的大型活動產生，更能提升人文與運動的素質，協助推展社會教育達到學校與社區的互動與資源共享，更是社區人文、體育、資源整合多方發展的指標。

陸、實現「學校社區化、社區學校化」之理想

個人引領著全校師生與社區資源接軌，我們一起走出校園，配合九年一貫課程之實施，推動「我愛博愛」、「我愛社區」主題式教學活動，藉由對學校及社區之認同，激發學校、愛鄉情懷。

柒、落實學習生活化

個人一直稟持著「用情來陶冶孩子品格，用真來接納孩子的一切」，教導孩子要以身作則，親身實踐。不論颱風下雨，不論炎熱風寒，在校門口迎接孩子上學是我面對每天教育工作的重要課題，8 年下來，孩子們學會主動噓寒問暖，孩子們懂得分享感恩，孩子們將學習的所知所聞與體驗應用運用於日常生活裡。我們的學校願景「博愛在心中，世界在手中」，由生活的點滴中讓孩子學習感恩惜福，建構自己的學習網絡，做一個主動學習的學習者；一方面又讓孩子的學習與世界接軌，如重視環保問題，我們舉辦過「快樂來打掃」活動，藉由打掃工作與資源分類工作，讓孩子重視環保問題，生活就是學習，學習就是生活，博愛的孩子擁有與眾不同的氣質與胸懷。

捌、重視品德教育

奠定學生良好的品德基礎是小學階段最重要的教育目標，在個人推動與全校師生共同努力為的是培養有道德與責任感的孩子，成為日後社會安定的一份子，貢獻一己之力。

一、學校以「個人榮譽章制度」與「班級生活競賽」制度來激發學生的榮譽心

　　與責任感。

二、配合「心靈早餐靜思語教學計畫」以教師講述與學生戲劇表演方式，加強
　　品德教育。

三、藉由表彰模範生，樹立同儕中的良好典範，給學生見賢思齊。

四、藉由學生失物招領措施，培養學生「不是我的就不能拿」的觀念，學生撿
　　到東西、金錢多會自動的拿到訓導處以待失主領回。

五、配合「春暉專案與防治幫派」的宣導，本校學生歷來均無發生吸菸、嚼食
　　檳榔、酗酒、濫用藥物等不良情事發生。

玖、營造親師和諧的博愛家園

一、愛心家長團隊的支援

　　家長是學校教學活動與生活維護重要人力資源，本校於每學年度開始發放
問卷徵求家長擔任學校志工意願，反應熱烈，調查家長職業所屬類別與工作內
容。

　㈠整理資料，分門別類，依家長意願分組。

　㈡依學校需求，志工團分為圖書管理、衛生保健、學習輔導、惜福、園藝及
　　導護 6 大組，設有團長 1 人，各組組長 1 人，建立聯絡名冊，便於聯絡與
　　管理。

　㈢學校辦理活動時，例如：校慶活動、母親節慶祝活動……等，結合家長的
　　專業能力，共同合作。

　㈣除了家長志工團的參與協助外，慈濟人——黃媽媽於每週一上午到校協助
　　輔導各班有偏差行為之學生，成效良好。

　㈤學區內有慈濟資源回收場、環保局三張犁分隊亦常協助學校資源回收工
　　作。

　㈥學區內之荷蘭銀行亦曾贊助經費，協助學校印製親子橋刊物。

二、親職教育家長班的設立

　　由家長到教室參與「晨光活動」例如：創意維納斯、現代有氧舞蹈

（PAPA）、西班牙語初級（I）、警察的生活、西班牙語初級（II）、浮潛與近海潛水、電腦科技與生活、創意的祝福、好書分享、氣功、「法比」時間、音樂的體驗、旅遊見聞、捻花惹草、星座與銀河、好書分享、蟲蟲大作戰、說故事、語文活動、台灣民謠、環保漫談、資訊生活、大陸見聞、玩水好去處、生活法律故事、大家說日語（二）、講故事英文、數學、靜思語、資源回收、節慶香包由來、手語歌、職業介紹、卡片製作、自然課賞鳥、望遠鏡介紹、介紹大地之美、生活點滴、探索與發現、人間有愛。預期成效：增廣見聞豐富生活視野；寓教於樂，開啟另類學習。

博愛國小任期間，個人與博愛共同成長，以下是個人與博愛全體同仁學生留下的紀錄。

㈠本校在「營建適宜的校園教育環境」，具備下列特色

1. 校區資源豐富校園內環境良好。
2. 充分利用校地多功能空間規畫。
3. 校園情境布置親師生共同參與。
4. 師生共同規畫屬於自己的空間。

㈡本校在「創造優質的校園文化與氣氛」，具有以下特色

1. 全校教職員工生凝聚力強，遇有問題皆能理性溝通，往往都能獲圓滿解決。
2. 全體家長對學校向心力強，學生數每年仍不斷增加。
3. 教師以研究進修專業成長為樂。
4. 教師學歷與自我進修活動逐年增高與強化。

㈢本校在「塑造合宜的學校公共關係」，具有以下特色

1. 區內國小間的互動密切，除各校體育聯誼外，在教學、行政方面，也透過研習活動及各處室主任成長團體之討論，建立充分交流機會。
2. 能主動積極爭取社區資源，而非被動等待資源來臨；並且提供家長協會、紳士協會、國稅局等單位場地，建立良好關係。
3. 與大眾傳播媒體的關係適宜，報導皆為正向，並使本校更具良好知名度。

4.配合媒體節目（三立電視）進行學生互動型之學習活動，增廣學生見聞。

㈣本校在「提供課程領導與規畫」，具備下列之特色

1.校長及各行政主管深具課程領導的能力與熱忱，進而影響全校教職員工對課程規畫與改革的信念，創造更優質的課程品質。
2.以學校本位的模式，結合參與決定的精神，由全體教職員工共同努力發展學校之願景與課程。
3.本校推動學校本位視導模式，促進新任教師及實習教師在課程與教學專業知能的提升，並提供實習教師之輔導老師與新進教師之協助工作。

㈤本校在「推動課程設計與發展」，具備下列特色

1.本校課程發展委員會組織運作下，朝藝術與人文領域活動，推展學校本位課程為主體。
2.每學期學校總體課程計畫報局核備。

㈥本校在「強化配套措施與任務」，具備下列特色

1.本校教師個個教學理念正確與充滿教學熱忱。
2.教科書選用情形，因選用辦法明確，老師有選擇教材的空間，使教學活動更為生動有趣。
3.彈性學習節數規畫完善。

　　12年時光，當初播種的小樹苗已成樹，博愛的教育種子正發芽成熟，孩子們的表現在不同領域的舞台上發光，比賽的榮耀並沒有讓博愛的孩子因此自滿，我們也更重視孩子內涵的養成，推廣深耕閱讀、畢業美展、品德教育與人文關懷，一點一滴的灌溉琢磨，博愛兒童都是師長心中閃亮的鑽石，博愛兒童有熱情創意的師長陪伴成長，我們相信孩子的希望與夢想就從他們進入博愛的那天開始起飛。

作者簡介

　　周瑞雲，1968 年台北師專五專第一屆畢業，服務台北市碧湖、雙連、百齡、永樂等校教師、主任，期間進修師院師大教研所。1994 年參加甄試合格，隨即奉派南門國小校長，歷經 3 年努力，學校環境煥然一新，尤以沒有游泳池的學校竟獲台北市比賽冠軍，當時教育局吳局長英璋戲稱「是不是勤練乾泳之因啊！」1997 年底，特以辦學績優調派信義區博愛國小，由於行政用心、教師盡心、家長同心，年年創佳績，屢獲表揚，成為本區明星學校。迄今已進入第 9 年。爾後經營將許一個孩子優質美好的學習環境邁入博愛新紀元。現任台北市永樂國小校長。

教育愛，終生情

柯貴美
台北市古亭國小退休校長

壹、了了浮生夢

　　在台灣經濟尚未起飛的年代裡，讓子女升學，接受更多的教育，常是升斗小民寄望下一代能走進「白領階級」，向上社會流動的最大期望。所以那個時代的父母總是孜孜矻矻，為孩子的升學而努力。他們相信「萬般皆下品，唯有讀書高」，於是全心全力把孩子交給老師，信任老師；遇孩子不聽話、不用功或成績不理想的時候，甚至親自送藤條給老師，要求老師代為嚴加管教。

　　在那個黑白的時代裡，也就是「惡補」風靡的時期，國民學校從四年級開始分為「升學班」和「就業班」兩類。當時，我因交不起每月 30 元的補習費，而被安排在一般人所謂的「放牛班」。同學們羨慕我不用參加補習，放學後又可以早早回家。但是，在我心裡卻羨慕同學們家有錢，可以供他們補習，可以考初中，將來可以到公家單位上班，不用到工廠去當女工。這樣羨慕的心情，逐漸在我心中擴大，一圈圈。每當下午放學，看到許多家長為參加補習的孩子送晚餐到學校時，我就得背著書包，頂著半天高的太陽，跋涉約 1 小時的石子路回家，心中卻有一股莫名的悵惘，也升起一股莫名的盼望。在小學五年級下學期的時候，老師出了一個題目：「我的志願」給我們作文。當同學們咬著筆桿晃腦之際，我卻毫不猶豫地寫出我將來要當老師的心願。我振筆疾書，寫出家裡的貧窮，使我無法參加補習的難過心情，但我激勵自己要更用功，畢業後也要考初中，更希望自己將來能當老師。此文一出，獲得老師的鼓勵有加，且被老師選為範本，提供給升學班的同學們觀摩。就這樣，升上六年級，老師把我調到「升學班」上課。小學畢業，我是班上唯一沒有參加補習而考上彰化女

中的學生。就這樣跟著一份最「原始」的感覺走,當老師的願望逐漸在我心中萌芽。上了初中,也算上了我的人生征途。

初中時,一學期 300 元的註冊費,媽媽得為了我到全村張羅借貸,也引來一些浣衣婦的譏諷:「女孩子讀書有啥用,以後還是別人的!」「真是豬不長,長了狗。」媽媽替我借學費的辛苦,激發我強烈的意志力。我利用寒暑假到田裡當傭工,賺工資以補學費,也向同學借學費,以完成初中畢業。我以優異的成績直升彰女高中部,但我一心只想當老師,媽媽為我張羅旅費,我跟著同學報考高雄女師和台中師專,幸獲連中雙元。我選擇念台中師專 5 年,實現童年的夢。求學的機會對我來說非常不易,因此我勤奮向學,平日是圖書館的常客。

在人生的征途上,我扮演人性的工程師,由擔任老師、組長、主任,到考上校長,一晃已經 30 年,然而對教育工作的熱愛卻歷久彌新。尤其在競爭激烈的社會,工作難求之際,真讓我知足、惜福和感恩。一路走來雖孜孜矻矻,然而能為自己的理想而努力,能利益更多的眾生,把心中的愛散播出去,教化更多的學子,這是何等的福氣呀!

貳、鐵肩擔重任

校長可說是一校之主,是學校組織的領航員。對於學校發展的目標、行政、教師家長間彼此的意見整合,或遇觀念衝突、摩擦與矛盾等層出不窮的問題,校長得以權變加以組合、協調、溝通、激勵等方式,促進組織能在價值紛歧中正常運作,以達成組織目標。尤其近 10 多年來,隨著政治民主化的腳步,社會多元化的轉移,教育鬆綁的訴求,家長參與教育的浪潮,與世界接軌的課程改革……等,一波波撞擊著傳統穩定的校園環境,相伴著一位學校的校長也面臨我國教育史上前所未有的挑戰。

校長領導的理念關係著學校發展的動向。美國學者泰利(George R. Terry)認為:「領導是為影響人們自願努力以達成團體目標,所採取的行動。」國內張金鑑教授說:「行政領導是機關的各級主管,適應部屬的心意與要求,運用思想溝通、人格感召、智能表現與管理措施,使機關成員踴躍共赴事功,以協同一致的努力,有效完成組織的使命與任務。」東西方對領導的看法互異,東

方的觀點強調：領導是以身作則、率先示範，以領導組織成員共赴預期目標。西方看法：領導是以適當的行為導引組織成員到適當的方向，進而有效達成組織功能目標的歷程。

　　校長在學校中任負起承轉合的樞紐地位，藉由學校組織團體間交互作用的歷程運作，以糾合群志，領導一個學校共赴組織目標，形塑優質的學校形象。因此校長的領導有四個必要條件：一、存在團體的情境，二、具有組織的目標，三、具有影響力，四、導引成員共赴目標。曾經有人說：「有怎樣的校長，就有怎樣的學校」，有怎樣的學校就會形塑怎樣的老師，進而培育怎樣的學生。因此有學者勉勵校長能「鐵肩擔教育，笑臉看學生」，校長的領導影響一個學校的發展至深且鉅。其重要性分述如下。

一、導引內外共赴組織目標

　　學校建立在社區中，牽涉的人員龐雜。從校內而言，不同教職員工的組合，人員背景不同，價值觀念分歧，人格特質互異。校長要能體察下情，以同理心包容異端，能定期召開行政會報，或各項協調會，以公開行事傳遞教育理念，以糾合群志。另外，社區與家長人人殊異，對學校有不同的期待，因此，不定期的邀請家長列席參與校務各項開展會議，共同參與學校興革意見，使學校教育因這股積極的外力參與，而充滿著關懷（caring）、關心（concern）、關連（connectedness）的內外融合氣氛，使家庭與學校相互一體感（mutality）。例如教科書評選，各學年皆有不同的領域專長的家長參與評選；代課老師的甄選亦經公開、公平、公正的方式，由家長代表參與甄選委員，相互意見整合，內外相互信賴，目標一致，建構學校成為 e 世代兒童良好的學習環境。

二、闡釋行政與教師共同營運課程改革的的願景

　　近 10 年來，課程改革者呼籲學校課程從集權中央的研擬，下放給「學校本位發展」、「教師教學自主」的課程鬆綁趨勢，給與學校更大的彈性自主空間，無形中，形塑著行政與教師共同經營學校教育發展是責無旁貸的潮流。前教育部長林清江先生在公布「課程綱要」時，於記者會上宣示：未來國民教育新課程，要培養學生具備「帶得走的能力，拋棄揹不動的書包和學習繁雜的知識教材」。因此，新課程的重要精神在培養下一代具備人本情懷、統整能力、

民主素養、鄉土情懷與國際意識以及終身學習等基本素養。因此校長得統合教師的領域專長，學校課程設計應以學生為中心，以生活教育成範疇；共籌群組研擬發展願景、本位課程設計與教師協同教學之開展，打破傳統「教室王國」的窠臼。由學校自主發展中，引導學年編擬主題統整課程，可以基本的兩種模式：㈠以主題為核心，概念的展延與活動逐漸往外發展的模式。例如慶祝母親節的課程設計，中心主題「媽媽真偉大」，相關概念：媽媽為何偉大？媽媽怎樣辛苦？為何要孝順媽媽？怎樣孝順媽媽？展延的活動：慶祝母親節大會，唱「母親真偉大」、獻康乃馨、獻母親卡、母親節當日為母親作 10 件代勞的服務……等。㈡以主題為核心，多學科相關領域之知識統整。此強調參與的計畫與相關脈絡的知識，統整科技間廣泛接近的知識，例如：同樣以「母親您真偉大」為主題，課程的設計，從語文、藝術、自然、數學、音樂、社會、家政……等學科廣泛接近的知識，讓學生開啟更多知識，使學習不再是抽象的、分節的，而是有生命、有意義的、生動易學的。這活動過程的設計可以融合家長參與，創造學校發展的特色。

學校「願景」、「學校本位課程」等的建構，校長以 SWOTS 統觀分析學校發展的 Strengths（優勢點）、Weaknesses（劣勢點）、Opportunities（機會點）、Threats（威脅點）、Solutions（問題解決對策）等，利用各種會議正式或非正式的闡釋：「教育真正的目的，不在於教師完成某種活動，而在於學生行為引起某種重要的變化」（鍾啟泉，1991）。校長激發各領域代表、課發會委員共同研擬「願景」，當作校務發展的指針；以「本位課程」作為學校發展的特色，讓螺旋式的課程設計更紮實的延伸。誠如西洋教育家愛因斯坦說：「教育是忘掉學校所學後，剩下來的東西」。而剩下的是什麼？無非就是影響一個人一輩子的價值觀、批判思考、問題解決能力和社會行動力等。

三、肩負排難解困的重責

一所學校需要校長肩負排難解困的重責。10 年前個人儲訓後，第 1 任分派到台北市一所工程倒閉停 1 年的新籌備學校。個人秉持對教育的愛、熱情與毅力，排除萬難，解決層層疊疊的校舍建築問題，發揮建校創校的功業。

在今日社會，家長教育程度提升，且家長教育參與由於法規的訂定，已成為校園一股無形的「監視力」；而《教師法》的頒行，使學校成為行政、教師

會、家長會「三權鼎立」的局面。因而教育人人會談，只要三五家長相聚，大從討論國家大事、批判教育政策改革；小者對子女就讀學校的校長治校方針、學校行政措施、教師班級經營、考試命題、作業方式、教學活動設計、安全維護……等，都可成為家長彼此間比較、討論、批判的話題。甚而在學校不同場合，正式或非正式提出意見，對學校行政措施質疑。校長須接納來談者情緒，給與良善回應，權變應對。若內部執行有瑕疵，則利用時間約談相關老師，或召開處室會議，針對問題研究改進。社區人士對學校措施的非難，例如：學校場地開放與管理、停車問題的紛爭等，則須設計周延的時段，配合保全人員的設定時間，結合熱心人士暨清晨運動者開放管理，並適時宣揚「愛校社區有責」的觀念。若屬於外部觀念有偏執，則利用學校網頁有次第地說明治校理念、校務發展重點；或發行刊物，為文技巧地施以正確的教育觀；或辦理課程改革說明會、親職教育講座等，進而影響家長調整自己的教育觀，以利益更多的孩子。

四、轉化學校成為學習型組織的機制

自從 1990 年彼得‧聖吉（Peter. M. Senge）首次發表學習型組織（Learning Organization）的概念，全球興起一股學習的狂潮。Senge 強調學習型組織是一個提供成員繼續學習和成長的組織。在學習社區中，成員不斷充實自己，激發工作熱忱和對組織職責的允諾，自我實現，自我超越；同時能發展自我反思的能力，隨時自我檢討。更重要的是在學習型的學校中，尤重團隊的發揮，共塑願景以引導組織的永續發展。教育部將 1998 年訂為「中華民國終身學習年」，並發布「邁向學習社會」白皮書，期運用各種可行的管道和資源，促使民間團體或政府機構，逐步建立一個充滿學習契機的組織，使學習成為進步的主要動能。而校長轉化學校成為學習型組織，引導老師跟上時代的腳步，開放教學群的協同會談，領域教學的成果發表；提供處處可供學習的場所，使學校中人人可不斷學習的機會；激發老師體認資訊社會的變革，能時時充實自己，也是邁向終身學習的重要過程。

隨著 e 世代的衝擊，學校組織也跟隨著電子科技的（electronic）進步，一切作業強調彈性多元的（elastic）運用，以講究經濟的（economics）效率，最後追求卓越的（excellence）目標。隨著此 4e 的社會學習典範發展，教師必須不斷進修、不斷自我超越以提升自我能力，已是共同的企求；而學校組織也開

始轉向重視員工的協調、互動、謀合、調整、轉化的有機運作模式。在此新世代,校長領導學校已脫離傳統的法職權威,轉向專家權和參照權的建立。在學校勢力重組的組織型態裡,教師增權亦增能,產生校園組織發展為扁平式的運作新行為。

參、巧扮好角色

在一個學校中,校長是一位管理者,可能同時扮演多重的角色。在時代進步中,最明顯的變化為由傳統「金字塔型」的領導,轉變為「扁平式」的領導系統,如圖1所示:

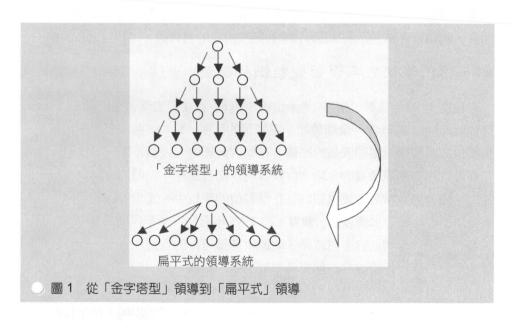

「金字塔型」的領導系統

扁平式的領導系統

圖1 從「金字塔型」領導到「扁平式」領導

至於在「扁平式的領導」系統裡,校長已脫離傳統「金字塔型」的階層體制,掌理校務已走入群體。在扁平式的組織中,校長欲巧扮好角色,必須費心與用心去扮演的,分述如下。

一、如何扮演

在校務領導中,校長可扮演一位設計師,是工作的推動者,散發能量、釋

放空間，發動組織人力參與，以集思廣益，並能激勵每位老師盡一份心力而有成就感；在事情完成時，夥伴們都喜悅地說：「是我們自己完成這件事」；校長是一位領航者，控制學校朝向學校老師所共同認同的「願景」方向去發展；而學校本位議題的研擬，更是經過領域代表的群體激盪所迸發的智慧結晶。校長又像是一位工程師，平日添加火力，走動管理群志，帶動學校老師熱絡從事教學、進修與研究，並能鼓舞群志朝向組織目標。校長更像是一位忠實的僕人，獻身為學校教育理想而無怨無悔地付出心力；遇颱風，得駐守校園；遇師生欠安，常奔波於醫院間；遇校園特殊事件，更須夜半驚醒於電話聲中，而指揮應變措施。同時，校長又是一位藝術家，能忠實地宣說各式各樣的「生命故事」，轉化生命企求、詮釋生存苦樂與不同果報的驗證；且能訴說教育的核心價值和使命，有力挽狂瀾的教育愛心。校長更能扮演一位親師的朋友，有話大家說，意見同交流，共創優良的教育園地，有事大家做，不分你我他，為開創兒童明日的天空而努力。

二、角色類型

彼得・杜拉克在其管理學中，認為一個組織的管理者最重要在於明瞭自己的「角色定位」，只有角色扮演成功，才能帶領團隊邁向成功之路。

Henry Mintzberg 在其所著《管理工作的本質》，將高階管理者的角色分為三大類型，共分析為十種角色，清晰明白，是值得學校校長省思與檢視自己應扮演的角色類型。茲分析如下。

(一)人際關係角色

1. 首腦：象徵性的領導，有義務執行許多法律的或社會性的例行責任；如儀式上、地位上的需要或懇求。
2. 領導人：激勵部屬並為選才、訓練等相關義務負責。
3. 聯絡人：維持良好的對外關係及內部各次級單位的關係，注意社會事件，執行公共服務。

(二)資訊的角色

1. 監視者：尋找各種有用的資訊，監視變遷趨勢，把握時機，能作出明智的

決策；是組織內外資訊的神經中樞。

2. 傳布者：從組織外接受訊息或從其他部屬獲得消息，傳布至組織中其他的人，包括事實與價值性的資訊傳布。

3. 發言人：將組織的計畫、政策、行動、結果等傳達外人，是公關負責人，有時為了組織也要去遊說他人的支持。

(三)決策者的角色

1. 企業家：為組織尋找發展機會，發起改善激化推動變革，監督某些計畫的設計。

2. 處理糾紛者：當組織內外發生糾紛時，他要為糾紛的調處行動負責。

3. 資源分配者：各種資源的分配，如預算、工作行程、授權的行動等決定。

4. 協議者：代表本組織與其他組織或個人協議等。

三、典範扮演

綜合以上組織領導者的角色扮演，運用在學校教育場上，現階段校長角色多重且責任繁重，分析其扮演的角色類型如下：

(一)激勵者：當教師工作情緒低落，適時激勵，辦理員工自強活動、康樂活動、紓解壓力。當老師有優異表現時，揚善於公堂，以激勵士氣，並使老師見賢思齊。

(二)倡導者：為教育政策、課程統整、學校發展目標做有系統的倡導，使老師認清方向且有努力的參照點。尤其課程改革、家長教育參與、廁所文化……等，利用教師進修活動或為文宣導，讓老師耳濡目染，習而察知。

(三)承擔者：當遇親師衝突，校長能設法幫助老師化解並為雙方謀合；在資訊衝擊中，教師受困工作瓶頸，校長能提供支持與助力，辦理班級網頁製作及數位教材製作的研習活動；並把握機會獎賞優秀製作者。藉鼓勵來提升老師學習興趣與信心，進而化解心理的障礙，促使教師突破工作困境，得以自我超越，達到學習成就感的滿足。

(四)締造者：一個學校的永續動能，有賴校長的作為、人格與風範的影響力，從各方面傾聽老師的心聲，不論面對面的交流或會議紀錄的回覆，在互動過程中感化員工，激發成員為學校效命的韌度。

㈤對話者：在民主開放的校園中，校長採扁平式的決策對談。透過多重雙向溝通的流程，互塑同理心，互悉雙方的需求與觀感，減少不必要的行事誤解，使上下皆能共同擔負行事營運的責任。

㈥並肩者：校長在引導同仁追求組織目標，得珍視同仁的專長，同時建立並肩共存的夥伴關係；為組織的名譽，鼓勵團隊參與各類比賽，例如教師籃球賽、教師羽球賽、教師數位教材製作競賽、學校網頁製作比賽……等，同心協力為學校願景效力。

㈦培塑者：在教育改革風潮注入校園中，校長期望教師轉型為終身學習者，宜安排各項研習機會以開闊老師視野、拓展學習領域。例如資訊化的衝擊，有系統的開辦研習以增進教師運用資訊以活化教學的技能；同時激發教師參與數位教材製作，跟進資訊發展的腳步而不落伍。

㈧授權者：校長對教師教學的精進，承擔行政的擔負，充分的信任，並充分授權增能，使學校不斷注入活水，不斷展現創意的團隊力量。例如領域召集人的職能規範，於年度計畫中，得分階段以資訊分享各領域的成果，以激發見賢思齊的團隊成長動能。

㈨指引者：在校長治校理念導引下，為達校務發展的預期目標，透過行政會報的統合做法；透過各領域會議，讓老師清楚學校本位課程發展的方向。同時在課程的評鑑中，依據既有的人力與資源，平實學校本位課程的達成，以發展學校的特色。

㈩決策者：學校行政的一切作為，都是做決定的過程，如何廣納建言，統整各方意見，並適時做出最佳的決定，考驗校長的智慧與能力。這決策並非創造出來的，而是根據統整意見所做的再製品，此決策才能獲得多數老師的配合與執行的順利。

四、角色真意

個人體驗校長扮演著學校的領導角色，身負學校教育轉合的重任，尤其現階段教育改革浪潮洶湧，更擔負多元的角色與責任。正可以「LEADER」英文字代表來分析：

㈠Listen：傾聽者的角色，開放溝通管道，博採眾議，廣納諫言，透過深思熟慮，評估行事之輕重緩急。

㈡Explain：詮釋者的角色，說明治校理念，宣導教育政策，分析行動計畫。

㈢Assistant：協助者的角色，教學視導，走動管理，問題解決，意見整合。

㈣Discussion：協商者的角色，利用個案討論、委員會議，以收集思廣益之效。

㈤Evaluation：評鑑者的角色，過程與結果的評核，達成目標管理之效益。

㈥Report：報告者的角色，建檔追蹤，綜合檢討，發揮組織的績效與責任。

　　從「Leader」英文字的透視，一位校長平時扮演即是如此平實的角色，沒有特殊的威權，而是平易的參照權，也因樸實無華致能與校內人員親切互動，從而塑造專業權。

肆、教育轉彎處

　　學校不能關起門來辦教育，必須了解當前社會丕變，把握社會的脈動，才能與時俱進，同步發展。

一、教育改革的衝擊

　　為迎應 21 世紀教育的變革，行政院於 1999 年提出教育改革總諮議報告書；這是我國教育史上一次「寧靜革命」，也是一次教育史上最大的「質」變。1998 年九年一貫課程的推展，對照 1968 年，國民義務教育年限延伸的實施，明顯可以發現因應世界變遷，我國教育所採取跟進的步伐，由表 1 分析可清楚窺見：

● 表 1　從九年國教到九年一貫

1968 年實施九年國教制度	1998 年推動九年一貫課程改革
基礎教育年限延長	回歸九年一貫課程
量的擴充	質的提升
強調升學聯考科目	強調終生學習目標
重視學科知識的灌輸	重視生活基本能力（十大基本能力）
學科分化，科目林立	七大學習領域，簡化教學科目
分科教學	合科教學，領域統整

● 表1　（續）

集權中央，制定課程標準	制定課程綱要，權力解構，授權學校本位課程發展。
行政管理　課程控制	行政鬆綁　課程解構
編製統一教學指引	教師自主，進行課程統整設計
規定教科書統一編審	開放民間版本送審，多元競爭
要求照表操課，實施刻板	善用彈性課程，實施行動研究
學科中心	學生中心
統一課程標準，缺少彈性	強化活動課程，提供選修課程
不重視多元文化	鄉土語言納入課程，一年級開始實施英文教學

　　對於這一波改革的潮流，校長亦須重新調整自己的腳步，跟上改革思潮，不斷參加相關的研習活動，以攝取新的資訊，便於為老師家長宣導課程改革的旨意。因認識而有定見，在課程統整規畫與協同教學群的展開之際，協助老師實踐領域教學的協同設計，引領老師共同發揮創造的智慧，策畫多樣態的教學活動，以增進孩子多元智慧的發展。

二、校園民主化的壓力

　　1994年，《教師法》的公布，學校中教師會的成立，教師參與校務意識抬頭，各項會議，包括：教師會、課程發展委員會、教師甄選委員會、校務會議、教科書評選委員會、課務協調會……等。同時最令人矚目的是，1999年2月教育部公布校長任期制所面臨的衝擊。校長任期4年一任，連選得連任一次，且其遴選過程須經委員會委員超過二分之一的通過，方可續任，否則須回任教師工作。委員會包括學者專家、教育局代表、台北市教師會代表、校長代表、家長代表。在遴選過程須尊重校內教師代表的意見，也須聆聽家長會的見解，此種機制雖反映校園民主，但也給校長帶來前所未有的壓力。

　　處於當前民主開放的校園環境，必須定期召開處務會議、擴大行政會報，每月揭示明確主題，讓各處室有共同的階段性目標，藉由會議的意見交流，達到上情下達、下情上達的有效溝通，建立和諧的校園溝通管道，以活潑組織功能。同時，校長有任何理想或新的行政構思，也因彼此的意見交流與相互激盪

而更趨成熟。

三、家長參與的趨勢

　　1999 年 6 月《教育基本法》立法通過，其中第八章第二款，已明文規定家長為其子女之最佳福祉，依法律選擇子女受教方式、內容及參與學校教育事務之權力。《國民教育法》增修條文亦規定，家長會得派代表參與校長遴選委員會、校務會議等。2002 年公布的《台北市中小學校學生家長會設置自治條例》，更具體明示家長教育參與權之行使，乃共謀良好的教育之發展；亦明定家長教育參與之方向與做法。而家長參與學校子女的活動，其需求分析可包括七個面向。

㈠基於宗教的情懷

宗教勸人：「施比受更有福」，以助人為快樂之本的付出。

㈡自我實現的願望

藉由擔任學校義工服務，肯定自己人生的方向。

㈢結交好朋友

擴大自己的生活圈以開闊視野，突破現代封閉式的公寓生活。

㈣基於回饋社會的胸懷

個人受國家培育，有能力以回饋社會。

㈤基於好奇心的驅使

標榜義工助人公益的美德。

㈥成長與知識技能的提升

參加親職講座、家長座談會、家長讀書會，學習教育子女的技巧。

㈦終身學習的契機

參與學校活動，快速擷取資訊，隨時把握成長契機。

在都會地區，因家長教育程度高，對學校教育參與的熱絡，使得關心教育的問題成為另一股無形的壓力。舉凡家長會辦理學校行政工作執行問卷，由回條可窺見一般家長對行政運作的看法，有否革新的意見；家長會分別與低中高年級的家長晤談，對教師班級經營，有否鬆懈現象的盲點，藉此可激勵自己再精進。同時愛心家長的進出，無形當中也給老師帶來監視的壓力。在家長參與的趨勢下，有其影響如下。

(一)正面的影響

1.提供校務興革意見。2.建立申訴管道，協助排解親師間的糾紛。3.增進學校有效運用社區資源。4.有效提供學校人力資源的協助。5.豐富師生學習領域。6.促使校務經營透明化、正常化。7.增進學生學習成效。

(二)負面的影響

1.干預校務，影響學校運作。2.享受特權，製造學校行政困擾。3.造成教師倚賴心理，疏忽教師的本質。4.因家長參與多，了解愈多批評也愈多。5.教師與行政對家長參與的排拒心理。6.因家長參與的觀念互易而產生糾紛。

家長教育參與這個層面的探討是個人所關切的。因之家長走進校園參與教育事務，是新世紀學校經營的大趨勢，如何因勢利導，發揮教育事業合夥人的功能，是需要行政、家長、教師三方面共同來調適的。

四、校務行政資訊化

走進 e 世代，我們須了解它是個講求 electronic、excellence、economics、elastic 的世代。經濟學家高希均教授說：「e 世代是個講求知識經濟的世代，以知識為基礎；其核心理念是知識獨領風騷；管理推動變革；變革引導開發；科技主導創新；速度決定成敗，網際網路顛覆傳統；競爭力決定長期盛衰。」校園生態改變，教育呈現多元化，過去所強調的線性、平衡、均勢的基本發展過程假設已被顛覆了。代之而起的是快速化、前瞻化、複雜化。教育必須引進資訊科技融入教學，透過數位教材之製作創新教學。學校領導者須顛覆傳統的校長「職位權」，而以知識管理作動能，資訊素養為本的「知識權」所取代。

五、任期與績效評鑑之壓力

《國民教育法》修訂頒布，校長採任期制，4 年一任，任期屆滿須經遴選委員會通過方能續任。遴選標準需經過教育局評鑑委員考核校長 4 年辦學之各項績效，作為評核遴選連任之依據。面對時間與績效之壓力，校長領導全校夥伴共赴組織目標，人的管理、事的推動、計畫的推展、組織氣氛的醞釀、績效的評核、成果的展現……等，在在都考驗校長全方位的領導行動，也是校務經營的主要壓力。

校務評鑑之內容包括八大主題：㈠行政領導與管理。㈡課程教學與評量。㈢專業知能與發展。㈣學生事務與輔導。㈤特教團隊與運作。㈥資訊規畫與實踐。㈦家長組織與參與。㈧董事會設置與經營。

台北市教育局自 2005 年起，計畫每年要實施一次校務評鑑，藉以檢核各校辦學的成果。除須備妥書面呈報外，更須經互評的檢核，各區學校間彼此互相交流。台灣話言「輸人不輸陣」，要帶領行政有所承擔，老師無怨無悔的配合，家長也支持老師的教學活動，讓學校所有努力的績效能發揮出來，不是一件輕而易舉的工作，這也是新世代校長壓力的主要來源。

伍、硬裡軟功夫

面對當前社會的快速變遷，與教育發展新趨勢的衝擊，學校組織要不斷學習，才能在學習型社會中占競爭性的優勢。而校長身為現階段的學校領航者，該具有哪些修練呢？經過這幾年來的努力，略提出一點心得與經驗供分享切磋於後。

一、建構校務發展藍圖

九年一貫課程實施之後，學校校務經營亦帶來丕變，個人認為建構發展藍圖，形塑願景是極其重要之工作。故於 2000 年接掌古亭國小，乃積極與課長委員會、教師代表、行政部門共同研議，發展出本校願景為「勤學、感恩、快樂、合群」；而校務發展重點包括行政組織、課程、教學、家長參與、社會資源運用、學生需求等六個面向，並分別訂定各項指標，作為師生努力之依據。同時引導各領域老師於教學中配合實踐，並透過評鑑與回饋的機制，使校務不斷檢

討改進。此項發展藍圖詳如圖 2：

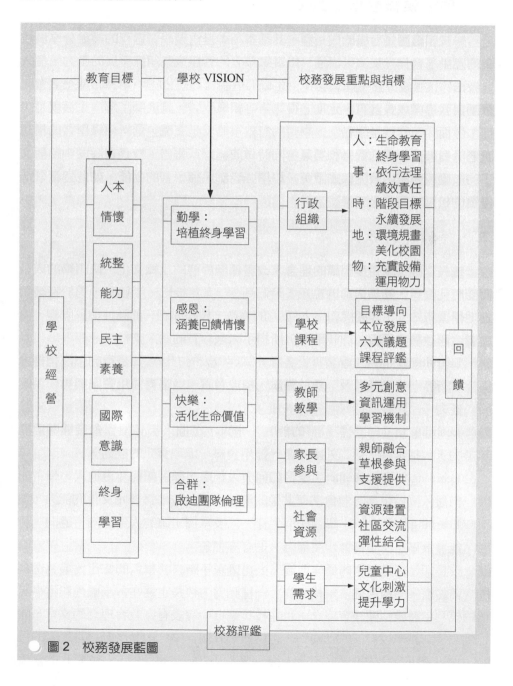

圖2　校務發展藍圖

二、啓動組織學習的動態

學校組織應是有機的成長體,其基本精神是重視學習過程的經驗分享與成長的互動、合作、交流、溝通,以凝聚眾人的智慧成為組織發展的動力。個人之做法係透過讀書會、教學觀摩、領域研討會、課程發展會、教學成果發表會、教師自我專業成長計畫、定期心得報告等組織學習,讓老師了解「生活就是工作」,而「工作就是學習」,學習的有效策略就是交流。透過組織學習的構想讓老師有彼此分享的機會和勇氣,同時做成紀錄或報告。校長在評閱中給與文字的鼓勵或會議中公開口頭讚美,以增強老師組織學習的動能,如此逐漸營造優質的校園學習文化。

三、持續終身教育

校長以經營學習型組織的理念來改善傳統靜態的組織文化,使組織的成員體認時代變革,知識壽命的縮短,今日所學,5 年後已一半過時,勇於持續精進地學習新知。尤其迎接 21 世紀教育的變革,校長亦應有前瞻性與國際觀,體會聯合國教科文組織(UNESCO)所揭示未來教育的四大支柱:

(一)Learning to know:學習獲得各種知識與做人的方法。知是行的指導指標,知行合一,劍及履及,勇於嘗試,勇於負責。並懂得運用資訊與再學習的能力。

(二)Learning to do:學習做事的能力。未來,每個人都必須學會幾種關鍵能力,包括電腦、第二外國語言、運用資料、處理資訊的能力等。

(三)Learning to live together:學習如何與人相處,學習如何尊重他人,學習如何融入團體生活,體會共存共榮的群性發展,並培養多元文化的能力。

(四)Learning how to be:學習如何生存,以及掌握正確的人生方向,邁向「可能發展區」;更能體現生而為人的存在價值。

校長即是終身學習的最佳典範;鼓勵團隊不斷自我學習的文化,成為個人的一種習慣、一種興趣、一種工作、一種動力。校長定期在古亭園地和古亭風信的校刊中發表相關教育理念;也在校長網頁中發表有關教育理念的文章,除提供家長認識學校發展的動向外,也供教師耳濡目染,啟動老師終身學習的機制。尤以資訊教育的推展亦不落人後,讓老師有向前的目標。在國際化的潮流

中，為發展英文教育，讓英文生活化，乃藉由每週 1 句英文成語，每學期由英文老師設計 20 句英文生活短句。除了讓兒童背誦外，更能多方攝取運用；為達學習效果，在期末由教務處統一檢測。老師也跟著兒童耳濡目染的終身學習，使跟上時代的腳步。

四、扁平式的有機參與運作

在校園民主化的趨勢下，組織的決策權非傳統的權威管理，而以扁平結構的管理方式，讓組織成員共同承擔、共同參與決策，此參與式領導，在西方學者稱 Y 理論。一個組織能有開放的動力系統，才能有人人投入、處處奉獻、時時激盪、天天更新。校長能開放民主參與模式，以集思廣益，使學校成員有隸屬感、合理性、認同感及成就感，唯扁平式的有機參與運作能克其功。在此扁平式的有機參與中，學校的各類委員會增多，老師分別參與不同的委員會達到意見公開，決策參與的動力，讓大家自覺自己是學校的重要一員，而願意貢獻自己的心力，為學校、為孩子來努力以赴。

在「扁平式」的組織中，學校像栽植一棵友誼的大樹，一棵庇蔭師生的大樹（tree）。校長是那棵大樹的主幹，有豐厚的支持力，教師是那分枝，共同展延茂葉綠蔭，為莘莘學子遮陰撐陽。

個人從「TREE」的英文字母裡，恰恰發現它正可以詮釋有機的組織運作精神：

「T」代表著 Trust，敞開心胸，彼此信任。

「R」代表著 Respect，相互尊重，互助扶持。

「E」代表著 Exchange，著重組織成員的意見交流。

「E」代表著 Emotional support，彼此精神支持與鼓勵。

這棵「Tree」是多麼的美妙啊！

五、目標管理的營造

目標管理（Management by Objectives）源於 1954 年美國杜拉克（Peter F. Drucker）所提出一套新興的管理哲學和技術。此理念的運用，乃提示校長須統整傳統科層體制的權威領導與偏向人性化（humility）管理，而能有系統的思考及回饋概念的融合而成。在目標管理的營造中，校長必先訂定共同願景（vision），並對成員充分的授權，使其有參與決策的機會，上下意見溝通，相互觀念對焦，逐漸整合意見；同時，定期評核成效，作為計畫再修正的依據。

澳洲教育改革所揭示八項「關鍵能力」（key competency）可作為學校發展的前瞻性目標導向：㈠蒐集、整理、分析資訊的能力。㈡規畫與組織工作的能力。㈢與他人工作的能力。㈣團隊合作的能力。㈤使用數學的能力。㈥使用科技的能力。㈦解決問題的能力。㈧理解不同文化的能力。首先採決於接任學校的初始標準，參考學校評鑑的起點行為，作為修正及努力的方向。尤以這些年來的資訊發展、課程改革、協同教學、組織改造、學校本位、家長參與等，老師在增權（empowerment）後又如何增能（increase ability），必須要有專業素養的提升做依靠，因此鼓勵教師進修是跟上時代腳步的良策。

六、資訊素養的培養

21 世紀是「知識經濟」的時代，跨越傳統的思維與運作，以創新、科技、管理的運用與轉化，為主要的效率成長的動力。因此學校不僅是知識的傳播場所，更是知識的創造園地。比爾‧蓋茲（Bill Gates）在其《數位神經系統》一書中特別指出：「如果 80 年代的主題是品質（Quality）；90 年代是企業再造（Reengineering）；那麼公元 2000 年後的關鍵就是速度」。

本校為培養教師資訊素養，首先從辦理一系列校內教師資訊研習著手，接著賦與老師製作班級網頁的任務，每一位老師從運用資訊的技能，製作富有創意的班級網頁。經過 1 年的製作，校長親自檢閱，只要完成者皆頒以「全功獎」的獎狀以資鼓勵；而版面富創意者，另頒給「創意獎」同時頒發 500 元的獎金以資鼓勵。在這同時間，與學校系統師研究改善原本呆板的學校網頁，使成為包羅多樣且富特色的網頁系統，對學校各部門的行政作業與努力的成果隨時公告，讓家長及社區人士對學校的用心能有所認識。經過約 3 年的努力，學校資訊由評鑑乙等進步至評鑑特優。這都是前瞻的努力與導引共赴組織目標的實證。

台北市自 1999 年起，以 6 年資訊發展計畫，推動學校教育資訊化。個人正逢其時，遂積極參加資訊研習，平日從網路的涉獵、蒐集、整理與運用，使個人知識的取得、轉化、統整到創新過程中不斷的循環、回饋。

七、團隊合作的凝聚與塑造

在後現代的組織管理強調由下而上的興革，開放校園民主化的互動平台，教師與行政間有良好的對話機制。校務重要計畫，例如：教師課務分配原則、校務 6 年發展計畫等，皆能組成委員會，由教師共同參與決策，促進教師因了解而信任；因參與而分享經驗，方能建立團隊合作的共識。

「團隊」英文字母是「TEAM」而從每一個英文單字，可以剖析「團隊」的意涵：

「T」代表著 trust，即重在同仁間彼此互信、互諒的信守著，是團體凝聚力的首要條件。

「E」代表著 excellence，指組織不斷追求卓越的表徵，有積極向上的動力。

「A」代表著 accountability，強調重視績效責任，真正發揮 assistant 的合作績效。

「M」代表著 morale，表示成員具有高昂的工作士氣。

一個學校要成為流動的、創造的、合作的有機體，校長能充分接納同仁的意見，能包容異己，適度釋放參與決策的策略，有利團隊同仁享有奉獻心力的滿足與成就感，而對組織認同。

八、公共關係的營造

校長對同仁應持「作之親」、「作之師」充分關係，平日協助同仁解決親師問題、教學問題、課程問題等，多給與慰勉與獎勵，少苛責多體恤，真心嘉許同仁努力付出的成果。語云：「做事難，做人更難」，因而校長能建立良好公共人際關係，有助校務的推展。在積極營造的公共關係上，小從平日與同仁間的送往迎來、歲末的共聚、郊遊活動的設計、生日卡的祝福、活動辦理的贊助與慰勞，體育表演會為同仁籌措附添禮物、對同仁婚喪喜慶、生病、生產……等主動給與關懷。校長不僅重視，並努力營造和諧的人際關係，同時也兼顧學校與社區和諧關係的維持；與家長會及社區民眾保持密切連繫，博取家長及社區民眾對學校教育活動的支持。例如：辦理兒童踩街活動，使社區學校一同分享喜慶；同時善用社區資源，例如：家長義工的參與，使學校的圖書管理、資

源回收、導護執勤、綠保維護、幼保支援等,都能發揮適度的團隊與向心力。校長也要適時贊助愛心團的活動,使愛心無邊界,主要是搭建家校間溝通的橋樑。

九、建立參與式的教學視導機能

學校核心工作在於教學,校長在扮演多重的角色,履行多種任務時,更須竭力促進教學效果,因此教學視導是校長促進教師發揮教學效能的動力。此視導非昔日有距離的教學觀摩,而是實際參與教師的教學活動。平常直接進入班級經營,與老師共同討論教學規準、教學策略,共同擬訂教學方案,再進入教室觀察實地教學活動,給與教師有自己成長的計畫。遇教師班級經營出現瓶頸,得另請教學組長、教務主任深入現場,從旁觀察與協助,並定期召開檢討會,以謀求改進。老師根據教學規準,時時提醒自己的教學方法;經一段時間再觀察、再回饋,提升教師的教學效能。校長在教學視導中,應以協助教師改進教材、加強教師研究進行、從事教學評鑑,以鼓舞教師服務熱忱。

陸、春風萬縷情

擔任校長 11 年來,統理一所學校大小事務,好比撐起一把愛心傘,為大家遮陰撐陽,一心一意要讓全體夥伴在其庇蔭下不受風寒,責任是何等的艱鉅。回顧 1994 年初出茅廬,分發到南港區修德國小,那是一所工程倒閉停工 1 年的新籌備學校,面臨從無到有的挑戰;2000 年遴選到大安區古亭國小,正逢九年一貫課程改革、校園資訊化的啟動;2004 年遴選連任,迎接校園組織改造的契求。這樣的新階段新起步,不是一蹴可及。如果「生活就是工作」,那麼「不讓青春留白」,已伴隨著斑斑鬢毛為自己無私的奉獻作智慧的寫實。在我的工作生涯裡,從擔任教師到經歷組長、主任的磨練,一路走來始終孜孜不倦,伴隨著我的是特有的抱負水準,因此激發出強韌的意志力,既是生命的投注,又是教育的擔負。

我忠於童年的夢與實踐教育愛的抉擇,無怨亦無悔。我把自己的青春歲月獻給了教育,豈是真情所能告白的。當我踱步校園,聞見童稚的歡愉,心中就有說不出的滿足與喜悅。當我瞥見校園裡煦煦春風枝枝青,當下沐浴萬縷情切

切，仰望藍天白雲，這豈一個情字了得。杏壇春風豐富和強化了我的生命。
（參考文獻略）

作者簡介

・心靈告白：生在黑白的年代裡，走過半世紀的坎坷，人見我一位
弱女子，卻背負著教育大任，欲渡寒江的堅忍，始終不愧天地對我的厚
愛，忠於一生的志業。

・學歷地圖：1970 年師專畢業，實現童年的夢。而愛讀書的天性使
我心靈更寬廣。1985 年完成國立師範大學教育心理系學位；1993 年完成
國立師範大學教育研究所 40 學分班；2003 年完成國立台北師範學院學校
行政碩士。

・浮生閒情：平日喜歡研閱教育新知，從事課程與教學、學生輔導、
特殊教育、佛學之研究，登山健行、旅遊、寫作……等。曾獲孔孟學會
全國教師論文競賽甲等獎、優等獎。曾獲洪健全文教基金會兒童文學創
作少年小説組佳作獎。

・初試驚啼：

◎《讓教育湧出活水》（2000，聯經出版社）

◎〈從學校教育典範移轉論家長教育參與〉（載於國立台北師範
　學院研究生論文第三期）

◎《家長教育參與》（2004，商鼎文化出版社）

標竿 10 年　校長與我

曾家樓
曾任桃園縣大有國小校長
現任桃園縣西門國小校長

壹、緒　論

　　10 年校長路，讓我有機會真實體驗教育理念的實踐，期間服務過山地、郊區、市區學校，也歷經小中大型學校的粹練，對校務經營的理論與實務，已有較完整的認知和概念，本文以「標竿 10 年　校長與我」為題，敘述自己 10 年來校務經營的理念與做法，取名標竿旨在於表達自己的全心投入和追求卓越的之意，全文概分為：緒論、校務經營理念與具體策略、校務經營面面觀、學校經營與法律、教育政策的實踐與反思、學習型學校組織建構、生涯發展與健康休閒、結論等八部分，細敘我的校長路，論點無所謂對錯，但它卻是真實的體悟，個人才疏學淺，遺漏偏誤難免，尚祈先進斧正指導。

一、校長路的緣起

　　當一位國小老師是我的志願，教學的成就感令我熱愛教育，經由教師、組長、處室主任的歷練，讓我對教學與行政工作有了更深層的認識與體驗。擔任教師期間，嘗試兼代主任的職務，在力爭上游、有為者亦若是的動機促動下，參加甄試取得了主任的資格，派任學校擔任中介幕僚的工作，承上啟下的角色洗練，建構了教育事業經營與實踐的自我信念，同時也興起發揮影響力與擴展服務層面的念頭，至此，「考取校長」成為我教育生涯努力的重要目標。

二、追逐校長夢

　　在準備考校長的過程，能夠代理校長職務，是一個機會也是挑戰，身歷領

導情境，可培養系統性思維與團隊運作能力，累積校務經營的實務經驗，有利考試與未來發展；各處室主任輪調歷練，可擴展視野，整合校務管理能力；研究所進修，可充實專業知能，有效掌握教育新知與社會脈動；定期讀書會，可進行專業對話與知識分享，迅速擴展知識的質與量；虛心求教經驗校長，訪問、函釋、電話諮詢等都可獲得關鍵的獨門密笈或決勝功夫；選讀一本教科書，作為建構教育行政理論的基本功，同時也要能形塑對教育專業認知之自我系統思考架構；廣泛蒐集文獻，尤其是閱讀近一年專家學者發表在教育期刊雜誌之焦點教育議題論述，應轉化為自己的看法及論點，將有助於答題時內容的豐富性；虛擬情境的模擬考，相同時間類似情境的實作，可培養實戰經驗，增加短時間知識創生的能力。總而言之，追逐校長夢，要有周全的規畫，求勝的決心，有效的行動，方可一戰成名，美夢成真。

三、儲訓班的點滴

來自 23 縣市的菁英豪傑，頓時匯聚板橋，各個才華橫溢，是儲訓學習的知識寶庫，彼此人生哲學的詮釋、教育信念的主張、教學與行政經驗的分享、人際關係的拓展是最大的收穫；敘寫研習日記，將每日課程學習內涵或生活體悟加以描述，提供反省批判的論述空間，可解構再建構教育專業信念，每日一篇是挑戰也是磨練；另參觀與實習活動，提供理論與現場實作的範例，令我印象深刻。10 週培訓課程結束，有如新兵入伍結訓下部隊般，既興奮又期待，隨時準備要接受任務和挑戰。

四、秉持的信念與人生觀

堅定的信念，積極的服務觀，是永續校長存活的必備要件，「選擇做對的事，要求把事做好」是我一直堅持的信念和處事原則，當遇到校務推動，處於兩難困境的抉擇時，堅定的信念會是價值判斷有效的規準；「奉獻利人，善解樂觀」是我的人生哲學，在忙與茫的情境中，面對生命意義的質疑時，它是支持我勇往直前的動力。卓越校長，應有其理想與抱負，堅定的信念與人生觀，才能把教育作為終生志業，無怨無悔的全心投入。

五、全人化的辦學理念

教育是生活，要發展個性，也要成就群性。教育的目的在於啟發學生的潛能，引導孩子適性發展，成就聰明智慧，促進自我實現，使能成為社會上有價值的人；教育內容應兼顧五育的涵育，基本能力的培養，資訊與外語能能力的提升，可增加個人競爭力；教育的方法是一種愛與啟發，強調多元創新，是百年樹人的工作，更是培育人才的永續工程。校長是教育事業的領導者，也是學校經營的負責人，辦學理念攸關整個學校校務的發展，影響人才培育之品質至鉅，應清楚明確。

貳、校務經營理念與具體策略

校務要能永續發展，首要具備前瞻的經營理念。學校如同一個企業，企業要成功，一定要具備競爭優勢，才可以永續經營。是以，學校經營有如企業經營，要具備競爭優勢，其要件為：有好校長作為企業領導人，有優秀的教師作為經營管理人才，有好的學生作為資材，如此才能有好的人才產出，受家長及社會人士青睞。學校提供的產品是優質的學生，是培育未來貢獻社會的人力，其潛在價值的影響，是科學計量方法和評估績效所難以估量的。

要有好的產品應從管理團隊著手。學校是一個正式的團體，其經營管理的方式是透過團隊工作，欲將團體轉為有效能的團隊，可採以下策略。

一、共塑願景，引導團隊目標路逕

願景代表團隊的夢，也是美夢成真的景，會作夢的團體才有圓夢的動機和動力，校長應鼓勵師生作夢，讓團體存在於一個有希望有目標的情境中，個人的夢能融入團體夢境中實現，在學校裡學生知道為何而學？老師知道為何而教？校長知道學校為何而立？有意義的學習，有目標的教學，再加上有目的的管理，應可達成卓越的教育產出。

二、促進相互信任，提升團體凝聚力

「相互信任」係指成員間相信彼此的正直、人格以及能力，是團隊凝聚力

的基礎，互信氣候的傾向受到學校文化與管理行動的強烈影響，學校應採愛的領導方式，相信老師是肯負責、自動且能自我管理，校長應本於專業，給與教師適當授權，信任管理人員，唯有在開誠布公，相互信任的工作氣氛下，才能讓孩子的潛能充分發揮。

三、取得一致的承諾，人人能以團體為榮

強烈的忠誠以及對團隊奉獻的精神，可有效發揮共存共榮的團隊精神，校長應採行由下而上的決策模式，擴大教師參與校務決策的機會及意見表達管道，讓校務的遂行能取得教師一致性的承諾，歡心實踐，努力執行，重視團體榮譽，將團體的成功視為個人的成功。

四、促成良性溝通，結成生命共同體

高績效的團隊成員，要能迅速有效率地分享觀念及感覺，校長應兼顧水平及垂直構面的協調溝通，提供訊息交換管道，好因應學校團隊中的問題及關係經常改變，師生們要有足夠的溝通能力和管道來調停紛爭，縮短差距，倘若師生、師師皆能設身處地，易地而處，「代溝問題」又何以致成，「教學行政」的對立又怎會發生。

五、培養核心知能，營造授權情境

員工要有好的績效呈現，校長應提供在職進修的機會，以培養員工核心知能，除了個人專業領域的知識技能外，人際關係及談判技巧的訓練絕不可忽視，因為學校是一個開放動態的有機組織，無時無刻都與內外在環境互動，因此，有關人際關係建立與衝突化解等能力的養成益趨重要。當員工具備達成目標的知識和技能時，即可適度授權，授權也是一種激勵作為。

六、合適的領導，發揮有效的激勵功能

卓越的領導者要能夠激勵團隊，幫助成員闡明目標，校長應有旺盛的企圖心，引導師生克服惰性，改變安於現狀，依慣例傳統處理問題的思維模式。同時要能夠增加師生的信心，協助他們更發揮潛能，好的校長就像前行的智慧者或先知的角色，不斷地導引支持團隊而不是控制團隊。

參、校務經營面面觀

一、行政領導

　　學校組織簡單區分為行政與教學二大系統，行政領導是組織運作的核心，應兼顧行政教學的需求，忠誠信任的文化塑造應為首務，授權課責為群策群力的手段。決策時應有整體性的思維：重視水平資源的整合，如處室組間的連繫會商；強調垂直系統的一致性，如校長、主任、組長、教師做法一貫。校務政策規畫，落實由下而上的決策模式：如學校特色發展，經由學年會議、領域會議、行政會議、校務會議或教學與行政擴大會報議決、陳校長核定後實施之程序，如此才不致錯估師生需求，計畫執行力才可有效發揮。另績效成本的概念應適時融入，如資源的分配，設備的採購維護、午餐經營、綠美化工作等可採委外辦理方式，以增加效益降低成本，讓教師回歸教學本業；校長的胸襟氣度可適當展開，只要教師言之有理應予採納或將其意見納入校務政策來執行；有自省習慣，勇於接受批評的雅量，自認不妥不周時能隨時表達歉意並改正，如此民主、開放、多元的行政領導者，必受同仁們的肯定與支持。

二、課程領導

　　校長課程領導的主要任務，係對學校本位課程的開發設計提供構念想法，使學校願景、教育目標能透過課程實施加以落實。校長應參與領域小組會議，和教師共同研討領域課程之規畫設計，導入新興課程觀念，協助課程計畫編寫與評選教科書，並能鼓勵教師進行專題研究；主持課發會，審議學校課程計畫，能有效掌握課程的統整性與一貫性，亦即能重視各領域間課程內容的統整，各年級間領域課程的銜接一貫；其落實方法可在課發會時，安排各領域小組簡報課程計畫，全體教師參與討論對話，讓每位教師對各年級各領域之課程設計有所認知，如此，在課程實施時較能發揮課程統整與一貫的功能。另於課程實施期間，校長應主導課程評鑑，輔導教師改寫或更新不符現況之教材，檢討 6 大議題融入領域課程實施之妥適性，重要教育政策措施、新興議題教材是否納入等，均應定期檢視，適時更新計畫。

三、教學領導

　　教學領導要能做到「知行合一」，首先校長應熟悉各種教學方法，對其理論實務操作能有效詮釋，並具備現場操作觀摩的能力。校長可參與學年或領域小組會議，導入教育新知，與教師分享教學經驗；引導教師進行教學自省，改進教學方式；鼓勵行動研究，創新教學方法。重視教學觀摩會，倡導教學平實化，強調兼顧知情技能力指標的教學目標設定，包括準備、發展、綜合三階段活動歷程的演示，教學輔具的有效運用，多元化評量方式的實施，如此可將教學觀摩會導入正常與常態化。另作業調閱，也是教學領導的重點，「不定期即時現場抽閱」的方式，強調適時、正確、追蹤輔導訂正的批閱規準，將抽閱紀錄數位化，「把握揚善於公堂，歸過於私室」之處理原則，一方面可提供楷模學習，另一面可促進教學自省，有利教學正常化的落實。

四、弱勢族群照顧

　　弱勢族群照顧應兼顧理想與現實，其中身障生安置是較難處理的問題，學校無特殊班、資源班，家長又不願孩子轉介，隨班就讀落實融合教育的理想就必須建立身障生的支持系統，讓教師不會孤立無助，學生不致自生自滅；如身障生家人的配合、班親會家長的支持、學年群教師的協同輔導、輔導室的專業介入都是具體作為；另編班時，對身障生或適應不良學生之安置，應取得學年群教師共識，共提名單，平均分配各班，障礙程度較深者可酌減班級學生數，認輔措施亦可搭配實施，如此可發揮學年教師協同輔導的功能；另單親、原住民、隔代教養、外籍配偶的協助，金錢物質的補助已制度化，課業能力的提升有賴專案計畫之實施，班級教學更需教師的關注，辦理社團、育樂營活動，應保留適當名額給有意願的弱勢族群免費參加，以增進其各項能力的表現。

五、教育資源的爭取與運用

　　教育資源的爭取可分為正式與非正式管道二種，正式管道為官方系統，如向鄉鎮市公所、縣政府、教育部申請補助，以迫切性、有計畫、有相對配合款者核准率較高；非正式管道為民間公益組織、公民營企業、家長會等，爭取時應有具說服力的企畫案，並配合地方仕紳遊說，成功率較大。資源可分為經費、

設備、人力等資源，其應用要有周詳的規畫，除了事前要做好徵信工作外，事後成果的回報更應重視，以獲取持續性的補助。家長會資源，是學校爭取的重要顧客，為期會務正常運作，可比照民主監督機制，由學校擬訂年度工作計畫，並依計畫編列經費預算，提交家長代表會審議，並依審定後之計畫執行，有利於家長會制度建立與校務運作，進一步發揮家長會協助校務發展的功能。

六、校內人際關係的營造

適切和諧的人際關係，有助友善校園文化的建立，更利於校務政策的推展。校長人際關係的營造包括：與行政人員、教師、學生之互動關係。與行政人員互動，應樹立專業權威，扮演行政團隊「領航者」的角色，要求絕對的忠誠，處事堅持而不固執，從善而不鄉愿；待人慈悲不濫情，真誠互動不虛偽，可親近但又敬畏。與教師的關係，如同扮演家族「宗長」的角色，既敬又愛，敬的是專業威權，會要求教學品質，也會指正教師缺失；愛的是他是教師專業的捍衛者，伸張正義的代言人；有時更要代替教師接受外界責難，成為代表教師的殉道者；能融入教師群體是努力的目標，官僚式的互動是禁忌，嚴謹威權會自限一方，民主開明能得人緣，彈性包容更受歡迎。與學生的關係，應是扮演「變色龍」的角色，教學需要時，可扮演聖誕老公公讓孩子玩，也可說故事給孩子聽，和孩子嬉戲同樂；正式的場合，只要變臉不語，即可發揮靜音效果，此一又愛又怕的互動關係，對學生而言應是最恰當不過了！

七、校外公共關係的營造

建立良好的校外公共關係有利於校務的推動，校長的公共關係包括：與長官、同業校長、地方仕紳、民意代表、媒體之互動關係。長官與部屬關係首重倫理誠信，應對進退有節，交辦任務全力以赴，非必要性需求或問題，以不叨擾長官為宜，能獲得長官的信任，校務推展必無往不利；同業校長之同儕關係經營，尊重平實為首要，謙和柔軟，融入群體則可凝聚同儕能量，並可透過同業聯盟，結合鄰近學校校長，可整合學校資源，齊一學區教育作為，降低家長抱怨不滿；地方仕紳之社區關係營造，正常化互動為宜，提供校務參與機會、參加重要婚喪喜慶及社區活動等，可增加學校曝光率，進而促動社區與學校和諧關係發展；民意代表的互動關係，以審慎經營為要，請託交辦事項，處理時

均較棘手，在不逾越相關規定原則下，應予妥適處理，無論行或不可，均須限期回覆並告之理由，切記不可有層級大小之分、前後不一之做法，尊重謙和始終如一，可獲得諒解與支持；與媒體關係的拿捏，自然有節為宜，地方特派及文教記者要熟悉，重要活動或事件發生可主動說明或發布共同新聞稿，有關記者現場採訪報導，宜有周詳計畫才行之，另與媒體互動，宜指派學校發言人作為對口單位，以保持良性互動。

八、學校特色發展

學校特色的規畫和發展，是重大校務政策決定，涉及的變數既深且廣，宜擴大參與審慎評估，學校特色是學校願景的實踐，品牌形象的表徵，應把握獨特性、普遍性、發展性的原則。獨特性是本校特有或質優的部分，有異於他校的表現，如資訊教育、人文藝術表現、閱讀運動、健康體育發展、傳統技藝等師生表現卓越，或者特色和校名融合匹配；普遍性是要特色的形成要能維護公平正義，每位師生享有的資源及機會是一致的，如閱讀是學校的特色，則每位師生應具備閱讀的知識和技能，在資源的分配上能兼顧每位師生需求，在發展績效上有客觀、專業的質與量的指標，成果並顯著高於其他學校。發展性係指學校特色的形成是長期循序漸進所累積形成的，發展過程中有具體的階段性目標，其成果要能永續傳承，並成為每位學生生涯進路發展的一種優勢核心能力。發展學校特色，需求分析與評估是首務，應有效掌握社區特性和資源、學生優弱勢條件、教師素質結構、學校環境設備等因素，以整合優勢條件，進行特色規畫；教師素質結構是特色形塑的關鍵要素，教師不具專長，長期需仰賴外部師資或資源的項目較難永續發展，學校傳統或初具規模的項目，易獲認同支持，較能產生卓越績效，推動阻力相對較少。

九、學校組織變革

校長履新常是組織變革最佳時機，新任或初任校長均有其不同的理念想法，鮮少能有滿足現狀，隨遇而安者，尤其是被賦與改革任務的新任校長，對改變學校文化，進行整體組織再造的殷切性，常會迫不及待地進行快速強烈的體制內改革，有的一戰成名，有的壯志未成先退休。進行學校組織變革是一種挑戰，更是項考驗，其變革的過程和學理的論述是相符的，包括草創期、成長

期、成熟期、轉換期四階段。草創期，存在鬆散觀望的文化，學校運作多元無規準，百廢待舉是最大特色，此時變革的重點在於行政團隊的調整，以「行政領導教學」為原則，重建典章制度，進行威權領導，以便快速穩固領導中心；必要時，在控制幅度許可下，調整行政團隊職務，強調行政倫理，以工作為導向，強調學校目標的達成。進入成長期，以「行政支援教學」為原則，本階段組織成員可能大幅異動，行政與教學系統開始相互批判論辯，此時應暢通溝通管道，讓所有成員有志能伸，有怨能訴；所有校務政策應逐漸正式化，使有常規可循，此時要採高倡導、高關懷的領導方式，讓認同組織的成員有伸展的舞台，鼓勵另類想法的同仁進行生涯規畫，以利所有成員就定位，熟悉職務規範，能表現符合學校基本品質要求的行為。成熟期，是組織變革成果的收割期，也是校長理念想法的實踐，成員能以專業本位自許，並以自主管理行事，本期可發揮「教學支援行政」的功能，級任教師能有效率的配合行政需求，使兼任行政教師能因行政管理作業精簡而回歸教學本業，進而共同為提升教育品質而努力；此階段組織結構十分穩定，是學校發展特色的契機，教師開始由重視教學活動轉型到兼顧教學研究，進一步追求教育專業的自我實現，校長應聚焦於自我的專業進修，以樹立行政和學術威望，導引整個學校朝學習型組織發展，以維護組織動力，持續高峰表現。轉換期，本階段組織發展遇到瓶頸，處於停滯下滑狀態，組織成員結構同質化，成熟有經驗，本位主義思維盛行，安於滿足現狀；此時，校長可導入新知，加速組織成員流通或鼓勵新陳代謝，進行另一波組織變革，再次追求組織另一層級的卓越發展；另校長亦可考量生涯規畫，選擇另一學校發展，使原學校得因首長更新，帶來又一次新生。

十、教育環境變遷的因應

學校組織基本上係屬於較封閉性的組織，教師對周遭環境變遷的靈敏度較弱。因此，掌握教育環境變遷因素，並予有效因應的工作，必須由校長來承擔負責；舉凡政治生態改變、教育政策興革、教育行政首長更替、新興教育議題出現、社區輿情反應、社區人口大量增減、學校學生轉出入異常等時機出現時，在某種程度上，會對整體教育環境造成影響，同時產生不穩定的狀態；學校如仍採用「墨守成規，土法鍊鋼」的運作模式，將會出現校園危機，承受莫大風險。學校應對上述現象，進行風險管理，利用正式或非正式管道，蒐集完整資

訊，分析歸納有利和不利影響，並提出因應策略，執行校務政策和措施的檢討調整改進，並引導組織成員提高敏感度，隨時做好因應準備。另平時運用網路設備，建構開放環境，利用網路留言、電子信箱、最新公告掌握親師生互動議題焦點，蒐集興革意見；教師參加外部進修，作好進修學習檔案與分享，以利導入教育新知；校長應積極參與各項學術研討會和行政會議，並作成學術和行政檔案，隨機與同仁分享，讓同仁和當前教育改革同步，與教育思潮發展隨行。

肆、學校經營與法律

「苦幹實幹，移送法辦」不可小覷，這是校長同儕間的歇後語，主要在提醒校長們要懂得保護自己，依法行政的重要性。「喜愛特權又痛恨別人使用特權」是社會普遍心理現象，關說是一種文化，人情是一種包袱；校長如何兼顧公平正義，不逾越法律規範，又可滿足關說人情需求，常陷於天人交戰的困境中，如何全身而退，卻是有些方法可供參考。

一、充實基本法學素養

法律是一種專業知識，類別領域既深且廣，無法全部涉獵；但也不可一無所知，有關校務經營與法律的知識應有基礎概念，如權利義務、債權、《行政程序法》、《採購法》等法條規定和解釋，校長要有清楚的認知，這些素養可透過自修或進修習得，對校長校務經營，回應民意代表請託或家長質疑校務章則之合法性會有很大幫助，另對校務章則的訂定也較能掌握法律的要旨。

二、熟悉教育法規

在教育現場，事涉教育法規的問題多如牛毛，要當下回應處理不易，但又不能擱置不理，有些更是攸關當事人權益者，在時效限制下，非有經驗熟稔法規者，很難即時滿足當事人需求。教育法規相當繁雜，更新快速，要熟稔十分困難，可購置一本《分類小六法——教育法規》，隨時參考，並能經常留意更新內容，轉知同仁知照。

三、聘請法律顧問

法律顧問的角色，主要是提供校務推動時所遭遇的法律問題，如發生學生監護、校園意外事件、教師聘用權益、設備採購或同仁個人權益等問題。聘請法律顧問，對處於開放多元的教育環境，有絕對必要性，可採有酬或志工模式，校長宜妥善規畫之。

四、依法援例請示三部曲

行政措施的決定，首先須依最新的法律規定辦理；若無法律規定則多引前例行事，也就是以前怎麼做，現在就依樣畫葫蘆，如法炮製一番；此一援例作為，風險極大，常因法規修訂而違法不自知，如《採購法》實施後，有諸多校園採購案被移送法辦，有些人還質疑「以前可以現在為何違法？」是以，援例的決定應審慎為之。「函請釋示」為行政決定模稜兩可時，最穩健的做法，尤其是請託陳情案件，為避免損及或圖利他人權益，依釋示辦理較符合程序正義。

五、專業權與受教權的考量

校務措施與決定，若能以有利師生教和學為教育專業首要考量，並兼顧學生受教權益之保障，這種行政措施與作為較能受法律保護，盡量減少自以為是的擴大法律見解，和做逾越法律授權的行政措施和決定，如此方可減少不小心觸法的風險。

伍、教育政策的實踐與反思

教育政策常具理想性和模糊性，決策的過程會存在許多意識型態或政治目的，也經常會與教育的理論和現實相衝突甚至背離；學校為教育政策的執行單位，校長為校務政策的決策者，為達成政策目標，常會為堅守教育中性、維護公平正義，而陷入要落實教育政策抑或回歸教育專業本質考量的思考，以下即為對近年來教育政策實踐所進行之反思批判。

一、教育國際化的問題

教育國際化是一議題，對教育發展影響至鉅，其和教育本土化兩者間並非相斥而是互補融合，亦即複製國外經驗應用到教學現場時，應考量在地學校的資源條件，予以適度轉化成為本土化的教材教法，方可符合教育國際化的觀點，而非全然的植入；如英語文的教育，並非要完全使用國外全英美語國家使用的教材，我們可改編本土之兒歌童謠故事作為教材、配合民俗節慶作為統整學習活動，一樣生動有趣。

二、教育本土化的問題

教育本土化的目標，是要讓孩子了解所生長的地方，能夠多面性的熟悉地方風土民情、文化歷史，並產生依附情懷，願珍惜維護，榮辱與共；如鄉土語文的教育政策，執行重點不在於對各種優勢語言的學習，焦點應著眼於不同種族語言的了解欣賞，各種族傳統文化習俗的認知，以謙卑包容的心，擴大本土學習的視野，接納多元文化的特徵，是以，鄉土語文的教育，可編寫多種族語言文化教材，以豐富學習內涵，落實教育本土化政策。

三、弱勢族群的政策

教育優先區的政策，是近年來教育改革政策中較有績效的一項。對山地偏遠小型學校教學環境設備的改善，確實改善了許多軟硬體破舊不足的問題；但有關弱勢族群個人經費補助部分，如學費、學用品代辦費、營養午餐費、教科書補助等，採無條件主動照顧，形式上充分發揮政府照顧弱勢族群的政策，實質中，對提升弱勢族群自我照顧能力的培養，並未發揮功能，部分錦上添花的措施如不繳學費、午餐費、教科書費等，無需審查或資格寬鬆即給與主動補助，確也造就許多「賴皮」家族，違背了「照顧」美意，也嚴重違反社會公平正義，如能改採「以工代賑」或從事「社會服務」折算補助的模式，應可培養孩子及父母責任感，增加其自食其力的能力和成就感。

四、快樂學習與書包減重

「減輕學習負擔，讓孩子快樂學習」是教改的訴求，「書包減重」政策是

其措施之一。就教學實務而言，國民教育是義務教育，國小又是基本學科知識與生活自理能力的養成關鍵期，許多文字學習和知識建構，必須重複練習才可達成；生活自治能力，必須透過團體規約限制方可培養，在練習和培養過程中，被動強迫、節制私欲是必然的，要快樂學習實有其限制和理想性；又書包減重和孩子快樂學習是否必然相關有待證實，書包減重會否剝奪孩子負重肌耐力訓練的機會，都是值得批判省思的問題。舉凡任一教改政策的實施，都會相對產生有利及負面影響，學校執行政策時，應思考減少負面影響的產生，其效益的評估應著眼於孩子長期的發展觀之，畢竟教育是百年樹人的工程。

五、傳統與現代的思維

　　傳統代表封閉、專制、一元，現代顯現開放、民主、多元。傳統被視同落伍，現代被看作進步。以決策實務來談，傳統與現代，並無落伍和進步之別，僅有合適和不合適的問題；就教學而言，課程教材教法評量採取現代思維，講求多元較適合孩子特性與環境需求，就群性的培養來說，「循規蹈矩」確是社會的主流價值，是傳統較適合社會的期待。是以，校務政策的規畫經營，應兼顧傳統與現代的思維，傳統中好的部分應予保留傳承，不合適的地方應採現代的措施，予以解構、開放、再建構。

六、基本能力和全人發展

　　10 項基本能力的培養，是近乎理想性的目標，執行時應轉化成較務實的做法，能力包括有知識、會應用、可解決問題三個要素，並非直接教學就可達成，基本上還是要強調學科知識的養成，透過問題情境的提供，評量學生能否成功表現適當行為。教學績效的考核應兼顧學生學業和非學業能力的表現，亦即強調全人發展的思考。全人發展包括：學業能力、個人能力、公民能力。學業能力如聽說讀寫算、邏輯推理、科技應用、資訊處理、外語知識等，此一能力的提供目前似已足夠；個人能力包括溝通、獨立思考、解決問題、適應、終身學習等，正在倡導；公民能力包括負責、自律、誠信等自我管理的能力，對他人尊重、對多元文化理解與欣賞的能力，是目前社會環境最忽視的一塊，也是目前學校亟需著力的重點。

陸、學習型學校組織建構

學校是培育人才的場所，教師是造就人才的工程師；而教師人力素質的提升，卻是人才培育品質保證的關鍵。因此，建構學校成為一個學習型組織是校務發展的重點，但如何建構學校成為一個學習型組織，常是校長的困境和挑戰，以下僅就個人經驗，分項說明如下。

一、創造師生學習需求

引起動機是學習的開始，建構一個共同的願景是有效的方法；明確的願景，可營造「我的未來不是夢」的形象，帶給師生無比的信念和鼓舞，可激起「築夢踏實」的動機，共同朝向教育願景而努力不懈。願景要植基於學校的條件和師生需求，把握「共同參與出點子，聽說讀寫成共識，具體明確可實踐」之原則，由願景導出學校教育目標，依目標來規畫教育活動，由活動來創造師生需求，如此學習氣候於焉產生。

二、組織學習團隊

學習要有群體才會持續，可將傳統學年會議轉型為教學群專業成長團體，除維持傳統行政溝通協調的功能，更可強化對臨床教學的研討與分享、校務政策的反省和批判、行政措施的興革和建言、新興教育議題研討等，將討論結果書面化並陳閱，行政單位應予適當回應列管與追蹤，必要時亦可參與會議。另可將領域小組發展成為學校教師專業知識的創生單位，進行學校本位課程的研發，除了定期對領域課程計畫進行檢討更新外，每年由小組成員討論擇訂研究專題，進行專題研究，於期末向全體教師提出專題研究報告，經互評擇優獎勵。學生部分，可改變傳統作業方式，倡導閱讀運動，低中年級實施繪本作業，高年級進行專題研究，並配合寒暑假作業實施，學生作品經初複審擇優獎勵，特優作品進行公開發表，文本並獲學校圖書室珍藏。上述做法本校已實施 3 年，已成學校發展特色，並深獲親師生認同與重視。

三、建立數位化學習平台

　　「即時便利，操作容易」是師生使用數位化學習平台的要素，其基本設備為頻寬夠大的網路、班班有可上網的電腦及連線數位電視，學校學習平台設有教學行政網頁，教學有各班級網頁，網頁資訊包括教師基本資料、教育理念、班級經營理念、班級章則及活動剪影等；行政網頁包括行政章則及各項行政歷程檔案等。另公告系統、填報系統、網路郵局、研習系統、授權軟體均為基本內容，教學資源網頁是教師最常用的學習平台，一般而言，其建置內容主要有領域教學資源搜尋、外部教學資源、內部教學資源、學校教學輔具設備等供師生學習進修使用。圖書室數位化設備建置也是重點，設置媒體區、教師研究專區均為倡導師生專題研究所需的必要設備，數位化圖書管理系統，方便的流通管理有利親師生閱讀運動的推行。總之，要鼓勵師生學習，周全便利的設備是不可缺少的。

四、倡導多元化進修

　　無論是學位、學分、短期之進修，均應予重視鼓勵，跨領域的學習如管理、法律、資訊的研修均有助教師第二專長的培養；近年來盛行之遠距教學、線上學習的進修方式也都應予支持認證；另學校本位進修的規畫，以經驗教師為主，講授系列有關班級經營策略、領域教材教法或新興教育議題內容的同儕學習方式，很受一般教師歡迎，其所學亦可當即應用在教學現場中。是以，就提供多元化進修管道而言，舉凡任一師生想要從事的進修學習方式都應予支持提供，如此方有助於學習文化的蔚成。

五、全面實施知識管理

　　知識管理理論在學校行政上的啟示，主要是著眼於營造有利知識分享的情境，以激發知識螺旋的產生，進而建構有效的學校組織知識，提供教師在學校行政和教學上的應用。其具體可行策略為：㈠建立標準化的校務工作作業規準，並透過學校內部及外部網路進行分享；㈡利用網路訪客留言、電子信箱或布告欄提供回應管道；㈢規畫知識分享獎勵機制以提升知識分享意願；㈣校長應充實知識分享知能，扮演知識領導角色；㈤學校可建立專家系統，聘請學者專家

成立顧問群或擔任知識管理師，負責引進專業新知，並予轉化應用於臨床教學工作，使師生教學品質得以改善提升；㈥建立績效回饋機制，每一校務專案工作結束，由行政系統針對每一業務之計畫、執行流程及結果進行自我檢測，以發掘、建立、分享可運用的經驗及知識，讓每一執行業務所產生的寶貴知識經驗得以傳承，並能期待下一次創新作為的呈現。知識管理工作落實愈徹底，愈能增加組織學習的效率，使會議減少、行政工作負擔減輕，讓教師回歸教學本業，如此教師才心有餘力進行在職進修及教學研究。另信任、接納的知識分享環境的營造，也是促動組織學習的利器，更是教師進行知識分享之首務。

柒、生涯發展與健康休閒

能夠擔任校長，對多數教師來說，已屬教育生涯的最高峰，根據現行校長甄選和遴選辦法，一位教師要擔任校長最快約需 8 年的時間，年約 34 歲，服務至 65 歲命令退休，約計有 30 年的校長服務年資，年資可能比教師還長，期間若無往學術或行政領域發展，也沒周詳的生涯規畫，很容易會遇到瓶頸或挫折，而覺得工作無味無趣，萌生退意，或是渾渾度日，遊走各校。另健康與休閒，是永保教育熱忱，維護工作效率的必要修行；幸福美滿的家庭，可為楷模學習，更可讓校長無後顧之憂。是以，一位成功的校長，應作好生涯規畫，具備良好的健康休閒習慣，並擁有幸福美滿的家庭才可促成。

一、周詳的生涯規畫

導入階段，認真參加校長儲訓課程研修，候用期間可借調教育行政單位進行行政實習，建立行政系統人脈，了解整體教育環境的生態及資源；在學校更要以謙卑的態度和學校校長請益，爭取實質代理校務的機會，增加決策實務經驗。成長階段，即初任校長前 5 年，主要是要驗證教育理論，實踐辦學理念，累積校務經營實務經驗，此階段，同儕學習是主要的方式，選擇一或數位經驗校長作為學習楷模及諮詢對象，逐步建構自己的校務經營理論。成熟階段，續任校長 2～3 任，約 6～10 年年資，追求經營績效為重點，要建立自我品牌形象，如開始主辦或承辦大型區域性教育活動、擔任國教輔導團或專案計畫評鑑人員、投入學術研究等，有自己的專長領域，是校長同儕重要的人力資源及諮

詢對象。轉換階段，續任校長 10 年以上，已開始進入校長生涯的中生代，步入人生的不惑之年，留下紀念事業物及追求學術行政上的成就為重點，是生涯進路關鍵的抉擇點，如退休規畫、開創學術第二春、創設新校、成為標竿學校和卓越校長均是很好的進路選擇，總之，此一時期，會是體驗生命價值、享受自我實現的喜悅期。

二、健康休閒的促進

校長職務是一項全年無休的工作，工作範圍可說包山包海一般，其工作壓力及風險，隨班級與學生數的增加而遞增，若無周詳的健康休閒習慣，易未老先衰過勞死；健康休閒的促進，應保有定期一種以上的運動休閒習慣，如球類、游泳、登山、健行、瑜伽、拳術等活動，閱讀、藝術欣賞是基本素養，可變化氣質，涵養心性；另同儕友伴人際關係經營，能成群結隊，遊山玩水，相互吐槽，鬱悶時是最佳的心理醫療團隊，對身心健康的促進深具療效。

三、家庭生活經營

家庭生活往往是校長們容易疏忽和被犧牲的部分，校長是公眾人物，為建立公共關係，交際應酬無法避免，但也不致於要如同政治人物般，拋妻別子身不由己的參與各項活動。校長首先要體認經營家庭生活的重要性，對必要性的公眾活動進行管理，並以有利校務推展的部分來篩選，可用金錢處理的就盡可能以「禮」相待，能運用上班日提前作為的，就盡可能事前去做，能不抽菸喝酒，就要堅持始終如一，以建立自有品牌形象，品牌形象一經建立，公眾場合即已定位，許多禁忌則可享豁免權，這會有益於家庭生活的營造。平日下班後進行有效的家人互動、假日盡可能留給家庭及固定的家庭聚會出遊，是經營家庭生活的一般原則，尤其是夫妻、親子關係的促進，更應騰出時間去維繫，能擁有一個幸福的家庭，才能成就一位卓越的校長。

捌、結　論

經營一個學校，就像經營一個數億資產的企業，若非前輩們的提攜或祖先

庇蔭，又有誰願意提供如此大筆資金讓我們一展長才，實現夢想呢？每思於此，便會湧現無比感恩之心，驅使自己更加用心全力以赴，並把握當下自我實現的機會，向自己的能力極限挑戰，創造自己生命的永恆價值。

回首10年，自信每天皆是盡心盡力於校務經營，將「卓越」當作自己的標竿，要求今年要比去年好，明年要比今年佳；標竿10年，我用心走過，親嘗了自我實現的感動，也找到了生命的意義。總之，只要把握身邊的每次機會，主動學習，最後滿載而歸的一定是自己，「校長之路」絕對是值得我們全心投入，滿載感動的。

作者簡介

曾家樓，生於新竹，台灣省立台北師範專科學校畢業，以在職進修方式，先後畢業於國立彰化師範大學輔導系、特教研究所 40 學分班，2001 年獲得元智大學管理研究所碩士，國立台北教育大學教育政策與管理研究所博士。曾任國小教師、組長、主任，1994 年派任校長，歷任桃園縣高坡、霄裡、大有國小校長，現任桃園縣西門國小校長。校長期間，曾榮獲山地學校績優校長，獲聘國教輔導團研究員、教育專案評鑑委員、桃園縣家庭教育中心總幹事、替代役政策規畫負責人；目前為桃園縣「深耕書田追求卓越」專案計畫負責人，並兼任資訊教育專案、科學教育專案委員，是位熟悉學校經營與教育政策執行的經驗校長。

一所具有競爭力的優質小學——北市文化國小

黃三吉
台北市文化國小校長

　　台北市文化國小是一所典型的學習型組織學校，文化國小創校於1991年，校地面積10,646平方公尺，現有57班，教職員生2,000多人，雖然位於北市郊區，卻連年額滿，教師碩博士以上學歷的人數，占40%以上，教學與研究風氣鼎盛，近些年來文化國小得獎無數，現任校長為黃三吉博士，他於1998年起擔任文化國小校長，最近4年有2個縣市要請他擔任教育局長，有40多所小學邀請他轉校服務。文化國小除了擁有一群高素質的教師之外，校園和諧，行政團隊效率高，亦為教育界所稱頌。尤其每年自籌經費800萬引進外籍教師，每班每週上5至9節英語課，採全美語教學帶動國內英語教學風潮，更為人所津津樂道。以下是黃三吉先生應本書主編邀稿，寫下他的學校經營心得。

壹、擔任校長之前的準備工作

一、行政經驗是很重要的

　　說實在的，想當校長並不容易，校長甄試比考研究所還難。想當校長必須要早做準備，要學經歷俱豐才有機會。首先你必須在初任教師不久之後，即從事行政工作，擔任組長、主任，如能歷練各處室工作更好，有各處室的行政經驗對未來出任校長，在處理事情上是有幫助的。但是你不一定有機會在各處室都工作過。我曾經擔任教訓總輔的處室主任或組長，並兼任過人事和會計工作。我覺得想當校長，總務的經驗是不可或缺的，因為總務主任的工作是書本上學

不到的，平常也看不到門路的。

二、專業知識必須不斷的充實

因為研究所畢業，考校長的積分可以加分，所以我就去考研究所，我當年考政大教育研究所，錄取率只有6.9%，考嘉義師專時錄取率更低，只有2.7%，後來我又念了博士班，拿到博士不一定有學問，但博士文憑是可以騙人、唬人的。想要考校長、當校長，學識是很重要的，高學歷在考試的筆試和口試印象上都是占優勢的。我拿到博士至今已經8年了，我覺得家長、老師或各界對於一位博士校長是比較尊重的，在校務推動上也比較順利。

三、校長培育與在職進修應兼顧

我感覺過去的校長儲訓制度或主任儲訓制度對我而言，並沒有多大的幫助。為什麼我這樣說呢？因為儲訓課程有關理論、理念的課，我在大學、碩士班、博士班中都已修過。而實務課程，因為我還沒當校長，我也不知道哪些是重要的？哪些是我真正想學的？但是我覺得校長在職教育是重要的，當了校長之後碰到難題，你就知道你想學的是什麼東西，可惜我國對於校長進修並不重視。我認為初任校長，應該要有師傅校長輔導個2、3年比較好。

貳、校務經營理念與具體策略

一、我的教育理念

我學的是教育，我的專長是大陸教育、師資教育、比較教育、教育法學和學校經營。

我看過很多書，我知道什麼是教育，我知道世界各主要國家在搞什麼教育？他們實施的好不好我都很清楚。這些年來台灣進行了一連串的教育改革，大部分的教育方向都是錯的，少部分是對了，但執行的方法有偏差。比如說開放教育、九年一貫、師資培育……，政府都走錯了方向。而小班小校方向雖是對的，但它並非教改首要解決的問題，你看現在不是很多學校招不到學生嗎？

當教育部提出一項教育政策或理念時，我就會去思考，國外是怎麼做的？

他們的優缺點在哪裡？我的學校如果要做，哪些地方要注意？後來我體會了一個原理，那就是「偶爾辜負別人的期望，才能有自己的希望」。經營一所學校其實不難，那就是要有品質，品質是價值和尊嚴的起點，只要有品質，走對了方向，家長就會把學生送來。

　　我的教育理念是：以「專業、清流、前瞻、效率」和同仁共勉，堅持品質、力求精緻、講求績效、追求卓越、強調創新、重視發展。重點如下。

(一)以辦大學的精神辦小學

1. 強調教師專業：科任教師（音樂、美勞、體育）皆由相關科系畢業的教師擔任。
2. 提升教師素質，鼓勵教師進修。

(二)以辦私立小學的精神來辦公立小學

1. 要求行政效率。
2. 講求教學績效：7 年來榮獲全國第一或全市第一名的總計有 25 項以上。

(三)教學與國際同步

　　教改的潮流中，許多措施、政策未經檢驗，但是本校高水準的教師能以專業檢驗深思，擇優汰劣。

(四)以活動取代教學

　　經常性辦理各項活動，從活動中體驗、學習。

　　我覺得老師必須具有專業，才能贏得學生和家長的尊重，同時不要亂收費，不要貪污，以身作則，這樣家長才會信任您。高效率、績效是學校辦學的檢驗指標，有人說「只問耕耘，不問收穫」，我反問「既然沒有收穫，那何須耕耘呢？」

二、如何培養優質的團隊

(一)校長的工作

校長的工作繁瑣，但最重要的有幾項，第一是鼓舞士氣，提升信心；校長應給與老師教學免於恐懼的環境，不斷的激勵老師，讓他們知道：我們是最好的，天塌下來有校長替你們頂著，我絕不容許任何人欺負你、傷害你。第二是建立願景；現在各個中小學都有願景，但那些願景其實是不切實際的，校長應清楚的告訴老師，我要把你們帶往何處去？告訴家長，你的孩子在我的學校畢業之後會有什麼成就？很多學校訂的願景都是健康、快樂、卓越……，這些都是廢話，都是騙人的。願景應該有具體的績效指標可做參考。第三是卓越的領導；有怎樣的校長，就有怎樣的學校，校長對於一個學校而言，是非常重要的。

(二)如何建立學習型組織團隊

教育改革的第一步是改革師資，如果你的成員或幹部不行，這個學校想要拉起來是很困難的。我早已體認到此，所以我一上任就採取一些措施，逐步推展。文化國小 93 學年度師資，碩博士以上人才已占 40%以上，預計到 95 學年度開學可以超越 50%以上。是一所非常優質的學校，教學和研究都很優秀。記得我剛上任時，全校老師只有 2 位碩士，如今已有 40 幾位碩博士教師。我是怎麼辦到的呢？

1. 鼓勵老師自立願景

   我跟老師們說：校長是來幫助你們的，不是來領導你們的，我在這裡可能是 4 年、5 年……，一段時間之後，我就會換地方工作。我希望你們自己設立願景，3 年為期做一檢視：我希望 3 年考上研究所，3 年考上主任、校長，如果我不想讀書，3 年寫一本小說，3 年開一次畫展，3 年考上高考，3 年……。成功了，成就是你的，不是我的，但我願意幫助你。

2. 鼓勵老師努力工作

   我一上任，是有計畫的安排一系列的教師進修。我記得剛上任不久，有一次我特別請市立師院但昭偉所長演講，講題是：「教師不是一個良心的工作」。很多人都說教師是一個良心的工作，但是但教授認為不是，因為良

心是一種情緒,情緒有高低、起伏。教師有良心時多教一點,沒有良心時少教一點,這樣是不對的。教學是不能打折扣的,教學必須達到一定的水準以上才可以。

後來我又提出一句話與老師們共勉,那就是「不努力工作的人,就要努力去找工作」。我從1994年起研究大陸教育,12年來我跑遍大陸各地,每次到了上海、北京(我每年會去大陸4到5次),都感覺他們有很大的變化,尤其每次到了上海,我就有一種感慨,就是「我們努力都已經不夠,何況我們不努力呢」?所以我的願景是希望我的學生中英語均佳,將來可以和北京、上海、東京的小朋友競爭,以後可以找到好的工作。當年我告訴老師們,人口出生率不斷的下降,少子化的情況會愈來愈嚴重,過些年很多學校會開始減班,如果減班,學期末大家心情都很不好,因為要討論哪一個老師要被超額減班調走,而且年年如此,流離失所。何不我們共同努力尋找出路,把學校辦好,讓這個學校不會減班,大家都能有工作,穩定的過生活。我們文化國小的老師真的很不錯,他們聽進去我的話,每一個人都很認真,7年過去,現在各位已經發現大部分的學校學生數都在逐年減少,但文化國小依然連年額滿,這一所郊區的學校,資源並不豐富,但文化國小卻是「北投人的希望,台北人的夢想」。94學年度本校幼稚園招生中籤率只有25%,可見它是非常受歡迎的。

3.營造溫馨的氣氛

說實在的,我很少去管老師,學校只要建立制度,每一個老師就會照制度走;而且大家都有高學歷,什麼該做?什麼不該做?大家都很清楚,更重要的是我們的老師還知道他們該怎麼做?根本不需要我去操心他們。有些時候,我只需給他們一些提示,他們就會做的比我想像中的要好很多。校長只是一個引導者、支持者和鼓勵者,當然我會經常找機會,搭舞台給老師們出頭、表演的機會,而每次他們都是表現得那麼的亮眼、那麼的突出、那麼的優秀。因為他們來自文化國小,文化國小就是一個品牌,一個品質保證的名牌,誰也不忍砸了它的招牌,我們相互切磋,認真研究,一起喝茶,一起談天,談人生、談哲學、談電影……,一起出國去旅遊,相互扶持,這裡就是我們的家,我們的事業,我們的人生,不管老師們碰到任何困難,校長都願意鼎力相助。

4.成立讀書會

本校有很多小型讀書會都是老師們自動自發成立的，老師們下課了還有很多人在討論教材、教學方法或是如何處理學生問題。身為校長我經常扮演的角色是中午時間提醒他們暫停討論，先吃飯，身體重要。下午去提醒他們：老師們，下班了，該回家休息了。班級要經營，但也別忘了家更要經營。碰到老師我可能會問他：你多久沒去看電影了。我意在提醒他們別忘了休閒和紓解身心壓力。很多老師被我問到這個問題，都會愣了一下，思考良久，然後搖搖頭會心的一笑。

三、親師生衝突的處理

由於學校大，師生有2,000多人，校長的事情相當雜，忙的時候真的很忙，但是老師的問題、親師的衝突，甚至學生問題都要去處理。以前我說過的，如果能聘到優秀的老師，很多的問題都不會發生，所以在聘老師的時候要慎選。

(一)大人的問題

不管是老師的問題或是親師的問題，通常我都會請學年主任或教師會會長一同了解事情的始末，然後由他們做第一階段處理，老師和老師比較好說話，很多老師看到校長出面都會很擔心，所以先由學年主任或教師會會長出面，他們在實務面可以兼顧，通常他們在第一階段就可以解決掉大部分的問題。如果不行，再由主任或校長出面，這樣子既可擴大參與又可節省校長的時間。將來萬一校長要採取行政措施，教師會和其他教師們也能體會校長的苦處，因為他們一直都是參與處理的核心人員，整個狀況都很了解，也就不會反彈了。

(二)學生的問題

有些學生，老師花了很多的時間都很難有成效，這個時候我會出面協助。我的辦公室內有一包玩具布偶，那是我女兒幫我選購的，主要是用來送給表現特別好或出現偏差行為的小孩。有時候我會請學生吃飯，給與獎品鼓勵。我也會帶學生去爬山、去郊遊，但那是不公開的，因為我怕一旦公開，學生會受傷害；另一方面我也擔心會有反效果，所以這一件事情我一向很謹慎，這些年來，我覺得還不錯。

　　我記得有一天，有一位單親媽媽打了一通電話向我哭訴她的女兒多麼的不好、不乖，最後她丟下一句話說：「校長，我把女兒送給你好嗎？」後來，我單獨找了這位小女生，她那時是四年級下學期，我常請她吃午餐，給她小禮物，給她鼓勵，給她真心的關懷……，六年級畢業時，她竟然拿到全班第三名，連我都很意外。

　　還記得有一位男同學，在五年級時他即將步入幫派，我帶他去六福村，去爬山……，一直到小學畢業，都相安無事。我感念每位學生，他們都給我這個校長朋友一個面子。

　　放學時，我經常坐在穿堂的台階，陪著學生等家長來接他們回家，我也常坐在校門口路邊的欄杆，陪學生等安親班的車子來接他們，我會趁這個時候和學生聊天，了解他們的想法和看法。碰到家境有困難的學生我也設法協助，我說過：「有錢的學生有他們的父母照顧，貧窮的學生就由校長來照顧。」

　　所以我們每年辦理英語遊園會募集一些小額的基金，就是為了照顧這些弱勢學生的急難救助。

參、建立學校特色

一、英語教學

　　文化國小是一個全面發展的學校，它有很多特色，現舉英語和國語為例。本校英語教學是目前國內公立小學做得最好的學校，甚至超越很多的私立明星小學。具體做法包括：

㈠教育局於 90 學年度核准本校為試辦加強英語教學，復於 91.9.2 北市教三字第 09136602100 號函同意本校實施英語教學實驗計畫，可自行依需求調整師資及課程結構。

㈡英語師資陣容堅強，本校英語科任教師 9 位，都是教育部認證合格的專業師資，及由家長會聘請外籍英語教師 5 位，課輔班外聘英語師資有 10 位，導師具有英語背景者 11 位，共計 35 位。

㈢英語教學採全美語教學，每週每班上課 5 到 9 節，加強學生英語聽、說、讀、寫能力。並於課輔班安排英語小班教學，提供更多接觸英語的環境。

㈣大量採購英語童書，提供學生豐富的英語閱讀環境。

㈤積極營造有利於學習的軟、硬體雙語環境：

1.大門口校名雙語化。

2.校內建築物、教室、部門辦公室雙語標示。

3.各項設施（含洗手台、飲水機、廁所等）雙語標示。

4.學校網站雙語化。

5.教職員工職務名稱及姓名雙語化。

6.每一位學生皆有英文名字。

7.英語成績單、英語畢業證書。

8.電話語音（中、台、英三語）。

㈥研發外籍教師英語教材。94學年度將進一步研發學生使用教材，家長可以節省購書經費90%以上。

㈦連續3年，製作晨光英語教學廣播節目，93學年度改為電視播放教學，搭配設計學生聯絡簿，並安排於學生朝會，由中外籍英語教師攜手演出話劇，現場互動，帶領學生複習。

㈧規畫「晨光英語」，編輯生活化之教材，以廣播劇方式每日播放，並結合聯絡簿，融入教材，進行定期檢核過關活動。中外籍教師合作針對每週主題，於學生朝會上演出短劇，加強複習及應用指導。92上還配合主題，進行全校性自由報名參加之「英文自我介紹比賽」，200多位學生參加比賽，表現優秀。92下以「溝通、表達情感、交誼」為主題。93學年度以生活基本用語熟練為主題。

㈨每年度辦理英語日活動，提供學生全語生活化的體驗情境。販售及購買以英語交談，並設計多元化英語過關活動。92學年度以「歡樂童年」為主題，93學年度以「世界村」為主題，94學年度（5/21）將以「寶島風情」為主題。搭配主題規畫活動，並且設計創意而富教育意義的通關護照。

㈩協助教育部、台北市政府教育局進行各項英語教學及外師聘用研究，並出版成果專輯。

㈩㈠推動研究風氣，深耕教育研究，出版英語教學與研究書刊，校本英語課程，提供台北市國小英語推動之參考。

㈩㈡辦理各類型英語補教教學活動、觀光外語研習、親子共學英語活動。

㈑辦理寒暑假英語營隊活動，並將本校豐富的英語資源分享給台北市其他學校的學生。

㈒辦理暑假遊學活動。2002 年辦理英國遊學，2003 年防疫停辦，2004 年辦理澳洲遊學，2005 年將辦理澳洲及新加坡遊學。

㈓為了讓台北市的貧窮兒童及原住民子弟也能參加英語營隊，本校每年均辦理關懷弱勢學生冬夏令營。

㈔由家長會支援經費，辦理六年級小朋友課後英語補救教學「飛鷹再現」輔導班，確保畢業生學習品質。

㈕研究設置線上數位學習評量系統。

㈖兼顧縱向橫向課程規畫，分成中籍英文教師教學課程、外籍英文教師教學課程、課後輔導英文課程三面向，使學生學習能循序漸進，由點至面紮實學習。

㈗掌握語文學習的有效原則——反覆、積累、熟練，用心整合課程，規畫每週上課 5 到 8 節的英文課，充分提供學習和練習的機會。

㈘經由聽、說、讀、寫的訓練，有效提升英語學習能力。

㈙培訓學生校園大使，能以中英語對外賓介紹學校。

㈚設置「英語自學」申請制度，讓英文程度特別優秀的學生有機會進行個別化的適性課程。

㈛規畫英語閱讀指導課教學。

㈜爭取多方資源，充實英語童書，購置 1 班 1 書，可由各班借用，全班學生共讀分享，並結合原有書香制度，鼓勵大量閱讀。現有英語閱讀書籍約 9,300 餘冊。

㈝將逐年增加英語圖書，預計再投資 400 萬購書，成立英語圖書館。

㈞舉辦英文查字典比賽，培養運用工具書的能力。

㈟依學年程度，每月推薦英語童書。

㈠榮獲推薦代表我國參加日本福岡 2005 年世界兒童高峰會。

㈡兼顧聽說讀寫作能力進行評量。評量採團體、小組、個別化及多元方式進行。並制定評量基本準則。

㈢配合節慶，由家長會協助校園英語學習情境布置。

㈣結合多元體驗活動，設計主題性活動教材，除了在假期營隊中實施外，並

且儲備豐富的教學設計資源。

㈢每年參與教育行動研究成果發表，在英語教學研究方面，連年皆有特優、優選、佳作、入選作品之輝煌成果。

㈢每週召開英語教學研究會議，深入進行英語教學實務之探討。每月學年會議、領域教學研究會議、行政會議，以及每週1次的主任會報，則就資源整合、協同教學、省思與建議，進行相關之討論。

㈣多方聽取意見，修正改進英語教學推動之措施，務期發揮實效，並且避免干擾影響其他學習及生活教育。

㈤中外籍教師攜手合作，級科任老師協同教學，行政與教學充分配合，軟硬體充分配合運用，規畫多元活潑有效能的英語學習環境。

㈥積極推展國際交流活動，設置專屬網頁提供分享。

㈦榮獲教育部2005年學校團隊標竿100學校。

　　我為什麼要如此用心的推動英語教學呢？因為我覺得過去10多年來國內不斷的推動教育改革，但是做了就後悔，像建構式數學、開放教育、九年一貫、統整與合科教學……等。所以我一直在思考有沒有什麼教學是做了以後永遠不會後悔的，而且對學生終身有益的，後來我選擇了英語教學。我花了3年的時間，不斷的和老師、和家長和上級溝通，我終於說服他們，如今我把成績擺在眼前，大家才相信我當年的判斷是對的。

　　很多的教育界朋友和家長跑到我的學校來參觀，但是至今沒有一所學校可以仿製成功，因為他們沒有學到最重要的秘訣。文化英語教學的成功，獲益最多的是平民家庭，當他們的小孩在文化國小畢業時就具備了很好的英語能力，將來他的子弟就比別人更有競爭力。

　　我當年要做英語教學，必須僱用外師，警察天天來找我麻煩，因為有人告我非法僱用外籍勞工。因為要繳錢（現在每個學期收1,200元，貧困兒童免費），家長告我。因為我重視英語教學，老師對我不滿，抵制我。有一天某大報用兩大版面批判我，說我崇洋媚外，害我差點失去工作，那段日子過得相當辛苦，我隨時準備另謀他就。那時候沒有人相信我可以做成功。

　　現在英語教學的成果逐漸顯現，文化國小成為一所明星小學，連學區內的房價都受到影響而上漲。

二、中文教學

　　接下來，和大家談談我們的中文教學，我深知中文教學的重要，尤其是本校英語教學時數很多，不能因為重視英語而忽視中文。因此，中文教學方面，我們比別人更認真，具體的做法如下：

㈠每年定期舉辦校內國語文競賽，全體教師共同參與，力求共同關切，融入教學、班級經營，提供賽前指導，菁英培訓。

㈡每週發下低、中、高「每週一文」資料，累積能量，推動語文及心靈成長，並運用此資料，進行每週的學年性朗讀比賽和閱讀討論。

㈢高年級結合時令、時事、重要宣導及生活議題，期初規畫公布各週主題，每週進行演說比賽。抽中的班級，全部學生分成 8 組，到其他班級演講，聆聽的班級，學生提供回饋，教師給與鼓勵及指導。

㈣舉辦語文營隊，針對有語文專長學生集訓。

㈤落實國語文教學，提供教師資訊，指導學生閱讀策略。

㈥鼓勵學生大量閱讀各類書籍，提升語文能力。

㈦每週一朝會教務主任介紹 5 至 6 本好書。

㈧閱讀指導志工媽媽上三年級閱讀指導課，奠基圖書館利用教育基礎。

㈨寒暑假辦理「小書製作──金書獎」評選，實踐「認識書的結構」學習目標，鼓勵專題研究、嘗試創作、發揮創意。

㈩推動書香制度，鼓勵學生閱讀好書，累計 20、50、100 本好書並書寫閱讀心得，頒發書香學士、碩士、博士獎。

㈡每週辦理「小博士信箱」、「語文萬花筒」有獎徵答。

㈢每年辦理票選 10 大好書活動。

㈣每週週二中午辦理「書精靈老師說故事」活動，精選中英文優良好書或主題系列書籍介紹，並設計相關活動。

㈤規畫主題書展：結合課程與活動，每半個月安排一個主題，蒐羅相關童書展示，並辦理相關延伸閱讀活動。

㈥表現好的同學可以持「榮譽閱覽證」，中午到圖書館看書。

㈦辦理小作家、小記者培訓營。

㈧辦理作家、名人與小朋友有約活動。

㈩辦理勵志演說——謝坤山、黃乃輝。

㈧校長鼓勵閱讀,請吃牛排。

㈩畢業前看 100 本好書。

㈡鼓勵投稿。

㈢鼓勵閱讀質與量最優秀班級老師,頒發獎金,請老師看電影、喝咖啡。

㈣鼓勵教師指導或參加國語文 5 項競賽,獲得全國第一名,頒發獎勵 2 萬元並給與休假。

㈤設置班級共讀好書書箱,目前已有 150 多種,各有單書 40 冊,或是套書 6 至 8 套,提供班級共讀、教學、討論。

㈥規畫募書活動——今年已獲捐贈 13 萬,利用學校日、體育表演會向家長募書。

㈦配合節慶,進行主題教學。

㈧定期辦理查字典、查資料比賽、系列資訊競賽。

　　我特別重視閱讀,因為九年一貫的課程節數分配,中文的時數太少,因此我鼓勵學生在畢業之前要讀 100 本好書,每讀 100 本好書並寫好心得,我就特別安排機會鼓勵他們。此一理念引自美國長春藤名校,他們在通識教育課程中,要求大學生 4 年要讀完 100 本經典名著。

　　在中文教學方面,我們有一位高敏麗主任,她是國語科輔導員,得過師鐸獎,在中文教學的推動上協助很多。另外本校的募書活動效果很好,值得各校學習。

三、獎勵學生

　　除了鼓勵老師之外,我也獎勵學生,學生有好的表現,除了家長會訂有獎金鼓勵外,我常常自掏腰包請學生吃牛排,記得最高紀錄是 1 個月曾請了 60 位小朋友,經費的負擔很重,但是身為校長,既然已經說了,就要做到。學生可以和校長吃牛排的條件是:

㈠讀 100 本好書,並寫好心得。主要是在鼓勵閱讀,提升語文能力。現在除了中文書之外,也擴大到英語書,本校有 3 萬本中文書,1 萬本英文書。有一個學生去年畢業,叫陳佳瑩,在畢業時,看了 700 多本書,我請了她很多次,破費不少,但印象深刻。

㈡爬山遇到校長，主要是在鼓勵學生養成運動的習慣。本校校地只有 10,646 平方公尺，但有 2,000 多位師生，缺乏運動場所，所以我特別鼓勵親子運動。

㈢參加對外比賽，獲得市級第一名。很多人問我，為什麼不請第二名、第三名，我告訴他們，因為得第一名的學生已經過多了，我的經費負荷不了。

㈣全民英檢通過，本校的英語教學目標是六年級畢業的學生要能夠有 60%以上通過全民英檢初級考試，好一點的學生，更希望能夠通過中級檢定。

　　學生很喜歡校長請他們，因為那是無上的光榮，他們才不喜歡和校長照相呢！

肆、行政與教學

　　文化的行政團隊是獲得大家肯定的，我們的主任、組長都非常優秀，他們的能力超強，工作認真，無怨無悔。更奇怪的是，文化的組長是大家搶著做的。我們的團隊效率在台北市是數一數二的，教務主任高敏麗、訓導主任吳美珠、總務主任黃士嘉、輔導主任留素芹，都是人才。就連組長，有好幾位大家也都認識，像註冊組長劉淑雯博士，是兩性教育與教學專家。

一、行政服務

㈠我通常會從優秀的學年主任或教師會幹部中，擇優邀請他們出任組長。

㈡我要求效率，我告訴全校師生，凡是進到文化校內的人，不管他們的身分背景、貧富貴賤，都要受到最好的招待。我常常會問哪一件事做好了沒，我常上網了解家長和學生的反應，還有各處室的工作狀況。

㈢我從不罵行政人員，我告訴他們要認真工作，為教學服務，做錯了，只要不是故意的，一切後果我承擔。發生危機事件，我第一個想到的是，如何把事情處理好，讓傷害降到最低，要賠錢，校長會去想辦法。罵人並不能解決問題。

㈣我願意做他們的後盾，碰到問題告訴我，沒關係我去解決，我一定支持你，不會讓你孤軍奮鬥。

㈤我充分授權，不必事事請示，該怎麼做就怎麼做，學校是一個講求公平和

正義的地方,只要堅守這個原則即可。

(六)發生危機事件,報紙或電視馬上報導。大家心情都不好,這時我會做精神喊話,鼓勵全校教師士氣,讓大家積極有信心的去面對這一天。

二、教學服務

雖然我在大學階段,主修課程與教學,但是談起教學,說實在的我比不上基層教師,我何德何能去領導教學,我只是給與老師們支持和鼓勵,只要他們有所求,我盡量想辦法幫助他們。

我不懂英文教育,但是文化國小的英語教學,包括台北市國小英語教學推動,我都是在不斷的學習和摸索與研究中,不斷的修正,走出一條路來。憑藉的是我的教育理念,參考國外的做法以及請教很多的專業人士,包括引進最優質的教師團隊,聘請教師時,我會設法排除壓力,一定要找到最好的老師。

比如說,大家都認為以前英語教學失敗是因為以前只強調讀寫,不重視聽說,所以現在小學教英語要反過來只要聽說不要讀寫。但是我們實施一段時間之後發現這是不對的。因為如果不閱讀、不背單字,英語進步很慢,上國中也無法銜接。後來我們改變了策略,就是低年級時聽說多一些,讀寫少一些,年紀漸長,讀寫的比例就逐漸提高,也就是採聽說讀寫全面並進的語言教學策略。

伍、關懷弱勢

我從小生長於台南縣鄉下的貧窮家庭,父親務農維生,我深知窮人的苦,當年母親四處借錢供我們兄弟繳學費,因為父親深知教育的重要,才有翻身的機會,長大之後,我特別感念過去的日子,因此只要有機會,我都很願意去幫助弱勢兒童。我的做法是:

一、為縮短貧富差距,協助弱勢兒童學好英語,已連續 3 年辦理台北市關懷弱勢族群英語夏令營和冬令營,免費提供設籍台北市的原住民,生活照顧戶和育幼院的兒童參加英語夏令營和冬令營,並邀請馬市長英九、吳局長清基和這些小朋友共進午餐,市長和局長皆給與這些小朋友勉勵。2004 年還邀請小朋友圍爐吃年夜飯。

二、1996 年於富安國小任內,潘氏姊妹父母雙亡,潘家為原住民家庭,家境清

寒,當時姊姊就讀六年級,妹妹就讀幼稚園大班。本人透過媒體協助募款新台幣 500 多萬元。協助其處理喪葬費用,剩餘 400 多萬元,以其外婆、姑姑及該生名義,寄存於世華銀行忠孝分行,作為升學與生活費用。9 年後的今天,姊姊已自台北商業技術學院畢業,妹妹也已自士林國中畢業,每年兩姊妹均會寄賀卡。

三、1998 年中秋節,潘○○(原住民兒童)一家 4 口開車回花蓮,因遇大風雨視線不明,在蘇花公路與來車對撞,死了 3 個人,僅剩潘○○1 人,為照顧其生活,協助其募款 130 萬元,為恐錢被瓜分,於保管 3 年多後,經協商交由其舅舅代為撫養照顧。

四、學校中有一些文化不利家庭的學生,家長疏於關懷及教養,學童在學習、生活與人際關係上適應欠佳,除了召開輔導會議,結合級科任、家長社區資源進行追蹤輔導外,黃校長也親自參與輔導,利用課餘邀請學生到校長室關懷指導,假期中還曾經帶學生爬山,希望經由多一份關懷和接近大自然,疏導這些孩子。

五、少部分家長經濟上有困難,但未具低收入戶資格,我考量到家長可能捉襟見肘,主動為之爭取協助資源,甚且親自代為墊付學費。

六、辦理各項城鄉交流、校際交流及假期體驗營活動,優先考量提供清寒學生參與活動的機會。

就以英語教學來說,因為要增聘外籍教師,每年的經費龐大,所有的費用均由學生平均分攤,但是我不斷的請班親會召集人,發揮愛心,關懷班上貧苦兒童,所以凡是生活照顧戶,弱勢貧困子弟,在文化學習英語是不用繳費的。文化的家長是有愛心的,他們是一群有理念,期待孩子有一個良好教育環境的家長而組成的,這些家長都是值得我們敬佩的。教育是不能等待的,教育需要家長一起來,不能單靠政府的力量。

陸、公共關係與教育支援的爭取

一、學校公共關係

教師會、家長會與校長三者要保持和諧的關係,以校長為核心,這樣學校

才會進步，由於我很早就拿到碩、博士學位，所以我的同學、學長、學弟甚至學生都有不錯的成就，有很多位都位居要職，他們都很照顧我，關心我。

我覺得只要你肯努力、認真工作、值得信賴、樂於助人、把學校辦好，那就是做好公共關係的最佳方法。當你辦好一所好學校時，你的學生就會愈來愈多，家庭社經背景就會愈來愈好，資源就會愈豐富。學生人數多，教育經費就愈多，相反的，樹倒猢猻散，所以你要爭氣，要努力。然而最重要的是要走對方向，方向錯了所有的努力都是白費的。因此方向比努力更重要。

學校行銷也很重要，文化國小過去 4 年在報章、雜誌就出現了 300 多次以上。2005 年 4 月還上了 CNN 全球新聞網，他們專題報導了本校的英語教學。這些年來到本校參觀的來賓，除了國內的教育團體之外，還包括中國、日本、美國、印度、英國、澳洲、德國以及新加坡的教育專家，政府官員和議員。

作為一個校長有空需要常停下腳步，多和老師們聊聊天，關心他們。多和家長們聊聊天，關心他們的子女，可以拉近彼此的感情，建立良好的人際關係，請家長和老師喝咖啡，聊是非，是校長必做的功課之一。有空，到家長家坐坐，他們會覺得很光榮，會把你當朋友。

二、教育資源

(一)來自政府機構的經費

教育局對我們是非常照顧的，文化的成就被視為是教育奇蹟，在很多教授的眼中，認為文化是一個特例。我要說的是，文化的成功是市政府、教育局、校長、老師和家長共同努力的結果。其實只要你願意，你一樣可以辦一所比文化好的小學。

(二)來自民間及家長支持

由於這是一所明星小學，所以很多人都想要與我們合作，要我們背書，因此我們可以獲得別人的自動贊助。另外家長的捐助，像英語教學的費用、購買圖書的經費、學生獎勵……等，家長都會踴躍支援。而家長委員會對於經費的協助更是居首功。另外還有一部分是採取企業經營所得。說實在的，在文化國

小工作了 7 年，我好像沒感覺到缺乏教育經費。

　　現在政府的財政愈來愈困難，當校長的人，不要一天到晚希望教育局或教育部給你補助，給你經費。錢就是那麼多，長官在經費分配上有他的困難。校長應該改變傳統的思維，自己想一想辦法，採取企業經營的方式，自籌經費。

柒、紓解壓力的方法

　　當校長經常會遇到壓力，尤其是一所明星學校，常有的壓力包括民意代表關說學生想進來就讀、親師生衝突、家長要求選班、危機事件、工程關說、人事關說……等，壓力大時經常會睡不著，我半夜睡不著時只好起來到客廳坐一下，沉思一會兒。

　　人生不如意之事，十常八九，教育問題層出不窮，但我不會把壞心情帶回家，如果心情不好，我會跑出去逛逛，山上、海邊、街上轉一圈，調適一下。我也常去關渡宮拜拜，去看看海、看看沼澤蟹，讓心情舒坦一些。有時剛好在下班前，那我會在回家的路上，找一家泡沫紅茶店，喝一杯紅茶，看看過往的行人，調整一下思緒再走。古人說：休息是為了走更遠的路，說的一點多沒錯。心情不好時，我也喜歡坐在辦公室喝一杯咖啡，想一想該何去何從？下一步要如何走下去。

　　我是一個工作狂，數十年如一日。6 年前我開始喜歡上爬山，所以現在的我，假日盡可能空出，不要工作，登山去，不運動真的不行，我也常參加「全民登山隊」的週日登山活動。現在，如果假日不去爬山，就會渾身不自在。工作愈忙碌，愈要運動，校長最好能養成運動的好習慣。

　　另外最近 1、2 年，我也滿喜歡去旅行的，每年寒暑假學校的教職員工喜歡結伴去旅行，家長會委員、志工隊成員、認識的人都歡迎加入，我在這裡 7 年，和家長都混的很熟。身為教育工作者，要常常出去走走，一方面是紓解壓力，一方面可以了解其他國家的優點以及世界潮流，當我們做決策時，會比較有前瞻性。

　　旅行時，我喜歡看學校，看學校建築、設備、布置和空間設計，學習別校的優點。我也喜歡參加老師的讀書會，和老師深度對話。我更喜歡和學者專家或企業界人士聊天，從對談中，可以獲得不少啟示喔！當然精采的演講更不能

錯過。

捌、對校長培育的反省

當校長與當老師都一樣，最重要的是人格特質，其次才是專業能力，有的人當校長當得很快樂，有的人卻當得很痛苦。問題是當得很痛苦的人並不希望下台，還是希望一直幹下去。這樣子，說實在的，對自己、對學生都不好。

我覺得校長培育課程，應包括三類，也就是請三種人來上課，一是政府官員，一是教授學者，另一是專家。政府官員講教育政策，學者講理論，專家校長講實務。另外為因應社會變遷還需要找一些企業人士，來談創新經營，如何挽救瀕臨倒閉的企業和行銷管理。

如何將企業經營的理念引進學校來，是當前非常迫切的問題。比如說，現今政府的財政愈來愈困難，學校可不可以自己想辦法自籌經費？少子化造成學校減班，超額員工如何處理？如何經營學校才會吸引學生，才不會減班？學生品質如何控管……等，這些都不是傳統的教育模式所能解決的問題。

玖、自我反思

現階段在台灣，私立小學好像比公立小學還要受家長歡迎，我就不相信我辦不贏私立學校，在文化國小 7 年，我做到了，家長可以繳公立小學的學費，享受優於明星私立小學的教育品質。由於文化國小英語教學的成功，家長只要有小孩在這裡讀小學，6 年下來，至少可以省下英語補習費 50 萬元以上，受惠最多的是平民子弟。孩子念文化國小，你可以看到他的未來，文化國小帶給你無窮的希望。這就是為什麼文化如此受歡迎的原因。

我常常自我反省，我走對了嗎？我是否走偏了方向？要有接納批評的雅量，批評你的人，是你的貴人，不是敵人。往人少的地方走去，就有機會，偏遠貧窮的地方更需要我。

在學校朝會裡我通常不太說話，有時候 1 個月說不到 1 次，但每一次我站起來講話，老師們都很認真的在聽，幾乎每一次我在朝會講完話，老師們都會

給我掌聲喔！你是否覺得很奇怪？文化的老師們就是這麼可愛。

　　如果我說話說重了些，我就會問旁邊的主任說：剛剛我說的話會不會過分了些？主任們就會直言，萬一我講的話太重，我會道歉，我覺得錯就錯，勇於認錯，真誠的對待老師，老師就會尊重你。

　　作為一個校長，雖然每天都很忙，但別忘了常常坐下省思一番，是反省自己，而不是反省別人喔！

作者簡介

　　黃三吉，台灣省台南縣人，國立高雄師範大學教育學博士。國立台北教育大學教育政策與管理研究所兼任助理教授，公共電視台節目諮詢委員，中華民國兩岸文教學會理事。現任台北市文化國民小學校長。2004年榮獲台北市特殊優良教師（第一屆校長類師鐸獎第一名），2005年榮獲教育部學校團隊標竿100學校獎，CNN全球新聞網於2005年4月專題報導本校英語教學。研究專長包括大陸教育、師資培育、教育法學、學校經營等領域。

勇於挑戰超越自我

蔡秀燕
曾任台北縣文聖國小校長
現任台北縣景新國小校長

壹、回首來時之路

　　1980 年我於師大教育系夜間部就讀時，當時班上很多同學都已擔任校長一職，發現他們上台報告時，對於學校行政的領導以及與家長、老師的互動關懷等，都有相當獨到的見解和做法，總覺得校長很像十項全能的英雄，可以為全校親師生做些有意義的事情；也是個令人羨慕的職位，既清高又威風且敬重於鄉里，尊重為上賓，集校內人、事、物等大權於一身；尤其女性當校長更是令人刮目相看，引以為傲的工作。當時我仍只是一個老師，看到同學們當校長優異的表現，內心非常的嚮往。見賢思齊，希望自己也能從老師一路邁向校長之路。同學 4 年，也因受到同儕團體的潛移默化，以及教授們對教育行政方面的啟迪，讓我發現，一位老師的影響力僅止於一個班級，而身為一校之長，只要自己的教育理念是被肯定的，方向是正確的，影響的層面便能擴及整個學校，甚至整個社區。由於自己樂於嘗試有挑戰性的工作，與本身「積極樂觀，勇於突破自我」的個性相符合，既然對學校行政頗有興趣，於是謀定而後動，閱讀了許多教育與輔導有關的書籍，很幸運的，在 1984 年北縣招考第一屆輔導室主任時忝為其中一員，於是自己的角色也從老師進階到主任。歷經 8 年處室主任的磨練，處於校長與教師之間的夾心地帶，是個吃力不討好的角色，卻也學習到一個成功的校長就是隨時展現領導者的實力與魅力，塑造獨特的風格轉化為卓越的經營績效，立下當校長的宏願。

　　1992 年，有幸考上校長，並於板橋教師研習會接受儲訓，儲訓中安排了許多理論及實務的課程，影響我最深的則是團體生活的體驗，內容包括校長的人

格陶冶、生活教育的養成、領導者的理念、溝通的技巧,以及和同儕切磋琢磨、討論分享的課程等等。身為教育人員,每天面對的是活生生的個體,學生人格不斷地發育成長,經驗及知識也不斷地擴充,對外來的刺激與感受也逐漸敏銳!

我從小生長在勤勞樸實的農村家庭,父母農暇之餘,也常陪伴著我們聊天說故事,親子感情交融互動,讓我的童年備感溫馨難忘!也因從小耳濡目染、心領神會,我也非常喜歡親近周遭的孩子們,從他們身上可以感受孩子們散發出來的純真以及渴望被愛的心,是那麼的殷切和令人疼惜,為人師者積善行德也才有介入的空間。

貳、不為勢劫不為利誘的教育愛

古今中外皆公認母愛是世界上最偉大的,但個人一直認為還有一種不為人知的愛——也就是長存在老師心坎裡頭那份執著不變的「教育愛」,比母愛更偉大。因為母愛的對象是自己的子女,而教育愛卻是把一群小孩視同己出般的用心和關懷。老師們與孩子們朝夕相處,殷殷盼望自己指導的孩子今天比昨天進步、明天又比今天更好,那份期望、那份情深是令人深深折服的!

我們也知道:教育的根是苦的,但果實是甜美的,教育無法揠苗助長、立竿見影。如高速公路一旦興建完成,馬上就能貨暢其流,見其功效;反之,教育之成非一朝一夕之功,要看到孩子們脫穎而出、出人頭地,往往在 2、30 年之後;生命,有多少個 2、30 年能讓我們耐心等待?但感動的是:多少個日子,老師們踏著寂寞晨光而來,孤獨回去,沒有掌聲亦不帶走任何一片雲彩,任勞任怨、無怨亦無悔!我們一直深信:在所有老師的心目中,一定有與眾不同的人生價值觀,導引著他們勇往邁進,不為勢劫、不為利誘。縱有移山填海之難,亦抱著捨我其誰的使命感!如此的情操與付出,相信能在教育近代史上留下美好的一頁。

參、用心，就是最好的領導——校務經營理念與具體策略

一、關心教師的需求

　　小學時受到一位邱老師的影響很深遠，他知道我很愛讀書也很會讀書，如果只是小學畢業就去工作是一件很可惜的事情，因此暗中拿補習費給我，要我和其他同學一樣去補習；由於老師對我的鼓勵與協助，讓我順利完成初中的學業並考上師專。會選擇師專的原因，其一為父母重男輕女，認為女孩子不用讀太多書，那時考師專皆公費不用花錢；再則小小年紀就已萌生當老師的念頭：老師能指導學生學習，又可以幫助學生解決困難，非常的了不起且令人羨慕。現在回想起來，當時心裡的想法就是教育愛，老師的話語對孩子的影響非常大，可使孩子具備改變這個世界的能力，老師肩負著無比的重任，將散播愛和希望的種子。因此我的教育理念是：讓每個孩子在教師有能力的愛護之下，引發他們心智的成長，激發其天賦的潛能。每一個孩子都是千里馬，老師用慧眼識英雄，為每顆種子找出一塊合適的土壤萌芽。

　　學校是一個組織，有組織就有領導，好的組織是由一群具有共同目標的員工結合在一起，好的領導是讓員工激發潛能，樂意以有限的力量，將自己的潛能發揮到極限，有人說現代是領導者受難的時代，校長難為、有責無權；過去，主管可任意發號施令，做部屬的唯命是從，但時代急速改變，再加上校園民主化，教師專業自主性高，以傳統權威的領導方式，來帶領校內教職員工向既定的目標前進已不可能。因此，我的領導理念是：以專業知識的魅力和以身作則的行為影響力，配合職位的法定權力，和同仁同心奮進崇高理想，攜手共創美好未來。

　　要讓每個孩子得到最好的照顧，先要使老師能安心教學、樂於教學，只有快樂的老師才能培育出優秀而有氣質的學生；讓老師安心快樂的教學，必須要有一個敏捷、靈活有效能的行政團隊提供最優質的服務，一般人都認為行政和

老師是對立的，彼此之間常因誤解消耗時間和精力，其實所有的教職員工不分行政、不分老師，都在為孩子提供最優質的學習環境，創造最有利的學習氣氛。因此，我以一種像「僕人」一樣的角色和所有同仁相處，用一種侍奉、犧牲和給與的精神來關心他們所需要的，解決他們的困難，竭力達成他們的需求，這種「服務式的領導」贏得了同仁和我之間的信任與互動，校務推展著重人際關係的和諧，做人做不好，也很難把事情做得好。

從小在鄉下長大，我一直秉持著老祖母常說的「頭家辛鑼要一家親」，頭家有錢有能力，要照顧「辛鑼」；要把員工當作我們的手足來疼惜，而「辛鑼」也能為頭家著想，善盡員工的本分。如今自己雖為一校之長，並不以當官的心情來看待我的工作，而是以火車頭帶頭的精神，疊羅漢墊底的毅力，來和所服務過的全體教職員工同甘苦、共患難，也因為以這樣的心態面對大家，每天都是愉悅的上班，難免有挫折，亦很快就迎刃而解。每到一個學校，我一定會把全校教職員工的生日列成一張表，在生日當天親自送卡片到老師手上，若是對學校特別賣力默默耕耘、表現出色的同仁，除用文字表達對他們的肯定感謝和期許外，也會藉機送個小禮物，因為這些老師認為認真為學生付出是本分，不希望被公開表揚，利用生日卡傳達對他們的讚美與肯定，讓老師們感受校長的用心與貼心。除在生日當天送賀卡之外，凡同仁家裡遇有婚喪喜慶一定親自道賀或關懷，若真有不便，亦請主任代表。讓我印象深刻的是，有一年暑假學校利用備課日辦理校內研習，所有老師都參加，那天晚上10點多突然接獲高雄打來的長途電話，電話中一開始就說：「校長對不起，我女兒剛調過來貴校，就馬上給學校添麻煩，她要請一段長假。」我一下會意不過來，原來那位老師懷孕7個多月，挺了個大肚子到學校報到，下班後身體不適，大量流血被送進醫院；我安慰他不要擔心，我會到醫院探視。當時已是10點多了，大雨直下，開車到醫院著實有點困難，正在猶豫是否要出門時，那位老師的先生也打來（是個職業軍人，太太先北調），電話中頻頻與我道歉，直說為學校添麻煩，讓他非常抱歉。頓時覺得我一定要到醫院一趟，只有看了真實狀況，才能將其回報遠在南部的家人。一路上獨自在雨中開車，一心掛念著老師的病情；到了醫院，因為是深夜，醫院特別安靜，走在醫院的長廊上尋找著病房，怕誤闖禁地；好不容易找到老師的房間，她看到我進去，眼眶紅著說：「校長您怎麼這麼晚還來？」我把家人著急掛念的情形告訴她，也把我要去的理由跟她說：我把她當

做自己的女兒，孩子隻身在外又發生事情；先生、父母不能陪伴，一定讓她特別想家，我關心了情況之後回報，好讓家人們安心。也要她不要擔心隔天開學的事情，我會交代主任處理，短短的 20 分鐘停留，讓住院的老師安心靜養、讓她的家人放心。回到家裡已經是半夜了，身體很疲倦，心情卻是平穩且愉悅的。校長的角色就是這樣，所有的學生都是孩子，所有的同仁都是家人，只有用心善待家人，和樂生力量，校務推展沒有不迎刃而解的。

二、細心協助教師教學

　　幫助每位學生依其天賦潛能的特質予以啟發，教導和訓練是教師最重要的職責，我們不能什麼都教給孩子，孩子也不必什麼都會，學校教育要提倡五育均衡的教學，並不表示每育都要均優；「重視孩子的個別差異，因材施教，讓每位孩子的特長發揮到極限」是我與教師共勉的座右銘，我重視老師平時在教學現場與學生的互動情況，每一科目都有不同的教學方法與技巧，也有不同的互動方式，教育不等於讀書，有些孩子書真的讀不來，這樣就註定他永遠當失敗者嗎？因此，在教學領導上，我強調導師責任制的概念，老師做好班級經營，動靜分明，上課或下課、級任課或科任課，學生都能專心學習。良好的班級經營是成功教學的要素，每位老師都做好有效的教學：事前充分準備、善用時間的教學，不浪費每一分鐘；責任的教學，把每位學生當作人才培育，沒有邊緣學生。發揮生動活潑又感性的教學，幫助學生快樂、有趣的學習是我在教學領導上所堅持的原則，每一場教學觀摩會和教學研討會我一定親自參加，和老師分享教學的樂趣。

　　九年一貫課程的實施，衝擊著接受傳統教育下之校長與老師們，課程改革崎嶇和複雜，儘管經過試辦、實驗到正式實施歷經 5、6 年，還是有諸多老師不能適應。面對政策的推行，校長責無旁貸，也在課程領導上扮演吃重的角色，首先要了解的是新課程強調教學創新、快樂學習、親身體驗，培養帶著走的基本能力；因此，校長本身先改革學校組織和管理的方式，教師參與學校行政的方式也必須要改變，凡跟孩子有關的教育督導人員、社區民眾、家長都要共同建立未來教育的願景，共同解決學校生活當中的「如何、為何、什麼」的問題，並且要共同評估課程與教學對學生的影響。傳統教育方式中，老師幾乎是個人單打獨鬥，較少和同事間結合成團隊，分享對學生和社區的解讀、交換對教學

內容和政策的意見、批判的檢討他們合作的成果。學校要塑造專業的、合作的文化，共同不斷地考驗他們的課程實踐及合理性，故校長的角色扮演是讓學校再造和文化再生。我把自己比喻為教育的理想家，具有大格局和強烈的使命感，帶領全體教職員工生建構一個正義、公道和有人性化的學校，使兒童成為社會中具有關懷責任感和終身學習的成員，讓他們能運用對知識的熱忱和敬學的態度，發現工作和學習的價值來解決問題，並且常和老師們建立共同合作的專業社群，創造尊重、容忍、相互關懷的工作環境。

三、愛心啓發每一位學生

每位孩子都有不同的專長與潛能，有些在才藝方面具有特殊天分，有些則因身心發展不夠健全而產生學習障礙，不管資優或障礙都有他們喜歡做或想嘗試的事情，任何一項對他們來說都充滿了無限的可能；為這顆奇特的種子覓一塊合適而肥沃的土壤是我的責任。面對有特殊專長的孩子，學校可配合發展相關特色：例如本校有設備一流的運動場，校長就鼓勵有專長的老師，發掘有運動天分的孩子，加以集訓並代表本校參加各項體育競賽；在妥善規畫的音樂教室中，有優秀的老師帶領合唱團，讓會唱歌的孩子有發揮的空間；聘請富有節奏樂隊指導經驗的老師，讓本校節奏樂隊更上層樓。任何有特殊天分的孩子若沒有老師的特別指導，其表現也是無法突出，而在現今之教師生態，想要帶領團隊、給與特別培訓的老師真的不多，通常對這樣的老師，正面鼓勵、肯定、支持及關心是給與他們願意奉獻付出最大的力量：在培訓過程中經常探望，提供必要之設備，偶爾來個餐會，對家長、同仁傳達其辛苦的一面。總之時時刻刻了解關心他們的存在，都能讓老師無怨無悔的付出。針對有特殊專長的孩子，由學校提供舞台，鼓勵老師帶領團隊，參加對外比賽，不論成績如何，多給孩子大展長才的機會。

面對弱勢孩子時，盡可能申請上級補助款，並請輔導室作規畫，利用課業輔導班及資源班的模式，對每個特殊需求的孩子因材施教，增加他的自信心，由老師提供各種學習方式，多加關心及鼓勵；更重要的是與家長溝通，了解孩子的背景及狀況，並可藉舉辦親職講座增強家長的信心，增加親子間的良性互動，每個孩子都有他優勢的一面，天生我材必有用，用優勢補救不足。另外，校長每天在校門口與孩子打招呼，看到受傷或是有障礙的孩子，也可趁此機會

鼓勵、關心他們，平常至教室走動觀察，或利用下課時間走近他的身邊，讓他感受到大家的關心。只有不斷的運用積極的、鼓勵的身體語言對他做暗示，讓這些孩子心中充滿愛和關懷，以健康且開朗的心態走過成長的過程，尊重每個人的特別之處，以感恩的心情看待，使他們成為獨特的人或事，並運用自己的天賦去幫助需要幫助的人。

另外，拆解無形的校園圍牆及教室與教室間的藩籬，傾聽並善用社區、家長和學者專家的智慧與意見，以形塑學校的專業文化和願景。我曾在山區一所偏遠小學服務，學生不多，孩子文化刺激極少，我和老師們討論在課程裡面設計每週1次紅白對抗（全體教職員工生分2隊），每月1次慶生邀請家長參加（通常是阿公阿嬤），每學期2次老師開車帶全校小朋友下山校外教學，那種結合社區、打破年級界線、全校親師生一起參與學習活動，那幅溫馨、快樂、有趣的景象，令人難忘。

在學校中，所有的大人都是孩子的榜樣，應該以身作則，注重自己的身教和言教，在活動的舉辦與設備的充實上，要以孩子為優先考量，適度表達對孩子的關心和尊重。孩子有活動時也要撥空參與，千萬別讓孩子覺得校長高高在上，而是可以親近的。在具體做法上，遇到孩子的邀請或分享時都不能拒絕或忽視，隨時保持微笑，讓孩子覺得校長是可親的；若有違規或犯錯的事情，要先了解背後的原因，不可只看到表面就用嚴厲的口吻指責，孩子需要被鼓勵，校長要走進孩子的生活，走進孩子的心中。或許是天性，我對孩子特別喜歡，所以就選擇孩子聚集的地方──學校工作，不管服務過的學校是大型、中型或小型，從幾十人到兩千多人，每個孩子都是世界上獨一無二的個體，舉世無雙的唯一。那明亮的雙眼、純真的笑容、靈巧的雙手、健康的身體，每個孩子都那麼天真無邪、純美，每天和他們相處，我都用誠心待他們、用愛心寵他們、用關心教他們，誠如佛家有言：「相由心生」，面對學生，和善、親切、微笑、關心是讓他們靠近我的不二法門，在學生心目中，蔡校長是個會笑的校長，不是成天教訓人、愛罵人的討厭鬼，為了和學生打成一片，我經常利用上下學時間、打掃時間、下課10分鐘和各種動態性活動和他們在一起，拉拉手、摸摸頭、拍拍肩、翻翻衣領，凡可以傳達對孩子肯定、鼓勵、讚美、關懷的舉動，很自然的流露出來，有時送個小東西、糖果、餅乾或小獎品給他們，遇孩子心情不佳的關心，或下課在樹下說故事，都是具體的展現對孩子滿心歡喜和疼愛，

凡事我會分析道理並具體指導他們，也因為平時和他們接觸頻繁，因此，校長室桌面上經常有生日蛋糕或好吃的東西，甚至卡片、小東西、小禮物，在在傳達孩子對我的喜愛和親近。

四、誠心經營對外公共關係

近年來各級公立學校都面臨教育資源愈來愈少的困境，學校各項硬體教學設備大都仰賴上級的補助，然在僧多粥少之下，並非每項申請補助的都會受重視。為了讓學校整體建設提供給孩子更佳的學習環境，向社區求援是有其必要性的，社區資源可分有形與無形，志工和地方仕紳是學校最大的人力資源，平時善加運用，不但可以彌補資源不足的現象，更可以進一步加強學校與社區之互動情形。志工是無給職，完全抱著付出與奉獻之心態而來，給與他們尊重與感恩就是最大的回饋；以本校來說，他們服務的項目很廣，導護、圖書、資源回收、說故事、健康中心、體育器材或臨時辦活動到校支援等，平時一定要請老師和小朋友養成看到志工會打招呼、點頭微笑、表示謝意的好習慣，校長更要經常到他們執勤的現場看他們，表達那份心意；遇有學校辦活動，一定邀請參加，每年定期的志工招募大會或運動會，更要公開表揚優秀志工人員，總之，隨時隨地給與他們尊重、關懷及肯定，是讓他們持續付出的動力；掌握志工家人婚喪喜慶的時間，適時給與關懷和道賀，更會讓他們覺得窩心和用心；家人願意支持也是志工無後顧之憂的原動力，而社區的物力、財力、組織、關係等資源，更是學校迫切需要的，要讓這些豐富資源成為學校的助力，平時和他們的互動非常重要。

這樣的互動俗稱公共關係，傳統的辦學只要把學校教育辦好就好，現在是開放的社會，學校教育不能和社區脫鉤，教育上的動態發展，若不藉由公共關係加以說明，並爭取公眾支持，恐怕不僅無法引起共鳴，更可能造成莫大誤會，因此，建立良好社區與學校關係是獲得有力社區資源的條件，讓社區人士、家長了解學校並信賴學校，進而支持學校，孩子在和諧的氣氛中學習，才能提高教學效果。

校長是學校推廣公共關係的首要人物，必須懂得領導的藝術，維持教職員間的和諧關係，與家長、學生保持適當的接觸，而學校教職員工的工作效率、服務態度及表現，都直接或間接影響到整個學校教育的成敗與對外的形象。有

人將校長的公共關係、人際關係建立在吃吃喝喝無謂的應酬上，尤其是女生，若被別人誤解為會喝酒的校長，那真的很不雅；我是個女性校長，對這些互動要更加小心謹慎。在對外關係的經營，我以成功的教學、認真的辦學為首務，學校教學的好壞、校風的形塑、氣氛的和諧是讓外界印象良好的關鍵，試想教師敬學樂業、認真教學、關愛學生，家長一定敬愛老師、認同學校；另外舉辦教育活動如家長日、懇親會、運動會、畢業典禮、音樂會、戲劇表演……等，邀請家長參觀，欣賞孩子的表演，展現學校的活力與進步，也是推銷學校最好的方式；主動提供重要教育資訊、書面資料，發行刊物亦是讓外界認識學校不錯的方式。除了讓學生家長了解學校、認同學校外，平時遇有地方民意代表、仕紳、長者等社區有力人士之婚喪喜慶、廟會，盡量抽空道賀，校長參加對他們來說是莫大的面子，平時做到禮尚往來、良性密切的互動是爭取學校資源最有效的方式。

俗話常說「巧婦難為無米之炊」、「窮不能窮教育，苦不能苦孩子」，教學設備的充實、校舍的修繕都需要靠經費來完成；經費不足、教學成效就會打折扣，尤其現在已進入e化時代，尖端科技淘汰率高，為讓服務的學校設備充實完善，主動爭取經費是我正在積極努力的方向。中國人注重人情，平時與外界互動往來，把辦學的口碑傳出去，所爭取經費的使用又合情合理合需求，通常一開口都不會空手而回；每到年節我都和會長、志工隊長主動拜訪地方民代、仕紳，出發前手上帶份禮物和準備一份該年度需要各方補助的需求表和計畫書，這份表格的建立，除了平時在走動管理中主動發覺學校需充實的地方之外，也請主任、老師提出需求。需要經費要讓投資者覺得把錢投資在學校是有非常意義的，校長平時放下身段廣結善緣，待人誠懇、謙虛，認真辦學，若對方的請託合情合法合理就盡力做到，被邀請參加的活動能親自道賀與參與，如此互動密切良好，對學校資源的引進發揮莫大助益。

除用心經營社區仕紳、民代外，與家長會的互動更要真誠，保持良好關係。現在的教育生態，家長會的設置已有法定地位，不管校務會議、教評會、採購會議、課發會等許許多多的會議都需要家長委員的列席參與，看到很多同業校長因與家長會互動欠佳，甚至造成誤解，最後被迫離開，無奈中也表達不捨。某些家長委員有時觀念不清，仗其權勢對學校編班、人事問題、課程教學及採購事宜進行關說、請託，影響校務運作；或許是因為我是個女性校長，平

時與其互動保持適度的距離，公正而誠懇，該幫忙的事務不需委員們開口便主動釋出善意，該堅持的就用柔軟的身段說明解釋，也很慶幸所服務的學校受家長會的照顧和協助很多，卻不會感覺有壓力和為難之處，因此即使離開了原先的學校，遇有婚喪喜慶仍被邀請回去參加，或許是因為我的那溫柔堅決、誠懇的人格特質吧！

總而言之，校長對外人脈關係的經營，是讓學生得意、家長滿意、老師樂意，以此贏得學區家長對學校的認同與保持良好印象。校長對校內教職員工的經營應先了解教育生態的轉變，一人獨大的時代自《教師法》公布後已不復在，校內重大決策與變革均須家長會、校務會議的參與討論。為了讓行政運作順暢、校園和諧，在態度上對教師要體恤誠信，在決策上要尊重、溝通、協調；在領導上要有包容的雅量與氣度；在執行上與教師本著互動互補原則、同心耕耘；其實校長更應有更深層的體認，不管自己如何心存善念、關懷激勵、勤奮工作、以校為家、大公無私、奉獻自己，同仁難免還有許多抱怨—包括網路留言、黑函寄發—這是人之常情；碰上同仁級務繁忙、工作不順、家長無理、學生脫序等事情接踵而來，一定會有牢騷、不滿、抱怨、煩躁、憤怒的時刻，碰到這種情況，我通常不予理會與回應，等時間過了、事情完成，風波也平息了，只要目標達成就好，無需與教師計較、生氣。平時找機會多跟老師接近，多和老師對話，從中傳達校長辦學的理念與方向，久而久之也因了解而感情親近，心美看什麼都順眼，組織氣氛自然更為和諧溫馨。

在評估上，教育工作人員應了解社會大眾對學校教育的看法與意見，而非空憑自己的想法去推展。如果學校辦理的各項活動，家長都能踴躍參與，代表他們對學校有高度向心力；平時提醒老師在教學上，要能使家長感受到老師對孩子的用心與關心，家長對老師肯定，自然對學校的活動也會熱心參與。社區資源的提供除了經費之外，還包括可供參觀的場所、特殊景點；或是請地方耆老，協助推行鄉土教育。這些地方資源對於教學都相當有幫助。

當然，社區對學校也會有不利的影響：例如家長過度關心學校、為孩子選班級選老師……等，但如果關係到老師的教學專業自主權，校方必須讓家長清楚知道，他們不能依個人的想法對老師提出批評，更不能毫無理性的走進教室，必須依循正當的管道反映，以免造成不必要的傷害。由此，學校更應該利用各種重要場合將正確的訊息傳達給家長，態度要堅決明確，措辭要和婉，以免傷

了彼此和氣，也傷害了學校。

　　面對家長和家長會的經營，目前家長會設置辦法已有明文規定，成員也必須經由一定的程序產生，不論是教師甄選、採購會議、課程發展、校務會議等重大事項，都必須有家長代表的參與，學校與家長必須建立以誠相待、互相信任的關係，家長會的角色應該是協助學校發展，學校也應扮演協調的角色，隨時提供各項資訊，使家長會的運作更健全，更能為學校的發展加分。

五、耐心處理行政事務

　　老師通常會有將行政人員當看做是與自己對立的觀念，彷彿勞方和資方；不過行政人員本身也是教育人員，理應是友伴關係。對內關係的經營，校長應把全體教職員工當作共同打拼的夥伴，校長要把任何老師的困難都當成是自己的，設身處地思考可能的解決策略，或許有些時候老師想法會不夠縝密，無法體察學校用心，這時應建立雙向溝通管道，老師遇到問題時能立即反映，行政團隊清楚了解老師的困難，並進行補救或改進，千萬不可以官僚作風否定老師的想法；唯有老師願意奉獻，行政團隊才能真正協助老師的教學。在教學之外，也可安排休閒活動，使老師身心健康；遇到婚喪喜慶校長更應站在老師身旁，如同一家人的感覺；遇到老師生日或喜事，校長應立即表達恭賀；如果是私底下的困難也要盡可能提供協助，讓老師安心教學，並能有適度的發展空間。

　　與上級的關係經營上，學校應該執行教育部或教育局的各項政策，遇上局裡有事情需要學校協助，我總是義不容辭，這是局裡對學校的信任與肯定，盡全力執行上級交辦的各項任務。也因為配合度高，在經費的爭取上或學校面臨困難時，局裡也會盡量給與協助，只要計畫具體且需求迫切，就能獲得補助。除了協助教育局外，面對環保局、社會局等或與教育有關的各單位，也要盡全力配合，保持良好互動；尤其，督學是學校與上級最密切的溝通橋樑，不論任何活動或偶發事件都一定要立即反映，讓督學清楚學校的困難以及需要的協助。

　　任何學校都有它的優勢，發展學校特色時要先了解教師專長，也要和家長溝通，在多元的社會中，不能只是把書教好，還需要發展學校特色，各種多元人才要從小培養。以本校來說，具有設備完善的田徑場以及亞運金牌選手的指導老師等優勢，培訓了實力不容小覷的田徑隊，各種對外比賽都有優異的成績。此外，學校的特色與傳統必須維持，不能因校長有所更動就標新立異，也必須

根據社區背景及家長期望來發展學校特色，一方面減少來自家長的阻力，一方面凝聚向心力，培養孩子專長的同時也為學校樹立特色。

學校不能一成不變，必須隨著社會變遷及人員調動調整發展方向，不過任何變革事項、變革幅度及變革時程都必須經過校長及主任和老師們的協商，甚至要借重主任與老師進行非正式溝通，唯有教師調整心態，變革才能成功。或許變革在期間會碰到一些挫折，但我認為，只要是對的就要堅持到完成，不能因為大多數人的觀望心態而停滯不前，或許會花較長時間溝通，可以無奈，但不能放棄。長久以來，老師都是單打獨鬥，但在九年一貫課程實施以後，發展了班群概念，期望老師發展班群的合作教學；或許剛開始時老師無法接受這種班群教學研討或教學交換的方式，在這種情況下，學校要先規畫空間、設備及教學資源，尋找在教學方面較喜歡開發研究的老師，請他們擔任種子教師，並在非正式場合漸漸將新的教學方式發揮出來，並不是以行政的力量要求老師，應從慢慢引導帶動開始，讓老師願意參與。

六、信心協調校內的紛爭

校長為學校的行政首長，面對《教師法》公布、校長遴選等壓力，為完成學校教育目標之重責大任，在領導方式上須巧妙運用，因為校長的作為、動機對於學校的工作、成效，及學生的學習成救，有深遠的影響。教育行政的領導方式依權力運用可分為獨裁式領導、放任式領導、民主式領導。我是個女性，天生就有女性的人格特質：溫和、細緻、平易近人、主動關懷。因此三種領導方式中，民主式領導最適合我的個性，平時將權責授予教職員，在做決定之前先徵詢大家的意見，集思廣益、凝聚共識。另外，我律己甚嚴，甚至有些人格潔癖，盡最大力量做到公正無私、以身作則不讓別人有過多批評；但也因為過於民主，少數老師無法體會我對學校的用心，每每於溝通協調上做過多的要求或反對，影響校務正常推展。印象最深刻的一次是在校務會議上討論學校停車場的規畫：學校停車場的設置是為了讓全體教職員工於上班時段方便停車、安心教學而設，於下班時段、例假日需停車者，以學校同仁本身為優先，有剩餘的停車位則依照優先順序，開放社區民眾停車。在討論相關事宜中，同仁只顧自己的權益，對家長會、志工的考慮並不太重視，由於是在教師晨會討論表決，儘管主辦處室——總務處和校長極力說明家長會委員及志工對學校的貢獻，請

老師們本著校內外一家親的精神，給與其禮遇，也可促進雙方良性的互動；無奈最後表決的結果仍是犧牲了家長及志工的權益。在這個事件中，我深感裡外不是人：家長會不諒解學校老師的自私，校內老師認為家長會干預校務；為了讓雙方能化干戈為玉帛，我費了很大的心力在溝通協調上，找出問題的癥結：學校停車場由於管理不嚴謹，長期為歷任家長會成員使用，出入頻繁影響校內安全。老師此舉是為了讓學校停車場的使用回歸正常。為此，我不斷向家長會說明原因，並答應在教師晨會中，將通過表決的方案先試辦 1 年，之後再檢討改進，以求雙方的諒解。如今因事件產生的不愉快經由我不斷的溝通、協調，所幸最後管理得宜，家長會和同仁都能接受最後的結果，校園安全也得到改善。回想當時的衝突，可用無力、無奈、無助來自我嘲解，但本著面對挫折也絕不放棄的原則，誠心化解雙方的誤會，也算完成一件艱鉅的任務。

　　《教師法》公布後最大的衝擊，在於民主意識的勃興，教師參與校務的層面更深更廣，學校組織被賦與更大的自由與彈性。在校內的教師會和校外的家長會之間，校長就像夾心餅乾一樣，碰到利益衝突，雙方會先考慮本身的權益，再考慮到大局，有時甚至為了反對而反對。校長為了校內的和諧，常常委曲求全、溝通再溝通；有時為學生的受教權，堅守原則、堅持依法行政，常被誤解為愛作秀，為下屆校長遴選鋪路；甚至黑函人身攻擊、上網散播不實謠言，使得一些校長心力交瘁、提早退休。碰到幾位積極爭取教師權益的教師，就一個頭兩個大。其實學校裡會存在各式各樣的老師，在我服務過的學校也不例外。認真的老師群全心全意為學生付出，不但學生學習成效良好、氣質優良、班級風氣融洽，對學校行政配合度高，使得家長肯定、讚譽有加。不認真的老師，班上學生常出紕漏，讓家長常有怨言；對學校持負面意見，批評別人多於檢討自己，與其以理溝通，落得「有理說不清」的下場；不與他溝通，便認為校長不敢溝通、沒魄力。我的處理方式是「不予理會」，俗話說的好：「路遙知馬力，日久見人心」，我相信時間久了，老師、家長一定會了解校長的用心。學校裡曾經發生過一個與「網路留言版」有關的事件：學校網站設有留言版，任何人都可以上網發表意見，有些人會上網鼓勵、讚揚好事，有些人則是會用一些情緒性的字眼，表達心中的不滿，甚至散發不實的謠言；在留言版上受到最多「關心」的就是校長。大部分的同仁都為我抱屈，建議我把留言版關閉，但我心裡考慮的是「這樣會不會被誤解為校長惱羞成怒，所以要關閉留言版」呢？

之後又接二連三的有老師在網路留言版上遭到不實的言語攻擊了,最後教師會會長出來要求校長利用行政裁量權關閉學校網路板。此時有些沉默的教師為校長打抱不平了,他們認為之前校長在受到不實言論攻擊時,教師會沒有為校長說話;等到多數教師都被攻擊了,才出面解決。我覺得這樣的事件可以用牙齒和舌頭的特性來做比喻:牙齒雖硬,可以咬破舌頭,但等到年紀大了,牙齒會掉光,舌頭卻依然可以活動自如。有少數教師不贊同學校行政人員的做法,常常會為了反對而反對。遇到這種老師,若與其硬碰硬,一定會造成更大的衝突,等到時機成熟,一切就會水到渠成,化阻力為助力。只是在這樣的時機出現之前,校長需要一段時間等待。

肆、教育現場中的挑戰與考驗

現在是一個講究法律的法治社會,即使校長不是法律背景出身,仍須了解基本的《教師法》和《國民教育法》,以及師生的權利義務,凡事依法行政,若有不了解的部分要不斷精益求精、虛心討教,不可因不了解而觸犯法律;特別是學生安全,務必使每位老師清楚了解各項規範,別讓學生安全亮紅燈。此外,教師權利亦是重要,這部分教師會貢獻了許多心力,為老師爭取了不少福利,但也不能因此高高在上,應有制衡;教師權利要以學生為重要考量,舉例來說,導護工作安排見仁見智,傳統上老師必須無條件分擔,慢慢的這個觀念已經改變:教師工作重心在教學,導護工作多仰賴家長及志工,不過教師與志工間的權責劃分必須清楚,讓彼此都有保障。除此之外,家長的了解與認知也是相當重要的,學校可利用書面資料、公告或親師懇談的機會,讓家長知道教師、家長及學生的權利義務。

就學校而言,容易有狀況產生的大部分都在採購方面,這部分可藉由採購會議或相關規範來保障學校,每年也會為總務主任及出納組長舉辦相關研習,期使了解採購法規,避免因不了解而犯錯,對自身造成莫大的損失。

在校務推展中,難免會受到社會變遷的影響,誠如政治力介入校園,遇到這類狀況,校長必須堅守行政中立,與每位政治人物保持等距的互動,如有民代藉職權為難校長的情況,校長應有堅持,不可受到影響。另外,近年來民族意識強烈,如本縣大力推展鄉土教育,但也不能因此過度強調意識型態,讓整

個教育方向走偏；基本上，行政人員很重要，尤其是校長，必須以教育為優先而不受限於政治或其他因素的影響，教育是百年樹人的任務，不可因一時的社會亂象而混淆，我們應扮演好教育人員的角色，用各種方式把孩子教好，這才是最要緊的。

上級常藉由公文來推行各項政策，有時並未考慮學校或基層教師的心聲，拿校務評鑑來說，校務評鑑並不應該與校長遴選綁在一起，畢竟一個學校的成敗，應是全體教職員工共同經營的，而不只是校長的辦學能力，如此對校長會有很大的不公平，畢竟目前教師自主性高，有自己的想法及做法，當這些想法、做法無法配合校務推展時，會使校長備感壓力；因此我不斷向上級反映，近年來已有所改變：改為每 4 年至少一次校務評鑑。我認為這是好的，有缺失的政策在不斷反映後會被修正。

教師甄試以往是由教育局統一辦理教師的甄選和調動，近年來因為《師資培育法》的改變，各校教師甄試委由教評會辦理，但教評會亦受限於成員代表的運作，使負責甄選的老師備感人情壓力，也較無法選擇適合學校發展需要的老師，而後果必須由校長來承擔。此外，對於不適任教師的處理，教評會常會基於對同仁的愛護，無法做出堅決果斷的處置，反而大大影響學生的受教權，而這也都是校長必須負擔的。

教育的對象是人，在本質上應將人善良的一面引導出來，正因為對象是孩子，因此很多事情更需要大人為他設想，務必以孩子優先；或許做決定時會受到諸多不利因素的干擾，增加決策者的顧慮，身為教育人員，尤其是校長，必須要做到無欲則剛、不為利己，以讓更多的孩子得到幸福為目標；將自己的格局放大，千萬別因某些利害關係而做出對學生不利的決定。例如，教育資源有限，這些有限的資源應該照顧普通學生、弱勢學生或是不利於學習的學生，應讓每位孩子都得到最基本的照顧，特別是弱勢學生，可藉由班級導師及輔導室了解並給與妥善的協助與安置，並為他們申請經費參加課後學習。學校設備也應充實，例如無障礙空間、資源教室的設置，讓孩子不因先天不足而被剝奪學習的權利，鼓勵老師重視每個孩子，天生我材必有用，要讓每個孩子受到最好的照顧。

現在是個學習型組織的社會，任何一種組織，不論教師、專業團體、志工、家長……等，各種團體都有學習的表徵，這也是團體進步的動力。以學校

而言，學校提供學習的空間，提供好的場地、人選，安排好的機會，使相關人員都能更成長，對孩子才是最有利的。例如舉辦親職講座，邀請專家學者與家長分享經驗及理念，或有社區團體欲辦理活動，學校除提供場地外，亦可協助宣傳，讓更多人受惠；校長為了使學習型組織蓬勃發展，對於學校老師或社區務必做到最完善的提供。

孩子應在多元學習下成長，落實德智體群美五育均衡不是口號，而是目標，要落實在教學與活動中。學校提供場所、營造氣氛，並鼓勵每位老師；在品德方面，要不斷地循循善誘，引導孩子重視公德心，並對人心懷感恩，做事要盡責，對物要愛惜；在體育方面，學校場所應妥善規畫，讓每班都重視體育教學；在美育方面，可藉由舉辦展覽活動，展示孩子的作品，或舉辦音樂發表會，呈現孩子的學習成果，邀請孩子前來觀摩，也能讓家長更了解孩子。

現已進入 e 化時代，為了使教師教學多元性，本校已經做到班班有電腦，老師可在教室上網並可透過電腦來教學，甚至有部分學校傳達的事項已變成無紙作業，在資訊教學上，委請有專長的教師專人專用教導相關課程，學校的文書處理、學生成績單、課程計畫、行政系統電腦化……等都是未來的走向，假若有老師無法勝任，學校必須給與協助，舉辦相關研習，讓老師能從容面對未來趨勢。

形塑學校文化要從人的感性和理性做起，所謂學校文化即是校園中所有人對學校氣氛的營造，包含教職員工及學生，而這些氣氛會反映在倫理、價值觀及歷史傳承上，傳統必須經過去蕪存菁後，和現代相融合，因此具有教育價值的文化不應視為傳統而應是學校文化的一部分，而這些傳承也須全體師生共同體認才能繼續傳承。例如本校校名有「聖」字，校內建築便以此命名為至聖樓、復聖樓及述聖樓，校門口豎立一座孔子肖像，每年 6 月份舉辦秀才、舉人、進士及狀元獎的頒獎典禮，將學生所有的獎勵透過進階的過程更上層樓，這些都是以學校名稱表達對歷史尊師重道，傳承學校文化的精神，期望學生在行為表現上能以聖人為標竿，以孔子為遵行表率，達成修身養性的目標。

伍、我思，故我在

擔任校長今年邁入第 10 年，走過 3 所學校，每個學校的學校文化、組織氣

氛、成員結構都不同，幾乎都要在進入學校後的第 3 年，推展校務才能得心應手。透過前 2 年的觀察、了解，認識當地的社區背景、家長素質以及教師期望，在後 2 年逐漸放手去做較有成就的事情，先對人了解後，做出來的規畫才能夠順利進行。

在小學現場中，校長與老師的互動可說是最基礎的接觸，上級給校長最大的支持便是「信任」，相信任何交辦的任務校長都能盡力完成。如果遇到黑函或有人檢舉，只要不具名都不應理會，若要求校長為此負責、寫報告，便是對校長的不信任，會使校長心灰意冷，減低辦學熱忱。如果我是教育局長或部長，會支持並且相信每個經由培訓、遴選出來的校長，我相信這是最大的鼓勵。

身為校長，也有自己的家庭，因此更能了解老師或行政同仁可能遭受的困境。我覺得只要事先規畫，適當運用時間，就能創造雙贏的局面，公私兼顧，漫無目的的忙碌只會造成自己更大的身心壓力，健康也會連帶受影響，為了處理校務卻疏忽家庭，或為了照顧家庭而無心辦學，這都是應避免的，必要時才有所選擇或犧牲。

如果讓我重新來過，我想，擔任校長時眼光要放遠一點，在辦學期間，學校必定有所改善，孩子的氣質、風度和學習也會更上層樓。剛開始我曾在偏遠學校服務，那時候一心只想打響學校名聲，因為校內學生人數少且有外流的趨勢，讓我做了些為了引起大眾注意的事情，現在看來反而覺得沒有必要。只要辦學認真、踏實，離開時就能讓很多人懷念你，不論是初任或續任的校長，充實自己行政領導及決策的能力，能使校務推行更順暢。在擔任校長之前，我就喜歡富有挑戰性的工作，儘管只是老師、主任，已經準備好要做更大的犧牲與奉獻，現在已經過 10 年，覺得這份工作非常愉快、非常有意義，我一點也不後悔，畢竟擔任校長是一種工作，不是來享受也不是來當官的。

當校長的能力不是與生俱來的，除了自己對這份工作充滿熱忱外，前人的引導與榜樣是相當重要的影響。如果在擔任老師或主任的期間，碰到優秀的校長，更使你認同這份工作的意義，要鼓勵自己也向上邁進，擔任校長光想是不夠的，要多充實學識，累積經驗。不過，不論校長、主任或老師，所擔任的都是培育人的工作，心思應放在如何使孩子的未來幸福，並且充滿成就。

在我擔任校長期間，已經輔導 3 位主任考上校長，平常相處時我會勉勵他們要體諒校長所做的每項決定，處理事務時也不能只著眼於自己的處室，應當

成校長在處理校務一般,我用自己的言行舉止給他們最好的榜樣。

說到校長的貢獻,我覺得平凡就是偉大,畢竟教育是很務實的工作,而不是作秀。我最感欣慰的,曾經在偏遠學校服務時,將文化刺激帶進社區,並且改變家長對學校的看法,增加他們對教育的體認。當時住在宿舍,對單親家庭或老人家的照顧及教育也不遺餘力,不只孩子得到政府最好的照顧,連當地的老人、家長也因為我們的努力生活上有很大改善,這是我在偏遠學校服務時的一點點成就。

後來調到另一所學校,面臨《師資培育法》變革,使得學校代課老師不斷增加,特別有很多從中南部上來的老師,會挑缺額最多的學校最容易調進;那段期間,我常利用時間為新進的年輕老師勉勵,希望他們不要把一所學校當成跳板,這樣對學生很不公平,當然,我也著手改善學校環境,讓老師更安於教學,降低調動的念頭。除非結婚或生活不便,現在,那所學校的人事已經安定,這是我在第 2 所學校服務時最感欣慰的地方。

陸、結　語

人生有很多抉擇,如果同時坐在兩把椅子上,可能會從椅子中間掉下去,生活要求你只能選一把椅子,我選擇了教育,並將畢生心力奉獻給它,不管坐著或站著都安其位,調整自己的目標與步伐,不在乎椅子的舒適,而是關心是否能安全合適的展現出生命最大的價值,以有限的精力,投入到我們喜歡的事業中,走出一段壯麗的人生旅程,人生才會生活得有意義。心理學家 Maslow 的需求論中,最終目的是達到自我實現進而服務社會、造福人群,死有輕於鴻毛重於泰山之別,生命要活出色彩別具意義,唯有真實的、動心的體驗過,才能深入心坎裡,久久不會忘記而身體力行。J. Dewey 曾說「教育即生活」,教育是生活經驗的重組和改造,生活沒有目的,生命必然失去方向和目標,多少年輕學子未能珍惜自我存在的意義,一旦遭遇失敗,喪失信心,以挫折去自甘墮落,成為國家社會沉重的負擔。

服務教育界 30 年,不管是扮演老師、主任或校長,我始終秉持著教育是給人信心、給人希望、給人歡喜、給人服務的志業。處在現今科技昌盛的 e 世紀,豐富的人文素養與人性關懷是教育的基石,學校行政與教學決策要能風行草偃,

光靠命令是無法深入同仁感情深處的。如何帶動人心，必須揉合理論與實務、理性與感性，兼容並蓄，激發出塵封於教育夥伴心靈深處的人性光輝與教育愛，否則，教育將流於形式，緣木求魚。我願意用真誠的行動、愉悅的心情，和全體教員工用「愛」繼續為孩子打造一個充滿歡樂的王國。

作者簡介

　　我是一個平凡不過的人，從小在農家長大，父母不識字又重男輕女，若非憑著一股毅力突破障礙、超越自己，我可能像幾個姊姊一樣，在鄉下種田、養魚，學歷也頂多國小畢業而已。卡內基大師所提醒自己的一句箴言：「我想贏，我一定能贏，結果我又贏了，在困難和挑戰面前超越自我，贏得成功的最好辦法，就是讓自己的心先過去，畢竟，沒有過不去的坎，只要讓你的心先過去。」做每一件事情，我一直以「我想贏，我一定能贏」的心態來面對。就這樣，1974 年嘉義師專畢業，1984 年師大教育系畢業，1990 年師大教育研究所 40 學分班結業，1997 年台大行政領導研究 40 學分班結業，2002 年國北師國教所畢業，而也因為有一份「我想贏，我一定能贏」的毅力與決心，當了 10 年的老師後，1984 年順利當主任，1992 年又考上校長，候用 3 年，第 1 所國小校長在石碇鄉風景宜人、校風淳樸、家長熱情可愛的雲海國小，和 30 多位教職員工生過了 3 年快樂、充實、溫馨的生活，之後就調往五股鄉成州國小、板橋市文聖國小服務，現任台北縣景新國小校長。懷著感恩、惜福的心情，不管擔任何種職務，心安就處處平安。

省思與回顧

張文宏
台北市大安國小校長

壹、前　言

　　將「校長學」三個字放在三角形的頂角，有校長學、學校長、長學校三種組合唸法，很明確的道出校長角色的意涵。的確，探究校長經營之道，學習擔任校長之務，用來成長學校，是每一位經營校務者的努力方向與目標。

　　校長學是一本厚實又深不可測的經典，也是深奧糾葛的複合體。對一個人來說，可能是書本理論、學術研究、學者理念、師徒相傳、自我體驗覺知、嘗試錯誤⋯⋯等等縱橫交錯編織而成的小小校長學。加上每個人的特質不同、行為策略差異、成長環境與面臨情境迥異，其中的奧妙與變異度更不可言喻。所以，它更是一本既靈活又奇妙的藝術。

　　為了有效的校務經營，探索校長學的意旨成為每一個校長的任務與期望，也是經常修練的課題，是每一時刻不斷成長又累積墊高的知能，其中學習、經驗、互動的循環機會，每一個人自我覺知性、堅忍毅力、掌握契機的長期堅持，成了促發成長的因素。校長學是推動教育的深奧知能，除了複雜的變因外，更是無止境的追求歷程，因為，教育是止於至善的歷程。

　　個人才疏學淺，時刻皆應進修成長，逢文律教授邀稿校務經營理念與做法，不敢有所著墨，經教授鼓勵催促，謹以自我走過的路，加以省思回顧，提供大家分享與指教，期盼在惕勵中能再次的精進與成長。

貳、校長學是長期奠基的歷程

1975年師專畢業，開始投入教師工作，那時，在校長、主任、前輩老師的指導下，很單純的只想當一個受人肯定的老師，把每一件事完成，能為學生敬愛、家長肯定，就是快樂的心願了。

當了幾年導師後，蒙當時范姜春枝主任的一句話：「你有行政的特質，可以往行政方面歷練。」1984年即接任教學組長職務，擔任組長幾年後，經長官的激勵，參加主任甄選儲訓，於1988年起歷任訓導、總務、兼人事、兼執行秘書等職。期間，我的校長羅華木先生，經常告誡我們：「教育需要更多的清流投入才會有希望，你們要好好進修成長，有機會時就要勇於參與。」從那時起，平日即經常灌輸教育理念，對業務計畫也嚴加指導，又利用下班後時間組織讀書會，陪著我們成長。當時還是以把本分工作做好為第一考量，經過幾年的督促與激勵，才產生試試看的想法（當校長），遂於1995年甄選通過參加校長儲訓。

思想起這一段過程，在學生、教師、行政期間所經歷的每一個痕跡，卻是校長經營校務的基礎與幫手，檢視每一階段都突顯了重要的影響。當然，這些經驗經過不斷的交互作用與昇華，對校務經營與領導具有相當的影響。

一、教師歷程奠定基礎

在擔任老師期間，僅以本分工作為核心，多方學習成長來適任自我角色，並無擔任校長之規畫與醞釀，只求做好當下，一直到長官同仁的激勵下，自然的接下校長的角色。不過，其間的經驗，譬如：級務處理的理論與實務中常規管理、班級自治、親師溝通、環境布置……等，評量的原理和實作經驗中批閱作業技巧、測驗出題的技術、成績的通知與運用……等，教學歷程諸如教學方法的運用、教案敘寫、媒體運用……等，這些經驗雖然基礎，卻是後來參與教師團隊運作能否融入的要素，更是教師信心營造與信服的形象基礎，因為這些是教學視導的依據。

二、行政歷練建構鷹架

擔任行政工作，角色比教師複雜，卻能在工作中建立行政觀念，在行動中樹立風範與掌握原則，諸如下述。

(一)專業的能力

計畫的敍寫、法令的認識、溝通的技巧、輔導諮商技巧……等。

(二)熱忱的態度

以身作則、任勞任怨、誠懇待人、互助合作、接受批評、客觀理性……等。

(三)敬業的精神

勇於改革的魄力、解決困難的耐力、溝通協調的誠意……等。

在擔任教學組長、訓導主任、總務主任期間，各獲得不同領域的成長，尤其兼任人事、執行秘書業務時，也對法令精神深刻了解，都是擔任校長不可或缺的基礎知能。

三、甄試儲訓統整體驗

為了參加甄試，除了系統的閱讀專業科目相關書籍外，經常思索走過的路，參與師傅校長們的指導，自然收穫了對教育更深層的認識。參加儲訓期間，12 位同學互相合作勉勵，專長互見的交流所建立的革命情感至今感懷深刻。儲訓提供實務課程系統化的統整，校長氣質的培養，政策任務的授與及理念釐清的歷程，是後來工作中不斷驗證與咀嚼的回饋要素。

四、持續成長精進深化

擔任校長直接面對情境，正是理論面臨考驗時刻，才算是真正的校長實習開始，每一個應對、處理、決定都是學問，在這期間，自我覺知性的發揮展現重要力量，師傅校長與同儕校長經驗分享提供周延思維，從每一次的回饋中再加層奠基。為了更具精準有效，參與校長專業知能研討與研究所進修，是克服

瓶頸與再創另一高峰的要務,尤其在擔任師傅校長或專題分享經驗傳承時,形成更強烈的回饋機制與交互成長。因為,從理論中發展策略,從實務中建構理念,兩者不斷交互作用所產生的激盪,才具厚實的經營動力。在既有經驗上再次重新起步,吸收新知,時時自我省思,才能事半功倍,一定要在穩固根基上循序漸進,才會永續地展現創新的活力。

參、信念導引經營方向

本人生長於農村家庭,自幼父母教以務實為人、勤以任事之態度;至踏入教育工作崗位,常以「凡事從實踐中獲得經驗,從經驗中追求理想」自勉。一路走來,我的師傅經常耳提面命,更深切地確立了教育工作的信念。在擔任校長前,「教育是什麼?學校做什麼?我要怎麼做?」幾個問題經常反覆自我問答,從書本、自我、他人交互成長中,自然會為自己找到答案,這些答案就是價值的來源,奠下的價值就是方向的導引。

一、心念的奠基,是價值的動力

我深信善念的導引與信念的確立,才能產生正向價值,因為有價值才具智慧,有智慧才有方法;有愛心才有動力;有勇氣才有熱力,能具有智慧、愛心和勇氣的心念展現,就會有充實與美的心靈。於是確立了自我的想法「知——教育是維護人類命脈的清流,教育是服務高於報酬的行業。信——把教育當職志則盡心盡力,把教育當志趣則甘之如飴。願——自己是一位教育的深耕者,猶如篤農,深掘耕土,紮根穩固,勤於灌溉,讓幼苗茁壯成長,成為繁茂的大樹。」希望透過——愛人如己(待人——人人互尊、良性互動、最是窩心),盡心盡力(任事——事事關心、不掉以輕心、才能安心)來達成這些心念。

二、行動的實踐,是價值的彰顯

教育不是用講的,而是用做的,必須從實踐中完成,這些過程我常會引導團隊建立共同意識,讓經營更為順利。

(一)立風範，形塑專業的角色

經常提示同仁，要樹立「校長不只是辦學校而是辦教育，老師不只是教書而是教人，學生不只是到校讀書而是學做人，學做正當的人」的觀念，於是身教、言教、制教、境教，是大家重視共同期勉激勵的要務。

(二)植信心，建構成長的動力

校務經營是親師生及行政綿密互動的過程，如有信心，則相加相乘，否則相減相除。譬如，教師對行政有信心，不管推展任何政策則追隨而行；家長對教師有信心，縱使管教有所疏失，也會有所體諒，雖不滿意但可接受；學生對老師有信服，才能遵從指導，意願學習。相反地，因認知落差，造成狐疑與抗爭，小則傷害效能，大則產生危機。因此，人人各盡其分，在奉獻付出中互為感恩，良性互動中互相尊重，這股信心就是團隊進步的要素。

(三)求精進，創造學習的價值

在正常化達成後，要思索在既有基礎再次出發的方向，才能在學習中更為進步，再次墊高品質的層次，這樣才會經常出現自我成就的驚喜，享受團隊成長的喜悅，這些動力就是創造學習品質進入優質的價值。

(四)重榮譽，激發教育的熱情

團隊的生命力繫乎於整體的榮譽感，透過不斷倡導，激發成長喜悅，促發良性團對社會互動，尤其提供參與運作所出現的成就自然成為凝聚力。因為明是非，進而思付出，必能享成就，這股榮譽感就是尊嚴與尊容，也是願力的支持動機。

肆、我的經營理念與策略

一、我的經營理念

以學生本位為出發點，在學校願景下，透過精緻統整的策略、多元智慧的

內涵，因材施教的歷程、優質溫馨的情境，來達成全人發展的目標。

二、我的思維方向

(一)學生本位

1. 凡事以學生為中心的考量，盡力去符應其教育需求。
2. 凡是對學生有利的事，值得努力。
3. 以愛、關懷、尊重為學生創造學習的機會與情境。

(二)多元統整

1. 統整的課程，才能有效連結。
2. 多元體驗，才能寬裕學習領域。
3. 適性學習機會，才能培養多元智慧。

(三)效能行政

1. 參與式決策：集思廣益，共同經營。
2. 制度化運作：建立規範，本位管理，避免人制。
3. 人性化關懷：民主尊重，和諧校園。
4. 專業化取向：研究發展，專業經營。

(四)團隊合作

1. 結合集體力量，發揮親師生共榮共贏的團隊精神。
2. 導引多元參與，促進學校社區化，社區學校化理想。

三、確立學校經營目標

(一)積極行政服務，提升學校效能

　　廉能效率的行政作為，是形象的根本，是教育風氣揚善的指標。透過參與式的互動、制度化的運作、人性化的關懷及專業化的組織，導引出優質的校園文化，方能獲得社區、親師生的肯定，塑造學校精進的動力。

(二)實施精緻教學，發展多元智慧

追求品質是大家的期望，有專業的教師，設計統整的課程和生活化的教材，運用活潑生動的教材和適性的評量，才能活化教學，讓孩子孕育在始於快樂而終於智慧的學習歷程，學得的不只是概念和基本學力，而是多采多姿的生能力。

(三)舉辦多元活動，豐富學習內涵

活動是真實的體驗，具體的經驗，讓人記憶深刻。多元的活動，讓每個孩子擁有自己的表現舞台，發揮專長，建立自信，其趣味性提升了學習的效果，在互動中更促進了社會化，溶入兼顧理性和感性的情境，由寬裕生動的課程體驗中，自然地豐盈了孩子的學習歷程。

(四)營造優良情境，發揮境教功能

「校園就是教材，環境會說話、會教人」，擁有健康、安全、衛生、美化、溫馨人性的教育情境，學生浸淫其中，在潛移默化中受其影響，就是直接的學習，此優質的情境，就是最佳的學習舞台。

(五)落實社區參與，注入教育活力

家長是教育的合夥人，在良性互動的激勵下，必發揮相加相乘效果。從資源整合中，匯集多方力量；從親師合作中，發展無限資源，讓教育的生命力更加旺盛。

(六)推展資訊教育，增進資訊知能

資訊科技的時代來臨，僅憑教師單向知識的灌輸，已不能符應社會之變遷與兒童之需求；應積極培養兒童資訊的應用能力和興趣，結合媒體資源配合教學，開啟多元創造的學習方式，獲取更多的資源管道，掌握資訊脈動，擴展學習的領域與樂趣，以適應未來社會的發展。

(七)加強教師研修，提升教學品質

教師是主導教育活動發展的角色，其素質的良窳，攸關教育品質。精確的教育理念、教學目標的分析、情境的布置安排，學生行為的了解、課程教材的設計、教學方法的活用、媒體教具的熟用等專業知能，對教育活動的成效影響甚大。唯有營造學習型的情境不斷成長，從進修研習轉為主動研究，從知識傳授者轉為能力的引發者，專業自然穩固。教師有效率的教，學生有意義的學，就是超越教育品質的保證。

(八)著重安全措施，維護師生安全

校園是孩子生活與學習的園地，提供一個安全無虞的生活空間和環境，是學校的責任。從門禁管理、導護的制度，設施安檢、衛生維護、安全教育的推展、危機的處理等，不管是心理的安全或是物理性的安全，都是學校的要務，應掌握「預防勝於補救的準則」，讓一切危安消弭於無形。

(九)加強生活教育，培養健全國民

生活教育的目標是引導孩子在充實的生活體驗中，養成良好的習慣和態度，體會待人、接物、處世的價值觀念，從完整的生活經驗中，增進其生活的知能。因此，學校必須發揮身教、言教、境教、制教的功能，讓每個孩子自在的成長，作為一個有智慧的全人。

(十)落實輔導制度，發揮人性光輝

輔導是在善意的基礎上，力行良性互動，達成美好結果的歷程，學校同仁應秉持自助助人的動機，透過良善的策略，協助孩子自我肯定，適應學校、家庭和社會的生活，進而陶冶溫馨、關懷、尊重的社會情懷。

四、著重學校行政管理

學校行政是為領導與支援教學活動而存在，有其基本理念與任務功能，尤其在社會急遽變遷，校園生態改變之下，學校行政管理必須要回歸教育本質的思考中，建構專業自我形象，開展理性溝通與工作價值的明鏡，塑造理想的學

校行政管理圖像，確實是校長應審慎思考與戮力以赴的重要課題；因此，秉持正確的教育理念，展現有為有守的風骨，盡心盡力的落實學校行政自主管理，展現人文精神，釐清角色定位，轉化管理心態，啟動溝通機制，確實發揮學校行政支援與領導教學的功能，落實學校行政管理彈性與扁平的運作模式，展現學校行政管理的有效機制，重新找回學校行政的尊嚴，才能開創學校行政卓越發展的新契機！

(一)釐清管理精神

以和諧為基礎，以激勵為動力，以效能為目標。

(二)掌握管理原則

1. 方向比努力重要：以目標管理強化執行力。
2. 管事理人重制度：以制度管理取代人治色彩。
3. 行政運作去本位：以團隊合作淡化處室本位。
4. 管理兼重情理法：依法衡情論理公平不偏。
5. 行政領導藝術化：以歸屬為動力，賦與成就。

(三)多元運作思維

1. 掌握目標：明確訂定目標方向，讓行政運作有所遵循，畢竟方向比努力重要。
2. 釐清情境：以 SWOT 分析來了解現有資源組織動力（人、事、物）。
3. 決定管理模式：運用領導策略、循序漸進，展現誠意、專業及個人風格。
4. 形成計畫：計畫必須明確具體，同時考量計畫的周延性、可行性與有效性。
5. 落實執行：訂定作業流程管控與監督考核機制，具彈性與周延，貫徹執行力。
6. 評核改進：評核目的在改善，隨時檢討改進，是否事倍功半。
7. 回饋機制：讓同仁感受到成就感，並願意再參與，同時注意修正策略。
8. 資源統整：結合校內及社區人力、物力與組織資源，強化行政執行能量與動力。

9.公平正義：合乎法、理、情三方思考，並以教育本質學生學習為思考核心。

㈣行政管理舉例

1.工友管理：
(1)明確工作內涵與公平分工，既能依循，也方便考核。即以人為經以事為緯，以制度管理為動力，編織成有效的分工網路，達成事有人做、人有事做的功能。
(2)分工原則：專長專任、勞逸平均、公平公開、適度輪替、均衡適切。
(3)分工策略：
①分時分任：掌握工作時機同時進行。
②分區分任：責任區分配各負其責。
③集中分任：週三下午或辦理活動時集合人力。
④專人適任：特殊需求依專長分工。
(4)激勵評核：落實公正的考核與正向鼓舞會增進工作動力。
2.畢業旅行（教師結合課程專業設計、家長民主化的參與、透過意見調查整合）。
3.場地租借（場地開放開會通知座談、注重校園安全維護、透過會議來規範）。
4.家長會會長選舉（圓周理論，關心、了解生態但不介入紛爭）。

伍、走過的痕跡與喜悅

一、辦好教育就是最佳公共關係

在志清國小任內，因團隊的努力，一連得到金安獎、全國環保績優學校，受到社區的肯定，親師生向心力強，在畢業典禮氣氛又佳的情境下，一位畢業班家長有所感受，第二天就主動到校，說明意願捐贈學校設施，經了解討論後由拜耳公司捐贈300萬元建造了一間拜爾科學教室，是全國第一間安全又先進的科學教室，證明了只要學校有進步必定受到肯定，這肯定的動力就是最好的

公關。

二、誠意就會獲得善意

　　學校社團申請銀髮貴族擔任義務指導教練，有一飛盤老先生在校教了 2、3 個月，有一天忽然缺課未到，其夫人來電告知生病住院。隨即帶領主任及同學代表前往探視，其時小朋友自製慰問感恩卡最受其感動，過後就一直住院未能來校服務。到新學期開始，新任訓導主任四處尋找社團教練，也不知有前面老先生的故事，在焦急時刻無意間在社會局名冊電話本中撥通電話，說明原意後，老先生告訴他：「我等了好久，你終於來電話了，前些日子好多學校來聯絡都被我拒絕，就一直想留給你們學校。」於是一口答應，並對主任訴說了一連串學校及校長的好話。

三、教育有其可為性

　　派任到志清國小就任的第一天，當天是年初五，也是寒假上班的第一天，一進入穿堂，兩邊公布欄的櫥窗是空的，絨布板及玻璃不見了，經詢問得知因害怕假日被破壞或火燒而收起來，從那時起我要大家不必收，應從教育著手，畢竟這些孩子是過去的學生。在那時起，我開始了解校園夜間被破壞原因，有的資料被燒，模範生照片被畫鬍子或被香菸燒眼睛，場地開放更是留下許多垃圾。於是，我經常利用課餘假日到校了解到校成員，明查暗訪了解一些原因，這些青少年都是自己的校友，有的是不滿老師過去管教，有的是不服模範生選拔過程，有的是不滿學校設施。又因夜間黑暗校園裡聚集的大都是不良青少年，接著，我改善了夜間照明，讓許多區民進入運動；也經常和青少年對話與輔導，也改善運動設施及場地，授與他們維護校園的任務與榮譽感；假日經常帶領家人入校撿垃圾，也因此引起社區共鳴，從此以後，運動的人自動成為環保小尖兵和巡守員，校園每天早上都是乾淨了。模範生選拔更民主制度化，多元活動促使師生互動更加溫馨感恩，尤其是畢業生系列活動，在畢業前聽其意見，釋其疑慮，培養其愛校情懷，不出 2 年，校園過去的破壞一切改觀，我相信教育是有很大效用的。

四、危機就是最佳契機

剛接任大安國小 1 個月，中秋節前一晚，半夜接獲消防局來電，說明學校教室火警，希望派人會同處理，於是緊急前往，經處理通報程序後，第二天一早，召開危機處理機制，快速恢復現場，公告事由經過全校周知，以通知告知全校家長避免猜疑及不安，並作一次防火教育。重要的是建立了一套下班前的巡檢制度，從各班級自我檢查到職工分樓層的巡檢，以及警衛最後的總檢查，確立了門禁及水電管理制度的運作。

五、善用溝通建立共識

由於廁所老舊以及數量不足，需要加以改善，編列預算後告知全校修造計畫，因會影響 2 間教室，部分老師有意見，於是要求教師會做民意調查，教師會將結果告訴我，有六成的人反對修建。經我一一檢視調查表，發現其中有些奧妙之處。其中一位老師寫出「應尊重其周邊使用班級意見」最讓我感動，於是我利用教師晨會告訴大家：「很感謝教師會熱忱幫忙做調查，不過我不能依照調查結果做決定，因為，依建築法規廁所數量不足，依需求理論，生理需求應最先解決，依家長及學生意見也是急於改造，依衛生下水道之銜接也是如此，未來的維護管理也是如此，我較贊同尊重周邊使用班級的意見，至於許多其他年級反對修建的意見值得我們深思。」會後，就有學年主任前來告知，是教師會要他們這樣寫的，也有一些無意見者經了解後轉為支持，周邊班級更敢於大聲說出正義之聲，於是照計畫進行修建，修建後環境改善了，大家蒙其利，對學校作為更有信心了。所以，專業的溝通是會產生效益的。

六、專業成長的動力會促發許多自我成就

課程發展是學校經營的內涵目標，要有效教學，在於教師的專業成長。校長是學校課程領導者，必須具有課程的素養：如前瞻性的覺知與判斷、樂觀性的信心與態度、專業性的執著與參與及柔軟性的身段與權變。更要營造高度共識的學校團隊文化，建構架構清晰的學校總體課程，採用靈活應變的課程領導態度，來規畫明確可行的課程發展模式。大安國小是大型學校，擁有許多傑出的教師，加以組織其團隊力量不可忽視。於是透過課發會依學校願景建構學校

本位課程架構,作為課程總體計畫的發展依據,大家共同設計年度課程,每學期獲得課程總體計畫優良學校。在領域會議及行動研究時間,掌握科技 e 化的運用,團隊合作的動力,知識管理的建構及資源共享的目標,統整了課程發展、行動研究、資訊融入工作,由學者、學科老師、行政同仁、資訊教師組成合作團隊,研發方便教學的教育材,社會學習網團隊榮獲 92 學年度教育部教學卓越金質獎。同樣組成教師團隊發展藝術與人文學校本位課程,獲 93 學年度教育部九年一貫推手標竿學校佳績。

七、發展資訊教育提升教學效能

科技時代來臨,資訊融入教學成為增進教學效能的途徑,為了達成這個目標,我們從教育部初級種子學校、中級種子學校到典範學校,也獲得許多自我肯定,以下是我們努力的方向。

(一)充實資訊硬體設備

1. 建制優質資訊設備,班班有電腦,提供師生有利學習情境。
2. 建置 3 間電腦教室,透過優質之表現爭取教局補助、社會資源的協助。全校擁有近 400 台電腦。
3. 建制資料檢索中心、無線網絡、按按按系統及媒體製作中心,方便使用。

(二)建構資訊軟體環境

1. 提供主動敏捷的資訊管理維修系統,可電話報修、網路報修、e-mail 報修。
2. 安排系列資訊研習活動,採同儕化的進修,既了解需求,又方便就近經常性服務。
3. 調查社區資訊現況,辦理親子上網及數位營,增進親職效能。
4. 成立資訊教育推動小組,每單位及學年皆有資訊種子老師,組織化的運作。

(三)致力網路平台建置

1. 建置教學資源網站及媒材中心,提供教師教學豐富資源。
2. 建構網際網絡,由學生網、教師網、學校內網、學校外網、主題網、行政

網連串而成。

3.鼓勵團隊學習、協同教學，創新教學，形塑溫馨學風。

陸、領導是學校經營的要素

學校事務萬端，必須加以統整才能有序，必須全方位經營才會穩固發展，更要務實經營才能永續；透過明確的學校目標、健全的組織體系、精緻的學校課程、和諧的學校氣氛、優質的校園情境、有效的評核機制……等才能產生效能，這些過程更要靠領導力來貫穿才具成效。掌握以領導特質為涵養，以領導行為當運作，以權變為思維的哲學。力行溫馨而不矯作，關懷卻不鄉愿，尊重不致討好的領導執行力。建立以參照權為基礎，以專業權為方法，以法職權為衡度的領導同心圓，作為自我的期許。

柒、結語──學校經營就像演一齣好戲

在燦爛的舞台上，戲碼好、劇務人員傑出、演員演出得意、觀眾滿意，才是精采好戲。學校經營亦同，優質的情境猶如燦爛舞台，課程如同戲碼，行政人員就像劇務，親師生就是演員，也互為觀眾，團隊運作後的結果獲得掌聲，就是效能學校。當然，在師生、家長、學校共同努力下，學校自然會好戲連連，創造更多的喜悅。

作者簡介

我生於 1955 年 2 月 1 日，成長於苗栗縣頭份鎮之鄉村，由於小學老師的激勵，初中畢業後考上台北師專，邁向擔任教職之路。1975 年畢業後服務過台南市省躬、長安 2 校，中壢市富台國小及台北市溪口國小，其間完成國立師大歷史系進修。歷任導師及自然、社會、美勞、音樂科

任教學，也擔任訓育組長、教學組長、訓導主任、總務主任、兼人事、兼執行秘書等行政工作，1996年2月起派任台北市志清國小校長，2002年8月聘任為台北市大安國小校長迄今。服務期間，受到許多長官提攜指導與同儕激勵協助，所以經常以「常懷感恩心，常思關懷意，永享歡樂情」自勉，期許把該做的事做好。

無心之柳——校長經驗談

葉宗文
高雄市凱旋國小校長

壹、楔子——忘年之交、學習典範

　　猶記得 1987 年仲夏的某個下午，當時學校正忙著期末的各項工作，我卻偷閒單槍匹馬到了高雄市勝利國小，見到了當時的曾梅星校長和楊進昌教導。在此之前，我和他們是完全不相識的，只因從那年起，高雄市改變了主任的任用方式，即從以往的派任制改為聘任制。因此，從板橋教師研習中心「主任班」受訓回來後，為了找個落腳處，我就主動的打電話向曾校長表達我的意向與目的，當時之所以會選擇勝利只因它離家最近。見面當天，曾校長大略地了解了我的成長背景和工作經驗後，就把我交給楊教導；楊教導平易近人，和藹可親，他和我聊了 1 個多小時，可以說天南地北無所不談。事實上我也很清楚他是在測試眼前這位年輕人的教育理念與對學校行政工作的態度，但由於當時彼此聊得很投入，話題也有很多的共識，所以我也幾乎忘了當天到勝利的目的。不久之後，曾校長走進校長室，和楊教導用日語交談了一陣子，隨後即告訴我，歡迎我下學期到勝利國小來服務，這也開始了我在勝利國小 7 年的主任經歷。事實上這也是開啟我對學校行政工作真正興趣的一段關鍵時刻，而楊教導則是影響我興趣轉向的關鍵人物。

　　曾經讀過一本訪談多位諾貝爾獎得主的紀錄，記得其中有多位學者在年輕時都曾經追隨過諾貝爾獎得主，當記者問他們追隨這些大師的最大收穫是什麼時，他們的共同答案是「他們並不是跟隨大師學到了什麼技術，而是從他身上學到了待人處事的原理原則，以及學術研究一絲不苟的精神，和對研究成果抱持著審慎、謙虛的態度」。從楊教導身上我看到了學校行政人員的典範，他讓

我有機會亦步亦趨地入門，我們成為忘年之交，下班後所聊的教育議題，竟然非常的契合，原來他每晚收聽日本教育電台的教育新知，我則參加教育研究所的在職進修，在中日對照之下，兩國所介紹的最新教育新知竟然是相差無幾，議題內容也幾乎是同步播放。幾年之後，個人之所以會對學校行政產生莫大興趣，大概和我在勝利國小的這段快樂時光有高度的相關。以下所介紹的大抵是我從這位前輩身上體現到的一些學校經營理念，其中有一部分則是我個人在經歷了台灣教育大革命之後的一些省思與鳥瞰，可以說是純屬個人之見解，並無實證研究之依據。

貳、走過從前——回首來時路

一、國中、小校長需具備的能力分析與校長的培育訓練

　　從我國中、小學的學校運作制度來看，短期之內，在中、大型學校，校長每天的工作重心與工作內容仍然無法擺脫諸多事務性工作的羈絆，因此到目前為止，個人仍認為國中、小校長人才的培養是一項實務體驗的歷程，當然隨著主任、校長工作性質及內容的不同，所需具備的能力也會有所消長，即校長在理念能力、人際關係能力應該會愈來愈強，相對的，在教學技術能力方面可能會有所消退（如果學校太大的話）。由圖 1 分析可見，擔任校長需具備兩種關鍵能力，即「待人能力」與「處事能力」。

　　此外，校長在面對時代的變遷與教育思潮的移轉，必須不斷地進修，不斷地自我成長，才能勝任各項日趨繁雜的校務工作，並掌握最新的教育思潮與教育政策。是以對於校長的甄選制度，個人認為仍應兼顧實務經歷與教育知能的考驗，故參加校長甄試的條件，其擔任主任的經歷至少能有 10 年左右的歷練較佳。至於甄選通過的儲備校長，除了參加必要的儲訓之外，若有機會的話，最好能多參觀、多訪視學校，如果能夠擇定幾位和自己教育理念相契合的校長，做深入的訪談與經驗傳承，那對初任校長的幫助絕對不是修幾門領導學科所能比擬的。同時，在訪談後，最好能先向該前輩預約，上任後能擔任個人的諮詢顧問。一般而言，教育工作者都有好為人師的毛病，相信這種具有榮譽職身分的售後服務，前輩一定會欣然答應的。學校經營是一門隱性的知能，上任前的

準備期，您所需要的是找尋幾位願意與您深度對話，同時也願意毫無隱藏來傳承經驗的前輩校長，因為那種無法形諸文字或不便形諸於文字的經驗，通常才是學校經營最關鍵、最重要的部分。這從日本學者野中郁次郎和竹內弘高的分析可以得到佐證（如圖2）。

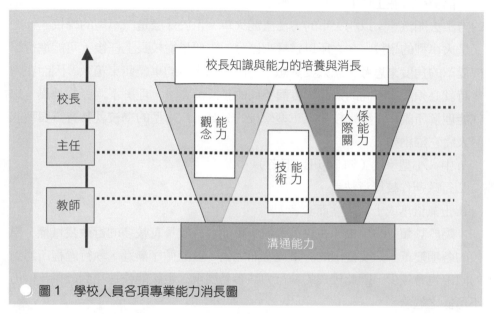

圖1　學校人員各項專業能力消長圖

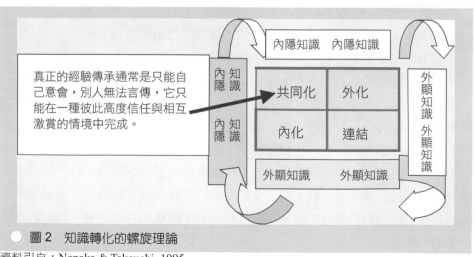

圖2　知識轉化的螺旋理論

資料引自：Nonaka & Takeuchi, 1995

二、快樂出航前的心理準備

(一)先知彼

儲備校長在上任前,應先了解自己開的是汽車還是火車?然後,以開汽車的方法去開汽車;以開火車的方法去開火車。至於什麼是汽車型的學校,什麼又是火車型的學校呢?之所以這樣來區分,主要是從校長上任後,可能進行學校變革的角度來思考,您只要冥想一下汽車和火車的車體與車箱數,因而在轉彎時就必須設定不同的迴轉幅度與不同的預設前置量,理解了兩者的差異,您就能理解所謂汽車型學校與火車型學校的分野,汽車型的學校就其特質與型態個人將它歸納如下:

1. 中、小型學校(約 24 班以下者)。
2. 行政運作較無章法者。
3. 士氣低落或士氣由盛而衰者。

屬於該類型的學校,在決策過程中可能容許校長有較多的行政裁量權,學校的各項變革,只要提出的計畫周全而完備,並能循序漸進,執行過程所遇到的阻礙也會較少,因此校長的執行力較容易展現,也較能快速見到成果,但仍不可操之過急。

至於火車型的學校其特質與型態則歸納如下:

1. 大型學校及超大型學校(已完全超出管理的控制幅度者)。
2. 很有制度聲望者(有可能是中小型學校)。
3. 很有道統及特色者(有可能是中小型學校)。

對於這類的學校,校長上任之初,宜先和同仁建立良好的關係,同時不妨放慢腳步,多觀察、多傾聽、多了解,先接納同仁的意見,不必急著做決策。對於想變革的事項,可先放出試探汽球,觀察同仁的反應,召集行政團隊討論後再定奪。而到底要怎麼判斷汽車型學校或火車型學校呢?除了自己的觀察歸納外,亦可找三兩好友,就上述所分析的學校特質,試著做分類,蒐集了多人的看法後,自己再做最後的歸納研判,相信有了這樣的分析之後,將有助於您快樂的初航。

當然,這是對於初任校長的建議,至於資深校長們自有其應變之道,因為

學校經營之道，運用之妙，存乎一心。

(二)再知己

個人特質通常會和學校的類型產生交互運用，因此校長要先認清自己的特質，知己（個人特質）知彼（學校特性），才能百戰百勝。因為校長的心情指數是個人特質和學校類型的交互作用而來。

$$校長的心情指數 = f（個人特質 × 學校情境）$$

職是之故，若有機會選擇學校時，應慎選與自己特質相符的學校，例如：傾向人際關係和諧取向者，初任學校最好選擇很有制度聲望或很有道統及特色的中、小型學校；而願意接受各項挑戰者，初任時則可選擇汽車型學校，等到了第 2 任時，則可以選擇超大型學校。如果您是傾向和諧取向者，卻到了汽車型學校，此時您必須調整個人的偏好，積極投入各項變革，如此才能讓學校順利地轉型；反之，如果您是傾向願意接受各項挑戰者，卻到了很有制度聲望、很有道統及特色的學校，第 1 年您可能也需要多觀察、多傾聽、多了解，少做重大的變革。

多年前曾聽一位前輩校長提到，擔任超大型學校（超載 Overloading）的校長，需具備以下的特質：三分民主、七分強制；三分傻氣、七分正氣；三分教育、七分政治（指願意且有能力把時間分配在處理人際關係方面），證諸現場情境，似乎頗有幾分道理。但是目前教育生態丕變、時不我矣，因此仍需視情境而調整。

參、校務經營初體驗

一、個人的自我修練（self-mastery）

(一)不論你喜不喜歡他，先誠懇地接納每一位同仁。

(二)心胸要開放兼聽勿偏信。先接納所有的意見，之後經分析、過濾、徵詢、思考、整合之後再做抉擇。

(三)傾聽寡言，謙虛、熱忱待人，喜怒不形於色。除非有文王一怒而安天下的急迫性，否則先發怒則先輸。

㈣領導是人影響人的行為，領導魅力兩要素即個人條件與感染力。

㈤培養個人的直觀能力（敏感性）：敏感性決定自己的寬度，寬度決定自己的自由度。

㈥盡人事，然後聽天命，不憂不懼；臨事若當斷不斷，可能反受其亂。

㈦校長是條不歸路，在目前的國情與文化，仍沒有回任的環境與條件，一旦上任之後就有如過河卒子。

㈧校長同儕團體或校長成長團體，是支持您繼續勇往直前的重要支柱之一。

二、待人之道

㈠用　人

1. 擇人原則（主任之任用）：前高雄餐旅技術學院校長李福登先生以「雙品兩度」作為擇人的判準，這點個人相當認同。「雙品」指的是重視其品格與工作品質，「兩度」即該人和行政團隊的配合度與對學校的忠誠度，這應是考慮可否納入行政團隊的一個良好指標。

2. 疑人不用、用人不疑：主任晉用前應先多方打聽，探詢該人過去服務學校的同仁，多探詢幾位，相信他們應該可以提供給您一些較真實的資訊，寧可多打聽，以免日後產生「請神容易送神難」的困擾。

3. 賦與任務（Get job done）：工作是為了快樂，為了滿足需求。所以主任組長的任用，應明確地告知學校的發展主軸與目標，在賦與任務後，應全力支持、協助他們，讓他們能在工作中得到成就感與尊榮感。

㈡待　人

肯定自己、肯定同仁、教育學生、整合家長、感謝師長。

1. 肯定自己

學校是一個優質化、同質性高的工作團隊，因為每位老師都很優秀（就全國平均人力素質而言，台灣的國中、小教師素質是全世界人力素質最高的國家之一）。而校長經過了 20 多年的行政歷練，雖然教學技術可能稍有退步，但是觀念能力、溝通能力及人際關係能力則已大幅地提升，因為這是經由自我成長產生的質變，也是很值得自我肯定的事。肯定自己，也肯

定同仁，學校的優質文化自然而然地就會不斷地萌芽發展。

2. 對主任

倚重晚輩、尊重同輩、敬重前輩，每位主任由於其不同的歷練與條件，因此各有其優勢的能力與專長。如果能夠彼此互補，相互支援，即能順利完成學校的各項任務，因此不必苛責每位主任應具備相同的能力。因為高效能的學校經營，其中最重要的元素是行政團隊的默契與精神，它才是行政效能良窳的關鍵。

3. 對同仁

接納、鼓舞每一位同仁，並為同仁找舞台，秉持「大家來做餅，會做的做10個，不會做的做3個，不准有人只吃餅不做餅」的原則，如此才能激發同仁的向心力與凝聚力。

4. 對學生

一切為學生、一切為教育，學生權益是一切行政決策的判準。有了這樣的體認與準據，當您在決策上面臨兩難困境時，就比較能坦然的面對。

5. 對家長

廣結善緣、外圓內方；遇貨加錢，逢人減歲；在社區建立良好的互動網路，與地方仕紳及家長保持和諧的關係。借力使力、積極整合社區資源，有效應用於學校經營與發展。

6. 對長官

充分了解政策的走向，積極而有效的執行；學校的問題要能適切而有效地展現獨當一面的能力。有困難時，誠懇地尋求長官的支持與協助，最好先溝通再行文，與長官相處宜不卑不亢、不忮不求，爭一時但也要爭千秋。

三、處事之道

(一)追求特色

初接新學校，應站在既有基礎來思考，保持傳統、但不忘創新；同時追求精緻、追求卓越；突顯差異、突顯特色。就學校的因緣與條件，同仁的專長特質及社區資源，追求 Only one，因為是 Only one，所以永遠是 Number one；也就是在學校教育共相的基礎上，建構學校的特色。

(二)方向比方法更重要

把事情做對（Do things right）很重要，但是做對的事情（Do the right thing）更重要。因此在評鑑學校所舉辦的各項活動時，應思考該活動是否有助於提升學生的智能，是否真正以學生利益為前提。如此，才不會從事一些沒有效能的努力。

(三)處理變革與衝突

1. 依法行事，有法依法、無法援例、無例交議。
2. 再者，在同一時段，對某一族群或次團體不宜做太多的變革或利益的調整。
3. 而當衝突事件發生時，處理的原則應保持「理直氣和、得理饒人」；在法理的範疇內最好能本著「人情留一線、日後好相見」的心情；化危機為轉機，化阻力為助力。
4. 說服同仁時，能動之以情、訴之以理、因勢利導、順勢而為；設身處地、將心比心、校園就會更和諧。
5. 意外事件發生時，應勇敢地接受它、面對它、處理它，之後就應放下它。

(四)要有定力

與時間同步成長（進修），提升自己的決策品質，建構自己的專業權威。一位稱職的校長，首先應該要先保持心理平衡、情緒穩定，遇事則應沉著、冷靜，平日應謀定而後動，遇到緊急事件則應當機立斷，並負起應負的責任。一旦形塑了個人的領導風格與特質之後，在校務經營上，就能步上正軌。

四、安心之道

愛其所同、化其所異則人和；嚴以律己、寬以待人則無怨。隨時告訴自己：豈能盡如人意，但求無愧我心。得意事來處之以淡、失意事來處之以忍。忍一時風平浪靜、退一步海闊天空。是非審諸於己、毀譽聽諸於人、得失安諸於數。一旦有了這樣的心理準備，相信就能讓自己更安心、更自在。

肆、對教改的鳥瞰與透視

一、教改標的錯置、學校經營困境

　　這波教改焦點誤把鬆綁、解構當目標，結果是舊道德已瓦解、新規範未建立。而當教育現場因教改不當而產生的各種衝突與回應時，這些專業教育改革者當時最標準的回應是「改革必然帶來抗拒」、「教師缺乏改革的動機」等等刻板的反射，他們很少真正進入或進駐教育現場，去觀察驗證他們的教育理念在教育現場實驗的真正狀況，因而錯失了「微觀調控」的良機，也讓這波教改在花費了那麼多的人力、物力、財力以及全民好不容易才匯集而成的心理能量之後，卻演變成當今無法收拾的局面。如大學校數過多卻又多數不符經濟規模（該項對於國民教育經費的擠壓最為嚴重）；師資培育制度過度開放，導致師資品質無法控管，外加新生兒出生人數劇減，導致儲備教師到處哭訴；九年一貫課程未經小規模實驗即全面實施，導致師生疲於奔命，但成效卻仍待評估；國中小數學教育政策，成就指標 3 年之內上下遽烈震盪，可能導致中下階層家庭學生適應不良。凡此種種均驗證了懷德海的名言：「沒有理論的實務是盲目的、沒有實務的理論是空洞的。」過去 10 年的教育改革誠如上述所言，由於缺乏章法，導致教師信心全失；教育政策與教育措施打擊校園行政運作，讓行政人員認知失調，士氣低落。這更驗證了前教育部長郭為藩先生的看法：「教育改革如果傷害到教師、校長以及基層教育行政人員的人格尊嚴，即使不是注定失敗，也一定是事倍功半。」

　　教改後對學校教育生態最大的衝擊與影響，即大型學校形成強勢的教師會、弱勢的學校行政，大型學校由於教師會、家長會及學校行政三種力量的消長，影響所及如下。

㈠行政真難為

　　專家教師對行政工作避之唯恐不及，生手或新進教師成為學校行政的主力，安排行政工作時，資深老師常見的推託之詞是「校長都喊不動了，我算什麼！」再者，教師甄試簡章之中常見的附帶條件之一即是「錄取後需擔任○○

組長」等。即使行政工作是教師教學之外的必要之惡,那麼承擔的人至少也應遴選那些教學經驗豐富的教師來擔任,因為初任教師其本身的教學工作就已形成莫大的心理負擔,如果再賦與沉重的行政工作,到最後可能讓他在行政工作效能與教學效能上,兩者都落空。

(二)課務難安排

各校按積分高低訂定級科任及任教科目安排辦法,看似公平其實卻很不合理,因為它導致無法專長專任,積分低者只能逆來順受,所教非所學,所學非所用,老師教來心虛又痛苦,學生學來效果打折扣,老師日久難免發出怨言,家長對學校也會給與負面評價。

(三)資深校長選擇轉進中、小型學校

這幾年來的校長遴選制度對某些校長尊嚴的嚴重踐踏,產生「漣漪效應」,外加大型學校行政難為,因而催化了資深校長辦學思考典範的移轉,任期一到就選擇轉進中、小型學校。近 2、3 年來,都會區的大型學校常見由初任校長來擔任,聽到這樣的訊息,心中總會不自覺地感到一陣子的不捨與擔憂,因為這對初任校長而言,這 4 年,將會是一種浴火鳳凰般地蛻變歷程,調適良好的話,教育界將又多了一位傑出的校長;調適不好的話,教育界則又將折損一員大將,這樣的教育投資風險,其成本實在是有點太大了。

(四)縣市教師會寬以待己、嚴以責求校長

縣市教師會對老師應配合學校行政之事或應盡之義務,常以顯微鏡來檢視;但同樣的事情對於校長則以高標準來要求。例如:教師會對教師專業評鑑和學校評鑑的實施,則找出千百種理由來反對;但在校長遴選過程中,則強烈要求教育局,應對校長的辦學績效做評鑑。試想校長的辦學績效,如果沒有透過教師團隊的教學績效及行政團隊的行政效能之展現,哪能憑空得來,教師會這樣的邏輯思維實在是令人搖頭。

(五)學校行政生態丕變的隱憂

學校行政能力是培養出來的,是從工作經驗中慢慢體驗出來的,如今改革

的結果，造成學校行政經驗的斷層，校園文化的斷裂，相信這絕非當初那批專業教育改革者願意見到的景象。

　　上述的這些現象與問題，都有待校長夥伴們一一去面對、一一去克服，當然，個人所觀察、所分析的可能都較偏向都會區的狀況。在企業界有句名言「再怎麼壞的景氣，都有賺錢的公司；再怎麼好的景氣，也都有賠錢的工廠」，的確事在人為。但身為教育工作的一份子，眼見學校裡最優秀的老師因無法忍受這種不符常理的改革，年滿 50 就毫不戀棧的離開他原本最喜愛的工作，學校的優質文化急遽地在質變；相對的，多少老師為了公平起見，寧可花上半天的時間去討論誰該加 1 節課、誰該減 1 節課；為了公平起見，寧可依積分順位來選擇級科任和任教科目，而不相信學校行政人員能依專長專用原則的安排。當然啦，這樣的批評對老師們是很無辜的，因為自由市場的本質本來就是按件計酬、按時計酬的，自由經濟學者哪管得了什麼是專業精神，什麼是專業態度，什麼是專業倫理。或許是我太保守了，或許是我太杞人憂天了，只因我所關心的是，除了自己學校的校務經營外，最重要的是整體教育環境與教育文化是否產生良性的質變。教育既然是人影響人的志業，您就不可能關起門來辦教育，學校與學校之間必然會相互的影響，各校與各校之間，教師也必然會相互的比較。因此，唯有提升整體的校園文化與組織氣氛，校長們才可能有合理的辦學環境與空間。

二、教改理念模糊，學校各自表述

　　「以兒童為中心」的教育理念，幾乎主導了台灣過去 10 年來教育改革的方向，強調開放的教育態度、多元的教育內涵與快樂的學習……等等，這種教育理念當時受到很多社會團體的認同與支持。然而在實施了 10 年之後，我們是否也該停下腳步，暫時回過頭來仔細的審視與思考一下，過去這一波風起雲湧的教改浪潮中，我們真正希望孩子學到的到底是什麼？這波教改所標榜的是讓孩子學得「帶得走的能力」，而不是「揹不動的書包」；然而何謂「帶得走的能力」？除了我們熟悉的各項才藝、各項技能之外，還有沒有哪些對學童未來的學習是重要，而我們卻未曾仔細確認過的呢？

　　未來學專家告訴我們，未來的世界由於資訊傳輸系統的進步、知識研發創新能力與技術的日新月異，因而必然形成知識爆炸，知識半衰期會愈來愈短；

也就是說未來的社會，個人所學的知識，很快就會不適用而被淘汰。因此，每一個人必須不斷地在職進修，充實新知。所以，未來的社會絕對是一個終身學習的世代，人人必須具備「終身學習」的生活態度與方式。那麼，協助學童具備終身學習的條件與能力，應該是教育的核心任務；至於什麼是學童未來終身學習需具備的「條件與能力」呢？簡單的說，就是紮實的「聽說讀寫算、能做會思考」的能力，而這些能力更符應了「帶得走的能力」的訴求，更是學童未來能否參與「終身學習」的關鍵能力。

三、對五育均衡發展的看法與堅持

腦力開發、美學和力學三者是兒童個人潛能開發的最高指導原則，而德智體群美五育均衡發展則是達成上述目標的具體策略，至於培養兒童聽說讀寫算、能做會思考的能力，則又是它的具體做法。茲說明如下。

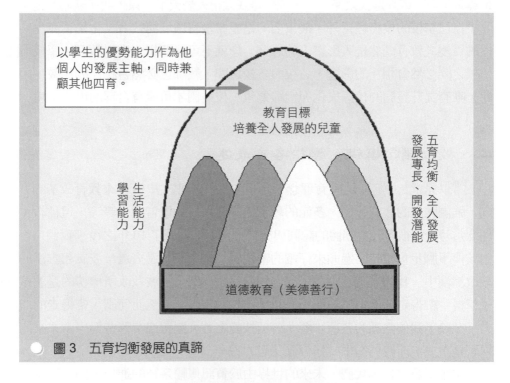

以學生的優勢能力作為他個人的發展主軸，同時兼顧其他四育。

教育目標
培養全人發展的兒童

五育均衡、全人發展
發展專長、開發潛能

生活能力
學習能力

道德教育（美德善行）

圖3　五育均衡發展的真諦

上圖五座山代表兒童的五育發展，以孩子的優勢能力作為發展主軸，而能

兼顧到其他四育，個人以為這才是五育均衡發展的真正精神。雖然高登納（Howard Gardener）認為人具有邏輯－數學、語文、空間、音樂、肢體－動覺、內省、人際、及自然觀察者等 8 種智能（intelligence），但是在我們的教育環境及國人固有的文化思維下，五育均衡發展的理念，在當前的國民教育階段仍有其無法取代的地位。

　　而實現五育均衡發展目標具體而微的方法是，培養學生「聽說讀寫算、能做會思考」的能力。因為「聽說讀寫算」能力是導引學生各項學習的核心能力，學生以此為基礎，才能不斷地伸出學習觸角，擴大學習領域。而「能做會思考」的能力，不但是培養孩童活用日常生活的知能，也是能將所學的知識、技能，應用、轉化到日常生活的情境中，培養其發現問題、分析問題進而解決問題的能力。由此觀之，協助學童建構終身學習所需的這項關鍵能力──「聽說讀寫算、能做會思考」的能力，應該是當前中、國小教育一個非常重要的教育目標。然而，要如何才能達成此一目標呢？個人認為最直接、最有效的模式應該是從學校和家庭雙軌同步進行。

四、對家長會及家長團體的觀察與期許

　　家協曾是教改天秤上最關鍵的一顆砝碼（以高雄市為例）。

　　台灣在過去這 10 年的教育改革風潮中，曾出現過一段相當奇特的景象，也就是教育改革者、教育研究者、教育工作者三者各說各話、各自獨立、各行其是的吊詭現象。在當時那種特有的教改情境中，曾讓教育工作者，尤其是校長有一陣子是處在左右為難、動輒得咎的情境中，而這種情況在高雄市也不例外。

　　記得在教改初期，校長們曾經是最弱勢、最孤立無援的一群；因為當時整個社會是完全沉浸在教改的氛圍裡，導致校長們在公共論壇的場合只要出面捍衛教育理念、堅持教育理想或價值，就立刻被貼上「保守、既得利益者、捍衛自己權益」的標籤，因而在會場上也常被攻擊得體無完膚。久而久之，校長們就不願主動出席類似的公聽會，即使被指派參加，到了會場則再也不願發聲了。

　　高雄市家長協會的成立與參與，可以說是讓校長們願意重回各項公聽會及研討會表達教育理念的一個關鍵因素。因為家協成員能以「在學學生家長」的立場，而非「專業教育改革者」的姿態來論事，因此比較願意傾聽各種不同的聲音；同時也能兼顧現實與理想的平衡、再擇取全體學生的最佳利益，作為一

切論事的依據與判準。由於他們的加入與參與,因而讓會議平台又回復到應有的持平與中道。這種情勢的扭轉,也讓高雄市往後幾年的教改論壇,能真正地進行腦力激盪與教育理念的論辯。是以高雄市這幾年來的教改成果,能被《天下雜誌》譽為「教改的春天從南方出發」,這樣的殊榮、這樣的成就,高雄市家長協會功不可沒。

在學校裡,讓校長們體驗最深刻,也最感動的是,學校家長會除了積極參與各項校務發展工作外,更是全力支持成立各種志工團隊:如班級服務隊、愛心媽媽隊、導護志工隊、圖書館志工隊、故事媽媽隊、綠美化志工隊、校園安全守護隊、媽媽成長團等等,而這些人力、物力與財力的投入與挹注,也正是高雄市教育能夠蓬勃發展的重要因素。此外在政府推展人事精簡、組織再造之後,學校如果遇上了職工「遇缺不補」的狀況,校務運作可能會隨時開天窗,而此時此刻,志工團隊更發揮了及時雨般的救援角色,適時地承接下該項任務,也讓學校老師能夠真正的專注在教學工作上。由於家長會的支持與鼓勵,學校志工都能發揮愛屋及烏、人溺己溺的精神,彼此密切合作,相互提攜,同時也不忘隨時自我成長,自我提升,這種利人利己、服務社會的高貴情操,正是志工精神的具體展現,更是學校家長會對教育最具體、最實質、最深遠的貢獻。

家長會對於學校這些積極正向的影響與貢獻,身為校長者應不斷地在公開場合予以宣揚與肯定,這樣的特色與風格一但成為家長會所有成員的共識與文化之後,自然而然地屬於負面的干擾與影響就會愈來愈少。此外,有關民意代表受選民或家長之託而到學校關心的案件,應視案件之性質審慎處理。在法理之內可以處理者應積極的協助;如果依法無據或的確無法處理者,亦應向民意代表詳細說明,請其諒解;最好是向民意代表取得該家長之資料與電話,然後親自向該家長說明,並告知該家長,某某議員對其事件特別關心,並曾親自到校云云。事實上,民意代表在意的是要讓選民了解其服務的熱忱與態度,至於所托之事能否完成,則尚需視法理而定,學校只要能堅守原則,千萬別讓議員之間有差別待遇,如此就能化壓力於無形。

五、組織有多大、影響就有多大——校長對教育貢獻極大化的法門

除了積極投入校務經營外，如果行有餘力，應盡可能的參與教育的公共事務，如各項研討會、公聽會或教育局舉辦的各項工作實施要點及辦法的討論或修訂，參與公共事務雖然會占去個人的一些時間，但透過參與研討與對談的過程，能讓自己對現行各項最新的教育政策與措施隨時了然於胸，這將有助於個人在校務的經營，因為充分的資訊，能讓自己的決策更精準；而且也可以拓展個人行政領導的視野，更是累積個人行政知能與專業權威的一條捷徑。

再者，台灣經過這 10 年來的教改文化大革命，引起教育界的天翻地覆之後，當每個大人都被搞得疲憊不堪，而孩子的學習成就大人也不怎麼滿意的時候，如果能把教育現場的實況，以普及版的「教普短文」時常發表在各種刊物上，藉以喚起社會大眾的大反省，唯有讓社會大眾對教育有正確的認知，相信這對教育改革才會有真正的貢獻與意義。在這一波教育改過程中，教育學者之所以沒有影響力，是因為他們做了很多放在圖書館卻沒有人想看的研究報告，其結果是學術聲望很高，但對教改決策一點作用也沒有。因為很多重要教育政策的決策樞紐已移轉到了立法院，教育部已然成為一個教育政策的執行機構。

此外在現階段，校長想對學校、對教育的貢獻極大化，積極成立全國性校長組織是其中不二法門。因為當自由派經濟學者把市場經濟的理念引進教育領域之後，教育決策的歷程必然是各種利益團體相互角力、相互爭奪的戰場。而在教育利益爭奪戰的競技場上，沒有組織就沒有力量，沒有組織就沒有資源、沒有組織就沒有影響力，這是制度的現實面，也是校長夥伴們無法迴避的責任。個人一向認為，與其在教育決策下游，忍受那種粗糙、無理的決策品質與結果，毋寧進入決策的源頭改弦易轍、正本清源。以目前校長的工作負荷而言，雖然這將耗費較多的時間，但只要能將校長組織架構做適切的垂直整合與水平分工，它對校長本身的職務並無多大影響，但是對於台灣的教育發展，其影響與貢獻卻非常的深遠。以個人積極投入高雄市校長組織，參與製定各種地區性教育決策的經驗來看，這是所有校長們在校務經營當下，行有餘力時，最值得投入的一項教育公益志業。

伍、省思——代結語

透視人生、享受生命,「春有百花秋有月、夏有涼風冬有雪;若無閒事掛心頭、便是人間好時節」,別忘了每天下班前,留一些空白的時間給自己胡思亂想,隔天你就能從容不迫、身心自在。校務經營法門無數,但是,如何讓自己的身心處在最佳狀態,那才是有效經營的不二法門。

一、身心健康是卓越績效的基礎,家庭支持是永續經營的保障

身為學校經營者,「樂在工作」是維護身心健康的不二法門;而信仰、親情與友情,則是讓自己快樂的敲門磚;教育工作是最有意義也是最有福報的志業,從辦學的過程與結果享受其中的樂趣——適時地欣賞同仁令人激賞的卓越才華,悅納孩子的純真與脫序,或偶爾停下腳步,蹲下來輕撫綠草的清香,讓校園裡的一草一木、一磚一瓦洗滌您一天的勞累,以隨時蓄積隔日工作的能量。

透過運動與宗教信仰來淬練與提升自己的心靈,運動讓自己的緊張情緒與無形的壓力得以抒發;宗教信仰則讓自己在遇到挫折時,心靈得以提升。在學校經營過程中難免會遇到挫折與低潮時段,此時此刻,您需要依恃的是宗教情操的護持與激勵,或是透過競技運動的宣洩與發抒,來協助您度過這短暫的陰霾。因此,您需要選擇一種可以和您心靈契合、可以讓您安身立命的宗教,在靈修的過程中,沉澱、過濾自己的情緒,隨時隨地安住自己的心;同時您更需要培養一項可以讓您盡情揮灑的競技運動,因為,在運動過程中,不但可以得到身心的紓解,更可以「以運動(球)會友」,藉運動認識不同領域的朋友,擴大自己的視野,恢弘自己的胸襟。

另外,在尋求家庭支持方面,除了要照顧自己的家人、親友外,更要善待另一半的家人,甚至寵愛他們;尤其是要關心另一半兄弟姊妹的子女,這是我們的專長,也是我們的專業,多一份用心,就會得到另一半更多的支持與協助。當然,最該感謝的是自己的家人,特別是自己的另一半,由於他們的體恤與支持,才能讓自己毫無後顧之憂地投入校務的經營。

二、不要輕言下台，但要隨時準備下台

在我們特有的國情與文化裡，一旦就任了國中、小校長就等於走上了不歸路。雖然，《國教法》第九條為校長們鋪陳了一條回任教師的通道，但是，在我們特有的文化氣氛下，試想又有幾人在回任教師後能坦然地以平常心來面對？同時，在經歷了1、20年（含主任年資）的行政工作之後，又有幾人能勝任每週20節以上的授課時數；再者，在我們的學校經營過程中，校長每天的工作內容與教學技術的成長是愈來愈疏離的（如圖1），別忘了校長的任期愈久，則教育的觀念能力、人際關係能力會愈來愈強，但教學技術能力是會愈來愈差的。了解了這樣的關係之後，最好就不要輕言下台，但要有隨時下台的萬全準備，才能當得有尊嚴。在目前的校長遴選與任用制度，如果年紀輕輕就上任，而本身又尚無轉業的條件與準備時，在時空允許的條件下，最好先選擇偏遠小校，因為校長能力的培養還是需要循序漸進而來，才不會意外地斲傷人才。萬一真正遇到了困境，因而讓您產生無法負荷的壓力時，可能就要面臨「保命或保位」的抉擇，因此要能「拿得起、放得下、看得開」，屆時務必要當機立斷，說退就退，說走就走。

三、無稽之談　姑妄聽之

撰寫這種無需引經據典，只憑個人工作經驗與體驗就可海闊天空、自由自在，讓個人思維自由馳騁的文本，實在很過癮，但也很心虛；寫到最後又好像是在自吹自擂，實在慚愧。讀者不妨姑妄聽之，就容我當作是個人教育工作生涯中的一段省思與記憶吧！

作者簡介

葉宗文，台南師專65級、高師大教育系（夜）72級、碩士班77級，目前仍在博士班進修中。曾任國小教師11年、主任9年、校長9年。其

間擔任援中國小校長 8 年，2004 年轉任凱旋國小校長，擔任校長期間，
學校曾榮獲全市國小校務評鑑優等；教育部評定為體育教學績優學校；
環保署評定為全國公廁清潔維護特優獎；延續優良傳統連續 10 年榮獲美
綠化優等。平日除專注於校務經營外，亦積極參與教育公共事務，1989
年參與創立高雄市校長協會，2001～2005 年擔任副理事長，現任該會理
事長。2001～2005 年擔任高雄市教審會委員，2001～2003 年擔任國小校
長遴選委員，1990～1991 年台南師院；2000～2001 年屏東師院兼任講
師。

我的教育情懷

張永欽
原任台北市東湖國小校長
現任台北市國語實驗小學校長

壹、話心聲：校長的教育心路

　　教育是以智慧啟迪智慧的事業；教育更是以生命感動生命的神聖工作，投入教育工作是良知良能的任務，蓋因孩子是不成熟的個體，孩子隨著老師的引導而學習、而成長、而茁壯、而有智慧、而識得做人做事的知識和行為。一個個體的成長，端賴教育的好壞，有好的教育才能造就孩子的美好一生，而教育的推動者是老師，因此有好的老師才有好的學生，一個好老師是上蒼賜給孩子的恩典。

　　在孩提時，老師是最讓人尊敬的人物，村中只有 1 位老師，是我的叔叔，也是我從小崇拜的老師，是影響我選擇從事教育工作最重要的人物，他台中師範畢業後，就在家鄉的小學教書，這所小學招收附近村莊：興中村（江厝店）、興南村（頭橋）、福興村（牛稠溪）、山中村（牛稠山）、中央村（田中央）、青埔村（青埔）、興隆村（鴨母垗）等 7 個村莊的孩子，每個年級 5 個班，每班約莫 55 人，共 30 班，約 1 千 6、7 百個學生，我 1962 年 9 月入學，叔叔就在興中國小當老師，但是小學階段叔叔卻未曾直接擔任我的級任老師，記得那時候，打著赤腳上學，夏天碎石子路熱得發燙，冬天冰冷的路面凍僵了腳底，每天背著書包走約 3 公里的路到學校讀書，我的知識都是從老師那兒一點一滴累積而來的，入學時我一句國語也不會講，一個字也不認識，就從寫名字開始一筆一畫的學習，家中沒有一本書，也沒有一份報章雜誌，一切知識都來自於學校教育，父母親辛勤工作為了維持一家的生活，每天早出晚歸，幾乎無暇關照孩子的課業，雖然如此，但是牆壁上卻貼滿每次考試的考卷和獎狀，

小學階段雖然沒有每次都第一名，但是總是名列前茅，奠定知識的基礎，小學教育是非常重要的，沒有老師一點一滴的教誨是無法累積知識的，因此影響我日後發展最重要的因素是：小學教育的成功和我的叔叔的楷模學習，1968 年政府推展九年義務國教，不必為了升學補習，大家都可以上國中，這是中華民國教育史上最重要的一刻，3 年的國中生活，求學的路更遠，每天必須騎車上學，因為走路太遠，更無公車可搭，這時叔叔也到國中教書，成為我國一的導師和地理老師，因為叔叔是國中老師，因此我國一時比較用功讀書，各科抽考成績都很好，國二重新編班以後，因喜歡打排球，功課平平，聯考時，考上嘉義中學，也考上嘉義師專，經過一番思索考量，終於決定就讀師專，也決定我一生的教育生涯。

師專畢業後分發到台北縣雙溪鄉柑林國小任教，曾經一度想改行，後因考上國立台灣師範大學教育系夜間部，因此獲得再進修的機會，也更加深入研讀教育的理論，奠定日後從事學校行政的基礎。

1985 年考上台北市國小主任甄試，隨即擔任教務主任工作，1987 年榮獲師鐸獎，經過 10 年的行政歷練，1995 年考上台北市國小校長甄試，1997 年 2 月奉派台北市文山區明道國小擔任校長職務，我在邁向校長之路是非常艱苦的，除了校務工作極為沉重外，必須不斷充實自己，研讀教育相關書籍，當時每次考試錄取名額非常有限，幾乎都在 20 取 1，而且每位應考者都是有備而來，更是箇中翹楚，校長甄試是選秀，唯有比別人考得好，擠入錄取名額裡，才有希望，其壓力之大，非親身體驗是無法感受的，在考前不斷的研讀相關資料，充分準備模擬筆試、口試，2、3 年考 1 次，一次一次的考，一次一次的挫敗，讀到昏昏沉沉流鼻血，付出不盡的苦痛，每當放榜後，同仁送花安慰，勉以「我們還需要你，再接再厲」，真不知要哭還是要笑，啊！謝謝可敬的夥伴們，有你們的鼓勵，才有最後的成功，校長甄選考了 5 次，皇天不負苦心人，經過 10 年的努力和煎熬，印證只有堅持到底才有成功的可能。

師專畢業即志願到台北服務，是因為台北進修的機會多，可以利用課餘讀大學，並規畫「10 年考上主任，再 10 年考上校長」的願望，並且希望完成大學學位的心願，如今逐一完成我的夢想，更完成碩士學位，在工作上得力於師長的提攜和照顧，還有一群可敬的夥伴兢兢業業的付出，使我們的工作目標和理想都能實現，個人從事教育工作近 30 年，一生精華歲月為教育工作而努力，

雖然備感艱辛，但是教育的工作是啟迪智慧的工作，是希望的工程，唯有不斷的付出，不斷的累積，才能實現教育的理想。

我一直認為要如何「成就一事」呢？第一要有決心和計畫，第二要有那種命，有些事是無法強求的，要成為校長，並不是人人想要，也不是人人想要就要得到，我考了 5 次，考上了，並不是我比別人強，或比別人認真，但是決心和計畫是必要條件，堅持到底可以成功，但是不成功何時應懸崖勒馬，在人生旅程取捨上必須認清自己，我一路走來似乎都很順利，30 歲考上主任，40 歲考上校長，是快？是慢？是老？是年輕？端賴自己的自我期許，別人無從置喙，其實從考上師專那時候開始，也不知道教育是什麼，只知道以後要當老師，畢業後對於教育工作也是一知半解，只知道要認真教學，但是到底教得好與不好？卻也無法檢驗，就讀師大時，才慢慢從理論和實際去驗證，一方面將理論運用於行政和教學上，一方面理解現實的問題，終於對教育的理想性，有了一點輪廓，也了解到教育的理想面和現實面要如何去溝通？有多少資源可以運用？有多少困難需要去克服？而在行政的領域裡，如何規畫教學的進行？如何協助老師教學？行政的極限在哪裡？組長、主任、校長可以做到哪些？又有哪些是無法做到的？這些都是經驗的累積，我始終相信教育除了培養孩子基本的知識和良好的生活習慣外，應提供孩子嘗試的機會，讓孩子的潛能獲得發展的機會。

貳、話思想：談教育哲學和實務

教育思想何其多，但是要用理性主義？還是實驗主義？要取經驗主義？還是精粹主義？要以盧梭的兒童本位？還是洛克的訓練說？總是讓許多教育工作者莫衷一是，多年來一直談論的教育本質究竟是什麼？教育是變化氣質的歷程，教育使人向上向善的引導，教育是一群循循善誘的老師和學生的互動的歷程，個人認為透過教育的歷程，在增進孩子的知識智慧，培養良好的生活習慣，進而成為自主的個體，簡而言之：即知識的增長和變化氣質兩大要項，因此，在校務經營上：要求要有好的師資，有好的老師才能教出好的學生，好的老師是孩子一生的恩賜，好的老師是孩子的貴人，所以一定要為孩子找到好老師，其次要營造優質的環境：充實的教學設備，幽雅的校園，要使校園具有文化，因此綠化、美化、藝術化的校園工程，必須持續推展。

現代校務經營變因複雜，校長的領導要與時俱進，必須建立有效能的行政團隊，在推動各項校務時，必須擬訂可行的計畫，例如：資訊訪視，首先成立資訊工作小組確立組織和目標，依據資訊訪視各項指標訂定各項計畫，以每一指標為具體目標，逐一成案；第二、依據專業分工，訂定完成時間表；第三、訂定檢核時程，每週召開會報，匯集改進意見，逐一克服；第四、完成內部初評工作，各相關業務定期完成初評；第五、外部預評：聘請專家蒞校預評；第六、正式接受外部評鑑。

參、話校務：談教育理念和策略

一、我的辦學理念

(一)教育目標符應《國民教育法》

1. 以生活教育及道德教育為中心，並以有教無類、因材施教、充分教學、適性發展推展「七大學習領域」教學活動，進而培養學生「十大基本能力」，營造一個「健康成長」、「認真學習」、「尊重關懷」、「溝通分享」的優質學習環境，務期每位小朋友能適性發展，讓每一位學生彩繪出綺麗歡樂的童年。
2. 使每位小朋友能有禮貌、守秩序、愛整潔、勤讀書、有創意，成為活活潑潑的好兒童，以增進生活必須的基本知能及修養；培養具備人本情懷、統整能力、民主素養、鄉土與國際意識，以及能進行終身學習之健全國民。
3. 以精緻、效率、創新、卓越、品質，形塑相互關懷的校園氣氛，激勵教師專業成長，發揮團隊合作與專業自主精神，強化統整課程、協同教學、課程研發、創意教學及多元評量的能力。
4. 推展「學校社區化，社區學校化」的教育理念，結合家長與社區資源，開放學校資源，辦理社區終身學習活動，營造溫馨的社區化學校。

(二)本校課程哲學理念符應九年一貫課程綱要

1. 以兒童本位的課程理念。

2.以兒童的思維為基礎。

3.以兒童發展為起點。

4.以注重兒童個別的需求和社會發展的理想為目標。

㈢本校學校課程設計理念符應學校本位課程

1.課程是發展出來的,重點在於教師的行動研究。

2.教學是藝術,但是績效是重要的,因此必須落實課程評鑑。

3.本校的課程是動靜相輔相成的。

4.本校的課程是傳統與創意相結合的。

5.本校的課程是基本與本位相依的。

6.學校課程以課程綱要為藍本,以發展學校本位課程為特色。

二、辦學目標

本校的學校願景為健康、公義、卓越。

㈠健康:培育一個身心健康、樂觀進取、心情愉悅,具有幽默感的孩子。

㈡公義:培育一個守秩序、有禮貌、知本分、負責任,能肯定自己關懷別人的好國民。

㈢卓越:培育一個追求夢想,好上加好,有創意,有信心,勇於探索未來的孩子。

三、溝通協調

㈠原　則

民主、公義、尊重、專業。

㈡做　法

學生受教權為先,尊重教師專業自主,參酌家長意見,專業理性判斷。

㈢具體措施

1.重要政策校務會議議決。

2.每週一、三早會，每週一處室主任會報，每月組長幹部會議，每月學年會議，每月擴大行政會議，溝通管道暢通，提案建議事項追蹤列案管理。

3.隨時電話、e-mail 或會談。

四、對於特殊學生需求之措施

教育必須提供孩子適性的發展和必要的措施，因此對於孩子的各項潛能的試探和開發，應是教育工作者必須具備的理念，在資優教育方面本校未設資優班，因此對於資優學生由各班任課老師提供適切的輔導，並由輔導室提供諮詢服務，對於需要特殊安置的學生，則由輔導室轉介到鄰近設有資優班的學校就讀。

本校設有啟智班和資源班，協助各種適應不佳程度的教育安置，啟智班安置中重度、極重度各障礙類型的學生，資源班協助學習障礙者之補救教學，本校為了服務啟智班特殊需求的學生，設置特殊教育教室、活動室、生活起居訓練室等，聘請具有特殊教育專長的教師及生活輔導教師協助特殊教育工作。

對於原住民學生特別開設原住民語教學班，教導學生學習原住民語言，設置課輔班，輔導原住民學生一般課業及原住民舞蹈、歌唱、技藝等文化傳承工作。對於單親、隔代教養、文化不利、經濟不利學生設置課輔班及助學金，對於需要輔導之家庭或學童由本校社工師專案輔導，每年辦理成效評估及成果發表作為改進的依據。

五、教育資源之爭取與運用

本校對於學校修繕、設備更新、教育活動之辦理等相關經費，每年度依據教育局分配之經費妥善運用外，在人力、物力、財力上之組織籌措運用如下：

㈠在人力方面：本校推展志工制度相當成功，每學年依各項校務需要徵求志工，現有交通導護志工、圖書管理志工、晨間活動志工、認輔志工、健康中心醫護志工、啟智班志工、家長會服務志工等共計150餘人，對於學校校務推展協助良多。

㈡在物力方面：在平時設置專人管理各項物品，做好物料管理，對於堪用之物品妥適修繕運用，以求物盡其用，評估各項大宗用品，大量購置以降低成本。

㈢在財力方面：在政府預算下依《政府採購法》執行各項計畫，對於教育推展有利的申請案，擬訂可行方案，積極爭取，例如：積極申請設立原住民教育資源中心，行政院為了落實推展原住民教育，在各縣市設立原住民教育資源中心及原住民資源教室，本校原住民學生數為台北市各國小之冠，為了落實推展原住民教育，積極爭取設立原住民教育資源中心。

六、公共關係之經營

　　學校為社區最重要的教育機構，與社區居民息息相關，學校的學生來自於社區學校，也因有學生而存在，學校之經營必須獲得社區居民支持和信賴，才能蓬勃發展，因此學校公共關係之經營更顯重要。

㈠與家長會的關係

　　家長會是學生家長組成的團體，其目的在協助學校辦理各項校務，促進學校的進步和發展，從正面而言，家長會是學校的助力，家長會出錢出力，無怨無悔，協助而不干預，是學校的好幫手，本校家長會對於校務的推展鼎力支持，對於親師間的問題，搭起一座溝通的橋樑，化解無數親師間的困擾，組織志工團協助交通導護工作、認輔工作、圖書管理等注入許多力量，要獲得家長會的支持和協助，必須坦誠以對，在學期初將本校需要協助的項目，向家長會報告，並列入家長代表大會討論議決事項，廣徵意見，求得共識，作為執行的依據，在家長參與校務事務部分，依據法定規範函請家長會依法派員參加，家長會本於尊重教育專業不強制干預校務，只提供參考意見，校長在校務會議或學校參觀日，向家長說明上學年度辦學之績效、本校新學年度辦學目標、年度計畫及籲請家長配合事項，並聽取家長建議事項，對家長說明辦學績效，可讓家長了解學校的辦學成果。

㈡對內的關係

　　本校教職員工 201 人，組織相當龐大，必須建立制度，才能管理。本校除了依據《國民教育法》設置各處室組及成立相關委員會外，依學年科設置學年科主任，每學年科成員約 16 人，負責推動部分教學及行政業務，在正式溝通上以主任會報、行政會議、擴大行政會議、校務會議、教職員早會為主，在非正

式溝通上，以辦理聯誼活動、參加各項休閒活動為主，另外主動參與同仁婚喪喜慶，給予關懷鼓勵或分享喜悅，藉以建立良好的互動關係。因此本校在行政上溝通良好，對於爭議事項大多能獲得圓滿的解決，在情誼上都能融洽相處，個人認為開誠布公、廣納意見、多聽建言、虛心受教，多為孩子提供學習的機會，以同理心和同仁相處，事緩則圓，在做決定時，分析輕重緩急，果敢明快，以學生受教權為經，以老師專業自主為緯，兩利相權取其重，兩害相權取其輕，相信事在人為，只要誠心溝通，事無論大小皆能迎刃而解，學校規模雖大，同仁雖各有定見，但是在教育專業上，彼此有共識，校務蒸蒸日上，邁向精緻、卓越、優質、創新的教育理想必能實現。

(三)與學生的關係

本校學生數 3,363 人，平時學生要與校長見上一面都很困難，更無交談的機會，因此利用學生週會、早會的時間和學生談談話，關懷學生的健康，提醒孩子做人做事的道理，上學放學時間在各路口接送學生，多尋找與學生相處見面的機會。我覺得本校的學生對於校長相當尊敬，對於校長的地位有崇拜之情，一般而言，大多數的學生見到校長都會打招呼，問早道好，有時學生也表現得相當熱情，尤其是可愛而天真的低年級小朋友，有時會拉拉手或是熱情的擁抱，如此貼近小孩的心，頗感窩心而欣慰。

(四)對上的關係

對於教育局交辦事項總是盡心配合辦理，更希望能為學校爭取更多的教育資源，以改善學校軟硬體設施，我總覺得上級長官應該會公平對待部屬，而從某些事例也發覺上級真的是這樣在做，但是也發覺部分資源是要去挖掘才能得到的，而且必須靠良好的公共關係，付出相對的代價。例如：要發展資訊，只等待上級分配的資源是永遠無法滿足學校發展的需求，必須主動提出前瞻而卓越的發展計畫，透過人脈管道，爭取有限的資源，其公共關係的運用各有巧妙不同，端賴校長的造化了。

七、學校特色

在學校經營的項目中，如何發展學校特色？已成為各校經營績效的指標之

一，每個學校無不努力追求建立學校特色，以突顯學校的形象，從學校特色的
規準而言，必須符應以下條件：㈠符合教育目標和教育本質，㈡必須具有獨特
性，㈢必須具有優質性，㈣必須具有普遍性，意即每位學生皆有加入的可能而
不是專為訓練孩子比賽的工具，㈤必須提升教育品質，追求卓越，突破現狀。
本校在符應這些規準下，基於現代化的發展、本位課程的需要、教師的專長等
發展學校特色，本校具有以下特色。

㈠資訊紮根活化教學

本校資訊教育成績斐然績效卓著：榮獲台北市 92 學年度教學行政融入資訊
評鑑 A 等中的第一名，93 學年度資訊種子初級學校。

㈡笛聲飛揚化笛為友

本校直笛合奏團正式於 1998 年 11 月成立，由鄭惠文老師負責籌畫組訓，
成效卓著。榮獲 2000 至 2005 年參加北市音樂比賽榮獲優等獎。2005 年 3 月 27
日榮獲日本第 26 回直笛大賽金賞獎。

㈢鄉土情生態教育

落地生根，情深意重，本校一群教師自發性組成生態小組，關心內溝地區
及汐止翠湖地區生態環境，落實本校本位課程。

㈣人生如戲戲如人生

體驗生命哲學，加強生命教育；落實教訓輔三合一理念，推展適性活動。
成立學校教師蝌蚪劇團，劇劇精采，師生共享戲劇之美。

㈤東湖之美──綠化美化藝術化的校園

以花樣校園、藝術校園、真情校園、動態校園四大主軸，綠化、美化、藝
術化，建立東湖校園之美。

其具體做法為：

㈠現代化教育的發展：資訊為今日科技的先鋒，具有指標性的特色，本校配
　合時代的發展，積極發展資訊教育，除了讓小朋友學習電腦的操作與運用

外，更發展資訊融入各科教學，運用資訊的便利性、多元性，活化教材，增進教學的效能，提升學習效果。

㈡學校本位課程的發展：鄉土教育為兒童教育發展的重心之一，生態教育已成為發展鄉土教育的基本要素，而本校生態教育具有教育性、獨特性、優質性，也是每位孩童的生活教材，具有普遍性，因此本校成立生態小組編輯教材，成立生態網站，加上特有的綠鳩、脊背鳩相繼來校築巢，更成為不可多得的機會教育。

㈢教師專長：訂定學校發展的目標，鼓勵具有專長的老師發展學校特色，提供物力、財力、人力的充分支援，教師具有各項專長，必須激發教師的潛能，投入心力，讓老師有自我實現的機會，也發展學校的特色。

㈣形塑學校文化：學校環境的綠化、美化、藝術化是境教的一環，優質的學校環境，可以濡化學生的氣質，在生態教育上，學校的一草一木，皆具有教育意義，因此在選擇植栽時，必須具備多樣性、稀有性、適應性，在校園布置上要妥適規畫，使其具有文化性、藝術性、系列性、創意性，成為藝術教育的一環。

總之，學校特色是發展出來的，非一蹴可及，是因時因地制宜的，要形塑學校特色，其具體步驟包括：

㈠蒐集學校的各項資訊，以 SWOTS 分析找出可能發展的特色。

㈡確立學校特色的發展目標，並訂定發展的項目。

㈢訂定實施方案。

㈣檢視實施成效。

本校在發展學校特色上，秉持以學生的發展為出發點，堅決反對為訓練而訓練的方式，要深切了解兒童的身心發展，不可揠苗助長，更不可以兒童為工具去實現學校或教師的理想，不應背離教育性、普遍性、價質性的原則。本校自發性的師生蝌蚪劇團、生態小組，都帶給學生許多教育上的啟發和歡樂，也自然成為本校特色之一。

肆、話法律：談校長的法律素養

學校為教育單位，一般而言，對於法律的認知較為薄弱，因此也造成許多

爭議，但是每一位校長都知道「學生安全」是辦學的第一要務，輕忽不得，一所績效良好的學校，若發生安全問題，將毀於一旦，其衍生的法律問題、責任問題都是難以解決的。而學校法律相關事項不只是學生而已，還包括教師、家長、校產、物品管理、財務等，而校長的法律素養大多數只具備一般常識，並沒有專業的法律背景，在經營校務上常處於不利的境地，個人認為校長對於法律應有以下的認知：

一、對於民、刑法概要應有基本的認識：《民法》是私法的原則法，《民法》所規定者為親子、夫婦、家屬與繼承之身分關係，以及債權、債務與繼承財產上的關係，我國民法包括總則、債、物權、親屬及繼承五篇，《刑法》是公法，制定與犯罪及刑罰有密切關連之法律，係以維持社會秩序及保障個人生命、身體、財產為目的的最基本法律之一。

二、對於《教師法》、《教育基本法》要深入探討：《教師法》第一條明定教師權利義務，保障教師工作與生活，以提升教師專業地位，特制定本法。第二條教師資格檢定與審定、聘任、權利義務、待遇、進修與研究、退休、撫卹、離職、資遣、保險、教師組織、申訴與訴訟等悉依本法之規定。《教育基本法》第一條為保障人民學習及受教育之權利，確立教育基本方針，健全教育體制，特制定本法。此二法是教育的根本大法必須深入研究。

三、熟悉《政府採購法》及相關法令：《政府採購法》第一條規定為建立政府採購制度，依公平、公開之採購程序，提升採購效率與功能，確保採購品質，爰制定本法。本法是政府機關採購的依據，學校一切財物採購、處置皆須依據該法執行，校長應熟讀該法，對於政府採購法細則及相關規定、財產管理、會計法規等亦應了解。

四、應備六法全書：校長雖為教育人而非法律人，但是法治國家一切依法行事，主事者應具備基本法律常識與素養，更應會使用工具書，因此案邊應有六法全書以備不時之需。

五、應聘有法律顧問或法律諮詢人員：法律是專業，非一般人皆能應付，本校並無聘請法律顧問的編制或經費，因此建立法律諮詢人才庫極為重要，平時善用家長與社區中具有法律專業人士，並廣結善緣請教律師、法官，建立良好公共關係。

六、充實校長法律知能：在校務經營上，一切必須依法行政，因此校長就應具
　　備法律知能，方能達成任務，在校長養成教育上，必須加強有關法律的教
　　育與實務的演練。

伍、話社會變遷：談社會變遷的校務應變

　　台灣由農業社會轉變為工商社會，人口集中於都會區，造成許多新興社
區，本校位於台北市內湖區，是台北市的邊陲之地，與台北縣汐止市相鄰，近
20 年來陸續透過土地重劃政策，大量開發東湖地區，本地區從低密度的人口區
慢慢成為新興的社區，學校型態也由淳樸的農業型小學校轉變為大型的都市化
學校，本校學生從 800 人增加到現在 3,300 餘人，班級數從 18 班增為 104 班，
因而產生許多的教育問題：

一、校地狹小學生數多的問題：本校總面積 19,668 平方公尺，學生數 3,363 人，
　　平均每生使用面積約為 5.85 平方公尺，與教育部訂定的標準每生 10.68 平
　　方公尺，相差甚遠，對於學生的教育影響甚鉅，本校為了降低學生數太多
　　所產生的衝擊，將原來 3 層樓的教學大樓改建為 5 層樓，增加樓地板面積，
　　在排課上充分利用教室空間及編排體育課使用場地，規畫體育課晴雨天上
　　課地點，在建築上新建大樓時預留兒童休憩活動空間，並可作為空氣對流
　　和減少噪音迴盪的空間，規畫後走廊為教師辦公空間及置放掃具、洗手台
　　等多用途的空間設計，在人數控制上依教育局規定，每班人數平均超過 35
　　人則依法宣告額滿，不再招收轉學生，將學生轉介至鄰近學校就讀。

二、特殊兒童安置問題：本校除設置啟智班，安置中重度和極重度特殊兒童外，
　　另設置資源班協助各班安置學習適應不良及身心適應不良的兒童，對於未
　　領有殘障手冊者而有行為偏差及適應不良之學童，由各班級任老師提出相
　　關名冊送輔導室，經召開安置會議確認後，一部分安置於資源班，其餘則
　　由教師認輔於各班，未認輔者平均安置於各班，以避免集中於同一班，增
　　加教師管教之困難。

三、個案認輔：本校班級數多，因此需要輔導的學生相對也多，對於需要認輔
　　的學生，由啟智班、資源班老師、認輔志工等擔任輔導老師，本校並成立
　　認輔愛心團，與光寶教育基金會合作，長期培訓認輔志工，充實認輔知

能，績效卓著。

四、推展零體罰政策：時代變遷，教育理念隨著改變，以往的打罵教育，因已不合時宜而被淘汰；然而，部分老師也因未能找到適當的管教方式，而感到惶恐不安或放棄管教，造成教育上的斷層現象。本校對於管教不當的案件，首先由教務處處理，並請訓導處及輔導室協助，若成效仍然不彰，由校長約談相關人員並做成紀錄，依據案件的實際情況做後續處理，輕者請相關人員改進並追蹤考核，重者成立輔導小組進班觀察輔導，並做教學視導紀錄，每週召開輔導會議，為期 2 個月，以期改善教學或班級經營，輔導到期經評估未改善者，則召開教評會，建請相關人員調離本校，希望能改變環境，重新建立教師形象，若不調離則依聘約規定予以解聘，檢送相關輔導紀錄移請教育局評議。

陸、話教改：談教育改革的校務應變

在教育改革中，中小學教師的地位是被動的、是卑微的、是被批判的，如果教育改革成功了，功勞不會歸給教師，萬一改革失敗了，教師必然會受到責難，這是不公平的。在台灣這波的教育改革中，教師被當作奴隸一般使喚，主事者只知道要改革，卻不知道問題在哪裡？聽信專家的理論，未能與實務配合，雖經過不斷討論，卻草率下結論，未經嚴密的實驗就使喚老師去做，結果將學生當作白老鼠，從教科書的改革可見端倪。

這 5 年來，幾乎每一學期都為教科書的審訂急壞了書商和教師，教科書改為民間書商供應，目的是教科書可以多元化，教學者可以選擇適當的教科書，但是因為準備期的嚴重不足，造成書商急就章的編書、送審、賣書，這些教科書沒有嚴謹的編輯程序，沒有試教的完整流程，教師未看完 1 到 12 冊或 18 冊的完整套書，毫無邏輯性、沒有完整性、更無一貫性，談「九年一貫課程」其實是口號而已，教師揹了黑鍋，承擔教改失敗的責任，真是冤枉，學生當作白老鼠一再地被實驗、被犧牲，校長也只能乾著急。

再看看政治干預教育吧！國小被要求實施必選的鄉土語言教學，從師資而言不管閩南語、客家語或原住民語師資都嚴重缺乏，而且沒有標準師資，大家就湊合著教，就教材而言，沒有國定標準可遵循，大家也是湊合著教，就教學

時間而言，課程綱要沒有訂定，各校只好擠出 1 節，湊合著教，成效如何？應該是慘不忍睹吧！談談我的努力，政府一紙行政命令，要各校從一到六年級實施鄉土語言教學，我們不敢不從，硬著頭皮請教務處規畫，而且要選修，開始發下調查表，統計結果，全校選原住民語 70 人，客家語每學年 2 班，其餘大部分是選閩南語，要如何安排上課呢？科任老師擔任四、五年級閩南語教學，選修客家語的小朋友利用中午上課，全校原住民語週五下午上課及週六語言時間上課，但是師資，只有阿美族語師資，泰雅族語就沒有辦法了，其他年級閩南語各班同一時間上課，由級任老師或配課行政人員教學，客家語外聘老師教學，鄉土語言師資培訓，本校針對全校教師實施閩南語 36 小時師資培訓，雖然達到初步的成果，但是師資訓練豈能在 36 小時就完成，再加上先天的標音問題、文字問題、拼音問題都無國家標準，無法統一，一國多制，困擾很多，但是政治強制介入，也只能徒呼奈何了！

柒、話價值：談教育價值與倫理的思考

校長綜理校務，必須做決定，要做決定必然涉及價值的判斷和價值的取捨，價值簡單分為絕對價值和相對價值，絕對價值是具權威性，是普世皆然，具有不可取代性，例如：生命無價，自由無價，而相對價值則是主觀的，個別的，因人而異，有人視錢如命，有人重利，有人重名，但是教育的決定就必須遵循教育三規準——認知性、價值性、自願性。

每一個校長都有教育理念，而理念是主觀的，必須透過哲學的引導和分析，教育實務上必須做決定時，其絕對價值為學生第一，以學生受教權的維護為主，學校是為學生而存在，學校沒有學生，校長、教職員工皆不存在，因此在下決定時，以學生為第一考量，一切以促進學生發展，幫助學生成長的措施皆應列為優先，但是對於教師的需求也應給與適度的滿足，因為教師的教學成敗直接影響學生的學習效果，只有滿足教師的需求，鼓舞教師的士氣，發揮教師的教育愛，教育的成果才能展現，校長在作決定時應以學生為第一，並適度滿足教師的需求，建立優質的互動關係，才能促進校務的發展。

在學校的關係中家長是重要的角色，師生衝突都因家長的介入而複雜化，面對社會價值的改變，教師的地位日益低落，尊師重道者日漸式微，師生倫理

關係也不再牢不可破，許多挑戰接踵而來，家庭功能也部分瓦解，社會亂象加速增強，學生偏差行為的惡化，校長在處理親師關係時，必須秉持公平公正的原則，以學生受教權為本，教師若有處理不當應給與說明的機會，教師是經專業訓練具有教學專業資格的人，理應依照教育的專業知能和倫理，必須以促進學生學習的需求和利益為考量，決定運用適切的教學內容和方法，校長相信教師在教學活動中，教師是以專業做任何決定的，唯若有疏失，應給與改進的機會，家長為保護孩子，讓孩子受最好的教育應無可厚非，校長亦應給家長承諾，提供孩子良好的專業師資，在價值認知上皆以孩子的教育為考量，共同為孩子的成長而努力。

捌、話社群：談發展學校成為學習社群

本校為推動家長認輔活動，成立認輔知能研習團，主要訓練愛心家長具備輔導知能，其內容包括一般輔導知能、小型團輔技巧、個案輔導技巧等，本活動聘請專業輔導講師蒞校，長期訓練愛心家長，成立認輔愛心團，經過 3 年的時間，部分團員已具備專業認輔的能力，對於協助輔導本校適應不佳的兒童成效卓著。

為了讓本社區失學的民眾有機會再接受教育，本校開辦成人基本教育班，分為初、中、高三班，依不同程度教授國語、數學及簡易英語，其中以識字為基本要務，成人基本教育班由政府經費補助，已有 10 餘年的歷史，近年來也招收需要學習國語的外籍配偶。

另外愛心家長畫畫班，經過長期的學習，成績斐然並舉辦班展，日語班以社區居民為主，本校部分教師參加，學習基本日本會話及日語歌唱，其他如親子美語班、觀光美語班、觀光日語班、電腦班等，提供社區居民學習的機會，讓學校社區化。

玖、話五育：談學校推展五育的具體做法

學校教育必須提供學童均衡而多元的發展機會，一般而言，德、智、體、

群、美五育的教育仍受重視，在德育上，本校以生活教育為重心，培養學生有禮貌、愛整潔、守秩序的良好生活習慣；在智育上，本校重視學童基本知識的教學活動，各領域的基本能力指標的達成；在體育上，養成良好的健康習慣，鍛鍊強壯的體魄，每週作健康操 3 次，推展 333 運動，即每週運動 3 次，每次運動 30 分鐘以上，每次運動強度達心跳 130 次以上；定期舉辦單項運動比賽，例如一年級搖呼拉圈比賽，二年級跳繩比賽，三年級踢毽子比賽，四年級拖球比賽，五年級躲避球比賽、樂樂棒球比賽，六年級籃球比賽等；在群育上，舉辦班級趣味競賽、大隊接力比賽等；在美育上，舉辦藝能科發表會，各年級美勞展覽、音樂發表會、校園綠化美化藝術化等，提供美的饗宴。

拾、話電腦：談學校資訊化

　　資訊發達改變人類工作的型態，行政電腦化改變各項文書作業的方式，本校校務行政電腦化始於圖書管理電腦化，1994 年開始使用電腦建立書目，借還書電腦化，接著台北市教育局建立國小行政電腦化系統，推展行政電腦化。在教學上，成立電腦教室，高年級開始上電腦課，至今已有 10 年以上的歷史。本校本著運用科技的便利性、精確性和快捷性，運用於校務行政上，在教學上則運用電腦的多變、活潑，以提升教學效果；在學生學習上，提供孩子認識電腦、使用電腦的能力，93 學年度推展資訊種子學校，提升電腦運用的能力。

一、利用假日辦理產出型資訊研習，提升教師資訊能力，資訊素養 Word、IE、Win98，通過率達到百分之百。

二、全校電腦數約有 330 台，已達到班班有電腦的目標，各班經常使用資訊設施實施教學及處理校務工作。

三、推展班群教師使用 PowerPoint 及 Flash 分工製作教材，安置於學校網站共同分享教學資源，本校主題教學網頁、學校網頁、教學媒體參加台北市比賽獲優異成績，92 學年度資訊融入教學行政評鑑榮獲高國中小 114 所學校第一名。

四、成立「製作教學媒體工作室」，期能更方便教師製作教學媒體。

　　本校推展資訊化極為用心，多次獲獎，成效斐然，但是在管理上因為電腦數量已達 330 台以上，除了教師本身的電腦基本維護能力需加強外，系統管理

師的工作負擔極為吃重，更需要專業人才的注入，在資訊融入教學上需要老師多運用電腦的優點，提升教學效能。

拾壹、話文化：談學校文化的形塑

　　文化包括基本假定、共同價值觀、共同行為規範及象徵性活動等四項指標。基本假定包括信念、哲學觀、意識型態、態度等，是人的主觀認定，無須驗證其真偽。共同價值觀為一個團體裡存在著共同的價值看法，是團體或個人想要擁有的、珍惜的事物。共同行為規範是組織的共同特徵，是一種表現在外的行為，顯示出組織成員的共同特定行為。象徵性活動是生活中所表現的活動或使用的器物，包括手勢、語言、儀式、圖騰等。因此學校文化應包括教育的信念和價值、師生生活表現風格、學校的環境，從師生外在的服裝、禮貌、語言、各種典禮儀式、學校的建築、校園布置、綠化、美化等，到師生對教育的價值看法、執著的理念、校風、特色等。其基本上，必須從優質的人性關懷、積極向上向善的學習態度、培養良善的倫理道德、追求社會公義的理想，以求真求善求美，形塑學校文化，促使學生在優質的學校文化中薰陶成長。

　　本校創校63年，具傳統學校優質的學校文化，從穩定中求發展，看似保守卻有不斷創新的活力，本校本著誠敬恆毅的校訓，共同塑造願景：健康、公義、卓越，在建立學校文化上，從典禮儀式建立共同價值，每週二操場升旗典禮；每週四全校各班到走廊排隊升旗；週五週會時間，利用兒童早會頒獎表揚優秀個人、班級或對外比賽優勝者，導護老師執行全校共同應遵守規範，作早操為共同活動；週一、週三教師早會：舉辦慶生活動，宣導全校共同規範，意見溝通時間，這是本校主要的團體共同規範和活動，也是建立學校文化主要的方法，其次學生榮譽制度的建立，閱讀習慣的培養，社團活動的推展，教師進修的辦理，各項委員會的溝通協調，運動會、音樂發表會、藝文展覽、各種節日活動等，都是提升本校教育品質，增進學校教育效能的措施，而依據本校教育目標，推展本位課程和發展學校特色，旨在建立本校學校優質的文化，使學校成為兒童學習樂園。

拾貳、話省思：談校長對教育的情愫

一、初生之犢不怕虎

從 1995 年考上校長，迄今已逾 10 年，在校長的路上恰巧碰上教改的紛亂期，一切政策搖擺不定，教育部長一任換上一任，政策改了又改，計畫永遠跟不上變化，政策的不定性，造成執行的困難。我在校長培訓班，奠立校長的基本能力，1997 年初任校長，一所 21 班的小學校，學生數 500 餘人，教職員工50 人，首先面臨教師撤離交通崗的考驗，人生地不熟，不知怎麼辦？找訓導主任和家長會長協調，因適逢學期中，若要改變政策，也必須等到下學年度較為可行，家長會答應下學年度起由家長接手校外交通導護工作，因此利用教師早會說明執行時間表，請老師務必幫忙，總算順利過關；由於一切都在學習階段，又是第二學期，一切措施暫且蕭規曹隨，不宜更動，從觀察中慢慢切入，從硬體環境開始局部著手，先建立關係，了解成員的習性，再提出改革計畫，形塑學校文化。

1 年的觀察學習漸入狀況，爭取一些經費，對於學校的設施設備加以改善，以提升教育品質，例如：操場的整建、活動中心、專科教室、圖書室、視聽教室等整修，新建遊戲場，校門口美化，操場夜間照明，中庭美化等，一切建設都極為順利；在教學上推展英語教學、陶藝教學、小班教學精神計畫等皆成效卓著，原因可能是學校規模小，經費運用彈性大，在教學上協調溝通容易，最主要原因是主任能力強，能夠依據校長的理念和理想，努力完成任務。

二、教育政策的省思

教育部掌管全國教育事務，是推展一切教育的依歸，各級教育機關學校本著教育部的政策，執行教育措施，因此教育部對於政策的形成，不可不慎，近年來教育部的決策品質，似乎不合乎教育的規準，例如最重要的教育政策「九年一貫課程綱要」的發布和實施，可以說荒腔走板，毫無政策可行性評估，完全以政治手段操作。從政策形成的過程而言，政策的形成是依據國家發展的需要、國際教育思潮的分析、社會人民的需求、形成初步的政策構想開始；第二

層次必須尋求社會的支持，經過學者專家，基層教育工作者的參與，形成共識，進一步細部規畫，提出具體可行性評估，然後制定成法案；第三層次是完成立法程序，編列預算，逐步施行。九年一貫課程綱要的教育政策，形成的過程匆促，以第二階段尋求共識與配套措施最為詬病，尤其是基層教育工作者，徬徨無助，不知所措，注定失敗的命運。雖然現在政策還在推展中，其實上有政策，下有對策，未獲得共識的政策是難以奏效的，一切表面化，實際又如何呢？身為校長對於教育的本質及價值必須堅持，其教育專業應有的理想，仍應付出一切心力努力以赴，因此取捨之間端賴價值的判斷，教改將校長的權力剝奪，只剩下一些責任要扛，校長靠著溝通協調，道德勸說，實在不足以成大事。

教改政策形成的粗糙，品質的低落，例如：教科書的改革、各領域教學時數的配當、教評會的機制、校長的遴選、鄉土語言的教學、英語教學、各年級的課程的銜接、師資的培育政策等，實在不勝枚舉。這些政策大多因政治干預教育而造成的後果，結果把全國的小朋友當白老鼠來玩弄，只有靠校長和基層的教育工作者秉持教育的良知不斷的修補，希望不要造成太大的傷害。

三、留得青山在不怕沒柴燒

教官說「有學生到的地方都是校園」，只要學生需要，即使上山下海也都在第一時間趕到，著實讓人感動。而校長被定義為服務不定量勤務的工作者，亦即24小時隨時待命，除了學校的工作外，天然災害時拋妻棄子，冒著生命的危險值勤待命，因此如何維持身心的健康，是必須關照的。做運動可以維持良好的新陳代謝、鍛鍊體魄、紓解壓力、放鬆心情，應該是最好的方式之一，每週至少要有2次1小時以上的運動，而且持之以恆，當能保持身心的健康；假日與家人相處，平時幫忙做家事，都可以獲得家人的支持和諒解。為了走更遠的路，校長應該多運動、注意飲食、定期健康檢查、保持愉悅的心情，留得青山在，不怕沒柴燒，你說不是嗎？

四、前世今生

人一生只有一次，時間過了永遠不會再回來，在過往的時光裡，不管是成功或是失敗，不管是榮耀或是悲哀，皆是人生寶貴的經驗。校長這個角色，對自己而言，應該是人生理想的實現，只願自己盡力而為，過去也許不如意，畢

竟已無法挽回，如今時空交錯，一切都不可同日而語，即使想重新來過，已是不可能；然而經驗可以告訴我，不要重蹈覆轍，從事教育工作是良知良能的事業，是以生命啟迪生命的事業，必須秉持犧牲奉獻的情懷，只有犧牲享受才能享受犧牲，教育是點燈的工作，在孩子的心裡點燃生命之火，讓他感受知識的可貴和丰采。校長雖然不直接教學，但是校長是做決定者，必須更有智慧，才能引領夥伴發揮教育的光芒，從事教育工作 30 載，是一段漫長的歲月，但是一路走來，始終堅持教育的理想，雖然沒有輝煌的璀璨的成就，但是和老師一樣默默的耕耘，做我們應該做的事，走我們應該走的路，累積一切過去的經驗，時時警惕自己，時代在變，人心在變，不變的是教育的堅持，辦教育必須以學生的需求為第一考量，老師是重要的，唯有好老師才能教出好學生，有好老師、好學生，才有好學校，而校長是做決定的，有好的決定才有好的學校。

五、校長的來時路

為了追求校長的名位，耗盡青春無數，師專畢業，懵懂無知，糊裡糊塗的當了老師，誤人子弟無數。考上師大教育系後，對於教育哲學、教育心理學、教育史、教育原理、教育社會學、教育人類學、教育經濟學、教育統計等教育科目有深一層的了解，在實務上也稍能運用。師大畢業後考上主任，開始學校行政的工作，也開始準備校長甄試，經過 5 次校長甄試，屢敗屢戰，終於金榜題名，在準備甄試的過程中，對於教育的教科書，詳加研讀，甚至背誦，目的在使教育的理論背景常駐我心，唯有堅實的理論背景，才能立於不敗之地，因為不論是筆試考試或口試問答，都需這些知識，而這些理論成更是擔任校長必備的後盾，有了理論為依據，在實務上就能無往不利，遇事可迎刃而解；因此校長培育課程，首重理論基礎，基礎穩固，實務演練必能順暢，但是經驗卻是學不來的，唯有身歷其境方能知其奧秘。另外人際關係的建立、人格特質的孕育更為重要，除了理論的基礎和實務的歷練外，領導者的特質必然影響學校經營的成敗，要成為成功的校長，心胸要廣、做事積極、樂觀進取、要有見地。

六、教育尚未成功校長仍須努力

校長最大的成就就是，事情依據你的夢想實現了，事情在你的控制下發生

了而且成功了。現在回想起來，依據教育的需求，提供美好的環境，讓破舊不堪的校舍，起死回生，我做到了；多年失修的屋頂，破爛不堪的地板，沒有特色的專科教室、圖書室、視聽教室等，在一次次的整修案中逐一實現，對於經費的有效運用，透過不斷的評估設計，一張一張的構想圖成為設計圖，一張一張設計圖成為美侖美奐的教學空間，看到孩子們快樂的學習，是從事教育工作者內心最大的成就，雖然沒有人向你說聲謝謝，但是成就在我心，榮譽在我心，一切盡在溫馨的教育愛中。

　　校長的力量是有限的，但是影響力是無限的，你的一句話可以激勵全校師生向上向善，你的想法可以改變校園文化，你的決定可以讓校園亮起來，多少人崇拜你？多少人羨慕你？把你的感召的能量化為教育的理想，校長要有新觀念，營造優質的團隊，多面的思考，創意的改造，觀念引領行動，行動才能成功，教育要有專業的思維和觀念，專業的思維和觀念才能引領專業的行動，校長應多做觀念的引導，才能使教育專業落實發展，在教改的慌亂中，唯有心念轉，校長才能發揮最大的影響力，看到更多的夢想實現。

作者簡介

　　張永欽，台灣省嘉義縣人，生於 1955 年 9 月 10 日，家鄉為稻米之鄉，幼時父母親以農為業，記得讀小學時，放學課餘時，必須照顧弟妹，有時還要下田除草幫忙田間工作，在小學求學期間，雖然不是很用功，但是成績優異，小學畢業恰逢政府實施九年國教，不用升學考試，1968 年直升第一屆民雄國中就讀，國中生活多采多姿，1971 年畢業順利考上嘉義師專，從此走上教育之路，1976 年師專畢業分發到台北縣雙溪鄉柑林國小任教，1980 年考上台灣師大教育系，1982 年經教師甄試到台北市內湖區東湖國小任教，1985 年師大畢業，同年通過主任甄試，1986 年任東湖國小教務主任，1995 年台北市校長甄試通過，1997 年奉派台北市文山區明道國小校長，2000 年 8 月經過校長遴選，任台北市內湖區東湖國

小校長，2002 年國立台北師範學院教育碩士畢業。我的教育銘言：每一堂課將學生帶到花香滿園的國度，讓孩子們感受知識的丰采和可貴。擔任東湖國小校長 7 年後，於 2007 年 8 月 1 日調任台北市國語實驗小學校長。

順水推舟　水到渠成

王明玲
台北縣景新國小退休校長

壹、當校長之前的準備工作，就是做好現在的事

　　當校長，對一個來自花蓮鄉下的女孩是不太可能的志願。為了達成在師專求學時想要讀大學的決心，來到了台北。完成大學學業，又為了申請研究所學分班，圓自己的求學美夢，我考上了主任，也因此走上了行政之路。就從不知行政為何的老師，及一個從不會批公文的菜鳥主任，一步一步的學習與成長。

　　主任受訓時，許多候用主任夥伴對未來已有長遠的規畫，內心覺得很佩服，而我當時的心態，只為申請研究所而努力，對校長角色不曾想也不敢想，因為有家、有孩子，女性角色的責任，讓自己不太會做其他想法，能有讀書再進修的機會，已感滿足。

　　在擔任主任工作期間換了3所學校，學習與觀察不同學校校長的個人風格、教育智慧與領導策略，追隨校長的經營方針，積極做好自己的角色。除了達成既定目標外，也能提供創新的教學或學習活動，贏得許多獎勵與績效，因此獲得每位校長的信任與支持。因為他們的鼓勵與肯定，認為我有能力當校長，但家庭的壓力讓自己裹足不前，而前輩們不斷鼓勵我考上校長證照，對自己的生涯就有選擇權。因我考校長的動機，來自自我的挑戰與被肯定的感覺，順水推舟水到渠成。

　　專業的傳承與被信賴的支持，是讓人上進的源頭。每一位好校長知道如何找到適合的人完成教育志業的接力賽，那好像冥冥中的一種使命感。

貳、人性設計了環境，環境塑造了人格

　　校園環境的改善與提供安全舒適的校園是首要之事。校園不在於豪華新穎，而在於關心使用的人是否獲得尊重，例如修理學校廁所比校門整建更重要。人性設計了環境，環境塑造了人格。現代化的設備，充裕的經費是關鍵，想到自己剛接手的老舊學校，拮据的經費，只有羨慕心情。以前的教育先求有，重量不重質，教室只需有基本功能即可，現在的校園及教室，要想成是孩子一天中活動最長的地方，要讓每一個教育設施具有教育意義，打造一個安全學習的家，美好的校園環境有如無言的詩、立體的畫，情境的教育是一種影響深遠的潛在課程。

　　當我想要改變學校的時候，我最常做的一件事情就是環境的改變，我一直覺得環境可以讓人有不同的感受。要改變人之前先改變環境。我做了 2 任校長最常用的策略就是改變環境。

　　瓜山是一個很單純的小學，老師每天上班下班，領薪水，下班及假日的時候人學校淨空。平靜與安逸一天過一天，似乎很好過，可是孩子是有問題的，孩子沒有求知欲、沒有學習欲。學校很乾淨環境幽雅，自然科教室的教具已經擺了 20 年了，一直堆在那裡，沒有人負責，因為每個人都做自己那一小部分的工作，跟學校沒有太大的關係。

　　改變環境，必須觀察這個環境中哪一部分的改變可以觸動人心，有不一樣的感覺。當校長改變人的時候，會遇到人的反彈，可是改變環境是將不好的環境改成好的環境（去髒、去舊、去亂），可以獲得認同。

　　在偏遠山區的瓜山國小，首先把舊的、爛的、不要用的東西都處理掉，然後把值得留下的東西變成礦石博物館；其次，處理了學校的閒置空間與死角，美化、綠化及淨化；第三，讓老師把學校教室跟宿舍都變成自己的家，以前老師一下班就快速離開，因為從宿舍到學校，沒有任何燈或照明，黑暗讓人害怕恐懼；另一個是宿舍的問題，宿舍沒有除溼機、烘衣機、電視、網路，想一想老師在如此環境如何生活，一定 1 年就要調校下山。因此，首要就是改善老師的生活品質，才會把他們的心留下，因此當校長任期屆滿離開的時候，每間宿舍有有線電視、有網路，每人配發 2 台除溼機，宿舍 1 台，教室 1 台，因為山

上太潮溼了。提供舒適的生活與教學，讓人覺得在這裡當老師是有尊嚴的，是備受尊重的。校長任期的 4 年當中，老師的流動率極低，甚至是零。老師安心教學，回饋到孩子身上，一舉數得。

　　另一個市區學校綠樹很多、草很長，可是未見一朵花，看不到其他的顏色，然後我問這些草誰負責，似乎沒有人可以回答。大樹沒有人修剪，草沒有整理，就會覺得陰暗，整個學校就是一座古堡。幽暗的古堡裡，瀰漫著一股陰森的氣息，即便古樹參天，陽光洩不進森林的深處，茂密的雜草遮掩原本應有黃的、紅的、藍的各式各樣的花朵，這裡缺少學童應有的活潑氣息。校長交接那天，有些朋友就說，你會喜歡這裡嗎？這裡沒有陽光！感覺學校環境老舊不乾淨，到處都是紙屑似乎沒人在意，大家認為這是訓導處的工作，因為沒有把學生訓練好。又發現一個更大的問題，門口就是攤販，每天孩子上學要在快車道上穿梭，慢車道被違規停車，人行道上被攤販占據，孩子每天上學要走進校門的路，坐車的孩子在快車道上下車，孩子必須穿梭在攤販之中，我問這樣狀況多久了？大家都說很久了，不知應怎麼處理，因為關係到攤販的生計。擋人財路，是棘手問題。

　　孩子上學很不方便又危險，所以就把這件事當成是上任第一件要處理的事，因為孩子的安全不容許打折扣，後來這件事情也獲得解決。這件事情當成是一個重要的指標，因為把孩子的安全放在第一的位置，讓大家知道問題是可以解決的，只看有沒有心。

　　解決的方式都是先禮後兵，一步一步來。首先，請學務處找當地里長溝通，然後請里長轉達。當時採用的方法是「共存」的方式，可否在每天早上 7 點至 8 點之間不要擺設，把路還給學生，其他時間不要求，起初有點效果，可是過了幾天就故態復萌；後來里長來求情：「校長，他們很可憐，現在生計不好，需要生存。」我說：「萬一有一天孩子發生事故的時候，這都不是我們能負責的。」里長回答我說：「麥啦！」我說：「里長先生，這些事不是用講的就能保障孩子安全。」後來向派出所尋求支援，每次警員一來，攤販就離開，如此反覆了幾個月；遇到汽車違規停車也是如此，學務處都是用夾紙條柔性勸導的方式，請勿在上下學時間停車，可是效果確是有限，孩子依舊被擠入慢車道與機車搶道。

　　後來，學校安排朝會演講，建議主任可否請分局的人來演講，剛好來的是

一位組長，他跟我聊天，問我有沒有什麼需要協助的，於是抓住機會提這件事情，我向他說：「我很需要協助的是攤販的事，因為全校家長與老師每天擔心與焦慮孩子的平安，應該把路還給孩子。」其次和家長會連繫，希望家長會出面堅持立場，當家長會站出來的時候，更有理由面對攤販，因為攤販也有一部分是家長，也是社區人士，透過家長會去處理，會更有立場的。第三步驟是有一位每天在校門口指揮交通的警員，透過他試放氣球，表示已向派出所反映過很多次，希望派警察來站崗，因為只要警察一來，攤販就不會聚集，孩子就有順暢的交通。可是派出所都做不到，學校即將發公文給縣警察局，否則萬一有一天孩子發生問題，便成學校的責任。因為學校沒有善盡告知警察局的責任，這是責任與法律問題，堅持孩子的路上安全必須要保障；但公文尚未發出，已得到了解決。從此以後警察每天站崗，所有違規停車開始拖吊，事情就得到了解決。

接著改善學校的綠化美化及淨化工作。首先爭取農業局的協助，先改變學校的色彩。景新是一所大學校，而且是政府經費最拮据的時候，能善用過去在山上小學運用的資源，請農業局協助，開始能種花的地方先種花；第二步驟處理髒亂老舊，讓垃圾場的垃圾車從到處亂放到依序排列，清理破舊警衛室，讓人一進校門有不同的感覺，更重要的是整建學生廁所，本校廁所 20 年來，已是可以進博物館的廁所，廁所的設計邀集全校同仁意見，顏色配置請美術專長教師協助，參與的過程，讓人對學校有特殊的情感；為了讓校園更富有色彩，請孩子在牆面上彩繪校園，更有畫龍點睛之妙。當這幾部分做完，師生已感受到環境的不同；第三是解決困擾多年的工程問題（後詳述）。

校園環境會影響到學校成員的工作情緒與工作效率。除了管理的措施外，環境的改善，也能促進組織文化的變化。俗語說入鮑魚之肆不知其臭，入芝蘭之室不知其香。在固定的環境日復一日，會讓人漸漸的陷入盲點，所有問題已不是問題。並非沒有問題，只是習以為常見怪不怪，或者變成漠不關心。環境的改變使人耳目一新，注入新的活水在校園之中。

參、破繭而出，生機再現：學校經營的法律層面

法律是現代公民必備的基本知識，身為教育人員更需要了解法律規定，除

了在消極方面避免誤觸法令，因為不能以不知法律規定而免除責任，不得不慎。積極方面能善用法令，找出關鍵點，有效解決困難突破障礙，同時有法律為後盾，能獲得保障與支持。

景新國小於1994年發包興建活動中心，1998年完工，造價8,000萬。歷經4任校長、包商死亡、公司停業、技師出國，以致造、監人均無的情形下，多年來均無法驗收啟用。未完工的活動中心，地下層是游泳池，一樓是挑高的演藝廳，二樓是室內運動場等嶄新設施，因為前期廠商倒閉，造成無法驗收，因此無使用執照，沒水沒電，後期廠商瀕臨結束營運狀況不佳，又與下游包商纏訟，拖延無法結案。因此歷經數任校長，閒置多年無法使用，面臨層層的法律問題，纏繞成為一大團無法解開的難題。面對這棟荒廢無法使用的建築物，覺得社會成本的浪費，讓師生、社區的期待落空，除了內心惋惜外，並激發本校工作團隊解決難題的挑戰毅力。

在我們行政團隊的努力下，1年內取得使用執照，3年內讓荒廢10年的活動中心，終於恢復生機。特別是游泳池採行ROT案處理，與民間資源結合，節省政府支出，荒廢10年的活動中心，終於恢復生機，共創多贏局面。

採行原則如下：

一、抽絲剝繭釐清問題，當時所有的問題如同一團毛球般複雜，前後期工程均無法完成驗收，各期包商與下游包商的纏訟案件，校方與保證廠商之間的法律關係等紛紛擾擾難解，這就是景新國小活動中心多年未能完工使用的障礙，也是歷任校長的頭痛問題。因此彙整所有相關資料，仔細閱讀乃首要的工作，以書面整理，分別列出問題。唯有充分了解問題，才能找出問題癥結。

二、整合有關單位協助，建立良善關係。整合所有有關的單位，主動邀集召開工程會議，包括教育局、資深總務工程人員、工務局、建築師事務所、校方，充分溝通了解原來彼此的鴻溝，無法驗收與發照的法律因素與難解的事實問題。

三、學校人員主動尋求與拜訪，重要文件親力親為。請新任總務主任親訪承辦業務單位向其請益，主動積極的聯絡並傳達校方努力工作的進度，獲得關注與重視。

四、尋求專業協助，身為教育人員，隔行如隔山，與其摸索從錯誤中學習，不

如諮詢專業人員如建築師、工程技師、總務退休人員等等，以求達到事半而功倍的效果。

五、堅持解決的態度，充分表現毅力，務必排除困難，務必取得使用執照的決心，真誠與執著的態度，能感動相關業務承辦的人員，使其願意熱心協助，提出解決方案。

六、將心比心考量法律問題，建築物關係安全問題，絕非用人情或用強勢壓力，唯有依循法律原則，按部就班逐一解套，讓所有程序合法也安心，這樣的結局才是好結果。

執行策略與解決步驟：

一、所有參與人員均應熟悉所有問題癥結與來龍去脈。

二、每週列出完成工作紀錄，督促團隊完成目標。

三、團隊建立解困的共識，要讓等候多年的師生與社區民眾美夢成真。

四、堅持找回浪費的社會成本，激發參與人員努力的決心。

五、提出如何解決的步驟，請核發執照單位提出，校方全力依步驟解決。

六、調適心情，面對層層壓力，提出解決步驟與預定時程。

七、面對廠商誠意溝通，提出雙贏解套的策略，在法律的範圍內雙方達成承諾。

八、胡蘿蔔與棍子的方法在面臨談判時，是有效策略。

以上是解決廠商倒閉、工程結案、取得證照的歷程，當整棟大樓有水有電，內心的欣慰難以形容，孩子可以高興且愉快地在禮堂舉辦才藝表演活動與畢業典禮。在莊嚴又挑高的演藝廳中，我們找回了安心與歡欣。

但接下去又面對另一個難題。本棟活動中心因 10 年長期未使用，部分工程款 300 萬元因逾保留時效而繳回縣府公庫，因此游泳池、污水處理及各項電器設施因年久未用而無法正常運作使用，污水處理及各項電器設施部分由教育局經費補助，得以修復。因此活動中心演藝廳及室內球場已於 92 學年度提供全校師生使用。但游泳池部分建築師估計要將基本池體及運轉機件修復使用，仍需 300 萬元經費。

一個未曾使用荒廢約 10 年的游泳池，面對龐大整修經費，及經營管理問題，近幾年來政府預算有限，若無經費，則孩子們引頸期待的游泳池仍遙遙無期，這又是一個難題的開始。在政府沒有任何經費支援的窘困下，如何讓全校的孩子美夢成真？優游游泳池的美好畫面，是工作團隊再一次啟動解困動力的

活水泉源。我們又展開了另一個工作進程：

一、他山之石可以攻錯，帶領團隊參觀各校營運游泳池模式，參觀他校做法與經營管理。分析各校不同營運方式的優缺點，從中尋找可行的辦法。

二、在資料蒐集後，充分討論，找出不同解決方案，考量學校面臨的劣勢條件，作為選擇模式的依據，以及分析有利的優勢條件，成為將來發展的基礎。

三、了解政府推行政策，充分了解法令，當時行政院鼓勵民間投資，以特別發布促參法，台北縣政府也推動縣屬學校游泳池依促參法委託經營計畫。

四、工作團隊在辦理的過程中，尋求專業協助，邀集大學教授、縣府採購中心以及教育局體健課，由學校彙整各方提出的具體意見，列出工作時程表及辦理流程，一一逐步完成。

五、本案為台北縣首件學校公共工程採行ROT案，因此獲得上級長官充分支持與協助，在審查廠商申請營運計畫的數次會議，均由北縣教育局長親自主持審查會議，因此加速完成游泳池整建、經營委託案。

六、學校與委託廠商攜手合作，原本預定6個月的修復工程，4個月即完成修復，比預期完成的時程提前了2個月，讓當年即將畢業的學生，能快樂的跳入溫水游泳池，從一年級新生盼望6年的游泳池，終於美夢成真。

當全校師生慶祝景新國小活動中心與游泳池的開幕之際，我們的努力與汗水是值得的，我們的心中豈只歡欣而已。我們獲得的效益一一臚列如下：

一、全校師生共享努力成果，提升體育教學品質，並能增進健康體能。

二、提供社區民眾休閒場所，獲得社區居民的認同與讚賞。

三、一個多功能的活動中心，終於落成，發揮公共資源的最大效益，化腐朽為有用，節省公帑。創造政府、全校師生、學區家長、社區民眾、廠商多贏的局面。

四、溫水游泳池委託專業經營，減輕學校教育人員負擔，除了擁有一個安全衛生的教學游泳池，並能提供學生游泳社團的指導學習。

五、廠商將盈餘回饋學生社團及教學活動，並提供清寒獎助學金。

六、本校游泳池在本校教學時間之餘，開放並歡迎鄰近學校均能到本校游泳教學使用，讓公共資源充分使用。

七、本案並獲得行政院政府機關 ROT 案的績效卓著獎勵，激勵所有的工作同仁，勇於面對難題，積極處理，化阻力為助力。

面對艱困的難題，絕非單打獨鬥或閉門苦思解套之道，每個學校常有沉疴難解的老問題，是面對問題，求取解決，還是放下不管或是逃避拖延，就在你的一念之間與解套的策略運用。用心比用力更重要。找對方法，在團隊的合作下，才能破繭而出，生機再現。

肆、會議的溝通：校務運作的衝擊與因應之道

調至一個教職員工100人的學校，每週三的教師晨會卻成為我失眠的原因，因為部分教師常使用強悍的質詢語氣，行政部門與教師之間言語衝突，導致開會冗長，議事不彰。因為我是一個重視睡眠的人，逃避不是辦法，只有面對問題解決，才能安心睡覺。

先觀察會議進行的情況，8點鐘晨會鐘響起，教師陸續進入會議室約三分之一人，5分鐘後大約五分之三的人進入，等約10分鐘，最後的1至2人才進入。當各處報告工作聯絡事項時，前5分鐘是吵雜的，再慢慢安靜下來，通常此時已開會15分鐘，當處室報告完畢，老師會舉手針對行政報告聽不清楚的地方或不滿意的地方提出意見，言詞犀利，行政人員只好再一次重頭敘述與解釋。其他老師也會紛紛表示意見，行政人員與老師雙方不斷交互對談，直到老師滿意為止。若有爭議時，校長通常擔任仲裁的角色。原本20分鐘的教師晨會，每次至少40分鐘，甚至50分鐘或1小時。

此種會議的型態逐漸形成對立，學校組織文化充滿猜疑與不信任，為求和諧，過去行政部門大多以妥協讓步，反而造成會吵的人有糖吃，不管合理或不合理，敢發言者被視為爭取教師權益的英雄。行政部門必須小心翼翼，不可有一點疏忽，否則必會接受強烈的抨擊。其所造成的負面效果，導致行政部門抱著多一事不如少一事的心態，保守的心態造成一個僅成立20年的學校，宛如老態龍鍾的老太婆。校舍老化硬體設備嚴重不足，校園大小會議常常爭論不休，行政同仁疲於奔命，教師卻覺得行政部門不負責任，效率不彰，並認為行政部門會剝削老師的權益，因此得處處懷疑，隨時戰鬥，以免被蒙蔽。

身為校長的我該如何處理呢？心想若採行權威以暴制暴可能會導致更大的衝突，而且上任僅1個月，許多狀況未能完全了解掌握。思索好幾天，決定以輔導的角度切入，找出解決的開口。為何老師要用這種方式表達？他們的需求

是什麼？他們的不滿又是什麼？我決定接受這些不滿的情緒，視為校園組織再造的契機，問題的徵兆顯現出學校組織溝通嚴重不良。

我想先找出是否有優勢條件。發現全校教師平均素質優秀，大多數教師教學認真，自律性高，沒有不適任教師，因此少有家長告狀的事件。大部分的老師可以以理性溝通，喜歡發言的老師，思考敏捷，思慮縝密，辯才無礙，並且已成為意見領袖。

自己擬出一些解決策略，首先從行政業務革新與時間管理開始，提高20分鐘的晨會效率：

一、各處室報告書面化，印發教師桌上，重要事項說明時應具體、明確、條列式。

二、各處室工作事先協調，避免衝突或重複增加教師工作量。

三、有關學生、教師環境安全部分的維修，第一優先處理。

四、教師晨會鐘聲響起，8點鐘互道早安後，立即工作報告。

五、有爭議時，以柔性的言語、理性的分析、合法的原則處理，不卑不亢的態度，不可動怒，更毋須委曲求全。

六、8點20分準時散會。

另外，在改善溝通管道方面，重大議案以非正式溝通詢問意見領袖的意見，先尋求意見一致的默契。常常巡視校園與老師話家常，以真誠的關懷，並了解他們的需求或不滿。還有記住每一位老師與職工的名字，以名字代替姓氏的稱呼，感覺比較親近，建立良好的情感關係，才能有互信的基礎。

如此實施進入第3個月，漸入佳境，大聲說話的人減少了。雖然仍有台上報告台下聊天的狀況，但時間掌握大有改進，爭議事件也降低，有時甚至15分鐘報告就結束，老師們也沒任何疑議，剩下的5分鐘，我便以隨時準備在手邊的教育新知與同仁分享，或談談新聞事件與老師們意見交流。現在會議的氣氛似乎緩和了許多，但工作事項的傳達效率仍須再努力，以及會議場地的改善是下一個階段的目標。我對晨會會議的期望——溫馨又有效率。

學校成員反映問題，無非就是希望藉由行政的力量獲得解決，而什麼樣子的溝通方式才是有效的，必須讓雙方學習。

伍、塑造學校新文化

　　想要全盤以企業經營的理念套用於學校管理中，並不可行；因為學校組織不同於企業，學校沒有生產與銷售的壓力、沒有明確的經營目標，由於學校組織兼具教學的鬆散結構與行政體制的科層體制「雙重系統」的複雜性，因此對於一個學校管理者而言，推動組織文化的變革確不是一件易事。學習型組織、知識管理等都不約而同地指出，塑造良好組織文化對於學校變革有著相當大的助益。

　　學校常因首長的更替，連帶促成組織文化的改變；同時，也有因改革策略不當者，造成嚴重的組織衝突，甚至因此而黯然下台。故當一位校長新接任一所學校時，發現組織文化不良，應透過何種策略達到改變組織文化，反思在現今的環境中，如何有計畫地安排及調整，運用合適的策略，達到改變學校組織文化、創新文化，以符合社會的期待及促進學校的發展。

　　老師們很聰明，有一種自信的驕傲，他們對行政效率要求度非常的高，所以行政沒有人要做，都是由新的老師擔任，導致行政人員沒有尊嚴。老師間存在著一種冷漠、不信任的組織文化，身為校長必須了解這種情形及它對學校組織及發展上的限制，並試圖加以改變，學校才能朝優質的方向邁進。

　　大部分的老師都很守法，但不免斤斤計較，換個角度講就是僵化，如果行政要規畫新的方案，有些老師會先問，法源在哪裡？所以幾乎沒有什麼彈性。有的時候，行政要做些改變的時候，就會先質疑：「你要幹什麼？」所以要先軟化他們採行解凍策略，尋找切入點在哪裡，如何解凍？

一、重建行政效率

　　當發現開會是一件很嚴肅的事情時，壓力很大。老師隨時會質詢你，法源在哪裡？程序在哪裡？面對壓力很大的事情就全力準備，尋找有關書籍了解如何主持？重點為何？如何談判？如何對話？如何排解？因為當一上會議桌，一定要很明確有效率，在過去開會效率不彰時，每次開朝會前一個晚上，甚至準備好明天要講什麼話？學校最近發生了什麼事。老師們可能會問什麼？開校務會議時，一定把流程放在桌上。開會之前一定全部看過一遍，所有提案也能事

先了解準備，不要讓老師覺得校長沒有準備就來開會，面對的問題要能回答，表示有責任感、有備而來，不是虛應了事。

在校園民主化的浪潮下，行政不再如過去可以「一個口令，一個動作」，許多事務必須藉由不斷溝通、協商，來凝聚成員的共同意志。因此，行政人員權力的行使，不能再只是法職權、強制權與獎賞權，必須多以專家權及參照權來贏得同仁的信賴。目前學校中的生態，教師意識的抬頭，校長及行政人員的弱勢，導致行政人員無人有意擔任。在這種生態下，一方面要強化自己的專業權威，另一方面也要協助行政團隊夥伴，建立必要的尊嚴，維持學校行政與教師間和諧的運作。

一位有承擔的校長，絕不是讓人予取予求的。老師們都在看校長有沒有解決問題的決心。要改變學校組織文化，就要從學校最深層的問題著手。例如校長重視學生安全、重視學校應有的制度，整個組織就會跟著一起重視。更重要的是要散發一個訊息：「沒有不能解決的問題，只在於有心沒有心」，行政有效率，就有尊嚴，就能得到尊重，如果無法做，應該說明做不到的原因是什麼？或者提出未來完成時間表或替代方案。有一次老師建議裝路燈，覺得可行就立刻去裝。可以做的就立刻去做，建立一個機制，好的意見一定照辦，建立行政與老師互信的基礎。

良好的溝通與解釋，提高互信的基礎。及時的服務提升行政效率。具體有效的行動是上策。

二、進行組織流動

組織成員適度地轉換工作崗位，學習工作的新知與技術，來提升應變能力，多樣性的能力，實有助於組織知識管理與文化的變革。因此，透過學校行政人員的異動調整，讓行政人員嘗試不同的工作，可以了解各個處室之間的工作性質與內容，避免因久居一位形成老大心態，而造成學校發展上的障礙。

在老舊學校常有的現象，就是行政幹部一做10幾年都沒有調整，在同一位置上工作久了，難免會忽略了思考對於工作的價值何在？例如有一些活動為何要辦？承辦人常說不出來，只知道10幾年都辦，「為何辦」這個問題的理由大概就剩下行事曆上有。我很明白與行政同仁討論，如果說不出為什麼要辦理的理由的話，最好連行事曆都不要出現。並且各處主任做一個輪調，除掉各處室

之間本位的思考。領導者應要能體察現行組織文化中的不足,尋求合宜的人才加入團隊,為組織製造活水。

「問渠哪得清如許,為有源頭活水來」,要保持組織文化革新的動力,必須要有活水加入。但以現行的制度設計,教師校際間的流動非常不易,學校可以藉由組織內部的流動來達到活化組織文化的目的,例如學校各處室主任、組長之間的調整,當不同的成員擔任同一份工作時,自然會有不同的想法,教師的工作也應該適度的調整。讓不同的教師都有機會擔任不同的行政工作,讓更多的創意與想法能加入學校工作之中,以帶動組織文化的革新。

三、重塑組織價值

價值是屬於知覺較高層次的部分,「價值」常指組織成員用來判斷情境、活動、目的及人物評估的基礎,具有規範的味道。因此引進新的事物、新的做法,有助於組織價值的改變。

以教師進修而言,在小型學校有帶新兵訓練的感覺,教師教學經驗較為缺乏,但改變接受度高,因此建立正確的教育哲學觀是首要的。為了建立知識交流的平台,讓知識分享,曾經運用教師晨會成立了晨耕讀書會,先買了一些書,提供老師閱讀。利用開朝會時,請大家輪流做 5 分鐘的分享報告,當然校長先以身作則;知識分享不僅事半功倍,獲得新知更是一件喜悅的事。

山上的老師大都新任,班級經營、課程設計等經驗經缺乏,當時因此爭取九年一貫的試辦學校,可以請很多的專家學者走進學校。讓老師開始有結構化知識的東西,部分老師缺乏教育哲學的思想,如果老師沒有教育的中心思想或核心價值時,他所教出來的東西是很表象的,他沒有辦法帶領孩子內心底層的東西,他與孩子的線隨時可以中斷,而他的教學總是少了些什麼。參加九年一貫的實驗課程,除了建立老師自己的教育哲學價值觀,也學會教學課程設計,許多的教學技巧後來能慢慢磨練出來的。學校本位的教師進修,也打破過去零碎、偏重理論式、蜻蜓點水的研習。先徵詢全校教師,提供需求意見,共同規畫出體驗式、產出型的研習,希望經由學校本位策略模式的研習,讓全校的老師能具有帶得走的能力。

在九年一貫試行之初,為了贏得家長的參與與信賴,曾經連續召開 7 天的家長新課程說明會,在課程進行中,我們一邊做,一邊想,一邊修,希望設計

屬於我們和孩子共享的生活課程。我們只有一個願望，讓全校師生在良性的互動下，相互激勵、相互分享學習的喜悅。走過 1 年，從忐忑不安到信心滿滿，沒有怨言，只有相互支援打氣，為學習而活動，為孩子及自己的成長而努力。最後我們滿心喜悅可以自信的說出：當時瓜山國小課程模式，是我們瓜山親師生共同的驕傲；那段山上的日子，是當時所有老師生命中有感情、有意義的回憶故事。

　　提供新的做法，例如偏遠小學的學生朝會的時候，老師要日復一日，年復一年地大聲唸著中心德目，學生重唸一次，這樣學生學到了嗎？當地的孩子不了解外面世界的多采多姿，社會上每天都在變化。曾經有孩子告訴我說，他們未來的理想是國中畢業就要嫁人，我嚇了一跳，因為他們認為讀書學習並不是一件重要的事情，他們對未來沒有太多的想像。家長對學校的看法是：學校老師是隨時想要走路的，學校老師都是過客，校長也是過客，家長認為學生的程度很差很不好，部分家長對孩子也是不關心。

　　為了讓孩子學習新的事物，觀察周遭發生了什麼大事，朝會時拿一桶乖乖桶，往桌上一擺，問小朋友，有沒有人可以告訴我，昨天有什麼新聞，其中有一個孩子鼓起勇氣說了一條新聞，我就鼓勵他抓一把糖果。我用這種方式告訴老師，我們要的方式是什麼？以自己的示範，跟孩子坐下來講故事、有獎問答，讓老師教育也可以這樣子辦，不是課本教完就好了，而是要給孩子生活的能力。

　　後來在瓜山國小創造了很多對孩子而言是奇蹟的經驗，例如參加健康操連得 2 年台北縣的冠軍，帶他們參加全國賽，孩子像劉姥姥逛大觀園一樣，他們都傻住了，那麼大的體育場，都沒有看過的東西，後來電視台把山上孩子努力向上的過程拍錄，全校 88 人卻能拿下全國第四名的佳績，讓生命的故事親身體驗。學校把學生的畫帶到台北縣政府大樓去展示，跟縣長拍照，讓孩子、家長、老師覺得自己榮耀，然後整個學校開始改變，充滿了生命力與新的信念，我們是可以做得很棒的。

　　因此創新學校新文化，需不斷引進新的事物、新的想法（觀念），去觸動成員從根本的價值上去思考。

四、建立組織情感

對於一個已成型的組織而言，改變觀念是一件最困難的事情，因為你難以了解成員心中真正想的是什麼？尤其人一旦在組織時間久了之後，往往不知不覺深受影響。如果老師原來是冷漠的，認為學校跟老師是沒有關係的，校長該做的事就是把學校跟老師連起來。「我們是一家人」的想法，不是口說而已，還要有相對應的行動，否則無法取得認同。

常在朝會中向老師傳達「We are a family」的想法，我希望我們的校園是一個很美的環境，來上班是一種享受，這裡是另外溫暖的家，因為每天至少有三分之一的時間在這裡，不斷的強調「這個學校跟你是有關係」。過去老師一下班就離開，所以環境的髒亂跟他們無關，幾乎許多大型學校都是如此。修正這個錯誤的觀念會增進組織情感。學校是屬於全體成員的，與每一個人都有關，「你好學校好，學校好你好」，這是一種互利共生。例如學校的溫水游泳池完工，老師們感受更多，可以享受免費的設施，學校老師之間以家人對待，處處相互著想，感受到我們是一家人。

老師是讀書人，讀書人就要用讀書人的方法，用教條、用權威式其實無效，用利益交換的方式也不宜。讀書人具有文化的氣質，所以有的時候不要太直接，對待老師的態度，如果用很文雅的方式，反而能打動他的心。當打動他的心的時候，那就是一種信任，當信任感取得的時候，很多事情就很好處理。

有時候老師會用一種懷疑的態度先觀察校長在幹什麼？我認為用一種平等的態度來對待，因為自己不夠年長，因此我是以一個朋友的方式來對待他。當一個校長，要有足夠的敏感性。當一位老師跟你提某一件事的時候，代表他需要你的關懷跟讚美，他希望你當下給他鼓勵回應。而我也藉此機會把我內心的情感表現出來。其實校長也需要同仁同理心的對待。

讀書人有固執的一面也有感性的一面，他也有內心的需求，校長不要吝於讚美，但不要浮面的讚美而要有具體的事實；一個真實的故事，一個你們互動之間的故事，而且是真正的狀況，這樣子讚美才能真正感動對方。比如說：有一位老師帶著一位資源班的孩子參加畢旅，那個孩子的生活能力很差，本來是不能參加畢旅的，老師說服了阿嬤，讓孩子參加，這位老師就沿途照顧著他，我親眼看到，當天放學的時候，因為阿嬤視力不好，老師就帶著孩子在校門口

一直等一直等，非等到家人來接他不可。找適當的機會，把老師的愛心故事說出來，會讓大家感受深刻。

在瓜山國小時，我們的團隊口號是「瓜山團隊，所向無敵」，老師覺得我們是很菁英的隊伍，因此一些課程研習，我們可以研習到晚上8、9點，還可以一起在星期五晚上到海邊看星星，星期六全校再一起回來上班，我們一群人一起做一件事情，那種感覺很好。後來調校彼此分開，大家都很懷念這一段非常美好的日子。到現在我們再相遇，都會擁抱對方，因為我們很愛當時重新蛻變的感情，我們珍惜那種共同努力的革命情感。

真實的呈現校長的情感與同仁交流，真誠的讚美與分享對方的喜悅，領導者以專業權威高高在上，疏離會帶來冷漠。我們都是學校團隊的成員，多一份情感、多一份和諧，溫暖的校園文化就可以成為校園生命的動力。

教育改革以來，校園民主化，教師專業自主的「教師意識」自覺，教師變得不易領導管理，特別學校是具有鬆散結合與雙重系統的特性，有相當自主權，命令難以達成。每一所學校因為地理環境、空間規畫及組織成員與領導者的不同，會交織成不同的組織文化，這種看不到卻又存在的組織文化，會影響組織成員做事情的方式。

校長就好比是船的舵手、飛機機長，重要性無庸置疑，要觸及組織文化的變革是一件相當困難的事。校長要在學校校務運作及與成員的互動之中，創造出來各種潛在的價值與信念。校長將這種價值與信念傳遞給學校所有成員，並具體轉化成為大家共同的思考形式與行為準則，因而塑造成學校獨特的風格形象。

五、社區資源運用：一個小小社區博物館的故事

1997年的夏天，作者被派任台北縣瑞芳鎮瓜山國小擔任校長，學校位於人們稱為黃金的故鄉，有百年採金歷史的金瓜石，80校齡的瓜山國小，屹立於茶壺山腳下。曾經有2,000餘人的學校，因採礦的沒落，如今不再有雜沓喧鬧聲，只有潺潺流水聲和翠綠環山的寧靜。第一次走入校園，感受時光的遺跡，一幢日據時代的教室建築，挑高的屋頂，避風雨的長廊，發亮的磨石子扶梯，學生僅有百餘人，全校教師職工20人，校園寧靜但有些許蕭條與落寞。

(一)金瓜石社區的歷史背景

金瓜石位於台灣東北部山區，三面環山風景秀麗，行政區隸屬台北縣瑞芳鎮。擁有百年採金礦歷史，在日據時代產金量月產高達一噸以上，曾經是亞洲的第一。當時金瓜石的採礦經營屬日本政府，與九份礦權由台灣人承購或租用不同。影響金瓜石及九份兩地區聚落的形成、社區的民風大不相同。當時掌管金瓜石的日人重視階級身分，管理制度嚴謹，並有嚴苛的日本警察監督，因此金瓜石的民風較為保守，當時日本管理階層 1,000 人，僅是台灣人上萬人的十分之一，大部分居民為礦工。為養家活口，安分守己，聚落住屋以分散式，自山坡頂依日人管理階級由高而下居住，台灣人則居住下方河谷地，與九份群居聚落櫛比鱗次擁擠在一起，並有漳州泉州人的械鬥紛紛嚷嚷的狀況不同。

光復後，由政府先成立台灣金銅礦物籌備處後，改為金銅礦物局，最後改為台灣金屬公司簡稱台金公司，接收礦產繼續開發。當時社區權力均屬公務機關首長，但隨礦脈枯竭，人口逐漸外流，人口自 2 萬人逐漸減至千人。及至1990 年發生煉銅場硫酸外洩，沿海漁居民的索賠問題，導致工廠全面關閉，金瓜石的礦業終告結束。

礦區地質不利耕作，區內又無其他生產事業機構，導致人口快速流失及老化，現在金瓜石居民剩下 1,400 人左右，而且以老人和小孩居多，行政里也從6 個里縮編為 4 個里，逐漸變成被人遺忘的山城。近幾年來，台灣鄉土意識抬頭，觀光休閒旅遊快速發展，九份已成為熱門的觀光地點。青綠寧靜的金瓜石也漸漸被人注意，遊覽景點逐漸開發。曲折的金水公路，黃金瀑布、五坑口、太子賓館、百年勸濟堂老廟、茶壺山、基隆山等等，加上民宿業逐漸增多，觀光事業開始萌芽。

(二)礦岩展覽館的萌芽

學校與社區長期的隔閡，家長對學校無認同的情感，覺得學生程度不佳成績低落，無法與山下小學相比，並且認為校長和老師都是過客心理，因此學校教育效能不彰，與老師流動量高有關。而學校老師認為家長對學生課業漠不關心，參加學校活動者三三兩兩，從我上任第一次新生家長座談會，只有 1 位媽媽、2 位舅媽參加，便可了解家長與學校的關係。因此如何建立大家共同情感

的焦點，才有機會讓學校活化起來。因此發覺地區的特色，發展成為學校特色，將社區的歷史融入校園文化，讓校園環境成為社區的一部分，並且主動提供學習活動與場所和社區分享，才能贏得社區認同與愛校情感。

基於百年礦產社區的特色，成立一個社區礦岩博物館的想法開始誕生。首先找到校園的一個閒置空間的小角落，布置成礦岩展覽室，但巧婦難為無米之炊，礦石何處來？一個偏遠的小學校能有什麼經費來源來採購？於是便邀請家長會會長擔任嚮導與學校老師，來一趟採集礦石之旅。那真是一次難忘之行！當吉普車開入昔日採礦區，宛如走進另一個世界，因為四處都是崎嶇的大小岩石、岩塊，有大至可數人環繞，光禿禿景象，彎彎曲曲的採礦道，若不熟悉地形，迷路的可能性很高。這一趟社區踏查，根據家長會長的評估，當天我們所採集的礦岩及化石值 2 萬元，大夥兒興高采烈的將戰利品陳列於這間小小的展覽館，我們先踏出了第一步，積極的對地方特產礦岩物產生珍惜的感情。

第二階段是拋磚引玉，每當學校一有集會便邀集地方人士、里長或耆老級到展覽室參觀，當他們覺得學校願意收藏、展示又可成為教材，都非常感動。我們了解當年礦工採金礦外，通常會蒐集一些特殊的礦岩，與其放置家中灰塵滿布，不如捐給學校成為教材，於是有人捐出第一塊時，學校立刻揚善於公堂，告知鄉親父老表示學校及孩子們的感謝，並貼出礦岩說明卡及捐贈者姓名。為善不落人後，尤其在這未超過 2,000 人的社區，好事傳千里，礦岩標本在輸人不輸陣的情況下，一塊一塊走入礦岩展覽室；讓社區人士的共同參與與付出，建立對社區博物館的情感，一個具有地方特色的礦岩博物館終於成立。因消息的逐漸傳播，校友們也來共襄盛舉，尤其是得到校友陳嘉林先生（中華礦岩學會理事長）全力捐贈下，將其個人所珍藏的台灣特有礦物及化石大量捐贈，我們的小小博物館收藏更日漸豐富，校門口的黃蠟石地標即是陳理事長慷慨捐贈，他感念母校對地方特色的保存與發揚，並為瓜山國小設計金瓜花開的新校徽與校歌。

對於展覽館的陳設，我們規畫成為多功能化的教育場所，有雅緻的桌椅，柔和的投射燈，讓人感受置身咖啡廳的溫馨。除提供學生學習、老師的教學討論或憩息聊天，也可提供社區讀書會的場所。管理人的人選，是學校資深的教務主任，他本身對礦石研究與收藏有高度的興趣，因此對礦岩展覽館的投入不遺餘力，他蒐集了藥用礦石 30 餘種，捐贈學校並且一一說明陳列。一位在偏遠

地區奉獻教育多年即將退休的當地人，礦岩展覽館對他而言，是一件有意義且具有紀念性的工作。社區的義工媽媽也參與布置，里長夫人也送來咖啡杯組供大家使用。礦岩展覽館成立後，成為社區居民與校友共同關心的焦點，並且引以為榮的，因此學校也開始獲得社區支援以及其他社會資源的協助，不再是站在山頭孤伶伶的小學。

㈢打造一個礦岩學校

為了配合地方特色，學校建築整修時，盡量採用石材，以磨石子代替磁磚，從校門的校名招牌到教室門牌，包括花園園圃周邊都是石材，讓學校成為一個具有地方色彩的學校，成為一個屬於社區的學校，希望打造成金瓜石的地標學校。

我們又全力找回學校過去的歷史。從破舊的箱子找到一面日據時代，寫者金瓜石東國民學校的的校旗，視為珍寶，對於多年塵封的儲藏室，我們都一一清理；因此一些泛黃的老照片記載著瓜山國小 3、40 年的學校故事，經過整理將照片張貼出來時，大家都覺得有趣，特別是校友回校時，更有一份深刻的情感。那面日據時代的校旗成為 70 多歲的老校友開同學會最熱門的背景。還有 50 年代學校附設的理髮廳也重見天日，斑剝的椅子、灰黑的海報，呈現學校一路走過的痕跡。我們好像走回時光隧道，了解這所有許多驕傲歷史的學校。

為了美化校園，提供山上孩子多元文化學習機會，我們利用挑高長廊的牆面，邀集地方藝文人士來認養走廊，有環保紙籐器具、針筆畫、藏書票、老照片、草編童玩、攝影展等等。情境是一種潛在課程，讓孩子從情境的陳設去感受藝術與美的生活，校園的所有教室包括合作社、圖書館、電腦教室等等，都是開放空間，可自由進入，這份對瓜山人的信任與尊重，教育應該從生活中做起，才會落實。因此，在瓜山國小找不到一張紙屑及骯髒的死角，走廊上的獎盃與布置品也未曾遺失過，是全校師生共同的驕傲。

金瓜石因時空轉換與經濟因素，社區改變相當大，變遷的歷史蒐集整理後，成為最好的鄉土教材，為了讓社區與學校有更良好的消息交流，我們又成立「我愛金瓜石」社區報，指導學生擔任小記者，報導校園新聞，介紹社區人與事，並邀集當地文史工作室撰寫當地的史事，社區報自編、自打、自印，礙於經費與時效，一律黑白影印，雖然有些簡單，但我們想要呈現的的就是一份

屬於金瓜石的報紙。而且所有的工作人員均是義工性質，包括投稿人，也因為如此我們獲得聯合報記者與國語日報記者上山義務指導校園小記者；這份投入的情感就是社區報的精神。金瓜石地區因礦源枯竭，人口大量外流，社區發展逐漸沒落，為凝聚珍惜鄉土資源愛鄉情懷，保存具有地方特色的百年採金文化。以學校校刊轉型成為社區報，能提供師生學習發表的園地，促進學校、家長、社區的交流，並能發揮資源共享，為金瓜石的學校與社區的新生與學習萌芽。（2001 年夏天因校長任期屆滿調校離開，直到現在每月仍能收到「我愛金瓜石」社區報，覺得特別珍惜與感動。）

(四)學校可成為社區的博物館

一個正式的博物館應具有蒐集、保存、研究、展示等功能。以學校成立的博物館而言，並未設有專職人員，全靠參與者的興趣與情感，我們無法與正式的博物館相比。但從學校教育的觀點而言，除了學校正式課程教育之外，學校礦岩博物館的成立，對全校師生提供了鄉土教育，對社區而言提供了社會教育。

經由博物館對礦岩的蒐集與典藏，這裡成為社區文化會館，藉著保存採礦歷史的礦區文化，了解金瓜石過去先民生活情形，過去擁有醫院、戲院、俱樂部、游泳池高生活機能的繁榮社區，如今只剩殘垣斷壁，黃金歲月的輝煌與礦源枯竭金盡人散的沒落，礦區歷史興衰的故事，隨礦工耆老的凋零，逐漸被人遺忘，而學校博物館可成為保留及傳承社區文化智慧庫，若能邀集有關的專家學者，經過研究、整理成為教材，使博物館的功能更見發揮，現在的學生經由收藏品如照片、採礦、鍊金工具，了解先民的歷史，學生也可成為最佳的解說員，唯有了解家鄉的歷史，透過實物體驗與情感體會，才會認同鄉土情懷。若要把過去失根的教育找回來，學校的社區文化博物館，實為可行之方法。

過去學校或文化機構常獨立於社區之外，高高的圍牆或心牆，彼此之間並無太多關係，但近幾年來社區意識逐漸萌芽，學校與社區結合，資源共享，共創雙贏的局面。

1. 學校宜以積極主動的服務，贏得社區人的認同，可蒐集鄉土資源、歷史史料、重大事件，或關鍵人物故事，走回歷史隧道，掌握地區特色，建立社區共生的情感，凝聚學校與社區未來發展願景。

2. 設計社區故事系列，邀請當地耆老說故事，辦理社區原味文藝季，邀請區

內藝文作家或文史工作者共同參與，讓現有的居民以居住本社區為榮。

3. 建立社區人才資料庫，設立網站，促使訊息快速傳遞。各教育、文化、社教機構成立文化圈，可設計文化圈地圖，共同的形象符號 CIS，避免活動疊床架屋，各項活動可做結合，例如學校學生及社區的民俗活動可配合共同舉辦，對學校師生與社區居民都是一種新的學習。

4. 招募社區導覽義工，與學校教育結合，從小朋友義工到銀髮族導覽員，擴大參與成員，推展社區服務活動。

5. 尋找社區公共的閒置空間再利用，將文化藝術擴展在社區的生活空間。曾提供學校兒童的畫，展示在社區的公家行政機關，例如派出所、郵局、鎮公所等，頗具成效，家長及孩子引以為榮，孩子會帶著家人親自到場欣賞，不僅美化社區，更增進學校與社區情感與建立良好的公共關係。社區人認養，成為當地社區文化展示及意見交流場所。

凡走過必留下痕跡，而痕跡的保存才有歷史的回憶。打造礦岩學校的遠景，是我們找回情感的焦點，不但形塑了使命感，也凝聚老師們的情感。瓜山國小的礦岩博物館是我永遠珍藏的記憶，更是心中永遠的博物館。

陸、校長所為何來？教育生涯的省思

我常向別人自稱「土豆」，因為我來自花蓮，出生於花蓮，叫「花生」倒是相當貼切，在台北縣生活將近 30 年，忘不了的還是花蓮的山、花蓮的水。還有填滿我年少輕狂歲月的師專讀書生活，不向自己的無知屈服，勇敢追求。不向自己的無能放棄，努力學習。庸才也能變人才，凡事用心，凡事盡力，逆境也會變成順境。

當上校長，面對繁雜的校務、家長與師生的期待，對自我要求的期許，常常問自己所為何來，工作的沉重壓力，除了讓自己快速成長外，在生命的過程中卻也開了另一扇窗，孩子喜悅的臉龐鑽入心流的體會，或者突發意外事件的重力衝擊，打破以往規律、秩序的線性思考。以往無法容忍混亂，認為此種情形為非常態，有時還會因環境的突發狀況而生氣，現在會用更包容的心胸看待人與事，尤其新到陌生環境，對組織文化不習慣，不會以排斥看待，因為危機才有轉機，轉機才有生機。和諧不代表真正的和平，衝突也不代表問題的擴大。

重要的是你如何掌握關鍵時刻，在混亂的局面中保持定力與沉靜。現在的我，更能體會「亂中有序」的道理。過去所獲得的知識，必須在生活中試煉，才成為智慧。

擔任校長這個工作有點符合自己的個性，因為喜歡自由與更換工作，剛好校長職位具有這個特性，每隔幾年校長就要換個學校。對個人而言，喜歡好奇的東西，也喜歡遇到沒有碰過的事情或是人。處於不同的組織文化與氣氛很有樂趣。此外，校長工作開闊視野，每天接觸很多不一樣的人。當老師的時候，接觸的人是比較單純的。當了校長以後，可能要面對許多不同背景的人，要處理許多不同的事情，這些人跟問題都會增長個人的社會經驗。社會上普遍對校長還是尊敬，這份尊敬會讓自己覺得值得，因為年輕當校長，有更深的體驗與感受。另外，可以跟孩子在一起，因為個性隨和，孩子上課之後會過來靠靠我，甚至會抱抱我，常常跟孩子在一起，總是讓人覺得年輕。

不過校長的工作仍然壓力不小，會覺得累。累的原因是工作太多。而且校園生態的變化，校長責任無限的擴大，而權力卻不斷在縮小，很多事情都要協商，都要討論再討論。我並不想成為專制的校長，但每件事情都要經過冗長的民主程序時，覺得浪費了相當多的時間。當然建立校園的互信機制，會更有效率決定問題。自省不足之處，在溝通上比較直接，講話快，個性急，校長應有較圓融的社會技巧，明明很大的事件，也可以處理得從容不迫，這就需要歷練。雖然我不斷告訴自己，不要緊張，慢慢來，但有時不免還是會動氣，動氣其實是很傷害自己的。因此要學會情緒的調整，更要學習一些資深校長有智慧的運籌帷幄，大事情到了他們手裡，會變成小事情，這是我還學習的功課。

校長這位置代表的意涵是什麼？記得多年前，在一次校長接任的典禮上，有些人歡喜滿面，有些人面無表情，有些人神情落寞，也有些人瀟灑離開，我自己不知該作何種心情。社會期待的校長角色與自己的人生價值不斷地在磨合，我們必須知道自己要什麼？該做什麼？不該做什麼？有所為，有所不為，不卑不亢，做個有格調的校長，才能避免在今日的校園教育生態的洪流中被淹沒。隨著制度的改變，面臨許多民主與協商的機制，但校長決策權力的窄化，也是要面對的困境。在學校，老師希望你是一位以師意為依歸的校長，遇到問題是希望你是有魄力解決的校長，當學校需改革與創新時，則面臨安於現狀的保守心態，要求在不可改變原有現狀之情形之下，保障所有的權益，享有的權利不

可少。家長希望的是有能力有績效的校長，為孩子打造快樂的兒童學園，不同的家長有不同的需求，因此期待你是萬能的校長，要求什麼就能實現什麼。因不同的角色期待產生價值的衝突。校長必須找到自己的定位點，才能決定經營校務的態度。

走上校長這一條路，到一個新的環境，要重新適應，是很辛苦的一件事，因為會遇到很多的困難，會卻步甚至埋怨為什麼要當校長，而且這種感受不斷的循環，每次到一個新學校都會面臨，特別是為了解決難解的舊案，讓人辛苦到胃都空掉的感覺。但當事情面臨壓力時，卻會有一股支持的力量來自內心的自我期許。那是一種毅力，既然我選擇了這個角色，這是必然會遇到的問題。我應該去解決它，如果我要下台，也要下台得很瀟灑，我要離開也要很漂亮地離開，不要把自己弄得灰頭土臉才離開。堅持這個信念，會把很多的苦當成一個過程，接受困難、面對問題，盡力處理。把問題解決了，後面就會有甜美的果實。如果這個問題並非自己造成，更可以用認知來紓解壓力，因為非我之罪，只是解決前人留下來的問題，做多少算多少。因此當壓力很大的時候，就是用這種方法一步一步來解套。校長生涯好像不斷地解決問題，不斷地創造生機與希望。人生之中能走過這一段是很值得的，我願意鼓勵後面的年輕人。

我們究竟要跟著什麼走？我也曾經迷惑，不知所措。有的人不戀棧，拂袖而去；有的人小心翼翼，只求一小職位；有的人大意失荊州，不知為何落空；有的人一心一意，只要有校長一職就可。當上校長與不當校長有何差別？當你下台時，別人是用何種眼光看你？如果跟著滾滾洪流載沉載浮，自己不知道自己真的要什麼，滿室的鮮花，燦爛的笑容總是跟著虛幻假象跑，當年的我，不也是被這些形式套牢嗎？

校長之職，只是一個角色而已。要清楚地知道自己適不適合。別人心中的我與自己總有些差距，但你無法辯解你是什麼樣的人，因為你總是站在大眾之前，在台面上的呈現，總是喜歡不偏不倚中庸的角色。我們不斷在不平衡中求平衡。然而我內心世界又是什麼呢？如果不當校長，我還有什麼？是我該好好思考的問題。

作者簡介

作者王明玲，現職為台北縣政府家庭教育諮詢委員，台灣台北地方法院家事法庭諮詢調解委員。曾任台北縣中和市景新國小校長 7 年，台北縣瑞芳鎮瓜山國小校長 4 年，出生於 1958 年花蓮的鄉下，1978 年畢業於省立花蓮師專生化組，畢業分發台北縣永和市秀朗國小級任 3 年、資優班教師 8 年，1989 年夏天分發台北縣土城市頂埔國小總務主任 1 年、教務主任 2 年，1992 年 8 月調入台北縣新店市雙城國小教務主任 3 年，1995 年 8 月又調至台北縣新店市中正國小擔任輔導主任 2 年，1996 年考上校長，1997 年 8 月分派擔任校長。

我的進修與學習過程，在秀朗國小擔任級任教師的第 2 年插班考入文化大學法律系，並以全系第二名畢業，後來因擔任資優班教師，於 1981 年至台灣師大進修受訓，取得特教 20 學分與資優特教教師資格，後 1987 年再考入市立師院特教系肄業，中途申請入台灣師大特教研究所，完成 40 學分班結業。擔任校長工作後，於 2000 年考上台灣師大社會教育與文化行政研究所，於 2003 年完成碩士學位。

在專長領域方面，因師專生化組畢業，在資優班擔任自然科任教師，因此在擔任老師與主任的階段，經常帶領學生與老師參加科學競賽，屢屢獲得縣賽與全國賽佳績。擔任資優班老師時，為輔導學生跳級與資優課程需求、學生的補充教材，因此對教材的研發有濃厚的興趣，也因後來從事成教工作的社會教育，在實務教學的體驗，設計不少的成教教材，並榮獲台北縣教材特優獎。除此之外對於特殊教育、兩性教育與輔導等都是喜愛的領域。

個人著作分為教材類與研究報告兩類，有關教材類如下：《簡易科學實驗為資優課程設計補充教材》（市立師院 1992 年出版），《快樂學習》（北縣成教中心 1995 年出版）、《環境教育大地之愛》（台北縣政府 1995 年出版）、《健康生活》（台北縣政府 1997 年出版）。以上均為成人教育教材，1997 年參加教育部委託台北縣編寫國中補校教材，費

時 2 年完成了國中補校教科書，《法律知識》（上）（下）兩冊，台灣書店於 1999 年印行。任職瓜山國小與全體老師共同完成九年一貫課程設計，2001 年出版《新課程新願景》一書。

在研究報告類，1995 年完成《台北縣成人基本教育輔助教材內容分析》，並榮獲台灣省獎勵教育人員研究著作甲等獎，1997 年完成《國中補校課程標準特色與發展趨勢》（台北縣政府出版），2003 年個人碩士論文為〈志工領導行為影響志工組織發展之研究〉。

榮獲獲得獎勵如下：

1992 年教育部成教有功人員獎

1993 年全國特殊優良教師師鐸獎

1997 年花蓮師院傑出校友獎

2004 年行政院頒發校務經營溫水游泳池 ROT 案績效卓著獎

2005 年全國學校經營創新獎

2005 年全國社會教育有功個人獎

一位國小校長的反思答問

李玉惠
台北市石牌國小退休校長

壹、前　言

　　因感動於林文律教授對校長學的摯愛，從2000年同行參訪英國相關機構對校長培訓方式後，林教授克服萬難，在國立台北師範學院首創「校長培訓班」和「校長學分班」，開啟台灣地區校長專業培訓與證照制度的先河，對教育的影響和對校長專業化的貢獻，想必占台灣地區教育史上重要的一頁。因此，得知教授在出版專著《中小學校長談校務經營》與主持兩個校長校務經營專案之後，進一步規畫邀集實務工作者再談校務經營與策略，這份堅毅的執著和熱忱，令人感動。故以略盡棉薄共襄盛舉之情，以「一位國小校長的反思答問」為題，透過深層反思（reflect）、後設（meta-）擔任校長的學校，包括布希（Busi，簡稱B）、福特（Futor，簡稱F）、林肯（Linkon，簡稱L）3個學校的經營歷程，再以真實的（truth）逐項坦誠回答教授所訂大綱，作為本篇論述的內容格式。

一、擔任校長之前的準備

　　決定要讓自己扮演校長角色，始自於發現校長對學校發展影響至深。學術型校長，激勵教師積極進修專業教學；快樂型校長，啟發教師設計多元有趣的教學活動；仁慈的校長，涵孕寬厚有愛的校園文化；守法的校長，建立明確有序的學校制度。反之亦然。

　　為了豐沛擔任校長的興趣動力，遂積極找尋當校長的好處。終而發覺當校長不但可以影響學校發展，還可以獲得「回饋社會：教好孩童」、「自我挑

戰：領導團隊」、「行善積德：助人解惑」的好機會。於是暫停所有娛樂應
酬，將時間精力投入研閱教育、法令、心理、輔導、行政、哲學、課程與教學
等領域專書。

名題金榜獲得校長儲訓10週，反覆繞耳均為前輩陳寶山教授和馬蘭亭主任
的提醒：「要立志當『好』校長」。因此，在儲訓期間，不管課程內容為何，
聚焦所在，都是用心觀察分析所見的「好」教授、「好」主管、「好」校長與
同訓的「好」同儕，學習「好」的言談內容、神情、態度和意見表達或建議的
語氣和方式。

從名列校長榜單至今，長期努力追求「更好」，因為既然要回饋社會、自
我挑戰、行善積德，那就「非好不可」。在學習「更好」的歷程中，所見「好」
的楷模風範，以及當年希望擔任校長的興趣動力，持續影響著在B、F、L3個
學校的經營策略、領導模式，以及在上述3校公領域的處事帶人原則。

二、校務經營理念與策略

㈠教育思想源頭

依據《說文解字》解釋：「教者，上所施下所效；育者，養子使作善。」
同時特別指出：「育，不從子而從倒子者，正謂不善者可使作善。」由此，教
育就是透過成年人來引導未成年者，使未成年者可以向善發展；而且縱使未成
年者有不善之處，亦可透過教育使之向善發展。

因為深信教育就是要由成熟長者指導未成熟者，使幼童慢慢長大，具備善
良的行為。因此，從這樣的思想觀念出發，在學校領導上，總用心辦理比較高
品質的研習進修，例如「優質學校深耕隊」、「親職教育讀書會」等，增進成
年人，包括教師和家長，有關學校教育知能和輔導管教之技巧。因為相信唯有
增進成年人的教育知能和輔導技巧，而後可以有效指導學童向善發展。「育，
不從子而從倒子者，正謂不善者可使作善也」，因此，在學校領導上：1.積極
推動「零體罰」，宣導學童可以透過「試誤的學習」而向善；2.推動學習型學
校，進行團隊學習，引導成員在實務中體現精益求精。

(二)行政領導策略

面對校園民主化與多元參與的時代潮流，作為校長，則以有效利用團體動力作為行政領導的關鍵策略。因此在具體做法上，包括：1.任務編組（team-work），推動團隊運作；2.賦權增能（empowerment），重組校園權力結構；3.咱們同國（we-ness），發展團隊凝聚力；4.分層負責，激勵集思廣益齊心共責。

例如以國民小學每年的運動會為例，成立專案小組，由訓導處主政，透過任務小組會議，共同決定經費運用、活動型態、內容、時間、地點等。再如以成績評量所造成親師衝突為例，由教務處主政，成立調查小組，蒐集證據進行專業研判，若涉及教師疏忽或不當，輕則口頭要求修正，重則交考績會研議處理；若屬家長誤解，則小組協助詳加解釋，澄清誤會。上述兩例，在 L 校、F 校、B 校均得以順利實踐。至於專案成員，則均含家長會長、教師會代表；同時再視專案性質邀請地方仕紳參與，例如在處理衝突事件之協商，或規畫學校與社區整合型活動時。

(三)教學領導方式

在 L 校、F 校時，因受學校所在位置學區屬性與家長特質影響，教學計畫與活動設計和實施，均能持續創新，多元有趣，引導學生練習主題研究；同時也能藉由社區資源利用和家長人力，進行戶外教學；組群教師合作設計統整課程，進行協同教學。因此，作為校長，旨在提供更多前瞻性資訊，激勵教師服務士氣，設計提供課程與教學的專業對話環境與時間，與教師分享教學輔導之經驗。

B 校位在傳統社區，家長偏重考試卷分數，致使教育改革浪潮滯留在校園圍牆外，「教學創新」、「教學品質」與「學生主體」等意識仍待萌芽。因此，作為校長正逐步而有計畫的推動：1.微型教學，提供教師觀摩有效教學模式；2.校際交流，帶領行政主管人員參訪標竿學校；3.案例分享，增進教師了解創新教學與多元評量。上述 3 要項，均正逐階段實踐中，希望以沒有壓力的驅動力，讓教師在不自覺裡改變觀念，擴增視野，而後能自發的改善教學，帶好每位學生。

四課程領導方法

在 L 校時，正值台灣地區課程改革啟動的醞釀期，有關課程綱要取代課程標準、培養學生帶著走的基本能力，以及學校本位課程和課程統整等概念，均讓作為校長者，必須與教師群體積極參與研習進修，更新和增進有關課程的知識。因此乃利用學校地理之便，帶領教師利用週三進修時間到鄰近大學，如國立台灣師範大學、國立台北師範學院、台北市立師範學院等，參加各項有關課程改革的系列研習。

到 F 校時，國民中小學九年一貫課程踏入實驗期，於是，由校長召集，成立學校課程發展委員會，每隔週召開會議，並在會議前提供課程書面資料，而後在會議中討論、對話、反省，進行團隊學習；同時，則引入課程學者專家，參與評論和指導。經過整整半年，在課發會成員都逐漸增進知識、釐清觀念時，再邀請具有課程改革與教學專業知識的家長，走進校園協同課發會委員，隔週定期參與各學習領域小組的對話討論，逐步增進各學習領域教師有關課程知識。終而能夠在 90 學年度，一年級開始實施九年一貫課程時，有關家長宣導和研習，均由校內教師擔任講座，進而由教師會籌畫自編學校本位課程「布希之美」，家長會主編社會學習領域「布希社區踏察」。B 校，撰文時正從不同角度多元嘗試驅動中。

五特殊學童觀照

為了給孩子適性的教育，L 校、F 校和 B 校均設有資優班和學障資源班，但均未設置音樂、舞蹈或美術之才藝班。作為校長，不管對資優班或學障班，均充分尊重該類科教師之專業，在課程與教學上，作為校長很少表示不同意見。對於資優班的學習發表會，尤其在 F 校時不分年級學生的獨立研究發表，一定親自參與，表達鼓勵和支持。對於學障班的兒童，則依據教師提出建議，例如最好購買語言學習助聽機具等，均完全支持，以增進學習效果。

為了幫助特殊兒童獲得更好的學習，除在環境空間、教學設備和輔助器材上，給與具體支持外，也刻意透過增強物的提供，例如美麗的糖果或小禮物或是與校長合照，鼓勵學生。記得在 F 校時，資源班老師首次告訴學習障礙和視障班的孩子說「因為你們很乖，所以校長要和你們合照喔」，有學童母親在合

照時含著淚感謝校長。在 F 校和 B 校，則成立親職教育班，聘請有經驗之教授
到班帶領，刻意邀請有需要的家長免費參加，透過研習對話和傾聽後的引導，
提供家長精神支持、鼓勵或具體建議，幫助家長增進對特殊兒童的教育輔導知
識和能力。

㈥教育資源爭取和運用

　　有關校內教育資源的統籌與運用，不管在 L 校、F 校或 B 校，均由學年教
師代表和處室主任進行需求蒐集和優先排序，規畫預算編列和採購。至於社區
資源彙整與運用，則透過邀請學區里長參與正式會議，如行政會議和課程發展
委員會等，增進學區里長了解學校教育需求，共同規畫發展學校與社區的融合。

　　例如 B 校校舍改建，校內教室空間不足，利用里長辦公處辦理「親職教育
讀書會」，利用緊鄰國中運動場進行體育科教學。再如 L 校因為校地眷村未拆
除，空間狹小，所以利用區行政中心會議室辦理畢業典禮，借用國中運動場培
訓田徑校隊。在 F 校時，則引入鄰近大學教授與家長資源，辦理多元教學活
動；同時利用緊鄰森林公園實施戶外教學或迷你馬拉松比賽等。

　　在經費取得方面，在 L 校和 F 校時都依照年度預算編列程序，逐年編列，
除了 F 校家長曾經透過立法委員協助，向事業機構如電信局和電力公司等，爭
取到辦理教育活動的活動經費外，較少主動向教育局爭取。到 B 校時，則因教
室大樓的結構柱嚴重龜裂，活動中心鋼筋裸露鏽蝕而且樓地板水泥塊紛紛墜落，
因此，在向承辦人員爭取經費無著落後，「不得不」直接向高層長官爭取結構
補強經費暨校舍安全鑑定費用。不過像在 B 校這樣強力爭取經費，雖能保障師
生的教學安全，但對日後與教育局關鍵官員之人際互動關係會有嚴重傷害，意
即強力爭取經費必須付出相當大的代價，因此要非常審慎評估。

㈦校外公關的經營

　　從學校行銷的概念出發，辦好學校教育，讓學生快樂而成功的學習，教師
專業而創新的教學，是經營校外公關的基石。因此，不管在 L、F、B 學校，都
定期將學校發行的刊物，送達學區里長、地方仕紳、選區議員和教育局相關人
員手中，增進彼等對學校辦學情況的了解。尤其 B 校因新建教室工程延宕，致
使多年來近半校區屬工地，2005 年初又同時進行教室大樓結構補強，為了激勵

全校教師和家長及校外人員有信心共渡黎明前,除每月 2 次定期召開工程說明會,同時每週二定期出刊「布希國小快訊」,以書面說明每週工程進度和教學活動。

除上述書面刊物外,學校主動邀請學區里長參與正式會議或運動會節目,例如里民排舞或劍舞表演,仕紳、里長或議員參加趣味競賽或接力比賽,或視需要參加非正式聯誼等。若有創新之校務,則正式邀請里長、仕紳和議員等參加規畫,擔任執行小組委員或列席重要會議等。例如在 B 校辦理公共藝術設置,邀請議員、里長和畢業的家長會長加入執行小組,擬訂計畫書、擔任評選委員,以增進了解、凝聚共識、強化執行動力源。此外,則由校長與主任參加學區各里所舉辦的活動,例如元宵節燈會、彩繪社區、聯誼活動等,

(八)與家長關係的經營

從法的觀點,不管《家長會自治條例》或《教育基本法》,都明確賦與家長參與學校教育的權利。因此,從首任 L 校校長職務至今,在不違反教育專業倫理和法令規定的前提下,都以尊重和滿足家長需求作為校務經營指標之一。不過因為家長多係站在「愛護自己的孩子」的角度評估教師教學輔導,用「自己的興趣」評論學校經營與活動,因此累積 3 個學校的實際經驗,發現要與家長維持良好互動關係,需要相當大的寬容和忍耐,方能笑臉面對無理要求,和氣化解衝突危機。

例如在 F 校時,家長強力希望影響教師評審委員會運作;同時希望學校教師能夠配合家長會辦理的各項活動。在 B 校時有家長希望享有編班時挑選導師、規避採購法之特權。不知道是源自社會演進影響,或受家長會成員特質的影響,L 校的家長及家長會雖積極參與校務,但卻未發生類似後來 F、B 兩校家長會干預校務之情況。

從市場理論或企業經營角度來看,家長是學校的顧客。顧客導向的思維,讓作為校長者相當重視家長及家長會的意見和需求。但是,家長會和家長並非學校正式體制及成員,校長對他們只能盡力協助、引導、規勸,毫無規範權力,因此不應該由校長負起相關之績效責任。不過為了增進家長及家長會對學校教育的了解,因此不管在 L、F、B 校時,均將家長納入參與任務編組,提供家長更多參與校務機會;同時辦理家長成長研習與親職教育,接受個別家長輔導諮

商，邀請家長會代表參加正式與非正式的會議、溝通和聯誼等。在參與規畫中
凝聚共識，在議題討論裡導引正確觀念，在系列研習中增進教育輔導的知識與
能力。

(九)校內關係的經營

依據權變理論的研究，影響領導效能因素中，人際關係占七分之四。「帶
人帶心」，校內關係的經營屬於「與人的互動」，「人」則包括全校教職員
工。因此，「真誠、關懷」、「平等、尊重」與「信賴、授權」成為扮演校長
領導角色時的行動信念（belief），亦即努力將「己所欲」施於人。這信念經歷
L、F、B 3個學校，從未改變。具體做法例如：

1. 真誠：對教師的需求具體回應。做得到，立即做；做不到，說明困難；違
   法或不合規定不能做，則引據解釋；不含糊應付。
2. 關懷：對教師的婚喪喜慶，具體表達慶賀或慰問。適時關心教師教學輔導
   問題和生活情形。
3. 平等：實踐「人人主角」，每位學生或教師人人平等。尤其教師不分專長
   或年資，無分主任或職工，均擁有平等人格。
4. 尊重：尊重教職員工的專業自主的教學輔導、興趣和性向，對負責的自由
   發言、不同意見均採無條件尊重。
5. 信賴：性善論的人性化管理，相信每位教職員工都願意讓自己表現更卓
   越，故而以積極協助取代消極監督。
6. 授權：實施賦權增能（empower），分層負責，使教職員工均擁有在權責
   裡計畫、執行和檢核、修正或改進的權力和樂趣。

不過，雖然校長用「自己當老師時的期望」來善待學校教師，但是並不保
證全體教職員工就都能體會校長的善念與用心，因此作為校長者必須有「豪
氣」，自我期許「作為校長，沒有權力討厭任何人，有義務接納愛護每一個
人」。因為「再好的政策」，都必須依賴教師實踐到教室裡，學童才能獲得有
意義的精緻學習。所以，校長必須盡最大努力經營校內人際關係。

(十)與學生情感建立

受到學生喜歡和信賴，是校長喜樂重要泉源，尤其在國小，小朋友情感很

率真，F校家長常說「小孩堅持要早點兒到校和校長握手」。到B校半年左右，家長很驚訝「奇怪，孩子怎麼這麼喜歡校長媽媽」。不管在L、F、B校，均有學生主動到校長室或寫信，告訴校長他們的困擾，或與同學、父母師長的衝突。擔任校長的最大樂趣和成就，就是享受「如母親」般無條件愛護學生，無分學生 IQ 高低、行為乖巧或調皮，主動設計機會與孩子們相處，建立親密情感。所以除了參加特殊的教學活動，如畢業旅行、營火晚會，或園遊會、跳蚤市場、班級慶生會、萬聖節活動、元宵節猜燈謎等教學活動外，平日與學生情感交流機會很多，如：或與小朋友抱抱，或讓小朋友捶捶背；或一面享用小朋友端來的湯圓、烤肉或蛋糕時，與小朋友聊個天兒。或兒童節送給全校小朋友糕餅糖果，平時送給團隊小朋友小禮物；或請個別孩子吃顆糖，或與學生合照，或回應學生大喊聲「嗨」，或遠遠兒的揮揮手。

在 L 校時，小朋友看到校長裙子太長走樓梯不方便，立刻在下課拿剪刀要幫忙把裙襬剪短些。在 F 校時，小朋友因為要送同學生日禮物，先到校長室借幾顆糖。在 B 校時，小朋友定期詢問校長吃午餐沒，提醒要趕快去吃喔；有管樂隊小朋友定期詢問「校長有沒有認真練習豎笛」。不管在L、F、B校，頗多小朋友都故意走到校長室門口，大聲喊「校長好」；偶爾還問：「校長您都在忙什麼？」，「校長昨天怎麼沒有看到您呢？」

㈡與上級單位關係經營

上級主管機關的支持，是校長處理校務時的極重要支柱。很幸運，擔任校長期間，受到歷任 4 位教育局局長的特別關心和照顧，具體簡述如下：

第 1 位吳局長為了幫助 L 校發展，多次使用學校會議室召開局務會議，讓教育局科室主管了解學校實際環境，協助立即改善；將「眷村校地問題」交給「工程科」負責；同時以具體行動支持校長到研究所進修學位（這是獲得博士學位的關鍵點）。第 2 位郭局長在任 10 個月都親自協助校長處理 L 校「保留或拆除四四南村」的爭議。第 3 位李局長指定 F 校作為教育政策「心教育」中心學校，每學期親自參與 F 校辦理的「高峰會」。第 4 位吳局長親自帶動官員以具體措施協助 B 校，包括處理「老樹群保留或移植」的爭議、延宕多年的新建教室工程復工和施作，以及教室結構安全補強等複雜問題；同時多次親自到 B 校激勵教師士氣、鼓勵學生學習、感謝社區仕紳協助，殷殷期勉共渡黎明前。

　　與上級的溝通和關係經營，好像很輕鬆，又好像很困難。覺得輕鬆，是因為擔任校長期間，剛好都遇到以教育家自許的教育局局長；回顧 10 年校長生涯，很幸運的都自然就能獲得教育局局長的主動關懷和協助。覺得很困難，是因為少數上級承辦人員或科室主管，不能諒解校長與局長的直接互動；雖然依《國民教育法施行細則》，國小校長原本就必須承教育局局長命令經營學校辦理校務。

　　至於與其他單位的互動，如社會局、環保局、文化局、警察局等，學校則依照有關規定辦理，屬於被動的配合；與教育部之間，亦僅依據教育政策，執行應辦事務，配合教育政策進行興革。

㈢發展學校特色

　　經歷 L 校、F 校和 B 校，看到有關學校特色發展，幾乎都必須與社區屬性和教師專長做結合，意即唯有符合社區屬性或教師的專長興趣，學校特色方能真正永續發展，否則都只是人去政息的短暫現象而已。例如在 F 校的多元化教學活動與社團，係源自家長要求和教師專長；B 校的桌球，則源自教師的興趣。

　　不過作為校長，基於遴選制度的績效責任，往往會主動發揮影響力，以校長的價值觀和專長結合家長專長或教師興趣發展學校特色。不過此種以校長為主的學校特色，也容易因校長更替而蛻變。從經驗檢視，學校較少以家長的期待來發展學校特色，因為家長人數眾多，需求紛雜易變。至於學生興趣喜好，在國民小學階段並不明顯，比較沒有據以作為特色的基礎，但會被校長用來作為學校經營的微觀思考因素。

㈣學校變革管理

　　有關學校變革管理，在接任不同學校校長的初始階段，都先用心傾聽教職員工和家長聲音，蒐集客觀資料，進行現況和優缺分析，估算所需人力和經費，而後細心規畫應該進行變革的具體事項內容、步驟和時程。

　　在 L 校、F 校和 B 校的變革推動，雖然項目不同重點有殊，但都可以區分為兩大類，包括：*1.* 必須立即變革者；*2.* 慢慢宣導逐步推動。凡涉及事實命題（factual premise），例如違反法令規定、危及教學環境安全或有損學生的學習權益者，立即改變；凡事涉價值命題（value premise），例如創新或多元化、

趣味化的教學活動設計或多元智慧評量等議題,則透過策略運用,包括進修成長、激發價值感、溝通觀念、深耕勤耘、營造氣氛、形塑文化,使能變革於無形中。前者較多屬於行政層面,績效明顯具體;後者多屬教學範圍,成效較難評估。

三、學校經營的法律層面

年輕時,受同儕影響,準備參加大學法律系插班,雖然後來就讀中文系,但曾經投入一段時間研讀法學概論、《民法》和《刑法》等基本法律書籍。後來,因為擔任行政工作之需要,亦投入許多心力研閱《政府採購法》、《審計法》和與教育相關的法令,如《國民教育法》、《教育基本法》、《特殊教育法》、《兒童福利法》、《兩性平等法》、《幼稚教育法》等,或教育部和教育局之行政命令、條例、要點、辦法等。在就讀研究所期間,亦曾選讀教育法令研究之課程,探討與學校相關之法令規定。

從早期開始擔任主任的工作到校長角色扮演上,都算是相當重視有關法令之規定。尤其是在 2000 年 11 月、12 月左右,國內各大報紙曾經刊載「南部與北部地區前後出現有違法的教育行政人員與學校主管被檢察官起訴求刑,被行政主關機關勒令停職」之案例,讓自己在執行校長職責時更加審慎。同時在帶領學校團隊運作時,也總是經常利用正式會議和非正式機會宣導,高唱「依法行政」,堅持唯有合法,才有情、理。同時為了幫助學校團隊成員建立正確法律觀念,總是刻意蒐集違法判刑案例當教材,提供行政處室主管人員做參考,並安排具律師、法官身分家長到學校擔任義務法律宣導員。

例如在 F 校時,就邀請家長如法官或律師,分別利用早上時間,實施「法治教育」,包括偷竊、惡作劇、罵人、打人等的可能法律後果;利用週三教師在職進修時間,向全體教師員工講解體罰學童、沒收物品、散播傳言、惡語辱罵學生或同儕、違反會計程序或《政府採購法》、接受廠商餽贈、私取學校財產、教師甄選不公等之法律責任;也在校務會議時,由律師家長列席,現場指導會議進行時之程序和正確語言表達。不管在 B、F、L 學校,平時則由人事室負責宣導政風倫理,偶爾則邀請教育主管機關負責政風官員到學校講演政風議題。

法律素養,讓自己在扮演校長角色時,絲毫不敢忽略學生、教師和家長的

各項法定權利，但有時卻也容易掉入「不夠圓融」的誤解泥淖中。例如在 B 校，就曾經因為「不敢違反《政府採購法》」，造成重要家長誤會，而惡意攻擊抹黑學校人員，模糊焦點找議員施壓。不過，因為違反法律規定，尤其《政府採購法》，其後果所涉及是圖利等刑責，而非只是行政責任，因此對依法行政的堅持，作為校長，無法也不應因為被誤解抹黑而有所改變。

　　總的來說，法律方面的知識，讓自己在扮演校長角色時，能更有信心帶領學校團隊成員邁向正確方向，避免學校成員因違法而落入心驚膽跳的困擾泥淖，非常有利於學校經營與發展。因此，建議有志扮演校長角色者，宜盡量充實法律知識，才能保護自己也保護團隊同仁。同時也建議教育主管機關，能為已任校長或將任校長者，最好包括主任層級人員，規畫系列的法律知識研習，持續增進校長和主任的法律知識，尤其學校有涉及營建工程或大額採購者，更要協助提供相關法令規定。因為唯有幫助校長遠離有關採購違法之困擾，才能讓校長安心辦學。

四、環境的衝擊與因應

　　從1987年台灣地區宣布解嚴，1988年解放報禁與黨禁以後，政黨多元化、社會民主化、文化市場化、參與爆炸、言論自由、百花齊放、個人自主意識高度抬頭，種種現象尤其顯現在總統大選政黨輪替之後。檢視從解嚴以來，所接踵修訂或新訂公布的法令，例如《國民教育法》、《師資培育法》、《教師法》、《教育基本法》、《政府採購法》等，以及中小學家長會組織自治條例、校長遴選要點、教師評審委員會、國民中小學九年一貫課程綱要等，均將社會變遷的洶湧浪潮，直接引入校園，嚴重衝擊，造成傳統校園權力結構的動搖瓦解，校園生態從根產生徹底質變。

　　回顧初任L校的校長職務，係在教育局會議室由業務科科長主持，候用校長依成績順序，自由選填所要學校後由市政府布達派任。當年在L校時，教師出缺，亦由教育局選派，但是在代課教師方面，校長則擁有較大選用空間。1999年，轉任F校校長職務時，參加首屆辦理校長遴選，學校家長會長在遴選會場對委員票決擁有相當大的影響力；2003年再參加B校校長遴選時，雖然可以感受到教育局以較強硬力量作主導，但是家長會長還是自覺認定「校長是我聘的」。

「校長是我聘的」這樣的知覺，嚴重影響重要家長參與校務運作時的自我角色定位。例如 F 校的重要家長，總是很用心的積極幫忙規畫系列教學活動，要求校長必須「規定教師」全力配合；B 校重要家長不擅長教學設計，卻總是「以為」只要出面要求，學校就務必全力配合。因此，F 校曾經為了家長會積極規畫教學活動，教師卻以「教學時間不足」無法融入教學計畫，而造成一些不愉快；B 校則發生重要家長要求無償使用學校教室辦理收費研習和規避政府採購法辦理畢業旅行未果，而產生嚴重誤解，終而假借其他事件，擴大衝突，找人施壓，模糊焦點，抹黑造謠。

面對家長或依法令所授與權力，或來自社會變遷驅使自主意識的覺醒，透過家長會組織，積極主張參與學校教學與行政，所帶給學校經營與發展的激烈衝擊，作為校長，不管是在 L 校、F 校或 B 校，均以推動任務團隊（team-work）的運作、實施賦權增能（empowerment）的學校經營作為因應。不過因各校家長社經水準、學校傳統文化、師資背景條件和學校地理位置，有相當大差異性，所以須依據 SWOTS 分析，評估優缺長短，進行任務團隊編組和參與能力的增進。

面對社會變遷，多元的參與，分歧的價值觀，以及普羅大眾文化和市場導向的選擇，甚至偶有不負責任式的自由言論，檢視作為校長，不管在哪種類型的學校，包括百班以上的 B 校、70 多班的 F 校、30 幾班的 L 校，都必須自我要求做到：*1.*以更寬闊的心胸包容可能產生的亂象；*2.*以更積極的態度規畫共享決策權力的運作模式；*3.*以更開放的視野肯定多元化參與的附加價值；*4.*以更權變的民主建立超越僵化的依法行政和制度；*5.*以更專業的語言進行教育知識的論述溝通與建構。而後，方能在後現代浪潮中，有效領導學校，使學校一面邁向更精緻卓越，一面營造更溫馨和諧，持續向上優質（betterness）發展。

五、近 10 年來教育政策的實踐反省

從「410」教育改造全民聯合運動後，台灣地區教育改革進入全民熱絡期，革新學校、保障學童受教育權之呼聲響徹雲霄。回顧近 10 年來教育政策之實踐反省，如下。

(一)在中央，教育部推動與國民小學相關的教育政策

1994 年 6 月召開第七次全國教育會議，於 9 月 21 日成立行政院教育改革審議委員會。1996 年 12 月提出《教育改革總諮議報告書》，列舉教育改革重點和策略。1998 年 5 月行政院核定教育部所提的《教育改革行動方案》，同年實施《發展小班教學精神計畫》。1999 年修訂公布《國民教育法》，實施國民中小學校長遴選聘任制；同年 6 月公布《教育基本法》，明定父母可以為增進孩子學習福祉做選擇。2000 年制定公布《國民中小學九年一貫課程暫行綱要》，隔年開始實施九年一貫課程政策。

(二)在地方，以台北市教育局為例

除執行來自中央教育部的教育政策推動之外，1994 年吳英璋局長推動「開放教育」，2 年後實施從三年級開始英語教學；1999 年李錫津局長積極推動「心教育」；2000 年由市政府推動從一年級開始實施英語教學；2003 年 12 月吳清基局長倡導「精緻教育」，積極宣導「以精緻教育為核心，以全人教育為半徑，畫出人性化的教育同心圓」的理念；同時，於 2004 年推動「優質學校教育」。

站在國民小學的教育現場，面對波濤洶湧，後浪接前潮的來自中央教育部和地方教育局的諸多教育改革政策，作為校長，肩負起「承、轉、合」的關鍵角色。一面積極投入研究教育政策，深入了解教育政策理想、核心精神和價值；一面將教育政策的理想價值和焦點，轉換成為學校層級能夠理解的語言和做法，以期有效推動和落實到教室裡。不管來自教育部或是教育局的政策，距離教室層級的教學實踐，都非常遙遠。具體而言，要將教育政策的理想美意，真正嘉惠於莘莘學子，縱使學校校長費盡心思力氣，卻也未必能夠立竿見影，因為教學者教師之觀念重建和教學習慣的改變，都需要更多新資訊和震撼，也需要較長的時間。

例如在 L 校，為了推動開放教育和家長參與校務與班級教學，第 1 年持續進行概念說明和做法舉例；第 2 年找出少數班級嘗試與示範；到第 3 年才逐步成熟被接受；能真正實踐到大多數班級，已經是第 4 年的事了。再如在 F 校，為了推動「九年一貫課程」，帶動「學校課程委員會」和「學習領域與學年教師」的專業對話，第 1 年，每 2 週 1 次，定期召開學校課程委員會議，提供閱

讀資料，示範帶領課程建構的專業對話；半年後，由學校課程委員負責帶領學習領域和學年教師討論課程，進行對話；第2年，每月持續進行課程委員會議，開始討論學校課程計畫；每週輪流進行學習領域和學年教師的課程計畫討論，以及組群教師課程與教學的討論；直到第3年，才由教師自主規畫本位課程的建構。

六、價值與倫理的思考

回顧擔任校長期間，不管在L校、F校、B校，做任何決定（decision-making）均堅持「學生主體，教學第一」的原則，並以之作為學校經營指標；同時以「學習學校，人人主角」作為學校經營總目標。因此，真實檢視10年擔任校長期間，各項決定，都是以最有利於學生學習為前提，不過也因此被批評為「很強勢」。其實單純就學校教育而言，資優生和學習不利學生，是可以同時得到最有利於學習的關心和照顧的，亦即兼顧每位學生，把每位學生帶起來，讓學生獲得適性學習，應該是可以實踐的理想，不同資質學生彼此間的需求可以沒有衝突。

從回歸教育本質的角度思考教育價值與倫理，以B校為例，在校務發展計畫裡明文訂定：*1.*教學活動沒有其他目的，以增進學生學習為目的；*2.*學校行政沒有其他目的，以提高教學品質為目的；*3.*人員、經費和空間資源，以促進師生教學為優先；*4.*教師必須以專業敬業，實施因材施教、創新教學；*5.*行政必須以服務支援，精緻卓越品質、促進教學；*6.*校長必須以教育使命，豐沛動力泉源、活化教學。

愛護每一位學生，尊重每一位老師，不會因為教師專長、學生資質或其出身背景而有差別待遇。「人人主角」的決策原則，在L校、F校都很順利，也頗獲全校親師的肯定和支持。但是，在B校，則承受源自「有些錢或權勢」者有如浪潮般洶湧的壓力；不過，也因而在B校有機會「為了學生學習的最大利益」，深刻體驗作為校長「有所為有所不為」的教育家風骨和擔當。

七、發展學習社群的想法和做法

以B校為例，為了在學校扮演「學習領導者」，在校務會議裡提出校務發展計畫，明文揭櫫「學習學校」，「成功的學生、專業的教師、負責的家長，

時時、處處樂在學習」。推動團隊學習，系統思考，改變心智模式，超越過去邁向更優質，實踐「精緻活化的學校，快樂的人、健康的心、創新的事、卓越的果」。

為了引導與學校有關的人員享受學習之樂，以 B 校為例，具體做法包括：1.提供書目，推動學生深耕閱讀；2.為家長辦理「讀書會」；3.為家長和教師辦理「優質深耕研習」；4.提供訊息，鼓勵教師和家長參加校外研習或進修；5.為教師辦理有關課程教學和輔導的系列研習，例如教師輔導工作坊、網路研習、領域課程研習等；6.透過定期刊物、網路校務討論版等，論述概念，建構知識。

不管在 L 校、F 校、B 校，從對學習進修的熱愛程度，約略可以將成員區分為 4 類：1.非常熱中學習的奮發者，約占 20%；2.有些意願學習的主動者，約占 50%；3.不太願意學習的被動者或觀望者，約占 20%；4.堅持拒絕學習的懷疑者或破壞者，約占 10%。帶動前 2 類成員團隊學習，容易而有樂趣；引導被動者和觀望者學習，需要有較大毅力慢慢激發其內在動力；帶領懷疑者願意學習，需校長主動扮演益友或安排同儕協助；至於隱藏在組織暗處的破壞者，校長則只能「期待減少」彼等丟石頭或向後拉扯。

八、推動德智體群美的做法

解構再造的教育改革洶湧浪潮，雖然讓培養「帶著走的能力」成為社會大眾朗朗上口的共同訴求，但卻沖不散綑綁家長的傳統「升學主義」緊箍咒，聯考轉身為基本學力測驗，持續宰制父母的心智思考；國際化和數位化以及績效觀和品質觀，攜手合力將「學校教育」窄化變成「教學」可以看得到的知識和技能。再加上社會制度轉型，功利主義和現實環境影響教師教育使命感與熱忱，小家庭年輕父母或少子化現象等，終使德智體群美五育均衡的概念相對減弱，尤其德與群，有時幾乎到毫無被覺知的程度。

生活與道德教育，友愛合作的同儕學習，珍愛自己尊重別人的理想，真善美的人生價值和意義，成為少數校長偶爾呼喊的口語。為了期望突破智育掛帥，體育優先和形式化美育之困境，以 B 校為例，曾經辦理「倫理道德教育研習」，冀望增進親師對倫理道德教育的重視和知能；再則利用學生早會時間，實施團體輔導，安排主題講演、說故事或有獎徵答；同時利用持續辦理的親職教育讀

書會，增強和提醒家長重視五育的均衡；平日則透過輔導室系列徵文和問答，及訓導處持續加強生活倫理教育的宣導，意圖增進德育和群育。不過，因為家長觀念和教師使命感，以及德育和群育之實施，需要較長時間無法立竿見影，亦無法客觀具體評估，故成效如何尚難評論。

九、資訊在行政與教學的應用

不管是校務行政電腦化或是資訊融入教學，或是資訊在學校行政和教師教學與學生學習方面，對 L 校、F 校和 B 校而言，其落實程度都是無庸置疑。這樣的成果，並非源自於校長的理念或特別推動措施，而是學校所在地理位置和教育政策推動的必然結果。

因為教育局的要求，學校每位教師都必須通過電腦三種基本檢測；因為政策的規定，每位教師都必須學習建構班級網頁；因為教學典範的改變，每位教師都知道上網選取教學資料；因為實際行政工作的需要，所有學校行政業務都必須電腦化。

因此，校長只要依規定，重視校內資訊小組，尊重電腦教師教學，支持辦理系列資訊教學活動與競賽，例如網頁設計比賽、電腦繪圖比賽以及教師資訊素養研習等。不過，如何引導釐清資訊教育與電腦教學，區分使用電腦和資訊搜尋與處理，將是校長的重要課題。

十、塑造學校的文化

文化就是一種生活方式（Culture is a way of life）。學校文化，係指學校教育專業的氛圍、形象、價值、觀念、精神與態度等，顯現於外，可區分為物質文化、精神文化和社會文化。所謂物質文化，含學校建築、空間配置、設施和設備以及環境的美化與綠化等。所謂精神文化，指全校人員所共享的價值、觀念、需求和習慣與願景。所謂社會文化，含括全校教職員工、家長、學生與校長等人際互動關係和溝通倫理。

不同學校有不同文化，依據哈格雷夫（David H. Hargreaves）的觀點，以學校的控制壓力（social control）為橫軸，以成員的凝聚情感（social cohesion）為縱軸，將學校文化區分為 4 區塊。據此檢視學校文化，發現學校都是位處 4 區塊的中間，但是又各有所偏。例如 L 校些微偏向低控制高凝聚；F 校大幅偏

向高控制高凝聚與高控制低凝聚；B 校則大幅偏向低控制高凝聚和低控制低凝聚。

回顧來時路，新任校長職務時，都是審慎檢視學校文化偏向，再以「溫水煮蛙」逐漸塑造新文化。具體做法包括透過研習進修，灌引新活水；或動以情，曉以理，明以法；或誘以專業價值或利益酬賞。以逐步激發動能，匯聚動力，建立共識、重整觀念、更新認知、擴展視野，慢慢形塑新文化。塑造文化的耕耘歷程，辛苦而漫長，成效緩慢而不彰顯，備極辛勞而又無掌聲，若非擁有堅毅的承諾和使命感，很難。

十一、對校務的嫻熟

回首檢視擔任校長職務來時路，借用「人才生命循環論」（the life cycle of a person's talent），擔任校長的資歷恰可用前後 3 個學校作為階段的區分。因學校教育歷程無法重來，所以，將準備甄試和儲訓定位為引入階段（introduction），初任 L 校校長職務時定位在成長階段（growth），F 校歸為成熟階段（maturity）前期，B 校則屬於成熟階段後期。

擔任校長以來，因為不同學校的環境背景有異，故而校務經營聚焦的重點也不同，所以前後各階段都各有自覺得心應手處，當然也曾經遭遇不同程度的焚風驟雨或獸襲，不過後者病態案例不屬討論要綱所以就省略不敘。

(一)L 校，成長階段

在 L 校時，以維護學童受教權益、重建溫馨和諧的校園倫理、收回教育局做檔案儲存的 10 幾間教室，以及被占用的四四南村校地為重點。前者兩項，透過家長會長影響家長，與教師同仁共同努力下，超越非正式小團體各自獨立現象，凝聚「我們的」（we-ness）學校情感，而且也有比較創新活潑的多元教學活動。後者兩項，則在教育局吳局長鼎力支持和協助下，不但順利收回教室，粉刷如新，提供師生教學使用；同時也順利拆除四四南村的舊眷舍，讓學童擁有遼闊的教學運動空間。

後設（meta-）在 L 校擔任校長職務，猶如青春少年時。因為校長甄試後儲訓結束立即派任，滿心歡喜的體驗校長角色，猶如出生犢，不畏虎豹豺狼，堅持維護學生學習權利。以和藹親切的笑容，面對學童；以真誠坦率的態度，與

長官、教職員工和家長互動；以浪漫的熱忱，自許肩負教育家的使命感。同時，又積極透過學位進修，汲取教育改革新思潮，意圖活化滿腹的教育理想和抱負。

(二) F校，成熟階段前期

在F校時，配合國民中小學九年一貫課程政策的即將推動，學校經營以建構學校本位課程計畫、倡導教師專業自主、行動研究、組群協同教學為核心。積極推動親師合作，安排定時進行教師專業對話，以及落實李局長倡導的「心教育」。因為F校的教師，在教育專業意識和教育專業知能與學養上甚優；而且家長不但社經水準與學術背景偏高，且對學童教育非常投入；同時又因為學校地理位置之便，獲得多位教授學者的義務協助，因此很快就看到學校教育專業文化蓬勃發展，在課程統整與學校本位課程建構、教師組群協同教學、行動研究，以及親師合作教學等方面，均有不錯的成果。

回想到F校，猶如走入青年期。已經有比較豐富的實際經驗與實踐知識，對於校長角色的價值和意義更肯定，對於校長職責和影響力更具信心。以踏實的具體作為，實踐學校經營的目標，落實學生主體；以樂觀的堅毅態度，貫徹教育改革的理想，推動親師合作；以深耕的勤耘方法，重建（re-new）學校教育與行政作為的新觀念，構建教育專業知識論述的新平台。

(三) B校，成熟階段後期

到B校時，因學校現實條件，必須立即處理老榕樹群去留和文化與教育的融合，多年延宕停工的新建教室工程之復工施作，以及重新建立依法行政的學校制度，發展符合教育專業倫理的校園文化為重點。前述數項重點工作，因為獲得教育局吳局長的信任支持，台北市政府白副市長和文化局廖局長等市府內跨局處官員的合力協助，而能在「2個月」裡，順利而圓滿的完成處理老榕樹群、工程變更全面復工；同時也陸續完成公共藝術設置計畫與評選等事務。進而產生月暈效應，致使在建立依法行政的學校制度和教育專業倫理文化的重建等項目，終能獲得學校團隊成員的積極配合，在近2年短時間內，已可見相當程度的績效。

到B校擔任校長職務時，猶如已過而立的中年人。體驗過較多的人情世故，理解市場選擇的大眾價值，接納學校生態與政治的隱喻（metaphor）。因

此能夠坦然面對既有環境脈絡（context）裡的錯綜複雜和權力爭奪（strug-
gle），而能適時運用人脈積極發揮影響力，放低身段持續疏通釋放善意，尋求
社會支援以借力使力迂迴前進，同時操弄情境營造氣氛，積極開發有利於學校
發展的動力源。

十二、對教育部或教育局的建議

　　語云：「巧婦難為無米炊」，「徒法不足以自行」。謹將題綱所問：教育
部長或教育局長，如何引導中小學校長把學校經營好、對中小學校長校務經營
會訂定何種政策、對校長的學習與成長會有何具體做法，統整說明如下：

　　因為徒法不足以自行，不管來自教育部或教育局之教育政策理想，唯有適
應於學校層級，落實到教室教學方足以實現。而中小學校長學校經營之良窳，
緊繫著教育政策執行成敗的關鍵。但是無米難為炊，面對學校經營校務管理或
推動教育政策時，可能遇到的工作壓力與困境，若無足夠的知識能力與社會支
持，則很難發揮學校教育專業的理想和目標。

　　因此，從教育部長或教育局長的角度來看，將建議訂定「中小學校長學校
經營品質控管要點」。透過控管要點的規範，從積極面而言，有效啟動（ani-
mate）中小學校長持續學習成長的機制（mechanism），活化教育專業知識與學
校經營的能力，提高校務經營的品質與績效。從消極面而言，則在強迫驅使
（drive）中小學校長不得不持續進修學習，配合社會脈動更新學校經營知能，
掌握時代潮流做好校務經營。在控管要點中明文規定。

(一)建立嚴格的校長評鑑機制，訂定明確的評鑑規準

　　嚴格的中小學校長評鑑機制，必須先建立合理的評鑑規準和模式，讓中小
學校長可以展現辦學品質與行政績效，獲得被專業肯定的尊榮，進而享受在自
我實現的心理需求滿足喜悅中。

　　同時，除明定評鑑的合理規準外，亦應確定有關中小學校長之評鑑應兼顧
外部學術評鑑與學校內部人員之實務評鑑。讓校長在學校經營時，包括其教育
專業與學校行政之領導和私領域之言行，雖然受嚴格檢驗，公開評核，但卻可
以不必受制於少數家長或偏激教職同仁。

　　中小學校長經評鑑後，若有成績不佳者，應給與公開辯論的申訴機會。如

果確定績效不彰，則第1年列入專案輔導，由教育局長親自督導把校長帶起來。若第2年再評鑑，仍未進步者，則令其回任教師或暫停其校長職務。

(二)授與校長充足的法職權，明定專業角色職責

依據李玉惠（1998）的研究和擔任校長的實際經驗，在國民小學扮演校長角色，經營學校處理校務時，所知覺到的工作壓力包括：

1. 最常發生的工作壓力情境，包括：無法確實考核教職員的工作表現、了解學校經營的理念和目標、特殊個案學生安置與輔導、調解家長與教師的衝突與歧見。

2. 最困擾的工作壓力情境，有：必須化解教職員工的衝突與歧見、不易掌握學校各項教育資源的分配、部屬工作表現不盡理想、教師專業知能和素養不足。

在《國民教育法》修訂公布實施校長遴選以後，中小學校長必須肩負學校經營的績效責任，承擔社會大眾和家長對學校教學輔導不滿所產生的問題。因此，教育部或教育局，應該充分信賴校長，支持校長。故在品質控管要點中，除嚴格考核校長外，應賦與校長充足的法定職權，使能權責相稱，確實督導考核教職員工作表現。同時明定校長教學視導職責，依法協助教師改善教學方法，提升教學品質，實踐優質學校教育理想，達成培養學童基本能力的目標。

(三)規畫品質管控的進修研習，嚴格規範校長進修基本時數

由教育部或教育局辦理品質管控的系統帶狀研習，提供中小學校長持續研習進修機會，同時明定中小學校長每年最少進修的基本時數，以動態活化校長之心智，使超越意識型態與舊有習慣之宰制。

規範中小學校長的學習成長，明文條列多元替代方案（alternative）作為中小學校長學習成長之選擇。例如：除了參加有品質控管的系列研習之外，亦可選擇修習碩士層級以上與教育專業或學校經營管理相關領域課程，通過考核取得4學分以上；或是選擇每年參觀「標竿學校」6所以上之學校經營，其參觀啟示或心得通過核備者；或是在專家學者指導下，進行學校經營行動研究有成效者。

為了提高中小學校長學校經營的專業知識和能力，改善校長與人溝通互動

的模式，增進校務經營的品質和效能。必須明文規定：凡有未達規定研習時數或進修學分或參觀學校或行動研究者，第 1 年列入年終績效考核，並責成改善積極進修；若持續到第 2 年仍未達基本規定者，則暫停其校長職務。

十三、校長的身心健康與家庭

擔任校長職務，幾乎整日全時都是上班時間。例如在 L 校時，曾經有 2 次在子夜零晨，被電話從睡夢裡急召，驅車趕到學校，因為四四南村校地眷舍發生火災；亦曾經在晚餐時必須立即放下碗筷，因為教育局長官電話通知「據聞」有學生參加校外課輔班被酒精燈爆炸灼傷，著急趕到醫院協助處理，忙碌 2 個多小時後，才發現原來受傷者是「相同校名，不同縣市」的學生。再如剛到 B 校接掌校務，就為了樹保委員建議老榕樹群原地保留，奔走於疏通怒言率眾丟雞蛋的學區里長群；又為新建教室工程變更設計案忙碌；工程全面復工施作後，又遇砂石風暴、樓層爆模、鋼筋爆漲等嚴重意外。為了盡力讓延宕多年的新建教室工程不要停工，每天奔波，協調承商繼續做下去。

在擔任校長的忙碌歲月中，如要能夠妥善處理繁多的校務，又要兼顧扮演傳統女性負擔瑣碎家務的責任，幾乎是不可能的，更別談顧及身心健康的維護了。為了避免蠟燭兩頭燒的過度沉重壓力，於是僱請專人協助處理瑣碎的家事，包括打掃、拖地等清潔工作；同時謝絕所有應酬邀宴，晚上或假日盡量留在家裡陪孩子，雖然儘管孩子也是各自忙碌做功課，但是「母親」都在家裡。事實上，開始擔任校長職務時，2 個兒子已經分別是高一和國三。因為兒子從小就已經養成獨立習慣，完全自己負責讀書學習和功課，加上 2 個兒子所遇到的學校教師，都非常嚴格督導學生認真學習，所以基本上，忙碌的母親並沒有影響到對孩子的照顧。

擔任校長職務，不同學校各有不同的沉重壓力，加上經常會遇到意外困擾，對身心健康的傷害非常大。從學術研究得知，面對壓力必須尋求社會支持，否則可能對身心健康產生不良影響。因此，捫心自問，擔任 10 年校長，仍然神采奕奕、身心健康、生活愉快，實非個人因素所能致，而是面對工作壓力或困境時，都即時獲得強力支持，這股強勁支持的動力，源自於多位恩師和職場長官，師長充分提供情感的（emotional）和資訊的（informational）支持，甚或實質的協助（tangible aid），尤其前後 4 位教育局局長的信賴，讓個人在扮演校

長角色時能享受（enjoy）在動態挑戰中。

十四、如果重新來過

　　人生最令人無奈就是歲月不能夠重來。因此對於「如果重新來」這樣的問題，實在很難客觀回應。因為許多當年所採取的作為（action），有其脈絡（context）因素。回顧來時路程中，民主的多元參與和批判的分歧質疑，對校園生態或產生緩和的輕微波動，或急遽而激烈的震動，在不同校園裡的相同時間點，各有不同重要事件產生，可能受限於關鍵的時間點，而不得不採行某項決定作為。因此，時間點（timing）過去之後，很難用「如果」（if）去重新檢視和驗證。

　　例如在 L 校時，因為私領域的母親角色，讓自己必須盡可能留在家裡照顧孩子，無法參加聯誼餐敘等聚會，造成「她喜歡」獨來獨往的形象。到 F 校時，孩子已就讀大學而且非常獨立，卻又因博士班的課業壓力，讓自己仍然必須繼續謝絕所有聯誼餐會，造成「她不喜歡」與同儕互動的錯覺。等到了 B 校，照顧孩子和課業的壓力都已不再，卻又因承諾盡快許給學童優質學習環境，投入所有時間與心力，積極奔走協調新建教室工程所有問題，致使因為過度忙碌和疲累而無法參加同儕的跳舞、打球、游泳或爬山，繼續謝絕餐敘聯誼，終於造成「她不願意」與同儕互動的誤會。

　　再如剛到 L 校時，因為有家長長期無償利用教室辦理小提琴招生上課，當時視導督學嚴肅指正案涉圖利，故經家長會長協助讓該才藝班停止招生，造成該利益被切斷。在 F 校時，因為家長希望某教師到學校代課，但是教師評審委員甄選時卻有不同意見，以致造成對學校的不滿。剛到 B 校，又因老榕樹群的處理和新建教室工程意外事件，危機決定萬分火急，故由教育局局長直接決定，雖然因而讓事件都快速而有效的控制和處理，卻造成科室主管的誤解，形成沉重的壓力和傷害。

　　諸如上述案例，實在很難確定如果重新來過，可以有什麼更好的做法可以避開困境，也無法假設和驗證「如果」會有什麼結果。不過，依據實際經驗和題綱，對有志於擔任校長職務者提出過來人的建議如後：1.在「邁向校長之路」前，要盡量充實教育專業、學校經營、校務管理等知識和能力；2.擔任校長之後，要持續吸取活水，終身學習；3.要經常實踐反省，深層反思為何當校長，

堅定願意以服務為自我實現之生活哲學；4.要培養享受（enjoy）服務奉獻，自我肯定的習慣。5.要堅定意志，不因壓力如潮而隨波；不因誘惑而沉淪；不因被人惡意抹黑而受傷；不因長官誤解而頹喪。當能確定已經俱足上述建議後，方能在扮演校長時，享受「回饋社會、自我挑戰、行善積德」之樂趣。

十五、校長培育的反省

　　擔任校長，緣起於對校長角色價值的肯定與尊敬。不管稱為領導或經營或管理，其專業知識和能力藝術，可以從專業書本學習，也可以從「好」的校長、「好」的教育家或是「好」的專業管理人的言語措辭、身教示範等獲得啟示。

　　如果要設計一套校長培育的課程，其內涵將以包括教育學、教學與課程、教育行政學、教育心理學、教育社會學、教育哲學和教育相關法令等不同領域的主題研究為主軸，進行組群合作學習和研究，其中在行政領域尤其要重視領導、溝通、革新的推動力。同時透過領域專題研究之分組報告，成員彼此分享觀念和經驗，進行批判的論述與溝通，統整成員既有知識，增進其學校經營與校務管理的實踐能力。

　　雖然曾經受聘擔任兩屆台北市國小校長儲訓「師傅校長」，但是，都只能夠盡量試著引導實習校長：開始反思喜歡擔任校長職務的原因，探討一個「好」校長的生活哲學觀；實際體驗會議主持，以及面對做決定時間緊迫時的慎思模式和風險承擔容忍力；同時在輕鬆安全的氣氛裡，真誠分享作為校長所實際遭遇的挫折、壓力、困境和自我肯定的阿Q。目的只是在「打預防」，透過經驗的類化，協助了解在秀姑巒溪泛舟怎樣不翻船喪生，如此而助益於優質的新秀校長，可以盡其在我的追逐理想美夢，實踐教育家的承諾，縱使意外遭遇焚風驟雨或獸襲，仍能屹立，堅定向善。

十六、校長最大的貢獻所在

　　回首觀看在3個學校擔任校長，都誠懇拜託教師們：「請用母親的心愛學童，請讓孩子喜歡來上學」。因為就國民中小學來說，學校經營核心在「教學」，唯有學生快樂的有效學習，教師教學才有意義，校務經營與行政運作才有價值。沒有學生喜歡來學習，學校就不必存在了。因此，回想自己在3個學校擔任校長，最大貢獻之一或許就是積極努力讓「學生喜歡到學校」吧。

為了希望老師能讓學生喜歡來上學,作為校長,幾乎「先」用盡全力在校內教職同仁的公關經營上。包括生日送禮物到教室與小朋友齊唱生日快樂歌,關心教師教學專業成長,關懷教師的孩子和個人生活,例如到 B 校自費帶三兩同仁遠赴台東、花蓮、台中等地參加教師婚喪,或是如在 F 校時設置教師研究室等,目的都只是「希望老師喜歡來學校」。因為總是假設可以從邏輯推論,校長如果可以讓老師喜歡來學校,而後老師就可以帶動學童喜歡來上學。

除了希望透過老師提供學童喜歡來學習的情境氛圍以外,亦從校長角色再設計各種有趣的事兒,讓學生知道校長喜歡他們,進而學生也喜歡校長。於是,在兒童節或平日,都主動找理由送給小朋友造型有趣的糖果或巧克力;除了多設名額頒給五育成績優良的獎勵外,另設進步獎和行為楷模獎鼓勵考試成績分數較不理想者,同時也經常找機會贈送與小朋友「與校長的合照」。

因此,不管在 L 校、F 校、B 校的家長都曾經說過,孩子睡醒知道當天因為颱風或地震「放假」,竟然會嘆氣說「好可惜」。再如,包括 L 校、F 校和 B 校,都會有些學習遲緩的小朋友,每天他們最喜歡的是上學可以「校長抱抱」。記得在 F 校時,資源班老師首次告訴學習障礙和視障班的孩子說「因為你們很乖,所以校長要和你們合照喔」,有學童的母親竟然在合照時哭著感謝校長,這景象至今深深撼動校長心弦。

「有怎樣的校長,就有怎樣的學校」,校長對校園文化形塑和學校發展,影響至為深遠;對學校教育之成敗,占居關鍵重要角色。回想當初,就是基於對校長角色的肯定和尊敬,而選擇踏上校長路。捫心自省,走過 3 個學校,總是克盡權責,不計毀譽,不論得失,無怨無悔,任勞任怨,用「愛」帶領學校團隊成員,積極營造「有愛」的校園,建立「授權」的團隊,推動「論述」的溝通,發展「益友」的文化,建構「學習」的社區。同時,以「作為校長,沒有權力不喜歡學校任何學童和教師」自勵,以「作為校長,有義務愛護協助全校每位學童和教師」自許,期望擴大校長角色的影響力,發揮校長角色的價值與貢獻。

貳、後 語

選擇扮演校長,不是因為工作,而是一種心情。因為覺得校長非常重要,

所以決定當校長。歲月匆匆，細數校長的日子，走過人生旅程的黃金青壯期，跨越教育職場生涯的發展成熟期。感謝林教授擬訂大綱引導，使有機會深層反思這段屬於校長的歲月。感謝多位恩師和教育局局長與陳副座的指導和支持，尤其感謝 L、F、B 3 校同儕的齊心和協助，使能回顧校長路，無憾、無愧、無悔。如果人生能夠重新再來一次，還是願意歡喜選擇當校長。

作者簡介

　　李玉惠，虔誠的觀世音信徒，國立台灣師範大學教育學博士。出生於台灣省南投縣草屯鎮的青宅巷。鄉野田園的歲月，陶冶園丁性格，習慣深耕勤耘；逐蝶賞花的生活，涵孕浪漫思維，享有多元繽紛；豐富學習的體驗，強化主體意識，恪遵物我等值。因為意圖回饋社會、自我挑戰、行善積德而選擇擔任校長，同時在大學教育學程兼任助理教授；積極努力扮演兼具學術、快樂、仁慈而守法的好校長和好老師。最大樂趣，是與人分享私領域裡「母親與兒子」的趣味故事。

感動自己，感動別人——邁向專業校長之路

李永烈
台中縣永安國小校長

　　本文旨在以筆者擔任國小校長的經驗與想法，反思與實踐自己在校務經營的各個層面。首先，以自己走向校長之路說明擔任校長之前的心路歷程，其次是個人辦學的校務經營領導理念，再其次是校務經營實踐的具體做法，最後提出個人的省思與建議，期能為有意從事校長工作的教育先進參考。

壹、緣起（細說從頭）

　　套句曾經流行過的電視廣告台詞：「我是當了爸爸之後，才開始學做爸爸的。」同樣地，個人也是當了校長之後，才開始學做校長的。至於擔任校長前的一些念頭醞釀、儲訓省思及歷練等準備工作，分別以下說明。

一、當校長的念頭

　　坦白說，從小對校長的印象是非常遙遠而且模糊的，自小學至研究所的求學經驗中，每一求學階段的校長都是上了年紀，而且跟我個人互動非常的少，雖然自己也在小學、國中、師專等階段皆擔任過班長等班級幹部，但印象中仍只記得「校長」是畢業證書中落款的重要名字而已。真正有擔任校長的念頭，是在取得有可能擔任校長的基本條件之後，亦即是在師專畢業出任老師，可以從老師的角度近身去觀察一名校長，感受到校長所擁有的職務權威影響力，進而產生有為者亦若是的自我期許，想要當主管、做主任，進而出任校長。

二、校長念頭的醞釀與落實

　　傳統上，尤其在中央集權的威權時期，從一名新任教師到成功出任校長，

滿 15 年以上的年資，似乎是各縣市中小學教育界的共同標準。因此個人擔任教師之初，雖有想當校長的念頭，卻也知那是一段長時間的奮鬥。直到不小心誤打誤撞考上了高考，同一時間又考上了國立台灣師範大學教育研究所碩士班，一下子呈現在面前的是好幾條可以到達一名傳統師專生可以被稱為「成功」的道路。因為在台灣 70 及 80 年代的教育體系中，通過高考就好比是拿到了通往教育行政或學校行政的捷徑，督學、課長及國中小校長皆是可以預期的發展，而考上 3 所國立師範大學的教育所，也是取得了往大專院校任教的基本條件。

個人選擇了朝向教育行政發展的這條道路，當然也不忘學位的進修與取得，升遷與進修兩者常常是相輔相成的。從社教機構的一般教育行政人員，通過了台灣省各縣市教育督學課長甄試，順利出任督學、課長，進而有機會直接派任偏遠地區國民小學校長。在這個努力過程中，自己有兩個想法與做法可以分享。

(一)與人為善

在每一個服務單位中，保持跟每一個人良性溝通互動，不拘泥在原來的工作分配規則中，抱持著多工作，多學習；多歷練，多獲得的想法，如此可以跟所有同僚有很好的互動，自然容易獲得主管及首長的注意與提拔。

(二)積極主動

用「解決問題」的積極做法來取代「公文結案」的一般公務員消極心態，處事用心積極，但不權謀。讓別人有「認真、有能力、有企圖心」的印象，而非「厲害、有手段、有野心」等的負面觀感。

三、校長儲訓的省思

個人雖是師專生，但並不是傳統自教師而組長，由組長而主任，由主任而校長的升遷管道，而是通過高等考試，從縣市政府教育局督學課長而轉任國小校長，因此並未參加在板橋教師研習會專為各縣市國小儲訓校長辦理的 10 週課程。但由於是督學課長出身，在甄試上督學課長後，也曾在豐原的中教研習會，參加 10 週的督學課長職前儲訓課程，這也是台灣省教育廳最後一次辦理的縣市政府教育局督學課長儲訓。基本上其課程架構與國中小校長的儲訓課程，是相

似且有相當的重疊性。那次儲訓到現在，雖已間隔 10 年以上，但回想起來許多的教學課程與活動畫面還歷歷在目，這次儲訓就心中所想，其代表的意義如下。

(一)專業證照的確立

對照於後來台灣省各縣市政府已沒有公開甄選儲訓的督學課長，我們這一批教育廳公開甄選且擁有 10 週的專業訓練儲訓課程證書，可說是相當幸運的，這也是我們日後得以依照「偏遠或特殊地區學校校長暨教師資格標準」轉任國小校長的基礎認定資格。

(二)教育人脈存摺的建立

由於督學課長儲訓課程的位階，基本是高於國中小校長的。不僅從授課講師的專業講述中，開始了自己踏入基層教育行政界的第一步，也因為同期的學員都是跨縣市的教育行政人員，負責各縣市教育局的整個行政運作，對自己在教育圈人脈存摺的擴充與延展，發揮了很大的影響力。10 年了，當時同期的學員目前都是分布在各縣市教育局的正副主管或中小學校長，對於現在自己辦學、跨縣市的城鄉交流、甚或各級教育行政機關資源的取得，都有莫大的幫助。

四、正式踏上校長路之前

在出任國小校長之前，由於是一連串的教師、編導、研究生、督學、社教課長及學管課長的行政職務暨專業進修歷練，這些歷程所能形成的視角高度與廣度，是遠比在學校單純的教師、組長及主任職務豐富的，在這樣的過程當中，有一些想法與經驗仍是影響個人目前學校經營策略最深的。

(一)「公教合一」加值歷練

個人有幸在「公教分流」政策徹底執行前，同時擁有了教師教學與公務員行政的歷練，與目前大多數國小校長同儕不一樣的的職前經驗，培養了相對深厚的行政、法令素養，也因為深知縣市教育局各項行政的操作流程與思維，間接成為部分校長同儕的法令、辦學問題的諮詢對象。

(二)「以工作結交朋友」思維

「做什麼，像什麼」是個人在出任校長之前每一個職務的基本想法，雖然每一個職務有短有長，也有冷門與熱門，但自己會把握每一職務角色的精髓，把職務的功能最大化，讓「冷衙門成為熱單位」，並透過工作來結交朋友，也以工作的績效來累積教育資歷。

貳、校務經營理念

個人很多學校經營的想法與做法，事實上是經歷過相當程度的挫折與調整的，而不是一步到位的。出任校長後，不同時期有不同的工作重點，但其實整個校務經營的思維與脈絡是一致的，以下分別就校務經營理念的各個層面說明。

一、領導理念的源頭

思索自己「從穩定中求進取」的人格特質，也從曾經是一位教師及教育局的主管來看校長的領導職務角色，歸納一些校務領導的思維，基本上有下列幾個想法。

(一)認真積極的心態

公立中小學校是典型的養護型組織，教職員工會有危機感，但卻少有積極面對危機的心態，因此個人認為校務領導者，最主要在營造一個所有教職員工保持「隨時在練功」的積極心態，讓每一個同仁相信，勤能補拙，認真用心即會有所正面的累積，感動自己，也感動別人，教師自會得到應有的尊重。

(二)務實把握現在

校務經營可以有長遠的規畫，但校務的執行確定必須牢牢地掌握當下。學生會有漂亮的字體，是因為一行一行的認真練習；教師教學會有魅力，是經過一堂一堂的經驗用心地累積；同樣地，校務領導會有績效，是校長把握住每一個對全校師生家長發揮影響力小細節的累積。

(三)自持自律知所節制

校長身為機關首長，校內外不容易有講真話的朋友，因此要自己能夠自持自律；節制自己擁有的權力，這是校長本身很重要的反思課題，也是身為校長能否隨時保持在「真實清醒」狀態的關鍵。透過共同參與，決策透明化的方式，來減少校長因為「資訊不全」所產生的決策盲點。

二、行政領導

國小學校行政界流行一個說法：主任能幹‥，校長就輕鬆；主任隨便，校長就必須事必躬親。基本上，個人並不認同這樣的說法，主任會能幹，應該是因為校長上緊發條；主任隨隨便便，也應是導致於校長什麼都不管。個人在行政團隊經營上，有以下的想法與做法。

(一)保持超然立場

基本上，不讓單獨一個處室獨大，也不跟某一個處室主任特別親近或疏離。讓各處室處於既競爭又合作的型態，自己則擔任溝通、協調角色並保留最後仲裁或決定的權力。例如，處室每一業務專案的進行，授權主任詳細擬訂工作分配表，自己則透過籌備會與正式晨會來賦與使命，並隨時掌握工作進度。

(二)書面化、制度化

國小行政無法精緻的最主要原因是校內典章制度的不健全，因此，盡量讓每項業務工作書面化、制度化便是最要緊的工作。個人具體的做法是每2年定期檢討編輯校內的業務工作細則，藉以累積並傳承行政專業工作。

(三)用人不疑、疑人不用

個人服務的學校是小型學校，除了幹事及護理師是公務員外，其餘的行政人員都是專任教師兼任的，甚至每一名老師也或多或少兼任了一些行政工作。在這樣的組織型態中，授權管理、尊重每一個成員的決定權是基本的想法。也因此在沒有法令顧慮的前提下，給與各處室行政人員對經費運用、物品採購的自主權，讓行政支援教學，達成教學目標。

三、學校變革領導

個人有幸帶領學校經歷小班教學精神實驗及首先試辦九年一貫課程，累積帶領學校教職員工面對變革的經驗，個人的一些省思如下。

(一)改變必須是漸進的

教育工作的一大特性就是延續性，不可能自即日起跟以往一刀兩斷；因此，校園內任何一項教改議題共識的形成、學校氣氛的孕育，都需要一些時間來培育、來發展，甚至教師的專業能力成長也是一步一步來，讓他在承受得住的壓力下，朝目標前進。

(二)容許個別差異存在

在班級內，你無法期待所有的學生都一樣的認真；同樣地，在學校裡，你也不能硬是要求所有的老師全都是一個樣，只要有人能認同你的理念，配合上你的步伐，就值得努力。先幾個老師、幾個班級動起來，再讓幾個年級一起動，最後沒有動的人也一定會跟著動起來。

(三)從容易的地方切入

校務領導角色的倡導，可以從學校現有的、沒有爭議的、不會造成老師家長額外負擔的議題來做起；先讓改變取得一些成績，讓師生家長產生一些信心，也能多孕育一點改變的氣氛。

(四)模仿也是一種辦法

其他同類型學校的做法，或不同類型學校、甚或公家單位或民間單位的想法與做法，都是值得蒐集參考的重要資源。尤其在這個網路、書報雜誌媒體資訊容易取得的環境下，只要用一點心，可以為學校尋找許多不一樣的創意來。

(五)由自己來帶動

國中小的真正靈魂人物是校長，校長的意志可以決定整個學校是會向上提升，抑或向下沉淪。因此，擇善堅持且能持續是經營小學的不二法門，校長可

以輪流看完全校學生作文簿、學籍簿、輔導資料簿……等，且提供具體建議；校長也可領導讀書會、教學工作坊、課程發展委員會，凡事帶頭做，只要1、2個人跟上來，其餘的教職員工，也會一起跟上來的。

四、法津認知與素養

就一般的公私場合接觸，相對於教師團體對教育法令的掌握與熟悉度，校長常是遠遠不如的，個人也不例外。但因自己曾在縣教育局擔任過督學、學管課長等職務，對於一般教育法令的掌握，又優於其他由教師而主任，自主任而校長的同儕，個人深知法律素養是影響校長辦學品質的重要關鍵。針對校長在充實法學認知與素養的努力方面，個人有幾點的建議。

㈠熟讀教育基本法令

對校長來說，熟讀重要的教育基本法令是必要的條件，重要如《教師法》、《國民教育法》、《教育人員任用條例及其施行細則》等；其他如《行政程序法》、《政府採購法》、《憲法》等相關教育的篇章，亦是校長應該優先掌握的法令知識。

㈡掌握教育重大議題

教師團體常會運用《教師法》、《國民教育法》及縣府聘約準則的不完善或不足之處，來爭取或抵制校長的辦學要求。校長唯一的應對之道，即是熟讀法令，針對一些影響學校行政與教師關係的重大議題，如導護工作、聘約內容、教評會運作、教師權利與義務等，做仔細的分析探討，使自己在遇到類似的情況時，能身處於不敗之地，為學生爭取最大的受教利益。

㈢具備基本法律專業常識

校長也是公務員，雖然未經銓敘，因此所做決策如有違法，無法以「對法律不熟悉」來搪塞，而且校長除了要避免自己違反法令外，保護校內行政同仁及教師避免觸法，也是校長的責任。因此，校長比其他老師更有需要了解基本法律專業常識，諸如何謂「依法行政」？「法律保留」？「法律優位」？又何謂「必要原則」及「比例原則」，這些常聽到的法律用語，對教育人員來說具

有哪些意義?身為校長應優先掌握也分享給校內同仁。

(四)建構法令諮詢管道

教師會成立後,近幾年來國內校園有走向美國教師團體的趨勢,亦即動輒以興訟的手段來處理校園內的爭議,諸如排課爭議、導護安排糾紛、上下課時間爭執、教職員考核四條二款申訴,及行政與教學對立的爭議等問題,校長如果不幸遇上這樣動輒興訟的教師文化,則除了一般上述的法律素養充實外,更應透過校長協會、縣政府的協助,獲得專屬法律顧問的協助,來應付面對法院爭訟答辯的特殊情況。

五、教育環境變遷與掌握

時下的社會改變相當快速,身為校長如不能敏銳地感覺整個教育生態變遷的趨勢,很容易活在自己構築的象牙塔內,外界的新東西進不來,校長自己也走不出去。根據個人對目前中小學教育生態的掌握,有以下幾點是身為中小學校長要特別掌握的。

(一)尊重家長教育選擇權

由於中小學的型態已從教師中心走向學生中心,而家長的教育選擇權也因《教育基本法》的頒布而大為膨脹;加上台灣社會少子化趨勢,只要是對孩子有幫助的,幾乎所有父母都願意不計成本,盡最大努力與犧牲。因此,較保守的家長用遷戶口、進私校來選擇學校與老師,較積極的家長則直接挑戰公立學校行政運作的權威,要求合意的校長與老師。這樣的態勢,未來只會愈見嚴重,身為校長必須妥切地處理每一家長的教育選擇權,在建立制度前提下,兼顧「公平」與「正義」原則,為家長提供最佳的教育服務。

(二)放棄校園中的威權地位

傳統的中小學校園校長威權管理時代,已隨著 1995 年《教師法》的公布一去不復返,校長已被迫從威權的小框架中走出來。校長必須體認,與其在校園內吵吵鬧鬧,爭執著校長與老師誰要聽誰的?還不如放下「令出必行」、「唯我獨尊」的威權心態,以協調代替命令,以溝通取代指揮。適當地引入服務領

導的理念，由校長來整合行政與教學的各項資源，讓學生真正能在課堂中受益。

(三)完備校園典章制度

「依法行政」是校長決策的前提，但中小學校園中，依舊維持傳統「人治」的校長仍大有人在，許多的法令規定只是參考用，也因為中小學相關行政檢核機制無法像一般公務機關嚴謹，故在中小學校園內很容易便宜行事，包括學校許多的人事及經費運用問題。然而，這樣的心態，美其名是彈性調整運用，學校上下可能可以各得其利，但只要稍逾分際，則容易產生違法問題。因此，身為校長必須率先遵守法令，「全校皆曰可，但依法無據，仍不得實施；全校皆曰不可，但法令要求實施，校長仍應勉力為之。」有關於完備校園典章制度，個人有以下的建議：

1. 校園法規大清倉：不管何時接任校長，只要接掌一個學校的第一時間即清查校內原有針對教、訓、總、輔、人事、會計等業務的工作規則或辦法，一來要求校內同仁檢視校內的規定是否妥適；二來提醒校內主管依規定行政。

2. 編輯校園法規：校內法規整理後，隨即應分門別類編輯成冊或在網站上開闢專屬空間，讓校內所有行政同仁可以隨時檢視並運用。

六、部局教育政策的反思

近 10 年來由於台灣社會處於解嚴後的民主運動期，從威權走向民主的過程，原有中小學的運作體制，也處於「穩定結構」→「解構」→「再建構」的狀態中。在這樣的過程，很多行政的「權力」下放了，但使用權力的「紀律」卻沒有跟著建立，以致於亂象百出。在中央教育部因為部長的更換過於頻繁，而地方政府與教育部政策的選擇性配合，以致於中小學教育政策的不穩定性極高；而在地方教育局，也因為「凍省政策」教育廳的消失，民選縣市長完全掌控中小學教育政策，而使得縣市間落差極大。個人僅針對影響中小學最深的兩項政策，提出看法。

(一)九年一貫課程

九年一貫課程是台灣中小學的「課程大革命」，這樣全面性的改革，幾乎

動到中小學校園的每一根骨頭,但由於理想性太高,範圍過大,主事者想要畢其功於一役,致使政策的推動產生的「過與不及」的困境,亦即政策推動初期,透過行政力量,要求全台 3,000 多所中小學全部動員,大家一起來實驗;遇到反彈後,雖也曾力圖勉救,但隨即偃兵息鼓,回到原點。從個人帶領學校團隊首波試辦九年一貫課程,到目前中小學已全部九個年級實施的過程來看,以下是個人的看法與建議:

1. 九年一貫課程的前景:就個人的觀察,九年一貫課程從 88 學年度開始試辦推動,90 學年度正式全面試辦,91 學年度達到推動的最高峰,到 92 學年度即進入盤整期。課程改革實施的前景,國小已經有一些成效,但是會有小變樣;國中則幾乎改變很少,九年一貫課程整個大變樣。這樣的情況,個人建議國小應繼續投入資源,鼓勵並肯定已經做出一些成效的學校與教師;國中則針對所浮出的問題,一一處理解決。時下不宜再推出任何大變動的政策,一切針對既有政策的補充與修正,應採「政策微調」的方式。

2. 九年一貫課程的關鍵:社會及民間上都在觀望九年一貫課程,而他們檢驗九年一貫課程的角度也都不一樣,不過,這其中的關鍵是,大家都在期待94 學年度國中基本學力測驗的測驗方式與結果,如果這次測驗是朝向鼓勵統整、多元、協同等九年一貫課程所強調的教學方式,且落實九年一貫課程的學校師生獲得好成績,則九年一貫可以重新獲得養分,蓄積再推動的力量;然而,如果這一次的基本學測仍是讓補習班、傳統講述、考試練習的教學輕易取得好成績,則九年一貫課程恐再次失去家長與老師的信心。

(二)中小學校長遴選

中小學校長遴選制度的改變,是另一項徹底顛覆傳統中小學校園運作方式的重大政策,從打破「萬年校長」到「教授(師)治校」;從校長「偏遠山地→勇類→仁類→智類」的依資歷調動到校長「往偏遠、小型為優先選擇」的思維改變,可以看出,這雖只是教育部一項校長由派任改為遴選的政策,但已造成台灣 3,000 多所中小學校長,近幾十年所建立的校長甄選、儲訓及派用的遊戲規則,全部改寫,連帶著也改寫全台灣 20 餘萬中小學教師原來的邁向校長之路的前程規畫。從自己亦為當事人的角度來談,如果可以重新來過,個人認為中

小學校長制度的調整應可以有下列的做法：

1. 重整甄選儲訓及視導評鑑制度：個人以為整個校長養成制度，要從上游的甄選、儲訓，到中游的視導評鑑，最後才到下游的遴選介聘。因此要打破「萬年校長」、淘汰「不適任校長」，應該不只有強調落實校園民主精神的校長遴選或普選方式，同時也應搭配強調專業取向的甄選儲訓、視導、評鑑制度，在這個過程中，甄選儲訓應該先被重視，而視導及評鑑制度是促成校長繼續專業成長的關鍵，最後遴選介聘才會水到渠成。

2. 適度尊重資深倫理：在校長遴選操作中，公平、公正及公開是不變的法則，但適度地尊重資深優良的前輩校長，亦是建立校園倫理價值的重要前提。因此個人認為未來的中小學校長遴選，應秉持著「適度競爭中，尊重倫理」的精神，重建校園倫理。當然年資並不等同於專業能力，但校園中最可貴的是前輩提攜後進，後輩尊重前輩的倫理，能夠讓老、中、青三代一起為校務經營而努力，不正是給下一代最好的教育示範嗎？

七、校園價值與倫理的思考

學生是中小學校的主體，但弔詭的是教育局、教師與家長才常常是牽制中小學校長辦學考量最多的三方因素，站在軸心點的中小學校長，應巧妙地在其中保持平衡，為受教學生爭取最大的受教利益，不要成為各方施壓的石磨心。針對擁有不同社會資本的學生，身為校長應有一套判斷的準則，來建立決策的體系，發揚公立學校所應追求的「正義」與「卓越」的價值。在學生背景懸殊的校園情境中，個人在考量追求學生的積極性「教育機會均等」，試圖將學生分為 4 大類，並根據學生的個別狀況，為學生謀求最大的受教權益。

㈠背景強，學業佳

這類學生是傳統得天獨厚的好學生，給他最大的舞台讓他有學習的成就感，可以發揮多元的性向、才能，是主要的考量點。

㈡背景弱，學業佳

這類學生常是清寒但優秀懂事的學生，多給與工讀獎學金的機會，藉以分擔家長的負擔，而其學習的輔導則比照前一類的學生。

(三)背景強,學業差

這類學生常是校長辦學應特別注意的一群,如果處理不好,最容易引起紛爭,帶來困擾。不必給不一樣的差別待遇,但要讓家長有充分「知」的尊重,讓家長了解學校的努力,也試圖讓家長的力量帶進來,多提升這類孩子的學習績效。

(四)背景弱,學業差

這類學生最需要校長的關心,要建立優先關懷制度,品格不佳者安排認輔,學業差者安排補救教學,針對家境有特別的困難者,還應積極地引介政府或民間的社會福利,讓這類學生在國小階段的學習有最起碼的平等條件。

八、學校文化的塑造

自己始終認為:學校成員共同的價值信念,就是學校的文化。優質的學校文化無法短期內塑造成功,必須靠所有成員一日復一日的積累,才能獲致可觀的成就。個人帶領學校,所建立學校優質文化的具體想法略述如下。

(一)從小處著手

坦白說,小學並沒有很多的大政策問題,校長的決策很多是校務中很小的細節,但這細節的品質卻是相當重要。能夠積累小調整為小改變,再將小改變導向大變化,自然能夠兼顧決策的可行性及品質。

(二)專注與持續的信念

專注就會有力量,持續就會有成績。從自身做起,讓校內師生去體驗認真執行一件任務成功的感覺,大至一項大型的縣府委辦的全縣性活動,小至一個校內的學生才藝表演,讓師生為自己的表現負責,也為自己的成就驕傲。

(三)教育專業的堅持

學校是教育的場所,也是社區的文化教育中心,自也是鄉鎮內各界常會動用的重要資源之一。各項加諸於學校師生的活動或作為,其取捨的標準只有一

個，即是教育專業的堅持，只要是對師生教學有幫助，不僅樂觀其成，並且鼎力相助；但與師生教學專業牴觸的，綜使是有力人士的關說，亦要有勇氣委婉拒絕，堅持專業。

九、對教育行政主管的建議

由於個人出身教育局，相對於一般校長，自是較容易揣摩教育局主管的決策思維。如果從教育局長的角度來看，個人認為教育局對校長的學習與成長，應該有以下的具體做法。

(一)提高位階來決策

每個人決策都容易受到經驗與思維的局限。因此，為了確保決策的周延，教育局長應站在縣長的角度來考量決策，而校長應站在教育局長的角度來看事情，校長也應引導教師站在校長的角度來思維，讓決策有高度，關照各個層面。

(二)強化督學專業視導

公務分途後，縣市督學課長具有實際教學經驗的如鳳毛麟角，沒有校務經驗，自是很難從學校的角度來視導，容易偏離學校的需求；沒有教學經驗，當然不易對學校的課程與教學著墨，也很難對校長的課程與教學領導有所助益。這樣的視導制度，長期以往會弱化學校與教育局的關係，也會降低教育局的專業領導權威，失去學校凝聚的加乘力量。當務之急，應重新建立督學課長的儲訓制度，塑造視導是一項專業的形象，並且允許公教可以適度的交流，讓教育局的升遷活化，也讓教育局與學校建立夥伴關係。

(三)經營校長專業團體

校長的能力與專長不一，而學校的特色與資源也不同，教育局應該掌握並統合這些資源，建立縣市內的教育專業人才庫，建立專業互動的平台，讓人才有舞台可以發揮；這些專業人才也是教育局政策諮詢的最佳團體。

參、校務經營具體做法

校長校務經營的理念必須透過具體做法的執行，才得以落實。而每一所學校也常因有主客觀條件的不同，需要不一樣的執行做法。以下就自己的經驗，列舉學校經營各層面具體做法如下。

一、教學與課程領導

由於個人領導的學校是台中縣第 1 所參加九年一貫課程第一類型（12 班以下）試辦的學校，因此教學與課程領導的實務做法推動已有多年的基礎，以下試從個人推動的硬體、軟體做法，與教學暨課程領導的省思三方面來說明。

(一)硬體設備做法

1. 滿足班級資訊設備需求：由於是小型學校，班級數不多，班級教學所需使用的電腦、印表機、電視、CD 唱機、DVD 播放機、數位相機、教室擴音器等，列為班級基本配備，提升教師資訊融入教學的誘因。

2. 提供定量且可以自由選擇的班級圖書：針對校內低、中、高年段不同的需求，規畫出各年段所必讀的好書，其中低年段每本好書購買 35 冊，讓每個學生可以人手 1 冊；中年段則每本好書購買 10 冊，讓班級可以分組閱讀；高年段則每本好書購買每班 1 冊，輪流使用。書籍定位為消耗品，定期補充與交換。

3. 設置班級內學生專屬置物櫃：讓每個學生都能 1 人 1 個，置物櫃的大小最好能放進書包及安全帽或其他學用品，藉以減輕書包的重量，也可利用置物櫃的擺放，變換班級內不同的教學空間。

4. 整合班級內的電化設備：利用 PC to TV 卡讓電腦與電視做連結，利用音效卡與 CD 唱機做連結，並將班級內的圖書、公共文具或教具，整合編目錄檔在班級電腦中，讓小朋友從管理的經驗中得到學習。

5. 布置學校教學資源室：將有關課程改革的資訊，例如七大教學領域的學習活動單、課程統整案例、多元評量題庫等資料，請教師同仁們分工合作蒐集彙整在教學資源室中，彼此互通有無，小型學校可以一至六年級只布置

1 個教學資源室即可，增加教學資源室的豐富性，也加強教師彼此的互動機會。

6. 布置教師、家長可以參觀或協助教學的地方：增加教師的專業互動及家長參與教學的意願，是第一線教學改革成功與否的關鍵，因此在班級內準備1、2 張簡單的椅子或小桌子，讓人可坐下來，彼此溝通分享。

(二)軟體實務做法

1. 召開班級教學說明會：讓家長與導師面對面溝通課程與教學，由學校安排在上下學期開學後的 1 週內召開，達成親師合作的默契。

2. 定期召開課程發展委員會：規畫專業對話時間，除週三研習進修外，固定每 2 週選擇 1 天邀集下午沒課的老師進行彼此教育專業對話，並排定時程，讓教師輪流做教學心得報告或做主題統整教學設計，用溝通與對話來增進彼此的專業成長。

3. 學校策略聯盟：透過同一鄉內學校間，組成策略聯盟學校，針對教科書選擇、週三進修研習、戶外教學、定期評量等議題，讓校際間的教師們互動，專業能彼此交流，加速校內同仁的專業能力成長。

4. 學期末家長滿意度調查：每一學期末針對學校各班級的課程與教學活動，以家長為對象，班級為單位，調查家長對學校所提供各種課程與教學服務的滿意程度，藉以了解學校教學及班級經營的盲點。

5. 校長每月的九年一貫課程教學連繫單：因為學校小，學生人數不多，因此得以以校長的角度，針對前後月份的教學活動情形，摘錄向所有家長做簡單書面報告。

6. 不設限的紙張影印服務：在推動課程與教學改革的初期，班級教學活動中所需使用的影印紙張服務的增加，是必要且應該要容忍的投資，讓教師在追求教學效果的同時，應袪除經濟衡量的壓力。

7. 教師不動學生動的班級分配：以年段為單位，導師級任班級的安排，盡可能以「學生動，教師不動」的升級模式，讓教師在固定的教室經營，增加教室布置及電化設備維護的績效。

8. 簡化晨會的次數與時間：各處室固定的研習通知或行政宣達，以準備「學校行政通報」書面資料或在校內網站公布為宜，節省的晨會時間規畫為讀

書會、教師專業互動對話時間。

9.師生才藝表演：每週固定利用 1 次升旗後時間，讓全校小朋友輪流上台做才藝表演，原則上每一個小朋友每學期至少輪到 1 次，表演的形式不拘，可以唱歌、跳舞、講笑話、吹直笛或背唐詩，表演完後，由學生立即投票並頒獎。

10.研習心得分享：校長與教師建立一個默契，彼此約定只要到校外參加 1 次研習即準備 1 份書面報告資料，研習 1 天準備 1 頁，餘此類推，並利用晨會或教育專業對話時間，讓參加研習的同仁報告分享研習心得。

(三)課程與教學領導省思

九年一貫課程號稱台灣國民教育的「課程大革命」，其對現有的國中小教育的重大影響，是毋庸置疑的。經過幾年來的推動，個人有幸躬逢其盛，身為縣內第一批三所試辦學校之一，帶領且同仁站在第一線的試辦後，個人覺得收穫良多，尤其能在還沒有模式時，便從學理上去操作「課程統整」、「協同教學」、「學校本位課程」及「多元評量」等教學活動，雖失之大膽，但卻給所有參與教師一次最難得的專業成長經驗，就算現在很多學校都回到了傳統的教學模式，但試辦的那一段經驗，卻是對每個人都有意義的。以下謹就個人推動過後的反思提供以下看法：

1.理想是植基在現實基礎上的：試辦初期，很多學校、教師甚至家長希冀因為九年一貫課程的實施，來找到新的著力點，藉此重塑遊戲規則，達成優劣勢翻轉的目的。這樣的心態可以理解，但殊不知原來的教師、家長或學校如果在傳統教學中，因不夠積極用心，而得不到掌聲，到了九年一貫課程仍會是一樣的狀況，並不會有任何不同。因此，績效是植基在原有良好基礎上，是需要一步一步按照大環境的趨勢努力累積達成的。

2.教育改革的關鍵在「人」：任何的課程與教學改革政策，落實到教學現場，皆是要靠校長領導第一線的教師去推動它。但在國中小教職員「同酬不同工」的大環境下，想要運用 20/80 法則，以少數願意參與的教師去帶動消極配合的教師，仍有極大的比率不容易成功。個人曾一度積極建立學校教師教學績效評量制度，但仍因教職員以「打擊士氣」為由反對而作罷，甚至連優秀的老師也因「害怕評鑑」的教師慣性，而不表支持。最後

只好回到原點，把教學績效評量轉化為對個別教師具體的專業建議，藉以回到穩定和諧的校園氣氛。

二、特殊學生的照顧

因為服務的學校位於偏遠的大安溪出海口河邊地區，資優生的比率不高，而單親、隔代教養、父母分居、外籍母親、父母殘障或失業等比例卻是超過15%；經過幾年的實際觀察，這些與一般正常雙親家庭不同的學生，卻不完全的表現較差，只能說發生課業跟不上、行為表現不良的比例較高而已。針對這樣特殊學生族群，個人教育的策略可從以下幾個方面來說明。

(一)生活支持與教育照顧並重

觀察這些特殊學生的情況，很多問題的責任並不在學生而在家庭，而其家庭所需要的往往不是教育，而是社會福利，因此除了針對特別困難的家庭，協助申請政府各項福利津貼並轉介社福機構協助外，也盡量在學校的各種收費給與優待。並積極辦理學生早餐、午餐、課後托育及寒暑假的育樂營活動，盡量分擔家長應該擔付的教養責任。

(二)補救教學與小團體輔導交叉運用

學生家庭經濟差，導致學業不佳，人緣也不好，常常會造成惡性循環。因此，協助策略也分為課業補救及生活輔導，其中課業補救從申請政府各項「教育優先區」及「關懷弱勢，弭平落差」等各項補救教學的經費補助，引進外聘的師資協助導師進行補救教學；而生活輔導，則落實認輔制度並積極推動小團體輔導，讓這些學生感覺總有老師在特別關心他、注意他。

(三)教育學生也教育家長

國小階段中，家長是決定學生在校表現好壞的關鍵，因此與家長尋求教育共識，是國小辦學的重要策略，透過國小夜間補校、外籍新娘識字專班及假日電腦班、英語班及各種親職教育活動機會，主動宣導學校教育理念，也讓家長間建立支持連繫網絡，進而彼此配合支持學校的各項教學措施。

三、教育資源爭取與運用

以國中小的角度來看，最重要的教育資源的爭取對象仍是以上級教育行政機關的補助，而家長會、社區團體或其他關心學校的機構，只能是輔助或配合性質，在教育資源的爭取上，個人採取了以下的做法。

(一)以學校績效爭取專案計畫補助

諸如試辦九年一貫課程、教育部自然生態學習網、永續環境教育工作推動及教育優先區各項經費等，運用學校的實際工作績效，爭取專案計畫經費補助，雖然帶來的工作負擔，但也同樣帶進資源與設備。

(二)教育資源花在刀口上

教學的關鍵在教師，因此教育資源的投入也應以教師為主，舉凡班級教學所需之圖書、電腦、視聽設備等，均列為第一考量，而且班班平等；而提升教師教學專業成長的軟體作為，諸如影印護貝不設限、教師資源室的創設與維護，亦列為優先項目。

四、內外部公共關係的經營

校長常是一所國中小最重要的人物，對外是學校的代表，對內則是一切重大事物的最後拍板者。在這個民主開放的現代社會中，可以關起門來辦教育的時代已一去不復返，學校應如何經營對外及對內的公共關係，藉以協助教學目標的達成，是每個校長不可逃避的基本課題。以下針對自己對外及對內的公共關係經營對象的做法，敘述如下。

(一)對外公共關係

依個人看法，國小校長對外的公共關係對象最主要可分為以下三方面來談：

1. 上級單位的經營：如縣教育局主辦業務課員、督學、課長、局長副局長、縣長是第一層關係；而教育部、縣府教育局外平行單位的國教業務主管人員或接洽窗口則是第二層關係，其餘各級長官則是第三層的關係。由於個

人是督學課長出身，且在中央級的教育行政機構服務過，熟悉各級教育行政機關的業務分工與決策思維，這是個人的優勢，但也從不自以為是；因此在這些上級單位的公共關係經營方面，自己掌握了幾個重點，包括：(1)順其自然，不強求；(2)用工作績效來爭取認同；(3)體諒決策者的難處，不為長官帶來困擾。

2. 平行單位的經營：如同縣市或鄉鎮內的校長同儕，師範院校的系所單位教授，或鄉鎮公所主管等。同鄉鎮的學校容易有競合關係，師範校院的教授則是專業諮詢的最佳管道，而鄉鎮公所主管則有頻繁的地方活動往來。在平行機關的公共關係上，個人以為應掌握以下幾個要點，如：(1)專業考量，校際間的互動圍繞著教育專業的主題；(2)建立好風評，營造校長個人專業、認真、積極的辦學形象；(3)避免爭議性，不強出頭，凡事以學校師生為最主要的考量。

3. 社區重要人士的經營：縣級或鄉鎮市級的民意代表、社區的意見領袖（如村里長及社團負責人等）。這些社區重要人士雖不是教育直接相關的人物，但對教育的關注與看法，卻也常是學校必須特別重視的。在社區重要的人士公共關係經營上，個人認為要有以下的原則：(1)尊重對方但堅持教育理念，事先的溝通與知會化解彼此對事情看法的差距；(2)盡量不透過民意代表爭取經費；(3)不做選擇性交往，任何學區內的重要人士對學校皆是同等的重要，不因校長個人的政治屬性而有不同的對待。

(二)對內公共關係

從個人的實際經驗中，國小校長對內的公共關係對象主要包括教職員、學生與家長等對象，其中最後一項對家長與家長會的關係經營，雖亦可視為校長對學校外的對象或團體經營，但因家長是學生的代表，而家長會的主要運作機制亦在學校之內，因此個人將家長及家長會的公共關係視為對內的經營。

1. 對教職員工的經營：教師與學生是學校的雙主體，就校長的角度來講，兩者是屬於「雞生蛋」及「蛋生雞」的共生關係，必然相互牽動影響。對於學校來說，教師是主體，其餘行政職員、職工雖然人數較少，但也是重要的螺絲釘。在教職員工的公共關係經營方面，個人認為要注意到幾下幾個原則：(1)以身作則，教師專業帶動部分，均由校長優先試行，不能只動口

不動手；(2)不享特權，知所節制，可以被動的接受教師們自發的禮遇，但不可主動要求特別的待遇；(3)站在制高點，不讓處室獨大，亦不跟某 1、2 位教師特別親近，保持客觀中立的心，累積為校內的衝突留下可以仲裁的威望。(4)學習傾聽，時時掌握教職同仁的主流想法。

2. 與學生關係的經營：就個人所服務的 300 人左右小型學校來說，校長與學生的關係可以是密切的，互動也相當頻繁，身為校長必須營造出每一個教職員工都是學生老師的校園氣氛。針對學生公共關係的經營，個人以為應可注意下列幾個項目：(1)記住名字，有系統的背誦住學生的名字，不僅在獎勵學生時，多了一份感動，糾正學生也多了份力量；(2)重視弱勢學生，盡量主動與弱勢學生接觸，認輔特殊學生，為老師起示範作用；(3)寬容對待學生，相對於教師，校長可扮演較和善的角色，就積極面引導學生快樂學習。

3. 對家長與家長會的經營：家長與家長會的經營同等重要，這二者是校長辦學或要求教師保持專業成長的最佳動力。針對家長與家長會的經營，個人認為要把握以下的原則：(1)掌握特定家長的學生狀況，了解學生是校長經營家長（會）關係的關鍵；(2)過度的參與就是干預，讓家長適度參與校務，家長費經費的動用，以學生是否受益為最重要的考量，不要讓家長會的經費成為學校額外經費運用的主要來源；(3)積極扮演家長與教師溝通的橋樑，取得家長信任，讓校長成為教師與家長的緩衝區。

五、學校特色發展

個人以為，小學可以發展特色，但不必每所學校都是不一樣的特色。能夠落實生活教育，讓學生有好的教養習慣，同時教導學生達成國小教育基本的 3R——讀（reading）、寫（writing）、算（arithmatic）教學目標，才是國小的首要任務；如果行有餘力，則再發展陶冶學童的資訊、美感教育訓練。針對學校特色的發展，個人以為有以下的原則應該掌握。

(一)以師生條件為主要考量

學校是永續的，而校長是有任期的，因此學校特色發展的取捨關鍵是學生與教師。曾經看過有些校長前輩，在每一個服務的學校都會留下不一定是學校

所需要的軟硬體建設，諸如鳥園、管弦樂團等，而其離開後，亦無以為繼，殊為可惜。

(二)對學校傳統特色的尊重

學校師生本身擁有的才能與條件，一段時間後會自然而然地培養出屬於學校較為優勢的項目，校長接任後應維持並繼續培養它，使其在既有的基礎上，得到更大的發展。

(三)為師生打造一個最亮的舞台

學生的興趣會不同，教師的能力亦會有高低，校長可以視學校的情況扮演支持者或帶領者角色，重要的是校長必須打造一個與外界可以接軌的專業平台，讓有才能的老師與學生，可以透過這個學校平台，得以受到肯定與繼續發展。

六、校園學習社群的發展

自己常跟老師家長分享的一句話是：「要學生讀書，家長老師要先讀書；而要家長老師讀書，校長要先讀書。」的確，校長身為學校「學習的領導者」，除了自己必須要常有學習的狀態，並應針對所能影響的團體建立學習的制度，引導師生家長一起學習。針對老師、學生及社區家長，個人所建構的學習模式如下。

(一)教職員工

有關校內教職員的學習社群發展，個人安排了幾個方式：

1. 主題式週三進修：校長及教師除主動參加教育部國教研習會、縣府教育局及台中師院所辦理之九年一貫課程相關工作坊研習外；並利用週三下午進修時間，規畫九年一貫課程、資訊運用網頁製作及英語會話三個主題，以每個主題連續規畫4至10次研習時間，培養並熟悉上述領域的專業能力。
2. 藍天讀書會運作：利用每週四上午晨會時間，減少行政報告時間，讓教師同仁分別排定閱讀主題，進行讀書心得或參加研習心得分享報告，並讓社區家長一起加入，利用閱讀增加互動學習成長。
3. 藍天教學工作坊運作：利用每週五下午2時至4時，由一、二、三、四年

級 8 位導師與五、六年級各 1 位導師代表,及教導主任、訓輔主任及教務組長召開藍天教學工作坊會議,進行教師教育專業對話,每個月最後 1 個週五更定期由台中師院教授出席指導。

4.教師研習心得分享:調整以往每週二次晨會功能,將週一晨會定位為行政教學連繫會報,每週行政綜合事項均先由各處室輪流彙整成書面,減少口頭報告時間;另週四晨會定位為藍天讀書會教師分享時間,讓前週參加各項校內外研習教師進行心得分享,增加研習效果並培養教師發表能力。

(二)學生

學生的學習除了來自於師長外,其自學亦是主要的方式。因此,培養學生為自己學習負責是個人辦學最主要的考量,有關引導學生學習的方式,個人做了以下的努力:

1.提供才藝性的社團:利用彈性時間及部分綜合活動的領域時數,規畫每週的社團活動,讓學生得以有跨年級、跨班級的才藝性社團學習機會,主要依據學生的興趣來開設社團,師資不足之處則以外聘或校際合作的方式解決。

2.建立獎勵閱讀機制:六個學年分為低、中、高三年段,分別建立「閱讀小學士、小碩士及小博士」的閱讀檢核制度,配合期末的獎狀、獎勵卡頒發、受邀校長室喝咖啡等作為,讓學生自己從閱讀中學習。

(三)社區家長

家長是學校教育的合夥人,因此,個人抱持著教育學生也要教育家長的理念,積極地幫助社區家長學習,藉以讓家庭與學校的教學得以相互銜接,個人主要的規畫如下:

1.開辦補校成教班:針對外籍配偶、低學歷家長辦理補校或成教班,並規畫多元的課程,如識字、英語、電腦及音樂美勞等課程,讓弱勢家長得以有免費的管道就近學習。

2.組織學校義工團體:提供有限的經費與福利,讓社區內有時間肯投入的家長進入學校一起協助學校各項事務,並且幫助學生學習。例如晨光時間故事媽媽、導護義工、補救教學老師等等。

七、五育並重國民教育

德智體群美五育並重的國民教育，是每一中小學校領導者共同的目標。個人從生活教育、學科、術科三方面的具體做法說明之。

㈠生活教育

生活教育是國民教育階段最重要的工作，其重要性甚於其他任何活動的價值。自己的做法是要求教職同仁「勤管嚴教」，透過日積月累的耳提面命培養好習慣，例如要求學生：*1.*上下學向師長問好道早；*2.*出門回家面告父母，謝謝父母接送；*3.*重視自律，講話不粗俗；*4.*衣服紮進去、不染髮、不穿涼鞋；*5.*從學生的小地方要求起，讓每一個教職員工都有理由接觸學生，甚至記住學生的名字。

㈡學科教育

學科教育是家長最關心的部分，尤其在數學、英文、國語及自然資訊等「主科」方面。在學科學習方面，自己除了協助教師增加各領域教學的精采度外，其他具體的做法包括如下：

*1.*每一學生讀寫算需達中上程度，每學年各年級辦理一次基本學力測驗，學習不良比例控制在 5%以內。

*2.*英語教學模式與傳統國中分科教學不同，低年級由導師教學，中、高年級由具同一年級具英語專長導師進行交換教學，藉以增加學生英語練習的機會。

*3.*四、五、六年級每隔週三進行英語會話一對一普測，由各行政人員及各班級導師全部擔任普測人員。

*4.*低、中、高年級分段式閱讀好書 100 冊的鼓勵（低年級 40 冊，中年級 30 冊，高年級 30 冊）。

*5.*班刊漸次輔助或取代學生學習檔案，讓檔案回到幫助孩子學習的本質。

*6.*寒暑假作業的設計與平日學習、回家功課連結。

㈢體群美教育

體群美教育是發展學校特色，為學生留下最多回憶的部分。在這方面，自己除了要求在領域內原有的課程做加深加廣的教學外，其他具體的做法如下：

1. 中、高年級 8 班維持 10 種以上學生才藝性社團的經營，校內師資不足部分邀請外聘師資擔任。
2. 學校的健康有體力願景與畢業生畢業前的體能測驗項目相連結，例如要求每一畢業生需通過慢跑 10 圈、爬竿到頂、CPR 及格、游泳會換氣等檢測，始得領取畢業證書。
3. 每週選擇 1 天升旗後的各班依座號輪流上司令台才藝表演，表演項目包括直笛、朗頌、演說、舞蹈、音樂、戲劇皆可，藉以訓練學生膽量，增加自信心與責任感。
4. 每天各年級上全天課放學後的 10 分鐘慢跑，由校長導師帶隊熱身運動後，即帶開慢跑，培養鄉下小孩的體力與耐力。
5. 二至四年級週五下午沒課的游泳課學習安排，游泳課不占學習領域課程的正式時間。
6. 每學期安排各年級母語、英語、音樂舞蹈教學成果發表會。
7. 寒暑假密集規畫與經營各類學生學習育樂營，減低鄉下父母寒暑期安親的困擾。

八、資訊融入校園運作

讓資訊融入教學是九年一貫課程的目標之一，而校園行政運作資訊化也應是現代中小學必要的條件之一。針對資訊融入校園運作，個人以為校長應該有以下的作為。

㈠校長資訊能力的培養

從郵件收發、powerpoint 製作操作、網頁設計到電腦簡易維修，校長應至少具備這些基本的資訊能力。校長也養成透過校內網路來做適度分享溝通管道的習慣，不管是對教職員工、學生或家長。

(二)校園文件累積資訊化

學校典章制度、定期刊物及教學專業文件，皆應格式化且資訊化，除配合上級的報表外，協調各處室及各教師，統一規定各種計畫辦法、研習報告、學習活動單或各項計畫繕打的格式，以利資料的彙整與統合運用，方便典藏與累積，也容易提供校際交流與應用。

肆、省思與建議

學校、自身、家庭是校長生活重心，一所出色的學校，必有一位優秀的校長，而一位優秀的校長，也必定會努力經營著美滿的家庭。然而校長因常處於決策權力的核心點，角色扮演的衝突，常使校長無法面面俱到。自己近 8 年的校長經驗，正是在個人成長、學校、家庭等多重角色中，尋求一個平衡點，當然貫穿其中的是自己對自己的了解與節制。以下謹就個人、家庭的經營與校長職務的反思，並提出對有志於走上校長之路的教育先進建議。

一、健康維護與家庭經營

校長的壓力大，應酬多，活動量卻不大，校內可以分享談心的知己也很少，而且自有的時間很零碎。因此，校長容易疏於照顧自己的身體，也少用心於家庭的經營，致使學校經營出色，而校長的健康與家庭卻亮紅燈的例子屢見不鮮。個人因在還算年輕的年紀即出任校長，好幾個子女都是在校長的職務期間出生，故最能體會一個校長要同時兼顧個人學業、子女照顧、家庭經營、學校辦學的多種角色的壓力。以下即是自己這一路走來，在多種角色間所求取的平衡點的具體做法。

(一)積極樂觀的心態

校長的心態常是學校成敗與氣氛的重要指標之一。凡事保持樂觀、積極與向上的正面思維心態，容易感染給學校的教職員工與家庭成員，也可以解決自身的壓力。

(二)選擇性的社交活動

扮演校長角色,不可能完全不應酬,但卻可以選擇應酬,如果不是很嚴謹的場合,個人一定會攜帶內人及子女一起參加,一來讓家人了解擔任校長的社交工作內容,二來也傳達身為校長的社交圈中,自己重視家庭的價值,如此自然能減少邀約,而使假日生活得以正常。

(三)融入學校生活的運動健身

由於個人身兼多職,並沒有專屬的運動時間,因此在學校配合學生的作息運動就是自己最佳的運動機會,除了每天放學後陪同學生一起慢跑外,也抓緊課間活動的健康操時間與所有同學練習健康操。其他例如:盡量爬樓梯、少用電梯、跟同學一起上體育課及社團時間跟學生一起練排球及籃球,皆是個人常用的健身方法。

二、校務經營自信心

擔任校長已近 8 年,從不認為自己已經完全對校務嫻熟,始終還是維持著戰戰兢兢的態度。比較值得一提的是,隨著時間與經驗的累積,自己對擔任校長職務角色的自信心提高了不少。從一個人前人後敬稱「長官」的教育行政主管角色,到接掌一所偏遠小學,努力經營獲致同儕及長官還不錯的評價。個人有以下的心得。

(一)善用自己的人脈經驗資源

出自教育局,自然了解教育局內長官的各項行政運作與決策思維,知道資源在哪裡,也容易掌握取得資源的關鍵,為學校爭取最好的待遇。但人脈存摺亦如同信用卡般,運用時仍應掌握適當原則,否則刷爆的信用卡,不僅不會為學校帶來任何好處,只會造成自己信用破產。

(二)個人的努力與自律

除了個人的專業成長進修,並勇於帶領學校團隊接受各項教育局的實驗專案計畫,一方面帶進資源,累積團隊工作能量,一方面也為學校傳統教學增添

新元素，蓄積社區對學校的好評。此外，校長的潔身自愛，亦是專業領導的必備條件，除了堅持學校人事與經費的廉潔，亦對自己本身品格有高於一般老師標準的自覺。

(三)敏銳的教育判斷

身為校長，接受最新且第一手教育新知機會多於一般老師，如果能妥善且持續地整理並分享這些教育新知給校內教職同仁，不僅對建立校長專業的高度有幫助，也對提升校內同仁的專業有助益。

(四)在職務上發揮最大的影響力

個人服務的學校雖小，學生數也只有 300 多個，但 7 年多來，始終本著教育愛照顧著近 400 位的「小菩薩」，並沒有放棄任何一位學生或老師，把自己校長應該倡導與關懷的角色扮演好，並在角色上發揮最大的影響力。

(五)引導校長同儕專業成長

近幾年來，有幸參與教育局委託辦理的校長專業成長課程的規畫與辦理，從傳統的專題演講式課程，導向兼顧學者專題演說與提案討論的專業互動成長模式，透過實務議題的討論，帶領校長專業互動，為台中縣國小校長專業成長，開闢了另一個兼具理念溝通與實務分享的新方式。

三、如果重新來過

如果可以重新來過，「不後悔」仍是我選擇校長之路的答案。個人出任校長前，仍有教育局與學校二方面的職務可以選擇，雖然當年與自己同期的督學課長，均已官至教育局長、副局長、高中校長或國中校長，但自己並不會對原來的選擇後悔。不過，如果針對走過校長之路，可以重新再來，個人仍會有許多不一樣的作為：

(一)制度比和諧重要

初任校長，為了經驗不足與校園和諧，常會選擇妥協，以致犧牲制度的建立；如果重新再來，制度的堅持會比一時的校園和諧來得重要。

(二)授權比事事掌握重要

初任校長時，為了展現自己的能力，凡事不假手他人，從對內的晨會書面報告到對外的各項會議，都由自己盡量參加。自己原以為可以減輕學校主任老師的負擔，沒想到卻讓他們覺得無重要的事可做，後來，自己慢慢習慣授權，透過檢核機制，只要掌握關鍵處，不僅自己壓力減輕，更可營造有默契的團隊。

四、校長培育建議

曾經奉指派擔任過台中縣第一期國民小學校長儲訓班的輔導員與講師，也曾應邀到專為參加校長、主任甄選開設的讀書會傳授經驗，所以雖然沒有親自指導主任成為校長，但在平常也常接受到資淺校長隨口喊著「師傅校長」的敬尊。以下就校長培育課程的看法及對新任校長的具體建議分別說明。

(一)校長培育課程

如果有機會自己來規畫一套國小校長儲訓課程，個人認為必須讓校長掌握體驗、探索的學習精神，人文、哲學等通識課程應比教育專業課程重要，讓準校長加強教育專業以外的哲學、美學等人文素養，並可以透過觀摩、親身的訪問接觸與實際情境的模擬，體驗真實校長的心境，藉以縮短初任校長的適應期。個人理想中的校長培訓課程內涵應包括以下幾個項目：

1. 研習課程：哲學、美學、人文素養等通識課程；口才訓練；行政、課程與教學領導；外語能力；法學素養等課程。
2. 國內學校考察：包含國中、國小及幼稚園，尤其是私立小學、中學的辦學理念與經營模式更值得參考。
3. 國外學校參訪：選定歐美日等國民教育較發達的國家，以 1～2 週的時間進行深度的訪問學習。
4. 校務經營實習或行動專題研究：實際進入到已獲得肯定的績優校長學校實習，或以教育專題行動的研究來深入了解校長領導的藝術。

(二)對初任校長的具體建議

個人因有機會奉邀至校長儲訓班分享經驗，當時也以自己的當校長的體會

做了 12 項的經驗分享，以端給準校長的 12 杯心靈雞湯為名，其內容如下：

1. 不後悔！堅信校長領導是一項專業！
2. 要有校長的樣子，而不要有校長的架子。
3. 教育專業倡導多一些，行政權威訴求少一點。
4. 安內常足以攘外，遠水必救不了近火。
5. 學生為先，教師次之，校長最好等同仁們主動來提起。
6. 校內外都要有能說真話的好朋友。
7. 用局長的角度決策，以教師的立場執行。
8. 行為不檢的念頭不能有，有損師道的行為更是不能作。
9. 老師不說話並不代表同意，同意不一定代表支持，支持不一定代表參與。
10. 早到晚走，上之；早到早走，中之；晚到早走，下之。
11. 著重實質內涵的要求，不一定堅持表面形式的完整。
12. 校校都有本難唸的經，不用太羨慕別人。

伍、結語（繼續努力）

　　自己擔任校長已接近 8 年的經驗，從不自豪自己曾有過什麼貢獻，雖然因學校學生數回流，班級數增加及試辦九年一貫課程榮獲標竿 100 等獎勵，而獲致不差的評語。但自己始終警惕自己，覺得那是客觀的因素使然，換了別人擔任校長，也應該會有同樣的成績。深夜反思，個人以為校長領導成敗的關鍵在於自身是否具有反省、自律與再學習的熱情，創新改變的勇氣與積極協調的意願；也在於教師與家長的了解、配合、參與及協助。要先能感動自己，才能感動別人，期待與有志走向校長之路的教育先進一起努力。

作者簡介

　　余自幼生長於鄉村，對田野存著深厚的感情，也對教育工作充滿嚮

往，因此選擇國小教師為我服務的起點，面對純真無邪的笑容，要求自己在教學活動中務必充滿知、情、意。余深自期許要讓教室充滿溫馨與人性、校園擁有歡笑與歌聲，使學生能快樂學習。

後來在教學歷程中深感自己的不足，因此參加高考並攻讀研究所碩士班，增加工作歷練與學術薰陶機會，惟顧慮家庭雙親日漸年邁，在台北完成碩士學位後，即選擇台中家鄉為我工作服務的地方，及至教育局服務與國小辦學，在工作崗位上，力求精緻的產出，冀望贏得尊嚴與價值感；在學術研究上，繼續攻讀教育博士班課程，不斷充實自己，求新求變求品質，並以工作來結合朋友。

學歷：省北師專、國立台灣師範大學教育碩士、國立台北教育大學教育
　　　政策與管理研究所博士
考試：高等考試、督學課長甄試及格
經歷：國小教師、國中小補校教師、編導、督學課長、國小校長
榮譽：教育部標竿 100 九年一貫課程推手 2002 年獲獎人、2003 年獲學校
　　　團隊獎、2007 年獲全國推動環保有功特優學校
現職：台中縣大安鄉永安國民小學校長

校長領導的實踐智慧

林文生
原任台北縣瑞柑國小校長
現任台北縣崇德國小校長

楔子：我與非我──校長角色的位移

　　莊子與惠子遊於濠梁上。莊子曰：儵魚出遊從容，是魚之樂也。惠子曰：子非魚，安知魚之樂？莊子曰：子非我，安知我不知魚之樂？（莊子：秋水篇）

　　經常聽到校長感嘆校長難為，可是還是有些校長經營校務輕鬆自如。古希臘有個字「Phronesis」，亞里斯多德將它稱之為實踐的智慧。實踐的智慧其實在區隔以邏輯組織為主的實證典範的知識。有時候直接回到現場，掌握現場，理解現場，向現場學習，更有可能產生實踐的智慧。

　　校長智慧的發生，主要來自於角色的「位移」。校長經常站在校長這個位置來看「校長應該做什麼」，缺乏認真而深刻地了解學生、教師與家長想要的是什麼。如果校長具備「靈魂出竅：同理心的涉入」的功夫，就可以位移進入教師、進入學生與家長的心靈，從他們的位置來思考校務發展的問題，位移之後的思維將會有很大的不同。

　　舉例來說，許多人當老師的時候，並不喜歡參加週三進修，因為週三進修是名嘴表演的舞台，並不是為教師解決問題的機制，所以老師並不熱中參加週三進修，週三下午經常變成教師改作業、打瞌睡的時間。但是，我們很少反思與質疑週三進修的機制：「為什麼一定要請一個專家演講，大家在底下聽？週三進修之後，對於教師有哪些實質的幫助？」所以等到我們擔任校長的時候，

還是邀請專家演講，讓教師坐在下面聽；校長經常複製以前校長所犯的錯誤，因為我們缺乏一個強而有力的反省機制，我們很少離開校長這個角色。

週三進修，校長經常強調教師簽到與簽退的法定程序，而非位移到教師的位置，去思考教師進修對於教師的專業成長有何實質的進步。8 年前第一次當校長，我將教師的專業成長，從專家講授轉化為教師對話，其改變的關鍵力量，就是來自於現場的反思、批判與轉化。

面對現場的反思，可以增進實踐的智慧：「這樣的措施有效嗎？如果有效為什麼教師不捧場？是否還有更好的策略？」

再舉個例子來說，以前我擔任總務主任的時候，經常想不透，為什麼學校的工程要「直接」委託建築師設計，而缺乏第一線教師的共同參與，造成的結果是過於制式化的造型，每個學校的樣子都很類似。還有，為什麼運動會要邀請那麼多貴賓講話，讓學生曬得暈頭轉向。感覺上，校長就像火車鐵軌上的車箱，一旦坐上那個位置，就得跟著這個軌道跑。

「能不能脫離這個制式的軌道」是引發我擔任校長這個工作的重要動力。有句俗話說：「屁股決定腦袋」，我們有了什麼職位，就有什麼樣的本位思想，我們很少從這個本位移開，嘗試從不同主體的角度看世界，「位移」之後的世界就開闊很多。

不是屁股決定了腦袋，應是用腦袋改變了屁股。

如果校長的培育與儲訓，可以發揮實質的效果，應該培養準校長「位移思考」的能力，也就是校長的「實踐智慧」。

校長儲訓應該訓練校長角色位移的能力，從不同的角色看同一件事情，然後從各種不同角度的衝突，尋找決策的可能性。

「位移」是從後結構的位置理論（position theory）所引伸出來的概念。可惜，我們現在校長儲訓的制度，還是實證典範的成品，我們很重視「過去」的經驗，卻也容易忽視「現在」的問題，現在的問題是多元的主體都希望有機會滿足他們的需求。

校長儲訓最重要的課程，應該培養學員嘗試從校長這個「本位」移開，通透問題的核心，將本我暫時從我的這個主體移開，嘗試從各種不同權力主體的視框，抽絲剝繭，洞悉問題的核心。

這種位移的功夫，就是要嘗試從不同典範的理論，洞察同一主題，並且轉

換為解決問題的工具。未來的校長所要面對的是一種多元複雜的問題情境，不是單一問題與單一答案可以解決。所以校長所需求的是一種尋找問題根源，一種「庖丁解牛」的領導藝術，一種多元思考的能力。有些校長太容易陷入單一典範的執著而不自知，而在執我的世界創造對立與緊張。

舉個例來說，有一個校長剛接任一所新學校，就宣誓要打造一個以藝術與人文為主風格的學校，因為他自己是有名的畫家。可是藝術是校長的專長，並不是該學校發展的優勢條件，也不是家長最殷切的需求。所以，擔任校長之初，應該將自己的經驗與專長放入括弧內，先深刻地閱讀這所學校。

壹、深度閱讀學校

「深度閱讀」是從詮釋學獲得的概念，也許您不相信，但是累積幾年的經驗之後發現，深刻的哲學素養，經常會在倉皇猶豫的路口找到新的方向。詮釋學的幾個觀點可以用來解決目前教育現場的困境。

一、描述行動者的意義

我們經常還未了解行動者的需求，就急切下判斷。舉個例子來說，有個音樂專長的校長，他到新的學校，就跟縣政府申請一批新的樂器，想成立樂團，想不到家長不但不領情，反而嫌樂器的品質不夠好。詮釋學經常提醒我們，要回到行動者的主體去詮釋行動者的意義，並將行動者的期待融入學校的願景之中。

二、閱讀社區的聲音

如果學校的方向和社區的發展一致，我們不但增加許多資源，也增加許多力量。

1998 年 7 月，社區理事長建議學校養台北樹蛙。我不懂蛙，不過我知道有一個研究蛙的楊懿如博士。輾轉聯絡到楊博士，她不但協助規畫校園生態村的建立，往後每學期都會到學校講解青蛙的相關課程。她說野生動物不能豢養，但可以營造一個棲地，吸引牠們來。社區理事長忙著找議員向縣政府申請經費。從暑假開始動工，到了年底完工。

果然，完工的第一個星期，盤古蟾蜍就來產卵，黝黑的蝌蚪，讓大家的精神為之一振，接著台北樹蛙、拉都希氏赤蛙、長腳赤蛙……都來產卵。經過媒體的大量報導，「瑞柑生態村」吸引許多外來參觀的人潮。也引起教師和學生學習的興趣。我和全校老師重新當學生，將學校分成 8 大區，每個老師負責 1 區進行植物調查，並且學習生態攝影，為這裡的生態做紀錄，剛開始記錄到 8 種蛙（現在已經累積到 18 種）、1 種螢火蟲、30 幾種蝴蝶，還有許許多多的知名或不知名的昆蟲，牠們在這裡共構一個熱鬧的生態村。

從生態教育的探索活動，到以生態為主軸的統整課程，我們不但提升環境教育的水準，同時也深化統整課程的內涵。

三、互為主體性的關係

詮釋學的第 3 個啟發是互為主體性的概念，政治民主化之後，「主體性」的追求，變成是全民運動。每個人都希望發出自己的聲音，滿足個人的需求，公務人員成為名副其實的公僕。在充滿需求聲音的年代，對於主體性的了解與尊重，是一個重要的課題。

主體的尊重，要回到馬斯洛所談的人類的幾個基本的需求，例如生理的需求，如果每個教師都有一個置物的空間，可以擺放私人的物品，或提供科任教師批改作業的場所，或固定上課的地方，都是對於空間主體性滿足的措施。

另外營造教師專業展現的舞台，也是對於教師主體性的尊重。我在瑞柑服務 8 年，每一年教師都要進行教學觀摩和來訪的貴賓交流，來訪的教授也要提供相對的教學活動互相觀摩，這樣的機制，不但阻力很少，還有的教師進行 2 場到 3 場。原因是教師有了專業展現的舞台，他們可以應用教學觀摩增進自己的專業能力。另外要求來訪的貴賓也提供教學觀摩，可以去除師院生參觀「動物園」的心態：對觀摩的教師指指點點，自己卻所知有限，參觀者與被參觀者兩邊都提供教學觀摩，參觀者與被參觀者互為主體性的現象就會立即呈現。

四、回到整體脈絡了解現場的意義

接任校長的第一天，很多人就會應用許多管道表達他們心中的想法。詮釋學的提醒是回到整體的脈絡，了解現場的意義。因為每個事件的意義，都會因為後面事件的發生，而改變原來的意義。舉例來說，有個校長到了一所新學校，

發現有位主任工作非常投入，管理老師也非常嚴格，教師上下班非常準時，校長非常高興，全力支持主任的作為。獲得校長的支持，主任卻變本加厲，教師遲到 10 分鐘以上就用攝影機拍攝，作為遲到的證據，結果引發教師的反彈，也造成教師與行政的對立。原來一件對於學校非常正面的事情，卻因為後面的事件而產生不同的意義，所以意義的詮釋與確定，必須要經過時間軸的交互作用，其明確的意義才算完成。

貳、啟動領導的槓桿

一、正向的核心團隊

如果您能夠找得到北極星，您就有機會找到正確的方向。

有一次到候用校長班給學員上課，先請每位學員發表他們的工作心得，那時候九年一貫課程正如火如荼地展開，幾乎每個學員都看到課程推展的阻力，很少人提出推動的可能性。我告訴這些候用校長說，他們還沒有準備好如何擔任校長，因為他們只看到障礙，沒有發現可能性。

我在瑞柑服務 8 年，最讓我放心的就是行政核心團隊，我花很多時間跟他們討論為什麼（know why）的問題，舉個例子來說，九年一貫課程試辦的第 1 年，教育部提供每所學校 50 萬的經費，主任們躍躍欲試，他們認為 50 萬可以做很多事情，我持相反的看法，我認為如果我們沒有準備好，50 萬會增加很多麻煩。後來證明放棄 50 萬之後，我們有 1 年從容的時間做準備，理論和實踐結合之後，試辦成果很快超越其他學校。

建構核心團隊需要讓每一個成員都知道學校在做什麼，以及我們為什麼要這樣做，了解我們為什麼要這麼做，我們才有機會找到解決問題的可能性。

二、掌握發展的契機

每個學校都有其發展的最大可能性，只是我們忽略它的存在。這種存在就像張忠謀看到半導體代工的市場，比爾蓋茲看到 IP 電腦產業的未來，洞察未來，才能立基當下。

Michael Fullan（2001: 121-144）在 *Leading in a culture of change* 一書當中，

他曾經應用野兔和烏龜作為隱喻,他認為一個校長初到一所學校應該放慢速度,細膩學習,透徹地了解該校的文化。但是他忘了告訴讀者,等到掌握到發展的契機,就要像野兔一般快速推進。

我到瑞柑服務的第 1 年,允許教師可以不參加課程發展,只要求新進教師及代課老師和我一起打拚,等到成功的案例成型之後,再邀請他們參加,而且只要求他們每個人每學期設計一次教學觀摩,校長主任帶頭做。第 3 年大家都有教學活動設計的經驗,我們逐步和九年一貫課程的政策結合,每個人每一學期都要提供完整的教學活動設計。

很多人應用 Peter Senge「煮青蛙的效應」來形容這個現象,這是比較負面的想法,我比較喜歡將這個經驗稱之為「大樹法則」,樹要種得好,最重要的是土壤的改良,土壤必須先要有機化,根才有伸展的空間,才能呼吸,並吸收足夠的養分。我們在經營一所學校,經常在土壤表面下功夫,也就是我們經常換樹苗(改變策略),卻很少更新土壤(更新文化)。

參、以「經」為師,以法為用

一、以「經」為師,作為實踐指南

這裡談的「經」應該加複數,校長的角色不能像學者,抱持著單一的典範,作為學術的信仰。校長不適合信奉單一典範,作為實踐的指南。典範對於校長來說,只不過是解決問題的可能工具。杜威的哲學很好,但是他的哲學無法解決全部的問題,布魯納的課程結構的想法也很好,但是他也是解決課程的部分問題,而不是全部問題。

很多老師終身抱持著單一典範,或堅持自己靠經驗所形成的教育觀,可是面臨新世代學子的需求,可能就顯得格格不入了。

有一次我去接孩子放學,他們延遲了 1 個小時下課,原因是國文老師要他們背解釋,背不熟的解釋,一個新詞抄 3 遍,沒有按時抄完的孩子,每個新詞再罰抄 10 遍。這個老師很努力,卻得不到學生的喜歡,因為他用傳統的成功經驗,教現在的學生,傳統的方法不是「不好」,而是「不適合」。學生和家長對於學校的期待已經不一樣了,可是我們用的方法還一樣,運作的結果是工作

愈來愈努力，掌聲卻愈來愈少。

　　有些校長很努力，但是依靠的是傳統的經驗與方法，比較難吸引家長和老師的認同與承諾。例如有一所小學校長要推閱讀，爭取很多經費充實圖書設備，也花了很多時間辦理閱讀推廣活動，可是教師的反應並不熱烈。因為校長應用的都是傳統經驗的工具，像學習單、閱讀筆記、讀了10本書就可以和校長照相等等策略，這些都是行政的策略，卻缺乏心理學對於閱讀研究發現的導入，也缺乏學生家庭閱讀條件的了解。

　　從形式的領導到實質的領導，校長需要理論的幫忙，成為「洞察」的工具，理論通常會走在實踐的前面，並且有可能成為實踐的工具。舉個例來說，1997年我進入瑞柑的時候，當時課程發展的主流，幾乎完全圍繞在學校本位（school-based）這個概念上面，從理論就可以聞到這股未來的潮流，潮流經常帶著不可逆的特質，潮流也經常會影響甚至形成國家的政策。所以進入這所學校之後，積極尋找課程發展的機會，歷程雖然辛苦，成果卻有極高的附加價值。8年來聽過瑞柑課程經驗的教師已經超過1萬人，從瑞柑發展出來的教師專業知識系統化、策略聯盟以及統整課程案例等課程發展的經驗，也影響許多人對於課程的概念。這幾年到瑞柑參觀的人潮，除了國內各師範院校的團體之外，還有日本、香港、中國大陸以及美國的學者。

　　從理論尋找有效的解決問題的工具，並作為教師行動反思的鏡面，其結果才能讓教師獲益，如果只有壓力沒有實質的進步，再好的政策，都只會剩下政府想要「成果」，而缺乏教師想要的「效果」。所以進行課程本位的課程發展之後，一定要讓教師感受到，他們是專業發展的受益者，而不是政策的被壓迫者。所以在課程發展的歷程當中，我所引進課程與教學的理論，是教師的發展遇到了瓶頸而被引入，理論並非實踐的上位概念，在教育的現場，實踐永遠站在最優先的位置。

　　我學校的願景之一是「建構一個快樂而有效的學習環境」，瑞柑國小不但生態環境出名，這幾年考上前三志願的學生也不乏其數，以往許多人將「快樂」與「有效學習」放在光譜的兩個極端，我卻覺得它們是一體的兩面，就像知識建構論的學者 von Glasersfeld（1991: xvii）所說的「有趣的思考勝過千言萬語的讚美」。以下就從幾個不同的向度來說明，我如何應用不同的策略在瑞柑打造一個快樂而有效的學習環境。

學生經常在 7 點以前就來到學校，有一次有個一年級的學生，他捉了一隻昆蟲，7 點不到就在校門口等老師，他希望跟老師討論這隻昆蟲的特徵。有一對姊弟從上海回到台灣，先在這裡就讀，後來媽媽回內湖工作，希望把他們轉回去內湖就讀，結果兩個人都反對，因為他們已經愛上了學校，喜歡上學。很多家長將「不准去上學」當作處罰孩子的方法，學校已經變成孩子的「兒童樂園」。但是孩子喜歡上學只成功一半，孩子在學校可以進行有效學習，才算完整的學校效能。我們有幾個機制，協助教師發揮有效的教學。

二、以法為用，增進教師專業成長

再好的理念儲存在校長的大腦中，終究起不了作用，唯有影響教師，成為實踐的工具，才能發揮最大的效用。理論轉移為實踐的工具，最好的方法是教師專業成長的工作坊。

(一)教師專業成長工作坊

這是我到瑞柑第 2 年所發展出來的教師專業成長模式，這個模式是以「解決教師教學問題」為對話的核心，只有教師徹底了解學科知識概念，他才有辦法結合教學方法，演繹出精采的教學活動。在課程發展工作坊，我們會聚焦在課程的知識結構、兒童的認知發展，以及教師的教學方法等三個面向的專業對話。舉個例來說，有個家長問老師「地圖的右手邊為什麼稱為東方？」老師無法回答，就將問題帶到工作坊來，低年級的教師就提供「竿影實驗」的活動，來說明在竿影實驗的時候就將日出的方位定為東方，日出的方向剛好在地圖的右手邊，因此稱之為日出東方。凡此種種，教師教學所面臨的小事，卻是教師專業成長的大事。

(二)辦理教學成果展

如果觀摩的功能是學習別人的優點，那麼觀摩的結果必然受到教師的支持和歡迎。每一學期的教學成果展，已經是瑞柑的優良傳統。教學成果展不是要評鑑教師的好壞，而是要學習別人的優點。每一次成果展之後，老師要記錄別人的優點，並發表討論。第一次辦大家比較有壓力，久了之後，就變成學校的文化。

(三)建構數位化的學習網絡

1. 資訊科技與生態結合

只有生態教育，學生的學習體驗是片面的。只有資訊科技，學生的學習也是片面的。只有資訊科技與生態的結合，學生的學習才算完整。學生在學校看到蛙、摸到蛙、在網站學生可以看到蛙的構造、聽到蛙的聲音，兩者的學習經驗不斷地產生連結，最後學生就形成許多深度洞察的能力。目前這裡有 30%左右的學生擁有青蛙分類及解說的能力。除了學生的學習，老師的學習也十分重要。

(1)教師即學習者（teacher as learner）

只有經費的補助，是無法真正縮短城鄉之間的數位落差的，最重要的是需要人力資源的投入。教師要成為學習者，不但要學會使用資訊科技的能力，還要學習如何將環境經驗轉化為數位資訊。將生態環境的材料轉化為學習的教材，是需要許多學習與努力的。首先，我們每位教職員都需要擁有使用資訊科技的能力，同時還要對於生態環境的知識有所了解。

(2)為數位化做準備

這所學校從 1998 年即進行數位化的準備，除了硬體設備逐步更新之外，要從環境的材料轉化為數位化資訊，首先必須要將現場的動植物照相，儲存大量的照片之後，然後將這些照片編輯，最後教師還要思考這些照片和課程與教學有何關係？老師了解現場環境的材料，了解課程的內容，同時也了解兩者之間的關係，以及了解如何使用資訊科技做連結，最後，資訊科技才能真正幫助教師的教學。

(3)以生態為主題的統整課程

有了材料，並且轉化為數位化的資訊之後，緊接著教師還要將這些材料統整起來，成為主題式的探索，例如老師可以發展「蛙」為主題的課程，學生從觀賞蛙、上網認識蛙、到對現場的蛙進行細部的分類，慢慢學生就學會對動物的觀察與分類的能力，這些能力也會成為他以後學習的基礎。

2.資訊科技與課程和教學的結合

(1)課程與教學的平台（curriculum & instruction platform）

課程平台是指教師可以發表、交換或取得課程與教學資訊的網站，透過這個平台，教師可快速了解其他老師設計的案例，也可以分享其他學校的教學資源，透過這個系統，可以豐富教師教學的內容，並且加速學生學習的能力。

(2)建置虛擬光碟中心

虛擬光碟中心是指應用電腦的硬碟，將所有教學光碟壓縮在一起，然後透過校園網路，連結到每間教室的電腦，再經過數位電視傳送出來，這樣就可以節省光碟片保管的人力資源以及教師借用的時間。

四有機的補救教學系統

除非孩子具備良好的學習能力，否則他終究還是會放棄學習。

老師基本上是愛孩子的，老師可能不會那麼在乎政府的政策，可是他們會很在意孩子的學習成就。所以，在瑞柑國小，學校的補救教學系統，是教師自動自發的結果。也不清楚從什麼時候開始，老師就將學習遲緩的學生，利用放學的時間留下來，訂正他們的回家功課，慢慢地1個老師影響1個，最後免費的補救教學網絡就慢慢形成了。所以除了1、2個「學習障礙」的學生之外，在瑞柑沒有在畢業的時候九九乘法表還不會背，或課文還不會唸的孩子。

另外對於學障的孩子，我們也向政府申請特殊教育孩子的補助，邀請海洋大學的學生到校進行補救教學。

最近有一個案例，讓我深刻體會到個別補救教學的重要。五年級有1個學生，每次上英語課都愛胡鬧，老師把他請到教室外面來，下次他還是胡鬧。老師受不了就把學生送給我，和他談了一段時間，才發現他是學習低落所引發的防衛機制，例如他把整張考卷都揉成一團，原因是他除了選擇的題目還可以猜測之外，其他的題目他真的看不懂。了解他的情況之後，我請他的老師來教他這張考卷的內容，一題一題教，他慢慢學會了，也沒有過當的防衛機制。後來，我告訴這位老師：「沒有一個孩子有能力會刻意不表現，不表現通常是他的能力出現了一些困難。」老師剛開始很堅持學生是故意搗蛋的，我請老師到家裡看一看，觀念也許會有一些改變。

我到這個孩子的家庭去過不下 10 次，他家的客廳不到 2 坪，是全家看電視的地方，也是他寫功課的地方。父母親只有小學畢業，所以他連「now」要怎麼唸都不太有信心；老師很難體會低社經地位孩子學習的困難，等她了解了，她對待孩子的態度自然有所轉變。

㈤發揮首席教師的影響作用

學校的首席教師不一定是校長，不一定是主任，最好的可能是全校最認真的老師。認真的老師是學校的資產，是學校的根，因為他努力的精神會快速地感染其他的人。學校如果缺乏這股努力且敬業的精神，就會缺乏凝聚的動力。

學校異動大沒有關係，但是不能連根刨除。去年是我們學校異動最大的一年，調動 6 位教師，5 位新任教師，但是他們經過 3 個月的專業融合，很快地就成為受家長信賴的教師。原因是具備敬業精神的教師還留下來。他的工作態度和敬業精神，很快影響到其他的教師。

再透過教師同儕視導的機制，新舊教師一起觀摩，新舊教師的教學經驗快速地交互作用，專業成長的速度就會快速地展開。

㈥增進家庭教育功能

校長有機會要走進學生的家庭，尤其是走進低社經地位學生的家庭。有些學生家裡根本沒有書桌，他們趴在茶几上寫功課，不但容易近視，脊椎也容易變形。去年和家長會辦理「送書桌到家庭」的活動，調查家裡沒有書桌的學生，我們打算免費送一套給他們，後來家長不好意思，都自己買書桌了。

當然學生的問題還不只是缺乏一張書桌那麼簡單，最缺乏的是缺少指導的家長。很多不交功課的孩子，其實都是家長無法指導學習的家庭。例如寫一篇「心得」，學生有一段卡住了，下面就完全停止。我會將學生家庭的情況告知他們的老師，讓他們在出功課的時候，需要家長指導的部分盡量在學校完成。

肆、營造善意的政治環境

學校是整體政治活動的一環，學校無法獨立於整體的政治環境的運作。

一、教育局與學校的夥伴關係

學校主要的經費來源都來自教育局,教育局主要的工作也需要學校的協助與完成,學校與教育局的關係是相互需求的共生體,所以學校要發展任何特色,應該取得教育局的了解與支持。學校所面臨的困難,也應該尋求教育局的協助。學校也要配合教育局的政策發展,但是也要衡量學校本身的條件,不要過度爭取教育局的活動,畢竟教師最希望的是一個比較不受干擾的教學環境。

二、傾聽家長的聲音

沒有一個學校的家長不希望學校進步,因為孩子是學校進步的最大受益者。適度滿足家長的需求,已經是現代校務經營必要的工作,為了避免家長毫無節制地向學校索求,最佳的策略就是讓家長組織轉型為學習型組織。家長的學習型組織至少可以發揮兩個正向的影響,第一個是建立家長與學校的夥伴關係,美好的關係不能靠「開會」來營造,而是需要正向的「學習型組織」,學習型組織是感性與理性的綜合,感性的要素可以拉近學校與家長的距離,理性的要素可以增進家長專業的知能。學習型組織的第二項功能就是培養領導人才,熱心的家長很多,具備領導能力的家長卻很少,學習型的組織可以培養家長參與公共事務的經驗及領導的能力。在瑞柑,我花了不少心力建構家長的學習型組織,節省了許多日後處理家長關係的時間。因為經過學習型組織的鍛鍊,家長與學校的力量已經匯集在相同的方向。

三、家長會的角色

家長是校長的政治後盾,如果家長對於校長的政策具備高度認同,民意代表自然會向學校靠攏。經營家長會要經營「人」,不要經營「錢」,擔任8年校長的經驗當中,對於家長會都是「零預算」的概念,就是鼓勵熱心的家長進入校園服務,沒有捐錢無所謂,每年的家長會的捐款都不多,但是用在學生身上的活動都夠用,低額的捐款也省掉聚餐應酬的煩惱。

四、地方的政治勢力與教育的關係

了解地方政治勢力的狀態是校長存活的基本條件,校長不能也不宜介入地

方上的政治運作，但卻不能不了解地方上的政治運作。學校要和主流的民意合作，例如地方首長推動「文化立鎮」，校長不能置身事外，應該熱情且適度與校本課程結合。當然學校也可以發展自身的特色，引導地方首長來追隨，瑞柑生態村的建構，就是一個成功的例子。當然經營校務再怎麼小心還是有機會得罪地方上的民意代表，最好的方式是「第一時間消毒」，掌握解決問題的黃金時間。

五、學校的聲望

學校的聲望是學校最重要的資產，很多新進校長認為學校的聲望需要靠行銷，這種想法有一點倒果為因，其實學校的聲望最主要是靠「口碑」，沒有實質的好，單靠行銷，很容易泡沫化，在資訊快速流通的台灣社會，其實消息流傳的速度比我們想像的快很多，我在校園裡談到對於離開老師的懷念，很快消息就傳到她耳朵。將教育本質的工作做好，再配合媒體的需求，進行「概念」的行銷，才可以產生深刻的影響力。

六、媒體與學校的關係

創造學校的特色是經營媒體最好的方法，很多媒體喜歡報導「瑞柑生態村」，因為瑞柑生態村容易上鏡頭，單單民視「台灣之美」就重播 30 幾次，大愛「人與土地的對話」也重播了 20 幾次，在瑞柑拍攝的電視節目超過 10 次以上，因為青蛙的動作可愛討巧，學生「聽聲辨蛙」的能力又具新聞吸引力，所以當媒體記者缺乏新聞的時候，就會想到瑞柑國小，當然平時準備一些圖文並茂的短文，也有利於記者朋友參考。

七、學校形象塑造

校長的成就，來自於兩方面，一方面來自於實質的辦學績效，另一方面則來自於與社區和學校的夥伴關係。校長要走入社區，有空就到里長家坐坐，到家長會長家看一看。「見面三分情」，主動、積極、熱情與真誠，是社區經營的八字真言。社區經營的成效是滲透式的，我們感覺不到它的存在，它卻像空氣一般，不斷地在發揮影響的力量。

伍、校長的專業修為

一、校長的瑜伽哲學

練過瑜伽嗎？瑜伽強調柔軟與自然，我們的五臟六腑與筋脈本來都是暢通的，但是經過人為的過度使用，慢慢僵化或扭曲，而造成血路的阻塞或不順，瑜伽的功夫只是讓原來自然運行的機制，回歸自然。經營校務的感覺有點像練瑜伽，重新自我檢察，從頭到腳的血脈是否暢通。

最近到了幾所學校進行校務評鑑，發現他們都有美麗的願景，這些願景看起來並沒有太大的問題；但是等我問他們的行政與教學，學校的願景和他們的關係時，大多的教師或行政人員都無法順利地描述，這個就是我們傳統的行政習性。教育局要願景，我們就建構願景；要課程目標就提供課程目標，需要教學活動就提供教學活動；但是如何將願景、目標與教學活動貫穿起來，就是學校「瑜伽」功夫。只有將每樣瑣碎的事務貫串起來，才能打通行政與課程領導的任督二脈，建構有效能的行政與教學體系。

二、向企業學習

很多校長都覺得目前的學校很難領導，但是仔細一想，再難的困境也比不上企業所面臨的難題。企業許多解決問題的策略，經常可以類比到學校的某些情境，成為解決問題的工具，例如策略聯盟、知識管理的機制、數位神經網路的概念，都是學校可以應用及參考的方法。最近看到一所私立學校透過課程與知識的重組，也獲得了家長的青睞，獲得了重生。

三、不斷地反省與前進

「沒有最好的學校，只有更好的學校。」隨著教育制度的鬆綁，新型態學校可能不斷地出現，今天的標竿學校，可能明天就變成落後者。學校要不斷地維持知識的「新鮮度」，也要不斷地隨著時代的演繹，不斷地求新求變，才能維持學校的競爭力。當然維持高品質的績效的同時，也要取得身心靈的平衡。

四、經營家庭

成功的校長一定需要穩定的家庭生活做後盾，因為家庭會提供感情的慰藉，提供心靈的雞湯。

經營家庭和經營學校一樣重要。有一次到一位校長家裡作客，才發現她有一個舒適溫馨的家庭作為她工作的後盾，所以在很多校長都遭遇工作困難的時候，她總是一帆風順。因為她平順的脾氣，增加同事工作的安全感，也減少了工作的摩擦和阻力。

五、懂得放空

「有失才有得」是我的人生座右銘。爭來的東西，經常帶著許多後遺症。努力以赴，水到渠成的成果才能長久。學習放空才能自在，前面已經提過，九年一貫試辦的第 1 年，試辦經費 50 萬，相當於一所小型學校 5 年研習進修的經費，我選擇放棄，因為我還沒有準備好。在瑞柑服務滿 4、5、6 年的時候，我都有機會調到大型學校服務，我也選擇放棄，因為我還沒準備好，因為放棄調校的機會，我才有機會將課程辯證的論述完成，也才有機會發展幾個統整課程的案例，為課程研究與發展提供一些新取向。

六、浪漫過生活

不懂得浪漫，不但對不起自己，也對不起家人。

生活不能像工作那樣嚴肅，嚴肅的生活久了會彈性疲乏。在繁忙的工作之餘，我喜歡規畫「半日遊」的行程，像到北埔客家小吃、擂茶，到金山吃鴨肉、泡溫泉，到南港品嚐土雞、看螢火蟲；或到烏來泡湯，都是全家成行老少咸宜的行程。有空走出門，休閒的感覺就會上來。

七、創造工作的感覺

前年學校買了一部咖啡機，全校教師多了一個新話題，因為許多人喜歡喝咖啡，工作之餘就多了一份聊天的話題。工作經常需要營造一些感覺，讓人與人的互動更為順暢。

超量的工作經常讓人疲憊不堪，可是經過適度的休息之後，整個人好像又

甦醒過來。浪漫與感覺是解乏的最佳良方。

陸、結語：思考、思考、再思考

　　如果您問我校長領導的實踐智慧是什麼，答案就是「思考、思考、再思考」，思考不是枯坐冥想，而是一種主動尋找解決問題的樂趣，一種樂愛工作樂愛生活的修養，一種與人為善，柔軟而堅毅的領導特質，一種謀定而後動的工作習慣。「如果罐頭打不開，我們應該先想一想是否轉錯了方向？」

作者簡介

　　林文生，現任台北縣崇德國小校長。國立台灣師範大學教育研究所博士（2005），教育部第一屆教學卓越獎（2004），教育部校長領導卓越獎（2007）。教育部生活課程中央諮詢委員（2007～2008）、台北縣生活課程輔導團召集人（2007）、台北縣溼地課程發展召集人（2008）。出版《數學教育藝術與實務》（與鄔瑞香合著，心理出版社）（1999）。專攻課程實踐與領導，帶領超過 100 所學校教師實際發展課程。曾撰寫〈超文本課程〉、〈如何以行動研究發展教師的課程地圖〉等論文 20 餘篇。

我與太平的成長記事──學校經營的敘事探究

曾振興
原任高雄市太平國小校長
現任高雄市獅甲國小校長

壹、緣起──回首憶太平

　　時間過得真快，轉眼間在太平國小擔任校長的任期已屆滿 2 任，期間長達 8 年半，總計有 3,104 個日子。最近已申請參加高雄市國小校長遴選。由於即將離開我所熱愛的學校，內心開始忐忑不安，這 8 年半間的林林總總，恍如昨日，歷歷浮現在眼前，內心的激動讓我想要阻止離別的到來，想要逃避傷感的時刻。於是開始有一股衝動，想要緊緊抓住太平的所有景物，想要寫下我與太平人共同走過的回憶。

　　此時，正巧我博士班的恩師林文律教授，邀集一群中小學校長共同編輯《中小學校長談校務經營》，故想藉此機會寫下我在太平 3,104 個日子裡──「我與太平的成長記事──學校經營的敘事探究」，從中深思我的教育信念、教育價值觀、學校經營策略與實際的做法。希望藉由擔任太平校長的成長省思，提供自己與校長同儕校務經營的參考，更讓自己成為一位嫻熟的學校領航者。

　　經由構思與整理，將我在太平國小學校經營的敘事探究構成八個面向，分別是理念篇、到任篇、領導篇、建設篇、公關篇、危機篇、生涯篇與省思篇。現在就讓我帶您進入我校務經營的內心世界裡。以下是我的故事與體驗。

貳、理念篇──理想展抱負

　　自從從事教育工作以來，我不斷的深思我的教育信念、教育價值，我對學校經營的思維。經由不斷的批判反思，逐漸找到我的教育理想，也經由太平現場的經營實踐，建構我對學校經營的完整思維與具體策略，包括我的教育思想源頭、教育專業信念、教育理想圖像與學校經營策略。以下是我的心得。

一、教育思想源頭

　　我深信每位孩子都有發展的潛能，也相信孩子可以透過因材施教，達成適性發展，且經由多元智慧的啟發，可以培養孩子的健全人格，發展孩子的社會適應。我的終極目標是「帶好每一位學生」，茲以我的「教育理想圖像」闡述我的教育理念（如圖1）。

二、教育專業信念

(一)以學生為中心：尊重個別差異，開啟多元智慧

1. 肯定每一位學生都可以學習，都有能力學習，都能適性學習。
2. 維護學生學習權益，營造零拒絕學習機會，透過因材施教達成適性發展。
3. 肯定學生多元性向發展，重視每位學生全人格發展，帶好每一位學生。

(二)以專業為理想：提升教師教學專業能力，形塑專業形象

1. 建立專業社群之學校文化，強化教育系統知識及批判反思能力。
2. 提升專業尊嚴，營造「親師生快樂學習」的教育品質與理想圖像。
3. 建立團隊學習機制，以專業對話、團隊學習的機制，落實教學品質保證。

(三)以分享為信念：以專業分享導向，提升教學成效與教育品質

1. 充實教學設施與整合資源，為學校同仁提供專業的教學資源。
2. 家長與教師共同合作，創造學生優質學習文化。
3. 配合社區總體營造，主動積極建構社區教育的專業服務網絡。

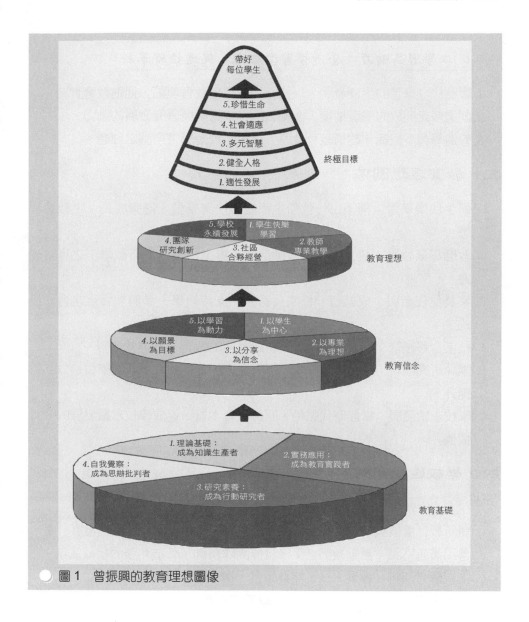

圖1 曾振興的教育理想圖像

(四)以願景為目標：鼓勵學校成員積極參與、落實績效責任

*1.*釐清教育本質，堅定教育信念，塑造學校教育經營發展願景。

*2.*擴大民主參與，凝聚共識，體現學校、家長及社區教育合夥經營方式。

*3.*落實學校本位經營，建立學校特色文化。

(五)以學習為動力：營造學習型組織，促進校務革新

1. 響應終身學習的生涯發展，以持續學習轉化教育理論，促進教育實踐。
2. 創造多元開放的學習情境，激勵教師專業對話與研究發展的動力。
3. 營造學習型組織，建構教育社區，落實學校為學習樂園之理想。

三、教育理想圖像

㈠學生快樂學習：構築每一位學生都能「快樂學習、健康成長」之教育理想。

㈡教師專業教學：建立每一位教師都能「專業自主、創新教學」之專業能力。

㈢家長信任參與：成就每一位家長都能「支持教學、參與教育」之合作模式。

㈣社區合夥經營：結合社區資源，營造共同的教育合夥經營機制。

㈤團隊研究創新：建構專業團隊，以研究發展促進教育革新與學校績效品質提升。

㈥學校永續發展：掌握時代脈動，回歸教育本質，達成學校永續發展的教育價值。

四、學校經營策略

在上述的教育理念的引導下，我的學校經營策略如下：

㈠體認教育價值與學校目標，發展學校教育願景，訂定校務長期發展計畫。

㈡善用溝通協調，激勵教師士氣，發揮團隊精神，營造和諧的組織氣氛。

㈢重視研究創新、專業成長、終身學習，提升教師專業專長。

㈣充實教學設施、善用科技媒體，以營造優質學習環境，有效提高學習效果。

㈤推動學校管理制度化、資訊化、科學化，考量教育的成本效益，落實考核機制。

㈥加強學校、家庭與社區的良好公共關係；充分運用社會資源，支援校務發展。

(七)改善學習環境，重建校園倫理，形塑校園文化，發揮境教功能，營造溫馨和諧的校園氣氛。

參、到任篇──新手初體驗

從校長遴選後的保持緘默（避免讓原任校長尷尬的感受），至到任前的拜會校長、家長會長，並邀會長陪同拜會地方里長、歷任家長會長、民代，若行有餘力則拜訪各機關及政要等，到正式上班時，除尊重原任校長作為及學校文化，在極短時間內要熟識每位教職員工，並能盡快了解校園生態及社區特性……等，這是初掌學校的首要之務。

我想從兩個部分敘說我的做法，分別是「到任前的了解學校」與「到任時的熟悉校務」。在到任前應先蒐集學校資料、拜訪關鍵人物與觀察校園生態。在到任時，包括：策畫交接典禮、準備就任演說、聽取單位簡報、詳閱學校文件及了解學校文化。

一、到任前

當知道即將擔任某校校長，或準備參加某校校長遴選時，應該盡可能對任職學校做深入了解，唯有充分了解學校的人、事、財、物狀況，才能精準掌握重點，做適切的校務經營。了解學校途徑很多，最基本的方法是蒐集學校資料，及拜訪重要的相關人物。

蒐集學校資料的目的在深入了解學校，應把握多途並進的原則。所以應從不同立場的人士蒐集資料，如學校印發的文宣、校外機關、團體、仕紳處、學校網站等。這些資料包括：學校簡介、特刊、一般印刷品、網站資料、校務發展計畫、現有人員名冊、學區範圍、學區風俗民情、學區內重要單位等。

拜訪相關人物，包括卸任校長、學校幹部、歷任家長會長、部分家長會重要人士、教師會、教育主管、督學、學區民意代表、學區各里里長等。

二、到任時

新到任的校長，「人和」是第一要務，其他的校務經營固然重要，但應先「蕭規曹隨」運作如往，不要急於改革，先把人事安定下來，莫讓同仁感覺新

官上任三把火。另方面新校長初掌校務，亟需各方人士的支持與協助，要以真誠求教，才能在最短時間內獲得充分支持，且對學校有正確的認識，以便熟悉校務，也才能因應學校需求，構思並規畫學校的發展，研擬合適且受歡迎的學校經營策略。

「凡事豫則立，不豫則廢」，做事要有萬全準備，對於即將面對的一切都不可掉以輕心。在這個階段要注意的事情很多，我認為最重要的事情有：準備就職演說，聽取單位簡報，詳閱學校文件。

就任演說是到任後第一次公開講話，將會給來賓、同仁留下深刻印象，要事先縝密思考，再三斟酌，不可靠神來之言，臨時起意的言論。因此應備妥講稿，即使照本宣科亦無大礙。致詞的內容，通常表達感謝、尊重傳統與請求支持，而最重要的部分是治校理念、理想抱負，但只能「言簡意賅」，不可「長篇大論」。成功的就職演說可以贏得同仁信任與真誠協助。

聽取簡報是個快速了解學校的好辦法，也對校務的推動有正面的功用，藉由簡報可以了解各單位的團隊能量，各單位的困難，並作為組織結構調整的參考，以及擬訂校務發展計畫的依據。聽取簡報應注意：不可以故意考驗單位的反應能力，盡可能強化好的部分給與讚揚，而淡化差的部分暫時不要批判。

新到任的校長應盡量縮短摸索時間，俾利盡快投入校務的推動。詳閱學校重要文件，可以幫助校長快速了解學校，特別是了解學校的歷史、特色、氣氛、規章、制度及學校的生態文化等。

肆、領導篇──帶頭齊努力

學校大小不同，型態互異，而其領導運用之妙，存乎一心。要發揮學校效能，同時要激勵同仁士氣，倡導與關懷則需面面俱到。同仁婚喪喜慶必須親臨致意，病痛急難必須及時關照協助，雖然只是微不足道的生活細節，卻能讓部屬領受到校長真誠的關懷。鼓勵和肯定是支持同仁往前繼續邁進的動力，方式與技巧則需妥適運用，可以在合適的公開場合給與同仁褒揚，唯應避免造成後遺症或負面效應。在工作中不斷的成長，才能隨時獲取新知，學校除了規畫教師的研習進修外，鼓勵同仁成果發表與分享，安排他校的見習參觀，才能使教師與時俱進，提升自己的專業知能。這些都是我學校經營的心得。茲歸納我的

領導策略與做法如下：校長領導風格、帶領主任團隊、帶動進修風氣、形塑專業社群、調整組織運作等。

一、校長領導風格

自從我投入學校行政工作，開始擔任組長、主任時，即時時以學校校長為典範，不斷觀察學習校長的領導思維、領導風格、學校經營的策略與做法，也時時深思校長為何會如此決策？如果是我，我會如何形成決策？初任太平校長後，亦不斷從學校經營的實務中，省思校長應扮演的角色與學校經營應有的態度，並隨時檢討修正自己的想法與做法。以下是我的體會。

(一)校長應扮演的角色

1. 領航引導者：凝聚願景，引領實現。
2. 溝通協調者：溝通理念，協調意見。
3. 激勵成長者：肯定鼓勵，激發動力。
4. 資源協助者：診斷輔導，專業支持。
5. 楷模實踐者：身體力行，以身作則。
6. 公關行銷者：建立關係，爭取資源。

(二)校長應有的經營素養

1. 執行力：引領方向，實踐履行。
2. 包容力：寬廣胸襟，容忍異見。
3. 意志力：堅定意志，努力不懈。
4. 抗壓力：承受繁雜，苦中自娛。
5. 學習心：不斷學習，省思成長。
6. 積極心：樂觀開朗，憧憬未來。
7. 自信心：自我肯定，接受批判。
8. 人文心：關愛師生，尊重他人。
9. 教育心：教育第一，學生為先。
10. 執著心：擇善固執，貫徹到底。
11. 權變心：洞察形勢，因勢利導。
12. 豁達心：勇於擔當，不戀職位。

二、帶領主任團隊

主任是校長的左右手，有如車之四輪，缺一不可，和諧團結的主任，一定可以發揮一加一大於二的效能，反之若主任相互排擠拉扯，則再有才華洋溢的校長，也無法施展抱負。

在帶領主任部分，我也體會一些原則：首先是找對主任，所謂找對主任，是找願意做事、努力做事、做人誠懇、能與同儕協同合作的主任，這是成功的第一步。其次是校長帶領主任的技巧，「信任」是帶好主任的首要，「用人不疑，疑人不用」，在信任的基礎下，要能適當的授權與適時的指導。第三是採行「高倡導、高關懷」，在倡導方面，透過定期的主管會報進行交付任務、溝通協調，藉由團隊領導凝聚校長與主任間的默契，進而建立團隊決策模式，這可是我發展的團隊領導模式；在關懷方面，鼓勵主任生涯發展，協助主任參加碩博士班進修，指導主任參加校長甄選，關懷主任家庭生活與身心健康等。以上都是成功帶領主任成為一個和諧團結團隊的重要因素，這也是我帶領主任團隊的心得。

三、帶動進修風氣

教師繼續進修，需要學校行政的支持與鼓勵。因此，校長對教師繼續進修的態度，具有相當重要的影響因素。我對教師的進修，始終抱持鼓勵與支持的態度，並盡量解決行政上問題，讓教師在無後顧之憂下，參與各種研究所及教學碩士班的進修。我亦先後參加屏師學校行政碩士班與國立台北教育大學教育政策與管理研究所博士班進修，此舉更激勵主任與教師相繼投入進修的行列。然而，教師在學術方面的進修，如果沒有貢獻所學於學生學習，或與教師分享對話，那只是教師個人的成長而已。為避免這種情形發生，從班群教師的組成，到學校週三進修的規畫，盡量讓教師可以從理論與實務中獲得印證，並帶動教師們的專業對話。

當一個組織的進修風氣逐漸形成時，教師們就會受到影響，因此漸漸擁有高學歷的太平文化，逐漸展現在專業的表現上。太平國小藉由這波教育改革，提供整體性的學校本位課程發展機會，賦與教師更多課程與教學上的自主空間，透過行動研究方式讓教師從專業實踐中解決問題，並能在眾多學校中脫穎而出，讓一所位處市郊且傳統守舊的學校，逐漸轉變，展現學校的新風貌。

四、形塑專業社群

在提升教師專業素養，形塑教師專業社群方面，我體會了幾項原則：首先我自己能以身作則，不斷地學習、成長、實踐與反思，影響並帶動校園專業成

長的氣氛；其次採用漸進的原則，允許同仁的個別差異，先帶領意願高、具專業理想態度的同仁，進而逐步影響其他同仁；最後是專業分享，與社群的形成，經由研討、分享、對話、與發表等策略，慢慢形塑教師專業社群。

經由上述的不斷努力，在太平，我們擁有高學歷、高素養的教師群，教師專業不只反映在教學方法的改變，更是在思維態度的轉變，價值典範的轉移，在這波教改歷程中，提供教師盡情發揮與施展的舞台。

五、調整組織運作

當邁步向前迎接教育變革的同時，我察覺學校有著傳統的包袱，同仁們習慣舊有的價值思維，與慣性的組織運作，缺乏對環境改變的心理準備。在面對社會變遷與教改需求，現有的組織運作機制已無法因應，因此，我們自覺需要跳脫傳統的窠臼，並經由構築願景，凝聚共識，調整組織運作，發展學習型組織，以形塑學校的新風貌。

所以，學校的組織架構，也開始因應實際需要，逐年逐步的進行修正調整，至今調整的處室包括：學生事務處、輔導處、課程教學組、資訊教育組、活動組與資源組等。此外，這幾年我們不斷在建構新思維、推展新措施，在教育改革的路上，進一步發展學校的特色，例如：週一校長有約、週五升市旗校旗、週五說故事時間、週五校本課程時間、週五自治市活動，以及每學期的越野賽跑、三對三鬥牛賽、太平小鐵人與太平小藝人等。

在變革的過程，當然難免遭遇挫折與困難，所以在做法上，學校不斷的調整步伐，在不偏離教育理想與方針的原則下，尊重同仁不同的看法，接納同仁不同的做法與進度。儘管在做法上可以不斷修正調整，但對教育的基本信念與學校教育目標的堅持，一路走來始終如一。

伍、建設篇——打造理想樂園

本段敘說我在學校建設過程的規畫思維、設計理念與執行績效。包括：學校景觀的規畫、學校環境的改造、課程教學的展現、人文關懷的校風、校長有約的實施、教學資源的開發、經費財務的管理等。分述如下。

一、校園景觀的規畫

學校建築，因建造年度不一，每一棟建築的地板高程、室內淨高、樓梯高度均不一致，如何將每一棟建築之間的動線做適當規畫與連接，減低通行障礙，賦與新生命，發揮整體之美，達成學校教育功能，是我在校園景觀規畫的目的。

整體而言，我在校園景觀規畫方面，強調以下原則：*1.*整體性：全部校舍之色調，以白色為主，搭配淺綠及粉紅色，透過視覺感受，營造出安定、清爽、活潑、和諧的校園氣氛。*2.*全面性：庭院、遊戲區、學習步道、樓梯轉台、化糞池周邊、校園死角等，都予以造景美化。*3.*教育性：蝶姿園、蝶影萬象館、廁所主題館、庭院景觀、沙坑、親水池、水生植物池、學習步道、學習角等採開放式設計，學生可以直接接觸和體驗。*4.*精緻性：相關景點，委請專業人員依學校需要設計，精緻美觀，而且派有專人維護經營，時時保持最佳狀況。*5.*草根性：校園布置材質、整體環境及社區特性相互輝映，融入在地風情。

現在的太平校園景觀，融入粉紅、綠、白三色系，形成學校的特殊景觀之一，導入企業 CIS 的識別系統，運用於學校建築、學用品、師生服裝、學校刊物、文宣紀念品，校園的每個角落、網頁的虛擬空間，都呈現整體 CIS 的識別系統，在視覺上開創太平的獨特經營風格。

二、學習環境的改造

在「處處是教材，時時可學習」的理念下，從菁英樓、童心園的完成，至水水世界、綠精靈、藝術饗宴；再到蝶姿園、活力補給站、蝶影萬象館，已徹底改造校園學習環境，打造了「人文、藝術、生態、環保、精緻、卓越」的新校園。

印象中的水池，總是圍著藩籬，常給人有著可遠觀不能近觸的疏離感。然而，在本校精心的規畫設計下，面積不大的噴水柱，整個池景的戲水設計，像冬山河的景觀構思，這是我理想中的學習天堂。就這樣，太平的校園處處是孩童學習樂園。

如何充分運用校園的每個角落，融入教學意涵，展現教育理想的企圖，徹底改造學習環境，讓校園脫胎換骨。以下是太平的精心設計：

*1.*充分利用大幅的轉角牆面。

2.樓梯每一個轉變空間的巧思運用。

3.化糞池上的魚池景觀利用。

4.地下室的搖籃——多功能的體適能教室設計。

5.每日一物的午餐教育學習站。

6.教師知識寶庫的活力補給站。

7.有特色的中庭牆面藝術。

8.小而美的植物介紹牌。

9.輔導室前無尾熊樹下的遐思。

10.童心園的綠意綿延，盡收眼底。

11.星空館、海洋館、森林館的廁所主題館。

12.介紹蝴蝶生態的蝶影萬象館。

13.蝶姿飛舞的蝴蝶生態園與蝴蝶生態步道。

14.體適能學習牆。

15.太平 NBA 籃球學習牆。

16.林間教室與噪音監測教學區。

17.電梯口的六大營養村。

三、課程教學的展現

　　規畫了「生之飛舞」（生命教育）、「活力奔騰」（體適能教育）、「永續太平」（生態環境教育）的課程，從規畫、實踐到評鑑的課程發展歷程，均透過教師的精心設計，且能經由行動省思不斷檢討修正，所展現的是學校本位課程的特色與教師專業能力的發揮。

　　以「生之飛舞」為例，「蝶姿飛舞」校本課程的規畫到實施，正是教師專業展現的最佳例證。為配合學校蝴蝶園的落成與開放，有老師提出建議：是否可以配合相關活動，作為校本課程教學素材。於是，教務主任、課程教學組與課程發展團隊成員，即著手規畫結合生命教育與蝴蝶生態的校本課程主題設計，並且在課程發展委員會中，經由委員們的充分討論，以更符合各年段學生的能力發展及學校的願景目標，於是各學年教師設計相關主題活動與之配合，並呈現於學校課程計畫之中。

　　透過教師精心設計適合各年段的教學活動，以融入各學習領域的學習，所

展現的正是學校整體規畫與教師專業的結合。看到學生指著無尾鳳蝶，細說著牠的外型特徵與生活習性，甚至是對生態環境的保護與認識，正足以說明校本課程主題教學的規畫與實作，具體展現校本課程的教學成果。

四、人文關懷的校風

在「學生為主、教學為重」的理念下，營造以人文關懷的校園氣氛，拉近親、師、生的心理距離，讓學生「可親近、可觸摸」的體驗學習。不管是學習步道，或教室學習資源、圖書室圖書設備，都在「尊重學生，方便學習」的立場，讓有趣的學習深植學生生活中，注入永續學習的動力。校史室的設立，歷史照片的展出，老師的引導，讓學生從老舊照片中，感懷社區及學校的發展，進而涵養學生愛鄉愛校的情懷。

進出諮商室，等同於貼上問題學生的標籤，但在本校的費心設計下，讓敬業樓三樓的諮商室與資源班結合，以「到資源班找陳老師」這一句中性的呼喚，讓備受尊重的學生歡喜甘願地來到諮商室接受協助，這是我們對受輔學生免除標籤作用的苦心，也因此讓諮商資源教室熱鬧起來，不再是冰冷可怕的地方。

五、校長有約的實施

這是我的創舉，在太平的 8 年半間從未間斷，我利用每週 1 節課時間，輪流與每班小朋友有約，在太平畢業的小朋友，每人均有 8 次的校長有約，我以「班級團體輔導」的模式，與小朋友聊天的方式進行，每個學期有不同的主題焦點，輔以學習單的進行，強化校長有約的學習內涵，藉此了解孩童的內心世界，接近我與孩子的距離。實施以來，深受小朋友的喜愛，我也深愛這個活動，能進入孩童的心靈深處，讓我樂此不疲。

六、教學資源的開發

在親師合作方面，老師們都有說不完的寶貴經驗與心得。就如同一年級老師所說：「經過數次的活動，我們深刻了解親師合作的重要，讓家長走入老師的教學領域中一起學習，不僅減輕了老師的工作負擔，也讓家長陪孩子一起成長……。」二年級老師也贊同地說：「班親會組織的積極運用，讓學生清楚老師非唯一知識的來源，更讓家長走進教室，協助學生學習……。」

　　志工服務隊、班級親師會、學校家長會、社區的各機關行號與民間企業，都是我們積極努力開發的資源。在學校志工團組織方面，由原本 1 個導護服務隊，擴增到現在 9 個服務隊，其中認輔服務隊、圖書室服務隊、藝文指導服務隊、蝶姿園服務隊，更是直接參與支援學生的學習活動。此外，高雄國際航空站、中鋼公司、中油公司、台電公司等鄰近學校的單位，亦不斷支援學校的教學活動與提供經費贊助，這些豐沛的社區資源，是學校發展的強大後援力量。

　　接下來，我想引用一位實習校長在太平實習心得的一段話：

　　　「社區資源的有效運用也是太平國小的特色之一，小港地區拜地利之賜，有比較優越的社區資源，中鋼、台電、中油、機場、陸戰隊等，能經常提供相當的回饋，彌補學校財力與人力之不足，但最重要的還是校長認真的辦學，正確的教育理念，贏得家長普遍的肯定和認同，從會長推崇讚許的言談中，顯示曾校長在這方面相當成功。晨光教學、交通導護、經費支持、情境布置、刊物出版等，家長出錢出力，熱心踴躍，因為彼此有生命共同體的信念，有教育合作夥伴的體認，家長才能主動樂意走進校園，形成學校幕後支持的最大力量，所謂自助而後人助，正是這個道理。」

七、經費財務的管理

　　在聊勝於無的經費預算制度底下，「有」已經是很奢侈的事，但本校的一景一物不只是有，更是精緻無比，即使小小枝微末節都不馬虎，面面俱到，絕不是所謂「小學」都是受限經費而粗製濫造，所謂「事在人為」，總以為是不可能的事，其實是可能的，而我們做到了。

　　所謂「建設易，維護難」，學校的現象何嘗不是。對於大興土木或增購設備，只要經費許可要做不難，但最怕是接續下去的維護工作，如果維護管理不當，形同虛設，有東西之名無使用之實，再好的構想也會因無人管理，而日益荒廢，所以「物要有人管、事要有人做」，是最高管理原則。由於本校融入許多景觀設計、學習步道等，在在需要龐大人力管理，賦與新的任務及維護工作，否則不易持續長久。因此，我本於「人人有事做，物物有人管」的理念，以分層負責與制度化的維護管理，本於職權責任，具體工作分配，定期的檢查維護。如此，均能做好有效的管理，且能發揮經費財物的執行效能。

陸、公關篇──「友」你真好

以往學校是個封閉系統,可以關起門、築起牆來辦教育。現在的學校是個開放系統,必須與校內外的各層級各單位建立良好的關係,以利整合各方資源,促進學校發展。首先,我認為應先溝通同仁的觀念建立共識,讓全體同仁了解學校公共關係的重要性。其次是設法維繫原有的公共關係,之後再不斷拓展學校新的公共關係,爭取更多的支持與認同。但追本溯源,建立公共關係的根本,在於校長認真用心的辦好教育,展現良好的辦學績效,是爭取同仁支持與各界認同的基礎,也是建立公共關係的第一步。

一、認真用心的辦學績效

這是我深刻的體會,認真用心辦學的校長,謙虛客氣的與人互動,清晰明確的教育理想,確立關懷的領導風格,這些人格修為與領導特質,是建立良好公共關係的基礎,身為校長應從此處出發,才能進一步擴展新的公共關係。

二、建立共識,了解公關的重要

公共關係絕不是校長個人的關係,也不是校長的專利,更不能成為校長1人的義務,學校公共關係不但要獲得同仁的認同支持,更應讓同仁一起來為學校做公關。如此,不但能提高學校辦學績效,也能直接間接受惠於學生的學習與教師的教學。因此,校長應有妥善的策略,爭取同仁認同支持,進而用心規畫,帶動同仁一起做公關。

在擴展對外公共關係之前,必先做好校內的溝通協調,讓同仁了解學校需要什麼?準備怎麼做?先做好校內公關,而且是同仁一起來,再向外推展,如此更能突顯辦學效能。

三、持續維繫原有的公關

公共關係應有延續性,要持續不斷的經營,否則關係會逐漸消失。對校長而言,要建立與維繫良好公關並不難,難的是校長的時間管理,如何在非常忙碌的公務中,亦能有時間建立維繫良好公關?我學到一些策略,包括定期正式

拜訪、不定期的問候、學校文宣的寄發、簡訊與mail的即時資訊、開學初與學期結束的社區拜訪、地方仕紳的婚喪喜慶，必要時可委請主任們代勞。這些都是維繫原有公共關係的好方法。

四、拓展學校新的公關

首先，我認為所謂攘外必先安內，開拓新的公共關係，依然應從學校內部做起，身為校長應善用領導策略，逐步讓校內同仁更為團結和諧，凝聚更強向心力，願意相互支援，彼此合作，熟悉各處組的業務，共為學校願景而努力。

其次，學校與家長會的關係最為密切，校長一定得與家長會建立良好的關係，別無選擇。依我經驗，能否與家長會建立良好關係，其關鍵在校長絕不是家長會長，或其他家長成員。雖然每位家長會長會有不同的思維模式，端賴校長的經營策略與相處之道。我認為以下幾項原則是與家長會建立良好公關的關鍵。第一是認真用心積極投入的辦學態度。第二是清晰明確的教育理想與辦學目標。第三是真誠的與家長會成員建立深厚的友誼。第四是在不違反相關法規的原則下，施予小惠滿足家長們的請託。第五是處理家長關切的問題時，記得把握公平正義與真誠原則，家長們最在意的是不公平的待遇，如：別人的請託可以達成，而自己的請託卻遭拒絕。

除學校與家長會的關係外，能與民意代表、社區機構、其他學校、上級單位持續拓展良好的關係，也是身為校長必須重視的。年節的拜訪、慶典的賀禮、婚喪喜慶的關懷，都是少不了的。

柒、危機篇——化阻力為助力

身為校長面對各種形形色色的事情，每天都在做決定，也經常面臨衝突事件與危機處理，如何妥善處理衝突事件，有效的做好危機管理，已是校長必備的能力。在我擔任校長期間，處理過的衝突危機事件不勝枚舉，茲舉其一二如下：

包括：*1.*同仁組成互助會、標會與倒會事件。*2.*同仁於校園中意外傷亡事件。*3.*議員、里長、家長到校抗議，無理要求事件。*4.*面對教師甄選、幹事商調，關說請託事件。*5.*廠商與議員結合，檢舉工程綁標事件。*6.*記者對危機事

件採訪的因應問題。7.家長與教師衝突事件的處理。8.教師體罰事件的處理。9.學生校園意外事件的處理。

　　這些年來，我已學會迅速有效地處理危機事件，這一路走來自己不斷增強處理危機的信心，也從中學到圓滿解決問題的技巧與方法。經過不斷的反思與統整，我整理出危機處理的「三六法則——三階段六組織的危機管理機制」。

　　所謂三階段即是危機處理期、善後處理期與重建處理期。第一階段危機處理期：危機事件發生後，即刻啟動危機處理小組，隨即緊急處理危機事件，時間約為幾個小時到 2、3 天左右。第二階段善後處理期：緊接在危機處理期之後，時間從數小時至 1 週左右，包括會議檢討、對外公布、呈報上級等。第三階段重建處理期：時間在 1 週以後到數月，這個階段著重心理輔導、心靈重建、學校規章制度的檢討、校園氣氛的重建。是屬於療傷後重新再出發的重要階段。

　　所謂六組織，包括指揮中心與發言組、通報組、醫護組、安置組、後勤組等六個任務編組。在遭遇危機事件時，應即刻啟動該危機管理機制，進行危機處置。指揮中心：以校長為指揮官下設五組，由校長統籌指揮，此外校長還需負責直接通報上級長官。發言組：由教務主任擔任，對外統一發言。通報組：由學務主任擔任，負責對各單位通報，包括教育部校安中心、教育局、學生家長、警政醫護單位。醫護組：由衛生組與保健中心組成，負責醫護或送醫事宜。安置組：由輔導主任擔任，進行心靈安撫、心理輔導與師生安置工作。後勤組：由總務主作擔任，負責各項後勤、人力、物力、財力的緊急支援。

　　一位實習校長在本校實習結束的心得報告，有這麼一段話：

　　　　「人性化的領導，讓我們感受到曾校長的親和力，沉著穩健、智慧圓融，更讓我們讚嘆曾校長的危機處理能力。校長處理校務，同時面對來至內外上下不等的壓力，在這些壓力的背後經常隱含著若干的危機，因此如何防患於未然，如何有效因應，都在考驗校長的智慧與能力。議員的質詢、廠商的檢舉、職員的自縊、學生的家庭暴力，雖然帶給曾校長不少的困擾與壓力，但最後皆能得到圓滿解決，雖是因校長公正廉潔的操守能獲得大家的認同，但勇於溝通協調，勤於關懷協助，才是排紛解難、化危機為轉機的主要原因。」

捌、生涯篇──未來不是夢

　　校長是一校之長，擔任校長是一件非常忙碌的工作，需要 24 小時待命的工作，初任校長通常都是疲於奔命，只要假以時日，多數的校長都能領悟因應忙碌的策略。對我而言，在忙碌之餘，我開始思索校務經營一定得如此忙碌嗎？是否能兼顧個人的生涯發展？我如何有效的做好時間管理？期望能夠達成學校經營的績效，也能兼顧個人的生涯發展，包括個人身心健康、家庭生活與個人的學業發展。

一、擅於時間管理──20/80 法則

　　當我開始思考如何有效做好時間管理時，我開始閱讀校務經營與時間管理的相關文獻，經過思索探究，我終於體悟到「時間管理的 20/80 法則」，所謂 20/80 法則，即是「以 20%的時間去完成 80%的工作任務；假如工作任務要能達成 100%，則必須再花 80%工作時間才能達成尚未完成的 20%的工作量」，以 20/80 法則做好時間管理算是最經濟有效率的法則；其次是善用手機、PDA、行事曆功能，讓我能不受限於時空的限制，能即時有效的安排行事，俾利我的時間管理。

　　慢慢地，我也體會到安排週行事曆的重要，我固定於每週日晚上安排 1 週的行事。我的 1 週行事包括四項重要面向：學校工作行事、個人進修行事、家庭生活與休閒行事、公共關係與其他行事等。如此可以有效管理 1 週的工作，同時我也將學校工作行事部分，經過略為整理後，以紙本方式列印出，作為每週一下午行政會議，校長交辦工作任務的報告事項。

二、擁有健康的身心

　　擁有健康的身體、愉快的心情、理性的思維，是勝任校長工作的基本條件。在健康身體方面，校長工作雖然忙碌，但是固定時間的休閒運動是絕對必要的，我從 1993 年起即養成每週固定運動 2 次的習慣，我會利用每週六、日清晨時間慢步或游泳。其次是健康心理方面，隨時保持愉快的心情，不但可以讓自己工作愉快，同時亦是學校同仁的榜樣與示範，如此校園裡必能充滿歡樂愉

快的氣氛,有助學校團隊運作與和諧的人際互動。最後是健康思維方面,只要是人難免會有情緒反應,但是身為校長,在從事公務時,卻不能情緒用事,即使自己遭受委屈甚至是受到侮辱,依然能秉持公平正義原則,以理性思維面對問題與解決問題。至於情緒的處理,只能跳脫公務情境,不以校長的角色來處理情緒問題,這點常困擾著生手(初任)校長,但假以時日必能練得此一功夫,而能運用自如。

三、家庭的支持鼓勵

家庭親人的支持是校長學校經營的後盾。能把學校經營的很好,卻無法經營出良好的親子關係與婚姻關係,將是一種遺憾。我認為經營溫馨的家庭與經營有績效的學校,具有高度的正相關。能擁有和諧溫馨的家庭氣氛,獲得家庭的支持與鼓勵,才能沒有後顧之慮地全心全力經營校務。

四、個人的生涯發展

擔任校長需具備高度專業素養、敏銳洞察社會快速變遷的能力、不斷專業成長終身學習態度,且能進行有效的知識管理。鑑於此,自從擔任校長迄今,前後完成碩士的學分與學位,並進入博士班進修,目前已完成博士班課程。其實自從師專畢業後,我就不斷以在職進修方式,利用夜間、暑假或假期,先後完成高師大教育系、彰師大輔研所40學分、屏師院國教所碩士班,目前正在國立台北教育大學教育政策與管理研究所博士班進修。為了增加輔導知能,曾參加救國團張老師儲訓,並擔任義務張老師多年,未來我不會停下學習的腳步,博士班畢業後,我還會有下階段的學習目標。

五、教育的推廣與影響

能在一個極為貧困的家庭,憑藉自己的努力與家人的鼓勵,而有今天的校長職位,我非常感恩身邊的所有貴人,我想要把我所學奉獻給下一代,把我所知推廣給教育同好,因此只要時間許可,心有餘力,我非常樂意從事教育推廣工作。校長任職期間,我擔任過九年一貫課程諮詢委員、九年一貫課程審查委員、教訓輔三合一實驗方案的視導委員、高雄市國小學校評鑑委員、大專校院教育學程師資培育中心評鑑委員。目前也是政治大學、屏東教育大學的兼任講

師。

玖、省思篇──成長再出發

　　最後，我要告訴大家，「校長」這個職務是個不錯的選擇，下輩子我還想當校長，雖然當校長非常忙碌辛苦，嚐盡酸甜苦辣，看盡人生百態，遭遇許多挫折困境，但也激發自己從未顯現的潛能，獲得同仁的支持與投入，受到各界的讚賞與肯定，也因為自己的努力、同仁的支持、各界的肯定，我於去年 2004 年榮獲高雄市國小校長的特殊優良教師。回首 3,104 個日子裡，我發現擔任校長並不難，也體會到勝任校長職務的一些原則，願與大家分享：

一、奠基教育基礎、形塑教育信念，建構正確的教育價值與學校經營理念。

二、積極、努力、謙虛、客氣、奉獻、付出、用心經營學校。

三、先獲得同仁的支持與認同，再採用漸進策略進行校務的革新。

四、掌握公平、正義與真誠原則，逐步落實「人人有事做，物物有人管」的行政管理策略。

五、擅於彈性運用專家權、法職權、參照權，展現校長領導魅力、影響他人願意追隨校長的學校經營。

六、「揚善於公庭、規過於私室」，不斷於公開的場合表達對同仁的感謝，激勵同仁士氣，切忌公開指責任何人，處理同仁過失時，應私下明快的告知不對之處。

七、校長是領導學校團隊成員執行任務，而非校長自己做事。因此能把學校團隊的士氣帶起來是成功的關鍵，包括主任團隊、行政團隊、課程團隊、資訊團隊、輔導團隊、特教團隊、體育團隊等，其中以主任團隊最重要。

八、善用職工考核，考核的正用，可以激勵士氣提升效率；考核的誤用，換來怨聲載道、士氣低落。職工考核要把握公平正義與績效原則，千萬不可採行輪流機制。

九、任何的績效要歸功於學校團隊，任何外來的挫折責難，校長要一肩扛起。

十、把握著「在穩定中持續成長，在進步中追求卓越，在變遷中永續發展」的教育理念與學校經營策略。

　　最後，再以實習校長在本校實習心得的一段話作為結論。

　　「在光彩的勝利背後，一定隱藏著許多辛苦的汗水，年輕有為的曾校長，有校長的架勢，卻沒有校長的架子，一路走來雖然艱辛，但平實務實踏實的耕耘，使太平能榮獲 2 次校務評鑑優等的驕傲，正是各界對其能力與成就的肯定。在行政上，曾校長分層負責，逐級授權，充分展現團隊合作的能力；在教學上，曾校長精緻細膩，創新前瞻，充分發揮學校本位的特色；在學校環境上，曾校長規畫縝密，結合資源，充分利用學校現有的空間；在校園氣氛上，曾校長博採眾議，溝通協調，建立卓越和諧的學校文化。多年汗水累積的成就，不但贏得家長全面的肯定，更獲致師生一致的推崇，不少新聞媒體爭相報導，許多學校亦慕名前往觀摩學習，3 天的實習取經，讓我習得不少領導法寶，可謂滿載而歸，不虛此行。」

作者簡介

　　我生於 1961 年，出生在嘉義縣布袋鎮，孩童的記憶是純樸的田野景象，1974 年布袋國小畢業，1977 年興國中學畢業，1982 年台南師專畢業，1994 年彰師大輔研所結業，1996 年考上國小校長，1997 年 2 月派高雄市太平國小校長，2005 年轉任高雄市獅甲國小校長。2001 年屏師院學校行政碩士班畢業，2003 年考上國北師教育政策與管理研究所博士班。曾服務於高雄市坪頂國小、旗津國小、新民國小、太平國小。擔任過國小教師 2 年、組長 4 年、主任 8 年半、校長迄今有 8 年半。內人也在國小任教，育有 1 男 1 女，家庭幸福美滿。

　　我生性積極、樂觀、開朗；喜愛刺激、冒險、追求創新；喜歡與人互動、奉公守法，但也擇善固執；熱愛校長工作，希望下輩子還能當校長。

夢想相隨終不悔

陳江松
台北縣重陽國小退休校長

壹、細說從頭

　　甫自師專畢業，就分發到山川秀麗、綠樹成蔭的山上學校任教，喜歡那裡的淳樸民風和與世無爭，以及雞犬相聞的鄉居情趣，也因為自己在南部鄉下長大，自然也滿心歡喜的以「孩子王」的心態和當地的孩子一起學習成長，一面教導他們知識和做人做事的基本方法，一面也讓自己學習當個成熟又專業的教學者。

一、生涯的轉折

　　向來以文藝青年自居，嚮往古代文士的詩酒風流，也欣賞武陵年少的輕狂浪漫，更以有朝一日能成為大學殿堂中足可風靡一群追求知識與風雅的青年導師為目標。因此，對於學校行政工作可說毫無興致可言，但也許是命運安排或機緣巧合，竟在教了 5 年書並念完中文系學業之後，在新任女校長的強力說理和柔性訴求之下，答應了暫時代理教導主任的工作，人生方向因而大逆轉，逐步踏入學校行政的不歸路。

　　之所以會有如此大的人生轉折，除了是因為校長的賞識與鼓勵之外，另一個緣由應該是自己在推動學校行政工作的過程中，發現對於全校師生可以形成更好的影響力，心中的教育理想更能尋得實踐的可能性。再加上擔任代理主任之初總擔心自己的教育專業素養不足，就大量地閱讀各類教育專書和教育期刊，並適時參加各種研習，逐漸地建立學校行政工作的專業自信。其次，發現學校的教育績效和學生發展也因為自己的領導和努力而更加良好，從自己的樂觀開

朗性格和堪稱圓融的溝通協調能耐，以及內心希冀實踐教育理想的欲求來看，便決定勇敢地邁向校長之路。

二、主任歷練累積校長能量

在擔任 8 年的主任（教導主任 2 年、總務主任 2 年、教務主任 4 年）期間，不管執掌任何處室，我都一定全力以赴，首先是對工作內涵要全盤了解，除了翻閱過去的相關檔案之外，更找尋有經驗的主任前輩虛心討教，相關的業務研習都親自參與；其次，要積極涵養相關工作所需的專業知能，譬如台北縣開放教育剛起跑之際，我恰巧擔任教務主任，就積極閱讀國內外相關文獻，並適時參與學術研討會，有機會就撰寫相關論文參賽，在校內也隨時對全體夥伴作分享；再來，要為解決工作困境尋求可用資源，譬如我在擔任總務主任期間，曾經因為對工程技術的不熟悉，恐怕驗收不實而使學校蒙害，就於假日商請從事營造業的親人到學校現場協助我作私下的全面檢驗，這對於日後對廠商施工的品質要求和完工時的工程驗收工作，具有絕對正面的幫助。最後是精鍊領導藝術，當主任最親近的左右手就是處裡的組長，如何在組長的分工以及相互支援上取得平衡點，是處室工作能否順利推展開來的重要關鍵；另外，如何從眾多老師之中尋得核心團隊以建立教學特色，凡此，均需要運用良好的領導策略，激勵更多教學者願意加倍付出始能克竟其功。

這些主任期間的點點滴滴，都逐步累積成我日後擔任稱職校長的工作能量。其實，說也奇怪，我始終沒有刻意為考校長去多作準備，卻能夠在準備不到 3 個月，且從來不熬夜超過半夜 12 點的情況之下而一舉考取校長。我只是在主任工作所需要的專業上多所著墨而已，譬如讀取相關學術論著並在工作上加以運用、發表理論結合實務的相關文章、接受相關演講邀約，以及適時向老師宣導教育理念、政策緣由和對學生的直接助益為何等等，如此而已。

三、儲訓省思與未竟之夢

當然，接下來就是一連 10 週集中在板橋教師研習會的校長儲訓課程，課程內容大抵包含身為校長必須理解的相關教育理論、實務和現場實習，以及領導理論和策略等等。目前回想起來，當時究竟上些什麼內容已不復記憶，以擔任校長已邁入第 8 年的我來說，覺得當時的儲訓對我日後擔任校長職務最具意義、

最有幫助的約有如下數項。

(一)與全國校長學員日夜相處，多元交流

全國的學校行政菁英共聚一堂，共同學習、研討、交流，彼此來自不同縣市，地方文化各異，行政經歷也不同，性格與處事模式更大異其趣，日夜生活在一起，可以說是全國文化的大鎔爐。這對擔任校長的多元文化素養與開拓寬廣的視野具有正面助益。

(二)專心參訓，心無旁騖

當時的儲訓是公假前往，學校都有職務代理人，學員可以心無旁騖地專心參訓，不必像現在某些縣市的借用學校場地儲訓，或者只利用假日到校長培育中心修課，專業訓練的成效應有明顯的差別。

(三)到教育現場實習，學習師傅校長的治校哲學

到校實習雖然只有短短 2 天，卻可以從師傅校長的近身言行教導和學校實地參訪的過程中，學習到師傅校長的治校哲學和面臨困境的解決途徑，這對於自己日後的辦學具有啟發作用。

(四)隨堂筆記和學習檔案觀摩

當時雖鼓勵學員自行從事隨堂筆記，卻也推薦 2 位學員要提供筆記給全班觀摩參考，我就是被推薦的學員之一，當時所隨堂記下的筆記還曾經因為發給全班而流傳到全國各縣市，成為考校長的重要參考文案，這對我在速記和統整部分很有幫助。受訓期末，全班公開進行學習檔案觀摩，並票選全班的前三名供作研習會典藏檔案之用，我被評為第一名，這對於大家學習軌跡的留存和理論實務間的思考運用，非常有意義。

當校長班儲訓課程結訓之後，原本臆想應該隔年才能分發出去經營學校，所以暫時有兩個可能的選擇：第一，是借調教育局學管課，可以磨練不同層級間的處世哲學並建立人脈；第二，是參與體制外的種子學苑的苑長甄選，有可能成為台灣教育史上第一位體制內主任擔任體制外實驗學苑的苑長先例。然而，後來由於台北縣校長出缺名額的增加，我就在當年被分發到台灣最北端的海濱

學校——老梅國小，上述的兩種可能選擇都變成未竟的夢。

貳、校務經營的理念與策略

　　主任和校長的最大不同在於做決定的權限和責任的承擔程度。再怎麼說，主任都不必負全校的成敗責任，因為有些重大決定不是主任層級可以下的，那就好比說：即使天塌下來仍有人幫你撐著一樣，那是一種安全距離，也是倫理。但是，校長就不同了，有人常云「校長即使不做任何決定，也是一種決定。」不管校長是用哪種風格在治理學校，也不管他實際上能做多少決定，學校的所有成敗都是他要起來承擔，這就是首長制的特質，即使現今校園裡的很多重大政策都是透過集體決策而得，校長仍然責無旁貸，那是一種弔詭，也是現實。

一、理想的學校圖像

　　我在擔任校長之初，即有上述的體悟與決心。因此，我開始建構一個理想的學校圖像，作為我經營學校的最高指導原則，這個理想的學校圖像就是：學校是親、師、生之間水乳交融、榮辱一體、生命與共的有機社群，而且：

　　㈠學生——是身心健全的現代人。

　　㈡教師——是永續成長的專業人。

　　㈢行政——是服務師生的經理人。

　　㈣家長——是支援教學的合夥人。

　　所謂「有機社群」，是從其無限的發展性而言，一個學校是由隨時都處在變動中的全體親、師、生共同組成，缺席任何一個都不能成其事，三者之間唯有建構出「水乳交融、榮辱一體、生命與共」的相互依存關係，這個學校的發展才能無可限量，才可能充滿無限的延展性。根據這樣的理想學校圖像，我又經過一番深思熟慮，以及不斷地自我沉澱和澄清的歷程，進而整理出如下的教育理念，作為我辦學的重要理念與方針：

　　㈠學校是學生獲致成功的所在。

　　㈡學校行政應以服務師生、支援教學和建構學校秩序為依歸。

　　㈢教育是引發人類善性、激勵學生善行的最佳推手。

　　㈣適時引進社會資源，營造適性學習的環境，形塑多元文化的校園，照顧弱

勢族群的學習需求。

㈤教師應時時以課程教學為圓心，以班級經營為半徑，以輔導理念為圓規，畫出一個共存共榮、和諧尊重、互信包容、發揮潛能的同心圓。

二、理念的活水源頭

這些圖像的形成與理念的建構，其源頭從何而來？嚴格說來，如百川之匯入大海，涓涓細流有之，高山急湍有之，浩浩大河亦有之，實在不太容易明確地找出真正的源頭所在。經過仔細思量推敲，我覺得下列幾項是可能的活水源頭。

㈠窮困的童年經驗與父母充分的愛

從小生活在物質匱乏的鄉間，習慣於簡約的生活型態，擔任校長之後，自然對學校中屬於弱勢的學生，較能設身處地為其著想，並適時加以關注；家中雖然窮困，父母也忙於工作而無暇顧及我們的課業，但他們感情良好，也給與我們充足的關愛，讓我對於「人」始終帶著信任與樂觀的心態，這對於我現在日日處理人的問題而仍能保持著慣有的熱情很有影響。

㈡長期浸潤文學孕育人文素養

打從念師專開始，因為不愁升學問題與未來出路，遇有閒暇即猛讀文學書籍，從小說、散文、詩歌，以至於文學評論都讀，題材觸及古今中外的作品，幾乎達到無所不讀的程度，像極了乾涸已久的莽旱大地之對於突如其來的雨水之大力吸吮，也像枯乾多時的海綿對於吸水之渴望。這些長年浸潤於文學的心靈洗滌過程，讓我對於人文的涵養和重視具有正面的加強作用。

㈢教育理論與實務結合的經驗

我之所以勤讀教育理論書籍，從來就不是為了考取主任或校長，而是為了亟欲在行政工作上，找尋一個可以撐起自己所推展的任何制度或活動的理論架構，或者價值體系，先能說服自己，才能說服別人。因此，這些理論是經常在工作實務上被運用的，理論與實務的結合歷程與經驗，對於辦學理念的上位思考和下位實踐之間的連結，具有相當助益。

(四)參與讀書會擴充思考格局

長年參與台北縣的「活水讀書會」，讀書會成員雖然以現任校長為主，卻也擴及大學教授、記者和家長會長，校長會員更涵括老中青三代，在共同閱讀一本書（或一個人或山水）之後的交互討論過程中，每每觸及各種不同人生閱歷，不同思考性格，不同解讀方式所交織衝撞而成的多元綿密思考網絡，這對我的辦學思考格局之擴展很有幫助。

(五)撰寫碩士論文增強多元文化涵養

前些年我以〈台北縣市國民小學校長對多元文化教育知覺與實踐之研究〉為題完成碩士論文。在蒐集文獻資料，以及述之成文的過程中，我比一般人更有機會接觸閱讀有關多元文化教育的國內外文獻，並且透過焦點團體訪談和問卷資料的調查統計與分析，而能進一步知曉台北縣市校長對多元文化教育知覺和實踐看法的第一手資訊，再加上指導教授在我撰寫歷程中的細心指正與引導，使得我對於多元文化的涵養有所增益，當然也間接影響到我的辦學理念。

三、行政領導的策略

一個學校的校務運作是否順暢，是否能建立優質的校園文化，以扶持教學行動的順利推展，讓學生受教品質因而有效提升，端賴校長的行政領導策略是否能激發行政團隊的行政品質而定。儘管領導理論之眾家說法各有立基，也各有其適合運用的基礎與對象，但依個人多年來的行政領導經驗，覺得應該遵守如下之策略，始能促使行政團隊成為一個動態組織與活力團體。

(一)延攬優秀人才入團，厚植品質起點

這是個人才決定品質的時代，校長在校園中唯一還擁有的用人權力應該只剩4位主任而已，因此應該謹慎挑選優質人才擔任，校長才可能優游自在地辦學；而主任所欲延攬的組長人選，若也能間接邀請校長表達看法並設法禮聘的話，該處室行政品質的起點標準就不用過度擔心了。

(二)審慎辦理職前講習，建立行政共識

　　一般主任均經過一定期間的儲訓課程，職前講習大概沒有特別問題。但是組長就不同了，多半學校都是讓主任和組長之間成為自由型的師徒制，等待延聘到位之後才邊作邊學，隨機教導，沒有任何職前講習。比較理想的做法是在暑假開學之前，統一為所有主任和組長辦理行政講習，除了校長是當然講座之外，也可延聘校外的專家學者或民間領導管理講座人員到校，這對於行政共識的建立絕對有幫助。

(三)分層負責逐級領導，形成系統管理

　　校長日理萬機，庶務龐雜，不可能事必躬親，凡事插手，最要緊的是有效統領主任，讓其發揮領導效能，各自處理該處大小業務與初步溝通協調，等到真的碰上難題或缺少資源時，校長才介入協助解決。同理，主任對組長的領導亦如是，如此系統管理，逐級領導才能避免過多不必要的疊床架屋，減少浪費，創造效能。

(四)熟悉業務精進方法，提升行政品質

　　近年來校園民主呼聲漸漲，重要政策多採集體決定模式，卻總是由業務承辦人員和主管負全責，行政人員流動率和流失率均相對提高。因此，在業務的嫻熟和工作要領部分，應該在短時間內即快速進入狀況，掌握方法，否則行政品質要維持正常已屬不易，更遑論行政品質的提升了。

(五)增廣視野開展格局，培育多元文化

　　只在自己學校裡面埋頭苦幹，難免陷在以管窺天的偏狹視野之內，而誤以為自我即世界，學校即宇宙，對於行政工作的效能及品質難免受限。校長如能透過成長活動的安排或進行外埠（如特色學校、藝文場館等）參觀交流，對於行政人員或教師的視野增廣和格局開展，應該具有提升作用，對多元文化素養的涵育也較容易形成。

㈥尋求楷模樹立典範，培植標竿人才

有些時候，人才的出現固然是可遇不可求，但是當行政長才或優質良師出現時，在現今普遍存在集體追求平庸的校園文化當中，領導者必須傾盡全力支持和支援其發展上與資源上的需求，以求樹立典範，培植標竿，讓多數願意認真付出卻礙於同儕壓力的人，可以放心地正常表現，並覓得發表分享的園地，創造向上文化的著床契機，成就他人也實現自我。

在行政領導方面除了可以依循上述的六項策略之外，以校長的角度來看，應該還有其他原則可資遵行，如：*1.*校長要以專業領導作為行政領導的根本。在教育改革潮流不斷推陳出新，以及當政者因強烈意識型態所引發的莫衷一是之混亂情境當中，校長若未能與時俱進掌握專業脈動，適時提出專業建議和引導的話，實在難以服老師之心，更別說引領風潮之可能了；*2.*校長要具備現代領袖的人格特質。目前的校園生態之一是「校長權力急遽縮減，責任卻仍然無限」，如果沒有具備應有的領袖魅力與人格特質，實在難以發揮領導效能。現代領袖的人格特質至少應包括：熱情、樂觀、喜歡與人互動、善於溝通、溫婉而堅持、高挫折容忍力，以及系統化的思考和行動等等；*3.*校長要善用生氣的權力。一校之長，情緒 EQ 當然要高，經常面露笑容，談吐彬彬有禮是必要的涵養與修為，但是當面臨不合理的無謂糾纏或有人無理取鬧，以及不利教育的情勢局面非經怒遏不足以平息之際，校長當然要生氣，那是一種在不得已情狀之下校長應該運用的權力，有時候，那種偶爾發生卻及時產生的效果好過說破嘴皮多倍；*4.*校長要擁有持久的追蹤力和執行力。學校內外大大小小的繁雜事務極為繁多，一般幹部和老師在執行時難免有所疏忽或偏離，校長應把握一些重點工作或急迫性政策，持續地追蹤並要求徹底執行，否則校長經常只是身居決策者角色，執行者的幕僚之執行狀況若不能適時追蹤，有時會產生拖延或執行不力的狀況，因而影響到學校整體效能，甚至賠上學校形象。

四、課程與教學的領導策略——以老梅課程故事為例

初任校長即接掌歷史已屆百年的海濱小學——老梅國小，學校共有 11 班，學生約 260 人上下，在偏遠小學來說算是比較大的學校了。那裡的優點是自然環境清幽、空氣清新、文化素樸；缺點是文化刺激不足、學科能力欠佳、教師

流動率又大。我到任的第 1 年，全校 16 位老師當中竟然有 11 位是代課老師，其師資的不穩定狀況可見一斑。而師資的不穩定，間接反映出課程的延續性堪憂，甚至課程品質也難以確保。

這種不利課程推展的窘況必須逐步解決，否則老梅的孩子就有可能長期處在社會的底層之中而難以翻身，因為先天的不利環境而帶來後天的失去競爭力，對 IQ 絲毫不遜於城市孩子的他們來說，實在是很不公平，也不合乎社會正義。因此，我進行了如下的做法：

首先，將學校型態改為偏遠。老梅國小原先屬於一般學校，只能招考合格小學老師，而當時都市學校缺額甚多，幾乎是沒有人會到海濱和山巔學校報考，師資缺乏成為它們難以逆轉的宿命。為了破除這個宿命的咒詛，我於是以學校離開縣府 30 公里以上為由申請將學校改為「偏遠學校」，其好處是可以接受具備中等教育與幼稚教育教師資格的人來報考，而且這些師資限定在偏遠學校任教滿 3 年才能請調至一般地區任教。老梅改為偏遠之後的第 1 年，7 個教師缺竟有 56 個人報考，錄取比例八分之一，與前一年同樣的 7 個缺額卻僅有 2 人報考的情況真是不可同日而語。

其次，在百週年慶之前編定在地課程。學校植物生態極為豐富，透過遊說委託當時的教務組長楊老師（具有荒野協會解說員的專業經歷）獨立完成《察顏觀色話老梅》的校園植物手冊；當年也與聯經出版社合作出版，由 3 位本地老師和 3 位外來老師花費半年多的時間共同編撰《北海幽徑》自然步道手冊（內容為學校附近的 4 條步道），中間每隔 2 個禮拜召開 1 次編撰會議，由我親自主持，一群毫無經驗的老師從資料的蒐集、實地探勘、攝影、訪問到撰稿，其成長的軌跡清晰，其投入的熱情可感。這 2 本在地課程成為百週年慶當年的重要課程活動，實施對象除了本校學生，還擴及社區民眾，當地民眾和學生對於自己所生所長的這塊土地的感情得到很好的深化機會。這 2 本手冊也成為老梅國小創校百週年來的第 1 本在地課程。

再來，是經過民主程序參與九年一貫課程試辦。全國試辦九年一貫課程的第 1 年（88 學年度），適逢學校辦理百週年校慶系列活動，以致無緣參與，而第 2 年的試辦工作也非由我或主任做片面之決定。我在決定之前就經常利用教師朝會，逐次說明九年一貫課程的相關訊息，並告知全國正式啟動的時程，老師們逐步建立課程的基本概念。在決定是否試辦的教師朝會上，我又仔細分析

試辦與否的優缺點，並表明願意聽聽教師們的意見作為決定的主要依據，之後隨即透過教師的舉手以表示贊成與否。清楚的記得當時有4人贊成，4人反對，其他沒意見，我即裁決由行政會議做最後的決定，在隔天的行政會議上面，與會的6個人竟然一面倒地贊成參與試辦工作，這表示共識已經形成。

再下來，便是我親自負責教師的課程知能之提升任務。89學年度參加全國第2年的課程試辦任務，老師當中又有一半以上是新手教師，如果沒有在短時間之內快速提升老師的課程與教學知能，則試辦課程品質絕對堪慮。我做兩件事：第一，在每週四的導師時間，由我親自向全體教師講述九年一貫課程的相關專業知識與資訊，譬如：何謂九年一貫？何謂課程統整，其模式有哪些？什麼是協同教學？多元評量又是什麼東西，其適用領域與時機為何？課程與教材、教科書之關係為何？課程連結的概念如何影響教學品質？……等等；第二，開闢專業對話機制，剛開始時是利用每週2天的下班時間（下午4點半到6點），集合全校老師到圖書室，由我主持專業對話，討論有關課程與教學的困境解決方法，並以每週准以補假半天為配套，起初老師們多數不知如何問問題，討論的重點也經常失焦，我就要扮演引導發問和集中論點以及提供諮詢的角色，等待討論品質和習慣逐漸形成氣候之際，我就把主持棒交給主任，我只列席聽取意見和提供諮詢。經過整整一學期的專業對話之後，就將討論改為學群各自進行，每週至少1次。這些過程，雖然艱辛，也面臨某些老師的情緒反彈，但對於課程意識的建立和課程品質的提升具有正面意義。

另外，就是帶領老師到他校分享課程經驗，激勵榮譽感和成就動機。每當有他校或師資培育機構邀請我去演講，我就帶著教導主任和幾位課程與教學較為專精的老師去作公開分享，這對於他們課程經驗的整理和反芻很有幫助，更相對地建立專業自信和榮譽感，在他們自己的課程反思部分也會有所激勵。

最後是出版成果專輯《老梅風情畫》，留下歷史軌跡以利流傳。共同走過的路最真，共同擁有的回憶最美，《老梅風情畫》成果專輯當中，除了一般學校專輯的課程計畫、學習單以及評量之外，更多的是思考軌跡的呈現，以及課程實施之後的回饋反思，它是有生命、有情感的文本。曾經有一位高中校長看到其擔任國小校長的妻子手邊的《老梅風情畫》，因為愛不釋手而來電向我索取，可見這一本專輯的品質，是很值得我們當時共同攜手走過課程試辦艱辛的夥伴們，深深引以為傲的。

　　校長在小型學校的課程領導貴在容易親身參與，直接跳上前線，成效彰顯，而且多數老師如一張白紙，沒有包袱，方便大刀闊斧地捏塑；其最大難處在於教師缺乏課程經驗，且因流動率高而無法久留生根，對於課程的持續性深化很有困難，經常因為人才的逐年流失而使課程改革嘎然而止。至於大型學校則又是另一番風情了，大抵只能透過核心成員進行間接領導，或者形塑合適的校園文化，提供足夠的教育資源，以支持鼓勵某些教師朝卓越方向發展特色，想要全面發展的難度是很高的。

　　其後，很感動的一件事是，當時在老梅共同經歷課程意識建立，歷經艱辛的課程發展經驗，以及共同分享過課程果實的老師們，在之後的調校過程中，都不約而同地享受過老梅課程經驗的耀眼光環，他們都深以曾經共創老梅課程為榮。

五、籌辦百週年慶──凝聚資源開發人才建立自信

　　在遙遠偏僻，早年曾有凱達格蘭族聚居，東北季風年年準時前來肆虐，導致風剪現象到處可見的台灣最北端海濱，於西元 1900 年即由日本政府設立一所老梅公學校，它是北海岸地區創校歷史僅次於淡水國小和金山國小的老學校。3 所百年老校相比，老梅村落的蕭條景象，相對帶來人口數的異常寥落與寂寞。

　　百週年慶是老梅地方民眾共同的期待，這打從我一到任就有很多家長主動跟我提起可見一斑。但是，當時所有北縣的 10 多所百年老校當中，老梅國小是最迷你的，百年來的畢業校友也未逾 5,000 人，辦理方式和時間點都必須審慎考慮，因為人力和資源都相當有限，不能只在熱鬧上面著力。

　　首先考慮的是，要釐清百週年慶的定位何在？如果只是把縣府的 100 萬經費設法消耗掉，或只在慶典當天辦得熱熱鬧鬧，或只求在報紙上占得一席風光之地，那樣頂多也是一陣過眼雲煙罷了，能有什麼重大的意義？經過長考與討論，我遂將百週年校慶活動定位為一個核心概念，即「跨越新世紀，薪傳老梅情」，其意義在於：㈠趁機整理百年文物，創設學校與社區共同擁有的校史文物室，以為百年歷史留下見證；㈡要能彰顯老梅國小百年來的教育成就，以惕勵美好的未來；㈢不但緬懷過去，也要掌握現在，更要創造未來，這是歷史的必然軌跡。

　　其次，要趁機發展在地課程，深化社區意識。過去，教育的素材始終跨不

出學校圍牆,所謂教育只是教室內的禁臠,課程與生活情境之間經常處在嚴重剝離的狀態。適值百週年慶在即,應該趁此機會妥當整理當地的課程資源,作為「社區有教室」的教材,《察顏觀色話老梅》校園植物手冊(老梅國小印製)和《北海幽徑》自然步道手冊(聯經出版社公開出版販售)的印行,就是百週年慶的重要前戲。透過一系列的主題教學,不但學生能夠更深入地理解老梅地區的風土文物與自然資源,社區民眾也能透過學校老師的社區解說導覽,深化社區意識。

另外,要結合各界資源,統整社區人力。百週年慶不是校內的大拜拜,而是整個社區的文化大事,當然需要結合各界資源,並統整社區人力,以共同撰寫學校和社區的歷史新頁。因此,我們的經費來源不只是縣府的100萬元,更擴及石門鄉公所、台電核一廠,以及眾多校友與社區仕紳。其中有3位校友兄弟更以其亡母之名,捐助學校50萬元建立「梅慈圖書館」,不求任何回報,後來還是由我主動要求才被動地將其亡母事略靜悄悄地擺在圖書室的某個角落。另外,透過「社區有教室」的課程,特別商請精通本地文史發展的謝爺爺、善於植栽培育的陳先生、曾以自製自銷有機茶葉而得過十大傑出農村青年的許先生,以及以收藏豐富古董文物為好的黃廟祝,作為我們的客座教師。

再來,校慶活動應該動靜皆宜,兼具歷史性、文化性與教育性。長達3個月的系列活動當中,除了擴大舉行運動會和百週年慶祝活動之外,還有靜態的6場榕樹下講古、校長親自帶領校史文物室導覽解說、步道小小解說員的培訓、鄉土文物展、教學成果展、攝影展和盆栽展等等;而動態的有親子的鄉土巡禮活動、「畫我老梅」徵稿並將得獎作品鑲嵌在學校圍牆上、建校百週年紀念碑的揭幕儀式,以及「梅慈圖書館」的揭牌儀式等等;另外,更編撰百週年紀念特刊《行在歷史的長河》和百週年慶成果專刊《典藏老梅》。這些活動的規畫絕非為了湊熱鬧或好大喜功,而是從歷史性、文化性與教育性作出發。

最後,要藉此建立孩子和社區民眾的自信。不管是從生存環境的條件、社經背景或文化刺激來看,老梅的民眾和孩子都處在相對弱勢的邊陲地帶,原先是缺乏自信的。然而經過一系列活動之後,謝爺爺成為台北縣鄉土語言的名講師,許奶奶從不會使用錄音機,到目前的可以自行錄下自己敘說佛教故事的錄音帶和眾生結緣,五年級2位原本成績並不理想的小男生,竟然可以在假日的老梅公園協助一對台北來的陌生夫婦,侃侃而談地解說海濱的特有植物、沙丘、

風稜石、風剪樹和定沙籬等，因而得到該夫婦感動地捎來一封感謝我用心培育出充滿自信學生的 e-mail。這些，都證明了百週年慶的活動，影響所及的不只是校內的學生，連社區民眾都因此而逐步建立自信。

在老梅的 5 年當中，對孩子的最大改變是他們變得較為活潑，且勇於表達，發揮創意的可能性也更高；其次是，孩子對自己置身所在的社區多一層深刻的認識，從歷史發展、自然環境以及相關產業來認識，有認識才能理解，有理解才能接受，有接受才能欣賞，有欣賞才能建立自信。而較為遺憾的是，仍然無法有效提升他們的學科能力，原因可能是，地處偏遠的孩子之間，本來就沒有太多的競爭機會；加上家長多數忙於生計，能用心在孩子身上的實屬難得；另外，學校教師大部分來自外地，多屬初任教師，教學經驗上有待磨練。

然而，雖然無法立即看出他們在學業上的有形成就，我卻仍願相信，有一顆充滿希望的種子已經撒種在滋潤肥沃的大地上，有朝一日，綠芽必得探出頭來向著燦爛的朝陽打招呼，而且絕對逐日茁壯，綠樹成蔭，果實纍纍。只因為我們曾經用心經營！

六、弱智家庭的悲情

身心正常的孩子是上天特別的恩賜，因為他們可以享受人生中所有的美好。在教育的所有環節中，最值得用愛心加以灌溉的應該是特殊教育這個區塊，尤其是弱勢兒童，他們可能是先天就有缺陷，後天又經常是爹不疼娘不愛，很容易被忽視而閃躲在陰暗的角落兀自飲泣，甚至終其一生都無法改變其宿命。

自己曾經是鄉下窮苦農家的孩子，接近文化不利兒童的標準，很自然地對某些相對弱勢的孩子多一些憐憫，多一份設身處地。在老梅的 5 年歲月當中，印象最深刻的應屬羅姓家族，父親是退伍老兵，母親是比先生年輕甚多的弱智女子，結婚後陸續生下 3 個小孩，老大是男生，已就讀國中，是孩子中唯一智力正常的，卻是令國中老師相當頭痛的問題行為學生，包括逃學、打架、偷竊等。這種集合眾多不幸於一家的事實，看來頗似電影情節，卻真真實實地在我們生活周圍上演著，不由得感嘆「造化弄人」！

羅家大姊在我剛到老梅時恰好就讀三年級，其與同年齡孩子相比顯得異常壯碩的個子，以及眼神的呆滯和滿臉的憨笑，很快就被我發現她的特殊。有一回在巡視校園時，發現她竟然在上課中離開教室無所事事地逛校園，那是我第

一次和她近身談話。基本上都是我在問，她的回答總是語焉不詳，根本不知所云為何。之後，不管她能聽懂我多少話，我總是找機會和她說說話，並試著從老師那兒多了解一下她的上課狀況。不久之後，她終於可以喊我一聲「校長」了，而且那一句話是她講一大串音符當中意思最清楚的，當我對著很多同學的面前誇她以後，她就逐漸變成我辦公室裡的常客，一下課就跑到我辦公室跟我聊些「有的沒的」，我當然就拿桌上的餅乾或糖果請她吃囉，有時候，當然也有同學會陪著她來。

與她相處 1 年之後，經我觀察評估並與級任導師溝通之後，終於勸導羅家人願意將孩子送到隔壁學校的啟智班就讀。剛開學沒多久，在一個涼爽的黃昏時刻，她帶著一位矮小黝黑的小女孩來找我，那是她的妹妹，就讀啟智班三年級，兩人只差一個年級，個子和樣貌簡直天壤之別，很難相信那是同一對父母所生。之後的很長時間，只要她倆沒來找我，就會寫信託同樣是弱智且身材矮胖的媽媽，趁我早上在校門口迎接小朋友時轉交給我。還深刻記得她看到我的剎那，手拿一張紙（就是多數只寫出某些字的偏旁，卻可大略逗出意思的所謂的「信」）半跑著過來交給我的那股興奮的表情，以及大聲嚷嚷喊著：「阿梅要給你的啦！」那種神態。主任常笑著說：「校長，你好像是她們的夢中情人哦！」

我只要有機會，就經常與隔壁學校的校長聊起羅家的種種，總希望能給他們多一點關心和協助。就在羅家大姊剛上國中啟智班不久之後的某天早上，羅家媽媽氣急敗壞地跑到校門口告訴我：「阿梅不在了啦！」經我仔細詢問她仍說不出個所以然。事後我去電該校校長一問才知道，原來最近發生一件大事：阿梅家裡的奶奶，竟然在家計無法維持的情況下，介紹村落中的「老羅漢腳仔」與阿梅從事身體交易，藉此賺取金錢，事發之後兩個孩子已被社會局帶走並安置在寄宿家庭。

過了沒多久，阿梅就打電話給我，語意仍然有點模糊地告訴我她的近況。我調到重陽之後，也很快就接到她的電話（多麼厲害啊！竟然有能力知道我調重陽，還查得到電話），從談話中得知她已經讀高中，和妹妹住在土城的寄宿家庭，好希望我去看他們。隨後，還寄來一疊她倆的近照，並附上一封語意和字體都已經明顯進步的信。

像這樣的家庭，這樣的「一門弱智」，政府能做什麼？學校能做什麼？他

們的悲情誰能促其終結？我能做的其實也很有限，頂多就是給與接納關懷，耐心地聽她們說說話，如此而已。有時不免慨嘆，上蒼何其不公！世人（其祖母與那些「老羅漢腳仔」）又何其不義！但願我一路點狀般地陪伴，能讓她們感知到來自大人們的和善與溫暖。

七、關係的經營

常言道：「你我有關係，一切就都沒關係；你我若沒關係，就一切都有關係！」由此可見「關係」的重要性。校長治校不能光靠個人英雄主義，應當首重組織動力的能量，當整個組織的動能和相關的資源融入校園時，學校的教育效能就能輕易地開展出來。校長必須加以重視並用心經營的關係，約可略分為學生、教師、行政人員、家長委員會、志工隊、社區民眾、民意代表和上級長官等，其經營的原則與做法約略如下。

(一)對內關係的經營

1. 與學生的關係

學校是因為有了學生才存在，理論上校長應該和孩子很親才對，然而其間多少受到學校型態的大小所左右，小型學校學生人數少，校長需要處理的人際關係問題較為單純，與學生的親近關係就比較容易建立；而大型學校學生人數多，校長需要面對的人際關係網絡較為繁雜，能夠與孩子建立親近關係的機會就相對地減低。然而，不管如何，只要校長真心喜愛孩子，仍然可以和孩子建立起良好的互動關係。

我任職小型學校期間，經常有機會利用課間活動時間和孩子們一起活動，尤其是每週2次的民俗體育部分，和孩子們玩飛盤、打陀螺、跳繩，甚至和他們比賽伏地挺身；另外，利用週四學生朝會之後由我主講（每2週1次）的「榕樹下說故事」，配合小太陽信箱的有獎徵答活動，學生不但期待著週四的故事時間早些來臨，也期待因故事而來的問題回答，能夠在投入信箱之後獲得我的青睞，公布在校長室門口的小太陽信箱公布欄上面。感覺上，學生跟我好親近，看得出他們是喜歡校長的。

服務於大型學校之後，能跟學生親近互動的機會較少。我經常作的就是一大早便站在校門口以可掬的笑容和孩子打招呼，甚至摸摸他們的頭；另

外，校長室附近的一年級學生經常會在門口看著我笑，我總會放下手邊的工作邀請他們進來聊天吃餅乾（茶几上經常有喜餅或他人送來的各類地方名產），或者帶孩子們看看我書櫃上的各類自己蒐集而來或朋友致贈的一些小玩意兒，順便讓他們摸一摸；還有辦公室內的那口流水潺潺的水琴（即水流不斷循環的一只水缸），是孩子最愛用竹製水瓢撈水賞玩的擺設；除此之外，任何時候在校園內碰到小朋友，我總會找些話題和孩子們聊，雖然只是短短 1、2 句，卻感覺到孩子的興奮心情；針對領到 3 張榮譽卡的榮譽生，也請輔導室安排和我在校史館進行「午餐的約會」，午餐當中可以和孩子聊一些輕鬆的話題，應問問孩子對學校的意見，離去之前由我親手致贈每一位孩子一份精巧小點心。這些，就是我在大型學校的種種紛雜的公務之外，可以和孩子建立親密互動和接觸的方式。

2. 與教師的關係

校長和老師之間關係的建立，仍然大小學校有別。小型學校教師人數少，校長與之互動交談的機會非常多，面對面溝通屬於直接接觸，可以減少因時空隔離所引發的誤會，不但容易拉近彼此的距離，增進理解，也較易擴大接納對方的可能性，兩者關係自然良好，建立同舟共濟、榮辱與共的同體觀念之目標，就愈來愈近了。反之，大型學校的校長和老師見面的機會多限於公開的各種會議（如教師晨會、行政會議、校務會議、教師進修、課發會……等），彼此面對面直接談話的可能性也很低，因此，所謂疏離、陌生所形成信任度不足的情形就容易出現，校長和老師之間的親密程度當然大受影響。

校長不管任職於任何規模的學校，也無論限制何在，與教師之間仍然必須具備盡可能較佳的互動關係，否則多少會影響到校務的正常運作。我的做法是這樣的，首先必須時常面帶笑容，校長理應成為校園內最會「微笑的長輩」，微笑是善意和親切的表示，容易拉近彼此的距離；其次是，校長要隨時記住老師的名字，並且在校園的任何角落，只要一碰面就能親切地喊出老師的名字，這是一種用心與真誠；再來，校長要親身參加老師的任何婚喪喜慶，平時直接接觸談話的機會不多，婚喪喜慶是校長表達對老師關心的最佳機會；第四，老師的生日和教師節前夕要致贈賀卡，賀卡如能由校長親筆書寫最好，如因人員眾多最少也要親筆簽名和寫上對方名字以

表重視；第五，校長要經常關心帶領各項團隊的老師，除了要不定時地去關心他們的練習情形之外，更要經常口頭打氣加油並表示感謝，參加比賽之後不論得名與否，校長都應該當面或電話表示感謝辛勞或祝賀之意；第六，校長要隨時關心老師的身心健康狀態，獲得老師身心健康狀態的管道很多，像是請假單、從旁聽到的消息以及察言觀色的結果等等，都可獲知老師的身心狀況，能當面致意最佳，否則也要透過電話表達關心；最後，校長無論在校園任何角落碰到老師，應該真誠地和老師寒暄幾句（要切合他們的最近狀況，而非只是一句「你好！」），不要只是禮貌性地點個頭就擦身而過。

3.與行政人員的關係

行政人員是學校校務運作是否順暢的最主要關鍵，也是校長最為親近的幕僚，行政工作能否順利推展，能否因行政的支援與服務而促進教育品質的提升，最為核心的人員仍是行政團隊。

校長應該以哪些原則和行政人員形成良好的互動關係呢？以下是我的經驗：第一，先要慎選優質的行政人員進入團隊，人才決定品質，有好的人才願意加入行政行列，行政工作就成功了一半，因此，必須設法延攬優秀人才從事行政工作，以奠定良好互動的契機；第二，提供優質的工作環境與必要設備，所謂工欲善其事必先利其器，在要求績效之前，應該先行設法改善工作環境，如桌椅擺設和周圍布置，也要更新相關設備，尤其是電腦的升級或更新；第三，工作與關懷並重，要求完成必要的行政工作固然重要，但也別忘了兼顧關懷層面，行政人員的工作士氣，除了受到工作環境與文化氣氛的影響之外，另一個影響的因素就是校長的關懷度；第四，提供獲致成就和專業成長的機會，行政工作本就繁雜難清，產生紛擾勢所難免，校長若能鼓勵和提供行政人員獲致成就的機會，並且主動規畫或積極鼓勵部屬適時參與和工作直接、間接相關的專業成長活動，則繁雜與紛擾的狀況將可得到有效沖淡；第五，事情做好要鼓勵，事情做錯要勉勵，行政工作既多且雜，校長千萬別把部屬做好事情當作理所當然而疏於鼓勵，也不要在部屬因缺乏經驗或不小心而把事情做錯時，給與嚴厲的責怪，僅需提醒即可，如此才能維持彼此間的良好互動關係；第六，適時給與精神或物質的慰勞，行政人員當然需要重視工作方法與工作績效，而校

長如能適時地給與精神鼓勵，或者選擇適當時機進行外埠參觀並聚餐，並且幫因故未到者準備貼心小禮物，行政人員的工作績效當能有效提升，士氣也會更佳。

(二)對外關係的經營

1.與家長委員會的關係

家長會是學校經營過程中最可運用的資源之一，只要學校能提出對孩子絕對有利的教育方案，家長會應該沒有不支持的。然而，家長會的職能是否能夠在正向方面有所發揮，端賴主其事者是否用心經營，而主要經營者在校長和總務主任，以及家長會長身上。這當中屬於先天的因素是，原來的家長會傳統是否有助於教育發展，或者它只是一些家長爭權奪利的所在而已，家長會如果具備優良正向的文化，校長簡直如虎添翼，得心應手；如果家長會組織不健全，又被某些別有居心的人把持住的話，那麼校長的校務經營就多少會被掣肘而大打折扣。

當然，如果把先天的因素排除在外，校長在和家長會互動的過程中，仍然有如下所述的原則可以遵循：首先，要以孩子的最大利益為優先，校長在處理親師間的糾葛之際，最難拿捏的是分寸，如果尊重老師的做法而把家長的反對意見置之一旁，家長就會認為校長沒有魄力而且只護自家人；反之，若校長對家長的意見從善如流，忽視老師的感受，老師也會認為校長不挺老師，只一味地討好家長，因此，校長要思考的是如何以教育專業的觀點，站在對孩子最大利益的立場來考量，才能解決糾葛。其次，要與家長會重要幹部保持良好卻不必太親密的關係，保持良好關係是為了彼此的良性互動，關係不必太過親密，是為了不要因彼此沒有距離而失去應有的教育堅持或被人情關說的可能性，而且在目前的校園當中，仍有部分老師對家長的參與教育事務心存戒心，校長與家長會幹部若過從甚密，難免讓這些老師心理質疑而形成相對的不信任，這對於校務的順利推動可能產生不良影響；第三，與家長會的關係建立不能只限於公開會議場合，家長會委員對於學校的貢獻經常超乎一般家長所應作的，除了經費的補助，人力的協助，更重要的是教育活動的協辦以及重要興革意見的提出，校長應該對他們心存感恩，除了公開會議的互動之外，其他有關家長會重要成員家

中的婚喪喜慶或生日宴會也應盡可能參與；第四，提供足夠的成長機會，家長會若只一味地單向付出，遲早也會彈性疲乏，甚至面臨瓶頸而原地踏步，學校應該設法結合親職教育，規畫家長委員的成長活動課程，讓他們有源源不絕的動力協助教育發展，有付出也有回饋才能長久；第五，適度尊重會長對學校人事和經費的意見參與，但不能形成干預，校長的人事安排和經費運用，可以適度聽取會長的意見表達，但最後決定權一定要歸回校長手中，如此不但可以保有校長的充分掌握校務機制，也可確保因不當干預所造成的種種後續困擾；第六，要積極營造家長會必須提供更多教育資源的氛圍，學校資源相當有限，尤其最近幾年國家稅收減少，政府在負擔龐大的人事費用之餘，已無太多經費可以挹注在學校硬體改善和軟體提升上面，此時，社會各界的資源開發與運用，就變成很具迫切性，家長會是最佳的對外窗口，校長應設法營造家長會必須提供更多教育資源的氛圍，才可能為學校教育注入活水資源；最後，校長要導引家長會的正向運作功能，家長會的會務運作可以是校長辦學的最大助力，也可能是足以覆舟的一方險灘，校長有絕對責任加以引導，使其走向沒有利益糾葛，沒有權力傾軋，沒有派系糾紛的正向組織。

2.與志工隊的關係

志工隊是長期支援學校的最有效人力，可以彌補學校的所有人力缺口，讓學校運作順暢，效能提升。他們也是一群不求回報，默默付出的無名英雄。校長在接掌一所學校之前，如果該校志工隊已經是頗具規模，並具有一定傳統的學校的話，校長就不必太費力氣，只要經常加以關心打氣，並口說「謝謝您！辛苦了！」就大致可以了；而如果是一所志工人數短少，亟需開發的學校，校長要著力的就很多了，我第一次接掌的學校就是全校只有 3 位志工的學校，直到我離開時全校志工成長到 42 位，而當時全校的學生不過 260 位左右，家長也只有約 150 位。

我是如何經營這所小型學校的志工隊呢？我的做法是這樣的：首先，先從關心現有的 3 位志工開始，包括他的子女就讀哪一班，最近表現如何，曾經上台領過哪些獎項……等等，也要經常去看他的值班情形並與之天南地北地聊天，當與他們建立情誼之後，他們絕對可以成為校長的活廣告；其次，要透過所有管道表達學校需要更多志工的訊息，包括全校老師、現有

志工、家長會成員、地方仕紳與民意代表等等，讓他們強烈感受到校長的誠意與用心；另外，寫一封文情並茂的書信給全體家長，告知學校想要積極從事的教育活動和措施有哪些，這些活動或措施都必須有更多的志工投入才能成其事，並明確告知可以向誰報名；再來，要很快地認識新進志工隊員，並在任何地方就可以親切而準確地喊出他的名字，其他關心方式如前所言，如此做下來，校長和志工隊之間的距離就會很親近，他們也一樣會成為學校的活廣告；接下來，鼓勵志工隊進行定期的聯誼活動，志工隊成員逐漸增多之後，很需要彼此聯誼增進感情，比如說，各分組的定期聯誼或慶生會，學期末的戶外烤肉，或者一年一度的 2 天 1 夜自強活動（向代表爭取配合款讓志工本人免費參加）等等，當彼此之間已經形成鞏固的朋友情誼，就不容易分散了；另外，辦理志工的成長活動是必要的，志工既然付出很多額外心力在教育事務上面，學校或校長不能視為理所當然，應該給與一些回饋，而最好的回饋方式應該就是幫助他們成長，例如辦理親職講座或工作坊、推動讀書會，或者辦插花班、烹飪班等等。

現在，我離開這所學校已經第 3 年了，卻和這些志工朋友們還保持每半年聚會一次的慣例，當然，與會的多是當年我親自帶領讀書會的相關人員，我相信我的出現對他們形成生命中的一些改變，我們彼此都願意珍惜那段情誼。

3. 與社區民眾的關係

基本上，社區民眾包括學生的家長在內，學生家長與學校的關係較為直接，印象多數從級任導師的認真與否而來，而一般的社區民眾則多從學校的口碑或從校舍外觀和校園環境的印象而來。校長與這兩者關係的建立，雖然有些不同，卻仍有某些原則是相通的。

我的做法大約是這樣的：第一，擁有愈多優質的教師，是學校與社區民眾良好關係的起點，第一線負責教學的教師是給家長最直接的印象，老師們如果能夠在課程與教學和班級經營上面有很好的品質，並能和家長保持良好的親師互動，校長和社區的關係就已經好了一半；第二，要營造適於學生從事學習活動的優雅學習情境，學校的校舍外觀早就存在那裡，能改變的相當有限，但是整體環境的規畫和運用，動線的調整和校園的綠化美化，以及因為環境布置的改變所帶來的不一樣的情境感受，是可以因為主

其事者的用心而有所改善的，情境的改變當然會間接形成社區民眾對學校的印象；第三，適當地開放學校設施給社區民眾使用，讓民眾體會學校開放的善意，比如運動場、中庭、其他社區希望藉用的專科教室（如電腦教室、視聽教室等），都可以有償或無償開放；第四，辦理活動邀請社區民眾參加，像我現在所服務的學校，就會常態性的為社區民眾辦理親職講座、家長成長工作坊、家長讀書會、一年一度的重陽敬老等活動，這些活動可以拉近學校和社區的關係；第五，要重視並處理家長的建議，家長對學校事務或老師教學若有疑義，可能會透過各種不同管道反映給校長，姑且不論其意見是否合理，校長重視的態度很重要，如果事情屬實且屬應該改善的範圍，校長就必須明確地加以處理；第六，應該強調學校同仁接聽電話的禮貌和警衛的執勤態度，學校對外形象形塑的最簡單管道是電話接聽和警衛執勤，無法親臨學校詢問的家長或社區民眾，通常會透過電話查詢，接聽電話同仁的應對態度會形成當事人對學校的初步印象，親臨學校的人首先接觸的就是警衛人員，其執勤態度是民眾最直接形成印象的重要參考指標，這些接聽禮貌和執勤態度，都應透過在職教育予以提醒。

4.與民意代表的關係

民意代表要的是增加選票的機會，學校要的是經費支援，兩者目的不同，卻可透過學校教育活動的平台加以有效整合。校長與民意代表之間如果互動得當，就可發揮相輔相成的效果，如果互動不當，極可能讓校長背負政治校長的罵名，甚至聲名掃地都有可能。

對於校長和民意代表的關係建立，我習慣性的做法是這樣的：首先，校長要待之以誠，民意代表雖屬政治人物，多少帶點政治意圖或性格，但他們也是活生生的人，也是對學校產生幫助的人，校長應該以一貫的對人誠意態度與其互動，千萬不可也以政治動機或謀略與之相待，否則不但失格還可能落個為人太過現實的批評；其次，可透過家長會長引薦相識並代尋經援，有些適當場合校長可直接表明學校的需要，以直接獲取經費支援，在今年度的家長會長交接典禮上，有一位議員公開詢問我為何不在後棟活動中心辦理而選在較為擁擠的前川堂舉辦，我隨後馬上公開地表明那裡缺少冷氣，不知在場的諸位民意代表是否有人願意贊助，結果當場就獲得詢問議員的 60 萬元贊助款，但是平時最好是由會長代為爭取經費支援，甚至

校長剛到任之際也應該請會長代為引薦認識，因為民意代表最在意的不是校長，而是手中握有更多選票影響力的會長；第三，要避免形成選邊站的政治效應，尤其在現今藍綠對決嚴重的政治生態之下，校長更要技巧性的避開被歸類的危機，不管藍營或綠營，能夠支持學校教育，能夠提供經費支援者，就是校長口中的「好民代」；第四，經常公開民代的豐功偉業，並提供其公開發言或露臉的機會，校長直接間接向民代要經費，能給民代的唯一回饋就是讓其公開露臉或發言，以增加其曝光率並形塑支持教育的良好形象，民意代表要的其實也是這個；第五，堅持推遲不合法的關說，但要作面子給他們，民代為了服務選民，有時候難免會有請託的事項（如調班、選老師、優先入幼稚園等），此時校長應該堅持依法行事，並維持公平正義原則，但可以向民代要該家長的電話，立即去電說明某民代已經盡力替他爭取，唯學校受限於法令與制度，實難讓其如願，特此致歉，這就是作面子給民代，免得只用一句不行而得罪民代。

(三)對上關係的經營

這裡的所謂上級，指的是教育局的長官們，如局長、課長、督學和課員們。嚴格來說，對上級也沒所謂的「明顯的經營」存在，因為校長工作的主要焦點在學校的師生和家長，而非教育局，教育局的主要角色是政策的主導者和經費的提供者，以及有名無實的教育視導者。但是，從隱而不顯的細膩角度來看，校長如果要把學校辦好，還真是不能疏忽對上級關係的經營。良好關係的建立，不是只為累積個人聲望或獲取個人利益，而是為了幫學校爭取到最好的教育資源與豐沛支援，最終得利者還是學校整體，而非校長個人。

我就以自己個人的經驗，將我和上級關係的營造策略略述如下：第一要務，要先建立辦學的良好口碑，如果自己的學校經營績效欠佳，是難以讓上級產生好感的，因此，不管如何，一定要先把心力發揮在身為校長的本職上面，以建立良好的辦學口碑；第二點要注意的是，自己要具備某些難以取代的才華，真正有才華的校長是絕對不會寂寞的，因為教育局需要你，政策擬訂與執行需要你，全縣性的教育活動辦理需要你，刊物稿件需要你，專題演講需要你。如有這般的才華，要與上級沒有好的互動關係都很難，所以，校長一定要具備某些難以被取代的才華和能力；第三點，要和駐區督學形成良好的互動，駐區督

學是所謂上級當中，最直接和校長有密切接觸的長官，他們對校長的辦學情形和風格也最為理解，如能和督學保有良好的互動，學校即使出現難題，也多數能因為督學的協助或體諒而安然度過，與上級關係就不容易交惡了；第四點是，要在公開場合適時提供具創新性與可行性的建言，有作為的教育局長官，都會希望能聽取站在第一線辦學的校長對重要政策的看法，校長應經過縝密的思考，邏輯清楚地表達面面俱到的周延意見，而且要兼具創新性與可行性，建議內容也別太為難長官，免得形成打高空；第五，主動告知辦學特色或限制，學校除了實力還需要適當行銷與包裝，在適合的時機可不著痕跡地主動向上級介紹學校的辦學特色，並提出佐證資料（如刊物、剪報或成果專輯），或者也可以深入分析學校主客觀環境的限制所在，這些行為也間接地在告知長官我的辦學用心；最後，對於教育局交辦的任務要全力以赴，所有長官都需要部屬對於交辦的重要工作全力以赴，而且務必在期限內圓滿完成，並把可能招致的埋怨和副作用減至最低，因此，若有教育局交辦的重點工作，校長務必有效統領人力，進行最完美無缺的執行，這就是讓上級信任的良好口碑。.

參、形塑學校文化創新教育經營

文化之於團體如影隨形，對於團體的運作影響深遠，看不到摸不著卻可以感受得到，其性質有如空氣，清新也好，渾濁也好，它就在你周圍，你不要它都不行。清新的空氣讓你身強體健，內臟清爽；渾濁的空氣讓你胸口鬱悶，內外不適，文化亦如是。任何學校都會因為過去的領導者和教職員工不同的交互作用而形成迥異的學校文化，校齡愈老，文化根基就愈深，愈不易接受改變；校齡愈小，文化根基就愈淺，變革的可能性就愈高。學校既有文化影響學校發展至鉅，其力道與校長辦學風格足可勢均力敵，形成拉鋸，校長若能看清學校文化局勢，伺機投入變化球，就有化頹勢為轉機的可能；反之，若校長無法掌握文化制高點，無法尋得適當的切入點，那麼，到頭來，校長仍只是舊有文化的另類俘虜而已，對學校是難以啟動任何明顯的變革的。

我經營的第一所學校，原先是屬於凡事按部就班，充滿保守氣氛的校園文化，如果要有一些創新經營，必須從改變學校文化著手。所幸，這是一所小型學校，人員更替也算迅速，基本上要改變並不難。我從事變革的第一件事便是

改變課間活動的型態,原先是天天都作國民健康操,學生早就提不起勁。我於是商請外校學有專精的小朋友到校內表演民俗體育(扯鈴、跳繩),以激起學生的學習興趣,接著派請種子老師帶著小朋友到該校多次學習,回校推廣;另外也商請本校一位幼稚園老師帶領小朋友跳韻律舞蹈。就這樣,我請主任把 1 週 4 次的課間活動安排為 2 次民俗體育,韻律舞蹈和國民健康操各 1 次,而且在民俗體育時間,小朋友可以選擇任何項目(扯鈴、跳繩、飛盤、呼拉圈、竹節舞),到任何陰涼的角落就著音樂快樂地玩。這樣推動下來不到 1 年,就有一些小朋友學得有模有樣,還受邀到他校去表演,更在學校運動會當中成為表演項目。

另外,針對孩子文筆欠佳以及害羞保守的個性,我推動了「校長說故事」與「小太陽信箱」結合的活動,就是每 2 週 1 次,在清風徐來、一片濃蔭的三棵老榕樹下,由我說一個充滿巧意的故事讓小朋友作有獎徵答,稿件投在校長室門口的「小太陽信箱」,優秀作品還會公布在小太陽信箱旁的公布欄上面,孩子的寫作和創新能力逐日提升。

在之後的 2、3 年內,我親自帶領老師們進行專業對話,編撰步道手冊和進修成果專輯,並適時帶著菁英老師到他校分享課程經驗。在主任的尋覓和培育方面,我也用盡心思,終於使得學校的文化逐年翻轉,由保守走向創新,由教室走向戶外,由學校邁向社區,學校漸漸脫胎換骨,成為地區性的標竿學校,這就是因著學校文化的轉變所帶出的成功學校轉型的實例。

任滿之後,調至現今服務的大型學校,由於過去的特殊歷史時空,造成學校內行政與教師團隊信任度不足,家長會和教師會隱然對立的學校文化。我認清之後,就先商請已具候用校長資格卻擔任科任教師,且與教師會幹部嫻熟的前任主任出來接掌教務處,此舉最大目的是為求穩定軍心,立下彼此和諧的基礎。當然,我在未上任之前,也欣然應允教師會和家長會的分別邀約,趁夜間前往對談,展現願意廣納建言的誠意。這些做法,都成為日後逐漸增加彼此互信的轉化契機。

當我用誠意和具體行動表現願意和老師站在同一條陣線經營學校的作為,以及行政團隊處處為孩子和老師設想的種種因應做法之後,有一些老師就漸漸站出來主動表示,願意組織學生團隊,為孩子多盡一份額外的心力,以培育出更多優秀的下一代,先後成立合唱團、直笛隊、國樂團、資優美勞教室等團隊,

並有老師願意犧牲暑假辦理國語文選手集訓，在之後的 1、2 年內，竟然可以進軍全國賽，並獲得多項優異的成績。

當然，在這期間我也和家長會長攜手合作，以最大的努力支援教師的各項教學活動，並積極拉近兩方的距離，我更是有意無意地在彼此面前說出對方的教育用心與努力成果，讓過去的某些心結漸次鬆化。唯有彼此把力氣都用在向上提升的積極面上，學校教育效能的改善才有更多的可能性，否則，如果力量只用在彼此耗費心力上，孩子絕對是個犧牲者，也非教育之幸！

另外，學校願景的落實是我另一個著力的重點。當我剛上任之初，隨口問老師學校的願景是什麼，僅短短 8 個字，能完整回答出來的人只如鳳毛麟角，而當初學校願景的形成過程，竟還是經由老師們協助統計全體家長和學生的問卷而得的。原因可能在於願景太過抽象，又不具特殊性，我要作的是帶領課發會委員重新詮釋願景的意義，以作為老師們轉化為課程設計內涵的搭接點。這個願景的意義詮釋，目前就公布在學校網站上和校史館裡面。

綜觀學校裡外上下，仍缺乏藝文性、歷史性的文化情境，於是我在上任的第 4 個月，就邀請歷任校長和會長，以及教師代表和行政代表召開第 1 次校史館設立籌備會，會中凝聚大家對校史館陳設內容和形式的共識，並全面分工，設定期程，爭取相關經費，於 1 年之後的校慶當天舉行校史館揭幕儀式，終於完成一座兼具歷史性、文化性、傳承性、多樣性與精緻性的校史館。之後，更運用市公所的公共空間，辦理長達 1 季的親師生藝文作品聯展，供全體市民參觀指教，展覽檔期過後，就把這些作品移回學校地下室開設「重陽意思館」，並隆重開幕，成為校內常設性的親師生藝廊，每半年更換一次作品內容。這些做法，不但讓學校空間更具文化氣息，更希望能為孩子帶來藝文的感染性。

目前，我正在這個學校內帶領全體員工進行「尋求特色，創新求變，教育升級」的校園改造運動。這個運動能否形成一股風潮，促使學校脫胎換骨，端賴學校文化的 3 年改造是否足以支撐變革所帶來的重力而定，我深深期待！

總括來說，文化是由器物、制度和理念交互作用而成，其中人居最關鍵地位，領導人物更是關鍵中的要角。學校文化影響學校整體運作，更影響學生的學習成效，校長理應發揮關鍵的影響力，帶動學校進步。

肆、校長的身心靈安頓

　　台灣的校長身負艱鉅的重責大任，權力逐日萎縮，責任卻無限上綱，又揹負經費資源的重重壓力，若要認真辦學，追求教育績效，確實需要面臨多重的工作壓力和心靈負擔，如果不能有效地尋求身心平衡和靈魂安頓，其後果實在不堪想像！影響所及，已不再只限於自身家庭，可能還會擴及學校全體師生。

　　校長扮演多重角色，不同角色之間常有衝突，很難面面俱到，了無遺憾。因此，校長們必須修一門「身心靈安頓」的終身學分。我出身貧苦農家，有很高的自我期許與追求完美的性格，在家庭和事業以及身心健康上經常產生衝突，一路走來，點滴在心。

　　有人說，校長只缺時間和健康。我自己就是這樣，除了忙於龐雜的校務，還要經常為學校內部以外的政策釐定，以及整體教育環境的改善而花費時間與心力，時間肯定是嚴重緊縮的，忙碌當然疏於運動，健康也會跟著出問題。我目前的做法是試著推辭一些可不必自己親身上線的瑣碎工作，並設法作好時間管理，分清楚事情的輕重緩急，以及釐清想要、需要、重要、必要之間的區分，更學習澄清「對自身的意義」與「他人期望」、「社會期許」的分別。更重要的是，我已經逐漸接受「再好的人也無法滿足所有人的需求，更不要冀望討好每一個人！」這樣的觀念，我過往的「完美奢想」如今已經更具彈性，我開始可以接受結局的不完美。我相信，一個人的心理彈性大小與快樂指數的高低，應該是呈現正相關的關係。

　　人如果沒有健康，一切成就都將化為烏有。這個道理大家都懂，困難的是持續的執行力。我現在最需學習的，應該是每週騰出固定的運動時段，且持之以恆，不可間斷。就像是我目前已分別出時間，每個禮拜天上教會參加主日崇拜的習慣一樣，不是做不到，而是優先順序的排定問題。

　　靈魂的安頓，可能是身心健康之外的更上層經營。每個人的靈魂安頓方式各自不同，有人篤信宗教、有人寄情山林、有人鍾愛藝術、有人練氣打坐。我選擇的是歸主名下，成為神的兒女，終生目的以榮神益人為最高指導原則，將工作與助人都當成是一種服事，雖然很忙，心中卻充滿平安喜樂！尤其在看到天真的孩子們獲致成就之後的喜悅臉龐時，在看到孩子們因解決困惑所帶來的

滿足笑靨之際。

伍、選擇奉獻終不悔

　　年輕時，曾經夢想成為大學殿堂中的錚錚之士，卻無心插柳柳成蔭地走入學校行政大門，終至成為學校的掌舵者。一路走來，雖然忙碌無間，卻也處處花開並蒂，時而望見佼好景緻，直是「兩岸猿聲啼不住，輕舟已過萬重山」，未來的路徑還長，路邊花草為伴，不滅的夢想始終相隨。

　　過往，曾為不住的忙碌埋怨，也曾經因感於時事而幽嘆，曾經為普遍追求平庸的教師文化而失望，但是啊，但是，從屬靈的角度看，一切都有祂的美意在，一切都是服事，我心甘甜！我順服！

作者簡介

　　陳江松，出生在南部以水果聞名的淳樸鄉間，師專畢業後因嚮往北部大學較多，易於進修，就毅然選定在北縣任教，至今已邁入第27年，在去年溽夏時節，以「多元文化教育」為題完成碩士論文。從弱冠之年即酷愛文學，閱讀不墜，寫作也未嘗或歇，經常展現對教育園地中諸多現象的細膩思考，認為無私的分享才能激勵創見；大格局與寬視野的孕育，才是當今教育應走的路徑；終結內陸型狹隘的視線，才能邁向海洋壯闊的視界。這些理想的實踐，唯有倚賴涓滴成河的教育手段，始能致之。

勇闖逆流‧傳誦成功

潘慶輝
原任台北縣北新國小校長
現任台北縣秀朗國小校長

壹、校長‧是一個敘說故事的人

我，擔任了台北縣國小校長第 8 年，經營了 2 所不同型態的學校。不同型態的學校有不同的文化，不同的文化發展不同的故事，不同的故事引發不同的生活，不同的師生生活，也創造了學校之間不同的發展。然而，在這 8 年擔任校長的過程中，我滿心喜樂的參與學校與社區的發展，也在溫柔的堅持中，逐漸澄清學校發展的概念，為學校未來的發展，鋪陳趨勢導覽與願景實踐的故事。

一、鼻頭國小的資源共構

1997 年，台北縣瑞芳鎮鼻頭國小是個偏遠的漁村小學，位在鼻頭港區山巒的小平台上，面對龍洞灣連接浩瀚的東海，培育著堅毅、質樸的 6 班 54 個學生。漁村社區就業機會減少，人口逐漸外流，加上學校校舍老舊，教室結構海蝕毀損，廢併學校的政策研議多時，社區家長反對廢校的聲浪高漲，學校也與漁村社區呈現緊張的關係。

第一次上任校長，滿腦子裝滿學校經營的理論，言行之間帶著中產階級的教育思想，想像中的課程策略含帶著都市的文化，帶入的教學方法是精熟的主流型態，總想以提升競爭力的方式，帶動偏遠地區孩子的學習成就。開學不久，安珀颱風襲擊鼻頭港區，用以代步的三菱房車毀損右前門，港區的所有車輛都沒有遭遇損傷。一個不知在地人文與自然的校長，默然的佇立於長風中，進行深深地省思。

㈠校長，參與社區的期望思維

「校長，你們都是『外頭』的人！」

從事捕魚、養殖的家長，經營海釣、餐廳和小吃的家長，靠著到附近城市打零工的家長，他們都希望自己的孩子具有競爭力，能夠為自己的孩子培養向上流動的能力。他們強烈的希望校長知道他們的心聲，在課程上必須注重孩子的讀、寫和計算，在教學上要加強孩子的英文和電腦。我，住了下來。早上，家長可以看到校長迎接孩子上學，晚上，家長可以和校長談論孩子學習的點點滴滴。

「鼻頭‧南雅漁村家長對學區國小學校經營期望之個案研究──一位漁村小學校長的觀察研究」在 1998 年完成，運用參與觀察的方式，藉由對於鼻頭在地人文的理解與自然生態的熟悉，進一步體會家長們對於學校辦學的期望。漁村發展的衰微，社經地位低落的自卑，陪伴孩子學習的無力，矯正孩子偏差行為的傷感，是家長內心時時刻刻發作的痛。沒有在地的驕傲，就沒有生命的榮光。

㈡校長，整合教師的情感屬性

「校長，你的老師，都是來『沾醬油的』！」

偏遠地區正式老師少，代理與代課的老師多，老師來了，老師走了，有如風中的雲，聚散隨緣，回想無跡。孩子們回到學校，看到的是陌生的臉孔，老師們見到了孩子，沒有深情的感受。沒有互相的認識，就沒有彼此的感情，沒有深刻的生活參與，就沒有在地情懷。來了，走了，生活只是一程程的旅站，老師緣淺，孩子情淡。這兒如果是過客，就沒有深入心靈的鄉愁。

「與山海有約──東北角海岸步道」在 2000 年完成，讓老師們參與在地人文與自然生態的踏查，逐漸完成在地課程與社區教室，帶領老師從認識、了解到參與。從正式教師甄選，釋放希望教師留任 3 年的期望，至社區資源教師選聘，整合社區的人才資源，建立漁村社區教育的共識與遠景，這是一個多贏的師資策略，老師留任了，課程多了延續和深邃；社區整合了，學習多了同理和支援。

(三)校長,建構學校的生存願景

「校長,我們學校快不見了!」

遊憩風景帶的學校,地質學習線的學校,由於鋼筋結構氯化逐漸傾頹,由於產業凋疲逐漸消沉,學校的發展便卡在存亡絕續的關鍵,富麗漁村的整合、觀光產業的復甦、教育文化的擴展,便成為反向整合思考與創意。大家要保存創辦了 50 年的學校,要讓外界看到漁村社區學習的成就,於是加入九年一貫課程的試辦工作,從根本上建立學校本位的課程特色學校。

「風景區中的明星遊學中心」在 1999 年成為共識,結合了南雅奇岩怪石、鼻頭平埔漁港、環鼻燈塔步道、龍洞斷層地質,以及岬灣海域風光,結合柯內爾的順流學習法(flow learning),加上鼻頭國小漁村社區遊學家庭,建構東北角的學習主題,逐漸的藉由綜合領域課程的整合,教師的課程設計發表,教師的教學特色演示,學生的主題學習展演,吸引台北縣與台灣區兒童學習的注目焦點。

(四)校長,結合區域的共享資源

「校長,人家的學校比我們讚!」

東北角的學校各有不同的特色,小小的學校,小小的 6 班,小小的經費,小小的作為。因為,察覺到「小」,大家就看見「小」,大家就運用「小」思維,所以就「小小」的做,「小小」的學,大家也得到「小小」的滿足。雖然,大家也看見其他學校的優點,卻局限於觀念和視野,無法進行整合和運用,讓共同的資源促進大家共享,讓不同的差異促進大家共學。

「資源共構」在 1997 年即開始不斷的運作,結合經營理念相同的校長,將學習資源、社區資源和教師資源進行適度的整合,讓師資共構,讓學習共行,讓學生共學,讓社區共享。金瓜石瓜山國小的礦區學校特色、漣洞國小的音樂師資,和美國小的海洋教室、菁桐國小的鐵道風采和柑林國小的山谷人生,成為輻射的學習網,師生在共學與共勵當中,發現了學習的「大」砥礪和「大」幫助。

二、北新國小的差異整合

2000 年，台北縣新店市的北新國小是個縣轄市的城市小學，位在新店市市中心的工商網絡上，在連接北二高、北宜路與捷運站的便捷交通網上，新興大樓正如雨後春筍、櫛比鱗次，都會發展的速度，迅猛而快捷。學校建校 12 年，在歷經徵地抗議、建商倒閉、校舍漏水、教師調動頻繁中，由 45 班的中等規模，發展成 98 班的大型規模，而學校所在的周邊位置，已是新店的地王地區。

第二所學校，經由遴選，以第一志願進入北新國小服務。當時，以經營 6 班的學校直接掌理 100 班的學校，成為一個備受矚目的焦點，在懷抱著教育信念挑戰、放棄博士班進修的規畫，投入提升教學思維、緩和行政與教學對抗、家長與教師爭議、活動中心停工、第一期校舍使用執照延宕的情況下，進入一個挑戰不斷、爭議不停的風暴圈中。「建造一所專業的學校」是我經營新興學校的信念，堅忍和負責陪伴著我，在關鍵的時刻，進行「溫柔而堅持」的處置。

㈠校長，建造學校的合法指標

「校長，我的手上都是你的黑函！」

剛接任北新國小，在第一次區域性的校長會議上，第一次與蒞臨致詞的某位議員握手致意，劈頭就接受到了批判性的「黑函」警告，心中一凜，自己明白的告訴自己：「我，回到了都市叢林」、「我，在這個亂序格局裡，要有自己的教育專業走向，以及建立穩定的人際格局」。之後，從工程、合作社與午餐的招標，不斷的湧現外部壓力，以及接二連三的縣政總質詢與調查局的偵察伺候。

「潔身自愛」是從事學校行政最重要的準則，其中最重要是「不沾酒財」、「遠離情色」。在司法單位調查與縣政質詢期間，辛苦而正直的通過層層風暴。「潔身自愛」，提供立於品操攻擊的不敗之地；「依法行政」，在程序正義中展現實質正義的證據；「人際關係」，提供周遭社群衡鑑的感情指標。2004 年之後，北新國小從學生編班、教師甄選、工程招標，建構起一條值得信賴的專業風格。

㈡校長，面臨變革要歸零思考

「校長，不要以為從 6 班就可以跳級領導 100 班！」

接手經營北新國小的第二個體驗，大學校的老師不做社群對話、不做課程變革。在 2000 年的 8 月底，召開一次學年型的會議，準備聽取大家對實施九年一貫課程的準備與共識時，發現年輕的老師們對教育的理解是：「九年一貫課程是政府的事，不要用來勞累教師」、「教學依教科書實施，不必表演作秀」、「小學校可以做的事，大學校未必要做」、「我們可不認識你，校長，不必急！」

從 6 月到 8 月，長長 2 個月的時間，學校的老師們對校長的學經歷缺乏了解，對校長的課程與教學觀點陌生，對於校長的學校經營趨勢發展漠然，在現場上，社群專業對話付諸闕如；在理論上，課程改革無從辯證；在行政上，人際之間缺乏信賴；在教學上，班群和協同只是概念，沒有夥伴。這個教育變革的路，走起來要慢，走起來要穩，從上到下，一切要歸零思考。

㈢校長，承受學校的完全責任

「合作社廢社了，開學後學生沒有簿冊可以使用！」

接任一所學校，首先要維持正常的行政運作，舉凡教師的級職務編排、學生的編班安置、課表的編配，都涉及到教師各方社群的本位看法與資源分配，而最急的莫過於學生的學習材料採購。合作社廢了，沒有任何配套措施，8 月 1 日以後才能做決定，在不能越職越權的情況下，掌握學校情勢的發展，只能旁敲側擊，同時，運用經驗思索解決方案，在接掌的 1 週內，概括承受，盡速作為。

「Back to here！」沒有什麼責任可以再往上請示、往下推卸。「肩膀讓人家看得見！」秀朗國小（200 多班大校）被授權擔任 44 個班的學年主任經驗，可以協助思索；擔任埔墘國小（150 班大校）主任工作，可以進行類化；完整經歷教務、訓導、輔導與總務主任的經驗，可以全盤掌控。不急，心情不急；要快，行動要快。沒有藉口，沒有埋怨，設定時限，帶領團隊一步一步的做。

㈣校長，引導教師的行動觀念

「校長，你的老師，都是來上班的！」

新興的學校，許多老師住在學區外，到學校，是來上班的，4點半不到，學校空空蕩蕩的，偌大的操場，留給社區的民眾和小朋友從事休閒活動。放學後，走在走廊上，巡迴看著學校，總不斷的思索、不斷的自問：「什麼是北新的價值？」、「什麼是北新的共識？」、「可以開始申論了嗎？」、「什麼叫做急？什麼叫做慢？」、「你自己所信賴的教師人性是什麼？」

我總相信「你怎麼相信，就怎麼看！」我相信願景的塑造必須經過心動（對願景的心儀）、鬆動（對習慣的解構）、行動（對願景的實踐）等三個步驟，因此，老師們需要對校長多一些認識，多一些了解，這是一種感情的問題，不是理性辯論的問題。所以，我開始採取分享的方式，在國語日報上發表「早安，老師！」的專欄，建構學校經營理念，凝聚教師與社區家長在教學上的共同看法。

㈤校長，掌握學校的首要困境

「校長，北新經常鬧鬼，人心不安！」

墳墓地上建造的學校，總是繪聲繪影的傳述著奇聞怪事。「安學生的心，要先安家長的心；安校長的心，要先安教師的心。」透過細心的觀察和記錄，學校的中庭，學生經常受傷，分批清理工程廢棄物；廁所的怪聲，學生經常受驚，修理馬桶和給水設備；教室的怪影，老師懷有驚恐，修整教室外的植栽到二樓高，讓陽光透入；陰暗的角落，更新照明設備，電燈常開，讓孩子時時見著光明。

學校漏水，親自帶領工友清理年久未清的漏水孔，施做透明罩，承接雨簷滴水；學校淹水，親自察看建築圖，在賀伯颱風的下午，花了3個小時泡在水裡，在陰溝裡清除了陰井多年來的阻塞物，疏通了排水樞紐，解決了多年的淹水問題。中元節，在操場申辦3年法會，校長親自參與誦經、祭拜，為全校祈求平安、幸福。神怪的心靈，由真誠的奉獻來安心；日常的疑惑，藉科學的規畫來排除。

(六)校長，形塑學校間差異特色

「校長，我們學校就是不如大豐、中正！」

新店市中心，北新、大豐和中正同屬在市中心的正三角形的地域上。大豐國小，百年老校，屬工商社區，音樂、體育發展遠近馳名；中正國小，立校40年，屬文教社區，語文、體育發展已成招牌。北新國小，教師年輕，充滿活力和朝氣，學生熱情，流露天真和好奇，學校多元開放，卻尚未累積足夠的文化能量，為學校塑造特有的教育風格和學校特色。

「辦學不要一致或雷同，否則，家長無由選擇。」在國民教育階段，學生的基本能力和生活素養，應該具有一定的教學基礎，但是，對於學校的特色發展，則可以透過學校人才的培育與資源的投入，形成學校間差異風格的建立。北新具有資訊人才，因此，朝教育部中等資訊種子學校邁進；北新透過教師專長選才，引進英語專業教師，進行四至六年級英語分組教學，逐步充實中英文學習環境。

(七)校長，連接社區的總體網絡

「校長，教育事業不能閉門造車！」

北新國小學區，正是高科技產業不斷發展的區域，透過非營利事業組織的連結，提供教師學習專長的訓練與進修，進行學生的學習與輔導網絡的整合。「慈濟志工教師」的訓練與青少年學生的輔導、研揚文教基金會的資訊融入教學的進修與研習、英特爾「e-school教師」的訓練與認證、Moxa教育基金會的自然生態研習、東元文教基金會的創意活動等等，為社區型學校進行先驅張網的工作。

技嘉文教基金會在北新提出營造北縣優質的資訊學習環境構想，特定撥款400萬建造「技嘉網際網路教室」，進行資訊素養師資訓練與學生學習，也因此建構了國小學生資訊學習的分段能力指標。新店行道會的生命教育故事團與性別平等教育彩虹故事媽媽，協助兒童進行基礎的生命與生涯發展。連結，總要有輔導的中心要旨，因此，北新也成為台北縣的生命教育中心學校。

貳、校長‧是一個實踐故事的人

我，界定自己在 2 所學校中不同的角色：在鼻頭國小的角色，是救亡圖存，再造中興；在北新國小的角色，是領導變革，創造趨勢。面對鼻頭的舊校舍、生手教師，必須擔負起專家教師的角色，讓教師能夠很快的適應偏遠地區的教學生活，盡早展現教學丰采；面對北新的新創校、穩定教師，必須擔負起組織教師的角色，培養變革的先導群，從事課程與教學的規畫與視導，建立學校指標特色。

在 2 個學校裡，我親力親為的實踐自己所說的故事：鼻頭國小鼻峰顯赫，頭角崢嶸；北新國小課程指北，教學唯新。透過 SWOTS（優勢、弱勢、機會、威脅、策略）的分析，找出自己辦學的方向，尋找適當的資源，進行學校體質的改造，並透過策略的分析，組織教師社群團體，喚起家長的協助和幫忙，找出教育政策的學校地位，一步一步的朝著目標邁進。

一、鼻頭國小鼻峰顯赫，頭角崢嶸

在鼻頭國小，我發表過一篇文章，闡述鼻頭國小發展的走向與實踐的方法。這篇文章名為「藉地拔勢‧鷹揚九天鼻頭漁村教學現場摘記」，全文如下。

㈠序言

從開放教育到小班精神教學，從傳統穿越現在，從現在開拓未來，我們相信，我們與教育之間所具有的親密關係，乃是我們誠懇的承諾，我們對於自己的專業擁有執著、創新與再精進的努力，我們對於學校的教育擁有反省、更新與再開始的能力。

㈡認識漁村生態，掌握居民期望

鼻頭國小位於台灣東北角，學區內包含鼻頭與南雅兩個傳統漁村。漁村所在的地形，山海交錯，灣岬相間，一面是陡峭的山勢，一面是緊臨太平洋的海岸線。由於沿岸受到風力、海水、雨、太陽與生物的侵蝕，海岸上多奇岩怪石。漁村平地狹小，腹地不大，隨著澳灣的地形建成小小的漁港，漁港附近居民聚

集而成小小的漁村。漁村上空，經常有飛鷹遨翔。

　　漁村居民與海及其演變而來的討海生活關係密切，也與台灣東北角太平洋的潮汐、季節、天候和漁期息息相關，漸漸形成漁村特有的生活型態。近年，隨著濱海公路景點的開拓，觀光漁業與週休二日的生活型態的逐漸發展，從事海上捕魚的漁民日漸減少，從事觀光漁業與商業活動的人口日多，家庭收入也由少入多，維持在小康的局面。

　　漁村居民由於缺乏經濟活動，人口日漸外移，學童人數也逐漸減少，目前全校保持在 56 人左右。留在漁村的家長，大多僅具有國小與國中的教育程度，在走過 1987 年到 1991 年走私旺季之後，日常從事捕魚、海釣船、餐廳、釣具行與小吃店的工作。漁村內除了新興宮與五聖宮的廟會活動之外，沒有其他的文化與教育活動。

　　經過實地調查研究，漁村居民對於子女的教育期望，在缺乏教育宏觀的視野與科技資訊的認知架構下，以本身過去接受教育的方式和對未來社經地位改善為主軸，對於鼻頭國小辦理國民教育的期望，強調以下的 5 個方向：

　　1.提升兒童的基本學習能力，強化兒童再次升學的機會。
　　2.訓練兒童讀說寫算的技能，增進參與日常生活的技巧。
　　3.進用具有專業的正式師資，減低教師流動與代課比率。
　　4.增加電腦與英語教學活動，奠定兒童資訊與外語能力。
　　5.改建老舊漏水的危險校舍，發揮景觀與教育雙重功能。

(三)運用後溯文化，調整教育體質

　　教育的效能，來自於家庭、學校與社區的整體營造；教育的推展，必須出自家長、教師與社區人士的觀念融合。推展開放教育，落實小班教學精神，對於一個迷你、偏遠的漁村小學來說，看似必然，其實不然。「看似必然」，是因為學校小、學生數不多，學校環境又接近大自然；「其實不然」，是因為漁村有自主的生命活力，不同於中上社經的主流價值與設備完善的學院環境，以及穩定的師資來源。

　　漁村家長的教育模式，大多來自於傳統的代代相傳，解決問題式的輔導觀念薄弱，辯證式的家庭對話付諸闕如，要求勤教嚴管、斥罵責罰和誠實禮貌，仍是漁村文化中的習慣產物。對於親子教育觀念的接收，缺乏社會學習的榜樣，

也因整體社區缺乏閱讀習慣，無法透過文字媒體來深思、反省。

鼻頭國小透過下列的活動，讓社區與家長逐漸接近學校、了解學校，進而逐漸參與學校的教育活動。透過活動的方式，孕育文化的情懷，培養教育的視野，接受科技的觀念。

㈣進行鄉土教學，籌組親師協會

從南雅到鼻頭漁村，一路上的奇岩怪石；太平洋海上，旗魚飛躍，「軟絲」成群，魚脈豐富；鼻頭山下，平埔族人曾經胼手胝足的搭建家園；鼻頭的波蝕棚海岸，闡述幾萬年來地質、地形的變遷化育；鼻頭步道上，記載著二次大戰以來燈塔的滄桑，飛舞黑點大白斑與金花石蒜的儷影。碧海藍天中，鼻頭展現一股渾雄、純樸與壯闊。

鼻頭的自豪，要由漁人本身的堅毅，人與人之間的相互扶持，人與自然的互利、共生與尊重，逐步建構。正如鼻頭國小在濱海公路未開通以前，漁人協助搬來水湳洞的石頭，載來金沙灣的海沙，在強勁的東北季風中與颱風的侵襲下，一磚一瓦的堆疊建造。而這樣的篳路藍縷，也唯有學校有系統地透過鄉土教學的過程，兒童們專注的眼神與好奇的詢問，漁人們的口傳歷史、實作示範與透露苦海搏浪的驕傲，方能展現脈脈相傳的神韻。

㈤建構閱讀文化，成立讀書協會

鼻頭國小的兒童，放了一個暑假，字會忘記怎麼寫，四則問題會忘記怎麼算，海泳的技術倒是精進了不少。知識不用，自然會忘記；缺乏情境，自然不能隨時學習；沒有閱讀習慣，自然喪失追求新知的機會。漁港要更新、要現代化，就需要科技；漁人要調整生活觀念，促進社經背景的提升，就需要追求新知。新知與科技，大部分來自閱讀。

鼻頭國小從充實讀書角著手，大量的購買圖畫書，鼓勵兒童在校閱讀、在家閱讀，透過父母的簽證與教師的認可，以四級晉升的獎勵方式，提振兒童閱讀的興趣。以充實工具書的方式，鼓勵兒童查詢資料、蒐集資料，建立應用資訊的習慣。鼻頭國小並透過兒童送書給父母的方式，請父母參加學校的親職講座與讀書協會，讓子女提供父母讀書的方法，監督父母讀書的方式，讓父母不好意思不多讀一些書。

　　只要接近書，就有接近知識的機會；只要父母願意看書，兒童的讀書量就會大增；只要知識的需求量大，親子間的實作作業，教師就不必苦口婆心的勸說。

㈥保護兒童安全，組織愛心志工

　　鼻頭國小瀕臨濱海公路，貨櫃車、砂石車和小轎車鎮日飛馳，兒童必須搭車或走路，穿過濱海公路上下學。濱海公路遇雨坍方，也增加兒童上下學的危險性。學校以「撥出短短20分，健康快樂走一生」鼓勵家長陪同兒童上學，維護兒童的安全，透過健行和聊天的方式，讓兒童與家長的身心，經由分享的方式，都感到健康舒適。

　　愛心媽媽偶爾會發現兒童家庭的特殊狀況，通知學校防微杜漸，及時處理，細心的輔導兒童無心的出軌行為，防制家庭問題不當的擴大和蔓延。參加校外比賽，同時也辦理校外教學，車內永遠有空位讓愛心媽媽共同參與，以便讓家長了解其他學校的辦學情形，分析城鄉兒童教育之間的差異，延伸教育的視野和理想。家長透過大量的社會觀察，也慢慢建立起家庭教育的鷹架基礎。

　　直笛比賽，從學期開始便開始籌畫。剛開始沒有一個老師會，學生也只有粗淺的直笛吹奏經驗，沒有透過合奏的方式去認識曲式，也沒有透過表演的方式去了解比賽，然而，既經決定要參加直笛比賽之後，老師自費學琴回來教導學生，學校透過支援教學請來鄰校老師支援，行政人員規畫預算爭取財源，學生利用音樂課堂練習直笛，兩曲「今晚夜色星光多美好」、「靜夜星空」終於在麗園國小上台演奏。沒有得獎，但是掌聲熱烈，家長、教師群和學生都很興奮，因為，我們終於能夠站上台去。離開麗園國小，我們繼續參觀國語日報、郵政博物館、台北教師會館和歷史博物館「尚‧杜布非」畫展的行程。

　　車上，老師、家長和學生吱吱喳喳的說成一團，不是阿Q，是一種成就。

　　老師說：「不容易啊！我們的孩子真能幹，又跳舞，又吹笛，真不賴，愛死你們了。」

　　小朋友說：「我們吹得不錯，跳得不錯，雖然沒有得獎，但是，聖誕晚會我們再來吹、再來跳！」

　　家長說：「我們的孩子真不錯，走得出去，走得出去，你看什麼法國大畫家的作品，我們的小朋友在家裡就會畫了！」

(七)溝通教育觀念，創置家長例會

漁村家長的教育觀念，由於受到工作環境與文化刺激的限制，比較缺乏前瞻的理想與多元的思考，因此，常常會陷入傳統的邏輯思維，以兒童紙筆測驗的分數，作為兒童學習成就的參考指標，要求加重兒童知識記憶與技藝熟練的層次，忽略兒童高層次批判、創造思考的輔導，輕忽以兒童優勢能力為主軸的情意陶冶。

家長會依法改選成立以後，學校即邀請家長委員每月輪值處理學校、家長與社區間的相關事務，並定期由輪值委員召開家長委員會例會，在家長委員家中一起了解學校教育事務，共同討論家長的辦學期望，商訂支援學校教學辦法，補助低收入戶兒童的學雜費，安排家長電腦研習的進修，規畫城鄉學校交流招待家庭事宜，協助兒童校外教學的照護與輔導。家長在參與學校的教育活動中，也逐漸建構漁村學校教育的理想，並逐漸凝聚以「培養漁村人才，提升漁村兒童學力」的漁村建設目標。

(八)履行組織承諾，建立專業自信

鼻頭國小位於鼻頭步道的起點，獨立於漁村之外，學校的運作無法與漁村的脈動一致，學校教師的日常生活必須獨立自主，加上學校周圍的山岡是漁村的風水地，抬頭一望，墳墓櫛比鱗次，尤其是東北季風一起，整整半年的時間籠罩在淒風苦雨當中，因此，來此任教的老師都是過客，流動性過高，甚至在1年間教師、職員全部更新；在師資缺乏的時代，代課教師比率過高，加上代課教師穩定性不足，一個學期換5個老師，也是「正常」不是神話。

鼻頭國小在1977年整建，為了因應偏遠地區的國中與國小教育，鼻頭國小撥出一半的教室，作為國中的分部。在全盛時期，曾經有200多名學生在學校共同參與教學活動。學校教室的空間約為一般教室的三分之二大，適合目前平均1班10個人使用。經過「開放教育」撥款充實設備以後，教室改為櫸木地板，教學設備也多改為視聽化，提供更多元的教學媒材，但是多數電器用品，在海風與海霧的籠罩之下，大概也只有2至3年的壽命。

鼻頭國小校舍採用傳統工法建築，以人力為主逐次修建，由於使用海砂加上海霧的影響，鋼筋「氯化」嚴重，梁柱崩裂、扭曲，樓板龜裂、漏水，颱風

期間，外頭風雨交加，裡頭小雨不止，在在考驗兒童認真求學的精神，測試教師學校經營管理的技能。加上國教經費困難、軍事管制地區、東北角風景管理區限建以及山坡地取具建築執照的難度，遲遲無法改建為融入景點的秀麗建築。

每次颱風登陸，強烈的陣風由海面向山坳吹襲，操場上的建築物和球場設備，會被強風一片一片的拆卸下來，花園裡的植物會被連根拔起，教室外展示的學藝品會被撕裂搗毀，教室裡會灌進雨水浸漫教學用品。颱風過後，家長分批上來協助師生清洗教室、整理花園、搬除雜物、扶正植栽設備。正因為家長希望有個教育子弟的場所，教師希望有個實踐理想的舞台，學生希望有個快樂學習的園地，所以鼻頭國小的校園，繼續辛勤栽花植草，繼續上演師生辯證，繼續傳誦詩詞歌賦。微風中，蝴蝶依舊翩然飛舞；空氣中，歡笑依舊嫣然散布。

(九)聘用適宜教師，發揮楷模功能

教師是建立漁村文化的主要支柱，也是兒童學習向上、向善的主要鷹架，流動性過高的教師，不能成為兒童學習的社會楷模，也無法建立學校教育文化的標竿，更不能塑造學習的意義，建置學習的規模。因此，鼻頭國小不需要頂尖、優秀的「first」老師，而是需要喜歡自然、實踐理想的「best」教師，能夠在山、海之間，在傳統、現代之間，承諾為漁村小學培養「有能力、肯作為、一生不斷學習的兒童」。

鼻頭國小聘用教師的時候，會與大部分的學校同一個時間「撞期」舉行甄試，教評委員根據「穩定師資，提升專業」的校務發展原則，以偏遠學校進用教師中等教育學分班、幼教師資科的優勢，選用師資班自願任教又限制偏遠服務 3 年的教師，以及自願選擇任教偏遠地區的「適宜」教師，減緩師資的流動率。學校也不斷改善、修建教師宿舍，提供教師溫暖、舒適的居住空間，同時，將教師的專長介紹給家長，讓家長來肯定教師的教學成就，以培養親師生之間親切、誠懇的感情，用以留住優秀師資。

教師甄試時，有一個部分是教師理念的口試，口試會錄音，以留住教師實踐教育的理想與對學校組織的承諾，口試的題目一定包含下列 4 個問題：

1. 您喜歡鼻頭國小，我們有哪些可愛的地方？
2. 您的教育理想，我們可以提供哪些協助來幫您實踐？
3. 您來此任教，會給我們帶來什麼樣的成就和改變？

4.如果我們有幸聘請您，您會做什麼樣的生涯規畫？

(十)提列教學計畫，統整教學活動

學校的教育活動重視整體的規畫，鼻頭國小以「全人的教育觀點，個別化的輔導支援」，策畫全校的教學活動，因此，非常重視「計畫執行評鑑成長」的機制，用以統合學校的資源，調整學校的團體動力，展現教師的專業知能，激發兒童的內在潛力，以獲得教學的效果和成就。

「教學準備計畫」鼻頭國小已經實施 2 年，所有的教師和行政人員，在學期開學前 1 週全部到校參與教學研習與教學準備工作，其目的乃是在使「初任教師」能夠順利進行一整個學期的教學活動，「資深教師」能夠指導「初任教師」熟悉教育的情境，讓兒童能夠在良好的教學環境下適性的成長。讓兒童和家長在一開學，就感受到萬事俱備的尊重，體驗到教師的親切和了解。

鼻頭國小的「教學準備計畫」包含以下的 10 個研習重點：

1.認識自己的學生和家長。
2.規畫班級的課程和活動。
3.精熟課程的教材和教法。
4.分配學群的內容和進度。
5.籌畫混齡的編組和科目。
6.蒐集輔導的個案和資源。
7.討論班級的經營和方向。
8.了解學校的資源和限制。
9.配合學校的課程和活動。
10.規畫專業的研習和成長。

(土)實施教學觀摩，進行專業對話

教師進行教學時，要精通專科知識與教學方法，才能從「生手教師」逐漸成為得心應手的「專家教師」。鼻頭國小的教師大部分都是「初任教師」，都是未經「導入實習」的生手教師，因此，教學觀摩是提供教師獲得專業成長的舞台。透過同儕視導的洗禮，方能夠擺脫傳統教學法習慣性的束縛，將理想融合在教學現場中，進行以教學為焦點的專業對話與專業改造，以便開展未來 30

年的教學生涯。

　　由於鼻頭國小的班級人數不多，學生的程度也顯得參差不齊，需要透過個別化的教學指導，同時進行精熟與補救的學習，以提升兒童的基本學習能力，厚植兒童未來學習的基礎。因此，教師必須透過教學計畫，提出完整的教學方案，在教學活動的現場，展示教師教學的理念與教學的方法，再經由教學群透過 5 個向度的觀察，進行專業對話，以提供專業成長的建議，讓教師設計自己專業成長的計畫，增進教師的專業與專科能力。

　　教師的教學觀摩中，教學群分為 7 個向度來觀察教師的教學，並在教學研討會當中，就教師教學活動的狀況提出分析報告，以下是教師同儕視導的觀察焦點：

1. 教師教學理念與教學方法的自我分析。
2. 教師教學活動與教材呈現的組織系統。
3. 教師教學態度與人格特質的脈絡分析。
4. 教師教學語言與學生互動的交互作用。
5. 教師掌握情境與激發學生的教學引導。
6. 教師團體教學與個別教學的教學輔導。
7. 教師教學媒體與教學形式的教學轉換。

㈢發展鄉土特色，建立教學風格

　　鼻頭漁港每年有將近 36 萬人次來賞海觀浪，鼻頭步道也有 20 萬人次登高攬勝，新興宮 200 年的平埔族歷史、王爺洗港的漁村風俗、鼻頭的波蝕棚平台與南雅的奇岩怪石，更是濱海公路上校外教學的勝景。有鑑於鼻頭的美景天成，鼻頭國小居於文化教育單位，有意透過教學步道的編纂、地質地形的解說、民俗的傳遞與介紹，編輯編成一系列的解說手冊，讓教師從認識、編輯進而深入漁村文化，讓兒童從理解、解說進而維護漁村資產。

　　鼻頭國小目前派遣師資參加國語日報社及台北縣教育局所舉辦的各種鄉土教學種子教師研習，並請教相關的學者、專家，以及有編纂相關書籍經驗的學校和團體，透過實際的觀察、參訪、記錄、發表等等活動，帶領學生在現場實作，以便進入更深層的學習。

　　在同時辦理相關的校外教學活動之外，學校預計即將進行下列 4 本學習手

冊的編輯工作：

    1. 鼻頭媽祖 200 年——新興宮教學手冊。

    2. 鼻頭海岸地質地形教學手冊。

    3. 鼻頭步道植物昆蟲教學手冊。

    4. 南雅海岸奇岩怪石教學手冊。

㈢放眼波平萬里，昂首鷹飛九天

    教育是一種種植，透過環境生態的理念，培養兒童堅強的生活能力，而不是採取盆栽與插花的急功近利方式，在短短的時間內，展現繁花似錦的幻象。教育是透過真實意義的模塑，建立兒童學習的指標，讓兒童在學習的過程中，享受學習的樂趣，發現成長的意義，建立正向的價值概念。

    偏遠漁村小學的教學運作，是一種真實的生活互動，是一種感情的誠懇融合，是一種知識的實證推衍，也是一種人性的智慧培養，在綜合漁村家長的學習期望與兒童未來發展的需求，鼻頭國小的目的，是要讓偏遠漁村的兒童，透過一連串教育活動的孕育，培養具有以下 3 種的基本能力：

    1. 培養兒童有效生活的能力。

    2. 培養兒童扮演角色的能力。

    3. 培養兒童一生學習的能力。

    學校任何活動的舉辦，不但要有事前縝密的規畫，配合統整課程的實施，融合主學習、附學習和副學習的內涵，在教育性、認知性和自願性的指導原則之下，師生共同合作，親師共同指導，拓展兒童學習的學習場景，突破文化限制的藩籬，運用兒童本身具有的智能優勢，以收到兒童主動探索與自勵學習的功效。讓兒童在開放的環境中築夢，讓兒童在適性的教學中飛翔。

二、北新國小北施化雨，新學春風

    在北新國小，也發表了一篇文章，敘述課程遭遇的困境，以及在困境中如何期許、如何思索、如何應變。這篇文章名為「課程，走在亂序叢林中的動感」，全文如下。

(一)「我們又不認識你，校長！」

用什麼角度切入一所新的學校呢？

課程是學校的架構，教學是學校的靈魂。運用九年一貫課程實驗的機會，切入學校的教學團隊，不但可以擁有一群共同成長的工作夥伴，而且透過深入的對談，可以澄清與分享彼此信奉的課程哲學觀念。

九年一貫課程實施的前 1 年，2000 年 8 月，離開偏遠 6 班的漁村學校，進入一所新的學校，剛剛滿建校 10 年，教師平均年齡 32 歲，實施過開放教育，並即將以二年級 6 個班、四年級 3 個班實施小班教學精神。此時，台北縣政府教育局極力希望大型學校加入實驗的行列，因此，邀請教務主任談一談實驗九年一貫課程的可能性。

8 月初的午後，在黑板樹下和教務主任談起九年一貫課程的試驗構想。

「北新國小曾經做過美術實驗計畫，並在國立台灣藝術館展示美術教學實驗成果，召開美術教育研討會，有沒有可能從實驗教學的基礎中，進行九年一貫課程整學年單領域的課程實驗？」

「情況不樂觀，因為，美術教學實驗是與台北市美術館合作，並由國立台北師院美勞教育系全力支援，基本上在教學的創意方面，是由美勞教授和專家主導，本校教師並沒有主導課程實驗的能力。」

「如果，我們從小一開始，在 92 學年度學生升上小四的時候，剛好接上九年一貫課程的實施，我們就用開放教育的概念，結合九年一貫課程領域教學與統整教學的精神，以方案教學的概念來設計生活領域課程，然後由此建立課程發展委員會的運作模式，進而執行課程實驗，應該不會太難？」

「教師們恐怕不容易接受，教師一聽到教學實驗或者課程實驗就怕，總以為各項實驗進行時，會讓教師忙得天昏地暗，影響生活品質。」

「這樣吧！課程實驗一定要顧及現場的需要，同時要給教師追求精緻課程的想望。一年級一共 17 班，就找 8 位老師和學年主任，先來商量商量，聽聽大家的意見。」

8 月中旬，一個晴天的早上，在校長室旁邊的小型會議室裡，連學年主任一共到了 7 位，由於暑假聯絡不便，沒有事先發給任何有關九年一貫課程的閱讀資料，只是純粹從教師成長與教學實驗的方向，試探性的摸索教師的意願，

以作為是否著手進行九年一貫課程實驗的參考。

「各位老師教一年級，在開學之前，有沒有學年的教學計畫？」

「沒有。」

「我們的家長日，都在什麼時候舉行？有沒有特別的教學計畫說明，以利家長們明白我們的課程架構與教學的進行方式？」

「沒有，我們只有說明班級經營的方式，以及學校交代宣導的常規，其他的就由各班老師依個別的情況，進行親師溝通，並選出班親會會長，協助班級級務與戶外教學的籌畫，並參加家長代表大會。」

「我們有沒有可能在一年級實施特別的生活課程方案，以領域教學的方式，來進行生活教育的課程？」

「校長，我們不了解您的意思？」

「我們有沒有可能，運用開放教育所實施的教學精神，來實驗九年一貫課程的教學實驗？因為開放教育是我們共同擁有的教學經驗。」

「校長，不要增加我們的負擔，我們的家長要求很高，我們已經疲於奔命了！」

「我們可以正常的上課，只是在教學的內容與教學的形式上，進行可能的變革，一方面結合大家的專長與資源，吸收九年一貫課程教學的新知，同時，以班群的方式，大家共同設計課程，互相支援教學。」

「校長，我們又不認識你，不要一下子進行這麼多的改變和實驗。」

「我在今年 6 月 24 日就發布遴聘為校長，你們還不認識我嗎？」

「我們還不認識你，沒有這樣的基礎進行課程實驗。請校長不要勉強大家。」

「大家的意見都一致嗎？要不要我先給大家一些資料閱讀，改天再跟大家商談，以便大家更了解這個課程試驗計畫的目的？」

「校長，我們有的已經排好假期，有的要出國，有的在進修，沒有時間再聚會，而且開學一到，大家都很忙，也沒那個心思。何況課程實驗一定要大家同意，我們不能代表沒來的老師，我們如果同意，其他人會覺得被我們出賣。」

「真的！抽一個禮拜六，我來跟大家說說……」

「校長，真的不用了，大家真的沒空，而且，我們真的跟你不熟。」

諮詢性的會談在一絲絲的尷尬中結束，到開學前的擴大行政會議，也沒有

提及課程實驗的事，大家的心，也因為所有開學前要準備的活動，以及百班學校的行政事務，讓大家忙得團團轉，也沒有心思去揣想，學校應以何種準備與調適措施來準備九年一貫課程實施的基礎。

心動，才會讓舊觀念產生鬆動。在我的心中暗暗的下定決心，必須透過研習活動與柔性對話，在無形中形塑課程變革的氣氛，逐漸進入九年一貫課程的準備歷程。

(二)「實施九年一貫課程，還早！」

用什麼方法讓老師對於新課程產生心動呢？

教師的課程能力，分析來說，一個是能，講究能量的強弱；一個是力，講究力量的穩定。從新課程精神的了解與教學法著手，可以讓老師產生自我更新與自我開拓的喜悅，進而對於新課程的意旨更用心的解析與實驗。

二年級的 6 個班組成一個班群，在進行相關的小班教學精神，其他的班級也以班群的形式進行分組，目的是讓班群以形式的方式，進入實質教師協同教學的操作與主題教學設計的實施。在教師的進修方面，則運用小班教學精神計畫的經費，進行教師課程知識與教學知識的研習與進修，並隨時透過現場教師實質對話的方式，進行學習領域知識的了解。

研習與工作坊的形式是目前小學最常運用的方式，所以在週三的教師進修時間，安排系列小班教學精神的意旨、教材教法、學習單、評鑑方式的基礎研習，可以讓全校有興趣的教師共同來參與；工作坊則是對於教學的方案、主題、學生學習的成效與教學設計的產品，進行深入的探究與討論，同時，二、四年級於週四下午沒有課務，所以針對二、四年級的老師來進行。在研習與工作坊的進行中，盡量減少提及「九年一貫課程」的名詞，以免造成教師不必要的心理壓力。

對於學校行政方面，則請教務處著手尋找幕僚群，參照不斷發展出來的九年一貫課程綱要草案的內容，召集教師、家長、現場傑出教師、學者與專家人士，進行各項必要的準備，以備將九年一貫課程的精神，透過任何細微的對話與行動，在無形中提供給教師，當做平時對話的材料，當成教學思考的題材。教務處並同時運用社群分組的方式，逐漸進行以下工作的發動與配合。

1. 由下而上，思考學校發展的願景。

2.組織「課程發展委員會」，規畫學校本位課程。

3.成立學習領域課程小組，規畫學習內涵。

4.成立教學資源中心，彙整教學資源。

5.建置教學、網路資源中心，提供教師教學資源與諮詢。

6.依照學校本位課程發展的方向，調配師資結構。

7.辦理「九年一貫課程」研習，掌握教改方向。

8.強化「教學研討會」功能，掌握學習內涵。

9.安排教師基本授課節數，調配彈性授課時間。

「學校好像在搞真的喔！口裡不說『九年一貫課程』，但是，都是在搞九年一貫課程的玩意兒。」

「九年一貫課程急就章，想到就做，是沒有什麼基礎和方向的啦！」

「那麼，在現在的情況底下，我們可以做些什麼？」

「我跟你分析，現在的家長很奇怪，以為什麼都懂，其實，他們什麼都不懂，在小學拼命講快樂學習、自主學習，到了國中，還不是緊抓著升學不放，沒有什麼硬道理，只有希望他的孩子比別人強，也就是說，希望把別人的孩子打下去。」

「聽起來好殘忍！」

「不是殘忍，是現實。你看看，在廣告裡不是時常說嗎？不要讓孩子輸在起跑點上，其實，骨子裡就是鼓勵家長提早學，趕快學，好讓自己的孩子占好位置。」

「什麼位置？」

「建中、北一女啊？」

「那跟我們小學有什麼關係？我的意思是說，在我們國小，所有的專家、學者，以及站在檯面上家長，不都是要進行教育改革，不都是要我們營建歡欣的學校嗎？」

「『笨蛋，關鍵在升學！』這些學者、專家與家長，是有觀察，是有論見，但是，離小學太遠，又不聽聽現場老師們的意見，老師一提意見，他們就認為老師保守、怠惰，不願意進行教育變革，更清楚的說是教學變革。他們叫我們要體驗、要探索，所以要種菜、要觀察、要報告。你想想湖山國小好了，一堆外來的學生說是來種菜、來觀察、來體驗大自然，一堆報告說孩子進步得

不得了，請你捫心想想看，人家學區裡的小孩子，他老爸已經種了一輩子的菜，現在希望透過教育的提升，能夠向上流動，卻得陪城裡來的公主和王子種菜。回家以後，別人的孩子因為老爸、老媽高學歷，有環境、有情境進行語文和數理的學習和輔導，他們的孩子呀！不是看電視，不然還是去種菜，即使種菜種得很有心得，也沒有條件形成系統化的知識，還不是把菜吃掉，結果畢業以後，你說怎麼了？」

「怎麼了？」

「還不是種菜！」

「這麼悲觀？」

「不是，是務實。」

「那你說，九年一貫課程會不會成功？」

「不會成功，因為，家長還沒有遇到九年一貫課程，遇到你就知道！」

「那你會不會參加各種九年一貫課程的研習？」

「會！」

「為什麼？」

「因為，沒有參加，人家會說我們沒有熱情，我們懶惰！」

「那麼，我們可以用九年一貫課程的精神，來實施我們的各項教學活動呀！」

「談九年一貫課程實施，還早。因為，那只是點子，不是政策。你哪裡會看到政策，是用喊價得來的。」

　　有一個工作坊，特別設計了一個原野公園步道的主題，希望以柯內爾生態環境的教學法──順流學習法（flow learning）的方式，進行原野公園的探索和規畫，目的在運用學校附近的環境資源，將學校的學習活動拓展到原野公園，以解決校地不足的現象；而且，透過自然群落的規畫，可以配合學生運用自然的觀察和體驗，引發社區自主的學習；同時，老師透過作品的產出，可以肯定自己的學科學習與學習設計的效能。

　　剛開始，招募自願參與工作坊的教師，從蒐集相關植物的資料開始，除了觀察與記錄之外，並開始閱讀柯內爾在張老師出版社所翻譯出來的 5 本書，以作為基礎知識，之後，再請自然步道協會、涂大芳工作室負責規畫，指導教師的研習課程，並安排參觀和體驗，也參考台大校園教學步道、芝山岩自然步道、

大同山步道，進行原野公園步道手冊的規畫工作。

　　進行步道參觀與植物步道解說的時候，參加的老師最多，之後，順流學習法的教學體驗，由於教法新穎、體驗特殊，也吸引不少的人參與，以後，進到步道規畫的時候，參與的人員逐漸稀疏，透過蒐集與攝影建置資料時，人數已經寥寥無幾，加上出版步道的經費無著，專案主持人只能靠著個人的感情影響力，抓住文案撰寫、影像處理、地圖繪製與學習單設計的4個人，所謂的成長社群與產出進修，便進入了沉沒、隱晦的低潮。

　　「你看，要出什麼步道手冊，完全騙人，連個經費也沒有，萬事沒有準備好，就給我們畫個遠景，說產出型的進修，將來個個有作品，在教師分級制之下，也比較有可能晉級，哪有？說到哪兒，做到哪兒，這種團隊不要參加。」

　　「一邊走，一邊學啦！至少，我們學到什麼叫做順流學習法呀！至少，我們去戶外教學的時候，知道叫學生看什麼呀！」

　　「我跟你說，這些當校長、當主任的，就是把我們當傻瓜，讓我盡力去拚鬥，最後的成果，讓他們拿去炫耀，我們當然在這些研習當中，學學自己的本領，好讓我們的教學精采，讓我們的學生喜歡我們，讓家長知道我們的教學生動活潑，這不就是我們老師『帶得走的能力』嘛！」

　　「唉呀！我們的成就，就是他們的成就啊！他們拿出去說說，我們學校不就是會更好，更出名，學生會覺得在一所好學校學習，會有更多的成就和光榮感！」

　　「嘿！你錯了，人怕出名，豬怕肥。學校被他們這些犯大頭病的人一搞，是有名了，名是什麼？是虛名。沒有真本領，只會搞一些花招。你看那些什麼學生種菜的，咳！種一天，報紙、電視報導一天，他們那些人就沾沾自喜，以為搞了多麼了不起的教學成就，還不是騙人的把戲。欺騙家長、欺騙社會，哪是什麼教育本質！」

　　「不會吧！有這樣的開始，資源就會進來，教學工作或教學研究才能夠再進行下去，否則『巧婦難為無米之炊』！不是嗎？」

　　「這就是重點，你看看，學校一出名，專案就多，專案一多老師就要參與，就會影響教學品質。什麼研習、開會一票，打亂教學與備課系統不說，學校像動物園，到處有人參觀，紛紛雜雜；老師被指派教學觀摩，席不暇暖；行政人員到處接待長官，恓恓惶惶；派去代課的老師，犧牲休息時間，也沒有辦

法好好的備課，哪有上課品質，只是把時間填完，混過去而已，吃虧的，還是回到學生身上。然後，校長光榮榮調，再來一個，又搞另一套，煩不勝煩。」

「噯嗨，跟你講話都好悲觀，參與教育的人，要樂觀一些。」

「你年紀還輕，我可是看多了，不要當人家晉升的工具，讓人家踩在頭上都還不知道！」

「但是，我完成我喜歡的教學設計，提升我在課程設計上的品質，加強我在教學工作上的競爭力，不也是樂事一椿啊！」

「教學這玩意兒，除非你要離開小學到大學當教授，否則，沒有人會把你當有學問的人看待，只有一句『哦，小學老師！』斜行蔑視就過去。你沒看，教育改革，教授說了算，小學老師說，再研究研究，因為，那些搞教育行政的老以為我們是『要錢的』！」

「不懂！」

「基層教育經費短少啊！設備不足啊！人員不夠啊！沒有研究經費啊！他們會說『要人，沒有，要錢，也沒有。』」

「『時間在哪裡，成就就在哪裡！』沒有經費，也可以做研究啊！」

「你看，連柯內爾的 5 本書，也是我自己買的呀！還提供在班上圖書角給學生看，學生也會去翻翻看。你看，圖書館哪裡有？沒有足夠的圖書，哪能做什麼研究？做什麼產出？我們小學老師給人家感覺很可愛，就是天真，知道嗎？」

「沒關係，有空你隨時來看看，我就是要做，反正，我高興。」

「咦！這很重要，高興就好！」

　　教學工作和課程情境的醞釀，就在反覆之間、論辯之間、清談之間、埋怨之間、合作之間、嘻笑之間以及愁苦困頓之間，不斷的進行。大家的心，也隨著學生日常生活的學習活動，隨著時序的更迭，嘻嘻哈哈、吵吵嚷嚷的進行著，有個話題，彼此議論一番，就回到班級裡去忙了，「教改」喊半天，教室裡頭也隨著主流在走，老師也「改教」了許多。原野公園步道也在一年後，隨著市公所的補助，印刷完成，送到每一個小朋友和老師的手中。原野公園也多了許多知識與情感探索的訪客。

　　鬆動，在無形之中隨著社會的脈動在進行，有了思考的轉折和空隙，新的觀念隨著強力對話（robust dialogue）悄悄的來到心中，在教室的課程實驗室

裡,課程變革的行動,隨著專業的察覺與反省,進入了行動的軌道。

(三)「什麼披著羊皮的狼?哇靠!」

用什麼態度來面對實際課程的決定呢?

面對教改和反教改的拉鋸,現場的老師在教學的方式和教學的內容,顯得有些焦慮和手足無措,老師不斷地在找新的價值核心,讓自己能夠穩定,讓自己能夠發展。是的,實際的現場課程需要有召喚和有回應:學生的召喚用愛來回應;教材的召喚用真來回應;制度的召喚用正義來回應。

九年一貫課程進入第 3 年,實施的年級,達到了小學的一、二、三、四、五年級,以及國中的一、二年級,92 學年度則全部九年級全面進入九年一貫課程的領域。九年一貫課程在面對升學制度、基本學力測驗、學習領域、教師與教學時間的配置,以及批判學生能力退化的情況下,重新引發社會的思考,爆發論述全國競爭力的衝突。九年一貫課程也在面對教學創新與教學建構的轉折,重新由大幅式革新躍進,改採保守式的回返操作。

教師們在九年一貫課程上的參與角色,從硬性規定教師研習 30 小時,興起了研習的熱潮,但是,研習不能代表觀念的進化與蛻變,更不能強調教學思考在一日成型,許多關鍵性的哲學思考,決定了課程的進與不進,左右了課程的變與不變,現場工作的老師們,在新舊的夾雜之間,必須精緻的進行課程,落實的實踐能力指標,不是自己不慎顛簸,便是落入外界批評的陷阱。

持續性的教師研習,雖然仍舊沿用舊名稱,但是,加入了「社區有教室」、「策略聯盟」、「假日學校遊學」等等,一時風起雲湧的又進入了另一種形式的革新,不變會衍生更多的變,批評變則會衍生更劇烈的變。而這種劇烈的變,卻是變換不定,因為,媒體上冗雜的報導,缺乏深刻的論述,教師在繁雜的實際工作中,也缺少反省課程實踐的能力,因之,人云亦云,喪失教學思考的主軸。

從學校的基本面上看來,課程上的架構仍然在書商的教科書中打轉,真正在教學計畫當中引入學校本位課程的是少之又少,所以,教師最怕的是課程實驗,等到實驗結束真正實施的時候,只要依樣畫葫蘆大概就能夠過關了。過關,過了誰的關?是過了審查的關,卻難以越過自己在教學之餘那種對教學專業關心的關卡。

　　透過教師激盪和討論，雖然訂定了「快樂、思考、成長、感恩」作為學校發展的願景，但是對於願景這種抽象的概念，仍然必須賦與實際操作的基礎，讓「社區－教師－學生－家長」建構共同的學校社區意識，方能順暢的引領教師和孩子在實施教學的過程中，將自己的信念透過參考架構的澄清，持續的引入熱情召喚的能量。並透過方法的學習，建立表達與呈現的形式。

　　綜合九年一貫課程的 3 大目標及 10 大基本能力，簡化課程實踐時，大方向的關注兒童整體學習的效能，特別將能力的學習簡化為 3 大項：

　　1. 培養有效生活的能力。

　　2. 培養一生學習的能力。

　　3. 培養社會角色的能力。

　　對於學校本位課程特色的發展，透過「家庭－學校－社區」之教育協商方式，建立學校課程的 4 項發展目標：

　　1. 培養兒童的生活能力。

　　2. 培養兒童的學習創意。

　　3. 培養兒童的資訊科技。

　　4. 培養兒童的休閒才藝。

　　透過這樣的發展，學校的建制隨著行動就愈來愈明確，但是教學的熱情仍然摻雜著課程的疑惑，家長面對學生升入國中後能力下降報導的焦躁，研習的進行，則進入價值的澄清與課程的再概念，目的是在從自己的系統中，呈現出明晰的實踐結構，讓在漫漫洪流中打轉的教師，靠著課程理論探望自己課程實踐的長路。因此，採取 OECD 的學校本位課程發展程序（引自張嘉育，1999：14），進行各項的對焦與探討：

　　1. 分析學生。

　　2. 分析資源與限制。

　　3. 訂定一般目標。

　　4. 訂定特殊目標。

　　5. 確立方法與工具。

　　6. 評鑑學生的學習。

　　7. 分配資源、人事設備與時間。

　　8. 實施、評鑑與修正。

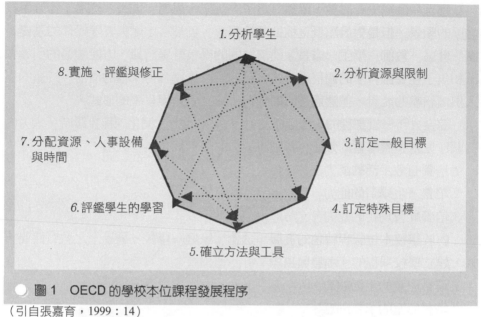

1.分析學生

8.實施、評鑑與修正

2.分析資源與限制

7.分配資源、人事設備
　與時間

3.訂定一般目標

6.評鑑學生的學習

4.訂定特殊目標

5.確立方法與工具

圖1　OECD 的學校本位課程發展程序

（引自張嘉育，1999：14）

　　在日常課程進行中的課程對話與領域小組的學習，仍然正正式式的規畫以下的主題，進行教師能力的培養：研習「九年一貫課程」的內涵；建立教師協同教學模式；精進統整教學的能力；依據專長領域，整理系統化教材；培養親師溝通的能力；建立反省性教學的能力。

　　「有學者說我們實施九年一貫課程，是『披著羊皮的狼』，歐用生不是提倡九年一貫課程的鼻祖嗎？怎麼反教改啦！」

　　「是啊！他是課程學者啊，以前去考試，還出了一題『反省性教學』，到處都找不到答案，真是給他打敗了！」

　　「他是在幹嘛，批評我們基層老師還是在批評教育部的課程政策？」

　　「檢討啦！他是搞社會批判課程的，我想是在檢討啦！」

　　「檢討什麼？我們不都是兢兢業業的設計學習單，搞主題教學，不是都合乎他們學者嘉許的版本和比賽作品？」

　　「問題就在這裡，我們光是東抄永安，西抄新上，到底有沒有自己的東西？有沒有自己的主張？總不能老是東施效顰啊？」

　　「那學校也搞一套來啊！他們那些大頭光是會開會吶喊，去搞一套『典

範』來讓我們用用，也好看看他們的實力如何，光是會叫我們這些小老師絞腦力、出勞力，弄一套出來，我就佩服他。什麼校長課程領導，假的啦！嘴巴領導啦！」

「誰是學校啊？」

「校長啊！主任啊！平常叫我們『九年一貫』、『瘋狂藝術節』啊！都被搞瘋了。」

「那你還叫他弄一套來轟我們？」

「爽！搞死他！」

「算了，今年瘋狂藝術節的主題，你有什麼構想？」

「講到就氣，學生來到了聖誕週就已經差不多洋化成羊癲瘋了，還來瘋狂藝術節！你知道嗎？別的學校老師都說，進入我們的校園，都可以感覺到學校的空氣都在震動，孩子的心都在浮動，家長都興沖沖的進來搞活動，我們老師樓上樓下跑來跑去累得兩腳發痛……。」

「孩子快樂呀！」

「還說，歐用生不是還有一篇叫做『快樂學習等於安樂死嗎？』報上不是說學生上了國中，程度落後，我們都把人家的孩子當作白老鼠？」

「不是啦，是『快樂學習或安樂死體驗學習的批判教育學意涵』。對了，你也相信你自己把別人的孩子當白老鼠？」

「現在媒體最大，報紙、電視這麼說，你辯得贏報紙啊！」

「你投書啊，去說說你教學的想法，對課程改革的看法，不然說說你對自己教學的效能，給他們看看你教學的經典。」

「狗咬人不是新聞，人咬狗才是新聞！現在搞到山上的學生去海邊牽罟才是新聞，才叫做教學有創意，才能上標竿100，所以，我們來搞人體彩繪，魔法變裝，大跳街舞，大唱嘻哈。」

「這樣跟我的課程有沒有相關，能不能和我們的教學目標與孩子應學的能力配合得上？」

「你管他，反正搞炫就正點，耍嗆就有聲。現在，不搞一點俗媚，就難登『大雅之堂』。」

「好好好，點子出來了，我們再來瞧一瞧。」

「對嘛，幽默一下，就有詩意嘛！不然，你來當牧羊人，我來扮演一隻

羊。」

「披著羊皮的狼，哇靠！」

「現在，孩子的語文能力跟不上從前，重點在孩子的閱讀習慣沒有養成，我們可以怎樣協助孩子來加強閱讀能力？」

「叫學校加課，恢復上 10 節課就可以啦！」

「重點好像不在這裡喔！孩子現在的閱讀習慣，大概都是去看圖片，上網路，所以，對於文字的興趣，不是那麼濃厚？心靈的感覺，也不再豐厚？」

「那你要怎樣？」

「來推廣校園閱讀計畫如何？」

「哇！少來了，我們家孩子最怕閱讀計畫了，他們老師動不動就來個閱讀小學士、小碩士、小博士的，派寫心得，孩子本來愛看書，現在一想到要寫心得，就唉聲嘆氣，攤在床上不想讀。」

「每個孩子的興趣不同，我們從動態閱讀和靜態閱讀的方式雙管並進。」

「拜託，閱讀就是要靜靜的，還有動態閱讀？」

「動態閱讀，就是閱讀結合戲劇、音樂、詩歌、律動、專題探索等等的方式，來讓孩子參與閱讀活動，讓不同智慧型態的孩子可以用不同的方式進行閱讀，我們也可以組成這樣的社群，請有經驗的故事媽媽團共同來參與，讓我們在家長與社區之間，尋求人力與物力資源，也讓我們的孩子們接近不同的人群，養成社會閱讀的習慣。」

「你怎麼這麼有心，平常的學生管教和課業已經把我忙昏了。」

「做自己有興趣的事，可以讓我找到核心價值。其實，孩子很喜歡故事、詩歌和遊戲，他們的生活是由這三種東西搭建起來的，以後的希望和夢想，也是經由故事不斷的詮釋，對角色不斷的演練所編織、演化而來的。我很希望自己擁有一千零一夜的能力。我夢想我自己是一個造夢、焙夢的老師。」

「好好喔！我看到社會就氣，好久以來只想到社會這麼亂，怎麼會有夢？」

「夢，來自實踐的動力。你看看，我們有那麼多天真的孩子，每天給我們那麼純潔的愛來呼喚我們；我們可以給孩子在故事的世界裡，有主動學習的空間，他們可以去扮演他們心中的自己，每天給我們不同的真實來呼喚我們；在故事的討論中，不但有欣賞、有分享，他們也會有自己的律法和秩序，每天給

我們正義和公理來呼喚我們。看著孩子的成長，我總是有一種特別的悸動，那是一種心靈深處的美感，讓我們一路伴著孩子，一路跳舞，一路歌吟。」

「你太善良了，很難融入真實的人生喔！還是你想拿一座師鐸獎，給自己一個獎賞。」

「森林裡的花開得很美，但是，它不是為了美才開花，它是為自己在開花，花開花落，是自己最真實的事。我是在完成我自己，實踐我自己，我藉由孩子閱讀的喜悅和孩子一起編織美夢，深刻的去體會這是一個真善純美的世界。」

「來吧！我來寫個閱讀衛星計畫，去縣政府要一點錢，為我們這個計畫注入一點活水和資源。希望你的夢裡有我。」

「謝謝！『我把我的夢，輕輕的鋪在你的腳前，你要小心啊，因為你踩著了我的夢。』我喜歡葉慈的詩句，把他送給你。」

「好，夢……，夢……，好！」

輕輕的推門，我走了出去，路，竟然蜿蜒起來了。我，以為走在前面，沒想到樟樹在前方輕輕的擺手，只因風來了。孩子一派從容優雅，只因綠茵上斜臥，仰首注視著飛翔而過的綠繡眼。雲過去了，藍天從來沒有讓潔白的雲迷過路。

面對孩子的日子
每天都覺得新穎而奇特
總覺得自然界中的天真與無邪
都在我們用心的生活當中
他日
天涯相見
我們相視而笑的
會是那掀柳入簾帶來一片童音稚語的春風

參、校長・是一個隨時分享故事的人

擔任校長最大的壓力，就是要如何塑造及維持學校的形象，同時，要掌握

學校課程與教學的落實與效能。因此，校長需要透過不同的場合，不斷的訴說學校願景的故事，訴說課程實踐的故事，訴說教師輔導的故事，訴說家長支援的故事，訴說學生學習的故事。透過故事的詮釋，將人與課程融合，促使教學與輔導緊密，讓實踐與生活結合，讓感性與美感不斷在校園中展現優雅的情調。

校長，作為學校的象徵，同時，也是經營學校的舵手，在日常的角色扮演中，必須同時扮演 6 種不同的角色：

一、學生的校長。

二、教師的校長。

三、家長的校長。

四、社區的校長。

五、同儕社群的校長。

六、縣府教育團隊的校長。

校長，必須了解自己在學校發展中的階段地位，權衡 6 種角色之間的動態平衡，拿捏自己在學校發展中的歷史分寸，適才適所的扮演恰如其分的角色。在鼻頭國小，我在進行救亡圖存的工作，必須穩紮穩打的重建基礎，在北新國小，我則扮演學校發展的關鍵角色，希望透過變革，讓北新展現出課程指標的學校形象，因此，不斷透過理念的說服與制度的變革，進行北新體質改造的工作。

校長的理念，必須透過理論的辯證與實務的印證。我深深感受到在工作的執行上要透過反省、透過閱讀、透過論述，才能夠將自己的定位，隨時做有效的調整，將自我概念，隨時做正向的肯定，因此，受邀在國語日報國民教育版的「校長發言台」，以教師為主題，持續發表教師社群方面的文章，以利對老師社群深入的觀察，以獲得教師深層文化的內涵，從而進行教學的發想以引發課程實踐的行動。

校長的思考，必須藉助閱讀與討論來整合。我在擔任主任與校長期間，組織讀書會，透過主任與校長同儕的互動，運用讀書中申論與澄清的過程，了解學校特色間的差異、學校管理間的難易、學校人際間的格局，與學校文化間的勤惰。從組織管理、社會心理、教育政策、課程教學、媒體經營、政商關係、人情世故和身心安頓，彼此之間熱絡的交換意見，以獲得情感的支持與創意的啟發。

　　校長的動力，必須透過教師的澄清與挑戰。我每每有些學校行政或課程教學方面的感觸，總是希望有不同的教師社群可以討論與辯證，因此，透過學校與家長社群邀約的演講，就成為我修練前導性變革系統的絕佳機會。我將建構性的理論，結合我嫻熟的實務經驗，化做一個新的觀念系統，可以在演講場上，提出前瞻性的概念，引發教師與家長的討論，並蒐集教師與家長貼身的經驗，進行淬煉與純化的工作。

　　校長的感情，需要教師與學生的接受與肯定。當每天平均工作 12 個小時以上時，空虛與寂寞會隨著焦慮和挫折而來，沒有教師接受的政策，所有的發想便成了空虛，沒有學生歡呼的行動，所有的教學便成了呆板。所以，小小的座談，會在每一間教室內隨時開始；一個小小的討論，會在學生聚集的地方進行。校長，不坐在校長室裡，「校長」，應該在自己的心裡，與每一次的行動裡。

　　校長的故事，就是不斷的在行動裡，成為教師與孩子在日常生活中，不經意傳誦的點點滴滴。透過這些逸聞、趣事的擴散與傳導，學校內負向的文化，慢慢的得到沉澱和澄清，學校內溫馨感人的勵志與成長，逐漸擴散成一種成功的思維，幻化成傳奇的色彩，讓學校的生活成為一篇篇的詩歌，讓歌裡的人物老師和孩子，能夠鮮活的在校園中不斷傳布和塑造，傳布和塑造一所成功學校的傳奇。

作者簡介

　　潘慶輝，一個 47 年次屬狗的人，8 年間看了不少管理的書，發現不少人性趣聞的校長。總是思思念念的想鍛鍊完整的經歷，兢兢業業的想奉獻春風的杏壇，逢人就講學校裡孩子的故事、老師的趣聞，從老師、主任到校長的時代，都在搞笑，希望學校是一所歡樂的殿堂，讓大家徜徉春風之約，沐浴時雨之化，讓教育中人與人之間的溫馨，形成歷史傳誦的歌謠。

　　一個 B 型的老男孩，喜歡思考，喜歡冒險，喜歡驚奇，喜歡研究繪

本，喜歡讀點武俠和嗚嗚哈哈亂唱的人。經常拿著筆記本，坐在台階上，看著落花飄飛，昆蟲漫行，而隨手亂畫的人。總是瞇著眼看看藍藍的天，白白的雲，以及臥躺在那綠綠的草原上，心中總是在思念著他在孩提時代牽牛吃草，跪地除草的落霞時光，那是一種發生在自然界中最純樸而善良的故事。

一個浪漫的雙魚座，喜歡孩子，喜歡讀詩，喜歡看畫，喜歡研究管理，喜歡看小說和愛講故事的人。經常揹起行囊，幾個人說說笑笑，一路行走在有鳥聲有蟲鳴的小徑上，也經常出現在孩子聚集遊戲的地方，興致濃厚的看著發明的新遊戲，聽孩子述說他們最近的發現和傳奇，更經常帶著一顆好奇的心，看看老師最近在做些什麼，好奇的詢問有什麼教學的新點子，有什麼發生在孩子身上的新故事。

女校長的心情故事

趙素貞
原任高雄市獅甲國小校長
現任高雄市五權國小校長

壹、無心插柳柳成蔭

　　也許是受到母親傳統觀念的影響，我一直都不是個有事業心的人，只有在求學的目標上比較堅持，其他的事，我相信冥冥中都自有安排：「是我的，跑不掉；不是我的，強求也沒用！」所以，走上主任、校長這條路，其實感覺就像搭上了教育這班車，順理成章的到達每一站，似乎並沒有刻意規畫。

　　記得當年念完大學，很想轉行，曾找人用紫微斗數排了命盤，那位道行深厚的長者，知道我小時候的志願是當醫生，且現在的我有職業倦怠症，便在旁眉批：「師乃救人心之工作也，師格大貴；從商破財、從政破身……」最後，還告訴我：「醫生只能救病人，老師可以救眾人；命是天生的，運是後天的，運可以改變命……」，長者的這番話，除了讓我死心塌地的堅守教育崗位外，而且也發現：「教育是最幸福的工作，因為每天面對的是天真無邪的笑臉」。更神奇的是我後來的發展，就和這張命盤所預測的一樣，若用心理學的角度來看，可解釋為「自我應驗的效應」吧！

　　我會參加主任、校長的考試，主要動機都是為逼自己讀書，因為沒有考試壓力時，書本就會丟下。所以，為了不讓自己面目可憎，縱然甄試時積分很低，仍勇於報考，也都很幸運的錄取，自我的歸因是：「傻人有傻福！」對於要擔任校長一事，還曾自認個性不適合，想打退堂鼓；不過，在長官和同事的鼓勵及外子的支持下，一路走來還滿順利的，這可能是主任歷練夠久（12 年）、做事態度認真的緣故，也可能如命盤所現：「命中有貴人、逢凶化吉」。多年來

碰到棘手的問題時，總會有「貴人」的協助，因此，我覺得當領導人不需要「十項全能」，只要懂得「會用人、會找人」就夠了。

校長儲訓是在高雄市的教師研習中心，規定住宿且需早起做運動；每天除了聽課外，還安排有 3 分鐘即席演講、心得寫作。對於當校長最有用的課程是資深校長、教育局科長的經驗分享，尤其是一些案例的處理技巧，需要有實務經驗的人傳授秘訣，當遇到類似情況時，才可掌握要領、化險為夷。此外，由於大家的朝夕相處，同期受訓的校長間培養出如同學般的情誼，有助於往後工作上的合作與支援。曾聽說有校長因儲訓成績排序的關係，造成彼此感情破裂，當了校長還互不往來。我認為這是很不智的，因為儲訓的價值就在培養友情，對於日後的校長工作助益最大。況且成績排名並不保證可如願到理想的學校，有時排名在後的人，反而比成績在前的人離家近。

以我為例：我在同期的 10 位校長中，年齡排序第 6，自忖在當今高雄市女校長中最年輕，不要急著當校長。所以，儲訓時過得很快樂，結果成績排名第七，輪到要分發那年，卻變成第一；原本以為看中意的學校，應該非我莫屬，沒料到，現任校長有人在我填志願的前一刻，告訴科長他要調到我想去的學校，科長當然尊重他的決定，可是，當科長把出缺學校名單攤在我面前說：「素貞，妳是第一個，妳先填！」我睜大眼睛找不到預定的學校，心理一片茫然，因為我知道別的學校已經講好給誰去，我怎可打破大家的默契？最後，只好選擇突然冒出來的，才不至於亂了別人的陣腳。就這樣，我來到獅甲國小，到了獅甲才回憶起：這裡是我童年的最愛，因為我外婆家就在獅甲，小時候曾和小舅赤著腳在水溝網魚……。真沒想到今天會用這種方式回到獅甲，莫非上蒼要我和獅甲再續前緣，為獅甲做些事？

貳、老校再造光輝展

時光匆匆，彈指間到獅甲已近 8 年了，記得當初懷著惶恐的心情，對著已有 50 年歷史的校園，自問：「這麼一所老學校，我該如何帶領？」時逢羅局長文基先生大力推動開放教育，乃追隨他到台北縣市取經，又再冒著東京 16 年來最大的風雪，考察日本推動開放教育的情形，以吸收日本教育從傳統轉型成功的經驗。所謂「行萬里路，勝讀萬卷書」，日本之行打開閉塞的心靈，拓充知

識的領域，更能感受到羅局長的殷殷期盼：為本市的教育開創另一片天空！回國後，認真審視本校現況、挖掘可用的資源、掌握到師資汰舊換新的契機，遂研定三大方針，預期將獅甲國小經營成小班小校的典範。檢視當時的計畫及現階段的執行情形如下：

一、推動開放教育的理念，讓學習的空間更寬廣、學習的內容更豐富。即在突破以往學校教育的限制，鼓勵師生走出教室、走出校園，使學習變成快樂的事和一輩子的事。所以致力提倡改變課程教學、圖書室電腦化、多元評量、大家說英語、韻律舞等活動，以培養多才多藝的兒童。

二、整建老舊校舍建築，讓獅甲國小內外皆美。獅甲國小自然景觀非常優美，只可惜教室年久失修，而一些未拆除的宿舍、廁所，給人殘破不堪的印象，導致學生逐年流失。經爭取資源整建，改善教室樓板剝落漏水現象、拆除舊廁所舊宿舍、換裝鋁門窗、改建現代化廁所、建停車場、透空式圍牆、庭園景觀美化設計、開闢果樹區烤肉區及菜圃等，使校園成為生態教材園，充分發揮境教功能。

三、充實教學設備，讓教學現代化、科技化。逐年更新學校的視聽器材、電腦設備，達到「班班有電腦、學生有個人櫃、教室有電視機、錄放影機、CD音響」的教學設備標準，進而加強行政電腦化與校園視訊網路，充分利用資訊科技，提升教學與行政品質。

此外，為了迎接九年一貫課程的實施，高雄市教育局於1998年初開始培訓統整課程的種子教師，我先推薦活潑有勁的廖老師參訓，再策畫由一年級試辦統整課程，且採取協同教學方式減輕教師負擔。此協同教學團隊涵蓋老、中、青三代，以廖老師領軍，帶著資深教師、初任教師、實習老師，在李主任（現為樹德科技大學教授）協助下，這個團隊由陌生疏離逐漸緊密結合，終至合作無間發揮團隊的力量，展現有別於傳統教育的成果，讓人耳目一新。其中最可貴者，是資深老師蛻下「班級王國」及「名師」的光環，和後輩一起學習設計課程、互相支援教學，精神令人感動！

有了這樣一個樂於學習、勇於嘗試的團隊，校園似乎有如老樹發新芽般的活絡起來，其他的團隊也陸續跟進，因此，自88學年度起，全校參加教育部小班精神計畫，且組織課程發展小組，規畫出以「森林王國的獅子王」為主軸的學校本位課程，強調把每個孩子都當作「獅子王」來培養，使其具有領導者的

風範與能力，但並不要求每個人都成為領袖，而是達到自我實現的目標，成為「能感動、會感恩、有能力」的獅甲未來主人。

由於多年來秉持開放教育的精神，致力於回歸教育本質的工作，並推動教育改革及帶領學校轉型為學習型組織，且形塑「溫馨、活力、創新、希望」的共同願景，在此願景下建構出「健康的身體、聰明的頭腦、善良的心靈」的學校教育目標，讓獅甲國小創造出屬於自己的光輝。獅甲經驗帶給我的信心和勇氣是：「老學校一樣可推動教育改革！」茲將我的校務經營理念與具體策略分析如下。

一、教育思想源自體悟

我是在高雄市的偏遠漁村就讀小學和國中，當時學校的師資和設備很差，而母親又擔心女兒讀太多書會嫁不出去，即便父親很開明，但因是大陸來台的流亡學生，白手起家生活不易，要培養 4 個子女都讀大學很難，所以從小我就體悟：讀書要靠自己、改變命運要靠讀書。這樣的成長背景，讓我特別珍惜受教育的機會，當自己成為教育工作者，更覺得任務重大，因此，無論是當老師、當主任或當校長，「教好每一個學生、給每個學生充分受教的機會」是我的教育初衷，亦是多年來辦學的方向。在學校經營上我的理念是：營造一所校園氣氛溫馨、行政文化合作及親師生共同成長、充滿活力的學習樂園。

二、行政領導彈性運用

由於個人非常重視團隊合作、發揮互補的功能，因此行政多採彈性分工方式，亦即以任務為導向，視工作內容及個人專長分配工作，例如：推動統整課程時由總務主任帶領教學團隊，因為他正從事多元智慧的教學研究；改善學校資訊設備時，由教務主任負責，因為他對電腦在行；教育局交辦業務時，亦依業務需要而組成工作團隊；處室之間人員整合與相互支援，所以當教育部推動教訓輔三合一時，我們笑稱自己學校早就四合一了。

此外，有重大議題待決時，先召開學年會議或各項委員會，以徵詢相關人員意見，再於每週一次的行政會議，溝通協調工作或形成決策，更增進決策的可行性及行政的效率。

三、教學領導積極參與

　　以往的老師在教學上都是單打獨鬥，且將班級視為自己的王國，並認為每個人的教學習性不同，和他人很難合作。但是當他體認：教育改革浪潮洶湧，個人的能力、時間不足，只有打團隊戰才能勝任愉快時，此時，行政的積極介入，力促組成教學團隊、解決團員的紛爭；引進家長的專長、提供教學資源，就能發揮事半功倍之效。在教學領導上個人最滿意的是：讓資深老師願意投入教學團、改變教學與評量的方式；最不滿意的是：家長引進後，有些老師似乎忘了本分，而把自己應負的責任丟給別人。這種現象，我認為與社會價值觀改變、師資多元化、教師專業精神淪喪有關。

四、課程領導由點而面

　　九年一貫課程實施前，本校即已推動統整課程、學校本位課程，且試辦小班教學精神計畫，成果豐碩得到上級的肯定。在逐年推動這些課程改革的過程中，個人發現：老師的專業知能不斷的提升、教學團隊的運作愈來愈順暢。記得剛開始試辦統整課程的阻力很大，我得親自去和老師溝通歧見；後來讓每學年推派代表，和主任一起參加學校本位課程種子團隊的研習，並將學校本位課程的能力指標草案訂出，交給各學年充分討論修正後，反對的聲浪才減少。如今老師在設計課程時，會將學校本位課程融入各領域教學設計中，這樣既不增加老師的教學負擔，又可達到教育改革的要求，我覺得是很值得推介的。

五、特殊教育領域拓展

　　獅甲國小 10 年前就設有 2 班啟智班、1 班學障資源班，在特殊教育的領域小有名氣，有許多家長慕名遠道送孩子來就讀，而本校特教班的老師確實很專業，也很有愛心，曾獲得上級評鑑為全市特優獎，可是卻帶給社區負面的印象，以為獅甲是「阿達阿達學校」。其次因社區單親兒童比例高、眷村子弟隔代教養多、原住民學生家長社經地位低，經評為高雄市教育優先區學校，有些家長因此認定本校學生素質差，便將孩子轉學，造成學生流失。

　　我上任之後，積極爭取設置資優資源班以留住人才；爭取教育優先區經費，以補助弱勢學生的學習輔導和加強親職教育；爭取原住民委員會派人到校

教原住民學生族語；辦理特教關懷週、殘障體驗營活動，以拉近普通班學生和特殊班學生的距離；尋求慈善團體資助貧困學生午餐費等等，盡力做到照護每個學生，提供各類學生適才適性的教育。其中令我最欣慰的是成立資優資源班，因為身為教育工作者，秉持教育的良心和理想，莫不希望將最好的知識經驗，傳授給最好的學生，這就是「得天下英才而教之，一樂也」的寫照！

獅甲國小第一屆資優班畢業生，前年已經出爐了，他們曾將學習成果彙整，出刊一本名為《幼獅情懷》的詩集，內中充滿童心童趣，值得細細品味。去年他們除了製作畢業光碟外，還和學弟妹合輯《語文創作集錦》，內容包含詩歌創作、寓言故事、童話繪本、畢業回顧等等，此專輯是將他們在人文課程的學習成果，用文筆來呈現。看到這些學生盡情發揮想像力與創造力，覺得他們真是幸運的一群，因為天賦的異稟，若無良師的引導，常被埋沒，非常可惜；現今政府財政雖拮据，仍很重視人才的培育，我相信本校的資優生，在未來一定能為獅甲爭光、為國家社會創造福祉。

六、教育資源爭取利用

6年前高雄市教育局羅局長文基主張各校增設資源班，以加強對弱勢學生的補救教學和資優學生的加深加廣教學，原意是協助各校級任老師照顧到每位學生。但因經費限制，初期規畫僅能每班配置1位教師，編制與現有法規不合，所以，許多學校都不願意成立。

我是在大家不看好的情況下，主動爭取設立資優資源班，且為了達到開班人數，而採取跨校招生的方式。但因各校都想留住人才，所以非但不鼓勵其學生報考，還百般阻撓、破壞獅甲校譽；以獅甲校舍老舊為藉口，阻斷優秀孩子的機會，實令人扼腕！面對獅甲先天不足的困境，雖然招生時被長官責怪「成效不佳」，甚至要求本校停辦，好讓他校有經費成班。我們都堅持要繼續努力，因為這項教育資源爭取不易，而且成效已經逐漸展現，怎可輕言放棄？

另外，由於學校鄰近勞工公園、前鎮游泳池和廣濟宮，便積極鼓勵老師走出教室，多利用這些社區資源，特別是在游泳教學上，只要花少許的保險費和教練鐘點費，整個夏天就充滿孩子快樂的笑聲。而二級古蹟的廣濟宮、生態豐富的公園，更是鄉土教學、自然科學領域教學的好場所。且附近台電發電廠和聯勤的兵工廠，對學校提供許多人力、物力乃至經費的支援，使得學校在軟硬

體有了很大的改善。這些資源都是既有的，學校會不會運用才是關鍵。

七、公共關係適度維持

　　學校對外關係良好，固然有助於校務的推展及校譽的提升，可是在發展公共關係時卻是要非常小心的，因為水能載舟亦能覆舟，公共關係亦是如此。在還沒有推行電腦編班和政府採購法的時代，當校長最困擾的就是民意代表或社區里長的請託關說，既不能得罪又不能違法，著實讓校長為難；現在則以辦理教師甄試或人員遷調時，關說最多、人情壓力也最大。我的做法是：平時和他們保持若即若離的關係，在被關說時則委婉告知由委員會辦理相關事宜，校長無權干預。通常他們只要求校長做到公平，並讓他們對選民有交代就好，除非，他們覺得不受尊重或抓到把柄，否則多半不會強人所難。

　　在與媒體的關係上也應小心，因為大眾傳播速度驚人，媒體正向或負向的報導，可以左右外界對學校的評價。記得曾經有記者到校，要報導教室有危險，我很誠懇的告訴他：上級已撥款整修，請其筆下留情以免造成家長恐慌。後來看到報紙，反而是誇讚學校趕在颱風季之前修剪樹木，對於天花板剝落情況則輕描淡寫。所以，對於媒體，我認為要提供正面的資料給記者報導，讓他們不會缺稿件；至於一些小報記者，會利用週年慶等名義要求登廣告，大可以沒有經費回絕，因為只要有一次就會有下一次，永遠沒完沒了。

八、家長關係合情合法

　　傳統的家長會，對於學校的支持都是以出錢出力為主，但隨時代的變遷和法律的修正，家長參與校務已成為潮流，因此，有些人加入家長會除了沽名釣譽外，尚有掌權的意圖，這時就會產生干預校務的問題。我個人和家長會一直維持正常的關係，不特別營造親密友誼、也不隨意動用家長會經費；學校有重要活動時邀請家長參與，每學年開始都向家長會提出報告：上年度辦學績效及本年度重要工作；教評會和校務會議都請家長會推派代表參加。我認為要避免干預校務，就依法規行事，自可避免許多無謂的困擾。

九、學校人員關愛鼓勵

　　學校人員關係良好，校園氣氛自然溫馨，而且小學校人員間互動較多、彼

此關係較密切。平時只要注意不製造利益的衝突、能公平對待每個成員、讓人人有「家的感覺」；在成員生日時送上小卡片或小禮物、有好的表現時就給與獎勵；尤其是當有佳績時，就公開頒發獎金，讓得獎的人用獎金來請客，既達到鼓勵的目的，又不會引起忌妒，學校人員就不會有對立的情勢，校務的推行較無阻力。

十、學生關係親密愉快

每天到校，感覺最快樂的是聽到學生喊校長早，低年級小朋友還會抱著我說：校長你好漂亮！這常讓我忘了自己的年齡已經可以做阿嬤了。每週四升旗時，我會到司令台上講個小故事或一句重要的話，有時和學生玩注意力的遊戲，學生都很開心。學生被人欺負時，還會跑來向我告狀，感覺我在他們的心目中是很重要的人物。最近我辦公桌上常出現幾顆桑葚，因為有學生知道我愛吃，看到花圃有桑葚，就摘來給我，令我感動得不知說什麼才好。

十一、上級關係不卑不亢

對於上級交辦的任務我盡力達成，而學校該有的資源我也努力爭取，例如：資優班成立後，教育局有意廢止，我向科長反映：「絕不同意停止招生，理由是要留住獅甲的優秀學生，否則對獅甲的老師不公平、對獅甲的家長沒有交代，而我們要用後天的努力，突破先天的限制，因為獅甲有最認真的老師、最專業的教學，我們有信心教好每位學生，希望別打擊獅甲的士氣。」

至於與環保局和社會局，我維持著合作的關係，因為學校垃圾的清運、兒童福利的保障，有賴這兩個單位的協助，因此，當他們需要學校配合時，我們也會全力以赴。

十二、學校特色擇優發展

學校特色的發展，乃是在審視學校的有利條件後，決定組訓獅隊以符應獅甲地名的由來、組訓籃球校隊以延續獅甲的傳統；組訓合唱團是因為有音樂專長老師的調入、發展田園教學是因為校園生態良好並有菜圃可供班級體驗。記得獅隊成立的第一筆經費是社區廣濟宮贊助的、籃球隊是教育優先區經費補助的、合唱團則由本校家長會提供經費、菜圃和果樹區則是向台電申請回饋金闢

建的，總之，發展學校特色需要大量的人力和經費，應先評估學校條件再決定發展方向，才不會半途而廢。

參、併校遷校危機解

2001 年 3 月，忽然報紙刊登：「獅甲國中和國小要合併成一所學校」，教師和家長群起譁然，甚至傳言：「校長要高升了，就隨便讓人把學校吞掉」，因為我任期即將屆滿 4 年，主任建議我在教師晨會上宣布不調校以安撫人心；接著緊急召開校務會議、家長委員會和校友會徵詢意見，會中大家發言都很激動，主張要到市府拉布條抗議。我先將會議紀錄呈報上級並電話請教主管科，科長指示：「局長會召集相關學校開會協商，你趕快蒐集資料，分析併校的優缺點，到時才可據理力爭」。

我帶著學校主任，參觀高師大附設中小學和高雄市翠屏中小學，並和他們座談，師大附中小因為班級數少，所以問題較少，翠屏中小學則只有校長說好，其他的主任和老師都要我們堅決反對，因為學生年齡差距太大、老師同工不同酬等問題很多。我想：在會議上談翠屏的問題似乎不恰當，應該找個外縣市的學校來舉例比較好。此時，我的「貴人」出現了，真的非常巧合，高雄縣甄試國小主任，邀請我擔任口試委員，竟分配屏東市鶴聲國小校長和我同組，互相介紹完，我即驚呼：「你的學校不是中小學合併嗎？我正想找你請益！」他告訴我中小學早就分家了，而且分析了合併的優劣點，讓我受益良多。

協調會由教育局副局長主持，雖然我轉達了老師和家長的聲音，也報告了鶴聲的情況，都不敵人事主任一句：「精簡人員是政府組織再造的政策，你怎可不配合？」正感無計可施時，局長走了進來，我高聲的問：「局長，難道我們非要走回頭路？」局長一臉困惑坐了下來，我連忙補了一句：「台灣省很多中小學合併的學校，最後都拆夥了，難道我們一定要先合再拆嗎？為什麼不先評估？我們自己也有翠屏中小學，先看有沒有問題，再決定不好嗎？」沒想到奇蹟出現，局長當場表示：「先評估再決定，請各校蒐集相關問題後再研議」。返校後，我請主任把大家的疑慮彙整成 10 大問題，正式函文報局之後，此案無疾而終，連鳳林國中小也都不用合併，本以為自此危機解除了，但不知 3 年後竟又起波瀾。

　　2004年2月,接到家長電話:「校長,學校要被賣了,你知不知道?」原來有人看到電視台採訪副市長,談到高雄市的都市計畫,有意將獅甲國中、小遷校,原校址改為商業區。從此,無論在校內校外碰到人,都會問:「獅甲國小要不要搬家?為什麼要搬家?」坦白說:我不知道!起初還以為是捷運即將完工,捷運局需要蓋停車場的土地;我也在思考:倘若捷運需要土地,應該可以配合學校建築更新,提供部分經費來蓋學校,同時將學校地底層充分利用,相信上級長官會有遠見,即早做好規畫。

　　為了讓大家的疑惑獲得解答,我趕快聯絡教育局長秘書,請她代為安排時間,邀請鄭局長到校說明市府的計畫,秘書答覆我說:局長很忙,沒空來說明。結果沒想到第二天,鄭局長一大早就來學校,當時我校友會理事長也正好到校,局長說他知道大家都很關心遷校問題,但是因為目前只是個提案,所以會等到確定時再到校說明,而且保證對獅甲國小而言是利多。

　　在等待的期間收到一份「新都心計畫」的會議紀錄,要把獅甲國中、小一起遷到復興路和中華路交界處,現址變賣作為新都心計畫基金。由於此項計畫內容不詳,設立基金又帶給大家很多的聯想,謠言愈來愈多,質疑也愈來愈多。有里長說:社區有塊學校預定地不用,反而要把學校遷到獅甲的邊陲;有家長說要遷校子女就轉學;有老師擔心新校地四周根本沒住宅,以後沒學生豈不是要廢校?校友表示遷校後找不到成長的足跡、退休老師說捨不得當年辛苦栽培的花草樹木。種種聲音的出現,當校長的我,也僅能召開校友會、家長會、校務發展委會等,讓大家說出看法,然後再把大家的意見歸納,做成會議紀錄呈報上級,希望上級有所回應,可是收到的公文都說是:尚在研議中。

　　直到教育局召集兩校的校長和總務主任,去協商「配合新都心計畫」遷校時程及校地分配時,我們強烈要求:請都發局先到校辦說明會以化解疑慮,再談如何配合。副局長當時裁示:「請規畫單位到校辦說明會,必要時邀請林副市長列席。」千盼萬盼,都發局終於來辦說明會,當天會場設在獅中,由於是上班時間,我們僅由校友會前後任理事長、家長會長和部分沒課的老師出席。會中才知道:變賣校地的目地是要蓋市府和議會大樓,而且都市計畫變更公開閱覽,已經在區公所辦過了。當場有很多人表示不滿,尤其是獅中的老師提出嚴正的抗議,我校的家長會長和理事長及里長,也都表明反對的立場,都發局副局長最後承諾:此案會再研議。

　　由於獅甲國中師生家長的極力反對，在「都市計畫委員會議」中，都發局撤回原案，但事後仍召集兩校人員去協商遷校的可行性。為了讓本校人員的意見能聚焦，在去都發局之前，我先召開家長會、校務會議，將遷校意見彙整後，帶到都發局分發並要求列入會議紀錄，以便反映本校的訴求。獅甲國中因為事前做過問卷調查，多數家長老師反對遷校，所以都發局副局長當場裁示：「同意獅甲國中不遷校，獅甲國小則再研商」。會後，都發局都市開發處處長率人來校，表明會再提更好的條件給獅甲國小，而且會先取得至少是副市長的承諾才來談，屆時再由本校發問卷或開會討論決定。我則要求處長：遷校案的規畫要涵蓋整個社區，要站在對獅甲社區發展有利的角度來思考；對我校的意見請盡量尊重，並能給與最大的「牛肉」再來談，否則徒增困擾。處長很誠意的表示：「會盡量做到讓大家歡喜甘願搬，不會再強渡關山了。」

　　今年2月開學，都發局處長果然帶來一份遷校規畫案，其中經市長同意的條件有三：新校地比原校地大、蓋校經費3億元、校務發展基金1千萬。我和家長會長、校友會長商議，決定各推派3位代表與社區里長組成評估小組，先到預定地勘查，再將結果送校務會議討論定奪。因為該預定地周遭目前尚未開發，根據其都市計畫，將來是工商重地，對於學校教學沒有助益，且可能干擾校園安寧。因此，基於評估預定地不宜建校的理由，校務會議決議不遷校，我將此項決議呈報上級，但願遷校陰影就此消散。

　　遷校案至此暫時告一段落，我很感謝大家用理性的方式表達意見，也能共同思考獅甲的未來。我個人始終抱著一個信念：「雖然我不會永遠在獅甲，我不能決定獅甲的明天，但是如果我能幫獅甲爭取到最好的、最有利的發展條件，對獅甲的歷史、對獅甲的人都有交代。」因此，縱使有人勸我：「這是政策，你擋不住，還是閉嘴比較好。」我仍堅信：「民主時代的公共政策，需廣納眾議，校長有責任將下情上達，至於遷不遷校？我無權決定，就看這個政策的合理性、正當性及合法性如何了。」

　　由於這兩件事情關係學校的未來，若處理不當，校長會被各方責難，壓力之大，如人飲冰滴點在心，不過，如果能把握校長溝通的角色，理性分析利弊得失，也許就能化危機為轉機。茲從法律層面、因應之道、倫理思考，分享個人的心得如下：

一、就法律層面而言：併校案與遷校案皆因為未先與學校溝通，而是媒體報導

之後，才找學校校長開會，也未能說明規畫案內容，就直接要求學校配合辦理。校長可要求上級，依法先辦理公聽會或意見調查；而都市計畫的土地變更要居民無異議才行，所以，校長應把來自家長、校友或社區的聲音，適時的反映給決策單位參考。

二、因應之道：併校案乃上級為精簡人事支出而提出的構想；遷校案是因市府認為學校位於捷運出口，土地價值非凡，以地易地之後，尚有大筆經費挹注建設基金。此乃因受經濟不景氣之衝擊，政府財政困難，危及學校的生存。我的做法是先蒐集相關資訊，再召集老師、家長、校友開會，並將會議紀錄發文報局。上級召開協調會時，就把大家的意見彙整成書面報告，除了在會議中口頭闡述外，尚要求列入會議紀錄以便將來追蹤查證。上級若有回應時，就轉達給相關人員，以決定如何因應。

三、倫理思考：行政決定時常會面臨許多衝突，很難面面俱到，因此，身為校長要堅守的原則是以學生為主體的基本立場，例如：考量併校後對國小學生有無不利？遷校影響社區資源的運用，應如何彌補？等問題，就算是上級有意強勢主導，校長仍應據理力爭，要求做好配套措施，以維護學生的權益。至於上級的指示或其他壓力團體的要求，若不違背此原則都可盡量配合。否則，就有虧職守了。

肆、校務行政績效高

擔任獅甲國小校長職務已將屆滿 8 年，由當初的菜鳥校長變成老鳥校長，感覺自己成長許多，雖然不敢自稱得心應手，但是在處理事情的要領及分寸的拿捏上，較過去進步，面對問題也比較不會恐慌。這一方面是因在同一所學校久了，掌握到整個環境因素；另一方面是我抱著不恥下問的心，承認自己的不足、願意虛心求教。而且我勇於發現問題、解決問題；不喜歡掩飾問題，認為那是鄉愿的做法，對事情沒有幫助。聖嚴法師說：「有困難時，要面對它、處理它、放下它」，我已慢慢悟出道理，只是要「放下」，卻沒那麼容易，還需不斷的自我修練！茲將有關校務行政的具體做法分享如下。

一、發展學習社群

　　現代社會的知識更新快速，學校不能再以過去的知識來教給現在的學生，還冀望他們要適應未來的時空。所以，學校必須成為學習型的組織，因為不僅是學生要學習，老師和家長也要學習，行政人員更要學習，方足以應付新時代的要求。校長身為「學習的領導者」，自應以身作則率先進修。因此，我先讀完屏東師範學院的碩士班，接著又考取博士班，雖然讀得辛苦，但給大家激勵：「校長能，我也能！」學校人員報考博碩士班的人逐年增加。家長方面則以讀書會、成長團方式學習，一則養成家長讀書的習慣，一則增進彼此的情誼，讓大家沒有壓力的學習，效果不錯。

二、落實生活教育

　　過去的教育目標強調五育均衡發展，傳統的價值標準也較重視道德，然而現今的社會價值觀改變，傳統道德思想淪喪，加以九年一貫課程被譏為無德的教育，實憂心未來的國民品格。因此，我在強調多元智慧的學習之外，更重視學生生活習慣的養成，常言道：「命好不如習慣好」，我在各種場合都會宣揚這個觀念，希望家長和老師能幫孩子從小養成守秩序、愛整潔、勤讀書的習慣，將來才不怕孩子會變壞。最近又將秩序、禮貌、整潔、環保，列入日常生活考查，請每週導護加以評分，每月統計表現最佳的班級，頒發獎牌和獎勵卡，用團體制約的方式，讓大家重視良好行為習慣的培養。

三、利用資訊科技

　　在此資訊科技日新月異的時代，電腦操作成為人類生存的工具，所以不只學生要會用電腦，學校人員也都要會。我除了努力爭取社會資源，架設全校的資訊網路、更新電腦教室，做到班班有電腦，以落實資訊融入教學外，尚積極推動校務行政電腦化、利用資訊科技管理學校知識等工作，使得學校行政效率提升。而且因各種教學和行政資料建檔管理後，有益於知識的傳播與分享及行政工作的延續，讓學校人員的工作壓力減輕，可謂一舉數得。

四、形塑學校文化

學校文化包括有形的人工製品和無形的價值觀及基本假定。因此，要塑造學校良好的文化，除了可以在典章制度的建立和學校環境的布置上著力外，尚可以身教和言教來闡揚正確的價值觀，並且以發揚學校良好的傳統為榮。由於長久以來獅甲的家長社經地位不高，學校沒有多餘的財源，所以，校風淳樸勤儉，惜福愛物，校園氣氛溫馨合諧。為了保有這種優質的文化，我常利用學生升旗或老師集會時，刻意強調此為獅甲的傳統。如果有新進人員，我會邀集主任和他們座談，讓他們事先了解學校的基本假定，對於日後融入學校生活、接受學校共同的信念，助益匪淺。

五、推動學校變革

變革的目的在促進學校組織的發展與提升學校的教育品質，然而變革的過程是漫長的，變革是要有策略的，今從學校組織變革三階段，分述我在獅甲國小領導變革的策略如下。

(一)突破現狀階段

自 1997 年 8 月初到任，發現獅甲國小校舍老舊，而鄰近要蓋新學校，可謂內憂外患兼具；且學校老師年齡偏高，雖有教育熱忱，但觀念保守；家長社經地位偏低，但是重視學業成績。所以我除了積極尋找社會資源，以改善校園景觀外，兼採「賦與變革意義的策略」，設法尋求集體的共識，建立共同的願景；並且經常利用教師晨會或教師進修等時間，宣導個人的辦學理念、提高大家的危機意識，以營造獅甲國小變革的氣氛，讓學校人員體認：「要趁著新學校尚未成立前，站穩自己的腳步，否則會被淘汰」。

當時高雄市正推動開放教育，我乃遊說校內有才華的老師，參加「統整課程種子教師」培訓，返校後舉辦觀摩會，邀請外校教師來觀摩教學，並在媒體發表教學成果，使她成為各校競相邀請的名師；接著延聘正攻讀博士學位的主任，領軍「成立革新的推動小組」，從開放教育的核心任務「統整課程與協同教學」，著手推動學校的課程改革。期間有同仁無法打破班級王國的迷思，經動之以情，曉之以理化解；家長也因我宣導：「以前只有 1 位老師教你的孩子，

現在有 3 位老師一起教,你的孩子受益更多」,而欣然接受新的教學方式。

　　為了減輕老師的行政工作負擔,我除了將圖書室的幹事改做出納工作外,尚引進家長和退休老師以支援學校的導護、晨間教學、認輔學生等人力,特別值得推介的是:我向家長會要了一部電腦和印表機,找到免費的軟體,請實習老師和家長一起將圖書重新編目、貼上條碼、輸入電腦,每個學生發一張借書證後,立即啟用圖書室電腦化。這在當時算是首開先例,因為大家認為要花至少 30 萬的經費才有可能做得到,我卻只用 5 萬元達成,並將圖書室的管理工作委託給義工,而且這些人很多都是從來沒有摸過電腦的,不可思議吧!

(二)推動改革階段

　　由於統整課程的實施打出獅甲國小的知名度,教育局主動指定試辦小班精神教育計畫。因此有專案經費的挹注,藉以充實學校的各項教學設備、更新電腦教室、建立校園網路等,使獅甲國小教學環境整體改善。此外,利用教師進修時間,加強老師們的資訊運用能力及課程設計能力;研討九年一貫課程理念及實務工作,讓老師有接受變革的準備和接受挑戰的能力。

　　此階段正好有許多老師屆齡或滿 55 歲退休,乃順勢補充有專長的新進人員,並積極爭取「九年一貫課程試辦」機會,進而再續辦「教訓輔三合一實驗計畫」。此外,推動學校組織再造及知識管理工作,將學校處組人員彈性分工,整併體育組和衛生組,以調整一位組長擔任輔導組工作,另擴充文書組長任務,負責學校知識管理業務。這些作為使得學校的人力、經費來源充足,所以試辦成果經評鑑續優,讓獅甲國小人員有信心,逐年推動有計畫的改革。期間或有部分人員抗拒,我便與其溝通,以了解原因及協助其解決困難,必要時則採取強制方式或運用團體壓力,使其配合改革工作,此乃是運用「實證理性策略」及「權力強制策略」。

(三)回歸穩定與平衡階段

　　由於經過 2 次學校評鑑的考驗,我發現:老師們設計課程能力、資訊運用能力俱足,且教學團隊可以自主運作、學校本位課程已融入各領域教學;行政人員處理各項業務熟練,行政電腦化、無紙化皆已上軌道;處室主任都可獨當一面,又能彼此支援合作,因此不僅是教訓輔三合一,加上總務、會計、人事

堪稱「六合一」。所以，今年我未再推出新的計畫案，目的是讓前面一連串的變革，能夠有時間生根落實、內在化。

此階段我所採取的是充分授權、參與管理的策略，即是：各處室有業務計畫，先提草案交由學年會議討論，彙整意見，修正辦法後再執行；各學年老師有建議案，先提主管會報討論再裁決。其他事項則採自主管理、分層負責的方式，尊重每個人的專業領域，也讓每個人發揮所長。另外，尚運用「規範再教育策略」，將學校變革的相關辦法，送交校務會議討論通過後，訂為學校制度規章，印發全校人員，作為往後的作業規範；當有新進人員時，立即安排主任和老師一起座談，分享工作經驗與工作要求，以使學校的規範或歷史文化順利傳承，讓變革的成果得以永續發展。此時，校長的角色功能似乎只剩下：「對外負責、對內溝通協調」而已，我已準備退出獅甲國小的校務運作，為在獅甲這段旅程畫下美麗的句點。

伍、教改老兵迷夢醒

想當初投入教改行列，跟著羅局長文基大聲疾呼：走出教室讓學習的空間更寬廣、改變教學讓學習是最快樂的事、賦權教師讓教育成為真正的專業……。幾年來從開放教育、統整課程、小班精神、教訓輔整合、學校組織再造等，莫不率先響應政府教改方案，主動爭取試辦機會，而且績效卓越獲獎。直到九年一貫課程試辦，邀請高師大教授至校擔任課發會專家學者時，他說：「校長，奉勸妳不要衝得太快，先跑會先死！」突然警覺：是否該煞車檢查一下有沒問題？結果發現老師、家長質疑聲不斷，只好將試辦的難題，轉交高雄市的諮詢小組帶回研究，可是似乎沒多大作用，九年一貫課程依然上路。今日有很多人批判這波教改是失敗的，身為教育現場的我，確實也發現教改生病了，茲針對中小學的課程改革，詳述個人淺見如下：

一、九年一貫課程的問題

(一)教育目的方面

*1.*教育目標以「能力」的體例書寫：對能力的概念不明確、不合心理學的建

構原則，頗具爭議。

2. 未強調人文素養與道德教育，變成「無德的教育」，致校園倫理淪喪，學生品格教育堪慮。

(二)教育內容方面

1. 學校本位課程面臨發展的瓶頸：教師平時教學時間緊湊，且設計課程的能力不足；家長的素質不一，且對校務不熟悉；專家學者亦無暇蒞校指導，因此，課發會的功能不彰，學校本位課程理想難落實。

2. 七大領域課程之整合困境：各領域所包含的每一科目，都是一個專業的領域且學科本身的範疇不同，整合不易；再者教師個人的專業知識背景，亦無法兼顧領域全部內涵，配課的結果和過去的分科教學並無不同，整合結果是教學品質的降低。

3. 學生語文程度落差太大：家長的社經地位、教材與教學資源的城鄉差異、師資問題等皆造成英語的雙峰現象；學校語文教學時數又受到鄉土語言和英語的分割，學生國語文程度也同時減弱。而因為語文是學習的工具，語文程度高者，其他科目學習較易，語文程度低者，其他科目的學習會較差；所以，語文能力的落差，使得弱勢族群在升學的路上更弱勢。

4. 鄉土語言實施困境：鄉土語言的定位不清，「母語」教學其實涉及族群的意識型態，形成族群社團的角力的方式，使得鄉土教學隱含政治的企圖；加以各族群沒有統一的文字形式，不但教材混亂且師資來源不一，造成教學者與學習者的困難；有些民間團體自行培訓的族語認證老師，根本不具教學素養，僅憑著短期的訓練，加上意識型態的引導，對學校教育有負面的效果。

(三)課程教材方面

1. 「一綱多本」增加學生負擔及課程銜接問題：多種教科書固然增加老師選擇教材的機會，但是不同版本間無連繫與銜接，使得學生轉學要另購教科書，造成家長的經濟壓力和學生課業的負擔。

2. 教科書品質問題：民間編輯的教科書內容錯誤很多、教師選擇教材的能力也受到質疑；教科書的編寫又受出版業者意識型態左右，詮釋事件的角度

各版本不一，造成師生無所適從、家長茫然及社會價值的錯亂。

㈣教學方法問題

1. 協同教學之實施困難：協同教學打破班級王國的迷思，但也因老師個性的差異、觀念的不同、專業對話的時間不足等因素，使得課程的實施效果大打折扣。

2. 家長走入校園的後遺症：親師合作是九年一貫課程的指標，但因有些家長過度干涉教學或者對校務的意見太多，更有些家長參與教學是有私心的及有其政治意圖的，使得行政壓力增加、教師反感，校園問題不斷。

㈤教育實務方面

1. 課程推進過於匆促：在九年一貫課程推動前，有所謂的新課程實驗，而且在 1998 年才剛進入第 3 年，政府卻於 9 月突然推出「九年一貫課程總綱綱要」，使得國民教育陷入不確定的恐慌中，致推展的過程無法順遂。

2. 教育經費不足之問題：教育經費受近年經濟不景氣、財政緊縮的影響，原教育改革訴求的小班教學理想落空，班級人數無法降低，以致學校工作壓力不減反增，老師怨聲載道。

3. 教師素質不一：師資多元化增加師資的來源，但也造成供過於求的流浪教師，且因師培機構品管不一、短期的師資培訓無法涵養教師的專業精神，使得教師素質落差很大，以致影響教育的品質。

二、對當前教育改革的建言

任何一項改革，不論其規模如何，均應有使新觀念和舊觀念，相互銜接和相互調適的時間。若視教育改革為一種過程，則需強調人員的訓練、經過實驗的階段，再漸漸演變成教育的政策。行政的改革在社會、政治環境和改革領導都有利的情形時，可採取全面改革的策略；在既缺乏有利的社會和政治環境，又沒有積極的改革領導時，則應該採取一種以幾個小計畫作為改革的實驗方法。今日的教育改革，由於政治的不穩定、經濟的不景氣、領導人員的不專業，應該不要做大幅度的全面改革，否則禍害無窮。因此，個人對教育改革的建議如下：

㈠慎訂革新項目：教育改革的目標要遠大，但改革的項目要分輕重緩急，且要預先評估實施的利弊得失；勿好高騖遠、為改革而改革，以致過去所推動的項目，變成今日教育的問題，白白浪費了許多教育資源。

㈡妥擬革新範圍：教育改革的範圍要盡量建立在既有基礎上，採用漸進的策略來實施，改革的範圍不要太大，否則難以管控品質，更難達成目標。

㈢縮短人民與政策的距離：行政革新的第一要件，是政策不會對人民造成恐懼或威脅感，改革方有意義。此次的教育改革如九年一貫課程、學力測驗等，都引發了師生家長的恐懼感，可見事前的溝通不當，無法縮短距離，增進人民對教育改革政策的接受度。

㈣確保行政的自律性：行政須有自律性，不能為政治所侵害，如掌權的人將行政視為戰利品，則行政的自律性就被破壞。教育行政亦復如此，今日教育行政機關已成為執政者酬傭的單位，教育專業性被破壞，教育的理想性、中立性也消失，教育改革淪為政治權力的伸張。

㈤確認行政是解決問題的過程：行政並非單純的法令執行工具，而是一種解決問題的過程。若教育行政人員對教育改革的內容，預先做目的性與意向性的考量，並站在解決教育問題的立場，今日教育改革的問題會減少許多。

㈥事實取向的思考方式：在今日的社會中，教育政策的決定難以合理，乃因主觀意識型態間的對立，及偏見與直覺對決策的混淆。許多政策上的矛盾，都是由事實的誤解所造成，所以，只有採取事實取向的思考，方可促成政策的合理化與客觀化，且可解決政策的內部矛盾。

㈦抑止初級團體的意識型態：所謂初級團體乃由地緣、血緣、學緣所構成。若執著於初級團體的意識型態，或容許初級團體在行政範圍內運作，不但會助長行政內部的對立與分裂，甚至消滅了「對事不對人」的理性原則。因此，教育改革不要成為初級團體的工具，否則就如現在的母語教學、歷史課程改革、校長遴選等，所衍生的問題無窮。

㈧形成目標取向的思考方式：所謂目標取向的思考方式，是指每個人應將自己工作分內的事視為目標，而為了完成目標必須全力以赴。因為過分重感情的人際關係，會形成人們投機的心理，並抹煞行政的客觀性。所有教育工作者，若能將注意力放在教育品質的提升上，而非個人私利或人脈的經

營上，教育改革的成功將指日可待。可惜，在今日教育市場化趨勢下，教育人員已無心將全力放在自己的工作上，教育單位要留住對組織忠心的人才，可要做其他的努力才行。

陸、回眸一笑百味生

身為女性，又是職業婦女，最難的是要兼顧家庭，扮演好媽媽和太太的角色，尤其在台灣父權的社會，家庭若有問題，就算女性在職場地位多崇高，也不被肯定為成功。所以，我發現：女老師中有許多能力很強的人，都以家庭子女為重，而排斥行政這條路，對於其他女性擔任主任、校長的職務，也不甚支持。因此，在每年校長的遴選時，屢屢傳出：「不要女校長、不要太認真的校長」。這是身為女性的悲哀，被父權意識宰制不自覺，還打擊同性。今年，我也將面臨遴選的考驗，雖自認稱職，仍不免隱憂：我是女校長。記得剛到獅甲，推動改革遇阻力時，有位女的資深老師出來呼籲：「我們女人要支持女人……」，我能一路走得順暢，要感恩她的仗義執言，真希望每位女性同胞都能有她的睿智！

我其實也是受宰制的女性之一，只不過很幸運的是有一個不父權的丈夫，沒有他的鼓勵和配合，我寧可做個相夫教子的女人，才不要拋頭露面在外打拚。當初報考主任是因好朋友邀約一起讀書，無意中考取的，要到板橋受訓時已懷胎五月，差點被趕回家，幸好有督學力保才能留下，10週的課程我備受禮遇，連吃飯時都有人會送東西來說：「一人吃，二人補。」也許是胎教的關係，孩子從小的志願是當博士，問她知道博士要讀多少書？她還會扳手指數：「小學六年、國中……」，讓人驚嘆。校長分派那年，正好我先生拿到碩士學位，本來花蓮師院有意聘用他，他考慮到我當校長可能會很忙，孩子不能沒人管，所以就放棄去花師，後來被師長取笑，他絲毫不以為意。現在兩個孩子都在台大就學，他甚為得意，我考取博士班，孩子和他都深受激勵：「媽媽這麼老都還可以考上，我們豈可認輸。」我認為這是我讀博士班的最大意義，能不能畢業就無所謂了！

擔任校長最累人的不是學校行政工作，而是假日的活動和晚上的應酬，我生性不堪晚睡，剛上任時又不懂得拒絕，所以，常會感到體力不繼。後來有督

學對我說：「你們當校長的，下班後不一定要跑來跑去的，出了事沒公傷假，除非是上級指派你們去。」我這才知道有些活動是不必參加的。近幾年來，因為念書的緣故，順理成章的婉拒許多邀約，感覺當校長就沒有那麼忙，反而有時間休閒和運動，調適自己的身心健康。據我所知：現在很多男校長下班或假日，都會去打球、游泳，女校長可能因家庭的緣故，比較少參加。但是為了自己的健康，我要建議女校長們：多愛自己一點，找時間運動、休息吧！

回顧校長生涯 8 年來，雖然有苦有甘，而始終揮之不去的是「高處不勝寒」的感覺，因為在校園內找不到真正能交心的人，就算把大家看成是朋友，大家還是對校長心存戒心，保持一定的距離，所以我覺得當校長要能忍受寂寞。幸虧是同期儲訓的校長，彼此間可以分享心得、提供意見，否則，一旦碰到困境，就會陷於孤立無援。因此，我建議：校長儲訓的課程設計，要能以培養團隊的精神和產生夥伴的情誼為主，這對日後的工作會有很大的幫助。雖然目前的制度，使儲訓成績與遴選無關，避免了為排名而勾心鬥角，但最好是能成產生革命情感，因為在今日教師會的眼中，校長是「非我族類」，校長們要能互相提攜扶持，倘若是互相競爭角力，那麼處境實在堪虞。

若要問這 8 年來，我自認最有貢獻的 2 件事是什麼？我要說：我幫獅甲國小至少要到 300 萬元的經費，改善了學校整體的教學環境及提供了現代化的衛生設備。這些經費不是上級給的，而是來自社會資源，是靠我的公共關係和積極主動的熱忱，好不容易爭取到的。這應該要感謝我又遇到的「貴人」——台電火力發電廠幾位前後任廠長，都很樂意支持學校。另外是我攔阻了獅甲國小被裁併和被出賣的議案，也許有人認為我很傻，也有人說我不乖，甚至有人擔心我的校長職位難保，我只能說：「我要對獅甲的人有交代，我本來就不是唯唯諾諾的人，更何況身為一校之長，如果都逆來順受，這社會豈有公理正義的存在？」自始至終，我不訴諸媒體，不運用民意代表，我堅守校長的崗位，透過正常的管道溝通，言所當言，為所當為，不怕忠言逆耳且要忍受上級的責怪，只因為我相信：民主的社會要用民主的方式來解決問題，如果行不通，再用其他的手段也不遲。倘若真的賠上了我的校長前途，我也無怨無悔，因為我早將個人的去留看淡，「無欲則剛」的感覺真好！

對於一個即將任滿的人而言，何去何從的茫然是無法避免的，尤其是現今遴選制度下，自己的未來似乎掌控在別人手中，過去的努力也未必保證自己可

以順利連任，這種讓校長沒有權利選擇自己要在哪裡服務的制度，對於校長是否公平？對於教育是否有益處？頗值得大家深思。就我所知：有些校長想轉換跑道，認為這個職務不值得投注過多的心力，因為犧牲奉獻的結果是令人寒心的。長此以往，我覺得非教育之福，但不知在上位者是否能力挽狂瀾？我願和大家共同祈禱：希望國泰民安，希望我們的教育改革是愈改愈好！最後，我要建議教育當局：好好檢討校長遴選和教師會制度，因為當制度有助於校長經營學校時，才能讓校長對教育的貢獻極大化！

作者簡介

　　趙素貞，原任高雄市獅甲國民小學校長，現任高雄市五權國小校長。生長在高雄市旗津區，自幼好學，成績優異，深受師長寵愛；但因母親重男輕女，故國中畢業時，雖考取女中和師專，卻被迫讀屏東師專。2年後母親病逝，親友多主張應輟學以照顧弟妹，幸虧父親獨排眾議，始得完成學業。

　　師專畢業即插班考取高師大教育系夜間部，婚後又繼續讀完40學分班。在高雄市新莊國小服務8年後，派至建國國小擔任主任12年，歷經輔、總、教、訓工作輪替，再分派至獅甲國小任校長8年，2005年8月再轉任五權國小擔任校長。目前為國立屏東教育大學教育行政研究所博士候選人。

歡喜做　甘願受

張清楚
原任台北市南門國小校長
現任台北市福星國小校長

壹、擔任校長之前所應準備的工作

一、婚後 3 年始有擔任校長的念頭

記得小時候，兒時玩伴常在一起玩家家酒，帶頭老大很有權威會為大家分配角色。跟他比較好的就有老師的好職位當，關係次佳者有工友叔叔、阿姨做做就很不錯了。有一次有一位小妹妹哭喪著臉吵著向他要職位做，老大卻很不高興也很不客氣地對她說：「妳什麼都不會，只知道哭，既然妳也想要，那麼就請妳來當校長好了！」可見小孩的心裡，老師很偉大，校長卻是什麼都不會的人。這種心理到了念師專前仍然根深蒂固。

自己當了老師，與校長有較多的互動，乃漸漸體會校長對學校與教育的影響力絕對不比老師少。當時想法很單純，知道校長絕對是決定學校教育成敗的關鍵，一定是很有能力而且是德高望重的人才能擔此重任；想登上校長寶座，一定是一件高不可攀、遙不可及的事，所以壓根兒一點也不敢有想當校長的奢念。

服務 10 年後成家，太太認為男生宜求更上一層樓較佳，乃建議我走行政，鼓勵我考主任。個人心想，夫應以妻為貴，且「聽某嘴，大富貴」，試試又何妨。況且回憶當老師時，曾請求校長支持合乎教育規準的活動；有時獲得認同，有時得尊重長官的意見，常有有志難伸之嘆！如果朝有一日，讓自己坐上校長這個位子，不就可以不必看人眼色而能施展抱負了嗎？因此在毫無心理準備的情形下就草草應允內人，硬著頭皮去參加主任甄試。沒料到竟然一次就考上。

翌年有機會當了主任,從此踏上行政不歸路。

二、醞釀想法　逐步達成

　　說實在的考上主任純屬偶然,是帶些僥倖,深知以自己目前的實力想要考上校長並不是那麼容易!可是既然已當了主任,就如同已過了河的卒子,只有拚命向前。在工作上,向校長虛心請益並多學習,讓自己盡早進入狀況、嫻熟業務,致力圓滿達成任務。閒暇時我就翻閱一些與教育相關之報刊雜誌;甚至有專家演講,只要有空,我都會積極參與,這無非是希望汲取更多的教育理論,以期引導我正確的教育作為,更希望充實自己的實力,逐步進軍校長之途。

三、校長儲訓值得懷念且最可貴的課程

　　我考上主任那一期並沒辦儲訓,所以上任後,工作遭遇困難時,總不能常去麻煩校長,可是又無熟人可問,感覺上像單打獨鬥,完全得靠自己摸索,因此較為耗時費力。考上校長,情況改觀,我參加陽明8期校長儲訓班,除了有17位同儕外,還有8位國中候用校長加入一起受訓。2個月朝夕相處,頻繁互動所建立的深厚感情,正是日後經營學校之最佳諮詢、請益或訴苦的對象。

　　研習課程中有很多知名而優秀的專家學者將其豐富的學養以及專精的領域傾囊相授,給我們的啟示最多,滋潤了我們的心靈,恢弘了我們的氣度,並堅定了我們的信念與使命。在實務方面,晚間與師傅校長的對話和到師傅校長所主持的學校見習。他們知無不言,言無不盡,其珍貴的經驗傳承,讓我們受益良多。真不愧是我們的良師益友。這些豐沛的人脈與資源,都成為我這幾年來經營學校能一路順風的最大支柱與幕後英雄。

四、擔任校長前,對日後當校長時幫助最大的想法與經驗

　　與舊同事相聚常會聊起當時曾領導過我們的校長們。碰到強勢的校長,老師們懾於威權而聽命行事,但做起事來心不甘情不願的,當然談不上品質!此時大家都想著換個客氣的校長來。後來果真換來了合老師意的校長,可是天下並非就此太平,因為老師也是人,總有人之惰性,老師們很精明,會料到校長不敢作強烈要求,所以逢事能推則推,能擋則擋,以致校務推展窒礙難行。校長的柔和善良卻反而變成惰性的溫床。這時大家都怪罪校長的無能,又開始想

念起專制的校長來了。太強勢，可能會有作為，但離心離德；太隨和，很有人性，但卻落得學校鬆散，一事無成。這種現象，印證了黑格爾「正反合」的哲學思想，反映出物極必反的道理。給我的啟示是過猶不及，凡事盡求中庸之道。如何在科學與藝術，理性與感性，效率與效能以及倡導與關懷之間取得最佳平衡點，一直是我日夜所關注，極思突破的挑戰。

　　在袖珍學校服務，除負責主任本職外，還得兼辦人事。為人事我多做很多事，但我卻學得很多。人事管任免、差假、勤惰、考核與福利，事關同仁權益，疏忽不得！因此養成我樂於服務，細心用心的好習性，又因辦理員工文康活動有口碑而深得人緣，結交不少好朋友，對日後工作有很大的助益。

貳、校務經營理念與具體策略

一、我的教育思想的源頭

　　5 年師專住校的團體生活以及受到師範教育的人格薰陶，堅定了我終生奉獻教育的職志。就讀中興大學經濟系的課程帶給我科際整合的概念，洞知專業與通識教育要兼重，同時更習得如何以最少的成本支出獲得最大的經濟效益，對我目前經營學校能夠活用開源與節流的觀念有很大的助益。

　　思想、理念引導行動，所以正確理念的培養是最重要的基本功。1985 年我接受教育部委辦 20 輔導學分專業進修。我學到很多為人處世的大道理，我知道如何尊重包容關懷別人，我能跟學生做深層心理對話溝通，我能設身處地為他人著想，我樂於助人。有了輔導與諮商素養，讓我在往後的教育工作上，無往不利。

　　1993 年考上台北市立師院初教所，在眾多恩師的諄諄教誨下，我汲取了教育知識之精華。我所秉持的教育核心理念是，學校教育一切設計應以學生為中心，而辦學的方向也應以宏觀的哲學思考為導引。在領導作為上，我本著真誠服務的熱情，企圖建構一個安全舒適，溫馨和諧且多元活潑的優質之教育環境。我很喜歡套用心理學知識，所以我辦理學校教育活動都會兼顧兒童身心發展之通則與個殊性。我總認為學校不能自外於社會，身為校長必須深耕敏銳的覺知，以期掌握社會脈動，與時俱進，適應社會變遷。

二、行政領導

㈠審慎選擇品格優良、具有服務熱忱、長於人際溝通、樂於進修學習的人，
擔任主任職務。

㈡尊重主任的選擇，組長由主任挑選。

㈢只做原則指示，不做細節的嘮叨，分層負責，充分授權。

㈣人事室辦理目標管理業務：尾端控管各處室業務目標達成情形，進行績效
自評與互評，並核發績效獎金。

㈤善用定期舉行的主管會報（每週1次）及行政會報（會職工及學年主任），
溝通合作協調各項校務經營共識。

㈥視行政同仁為親密的工作夥伴，平時有空就邀約一起出外旅遊，建立深厚
情誼，必要時善用彼此的差異性，安排主題討論會，迸出智慧的火花，產
生建設性的成果，以利校務推展。

㈦辦理各項教職員工進修活動：危機因應、情緒管理與壓力調適、班級經
營、團隊凝聚力、創意教學、新聞稿撰寫、親師溝通技巧……提升教師教
育知能。

三、教學領導

「學生第一，教學為先」，教學是學校教育的重心，校長有責領導教師發
揮教學成效，讓每位學生都能學得好。我的想法與做法如下。

㈠基本理念

1. 教學要有效，老師要有強烈的動機與好的策略，兼具理念及執行力。

2. 要使教師喜歡教學、願意接受教學挑戰、培養教學能力，需做到：⑴學校
為一學習型組織，成員只要一走進這所學校，就自然會以教學成長為目
標；⑵在願意努力之後，教師要能掌握努力的方向。也就是要了解自己教
學的優缺點。⑶就全校教師不同情況，進行適當的教學領導，給與支持或
加以引導或推動。

3. 在教學領導的過程中，校長及行政必須隨時調整角色。最上策是只做支持
工作；中策是提供方向，做法由同仁討論決定；下策是意願低落時的強力

要求。

(二)具體做法

1. 首先了解現況

行政團隊分工，落實巡堂制度，以了解統計全校老師具主動追求成長特質的、願意在有人引導的情況下嘗試新做法的、成長動力明顯不足的，及遭遇重大的教學問題的，各有幾位。

2. 逐步形成氣氛

(1)如果時間允許，一定參加教學演示觀摩，以示對教學的重視。

(2)校長及行政人員接受學年或科任老師要求，辦理相關教學演示。

(3)關注校內自動組織的成長團體。

　①鼓勵老師組成讀書會，並提供部分資源。

　②外聘講座到校上課，主題應是符合全校性需求，主動協調家長會提供經費。

(4)主動了解教師在教學上所遭遇的困難，提供所需協助。

　①與老師對話，如果發現老師對於該班某些學生行為無法有效處理，協調輔導室提供協助。

　②主動發覺對於合作學習有興趣但缺乏了解管道之老師，主動聯絡本校資優老師提供對話指導。

3. 因應教師個別差異、培養一定水平

(1)透過教學觀察及檔案，鼓勵教師確定本身的教學優缺點，並澄清自己的教學發展方向。

　①明確說明教學觀察及檔案的目的在於自我成長，並列為年度重點工作。

　②辦理教學輔導研習，使全校教師了解教學觀察的基本理念與做法。

　③鼓勵教師組成班群，進行教學觀察工作。

(2)鼓勵教師訂定教學專業成長簡易計畫，計畫主要說明個人教學優缺之確認、教學成長方向及所需專業成長活動等資料，經教評會授權教務處審核之後，確認該計畫。依據專業成長計畫提出研習需求的個人或班群，得優先協助。

⑶全校成長策略採「由點而線而面」的方式：提供主動成長教師資源，引導被動老師參與，半強迫有問題的老師成長。

(三)最滿意的地方

1. 學校良好氣氛已然成形。
2. 提供所需協助都能得到良好的效果。
3. 大部分老師都能體認學校的用心，樂意主動做教學成長。

(四)最不滿意的地方

1. 學校氣氛的形成需要時間，有時操之過急，感到很無奈。
2. 少數教師人格特殊，很難溝通，不易改善。

四、課程領導

在教育強調績效責任的風潮帶動下，學生學習表現已成為決定學校優劣之關鍵，而提升學生學習成就有賴有效的課程領導。

(一)妥善規畫對各年級、各領域、各種需求的學生的學習內容

1. 建置與課程相關之各小組委員，並且施予委員會進修成長的機制，增權賦能，以便執行各委員所屬之執掌工作
   ⑴成立課程發展委員會，負責全校總體課程之規畫、審核、執行與評鑑。
   ⑵設置各領域小組：除七大學習領域外，資優資源班教師也自成一組，針對特殊學生需求。
   ⑶設置教科書遴選小組：包含領域教師、學年教師、家長代表等多元參與。
2. 課程聚焦階段
   ⑴領域小組仔細分析能力指標，建構符合各領域在各學年之學力指標，兼顧各種學生的需求。
   ⑵教科書遴選小組依據上述學力指標選用符合大多數學生需求的教科書。
   ⑶課發會委員根據教科書遴選小組選用之教科書進行複查，審查教師自編教材。

(4)發展學校本位課程——依據學校課程願景、教師專長、學生需求、社區
　特色設計學校本位課程。

(5)各領域和各學年進行課程計畫。

(6)課程評鑑——作為課程修正計畫之依據。

3.資源整合與分配

(1)爭取並善用資源與設備。

(2)提供物質、心理與社會環境之支持，以應課程研發，實務與研究之工
　作。

4.校長監控課程的實施：追求課程效率，確保課程品質

(1)針對不同的教師關注階段，提供教師專業發展。

(2)與教師對談課程計畫是否兼顧目標，時間分配是否合宜，課程排列是否
　合乎學生能力與興趣。

(3)進行若干非正式的觀察：短時間的教室觀察，發現教師優點適時讚賞，
　或針對問題，及早進行有系統的注意與警告。

5.建立重視持續進步與協同合作的文化。

(二)九年一貫實施之前及之後，學校配合教育部局指示，有效推動各項課程方案

　有鑑於九年一貫課程乃教育空前也可能是絕後的一大變革，衝擊之大，絕
非個人可獨力承受，所以在實施之前，我先規畫一系列的教師研習進修活動並
成立讀書會，希望透過研習進修與教師學習型組織的運作來充實教師九年一貫
課程必備之專業能力。其次，我依教育部局所頒實施辦法之基本精神與原則予
以統整轉化，由易到難，由簡而繁的逐步推動。

1.輔導教師掌握小班教學精神實施小班教學，促進親師性密切良性互動，增
　進親師生濃厚情誼。

2.鼓勵教師積極推動協同教學方案。

3.養成教師建置教學檔案習慣並指導學生製作學習檔案。

4.培訓老師資訊科技融入領域教學之基本素養與能力。

5.協助老師進行主題課程統整與設計。

6.研發學校本位課程發展。

7. 改變傳統評量方式，減少紙筆測驗次數，使評量多元化。

九年一貫實施之後：

1. 延續發展九年一貫實施前之措施。

2. 建構學校願景。

3. 落實重視本國語文教學，尊重並兼顧英語以及鄉土語言。

4. 每年推薦優良教學、學習檔案與行動研究參賽。

5. 積極鼓勵學生參加深耕閱讀競賽活動。

6. 標竿學習——參訪標竿學校，以他山之石可以攻錯。

7. 每學期按時將總體課程計畫送審核備。

8. 重視六大議題教學，融入課程設計。

9. 參與綠色夥伴學校，落實永續校園政策。

10. 積極發揮精緻教育創新教學，達成優質學校指標。

11. 擬訂中長程計畫，發展教育綱領三大主軸之相關課程。

(三)在課程領導上，有自己的創意與著力的痕跡

1. 創意與著力痕跡，可引以為傲之舉

(1)課程願景「健康快樂充實成功」與課程緊扣，學生學習後，充滿愉悅的心情、擁有健康的身體，充實領域之基本認知、情意與技能，樂觀進取，人人參加各項競賽，奪獎率高。

(2)課程銜接：針對能力指標進行檢核，能和國中進行座談對話，做最好的課程銜接。

(3)資訊教育成功備受外部評鑑之肯定，曾獲特優獎，獲得巨額設備的獎勵。

(4)落實語文教育，參加多語文比賽名列北市北區前茅。

(5)體育教學朝氣蓬勃，學生熱愛，參加競賽隊伍多樣化，成績優異。

(6)課後活動多元化，提供學童適當的休閒方式並發展潛能。

2. 課程領導遭遇之困難及克服之道

(1)教改呼聲要課程簡化、淺化，但九年一貫課程實際上更深更雜，師生有點吃不消。克服之道，就是在合法合理的範圍內減輕老師的負擔，多騰出一些時間來充分運用於課程之研發。

(2)在有限的節數裡，多出電腦、英文與鄉土語言的課程，而排擠了本國語文及數學等之節數，學生語文與數學程度日漸低落。

(3)排課困難，如中年級的藝術與人文只有3節，行政很難裁量美勞與音樂的節數，哪一科2節，另一科就只有1節。後來只能各排1節半。半節課有兩種做法：一是以學年分，上學期排1節，下學期就不排；另一是以學期分，前10週排1節，後10週就不排。這種排法對小學的學生與家長而言霧煞煞。

(4)有的教師既是課發會委員，又是領域或年級的代表，連本來就有的教評委員、考核委員等，兼職多開會也多。哪有餘力去做教學成長？只有精神喊話，懇求老師們犧牲奉獻，學校才能勉強正常運作。

五、顧及特殊學生需求，發揮特殊潛能，促其自我實現

(一)學校應運用策略，讓資賦優異學生展能

課程上配合

(1)加速教育：不受限於普通的課程及教學進度，而能在較短時間內修讀完一般課程，以多餘的時間學習適合他們能力的課程。有：免修課程、逐科加速、逐科跳級、各科同時加速、全部學科跳級、提早選修高一年級以上之課程、提早選修高一年級以上教育階段之課程。

(2)充實教育：提供資優生寬廣的學習機會。其方式為：獨立研究與專題研究、學習中心、田野旅行和週末及暑期參加研習營。

(3)教育安置彈性化、教學多樣化，以適合各類學生的教育需求。

(4)校際合作與資源交流，以充分運用資源。

(5)加強思考能力與研究能力之訓練，以培養學術研究人材。

(6)系統化編制教材，以提高資優教學品質與教學成效。

(7)定期辦理評鑑工作，使評鑑真正發揮引導教學的功能。

(8)加強資優教育師資之專業訓練，以培育「資優」的師資。

(9)舉辦各項競賽活動，提供資優學生挑戰機會。

(10)開放社教及學術機構，充分支援資賦優異教育。

(11)規畫長期的追蹤研究，以了解教育成效。

(二)學校應先評估智障、情障、學障學生的需求，而後訂定策略幫助這些學生

1. 學生需求評估

    (1)學生重要他人訪談：導師、任課老師、家長、同學，了解學生的成長、學習歷程、優勢能力與可運用的資源。

    (2)學生訪談：了解其成長主觀經驗，目前學習生活自我評估、困擾與期待。

    (3)蒐集學生相關資料：心力測驗（智力測驗、人格測驗、性向測驗、興趣測驗）、學業成績、綜合表現紀錄、前一個學習階段的學習輔導紀錄等，作為診斷參考。

    (4)特教與輔導教師合作，評估學生的特教或輔導需求，依據其需要，轉介社會局、兒福聯盟、人本、精神醫療、身心障礙團隊……等政府、民間單位提供相關救濟與輔導措施。

    (5)召開個案研討會：邀請個案重要他人出席會議（導師、任課教師、家長、社工、輔導教師），研擬全校性介入輔導措施，共同協助案主學習與成長。

2. 藉由組織活化，整合教學團體

    (1)行政團隊：行政扮演支援教學以及掌握教育發展方向，在組織上因任務有不同分工；但協助特殊學生，應有整體統合觀念。

    (2)教師團隊：由全校教師組成，針對特殊學生的課程設計及教學方式進行專業對話。

    (3)志工團隊：由家長、社區人士組成，協助各項活動如：補救教學、特殊學生陪讀……。

3. 鼓勵發展教師特教專業：融合教育的推展，使得普通班級內有人數不等的特殊學生，教師的特教專業素養與態度關係著特教學生的教育品質；鼓勵教師以行動研究工作坊模式專業成長，也引進外界特教資源協助教師。

4. 引進社區相關資源：在教育歷程中，引進社區資源協助教師，不論是人力、專業或物力的支持，都對特殊學生有莫大的助益。

⒒對單親、原住民、隔代教養等文化不利學生，學校應運用一些策略去幫助他們

成立支持性家長團體

文化不利家庭的父母，較少參加學校活動，子女管教與親子溝通也較為劣勢；所以有較多的行為困擾及偏差。

⑴方案目標：

①擴充父母親職及家庭教育知能，提升優質家庭生活。

②協助父母自我接納與調適，做好壓力與情緒管理。

③提供家庭共學機會，期能養成閱讀及反思的良好習慣。

⑵實施方式及執行策略

①活動以座談會及專題演講方式及透過輔導刊物讓親生知道有求助的門戶與管道來進行。上下學期各進行 2 次，總計進行 4 次活動，每次以 3 小時為限。另外舉辦一次親子聯誼活動。

②列為高關懷學生，請認輔老師多關心其生活適應情形。

③申請教育部教育優先區專款，辦理弱勢家庭學生課後學業輔導、導師針對弱勢家庭學生進行家庭訪視、親職教育、小團體輔導等活動，提高學生學業競爭力、與家長親職教育知能。

④善用社會資源，擴展其學習體驗：如鼓勵學生參加大專院校辦理的原住民寒暑假營隊活動、爭取教育局經費，辦理寒暑假免費的技藝營、育樂營課程、函索民間單位捐贈的「關懷包」、與宗教團體合作辦理中秋節關懷活動……等。

六、各項教育資源的爭取與有效的運用

㈠校內外資源調查

1. 教師人力資源：具備碩士學歷的教師與其研究論文可條列，提供資優資源班學生獨立研究的參考。教師專長調查，以利指導學生。

2. 家長人力資源：透過導師調查班級家長可提供的各項資源（如財務、場地、設備、專題講座、職業甘苦談分享、獨立研究指導、交通導護志工、圖書館志工、校園美綠化志工、技藝學習志工、校園安全巡邏志

工），供各項活動辦理參考與運用。

3. 建立社區輔導資源網路：深入了解個案困擾，並主動連繫相關輔導資源網絡協助，從實務工作中建立實質合作關係，並適時感謝其熱忱協助：含社區心理衛生中心、青少年福利服務中心、少年隊、少年輔導委員會、性侵害與家庭暴力防治中心、精神醫療院所、兒福聯盟、家扶中心、人本、勵馨……等，將對口單位聯絡人與聯絡電話製表，方便連繫運用。

4. 建立社區教學資源：主動連繫、拜訪各單位，邀請指導學生學習活動，活動後頒贈感謝狀，致贈溫馨禮物：如總統府、市立師院、北一女、國立歷史博物館、教育電台、和平醫院、警廣、植物園……等等。

㈡社區資源的爭取

參與社區各里、廟會慶典活動並於適當時機宣導辦學理念，透過家長委員引介，認識社區各項資源與對口單位，了解可運用的資源與申請管道。

㈢資源的運用以提高學生的生活、生涯與學習品質為主體，以爭取資源提供單位的認同與支持。

七、對外關係的經營

㈠先評估外界對學校的影響力

社區家長參與學校活動的比率、新生是否越區就學、家長對學校活動的捐助、正向校園新聞報導的頻率、家長對學校辦學的滿意度調查……。

㈡再善用外界對學校的影響力

1. 主動針對校內的好人好事發布新聞稿給媒體。

2. 用心準備各項評鑑與訪視，提升教育主管機關對學校的評價。

3. 辦理傑出校友表揚、校友座談會，凝聚學生與校友對學校的向心力。

4. 邀請社區家長、地方仕紳協助學校活動的辦理，並感謝其對學校的貢獻。

㈢要防止外界對學校產生不利的影響

1. 列舉事蹟感謝家長會對學校的支持，尤其表彰其支持但是不干預校務的態度。

2. 平時建立校園危機處理機制，設立發言人制度，並針對校園社會新聞事

件，予以演練危機處理技巧，避免意外事件的不當處理，傷害整體學校形象。

3. 在社區內消費，廣結善緣，除獲支持外，還因常可趁有顧客往來之便，幫助學校行銷並及時對不滿學校的言論協助說明反駁。

八、與家長及家長會關係的經營

㈠理性看待家長會：從顧客滿意度的角度來說，家長應該是消費者，也是學校教育品質的監督者；從學校學生的角度看，家長與教師同樣負有教育之責，同是教育的夥伴。

㈡致力維持良好關係：建立多元的溝通管道，邀請家長代表參與各項會議，尊重家長意見，並隨時保持開放、尊重與接納多元意見的態度，適時感謝家長對教育工作的用心。

㈢引導家長參與但不干預校務：以學生福祉為依歸，並確實依法行政的辦學信念，可以減少家長干預的情事產生。此外，以健康的心態，面對家長辦學的建議，採納合乎教育規準且對學生有意義者，不適用的則婉拒並誠懇告知不適合的原因，應可減少教育人員不滿「家長干預校務」的心情。

九、對內關係的經營

㈠對內關係的經營

人性的了解、同理心的對待與尊重的態度，是維持良好關係的基礎。

1. 與教師關係的經營：給與生日卡，以賞識的眼光，鼓勵教學精采、班級經營認真、輔導學生用心、與家長互動良好……的老師。期末，請各處室彙整各項表現優良的教職員工名單，發給感謝狀並頒發小禮物。

2. 與教師會關係的經營：邀請會長參與行政會報，聽取其對校務發展的意見；在教職員會報中，主動邀請報告會務，並於公開場合表揚感謝其提升教師專業的用心……。

3. 與行政部屬的關係：知人善任、充分授權，並盡量尊重主任的專業與風格，避免公開批評，並盡量將部屬的善行於公開場合中宣揚。

4. 與職工關係的經營：從潛在課程觀點來說，校園中成人的身教，都會對學生造成影響，讓學生以老師稱呼職工，可以提高其自尊，並盡力投入

工作,提供學生更良善的生活與學習環境。在每日的相遇中,花3分鐘親切問候職工,關心其家庭生活與對校園工作的想法,並適時溝通對工作的期待,適時贈送卡片、小禮物,是建立良好關係的方法。

(二)關係的評估

校長是否了解教職員工的家庭、價值觀與生活環境?教職員工表達意見時的態度是否都中肯?教職員工是否願意表達意見?校園工作與學習氣氛如何……都是評估彼此關係的向度。

十、與學生關係的經營

(一)如何建立形象

1.平日遇到學生親切致意:拍拍肩膀、微笑口頭回應問候。

2.隨時讚揚學生的優良表現。

3.要求學生改進缺失時,只陳述所見的事實、表達事件帶給學生的負向影響,避免說出評價式的情緒性言詞。當學生改善時,予以及時鼓勵。

4.避免頻率過高、嘮叨式的冗長致詞,練習以生動有趣的故事,輔以肢體語言表達對學生的品行、學業……等期許。

5.最好能叫出小孩子的名字,也大概知道孩子的特徵,讓小孩子驚訝!

(二)大致上我對不少的學生都很熟悉,也展現高度的親和力。我一直都為學生在設想,所以改變了很多以學生為中心的措施,如:在圍牆上,貼上畢業生的陶藝作品作為留念等。所以在學生的評價還算不錯。這是間接聽來的,比較真實可貴。

十一、與上級單位關係的經營

(一)明確界定自己、學校與上級單位的關係:建立認真辦學、學校經營績效良好的專業形象,與上級單位維持一般的關係,重點性執行有益於校內師生的活動即可;避免關係過於綿密,常常需要承辦過多的全市性或全國性活動,而影響校務的經營,引發家長、學生、教師的不滿情緒。

(二)與其他單位的關係:只要致力於學生的輔導與教學,用社會局、環保局……的資源,或認真研擬計畫向教育部爭取相關計畫經費並認真執行,與各單位的關係建立並非難事。

十二、發展學校特色

㈠發展學校特色並不容易,它需要經營團隊透過學校的 SWOTS 分析,綜合評估學校歷史、環境、教師、家長、學生、資源……的優勢、劣勢、機會點、威脅點,找出特色,並集合眾人的力量與資源予以長期性的經營與發展,才得以發展出與眾不同的特色。

㈡基於校長任期限制與每位校長教育理念的差異、甚至是社會風潮的影響,要維持學校的特色著實不易。唯有參酌學校歷史的發展,尊重前人的努力,學校教育才能不因領導者的轉換而產生變質。

㈢善用教師專長,採取激勵措施與全力支援的方式,讓老師願意付出,栽培優秀的藝文團隊,成就學校特色。如:直笛隊曾獲全國冠軍。

十三、學校變革的經營

㈠學校的變革,單靠校長執行並不容易;尤其校園的人事穩定性高,職工多是元老,教師除非因為家庭緣故不得不調動,否則亦會一直留在學校,唯有校長會隨著任期而離開學校,因此,校長在教育變革的推展上,務必慎選時機、慎用策略,才能在任期內讓人人獲得成功的喜悅。

㈡觀念改變,行動才會改變:鼓勵教職員工參與進修研習,並分享教育新知,孕育同仁新觀念。

㈢變革方案由下而上提出:鼓勵教職員工提出推展校務的創意點子,並透過行政支持與分工合作,予以落實。

㈣將變革目標切割成無數個細微的小改變,透過時間與能量的積蓄,達成全面化的變革。

㈤試放空氣球,探探口風,測知抗拒的來源與力道,針對抗拒的因素予以有效化解。

參、學校經營的法律層面

一、法令多如牛毛,內容又艱澀難懂,雖然連法律專家都無法完全掌握,但我總覺得為了自求多福,避免觸法違法,多充實一些法律知識是必要的;最

起碼也要對涉及學生安全、師生權益、性別平權、人事與建築財務等的法令與相關規定所蘊含的基本精神與原則有全盤的了解才行。

二、如果當過人事與總務而又很投入的話，接觸法令機會較多，如果清廉沒有貪念，就不會知法犯法，顯然比別人較胸有成足，必有利於校長經營學校。

三、本校近鄰台北地院、高等法院、法務部，有不少家長在此就職，引進家長會成員，擔任法律愛心志工，成為本校最好的法律顧問，禮聘他們為本校師生做法律專題演講，提升師生法律素養。

四、把教育法規視為教育領域的一部分，所以經常研讀，知識較充分。不足之處，參加研習，利用網路，與法律人士交談請益都是充實的好方法。

五、法令如有不明確時，應請示上級，諮詢法律專家，依循過去判例或職工同儕，才能做最佳的裁量。

肆、環境對學校校務運作的衝擊與學校因應之道

一、有敏銳的覺知，才能準確地評估社會多項的發展對學校教育的衝擊；多關心、了解、觀察分析社會新聞消息，時時閱讀中外新書，汲取新知、新觀念，是培養敏銳的觸感不錯的方法。

二、政治走向二極化的對立，學校應培養師生有尊重別人，容納異己的雅量以思考、判斷的能力。

三、社會在媒體的推波助瀾下顯現不安暴戾之氣，自殺率增加、高齡化、少子化，外籍新娘及新台灣之子日增。生命教育在此時特別重要，媒體淨化刻不容緩，學校更要重視社經不利的親子補救教學以及少子化造成流浪老師多，學校資源設備閒置等問題都得及早作因應。

四、經濟過度發展的結果，重物質享受，抄短線求近利，導致文化粗俗，缺乏深度，所以深耕閱讀，發展藝術與人文及品格教育等都應加強。

五、如今經濟衰退，討生不易，失業人口遽增。學校應教育師生開源節流，培養實力為未來提升競爭力。

伍、學校對教育部局所推動的各項教育政策與行動方案的落實程度之反省與評析

一、1997年實施的新課程尚未運轉一輪（6年），教育部推廣的九年一貫課程就貿然上路，實在來得太快、太突然，讓我們這群最末端的執行者措手不及。

二、感覺上每一任主政者一上台就非得推上一項新的政策，可是離去時並未帶走，所以我們的工作是一件加一件。很不幸，部、局長又換得太快，累積了太多的政策，讓認真者喘不過氣來，而不動者仍泰然逍遙。說實在的，新政策只是幾個人代表在做而已，影響的層面並不大，花那麼大的人力、財力真的有點可惜。

三、知識是主動建構而非被動接受，受迫的配合度一定不高，效果也不彰，所以政策之制定宜由下而上，不要只顧菁英，要聽聽基層聲音，然後經實驗認可，老師們才會心甘情願去做，也才有效果。

四、為減輕老師的負擔，避免抵制，我總會以上位概念檢視政策的基本精神，再予以轉化、簡化成讓教師可以做而且有執行力的方式與內容，以達到政策所要達成的目標。

陸、有關價值與倫理的思考

一、在做各項決定時，我秉持多元參與的原則，也強調參與的代表性與是否已具有先備的知識與能力。更希望參與者有尊重包容的雅量，讓決定符合建設性與合理性。

二、利益最大化是做決定的重要考量依據。符合大眾利益，創造三贏是最好，如不能兼得，學生為先，親師居次。

三、對資優生與學習不利學生的利益無法兼顧時，我較助弱不助強，因為社經不利的學生若不先照顧好，可能要付出相當大的社會成本與代價。當然，資優生家長地位高，說話有分量，所以事先要說服取得諒解，否則後遺症

很難收拾。如果壓力大到不行，決定對資優生有利時，明的不行就以暗的方式協助不利學生，以彌補缺憾。

四、只要心存善念不為己，所做決定就不會太離譜。

柒、發展學校成為學習社群的想法與做法

一、想發展學校成為學習社群，首先是要校長有時間、有氣力，所以校長要技巧性地婉拒不必要的應酬，多空出時間參與學校和社區所主辦的研究進修活動。「連校長都來，誰敢不來」，參與本身就是最好的鼓勵與帶動。

二、系統規畫或歸納所有學習活動，分門別類，以利參與時突顯校長本身的學識。如果是校長較陌生的部門，可找學校專業同仁來陪伴，必要時可資徵詢。

三、校長的時間常不能掌控，以致爽約，打擊了大家學習的意願與興致。只能重點式參與，維繫必要的誠信。

捌、學校推動德智體群美的做法

一、本校在南海學園區內，文教氣息濃厚，學生素質高，教師認真，所以智育方面沒問題。

二、為免除學生被稱為飼料雞，所以揭櫫健康願景，維持原有體育節數，以示重視健體教學。成立多元體育社團與校隊，培養學生群性與運動專長。舉辦並鼓勵參加校內外多元體育競賽，提升運動興趣與風氣，鍛鍊孩子強健的體魄。沒有游泳池，卻有成績不錯的游泳隊；沒操場，也有足球隊……在在顯示重視體育的一面。

三、堅持音樂、美勞由具專業背景的老師擔任，落實有效藝術教學。規定藝文科任老師務必兼任指導團隊。推薦或鼓勵學生參展或參賽，提供發展空間與機會，培養美的氣質。

四、「智育掛帥，升學第一」的觀念仍根植家長心中，透過任何時機不斷教育勸導家長遠離這種迷思，讓孩子不同潛能都得以健全發展。可是言者諄

諄，聽者邈邈，成效如何，有待評估。

五、推展品德教育學校一直沒停過，可是家庭教育沒有配合，加以社會風氣之
　　敗壞，媒體的過度渲染，弱化了德育的成果。親職教育的再加強，督促媒
　　體負起責任和改善社會風氣，加乘德育效果。

玖、落實資訊教育的具體做法

　　個人的電腦知能不是很靈光，深深體會不懂電腦之苦，因此特別重視所有
同仁資訊素養的提升。首先本校禮聘資訊高手擔任本校資訊組長與系統管理，
負責推動本校資訊教育。由於 2 位專業人才熱心、認真、負責與專業的傑出表
現，常適時而有效的解決學校與老師們所遭遇的疑難雜症，使老師在資訊的學
習上與運用上找不到推託的理由。充實了本校的資訊設備，良性循環，本校資
訊教育得以蓬勃發展。

一、校務行政電腦化

(一)鼓勵各處室行政人員推行校務行政電腦化，利用電腦處理事務，增加業務
　　處理效率。

(二)設校務公布欄，報導學校的動態消息，行政人員可隨時上網發布訊息，傳
　　達活動資訊。

(三)於學校檔案伺服器設置晨會報告專區，並自動於電腦開機時掛上網路磁碟
　　機，以利校內資訊的傳達與文件的傳遞。

二、資訊融入教學

(一)時常舉辦教師資訊研習，學習多媒體教材之設計製作與運用及選擇知識技
　　能。

(二)提供教師豐富多元的學習資源、學習活動與學習環境。

(三)在校園網路建置「虛擬光碟櫃及 VOD 影片」、「教學軟體網路查詢資料
　　庫」、「南門國小數位教材庫 CD Tower」等，提供方便的網路使用環境。

(四)配合班班教室電腦及單槍投影機的使用，教學情況良好，更能引起學生的
　　學習興趣。

三、教師資訊教學與學生資訊學習

㈠提供資訊科技學習的氣氛,讓學生在潛移默化中學習。

㈡在教師的指導下培養應用資訊科技的能力。使學生具有主動探究的精神及思考運用以解決問題的能力。

㈢教導學生迅速處理資訊並推廣給其他同學的能力。

㈣指導學生參加各項資訊競賽,如:網路閱讀、網路查資料、班級網頁以及畢業光碟製作等。

㈤學生每星期1節的電腦課由專任電腦教師負責指導學生上機練習。

㈥依照各年及資訊能力學習指標規畫課程。

㈦老師上電腦課時,用一步一步引導的方式讓學生熟悉電腦軟體操作的方式。

㈧當每個單元結束後,學生可以完成1件電腦作品,總計在每學期約可製作6~7件電腦作品。

㈨透過全班欣賞討論的方式,培養學生除了能應用電腦做出優秀的作品外,也能欣賞他人作品的基本能力。

㈩三年級學電腦開始,要求學生在打字能力上多加練習,因為打字速度太慢,將來學電腦一定會比別人慢,所以電腦課會不定時測驗學生打字速度,也鼓勵學生在家中多練習。四年級開始舉辦校內打字比賽。

四、推動時遇到的困難及解決方式

㈠本校可使用的活動教室不足,無法規畫多媒體製作室,提供教師製作多媒體教材及影像處理環境。解決方式是將多媒體製作室與圖書室整合,成為「資訊角落」,可提供老師利用空堂時間製作教材,也讓學生能夠在下課時間上網搜尋資料,充分運用學校資訊設備。

㈡教室的固定單槍數量不足,教師在使用資訊科技融入多媒體教學時頗為不方便。本校做法為分批購入高價位的單槍設備,部分單槍採不固定方式放置圖書室讓班級輪流借用,待往後有經費再逐漸補足。

㈢資訊設備昂貴,成為小偷覬覦的對象,令學校防不勝防。資訊設備遺失直接影響老師資訊教學,後續的賠償問題與責任追究都很棘手。目前只能加

強防盜措施，呼籲同仁提高警覺共同防止遭竊。

拾、形塑學校文化

㈠學校整體（親師生與社區）所孕育的價值觀、信念、態度及獨特的習慣與
　行為，就是學校文化。

㈡對學校傳統優良的文化，我會盡全力固守傳承。透過對學校故事、儀式、
　典章、實質象徵與語言的重視與強化，對所有關心學校的人置入式行銷，
　引起大家的共鳴，一起來維護與延續。

㈢退休潮來臨，教師結構丕變，少子化後學校減班，學校轉型，正是學校文
　化另行發展的契機。

㈣新世代老師，年輕有幹勁，肯學習成長，有變革的因子；但經驗不足，傳
　統衛道精神較缺。妥善運用年輕人特有的變革動力，以導引再塑更優質的
　學校文化；精神講話培養其人文素養與社會關懷。

㈤正確的價值觀、堅貞的專業信仰與理想，勇於創新，追求卓越，自己以身
　作則，全心奉行，慢慢地感動親師生，再生學校更輝煌燦爛的新文化。

拾壹、對校務的嫻熟

　　當處事主任時，對自己處室的業務特別嫻熟，但對於其他處室，則只能透
過行政會報與會議之互動，以及辦理全校性活動時的溝通、協調來窺知友處室
的工作概況。所以考校長之積分計算對曾當過三處主任達 2 年者予以加分，是
促進了解全校整盤校務一項很好的做法。我未曾擔任過總務，對總務工作陌生
就是我的罩門，當上校長必得花不少時間在了解總務工作上。還有，每校各有
不同的生態與文化，不經一段時日的觀察是無法體會的，因此第 1 年的工作大
致花在了解與適應上。

　　邁入第 2 年，正是學校傳統與我個人理念的磨合期，所思考的是如何將學
校的劣勢與威脅點巧妙地祛除，如何將既有的寶貴經驗傳承，並融入個人認為
不錯的構想，將之發揚光大，以期孕育創造新文化。

　　第 3 年開始才稱得上是播種的最佳時機，老師較願意配合，校務運作就較順暢，目標就較容易達成。

　　經驗告訴我們，對環境尚未完全熟悉，還沒走入群眾與同仁打成一片，普受大家接受前，貿然急進是沒有好結果的。凡事躬親，熱心參與，用心學習，最大的回饋是能獲深入的了解並與人建立深厚的情誼。如果再透過真誠的傾聽和對話、仔細的觀察與用心思考來培養敏銳的覺知，相信對全校人事物的了解與掌握必能得心應手，水到渠成。

拾貳、對教育部局與學校關係的建立

一、如果我是部長，因為管轄太大，我最起碼會分縣市召集各校校長定點座談，談談自己的施為與抱負，聽聽大家的意見以修正想法與做法。同時了解各校的狀況，適時給與最佳協助。如果是局長，在任內最少各校要走一趟，表示關切，更可直接面對問題，有效解決。
二、新上任最好把既有政策好好檢視一番，該刪則刪，該改則改；相信經過此項功夫，再制定全民共識的政策，貫徹才有可能。
三、要真正對學生有益，不增加教師負擔，能說服老師樂於執行，且有績效考驗機制的政策才有用。
四、獎勵要名副其實，所以明察私訪就得做，才能真正讓好校長出頭。

拾參、身心健康的維護與家庭的經營

　　失去健康就等於失去一切；家庭不美滿哪稱得上功成名就！千萬不要當了校長，就毀了身子，忘了家庭。有些校長常自認校長工作像開超商 24 小時服務且全年無休，哪還有空閒照顧自己與家庭呢？其實那只是偶爾遇到緊急事件時才會有的事，絕非經常；所以只要做好時間管理，相信再忙都仍可抽空調生養息，照拂家庭。

　　最讓校長喘不過氣的，莫過於工作狂且責任心重所導致的壓力，這正是傷校長身心最厲害的隱形兇手。工作一肩挑，責任一身扛原是好事，但若超過負

荷而危及個人，連累家庭，實非學校社會與國家之福。我比較不在乎面子，跟親戚、朋友、同學、同事傾吐心酸與苦楚，即使他們對於我所面對的壓力與挫折愛莫能助，至少我的煩惱情緒也已獲抒發，更何況眾人的智慧與能力常能出人意表，總會在我最困頓危急之際適時出現為我分勞解憂。

婉拒一些不必要的應酬，回歸正常的生活起居，可以減少暴飲暴食，酗酒熬夜所帶來的身心戕害；也可多騰出一些時間來陪家人。除非是觀摩，或者是摯友力邀捧場，否則友校校慶和婚喪喜慶大可不必次次都參與。因為那樣會讓您完全沒有假日，況且，有來有往，別人也會和您一樣，疲於奔命。相信不去湊熱鬧，反而對自己、對大家都好，彼此都能互相諒解。

校長會顧家，家庭氣氛才會溫馨，每天才能帶著一顆滿懷喜悅的心情到學校，推廣校務才能心平氣和，踏實穩健，得心應手。反之，學校少了衝突對立，沒有不安與焦躁，同仁可以全心全力為學校付出，校長的辦學壓力必能減少；而擁有的時間自然增多，可以充分運用在培養夫妻感情與子女親情上，幸福美滿家庭的營造才有可能。好的學校經營與家庭照顧，其實就有「魚幫水，水幫魚」的作用，是一種良性循環。

養成良好的運動習慣對健康很重要。我很贊同從小就要培養一項藝術與體育專長的想法，因為有一動一靜的專長，終身才能有興趣有能力去從事有益身心的正當休閒活動。我有幸愛上足球、羽球與書法，在學校課餘時間我跟小朋友踢足球，玩得不亦樂乎。我有很多羽球朋友，經常利用假日、夜間與他們切磋球藝，鍛鍊身體。孤獨時刻，我會靜下心來寫寫毛筆字，有時會寫到渾然忘我的境界，心滿意足。「獨樂樂不如眾樂樂」，如果能帶動家人都有相同嗜好，都能於同一時間從事同一運動與休閒，相信身心與家庭都得以兼顧。

當校長是受我太太的鼓勵，所以太太很能體諒我的處境，願意一肩扛起照顧家庭，教育子女的責任。有時我把學校帶回來的煩惱說給她聽，她會細加分析，提供建議，替我分勞解憂。看到我把事情順利解決的快樂模樣，她也感到很有成就感，為我也替自己高興。由於太太的能幹以及孩子的體貼與乖巧，讓我無後顧之憂，更讓我有時間去為校務打拚。在此，我謹向我孝順的兒女和內人的委曲求全與無悔付出致上最崇高的敬意與謝忱。

拾肆、如果重新來過

原來就沒有想當校長的念頭，後來因內人的點醒才改變，起步較晚衝勁不足，準備也不夠積極，所以「邁向校長之路」走得既漫長又坎坷。如果重新來過，我一定會做好人生規畫，依既定的目標與理想，逐步如期完成，絕不再走冤枉路浪費青春與寶貴的生命。

人類的記憶本來就很有限，想要把過去的事都記住而且能一一回憶根本不可能，最好的彌補方法就是留下紀錄。「凡走過必留下痕跡」，每天再忙都要空出一點時間，摘要記下當日發生的重要行事與訊息。一來可為自己的努力做見證，為個人或學校做最實在最好的行銷，二來可透過紀錄之整理，藉分析校務推展始末，而歸納出一套標準作業程序，好讓後續接任者有得遵循而不必摸索。

拾伍、對校長培育的反省

一、為了考校長，讀了不少教育專著與報刊雜誌，也請教不少學者專家以及已任校長，沒想到竟成為校長素養的一部分。加上經過候用校長儲訓課程的薰陶，充實了我當校長的能量。曾領導過我的校長也不在少數，好校長都成為我最佳的學習對象。就此而言，我學會當校長是自學與受教兼而有之。

校長培育課程內容，長期可參考台北市立教育大學和國立台北教育大學的校長培育班所設計的課程。板橋教師研習會與國家教育研究院，台北市教師研習中心和各縣市等特別為候用校長儲訓所設計的課程，都是最好的參考。想更周延，宜在儲訓前後分別作問卷調查；之前調查是為了符合學員需求與實際需要，之後調查則重在檢討改善。

校長應該學會教育理念、行政管理、人際溝通、人格特質和實際運作；而其邏輯順序則依上述所列先後順序。理念學習後隨即實習，實際演練，驗證理念。

二、我總認為理念的培養最重要，因為有正確的理念才會產生有價值的效果。有時我們聽演講，全場只有一句話能發人深省，引人轉念，就受用不盡了。也希望透過理念的濡化，改善人格特質，成為優秀的領導人。

拾陸、校長最大的成就

我擔任校長以來最大的成就事例如下：

㈠事例一

家長會抗議學校編班允許老師的子女可以選導師，卻不准家長會幹部選，揚言勢必抗爭到底。

化解歷程

私下了解雙方，找出衝突之處，並訴之以理，動之以情，讓雙方軟化。家長認為不公平，為何老師的孩子可以選班，家長就不行，況且家長會出錢出力，對學校有功，應特別照顧。而老師則認為任何機關對同仁都有特別禮遇優待，老師的孩子選班，天經地義。家長會長太不應該，自己的孩子選就好，為何還做人情給朋友及其他家長一起選。

我告訴家長選班不符公平正義，以前准許是因為感激家長會的付出，學校主動幫忙，只做不說。本校班級數少，太多人選班實在不易辦理。不過，好心有好報，如尊重老師們一點，相信您的子女一定會受到老師的妥善照顧。我也跟同仁說明，照顧同仁是我義不容辭的責任，但選班確實不符教育原則，尤其身為老師不應做不良示範。如想獲得家長諒解應是柔性懇求而不是強烈反彈。

後來開會，讓雙方各表不滿，互吐苦水，發洩情緒，就較理性。我充當海綿折衝的角色，感謝家長的寬宏大量以及老師的辛苦努力，讓雙方感動握手言和。

㈡事例二

南門國中小共用同一校區，本來雙方壁壘分明，常為互相干擾而引起爭端。本校可使用校舍面積過少，看著國中偌大的地方竟不能用，實在可惜。

解決之道

動用局裡直屬長官陪我去見國中校長,因為長官是我的好同學,所以見面氣氛特別融洽,建立特殊友誼與情感。

後來才發現學校設施不能共用,是校長受到老師的壓力,要他不能「割地賠款」的關係。

我們的家長有不少是國中名師,在學校占有分量,所以找機會與他們溝通,讓他們感受我為孩子努力的苦心,也讓他們知道這樣做也對他們自己的孩子有利,所以願意主動為我做說客,影響改善國中同仁對我們不友善的態度,轉而支持釋放場地讓小學使用。

定期辦理兩校主管聯誼會報,訂為咖啡時間,溝通協調行事活動,避免衝突,爭取協助。

運用我的專長,陪國中老師打球、寫書法、唱卡拉 OK,與他們建立深厚情感。因國中較重視升學,所以使用操場的機會就更多了。目前我們真的是一家親,資源共享,休戚與共。

(三)專業堅持、柔性訴求、以身作則影響學校,貢獻學校極大化。

1. 默默耕耘營造溫馨和諧的良好學校氣氛,於安定中求發展、求進步,8 年任期中,承上蒼保佑,平安無事,最為欣慰。

2. 堅持正確的教育理想,身體力行,柔性訴求老師與我同步成功,樂為培養優質的下一代而努力。

3. 看到學校動中有靜,蓬勃的健體運動中有很好的學習成就與藝文表現;而且靜中有動,寧靜的學習環境中,有朝氣、有活力的悸動,真的感到很滿足、很有成就感。

作者簡介

我於 1947 年生於嘉義布袋農家,雙親慈愛,手足情深,孕育了我熱忱開朗、樂觀進取的個性。1963 年考取台南師專,5 年光景受到師範教育的人格薰陶,奠定了我以教育為終身職志的信念。

　　師專畢業後入伍服預官役，同年也被分發到台北縣長安國小，1年後退伍歸建，沒想到長安國小正門都沒踏進去就被派到分校剛獨立的保長國小服務。1975年2月我考入台北市社子國小，半年就又被派到分校葫蘆國小。我跟分校真的很有緣，也因此學到不少創校，當元老的寶貴經驗。

　　1971年考入中興大學經濟系夜間部，白天教書，晚上受教。當時生活清苦忙碌，但卻過得充實而愉快。1978年結婚，現有一對子女，皆已大學畢業。1982年初任大同國小訓導主任，開始走上行政的不歸路。1993年考取師院初等教育研究所，進修期間承蒙所內多位教育泰斗恩師的諄諄教誨，專業知識突飛猛進，乃於1997年長安國小輔導主任任內考上校長，隨即奉派南門國小就任。我與長安有緣，曾出入長安2次，但並非回鍋，而是1在北縣，1在北市。北市長安國民中小學共用同一校區；而南門國中小也是，難怪有人說我有連體嬰的命。現任台北市福星國小校長。

　　學生是我的摯愛，願以專業的服務與人性化的領導來營造優良的學校文化，讓老師們都能發自內心好好教育並關愛學生，獻給我們的孩子有希望、有美麗的未來。幸福快樂源於一顆關愛服務的心，這是我擔任行政最好的心情寫照。

誰點亮了校長路上的明燈

廖金春
台北市社子國小校長

　　有一句勉勵人的話，是這麼說的：「只要找到你喜歡做的事，你就會樂在其中。」我常常用這一句話的意涵來問自己：「校長是什麼？不是什麼？校長能做什麼？不能做什麼？我真的樂於扮演校長的這個角色嗎？我擔任校長以來真的很快樂嗎？在別人的眼中我是一個好校長嗎？」當然，對於這些已經很明顯存在的問題，有可能出現兩種情形：一種是偏於主觀的立場而自以為是的論述，一種是透過客觀的倫理反省而得以比較正確的剖析。然而，在這 8 年的校長歲月中，除了時常利用上述的兩種可能的情況進行自我的評估之外，更重要的是自己是否始終抱持著：「校長難為，仍可為」的堅定信念去迎向每一天；也不管內、外在的教育生態環境如何的改變，自己是否相信而且把握著「唯一不變的就是變」的精神和「有心於教育、用心於工作、圓融於人際、自在於生活」的原則去實踐，時時精進新觀念，處處擴大新視野，刻刻學習新方法；果爾如是，那麼，校長這一條路上應該也不至於太寂寞，而是應該充滿著「心中有真愛、歡喜永遠在、環境無障礙」的光明的境界才是，又何須擔心校長路上的燈是自己點的或是他人來點的，只要「選擇你所愛，愛你所選擇」，相信校長路上的燈會永遠亮著的！

壹、邁向校長之路的思維與準備

一、恩師的感召

　　有人曾說：「一句話可以改變歷史」，確實是如此，之所以會想往校長之路邁進的念頭是受了恩師李建興教授的一席話的影響；本人於師專畢業 9 年後

的 1985 年考上主任才開始接觸行政工作，隔年即進入師大社會教育系進修，而在 1987 年 6 月的最後一次「中國社會教育史」的課堂上，李老師以也是師專生的立場諄諄地分享了他的寶貴經驗與歷程，他說：「雖然大部分人都因家境的問題而去讀師專，但是千萬不可輕忽或放棄自己無窮的潛能，歸納起來師範生有五條路可以走：一是考高普考從事教育行政之服務；二是擔任學校行政的首長，也就是校長；三是不斷地進修鑽進學術領域的殿堂；四是在教學領域中鑽研一個自己喜歡的項目，成為那個領域的專家；五是專心培養下一代。」這一席話激發了我的新思維，既然有了這五條非常明確的、務實的路徑擺在眼前，只端看你自己如何的考量與選擇了；因而，在經過多方審慎的評估與分析自己的動機、特質、興趣、專長、態度等等之後，決定選擇校長之路作為教育生涯規畫的目標。所以至今，我一直對於在教育的路上替我點亮了一盞明燈的李老師銘感於五內，也始終難以忘懷。

二、多元的準備

　　既然已經明確地、堅定地要朝校長之路邁進，那麼，該有怎樣的思維和長期準備的功夫，應該是一個非常重要的課題和挑戰。我認為：「校長」的這個角色的扮演不只是個人實現自我的一種境界，更是一種「教人成人，引導不成熟的個體邁向成熟」的教化的歷程；因此，除了必須在教育思潮層面、在教育政策或重點層面、在學校文化層面、在課程教材教法層面、在相關教育法規層面以及在人際關係的經營等等的層面上普遍地具備教育人應有的一般知能之外，更需要逐步地培養校長應該具備的三種能量：一是豐富的行政能力，二是專精的理論實力，三是有效的決策魄力。對於這三種能力的養成，當然非一日可成；這其中，一方面必須要自己力求以正確的觀念、具體的策略和有效的執行力長期地規畫與實踐；另一方面更需要在教育前輩的指導中抱持著「合理的要求是訓練、不合理的要求是磨練，和適度的壓力是淬煉」的心情腳踏實地的去耕耘，以求在校長甄試時積分、筆試和口試皆能出類拔萃而金榜題名，並且為往後的校長生涯奠定了良好的基礎。基此，為實現這樣的理想與目標，在方法上可能除了必須要利用各種機會多多的參加各類研習、研討會或進修之外，個人認為更要從幾個層面去努力和準備，如：

　　㈠詳實建立檔案：在平時花一點時間利用各種方法養成以「一題一卡，一類

一檔」的方法蒐集相關教育資料的習慣，如：*1.*善用圖書館資源；*2.*利用網路工具；*3.*不恥下問請教他人；*4.*勤跑書店掌握教育潮流；*5.*關心教育時事等等，以建構正確的教育觀和時時掌握教育界的動態。

㈡養成系統思考：對於每一個相關的行政工作或作為或議題或爭議的問題時時養成一種系統性的思考，以謀求最周延的解決之道，其進路如：*1.*是什麼：以釐清概念；*2.*現在怎樣：分析現況優缺點；*3.*有何依據：理論基礎何在；*4.*怎麼辦：有何具體可行策略；*5.*會怎樣：預期成效為何。

㈢形塑個人形象：平時除了積極地扮演好個人的角色與修為外，也要在行政歷程中適時地培養或建立自己的專業領域特色或某種好的形象；例如：多方發表文章、多在各種場合表達相關的教育理念與見解等等，藉機磨練表達能力和膽識，也爭取讓更多長官及前輩們指導或肯定的學習機會。

三、儲訓的助力

　　長久以來，對於在教師研習中心為期 8 週的校長儲訓班的過程一直感激在心頭，在那期間，上自主任下至事務同仁都全力的、不眠不休的協助我們，確實是我所要學習的另一種典範；研習中透過了「閱讀學習、師傅學習、觀察學習、做中學習」的多元方式，培養我們如何體現校務經營內涵中的「身教、言教、境教、制教」的功能和實務的技巧，另外，又特別著重於校長在校務行政的經營管理與領導和危機管理與處理的實務演練，真是符合了「有益、有利又有趣」的課程規畫與設計的原理原則。

　　其中，個人認為有一門「學校願景的規畫與實務」的課，對於我往後的校長之路與學校經營層面受益更多。那時，對於學校願景的這個議題剛由劉春榮教授與林天祐教授引入學校系統中，實是有幸能夠帶著這樣的新觀念下山。如果每一位校長在接任一所學校時都能夠「由下而上」全面地進行學校背景及現況的 SOWTS 分析，真實地從學校的外在與內在的背景因素向度中分析其各種可能的優勢、劣勢、機會點、威脅點以及有效的行動策略，作為形塑學校願景與目標、擬訂實施策略與執行內容的重要依據，果爾如是，方能契合教育政策與重點以及建立學校的特色，而也比較能夠掌握「內外合一、質量並重」的原則來訂定校務發展的短、中、長程計畫，進而實現全人教育的學校目標。

四、先期的經驗

　　根據報載,近來有些所謂的「智慧設計論」的學者主張人類生命是更高等智慧的創造,而非依自然進化演變而成的;我想這樣的二分法恐怕只是一種學派間的各自表述罷了;就某種意義的實際情況而言,個人認為生命不管是高等智慧創造而來或是自然演進而成,都應該無法脫離「人類文明的發展或創發的行為乃是經由不斷的經驗歷程所累積的結果」的說法或主張;果真如此,那麼,就一位校長的角色而言,他所歷練的對人、對事、對物、對環境的學習經驗愈多元愈豐富,思維與想法就會愈周延,也就愈能愉快地勝任校務的推展,是不爭的事實。

　　我並不會排斥接觸或挑戰不同的人、事、物。因此在擔任校長之前,在11年的主任訓練中經歷了社會局與教育局創辦的「市立陽明教養院的教養合一實驗計畫」6年、台北市創辦的田園教學實驗計畫5年。這些經驗讓我對弱勢團體、人性的關懷、課程開發與創新,都有了更深刻的感覺與感動。另外,我花了很多的時間嘗試去接觸許多與自身職務異質性高的團體以及不同領域的學習的機會,例如:擔任某文教基金會的海內外輔導員的工作、民眾服務社的義務幹部、全國殘障運動會的規畫工作、私立啟智機構的義工、某企業機構的登山聯誼社社長、某大企業的開發幹部、青年工作會及文宣訓練幹部……等等;其中,以自費參加2年的台北市某青商會的組織期間感受最深影響也最大。青商會的成員大多都是未滿40歲自己創業的青年為主,這些會員的公司都是從一個人的公司苦心創業的經營型態起家,也就是說一切都從「歸零」開始,逐步地發展、壯大成為漸有規模的中、大型公司。從參與會務工作、會議主持、幹部訓練、社會服務、責任分工、活動規畫與執行……等等不斷的雙向互動的過程中,學習到不少有關於如何以企業化的目標導向規畫成立公司、如何面對顧客及訪談技巧、如何定位及建立品牌形象、如何行銷公司及產品、如何分析成本及管控品質、如何經營上下游公司的公共關係、如何有效的管理員工及績效責任、如何與媒體溝通……等等的「以顧客為導向、以管理為核心、以產品為目的、以人性為價值」的企業觀念、知能、技巧與態度。以這樣的「企業觀」引發內在類化建構的「學校企業化模組」的架構實實在在的烙印在我的經驗體系中,對於日後的校務經營、領導與管理等層面上也確確實實的產生了很大的發

酵、應用與開展的作用！

貳、創造校務經營的價值與作為

一、教育思想的源頭

(一)教育特質的反省

自古以來，先聖先賢教導我們必須「一日三省吾身」，一般人都須如此，更何況是身為一位教育工作者？從反省中除弊興利、從反省中釐清問題、從反省中把握方向；然而，到底要拿什麼來反省？什麼時候反省？又要以什麼樣的指標來進行反省呢？首先，到底要拿什麼來反省的部分，個人認為校長應該具備有三種良好的教育特質，而且要時時的以高標的、卓越的規格進行省思與檢討，因為「不超越就被超越」：一是擁有追求普遍知識及能力的特質；二是具有探究專業領域知能及操作的特質；三是喜歡與人群相處的特質。

其次，我們要以何種指標來反省自己是不是一個勝任愉快的好校長呢？個人也認為「做人為做事的基本條件，做事為做人的最終目的」，因此，一個校長幾乎每天面對的就是「人與事」的問題，所以，身為一個校長每天在處理「人與事」的校務推動時，從某種一定的意義來說，是不是必須符合所謂的「生命倫理、行政倫理與環境倫理」的原理原則；果爾如是，那麼，概括的說，我們可以從「自律原則、不傷害原則、仁愛原則、正義原則」的四個原則當成一個自我反省的指標模組，來時時反省與檢核自己的行政思維與作為，是否在「對人、對事、對物」的諸多層面皆能以身作則、不傷害任何人、給親師生更多的愛與機會和公平的處理資源或人事的問題，若是大部分都能符合這個指標的意義與精神，那麼，你就是一個人人稱羨的好校長了！

(二)教育理念的建構

1. 教育理念的核心概念

在教育的核心價值與概念上，個人的主張是：以「學校本位」為主、「教育政策」為經、「學校目標」為緯，以達到以「學生為中心」的目標：

S：Sustainable-----追求校務經營的永續發展。

C：Choose----------迎向教學、活動、學習的多元選擇。

H：High-------------期許領導、制度、評鑑的高格調。

O：Organization---行政、教師、家長組織的再定位。

O：Open-------------全面開放溝通、協調的雙向系統。

L：Life---------------注入生命教育的新活力。

2.體現教育理念的策略

「理念的建構是手段，學生的學習才是目的」，為了實現學校目標及促進學童全人格的適性發展，培育新世紀、新活力的新公民，若以人權教育推展為例，個人認為應有的策略如下：

⑴周延評估：依校內外環境、資源、條件、課程、師資等評估人權教育推展的可行性。

⑵溝通觀念：與家長、教職員工、學生、社區等宣導人權教育的相關資訊，達成共識。

⑶強化組織：成立人權教育推展委員會或工作小組，負責協調、溝通與執行各項工作。

⑷擬訂計畫：各處室依實際需求及狀況，訂定人權教育實施計畫或納入短中程校務發展計畫中。

⑸確實執行：行政人員及教師依所定計畫進行人權教育的各項教學或推展多元活動。

⑹有效評鑑：進行完善的個人或校內自我評鑑及校外專家評鑑，以求人權教育推展的持續改進。

⑺建立制度：將人權教育內涵融入校園文化中，妥訂各項相關規章及形成一種制度。

至於校長的教育理念的落實是否達到「家長放心、教師寬心、學生安心」的境界，每一年教育局都有許多的評鑑項目可以呈現量化或質化的檢核，好或不好、對或不對、優質與否都有一定的規準可循。除此之外，在此個人有一個小小的體驗，是否能成為一個校長辦學理念的檢驗指標之一倒是耐人尋味，也就是校長或各處室行政人員是否常接到家長對學校的作為不滿的電話或書面的檢舉函；果爾如是的話，這幾年來學校平均每個學期所接的家長來電大都只有

少少的幾通或幾乎接近零，檢舉函件更不用說，可見家長們都放心的把孩子交給我們，如此，一方面要感謝老師們的教育大愛的發揮，另一方面也要感謝行政同仁的用心。

(三)領導理念的體現

1. 領導與管理的區別

一般人常把領導與管理當作是同一個概念來看，個人長期的經驗與觀察所得認為應該加以區分比較好；大致說來：(1)領導（leadership）的內涵包含進行周延評估、提出願景、擬訂策略、爭取認同、建立團隊、引發動機、激勵人心等向度；主要的目標為實現促進競爭、引導變革及活化組織；常所使用的策略傾向於一種專業的堅持以及謙虛的個性的過程。(2)管理（management）的內涵包含擬訂計畫、編列預算、設立組織、人力配置、控制進度、解決問題、資源整合等向度；主要的目標為實現持續改進、展現成果及達成任務；常所使用的策略傾向於一種專精的技術以及嚴謹的紀律的歷程。之所以這樣的思考，主要在於「校長、主任、教師、教職員工都做對該做的事，以及把該做的事都做對」罷了！

2. 體現領導理念的準則

領導也好，管理也好，在消極的層面都只能視為是一種概念或方向或手段而已，其主要的積極目的乃是「在於實現透過一種人性尊嚴與價值的關懷，進而達成教育政策或重點、校務全面推展、學生有效學習的歷程的結果」；基此，個人認為要將校長的領導特質及理念紮植於人心，讓全體教職員工共體教育工作之使命，必須要嚴守幾個準則且須確實做到，不能言行或表裡不一的情形發生：(1)容許犯錯（人不是萬能）；(2)不妄下斷言（人不是全能）；(3)尊重多樣化（人性的思維非單一而是複雜的）；(4)要有幽默感（快樂的氣氛人人喜歡）；(5)知所節制（人總是不喜歡嘮叨的人）。總之，領導是一門高深莫測的科學，也是一門千變萬化的藝術。個人也一直運用這些技巧於校務推展的過程中，因此，以這 1、2 年為例，由於大家的努力，我們獲得了許多的績優獎項，如：教育部的「標竿100——九年一貫課程推手」、交通安全的「金安獎」、春暉專案的績優表揚；教育局部分的學生游泳檢測、家庭教育學習型活動、性別平等教育推展、

學校日活動、防止幫派活動、走路上學週活動……等等的績優表揚；同時也擔任九年一貫課程的中心學校、性別平等教育資源中心學校、模範生頒獎活動承辦學校、全市高國中小學相聲比賽承辦學校……等等皆能順利完成上級所交付的任務。

二、行政團隊的經營與績效

有人這麼說：「三流的人，靠自己；二流的人，靠幹部；一流的人，靠組織」，可見，當校長的人不要什麼事都事必躬親，應該活化行政團隊組織，採行「分工又合作」的方式，發揮整體的統合力量，以使各處室的功能猶如多條平行發展的方向線，各守本分各盡其職，對於校務的發展應該才會是乘分或加分的績效表現，而不是減分或除分的消退。準此，為欲整合及發揮行政團隊有效運作成為校長辦學理念的實際推動者的理念與策略方面，以個人的體認而言，我認為必須從三個層面思考及把握：一是充分授權；二是完全信任；三是適時解困；以去年度本校獲得教育部主辦的交通安全教育的最高榮譽「金安獎」為例，在平時訓導處為交通安全教育所規畫的教學或舉辦的活動，不但在公文中大力讚賞，也不斷的在眾人面前、或行政會報、或教職員朝會、或各種家長在場的時機，適時地口頭讚揚訓導處團隊及訓導主任及生活教育組組長為學生所做的努力；又在委員複評期間的資料準備、情境布置、交安設備的添購、交安資料中心的設置、各種材料的採購、各處室的溝通協調、簡報的製作、責任的分工……等等過程與工作，皆充分地授權由訓導處主任及組長全權規畫、執行，我只是負責打氣與解決部分的困難而已；事後的獎勵也遵守了「獎由下先、過由上擔」的原則，也由於大家的努力，生教組長同時也獲得了金安獎的個人獎項表揚，日後也成為許多學校及各校生教組長們爭相請益的交安教育的專家了！這樣的結果不但實現了生教組長的自我實現及成就感，更形塑了學校的特色，更重要的是學生交安方面的「零事故」的保障，真是教育之福！

三、教學工作的引導與成效

我總覺得「教學」才是整體教育工作的核心，失去教學就等於失去一切，為有效的引導老師發揮教學成效，做好班級經營工作，以力求把學生教好的考量，個人認為除了在各方面盡量支持、支援老師的教學工作之外，仍需把握幾

個原則，如：(1)事先的評估與預防；(2)教學品質至上；(3)學生學習第一；(4)親師生全面參與；(5)不斷的持續改進。基於此想法，這些年來對於教學層面的引導也有許多的成果，其中，我舉「鄉土教育」的實施過程來與大家分享。這個令人回味無窮的情景發生於1997年初任郊區學校校長的那4年中，長期以來我的辦公室喜歡擺放一套茶具，有事沒事就常邀同仁們來天南地北的聊天，故事就發生在某個午後的下午：依例郊區學校每年必須出版一本田園教學專輯，在聊天時黃老師很感慨的表達了他的心聲，他說，他自花師畢業分發到該校服務已經很多年了，而且也深深的愛上了這裡，可惜的是他對鄉土教學的想法已經醞釀好多年，卻都無法受到行政人員的認同而實現；也就是說，他想以具有社區歷史意義與生態豐富的6條主要步道為主軸，另一方面則統整過去所推展的自然生態與人文環境為橫軸，作為往後推展鄉土教育教材及活動的起點及範本，以讓孩子在6年中探尋完這6條步道後，培養孩子愛鄉親土、感恩回饋先人們200多年前艱辛開拓鄉里的偉大胸襟的情操。

聽了他的構想之後，我確實深受感動，也一直推敲為何這麼好的念頭不被採納而實現，試想這其中牽涉到的範圍或問題一定是極為龐雜，尤其對一個6班的郊區學校來說。然而，我仍然抱持著「事在人為」的心態開始展開了一連串的實際行動和挑戰；首先將黃老師的初稿與12位同仁溝通，大家都有了共識之後，便試著以「田野調查」的方法，進行整體大綱架構的討論、相關資料的彙整、拜訪地方耆老仕紳、蒐集文史及照片資料或田契或地租權狀或任命令、步道現場勘查描繪紀錄、文字撰寫彙整、空照圖對照、美編剪輯……等等工作，全由12位同仁不分晝夜假日地分工進行，以及里長、校友們和出版單位及經費贊助單位的全力協助下，將近2個月的時間，一本具有深厚感情的《鵝尾山 e 眠夢》線裝袖珍活頁口袋型的專輯就這樣誕生了！之後的幾年，這本專輯也就成為學校或社區推展田園教學、開放教育、鄉土教學、社區總體營造、學生組成的古道解說員……等等的教學規畫設計或活動推展時的藍本了。

四、課程領導的理念與特色

(一)訂定學校課程總體計畫

有位專家曾經這麼說：「所謂教改三改：即課程要改、教學方法要改、評

量要改，三者缺一不可」，而「學校課程」是為實現學校教育目標最主要的藍圖綱領，因此，以現階段就相關法令規範來說，學校課程規畫的成敗，其中，所謂的課程發展委員會確實是扮演了非常重要的關鍵性的角色，因為每學期課發會負責審議學校課程總體計畫的責任，之後，再送學者專家評審通過後，即成為各年級、各領域及各種需求的學生的學習內容的教學規畫設計的依據，由此可見學校課程總體計畫的重要性了。所以，校長除了要了解課程總體計畫的實質內涵，它包括了：⑴學校背景分析；⑵課程發展組織；⑶學校課程願景與目的；⑷學習節數分配；⑸學校課程總表；⑹學校特色課程；⑺課程評鑑等，除此之外，更要把握如何讓課發會的召開在內容上、程序上確實發揮了一定意義的實質效果，而不能只流於一種形式而已；因此，校長如何與教務主任溝通所有與課程總體計畫有關的各項期程規畫及掌控或先期的文書作業等等工作，確實是非常重要的默契！

㈡推動九年一貫課程的困難與策略

課程是發展出來的，這是眾所周知的事，但是要真正的從國家課程、地方課程、學校課程到教室課程一脈相承地落實，確實是一件不容易的事；其推展的過程中可能遭遇的困難一定也很多。其中在學校層面而言，個人認為「觀念」是影響課程推展順不順利、好不好的主要的關鍵問題，如果行政人員、教師與家長的「課程觀」有所偏差或曲解，那麼，對於九年一貫課程的推展一定也會受到某種程度的阻力；因而，個人認為一個校長必須有一些思考或作為，以成為促進及實現課程改革或發展的推力，這期間個人努力的對家長、行政人員及教師們進行幾個面向的作為，例如：⑴激發各方面人員全面參與課程規畫的機會；⑵支持大家參與各種相關的課程進修研習；⑶提供教師們相關的課程資訊；⑷協助教師參與各種行動研究；⑸鼓勵教師參與各領域課程小組研究會的討論或提出改進意見；⑹激勵教師從實際教學情境中去評鑑各類課程的優缺點；⑺強化家長、行政人員及教師們選擇教科書的知能等等。

㈢學校特色課程的創思與成果

目前，我們全面地就學校文化、師資結構、資源設備、經費來源……等等層面分析探究之後，決定以「藝術與人文領域」作為學校的特色課程，這些年

來，我們成立了藝術與人文的研究小組進行各年級的課程規畫與教學設計之外，在活動的實施方面也有一些不錯的創思與深耕的成果，例如：(1)藝術行腳校園活動：申請名家複製作品到校展出；(2)駐校藝術家活動：聘請「一元布偶團」到校指導學生偶劇表演；(3)設立小小美術館：展出名家複製作品、學生優秀作品、每學期並配合「藝文 TV 秀」作鑑賞導覽；(4)彩繪圍牆活動：與社區里長配合進行親子彩繪學校及社區圍牆活動，發揮藝術美化社區之效益；(5)童畫花園活動：親師生利用嵌磁畫美化老舊的防洪教室的柱子。

五、身心障礙學生的關懷與照護

(一)推展特殊教育的理念

本校目前設有身心障礙班 3 班，資源班 1 班，對於特殊教育的工作，個人始終抱持著「及早預防、及早鑑定、及早安置、及早教育」的觀念，也對於身心障礙的學生能夠做到「零排斥、零拒絕、零障礙」的地步，並且在各種設施或教學過程中能給與「最少的限制，最大的協助，發揮最大的效果」。同時，我們認為家長是學校的教育夥伴，學校之經營與發展有賴家長的參與和支持，因應相關法令的修正、社會的需求，引導家長走入校園，了解身心障礙學生的教育過程，參與規畫特教領域的各項活動，將是學校走入社區，符應社會的必要手段。並且學校工作之推展有賴整合各方資源以及事前周延的評估與規畫，為求特教工作能夠有效開展除了理念之宣導外，行政上之支援更形重要，各處室之橫向溝通與協調，才能發揮整體效能，對於特教團隊之運作也才能有所助益。另外，深深的感覺到融合教育已是世界的潮流與趨勢，為使特殊學生適應將來社會生活，促使普通班學生了解特殊學生之差異，藉由融合教育之實施可以促進彼此的了解與接納。

(二)對身心障礙學生照護的做法

特殊學生是學校教育中較為弱勢的一個族群，需要賦與更多的關懷與協助，而建立無障礙的生活環境是推動身心障礙福利中一項重要課題，學校應提供適宜之教學環境，滿足特殊學生之學習需求，協助其發揮個人潛能，因此，校園無障礙環境之建置，正是尊重與關懷身障學生的具體展現。除此之外，教

師專業知能之良窳,關係教師教學之效能,合格的特教教師,具備足夠的特殊教育的素養,方能在教學活動的過程中,滿足個別學生的需求,並且在教學生涯中吸取新知,參與研習進修,符應現實的教學需要。基此觀點,我們從以下幾個方面來做好照護孩子:⑴校長及各處室行政人員積極參與特殊教育委員會組織的運作。⑵家長會設有特教志工團,對特教團隊提出的人力需求均能適時給與協助,如:課程活動之參與、資源班學生紙筆測驗之協助;另外,特教學生家長代表也會就特定的需要,連繫家長與學校特教團隊溝通與討論,請家長會對特教學生需求的事物,給與支援協助。⑶甄選愛心小義工,利用課間活動和中午時間,到啟智班實施一對一的互動,並公開表揚愛心義工。⑷與普通班教師共同設計融合課程,讓普通班學生與特殊班學生一起上藝能課與玩遊戲,提供特教學生與普通班學生多方面的交流方式,進而認識特殊班學生,接納特殊學生,與特殊班學生交朋友。⑸爭取相關專業、醫療、社福之資源並妥加運用,如:職能、物理、語言治療師每月固定諮詢服務;結合台大醫院協助動作協調問題兒童之篩檢與評量;與台北市立師範特教系師生一起進行較需要人力的活動課程;爭取社區獅子會對本校特教經費贊助、昌盛基金會協助資源班學生課後的輔導等等。

六、各項資源的爭取與運用

回想 4 年前剛通過教育局校長遴選委員會之遴選後的那個下午,與家長會劉會長聊了整個下午之後,才知道新任的這個學校有許多待努力的空間,其中以下幾項是最急迫等待解決的,如:㈠全校的建築結構經鑑定後大部分的耐震係數都很低,忠孝樓的樓板泥塊嚴重塌落;全校超過三分之二的建築都可能須補強或拆除重建;㈡行政用的忠孝樓、和平樓的第二期未領有使用執照,若未如期請領,將於 2006 年 12 月底強制拆除;㈢配合政府加強學童游泳教學的政策,本校原有的游泳池擬改為溫水游泳池;㈣學童的營養午餐將配合其他學校採取中央空廚的方式供應;㈤學校學童用的飲水機已全部拆除多年,學生不是自己帶水就是到福利社買礦泉水喝,希望能爭取全校設置生飲水設施,解決學生喝水的問題;㈥九年一貫課程實施在即,雖已有架構,但仍須多方溝通協調配合政策與學校實際狀況全力規畫執行。想想,這應該是上天給我最好的禮物和最嚴苛的挑戰,並且是給了我為師生們服務的最好的機會,我不應該感到麻

煩與困擾而退縮，我認為也相信只要「有心、用對心」，一定就能夠完成長官們交付與我的任務與期許，因為「天冷不是冷，心寒才是寒」，不是嗎？

　　一眨眼 4 年的時光即將過去，以上所述的任務只差今年中將爭取殘障設施經費，設置完善後也將能順利取得使用執照，其餘的部分都經過建築師等詳細的評估、進行溝通協調、成立工作小組、訂定相關實施計畫及經費明細、逐一編列預算結構、爭取長官及議會議員的高度認同與支持等等程序，並且在歷任的教師會會長及會員、學生家長會會長及代表委員們、各處室主任及所有行政同仁、所有教師以及社區里長及里民們的鼓勵與通力合作下都已達成預定的目標；其中，也應該感謝總務部門的前後任 2 位主任及會計主任對每項工程規畫與執行的用心、細心與耐心，以及對《採購法》的相關規範的熟稔，才能順利地從預算編列、設計規畫、發包程序、訂契約、施工與驗收等等的層面一一的在「依法行政」的原則下實現「形式追隨功能」的目的。這期間更要感激教育局長官們的支持、督學的全力相挺，想起來雖然有點辛苦，但是，一想到能夠逐步的體現學校的願景「建構優質的學習環境、彩繪綺麗的歡樂童年」的美夢，這一點苦算什麼？不是嗎？

七、累積豐沛的人脈存摺

　　提升人脈競爭力是一門藝術，在人的成長軌跡中，都有一門必修的「人脈學分」，它的重要性可能不低於專業學分，而「人脈存摺」是一本可以影響你將有多少成就的「存摺」。根據史丹福（Stanford）研究中心曾發表一份調查報告，結論指出：「一個人的賺錢，12.5%來自知識，87.5%來自關係」，可見人脈競爭力是如何在企業界或一個人的成就裡扮演著重要的角色，可以說：「專業是利刃，人脈是秘密武器」一點也沒錯。若真如此，那麼，假如能夠將個人所累積的豐沛人脈關係適時的將之移轉為對校務推動的一種助力，那將是學校與學生之福。

　　這些日子以來，我們要感謝許多的朋友或團體能夠無私的、默默的奉獻他們的力量給學校，例如：在創校 30 週年慶之際，由於林先生的經費贊助與鼓勵，在藝術人文小組的用心規畫下，經由全校親師生從繪製草圖、柱上描繪圖樣、敲碎磁磚、拌抹水泥、依圖貼磚、抹平磚面……等等步驟，我們才得以能夠讓老舊的防洪教室獲得重生的機會，展現出另一種不同的「童話花園」的風

貌與學習的空間，更美化了校園成為一種令人懷念的特色。

又如承辦交通局指導的「親師生走路上學週」的活動，生教組長傅老師非常用心的從事前的評估及訂定計畫、教學活動的規畫設計、路線的設置、導護義工崗位的安排、當日活動的執行、活動的多元宣導……等等項目的思考都極為詳盡。而某關係企業的蔡董事長當知道此事後，即慷慨答應購置多輛自行車作為當日交通安全活動有獎徵答或全程依規定由家長陪伴上學的學生的摸彩品，讓活動更加的生動活潑又有趣。

當然，對於外界的資源協助應該是多多益善才對，但是，我們是否照單全收，恐怕必須三思而後行，往往我個人所把持的原則是：㈠要與教學有關；㈡要與學生的學習有關；㈢要能對學校的軟、硬體設施有幫助；㈣要來路清楚，且有第三者在場；㈤不自己經手，依相關會計程序辦理，且交由各處室確實執行；㈥要照相存證，留下紀錄……等等；其中，最重要的是要心存感激，製作感謝狀於公開場合表達無限的謝意。

八、與家長共進教育發展

所有的家長或家長會在學校發展的過程中，都是重要的合作夥伴，依照現行的規範，任何一位家長都有責任，也有義務，更有權利對學校提出行政上或教學上的建議或共同參與校務發展的機會；因此，站在校長或學校的立場不但不應該排斥，更應感激多了家長們一份關懷的心，相信對校務的推展也會更進一步。所以，對於各種會議或各種問題的解決都應該主動的、誠懇的邀請家長或家長會的成員共同參與討論，甚至基於家長「知情權」的理由，與學校教育或校務推展相關的任何訊息或法令規範或政策重點等，也都應該透過書面資料、網站、口頭或各種集會等等機會廣泛地加以宣導或告知，一方面除了讓家長清楚孩子們在學校的學習內容或活動情形之外，另一方面更應該爭取家長的支持甚至共同參與班級或全校性的親子活動；另外，平時 3 位家長會的副會長都採取分工的做法，負責與教、訓、總、輔四個處室進行對話或協調經常性的事務工作，成為學校與家長或家長會之間的溝通窗口，如此一來，家長或家長會不但不會有干預學校的情事發生，相信這樣的助力無形中將會與日俱增。

在這樣的過程中，我們也共同的創造了許多不同凡響的成果，例如：學校為了順利地推展九年一貫的課程，身為輔大教授的劉會長不但親自出席每一次

的課程會議，而且也提出了相當多的寶貴建議與作為；2003 年為了慶祝學校的
30 歲生日，黃會長不但帶領著家長會的成員們投入整個活動的過程中，甚至還
到處籌募經費使活動的型態更加的活潑生動；為了某汽車公司擬在學校旁邊設
置調度站，家長會孫會長擔任了 9 人工作小組中的公關組長，居中協調及處理
了許多棘手的事物性的問題；今年，龍會長為了使孩子們度過一個不一樣的元
宵節，也投入了不少的時間、費用與精神全心全力的規畫和執行。這些家長們
或家長會的努力最後一定都會回饋到孩子們的身上，不但豐富了學習的內容和
體驗，相信一定也留下了許許多多美好的童年回憶。所以，對於學校與家長或
家長會之間的關係，可以說「合則立，分則敗」一點也沒錯。

九、友善誠懇的對待所有同仁

　　有位企業界的領導者曾經以「鼎和碗」的比喻來形容領導者和員工之間的
微妙關係，他說：「哪無鼎，碗捧卡大嘛無效」，其中的「鼎」比喻為員工，
「碗」比喻為領導者，意思是說一位領導者再怎麼樣的能幹，如果失去了員工
的話，那麼一切都是空的，組織也無法存在了；一個學校的發展不也是如此的
嗎？有了學生才有教職員工，有了教職員工才有校長，因此，彼此之間的對待
關係就顯的非常的重要了！就此而言，我們可以大膽的假設：「失去了教職員
工就等於失去了一切」，所以，學校的所有同仁是否都向同一個方向線前進，
當然這就是校長應盡的責任與義務了。

　　在與所有同仁相處的過程中，個人始終把握了一個大前提和兩個主要的原
則：㈠倡導「無為而無不為的管理」，和「沒有管理的管理」的哲學觀與作為。
所謂「無為而無不為」的經營哲學是一種「順應人性」的自然法則的思維，領
導者下放其權力，減少有為程度，讓屬員多些自主機會，則其管理方式愈接近
無為而治，並非消極的放任而什麼都不作；另外，「沒有管理的管理」的經營
哲學是一種「順勢而為」的市場法則，領導者應順勢運用來自顧客、資訊、投
資者、全球化、文化、領導者自身等等的內、外在力量取代傳統管理的力量進
行管理，不必只由領導者進行一言堂的領導。㈡堅守兩個原則：也就是對人、
對事時時把握「合理的要求、適當的堅持、普遍的對待」的原則和「競爭而不
鬥爭、對話而不對罵、討論而不爭論」的彼此尊重的態度的原則。那麼，在諸
如資訊設備分配的問題、課級務安排的問題、增設社團的問題、各種收費流程

的問題、授課時數的問題或是其他爭議性的問題等等，經由這樣不斷的與教師、教師會、行政人員及職工們互動而後產生的信任關係中，一種所謂的「和諧穩定中茁壯發展」的美好境界應該就會自然而然的達成共識並且發展開來了吧！

十、對學生謙虛是一種高貴的表現

我總覺得教育本就是一種「助人」的志業；而在現階段的教育氛圍中，我們要如何協助與帶領孩子們走向未來呢？個人認為：㈠我們要帶給孩子的是一個「絕對公平」的機會。㈡我們帶給孩子的是 21 世紀必須要了解的「正確知識」。㈢我們帶給孩子的是許多如何生活的寶貴經驗。㈣在我們帶領孩子學習的過程中，使他學會溝通、表達、協調、領導的種種「能力」。㈤我們帶給孩子一群良師益友。㈥我們帶給孩子充滿友愛、熱情、上進、樂觀的「學習環境」。為了實現這樣的理想，我想除了給與最大化的正規課程的規畫與學習之外，同時個人也常常懷抱著「他就是我的孩子」的心情，利用各種非正式的機會比如下課時間、掃地時間或是放學後等交通車的時間等等去親近孩子，藉機與他們聊聊天說說話，甚至有時候也跟孩子們一起打打球；從這樣的接觸中，孩子們真實地分享了發生在他的家庭中、班級上或者是安親班中的點點滴滴的心情或是有趣的事。久而久之，不管在何時、何地，孩子們也都會很有禮貌的主動跟我打招呼了。

十一、以平常心建立上級單位的關係

有位學者曾經說：「一個人若能擁有一個『生存的理由』，他就可以忍受幾乎任何的『生存情境』」。就此而言，將目前校長的角色扮演好應該就是我存在最好的理由與動機，又由於人類動機的基礎在於我們每個人都想要成為有價值的人物，想去尋找可使我們的生存有意義及有價值的一種個人認同。果真如此的話，而在這樣的個人價值認同的過程中個人認為可能需要具備兩種力量：㈠發自校長自身內在價值的思維與自我的肯定的力量；㈡需要仰賴某種外在力量的加持與督促；那麼，在諸多的外在力量中所謂的「上級單位或長官」可說是一種極為重要的力量來源，因為校長的作為本就是在一種「承上啟下」的情境過程中進行校務的綜理活動，因此，校長與上級單位或長官之間的互動良好與否，對校務的推展一定具有某種程度的影響力，這是無庸置疑鮮明存在的現

象。

　　至於我們該以何種觀點或做法來與上級單位或長官保持良好的關係，個人的實際經驗如下：㈠謹守行政倫理的分際，倫理不是用說的，而應該是一種表現在實際的行動中。多年來一直與行政人員之間維持著一種大家相安無事又能合作愉快的默契是：「不主動外包工程，但不拒絕也不排斥上級單位或長官主動交辦的任務」，也就是說，這麼多年來我從來不會也沒有主動的去跟上級單位或長官爭取過任何一項屬於專題性的業務或活動的承辦工作，然而，不論任何一位長官以電話或主動行文交辦的從不拒絕，一定克服任何困難與行政人員共同規畫執行完成長官的交付。因此，這些年來基於這樣的原則之下，我們也執行了許多的專題性任務，比如：郊區學校田園教學教材研討會、水圳古道之旅、全市高國中小相聲比賽、全市生教組長交通安全研討會、擔任九年一貫課程第九群組中心學校工作 2 年、外縣市交通安全觀摩會、教育部交通安全教材製作推展計畫、親子走路上學週活動、體育發展方案區召集學校、防災收容中心學校及性別平等教育資源中心學校等等。此間除了衷心的謝謝長官們對學校的肯定，放心地把工作交付給我們，更要感謝同仁們不分晝夜的為工作辛苦的付出，當然，最難能可貴的是將我們從體驗中所獲得的學習與成長轉化為一種團體的動力與能量的喜悅吧！㈡採取「報喜不報憂、揚人善規己過」的態度。於上級單位或長官或督學蒞校指導或視察時，不談「人與經費」困境的問題，而一定馬上請所有主任到校長室來，當面讚揚並說明近來各處室為學生或教師或學校所作的種種努力的成果或特色，並請長官指導，一方面讓長官立即知道校務推展的情形，另一方面可以得到長官對同仁的回饋或指正，真是相得益彰，也許就從這樣的過程中，長官們就會主動的給與某些資源的協助了。

十二、以學生為中心發展學校的特色

　　首先，我們可能要先定義一下什麼是「學校特色」，這樣比較能夠釐清發展學校特色的路徑，而不會產生太多認知上的歧異或偏頗於一方的現象。我個人非常贊同劉春榮教授在一次的校務評鑑說明會中對學校特色所做的詮釋，他說所謂的學校特色是指：㈠創新的：別人沒有，我們的績優；㈡別人有而我們的比較好；㈢一種文化：屬於長期的傳統；㈣相較於其他項目，此項比較好；㈤學校核心的部分；㈥別人的評價：是一種好的聲望；㈦教師認為不錯的工作：

是一種榮耀。若以這樣的思維為基礎，我個人認為我們並非建立特色而有特色，這個特色的形塑是要能夠影響或培養學生更多元的認知觀念、良好的學習態度以及正確的行為模式的建構才是，那麼，我們如何形塑與實踐以學生為中心的學校特色呢？以現在所任職的這所學校為例：在我到任之前，學校的發展願景及學校特色已經在課程發展委員會中經過委員們充分討論定案，也就是說「藝術與人文」領域是學校所要發展的特色課程，並且也期盼能夠從以學生為中心的課程發展中形塑出學校的特色，所以，我的任務就是確實的依此目標思考如何規畫與執行的了。

此後，「牛肉在哪裡」的這樣的思維不斷的在我的腦海中迴盪，機會總算來了，忠孝樓於 2002 年 11 月驗收完成之際，重新評估了全校的空間之後，我個人極力主張在四樓保留 2 間教室，1 間作為發展科學教育之用的「小小科學館」，1 間成為發展藝術與人文之用的「小小美術館」；之後，雖然硬體的設置礙於經費的關係無法盡善盡美，然而經過「藝文小組」老師們用心的定期、不定期的討論規畫，「小小美術館」就成為各年級學生、各類作品發表以及與藝術教育有關的專案計畫展演的最佳空間；同時也逐年添購了一套燒窯設備，讓學生們有機會從感受玩泥巴的樂趣中培養藝文的氣息與享受另一種不同的成就感。這其中，藝文老師們也帶領著孩子們結合社區資源的社區牆面彩繪活動、學校防洪教室的美化、配合北美館展演的主題活動……等等，尤其四年信班的謝老師帶領著孩子們在「小小美術館」進行的書法個展、藝術作品個展、寒假作業成果展更是讓人感動萬分。相信在所有同仁的努力下，我們一定能夠永續地經營這個特色成為學校中的一種重要的傳統文化，獲得更好更多的評價或聲望或績效，引領孩子們走出一片屬於自己的天空！

十三、迎接並擁抱課程的變革

在近來的教育政策中，九年一貫課程的推行應該是對學校教育生態的改變與衝擊算是很大的一個項目，剛推展之初許多人都抱持著觀望的態度，對於「九年一貫」為什麼是「九年一貫」的精神或做法也都存著不確定的懷疑的眼光，又如果非正式組織的力量很強的話，對於這樣的變革也可能會出現某種「保持現況、拒絕改革、忠於同事、犧牲專業」的心態或聲浪，那麼，校長面對這樣的課程變革如何因應呢？個人採取「問題解決模式」的方式試著與同仁們共同

面對新課程的變革：㈠省思現況、㈡吸收新知、㈢找出問題、㈣形成共識、㈤研究改進、㈥分享交流。乍看這個歷程雖然是四平八穩，似乎就能夠解決所有的困境而讓事情順利推展，但是我認為其中可能會因為某種強烈的意識型態的變因而受到一些阻礙，因此，只能以最高度的誠意態度來與所有同仁溝通；因為剛到這個學校就面臨課程的變革，為了使同仁們都能普遍的接受新課程，除了常利用下午某個年級沒課的時間，將以前在他校的一些經驗利用幻燈片、影帶或書面資料等與同仁們面對面的分享、溝通與對話，甚至也利用中午時間與一年級同仁共進午餐，藉以充分的找出問題所在、傾聽心聲、接受訴苦以及彼此分享寶貴的教學經驗、班級經營法則……等等，有時一聊就聊到放學時間，在這樣的互動過程中，縮短了彼此之間對欲推展新課程的種種問題的認知距離，也建立了彼此之間面對新課程的致知行動策略的共同觀點。

4 年來從不斷的解構、探索、建構、實踐的歷程中，我們學會了團隊精神的發揮與互助，不但每學期的學校課程總體計畫常獲得績優的表揚，2003 年 10 月也榮獲教育部「標竿 100──九年一貫課程推手」績優學校團隊的鼓勵，沒有老師們的用心，哪有學生的最大化的學習成果呢！

參、因應環境衝擊的理念與作為

一、具備充足的法律規章素養

一般而言，法律規章是民主社會公民必須具備的的素養，沒有法律規章為基石，民主運作是盲目的；學校是一個社會的縮影，也是培養民主觀念最好的場所，因此，學校人員必須具備教育專業中的法律規章素養當是無庸置疑的，而身為一個學校的領導者的校長，更須充足地具備這一方面的知能，方能有助於校務的順利推展，所謂的「依法行政」也應該是行政運作的最高準則。如果一個校長的法學素養不足，輕者可能必須擔負行政責任，重者可能觸犯《刑法》而必須擔負民、刑事責任，這當然是每一個人所不樂見的情形；但是，在校務推展或行政運作的過程中難免都會面對在「人、事、物」方面的某些難題或困境，要度過這些的難關必須靠相關的法律、規章或教育法令的規範來加以解決；然而，若能在短時間就能解決那就真是阿彌陀佛，否則一拖數年那就真是陷於

度日如年的苦境了。

回想起剛初任校長的時候就必須面臨要解決所謂的「不適任教師」的難題,這個問題前後延續了將近 4 年的時間,謹將那時候處理的重點情形分享如下:㈠法規的了解方面:在處理的過程中,除了不斷的請教相關的法律專家之外,自己再熟讀與分析《教師法》、《教師法施行細則》、《國民教育法》、《師資培育法》、《教師任用條例》、《中等學校以下教師聘約準則》、《教師評議委員會章程》、《教師申訴法規》……等等的相關條文就成為主要的功課了,尤其是《教師法》的第十四條的規範更是重要。㈡教評會的程序運作:欲處理教師的解聘、停聘與不續聘的問題,都必須經教評會的審議方能有效,因此,如何讓教評會委員充分的了解該教師的所有情況就成為裁量的重要關鍵,所以,人事室或相關處室必須周延的、客觀的提出相關平時教學資料、輔導過程資料、班級經營情形、家長意見反映、醫院或醫師的相關資料、作業批改的情形、平時巡堂紀錄表、出缺勤資料、教師自述資料……等等,以作為教評委員們進行審議所謂《教師法》第十四條中所言「教學不力,且有具體事實者」的佐證資料的判準;甚至在蒐集這些資料時,可經該教師的許可,由教評委員輪流進入教室中實境地觀察教學過程並詳加記錄,以利委員判斷時的客觀性。㈢處理過程應報局核備:處理過程要時時讓駐區督學或長官們完全客觀的了解事情的發展情形,而經教評會對於教師的解聘、停聘與不續聘的決定與佐證資料一定要行文報局核備後方正式完成程序。㈣進入各申評會或法院審理的層面:如果當事者在法定的時間中對教育局、市府訴願委員會、教育部訴願委員會、監察院法規會等機關提出申訴時,最好都必須一一的請教法律專家後詳實地提出相關佐證資料,以利調查。而不管是地方法院或行政法院的每一審的出庭最好依照「公務人員訴訟補助要點」的相關規定,向教育局申請委由律師代為出庭及撰寫答辯狀的費用代表學校或校長出庭。㈤必要時讓該師的父母親參與或知悉所有的處理過程,取得某種程度的諒解及共同面對此問題。㈥處理階段善盡保護教師及學生的責任,以防患親師生受到二度傷害。㈦客觀地分析相關的利害關係人之間的各項訴求,以求處理過程的明確性及周延的思考到各方的相關利益,對於民代、媒體與壓力團體的關心,以平常心、誠懇的態度周延地告知,請求能以「中庸、中道」的平衡仲裁。㈧不要忘記還有更多的校務要推動、更多的學生要照顧,不能為了這件事而迷失了方向,或者賠了自己的健康,因

為，還有很長的路要走。

二、轉化外在環境衝擊的兩難困境

在此擬與大家分享一件從 2002 年 2 月到 2003 年 12 月將近 2 年時間，極為棘手且複雜的外在環境衝擊的案例：

「2002 年 2 月某汽車客運公司將租用緊鄰學校一牆之隔之農業用地，設置 1,300 平方公尺之停車場站，供 51 輛汽車停放、調度之用，地主每月可收 65 萬元之租金。經各方不斷的溝通協調，終於 2003 年 12 月底距學校圍牆退縮 40 公尺，公車 27 輛進站運作。」

在目前的法令中，網咖的設置必須距離學校 200 公尺，加油站必須距離 100 公尺；但是，相關法令中並無汽車調度場站的設置必須距離學校多遠的明確規範，以至於造成某汽車公司所要設置的場站與學校僅是一牆之隔，相關調度場站設置的主管核准單位是交通局，非屬教育體系的範疇，因而，從此就展開了一場漫長的「交通建設與環境保護」之間的論戰，當然，極力保護學校的良好環境與師生的生存權利理應就是校長無法推卸的責任。

謹將面對此牽涉層面甚廣的事件的一些思維與作為分享如下：

㈠熟悉法令層面的規範：如台北市農地使用條例、公車調度場站設置要點、交通事業運作條例、環境評估法規、加油站及網咖設置相關規定……等。

㈡了解各相關人員的權利主張：如申請設站的汽車公司、地主、交通局、家長會、社區、民意代表、教育局、學生、行政人員、新聞媒體、環保單位、教師會、壓力團體、市政府、校長自身……等。

㈢堅持處理的理念與原則：如建立「環保為先學生第一、理性訴求爭取權益、教育手段解決問題」的理念及把握「競爭而不鬥爭、對話而不對罵、討論而不爭論」的原則等。

㈣善用各種組織及人員的力量：如危機處理小組、校務會議、發言人、里長、社區協會、環保團體、行政相關系統、民間有力人士、學術研究單位、校內外意見領袖……等。

㈤適時向長官及教師們報告進度：如主動積極地向相關局科處室長官、駐區督學等報告處理進度或請求支援事項，並利用教師朝會或各種集會向全體教職員工或家長們說明相關進度或處理經過。

㈥掌握責任分工制度並詳實記錄：如將危機處理小組分為資料組（3 人，教師會擔任）、行政組（3 人，行政人員擔任，包括發言人）、公關組（3 人，家長會擔任）等組別，由校長擔任召集人及主席，每次對內或對外之會議必須錄音及記錄並且整理成檔案；每次相關之協商會議之前必定召開行前討論會，研商相關有效應對的策略；同時校長自己必須有一份工作備忘錄，詳實記錄各項通話紀錄或簡要記錄事情的發展經過（人、事、時、地）……等。

㈦只求「師生人權保障」不問「個人功過得失」：在各種會議或相關場合中充分且周延地堅定表達學校師生的立場或主張，決不退縮與讓步；被誤解或扭曲之處必須當眾解釋及釐清；將功勞歸於長官與同仁、過失歸於自己努力不夠……等等。

三、教育政策推動的反省

對於教育部或教育局所推動的各項教育政策與行動方案成功與否，個人認為常受人員、方法、工具及策略等的關鍵因素的影響而產生不同的結果；而面對近幾年來多少的教育政策或行動方案不斷的公布推動的情況，身為末端的執行者，你能排斥不接受嗎？因此我總是抱持著兩個角度來看待：⑴在認知上是以「真正的發現之旅，不在尋找新世界，而是用新視野看世界」的觀點思索這樣的教育政策，我要用什麼樣的角度或視野來看待；⑵在行動上是以「多種一畝福田、多開一扇心窗、多認識一個世界」的積極態度來評估進而採取可行的策略。於此謹以本校擔任在全市九年一貫課程推展委員會架構下執行第六群組中心學校的經驗為例進行反省。在剛接下這個任務之際，所知道的是上級希望以「區域策略聯盟」的精神來規畫與落實各群組間的九年一貫課程的工作，因而，個人從兩個向度進行思考：一是蒐集企業界、學術界或實務經驗等層面有關區域策略聯盟的各項資料，進行分析與評估並確實掌握區域策略聯盟的真義及推展時可能遭遇的困境為何等等；二是全面蒐集與分析去年第一年各群組所擬訂的計畫的內容，進而找出其間的脈絡與差異及其所執行過程中的優缺點；在這兩個架構下，重新思考如何以「教師為本位、學生為中心」的概念擬訂群組年度行動方案草案，之後再召集各校的校長與教務主任進行草案的討論、調整與修正，定案後即在「資源的整合、品質的建立、教學的創新、學習的多元」

的原則下展開了為期 2 年的工作了！

四、行政運作中的價值與倫理的考量

　　愛因斯坦曾經說過：「聰明的人絞盡腦汁解決問題，有智慧的人避免產生問題。」面對多元繁雜的學校行政事務時，難免都會有些許衝突與困境，例如會碰到類似：個人控制與共享權利、個人目標與共同目標、私人權威與公共權威、自身利益與公共利益、學校本位與公共規範或孤芳自賞與擁抱群眾之間取捨的兩難困境的問題；所以，一個領導者如何去有效的化解或事先防範不讓衝突產生，當是一種高難度的挑戰與考驗，更是一項必須坦然面對而無法逃避的事實。當必須去處理這些牽涉到所謂的價值或倫理的判斷與決策的衝突時，除了秉持「兩權相利取其重、兩權相害取其輕」的古老經驗之外，個人一向是秉持著以下的觀點及準則而為行政之裁量：㈠尊重當事者的權利，但以學生的利益為最大化優先考量；㈡依照民主的程序；㈢以教育專業知識的領域為範疇；㈣以共同訂定的規範為依據，但不違法；㈤真誠地充分開放公共的論述空間；㈥不斷的反省檢討。

　　基此原則，試以「教育局配送 x 部電腦（個人電腦 y 部，筆記型電腦 z 部）到校，教師會主張應以『教學及學生的權益』為優先分配，不應分配給行政單位使用，然而行政單位認為『行政人員也是科任老師』，也應有權合理分配，兩者之間爭論不休」的例子說明校長處理的思維與作為。㈠評估全校的電腦數量與分布情形：政府每年都會配發電腦到校，而目前確實未達到班班有電腦的理想，但行政單位所用的電腦確實也老舊且不足；㈡校長思考必須把握的兩個原則：「全校資源共享」與「教學行政兼顧」；㈢進行處理的過程：1.評估現況（分析問題、掌握資訊），2.確立原則，3.多方溝通協調（資訊組長、系管師、各處室主任、家長、教師會、非教師會教師等代表共同討論行政版本、教師會版本的優缺點），4.提出數量分配的規畫草案，5.教師朝會及學校網站宣布草案，6.鼓勵提出意見並彙整反對意見，7.再溝通協調達成共識，8.宣布實施計畫並安撫情緒，9.確實執行且重新建構全校資訊網絡，10.召開行政會報進行檢討以作為其他行政運作時的經驗參照。

肆、塑造優質學校的文化與契機

一、發展學校成為學習的社群

　　單打獨鬥的時代已經過去了，合作才是通往成功之路的不二法門，而學校內部的教職員工生活背景不同、學經歷不一樣，當然觀念也不會全然一致，所以要整合每一個人的認知觀念成為一個「學習社群」的型態與架構，確實是非常困難的一件事，在此試以如何將「校際交流」的活動凝聚共識，付之行動進而成為同仁、家長、學生們彼此之間的共同話題，最後發展成為某種型態的學習社群的過程經驗與大家分享。這 8 年來分別與屏東大社國小（排灣族）、南投雙龍國小（布農族）、蘭嶼椰油國小（達悟族）、花蓮港口國小（阿美族）、花蓮豐濱國小（阿美族）、新竹新光國小（泰雅族）、南投港源國小（客家）等校進行雙向的深度體驗交流活動，從過程中我們學會了相互關懷、相互諒解、相互學習、相互尊重的態度與感受，其過程簡述如下：㈠行前準備階段：1.行程規畫：教師或行政人員進行雙向的行程安排、課程內涵、住宿情形、交通路線、隨隊人員、經費明細等等的意見溝通協調，並依照交流相關事項進行責任分工；2.製作手冊：學生們分組分別針對對方學校的族群文化、歷史、建築、衣飾、食物、特色或其他層面，進行相關資料的蒐集、報告、編排、美編、印刷……等等工作，最後裝訂成為「交流資料手冊」，全由學生包辦，教師只是從旁協助而已。3.禮物裝飾：贈送對方禮物由親師生共同構思討論，採取廢物利用、就地取材或本校特色或美勞教學中的創意製作利用，不花錢去買；4.家長協助經費張羅：依程序向上級申請補助不足部分，盡可能由家長會透過各種友善關係向獅子會、扶輪社、財團法人或企業主等進行溝通，取得同意後以協辦單位為名義協助辦理；5.雙方進行交流：雙方學生分組分別以網路或書信方式進行溝通。㈡活動實施階段：1.住宿方面：要求盡量以「接待家庭」方式安排，若有困難則以安排在學校教室為主，以實際體驗不同的生活方式；2.雙方人員交流方面：要求雙方行政人員、學生家長、家長會或社區相關人員都要派代表參與，以增進彼此不同文化的交流學習；3.課程設計方面：以該校特色課程、社區鄉土文化或居民產業方式為主軸安排，由雙方教師或社區人士

擔任講師，而且3天2夜中盡量安排一次的營火晚會；4.伙食方面：安排屬於當地文化特色的餐點，盡量不外買。㈢後續交流：活動結束後學生將所見所聞利用朝會向全校同學進行成果報告分享經驗，鼓勵彼此之間密切來往保持友誼，甚至互為交換學生或參與對方學校或社區舉行的特定活動或節慶。

透過這樣的深度體驗交流活動過程，至今尚有許多同仁或家長彼此成為好朋友，時時互通訊息或資源分享；如果某種型態的親師生的「學習社群」因此而形成，恐怕是最好的附加價值了吧！

二、五育均衡發展的思維與做法

人之所以為人，其中最可貴的是能夠不斷的思索如何追求「過好的生活」與「做對的行為」的美好人生，就此而言，如何實踐與培育「五育均衡」的發展應該是教育目標及學校教育中最重要的課題與內涵了！然而，五育中的智育、體育或美育領域的學習過程或成就，可能可以透過某種形式的量化而顯現，對於德育與群育可能就無法利用唯一的教科書或課堂內或筆試的量化結果而呈現，因此課程規畫設計及實施就相對的出現其困難與挑戰了！

為了實現某種教育理想，在前一任的學校的教育夥伴們曾經推出榮譽公民護照、心靈家族、晨間藝能探索活動、學生公民大會……等等方式的創意做法，我個人認為其中的「心靈掃區」的構思應該具有一定意義的教育性。幾年前或現在訓導人員或導護老師們常常為了學生的打掃工作而傷透腦筋，甚至各班的整潔分數也不知如何客觀地打分數；因此在一次的同仁經驗分享中我提出了一個「心靈掃區」的構想，經過同仁們的不斷討論修正與實施果然效果非凡，我們的做法是：㈠前置作業階段：1.區域畫分：首先經過討論後將全校包括班級教室、專科教室、行政處所、室外區域、廁所等處劃分為21個區域，明定每個區域的打掃人數，但每個區域人數中都要包括各年級的學生在內，然後公布全校師生周知；2.區域選擇：利用朝會時間在區域總表中由全校同學按照各區域所定的人數，以自己的意願填入姓名，若該區域人數過多則由該組人員自行以某種方式解決，退出者則在第二輪選填。㈡實施過程階段：1.小組責任分工：每一區域的小組成員自行選出組長，工作分配則由所有人共同討論後將名單交到訓導處，且每週組長必須選出工作表現最佳的名單（人數不限）；2.申訴權利：於打掃工作中任一小組成員若覺得有任何不公的情事發生或其他意見，可

以隨時向導師或組長反映處理；3.教師分區巡視：行政人員、級任教師或職工分配到各區時時巡視，以防意外事件發生。㈢輔導與獎勵階段：1.適時輔導：導師或組長時時進行各組的申訴事件的輔導工作，而輔導或處理時該區域的全組成員都必須都在場，以求事實的真相和團隊型態的形塑，直至該組所有成員都沒有意見為止；2.配套措施：該組人員打掃工作經該組組長認可後可以到視聽教室觀賞影帶或使用電腦教室；3.獎勵表揚：每週工作表現優良同學可以在公民護照上加蓋戳章5格，50格時即可將名單公布於榮譽牆中，之後所累積的格數再依公民護照規範逐級表揚。

這樣的制度一直實施直到我離開那所令人懷念的學校，實施之後感覺上全校的清潔工作沒有死角，低、中、高年級同學之間的互動增加、情誼變深，也不會再吵架，訓導人員及級任老師訓誡學生的情況也不見了，廁所也變成大家爭相要登記的區域了！

三、建置行政與教學的資訊網絡

運用資訊科技在教育上的原因，不外乎是行政部門對於各項資料的處理更有效率、增進學生學習的動機、展現教師獨特的教學能力、支援新的教學法、增進教師的生產力和具備資訊時代需要的技能等，而所呈現的教學特色為可以提升教師的演說及討論的能力、促進學生個別學習及報告的活潑化、促進小團體共同研究學習及報告，和促進學生間的分享與交流，而造成共同研究學習的風氣等，所以對於校務的運作與教師教學的創新一定具有深化的意義和價值。

至於在實際的運作上，有以下的思考與作為：㈠訂定資訊教育發展計畫與推動：1.以加強教師資訊素養能力為主：辦理各項資訊素養培訓與進修研習活動。2.落實資訊教學活動：擬訂電腦課程總體規畫與學生資訊基本能力指標，規畫電腦課程以達成資訊基本能力指標，並舉辦學生資訊應用學習之相關競賽，增加學生對所學之興趣與應用。3.加強資訊融入各科教學：成立教材製作室及充實硬體設備，以利教師製作數位教學教材，充分利用電腦資源建立個人教學檔案、教學方案、教學評量（試題）等資料，鼓勵教師多利用班級網站與學生學習連結。㈡校長及各處室行政人員積極參與討論：校長及各處室行政人員適時參與資訊小組會議，利用校務行政系統掌握及整理學生相關資料，也能運用網頁發布業務訊息及利用資訊科技於活動中。㈢鼓勵教師參與資訊研習活動及

數位化教材的研發與推廣：如數位相機在教學上的應用研習、拍拍燒照片光碟製作、NAMO網頁製作、活潑好動簡易動畫製作、數位化教材的研發研習等。㈣全面建構校務行政系統網絡及學校網頁與班級網頁的建立：1.學校首頁：設最新消息供各處室發布消息，並即時將活動訊息及照片供學生家長了解，適時更新網頁內容。2.班級網頁建置已達百分之百，並鼓勵師生參與各類網頁製作或教學創新之競賽。㈤參與教育部所屬之資訊種子學校計畫：以增進硬體設施的更新及設置和資訊素養的增能及促進教學融入資訊科技的應用，因應九年一貫課程的實施改變傳統的教學方法，活化學生的學習過程與效果。

四、形塑與發展優質的學校文化觀

「教育改革」早已啟動，「九年一貫課程」正在推展。在教育專業的領域或系統中，教師是先鋒，行政是後勤，家長是夥伴，三者互為唇齒關係，「合則三立，分則三敗」，不但牽動了教育的千秋大業，也影響了校園的和諧氣氛，更關係著學生的學習成效和學校文化形塑的一股力量。因而，我們應該如何看待未來教育的發展，如何提升校園優質的文化，如何有效的促進學生的學習將是考驗我們的智慧，以來回答這些疑惑，並尋求解決之道的時刻。而面對現階段的現代化、全球化與數位化時代的來臨的轉型趨勢，對於教育專業能力的提升是各階層教育體系中極力倡導與推展的重要工作，但是我們絕對不能忽視「『專業』只是一種技術，『人文素養』卻代表一種人格」的看法，所以，在形塑優質的學校文化的當下，如何帶領著全校教職員工在「專業能力的提升」與「人文素養的養成」的同時兼顧下不斷的精進，應該是我們所應首要重視的問題。

其次，學校文化的形塑絕非是在一時的或衝動的架構底下所形成的，一定是經過一定程序而長期的評估、溝通、孕育所成；也絕非只是依照每一任校長的喜好、專長而形成，一定也是經過多少人的對話、互動、信念、傳承所成；而實質地反映在環境、教學、教師、活動、輔導、規章制度的種種層面的向度上，更進而直接地投射到學生的生活學習、學業學習或行為表現的內、外在氣質的顯現中；其中我個人所主張的信念是「優質的學校文化形成於親師生間的共同價值與信念中」。因而，校長如何培養親師生之間無私地共構與體現一種：1.信念的共享、2.夥伴關係的共享、3.合作的共享的良好關係與教育愛的環境

體系，應該是責無旁貸的責任與義務；因為，在一個理想的自由社會中有了共享的共善存在，一種公共生活就會不斷地得到改善，而人人也就自然地在學校環境中找到工作上或學習上無比的樂趣和喜悅了！

伍、深刻反省與期許未來的路

一、向長官及前輩借燈

一般而言，所謂的一個好校長的特質，我個人認為在某種意義底下應該具備有：*1.*解決各種問題的能力、*2.*周延性的邏輯思考的能力、*3.*明確穩健的行政運作的步驟或程序的能力、*4.*穩定的情緒、*5.*有自省的能力、*6.*領導者謙虛友善的行為特質、*7.*正確的教育觀、*8.*豐富的學識。這些優質的特質的養成一部分可能是天生俱來，但是，我想大部分應該都是在某種情境或經驗過程中培養而來；果爾如是，如何向教育行政部門的長官、駐區督學、進修時的教授、教師研習中心、師傅校長以及教育前輩們學習，應該就是不二法門的路徑。就此而言，我們要利用各種研習進修、儲訓培育、座談會、教育論壇、主題性研究、參與評鑑、各種會議等等的機會，不斷的學習正確的政策執行、領導風格、行政運作與決策、校務管理與經營、會議主持、課程領導、整合社區資源、專業發展、教學視導、親師溝通、危機處理與管理……等等的思維與方法，加以吸收、轉化、類推、內化到自己的整體經驗系統中，以能融入在面對不同的學校環境中的「人、事、物」的處理上的能量與動力。這種「案例本位」的「間接經驗」，確實值得我們向各級長官及教育前輩們，好好的學習其典範與細細的品味和思量其間的微妙之處。

二、向家長及教師問路

我認為家長與教師永遠是校長路上最佳的夥伴，有人曾經說：「教育是一種春風化雨，廣結善緣、積德的工作。」因此，為求教育春風化雨過程的有教無類的理想，所以，我們必須以一種廣納四海的胸襟與所有的家長、家長會、教師、教師會等共同手攜手、肩並肩的帶領著孩子們向著光明的路前進，以實現「教人成人」的目標。更何況「教育的一切措施都是為學生，學校的一切行

政都是為教學」，失去學生的主體性與教學的核心價值，那麼，學校還剩下什麼呢？就此而言，到底我們應該如何以理性的態度來與家長及教師們共處才好，我認為是不是凡事都應該「依客觀而非就主觀、依選擇而非靠一致、依績效而非循慣例」的思維進行判斷與作為，如此可能比較能夠維持一種「人人為教育、事事為學生、處處為學校」的共體共生的和諧理想境界。

三、向企業及社區找火

　　「標竿學習」似乎是追求現代多元化社會過程中廣被接受與推展的主流價值，康德曾經說過：「教育興革，只顧實踐不顧理想是盲的，只顧理想不顧實踐是空的。」就此而言，要實現教育中「有理想又有實踐」的地步，關起門來辦教育的時代已成過去，我們應該不斷的朝著「標竿的世界」延伸、探索、學習其有效的策略或執行的方法才行。其中，往往向「標竿企業」學習也是一種極為快速的捷徑，因為企業為求高績效高利潤的成就，就必須不斷的求新求變，否則基於「適者生存，劣者淘汰」的法則，很快就會失去企業的生命，所以，當我們的教育環境面對知識經濟、數位化社會、全球化結構的嚴重衝擊時，如果我們能夠合理客觀地將企業觀轉化並形塑建構為教育上的一種「新願景、新視野、新策略、新活力」的新趨勢，相信對於校務的推動與運作應該會有莫大的助力或推力。

　　另外，「學校是社區的動力，社區是學校的屏障」，從各種報章雜誌媒體的自由報導中了解到，現代的社會好像充斥著「暴力」、「暴利」與「暴戾」的複雜現象，學校教育的各種措施、資源與學生安全的維護種種，如果能夠延伸到社區里長、各種機關組織、當地警政系統、社區商家愛心站、社區發展委員會……等等，相信在校務的推展上將會多了一雙翅膀。

四、向學生及自己點燈

　　「學校是為學生而蓋的，老師是為學生而教的」。有了學生才有老師，有了老師才有校長，這是一種既定的良性循環的過程，我常常想「校長實在是沒什麼了不起，但是，了不起的是他能夠比別人想的多、看的多、做的多」，所以，我們是不是應該本著「做事但求有意、有利、有趣；為人只為無愧、無偽、無私」的態度，好好的思考與實踐「有心於教育——投入就能深入，盡力於工

作——磨練就能熟練，隨緣於人際——了解就能諒解，自在於生活——關懷就能開懷」這樣的情操轉化到學生的身上、到自己的工作崗位上。因為，佛家不是也常常鼓勵人要時時體現「生活即修行，工作即福田」和「給人信心、給人歡喜、給人希望、給人方便」的一種崇高的境界嗎？

語云：「十年樹木，百年樹人」。今後，唯本著「學生第一、安全為先」的信念，以回歸「教育本質」為基礎，發展「全人教育、終身教育、生命教育」為核心；彩繪「專業自主」的教學，落實「九年一貫課程」的目標。庶幾，在全校師生持續不斷的努力下，「土翻得深、根植得正、水澆得勤」樹人的工作必定卓然有成；而「建構優質的學習環境、彩繪綺麗的歡樂童年」的學校願景，也勢將如願實現。更能夠在快樂的氣氛中顯現出「既有效率又有效能」的團隊，結合家長、教師與行政的資源，帶領著孩子邁向未來、迎向 e 世代的新教育，創造共構新校園、新思維的心教育環境，相信我們的夢想一定可以實現。

作者簡介

台北市社子國小校長廖金春

語云：「生命中如果失去理想、夢想、幻想，那麼，生命就只剩下一個空架子而已。」為了不讓自己的生命在有生之年只剩下一個空的架子，所以，一直不斷的暗示自己「不超越就被超越」的念力與動力，也因為「努力為機會之本」，因此，一路走來不斷的找機會努力的學習。1956 年出生於一個極為純樸可愛、充滿鄉土氣息的南投縣草屯鎮的鄉下地方，8 歲父親過世，兄弟姊妹 8 人由母親一人茹苦含辛撫養長大，更要感激在師長們的教誨中成長，沒有他們就沒有今天的我；1976 年台中師專國小師資科體育組畢業，自願回家鄉埔里鎮鍾靈國小服務 5 年，1981年請調台北縣三峽鎮插角國小，1982 年改調新店國小啟智班任教，1984年甄試入台北市陽明教養院（陽明山國小附設啟智班，實施教養合一計

畫），1985 年考上主任，1986 年擔任分校主任，1990 年轉調湖田國小教導主任，學習推展田園教學的工作，1995 年至石牌國小擔任總務主任，1997 年甄選上校長，8 月隨即派任平等國小校長，任內與同仁和社區極力推展鄉土教育、社區總體營造和深度體驗校際交流活動，2001 年 8 月遴選為文林國小校長，2005 年轉任社子國小校長。從在將近 30 年的歲月中，讓我學會了如何喜悅地貼近人性的光明面，如何掌握「盡本分、守責任」的原則努力地扮演好自己，如何快樂地與他人和諧相處。

　　天性喜歡嘗試與接受各種高難度的挑戰，自幼到成長的各個階段中喜歡利用各種機會到各種場合去打工或當義工，或到企業機構學習。1978 年開始自修學習日文，擬改行當導遊或去日本進修，但都因某些不可抗力的因素而作罷，1990 年師大社會教育系畢業，1994 年師大特殊教育研究所結業，2000 年進入中央大學哲學研究所進修至今，在這期間總是抱持著一顆「自己是一本永遠讀不完的書，發現自己的優點，生命的羅盤才能指向清楚的遠方」的心情不斷的隨著時代的脈動，在師長的引導下學會更深層的思考的方法，以期能夠將教育理念真實地實踐於學校情景中，因為「沒有行動，信念是無用的」。

　　「過去不等於未來」，不管過去點點滴滴的回憶是如何的美好，而橫陳在未來的路卻還很漫長，也許過去也經歷了許多的挫折，但是「挫折等於開啟另一扇學習之道，經過挫折才會知道自己欠缺什麼」，不是嗎？今後仍須擁抱著「人類因夢想而偉大，教育因理想而崇高，工作因幻想而創新」的信念，努力的朝著「活化教育生命力，提升教育競爭力」的方向前進，因為，教育就是我的興趣、我的志業、我的世界。

耕耘教育是一種幸福的享受

吳順火
台北縣新莊國小校長

壹、成就教育願力的歷程

一、在被愛中找到愛人的動力

　　教育是「立德、立功、立言」有價值、有意義的事業，因為教育是提升社會風氣、豐富人生、創造人類價值的事業。教育是帶著一群人朝著「至善」邁進的建設工程，耕耘者始終懷抱著為實踐「願力」而甘願做、歡喜受的使命感。走上這條路，也許有幾分的宿命，正如陳木金教授所說：「人的一生，冥冥之中就早有定數。」師專畢業就分發礦區小學侯硐國小，基於保守性格，選擇當個安分守己又盡責的老師，把小學時代老師給的愛心，回饋在礦區學生身上（自己小學時代曾是學習低成就學生，因受秦福元老師關愛、粘清夙老師鼓勵，找回讀書的樂趣，並立志當個小學老師）。

　　在侯硐國小時，秉持著感恩與回饋的心情，義務為孩子們作課後輔導，13年的堅持與付出，確實教出不少優秀的人才，讓偏遠礦區的鄉下小孩走上律師、醫師、學術界、商界、先進的交通運輸業等，個人深受家長的愛戴，也親身體驗到「因為曾經被愛，所以有了愛人的動力」這句話的深刻涵意，但願這些孩子們能將「愛」繼續傳出去。

二、在成長中擁有愛人的能力

(一)師院進修課程

1976 年畢業在侯硐國小服務時，曾經嘗試學習中醫，但因不擅於背誦藥方而作罷。1979 年國立台灣師範大學開放國小教師進修大學學位，讓我有機會再次接受師範教育的薰陶，受到雷國鼎教授、盧欽銘教授、謝文全教授專業精神的感動，當時還在畢業紀念冊留言：「終身奉獻小學教育」。之後又在教育路上找到真正的工作樂趣，於是開始在教學上精進，積極參與學校行政事務，如擔任校隊教練、負責主計、財產管理，還義務與連德民老師粉刷學校校舍2次。

服務 8 年之後，師專的同學紛紛當上主任，甚至有人開始準備考校長，而我還在為家裡孩子的出生、成長，及礦區家長的期待等等而全神貫注，從未認真思考自己的生涯規畫。1986 年重返國立台灣師範大學教研所 40 學分班進修時，發現班上同學幾乎已擔任主任或校長職務，才決定邁向學校行政這條路上，1990 年考取 59 期主任班，自願到台北縣鎮瑞濱國小服務，這是個人踏上學校行政之路的開端。

1999 年，又回到市北師院國民教育研究所進修，發現 10 年前的師院課程，與當時竟然有 80%的差異性，雖然可以抵免部分學分，但為了有更完整的知識系統還是選擇重新修習，此時深刻的感受到知識折舊的快速，4 年後完成國教所碩士學位，論文題目：〈運用團隊學習推動九年一貫課程之研究〉。感謝吳清山、江愛華博士指導，目前也在該校兼任「綜合活動學習領域教材教法」課程，透過教學可以統整理論與實務，可以避免知識落伍。

(二)團隊成長課程

1989 年，順利考取主任班，儲訓課程結束後，邀約 10 位同期主任，成立「同心讀書會」，相互切磋琢磨期勉邁向「校長之路」。6 年後，成員紛紛考取校長，北新潘慶輝校長、景新王明玲校長、光復姚志文校長、重陽陳江松校長、忠義劉書誌校長、興化蕭美智校長、宜蘭縣黃清權校長、台東大學王建台教授都是當時的成員，感謝當時彼此的分享與激勵。

1997 年，秀朗國小詹正信校長，有感於自己經營校務忙碌，無法持續讀

書，提出成立校長讀書會構思，於是邀集 12 位校長朋友，成立「活水讀書會」，成員包括黃菁、蔡清奇、鄭玉疊、陳江松、陳浙雲、葉瑞芬、洪新春、潘慶輝、王明玲、蕭美智等，含括老、中、青三代，國北師林文律教授、政大陳木金教授、國語日報楊昭謹小姐相繼加入，提升讀書會專業對話品質，所有成員都在讀書會中成長，不只個人學歷提升至研究所，並成為台北縣學校經營的主力群。

(三)校長培訓課程

成為校長之前，應有一段培訓與成長期，回憶這段成長歷程，感覺一位校長的專業發展歷程，應是漸進的、持續的、統整式的學習模式，以個人參與師大教育系、教育研究所課程，以及主任儲訓班、校長儲訓班等進修學習為例，個人感覺主任儲訓的課程對於一位準備擔任主任工作者，有很大的幫助，這也許是新鮮感使然，或許是與當時學習動機較強有關。但是到了校長儲訓班的課程，似乎與主任儲訓班的課程重複性太高，加上學習疲乏因素，學習效果不是很好，也有部分主任考上校長之後，學習態度轉為鬆弛，甚而開始吃喝玩樂，當然後來的遴選制度，顛覆很多早已足夠的觀念，開始組成讀書會，後來國北師院、市北師院校長培訓班的課程，長達 1 年左右，加上遴選制度、師傅校長制度，使得成員戰戰兢兢，個人也成為國北師院 2 任的師傅校長，陪伴候用校長一同成長，感覺那是不錯的培育制度，只是花費不少。

(四)師傅校長引領

尋找師傅校長學習與他人團隊合作學習是個人專業成長的關鍵，結訓後，個人選擇瑞芳區最有辦學績效的瑞濱國小擔任教務主任，當時的校長就是姚素蓮校長，瑞濱國小規模不大，但是姚校長辦學宏觀，思維細膩，學校各方面的表現，是瑞芳區之最，後來因孩子教育問題，調往樹林國小，向詹正信校長學習，隔年姚校長調任樹林國小，師徒再度重逢，現在又回到新莊，繼續向姚校長學習。

調到樹林國小擔任輔導主任，1 年後詹正信校長調任秀朗國小，葉瑞芬校長力邀到深坑國小擔任訓導主任，經由葉校長的鼓勵和照顧，2 年後考取候用校長，成為深坑國小第 1 位考取校長的主任。當年秀朗國小教務主任出缺，承

蒙詹校長厚愛，再續前緣。一路走來個人覺得擔任校長是需要專業與「楷模」的，而有幸向 3 位師傅校長學習，是這一生最大的福氣。

3 位師傅校長各具特色，姚素蓮是位具宏觀思維的校長，對教育思維從前瞻、整體思考起，如現在教學評鑑、校長評鑑等前瞻政策，她都有深度的研究和個人的主張。詹正信是位具人文、用心、宏觀的校長，強調只要對孩子有益的措施，都該積極辦理，哪怕是即將退休，還是積極推動各項教學活動。葉瑞芬是位辦學認真、待人熱忱的校長，對於教育政策積極配合，如九年一貫課程、教訓輔三合一，對於學校教師要求甚嚴，不許有怠惰教師出現，但也願意積極培訓教師，使成為專業教師，葉校長一再強調「一位教師，影響的是一個班級所有孩子的未來」。

貳、校務經營理念與具體策略

目前學校經營的主軸除了早期以行政管理為主的行政領導之外，九年一貫課程之教改啟動後，課程領導已成為校長專業的另一項指標，在這裡僅以行政、課程領導為核心，分別從理念及實踐篇描述。

一、行政領導的理念與實踐篇

(一)行政領導的理念

長期以來，行政採中央集權式管理，所有的管理權是由上而下，而「行政為大」的哲學經常造成教學與行政之間的對立，不過自校園民主化之後，學校行政管理應隨著時代變遷而改變，經由 16 年的學校行政經驗，個人有以下的行政經驗原則：

1. 民主原則

校園歷經民主化之後，形成行政、家長、教師三個組織「三足鼎立」的態勢，如何整合三者力量，強化學校行政運作，尊重民主機制，讓家長為孩子的教育權發聲；讓教師會為辛苦的教師表白；讓行政體察服務的思維，願意為更多老師服務，建構透明、公開、制度化的行政機制，這是個人推動行政第一原則。

2. 專業原則

　學校要培育學生成為未來社會的人才，必須親師合作方能致勝，教師應秉持教育專業創新教學、發展課程；家長則應捨棄傳統分數主義，投入班級班親會活動，支持班級教師、學校課程發展。而行政人員在課程發展與教學領導過程，更需要專業能力，如啟動課程發展委員會的對話機制等，行政不有為官心態，而是專業領導的展現。

3. 尊重原則

　馬斯洛強調每個人最高需求層次是「自我實現」，每個人都希望自己是最棒的，更期待有更多高峰經驗，但是在學校組織內，教師、職工、家長、學生，都有自己的需求與限制，如何讓每個人展現自己最專業的能力以及滿足個人需求，行政必須給與充分的尊重並扮演推手的角色，尊重每個人是啟發靈魂最高原則吧！

4. 團隊原則

　在知識爆炸與創新競爭的大時代裡，單打獨鬥是無法勝任的，唯有透過團隊合作的機制，在團隊裡相互理解、對話、思考、支持與成長，讓學校各處室、學年、領域團隊，以團隊方式運作，凝聚團隊向心力，再透過團隊間觀摩、對話，產生學習型學校模式，如此即可提升整個行政效能。

5. 學習原則

　個人認為行政理論、教學理論演化快速，加上九年一貫課程啟動後，學校行政人員面對教師專業與家長教育權的挑戰，及學校本位管理的要求，行政處理的專業需要更多精進，符應終身學習理念，整體行政人員、教學團隊需要更多學習課程，但在成長課程的安排，也需整合身、心、靈的需求，統整知識、技能與情意面向，讓理論與實務經驗充分結合，以實現行政人員尊嚴。

　學校行政領導已經不是威權式領導，專業式領導上需考量屬下專業成長的需求，透過民主、專業、尊重、團隊、學習等行政的原則，可以激發學習、引領專業發展的學習，是整體進步的原動力。

(二)行政領導的實踐策略

行政的目的就是要結合眾人的力量實現學校的願景、學校目標，行政運作

上也應朝向「依法行政」、「團隊合作」、「多元創新」、「主動積極」、「卓越效能」方向努力，以下就是個人經營學校的具體策略：

1. 活化學校行政運作策略

  (1)專業服務、依法行政

    統整多年學校行政經驗，學校行政必須依法行政，尤其是財務管理、課程發展、編班事宜都必須依據法規辦理，行政必須了解法規意涵，並進行專業性服務，以避免不必要的困擾與障礙。

  (2)溝通協調、合作分工

    個人相信學校是一個有機體組織，需要各處室彼此間合作，由於彼此工作項目、服務內容不同，成員家庭背景與性格差異大，在學校願景之下，學校必須透過溝通協調機制，凝聚向心力，個人偏愛正式會議與專業成長對話機制，經由對話產生合作與分工態勢，讓每個人發揮最大影響力。

  (3)課程教學、多元創新

    個人觀察學校發展脈絡，發現各學校在九年一貫課程之後，也已經將「課程與教學」列為成為學校行政支援的重點，更是學校經營的核心，行政與教學必須動能一致，讓教學更多元、有效，是行政的責任。

  (4)關懷鼓勵、積極進取

    個人相信任何人都需要他人肯定與支持，行政支援教學，關懷教師是理所當然之事，而激發行政服務效能，是同等重要。除透過績效考核外，更要激勵教師積極研究，改善教學方式，因為「成就感」與「自信」是贏得教師尊嚴的最佳途徑。

  (5)優質環境、卓越創新

    學生需要優質的學習環境，教師教學與行政工作一樣需要好的環境，優質環境除了硬體設備之後，成員互動氣氛，以及與學校績效卓越的認同感，如我以新莊為榮的成就感。

2. 確定學校各處室的工作重點

  (1)教務處

    教務處是以教師教學、學生學習為重點，新莊國小的教務處目標是教學精緻與紮根、學習適性與多元、資訊深耕與創新、教師進修與傳承。

(2)學務處

學務處是學生為主體，透過生活與多元活動，豐富孩子的生命，新莊國小的學務處目標是：落實生活教育、紮根道德倫理；培養民主法治、強化校園安全；發展多元智慧、推動多元社團；鍛鍊健全體魄、維護環境衛生；加強班級經營、貫徹導師責任。

(3)輔導室

輔導室應積極進行學生學習輔導與生活輔導，也要消極協助無法適應學習的學生，新莊國小的輔導室目標是：辦理教師進修研習，提升教師輔導知能；積極推動親職教育，促進親子和諧關係；多元生涯輔導方案，增進生涯規畫能力；用心推動兩性教育；教導正確性別觀念；照顧資優關懷弱勢，提供適性發展活動；建立家長志工制度，推展成長服務文化。

(4)總務處

學校總務處應是學校運作的支援部隊，對於學校軟硬體要有積極性。新莊國小的總務處目標：安全效率；寬籌經費；檔案建置；依法行政；資源運用；預算分配。

(5)人事室

人事就是要提供最好的教師素質，並做好教職員工的服務品質，新莊國小的人事室目標：最好的人事服務，最高的服務效能；健全組織、精簡現有員額；研修法規、檢討現有業務；公開甄選優良教師與職員工；公正辦理升遷考核、鼓勵員工士氣；加強人力培訓、提升人員素質；鼓勵全員參與、促進校務進步；保障退休生涯銀髮生命尊嚴；力行行政革新——廉潔、效能、便民。

(6)會計室

會計就是要管好學校經費的收支，以維護學校經費的積極運作，新莊的會計室目標：依據計畫需求，籌編相關預算；配合校務運作，彈性執行預算；積極參與活動，深入了解需求；經費運用，以學生、教學為優先。

3.建立成長與反思機制

(1)提供進修、成長課程

每個月除擴大行政會議之外，辦理行政人員訓練課程，透過團隊學習機會，提高行政專業能力，並與他校聯合辦理寒暑假「行政人員教育訓練課程」，規畫體驗式課程。

(2)進行反思、檢討機制

透過團隊學習，如「硫酸河」，讓學校成員經由討論與反省，檢討學校現場團隊互動的困難，及思考突破方法，各處室年度大檢討，邀請學年、學習領域負責同仁針對學校行政運作，以「對事不對人」的方式，進行檢討，並嘗試建構年度行政計畫與實踐檢核機制。

二、課程領導的理念與實踐篇

(一)課程領導的理念

九年一貫課程改革讓校長的領導思維，產生巨大變革，6 年來，個人逐漸釐清一個課程領導的動能，是來自對課程發展相關理論的理解與思考，理解愈深、接受度愈強，以下是個人堅持推動課程改革的一些理論思維：冰山理論引導學習方法與能力的重要；多元智慧提示每個孩子都有成功的可能；知識經濟告訴我們知識轉化能力的歷程；學習效能倡導創新教學的效能；詩性智慧啟動課程發展的歷程及應注意的重點。

1. 冰山理論的啟示

以「冰山理論」來看，由於知識快速暴增，知識轉變為常識的折舊率也相對快速，一般孩子如果只是背誦、記憶學習的資料，從小學開始到讀完大學所累積的知識，也許只是工作現場所需要的十分之一而已，根本無法跟得上工作職場上的需求，如要勝任工作，必須不斷與他人合作，共同創造新的知識，才能跟上知識更新的速度，課程與教學歷程應注意孩子學習的方法與態度重於知識的累積。

2. 多元智慧的啟示

依據「多元智慧」的理論，每個孩子的天生屬性各有不同，唯有激發個人天生優勢屬性，再加上不斷的努力，才可以快樂的、成功的做他自己。教育的過程應該照顧到每個孩子的天賦智慧，讓具音樂天賦的孩子成為音樂人，具有美術天賦的孩子成為美術家，有運動天賦的孩子可以馳騁在運動

場上，讓喜歡青蛙的孩子成為青蛙博士，讓喜歡毛毛蟲的孩子成為生物界的頂尖，只要孩子感興趣、喜歡的事務，都可以成為一輩子的最愛，教育不應是為雕塑出理想中的孩子，教育的最大意義是陪伴孩子長成最好的自己。

3.知識經濟學的啟示

知識經濟學的觀點強調知識的搜尋、處理、分享等功能，而知識的學習是需要經過轉換的歷程，從「資料」到「資訊」，由「資訊」到「知識」，再由「知識」轉換到「智慧能力」是需要不斷運用不同的學習方法，進行增減、整理、分析、思考、體驗、對話、發表的過程，所以學習方法才是重要關鍵，學校教學歷程不只是資料的填鴨與背誦，或是零碎資料的累積，教師應提供更多教學創新的歷程，讓孩子擁有帶得走的能力。

4.學習效能的分析

學習效能的分析，孩子單獨閱讀資訊的學習效果只有10%，單獨傾聽他人講解的學習效果只有20%，如果孩子可以先閱讀，再傾聽大人講解，其效果可以達到 50%，如果提供孩子討論機會，其學習的效果可以提高為70%，如有機會讓孩子親臨體驗，效果可以達80%，再將所學習的知識，經整理、發表、反思的過程，效果可以達90%，所以教師教學的歷程，是該給孩子較多討論、體驗、發表的機會。

5.詩性智慧的啟示

以往課程改革強調由上而下的領導，教師無法有自主意識，只有被要求配合的份兒，改革似乎容易卻是膚淺，而九年一貫課程是需要找回現場教師逐漸枯竭的靈魂，讓老師有運用自身、自覺、自我能力的機制，回復教師原有的專業自主能力，也經由課程權威的解放，由教師本位轉移到以學生主體的觀念，其間的轉變是超乎歷次課程改革之最。

這次課程改革確實有難度，首先要激發人的感覺來發展課程，經由對話釐清全體教師的課程觀，找回教師專業的自信，並考量學習主體性，讓學生主體與環境產生互動，在學習過程中，形成學習者對教材產生疑問和不同詮釋，並讓教材與自己生活情境連結，經由發覺課程的生動表現（描述）、分析現象意義（詮釋）、理解現象的意義和下判語（評鑑），使得課程經由迴歸、想像、分析、綜合的研究而更豐富、順暢，讓孩子體現課程之美。

以哲學上的存在主義、現象學、整體論、組織論為基礎，兼融文學、美學、神學、神秘思想及後現代主義思想，促使學校教育、課程管理朝向複雜層面。課程不再是一套既定的教材及教法策略，而是活生生在師生互動中建構真實知識的歷程。並容許課程的發展必然是非均衡狀態，教師來自不同的培育機構，也來自不同的家庭背景，更有不同的專業主張，自然形成多元的課程發展，在多元發展中，彼此都會有自己的主張與堅持，透過對話與調節，非均衡狀態會獲得均衡與進步，接著又是非均衡，如此自然可呈現課程豐富之美。

(二)課程領導的實踐策略

在個人帶領學校教師推動九年一貫課程中，發現學校必須逐漸發展一套行政與教師推動課程的重點指標：理念願景、行政規畫、課程領導、團隊學習、教師專業、參與態度、教學創新、課程設計、協同教學、親師合作、多元評量、課程評鑑，作為學校推動的指導方針。

1. 建構學校願景

   學校願景是課程發展的基石，需要經由全體教師共同討論，從學校核心理念、價值、學校存在的理由和學校的基本理念，以及未來發展的方向。

2. 行政主動規畫

   課程應是學校經營的重點，雖然上級長官強調課程發展是由下而上，但是教師從來沒有課程發展的經驗，甚至沒有專業對話的能力，所以需要課程發展的行政規畫與策略，所以課程發展是由上而下的規畫與由下而上的發展，經由交互作用之後產出的成果。

3. 全力課程領導

   學校行政包括校長、主任、組長，對於課程發展所需的專業知能必須深入，才能發揮領導功能，提供支持性環境，引導學校成員討論課程。

4. 進行團隊學習

   學習是在提高行政與教學的能力，個人學習不如團體學習，一人想法不如多數人激盪出來的創意，個人引進卡內基互動式教學模式與詩性智慧理念，提供教師自我發表機會，透過對話機制，釐清個人教育理念內涵，讓所有成員是講師，也是學員，不斷產生互為主體作用，經由深度會談與焦點話題歷程，提升整個成員的專業能力。

5. 發展專業成長

在面對課程與教學自主的情況下，教師需要有課程觀、知識觀、教學觀，加上教學評鑑、課程評鑑、校務評鑑的被訴求，教師教學專業自主被列為關鍵能力，如何提升教師專業也是課程發展學校應重視的焦點，而研習的課程是以「團隊研習」的方式進行，讓成員經由分享、發表、討論、思考、辯證歷程中，得到課程發展的專業能力與態度。

6. 教師專業自主

當教師擁有專業的能力後，就能知道教學背後的道理；教師擁有課程設計的專業能力後，就知道哪些課程可以增減，哪些教材可以刪除，可以面對家長的質疑，教師之間可以討論課程的發展，當教師教學是專業、自信，自然就擁有尊嚴。

7. 激發教學創新

如何讓孩子喜歡學習，教師必須從教學創新著手，當老師愈有教學創新行為，學生學習效能也愈高，自然更樂於學習，教育改革的可能性就更高。新莊國小鼓勵老師以感性作材料、悟性作範疇、理性作判斷、美感來呈現的節奏，讓孩子在學習的過程，經由資料蒐集、體驗、分享、討論、發表過程中，樂於學習，從學習中感受美感的生命與喜悅。

8. 活用課程統整

知識的獲得應是個人主動建構的過程，而知識是以整體和統合方式在大腦裡運作的，知識的目的不是在應付考試，而是要在生活中加以運用的，在運用過程轉化成解決問題的能力與學術的創新。

9. 推動協同教學

教師能夠坐下來討論課程發展，分享教學經驗，提供不同專業支援，讓孩子獲得最佳學習效果。新莊國小鼓勵班群教學模式，教師依專長、興趣編組，透過班親會、家長會、實習教師、行政人員，如讀經教育、故事媽媽的閱讀計畫、特色課程的規畫與實施、領域間教師的支援互助、網路資源系統、游泳課程的推動、行政與教學策略聯盟觀念的發生與運作，都是協同教學的例證。

10. 鼓勵親師合作

新莊國小家長會依家長會辦法，組織、分工詳盡，除一般學校家長會功能

外，積極支援學校，如導護志工、讀經團、故事媽媽團、書香媽媽經營是本校最大的特色。對於家長團體，我們也進行專業成長機制，如生命教育、故事講解進修，其目的就是要透過親師合作機制，提高學校經營品質。

11.採用多元評量

所謂「考試領導教學」，學校的評量方式不但影響教師的教材、教法，也影響學生的學習結果，早期評量以記憶知識為重，偏向紙筆測驗，然而孩子能力的展現，是多元而複雜，學校應發展多元課程、多元教學、多元評量的方式，進行學生學習成果的蒐集，運用多元呈現方式，讓多元學習特質的孩子，透過多元呈現方式，掌握多元智慧能力的本質，讓孩子在學習過程中，獲得充實的學習。

12.實施課程評鑑

課程實施是否正確、有效，需要建立一套完整的評鑑機制，新莊國小的課程評鑑，依籌畫階段、設計階段、實施階段、成果評鑑階段、評鑑結果等5個歷程，逐漸建構學校本位之課程評鑑項目，並經由課程發展歷程，經由不斷的檢討、修正、發展，使學校本位課程發展更完備。

三、反　思

㈠教學環境的改變

長期以來學校的行政運作，充滿著官僚氣息，行政人員以資深者為多，教育思維少有變動，教師承受過多的教學時數，校園裡僵化的教學模式，還是著重課本知識填鴨為多，而學校行政在資源不足及僵化科層體制下，老師無法依自己專業改變自己的教學方式，一年復一年，校園生態一直無法獲得改善，家長相信補習班仍然存在。

長期存在弱勢家庭的孩子，乏人關照；資質較好的孩子，也無法獲得更優質的教育，每天忙於學校和補習班間，不斷被填鴨。太多的教育問題，從初任教師，到快退休，還是無法獲得改善。當森林小學、人本教育、410之後，教育理念逐漸被討論，過去的教育方式不斷被檢討，教改已經變成必走的路，因此個人上任之後亦積極參與小班教學精神、九年一貫課程推動……，而這一次

國中基本學測之後，也給了教育改革人士打了一劑強心針。

(二)行政角色的反思

　　隨著教育改革浪潮、校園生態變化、校園自由化、家長參與教育、九年一貫課程、校務評鑑、教學評鑑等政策之後，專業化是每位校長必須面對的考驗，不只要行政領導，更要求課程領導，而課程領導的專業更甚於行政領導。1991年擔任瑞濱國小教務主任時，姚素蓮校長就鄭重提示，將來的校長角色，應該著重在課程領導，果真現在校長的任務趨勢就是課程領導重於行政領導。

　　當一個校長，應該領導學校行政團隊、家長團隊與教學團隊，共同為學校孩子的最大利益而努力，何謂孩子的最大利益？也就是教育的本質。以孩子為主體，培養孩子基本的讀、寫、算外，還要培養孩子自我了解、思考、創新、統整、解決問題的能力，讓孩子相信自己的能力與豪氣，然後做他自己、喜歡自己，最後願意奉獻自己、服務他人。

　　如何成為一位稱職的校長，個人認為校長的專業素養與技巧是關鍵，對於學校的行政事務、課程與教學，應有相當的理論素養做基礎，在領導技能方面在課程與教學部分，需要進行專業對話，而專業對話裡的引導技巧，是一般校長較缺乏的。個人透過活水讀書會、卡內基、火鳳凰培訓、PA團體動力課程、學習型組織協會，逐漸養成這方面能力。哲學修養也是最後需要統整的項目。

參、其他行政運作的思維

一、對於弱勢學生的關照

　　家長的教育觀，會影響一個家庭孩子的教育成就。名導演吳念真「阿祖的兒子」的故事發生在礦區小學侯硐國小，在同一地區有 4 個家庭，同樣面臨礦場關門後的經濟困境，也由於父母親的重視教育，11 個孩子有 10 個完成高等教育，然後擔任醫生、律師、博士後研究，我相信關心弱勢家庭，如能激發家長重視自己熱忱，勝於提供大量的補助，願以「台灣的未來在教育，而教育的希望在你我」，與大家互勉！

　　高雄縣美濃鎮以出產菸草為業，有一位國中數學老師返鄉服務，激發鎮民

重視孩子教育，從此鎮民克勤克儉，努力農事，辛勤耕耘，作為孩子學習典範，鎮民不比較豪宅、財富，只比較誰家學士照、碩博士照多少，帶動全鎮教育風氣，讓美濃贏得擁有最多知識分子的地區，教育是需要被鼓舞的，尤其是家長。

近來原住民、新住民、受虐兒童、單親子女愈來愈多，形成學校輔導工作的壓力，也給社會帶來不安的預兆，台北縣教育局長對中輟生，更是關懷，對於每個個案都深入了解，期待找回這些個案的靈魂，給與安定的未來希望，尤其是潘局長對於中輟生更是關心。個人出身寒微，學習歷程曾中斷多次，對學習成就偏低的苦楚感同身受，所以關照弱勢學生是個人辦學的重點。

在柑林國小時，感謝核四回饋金讓學校的每個孩子受到最好的照顧。個人也積極與家長對談，希望他們能關心自己自女的教育，曾與他們共同欣賞「天堂的孩子」，透過討論激發他們教養子女的熱忱。我們曾經共同完成 3 天 2 夜迎接千禧曙光的課程，那一天，全校親師生 15 部車輛，在蜿蜒崎嶇的山路上，浩浩蕩蕩前往鼻頭國小的畫面，一直深印腦海。聽說柑林國小孩子的升學率還不錯！

直潭國小是一所貧富兩極化的學校，每年總有不少需要關心的孩子，4 年來我們選擇需要關心的畢業學生，提供激勵獎學金 10 年，每年與這 12 位學生見面一次，不管相隔多遠都維持著像風箏式的連結，所以又稱為「風箏計畫」，鼓勵他們繼續讀書，關心他們的生活，第 1 位學生已經進入復興商工美工科就讀，10 年後我們將會檢討這個計畫的成效。

目前新莊國小有 3,000 多位學生，孩子不該因為貧窮而無法接受教育。透過輔導室協助，過濾篩選全校所有學生，不管單親、原住民、新住民、低收入、特殊學生、學習低成就、適應欠佳學生，一一過濾建檔，並整合資源，辦理各項輔導課程和方案，如對弱勢家庭孩子辦理「與大自然有約」大團體輔導，並嘗試與孩子的家長對話，希望激發他們親職教育的功能，除消極協助費用申請，更期待有積極鼓勵作用。

對於班級適應欠佳孩子，如過動兒童、學習障礙、情緒障礙，行為偏差的學生，個人認為最好的治療空間，就是學習的場所，最好每位教師都應該擁有輔導知能，對於特殊學生都能以「接納」態度，接受每個孩子的受教育權，並結合班級家長、學生共同接納、指導這些孩子的行為，如行為異常學生在班上，也許他們渴望更多朋友，只是表達方式不對，所有學生都該接納他們，並指導

他們用正確的方式表達，以矯正他們錯誤的行為，讓這些特殊的孩子能適應班級的生活。

二、多元智慧的主張

個人堅信每個孩子都有不同的先天優勢能力，也相信部分真正的天才，是無法適應一般學校所提供的教學，愛迪生、愛因斯坦、馬友友、林昭亮等天才都是明顯的案例。政府對於真正天才型的孩子，應投入更多教育資源，安排多元課程，幫助孩子有效學習，如烏來國中小學的原住民教育、各級學校的音樂班、數理資優班，但千萬要避開人為因素的干擾。

三、教育資源爭取的理解

學校硬體設備、社團活動經費，大筆經費應由各級政府依計畫需求全力支持，並建立了審查經費的制度，摒除政治介入的可能性，讓校長安心辦學，如果政府經費不足，可以開放學校自籌，甚至開徵兒童閱讀費、水電費、資訊費，以減輕政府負擔，不過，高效能教育未必需要過多的教育資源。

隨著台灣經濟遲緩影響，克勤克儉觀念漸漸進入校園，原先學校設備完全以「便利」孩子學習為考量，可是教學品質並沒有隨之提高。看看隔壁的日本，學校設備並沒有如我們想像的好，反而提供孩子自行處理的機會，如日本的運動場並沒有先畫好跑道，而是上課前由學生自行依教學需要才畫線，如此可以培養孩子規畫能力，並養成自動自發與主動精神。

四、對外關係經營的看法

社區、地方仕紳、媒體、企業、各級政府單位，不只是學校經費資源的支持者，更是課程發展的場域，如以「教育大家一起來」觀點，運用媒體互動機制，行銷學校正確辦學理念與教學活動，讓外部單位及社區民眾、仕紳了解學校，進而支持學校，形成共振、共好、共榮、共榮機制，是一種積極的態度，在對外之前，其前提應是把學校先辦好。

近來政府所推動的九年一貫課程，有相當深厚的理論基礎，也有完整的配套措施，只是一般人無法接受大幅度的改變。尤其是教師必須改變自己的教學法，顛覆長期以來奉行的典範；家長必須改變傳統升學主義觀念，讓孩子的未

來充滿著不確定性，更可怕的是非教育人員介入校園活動，干涉教育政策，例如教科書開放政策、多元入學方案，都有利益團體透過民意代表，顛倒是非，混淆視聽，讓政府美善政策，遲遲無法徹底實現，千千萬萬學子，永遠墜入苦難的深淵。

五、對五育發展的做法

(一)解構五育概念

在古今中外的偉大人物中，不少是擁有獨特專長而揚名國際，名留青史。如美術奇才畢卡索、發明相對論的愛因斯坦、音樂天才貝多芬、多重障礙的阿甘先生、汽車銷售大王吉力德先生、國際小提琴演奏家林昭亮、大提琴家馬友友，都無法五育均衡發展，故個人認為原有的五育均衡觀念需要調整，因為「人類因不同的人存在而多彩多姿，彩虹因多色共存而美麗」。

(二)重視基本能力

生活能力就是九年一貫課程所強調的 10 大基本能力，包括自我了解與發展個人潛能，自我實現的能力；運用基本能力，發展終身學習的能力；欣賞、表現、發表、創作的能力；溝通分享的能力；尊重、關懷與團隊合作的能力；解說校史、鄉土文化、關懷社會與走向國際的能力；運用資訊科技的能力；規畫、組織、實踐與創新的能力；主動探究與研究；獨立思考、解決問題的能力，也就是解決生活問題的能力。

(三)強化品格教育

品格教育是一個人的根本，也是社會進步的基礎，而品格教育是經由生活現場的參與、體驗、反思，實踐歷程，逐漸形塑而成，勞動教育是實現品格教育的方式之一，讓孩子從小學會做家事，長大後，較容易勤勞、務實。而父母、老師更是孩子品格教育的典範，先不談孩子的學業成績，應該從生活習慣的示範開始，讓孩子學到勤勞、尊重、愛人、誠實、勇敢的基本道德。

(四)五育的課程主張

品德教育不必強調單項教學，而是融入在生活及所有學習領域中即可，老師本身就是最好的典範，溫文儒雅的教學語言，絕對可以培養氣質非凡的學生。父母親的生活態度，也是孩子一生中最好的禮物，克勤克儉的家庭，一定不會出現暴殄天物的孩子；彬彬有禮的家庭，一定可以教養出有氣質的孩子，品德教育不但要融入教學過程中，更是要在日常生活中來實踐。

智育教學部分，應分成認知、技能與情意，個人認為不管課程改革如何進行，孩子讀、寫、算的基本能力，還是要重視。當孩子有了基本閱讀能力，就可以進行概略閱讀、分析閱讀、主題閱讀、創作文章了；當孩子有了基本運算能力，孩子就可以進行推理、邏輯思考的解題，進而建構數學思考系統。不但要強化認知與技能的形成，更是興趣與持久的維持。

健康課程是在培養孩子一項終身運動的項目，讓孩子擁有終身運動的習慣和能力，首先是學校教師也必須擁有運動能力和技巧，透過引導和練習，如球類課程，不是每堂課都是讓小朋友打躲避球，老師必須親自指導基本傳接球動作，並透過團體遊戲式競賽，整合孩子運動技巧，如此孩子在興趣與健康中，擁有終身運動的能力。

群己關係是個人關心團體的具體表現，而人際關係是每個孩子應具備的能力，從九年一貫課程所標榜的欣賞、表現、發表、創作與溝通分享的能力；可以理解孩子應該透過教學過程，讓孩子與他人互動過程中，欣賞自己，也欣賞別人，並發表自己的學習或創作成果，進而學習溝通協調能力，而群性能力還包括喜歡群體，願意為團體付出，社會自然會進步。

德、智、體、群、美五育均衡發展是很理想的教育目標，可惜長期以來，不但無法落實，更產生極大的偏差，因為升學主義，學校與家長偏向了「獨智」主義，產生不少教育問題。如今國中基本學測明示，孩子只要學會一種版本即可，更希望所有老師多指導孩子學習的方法和態度，規畫較多體驗課程，讓教育回歸教育本質，讓所有學生擁有多元智慧和解決問題的能力，並能成為關心自己、他人、社會的好公民。

六、塑造學校的文化

　　新到任的校長到底要依循原有的組織文化，繼續原有的行政與教學模式，還是要以校長的專業理念，著手改變原有的學校組織文化？個人喜歡透過對話方式，讓全校教職員工了解校長的想法，我也願意聽聽他們的期待，當彼此理解對方的想法，就不會相互猜疑，很快就可以找到雙贏的校務經營理念了。

　　柑林、直潭國小由於學校人員異動頻繁，校園組織文化隨時更新，上任之初，就主動與教師、家長對談辦學理念，減少不必要猜忌、質疑，逐漸融合新的組織文化。新莊是有一所 107 年歷史的學校，學校教師有三分之一是新莊國小校友，資深教師對學校有相當認同感，組織文化非常堅固，就任後即安排與各學年科進行對話，以了解彼此的理念，經過 1 年的對話，漸漸熟悉新莊國小組織的文化特質，也整合賦與新莊國小組織文化的活力。

七、對學校校務的嫻熟

　　經歷不同學校的經營與不同校長的指導，學到各類型學校的運作模式與各不同校長的領導風格，也塑造個人多元化的學校領導經歷。加上個人擔任台北縣九年一貫課程推動委員、教訓輔三合一督導委員、青少年輔導團團員、規畫全縣教師進修系統，累積不少行政領導的實務經驗，所以一路走來還算得心應手。

　　個人曾參加卡內基課程訓練、火鳳凰課程、學習型組織訓練課程、團體動力課程，對於領導小組討論有相當經驗，曾帶領文山區主任、校長進行團隊學習，成效不錯。對於校務的嫻熟度，的確是需要不斷學習，因為學校經營是需要不斷精緻，有些是需要在工作中，經由實務經驗中再精進，如工程營繕、採購招標等實務性工作，需要再努力。

肆、對教育單位的建議

　　自九年一貫課程推動以來，有機會參與教育部、教育局部分專案的研究，接觸到上級行政長官，感受到中央長官與教育局局長對於台北縣教育、課程改革的用心投入，如課程改革、課程評鑑、教學評鑑、校務評鑑指標、校長評鑑

指標都能積極推動，真是讓我們感動，基於讓教育更臻完善的期許，提出以下三點建議。

一、繼續維持與校長的互動機制

個人認為教育政策的推動有賴各校教學現場的實踐，尤其是九年一貫課程的實踐、海洋文化教育思維、北縣教育新創新，是需要從校長辦學理念的更新與教師專業素養的提升著力，教育局在推動教改政策之前，透過每年一次的教育願景大對話，讓各校校長了解教育局政策的原由，讓學校本位的經營能有些依循，是一向良好的措施，希望能繼續維持下去。

二、整體教育資源的整合與運用

目前財政不足，教育經費短絀，幾年來，各校也能體諒教育局的苦心，彼此理解、克勤克儉為提升台北縣教育品質努力。但是教育品質的提升是台灣未來的希望，在台北縣財政困苦之際，部分經費是否可改由學校自主管理，如小學校圖書、電腦維修、冷氣裝設、水電經費可由教育局補助，而大型學校可以由學校與家長會協商，向學生收取圖書費，以減輕縣府財政壓力，並提高教學品質。

三、繼續支持學校，摒除不必要的困擾

30年來，台北縣教育局一直扮演全國教育火車頭的角色，而台北縣校長協會也主動積極參與教育事務，家長協會也為提升家長專業而努力，教師會更積極推動教育議題及專業教師而努力，但是單純的教育環境，卻容易被媒體、政治勢力介入，最近政治人物干預公共事務愈來愈囂張，甚至非理性違法介入學校務，期望局裡長官能整合相關法規，建立法治化的因應機制協助學校化解危機，繼續支持學校，讓教育歸教育，政治歸政治。

伍、反思與檢討

一、身體健康與保健

　　每次開會或校長們聚會，都會彼此勉勵注意自己身體健康。其實每個校長都知道身心健康是工作的基礎，但是校長的工作真是忙碌，除學校事務、區中心連繫業務、局裡專案會議、各項評鑑業務、校長協會研習課程、每週晚上 3 小時的師院課程，真的是沒空運動。到新莊之後，嘗試每天 6 點就到校運動，也因為睡眠不足而耽擱下來，為了健康我還是會恢復運動的習慣。

二、家人與家庭生活

　　對於家人，個人還是很抱歉，3 個小孩經過「適性發展」引導，能找到自己努力的方向，太太也享受教學，並找到自我休閒的嗜好，如畫畫、舞蹈運動；每週五是全家聚會的時光，孩子各有專業領域，卻能相互支援、協助，也能重視運動休閒、彼此關懷。由於工作壓力大，個人不希望把煩惱帶回到家，每天可以安然入睡，以增加身體免疫力。

　　回到家庭，喜歡扮演家人的角色，樂於操勞家事，作為教育孩子的典範，更可以節省費用，更樂於欣賞孩子藝術創作的表現。師傅校長姚素蓮「物質生活向下看，精神生活向上看」的生活哲學，及詹正信校長的「魯肉飯哲學」，我們家正在實踐中，家人在清貧藝術家理念下，算是優游自在、幸福美滿，感謝家人的配合和努力。

三、生命如果可以重來

　　生命是不斷的自我抉擇，這一生也許有些運氣，但個人也相當的努力，感謝很多前輩、朋友相知相提攜，更感謝家人的協助、支持。擔任校長這個角色，並不是個人的榮耀，它代表一份責任，更代表著一份使命。到目前為止，我滿意自己的工作，依財富來論，並不是優渥的收入，卻是一件影響很多人的事業，如果要我重來，我會延續原來的路線，只是可以的話，我可以提早準備更多專業能力，教育是需要一群人共同來打拚，團隊合作形塑集體意識，還是我努力

的重點。

四、喜歡做我自己

　　一路走來，隨著個人的哲學思維、教育理想，逐漸在實現中，也感受到責任壓力，也擔心自己是否扮演好自己的角色，尤其是面對課程改革以及學校民主化之下，我也調整個人生命價值與工作價值，釐清自己的角色定位，在校工作時間，我就是扮演「校長」的角色，有校長的形象和責任，當下班之後，我一直希望是「做我自己」的角色，可以跟一般老師、朋友，過著可以自由、開心、閱讀、分享的時刻。

陸、結　論

　　校長的工作是整合整個學校的集體意識，釐清學校發展的方向，讓學校維持進步的態勢，個人不喜歡「作官」的感覺，因為校長只是一個職務的表徵，代表著工作的責任，更是一份尊重人的領導，尊重自己與尊重他人，更是一份服務的熱忱。貢獻的相反該是「耽誤」，校長角色扮演不好，自然會影響學校教育的發展，耽誤很多人的學習，其實也是一種罪過，如何避免負向的影響，「反思」與「改進」可以產生避免。

　　一路走來，感慨萬千，因為小學、中學求學路途坎坷，受到好老師的激勵，立志當個小學老師，在師大讀書過程，感佩教授的教學熱忱，決定終身奉獻小學教育，走上行政又碰到課程改革，由小學校而大學校，漸漸發現當個校長很有影響力，但也顯得脆弱，最近的遴選制度，發現校長需要更多專長，尤其是課程專長。

　　感謝一路走來，陪伴的家人、同學、朋友及學校同事，我們都在做一件人生有意義的工作，到目前為止，對「校長」這個角色的感覺是一種挑戰，也是一種責任，更是一種幸福的享受。如果個人表現得不錯，是因為大家的成就，所有功德迴向給所有人；如果表現不佳，就是個人學養不精，努力不夠，我會不斷檢討與改進。

作者簡介

　　個人出生於雲林縣四湖鄉，童年家境困苦，學習歷程坎坷不順，讀過放牛班、國四班，不是資質問題，而是教育問題。省北師專 65 級畢業，服務礦區的侯硐國小，繼續進修師大教育系、教育研究所 40 學分班、台北市立師範學院國民教育研究所。擔任國小教師 13 年，瑞濱國小、樹林國小、深坑國小、秀朗國小主任，柑林國小、直潭國小校長，現在擔任新莊國小校長。堅持教育應有理想性，及教育改革的必要性，相信教育可以改變一個人，而耕耘教育是在享受幸福。

一個尋找智慧與勇氣的歷程

林蕙涓
台北縣新店國小校長

壹、回首細說來時路

　　回首從事教育工作的來時路，不禁慶幸自己在每一個生涯階段的歷練和成長，使我在擔任校長後，能保有待「人」無比的熱情，處「事」盡心盡力，更能一展理想與抱負，貢獻自我的才智力量，結合熱愛教育、有志於教育工作的夥伴，一起為孩子營造一個快樂而豐盈的童年。猶記得 1979 年開始擔任教職，由於教學的興趣和用心，逐漸累積成熟的教學經驗，同時在輔導學生方面，也更能得心應手，所以教師的工作雖然十分繁重，但是內心卻非常的愉快、充實。對於自己身為教師，所能給與學生、影響學生，讓學生展露優異的表現，感到相當自豪與自我肯定。同時，利用課餘及社團時間，也發揮音樂教學的專長，組訓兒童合唱團及樂隊，並於區賽、縣賽屢獲佳績，因而獲推薦進入台北縣及台灣省教育廳國民教育巡迴輔導團，擔任輔導員巡迴全省推展音樂教育工作。期間除精研課程與教學，更編寫諸多補充教材、籌拍「成長與學習」電視教學影集、撰寫研究論文等，提供全省國民教育教師使用，也因而於 1991 年榮獲教育廳「長青專案」教學績優人員，並赴日本教育考察，受益良多。

　　1991 年至 1998 年擔任各處室主任期間，以一貫的勤奮認真，盡心盡力襄助校長推動校務，計畫周詳、條理井然、多所建樹，使校務發展頗有績效。而個人亦以「謙和誠懇、積極主動、關懷服務」自我期許，事事以身作則來服務全校師生。就在這一階段，台北縣敏於社會的變遷及脈動，積極推動「開放教育」，並有效地銜接了爾後 10 年的「小班教學精神」計畫、「九年一貫課程」之創新教學，個人亦身兼「開放教育」種子學校主任及輔導團團員，此一學習

成長經驗之於未來校長之「課程與教學」領導影響頗為深遠。並於 1996 年榮獲台北縣教育行政人員「特殊貢獻獎」。

另一項對個人及工作生涯具重大意義的歷練，是參與教育部兩階段為期 12 年的「輔導工作 6 年計畫」以及「青少年輔導計畫」，擔任中心學校執行小組主任和台北縣「輔導計畫輔導團」副團長，帶動台北縣學生輔導工作逐漸萌芽生根，工作雖極為勞累繁重，然眼見校園學生輔導工作的風氣日漸蓬勃，心中實感欣慰。爾後並因服務續優，於 1995 年、1999 年榮獲教育部「輔導計畫」執行有功人員。此乃個人在校長輔導專業領導方面，頗能針對目前校園師生困擾研擬有效方案，進而解決問題之緣由。

個人基於對教育工作的熱愛，及一貫的敬業精神，不論教學與行政工作的推展，均全力以赴，務求達到精緻、卓越的最高理想。在工作之餘亦積極進修，勤於寫作著述，文章陸續發表於校刊、報章、師院期刊、學術研討會及台北縣教育局發行的刊物中。

貳、專業前瞻寓新意──校務經營的理念與實務

一、對於校長角色的體認

個人服務於台北縣教育界迄今 25 年，其中半數以上的時間適逢台灣教育的改革時期，尤其擔任 2 任校長期間，無論是教育法令與學校體制、升學多元進路或是課程內容與教學，各項教育改革內涵均風起雲湧，至今仍方興未艾。

因應如此劇烈的時代變革及教育趨勢，現代的校長必須具有強烈的使命感，並深切體認自己身處學校樞紐地位，肩負多重的角色職責，是行政領導、課程教學領導、輔導專業領導、組織管理、公共關係、推動各項計畫政策等。校長必須要有創新的理念、積極的行動力以及勇於變革的領導風格，更要有教育專業領導的才能，能結合各方良好的關係，整合所有可挹注經營學校的資源，方能帶領學校朝專業化方向發展，促使學校效能充分展現。

二、架構「交互作用、整合發展、邁向專業」的校務運作模式

盱衡目前各項教改措施在教育現場實施之情況,「激勵同仁士氣、帶動親師生參與、孕育優質組織文化」確是目前教育現場的當務之急,學校行政亟需扮演統籌規畫、整合發展的角色,透過觀念的整合、教育內涵的整合、教師效能的整合、組織及人員的整合、資源的整合,逐步帶動學校相關人員的合作,建立較佳的互動模式與內涵,使各項教改之措施能落實於教育實務中。

㈠面臨挑戰

猶記得 2002 年 8 月遴選至新店國小時,前任校長罹患重病請假年餘後病故,學校群龍無首、百廢待舉,百年老校面臨逐漸凋零的危機。不但各項教改方案之推展及校務建樹缺乏動力,教師與行政更是嚴重對立,行政人員視與教師溝通為畏途;行政處室之間缺乏合作機制,對於服務支援師生效能不彰;學生活動幾乎付之闕如,校園意外事件頻傳,家長高度期盼新任校長之作為,實備感壓力而自覺任重道遠。

㈡行動策略

1. 校長發揮樞紐功能,架構多元溝通及凝聚共識的平台

「激勵同仁士氣、帶動親師生參與、改變組織氣氛」確是新店的當務之急,在深入了解校園長久以來的問題和人員之間的衝突癥結後,校長擔負起彼此間溝通協調的樞紐角色,透過各項校務與委員會的討論機制,勤於溝通協調,讓所有決策過程有更多面向的思考和關照,唯有讓學校更多成員有充分表達意見的空間,透過多元、民主的參與過程,才能逐漸建立共識、凝聚團體的向心力,發展出共同之「學校願景」。尤其在磨合教師與行政人員間之認知差距,校長必須帶動處室間的合作,以「人文關懷」為核心的「服務領導」風格和效能,不斷的釋出善意,重新建立起教師對行政的安全感及樂於合作的熱忱。

2.為行政「賦權增能」，奠定「交互支援、整合發展」的基礎

長期以來，行政人員因對教務、訓導、輔導等行政工作之教育意涵體認不清，行事依循傳統、僵化且缺乏彈性的情況最為人詬病，更是親師生衝突的根源。因此，校長必須以「輔導理念」帶動處室主任進入「再學習的狀態」，積極主動參與處室工作規畫、提供協助讓各項校務順利推展，促使其「賦權且增能」，逐步建立處室「專業的信心」，並提供親師生「專業的服務」。同時適度釐清劃分各項職務與權責，共同架構起一些制度與規範，形成良好的互動模式，一切良法美意才不致淪為空談。

3.整合各項教改內涵與措施，系統規畫校務發展計畫

深入了解目前教改之內涵及重要議題如九年一貫課程之實施，資訊、兩性、生涯、環境、人權法治等重要議題之融入教學，三合一方案、組織再造人力規畫方案、青少年輔導計畫等，檢視學校既有之校務發展計畫，並掌握教訓輔工作重點，加以分析統整：哪些課程學習內涵和學生活動應整合於各領域課程實施；哪些成長機制可結合學校教師本位進修規畫，提升教師專業之成長；應用「訓輔整合」及「組織再造方案」哪些概念，可彈性調整組織架構及職掌、提升組織效能、重塑組織文化……等，均需透過執行小組成員歷經多次對話討論、集思廣益、系統規畫而成。

4.研訂教師輔導手冊，引導教師參與各項校務推展計畫

任何教育措施均需透過教學人員，以及訓輔人員的合作，落實於教室第一現場，因此，發展出本校「教師輔導手冊」，將各項教師教學及輔導學生職責，規畫為行政篇、教學篇、輔導篇及資源篇，引導教師逐步一一實踐，所有學校教育措施方得以落實。

三、以「整合模式」之教師專業發展實務，積極帶動教師善盡教訓輔專業角色職能

綜觀台灣教育近年來的發展及趨勢，教師在教室現場的確面臨巨大的考驗，例如：課程發展統整方面、教學文化的改變、學習障礙學生的補救教學、特殊學生及適應困難學生的輔導管教、親師合作的能力等，整體社會對於教師專業角色的期待，及善盡教訓輔專業職責的需求普遍提高，令教師備感壓力，

同時也突顯了教育現場長期以來教師專業發展的困境。是以，校長如何整合校內外專業人力及各項資源，系統規畫教師專業發展措施，以專業風格引導教師朝專業化方向發展，提升教師在教學、訓導、輔導專業之能力，實為教育現場的核心工作。

(一)策略分析

1. 為了激勵教師因應教改之趨勢，逐步朝專業化方向發展，必須建立起有效的「教學視導」機制，協助教師落實教訓輔專業角色職責之認知與實踐。
2. 由於知識經濟時代的來臨，學校教育對於終身學習的理念必須不斷強化。教師不但是知識傳播者，更須身體力行成為終身學習者。因此，透過蓬勃而多元的校園「學習機制」，逐步帶領每位教師進入學習狀態。
3. 為營造教師專業成長的環境及支持系統，因此「教師專業成長」各項工作之規畫與實施，應揚棄傳統以「教務處」為主之概念，統合各處室人力，分工合作來進行，並建立教師與各處室人員之間良好的成長進修對話模式與內涵。
4. 綜觀目前各項教改之內涵，均十分強調教學視導及教師評鑑，尤其重視「專業而系統」之歷程。因此，適時引進專業人力的協助，必有助於教師專業的提升。
5. 本校以提升「教師效能」為目標的專業發展方向為：(1)教學與輔導、(2)班級經營、(3)親師合作、(4)危機處理、(5)研究與進修。

(二)行動策略

1. 增進教師有效教學策略
   (1)重建教師教學專業信心：由平時教學視導歷程，發掘教師教學專長，於各項進修、對話分享，有校本生態課程（蝴蝶生態教育）生命教育及製作繪本小書、影像紀錄分享，有多元評量、出題技巧分享，有班級經營策略分享，有運用數位課程資訊融入領域教學、教學檔案等主題，逐漸以重視專業之風格，建立同儕成長機制，找回教師專業之信心。
   (2)連結豐富的資源，持續發展學校本位課程：課程與教學的革新是教改的核心，也是提升學校教育品質的關鍵要素，各項教育目標和教育理念均

須藉由課程內涵和教師有效的教學實現。因此,本校因應學生學習需求,連結農委會、華梵大學、慈濟教研會、師範大學、MOXA心源基金會、馬吉島數位課程等資源,持續發展校本自然生態教育、鄉土人文、資訊教育、生命教育、補救教學……等課程。以「課程活動化、活動課程化」為原則,鼓勵教師組成教學團隊,對課程與教學進行轉化與實踐,落實課程實施與管理之成效。

(3)2688專案協同教學,創新教學活力:九年一貫課程之落實,有賴教師教學之創意,尤重領域協同教學。因此,本校善用教育部「2688專案」人力資源,大量引進資訊科技融入教學、團體輔導活動(國北師院心輔所)、靜思語教學(慈濟教研會)、鄉土教學(拳三堡文史工作室、大自然荒野協會等)、繪本班級讀書會(毛毛蟲哲學基金會、故事協會、兒童文學作家等)、表演藝術(無獨有偶劇團、十方樂集、紙藝協會等)等教學專業人力,進入課程與教師長期進行協同教學,逐漸鬆動教師傳統僵化之教學模式,開拓教學之新視野,增進有效教學策略,提升優質教學文化。

(4)落實教學研究專業對話:配合協同教學之實施及各領域教學研究會,延伸規畫每週五下午課程與教學研討活動,如:動態閱讀、校園生態體驗、新店拳三堡文史工作、鄉土踏察、建構式數學研究、資訊融入教學、班級經營與兒童輔導……等,透過團隊學習激發教學專業與熱忱。

(5)培養教師融入式教學能力:訓輔重要議題,如:兩性、人權、生命、生涯資訊、環教……等,融入課程領域教學是教師必須積極培養的能力。因此,必須邀集學者專家、國教輔導團等人力,系統介紹相關議題基本知識,提供參考教材及教學方法演示,逐漸培養教師教訓輔融入式教學能力。

2.強化導師功能,落實班級經營

(1)課程教學與班級經營計畫:於暑期備課時間,運用「訓育工作輔導化」原理,所有教學人員均思考班級經營理念,做成計畫,並於開學初向家長溝通說明。

(2)開設「班級經營與兒童輔導」工作坊:由曾端真教授帶領心輔所學生,從事班級團體輔導活動協同教學,輔以閱讀、實務研討等方式,運用阿

德勒心理學派之「動機論」，強化教師辨識學生行為問題的能力。

(3)班級觀察與同儕視導：成立「教學輔導小組」，邀集專家學者、行政人員、教學績優教師及特教師資等，協助教師進行「班級觀察」，回饋特殊兒童，及適應困難兒童相關教學輔導策略，並提供教師專業諮詢及同儕視導服務。

(4)辦理系列「特殊教育」親師工作坊：班有特殊兒，親師必須學習相關特教知能，凝聚共識，密切合作，協助孩子在班級中的學習與生活適應，每週五下午由永和國中資源班尤敏珠老師等帶領的工作坊，讓親師生受益匪淺。

3. 重視親職教育，建構良好親師合作模式

(1)架構親師多元溝通管道：開學前即由導師先行連繫家長，積極建立良好關係；開學當週即舉開「班親會」，溝通教學與班級經營理念，並建立班級親師聯絡網；學期中經常以聯絡簿、電話訪問及活動參與，保持良好親師合作關係，更持續引進家長專長資源教學，發展班級特色。

(2)培訓志工，規畫系列成長課程：志工服務親師生必須持續成長進修，規畫一系列豐富多元的成長課程，有王鍾和教授指導之「辨識孩子行為問題與兒童輔導」工作坊 5 週次、特殊兒童輔導 5 週次、故事媽媽「班級讀書會」閱讀工作坊培訓 14 週次、曾端真教授帶領之「親子諮商」親職工作坊、梁培勇教授之「遊戲治療」工作坊、洪蘭教授之「認知神經心理學與學習策略」講座以及休閒活動插花班等……。

4. 提升教師危機意識，強化危機處理機制

(1)檢視校園危機之所在：例如處理重大傷病兒童保護、潛藏危機地方及設備的維修管理，提升學生自我保護的能力。

(2)結合專業醫師、大專社團、社會團體等單位：以講習、行動劇或實務演練進行如：認識常見重大傷病、CPR、消防安全及防災安全教育講習等，建立教師危機處理應變能力。

(3)組織並運作「校園危機處理小組」：建立緊急事件處理流程，並回饋處理歷程資訊，提供全體教師參考，本學年度即因有效運用此機制，而適當處理了校園意外車禍、SARS 等事件，將傷害減至最低，並凝聚全體教訓輔人員合作，以及危機處理之共識。

5. 建構多元教訓輔學習機制，營造共同成長的殿堂

　(1)以輔導理念，帶領教師進入學習狀態：學校是師生共同學習與成長的地方，許多職前養成教育的知能已不敷所需，甚而不合時宜。因此，學校必須因應師生之需求，建構學校本位的教師成長機制。

　(2)落實「學校本位」的教師進修：進修內涵著重在教育理念之釐清與教學輔導能力之提升。課程由教師及教、訓、總、輔人員共同設計，週三下午以教訓輔理念為主軸，週五課程研討時間，則鎖定在教訓輔實務之研討、觀摩與實作。

　(3)多元學習機制逐漸展開：3 年來，幾乎每位教師都從不同向度參與了這樣的學習機制。例如，因課程教學需求的各項研習活動；因專長興趣而開設的生態課程、資訊課程；因輔導學生所需個案研討，認輔教師成長課程；因自我內在成長所需的活力營，「悲傷與輔導」工作坊，因班級經營與兒童輔導所需的「ADHD 兒童輔導工作坊」，以及參與「教學輔導小組」同儕視導機制的運作與學習，蓬勃的學習風氣已逐漸在校園各個角落蔓延……。

　(4)透過知識管理營造學習型學校：當每位教師均參與各項成長進修活動時，如何將所獲取的知識，透過彼此分享的歷程，逐步累積為全校教師均可加以應用的知識平台，進而創造更優質的共享資源。本校就善用了 e 化的行政及班級資訊系統，建立知識管理的機制，提供教師個人及專業成長的知識平台。

6. 落實教學視導，引導教師專業發展

　(1)強化「教學輔導小組」功能：小組平時除提供教師在教學及班級經營諮詢外，舉凡教師因個人「教學行為」所需之「同儕視導」，或因班級有特殊兒之「班級觀察」，甚而補救教學之實施，小組成員均積極提供各項協助。

　(2)規畫「發展性教學視導」工作坊：邀請張德銳教授蒞校指導，系統介紹教師教學改進與同儕視導具體方法，藉由豐富而專業的各種觀察量表紀錄，以及操作性活動，不但釐清了教師對於教學視導的觀念，更提供了人性化的學習成長方向。

　(3)以「個人成長反省」導向的教學檔案：傳統觀念的教學檔案有如「剪貼

簿」，缺乏系統及教學專業規準，無法引導教師的「省思」。特別於下
學期再次邀約張德銳教授，藉由他校之成熟經驗現身說法，引導教師認
識專業教學檔案之內涵，不但蒐集教師課程及教學計畫、班級經營之理
念與實務資料，也一面記錄、累積學生學習成果，更重要的是教師教學
之省思，以及同儕對話的基礎。而這些則是學校實施教學視導工作極為
重要的一環。

(4)教學視導提供教師善意的另一對眼睛：行政處室以任務分工方式，進行
　常態性視導工作，未來更規畫以行政三聯單方式適時提醒、回饋教師。
　同時對於作業批改、親師聯絡簿調閱、師生互動及學生輔導紀錄等，亦
　整理較佳範例提供教師參考，並據以了解教師教學現況，透過專業領導
　風格落實教學視導，逐步提升教師專業成長。

四、應用輔導三級預防概念，實現「帶好每位學生」之教育目標

　　「帶好每位學生」是教改的最終目標，依據教訓輔三合一方案之精神內
涵，學校應用輔導三級預防之概念，充分了解教育的主體——學生，包括學生
素質、特性、家長期望、各種弱勢學生結構等，對於學生的教育輔導措施加以
整體設計，並透過行政與親師生建立最佳互動模式與內涵，結合各項資源形成
網絡，為孩子統整建構一個更周延的輔導支持系統，實現帶好每位孩子的教改
願景。

(一)不同的挑戰

　　澳底國小是一所濱臨大海的小型學校，地處北台灣偏遠的東北角海岸，90
年的風與浪伴隨著無數學子的成長，澳底的孩子善良、熱情質樸，身手更是敏
捷、靈活、矯健。然而遠離都會的事實，造成地方產業逐漸萎縮，青壯人口大
量外出就業，留下來的是老人和孩子，嚴重的隔代教養是孩子成長過程極為不
利的因素；解構的家庭型態更造成單親及破碎家庭的事實，家庭功能幾乎難以
彰顯，我們的孩子就來自這樣的社區環境。

　　「百年老校」名「新店」，是一所具有百年歷史的學校，位於台北縣風景

名勝新店碧潭邊，學區處於城鄉交界處，原來是傳統的老舊社區，有逐漸沒落的趨勢，然而近年來隨著北二高及捷運的通車，許多外來人口使得社區又逐漸繁華起來，形成新舊社區並存的景況，純樸的社區家長社經背景中上，普遍關心孩子的教育，然而過去親師合作互動並不頻繁，參與校務情形較不積極。

學生的素質普遍質樸、可塑性高，然而近年因外來人口急遽增加，鄰近的烏來鄉鄉民亦多所遷居本學區或越區就讀，使得學生單親家庭、隔代教養及原住民比例偏高，同時，一般智優、身心障礙學生及安置於育幼院學生也為數不少，符合教育優先區的指標。而近 3 年來新住民亦大幅增加，是學校需積極關注的弱勢族群。

(二)行動策略

1. 彈性調整教訓輔組織架構及內涵，建構三級預防工作機制

   以「訓育原理輔導化」、「訓輔整合」為主軸，因應學校教訓輔措施之整體設計，整合調配教訓輔組之職責，並重新設定每位行政人員應行辦理及相互支援事項，以落實三級預防工作之分工。如「訓導處」更名為「學生事務處」，兼具初級預防功能，以各項發展性教育措施，引導學生在生活中實踐的好習慣；「輔導室」調整為「輔導處」，結合認輔教師、特教師資、社輔資源與機構等，共同來做學生二、三級輔導工作，強化學生輔導工作之專業效能。本校並長期約聘鄔佩麗、曾端真、曹中瑋、梁培勇、嚴霽虹等教授及心理師，協助親師生各項輔導工作。

2. 成立「教學輔導」小組，實施「班級觀察」

   由於澳底偏遠地區文化不利的事實，學生的基本學習能力普遍低落，其中尤以各學習階段無法有效銜接為主要因素。因此，邀集校內行政人員、資優教師、專家學者成立「教學輔導診斷」小組，自附設幼稚園課程之選擇到幼小以及各年段間課程之銜接，協助教師深入了解以彌補其間之落差和斷層。同時對於適應困難及特殊兒童實施「班級觀察」，提供教師教學輔導的專業諮詢，期能恢復學生良好的生活學習適應。

3. 重視學生學習障礙問題，建構補救教學系統

   學校邀集相關學者專家及校內人員共同成立教學診斷小組，建構學校補救教學系統。初級補救教學：由教師在平日教學歷程中，發現學生學習之障

礙，能立即補救並給與適性之回家功課，請家長配合指導，低年級學習困難學生則於晨光時間組訓退休教師實施補救教學；次級補救教學：由導師推薦，經教學診斷小組之診斷，採學科能力編組方式，於晨間或課後留校進行補救教學；三級補救教學：確實鑑定學習障礙學生之身心特質後，安置於資源班採抽離課程或外加課程之補救教學。

系統本身採循環方式進行，隨時做評估及回歸，期能恢復學生之良好學習適應。倘有長期忽略而形成的低成就學生或有學習障礙，需要特殊教育的專業知能協助，則向學校的輔導室或各師院特教中心諮詢，請教相關的輔導策略。

4.提升教師辨識學生行為問題能力，強化導師班級經營與兒童輔導的能力

聘請曾端真教授帶領心輔所學生，從事班級經營團體輔導協同教學，並組成「班級經營與兒童輔導」親師成長讀書會，學習運用阿德勒心理學派之「動機理論」，強化親師辨識學生問題的能力。

5.強化導師功能，落實「認輔制度」

由於隔代教養及單親情況極為嚴重，導師及認輔教師的關懷與協助，確實可以有效地幫助孩子生活及學習的適應，而結合社福機構或慈善團體的力量給與家庭急難扶助亦是重點工作之一。持續不斷的「小團體輔導」，則從關懷的角度來幫助因缺乏家庭關心而成為校園弱勢的小朋友，帶領他們從團體互動中找回自信心，再重新出發。同時，透過不同形式的「個案輔導會議」及家族治療，亦能有效地協助個案恢復適應。

6.整合榮譽制度、規畫多項認證活動，引導生活實踐的好習慣

結合榮譽制度，透過有獎徵答、新店之聲、票選「生活公約」好寶寶等活動，建立學生於生活中實踐的好習慣。同時規畫多項認證活動，倡導「人人為我，我為人人」的服務學習理念。

7.活化校園危機管理機制，提升親師生危機意識與應變能力

(1)檢視校園危機之所在，例如處理重大傷病兒童保護、潛藏危機地方及設備的維修管理，提升學生自我保護的能力。結合專業醫師、大專社團、社會團體等單位，以講習、行動劇或實務演練進行如認識常見重大傷病、CPR、消防安全及防災安全教育講習等，建立教師危機處理應變能力。

(2)運作「校園危機處理小組」，建立緊急事件處理流程，並回饋處理歷程資訊，提供全體教師參考，本學年度即因有效運用此機制，而適當處理了校園意外車禍、SARS 等事件，將傷害減至最低，並凝聚全體教訓輔人員合作，以及危機處理之共識。

五、整合校內外及社會教訓輔資源，建構豐厚的學校網絡支持系統

澳底由於位居邊陲，距離台北縣政府所在地75公里，社區文教機構及專業人力極為缺乏，大都須由都會地區引進，學校雖積極克服交通上的困難，然而，交通不便造成專業協助及資源引進的不易仍是事實。

新店雖非偏遠學校，但由於過去保守的校園文化，不但親師合作互動較少，亦未能有效引進資源發展教訓輔各項功能。

(一)整合社會資源，發揮教訓輔功能：要做好學生教訓輔工作，單憑校內人員的力量實力有未逮，尤其學生行為日益複雜多變，更須有效引進社會資源，密切結合學校三級預防工作，共同擔負起教育學生的責任。尤其近年來北二高、捷運交通之便利；學校又位於「人文薈萃、文風鼎盛」的新店文山區，資源可謂豐沛，共建置「教學支援服務」、「家庭社會福利」「安全保護福利」、「醫療諮詢服務」、「特教諮詢專線」、「心理諮商服務」、「升學諮商輔導」、「宗教團體公益福利」等網絡服務系統。

(二)善用區域社輔資源，落實學生輔導工作之專業化：由於本校係台北縣「建立學生輔導新體制」全縣暨文山區中心學校，藉由定期辦理學校與區域社輔資源連繫會議，邀請「家庭暴力暨性侵害防治中心」、「社會福利服務中心」、「警察局少年隊及少輔會」、「家庭扶助中心」、「教育局駐校社工」、「心理衛生中心」等專業人員，進行服務說明並討論區域資源網絡與連繫機制之建構，透過學校與區域資源密切之合作，進而落實學生二、三級輔導工作。

(三)完善與優質的計畫，連結專業豐沛的資源：近年來整體社會資源極為短絀，各種資源的申請均須提出完善的實施計畫，本校透過「整合模式」之運作，經常由校長帶領各處人員與教師討論擬訂計畫，並規畫具體可行的

推動策略，親自作簡報，以爭取相關資源及補助。包括農委會「多樣性棲地營造」計畫；MOXA心源基金會的「蝴蝶生態教育」計畫；教育部「資訊教育種子團隊」計畫；新店文史館的「愛上博物館」、「碧潭風情」課程計畫；新店圖書館的「閱讀計畫」、「親子共讀」計畫；游泳池「ROT」計畫以及各項校園整建計畫等，這些資源不但有經費之挹注，更有專業的協助，是整體校務推動的有力支持系統。

六、以人文的關懷，發展學校公共關係

(一)學校內部關係的經營

1. 由於各項教改方案均納入學校校務整體計畫中，而各項計畫項目亦融入學校行事曆中逐步實施，有系統的引導教師參與校務推動，教師明顯感受行政的用心和規畫，有效改善過去對立抗拒的情形
2. 實施歷程中處室間逐漸發展出相互支援之默契，尤其強調「整合模式」的問題解決模式，使行政效能大幅提升，工作運作順暢績效彰顯。
3. 3年來，行政的用心都聚焦在帶動教師專業成長，或協助處理班級學生事務，甚或連結相關資源提供教師教學輔導諮詢應用等，高度獲得教師的認同和肯定，已逐漸發展出積極參與、溫暖接納、相互支援的優質組織文化。

(二)與學生關係的經營

1. 持續不斷宣導「訓育原理輔導化、輔導工作專業化」理念，校長和行政人員更以各種「教育的方法」，示範、引導學生於生活中實踐的良好習慣，已逐漸取代了以往校園內「動輒怒罵」，或僅止於「道德勸說」的方式；亦可明顯感受教師願意嘗試學習運用「團體動力」及班級經營技巧來營造優質的班風，逐步建立了接納與溫暖的師生關係。
2. 「課程活動化，活動課程化」，保障學生優質的學習，增進學生學習的效果。2年來，由於大量「教學支援人力」進入校園與教師協同教學，活潑創意的課程教學提供孩子發展多元智慧的舞台；訓輔發展性活動是引導孩子適性成長的鷹架。我們觀察到：透過「蝴蝶生態教育」，個個都是生態

解說員、主題探索研究員；到社區服務學習，個個都是「環保愛心」小天使；參與語文競賽表現傑出；製作「畢業光碟」個個都是資訊應用高手；縣府基本學科能力測驗英、數、資訊全員通過；參加「英語戲劇比賽」親師生榮獲全縣特優……等，愈來愈多的佳績，讓我們堅信這一切教育作為，能使學生學得更精緻、生活得更快樂，讓新店校園成為每一個孩子童年的築夢天地。

3. 完善的學生輔導機制，舒緩校園學生問題，藉由「導師」在班級敏銳的辨識力，訓輔人員得以啟動學生輔導機制，充分提供各類弱勢學生「家庭扶助」、「補救教學」、「小團體輔導」、「個別及家族諮商」……等協助，多年來透過輔導、鑑定、轉介、安置，確實幫助不少孩子恢復適應，舒緩原本嚴重的校園學生問題。

(三)與家長社區關係的經營（以澳底為例）

澳底地處幅員廣大的北縣邊陲，屬偏遠文化不利地區，訓輔專業人力尤其缺乏。所幸，我們有一群愛護家鄉，關心教育的家長，他們大都是本校校友，平時也認真的經營生活。走進校園的第一天起，就和我們挽起衣袖做教育紮根的工作，成為辦學的好夥伴，因而連結了一些來自社區的教育資源。藉此基礎，我們更主動積極地發掘、連結一些專業機構與人士，克服交通往返的困難，建立密切交流的模式，隨時因應親師生教育之需求，妥善運用，逐漸整備出一個周延而豐富的資源網絡。

同時，帶動教師秉持著無比的教育愛與熱忱，承擔起眾多教育責任，除了白天授課（小學部、幼稚園）、課後補救教學、兼任行政工作及參與各項教育計畫外，夜間尚須負責成人補校與社教工作站之社區成人教育，對於弱勢孩子的協助更是令社區家長感動。由於全體教師的努力，不但找回了「專業形象和尊嚴」，更贏得貢寮鄉民的尊敬和愛戴，也因而感動家長及社區動員尋求各種資源，積極協助校務之運作。

(四)與教育部或教育局關係的經營

個人經營學校，與教育主管機關教育局或教育部之互動，向來都抱持著分工合作、生命共同體的概念。尤其近10年來的教育改革，幾乎形成了固定的互

動模式：教育部推展教改方案→各縣市教育局推薦或徵求實驗學校→實驗學校研提實施計畫→建立策略聯盟或夥伴學校機制→成果及經驗分享並形成具體可行方案→推廣至其他學校。

擔任 2 任校長期間，個人以勇敢積極的心態，深入了解教改之內涵與精神，主動參與並系統整合教改政策，轉化成學校具體可行之策略，為校園注入新活力，不僅活化了學校經營，更有效地提升教育品質。也因此承擔了教育局、教育部許多委託研究、分享推廣、訪視評估、規畫實驗等多重角色與職責，工作雖然極為辛勞，但不可否認的，也是策勵自我學習、快速成長的生涯歷練。

同時，長期觀察結果亦發現，各項教育政策是否落實到教育現場，與各縣市教育局能否整合相關局、課室、機構人力物力資源，建構支持性網絡，積極協助、帶動學校息息相關。以台北縣為例，教育局在潘文忠局長領導之下，無論是課程與教學的領導、青少年高關懷計畫、18 條人文藝術學習路線、運動人口倍增計畫、資訊教育環境建置、閱讀活動推展等，局長均能謀合學校建議、擔任縣府各單位整合之平台，建構學校與縣府各單位的互動機制，主動協助學校推展各項教育政策，並利用與校長對話的機會，帶領課室主管主動說明、支持學校；久而久之，校長均能充分體會局長人文關懷之善意，並了解縣府支持系統之所在，對於校務經營無異達到了方向明確、重點掌握、績效責任的成效。

七、從「微觀到鉅觀」的學校變革

1998 年 8 月個人奉派台北縣澳底國民小學校長，當時學校正因不適任教師解聘案，與社區家長嚴重衝突對立，縣府及相關單位頻頻蒞校調查，導致前任校長黯然提前請調，學校組織氣氛不佳、教師士氣低落，行政人員疲於應付各種狀況，對於支援服務教學則心有餘而力不足。

就在學校發展陷於極度不利的情況下，我和學校同仁檢視了當時教育部積極推展的教改 12 項行動方案中，有利於學校發展的九年一貫課程、小班教學精神計畫、降低班級人數增建教室計畫、「建立學生輔導新體制」——教學、訓導、輔導三合一整合實驗方案等，毅然投入試辦行列，有效結合其基本精神與內涵，並整合轉化為學校經營策略。4 年來，我們築夢踏實、一步一腳印的深耕，透過校本課程發展及小班精神教學策略，找回了教師教學與輔導的專業信心；藉由教訓輔三合一方案之「整合發展、邁向專業」建立校內人員最佳互動

模式與內涵，凝聚親師生高度向心力；與全國多所學校建立夥伴關係，「他山之石，可以攻錯」，讓我們不斷精進；澳底的「蛻變與成長」有目共睹，亦備受肯定，屢獲教育局及教育部評鑑為績優學校。

2002 年 8 月遴選至台北縣新店國民小學，時值前任校長罹患重病請假年餘後病故，學校群龍無首，百廢待興，社區家長高度期盼新任校長之作為，實備感壓力而自覺任重道遠。綜觀 2 校在環境背景、組織文化、教師結構、學生特質、家長需求及社區資源等差異性頗大，幸而累積了澳底「整合且系統」之經營心得，讓我們在龐雜的校務中很快能切中時弊，找到方向及著力點。

經營迄今，透過「教訓輔三合一」方案之整合模式，個人以「人文的精神、專業的方法」，展現校長專業領導風格，帶動行政團隊與教師間的合作，逐漸改變教師之教學文化及輔導學生之概念，全校親師生士氣高昂、向心力強，各項難題困境亦逐一獲得解決、軟硬體建設如火如荼地進行，學校正朝向「深具輔導文化的人文友善校園」努力邁進，今年更榮獲縣府評選推薦為教育部績優學校。

八、全方位辦學，法律素養不可偏廢

面對近 10 年來社會需求及教育趨勢快速的變遷，校長辦學所關注的面向愈趨多元，可能遭遇之困境或案例處理愈形複雜，所涉及的法律層面問題自然衍生。舉凡教師權、學生權、家長參與權、財產、校地、建築採購、政府促參、議事規則……等，均是學校經營的法律層面。因此，身為校長大都了解其重要性，平時除閱讀、上官方網站或透過省縣公報案例分享充實相關資訊外，亦能把握各項進修說明會，增進法律相關知能。

然而，每所學校難免有困境或危機，校長的法律素養固然對於平時的危機管理有助益，但當發生重大危機事件時，一些特殊的法律規定、相關學校案例的諮詢、法律顧問的協助，家長會具法律背景人士的磨合，所提供的訊息往往是校長危機處理時，能否做整體「正確判斷與決策」的關鍵。個人經營澳底及新店 2 所學校期間，因學校所處環境特殊，遭遇的困境和疑難雜症頗多，其中重大事件有教師解聘案、核四廠抗爭案、校園學生車禍意外、電器火警求償事件、收回遭占用 12 年校長宿舍、清查軍方、退休教師土地及宿舍 36 戶、游泳池安全鑑定暨委外促參ROT案……等，處理過程雖然無奈，甚而感覺痛苦，但

校長沒有抱怨、消極的權利，也因為運用上述方法處理妥適，不僅化危機為轉機，也樹立了校園事件處理的典範，深獲親師生與教育局高度的肯定。

參、履痕心跡處處深──參與教改行動方案之評析

目前教育的大環境讓許多校長深感無奈：權責不相稱，教師抗拒改革，學校組織文化不良，資源逐漸短絀等困境，經營學校的確備感艱辛。然而這些年來，個人經營學校、參與各項教改方案，深深體會到面對教育的革新與挑戰，校長應以勇敢積極的心態，深入了解教改內涵與精神，系統整合教改政策，發展學校特色，為校園注入新活力，活化學校經營，全面提升教育品質，使具有老店新開的新氣象。以個人帶領澳底、新店 2 所小學深入參與教育部「建立學生輔導新體制」──學、訓導、輔導三合一整合實驗方案為例。

一、試辦三合一方案帶給學校轉型契機

澳底屬偏遠小型學校，教師人力及各項設施、資源均不及都會一般學校，是以長期以來學校經營不易。自 87 學年度參與三合一方案，秉持輔導理念經營學校文化、帶動教師進入學習狀態，建構教師與行政人員、教師與學生之較佳互動模式，孕育人性化校園組織氣氛，增進教育輔導學生功能。三合一方案的試辦，帶給學校轉型發展的契機，並直接催化學校的蛻變與成長。

二、全體教師持續的學習成長，有能力落實教學及輔導學生職責

三合一方案要求教師善盡有效教學及輔導學生兩大天職。在具體指標上希望教師具有輔導學生的理念與能力。為落實這些工作，本校結合教改政策、九年一貫課程、專門專業知能、輔導知能等需求，架構出學校本位進修之課程內涵，系統逐步地將教師帶入學習狀態。多年來顯示，多數教師均能在學習中成長，漸有能力落實方案中教學及輔導學生職責。

三、教師與行政人員交互支援活絡，具「最佳互動模式與內涵」之雛型

三合一方案的最終旨趣在充分發揮教學、訓導、輔導的功能，帶好每位學生。要達成此一精神指標，全校教師必須與訓輔行政人員形成最佳互動模式與內涵，彼此交互支援、激勵成長。

兩校自試辦三合一方案以來，透過逐步的溝通、以身作則、示範帶動及長期處於學習進修狀態，服務士氣高昂、交互支援的氣氛日益形成，進而積極活絡，已初具「最佳互動模式與內容」之實質。

四、學校輔導網絡功能日漸彰顯

三合一方案期待每一試辦學校均能建立學校輔導網絡，結合社區資源共同擔負學生輔導工作職責，也期待為學生建立一個有二、三級支援服務的系統網絡。本校由於地處偏遠，建立的網絡資源不若都會學校豐沛，唯校長與行政人員均勤於連繫、主動邀請參與，是以互動頻繁，網絡資源協助學校之功能日漸彰顯。

五、研討及督導機制協助試辦學校發展特色

三合一方案因屬實驗方案性質，含有部分不確定性，是以，整個方案之執行，類似行動研究。教育部在推動方案歷程中，設計了研討及督導機制，不但找到核心工作最佳做法，更落實進程並解決衍生問題。且由校長及主任直接參與研討經驗、學校接受督導心得，以及本校校長以規畫委員身分到其他試辦學校訪視之心得，研討及督導機制頗能協助試辦學校掌握核心工作及發展學校特色，增進實驗之成效。

六、提供他校試辦成果資料，分享交流經驗

由於兩校執行三合一方案各項措施頗為紮實，累積之成果資料堪稱豐富，透過部辦觀摩會之展示與宣導，其他試辦學校以及未來準備試辦之學校競相索取參考（其他試辦績優學校亦有相同情況），對全校教師及行政人員鼓勵極大，

本校引以為榮，然而在各項資料之提供上也形成了學校一大負擔，需教育局及教育部協助解決。

肆、孕育學校「三合一」輔導文化，深具教育價值

一、輔導文化紮根校園，為帶好每位學生奠基：「三合一方案」強調以輔導理念經營學校組織文化，將學校經營為具輔導文化的學校，具有輔導文化的學校也就是人性化的校園組織氣氛。歷經 4 年來的努力，本校教師均以扮演好「有效教學」及「輔導學生」兩大天職為本分、克盡心力；而行政人員亦以強化「學校教學輔導學生機制」為念，這些措施直接反映到學生的照顧上，可謂輔導文化紮根於校園，為帶好每位學生奠定基礎。

二、學校共同願景，創造新店文化的獨特性：參與教改方案，校長應深入了解學校文化的特性，創造學校的獨特性，提供學校發展與組織再造的可能。換言之，參與教訓輔三合一方案，有機會創造一個具「輔導文化」的學校獨特性。據此，結合學校目標與新店成員的心聲，架構了學校共同願景：「人文、活力、新教育，優質、創新、好兒童」。

三、「溫柔對待，堅持理想」的領導風格深深感動親師生：溫暖和諧的親師生關係，是學校面對教育革新的催化劑。然而面對一波波教育改革，教師普遍感受活動增加、時間不足、教師專業受挑戰，校長應能體會教師的壓力及抗拒，更應以解決問題、認知重建、尋找改變、正向成長、改變情境、延宕擱置等策略，提供觀念、方法與支持，協助教師成長。以這樣「溫柔與堅持」的領導風格，深獲新店全體教師的認同，並於 92 學年度台北縣教師會評鑑校長不具名問卷中，給與極高的評價。

伍、發展學校特色——以「百年新店・生態校園」 為例

　　吳明清教授曾經對發展「學校特色」之必要條件有精闢的詮釋：強調用心和創意，並展現「獨特性」；必須具有「優良品質」、並反映「社會正義」；

且能發揮「學校效能」，同時符合「教育目標」。這些年來新店始終秉持這樣的原則，檢視自己、發展特色，提供親師生多元的學習機會，帶動親師生專業的成長，例如生態、閱讀、特教、資訊、民俗體育、訓輔機制等。

以打造「百年新店‧生態校園」為例：新店三面環山，緊鄰碧潭，亦是歷史悠久的百年老校，校園老樹種多、花園廣大，蘊藏了 4、500 種多樣性的生態物種。3 年來，我們整合了校內「自然生態小組」、「工程營繕小組」、「綠美化小組」、「課程發展委員會」、「資訊種子小組」等教師，連結「行政院農委會」、「台北縣政府」、「新店市公所」、「MOXA 心源教育基金會」、「家長會及志工」、「荒野保護協會」等資源，進行了校園空間環境的改造，彩繪藝術人文校園，營造優質學習環境；調查多樣性校園生態物種，規畫生態教育園區以及學習步道，設計生態課程與數位教材，編輯生態圖鑑與導覽手冊；發展系列校園生態紀念商品以利校際交流，如生態解說牌設計、生態撲克牌、獎狀及校慶生態紀念衫等成果，均出自本校生態小組教師精心規畫設計、以及全體親師生之集思廣益。

當然，徜徉於充滿老樹、花香的校園中，聽聞鳥啼、蟲叫、蟬噪、蛙鳴；欣賞蝶飛與蛾舞，讓親師生在生態豐富、物種多樣的環境中，發現植栽的成活、蝶蛹的羽化蛻變，引導學生觀察、了解自然奧秘，藉由探索學習珍愛生命，才是最終目的。同時，也歡迎社區民眾除了假日蒞校休憩之外，多參與學校或班級之各項活動（例如：生態教學園區的認養管理、小小生態解說員培訓等），帶動學校及社區共同珍愛這個陪伴我們成長的美好園地。

陸、源泉活水現新機——結語

多年來，個人經營校務始終秉持高度的「自我效能感」，以「人文的關懷，教育的堅持」，與教師發展出良好的合作互動關係，待人處世盡心盡力，累積豐厚的人脈與資源，全心投入、邊做邊學、持續地自我修正，也不斷的自我成長，多年來確實為學校創發了不少優勢條件，奠定了學校良好發展的基礎，更獲得親師生及各界的高度肯定，建立了個人經營學校的良好形象和口碑，並於 93 學年度榮獲教育部「校長領導卓越獎」之殊榮。

未來，在經營學校的歷程中仍會不斷面臨挑戰，也有些限制與瓶頸亟待克

服，個人仍會虛心地自我檢視，不斷謀求較佳之經營策略，期盼在校長生涯發展歷程中，能持續發揮「卓越領導」之效能，逐步發展出最佳校務經營之模式。

作者簡介

　　榮獲 93 學年度教育部首屆校長領導卓越獎的林蕙涓校長，目前任職於台北縣新店市新店國民小學。林校長教育資歷完整，1979 年自省立台中師範專科學校畢業後，又先後在台北市立師範學院音樂教育學系、輔導 20 學分班、國立台灣師範大學教育研究所 40 學分班及國立台北師範學院教育政策與管理研究所進修。

　　初任教職，即因教學表現優異，獲遴聘為台灣省教育廳國民教育巡迴導團音樂科輔導員；此後歷任學校各處室主任乃至於校長，也屢屢獲獎：先後於 80 學年度榮獲省教育廳「長青專案」教學績優人員；84、88 學年度榮獲教育部輔導計畫有功人員；86 學年度榮獲台北縣教育人員「特殊貢獻獎」；87 學年度起榮聘為教育部「教訓輔三合一」方案規畫督導委員；90 學年度澳底國小校務經營榮獲教育部評鑑為三合一績優學校；92 學年度新店國小榮獲教育部輔導有功績優學校；83～92 學年度擔任教育部輔導計畫成果專輯編輯委員。

價值決定方向　意識創造一切

張秋鶯
台北縣錦和國小退休校長

壹、引航人的省思

　　暑假中，師大教育研究所 40 學分班的同學會，輪到家住基隆的同學做東，在「海天一日遊」的安排下，參觀光華塔，因此，對港口「引航」的作業有近一步的了解與另類的體認。據解說員說明，目前基隆與高雄共有 24 位引航人，引航人的薪水超高，除了必備完整的學經歷（遠洋船長的資歷），更需要有過人的膽識與技術；任何大小船隻，要入港之前，必須停泊於指定的海域，等候接駁引航人的小艇；當引航人上船後，完全接手船隻從外海等候區至港內的駕駛工作，換言之：大船入港短短的航程，船隻的安危保險，完全由引航人負責。

　　當下，一面聽著解說，一面想著：引航人之所以如此備受禮遇，無庸置疑的是他本身所擁有的那份無可替代的專業，所展現的尊崇，是多麼的令人仰慕與尊重。反觀我們教育工作者，可否給自己的專業賦與使命，尋找工作的定位；可否反問自己工作的意義為何：為生活？為興趣？或是為了追求工作中所帶來的價值與喜悅？

　　然，藉由星座命盤、紫微斗數、求神卜卦、合理化的解說，尋求對自我生命的了解與界定，顯示出多數現代人屈就宿命的無奈。從 1967 年台北女師畢業至今，在擔任老師、主任、校長不同時空的轉換，經由不同的接觸、不同需求的對應、不同意念的激盪，期待產生深層的情緒感動與優質的集體共識的歷程，是很艱辛的，尤其當前校長「有責無權、委曲求全」，更是大家引以為憾。

　　但，果真如此嗎？其實不然。

貳、鬆綁自己好呼吸

家祖父張鴻機先生是光復後板橋國小第一任校長,上一代參與教育工作的教化、薰陶,累積了無以倫比的影響激素,成就我「畢生奉獻教職、實現教育理想、追求教育喜悅」最引以為傲的抉擇。

因此,38 年的教職,我始終告訴自己:「鬆綁自己好呼吸」;得意不驕傲、失落不氣餒、挫敗不放棄;以正向的積極思考,面對挫折的自我防衛機轉,改善情緒的低潮,紓解情境的壓力;以專業做別人不會做的事,以熱忱做別人不想做的事。

我曾在 2002 年送給同仁的賀卡上,分享著相同的理念:

面對自己:高品質教學的自我期許

面對學生:多元、多源具差異性的個體

面對家長:高度的期待與要求

面對家人:些許不平的傾訴與埋怨

這些「壓力、忙碌、疲憊」交織的生活寫照

揮灑成「2001 年的錦和歲月」的工作圖像

各位辛苦的園丁:

您的牽引、熱忱、專業、參與、付出

以「根有多深、樹有多高」的哲理

培育孩子原始的、純真的學習樂趣

萌發孩子健康的、快樂的生命元素

讓我們期待「大樹壯碩、小樹可愛」的成果

感恩您!具足因緣!開啟孩子生命中無可取代的動力!

欣逢 2002 新年的到來!

祝福各位老師:教書樂、樂無窮!

祝福各位家長:健康、快樂、平安、順遂!

參、生命中的堅持

　　針對學校目標的達成、教育趨勢的變革、孩子潛能的激發、環境生態的多元，身為學校綜理校務的引航者，個人有充分的角色覺知與省思。換言之，我始終抱持「我做，因為有愛；我活著，因為有人需要我」操之在我的工作觀與正確信念的價值觀，以專業、以熱忱贏得尊敬與肯定的態度，追求無所不在的教育喜悅，將「專業能量、思考能量、行動能量」做最好的實踐與轉化。

一、面對教育目標

　　為了「讓孩子學習成人的角色，傳遞文化的價值」，我認為學校必須成為代表某種價值的典範，校長要有如「宗族的長老」作為美德的示範者，引導同仁自律、自主、自由的專業提升。

二、面對創新變革

　　為了「強化學校管理的協調性與開創經營體的獨特性」，我認為學校要注入新思維、新策略、新視野、新態度、新生命；校長要有如「旗艦的艦長」指引明確的方向，努力爭取奧援，激發組織熱忱與團體動力，引領同仁創造工作的新價值。

三、面對潛能開發

　　為了「張揚孩子的特質」，我認為學校要透過隨機學習，連結學校與家庭、活動與生活，讓孩子學習欣賞自己，讓孩子充滿學習的欲望；校長要有如「球隊的教練」，在尊重個性、發展適性下，引領同仁體認並欣賞孩子的幼稚與無知。

四、面對教育生態

　　為了「暢通親師生彼此尊重、人文、自由、平等的互為主體性的對話」；我認為學校必須致力於親師生關係的融合；校長要有如「啦啦隊的隊長」秉持寬厚、開闊與包容的情愫，在煩惱中安然、在工作中養息、在複雜中單純、在

不悅中自在。

肆、換個方式掌握全局

　　傳統的教育價值、行政權責、親師生關係、教師專業、家長會功能……，由於時代的變遷，皆賦與新的意義與界定，或因不合理的要求與期待產生衝突；或因過度強調自主與本位，抵消彼此協同的動能；為解決當前的困境，在校長的領導歷程中，以「換個方式掌握全局」的思維，配合每週行政通訊，以「寓教於文」的方式，針對教育上的策略與作為，書寫短文與同仁分享，進而引導同仁有關教育「知識、價值、視野、態度」的建構與形塑。

一、教育的「知識」層面

　　摘錄「為師者的行為核心」、「以理性代替奴性」、「角色覺知」分享之，以啟發同仁對專業的認知與追尋。

㈠為師者的行為核心

　　天下雜誌出版的新書《Teaching，希望工程的藝術》中列舉優質的 9 大教學元素：「學習、權威、道德、次第、想像力、同理心、耐心、性格、樂趣」，5 大核心信念：「老師必須關注學生帶領學習；老師必須熟悉自己的專業及教學方法；老師要負責管理與督導學生的學習；老師能夠有系統的思考自己的教學並從經驗中學習；老師要結合家長、專業人士及社區的力量」。為了達成提升學生學習表現，教學者應體認：教學是一門藝術，不管是東方的「身教、境教、言教」，或是西方的「教學技巧與人格特質」，都是優質老師所應該知道與做到的事。

㈡以理性代替奴性

　　從人類心理研究分析中發現，虛假的人往往以生氣掩飾自己的自卑；膽怯的人往往以暴力彌補自己的懦弱；無理的人往往以強辯淡化自己的無知。身為老師的我們，應以何種行為態度形塑尊嚴營造認同，是高壓的威權嗎？是不當的要求嗎？No！讓我們以理性的要求代替奴性的宰制，讓我們以一顆真誠、慈

愛、圓融的心，面對成長中、需要大人引導的孩子吧！您瞧！孩子閃亮的眼睛陳述他們內心的感動！孩子燦爛的笑容表露他們學習的驚喜！師生和諧的互動展現班級文化的價值！

(三)角色覺知

隨著時代的變遷，學生受教權的保障及家長參與校務的權力擴張，社會大眾對教師的角色界定也相對的增加，諸如：示範者、牽引者、啟迪者、觸媒者、研究者、協調者、欣賞者、專業者等等，賦與多元而超高標的角色期待。其實，《教師法》的通過與《師資培育法》的實施，對從事教育工作者的精神要件與實質要件，做了非常明確的規範；因此，個人認為學校組織首當其衝的要務：應進行「內部文化」的改造，同仁「增權賦能」的提振，始能在滿足他人的期望中，轉化為對自己的期許！在取悅他人的束縛中，轉化為歡喜功德的自在！相信您會是教改舞台上最佳的創演者！

二、教育的「價值」層面

摘錄「讓每個孩子都能成功」、「看不見的競爭力」、「赤子之情」分享之，以引導同仁體察「優秀」是教出來的教育價值。

(一)讓每個孩子都能成功

沒有一個規範或規定、標準，適用於所有的學生，撇開外控，才能避免造成失敗，唯有讓挫折消失無蹤，學校才是一個展現卓越成就和充滿關懷的地方。因此，教育必須肯定每個學生都有能力學習，都有能力改變，必須放棄外控手段（批評、抱怨、責備、嘮叨、威脅、懲罰、獎賞），以 7 種選擇理論的習慣（關懷、傾聽、支持、協助、鼓勵、信任、待之如友）與學生建立關係，協助學生產生內在的學習動機，教導學生某種技巧，能進一步讓學生體會這項技巧的價值與樂趣，這樣學習才深具意義。

(二)看不見的競爭力

有人說：「健康」拓展生命的長度、「美的表現」讓生命更有深度；本校司令台的看板，上面寫著「美哉錦和」，真是一句令人震撼與省思的標語。

「美」涵蓋的層面很廣：「充實」、「和諧」、「圓融」、「數大」、「生命」、「親情」、「愛心」、「平衡」、「謙和」、「團隊」、「尊重」、「秩序」、「活力」、「倫理」、「齊心共責」、「自然」……皆謂之美；準此而論，萬法存乎一心，凡以「愛」為出發，誠於衷、形於外的行為表現，如：「和藹之容、謙抑之氣、恭敬之心、讚美之言」皆謂之美。在教育的現場中，如何檢核孩子看不見的競爭力：「經由知識的了解到觀念的確立，進而價值的選擇，最後表露出合宜的行為態度」。我們美嗎？假如不美，我們如何改？我們的孩子美嗎？假如不美，我們如何教？

㈢赤子之情

一年從立春、雨水、驚蟄……冬至、小雪、大雪24個節氣中，象徵歲末將盡、圓滿豐收、年歲增長的「冬至」，當全家圍繞飯桌，邊搓湯圓、邊閒話家常，藉著親情的對話，分享彼此的喜悅，增添家人相互扶持的生活情趣，以及對來年的期待與展望，對孩子的成長歷程頗具深遠的意義。就這樣：「冬至」一年復一年的循環，似乎因為太過頻繁、太過熟悉，以致那份對自己、對家人、對工作、對年節應有的熱切與喜悅，都隨年華的消逝而改變、而淡化、而麻木、而疲累。朋友！假若喜見新芽萌發的笑容不再燦爛、假若喜見孩子成長的掌聲不再響起、假若對未來不再抱持夢想與勇氣……，假如是這樣的話，趕快喚醒沉睡的赤子之情吧！人可以成熟，但不能老化喔！

三、教育的「視野」層面

摘錄「不一樣的教師節」、「幼兒教育ABC」、「桂冠的啟示」分享之，以鬆動同仁自以為是的專業迷思。

㈠不一樣的教師節

2002年9月28日大遊行，在訴求教育革新的主體回歸老師，高喊「團結、尊嚴、工會、協商」、「不要抹黑」、「我要繳稅」的心聲，與過去一直被賦與負面印象的街頭群眾運動，確立了正當性與規範性，其「社會意義」真是非凡。看著千株向日葵的揮舞，震耳欲聾的「團結力量大」、「魯冰花」的歌聲，有著深切的感動。面對兩極化的聲音，我們希望社會大眾勿將老師神格化，

能以民主包容的心來看待此次的遊行的同時：我們是否致力於老師本身的「教育訓練」？我們是否致力於提升自我專業，以贏得真正的尊嚴？我們是否致力於「訴求平權」的口號中，能平心靜氣的對待每位孩子？我們是否致力於做好教改的小工程，以合作代替對立，免於無形的內耗？

(二)幼兒教育 ABC

當大部分的家長擁有「不能讓孩子輸在起跑點上」的教養迷思，面對教育部明令幼稚教育「不能過度教授美語」的政策公布，您是否會想：難道幼兒美語的教學會排擠母語的學習？難道幼兒美語的能力無法與周遭大環境順利的互動？難道美語的學習被過度彰顯，而取代了幼兒教育學習團體生活的本質？反觀，父母因忙於生計，沒時間和孩子說話，造就不會溝通與低行為能力的孩子；當孩子被寵壞，造就在團體中不聽從戒律、毫無規矩的小搗蛋；當生活出現困境，青少年不願意向師長求援，而轉向酒精、毒品或暴力來發洩。面對「非行少年的增加、犯罪年齡的下降」，這是否意味著：親師互動、親子關係、師生關係的建立，有再度被強化的必要；長久以來「以智害體、以智害德、以試害智」的錯誤，有再度被導正的必要；您認為呢？

(三)桂冠的啟示

繼承傳統、尊重人性、闡揚參與價值的雅典 2004 年奧運，以橄欖樹枝花環為圖騰的標記。古希臘以橄欖樹枝所編織的花環餽贈優勝者，因此，「桂冠」常被引為「成就」的象徵。2004 年雅典奧運第 28 屆 301 項競技，前三名優勝者，除了披掛紀錄與實力的獎牌，希臘更為選手戴上賦與象徵和平、友誼、自由與無上榮耀的桂冠。身為師長的我們：能否透過選手的故事，引導孩子了解掌聲背後的辛苦與付出；能否透過深層的反思，引領孩子確認自己的優勢與困境；能否透過桂冠的意涵，引領孩子迎向夢想的未來。人一生中能有幾頂桂冠？誰有權力賦與孩子頭上的桂冠？桂冠有大小、好壞的類別嗎？是否唯有站在頒獎台上的人，才足以戴上桂冠嗎？各位師長！假如您是頒獎人，您會頒獎給誰？

四、教育的「態度」層面

摘錄「理解孩子＆反省自己」、「溫情＆冷漠」、「石頭中的天使」分享

之，協同同仁創造教育無限的可能。

(一)理解孩子&反省自己

您上課生氣嗎？花多少時間管理秩序？會為孩子的錯誤行為惱怒嗎？您對自己的班級經營有強烈的無力感嗎？假若答案是肯定的，讓我們一起思索一個弔詭的問題：孩子無知，這跟年歲成熟有關；孩子懶散，這跟生活習慣有關；孩子不會，這跟先天智力有關；孩子調皮，這跟父母教養有關，以上種種干卿何事；假如是這樣的話，還需要教育嗎？還需要學校嗎？還需要老師嗎？其實，教育的可貴乃在於人類具有因教育而改變的能力，不管上智與下愚，每個孩子都有他（她）們生存的空間，換言之，凡人必有學習的能力，每個孩子學習上的差異，其因素是多面向的，可能是先天的不足，也可能是後天的文化刺激不夠，假若只強調「輸入的相等」，而忽略「學習品質產能的輸出」，甚至不求自己教學策略、方法的改變，只一味的仰仗老師的威權，做不當的宰制，是何等的暴力啊！

(二)溫情&冷漠

《生命的答案水知道》是一本年度最驚奇、最美麗的一本水書，從拍攝水結晶的萬種風情，充分證明水會閱讀、會聽音樂、記憶並傳遞訊息，擁有奇大無比的力量。台北市福林國小的孩子，仿照日本的實驗，以「飯」代替「水」，用「讚美它」、「批評」、「不理它」的方式，在老師的帶領下，進行一個月「飯的實驗」。結果發現「不理它」的發霉的速度最快，霉呈現「偏黑色」、有發臭的味道；「批評它」的霉呈現「綠色」；最令人驚訝的是：「讚美它」的飯，除了「綠色」的霉外，還產生一塊「紫色」的霉，更有一股淡淡的香味。身為人類工程師的我們，面對孩子的啟迪，是否從科學的驗證中，體驗一些「對應生命」的新道理、領悟一些「引導潛能」的新方法、建立一些「親師生互動」的新關係。

(三)石頭中的天使

有一個先生來到山區發現了一個大石頭；採礦工人免費將大石頭送給這位先生。鄰居好奇地問：「這個大石頭要做什麼？」先生露出神秘的眼神，開心

的笑著：「這個石頭嘛──目前還沒有，因為石頭裡的天使還沒誕生！」鄰居疑惑的想著：「石頭會誕生天使？」過了數月，這個大石頭，被雕刻成舉世無雙的微笑天使「漢斯雕像」！這個先生便是文藝復興三巨人之一的「米開朗基羅」。不好看的石頭裡藏有天使，不是石頭本身不好看，而是觀看的人缺少了一雙「發掘」的眼睛，錯過了石頭中的天使。您生命中、工作中的天使在哪裡？會不會因為一個疏忽，錯過了發現天使、欣賞天使、造就天使的契機。請讓自己擁有發現天使的眼睛、欣賞天使的情懷、創造天使的能力吧！

伍、學習「風的雅量」

因為有風，候鳥才能完成數千公里的遷徙；海水也才能激盪出美麗的浪花；這兩種奇特的自然現象，「風」都是最佳的幕後推手，但我們卻絲毫感受不到「風」這位幕後功臣的存在。

常言道：擁有孩子是一種福氣，教育孩子是一種智慧。愛孩子是天職、是責任、是素養、是能力；孩子美麗的人生，奠基於快樂的童年；在教育工作上，我們能否祛除己見，統合校內外人力物力資源，我們能否放大格局：學習風的雅量，期許自己扮演「風」的角色，以「學生生命中的貴人」自許，以「孩子生命中的守護神」自居。

讓孩子在「愛與被愛」的環境中，快樂學習健康成長：讓童年因被愛而歡喜溫暖；讓生命因被愛而發光發熱，孩子的學習內容因您而生動有趣，孩子的學校生活因您而豐富歡愉，下列小秘方是不錯的嘗試與選擇喔！

一、給工作、生活注入詩的意境

孩子小時候我常告訴孩子：家裡的收入，沒有買「賓士」的條件，但假日相偕出遊，坐在稍嫌擁擠的「喜美」車子裡，那份親情洋溢溫馨的滿足感，全家人仍有乘坐「賓士」的感覺。目前的行政作為仍受到客觀環境的限制，諸如：人力物力、教學配備、軟硬體設施無法滿足老師的需求。我們何不以豁達的心面對困境，與其埋怨，不如用低條件創造高感覺、高價值，給自己的工作和生活注入詩的意境。

二、學習停、聽、看

在以學生為主體的教育現場中,我們是否該靜下來,思考一些常被我們大人疏漏、遺忘的教育問題:您認識孩子嗎?學習的情境您有邀請孩子參與設計嗎?您的教學熱鬧有餘、內涵不足嗎?您的教學讓孩子的眼睛發亮嗎?愛是發揮教育可能性的最大動力嗎?您任何教育作為的決定有考慮孩子的困境與需求嗎?當老師、黑板、課本、學習單……消失時,留在孩子身上的會是什麼?這是我們必須認真思索的課題。

三、「讚嘆、善解」克萬敵

個人常因不同的觀念、生長背景、人格特質、習慣文化、情緒欲念影響人際互動的品質;個人從 1967 年台北女師畢業,38 年的教職歲月、32 年的婚姻歷程、30 年的媽媽生涯發現:不管是師生、同事、親師、夫妻、母女、婆媳間相處的不二法門,皆以讚嘆、善解、肯定、鼓勵、接納、欣賞、包容對應之,必能獲得友誼和尊重。在紛擾、複雜的人際關係中,「讚嘆、善解」的互動法門,其中奧秘如魚得水,妙用無窮哦!

陸、明天過後

以行政領導而言,最能快速呈現組織績效的就是「強勢領導」,就我個人行政領導的價值信仰,一向認為若一味的強調目的,而忘了過程的人文性、道德性、倫理性,弄得組織成員雞飛狗跳、民不聊生,是非常不智的領導模式。值此崇尚自由、民主的潮流,我們全校不管是行政團隊、教師會、家長會、教評會、義工團,錦和同仁人人以和為錦、以和為貴;人人彼此關懷、彼此鼓勵、彼此讚嘆、彼此包容、彼此善解、彼此感恩;人人懷抱希望、實現共同願景;那份兼具理性與感性的溝通互動模式,是打從 2001 年 8 月 1 日被遴聘至錦和服務最讓我感動的地方。

當我們重新審視「自己眼中的自己、別人眼中的自己」做深層的自我覺知與體察;愕然發現:「自己眼中的自己」竟然是一個「身穿鐵甲的武士」。在人生的舞台上,為了維護不同角色的完美性,以極限的體能負荷,盡情的演出,

內心雖有幾許「疲累」；在人生的道路上，始終以征服玉山「上山緩步、下山慢行、人生處處美景」的心境，面對挫折勇於學習，擴大成功的定義，不要只知道狂奔，結果失去了觀看美麗花朵的機會。

在工作的場域中，以「典範轉移」的執著，開創「理念釋放、資訊傳達、工作分享、觀念聚焦」的平台，加速深層的互動與溝通，產生彼此的關懷與支持，形塑「同心、和氣、協力、共榮」的新文化；透過文化的改造，展現組織的活力與價值，在深信「價值決定方向、方向比速度重要」的前提下，我期許自己：營造平等理性的對話空間，追求目的與過程的平衡，讓學校成為老師樂於奉獻的所在，讓學校成為學生快樂學習的期待！

柒、意識創造一切

以前有一篇報導說明美國鐵路公司營運不彰的原因，是因為它把自己定位為「鐵路公司」，而不是定位為「運輸業」，所以被後來的航運業所擊敗。校長又如何定位自己？是宗族的長老？旗艦的艦長？球隊的教練？啦啦隊的隊長？知道自己為何而忙、因何而忙是很重要的，忙碌之餘喝口茶、喘口氣、沉澱一下！將內在放空，以鉅觀、微觀不同的角度，做全方位的思維，常常試問自己：「？？？」，料想不到的「意識覺察」總會油然而生！

一、中小學瘦身，我在哪裡？我能否遠見未來、驅動現在？

二、我的專業足以因應工作的需求嗎？我能否擁有教育的智慧？

三、校長等於學校嗎？我能否運籌帷幄，協助系統順利運作？

四、我了解人的需求嗎？我能否擁有正向的思維看待老師和學生？

五、我快樂嗎？我的態度仁慈祥和嗎？我能否以成為親師生的貴人為傲？

六、我具有積極的辦學創意嗎？我能否提供孩子適時適性的發展環境？

七、校務運作的「主動權」在誰的手裡？

八、我能否體認到兒童是一株幼苗，需要耐心的照顧和適當的生長空間；讓教學多一份愛與溫暖，多一份生命與創意？

九、我能否以身作則，成為重要的學習楷模？

十、讓親師生知道為什麼要做以及如何去做？我能否……？

所謂：「想法改變行為，行為養成習慣，習慣塑造性格，性格決定一

生！」您是否訝異於「意識」的力量，從上「引航人的省思、鬆綁自己好呼吸、生命中的堅持、換個方式掌握全局、學習『風的雅量』、明天過後」；終究獲得「意識創造一切」的驗證。

捌、代結語──校長要幸福喔！

經由五年八班李佩玲的推薦，得以參加 News98 電台「校園特攻隊」的現場 call in 節目。在對話過程中，我們的學生和家長，居然能從校長的笑容裡，感受學校的積極、活力與快樂；在 call in 裡要校長加油！支持校長！隔天，也有人在網頁留言板上：校長要幸福喔！

聽到充滿感激、鼓勵、以校為榮林林總總的 call in 內容：「開放電腦教室、辦理幼（幼女）童軍、分班前在教室宿營、對學校栽植花木的喜悅」，當天節目代理主持人「斗哥」下節目時，非常感動於錦和孩子彼此間情感的溫馨，並且用「陽光」形容錦和孩子的爽朗。經過這次的互動，似乎又增添幾許責任的動力；讓我們在彼此的掌聲中加油！打氣！

早起的疲憊、趕車的壓力、快速的工作步伐、晚歸的落寞；回味起來，過程雖然辛苦，但是，每天從孩子的笑臉中，從工作的體驗中，總是發現無比的動力與喜悅，來！讓我們許願築夢吧！有能力省思自己是福！有能力幫助別人是福！有能力被人需要是福！追求教育工作的喜悅是福！展現教育人的承諾是福！

身為校長！福氣啦！！

作者簡介

1967 年台北女師普師科畢業，以世居板橋的在地人及板橋國小校友的雙重身分，憑藉著優先返回母校任教的機緣，懷抱著以責任、以承諾的神聖使命，完成了服務鄉梓的宿願。為了追求突破與超越，於 1989 年

參加台灣省 61 期主任甄選，僥倖一次中的，結束了 22 年豐盈多彩的教師生涯。

　　(1)派任三峽鎮大埔國小擔任教務 2 年

　　(2)轉調板橋市大觀國小擔任訓導 3 年、輔導 2 年。

　　在 7 年的主任歷程中，因行政績效卓著，榮獲台北縣教育局學校行政人員特殊貢獻獎勵，及台北縣推行社教有功人員表揚，同時將教育理論與實際相互印證的研究心得，彙整編印出版，著作審查屢獲佳績，學經歷各項表現積分累計，已達參與校長甄選之標準。為了實現心中的教育夢想，也為了尋求更完整的人生閱歷，在長官、親友的鼓舞鞭策下：

　　(1)於 1996 年參加台灣省 83 期校長甄選。

　　(2)等候分發派任，借調教育局服務 1 年。

　　(3)1997 年 8 月 1 日正式派任中泰國小校長。

　　(4)2001 年 8 月 1 日接受遴聘擔任錦和國小校長。

　　在長達 38 年的教職生涯中，無時無刻對自我充滿著角色的覺知，一路走來始終如一：

　　(1)1967 台北女師普師科畢業

　　(2)1973 台北師專二年制語文組畢業

　　(3)1992 台北市立師院初教系輔導組畢業

　　(4)1998 台灣師大教育研究所 40 學分班結業

　　(5)2005 台灣師大教育行政研究碩士班畢業

　　每一階段都能掌握時代脈動，在教育領域裡不斷進修鑽研，絲毫不敢稍有懈怠，心中所抱持的就是那份：

　　對生命的熱愛！對工作的堅持！對教育的期待！

採擷豐盈──在藍天下

蔡文杰
原任台北縣菁桐國小校長
現任台北縣昌隆國小校長

壹、序曲──走向校長之路

如果教育是百年事業　那麼堅持與執著將是不變的動力
如果校長這份工作是終身事業　那麼創新前進有遠見是卓越的推進劑
在教學與行政間　我選擇了一條路　一條可以自我實現的校長之路
這一路有芬芳　這一路有雜草
但在回首時　我依然堅定的告訴自己
這是一條陽光處處　美景處處的校長之路

一、我　思

　　踏入教學現場的我是一個快樂又充滿自信的老師。在孩童天真燦爛的笑靨裡，看到人間更多的真善美。我常想：教育不在造就人人稱羨的鳳凰，而在使每個孩子都能成為枝頭迎唱的黃鸝鳥；我也常自我期許：愛可愛的孩子，更愛需要愛的孩子，教育無他，唯愛與榜樣而已。

　　在師大進修的那段日子，一方面擔任組長的行政工作，一方面在教授學者風範的引領和同學們更上一層樓的砥礪下，我得以有機會順利的考上主任，一路歷經訓導、教務、總務的工作考驗，在水到渠成下，一股意念告訴我：若能當上校長一定能實現更多的教育理想，於是我踏上了這一條路──校長之路。

二、我　在

　　校長儲訓班讓我開闊了眼界，來自四面八方的各縣市菁英，彼此激盪、互相鼓勵，在儲訓的筆記中，記載了這一段日子的心情：「走進江湖後，我們才發現自己只是湖中的一小朵浪花而已，需要凝聚更多的小，才能成為大，才能波濤洶湧。在此，我們相濡以沫，吸取對方的經驗，使自己更強壯，拋開傳統的束縛，展望未來。擦亮眼睛的是教授精闢的演講，啟開心靈的是輔導校長的關懷，延續夢想的是同儕的提攜與友誼；我們一起讀書作筆記，一起聽課思考，一起成長茁壯，思想與觀念凝聚成一股更大的力量。」對我來說，那真是一段令人難忘的青春歲月。

　　也在那段時間，激勵自己不能被教育主流淘汰，更基於一份責任與榮耀，參閱了許多有關教育領導、行政管理、課程規畫、教學實例之相關書籍及文章，甚至後來擔任校長之後仍不斷的吸收新知，並認真的參與各項校長成長工作坊，形塑現代領導風格、學習整體課程規畫、統整課程概念、領域教學設計，踏出教育成長的另一步履，希冀帶領學校營造本位課程；所謂「學然後知不足」，因此更進一步接受國北師院教育政策與管理專業知識的洗禮，建構自我之領導觀，同時積極的參與各項教育革新工作，豐富個人專業知能與素養，盼能將理論與實際作最佳的結合。

三、我成長

　　我常常覺得：教學跟戲劇表演有很多可以類推的地方。以往個別班級的教學模式，像是一個人在演戲；或許是自說自唱，或許像演默劇，但是台下的觀眾絕對是一個能決定戲劇呈現的成敗關鍵。現在的老師如果只想作一名演員，演得再賣力，充其量也只是獨腳戲。而跨出個人天地的「協同教學」，卻能像大型戲劇般，有眾多的演員需要定位，需要表現。或許有人搶戲，或許有人只能當襯托，但最後都要整體呈現。一齣戲下來，如何從中獲得合作、協調、溝通、成長的經驗，是一位成功的表演者所必須追求的。在校長的崗位上，何其有幸，經過「團體劇」的上演，經過「群體戲」的編導，我一步步豐富潛力，一步步汲取能力，在學習中發揮，在發揮中實現。

　　任何一項行業，要突破要精進總得度過無數「規則的打破、建立、再打

破、再建立」的過程，但也因為有琢磨、有分歧、有協調才能練就一身領導與專業的好本領。「投入才能深入」，「付出才能傑出」，深入了解「教育」這齣戲的精髓在哪裡，才能運用導演的功力，發掘老師和學生的潛能，讓學生變成一個有自信的演員，讓老師變成一個有專業品牌的老師，那麼在「校長」名稱背後的我，將體會到更有意義與價值的精采人生。

貳、進行曲——校務經營理念與具體策略

有一首歌，歌詞裡都是歡樂的笑語；

有一個故事，故事裡的主角都是山裡的孩子；

有一個寶盒，寶盒裡都是創意生活的點點滴滴；

有歌、有故事、有寶盒，釀成了菁桐日漸茁壯、昂揚天際的躍動生命；

菁桐國小猶如山中的綠精靈，在群山環抱中，孕育孩子們快樂的學習樂園。

一、愛的引導與擺渡

在跌跌撞撞中　孩子們學會了探索

在蹣跚學步中　孩子們學會了踏穩每個腳步

牽著孩子的手　一步一步走

孩子們將擁有更寬廣的天空

(一)春風滿校園　歡樂滿教室

春天萬物更新，蟲鳥齊鳴，草木復甦，處處朝氣蓬勃，充滿了生命力，充滿了喜悅。孩子們的第二個家庭——班級，如果也能在人師的經營下，洋溢著春天的生命力，孩子們將視上學為一件快樂的事，教師若能付出貼切的愛與要求，巧妙的運用教學知能，教室將隨時可聞悅耳的絃音。他——可以在這個園地裡吸取營養而成長、茁壯，辛勤的教師——也將在這個園地裡盡情揮灑、展翅耕耘，耕出一片欣欣向榮的心田，耘出一塊充滿歡樂的天空，彈出一支悅耳動聽的樂曲，班級經營貴在用心投入，學校的經營亦復如是；教師可透過班級

的回饋，達到自我實現與肯定，校長也可以經由教師、家長與學生的各項回饋，適當的掌握經營之鑰，巧妙的運籌帷幄，讓整個學校沐浴在春風中。

(二)和風吹拂　幼苗成長

教育心理學上有一著名的「比馬龍效應」的故事，原是希臘一則精誠所至的愛情傳說，若將它引申為教師與學生的互動，是指教師將學生比成馬則學生變成馬，比成龍則學生變成龍；這是一種自我應驗的語言，就如同信心能駕馭個人的成敗一般，所謂「哀莫大於心死」，教師一顆支持與肯定的心，將是學生鼓勵自己最好的一帖潤滑劑。而校長的一番話未嘗不是呢！

話，能傷人也能救人，校長適時的鼓勵，往往是孩子與老師轉變的催化劑；所以，適切地關懷老師、鼓勵學生，共同參與各項學習活動，彼此增強，這份潤滑劑將可營造一股不一樣的校園氛圍。若說教育者是一陣春風，孩子就是那一株株備受春風吹拂的幼苗，而校長就是空氣流動的催化者，讓春風在吹過幼苗之際，整座校園展開充滿生命的活力和向心力，我們也將看到更燦爛的童言笑靨！

(三)愛與要求

常有人說：「現在的學生真的變了，變得人小鬼大，唯我獨尊。」甚至於有老師說：「從前，我們『乖乖』地當學生，聽老師的話；如今，當了老師，還得『聽話』——聽學生的話。」因此弄得老師們愛也不是，罵也不是，時時面臨抉擇的瓶頸。時代在變，今日的老師除了教學之外，也該學會用心去傾聽孩子們怎麼說，不要一廂情願的自認為學生必須乖乖的聽話；「權威很威風，放任很輕鬆」，身為校長再也不能以駕馭之態處理校園業務，但，如何在愛與要求之間，尋出一個平衡點，讓老師們明確地了解該與不該、能與不能，要與不要，將是經營學校的重要關鍵。

一顆種子，給與充足的陽光、適量的水，加上新鮮的空氣，就能慢慢掙脫層層的泥土，展現它欣欣向榮的生命力；若耕耘者急於望見那嫩綠青蔥的幼苗，給與過多的水分和陽光，它將在飽足之餘，默默的消失，腐化在那陰深而永不被人知的泥土裡。面對一群群的孩子，面對一批批的教育工作者，我們總該在鼓勵與要求的平衡點上力求精進與準確，才能讓欣欣校園，在愛與要求的權衡

下，老師發揮所長，願意為共同願景打拚，願意為作育幼苗而真情付出。

㈣海洋與小河

當海水沖向岸邊，會時而激起漂亮的大浪花，令人讚嘆；也會時而盪出潔白的小水花，令人沉思。孩子們的程度良莠不齊，老師們的想法各有見地，就如同小河有清淨、有污濁，有長流、也有細水，然而任憑小河種類複雜，心胸寬厚的大海，都能完全包容、完全接納，小河在大海的懷抱中，與別人相融、相繫，過著榮辱與共的群體生活。

教育者就像海洋，學生猶如小河，在老師打開心門的那一刻，將是孩子們進來拜訪的最大喜悅。站在校長的視角上，我願似春風般吹過野草，似海洋般包容小河，運用多元的領導知能，擔任教育愛的擺渡角色，共創學校場域中隨時可聞的悅耳絃音。

二、領導的理念

　　用心傾聽　用心感受
　　讓想法在對話中激盪
　　讓創意在激盪中紮根
　　讓教育的本質回歸到孩童身上
　　讓行政的支援永遠是老師強而有力的後盾

㈠建立同心圓──行政教學站一線

課程發展必須以學生的學習為主體，以教師的專業能力為依歸，才能夠在行政、教師、家長、學生共同努力與不斷的對話修正中，形成一個同心圓。我相信：唯有發展課程的同心圓，才能使一切的願景在努力中步步踏實，步步有力，因此，帶領老師探索九年一貫課程的精神、建構學校的共同願景，作為發展學校課程的指針是建立同心圓的重要紮根工作。

「教育的理想不只是一種浪漫的情懷，更需要各種現場具體實踐的動人心弦，才能編織生命中的永恆記憶。」我常常這麼想。我也相信：「學校行政人員具有教育理念，校園組織氣氛和諧，才能在行政全力支援教學活動之進行下，讓九年一貫新課程，回歸到教育的本質。」在教育現場的老師，是否可以在自

己的教學天地之外，用一種悲天憫人的心懷，打開未燃引的現象學，透過對教師主流課程批判的反題建構，無論是「校園應是快樂學習的兒童樂園」的主張，還是「校園應是彩虹國度無歧視的環境」的呼喚，我運用了對於權力的不同解讀，對於兒童生活命題進行殷殷冀盼與建構。因此，我們在教師讀書會中進行深度會談，在全校參訪分享中成長，透過親師懇談與班親會的聚會型態來理解，一起聆聽教師的教學規畫參與討論，更讓各種菁桐大小事在菁桐月報刊物裡忠實呈現。

全校教職員及家長組成「菁桐家族」團隊，共同成為教育合夥人，願意共同完成學校本位課程發展，尊重學生的個別差異，激發學生的多元智慧及身心發展，使其成為新世紀的優質兒童，建立同心圓——在相同頻率中為孩子建構更理想的學習環境。

(二)創新教學發展特色帶好每一個學生

菁桐國小有一群關心兒童、熱心教育的老師，充分尊重每一個生命個體，誠心的接納學生的差異性，讓每位學生都能充分發揮潛能、創造自我，進而肯定自我，期許每位學生將來都能為社會貢獻自己的心力；因此，在學生的課程學習之中，融入了許多務實的活動與精采的安排。

1. 理論與實務的相得益彰

有理論沒有實務是空的，有實務沒有理論是盲的；在理論與實務的運籌帷幄中，引領老師邁向更專業化的成長。因此，編擬完善專業的教學計畫，構築豐盈多元的學習歷程，是菁桐夥伴第一份執著的堅持。

從選定教材、編輯教材到考量學生基本能力與鄉土特性，建構一系列完善的教學計畫，為自己和學生規畫一個理想的教學地圖。我們步步踏實，並在開學前，將計畫提出供同仁及家長腦力激盪修改，使各領域的教學計畫在教材會議中達到共識而更臻完善與連貫。

2. 檔案評量留住不一樣的童年

每個孩子都有屬於自己的優勢智慧，也有屬於自己最適合的學習方式，透過檔案評量孩子可以清楚自己的學習狀況，留下成長的點點滴滴，更可以在不同的年段提供老師教學的參考。因此，藉由質性的文字說明，讓孩子和家長知道孩子的個別學習狀況和表現，幫助孩子在肯定與自我超越中，

精進自己的學習能力和方向。檔案評量中有關校長的評語,我總是尋找孩子願意努力、並且進步的點切入,讓學生們因小讚美、小成功而創造更多的好。

3. 同儕對話激發專業自主的教師潛能

對話可以澄清教學的盲點。每個星期五,是教師工作團隊的成長時機;每個老師可以就自己的學習專長,以優異教學的方式呈現,或現場實務教學,或教學錄影帶實況轉播;讓同仁有機會在充分的對話中,激發更多的教學潛能。藉這樣的聚會,老師也可以提出教學的盲點與困擾,再經由經驗分享與腦力激盪,找到更好的教學軌道。他山之石可以攻錯,在對話中適時的切入,讓老師們澄清觀念,並在同儕的回饋中學習更多優異的教學技巧。

4. 運用主題單元統整多樣教學素材

學習不該只是零碎知識的記憶,而是一個結構性嚴整可以加深加廣的序列理念,為了讓孩子在幼稚園到國小六年級有一個完整而連貫的學習,因此全校採行「主題單元」的課程架構,在學期結束前即透過討論、腦力激盪,更配合節慶和時令,共同訂定下學期的月主題,以統整多樣分化的教學素材,更讓不同年級的學生在觀摩、學習中有更良性的學習互動和激盪。

5. 體驗學習開展弱勢族群的關懷情操

「做中學」的精神,在菁桐校園處處可見。鼓勵孩子走進社區,跟老人閒話家常,幫街道打掃彩妝,更透過與「玻璃娃娃」面對面的真情約會,了解、體會、關懷弱勢族群,藉此從中體悟自己的幸福,散發真情與光熱。冬至的寒冬送湯圓活動,也讓社區的老人家們洋溢著冬陽的喜悅。

6. 多元的蹦蹦活動尊重個人的選擇權利

早晨,陽光穿透青楓爺爺的樹縫,灑下一地金黃,帶來無限生機與新意;微風也在枝椏間吟唱,高歌這一片好風光,嗅著綠草的芳香,沐浴在晨光中的菁桐國小,如詩如畫,安詳中有一股朝氣,活潑中有一份恬適;這真是美好的一天。最重要的是老師們早已為孩子準備豐富多元的「精神早餐」,有影片欣賞、自然觀察、挑戰紙牌……,完全尊重孩子的個人選擇,我們相信孩子會為自己的選擇負責而達到最好的學習效果。

7. 精緻的戶外教學啟迪學生宏觀的視野

教室外有藍天，精緻豐富的戶外教學將為孩子開啟一片新視窗。和平島「與海有約」的地質探查、動物園「生命教育的體驗」、三峽老街的「藝術巡禮」，都在團隊精心規畫和事先的探查研習中，讓參與的家長和孩子滿載而歸。我相信：換個場域、接觸不同的學習內容、對孩子來說是很重要的。

8. 主題教學的運動大會留下童顏歡笑

運動大會在菁桐對每個親子來說，是一件重要的事，結合課程的五花八門內容，讓親師生寓教於樂，更讓菁桐的家長全部動起來。大家合作無間，有的協助布置會場，有的為親師生張羅吃的、喝的，整個活動就像一個大家族一樣，為了結合主題，鹽寮海邊的「沙灘運動會」、舊礦坑口的「菁桐小泰山運動會」、「小鐵人三項」的挑戰體能，都留下快樂的童顏歡笑和美好的回憶。

9. 主動探索活潑自由的學習天地

每個老師各有不同的專長領域，因此鼓勵老師盡其所能，帶領學生在探索中學習。在學期初，即開出適合學生參與的學習菜單。例如：野菜人家、菁桐探險隊、不紙如此、蛻變的毛毛蟲、小豆豆的天空，老師並利用兒童朝會一一向學生說明課程內容和特色，透過規畫和布置，學生就能依照興趣自由選擇，期待透過做中學的探索活動，讓學生學習做自己的主人，展開自由活潑的學習之旅。

10. 表演時間豐厚自信成長的羽翼

在菁桐，每個孩子都是主角，在菁桐，每個孩子都能擁有自我表現的機會。晨光時間裡的「秀一秀」、跨年晚會的「才藝表演」、畢業前的公演、星座的故事舞台劇，都提供孩子許多展現的舞台，有時孩子們獨自表演，有時也以分組團隊演出，而老師們也個個卯足了勁，跟孩子們一起歡唱昂揚。

11. 早餐約會——嘗試融入生活中

融合情意陶冶、群性培養與知性啟迪的早餐約會是孩子們期待的。每個輪到擔任主人的學生和老師，無不珍惜這個大顯身手的好機會，他們幻化為大廚師在生活禮儀教室的一角，忙碌的切、煮、炒、烤，一陣歡笑聲後，

　　一道道色香味俱全的早餐就出爐了。美味的早餐，有時設宴在青楓樹下有時設在清水池邊，伴著師生們的巧心布置，大家共同享受著菁桐特有的風味餐，每個人顯得格外有氣質。

12. 校際交流昂揚成長的快樂旋律

　　「課本外有藍天」，我們相信山裡的小孩也可以用實際的經驗培養豐沛的能量，認識家鄉以外的天地藏有什麼奧秘，進而培養自信與落落大方的氣度，不再只是一隻井底之蛙。因此，我們安排每年一次的校際交流，讓孩子見識城市的生活與海邊的世界，透過實際的參訪學習，印證課本的知識，更在待人接物中，培養「主人」和「客人」的應對進退能力，讓孩子的童年寶盒更加多采而豐富。

13. 不一樣的畢業典禮，不一樣的回憶

　　如果說小學是孩子一生中最無憂的樂章，那麼畢業典禮就是全音符，優柔而綿長；在菁桐，我們擺脫制式化的畢業典禮，融入家長與孩子的意見，從創意獎項的設計、典禮主持人的安排、表演節目的穿插、每一位畢業孩子的 power point 介紹到老師的叮嚀，彷彿奧斯卡頒獎典禮，在活潑中見真情，在喜悅中見離情，「月台的惜別會」、「荷塘月色的青楓別離」，都以孩子為主，讓每個畢業典禮成為孩子們成長扉頁中難忘的一篇。

14. 愛可愛的孩子，更愛需要愛的孩子

　　在菁桐，由於煤礦業的沒落消失，工作機會銳減，造成更嚴重的隔代教養問題，所以大部分的教育工作就落在老師們的身上。等待一位孩子的成長需要時間、智慧和勇氣，我們曾經為了不要讓孩子成為教室中的客人，不限時間無限期的開放校長室作為學生們的第二間教室，當老師的教學與學生的學習發生衝突或落差的時候，校長室成為他們另一個補救教學的場域，看著孩子們自由進出校長室，享用我為他們準備的糖果餅乾，才驚覺原來付出的喜悅就是這麼簡單。

(三)卓越經營追求自我實現

1. 堅定的信念創造優勢

　　教育部為了落實九年一貫課程政策可行性的說法，自 90 學年度起辦理九年一貫標竿學校選拔，希望藉由標竿學習（benchmarking）的理念，發掘

九年一貫課程成功推辦的單位，以廣收學習效仿之功。我們學校也在縣府的推薦下，榮登九年一貫課程推手學校，讓長期對於教育本質堅持的教師們得到一股正向的回饋，消息傳到學校，大夥兒喜悅之情，溢於言表。正如我在接受教育廣播電台訪問中所說的：「在充滿不確定性的社會與校園中，學校經營領導是一條既艱辛又遙遠的路。俗云：『時勢造英雄，英雄造時勢』，偏遠地區校長是否能成為一位成功的經營者，其關鍵不在於時勢，而在於校長如何認清時代的脈絡和如何有計畫的創造優勢，所以外在的支援固然重要，堅定的信念更將是支持繼續前行的重要力量。」相信自己、相信團隊，才得以讓我們這個偏遠的小學有更大的學習優勢。

2. 突破瓶頸再造契機

有聲音是健康的，有意見是進步的；在學校發展的追求中，有時如平順的河流，輕快的航向寂靜的港灣，有時卻如進入彎彎曲曲的河道中，摸索前進，但總能在齊心努力形成共識下，歷經曲折小徑而發現桃花源的新境界。當成員間有了不同的想法，我們透過更多的討論，提出修正，透過更多的對話，激盪想法，每個時刻都可以再出發，每個場景都可以再重塑，團隊概念在提出實踐、修正、建立中，形成了一個具有生命力的團隊。

3. 進修與成長

敞開學習之門，才能悅納異己，打開學習的窗口，才能讓新鮮的思維流動，在專業成長的路上，除了透過同事間的對話、經驗分享、書籍閱讀外，更應該尋求專家學者協助，我們在教授的帶領下，成立會心團體，歷經數次的對話討論，釐清教學的瓶頸和良性的建議，更在統整教學的專業路上，為教學群注入一股活水源頭。求新求進步求更上一層樓，有了教授專業的引導，使菁桐成員豐富更多專業修養，提升更寬闊準確的教學品質，也讓整個團隊走得更紮實、更穩健。透過第三者——教授的觀察與建議，我們也在自我的盲點中澄清了見解。學習再出發，在腳步調整的同時，我們找到了更多的默契與成長。

(四)形塑學校文化推動各項政策

1. 傳承制度校園再造

教育的目的在培育兒童樂觀進取的態度，然而，在現實的情境中，有多少

孩子是在自由的學習情境，受到成人給與自由與關懷、尊重與指引，進而調適與內化？又有多少教師教學的內涵著重學生未來的生活，並摒除成人的要求和縮影，使兒童在獲得尊重與關懷下，有獨自的思維空間和情感抒發呢？我們要用什麼方法來對待我們的下一代？這是我長期以來一直思索的問題，而自己的教育生涯的種種際遇，給了我多一層的啟發和思考，也讓自己的另一種存在，對於周遭的教育場域，多一份敏銳度與責任感。

從事教育工作以來，對於教育工作的喜愛與日俱增，深深覺得教育應該回歸人的本質，學校的一切活動皆都要以學生為中心。教育責任不管是基於人道精神、人權思想，或是基於個人主義、績效觀念，都必須尊重兒童的「學」，讓每一個兒童都能有恰如其份之學習的教育，讓每一個兒童的特性，都能得到充分發展的機會，讓每一個兒童都擁有快樂的童年，適應變動社會生活的教育，因此，教育活動必須要以兒童為主體。

菁桐在早期曾是黑金的故鄉，多少煤礦的故事在社區每個角落留下足跡，而菁桐校園也在歷任校長的努力下有了一番生命力，讓優質的校園活力傳承，讓校園社區化的傳統綿延，再加上校舍的整理，多元學習活動的深耕，以學童為本位的課程再造，使整個校園充滿快樂的兒童足跡。

2.運用策略落實行動

當課程革新成為社會主流之際，我有幸擔任學校校長，而校長的課程領導應以引領學校課程發展與設計為主要的核心，並提供充分而必要的支援與服務，提升教師的專業知能，塑造信賴與合作的學習氛圍，經由高品質的學習內容，促成學生最佳化的學習成果表現。因此，校長在實施課程領導時，必須確立角色定位的積極正向思維，提升個人領導角色知覺與職責認知的能力。或許少數校長對課程領導的作為並不認同，認為學校中行政事務繁忙，無法分配時間與精力研究發展課程，故而將課程領導視為是學校上層機關的事，而非學校的重要校務工作。然而校長在領導整個學校時，一定要重視課程領導工作，否則任何課改革都只會是空中樓閣，不可能實現，也不可能將學校教育辦好。

事實上，校長在整個學校課程領導扮演著推動者的角色，而教師居於核心地位，校長與教師間的良性互動，維繫著課程領導成敗的關鍵所在。因此，課程領導的有效實施，必須築基於學校的組織和管理的革新，以及塑

造革新的文化和專業成長社群的基礎之上。

因此，我一方面提供課程改革新思維，讓老師們在實務外，多了對教育理念的另一種擴展，另一方面充分尊重每個老師，了解每個老師的專長領域，讓老師們能適才適用，在不同的場合各司其職，而有令人耳目一新的展現。例如：跨年晚會的賣力演出、運動會的活動編擬、球隊的專長訓練、全校共讀時間的帶活動，以及校園社區的導覽觀星賞螢看青蛙活動的安排，都在溝通協調中，讓老師們有一番自我實現的新天空。

3. 尊重差異共創美景

在民主多元的社會中，校長若想成為轉型的課程領導者，必須致力於參與支持性的對話，並發展可信賴的專業主義。所以如何引導原常處於孤立狀態的教師，察覺一起努力以建立專業社群的必要性，進而創造關懷、有創意、批判與成長的專業文化，讓教師學習在不斷對話中形成共識，在尊重中容忍差異，並能分享多元的觀點，也是校長在實施課程領導時必須注意的課題。

共同願景在學校進行本位發展的過程中，提供了組織進步的焦點與能量，追求願景所激發出來的勇氣，成為新的思維與行動方式，九年一貫課程中的學習團隊，如果能夠讓個人的願景匯集成為組織的願景，那麼學校願景將成為一個方向舵，使發展歷程在遭遇挫折時，繼續循著正確的路徑前進。「願有多大，力就有多大」，教改的路上要能不孤單，才能走得長遠，菁桐團隊在願力的激發下互相勉勵，共同為孩子創造另一個桃花源。

4. 轉化權力夥伴對待

領導者必須體認權力的來源是夥伴並非威權，必須尊重對方才能獲得尊重，必須信任對方才能獲得信任，扁平式組織可以縮短監督層級，開放溝通管道參與決策，適度的充分授權，開放的胸襟可以提升服務的品質，促進工作夥伴的自主發展，發揮夥伴的潛能。

在這過程中，關懷是領導者必備的條件，我們知道：建立相互依存的情感，雖有助於領導效能的提升，但為了達成組織的目標，在高關懷之外，適時倡導工作的重要性和對於未來的影響給與方向指示也是很重要的。因此權衡高關懷的行為，推展高倡導的工作目標是領導者高境界的思維和智慧。

建立一個領導的轉化過程，必須讓教師能熟悉課程領導者的角色功能。首先應該提供對於第一線教師的指導，如果校長能以更宏觀的專業理論提供給教師作為教學上的驗證，將使學校課程更具前瞻性與說服力。如果一個校長能隨時提供教師教學支援，那麼老師也將能無後顧之憂的規畫課程，在不斷的反覆修正中，找到最適合孩子學習的窗口。因此，提供教師指導是校長責無旁貸的工作。其次必須和教師一起工作，我們深信了解才能接受，接受才能共成長，校長與教師同是課程的規畫者和實施者，因此校長必須跟老師一起工作，在討論、質疑、澄清、沉澱與淬煉中，共同建立屬於大家的課程結構。如果教師能在課程進程中，積極參與課程決定的過程，那麼校長將會把更多的課程決定權留給老師，這是一種漸進的民主課程領導，反求諸己，讓自己走在課程的最前端，是我不斷激勵自己的。

參、交響曲──自我實現與轉彎

如果是農夫深耕之後方享秋日的歡收
如果是漁夫勤捕之後方有滿載的喜悅
如果是雕刻師掌握每一分力道後才能創作不朽的作品
如果是引航員了解水手的能力才能在航向中追尋卓越與成功

一、洞燭先機、凝聚意識：醞釀條件與脈絡

當學校同仁在進行深度會談之後，必然地對於學校的情境會愈來愈清晰，許多的可能性也會逐漸地浮現，這時領導者必須保持敏覺變化的動態。既然學校經營已經不再遵循唯一不可改變的律則，我們進行學校決策的同時，更不能陷入「靜止平衡」的命題中；學校經營的領導者，必須揭開平衡靜態的假象，回歸動態的流動平衡，讓學校發展隨著組織成長與時代腳步靈活更新，才能切合學校成員的需求，落實變革。

校長應如何改變領導形式，以提升學校效能？第一要務在於改善決策品質，用分層負責或腦力激盪分式來探討決策的品質；其次要透過內在運思來提升組織氣氛，運用領導者的智慧與勇氣來營造對話機制，鋪排意見交換的平台。最後要運用各種可能性來創造團隊績效，擦亮學校組織的金字招牌。

　　校長應如何加強自己的思維，以轉化領導形式？首先要敏感組織的特性，其次要順勢、造勢與運勢，要順學校的特性趨勢來領導，再者，校長要練就一套抽身的技術，當局者迷，惟保持抽身，才能看清整個真相，最後要運用逆向思維，校長要扮演搖紅旗的人，來警告成員將面臨的危險。

二、掌握方向、因勢利導：確定方向與議題

　　隨著《師資培育法》、《教師法》公布實施後，教育體制產生重大的轉變，學校組織成員日益複雜，對學校組織的權力結構與組織運作將產生全面性的轉變。同時，「教育鬆綁」的理念，也促使學校內教師專業自主和行政科層體制相互制衡，組織成員參與學校行政與教學運作的機會日益增多，而且也比以往更勇於表達自己的價值和觀念、更努力追求自己的目標與利益；因此，學校中組織不論是人際間的衝突或團體間的衝突，都將比以往更為頻繁，身為學校行政領導者面對各類型的衝突已是不可避免的。

　　校長是學校的領導者，綜理學校行政事務，負有行政決策決定成敗的責任；校長一方面必須領導學校行政人員，善盡本分，支援教學；另一方面又必須激勵督促教師，提高工作效率，職此之故，校長不僅自己可能面對各種形式的衝突，往往也是組織成員間衝突的協調者或仲裁者，因此，校長處理衝突的能力是整個學校經營管理的重要一環。

　　雖說校長是學校組織的領導者，對於衝突管理的策略不可忽視，然而，所有的衝突管理策略並非權謀術或萬靈丹，校長仍須以人性化的領導方式，以開放的心胸來接納組織成員，有效途徑：㈠建立良好的組織氣氛；㈡強化與組織成員間的溝通；㈢尊重組織成員應有的權利；㈣建立管理衝突的公平原則；㈤了解引起衝突的原因；㈥管理衝突時應同時考慮各種影響因素。

三、運籌帷幄、導引敘說：執行與說明

　　學校經營領導的原動力，必須植基在獲得成功的基礎上，當組織成員沉浸在一個理想的學校發展中，最需要來自組織以外的肯定與激賞，因此必須善用成功引導成員動力，同仁之間不管是成功的推出新策略、教學計畫、彙編一本學校專輯、進行一場論文發表或在教育實驗中贏得的掌聲，都有必要迅速地將之傳導給學校每一個成員共同分享，讓組織成員保持在一種成就感的肯定之中。

　　校長在現今的教育氛圍下，不僅僅被期待是一位教育的領導者，而且是財政專家、公共關係專家、爭取資金者、監察人等等，校長角色變化急遽，因此校長必須善用各種不同的權力，發揮「權威」與「影響力」，才能清楚的把握學校經營的方向，並與同仁及家長保持良好的互動關係。

四、鑑注知來、追求卓越：省思與成長

　　台灣教育的挑戰是要重塑其做決定的文化，要用倡議、創舉、協同與團隊合作等技術，取代原有的權威、順從、遵守、服從等方法。採用前套詞彙，意味著要形成一種文化，學校教師們必須願意努力挖掘各種點子，廣為分享各種做法，並在同儕共進的氣氛中，無私心的提出各種想法，才能真正重塑我們自己做決定的課程文化。

肆、寫在後面──我的覺醒與追尋

> 雖然我不相信：
> 沒有種子的地方會有植物冒出來；
> 但是，我對種子懷有大信心。
> 若能讓我相信你有一粒種子，
> 我就期待奇蹟的展現。
>
> 　　　　　　　　──亨利・梭羅，摘自《種子的信仰》

一、行動導引的進行　鼓勵對話

> 在對話中破除慣性
> 在對話中尊重關懷
> 雖然有負面情緒
> 雖然有逆向思維
> 但是我們都願意努力──
> 努力在對話中讓藍天更藍，讓青山更綠

　　共識不見得真確，同意也不見得出自真心，但是對話（dialogue）可以澄清

立場或解釋爭議；而真誠的對話需要時間、智慧、氛圍和勇氣，因為誠心的對話者，誠實的反省與自我分析，會將自己的弱點毫無掩飾的曝露，讓自己處在一個較為危險的地位，因此必須建構一個安全的說話環境，讓每個人將自己的態度與工作困境，適時的表達。

在對話時，參與的老師，他的思考到底是什麼？經過他的說明，其他人是否真正了解他的「想法」？對話過程中，呈現的是意見的溝通？是說服別人？還是堅持自己的意見，不動如山？如何在對話時，把自己的想法說明，讓別人了解？而別人說明他的想法時，我是否從中了解他的想法？因此，對話似乎就在進行思考的合作，以激盪出更完美的思考模式。良好對話是需要開放的心胸，對話過程中，注意傾聽別人的意見，以及將自己的意見清楚表達，另外，自己所使用的判準，自己的價值觀，容許不容許改變，容許不容許修正，容許修正，容許改變的，便是有開放的心胸。

在菁桐的發展歷程中，不難發現「對話」（dialogue）深深的影響整個學校的教育品質，掌握對話的真確性，從同儕回饋中汲取專業成長的營養素，是教師們能夠順遂對話的重要因素，對話——成了我們溝通的重要媒介。

二、調節壓力再出發

創造可適應的環境
替自己衡量工作進程
創造掌控中的環境
在認同調適中
適節精進

改變工作的態度，對於傳統的價值觀必然發生衝突，當改變太多而造成組織成員壓力過高時，教師們會變得焦慮而筋疲力盡，但是都不改變，也會導致組織的安逸而不知創新。領導者不能忽視這種心理調適的徵兆，並且必須辨識壓力的多寡，使每個成員都能熱情的投入組織的運作中。

當我遇到挫折時，不站在挫折點繼續往下鑽牛角尖，先把學校既有的傳統擺一邊，然後站在平衡點上看學校，透過溝通、澄清、反省、支持或鼓勵，調出大家共同遵守的方法來。我覺得比較看得到的策略有：㈠站在高台上，類似

抽身技術，檢視挫折對組織發展的影響；㈡要溝通真實的狀況，而不是只處理表象問題；㈢要澄清價值觀衝突的部分；㈣要調解壓力，校長很多壓力是留在心裡；㈤要帶動所有成員共同負責，不要只有校長一人負責。

在民主多元的社會中，校長若想成為轉型的學校領導者，必須致力於參與支持性的對話，並發展可信賴的專業主義，而尊重個別教師的差異與運用對話的成長，將讓壓力成為老師們進步的動力。所以如何引導原常處於孤立狀態的教師，察覺一起努力以建立專業社群的必要性，進而創造關懷、有創意、批判與成長的專業文化。讓教師學習在不斷對話中形成共識，尊重容忍差異，並能分享多元的觀點，也是校長在實施領導時必須注意的課題。

各種教育法令規章的頒布，不免帶動主客觀環境的現狀改變，造成部分教師感覺不安與威脅，而出現質疑或抗拒的現象，因而領導者宜以關懷同理的心，理解教師心中的不安，針對心中畏懼問題，共同集思討論，形成適切策略以解除其威脅。

在權力分配的立場上，校長必須有效的整合各種優勢勢力，尊重每個成員的個別差異、聽取各種意見與聲音，以進行具有整體面向的領導。身處一個沒有絕對價值的時代中，校長的領導策略更不應採單一領導方式，而應在實施策略上作整體考量，不斷的協商與對話，以促成新時代領導的實現。

三、另一種省思

相對於種子，每個領導者必須面對一群組織中多樣的成員，縱然我們關懷他，想教育他，也得事先加以評估，包容與關懷是否太多而把他給溺愛了？關懷是否不對，沒有達到對方的心？他們真正需要的又是如何的幫助呢？就像一段歌詞裡寫的：「我這樣愛你到底對不對？這個問題問得我自己好累！」在權力釋放的同時，我——不免要問：怎樣的協助與關懷才是最合適的？

教育現場中，對於權力的追求迫使人們的觀念發生劇變，原本寧靜的學校生活掀起驚濤駭浪，傳統的教育倫理遭到支解和誤導，競爭的罪惡曝露無疑；但是，當一潭死水變成了活水源頭，組織成員感受到生存的壓力，長期處於鬆弛狀態的生命力變得充滿張力，暮氣沉沉的學校社會煥發著青春的活力，這不正是組織轉型的契機嗎？

身為領導者，唯有用智慧去幻化這一片充滿人性的叢林荒野，才能在荒野

中看見陽光灑落金點的喜悅。

作者簡介

　　從教師、組長、主任、校長一路走來，我始終堅信唯有腳踏實地穩紮步伐，才能在烏雲之後喜見陽光灑下的金點。尤其是校長工作 7 年來，從學校組織的再造、課程革新的呼聲、創意教材的研發，菁桐團隊總是在教育改革的行列中擔任先發球員的角色，是一種責任，也是一種洗鍊。

　　學然後知不足，從 40 學分班到研究所到博士班，許多典範教授的涵養，讓我從中成長，從中汲取，滋潤更多的能量，醞釀每一次轉化的可能，一切用心，一切盡力。

　　目前於台北縣新莊市昌隆國小服務。

用心打造學校——永不放棄對教育的執著與堅持

阮慶慈
台中市省三國小校長

　　有人說：「與其費心找一所好學校，不如用心辦一所好學校。」我即是本著「辦好一所好學校」之理念，積極為教育而努力。

　　4 年前學校出現了兩個棘手問題：一是保健員因長年不進修，缺乏醫護人員專業知能，無法善盡責任，經家長多次投訴仍未改善，校長職責必須糾正以維護孩子們的權益，怎料到她卻懷恨在心挾怨報復，到處誣控濫告；另外是一位不適任教師先因學校教評會 15 人全數通過不續聘而與教評會起爭執，接著這位教師因病在家死亡，她的先生希望我能以因公撫卹開立不實證明，但是我不畏惡勢力，堅持依法辦理，絕不做違法之事。因此，他們 2 人聯手進行對我的人身攻擊，造成我及家人前所未有的傷害，但是我仍然堅持教育理念。

　　為了讓孩子上學不畏懼，首創迎新及開學典禮活動，以輕鬆活動的方式迎接孩子入學；為了拉近與孩子的距離，設計有趣的課程，定期到各班上課；為了鼓勵努力學習品德良好的孩子們，安排孩子到家裡嘗試難忘的 2 天 1 夜生活；為了能更了解孩子、貼近孩子們，和孩子們共享午餐及點心時間；為了體驗不同的生活，帶著孩子遠赴澎湖、花蓮、南投等學校做城鄉交流；為了鼓勵人群服務，讓孩子們點餐，由我親手為他們做早餐；為了激勵良好的表現，與孩子合照並精心製作相框送給他們；為了引起孩子學習的興趣，經常放下身段表演話劇、相聲、歌舞、彩妝、說故事等，無非是讓孩子喜歡上學。

　　重視校園融洽氣氛，積極營造溫馨校園文化，跟同仁們相處就像是一家人，從不擺校長姿態，時時關心他們的生活，利用時間與同仁聊天，親近他們；替他們解決難題，使老師們能安心教學；欣賞同仁的優點，適時給與肯定與誇

讚;遇到同仁生日,我會製作特別的卡片加上感性的話語,溫暖老師的心;了解同仁的需求,如家人般親密;鼓勵教師進修並與教師同步成長,因此從未有所謂的「高處不勝寒」。

家長知道我對待孩子視如己出,來學校運動時總忘不了到校長室關心我,假日中看到我在烈日下拈花惹草,一杯清涼果汁已經在我眼前;經營美容院的家長也會定期到校為貧困學童義剪,甚至於陪我們去仁愛之家關懷老人;家長自掏腰包買卡拉 OK 讓我轉送給教師會;更有家長將學校美化綠化所需高額經費自行付款;當我遭受不白之冤的時候,家長也會撥電話安慰我,給我加油打氣;更讓我感動的是遴選校長時,家長會與教師會代表歡迎我連任──這些都是我努力辦學的最大動力。

教書是上天賦與我的使命,在急遽變遷的社會,必須培育出健全的孩子,才能符合時代的需求,立足於競爭的舞台,「愛孩子」是我永不改變的目標,心中發出了聲音……,那就是「用心」辦教育,堅持站在為孩子們的學習而努力,永遠為孩子的學習不缺席來把關。

壹、校務經營理念與具體策略

一、重整心態　揚帆待發

從台中師範學院到台灣師範大學 40 學分班的進修路上,充實了我行政理論與實務,但總覺得行政領域非常遼闊,而擔任主任也近 18 個年頭,不斷接觸各類行政中,不由得興起我再上一層樓──一種渴望當校長的念頭。

1998 年參加校長儲訓班,在校長養成的基本培訓中,我當下有些好奇,有些期盼,又有些理想。在同儕的行政經驗分享中,我如獲珍寶的發現,實務所揭櫫的真義:校長是學校領導人物,心中浮現的是營造組織文化、知人善任、廣納善言、懂得授權、對校務專注能力、不斷的創意行動、果決明確特質等。深知校長除了有好的品德,要會帶領學習、服務及影響周遭的人,才可以讓團隊大步向前邁進。當了解領導的竅門,「領導力」這條路會愈走愈平穩。

我很注重言教、身教、境教,善用獎懲原則,激勵良好行為的出現,使每個學生及同仁潛能得以發揮,時時要求自己:「心能重整」──調整自己的身

心，保持愉悅的心情進入教室；「知能充電」——充實自己的身心，以萬全準備的狀態面對學生，了解學生的實際需求，創造整體表現的顛峰，使學生能活出自信，營造教室裡的春天。

將近 7 年的校長生涯，了解好的校長不必樣樣都行，只要做那些「非你莫屬」的事。唯有積極經營優質溫馨的校園環境及認真辦學，才能獲得老師、學生及家長對學校肯定。

二、踏實行事　建立信念

教育的改革，由學校、老師做起並發揮專業知能，以營造適性的學習空間，充實科技媒體，擴增學習領域，才能掌握資訊脈動，勇於創新、敢於與眾不同。凡事換個角度，設身處地去想一想，或許很多衝突將減到最小，不會受自我意識的框框局限了。

因此我將領導的藝術應用於學校經營。

㈠把握學習機會

被一個環境所接受，是任何人想要成長的第一步。唯有認清自己、自我尊重、拒絕誘惑，面對危機抱持最大的轉機，為最多的努力做最壞的打算，進而把握每一個學習的機會，秉持「好的環境是一種正面學習，不好的環境也是另一種磨練」、「過了一山還有一山」，督促自己全力以赴，方能鍛鍊出全方位的工作能力。

重視老師的專業成長，教育學者泰戈爾曾云：「唯有學習不已的教師，才能教得認真。」身為現代化的教育人員，應秉持「勁在工作，樂在學習」的精神，不斷的進修，發揮無窮的智慧，滿足專業知能的成長。

校長必須以身作則，才能提高學校績效，前年開始在嘉義大學教育行政與政策研究所進修，有句話說：「掌握最開始的一分鐘，處理過程要堅持最後一分鐘。」我認為校長不僅將校務做對，還要把對的事做好，因此必須不斷的成長，經常與老師分享教學經驗、班級經營，做老師們教育上的好夥伴。

㈡行政充分授權

工作中得到充分授權，需要做決定承諾時，才不會保留、猶豫和退卻；勇

於負責,及時面對問題,不畏懼做決定、體貼包容、善用領悟和分析能力,耐心和支持則是領導者應有的態度,此外能預先洞見危機何在?「預埋伏筆」冷靜的化解危機,扮演一個敏銳的情緒管理者;對上溝通培養默契,對下溝通聆聽部屬的聲音,善用溝通的藝術,彼此坦誠,互相體恤,如此才稱得上是一位全方位的領導者。

當校長的第 1 年,即授權給主任聘請組長,有位作家曾說:「我們之所以能讓任務圓滿完成,是來自適當的授權-無論是時間上或人力上的授權-將責任分享給有能力而且經過訓練的人,會使你有餘力去探索其他事務。」授權意味著成長,而且是個人與組織雙方都成長。

一個好的領導者,要取得家長、主任及老師信賴,竭盡所能激發他們的潛能,欣賞他們的表現。不要聽一些「好聽的話」,必須要接受「忠言逆耳」,面對不同的聲音,不斷的告訴自己,還有很多事務要學習,還有很多建言可供我辦學參考。

(三)發揮實質效益

選擇用人不僅要由組織的立場考量,還要看清每個人不同的資質,有能力的高下,也有品德的高下;在適才適用下,才有發揮的潛力。當主管不只靠知識經驗、人事管理、財務編列、市場行銷以及專業知能,人性化領導是一個過程,心是柔軟的,它可導出正確的服務態度,理想的服務水準。

「尊重每一位教師的獨特性」、「要做就要做不同的,做最好的,要做就要給人留下深刻的印象」理念,學校難免也有令人意料之外的事件,本校在 2001 年間因不適任教師及保健員存在,2 人聯手進行惡意中傷,曾有過不少衝突,也引起社會軒然大波,幸好在同仁們同心協力、相互扶持,事件有了轉機之後,信心更加屹立不搖。

我喜歡「走動式」管理,了解學校現況,發現問題時立即面對,積極明快去處理。深知「新好主管」的角色,必須適時給與同仁鼓勵與肯定、支援與協助。針對學校服務文化的傳承、實際經驗的分享、政策制度的宣導、相關資訊的流通、意見交流、不斷自我學習,因為學習是發揮領導效能的關鍵。必須從容地面對變局,扮演好領導者的角色,為永續經營而努力。

三、接近學生　親密對話

社會變遷快速，社會道德價值觀的混淆，孩子偏差行為日益嚴重，學校必須培養關懷、信賴、責任、尊重、公平正義、誠實等六大公民品德特質，校長採品德教學領導，以身作則提醒師生實踐品德行為，應與日常生活與教學中相結合，而有效教學是推動品德教育最佳的途徑。品德教育要提供學習的榜樣，讓孩子認同，進行體驗的活動，於是興起了要到各班巡迴為孩子們談品德教育。

我主動安排每星期2節各40分鐘的課程，輪流到各班上課，為了增加生動及趣味性，利用假日親自製作動畫的Power Point，剛開始孩子覺得校長到教室來上課是件很新奇的事，上的又是品德的課程，於是充滿好奇的心理，一直問我怎麼有這麼多的故事？Power Point是自己做的嗎？我乘機告訴小朋友：「一個人的品德是很重要的，我很在乎你們的品德喲！」

學校要讓品德教育紮根，必須先引起孩子的興趣，我也運用話劇表演、相聲演出、說故事等活動式的教學方法。不用傳統的說教，不用不合時宜的內容。我將資訊融入教學，呈現品德的實例，讓孩子們知道現代生活中需要培養相互的尊重品德，更要讓孩子在生活中耳濡目染。

而每一次的課程中都以不同主題呈現，有時候也透過行動劇的演出，讓學生學習如何尊重、誠信與責任的方法；學生在角色扮演中，更能深入問題的核心，從不同角度思考問題。

教育是希望工程，校長是教學領導者，如果可以優游開心的站在講台上，輪流到各班上課，不是局限於一個班級講台而是全校所有的講台，我的心情是愉悅的，因為我願意分享孩子的快樂，願意跟孩子一起學習，我從「付出」的過程中，學習如何去「享受」。

四、艱鉅任務　共創契機

今天在教育上最需要的資源，不是硬體設備，不是繁文縟節的制度規章，而是一步一步踏實的做出最佳的成果，教育人員的一言一行，對學生的影響很大，無論這社會結構怎麼解體，家庭功能面對何等的挑戰；教育工作者必須義無反顧，用愛心去教育下一代。教師們有著教育的愛心和熱忱，引發出許多創意，引導家長支援學校校務，這發展的歷程，是透過良師綻放出的智慧，所創

下的豐碩成果。教育發展至今,校園倫理失序尤重,師道蕩然無存;同時,教育愛的光和熱已急速冷卻,是否教育出了問題?環境、文化與經濟生活及社會結構隨時改變,而教育與之息息相關,就免不了受到這種價值系統的影響而發生變革。教育工作者面對強大的壓力,往往失去教育的矜持,迎合大家的心理,把教育窄化為升學,而讀書的目的就是考試,而且只能贏不能輸,把孩子給壓垮了……,而這些必須由領導者建立良好的制度,才能改變刻板的作風,增加行政的魅力,時代怎麼變,永遠是要做到師生心目中的好校長。

教育工作者的大愛在於給與有能力的愛,把愛化作能力,甚至是一種藝術,它就像點燃孩子心靈的燈一樣,它能發光、照耀大地。教育者的大愛沒有條件,無怨無悔的付出。就像許多父母對子女的愛是一樣的。人生各有自己的使命,人生由來志不同,做什麼像什麼。校長的任務是秉承教育政策,必須發揮教育家的光和熱,帶著師生飽覽教育園地的絢麗風光,用無限的大愛來扭轉教育危機,必能築出一個溫馨和諧的校園。

校長資格的獲得是經過劇烈的競爭,可說是得來不易。校長應該時時掌握學習的契機,像海綿一向吸取浩瀚的新知,做個專業的領導者。校長的路如果還要持續走下去,必須改變自己,跟著老師一起進修,校長帶頭做,隨時提供有價值的資訊,滿足老師的求知欲、以寬大心胸包容老師、尊重老師專業能力、主動開發老師的潛能,讓每座寶山源源不絕的獻出光彩奪目的寶藏來。

我喜歡與工作好夥伴共同分享學習的經驗,用心實踐,也體認到所有的改變在於我們的一顆「心」。我看到孩子們的成長,知道「教育」是一條有希望的路;孩子散發的光芒需要展現教育才能耀眼,而教育的理念更需要智慧的擷取才能發光。

貳、學校與家長及家長會關係的經營

水幫魚?魚幫水?水池提供魚兒活動及生長環境,但也因為魚兒優游其中,使得水池不會成為一灘死水。試想學校與家長的關係,是否也如同水與魚的關係一般呢?

【報導一】「省三國小　彩繪接送區　小花圃加木板成了座椅　圍牆上秀創意

煥然一新」

　　台中市省三國小外人行道的花圃太小，照顧不易，校長阮虔慈靈機一動，請工友把廢棄的課桌椅木板裁切，放在花圃上製成座椅，再由師生和家長一起在圍牆上彩繪，美化了家長接送區。（記者黃寅，2003 年 12 月 12 日。聯合報，B2 版。）

【報導二】「台南市東區三學區　141 治安死角改善」

　　台南市東區德高國小和崇明國中、崇明國小的愛心媽媽查訪治安死角，發現校門口和附近最不安全，相關單位允諾改善後，昨天由市長許添財帶領，宣示挺身護衛社區安全。（記者林建農，2003 年 12 月 24 日。聯合報，B2 版。）

【報導三】「里長化身八仙為小朋友解惑　到中市省三談工作甘苦服務不打烊」

　　里長就和「八仙」一樣，幫民眾解決疑難雜症。台中市省三國小三年級學生綜合活動課程最近進行「與里長有約」單元，為了讓小朋友更了解里長的工作性質，校長阮虔慈特別邀請學區內八位里長化身中國民間傳說裡的「八仙」到學校現身說法。這項活動拉近學校和社區的感情。（記者長彩鳳，2005 年 3 月 17 日。國語日報，兒童新聞 16 版。）

　　由以上三則報導，可以發現家長對學校的幫助，小到維護孩子安全，大到影響校務運作，兩者的關係密切。而隨著政治民主化、社會多元化之後，家長參與學校校務的機會與意願增多。近年來，國民教育程度普遍提高，知識水準的提升，使國民的自我意識逐漸覺醒，對學校政策及公共事務有愈來愈多不同的意見。而學校作為公共事務體系之一環，已無法像以前一樣，關起門來辦教育，甚少與家長互動與往來。

　　因此，將家長人力資源引進學校，學校與家長的互動日漸頻繁，關係日益密切，尤其是九年一貫課程的實施，強調家長參與校務及班級教學的重要性，並賦與家長「教育選擇權」，使得學校經營及教師教學面臨了前所未有的挑戰。

　　學校與家長彼此之間若能互助互惠，則輕者為影響學校與家長的關係，嚴

重的還會影響校務運作及學生受教權利。學校與家長之間,到底是水幫魚?還是魚幫水?是互利共生?還是對立衝突?在描繪了「家長與學校是教育合夥人」美好願景的同時,也應思考其衝突層面及可能弊病,否則只是畫餅充飢、徒具形式罷了!

家長與學校是共生共榮的結合體,因為兩者都有一個共同努力的目標,那就是學生;憑著這層休戚與共的關係,水潤澤魚、魚豐富水,形成更密不可分的關係!

參、與學生關係的經營

一、陪伴孩子心靈交流──感覺真好

省三國小老師除了工作的認真投入外,非常重視與孩子相處時的品質,深信「師生情」是一種需要學習的技巧,尤其有家長會的支持,我們開心的做有意義的活動。

每次的家長委員會談話中,只要是提到為孩子安排的各項欣賞會,家長會長總是二話不說,欣然接受學校所安排的活動。讓我更了解英國夏山學校的建議:「不要給孩子太多的零用錢,但要常常帶他去看表演,它會帶給孩子豐富的視覺經驗,開闊他的胸襟與視野。」現代的親師是應該帶著孩子一起做心靈上的交流活動。

我為了鼓勵孩子多看展覽和不同風格的表演,特別邀請上海雜耍團魔術團、中國汕頭少年兒童藝術團、大陸民俗技藝團及國內藝術團體等到學校表演,這些表演費用都是由家長會付費,除了提供孩子欣賞節目,還要特別邀請家長們來欣賞。

每次在表演之前,學校老師主動來做「行前講解」,以引起孩子們欣賞的興趣,另外又上了一堂遵守節目欣賞的課程,家長都發現了學校為孩子是多麼的投入與用心。

有些特技及舞蹈表演並不像戲劇,戲劇能夠敘述劇情;這樣抽象的藝術活動,也許對孩子可能深奧了一點。幸好每次表演前老師都有講解,孩子們都能一點一滴的吸取,慢慢學習觀眾該有的素養,表演是一種藝術,能夠當個稱職

的觀眾不也是一種藝術嗎？

最讓我感動的是「孩子的秩序」，表演開始簡直是聽不到任何的聲音，耐心等待表演者出場表演時，小朋友表現得太好了，謝幕的那一刻，孩子始終沒停止過拍手，家長終於知道學校的用心良苦了。我也深深的被孩子們自己高水準的演出感到欣慰，觀眾也是表演的一幕戲之一啊！

學校除了教導課本上的知識之外，在孩子的品德上的培育必須要下功夫，平常頑皮的孩子，怎麼會變得那麼懂事又懂規矩？每一場的演出，每一次的活動，家長都說：由衷的佩服學校的隨機教育。

我想這是值得用掌聲來鼓勵的，在人生的舞台上，表演者和欣賞者同時都要學習成長，我們經營學校教育也是如此，在生動活潑中學習。值得深思的是，「教條」和「禁止」是成效最差的教育方式，卻最常被老師及家長們所運用，真是令人遺憾！因此學校營造「如何欣賞表演」的歷程，是我們永續努力的方向！

二、言語的教養是一本「生活存摺」

現在的孩子常常出口髒話，動不動就罵人「白癡」、「低能兒」、「肥婆」、「機車」，一副自以為是的模樣。據我的觀察，這些孩子大部分缺乏耐心、心浮氣躁，常常會無故亂發脾氣。

媒體報導的兇殺案件，每每都是當事人一言不合，引起衝動所造成不可挽回而令人心痛的慘劇，讓家人傷痛不已、親人萬分惋惜！愛是一種需要學習的技巧，親師需要撥出時間聽聽孩子說話，讓彼此相處是輕鬆的、溫暖的、快樂的。

與孩子多年相處的經驗，我們希望孩子言行一致，身教絕對是重於言教；言語的教養，就必須從日常生活中確實做起！能夠接納孩子的不愉快，讓孩子安心的說實話，親師的道歉更能增進相互的尊重。

有一次，與總務主任邊走邊討論校舍改建的一些問題，在走廊與三年級孩子擦身而過，突然聽到孩子的對話：「向校長問好，她沒有理我耶！」我立即跟他道歉：「對不起啦，校長沒有聽到你的問候。」孩子天真的回答：「沒關係，大人有時也會犯錯。」幸好我給了他一個良好的示範──「犯了錯誤，就要勇於認錯」，即便是校長也是如此。

我平時告訴孩子，在家裡跟家人親切的互動，在學校與老師同學見面熱情的問好，那是一種禮貌，也是一種尊重，更是一種關懷和熱愛生命的表現。由於長時間的身體力行，大部分的孩子們都會見面打招呼，有時候老師主動和學生打招呼，學生也會感受到老師們親切溫和的一面，頓時，校園顯得溫馨又可愛！

記得初中國文老師教我們使用「語文存摺」，存摺裡有優美佳句、有成語、有句型練習等。現在我教育孩子注意禮貌，以身作則，不厭其煩地教導他們，一點一滴、積少成多，積沙成塔，讓孩子運用在日常生活中，不也就像「生活存摺」一樣嗎！

愛他就是要教導他，身教之外，境教也是很重要的，校園中祥和的氣氛，溫馨的互動情等，在在都看在孩子的眼裡，在滿滿的愛中長大的孩子，才能「愛人」啊！這不是社會最需要的人生最珍貴的禮物嗎？

三、提早認識學校──小一生更愛上學

本校特別於每年8月中旬，也就是開學的前10天，為一年級的新生辦理親子溫馨活動，「大手牽著小手，一起來當新鮮人」，嚐一嚐新生的滋味！很多小朋友因為不熟悉新環境，剛開學時總是非常沒有安全感，有些孩子甚至因為沒有媽媽陪伴，在教室裡哭了起來。本校的小一新鮮人卻完全不害怕上學，相反的，打從8月下旬開始，小朋友就很期待開學呢！

學校是孩子第二個家，親子早點認識未來的學習情境，有助於孩子適應環境，因此學校費心的安排親子「快樂到省三」活動，由一年級的老師介紹孩子每天接觸的校園環境，熟悉校園的一草一木，一磚一瓦。為了讓小朋友提早了解學校，本校舉辦一場別開生面的「親子尋遊記」，透過一連串的親子活動，像是親子踢球、親子跳繩等等，讓小小新鮮人在遊戲的氣氛中認識學校，並能很快的融入學校這個大家庭。果然，小朋友在校長、主任和老師的陪同下，和爸媽一起玩起了各項遊戲，早就忘了即將要上小學的害怕。有的小朋友還告訴爸媽，上學真好玩，希望趕快開學呢！

家長和小朋友逛逛校園的同時，由校長、主任和導師親自介紹校園環境，像是校長室、警衛室、教室、廁所等等。尤其有一些小朋友不敢上學校的廁所。每年我都會特別告訴小朋友，學校的廁所已經美化過了，也噴了香水，就跟家

裡的一樣舒適，所以小朋友可以放心的找同學一起去上廁所，我也一再提醒小朋友，千萬不要憋尿呵！

我擔心小朋友在玩遊戲時受傷，為了讓小朋友學習怎樣玩得安全，以及正確使用遊戲器材，主任和老師也特別示範正確的動作給小一新生看，讓小朋友都知道怎麼樣玩得高興、安全。孩子也在父母及老師的目光下，記得主任的叮嚀，安心也快樂的玩著、開心的笑著，家長看著孩子爬上爬下，穿梭在各個遊戲器材中尖叫、跑跳，玩得不亦樂乎，情不自禁跟著自己的孩子玩了起來。家長們都說，看到學校這麼貼心的設計和安排，更放心把孩子交給學校。

本校的前身是空軍子弟學校，因此，新生必須要愛上「飛機」，讓親子比賽看看誰的飛機飛得最高、飛得最遠，大家玩得樂呼呼。早期每個念本校的小朋友都會愛上飛機，對學校也有一份特殊的感情。為了讓小朋友透過遊戲，認識學校的起源，特別讓小朋友和家長一起玩遊戲。每個家長和小朋友利用報廢的獎狀，做出一架架有創意的紙飛機。為了讓飛機飛得更遠，小朋友還特別花心思動手腳，有的小朋友把飛機摺得奇形怪狀，有趣極了！作品完成以後，小朋友還跟校長、老師和同學一起比賽，小朋友們不停地為自己的飛機鼓掌加油歡呼，每個人都玩得好開心。

為了讓學生在開學前充分了解校園，所以設置關卡，讓親子攜手闖關，孩子與家長玩得開心，吃喝玩樂盡在省三國小，難怪小朋友們 love in 極了！闖關時，每個小朋友都絞盡腦汁，有的小朋友還催促爸爸媽媽趕快行動，表情十分緊張，生怕比別人晚了一步；過關以後，小朋友高興得跳來跳去，還獲得家長會提供的茶點一份。闖關活動刺激有趣，親子大呼過癮，整個歡迎新鮮人的活動，就在小朋友的「學校好好玩」的歡樂聲中話下完美的句點。

這項活動不同於開學日迎接新生的設計，本校特別選在暑假期間進行，一方面是讓小朋友提前收心，一方面是因為暑假時間充裕，比較沒有壓力；活動配合遊戲來進行，可以讓小朋友提前認識學校，做好上小學的心理準備，讓小一新鮮人不再害怕上學。

四、新生入學——生動活潑

每個孩子都是一顆顆璀璨的珍珠，我願意是那串珠的人。擔任校長之後，為了增廣孩子的生活體驗，每年總是挖空心思，設計孩子們喜歡的遊戲，讓小

小新鮮人愛上學。

【卡通雲豹迎接新生】

1998 年初任校長，希望給孩子不一樣迎新活動，精心策畫的「大手牽小手、快樂向前走」活動，不但有拱門圍成的迎新隧道，由家長牽著小朋友的小手通過；還有卡通雲豹和校長在校門迎新，因為是首創的活動，溫馨熱鬧的場面，讓在場的家長和小朋友驚訝不已。

六年級學生手持花環組成的拱門長道，新生們在家長牽攜下通過長長的隧道，既新鮮，又寓含小朋友上小學，是跨出蛻變第一步的深義。當孩子靠近 2 個造型可愛的雲豹時驚叫連連，爭相和牠握手，甚至忘了進校門，為新生入學帶來歡笑場面。

新生入學是學校的大事，我深知剛上學的孩子，對新環境總是充滿疑慮，有的甚至於還會哭鬧，不願進校門呢，為了解除小朋友的緊張情緒，費心設計這個不一樣的迎新活動，讓孩子及家長留下深刻的印象。

【白雪公主與七矮人】

1999 年校長穿著一身亮麗的白雪公主裝，帶領 7 個由學生扮演的小矮人，親自站在校門口發糖果給新生，讓走進校園的小小新鮮人，有如走進童話世界，歡欣不已，有的忍不住抓住校長的手驚呼：「白雪公主好漂亮哦！」

校門外由家長贊助的氣柱拱門，以「快樂的第一步，自信的主人翁」期勉新鮮人，學校準備了 500 多個氣球，讓每個孩子踩破再進校門，寓意「一炮而紅」，但因擔心爆破聲嚇哭了小朋友，臨時取消，而以張掛成排的氣球裝置成花式拱門，讓小朋友挽著父母從底下通過，走進快樂的學習園地。

【希望天使在省三】

2000 年校長頭戴皇冠，外加一對翅膀，扮成希望天使，帶領著 12 名小紳士和小天使，打造愛的城堡，在校門口迎接新生。

校門口有一座美美的拱門，這是一位熱心的家長在前一天晚上 11 時趕工至凌晨 2 時的成果，為了營造熱鬧氣氛，校長引導小紳士與小天使跳舞，其中一位小紳士模仿麥可傑克遜跳機械舞助興，很另類的開學典禮。

【史瑞克出馬啦】

2001 年校長把學校布置得像童話世界城堡，由孩子們扮演他們喜歡的「史瑞克」和「小精靈」，張溫鷹市長、老師們和校長扮演公主，在校門口迎接新生。當小朋友及家長看到張市長搖身一變成為端莊的公主扮相出現在校園，真是又驚又喜！

張市長以愉悅的笑容，引導新生及家長循著拱門、地毯走進人生第一階段的求學生涯，小朋友第一次上小學，一走進陌生環境，小朋友帶著羞怯的心情顯得有點害怕，不過看到張市長及卡通人物就在眼前，小朋友好奇的一直看著對方。有一位家長告訴校長：「昨晚我的孩子很好奇的猜，學校會用什麼方式迎接他呢？」

【了解學校歷史】

2002 年迎新別出心裁，家長會長劉永茂、12 位老師與校長身穿空軍飛行員裝，大家驚訝服裝哪裡來？校長是向清泉崗空軍基地借來的 IDF 飛行員裝，我們一行 16 人在校門載歌載舞歡迎新生。

省三國小於 1947 年創校，是空軍子弟小學，舊址在現今的忠烈祠，1968年才搬到健行路並改名，以「翱翔天際、擁抱世界」為主題，花道上也是一架架各式各樣戰機模型的迎新的活動，不但具體呈現學校特色，也讓新生及家長了解學校的歷史。

【歡迎小秀才】

2003 年迎新活動中，有位家長大手筆，贊助 2 隻大雷龍擺放在校門口，歡迎小小的新鮮人，校長則扮演格格、家長會長劉永茂飾演狀元及許多老師扮演的大秀才，邀請小朋友騎馬進校門。

學校「燈籠高高掛」張燈結綵，布置兩道分別是「可愛老鼠」、「頑皮牛」的秀才門，還有老師及家長聯手以紙雕玫瑰花裝飾拱門，搭配綠籐並貼上鋁箔紙，就是名副其實的「好美的拱門」來迎接 250 名新生，親切地與小朋友進行第一類接觸。

【省三國際村】

2004 年隨著國際化的腳步，校長、老師、家長穿著各國服飾讓小朋友猜一猜，日本、韓國、阿拉伯、埃及、希臘、泰國、瑞士、英國——面對五彩繽紛的服裝，小朋友和家長看得眼花撩亂，但是興致高昂，親子卯足了勁，希望得個好彩頭。

7 座光鮮亮麗、金銀相間的拱門，掛上親師製作的大型卡通動物，非常討喜，有青蛙、綿羊、老虎、魚兒、獅子、蜜蜂及賤狗，小朋友看到了自己喜歡卡通造型就在眼前，校長答應將卡通動物送到每個班級。

大哥哥、大姊姊大跳自編「迎娃娃」舞來歡迎小弟妹，讓小娃娃備感親切，有的小娃娃跟著手足舞蹈，現場顯得熱鬧非凡，一進校園就很 easy。孩子就可以得到一根「棒棒糖」，表示自己好棒！真的好棒！

五、創新開學典禮——孩子喜歡上學

每學年度第二學期開學典禮，我都會在寒假中召集四處主任及教師代表一起討論安排開學迎接孩子到校的重頭戲，安排輕鬆活潑的開學活動，顛覆傳統制式的開學儀式，創新中保有典禮的莊重，不僅給孩子耳目一新的感覺，還讓每個孩子都覺得「上學」是一件快樂的事，可以看到校長、家長會長、主任、老師、警衛們輕鬆表演的一面。

我們會集思廣益安排不同的開學儀式，大部分都以當年的生肖為主題，列舉最近 4 年的活動內容有：「騎竹馬迎春」、「現代蘇武牧羊」、「省三西遊記」、「金雞來報喜」。

㈠ 2002 年 2 月 18 日——「騎竹馬迎春」

由於寒假特別長，大年初七就開學了，要小朋友收心有點難，因此就張燈結綵迎接小朋友，一方面讓小朋友回到學校仍感受到過年的喜氣，一方面藉機會進行鄉土教學，學校流露出濃濃的古早味。

老師和家長精心布置校園，將民俗融入課程，在校門口高掛大型紅燈籠，中庭則掛著「瑞馬歡騰慶吉祥」、「新春欣禧迎開學」及「大家恭喜」的巨大春聯，並安排連串民俗活動，老師也都採取古早味的傳統服飾裝扮，與小朋友

同樂。

最讓小朋友喜愛的是，騎著家長及老師製作的近百匹雙面竹馬，頭上還戴馬飾，展現出可愛面貌，個個期待「馬年看我、一馬當先」，再配合校長及會長劉永茂擊打的大鼓聲，小朋友手抓竹竿，騎馬跳躍，「馬年迎春」格外有意思。

穿著鳳仙裝的校長和長袍的家長會長，到各班送紅包、糖果，祝福孩子「健康、快樂、平安」，另外在「牢牢抓住親師情」的單元，家長美妙歌聲，老師連連笑聲，增添不少年節氣氛，校長和會長一起種下象徵常青的五葉松，更期待馬年一切順利。

(二) 2003 年 2 月 8 日──「現代蘇武牧羊」

由 25 名幼稚園和國小部小朋友表演精采熱鬧的舞獅，拉開序幕，接著由師長載歌載舞，讓全校師生一起感受年節氣氛，將年節的氣氛 high 到最高點，接著才是收心操。

老師與小朋友演出改編的自歷史故事「蘇武牧羊」的現代版笑鬧劇，由 7 位老師裝扮成小羊，另外有 3 位老師扮演大野狼；小羊被老羊遺棄，走入陷阱危機，最後幸由蘇武和採花姑娘合力打敗野狼和獵人才度過難關。還是回到學校，既安全又能習得知識。希望小朋友在觀看戲劇後，收拾放假心情，準備迎接新的學習生活。

校長先唱一首「小小羊兒要回家」，逗樂了小朋友，歡笑過後，校長利用帶動唱活動，讓師生將「10 大收心口訣」背熟，口訣內容為「我是省三好兒童、精神好身體強、愛清潔有禮貌、勤讀書愛學習、有愛心肯幫忙、多運動常健身、積極努力求進步、大家和樂好朋友、溫文可愛好學生」，通過背口訣的孩子，校長還給獎品呢！

(三) 2004 年 2 月 9 日──「省三西遊記」

「哇！唐三藏耶，那不是陳主任嗎？」一齣省三西遊記上演了，各處室主任及老師分別飾演唐三藏、孫悟空、沙悟淨、豬八戒等主要人物，校長的鐵扇公主，家長會長陳金源反串蜘蛛精、副會長王福興扮成牛魔王，還有不少小朋友在「孫悟空」王主任抓起一堆毛髮後，變變變，變成孫小毛。

為了營造校園歡樂氣氛，為小朋友打開快樂之門，將開學的氣氛活絡，老師利用寒假親手製作道具，將整個表演場地點綴得生動活潑，小朋友開心極了。省三的開學聽不到訓話，因為我們把該注意的事融入在話劇中，我們看到的是家長、老師及孩子歡樂充滿了校園。

孫悟空大戰牛魔王之後，「唐三藏」陳主任語重心長的勉勵孩子：「我們遇到困難，就要想辦法解決，凡事不要怕！」王主任問孩子：「你們覺得校長扮演白雪公主漂亮還是鐵扇公主漂亮？」孩子們平日就喜歡校長，因此，異口同聲的說：「校長扮演任何角色都很美的啦！」校長在台上正開懷大笑呢！

我們希望透過表演藝術，藉由生動的劇情，幫助小朋友收心，在開學後改正假期晚睡晚起、貪玩等習慣。精采的表演果然引起孩子的共鳴，小朋友在歡樂的氣氛中都說：「開學了，要好好認真上課！」

(四) 2005 年 2 月 14 日──金雞來報喜

今年是「雞」年，省三國小一群可愛的小雞在開學的第一天，便熱熱鬧鬧的歡慶「開學囉」！校長和家長會長陳金源先生，他們穿著閃亮的服裝，溜著滑板車快速進場，給學生賀新春。鼓勵小朋友說出有關「雞」的吉祥話，學公雞叫的小朋友，都可以有機會得到獎品，這麼特別的拜年，學生樂歪了！

有趣的話劇讓孩子喜歡上學，一群可愛的小雞不畏寒風，每天一大早就起來運動、練功，鍛鍊結實的身體，才有本錢好好讀書。小朋友在亮晶晶的金雞帶領下，個個精神抖擻，意氣風發，開學第一天，就有爆發力，新學期一定有新氣象。

快樂的學生，一定喜歡上學，而且每天都期待到學校上課。省三國小有一位最老、最認真、最愛讀書、最高學歷的主任，舞出快樂的心聲，他是一位活到老、學到老的好模範！另外一位充滿笑果、寶氣十足、樂觀進取的主任，跳出喜感的舞步，他是一位善於製造和諧氣氛、消遣自己、娛樂大家的好夥伴！

「希望每天都是上學天，無憂無慮快樂去學校，希望每天都是上學天，無憂無慮危險都不見，為你為你為你得第一，省三國小，耶！第一第一打拚得第一！」熟悉的廣告歌曲，在小朋友熱情的歡唱中，結束了不一樣的開學典禮。

六、校長動起來——接近孩子的心

　　記得 2001 年慶祝兒童節活動，由校長負責安排特別節目，感謝忠明國小陳哲耕校長、重慶國小徐淑蓉校長、仁愛國小陳麗美校長、協和國小吳採霞校長，在繁忙的校務中抽空練習相聲，3 月 30 日當天 5 位校長穿著童軍服，神采飛揚「說學逗唱」，詼諧話語讓在場家長與學生情緒 high 到最高點，也覺得校長們表演群口相聲，真的好新鮮呀！表演的校長開心的與小朋友同樂，讓領獎的小朋友留下深刻的印象，也成為送給小朋友最佳的兒童節禮物。

　　今年的兒童節特別節目，我徵求 34 位國小校長同意，為兒童節的節目來表演，其中男校長有 19 位，女校長有 15 位，網羅了老中青三代校長演出。為了裝扮特殊造型，校長們不惜犧牲色相、彩妝、跳大腿舞，盡情的搞笑，賣力的演出，只為博得國家未來的主人翁們歡心，不但有看頭，還真是瘋狂到極點了。

　　台中市的校長個個都是出色的演員，2 次的排演都在省三國小練習，每位校長都放下手邊的事，認真排演，希望能給小朋友一個難忘又特別的兒童節。節目中第一段「內山姑娘要出嫁」的「娶親」活動，在妖嬌的媒婆——南屯國小陳基安校長帶領之下，鼓吹陣、花轎隊、嫁妝隊伍，一搖一擺的搖出來，準備迎娶嬌柔美麗的「內山姑娘」，陳媒婆大喊：「抬轎的，走喔！內山姑娘要出嫁囉！」鑼鼓聲響起，一齣又一齣精采的好戲就在歡笑聲中展開了！每個小朋友都看得捧腹大笑，還不忘猜猜看哪一個才是自己學校的校長！

　　最高潮的地方是要小朋友猜猜到底哪一家新郎要娶親？哪一位「內山姑娘」要出嫁？神秘的姑娘吸引觀眾焦點，大人、小孩拚命猜成一團！喔，新郎是上安國小胡淑娟校長，最後當新娘掀起頭蓋，大家才驚覺原來是教育局長張光銘是也。連台中市教育界大家長——張光銘局長都得放下身段，製造歡樂，兒童節的表揚會果真「給你好看」！

　　第二階段的表演「校長也瘋狂」，吟詩班的 10 位女同學個個活潑又俏皮，開懷地又唱又跳，爆笑的動作贏得孩子們的熱烈掌聲，一首「看見你們」賀詞，唱作俱佳，原來校長們也有逗趣演出的一面，當撩起裙子出現了：「祝小朋友兒童節快樂」再轉身就變成：「台中市校長也瘋狂」，全場小朋友樂歪的同時，突然發現，哇，原來其中還有一些是男校長反串呢！

　　有些校長雖然是第一次演出，不但不怯場，反而展露難得一見的搞笑功

夫,直呼過癮!也因為整個編劇出自本人之手,因此,獲得校長演藝劇團的「製作人」稱號。看來台中市的國小校長人才濟濟,要成「校長劇團」也不是難事囉!

作者簡介

　　余姓阮名虔慈,與陳有伸君結縭,育有 3 女,皆獲得碩博士學位,在不同領域貢獻所長。在澎湖長大的我,孕育了開闊的胸襟,刻苦自勵的個性,畢業於台中師院、結業於台灣師大教研所碩士班 40 學分班,目前仍在嘉義大學教育行政與政策研究所進修。

　　現今服務於台中市北區省三國小,校長生涯第 7 年,曾於 1989 年獲得師鐸獎榮耀,1994 及 1998 年分別擔任師鐸獎老師赴美考察秘書及團長,2000 年代表台中市國中小校長赴上海進行兩岸文化交流。

　　由於經營學校用心,孩子表現亮眼,因此受聘擔任「親職教育」、「班級經營」、「情緒管理」、「兒童行為輔導」專題演講,在經驗分享之餘,始終追求「教學相長」,抱著「終身學習」的態度。

　　我積極引領著學校團隊,關心教育的事務,尊重人格的尊嚴,體驗成功的喜悅,達成自我的實現,為成長注入嶄新的生命力。

做個歡喜燃燒的蠟燭

盧清蓮
台北市東園國小校長

壹、勤奮求進　終見峰頂

一、辛苦耕耘　歡喜收割

　　初任教職，並無大志，一心只想把班上學生帶好，做個好老師而已。雖如此，心中卻一直想著要繼續進修，告訴自己，至少也要讀到研究所畢業。

　　女人常因結婚、生子、育兒、照顧家庭而延遲進修的時間，因此，將近有 10 多年的時間，只是個好老師、好媽媽。

　　因為擔任老師時，盡心盡力，被校長派兼組長。這是一種新的嘗試，覺得也能勝任。為了是否要考主任，著實深深的思考過：「人的生命價值究竟是什麼？」為了試鍊自己的能力，挑戰自己的極限，因此每次都為自己定個目標，無論在學業的精進上，或行政工作的歷練上，每年朝著這個目標前進，走得辛苦，也有收穫。為了學業，到台北市立師院進修、到國立師大教研所 40 學分班進修，歷經好幾個炎熱的暑期、經歷好幾年的挑燈夜讀。

　　為了考主任、考校長，夜夜苦讀至深夜，除了工作的時間外，幾乎 5、6 年的假日都在圖書館、讀書會裡度過。也許自己的資質愚昧，因此必須花比別人較多的心力；總認為勤能補拙，只要自己肯努力，烏龜也有到達終點的一日。

二、師傅校長　最佳榜樣

　　有句諺語：天公疼憨人。生命中總有許多貴人在旁指導與照顧；在進修的路上有很多師長不斷鼓勵、教誨；在工作的崗位上有極具智慧的師傅校長不斷

開導、指引;在職場上,經歷過不同的校長,每位校長都給人不同的感受。看到校長處事思考周延,危機處理總是很得當,常佩服校長的智慧,當校長能處處爲學生、老師著想,疼愛孩子,感佩校長的愛心,即思:如果我當校長會怎麼做呢?孰不知,這些校長的言行已深深烙印在我心中,影響了我。

校長儲訓時,台北市教師研習中心為我們安排的課程真是煞費苦心。儲訓課程是由學者、專家、在職校長、儲訓學員等共同設計的,希望能朝一個成為卓越校長必須具備的知能去設計,除了正式課程,更注重空白課程及潛在課程的學習,因此,在課程中有理論研究亦有實務探討、更有經驗的傳承。給我印象最深刻的是,在星光下、在夜空中,大夥坐在空曠處,聽師傅說故事。說師傅校長遇到的麻煩人物、師傅校長的處理過程。人說故事最易深入人心,真是一點都沒錯啊!

短暫的校長儲訓,只是有張校長的證照而已,若要經營好一所學校,成為一個卓越的校長,那功夫可不是短短的儲訓可以造就的,深深感受到,這功力是要靠經年累月的學習練就的。當自己成為校長後,每遇一個問題,就會回想自己的師傅校長是怎麼處理的,有時也會再詢問師傅校長,有時也會和校長班同學討論,互相貢獻意見,有時會從一些領導相關書籍中找尋答案,然後做成了決定。

貳、探本溯源　領導心念

一、尊重關懷　以人爲本

教育的對象是人,領導的對象也是人,如何帶領一群人,把人教好,是校長最重要的課題。人是需要愛與被尊重的,當人受到關懷與尊重,潛能才能較易被開發出來,也才能達到自我實現的境地。因此,愛、尊重與關懷一直是我對人的信念,也一直堅守至今。

年輕時教書很認真,也很疼愛孩子,可是自從自己有了孩子後,對孩子的那一份愛更深刻,當老師以孩子為中心,當孩子感受到老師的愛,老師的包容,老師的關懷,孩子的心和老師的心緊密的靠在一起,孩子的學習與成長比較能符合教師的期望。

　　同樣的，校長對於老師也應該發自真誠的愛心，尊重老師，要站在他們的立場，了解老師的辛勞，了解老師的需求，處處替他們著想，當他們有困難時，要能及時的伸出援手，替他們解決問題，對老師能以真心相待，老師一定會把學校當家，愛這個家的每一分子，把孩子教好。

　　行政工作較繁雜，老師們多不願兼任，為了鼓勵老師擔任行政工作，校長一定要更加疼愛他們，他們的用心與辛勞，校長要看得見，時時要給與他們鼓勵與讚賞，讓他們覺得受到肯定與關愛。當他們受到委屈或沮喪時，校長也要能靜心聽他們的苦水，給與支持和協助。因為校長對主任，主任對組長，或是校長對組長都是如此的共事，互相尊重，互相關愛，因此，無論在大屯或東園，學校的行政團隊都是滿齊力同心的。

　　主任是學校的重要幹部，也是學校的重要台柱，學校要能穩健發展，校長與主任的理念要能一致，校長與主任有共識，主任就可放手去做，校長要支持讚賞他們，更要能包容他們，校長一定要做到「揚善於公堂，規過於私室」，如此，主任們才能盡忠職守，發展個人長才。

二、充分溝通　達成共識

　　組織的氣氛一定要靠校長及行政團隊帶起來，平時常鼓勵行政團隊，要有熱忱的服務心，積極有效率的行動力，為老師及孩子服務，老師若有不清楚的，必定利用晨間早會，或私下，或書面與老師充分溝通，老師於了解後，大多能配合與實施。

　　團體的行動力如何？只有在學校辦大活動時才能看出，記得學校辦全台北市的啟智班育樂活動，各處組所分配的工作都能一一完成，沒有爭執、沒有推諉、沒有怨言，真是非常不容易，這次的活動獲得教育局長官及全市有啟智班的學校的嘉許及肯定。

三、給人空間　予人舞台

　　老師們希望受到校長及主任們的關心協助，老師們不喜歡校長主任給太多的督導。因此，校長和主任如何能做到讓老師能自發性的願意時常吸收新知，用心教學，校長和主任要能用心思考如何去做。因為尊重老師的專業，給老師自主的發揮空間，平時多給老師肯定與鼓勵，清楚的告知學校發展的方向，及

要達到的目標。因為充分信任老師、肯定老師，老師的教學發揮得更好。通常校長是不輕易的走進教室干涉老師教學的，可是針對老師的教學，若出現狀況，校長主任是會去關心的。

為了讓老師們將班級經營好，教學認真，常利用週三下午，鼓勵老師參加校外的研習，也針對老師的需求，聘請相關學者專家到校演講，或辦理校內老師教學經驗分享，老師們深覺受益良多，也熱中學習，令人感動。

記得在大屯時，為了讓老師們能自發性的學習，和老師充分溝通，了解老師的需求，週三研習是和老師們共同設計的，因此，老師們對研習才較有興趣，也較有效果。在東園，我們也希望能朝著這個方向去走。唯一較遺憾的是，曾經建議老師們做教學輔導，老師都擔心自己不夠完美，不敢嘗試。希望老師們能多參加發展性教學輔導研習，勇於嘗試擔任輔導老師或被輔導的老師，唯有如此，相信老師們的教學才能跟得上時代趨勢，更臻完善。

四、將心比心　不給壓力

近年來實施九年一貫課程，要求老師要能規畫課程、設計課程，這對老師來說，真是不知所措，煩憂不已。因為在師資養成教育時，沒有學過這門課，突然要從一個執行者變成一個設計者，這角色的轉換，在心態上就必須作一番調適，何況令老師擔心的是不知該如何規畫設計符合的九年一貫課程。在了解老師們的擔憂後，校長一定要為老師們分憂解勞，因此，記得當時先安定老師的心，讓老師知道課程規畫設計是逐年實施的，不必那麼憂心，一方面也肯定老師絕對有設計課程的能力，校長和老師一樣都是新的接觸，校長會和老師一起努力的，我們不懂，我們不會，相信別人也跟我們一樣，這是全國教師的共同課題，只要我們肯學，校長不會給老師壓力，老師可以慢慢來。經過這樣的安撫，老師們才較安心。跟著就邀請一些對課程有研究的專家學者到校演講，在實際的課程規畫上，也和一些學校組成群組聯盟，大家對課程的討論都很熱中，也肯學習去做，雖不是很完美，卻也略有粗胚。經過不斷修正，也有一些規畫設計的課程出來了，校長為了學習如何做好課程領導，也要費些心思，凡是遇到有關課程領導的書籍及研習，一定把書買回來看，也利用時間去參加研習。

當然，在實施九年一貫課程的過程中，老師們是經過許多心路轉折的，老

師們不滿政策的施行過於草率及倉促，也沒有較好的配套措施，老師們覺得壓力太大，又加上不太會電腦，也不會英語教學，許多老師能退休的紛紛退休，不能退休的，只好硬著頭皮努力學習。幸好，教育部有2688的專案，可外聘一些老師專任九年一貫課程的規畫及教授英語。可是這也只是短暫的止渴而已，老師們的壓力仍在，學習去做仍是迫在眉睫的必須。

五、一貫課程　用心規畫

九年一貫課程的實施，在大屯國小這個6班的小學，實在有它難以推展的地方，事實上，每一年級只有1班，對於課程的規畫與設計，只好分低中高年級來討論，老師才較不孤單。老師們也很有創意，老師們會就個人的專長，作協同教學，對於孩子的學習是一個好的規畫，也小有成效。在課程主題統整方面，每一位老師都能嘗試去做，在期末教學成果發表當中，可窺見老師們的教學都是用心設計的，學生的學習是多元的。尤其在一場高年級親師合作，規畫導演的「哈利波特」的演出上，充分展現了藝術與人文的教學。這場演出曾得到家長對學校教學的認同與肯定，還邀請記者到校訪問呢！

參、有教無類　因材施教

一、個個獨特　人人關懷

學校之所以存在是因為有學生。學生來自不同背景的家庭，資質亦不盡相同，教師教導孩子必須有教育的精神，針對不同的孩子，給與不同的指導，一群孩子當中，一定會有資質較好及文化不利的孩子，也會有智能、行為、社交、學習等各方面有障礙的學生，老師遇到這些孩子，可能就必須多費些心思來指導。

在山上開放學區的迷你小學，因為人數少，這些特別的孩子，大家較易關心到，學校校長及所有同仁，幾乎對每個孩子都認識，都能叫出名字，也知道每個孩子的家庭狀況。大屯國小，有山上學區內的孩子，也有山下大學區的孩子，因此，我們的家長是無論士農工商都有，有果農、有廚師、有外交官、有教授，也有牧師，有日本人、有美國人、英國人等，我們戲稱大屯國小是聯合

國，有各國的孩子，所以我們的孩子個個都很特殊。

二、了解興趣　建立自信

　　有的孩子因為父母很重視教育，資質非常好，可是身體有某方面的疾病，例如氣喘、心臟病、過敏性體質、腎臟病等，老師必須要了解這些孩子的健康狀況，可能就要避免讓他從事較激烈的運動，通常老師會就這些孩子的專長讓他發揮，這些孩子通常較有自信，口才、表演、電腦較一般孩子強，所以這些孩子常是藝文、科學方面的佼佼者，遇有膽子較小的，因為學校小，人數少，學生發表機會多，師長的關愛也多，所以訓練的機會多，鼓勵多，自信也能慢慢培養出來。

　　常見有隔代教養的孩子，像這樣的孩子，我們都很心疼他，也很想幫助他，可是又怕傷到孩子的自尊，我們大家就想出一個辦法，就是讓他很容易做到的事，給他褒獎，而給他一些獎品，這些獎品都是滿特別的，也許是一套新衣服，也許是一些學用品，也許是一雙新襪子……，他拿得很快樂，我們也送得很高興。

　　最令人難忘的是，有一個情障兼學障的孩子，也是隔代教養的孩子，他的脾氣特別壞，見了人又不愛理人，全校教職員工最認識他，也最拿他沒辦法，只好容忍他，盡量關愛他，只要他願意幫的小忙，就誇獎他，屢屢次次如此做，終於在他畢業時，有了極大的轉變，見了人，態度已柔軟了許多，臉上也偶有笑容，也許是大家的愛，發揮了滴水穿石的效果吧！

三、發展所長　樂於學習

　　有一年，轉來了3個原住民兄妹，大哥沉默寡言，二哥見了人就躲，妹妹較可愛，雖不會和人打招呼，卻也會笑一笑，因此，妹妹較令人喜愛，這3兄妹沒有父親，是單親家庭，母親做點零工帶著他們，生活過得很辛苦。大夥得知他們的家庭狀況後，就思量如何幫助他們。總務主任為他們申請原住民午餐補助費，因為學校有自辦的營養午餐，中午3個孩子在學校用完餐後，剩餘的飯菜，廚房媽媽都會為他們打包，送給他們作為全家的晚餐，雖然每天2餐都吃一樣的飯菜，他們也沒有拒絕，只有默默承受和說不出的感激。

　　我們都知道，原住民的歌聲最甜美，因此，請音樂老師鼓勵他們參加原住

民歌唱比賽，練啊練的，終於妹妹得到台北市原住民歌唱比賽三年級第三名，哥哥得到台北市原住民歌唱比賽高年級組第二名，從此，這幾個孩子的臉上愈來愈多笑容，大家看了也很欣慰。

　　山上的學校，得天獨厚，有很好的地理環境可訓練越野賽跑選手，有個孩子父母學養俱豐，家庭教養好，可是個性靦腆害羞，因為個子長得高，腿很長，老師鼓勵他參加越野賽跑選手訓練。這個孩子在訓練過程中，非常用心，勤於練習，結果得到全台北市越野賽前十名；這成績在小學校來說，已經是非常值得驕傲的，因此，這個孩子的弟弟以哥哥為榜樣，每天也跟著老師勤練越野賽跑，也因此增強了將來往體壇發展的決心。孩子能朝著自己喜歡的路，不畏艱辛的去走，將來一定能展頭露角的。

肆、內外兼顧　共生共榮

一、資源豐富　各種奉獻

　　學校小，相對可運用的經費亦不多，如何爭取各項教育資源，是考驗校長的功課。尤其近年來經濟不景氣，家長會的會長及委員多半提供人力，財力並不雄厚，其實家長賺錢不容易，順其自然反而會和家長們保持良好互動。

　　家長中有在做運動服裝的，當學校體育表演會時，他們曾送給全校師生每人一頂運動帽；有家長專門在設計及帶領各項活動的，他們每年都會自願並免費為學校設計體育表演會，主持並帶動，氣氛活潑，充滿活力，深獲師生的喜愛；有家長是教育公益團體，週三下午教師進修時間免費來帶領教師探索教育活動，在外面價格昂貴的訓練讓本校能優先免費享受到；聘請擔任大學教授的家長到校帶領老師做田園教學的課程設計；社區顧問常是義務指導學生田園教學；有擅於慢跑的家長，每天早上到校帶領越野比賽的選手練習賽跑等，家長為學校的奉獻真是不勝枚舉。

二、學校社區　緊密結合

　　我們常說學校與社區是生命共同體共生共榮的，這句話對於大屯國小來說，得到很確切的印證。大屯國小本就是社區的陳家捐出的宗祠所興建的學校，

每年在農曆的 5 月 27 日，有間教室必須淨空，社區人士當天一大早，會去請媽祖、清水祖師爺等多座菩薩，繞境後安置在教室內，供社區民眾祈拜，教室前廣場（操場）則整天都有戲劇在演出，直至深夜，走廊中廣場上擺滿了社區居民要供奉祭拜的物品，從下午菩薩進駐教室後，整個下午廣場擠滿了人，好不熱鬧。傍晚時分，學校附近的居民，家家都擺上豐盛的酒菜宴請親朋好友。此時，身為校長的就必須要應眾社區居民之盛情邀約，校長帶著各處主任及老師，挨家挨戶的去走動，往往一家坐不到 10 分鐘又要趕場，若趕漏了哪一家沒有去到，居民還要生氣呢！可是一個晚上將近 2 個小時的奔波，真累啊！

有一年，山上連續大雨，造成土石流，許多房屋被土石毀損，也有人被水沖走，校長帶著主任到各家去關心，主動捐款，並加入災民收容所幫忙。之後，遇大雨，學校成為災民收容安置所，安置山上居民，以防山上再次土石流。因為這些接觸，學校與社區的感情更深濃了。

大屯國小是一所沒有圍牆的學校，初到學校的家長覺得真不可思議，學校怎麼會沒有圍牆呢？學生的安全怎麼辦？會不會經常有閒雜人等來學校閒逛呢？在這兒待久的師生會告訴你，大家都不認為有什麼不好，校園無界限，學校像置身在一座大公園裡，其實學校有警衛，平時若有人在校園內走動，警衛是會去詢問、去勸離的。可是如果是社區的鄉親穿越校園，大家是不以為意的。所以大屯國小與大屯社區的居民真是一家親。

三、真誠化解　水乳交融

想起初到大屯時，教師和家長會之間互相是不太諒解的，教師們覺得家長會未免管太多了，什麼都要管，而家長會會長（前任）則說是想了解學校的運作、老師的需求，家長會才知道如何幫助老師和學校。了解狀況後，校長就去做溝通的工作。只要有機會和會長聊天時，一定告知老師的辛苦面，若給老師愈多掌聲，則老師會教得愈起勁，至於學校有些需改善的，我們會和老師溝通，行政也會去做。會長配合的很好，只要有公開場合，都能感謝老師，給老師很多鼓勵。

在老師方面，也告知老師家長的心情，校長也不會讓家長會造成老師的困擾。就這樣雙方面的溝通，漸漸的，老師和家長會之間已消除了芥蒂，互相之間相處趨於融洽。

四、重視需求　充分溝通

　　雖然說校長們經營學校，理念應該大致相同，但也許前後任校長在做法上，因個人風格不同，就會有差別。新任校長與老師之間的共識，一定也有其磨合期。老師們常對於新校長，一面有所期待，期待一番新的改革、新的作為。一面又有所擔心，擔心新校長是否能夠溝通、能夠相處。在這種心情之下，老師們對學校提出了許多應興應革的做法，校長就必須花許多的時間，深思、了解、溝通，非常有誠意的、很坦白的和老師對話，大家定出時間表，一次次的談，一次次的建立共識，雖然說老師提的問題，校長無法每樣都做得到，至少，大家已有了默契，往後，大家的目標也是一致的，大家猶如一家人，一件事是必須靠大家一起去完成的，也因為這樣的對談，大家的感情又更進了一步。這全因為校長願意站在老師的立場去思考問題。

五、優良傳統　最佳夥伴

　　到東園國小後，東園國小的家長會建立了非常完整的典章制度，家長會非常尊重老師、非常挺學校，不但出錢而且出力，協助學校辦理各項活動，因此，在東園，家長會與學校的互動是不用校長操心，而且互動得非常好，真是感謝之前的校長與家長們建立了良好的關係。

　　在東園，東園有屬於自己的文化，是民主的、是開放的、是純樸的、是溫馨的，許多事早已有了共識。這幾年，資深年長的老師都已退休，目前老師平均年齡為 33 歲，因此，這雖然是所老學校（94 年），但血肉是年輕化的，校長年紀雖長，必須了解年輕人的想法與做事的方式，才能與之溝通。幸好，這兒的年輕老師，都還滿敬老尊賢的，即使有意見，也都是創見，對學校的改進確實是好點子，校長怎能不接受，讓東園更好呢！

　　來到東園，校長絕對尊重教師會，只要教師會是正向的，是為學校好的意見或作為，校長必給與支持與鼓勵。記得在大屯，因為人數未達標準人數，不須成立教師會，校長都鼓勵他們成立教師會，有個教師會長，全校教師參加，若有什麼問題，則大家一齊討論實施之，大家都不會有特別意見。

　　行政工作是很瑣碎又很繁雜的，有許多事又必須老師配合才能見成效，有時老師們難免也會有抱怨之言語或配合得不是非常好，行政人員就會感到挫折

與無奈，因此，校長就要給與關心和疼愛，才能穩住老師或主任願意擔任行政工作。學校行政工作，校長絕對是充分授權、充分信任。因為心中一直謹記一句話：「用人不疑，疑人莫用」，既用之，就要以心相待，相同的道理，每位主任也是如此對待組長，因此，無論大屯、東園的行政團隊都是非常和諧與合作的，較少有本位，只要學校有大活動，校長、主任都會一起參與、互助、完成，沒有勾心鬥角，沒有互相謾罵，只有親密合作，相輔相成，真的是好一幅溫馨和諧的團隊。

六、學生第一　教學為先

自從擔任校長以來，就一直告知行政人員，學校的教育絕對是學生第一、教學為先，行政工作是服務老師與學生的，提供老師各項資源與良好的教學環境，讓老師能安心愉快的教學，而學生能在優質的環境裡，精緻的教學中快樂學習，共同追求卓越。因此，我們共同定下的願景是「健康、快樂、卓越」，其目的就是要照顧孩子的身心健康，能快樂的學習，以達卓越。

七、赤子之情　時時展露

我們的信念是要求所有教職員工都要照顧好每一個孩子，在大屯國小每一個孩子確實都受到較多人的關愛，每一個教職員工都可以叫出每一個孩子的名字。學校不大，可是每一個孩子能使用的面積都比都市的孩子大很多，校長每天都和孩子在一起，和每一個孩子都很熟，參與他們的各項活動。幼稚園和低年級的孩子總喜歡和校長抱抱，中、高年級的孩子常會拿張圖畫或拿隻蟲或拿條小蛇給你看，真是常常給你驚喜與歡樂。這些活潑、天真、可愛的孩子，你說你怎能不愛他們？相對的，在東園，孩子有 1,000 多位，可是校長卻沒有辦法認識每一個小朋友，也沒有辦法參與所有小朋友的活動（雖然每天早上校長仍然在校門口迎接小朋友上學，互道早安），僅能頒獎時、到各班時和小朋友多說幾句話，比較有接觸的，就是和畢業生午餐咖啡的約會了，在小學校不到一個月的時間就可以和畢業班小朋友談完話，而在東園，若 1 個禮拜排 2 個中午和畢業生午餐，則也要將近半年的時間才排得完。這就是大小學校和校長互動的差別。儘管如此，東園的小朋友還是很可愛，有一些小朋友下課時，也會主動到校長室找校長聊天，問他們為何會過來，他們直說：「因為校長室外面

貼有『竭誠歡迎您，請進來喝茶』。」如果沒有在開會，只要小朋友來找，幾乎都會放下手上待批的公文或其他任何事；小朋友來，若有飲料糖果，也會招待他們，他們有時也會拿個水果或糖果回請校長。節日到了，也會遞上親手製作的小卡，卡片無論是否精緻，都會欣然快樂的接受，並直誇「你好棒！」所以，這些孩子常不辭辛苦的在下課短短幾分鐘也要跑來一下，真令人感到好窩心。有時會有畢業的校友回來看校長，更令人感動。

八、山上小學　備受照護

　　近年來，由於教育鬆綁，學校趨向本位管理，教育局許多決策都會尊重民意，學校與教育局的關係已和以往大不相同，儘管如此，個人仍然覺得教育局是我們學校的直屬長官，民主意識雖然抬頭，社會仍應有一定的秩序，倫理是不可以廢的，教育局尊重學校，學校也不能做無理要求，因此，當教育局依教育部政策推展時，學校就應配合政策做政令宣導，帶領教師努力以赴，若在政令實施上有困難，能克服的盡量去克服，若無法克服的，也會真實的反映給局裡明瞭。局裡也會給與指導與協助，如果學校在經費建設上遇到困難，感受到局裡都能協助處理，例如：學校的廁所非常狹小，教育局派人勘察後，主動提撥經費給學校改善廁所，全校師生感動莫名。另外，教局來校探勘後，體念學校空間確實不足，在建築師鑑定安全無虞之下，也主動撥給學校一筆經費加蓋一間教室，真是嘉惠學子的學習。

　　至於學生的一些問題，與社會局有關的，社會局也都能派員到校了解，並做適當的照護。也許是山上的小學校，社會局都會不辭辛勞的到校服務，真令人感動。若學校的環境整理或垃圾處理與環保局有關，學校也會派員參加環保局辦的講習，若是與全民健康福祉有關的安全措施，學校當然要配合辦理，只是落葉處理確實讓學校傷透了腦筋，學校每天都有大量的落葉要處理，環保局只能提供處理的方法，也無法協助處理，真令學校頭疼。至於孩子飲水的安全，經過居民和學校多次的到區公所開會，真感謝自來水資源管理處能每天派車運送自來水到山上，讓居民和學校師生飲用。

　　在這要特別一提的是，陽明山上的學校是在陽明山國家公園管理處之內，在建築的規範上，陽明山國家公園管理處要求必須要配合陽明山國家公園管理處的管理規定，因此，每年都會撥些經費給這些學校做環境的改善，所以，屬

於陽明山上的學校，都會和陽明山國家公園管理處建立良好的關係，記得每年開學時，學校校長會和各處室主任一起去拜訪陽明山國家公園管理處的處長，陽明山國家公園管理處有公園自然生態解說員，為了配合學校課程的發展，只要學校有需要，也會到校來講習。

伍、求新求變發展特色

一、多方思考　確立特色

　　一個學校必須要有屬於自己學校的特色，而此特色的建立，校長不能自己閉門造車，自創點子去發展，應該是要顧及社區的文化、家長的期待、學生的需要。為了要建立學校特色，著實用心去觀察與了解。以大屯國小為例，發現早期學校特色的建立，似乎都與校長的專長有關，有的校長較注重圖書館的利用教育，就致力發展圖書館利用教育；有的校長喜歡書法，全校書法教學成效斐然。而且各項發展也與教師的各項專長有關，如果老師有某項專長，又願犧牲奉獻，則學校的某項特色，一定較易建立。雖然大屯國小已是發展田園教學的學校，可是屬於山上 6 班的小學，都是發展田園教學的學校，也都統稱為田園小學，因此，大屯國小應可再建立某種專屬於大屯國小的特色。

　　建立學校的特色，其實應從多方面思考，首先，應考量學校校內外的環境，是否合乎發展的條件，再者，是否有這樣的師資，家長社區是否會支持，也是重要的考量，當然，校長是否願意做是最重要的關鍵。因此，在徵求各方意見後，現任里長也曾是大屯國小的家長會長，願意不計酬勞每月固定抽出時間，來校繼續訓練大屯的舞獅隊，讓大屯的孩子，都能擁有這一項民俗技藝。

二、同心協力　接受變革

　　一個 6 班的山區田園小學，雖然學生少，教師不多，但若校長與教師們都有共同的信念與價值觀，學校的變革較易實現，記得當開放教育實施時，前任校長已深深的埋下了種子，所以，接任大屯國小時，只要施點肥，用心照料，這顆種子就開花結果。例如：老師的教學，已做到不限於教室內實施，教師可以將教學場所，移到校園內或校外。老師經常帶領孩子到戶外做觀察活動或體

驗學習。老師的教學方法，是生動活潑的，是創意思考的，已不再只是一言堂的講述方式。學生的評量也改為多元評量，教師可藉由學生的報告、習作、表演、操作、實驗、態度等方式，來了解學生的學習狀況。而且，學校的任何決策，都成立各項委員會，成員都是全面的，包括學校行政代表、教師代表、家長代表、社區代表等，若與學生有關的，還會有學生代表參與，所以，在推動任何一項工作，只要是為孩子著想的，大家都能認同與支持。例如：學校整體規畫的設計，就是請建築師等眾人的意見而完成的。因為是大夥兒的心血結晶，以大家對學校未來的美景，是衷心期盼著的，只可惜，近年來，由於局裡經費短黜，而遲遲未能實施。

又如學校甄選教師，總是以老師的選擇為依歸，因為校長信任老師的選擇，老師們就更慎重的考量。這位老師是否適合本校的需求，是否是個對教育有極度熱忱，對同事又能真誠以待的人，往往老師們選的老師也是校長心中認同的人。如果這位甄選上的老師出了問題，有參與甄選的同仁就會一起想辦法解決問題。校長就可不用傷透腦筋了。

其實，要建立共識，有時也不是那麼順利，有時成員中，老師、家長或社區代表如果有意見時，只要是有建設性的，通常是可被接受的，可是如果遇到強勢的家長，不但不配合、不支持，只想主導局面時，真的很難處理。常常為了學校安寧，當溝通不良時，作為校長的，也要以學生的最大利益為考量，溫婉的堅持，忍受該家長的無理取鬧。

陸、珍愛所選無怨無悔

一、用心領導　深刻體悟

擔任校長眨眼已近 7 年，在這不算長也不算短的日子裡，有初任校長時的戰戰兢兢，有連任校長的心焦憂煩，也有再選校長時的備受關愛。整個擔任校長的過程中，學會了從多元角度去思考事情，理性的去分析與看待事情；眾人之事能夠博採眾議，廣納建言；與人相處，能以人為尊，正向包容；與人溝通，能夠真正做到同理心。這些體悟，有師傅校長的教導，有修習課程師長的教誨，有歷經次次錯誤嘗試中的覺察。總之，要作為一個成功的校長，不是光憑一個

良好的人格特質或淵博的學問，就可以致之的，是必須經過歷練與磨練才能得心應手。

記得在大屯國小，雖然是一個6班的小型學校，教職員工不到30人，學生數最高也不會超過150人，可是要把這些孩子教育好，讓每一個孩子都能發展自己獨特的一面，也不是那麼容易的。夥伴們雖不多，可是要營造一個和諧溫馨的家庭，讓每個家庭成員（老師），都感到還算滿意，也是必須不斷的付出，不斷的溝通，不斷的修正，大約要經歷3、4年的時間，大家才能在互相了解下，建立更好的默契，而且每個成員都能相親相愛，也能更認真，更努力的為孩子的教育，奉獻一切，為教育的夢想往前衝。

二、改變心念　擁有健康

擔任校長期間，當有些事無法化解時，心情有時也會沮喪，也會鬱悶，這心情是會嚴重影響健康的，為了要讓自己身心健康，讓校長的路順利的走下去，最重要的，就是遇事要能改變自己的心智模式，只要是為教育為孩子好的，改變既有的思考模式，常會柳暗花明，海闊天空。

當然，心靈的安頓是健康的重要因素，飲食與運動也是非常重要的。因此，飲食調整為簡單清淡，不暴飲暴食，多以蔬果為主。感覺到腸胃照顧好，其他的系統也會跟著順暢。另方面，也就自己的時間及體能，選擇一些適合自己的運動，經常在作的是，不受時間場地限制的快步走路或簡易養身操。通常實施的時間，為下班後、睡覺前及起床後。目前為止，覺得還滿健康的，精神也很愉快。另外，每週1次，參加有氧歌唱班，有老師指導、有同學切磋，有錄音、有表演，不同的學習常會增加好心情，生活更趨愉快。

三、提攜後進　衷心告白

自己走上校長之路，常受許多前輩校長的提攜與指導，因此，遇到有心走校長之路的年輕人，也會給他一些建言，通常會告訴他們，若立志要當校長，知能要能與時俱進，首先應盡量修完碩士甚或博士，有了專業知能的高學歷，較易考上校長，若當了校長，不論老師、學生、家長也比較信服。另方面，若有心想當校長，年輕時有機會就要多歷練行政工作，各處室最好都能去磨練。平時多留意整體的校務運作，多做思考的功夫，做心得筆記。多請教校長，和

校長多聊天，才能了解校長的想法。有機會則要多參加校外研習，可參觀他校的一些做法。也可組成讀書會，請多位師傅校長指導；和同學定期討論，互相砥礪與分享。總之，做任何事，「凡事豫則立，不豫則廢」，若能用心經營，則勝券一定操在自己手中。

柒、小小燭光　大大心願

到目前為止，7 年的校長生涯，自認從接任校長以來，無不盡心盡力，全力以赴，因為孩子皆已長大，已無後顧之憂，才能全時全心的將自己奉獻給學校、給老師。

一、懷胎 5 年　心想事成

回想 7 年裡，在 2 個學校中，到底為學校做了什麼事，有哪些成就。在大屯國小 5 年，可能較可論述，可是，細數起來，好像都是必然會去做的事。較值得一提的是歷經 5 年的時間，終於生出了一個 3 間教室大的多元活動空間，完成了大屯國小及社區居民多年來一直期盼的心願。對大學校而言，也許這不算什麼，可是對 6 班的小學校來說，這可是一件大事，一方面因為學校經費實在有限；再方面，位於斜坡上的學校在面積不大又沒有任何空地之下，能營建且合法的多元活動室，實屬不易。從此，在多雨的日子裡，全校師生不用擔心沒有地方上體育課；在炎熱的天氣裡，也有了一個可以遮陽使用的場所，不必擔心在大樹下活動時，餐盤中、頭髮上，都會多了一些掉落的小蟲或花、葉子。最重要的，畢業典禮不用再擠在狹窄的空間裡舉行，擠來擠去，有些人還不能參加，畢業典禮再也不用擔心如果下雨怎麼辦了。社區居民多年來一直期盼學校若有個大的活動場所，居民的一些會議或活動就可使用了，只可惜，在此空間蓋好後，就離開大屯國小到東園國小，沒能看見大夥使用空間的開心模樣。

二、真誠待人　尋獲真心

在人的方面，老師花了再多的心力，學生的成就並不是可以馬上立竿見影的，不過，以大屯國小的每個孩子都能受到全校師生的多方用心照顧，將來的發展將不可限量，長程的成就無法預見，短程的學習已見成效，鄰近國中常傳

回「大屯的孩子在學習上較有創造思考力」，光憑這點，教師的教學再辛苦也值得安慰了。

平時自認和老師、家長、社區居民相處融洽，僅此而已，卻也不知別人對自己的認同度，不過，在離開大屯國小時，卻叫人深受感動。臨行前，老師送了自拍的美麗校園照片，臨摹了徐渭的煎茶七類碑帖、情深意重的木化石、意義深長的琉璃飾品、全校師生的卡片，大屯5年的光碟片，各項活動的精美彙編，精心策畫溫馨感人的歡送會等等。家長社區人士親自下廚，為我做喜歡吃的菜，送我親自釀製的蜂蜜果醋，送我珍藏的古文物等，在在令我感動萬千，感受到大家對我的濃情厚意。尤其到東園國小交接時，幾乎全校老師都到了，歷任家長會長、社區好友等，此時才感受到原來老師、家長及社區居民對我是如此的疼惜與愛護。

三、堅持信守　愛與榜樣

一直以來，自知是個極為平凡的人，秉持的是誠誠懇懇待人，踏踏實實做事。了解到想要經營一所怎樣的學校，自己就要是怎樣的人，我期望的學校是，一所充滿人文關懷的學校，在這裡，每個人都在愛與被愛中教與學。首先，堅持自己一定要「以身作則」，校長若心中無愛，如何帶領教師發揮教育愛？校長若行為不正，又如何給全校師生好的榜樣？因為師院養成教育以來，一直謹記著福祿貝爾說過的一句話：「教育無他，唯愛與榜樣而已」，一直奉行至今。

四、無私無我　快樂人生

也許校長生涯是職場的終點站，也許人生也有了較多的歷練，對於教育，對於生命，也有了不同的詮釋，期望自己的生命，活得更有價值。這幾年，全心全意投入在教育，自己這一點心力，雖然微不足道，也願做個歡喜燃燒的蠟燭，為教育犧牲奉獻，畢竟，用生命去感動生命的教育，才有其意義。

作者簡介

　　盧清蓮，現任台北市東園國小校長。

　　台北市立女子師範專科學校美勞組畢、台北市立師範學院初教系輔導組畢、國立台灣師範大學教育研究所 40 學分班結業。

　　曾服務於台中縣后里國小、台北市立葫蘆國小、台北市立陽明山國小、台北市立石牌國小、台北市立大屯國小。

　　歷任國小教師、組長、主任、校長共服務教育界 34 年。

　　熱愛教育，尊重生命，相信任何孩子都有其無限的潛能待開發，孩子的成就全靠教師的捏塑，深覺教師的言行舉止影響學生至深至鉅。

　　待人誠懇，做事踏實，熱於助人，希望能做到不憂不懼、不卑不亢、不忮不求。積極樂觀、喜愛孩子、視學生如己出，待同仁如手足，對家長如夥伴。

愛自己所選——一份無怨無悔的教育工作

邱英平

原任台北市懷生國小校長

現任台北市興雅國小校長

壹、前　言

　　教育是繼續不斷的歷程；是既問耕耘，又問收穫的工作。在教育工作崗位上，我深深體會：「孩子的表現與成就，就是我們從事教育工作者最大的欣慰」。教育生涯 35 年歲月中，懷抱理想、體認責任、享受樂趣。

　　當然，推展校務有掌聲，也有批評，總得以責任、勇氣面對，以雅量、風度接受，隨時檢討，懷抱感恩、惜福之心，在工作崗位上奉獻所學，貢獻所能，發展抱負；將批評當成苦口的「良藥」，以「感謝心」修正自己，以「智慧心」面對逆境，「以身作則、真誠待人、誠懇處事」是我經營學校的原則。

一、我的校長之路

　　這輩子從沒有想到作校長，師專畢業，分發到銘傳國小服務，5 年後因結婚，調至興雅國小；在教學工作上，一直努力扮演一位稱職的好老師，每天與孩子們共學（我一直深信：在孩子身上也可以體悟人生、學習、成長）。非不得已，不請假，不參加校外研習（擔心班級秩序，擔心課程落後，擔心回校後許多殘局要收！）現在回想種種，感覺可笑。

　　直到有一次暑假，參加一個校外的自然科研習，發現以前的同學或學妹們都已擔任主任、組長，回想自己求學、任教階段的種種表現，我有能力、我也可以啊！所以，告訴自己，於專心教學外，開始規畫考主任；但是，外子特別提醒，等孩子大了再說；另外，沒有組長的歷練，就是沒有實務經驗，考主任除了理論，實務經驗也很重要。也就從這時候起，有了想擔任行政工作的念頭；

可是，當年在興雅國小，資深、有熱忱、有經驗、有意願專任行政的老師大有人在，所以，要擔任行政工作，是很難有機會的；記得陳教務主任說過：「要擔任組長，必須擔任過學年主任」，終於在我教學第 16 年時，因五年級的學年主任移民國外，經她推薦，我接下六年級 12 個班的學年主任工作；第 2 年有機會擔任組長，至此，才真正的走入行政。

直到宋豐雄校長到任，他積極鼓勵主任們，除了教學，並做好自己本分的行政工作以外，一定要準備參加校長甄試；他為我們主任安排厚植實力的規畫，並隨時將教育新聞分析、講解，對教育專業的理論傾囊相授，在繁重的校務外，他付出寶貴的時間指導，實在令人感動；也因他長期不斷的鼓舞、激勵，也加上自己的努力，圓了校長之夢。

8 週的儲訓課程，由了解當前教育政策，發展專業能力，經營一所學校，實施教學領導，進而促進人際關係，整個課程的目的是要我們在自由、民主、責任、效率與尊重的互動中，發揮團隊學習的精神，並能掌握溝通協調，而自我超越，進而反思與創新，學習具備一位傑出校長的關鍵能力。

記得在馬市長主持的校長布達儀式中，代表致答詞時我強調《國民教育法》增修條文於 1999 年 2 月經總統正式公布，我們就在法治中，搭上第 1 班校長遴選列車；校長遴選制度的實施，對校長而言衝擊最大，校長的角色與以往派任制比較，權小責重，但基於一份責任，也就擔下重責大任，因為這是自己的抉擇。遴選制讓我們省思到校長角色的定位與責任，遴選制讓我們在工作領域中更有發揮的空間；相對的也讓我們必須承擔更多有責無權的壓力。當然，也讓有意擔任校長的人，在工作崗位上、生涯規畫時，更要善加愛護自己的羽毛。

初任校長的 2 個月，一次會議中，師傅宋校長問道：「怎麼樣？做校長好玩嗎？」剛上任雄心壯志，我回答的是：「認真做好我該做的，不談好玩不好玩！」但是心裡想的是：「這是自己的選擇，真的也談不上好玩不好玩，只是盡心力、負責任罷了！」

一面做一面摸索，因各校情境不同，許多問題，很難有標準的處理模式，遇到真正無法解決的疑難雜症，我會想到師傅宋校長，但他不會給我答案，只會問：「妳打算怎麼做？」將我的想法分析後，讓我找出適合的做法，我想他的看法是：「經驗應從體驗中經歷而來。」有師傅校長的感覺真好，讓我減少

跌撞與受傷。

　　當然，擔任校長前，在 80 多班的大學校中行政工作上的歷練，給了自己很大的影響；宋校長特別提醒：「與人互動要學會知其背後想的、要的是什麼？」面對任何事情要沉澱、了解、自省、傾聽、同理、再引導。傾聽是很重要的，多聽別人的聲音，避免做表面的配合，回到自己的教室王國，以他的對策應付你的政策；能時時自省，就能提升自我的容忍挫折力；因為，行政工作不可只顧到表面的掌聲，而忽略背後的噓聲，那是痛苦而無法收拾的殘局，「真誠的」人際關係是要下功夫並認真去「歷練」的。

二、我的個性、行事風格與想法

　　一個學校文化組織的形塑是漸進而成的，用心去了解每個成員的特質、需求與典章制度，兼重身教、言教、境教、制教；校長的行事風格應兼顧「名斷果決、深思熟慮」，才能發展學校特色及辦學理念。

　　記得，我在擔任老師時，較有個性、有脾氣；擔任主任時，脾氣與個性就收斂很多；而在擔任校長時，可能是年紀漸增的關係，就盡量沒有脾氣了（以個人的經驗，發脾氣只是製造另一個問題而已，對於真正困難的解決並沒有幫助），不過這也道出從事行政工作的辛苦。

　　我以為一個人的行事風格，會受到他的生長背景及環境的影響。而一個人的人格特質，是一個人學養、外貌、談吐的綜合表徵，其內涵是慢慢培養再加上後天的努力而來。從事教職工作以來，不論是擔任老師、主任或是校長均有不同的體驗、想法與看法。直到自己擔任主任、校長階段，我常會去體會、揣摩學校老師的心理，拉近彼此的教育理念，跟上時代的觀念與想法，在行政工作上才會勝任愉快。

　　校長在學校內就是一個指標，他的一言一行，有潛移默化的功用。不同風格的校長均與校內的老師、學生、家長互為影響；影響彼此的觀念與態度，這種互動影響自然而然使學校教育的推展產生不同層次成效。

　　在教育工作崗位，我堅持的是「以身作則、踏實做事」、「真誠待人、誠懇處事」。所以，與老師們相處，切記要真誠，笑臉迎人，對值得鼓勵、支持的事情，應立即找機會私下或公開表揚與獎勵，對較為棘手的事絕不公開批判與指責，用真誠的心去關懷、了解，適時給與安慰、輔導，不要讓老師有「白

色恐怖」的感覺，心存不安與抱怨。家長與教師之間、家長與家長之間偶有意見不合，一個電話、一封 e-mail，均應針對個別事項回應，任何事要盡量先得到訊息，並直接去接近老師詢問，非必要，才請老師到校長室了解；情非得已不要由第三者傳話，以免老師擔心、難堪，甚至誤會，使謠言四起，造成困擾，影響教學。當老師有難處，或無法解決的事找到你，你都要以同理心去關懷、安撫，設法解決，讓事情盡量圓滿。

校長參加對外活動，一方面代表學校，另一方面的「附加價值」是「為自己作公關」，從參加活動中可以拓展自己的人際關係，增廣人脈與見聞，這些都是單純每天在學校教學所無法做到的。所以，我的做法是：不論是上級機關指派的工作或師資培育機構或教育相關單位委辦的事情，只要與教學活動相關，只要對教師專業提升有益，只要不影響學生受教的權益，只要孩子有展現的舞台，我一定會考慮接下，終究這是一個講究公共行銷的時代，當然，如果需要老師們參與，應該要與教師會溝通、協調，以免讓外人將「公關行銷」、「作秀」混為一談，傷了學校的校譽。

公出或開會是校長必須經常面對的事，許多會議「指定」校長參加，目的是由校長帶回學校，轉達執行，最能發揮功效。我的做法是：請文書給我一本登記簿，自己登記外出事宜，留下任何外出的行蹤紀錄。如會議時間是上午 8 點半左右，我會在前一天告訴 6 位主任我的去向，讓每位主任都感受到我對他們的重視與尊重；還有另外一個目的，校長不在學校，他們更要負起照顧師生的責任。如會議時間是在 9 點以後，我一定先到校處理校務，當天離開學校除了讓 6 位主任知道外，在校門口我一定告知校警先生我外出的目的，這不但是尊重，亦是透明，讓他們知道校長外出是真正有事的。會議在未下班前開完，我一定回學校，如超過下班時間，打個電話問問主任，是否有事，放心後再回家。

我曾與老師閒聊時，將自己比喻為遊覽車的司機：一輛遊覽車載滿乘客，司機應讓每位乘客能安全抵達目的。所以，必須抓準方向盤，轉彎要減速，穩當往前開，隨時做靠站的準備，千萬不要因為緊急煞車，讓乘客驚嚇而發出怨言，甚至造成傷害；但是，乘客的「需求」，必須隨時反映給司機，讓司機能依輕重緩急，隨時圓滿解決；對司機而言，「星星之火」還能立即「搶救撲滅」，若造成大火就無法收拾了！如果，因此而責怪司機，我覺得對司機是非

常不公平的。

　　所以，推動任何新措施，必須先釋放氣球，打聽反應，如有反彈，應與有關成員商討，再決定新措施如何推銷成功。我也隨時提醒自己，偶爾調整身段、溝通協調、委曲求全，路途雖然迂迴，速度雖然慢些，一樣達到目的地。

　　從事教育行政工作將近 17 年，尤其在擔任校長職務這 6 年來，很多人常說我的個性愈見圓融，思慮愈加周詳。從事行政工作讓我學習、成長、自我實現，但其實也有壓力與挫折。在此終身學習的社會，行政與教學的專業要不斷增加，讓自己在行政與教學的領導更順利。

　　身為校長做了什麼？是政績？是成就？是得意？我認為都不是！那只是一種自我肯定，對當初勇於接受「校長」頭銜的挑戰的一個信念。一個學校的經營，靠親師行政的努力，校長是一校之長，是掌舵者，一艘生命共同體的船，將往何處航行？目標、方向為何？均靠掌舵人，所以不可稍有偏差，否則偏了航道，害了一船人，「究竟孩子的童年只有一次，不可能重來，也絕不可重來！」

　　教育是良心事業，擔任校長更是良心責任，校長不必汲汲營營為名為利，要問：給了師生什麼？是否盡心盡力？因為行政領導的有效與否？影響校務，至深且鉅，所以校長的努力就成為重要的課題！校長還要概括承受，接受你喜歡或不喜歡的人、事、物，所以，家長的讚美與抱怨，民代的關心與嘲諷，社區居民的認同與抗議，校內老師教學是否認真？是否以學生為主體？學生是否快樂學習？是否尊敬師長？是否愛學校？是否有成就？在在都是身為校長應該在意的，當然，也都會在校長身上產生無比壓力（其實有壓力，才有進步的空間，也才有再往前衝的動力），只是，自己如何調適？讓自己每天都能以好心情上班，面對校內認真的老師和孩子們，是很重要的。

貳、校務的經營理念與策略

　　「校長」是教育工作者追求的最高目標，表面有一定的社會地位，也擁有一定程度的權力，但剝開表面後，還要思索「人性」的問題，對「存在」的意義，恐無法從表面上的職稱、頭銜所能感受得到。擔任校長，一些「要求」總是難免，畢竟自己要負成敗之責，許多事情寧可先建立制度，雖說可能失之於

「無情」,但寧可先依法行事,待進入軌道再說。況且,學校事務真的是千頭萬緒,非一人能完成,所以,行政團隊的合作、默契就成了重要的關鍵!尊重每位行政人員的人格與需求,承認每位成員都有其存在的尊嚴與價值,讓行政人員樂於接受行政工作!我的做法如下。

一、擬訂校務發展計畫

校長一任4年,為使下任校長能銜接校務,應依據學校原有計畫及學校、家長、學生、社區之需要與建議,與校內相關主任、教職員工、家長共同研擬5年的校務發展計畫;摒棄校長個人好高鶩遠、獨斷獨行的想法,集大家共識、共負得失;才能有效發展教學、活動與行政之效能。

二、校務為重、為校行銷

擔任校長,常常犧牲假日或休息時間參加慶典或相關活動,一方面是代表學校,另一方面的,從參加活動中可以拓展自己的人際關係,增廣人脈與見聞。雖然依規定可以補休假,但也必須放棄這項權利,校長經常在校,以校務為重,也較能掌握學校內的大小事件,防微杜漸。

三、知人善任、關懷部屬

學校中的行政工作,主任扮演的是「承上啟下」的角色,主任的工作重點是「把事作對」,而校長是決策者,工作重點是「作對的事」。主任是校長的左右手,到新學校時,已留任的主任,不論他是否與我們的理念相合,我們都要接受(除非共事後,發現主任真的不適任,就必須施展魄力,「換人」);依他的專長與學校的需求及發展方向,調整處室的工作,讓他在適當的位子作對事情;並適當授權、充分信任,給與支持、鼓勵,陪伴他、協助他一起面對疑難雜症,他有任何事情找到你(與組長間鬧意見不和有爭執、與老師間起誤會有嫌隙……),你都要適時的溝通、緩頰,甚至可能親自出面處理,讓主任感受到校長分享他的喜樂、煩惱,讓他學習校長處事的風格,並讓他與校長之間更能互相尊重與體諒;校長更應善意的引導,尤其主任與主任之間,偶爾會因彼此看事情的角度相異,造成誤會,最忌引起其他同仁不必要的誤會,且造成了傷害。

四、成功不必在我、不要自己做太陽

校長應該要創造每位成員的成就感。換句話說，校長不要以為自己有多偉大，對主任而言，天塌下來還要校長頂著；況且，校長也不過是一個「人」而已。所以，「校長不要自己做太陽」，要從組織內的成員中去凝聚焦點，發掘太陽，帶領成員發光、發熱；當成員發光、發熱時，校長自己應退居幕後，創造成員的成就感，是很重要的。行政人員就定位後，非必要不做大幅度的變動；另外，行政人員的良窳，對校長而言是非常有影響的，協助每位行政人員了解其本職，支持其正確的作為，引導其正確的方向，成為行政工作的助力；對有意往行政工作發展的同仁，鼓勵、協助他（她）順利往主任或校長之路發展。

五、以身作則、凡事參與

領導是一種彼此之間互相影響的過程，身為校長，言行舉止在在影響組織中的成員，所以樹立良好的楷模，建立一個主管應有的道德風範，是刻不容緩的；潔身自愛，會使師生耳濡目染。所以，每天生活作息正常，早起到校，盡量每天巡視各路口上學、放學的導護崗，問候、感謝站導護崗及晨光教學的老師及愛心家長，抱著「今日事今日畢、絕不拖延到明天」的工作態度，面對師生，你會工作愉快，永保青春。還有，只要是師生的相關活動，都應盡量全程參與，除了作為表率外，並能了解每項教育活動的過程及其含意，進而從中找出應興革之事項；要求自己與主任起示範作用，自己做不到的，絕不要求老師；要求老師時，言語要婉轉，且「真誠」，以此建構和諧的校園文化。

六、誠懇待人、帶動組織氣氛

校內同仁的聯誼活動，提供摸彩品，讓老師在教學外也有輕鬆愉快的時候；每年暑假邀請所有行政同仁外出郊遊、聚餐，聯絡感情；遇到老師生產，請主任陪同到醫院探望、送個小禮物，或者待她返家後與相關同仁到家裡去慰問；這樣做，無非是讓老師感受到校長對他們的關心。每年同仁們生日，我會以不同的方式表達賀意，例如：送圖書禮券、送一個蛋糕、送一張生日卡片、送一本書、送個小紀念品或每月買個大蛋糕，為壽星們唱生日快樂歌，請壽星許願、吹蠟燭、切蛋糕，這不但是氣氛的凝聚，也是尊重的心意。

七、集思廣益、廣納雅言

廣納家長及老師們不同的意見，定能凝聚共識，迸出燦爛的火花，讓工作順利推展。例如：師資培育機構的教授，希望系上的學生到校實習，同仁較有壓力，我找時機說明原委，爭取諒解並請他們同意，避免反彈、怨聲載道。實例如下：

去年（2004 年）暑假的前 2 個月，意外接獲國北特教系四甲李淑玲教授來電，她說全班 34 位同學票選要到本校教育實習（提供 17 個班），聽到這個訊息，第一個進入腦海的是：為什麼選擇我們？我們優秀？我們一定有值得他們學習之處？當下，我回應李教授：與老師們討論後再回電。

放下電話，心想：與老師討論？老師會答應嗎？這樣一整年的教育實習，多少會給老師們壓力。我請教務主任與教師會長溝通，教師會代表建議是否將實習班級數減少？我們溝通、討論，大家終於意識到飲水思源的真義，也體會到為人師的責任，而有了共識；扣除實習輔導老師、教學未滿 3 年的老師外，行政與 17 位老師們以「大手牽小手」的方式，接受了這有教育意義的工作。

從參觀教學、見習、助理教學、試教到集中實習結束，最讓教授與我感動的是：我們看到老師們將壓力化為熱忱，付出愛心，盡心指導；34 位同學努力請教、用心學習而匯集成就。這樣的「師徒學習」精神，透過適當的教學視導措施，直接改進教師的教學知識與能力，間接地提升實習生及孩子們的學習成效。

八、公平、公正、激發專長

每年 6 月，老師們開始填寫下學年的級務時，行政組長總是少有意願，有的學校用抽籤或輪流，我以為萬萬不得已，才出此下策。況且，組長的職責是必須協助主任將該處室的工作做好；所以，我會實施分層負責的制度，請主任以真誠親自邀請老師擔任，我也會站在主任惜才的立場，動之以情、說之以理，網羅老師進入行政，為學校打拚；當然，所有的行政工作只要掌握大原則、大方向，能順利推展即可。如果遇到困難或瓶頸，我絕不袖手旁觀，必要時自己也會承擔責任，讓他們大膽去做。行政同仁，在工作上的表現，我都會視情況，給與感謝、肯定、支持、鼓勵或提醒、修正，這樣做的目的，是想藉此互動，

讓同仁願意留在行政工作。當然,處室的輪調,也很重要,讓主任與組長不但能磨練,並嘗試不同的工作,激發專長、培養興趣,進而能創新。

九、教學活動、彙整資料、建檔觀摩

剛到一所學校,我會先約談行政同仁,告訴大家,利用每個寒、暑假,將上下學期所辦的每一項教學活動,彙整計畫(或辦法)、執行歷程、檢討考核,並附活動相片,一本本依序裝訂,加上封面,並註明活動名稱、起迄日期;請組長於檢討考核表蓋上職名章,請主任檢核後也蓋章,送到我辦公室,我總要花幾天時間詳細檢閱,並在欄位中寫下我的感謝、讚美、鼓勵或需要修正的話語,並加註日期,再蓋上職章。如有缺失,會請組長到辦公室當面指正,並將其他組長好的做法讓他參考,再重新修正。如此做的目的,只是再讓組長檢視一學期所做的活動,享受自己的辛勞與成果,亦可在將來工作交接時互相分享、參考用,又可作為校務評鑑用,真是一舉數得。

十、重視溝通協調、分享教學心得

每週一次主管會報、每月一次擴大行政會報,讓處室間彼此協調、共識、支援,提升行政效率;每週一次「教師心得分享」,讓老師們分享、提升彼此的教學專業與經驗,如此的經驗分享,不但腦力激盪,更能凝聚彼此情誼。

參、特教之路雖辛苦、但有溫馨與成就

有障礙的孩子愈來愈多,在倡導「融合教育」的今天,校園教育環境中,幾乎平均每班均有各種不同類型的特殊生,對老師而言,無形中增添了班級經營的辛苦。身心障礙的他們除了身體不便,在行動上難免受限制外,各方面和一般孩子是一樣的,有的家長每天與孩子一同上學,配合、協助老師照顧孩子的生活自理;同時,學校也會提供適當的協助與管道,讓老師、孩子順利的教與學;另外,讓他們在小學的學業告一段落後,將進入國中就讀的孩子,給與建議,並陪同家長參觀即將就讀的適合的中學或教養機構,讓他們尋覓最佳的學習之路。

我也會在相關會議中對全校老師報告,每位有特殊兒童的家長,都希望為

孩子爭取最適切的學習環境,這些孩子將來也都將進入社會;我們應盡全力,訓練他們擁有基本能力,輔導家長們走出陰霾,將自己的力量發揮到極致;我也會個別就自己的經驗,提醒主任、老師與家長及孩子互動的技巧,如何讓家長感受到老師對孩子的愛心,讓家長放心。

另外,成立「特教委員會」,協助有障礙的孩子學習、行為改變、情緒管理。對觀念偏差的家長,聘請學者專家或社工師,引導正確的價值觀。否則老師真的會很辛苦、又有壓力。我曾經處理一位面對有自殘行為孩子的老師,因孩子的自殘與暴力、不講理,讓老師的情緒幾近崩潰,無法教學;我邀請社工、督導、老師、家長討論,給與應有的支援,並經家長認同,孩子換了學習環境,讓他尋覓另一片天。

特殊案例處理:一位單親媽媽,為了過度保護孩子或怕別人笑,拉不下臉,不願承認自己的孩子有障礙。開學了,她未將已經是小一新生的孩子帶來學校報到,註冊組、級任老師電話催促也不來;媽媽與老師電話聯絡並告知老師:她是單親,要照顧孩子又要工作,實在辛苦;抱怨孩子學習遲緩、學不好!抱怨孩子不會大小便,經常弄髒褲子,要老師幫忙處理;抱怨孩子……。弄得老師緊張兮兮,壓力無窮,更是在意學校未站在老師的立場作適當的協助。我知道後,請輔導室、教務處做家訪,了解孩子的生活及學習狀況,請家長帶孩子來校;介紹她認識校園環境、輔導室及級任老師的教學風格,建議她如有時間,可在校擔任義工,孩子有任何突發狀況,也方便協助老師處理;最後,請她在教室陪讀兩個半天,觀察孩子的學習,第3、4天請家長在走廊附近可隨時就近照顧,第5天請她到圖書室待命,就這樣的以漸進式的方式,讓孩子習慣學校生活,家長神經質的態度也逐漸改善,目前為止,孩子都能正常的學習。

其實,和特殊學生一起相處,你會發現:他們提升了我們的閱歷,拓展了我們的視野,更柔軟了你我的耐心,充實了我們的生命;縱使多付出一些心力與體力,縱使也曾有挫折;卻也讓我們更懂得珍惜生命,教學相長。

肆、親師生鐵三角　創造三贏的學校

校長新到一所學校,那所學校既存的文化、制度與包袱,老師、家長的價值觀非一朝一夕能改變,可能有這樣的事:「家長要的、老師不做,老師做的、

家長不認同。」校長應如何整合？如何引導？是一門學問。我的做法如下。

一、老師也需關心與鼓勵

我以為：學生要教育，但老師、家長「更」要教育。也就是說，一位級任老師要把學生教好，一定要家長密切配合與協助，而且，教師應把自己班級經營的理念在適當的機會與家長溝通、分享，如此才能使教學工作更有效能、更有收穫。除此以外，我會：

(一)鼓勵教師進修，發展專業領域

積極鼓勵同仁進修，提供成長機會，除了安排校內進修外，更可有計畫地依學校的校務發展，在不影響課務的考量下，准假讓老師參加校外相關的研習活動，支持教師自發性的研習活動；學位的進修也在學校能力範圍內盡可能的達成教師的心願。老師接受新的教育觀念與做法，對於學校只有正向的發展作用。我在校一定與老師一同參加校內研習，若老師無故未到，會請承辦單位的組長或主任親自查訪、了解，不但了解老師的想法，更可作為規畫以後研習課程的依據。

(二)了解教育內涵，發揮「善」的功能

學校是一個最好、最沒有利害關係的地方，校長多看老師好的一面，引導老師發揮循循善誘的精神與態度，有耐心、有方法從事教學的工作並盡管教之責。

遇到任何家長對老師的批評、誤會、甚至不諒解，我會主動了解、並協助處理，疏通家長的觀念，引導老師班級經營的技巧。不但如此，還要不斷鼓勵、安慰老師（但是，老師確有不是，我一定講清楚，並要求修正）。

(三)尊重、包容多元的價值觀念

學校教育面對不同背景的教師、家長、社區人士，相信每一個人對於教育的需求、理念、態度、觀念與實際的做法，都會有相當的差異。在教學的領域，不同老師能帶給孩子，在不同領域的經驗與收穫。只要教師發揮正確的教育理念，從事教學工作，相信會帶給孩子收穫的。例如：「福智營」推動的德育教

學、「慈濟」推動的省思教學、教師個別進行的行動研究、與家長協同教學……等，對孩子的學習、成長有很大的助益。我會借力使力肯定老師的成就，以「高倡導、高關懷」來營造校園良好的氣氛。

我服務的學校曾有這麼一件事情發生：每年 4、5 月教育局會為各級學校教師辦理遷調甄聘作業，有需求的老師依據其家庭、交通等狀況提出申請。當然，學校由教評會依據學校校務發展，做出是否參與遷調甄聘作業的決定。但是，學校如參加市內及省市介聘，首要條件是必須釋放出四分之一及二分之一的缺額，讓他縣市老師進入校內服務；當然，學校若無缺，老師就無法參加遷調了。但總是事與願違，實際與理想有所衝突。當年，校內有 3 個缺額，考量校內的英語師資，1 位將於寒假退休，1 位為代理教師，只有 1 位持有教育部證照；為學校長遠發展，以學生為主體，為編排英語節數，必須再甄聘 3 位英語專任教師；另外，評估想要參加介聘老師的年資淺、積分低，一定無法介聘成功，想到還可經由考試報名參加他縣市的甄選（但釋放出的缺額，一定由他縣市介聘來校的老師補滿，通常也都不具備專任資格）。因為這樣的考量與教評會溝通、協調、討論，終於做出不參加市內及省市介聘的決議，學校就可自辦甄選英語專任教師。如時一來，想參加介聘的老師，就將不滿全怪罪在校長身上，認為校長應該站在他的立場為他為考量。當然，第 2、3 年，他繼續申請他縣市介聘，也都沒成功；想到當時的決定是正確的，起碼，讓學校甄選到專長的英語教師了。

教師介聘案例處理：有一年，經省市介聘來了一位曾在台北縣某國中任教英文的男老師；因為校內課務編配、節數分配的因素，他必須擔任英語及體育的教學。開學不到 1 個月，家長開始抱怨、反彈，說他上課時「放牛吃草」。我曾發現他上英語課時，緊閉門、窗或拉上窗簾，沒課時在教室地墊上睡覺；提醒他上課時除了看影帶外，要將窗簾、窗戶、門打開，沒課時應備課，他應允；但是，幾次後還是照己行事。有一次巡堂時，由樓上看見他上三年級的體育課，自己坐在升旗台上不斷前後晃動兩隻腳，與坐在他旁邊的幾位學生聊天；其他的孩子分散在操場，或玩沙坑裡的沙，或玩丟球遊戲，或玩遊戲器材，或三五成群玩抓人遊戲；我走到他面前，請問他上什麼？他說：排球。我問：三年級有排球課？它的基本課程內容？他說不出。我們為此大聲對話！校長的無奈是：對省市介聘來的老師，沒有「退貨」的權利。為了他，我們 2 次與班級

家長座談，他承諾家長好好教學，如做不到，他會離開學校；第 2 年，他甄選到同是台北市的另一所學校；2 年後，在市內介聘的名單中，發現他的名字，連 800 元報名費都不必花，又到另一所學校服務。慶幸的是：這位老師的教學態度因紙包不住火，那所學校教評會打聽到他的情況，召開緊急會議並經教育局核備，未讓他介聘成功。後來得知他參加教師甄選，又回到台北縣去了。

㈣協助教師建立「教學檔案」

教學檔案是教師成長的鷹架，好的教學方法，不能儲存在教師的腦海中，而是要形諸於文字，記錄成可供查詢的檔案，對老師的教學才有實質的幫助。教學檔案的來源，一部分是來自於校外的蒐集，包括教育主管機關和教學有關的出版品，其他學校教師發展的教學檔案等等；另一部分是來自於教師本身的專業背景資料、教學紀錄與教學省思、專業成長紀錄，以及對於學生學習狀態的紀錄。有了教學檔案的協助，教師就可以減少摸索和嘗試錯誤的時間，並可以在教學問題發生時，尋找解決問題的錦囊妙計。

我的做法是：每學年開學，發給每位教師一個教學檔案夾（內附許多塑膠膜活頁），方便老師們放入相關資料（我也鼓勵老師將檔案製作成光碟）；並於下學期舉辦一次「教師教學檔案」及「學生學習成長檔案」觀摩展，選拔優秀作品給與獎勵。如此，師生藉此欣賞、切磋、分享，我還利用教職員早會報告與分享，也邀請孩子在兒童朝會時上台分享製作「學習成長檔案」的過程與心得。

二、優秀的學生是可以教出來的

學生是學校教育的主體，因此，個人一直抱持著「學生第一、教學為先」、「注重研究並重發展」、「兼顧傳統不忘創新」、「接納家長教學合作」、「開放校園服務社區」的教育理念。因為，我堅信：「學生可教、教師可敬、接納家長、相信教育全能」。學校的教育措施與教育行為，均應以學生的興趣、能力、需要為考量，尊重學生的個別差異，重視適性化教學，讓學生能「快樂學習、健康成長」，讓每個孩子都能「學會做人、學會做事、學會如何學習」並以生命教育為基礎，透過體驗學習、完全學習的歷程，達到全人發展的目標。

多年與孩子長時間相處，我深感孩子是可教的，但看你如何教？我常提醒老師，上課要生動、活潑多變化，自然吸引學生喜歡學習；對維護學生校園安全要盡心力；對孩子的管教不可太過嚴苛或太放縱，應懂得如何以兒童的方式與其溝通，當孩子犯了錯，絕不體罰，想要責備、講道理，如何作才真的有意義？心中也時時提醒自己：任何事要讓兒童明白，一定要用兒童能理解的方式不可！我的做法是：

(一)親近孩子，關懷孩子

我喜歡主動親近學生，上學時間我常在校門口迎接孩子或在路隊中巡視，和他們打招呼、說早安，提醒孩子謝謝家長的接送、向家長說再見、早餐到教室吃光光、做到上學不遲到、學習自己負責任……等；晨光時間我會入班看看，孩子在老師及家長的愛心指導下，用心的多元學習；午間用餐、靜息時間，逐班看看孩子吃的「愛心」飯菜，了解吃完的多？還是倒掉的多？下課時偶爾穿梭於校園中，看看孩子玩什麼？抓什麼？「秘密基地」在哪兒？上課中經過走廊，提醒教室的孩子專心上課，可以不必對校長打招呼；全班整隊到專科教室上課時，看見擦身經過的師長，由代表打招呼表示禮貌，不必大聲叫「老師好」、「校長好」，如此，可避免打擾別的班級上課。

常常在回家途中或假日出遊時見孩子，他們會大聲的與我問候、打招呼；見到喜歡騎腳踏車的孩子，我一定會提醒他們：注意安全。來校打球的，我會提醒他們將飲料罐及垃圾做適當的處理；天氣冷了摸摸他的小手，提醒他們穿上外套；他們都能體會出校長對他們關愛。

學生對外參加校際比賽之前，我會為他們加油打氣，提醒盡力就好，不要有太大的壓力，回校後我會謝謝他們的辛苦，給與獎勵或安慰；另外，老師或各處室提出需要輔導的孩子，我會特地記得他們的名字，當他們的行為舉止表現不佳，我會義正嚴詞的給與糾正、親切的教誨。

雖然如此，我會感受到學生對我的喜歡，尤其幼稚園及低、中年級的學生，下課時間看到我，總要跑到我面前拉拉我的手或抱抱我；逢年過節，有些孩子會繪製可愛的卡片給我（有時還會放一些自製的美勞成品，我都會保留作紀念），讓人覺得好感動！生日時會拿塊小蛋糕請我吃，我也一定會為他唱生日歌；有的學生還會將他的煩惱、心事、喜事與我分享。對高年級的孩子我會

特別要求行為端莊、言詞有分寸，尤其是女孩，不可輕浮、隨便嬉鬧失了氣質。

(二)加強孩子的生活教育

「生活、道德教育」一向是我非常重視的，現在的父母，孩子生得少，個個都是寶，寵愛加溺愛，養成孩子缺乏責任感，自然的，容忍挫折力也相對的減低。學校裡許多的活動，如：秩序、禮貌、整潔的加強，下雨天穿雨衣，上學不遲到、樓梯、走廊靠右走、不跑步的宣導，資源回收的確實分類，榮譽制度的實施，模範兒童的選拔，才藝表演的推廣，多語文日的活動……等，都希望孩子在潛移默化中，改變氣質，培養良好的生活習慣，能夠有禮懂事、自尊尊人、自重重人，自然討人喜歡、受人尊敬。

「一種心靈，萬種心態」，教育的對象是人，我們應認清以往只將知識與經驗直接傳授給學生的時代過去了，任何事均應來自學習，並從漸進式的方式學習，多循「探索」、「體驗」，使孩子發展出智慧。

三、與教育合夥人共創教育美景

早年的家長會被大家定位是個請客吃飯、招攬募款的學校的附屬單位，但在現代的教育環境中，家長已成為學校教育的合夥人，所以，學校與家長會之間必須坦誠互動、互相配合、密切連繫，才能共謀孩子的教育。我的做法是：

(一)規畫家長之「家」、辦理成長活動

學校提供一個溫馨、專屬的「家」，讓家長們願意到校輪值、服務師生，有時協助處理一些偶發事件。辦理家長成長班讓家長學習成長、成立劇團為孩子教育活動演出，利用每年母親節，辦理志工表揚，頒發感謝狀，公開表揚這些熱心參與的家長與愛心志工。

(二)了解並支持會長的角色

自傳統的家長會轉型為新制家長會後，家長會長也是家長會中最辛苦的「義工」，背負著家長夥伴們的託付，也背負著自己任期及帶領團隊推展業務的工作壓力。況且，現在家長會的成員各有專職、各有理念與想法，所以現在的「會長」扮演的角色是凝聚共識的橋樑，面對校園中教育問題及專業團隊，

總要思考多數孩子的需求，許多事情不會以一己主觀意識為依歸，會與不同意見的家長和學校行政人員心平氣和的溝通，再匯集力量讓美夢成真。

例如：當家長會談及校務，只要可行，我會二話不說，努力以赴；如果，會長站在個別家長的立場提出意見，通常我會建議或引導：每個學校環境、背景不同，不可能樣樣意見提出，學校樣樣執行；如果與教學或教師個人或學年教師教學相關的議題，我一定在了解狀況後，婉轉說明，如何改變做法或明白告知為何不可行的理由，讓家長會能接受、並體諒；更要提醒家長會，不可直接找老師，或要老師配合做什麼，應由行政單位視可行與否，與老師達成共識後再做。

(三)建立溝通管道、獲得家長的認同、肯定

剛到一所學校，要先深入了解家長會的生態，有些家長的意見，可能是行政措施上未能關注到的，也可能是未能符合教育原則的；所以，要經常與會長或相關委員溝通，使家長清楚，不致誤會而生歧見，進而給與學校認同、支持與肯定。如果校內重要行事的安排、重大決策的擬訂、校本課程的執行、課程的審議、工程的招標、施工、驗收、校舍的規畫、學生管教與申訴辦法的訂定……等，聽聽家長的聲音，彼此尊重，總會給學校帶來助力。

列舉實例一則：衛生所的護士來校會同校護為孩子接種疫苗，一位一年級剛入學的孩子前1、2天由媽媽陪同赴醫院注射預防針，護士在陰錯陽差下又注射一針，打完針的 10 分鐘後爸爸馬上由國外來電（原來，孩子打電話告訴媽媽，媽媽心急告訴爸爸），劈頭第一句話：「我的孩子被打了 2 針，發生任何事情，妳要負責！」我回答的是：「注射預防針前學校一定發下通知，並依回條處理，我會親自了解後，將事情的經過，再向爸爸說明。」當然也會說清補救的方法，留下他的手機，放下電話。由老師、校護、衛生所護士三方了解，原來是：老師帶著需要注射的孩子到健康中心注射（每個需要注射的孩子都拿著家長同意注射的回條單），不注射的孩子留在教室，不久，下課鐘聲響了，孩子到走廊上玩耍，由走廊往下看見同學在排隊注射，他好奇的跑下樓與排隊的同學說話，就這樣的也接受注射了。此時，衛生所的護士是緊張的要命，原來她再過半個月即將退休，在此節骨眼上發生此事，可能退休金不保，還要吃上官司呢！

我是這樣處理的：請她將電話留給學校和家長，除了對家長說明，多打一針可能發生的情況及要注意的事項外，連續週休 2 天也請級任老師與護士都要不定時與家長連繫，掌握孩子的身體狀況，讓家長放心；如有必要，衛生所護士應該要做出妥善的處理，並同時聯絡級任、校護、主任與我，我們會協助處理；假日中我的訊息是：電話中聽到孩子在遊樂園中玩樂的聲音。我們才稍微放心，孩子不會有讓人擔心的事了！

㈣健全家長會組織，鼓勵愛心家長投入班級事務

要包容有些家長只願意將時間及金錢發揮在自己孩子的班上，因為服務班級比服務全校，在時間及人力上都來得有彈性，也較容易，這樣的情形必須提醒會長知情，以免誤會。另外，於學校日中推選班級代表，協助老師推展班務，協助召開家長代表會議；推選熱心家長擔任幹部，協助校務及會務的推動。

㈤發揮學校主導的統整力量

以往學校被認為是一個半封閉的社會，一般家長不關心學校事務。隨著政治、經濟、社會、家庭結構的改變，許多人開始關心教育，同時就愈能獲得更多的協助。校長應以開放、無私的心，接納各方面的意見，只要它符合學校的教育目標，以教好學生為出發點，相信會得到教師的認同，家長較願意為學校事務付出心力，社區人士也會盡量配合。那麼學校、家庭、社會教育的功能才會充分發展，教育的效能自然能發揮整體的統合力量。

我的做法是：許多教學活動，像晨光教學，午餐的把關，校園綠、美化，建築工程與環境的規畫、設計、評審、發包、施工、驗收，幼童軍體驗活動，資源班的補救教學與肢動課程，交通導護，校外教學參觀，班級中慶典節日的主題教學……等，均可請家長參與。

㈥善用資源、彼此互惠

學校的家長有服務於與學校教學相關的機構，孩子的校外教學非常方便；可請有專長的家長到校教學，家長對孩子的關心是無私的，他為了自己的孩子付出，更願意為孩子班級的其他同學付出。其他如：為孩子成立課後社團，解決孩子課後無法到安親班的困擾；社區內人士或行業，只要有專長利於教學，

都可聘請為師資,收入的費用一定入學校的會計帳,讓孩子在課後有多元的學習,亦解決雙薪家庭的困擾。

(七)經費支援、互蒙其利

學校預算常是捉襟見肘,不足開支,需要透過校外資源,而家長會是一股助力。但是,學校預算能編列的經費,要編列在學校預算中,不要讓家長會花費。民代能少接觸就不去接觸,欠的人情債是還不完的;如由家長會主動出面尋求民代協助,校長也應站在學校立場感謝;任何相關的協調會議,校長也應主動配合出席,以示關心。家長會每學期印製「家長會訊」、每月發行「班級家長代表通訊」,報導學校重要行事、家長會為學校與孩子作了什麼、協助學校各項活動與競賽的成果、支援學校教學設備項目,使全校家長更能深入了解學校的辦學績效。

伍、危機處理的經驗

記得外子一位任職於台北市政府的好友,在我初任校長時提醒我:「妳現在是政治人物了!」「才不是呢!我只是教育職場的一員而已!」直到發生了我心中永遠無法抹滅的「校園事件」,我才真正體會到:「身為校長亦是政治人物」的含意。

身為校長是一種榮譽、責任、挑戰、服務的職務。但他必須承受上級機關對學校的視導、評鑑、交辦事項的壓力,家長不同需求要求的壓力,還有教師甄選、學生編班、設備採購、工程招標、教師級務編配……等許多壓力,只要依法行政,只要學校內部和諧、親師有共識,校長能盡心力,即可迎刃而解。

但是,遇到學生發生意外,尤其當孩子寶貴的生命喪失時,所費的精神心思,就非局外人所能感受。個人擔任校長其間,一件轟動的「校園意外事件」,對大多數的人而言,或許是件根本不記得發生過的悲劇;但是對我而言,是我心中永遠的痛,也將在我的心中烙下永遠的痕;對當天校園內的愁雲慘霧,悲痛哀嚎,如今依舊歷歷在目。

事件發生,校長當然難辭其咎,絕不可有「大事化小,小事化無」的心態,「坦承疏失,勇敢負責」是無庸置疑的。對內要安撫師生予以說明、安慰、

提醒；對外要勇於向社會大眾說明事件的原因與處理情形，並確切聲明願意負起道義責任，而非一味的推卸責任。

沒有人願意發生這樣的事，沒有人有這樣的經驗，所有的法規不清、技巧不懂，如：喪葬費、規費累計、國賠法律、向相關單位求償、理賠和保險公司談判……等等。所以，校長必須親自請教、了解、掌握，透視每件事情的前後關連，才能一一釐清並處理順利。每天召開會議，了解確實情況，指導各處室主任彙整資料，以便局裡有完整的資訊。記得，當時視導的張復興督學他以旁觀者的立場作分析判斷，提供妥善的處理方向。與保險公司談判，與廠商的律師求償，與監造建築師爭取慰問金，都經他指點迷津，順利完成任務。

面對家屬無情的指責與社會輿論的批評，我們的言詞必須謹慎。尊重、接納媒體的專業；理解、體恤民代的苦心，只要說話不卑不亢，態度真誠懇切，爭取、把握解釋的機會，據實以告，多一點的解釋，詳細一點的說明，一定會得到他們的認同，讓他們明白真相。

家屬的心情要體諒，家屬的損失要爭取，理賠的金額要談判，與廠商的求償要協助，要聘請律師談國賠，家屬放棄國賠要請律師與相關對象談和解。家長會的主動支援，發動全校家長募捐，主動並免費為家屬聘請律師，多次前往家屬家中慰問、關心，陪同家屬共度難關，走出陰影。

每天的報告、說明、開會、檢討，面對在校師生的驚恐，還需給與安慰、提醒，而自己的情緒誰來舒緩？如果沒有極高的挫折容忍力，誰能承受如此的挫敗打擊？因為，輿論的批評打擊，民代的嚴詞相逼，這樣的壓力，會使人精神幾近崩潰！校長和主任最大的不同，是那個「頂住天」的寂寞感；在學校裡，天若塌下來，校長就是頂天的人，沒有別人可以代替！所有問題不及早面對和解決，最先被壓垮的一定是校長，其他的人頂多只有慰問的電話、卡片和花朵而已！這時，施展魄力，建構一個有作為、有效能、有理性的工作團隊，才可增加「頂住天」的「力道」。

走過那段艱辛的日子，因為大家的支持使我能勇敢、堅強地度過橫逆，誠如大家所說：黑暗過去，黎明就會到來！以時間來掌控！

許多長官、前輩校長的來電、打氣、鼓勵，許多家長的支持、肯定，許多老師、朋友的加油、安慰，我都表示了最誠摯的感激。這件事讓我學習、成長，雖然代價太大、慘痛！

另舉實例一則：一位二年級的孩子於2004年10月轉學來本校，適逢段考，因尚未適應，所以成績不佳，英文考了67分，轉學前在他校就讀，英文平均是99分。為此，家長放在心裡鬱悶許久，一天與老師談及此事，老師安慰家長，不要太在意分數，還有些孩子考得比67分還差，老師沒有察覺家長非常在意分數，家長也不便表達自己在意67分，就在對話中，彼此誤會、不滿、說重話；整整3天，家長每天來校找老師、找家長會長、找各處室主任發洩情緒，主任每天都曉以大義，當下她能接受主任的說理；可是，回家想想，第2天，全部不認同，事情又回到原點。

我請雙方當事人、教師會、家長會代表、相關主任在校長室召開討論會，會中陳述個人的看法，但是，因為氣氛凝重，加上心情不佳，無法達到雙方滿意的共識，弄得老師痛心、家長傷心。家長會不再理會家長無厘頭的投訴，家長揚言找民代為他理論；老師抱怨家長不理性，難過的不敢再教他的孩子；教師會理、監事們為這位教學認真的英語老師抱不平，家長、教師會雙方都要討回公道！「討公道」？任何事發生，為面子？為裡子？「公道」的標準何在？每個人心中自有一把尺；老師的專業、家長的尊嚴如何平衡？孩子是天真無邪的，身為家長、老師的，其言行舉止對孩子人格影響深遠，如此每天不斷的炒作，為孩子？還是為自己的面子？讓學校原本和諧的氣氛變得士氣大傷。

我是這樣處理的：「逃避，不一定躲的過；面對，不一定最難受」，事情演變到如此，提醒自己一定要親自處理。我告訴家長會及教師會，非當事者不必表示任何意見，我本著「先處理心情，再處理事情」的原則，請家長會或主任或老師代表，以第三者的身分陪同，個別與家長、老師溝通，分別告訴他們，讓他們明白，家長、老師關心孩子、愛孩子的心是一樣的；敞開心胸，將心比心，製造雙贏，才是孩子之福！現在，老師還是認真的教學，家長投入班級晨光教學，也肯定老師的認真，共同做孩子們的建築師。

再舉實例一則：一個五年級的班級上科任課，一位頑皮學生（甲）壓另一學生（乙）的手臂，造成乙手臂呈現數條壓痕。老師請同學陪乙至健康中心檢查，校護依受傷情形予以冰敷，並回報訓導處知悉；接著幾天，級任老師、訓導處、輔導室都做了適當的流程；健康中心、聯絡簿也都有詳細記載處理過程。

半個月後，我輾轉得知此事件，察覺到乙家長不願只接受甲家長及甲的書面道歉，也不願接受甲當面的鞠躬道歉（又不許級任將電話給甲家長）。我提

出請甲家長來校當面道歉，乙家長答應並要求主任與校長在場，我們都照做了。

　　談話過程中，甲家長一開始即表示歉意，亦表明自己為單親家庭，也強調一定會嚴加管教孩子（接著，近2個小時溝通過程中，甲家長均未發一語。其間，因傷心曾離座3分鐘，即回到現場），但乙家長還是不滿意，不接受甲家長的道歉；學校表達後續會訓、輔合一，共同教導、輔導。乙家長提出：要甲家長白紙黑字簽具「切結書」，保證甲不會對乙報復，並確保甲不會再犯（被訓導主任拒絕，表示從無此例，學校處理至今，已有許多位相關老師在協助輔導）。接著乙家長又表示：甲的行為偏差、心理可能有問題，應接受心理醫生治療（輔導主任表示他會再觀察，目前來說，並沒這麼嚴重）。此時，甲家長再三表示，請再給甲一個改正的機會，也再度對乙家長表示歉意，乙家長此時卻突然表示甲家長致歉的誠意不夠，並強烈要甲轉學或轉班，否則乙家長將申請保護令。甲家長傷心、難過的說：「妳為什麼不給小孩一個機會？難道妳要將小孩打入十八層地獄？那麼，我們轉學好了？」起身離去。隨後，向2位主任表達為避免帶給學校困擾，考慮轉學。

　　2位主任一致以為：站在教育的立場上，這不是處理的最好方法，逃避不能解決，只會模糊事情的原本，學生不懂才更要教。我也堅決反對甲轉學、轉班，乙家長揚言找民代召開記者招待會給學校好看，我不表示意見；乙家長認為我偏袒甲家長，第二天，乙家長一通電話告到教育局督學室哭訴，說校長是：獨裁、女暴君。長官來校關心，我們開始熬夜寫報告；接著，乙家長開始將目標轉至教育局，希望想辦法將兩個孩子（乙及妹妹）轉至鄰校（依規定她的目的達不成），至於結果如何？截稿在即，敘述到此。

　　所以將這兩個案例拿來分享，是因這兩件事情於上下學期發生在同一位家長身上，藉此，與各位分享事後幾天，家長會、家長與老師的做法：

懷生國小家長會聲明

中華民國94年4月28日

一、上學期，○太太因為女兒英語成績不如理想、英語科老師考前未發習作給
　　學生等情事，向英語老師要求改善，當場發生爭執，甚至辱罵老師。校長
　　與各處室主任為此，分別與○太太溝通，最後在校長的多次長時間的懇談

下，○太太打消找市議員、召開記者會的念頭。這次事件，使全校教師感受到人身威脅，因而要求學校嚴格實施門禁，家長進校門要配戴識別證。

二、本學期，○太太又因兒子手臂被同學壓傷再提出申訴，學校與家長會分別與之詳談，對方家長也已經道歉，但○太太仍然不肯善罷甘休，執意要求對方轉學或轉班，甚至要申請保護令。本來事情很好解決，○太太卻要擴大事端、引人注目，動機誠然可疑。

三、我們認為小孩子在學校的生活，難免會有碰撞拉扯情事，家長與學校平時應盡力教導孩子與人和諧相處之道；一旦在校發生糾紛，則應盡力排難解紛，讓孩子學習道歉與原諒、握手言和的美德。假若孩子之間有一點小糾紛，就要辱罵對方家長、要求對方轉學，如校方不從即以登報曝光來要脅學校，這實在不是正當的手法。學校耗費大量人力與時間來處理○太太的申訴案，溝通成效不彰且造成學校元氣大傷，對於全校學生而言，非常不公平，這也是家長會所不樂見的。

四、由於對方家長已經道歉，也已經處罰了孩子，○太太還要求對方轉校或轉班，甚至要申請保護令，本校家長會認為這些要求太過無理，違背教育原則，學校沒有照辦的理由。本校行政和老師已經善盡溝通責任，○太太卻反覆無常不肯善罷甘休，其言行擾亂學校安寧甚鉅，懇請教育局承辦官員體察實情，不要聽信不實指控。

　　　　　　　　　　　　　　　　　此處為家長會長及常委之簽名

親愛的王老師：

　　孩子轉入貴校已近2個月了，讓您著實費心不少，深感抱歉，在此先致上誠摯的謝意。

　　孩子發生這斷斷續續的不當行為事件，為人母親除了對受傷的孩子及家長道歉並祈求原諒外，更希望自己與孩子重新檢討彼此的互動關係，加強其自制能力與規範，讓孩子以更健康的觀念去學習成長，才是首要。

　　4月25日的校長室內協調會，很遺憾在最後並未讓○媽媽釋懷，但其過程讓本人感受到貴校教育者的宗旨及目標，是何等辛勞及偉大，尤其邱校長及訓輔二處主任的教育理念、寬大胸懷及宏觀見解，讓我敬仰欣慰不已，我的孩子能在如此正向的環境中學習養成，能在老師細心認真下受教育，這是何其有幸！

　　這兩天與孩子溝通，提出要轉學意向，孩子馬上哭泣保證絕不再犯，並說好不容易交到朋友所以請求不要轉學，做母親的一方面想相信孩子的保證，另一方面卻又擔心他失信（此次夾手事件仍讓人驚訝與無法理解），更怕要失去一個真正讓孩子啟蒙的好環境，實在為難。現今得到王老師的鼓勵加油，本人與孩子當竭盡配合老師及學校，做好後續的輔導動作，雖對○媽媽的某些觀點無法認同，因任何觀點皆有一體兩面之論，所謂因材施教是也。但終究還是傷害了○同學，仍希望能帶著孩子去致歉，畢竟能認錯是勇氣，能原諒是福氣。真的，再次感謝王老師的體諒與關心，會與孩子努力再努力，定當不辜負王老師的一片善心，銘感吾內。

敬祝　順祺

五年○班○號○○家長敬上 2005/04/27

○○媽媽您好：

　　您為了孩子，親自道歉，已經是給孩子一個最好的言教身教，只是委屈您了。相信經歷此事，○○也成長不少。

　　孩子在成長的過程中，犯錯難免；學習改過，是孩子成長的必經過程。○○是非常聰明的孩子，經過此事，也藉機鼓勵他，要認真學習，要照顧媽媽。

　　校長、主任對您為孩子負責的態度，都深表感動。

　　收到您的來信！也備感溫暖！非常謝謝您！

敬祝　身體健康　事事順心

五○導師王○○敬上 4 月 29 日

陸、課程領導的策略與具體做法

一、新課程的推動

　　推動學校課程發展的主角是「人」，唯有好的工作團隊，才能發揮最大團體動力。身為校長的我，時時刻刻謹記：「校長」是學校的代表者，是一校之長，需負學校經營的成敗之責；當他將學校的行政、課程與教學、訓輔活動、

環境建設抓對了方向,而去做時,就必須有親、師站在同一陣線上,一起向目標、理想努力邁進,教師走向真正的專業領域上,學校必將更往上提升。

所以,在課程推動方面,我的做法如下。

(一)溝通推動新課程綱要的相關理念

記得個人於 1999 年初任校長時,正逢「九年一貫課程」如火如荼的展開,因感於新課程實施在即,為期全校能先了解教改課程之內涵與精神,帶動校內老師教學之改進及創新,希望能參與試辦,加上試辦之專款經費,更能提供校內教學設備之改善,營造良好學習環境,因此,便著手擬訂試辦計畫,經教育部審核通過,成為試辦學校,這是一個相當大的挑戰與考驗。

基於九年一貫課程的實施需「先由老師和家長觀念之溝通開始」的理念,邀請國北師課研所莊明貞所長來校演講「九年一貫課程之理念與架構」,以期由了解九年一貫之精神內涵,再掌握教學之精義和要點(此演講開啟校內一連串課程試辦之暖身活動,辦理多場次研習課程)。

接著,鼓勵校內有意願擔任試辦年級老師,赴板橋研習會參加為期 5 天之研習。小一新生報到當日,發「給家長的一封信」,讓家長了解學校九年一貫課程試辦之實施方式、教材選用、上下課時間、特色等,以利配合。新生開學第一天辦理一年級新生家長說明會,89 學年度邀請教育部九年一貫課程試辦輔導委員謝應裕校長;90 學年度邀請台北市家長教育成長協會理事長林文虎先生蒞校向家長說明,使家長了解而放心。

(二)推動學校本位課程發展,建立學校課程特色

未來的教師要能參與並決定課程,第一要務需成立「學校課程發展委員會」,會議邀請市師陳麗華副教授及詹寶菁老師出席指導課發會之運作。而主要工作是負責規畫全校之教育願景、課程目標、課程結構、課程內容及教學評量。並參考學生興趣、教師專長及社區特色,發展學校課程特色。

(三)研擬相關的執行要點

擬訂學校總體課程計畫並宣導家長課程理念,使家長成為學校的教育夥伴,共同經營、共同負責,家長、教師、學校各盡其職,互蒙其利,將學校經

營成有特色的社區學校。家長的課程理念也就慢慢的建立在校務與課程的參與中。如：課程發展委員會、學校日、領域課程小組、課程及校務評鑑委員，都可見到家長的蹤影。

㈣規畫課程綱要的宣導與研習

在辦理及鼓勵教師參加相關研習方面，個人認為九年一貫課程除了課程的改變以外，大家所期盼的還有教師本身教學方法的改變；改變了教材，若是教學方法未變，學生的學習仍是無法活絡，更不用談基本能力的養成及能力指標的完成。

在進行課程設計方面，舉凡學校重大行事皆於學期末便經過各處室規畫於課發會提出討論，並列入綜合活動節數內實施（如生命教育、兩性教育、社會服務活動……），結合綜合領 10 大指定單元項目，配合實施。

其間，我們還接受課程督學訪視，以取代舊有評鑑的模式。以改進輔導為前提，進行訪談、參觀及檢閱各項資料，以了解九年一貫實施的現況。

任何新措施的推展，難免有人因不知情、未進入狀況、心生恐懼而排斥，當一個新的措施要引進校園裡，不能要求全校教師同步實施，這種方式可能會引起教師的群體反抗，最後無疾而終。

例如：學校推動新課程，我們就先選定 1 個學年共 6 位有意願的老師，協助他們發展成功課程，然後辦理觀摩教學，漸漸的，新課程就產生了漣漪的效應，滲透到每位教師的教學當中。當然，溝通再溝通，協商再協商，找出共同對話的平台，找出可參考的範例，校長、主任積極參與，共同討論、計畫再執行，總可破除困難。

二、大膽嘗試「教學視導」甘苦談

校長不僅是校務行政的領導者，更是教學工作的指導者。因此校長應指導教師將教育理論與教學實際結合在一起，使教學工作更有效能，以適應時代的需求。

2000 年下學期，我參加了由教育局主辦，私立復興中小學承辦的「校長教學視導研習」，由李珀校長及她的博士論文指導教授擔任講座，我們必須入班視導，填寫視導紀錄，通過者才取得證書。因為這是一個「理論+實務+練習」

的研習。最後，做了下次再聚會的作業（回校作實際的教學視導）；回到學校，與幾位老師商議，他們願意接受我的視導。當然，多少都給了他們一些壓力，因為看教學的是「校長」。但是，我真的很感謝他們的協助，我覺得這是一個讓教師專業成長的教學視導，但是，還是有些老師非常排斥。

第二次的校長教學視導聚會中更發現「有效率的教學行為是可以學習的，每位教師不論是有經驗的老師或初任的老師都有成長的空間，師生共同成長會使得教學更專業」。接下來我的做法是：將研習後的心得感想與老師們於晨會中分享，我將「教學視導」的 4 個領域、9 個規準及包含的 44 個行為指標，說明給老師們了解。而我選擇視導的對象是：初任及有特殊班級經營風格的老師，極少數是家長反映有意見的老師。在後來的視導中不論「教學策略」、「教室經營與管理」、「主題呈現」、「學習情境」4 領域，絕大部分的老師均能掌握住，並有特殊的表現。

我會將我勾選、填寫的視導紀錄表說明，讓老師們了解他的優點在哪兒？並給與感謝，謝謝他教學的辛苦，謝謝他承受了校長給他的整整 40 分鐘的壓力，感謝他為孩子努力的付出，另外，也會提醒需要修正的在哪兒？例如：老師最常忽略的指標是：「老師與小組間的互動」、「能立刻上課進入主題」、「能『具體』告知學生正確受獎勵的行為」、「提供練習機會」、「作綜述要點的活動（總結）」，說明後，我會請他簽個名，如果他有需要，我會將紀錄表影印一份讓老師保留，所有經我視導後，填寫的紀錄表，我都將它裝訂成冊，珍藏著。

列舉實例 2 則：印象較深的有 2 位老師的教學，1 位老師教自然，整節課看完，我看不到主題在哪兒？當我將我的心得提出與他分享、討論，他都能接受；當然，在那次教學以後，加上教務主任也隨時與他保持聯絡與討論，他在教學上也大有進步。

1 位老師他自己安排數學課，前一天我提醒要看這節數學；當天，上課鐘聲響，我踏進教室，「起立、敬禮、坐下」後，他拿出一疊 A4 紙張的測驗卷（20 題計算）讓孩子做測驗。我坐在後面，時而起立看看孩子寫的，時而看看課本，30 分鐘過去，接下來的 10 分鐘他請學生上台演算，然後由學生自己上台解說。下課鐘聲打了，老師沒有「綜述要點」（總結），事後提醒他，請他以後的教學，要讓學生「知其所以然」，並提醒他，無論學生是否在安親班學

過，計算的過程、方式可以有多種，但是觀念很重要，綜述要點時，應將重點告訴學生。另外，因為常有家長對他的教學及級務的處理有意見，譬如：學生之間發生糾紛，他可以不管，並且告訴 2 個在廁所發生爭執的學生說：「這是你家的事，不用告訴我！」我與他討論教學、分享班級經營，當場他面無表情，沒有反應不說一句話。

一天我正要上樓，一個班級正由班長帶隊下樓，詢問後，知道是他班級的學生，但是沒有看見級任老師，我站在走廊遠遠的往操場看，學生開始做操，老師兩手放在身後，站在旁邊，並未跟著示範。做完了操，未見他和學生講解，學生自己玩得很高興，但是是否學到了應該學的呢？事後，請他無課的時間到校長室，溝通、表達我的看法並說明教學的方法，他滿臉不高興，什麼話也沒說；事後，不但不知自省，反而告訴隔壁班的老師，說自己「很倒楣」被校長「撞見」。

身為教師的，是否應捫心自問：「我為學生做了什麼？我給了學生什麼？」而不是將責任都推給別人而不知自省。

因為，我堅定的以為：要提升學生學習成就的關鍵所在，就是要能提升讓學生能力卓越的老師，而教學視導措施就是確保教師專業能力的重要手段之一，也必能發揮教學相長的功效，落實教學專業化與提升教師專業形象及教學效能。

三、為人師表應有的警覺

似乎在面對環境改變時，人在心境上總是特別的複雜，一方面追求目的達到了，一方面又帶些許不安與惆悵。例如：資訊教育備受重視，學校積極辦理資訊研習，為老師們聘請講座，有的老師與講座爭辯：寫聯絡簿比 e-mail 來的有效。因應家長的需求與家長以 e-mail 聯絡，製作班級網頁……等讓老師有壓力有意見。各校如火如荼的推展資訊教育，教育局辦理訪視、評鑑，老師們都必須經過「基本資訊能力評量」；如果檢測、訪視、評鑑成績不盡理想的學校，得到的電腦補助設備就少。這時，老師們漸漸意識到資訊的重要，也開始接受學校規畫的課程，期末成績處理、班級或教師網頁製作能力跟不上的老師，也會花錢到補習班學；常常借力使力，也會有好的成果。

例如：校長要求的是績效，這是身為校長的壓力，老師可以不在乎，有的老師還希望工作愈輕鬆愈好：「學校最好不要管我，我每天到校，進班教書，

下班走人，活動少辦，管你是為學生，還是作秀？」（布置了舞台讓孩子表現、讓孩子發揮潛能，他認為是「作秀」）社區活動歡迎學校「共襄盛舉」，而有老師認為假日非上班時間，不願帶學生參加；但是，還是有許多願意為孩子犧牲、付出的老師，學校真心的要感謝。記得服務某所學校時，「伯朗咖啡」請合唱團10位孩子拍電視宣傳廣告，地點在宜蘭縣，必須天不亮就出發，徵得家長的同意，我們的老師接了孩子並陪同、照顧，一直到天黑再一一送孩子回家。服務另一所學校時，「蔡依林演唱會」請合唱團的學生和聲，我們的老師不但自己親自帶隊（當然，我與訓育組長也同行），還請了同是在小學任教音樂的先生一起陪同孩子出席，從排演、試音、收音一直忙到半夜，還送孩子回家；第二天正式演出也一樣的出心力、花時間，陪著孩子，全程參與。同是身為老師，卻是兩種為人，這也是身為校長為難之處啊！

柒、校務評鑑

　　校務評鑑已實施多年，評鑑，讓學校過去努力的成果，獲得肯定。評鑑，讓學校現在付出的一切，獲得回饋。評鑑，讓學校未來美好的願景，獲得支持。

　　我的做法是：一位老師如何將自己呈現給評鑑委員，「教師教學檔案」應是最真實的，所以利用教師晨會告訴大家，每位老師都有許多寶貴的教學資料，只是未加整理，希望在寒假前將平時教學的相關資料分類彙整（曾利用週三進修時間，辦理專題講座），加寫省思送到我的辦公室，我會利用寒假用心欣賞。我將每位老師的教學檔案詳細過目，以 A4 彩色紙記下每位的特色，並寫下我對他的讚美、鼓勵或建議，並加註日期，送給老師；如此做的目的：是再讓老師享受自己的教學成果，亦可作為將來教學工作的參考，更可展現自我的教學風格。校務評鑑時，還將它們依學年、依班級（亦含行政人員），用不同顏色的紙列印，陳列在教學檔案旁的看板上，讓評鑑委員看看校內每位老師及校長的用心。

　　校務評鑑時有一件趣事：一位老師，他有自己的想法，不太想拿出教學檔案。有一天，抱著許多資料到辦公室來找我，他問：「校長你要看什麼？」我說：「不是給我看的，是給你自己在教學時看的！」他說：「那麼我隨便怎麼整理都可以啦？」「當然！」我回應。他在評鑑前一天下午下班前，將他的 2

本教學檔案放在陳列處，還擔心會遺失，經我保證，他才放心離去。2 天評鑑結束，委員離開後的 10 分鐘，他立即將檔案取回。

　　總之，不論是校長評鑑還是校務評鑑，整體校務的運作系統之中，我們希望能夠藉觀察到校長、學校的辦學績效，而發現校長、學校真實的工作表現內容，亦即是「兼重成果與歷程」的評鑑。

捌、彰顯校史的優良傳統、展現新時代的精神

　　一所學校的歷史代表著學校經營的心血結晶。學校擁有非凡的特色，不但可凝聚成員的向心力，亦可滿足成員的尊榮感，而校園願景亦在潛移默化中漸漸滋長。更讓曾經春風化雨、孜孜不倦、無悔奉獻，以血汗耕耘的熱心教育工作開墾者，成為學校的精神象徵，而讓人們時時緬懷。

　　擔任校長服務過的 2 所學校，巧的是都與軍方有著密不可分的關係，四四兵工廠子弟學校（一所具有眷村文化歷史的學校）、空軍子弟學校（一所具有空軍教育歷史的學校）；在他們背後都經歷過一個艱鉅的時代，他們也都經過「轉移」（由地方政府接辦），但他們都未喪失他們與生俱來的本質及其傳統精神；教育是文化的主力，小學是教育的起點，「子弟學校」能在土地上生根，證明了前人的血汗沒有白流。

　　記得剛遴選上校長，師傅宋校長特別提醒：到校的首要重點工作之一是將學校輝煌的校史整理呈現，讓曾在該校服務的人，能回顧過去，前瞻未來，以校為榮。慶幸的是，這 2 所學校都在歷任家長會長及校長們默默耕耘下，編輯了紀念專輯或紀錄影帶，記載輝煌的校史，頓時讓我省下了許多的精力。我還是花了時間帶領組長、工友將歷年的刊物、獎盃、畢業紀念冊、甚至從倉庫中找出偉人或輝煌歷史的相片重新翻拍、護貝，依序重新陳列，讓師生有機會參觀校史，彰顯學校優良傳統。

　　另外，我到任後發現：一所學校沒有校歌，一所學校已近 10 年未有人唱過校歌，校歌歌詞及旋律曲調因時空變換已不復從前。因此，透過問卷保留校徽，徵選校歌歌詞，徵選出的校歌，再徵選作曲者或邀請知名音樂家為校歌譜曲；所以這樣做的目的，不外是為了彰顯學校優良的傳統，展現新時代的精神。

玖、結　語

　　語云:「一個成功男人的背後,一定有一位偉大的女性」。雖然自己實在談不上偉大,但是走入行政工作,尤其是走上校長之路這些年來,真的要感激外子的包容、體諒與支持,在家務方面也給我大力的協助;孩子大了,不用我再為他們操太多心,這也是等孩子稍大些再擔任行政工作的好處;否則學校、家庭兩頭忙,真的會讓人喘不過氣來。

　　健康的身體要靠自己保養,每年 1 次的健康檢查,學著保健身體,每週家事清潔整理,當作是活動筋骨。

　　教育局響應市長運動的理念,為校長們開設許多的運動班,我選擇游泳及舞蹈,在 50 多歲的年紀,花了半年的時間將游泳學會,這真要感謝吳局長呼應馬市長運動強身強國的理念,也要感謝教練不厭其煩的指導,當然,更要感謝自己不請假、不曠課,全勤出席。另外,每週三參加舞蹈班學習國標舞,因為個子的關係,我沒有機會跳優雅的女步,每週運動流一身汗,對健康是不錯的!

　　人的一生有許多的選擇,我堅信「選你所愛,愛你所選」,雖然過程中有得有失,但不必後悔。教育路上,期勉、惕勵自己更加用心,讓校長生涯能做得勝任、愉快,做得圓滿、成功。

作者簡介

　　1970 年由女師專畢業,加入教育行列至今,歷經了 18 年的級任老師(一到六年級都任教過),1 年的設備組長,9 年的總務主任,1 年的輔導主任,9 年的校長生涯(正繼續努力工作中)。

　　師專改制師院,通過考試,搭上第 1 班列車,赴師院進修;畢業後申請進入台師大教研所 40 學分班就讀。

　　面對時代潮流,體認時代趨勢,掌握時機與時俱進,其間,曾兩年

修習輔導二十學分；接受國小發展性教學輔導系統培訓、校長教學視導課程及教師專業發展評鑑講師培訓，又進入國北師院教研所開設「校長專業發展推廣碩士班」及「校長專業發展博士學分班」進修。

個人深深體會：教育靠的是「責任的承擔而圓滿」，校長以身作則，帶領老師們做好自己，才能真正圓滿孩子們的教育！

我的校務經營——理念與做法

沈進發
台北縣武林國小校長

壹、邁向校長之路

　　下營位於南台灣的小鄉鎮,是我小時候成長的地方。在那個年代能成為一位老師是很多人夢寐以求的,除了工作穩定外,在社區也有著被尊崇的地位,因此母親常跟我說「要是你將來能當老師,媽媽一定很高興」;父母的期許、鄉間人們的價值觀是我邁入師範教育,成為教育工作者的重要影響力。

　　讀小學期間,老師是我們崇仰的對象,其知識水準與權威表現確實是小學生心目中的典範;國中畢業將師專視為第一志願學校也是順理成章。開始擔任小學老師時,校長、主任是我們的頂頭上司,他們對於學校事務運作最具影響力,學校大大小小事情都在他們的規畫下運行著。尤其是校長總讓人有「仰之彌高」的感覺,雖然彼此距離頗大,但是校長的話字字珠璣,沒人敢不遵從;校長在學校經營的作為也默默影響我們對學校行政的覺知。

　　近年來,則因教育思潮的演變以及教育改革腳步的加速,不但改變了學校的權力結構,也影響學校的生態;「多元參與」意味著權力集中於校長的時代已結束。「權力下放」、「由下而上的決策模式」讓學校經營充滿著更多的挑戰與可能。面對教育法規更迭,學生受教權、教師專業權、家長參與權,都是校長必須面面俱到的;如何尊重教師的專業自主權、家長的參與權以及學生的受教權,讓三者取得平衡,讓學校教育更加活化,成為校長最重要的課題(林文律,1997)。

　　筆者於 1998 年 2 月 9 日至 1998 年 4 月 18 日接受台灣省教育廳為期 10 週的校長班儲訓,在整個研習活動規畫方面,含蓋理論與實務的內容,有講座、

實作、討論、寫作、實習等方式，課程主題已概括所有學校運作的範疇；然每一主題僅 3 個小時的講座對於學員有理念的引導功能，至於能否深化與廣化該主題內涵，讓校長獲得實質的協助，尚待觀察。在課程的實施方面，大部分均採取講座方式，因為時間的限制以及大班式的授課，無法讓學員與教授有討論的空間，對於個殊性的問題無法深入加以探討。在成績評量方面，有些縣市會依儲訓成績當作職務分配的根據，學員在儲訓期間有競爭的壓力，其正負面的效應均會發生。整體而言，儲訓活動集合各縣市候用校長於一堂，彼此生活在一起，經驗交流確有其功能存在，亦是日後彼此支持的重要資源。但對學校校長在工作現場的輔助程度仍其有限，校長在經營學校的主要經驗與實務，大部分還是來自於擔任教師、組長、主任等階段的經歷與觀察。

雖說如此，當筆者初任校長時，進入工作現場仍有著「履薄冰、臨深淵」的感覺，對於校長的職責與角色處在探索與學習當中。一般人以為準校長過去擔任學校組長、主任多年，已具備相當的經驗與歷練，足以勝任校長的工作；此乃錯誤之觀念，校長為領導者，其角色任務相較於過去擔任教師或主任有著明顯的不同，萬萬不可一概而論。林文律（1997）整理國外文獻時，發現美國及其他國家初任校長最常面臨的困難有 6 項，包括：*1.* 角色過量、工作過量，及無法有效進行時間管理。*2.* 領導更迭的陣痛及校長社會化過程所引發的問題。*3.* 選擇最佳時機進行校務改革的問題。*4.* 如何有效因應各種不同團體的不同需求的問題。*5.* 充滿孤立感的問題。*6.* 不知自己究竟作得好不好。這些景象其實也多少發生在筆者身上，幸好透過不斷自我調適、請教有經驗的校長，以及和同事的磋商討論，讓許多困境得予解決，而學校經營益見順暢。

貳、校務經營方向與理念

筆者從師專、師大教育系、高雄師大研究所 40 學分班、國北師初等教育研究所碩士班畢業，一路走來不離教育領域；除了師專之外，均為在職進修，對教育的覺知深受養成教育與進修的影響。因此，對教育潮流的體察，教育現場的經營，莫不以此為基石。

一、學校發展的方向

自擔任校長以來，目前是第 2 個學校，因每個學校所處的地理環境不同，在資源、文化方面也常有差異。校長初到任時應了解學校的文化與生態，分析相關資源狀態，確認學校的優劣勢，以作為學校經營的參考，從而解決問題、提升效能、發展特色。以武林國小為例，學校經營除了承襲優良的傳統外，更應掌握社會脈動，隨時調適與充實教育的內涵，讓教育品質有所提升。而其發展方向包括：

㈠學生的學習樂園：重視多元發展，發展學生優勢智慧，營創學生高峰經驗；教育活動精緻化，讓學生樂在學習，進而提升學習品質。

㈡社區的文教中心：以學校優質的教育產出為基礎，爭取社區認同感及相關資源；透過多元的社會教育活動，提升社區學習風氣，讓學校與社區融合。

㈢愛心與專業的教師：透過研討、進修、經驗分享、讀書會、行動研究等來強化教師專業對話的深度與廣度；提升學校優質文化，使教師對教育具熱忱肯奉獻。

㈣理性與奉獻的家長：協助家長會發展，導引與強化其組織正向的運作和功能，透過系統、效能、理性的原則，以及學校積極熱忱的互動，讓每位家長願意奉獻其心力，共同為學校發展而努力。

㈤勤學與健康的學生：強化行政與教學效能，提升學校學習情境之品質，讓學生樂於學習，擁有更多且美好的學校經驗。

二、學校經營的理念

為實現學校發展的方向與目標，有幾個理念一直是我所關注的，它們是：

㈠多元學習：「多元智慧」與後現代思潮所重視的「個殊性」，教育關注每一個體發展的積極性，因此，教育活動的規畫與執行，除了讓每個人獲得基本能力，也重視每個人開展其優勢能力。學校教育在課程設計、教學活動、資源投注應體現此一理想。

㈡精緻過程：學習活動的過程顯現許多的可能性，為了提升學習的效能，教學活動應盡可能結構化，關照每個提升的可能因子，控制與摒除每個墮落

的可能因子，並且適時投注相關資源，以強化學習的廣度和深度。

㈢高峰經驗：成功經驗的營造與獲得對小學生的學習與人格發展是重要的，
透過多元學習的規畫和精緻過程的重視，讓每個個體經常獲得成功經驗，
除了強化其積極正向的自我概念外，也有助於學習興趣的提升。

㈣快樂成長：快樂是許多人所追求的，學校不只是知識學習的殿堂，亦是人
格陶冶的重要場域，塑造一個積極快樂的學習情境，是學校責無旁貸的任
務。尤其，學校社會化功能的發揮，積極正向價值觀的潛移默化，是學子
快樂成長的基石。

三、校務推展的原則

　　校務發展應敏於時勢潮流，掌握教改方向，並且體察民主要義，重視多元
參與。校務推廣強調「組織領導人性化」、「組織參與多元化」、「組織結構
系統化」、「組織運作權變化」、「行政作業科技化」。

　　邁向 21 世紀，教育品質的提升是大家所關注的焦點；學校是教育的主要場
所，教育品質的提升首賴學校教育的成功。校長在成功的學校教育中扮演非常
重要的角色，尤其在我國教育改革方興未艾之際，校園生態與校長的角色起了
重大的改變；校長經營一個學校不再是威權者，他必須關照各方需求、敏於時
勢，提供更多元的服務和參與管道，讓學校的運作具有效率、讓教育品質具有
一定的水準。

　　校長之工作內涵，包括 4 個方面：*1.*行政管理、*2.*教學領導、*3.*形象管理、
*4.*危機管理。其中「行政管理」主要在於動態的行政管理歷程之探討；「教學
領導」主要任務則在於提升學生學習的品質。教學領導與行政管理是學校行政
運作的兩個重要主力，也是校長經營學校最需關注的焦點。而「形象管理」是
學校傳銷、建立關係與開拓資源的基本要件，並且可藉此提升學校形象與組織
成員的動力。「危機管理」則是有鑑於校園事件頻仍，對組織的形象造成負面
的效果，對組織的運作形成重大的壓力，對組織或個人形成傷害；因此，將其
列為現代校長重要且不能忽視的工作要項。以下分從行政管理、教學領導、形
象管理、危機管理 4 方面，說明相關之理念與做法。

參、行政管理的理念與做法

　　學校行政強調以教育原則為依據，重視系統化、科學化的管理、並且兼顧有效及經濟，其目的在於完成教育目標。就其實施歷程來看，含蓋了計畫、組織、溝通、領導及評鑑等 5 個步驟（謝文全，1995）。學校行政事務繁多，在擬訂計畫時，除了把握系統化的原則與步驟，對於學校內在環境應有所掌握，對於學校外在的環境應充分了解，如此計畫才能更加周延，目標才能具體可行。

　　今日學校教育組織的科層化與教育人員的專業化其衝突現象逐漸彰顯，為了作合理有效之調適，在教育工作內容上則需視專業化與科層化之個別需求，分別對其作適度的強調；同時學校組織成員更需著重價值信念的培養與調適，俾能適應因社會快速變遷所帶來的衝擊。

　　組織結構是固著的，組織人力的運轉才是活的，尤其行政組織團隊的效能攸關學校教育之成敗；因此，尋找適當人選，擺在適當的位置，是第一要務。各處組均有其發展目標，目標的可行性與效益，應於事前經由多方討論達成共識，以利縱與橫之協調和支援。校長除了了解與掌握目標達成的狀況，也應適時給與相關人員鼓勵與支持。工作的歷程，適當的投入，適當的授權，讓每個人在推展其業務時能具有成功的經驗；畢竟，行政人員不是執行校長意志的人，他們應是在工作上追求成就與快樂的非常重要之人。

　　針對學校本身之優勢，組成各種不同的工作團隊，適時製作計畫，以專案方式向政府及各機關爭取補助，在計畫的執行過程中，除了提升教師的專業能力，計畫成果給與適時發表，也能增加團隊的成就感，讓組織的動力綿延不絕。總之，有了對的目標，找對的人，適時給與支持鼓勵，營創追求成就的積極氛圍，則成功不遠矣。

　　學校為了校務之發展，經由訊息的傳遞、情感的表達、行動的展現，以影響其他的團體或個人，藉此增進相互了解、協調行動、集思廣益或滿足需求，進而達成既定目的之歷程。溝通除了需釐清問題的脈絡外，對於人、事、時、地、物的了解與安排，亦是關注的重點。面臨當前的學校教育生態，校長及行政人員花在溝通的心力相較於過去明顯增加許多，為使溝通能夠經濟而有效，並且順利完成學校任務；除了了解溝通的目的、掌握溝通的時機，並且應參酌

溝通的原則，才能有效地透過溝通來完成相關任務。

現行平台式的組織決策模式，校園裡許多事務要透過會議來決定，會議成為組織成員主要的溝通方式，但是過多的會議或效率不彰的會議，除了浪費時間與精力，對組織的動力也是無形的戕害。因此，麻煩的事務應先透過事前的了解溝通以形成具體可行的腹案，再提交會議討論表決。

溝通是人際交流能力的展現，面對溝通的對象，應有充分的資訊了解其需求、狀態、困境及其他重要訊息，透過耐心、誠意及不斷的折衝，以達成溝通的目的。

領導不僅是一門科學，而且也是一門藝術，只是在運用之時，對於組織的生態與資源，以及相關的情境脈絡應有所權衡，才能發揮領導的功能，促進組織的和諧與發展。校長在領導行政的過程中，應重視自我的進修與調適，避免錯誤的領導行為出現，並且強化與人互動的技巧和溝通能力，多給與同僚關懷與信任感，透過激勵、問題的反省、妥善的回饋、獎賞等技巧，提升組織的氣氛和士氣，讓組織行動協調一致，組織成員共同朝向目標的達成。

由於教育資源的有限以及追求卓越的風潮，評鑑的功能在學校經營已愈顯重要；其目的在強調績效責任，實施價值判斷，達成目標導向，提供決策參考，並協助改進發展（毛連塭，1996）。教育評鑑不僅是靜態資料數字上的檢查，而可能是對一項教育計畫、教學過程、課程與教材或教育政策的價值鑑定。評鑑對學校經營而言是必須的，校長有責任去評鑑和發展其部屬。對於評鑑實施時，應根據評鑑的類型與需求，掌握評鑑的程序與原則；如此才能提升評鑑品質，讓評鑑成為教育品質保證的重要功能。

學校行政領導者並非站在第一線用有效的方法去執行工作，而是去評估部屬的工作能力與責任，將其安置在適當的位置，以使學校有更多積極正向的效能產生。目前學校行政管理面臨幾個挑戰，包括政府機關的監督與政策指導、學校本位管理的趨勢、行政領導思潮的轉變，以及學校生態的改變。校長的角色似乎是領導者與管理者的綜合體，面對「政府機關的監督與政策指導」，校長是一位管理者的角色，是上級機關決策與意志的執行者。從「學校本位管理的趨勢」，為了學校事務的推展，校長兼扮演領導與管理者角色；面臨「領導思潮與學校生態的改變」，領導方式則強調「權變」、「走動管理」、「參與投入」、「人性化」、「民主化」；校長亦是領導與管理的調和者，在行政管

理具有主導權；除了參照相關建議、體察潮流、深入了解學校文化外，在運作
過程中，應考量上級機關的觀點，重視社區、家長與組織成員的需求與想法，
隨時調整自己的領導方式；並且要衡酌環境的變遷與堅持教育的理想，引導學
校研究與創發，以高品質的教育產出為其職志。

肆、教學領導的理念與做法

　　校長不再只是一如傳統的行政管理者，而必須同時成為積極的教學領導者
（張碧娟，1998）；為有效地提升教師教學品質，並且促進學生學習進步，透
過資源的籌配、人力的配當、組織系統的運作以及個人影響力，致力於：一、
發展溝通教學目標。二、管理課程與教學。三、視導與評鑑教學。四、提升教
師專業成長。五、增進學生學習氣氛。六、提供教學支持系統等方面的工作，
進而達成既定的教學目標。

一、發展與溝通教學目標

　　校長在教學目標的發展與溝通方面，重視目標的方向與內涵是否與課程教
學緊密結合，是否具體可行，是否具有理想性與發展性；發展溝通的歷程是否
有充分的代表人員，討論溝通的時間與管道是否充足，是否與專家學者發展合
作關係。

二、管理課程與教學

　　校長本身應知道學校課程的重要趨勢，以及教學媒體與方法的新觀念，以
作為管理教學、課程的基礎與後盾；並且根據教學目標，設定教學的目標，將
目標融入到課程和教學的運作中，形成一個學校改進的計畫。這當中除了課程
的協調、教學的評估與監督之外，對於學生的學習成效亦應加以關注。

三、視導與評鑑教學

　　視導評鑑的目的有多項，包括：發掘問題、鼓勵優良教師、協助教學、輔
導初任與教學不力教師，其過程應用評鑑、視導、獎賞、讚許、期望等原則，
讓教師有好的教學品質產出，以提升學生的學習成就。

在現今教師專業自主權高漲時代，校長教學視導工作通常會被定位為干擾專業自主權而已，校長要徹底執行此一任務需要相當大的決心，為避免與教師造成對立緊張關係，通常沒有勇氣做好教學視導的工作。而較具規模的學校，校長因校務繁瑣，無法對每一位教師作教學的視導與評鑑，只將對象指向初任教師、實習教師以及教學不力的教師罷了。

四、提升教師專業成長

面對教育改革、學校本位管理與課程發展，學校事務以及課程設計都必須由教師來承擔，教師專業能力的提升是必要的。在班級的經營方面，家長的參與和要求日多，教師處理親師關係、師生關係、教室管理等事務的壓力日漸增大；校長除了針對教師的需求作有計畫的進修安排外，在組織方面應營造學習的氣氛，對教師高度的期望，增加教師專業對話的機會與品質，藉由輔導、協助、激勵、分享來提升教師的專業知能，作為組織教學、呈現教學的基礎。

以下是營創學習社群的具體做法。

(一)強化教師教學之合作機制

1. 學校課發會積極運作，不斷檢核與發展學校課程架構並活絡評鑑機制，有效提升教師專業能力，促進優質教學品質之產出。
2. 教師行動研究動力強，在學校行政支援下組成各專業領域團隊，並落實在課程實施中。
3. 學校關注排課措施、教學討論場所提供、教學討論行政支援、教學討論風氣提倡、教學討論文化凝塑。

(二)教師團隊對教學討論設有常態機制

1. 學年、領域團隊：透過學年、領域教師不斷之對話（定期之學年會議、領域課程研討會議），有效促成學校本位特色課程之設計、實施、評鑑與修正。
2. 專業領域團隊：「社區有教室」課程探索團隊、大同山自然生態團隊、英語教學深耕團隊、藝術與人文教師團隊、資訊融入教學團隊、校園蝴蝶生態教育團隊。

(三)教師團隊之討論主題、內容，充分結合學校課程、教學、評量之改良

1. 「社區有教室」課程探索團隊：以社區資源作取材，融入社會、綜合、自然等領域及校本特色課程作為方向，作為教學及評量的設計。
2. 大同山自然生態團隊：結合資訊科技與線上學習，增進學童自主學習及延伸學習的能力。
3. 英語教學深耕團隊：強調生活情境教學，結合晨光時間之電視廣播與遊戲教學，讓學童從生活中學習、學習於生活。
4. 藝術與人文教師（「布袋戲」團隊與「棉花糖劇團」）：從藝術與人文出發，除了注重表演藝術與傳統文化的發揚與保存，同時結合生命教育、法治教育各主題教學，進一步達到寓教於樂。推動美勞教育，發展版畫、陶藝、兒童繪畫教學特色，對外比賽成果豐碩。
5. 資訊融入教學團隊：以資訊融入教學的方式，在不同領域進行教學、評量之改進與修正，並呈現相關成果分享於學校網路。
6. 校園蝴蝶生態教育團隊：融入低年級生活課程，中高年級自然與科技及生命教育之議題中實施。

(四)教師團隊之合作成果，具有應用及推廣價值

1. 「社區有教室」課程探索團隊：辦理縣府 91、92、93 學年度「社區有教室專案計畫」，組團隊調查社區資源發展相關教材並將社區資源融入學校課程中。
2. 大同山自然生態團隊：大同山相關自然教材融入課程之研發及 CAI 數位教材建立。
3. 英語教學深耕團隊：以一連串行政與教師共同規畫之學生活動展能，活絡英語教學。
4. 藝術與人文教師（「布袋戲」團隊與「棉花糖劇團」）：重視鄉土藝術，成立布袋戲社團，發揚傳統民俗技藝，並能對外公演。成立棉花糖故事劇團，結合環保議題或兩性議題，定期演出兒童故事劇。
5. 資訊融入教學團隊：武林網站「線上教學中心」發展及彙整教學資源。

6. 校園蝴蝶生態教育團隊：校園蝴蝶生態教育課程之規畫與推動。

㈤教師團隊對學校課程安排，針對本校特性、社區特質及學生需求進行結合

1. 以學校環境特色，完成校本大同山鄉土之旅課程設計。

2. 重視生態保育及環境教育，設置水生植物教學區與教材園，且在後山設有蝴蝶生態園區並與心源文教基金會（MOXA）合作，共同推動「校園蝴蝶生態計畫」，期能逐步融入本校本位課程中，並讓小朋友能了解生態、重視生命及愛護環境。

3. 針對學校發展優勢，將布袋戲團、棉花糖劇團、班級英語劇團及其他才藝秀，融合為藝術表演之一環，並發展成為學校特色課程之一。

㈥教師團隊自行編選之教學單元，具有應用及推廣價值

1. 改進課程教材與教學評量：調整教材內容、各項專案研究成果融入部分自編與補充教材中。

2. 申辦教育部 93 學年度中小學資訊種子學校獲准，並組織教師團隊發展資訊融入教學。

㈦鼓勵行動研究，參與發表

1. 學校教師團隊積極參與行動研究：「資訊融入語文領域教學行動研究」獲教育部評為優等，「大同山土壤、地層與教材發展」科學教育計畫也獲教育部專款補助研究，另目前正推動「校園蝴蝶生態教育」及「國小學童英語識字能力提升之行動研究──英語聲韻覺識訓練介入對學童英語識字能力提升之效能」等計畫之研究。

2. 教師團隊參與學校經營活動並參與發表會，接受外部之評鑑：參加 InnoSchool 2004 全國學校經營創新獎，「課程與教學貢獻組」方案名稱：活動課程化，獲優等；「學生活動展能組」方案主題：深耕英語教學、活絡英語學習，獲甲等；「校園美化環境組」方案主題：競逐明媚彩蝶飛──蝴蝶生態教育，獲甲等。

3. 教師參與課程研究及教學創新活動：參加 GreaTeach 2004 全國創意教學獎

獲優等一項；甲等四項。

4. 透過教育部「資訊種子學校」與「九年一貫英語教學深耕」教育方案之申辦（已審核通過），並積極辦理，活化與深化教育內涵，讓資訊與課程相融入，也使英語的學習情境多所提升。

5. 學校本位課程架構能與學校願景結合，具體而明確。學校總體課程計畫獲縣府審核「優等」，另各領域也有許多獲優等推薦。

6. 推動縣府 91、92 及 93 學年度「引進大學資源，活絡英語教學活動」，與國立台北師範學院兒童英語系及私立輔仁大學英語系師生合作，共同推動包括「英語補救教學」、「假日英語育樂營」、「兒童英語表演劇團」等多項活動；並結合節慶活動，申辦縣府 92、93 學年度「英語繪本導讀教學計畫」，帶動全校英語學習風氣。參加台北縣優質英語多樣性學習活動，獲動態展演組三項團隊特優，一項入選，靜態資料觀摩組兩團隊皆獲特優。

五、提升學生學習氣氛

學校教育主要目的在於學生的發展與學習成就，校長除了維護教學時間與有秩序的環境外，仍應從校園文化著手，營造學校成為高度期望、主動學習、督促進步、重視評量、獎勵學習的氣氛。並且強化教師的班級經營與教學的能力，鼓勵教師實施多元化的評量、妥善運用獎勵制度，以提升學生學習的興致。

以下是推動五育之具體做法：

德智體群美五育均衡發展，一直是學校重視的目標，因此學校規畫多元的學習方式，重視精緻的歷程，期求每個學生容易獲得成功的經驗，以提升學習的興趣，有利人格的發展。在德育的規畫重視生活教育規範的建立，藉由形式設計的周延，以確實完成德育的功能之發揮；尤其每週品格教育反省表與班級楷模的表彰，讓道德反省能深化於個體，且普及在每個孩子身上。

在智育發展方面，藉由課程發展與深化，以鞏固學習的基礎；而相關資源的注入，包括資訊環境的建構、英語情境的營造、自然生態資源的擴充、戲劇教育的結合、美勞教育的提倡、體育活動的重視，學生可以藉由其優勢智慧提高學習的內涵。

在體育發展方面，學校有足夠的運動空間，有籃球、田徑、桌球等優良團

隊帶動風氣,有足夠的設備與師資,以及體育循環教學,讓體育教學內涵既豐富且活潑;每學期學務處並舉辦多項班際比賽,對學校運動風氣有很大的助益。

在群育發展方面,強調學校社群意識,發揮社會化的功能,從生活作息中,教導學生責任、尊重、關懷的重要,在各項生活教育競賽中,讓學生體會團體榮譽、互助和協調;讓社會化功能落實於平日生活當中。

在美育發展方面,本校有優良的師資,教學內涵豐富活潑,常能引發學生創作精神;校內辦理各項活動包括美勞成果展、直笛發表會、飆耶誕才藝秀、棉花糖劇團、布袋戲社團、班級英語劇團、畫門神寫春聯活動等,提供學生學習成果多元呈現,落實美育教學。

六、提供教學支持系統

在「行政運作」方面,教學任務的分配應配合教師專長,適當的安排行事曆使教師能安排教學計畫,能有組織有彈性的提供豐富的教學資源,並透過評鑑、專業研討、教學事務的討論,來引導教師教學能力的提升,以及教學資源的獲得。而行政的運作除了要科技化與系統化之外,並應注重部門運作的暢順與協調,減少繁冗的程序,以使各項計畫的執行能落實。

在「支持計畫」方面的訂定上,教學目標與計畫內容應重視教師教學與學生學習的需要;因此,校長應經常與教師、學生接觸,了解與評估其需求的程度與內容,以使計畫符合時效性且具體可行。資源的籌措與分配,應掌握效能化與公平性的原則。

在「民主且流暢的溝通管道」方面,教師是否受到重視與支持,通常來自於組織氣氛的發展是否積極正向。如果校長能透過民主且多元的溝通方式,與教師充分討論學校事務,了解師生的需求,並進而形成決策加以執行,教師都會感受到校長與行政單位的尊重與支持。

在「解決問題」方面,校長要有預測問題與解決問題的能力。尤其課程的發展、教學教法的改進、教材的編制,以及日趨結構化的教學設計,都是未來教師所要面臨的課題。校長必須經常面臨教師所衍生的問題,如何協助教師妥善解決問題,使其安心於教學工作,是現代校長經常面對的問題;為防制或減少問題的發生,校長應有預測問題與危機管理的能力。

以下是關於課程發展之具體做法。

　　九年一貫課程實施前，大部分教師對其質疑和排斥，學校在推展方面因之而產生許多困境，包括如何解讀能力指標、轉化能力指標，如何安排領域節數，如何編寫教學計畫，如何發展與設計具有特色之學校本位課程，如何實施協教學，一時之間大家好像從零開始，茫然、觀望、無奈的氣氛充斥整個校園，在這麼惡劣的情境下發展新的課程實在辛苦。

　　為了解決這些困境，特別禮聘幾位具有課程發展實務經驗並了解政府政策的專家蒞校做演講、工作坊，除了企求教師更深入了解九年一貫課程，藉此也展現政府和學校推展課程的決心；同時也藉機培養校內種子教師，以利課程之發展。

　　發展過程中，教務處提供許多的資源和協助，各處室也規畫可結合課程的活動計畫，讓全校同心協力發展課程。對於種子老師和有優異表現的教師，經常給與支持鼓勵，並經常邀請其將成果對全校老師做分享，讓課程發展種子發芽，除了祛除其他教師的觀望、存疑，也帶動更多人的加入。

　　初期的學校課程發展委員會承擔課程發展的重任，我們邀約種子教師及有興致老師加入，會議中對於課程理想、學校資源、社區的文化多所討論，大家也尋求共識，建立屬於學校自己的發展模式。因為在正式的組織會議具有共識，也降低許多負面的阻力，進而提升課程實施的可行性。可喜的是，幾次的區域課程計畫審查，本校屢獲青睞，接踵而來對老師的獎勵，正宣示著課程發展有成。

　　接任第2個學校校長時，學校的課程模式已然建立，包括願景、特色課程、領域的節數配當等，但我仍然積極了解和參與課程的發展，經過多次深度會談，發現仍有待提升之處，尤其特色課程之發展，並未善用學校本身優勢，學校活動雖多，可惜並未和課程相結合。經過幾次溝通並與教務處行政同仁設計相關腹案，在課程發展委員會提出說明並說服之。同時，在許多場合不斷地倡導「課程應不斷發展」的應然與實然，並針對學校活動課程化敦請各處組配合執行，終於在接任的第2年大家有共識，共同發展修正更具學校特色的課程方案。本校亦將學校活動課程化實施的計畫和成果參加教育部「2004年全國學校創新經營獎」獲得優等的佳績，此一理念因之更受到全體同仁和家長的肯定。

　　2004年5月學校附設幼稚園接受縣府的評鑑雖獲優等佳績，但專家學者對於課程發展的提升仍有期許；因此，為讓課程內涵能與小學銜接，學校資源能

融入課程，我再次與附幼老師溝通課程發展的重要性，如今我們已邀請師院幼教系教授定期協助指導課程之發展，同時幼教和小學課程連貫也是吾人所樂見和期待的。

伍、形象管理

一、學校形象之建立

學校形象之建立應以紮實的文化為基石，首先要確立目標、認識學校，再依據學校需求規畫學校的教育環境；此外，亦要建立辨識系統或符號。

(一)認識學校與組織文化：從各種管道蒐集學校的相關資訊，以了解學校，進而規畫並營造美好的教育環境。共同發展更具學校特色的課程方案。

(二)規畫營造美好的教育環境：包括校園的綠化美化、制度的合理化與人性化、行政運作的精緻化。

(三)發展學校特色：發展學校特色宜考慮學校教育生態環境、學校文化、社會資源、教育經費、校長及教師專長，並且以教育本質為依歸，避免和學校教育目標產生衝突。

(四)建立識別系統：識別系統乃學校之表徵，促使師生認同學校，並讓有關大眾識別學校。而識別符號可用於學校建築物、校刊、文件、書包、制服、信件……等上面；學校亦可藉各種活動與傳媒，將學校訊息、特色傳達給社會大眾，當然，識別系統與學校是息息相關的，學校的形象營造必須朝向積極正面，並且與辨識系統成為相輔相成的關係。

二、學校形象的行銷

今日是一個高度重視傳銷的時代，校長經營學校不宜過度保守與本位主義，應該適切的運用各種方式與傳媒，將學校形象、學校文化、學校特色、辦學績效傳達給大眾知悉，以獲得大眾的了解、支持，並且提升組織內部的士氣、凝聚共識、發展學校的共同願景。

學校行銷係屬非營利行銷，在目標市場方面，除了想獲得目標群體的贊同、支持外，捐款、義工、資源獲取與分享，也可能是行銷目標。在行銷策略

方面，其行銷的大眾可分為直接與間接兩種目標對象，直接的對象是家長，間接對象是社會大眾、民意代表、官員、學術機構、基金會、社團……等；學校透過相關活動、大眾傳媒、家長口碑，將辦學理念、績效、特色、服務傳達給目標大眾，除獲致認同、支持外，尚有募捐、開拓資源、徵求義工等功效（余朝權，1991）。

三、公共關係的建立

學校公共關係的目的（Jones, 1984; Sumption & Engstorm, 1966; 陳慧玲，1994；單小琳，1994；鄭彩鳳，1998；謝文全，1996）包括如下。

(一)增進公眾和學校的相互了解

學校為了加強與公眾的相互了解，經常提供各種訊息給公眾，藉此幫助公眾認識教育在社會與經濟生活中的重要性、增進公眾了解新的教育發展趨勢、向社區公眾說明學校的教育觀點與目標。在互動過程中，消弭及發覺彼此的誤會，並且增加學校對公眾需求和情緒察覺的敏感度了解，以及體察新聞媒體的需要。

(二)廣蒐公眾對學校的意見

學校可透過公共關係網絡，蒐集與了解公眾對學校的意見；在各種場合說明和執行學校相關政策，並鼓勵公眾提供意見；藉由彼此訊息的互通、良好的互動，學校與社區發展出共同的目標努力及成就，並可獲得社區給與學校非正式但公正的評鑑。

(三)獲致公眾對學校的支持

學校要建立並維持公眾對學校的信心，應以良好的學校效能為基礎，讓公眾了解其在教育上所投注的稅捐是有價值的；透過積極正向的公共關係網絡，讓公眾對學校了解、認同，進而支持學校。過程中，除了發展學校與社區機構之間的合作關係、確保公眾對學校及其各項計畫的支持，並且發展公眾服務學校的高度意願，使學校得以適當地運用社區資源。

㈣促使學校的積極發展

公共關係的目的除了維持與公眾良好的關係外,其積極面在於資源的拓展與注入,讓學校成員獲得鼓勵、教學品質得以提升。學校亦應協助公眾了解其對提升教育品質的責任,讓社會因與學校合作,而使其公益獲得更大的保障與進展。

㈤資源爭取與有效運用——以武林國小為例

校務推展為了豐富內涵及效能,需要多方資源的挹注,因此評估與發掘相關資源是很重要的。學校在財力、物力、人力的資源大概來自於政府機關、家長會、民意代表、民間組織以及社區人士。

學校根據校務發展計畫,逐年建構優質的學習情境,經費來源來自於政府機關、民代爭取與補助;每年也因應教育活動的需求由各處組編列經費概算向家長會爭取經費,不足部分再由其他管道補足。

另外,在自然、地理、人文方面資源之發掘,則是透過發展「社區有教室」種子團隊的田野調查、文獻蒐集等方式達成。而教師專長與興趣所展現的動力亦是學校重要的資源之一,包括豐富的藝術與人文教學內涵、布袋戲團、棉花糖劇團、資訊推動小組、英語深耕小組、體育團隊等,在學校的教學與活動推展都有卓著的成效;而這些動力與成效也將之引導到與課程結合,透過結構性的課程設計,讓學生學習更具廣度和深度,教師的熱力和專業水準也隨之提升。

學校家長會對於校務的支持,對於學校教學活動的投入,以及對家長會務之經營,受到多方的稱許;這是學校最重要的資源,由於親師生關係的融合,彼此互信像「一家人」般,讓學校氣氛溫馨和諧,學校動力綿延不絕。以下茲將校內外資源做明要的說明。

1. 社區自然與人文資源

學區內各類機關與公司行號眾多,自然景觀豐富,例如:樹林警察分局、樹林郵局、北區監理所、樹林工業區、光華營區、潭底公園、聖蹟亭、大同山的冷泉與自然景觀、南寮福德宮的傳統祭典信仰等,學校可運用的人文與自然資源豐富。

2.校內資源與運用

學校面臨保安街，後面是山坡保護地，鄰近大同山，生態資源豐富。校園內綠樹成蔭，重視校園綠化美化，設有蝴蝶生態教學園區，水生植物栽培教學區等，且校園規畫教學區與活動區分開，動靜分明，是一所擁有優質教學環境的學校。

教師進修意願強，常自組進修團隊，參與各項進修與教學研究發表；另教師教學團隊已形成，進行課程實驗，且教師意見理性優於感性、率性，有利於校園民主化發展。家長會組織健全，家長參與學校活動踴躍，並支援各項社團活動，夥伴關係已然形成。社區家長關心教育，與學校互動性佳，經常參與學校大型活動。

設置水生植物教學區與教材園，且在後山設有蝴蝶生態園區並與心源文教基金會（MOXA）合作，共同推動「校園蝴蝶生態計畫」，期能逐步融入本校本位課程中，並讓小朋友能了解生態、重視生命及愛護環境。重視鄉土藝術，成立布袋戲社團，發揚傳統民俗技藝，並能對外公演。推展表演藝術，成立棉花糖故事劇團，結合6大議題，定期演出兒童故事劇。

推展資訊教育，一到六年級資訊課程全面實施，每週1節。並規畫試辦數位學習平台，建設學校光纖骨幹網路，擴展學習空間及時間，以利資訊融入教學及學習資源的分享；並設置教室網路布線，朝班班有電腦、班班能上網之目標邁進。並將舉辦武林資訊高手選拔，入選者成為學生資訊小組成員，輔以資訊設備維護、資訊網頁專案製作之訓練。

推動美勞教育，發展版畫、陶藝、兒童繪畫教學特色，對外比賽成果豐碩。深耕英語教學，以一連串行政與教師共同規畫之學生活動展能，活絡英語教學。

落實推動鄉土語言教學，因應學生母語族群不同，以社團分組方式規畫閩南語、客家語及原住民語之選修，並妥善規畫2688教學支援人員，協助校內師資不足之部分。

(六)對外關係的經營——以武林國小為例

今日學校係屬一個開放組織，訊息交流、資源共享、專業服務、品質的追求、評鑑機制的運轉，讓學校生態更具複雜與延伸性；因此，與社區、地方人

士、民意代表、官員、學術單位、民間機構、社團、媒體記者……接觸的機會頻繁，良好關係的建立亦是非常重要，而關係建立的基礎在於良好學校教育品質的產出以及平日友善的互動品質。

校長在學校行銷方面扮演最重要的角色，對外參與很多活動，應經常利用這些活動參與、接觸機會，將學校教育成效與訊息傳銷出去，由此建立學校積極、清新、卓越的形象。與家長會關係更應積極正向與融洽，藉由這些傳播種子的熱力，除了傳銷之外，也可以遏阻有心人士對校務推展有不當的介入。而地方人士、民意代表、政府首長或官員，也會因此重視和參與學校活動，資源因之接踵而來。

(七)與家長會關係的經營

家長的參與權已受到法規的保障，家長要求學校教育品質的意識也不斷提升，因此，與家長會維持良好的互動，藉由家長參與學校活動建立起積極正向的夥伴關係是必要的。校長應積極參與家長會活動，不管是正式或非正式場合，有了熱絡的交流，除了關係的建立，也可以了解家長的心聲和需求，並且將學校與家長會的想法整合以達共識。

家長會組織的運轉也很重要，有了良好的目標與分工，可以讓組織運作更順暢且有效能。校長對於教育和家長會應展現熱忱，也應將學校方向目標經常和家長會討論，並引領家長會邁向陽光正向的一面發展。家長會成員經常在變動，有了良好的家長會傳統與價值觀，才可能長久為人所遵循，校長應關注這一層面，發揮影響力扮演塑造、傳承的重要角色。

我所經營的2個學校家長會，對學校校務推展都發揮積極正向的功能，他們對學校的貢獻筆者也常心存感激；加上彼此關係熱絡、良好，因此在校務推展上是重要的資源與助力。但是學校一定要有高品質的教育產出，否則家長很容易和學校失去互信，而責難也可能隨之而來。

(八)與教師同仁關係的經營

學校組織決策雖然已走向平台化，但是校長仍是學校領導人的重要角色，不管對內或對外的所有作為，仍為大家所關注並且具有影響力。因此，專業的領導、妥善運用法職權是成功的要件。對行政團隊，要懂得用人，適時鼓勵、

關懷與支援，有效地透過倡導提升動力和效能。行政運作模式要系統化，權責分明、善用專長、激發動力、適當投入與協調、藉由資訊與科技提升行政工作的便利與效率。

　　了解教師心聲、有效的教學支援、民主的參與、用心的關懷，是校長和教師建立融合一體的不二法門。有了好的感覺，教師較能體諒與覺知行政立場，減少衝突場景的發生。適時針對老師專長，賦與任務、全力支援，營創其成就感和成功經驗也有助於教師動力與專業的提升。對於教師會的法職權應予尊重，彼此建立夥伴關係，適時給與協助、資源、參與，讓其成為學校校務推展的重要助力。

(九)與學生關係的經營

　　傳統校長形象高高在上，與學生的隔閡甚遠；今日的校長應深入探究學生的學習成就及各項活動成效；因此校長參與學生活動，和學生的對話的質量相較於往常多出了許多。校長在學生心目中應扮演多元角色，以孩子為中心，關注孩子的感受，而非那個嚴肅的「學校管理者」。參與、鼓勵、指導、關懷、同理心，可能是現代校長和學生互動常用的方法，而學生對校長的覺知、印象也常令校長所關注。

陸、危機管理

　　近年來因社會的變遷，衍生了許多社會的問題，包括藥物、毒品、暴力、殺害、勒索、槍械氾濫、家庭虐待與忽視、治安惡化、社會衝突事件，這些大大地降低了我們整體的生活品質，甚至延伸至校園，帶給師生及職員工很大的威脅；再者，如家長的問題、學校內部問題（包括人事、管教、偶發事件），以及其他不當勢力的介入，也多讓學校備感壓力，如處理不當將嚴重影響組織成員的工作士氣甚或干擾學校正常的運作。

　　學校一向被視為安全的學習環境，面對近年來不斷發生的校園安全事件，已引起家長以及各界高度的關注。而校長如何預測問題、防範問題、解決問題，是今日校長的一大考驗。總之，校園安全問題、內部人事問題、學生管教問題、不當勢力的介入，都會嚴重影響學校的運作與發展，皆是校長危機管理的範疇

之一。

危機管理是學校組織必要的管理機制，其功能包括：危機的偵測、危機的準備與預防、損害的處理與控制、復原與善後，以及不斷的學習與修正。管理者需透過嚴密的計畫、有效的組織運作、適當的檢核與修正，讓組織成員具有危機管理的意識與能力，使組織運作系統化與效率化，以防制危機的發生，或於危機發生時能妥善處理。

危機的導因可能來自於內部或外部，更可能是內外因素交織而成，一旦無法妥善處理使危機產生，則對組織將有重大的衝擊與影響。所謂「攘外必先安內」、「凡事豫則立」，從組織理論的觀點來看學校危機，管理者應重視平日學校的經營，包括組織結構的制度化與系統化，組織成員心理與人際的關注，組織內部權益的妥當分配與衝突管理，發展組織成員對危機能有系統學習、適應、發展，並且引導組織及成員建構一堅實的文化內涵與價值信念。如此，當組織面臨危機時，因內部調適、應對機制的有機化，危機較容易解決，不易有惡化的疑慮。

柒、校長與法律常識

校務經營難免會牽涉到許多困擾的事情，而且常牽涉到法律層面，若有不慎，則挨告或受處分的機會可能發生。最容易涉及法律問題者為工程採購、人事問題的處理、學生管教問題，以及其他偶發事件。有些問題簡單易解決，也容易尋求有效資源妥善處理；有些問題複雜，再加上其他因素的介入或干擾而變得棘手難以解決。雖然政府機關常辦理相關的研習來充實和指導學校人員解決可能的相關問題，但是所談論的層面難以周延，而且專業的法律問題與繁雜的法律條文，也常令學校相關人員滿頭霧水。真正碰上問題常有窮以應付的情形發生。校長因為擔任行政人員多年，接觸法律的經驗相較於學校其他人員多，但是法律畢竟是專業領域，處理問題若因觀念模糊、環節出錯也容易造成不可收拾的局面，因此政府如能時常針對校務需求，舉辦相關研討會，並且提供常設的法律諮詢單位，對於學校校務問題才有實質的幫助。

捌、學校變革與特色

後現代思潮所揭櫫「去一元化」、「重視個殊性」以及「解構主義」深深地影響社會脈動，也影響著教育改革的方向。強調多元、以學生為中心讓學校教育激盪出許多不同於往常的新鮮事物。校園權力結構與生態因為教改而有巨幅的變化，一時之間，「專業取向」、「關係取向」擺動不餘，尺寸的拿捏確實困擾著許多校長。但是更加民主、重視多元、追求效率、營創特色以及高品質的產出卻是當前學校共同追求的目標。

一、學校變革

在行政的運作方面，藉由科技與電腦資訊提升工作效率，擺脫固著的行政模式有著創意、活潑、貼心的作為，顧客導向的思維以滿足學生、家長、老師的需求；這些景象試想如果沒有積極的動力、沒有「系統有效」的行政運作模式、沒有良好溝通的管道、沒有妥善倡導與關懷的應用，目標是很難達成的。在課程的發展方面，針對學校優勢，教師專長、家長投入、結合學校活動，重新設計更具特色的課程內涵，讓學習更具深度和廣度。在教學的改善方面，充實資訊與英語設備、環境，培養種子教師，提升專業水準，讓英語和資訊的教學情境由弱勢轉為優勢。藉由鼓勵、支持的機制，倡導教師行動研究的風氣，提升專業水準，改進學習成效。在公共關係的營創方面，以高品質的教育產出為基礎，透過有效的行銷管道尋求各界的肯定支持，並且積極開拓資源，協助校務推展。這些成功的變革來自於對學校與社區文化的了解和融入，來自於對教育專業、熱忱所建立的互信，也因此營創許多屬於學校的特色，而為人所稱許。

二、學校特色：試列舉四個本校推動方案為例

(一)方案名稱：活動課程化

*1.*學校經營創新方式

　　(1)背景分析：

九年一貫課程綱要規定,各校除最低之教學節數(領域學習節數)外,另需列「彈性教學節數」。所謂彈性教學節數是指留供班級、學校、地區開設的節數。而彈性教學節數又分為「學校行政節數」與「班級彈性教學節數」二種。有鑑於以往學校辦理各項活動常占用許多正課教學時間,影響正常教學,所以本校在處室辦理相關活動時,亦規畫活動結合教學領域或重大議題融入之節數,除可預防活動耽誤正常領域授課外,也可以讓老師期末進行課程設計時,將活動融入教學活動規畫設計,進而發展學校特色,將可視為本校特色課程之一環。

(2)問題或瓶頸發現概述:

①學校活動的舉辦,應有其教學目的,能否與相關之能力指標相互結合,值得關注。

②如何能於活動反思活動,建立反饋及修正的機制?行政處室辦理活動應結合學校背景因素,藉此融入課程,期使課程內涵更具驅力與效能。

③課程活動之驅力來自於人對價值的判斷,以及集體意識之凝聚,因此其是否合乎價值、普效、自願三原則,決定課程的成敗。

④課程活動發展過程,教學者、學習者及家長,經由團體動力之強化,彼此思索、覺知各自角色功能,進而尋求一個平衡及交流的定位。

(3)經營創新方式與發展方向:

①行政處室活動課程化,讓學校活動以課程為軸心,建立更結構化的情境脈絡,有助於學習效能的提升。

②將行動研究的精神內化,以行動研究的方式來探討活動與課程相關連性與整體性。

③活動的歷程結構化與課程化,並藉由評鑑來強化活動的教學機能,以此建立教學活動的完整性。

2.學校經營創新內涵

(1)活動課程化的概念:

活動方案的目標是基於課程需求所發展出來的,透過做中學,學童親身體驗的過程,將學習目標以達到既定的活動方案的目標。

在課程的發展中,以課程發展設計的方向,學者區分出三類型模式:①

以課程目標為導向的「目標課程」；②重視學習者過程、經驗的「歷程課程」；③以學校本位為主，強調個別區域特色的「情境課程」。而在活動方案推展形成的過程中，其內涵包括活動方案既定之活動目標、以體驗學習為中心的教學導向、學校特色發展的呈現。在活動的內涵與課程發展中，彼此緊密成為可以互通轉換的歷程，以達到活動課程化、多元化、精緻化的發展目標及遠景。

(2)活動／課程結構：

在本校活動課程的發展，以課程既有七大課程領域為核心，結合六大議題為發展模式，將活動在教師、行政、家長三者結合的團隊下，建立設計—實施—評鑑，三位一體的活動課程的架構。

3.學校經營創新策略

(1)理念傳達與溝通：

將常見的活動困境及想欲突顯的問題，藉由行政會議及平時與教師的溝通對話中，將活動課程化的理念與想法提出。以拋出的點，聽取行政人員及第一現場之教學的相關想法及意見。並闡述活動與課程兩者的相關性及契合點。

(2)領域課程研討會議的導入：

利用校內既有之教師專業對話的時機：領域課程研究會，將活動課程化的理念納入對話的重點。一方面讓教師思考活動與課程兩者的異同，另方面討論兩者間的關連性。

這個部分，以期初預定進行之校內繪畫比賽為例，讓教師思考活動目標與教學能力指標結合的可能性。並透過對能力指標及活動的任務導向與目標導向分析，讓教學者能更融入活動課程化的精神。

(3)課程發展委員會的確定：

將領域研討的結果，透過學校課程發展機制的課程發展委員會，藉由行政、教師、家長、專業人士的討論，將活動計畫以課程架構及課程發展模式定案。並以此課程化的活動內容及架構下，建立親—師—生，三位一體的課程評鑑機制。

一方面以完整之課程架構方式，解決活動本身常被詬病之教學目標的薄弱性與鬆散性；一方面藉由課程評鑑來強化活動本身的效益與修正改進

的回饋想法。

(4)評鑑與改進：

①利用教學評鑑表來檢視活動的歷程。

②評鑑包含：行政、教師、家長。

③彙整分析評鑑表，提出修正想法及意見。並再由課程發展委員會來審視整活動的進行。

(5)策略流程：

活動的實施進行，先宣達活動計畫本身的內容及精神，讓教師充分了解其理念及架構後，再來實施活動。

①活動價值的探究與計畫形成。

②行政會議探討統整的可能性及資源的運用。

③提交課發會，透過充分的專業對話，溝通協調，凝聚共識，並確立活動的課程化功能。

④行銷與宣達結合親、師、生共同發展活動。

⑤彙整實施結果及檢討修正。

藉由將活動分析出目標、內容、實施及評鑑的過程，以符合課程發展中的目標、內容、實施評鑑的流程。

4.學校經營創新績效

(1)活動與課程是可結合的。且活動本身也可是課程。

(2)透過活動課程化，強化活動的學習目標及學習架構。

(3)教師更能分析學童本身能力及活動的效益。

(4)活動評鑑的部分，使活動本身進行的流程更為完備，並達到意見交流的效益。

(二)方案名稱：舞動春風童年夢

1.學校經營創新背景

「歡樂造童年，豐富學習路」是學校的願景，創造一個讓小朋友豐富、多元的學習環境是學校教師團隊不斷努力的目標；我們透過「精緻」、「多元」、「營創成功經驗」的經營理念，讓目標得以達成。

學校特色課程特色核心為「自然」、「資訊」、「英語」及「藝術表

演」；為了打破學校有形的圍牆界限，將學校教育的觸角伸進社區鄉土的角落，讓孩子的學習豐富而多元，且培養其熱愛鄉土的情操，我們推動「社區有教室」、「大同山生態探索」、「校園蝴蝶生態教育」、「鄉土布袋戲」及「棉花糖兒童劇團」等計畫與活動，並將相關計畫發展之成果，逐步融入學校特色課程的發展中。

另外隨著知識經濟時代來臨，為了彌補學區小朋友多元文化刺激之不足，拓展小朋友未來的視野，我們加強「英語」和「資訊」教學的各項活動，以學校電視聯播系統每週播出的「Blah Blah Show」更是受小朋友喜愛，讓我們的小朋友可以大聲開口說英語；學校也有很棒的資訊師資與設備環境，不斷的提升學生的資訊素養與運用資訊的能力。

2. 學校經營創新內涵與策略

學校是一個學習型的組織，由於氣氛融合，組織的運作與功能能有效的發揮，親師生具有高度的凝聚力，對於課程發展與學校活動都有積極的投入；另外教師年輕有活力，在同儕的相互影響下行動研究動力強，目前組成各專業領域教學研究團隊包括：

(1)「社區有教室」課程探索團隊：以社區資源作取材，融入社會、綜合、自然等領域及校本特色課程作為方向，提供教師教學實施的參考。

(2)大同山自然生態團隊：大同山相關自然教材融入課程之研發及CAI數位教材建立。結合資訊科技與線上學習，增進學童自主學習及延伸學習的能力。

(3)英語教學深耕團隊：以一連串行政與教師共同規畫之學生活動，活絡英語教學。強調生活情境教學，結合晨光時間之電視廣播，讓學童從生活中學習。

(4)藝術與人文教師：傳統戲劇「布袋戲」團隊、故事媽媽團隊、棉花糖劇團。「布袋戲」團隊、棉花糖兒童劇團從藝術與人文領域出發，除了注重表演藝術與傳統文化的發揚，同時結合環境教育、生命教育及法治教育各主題教學。

(5)資訊融入教學團隊：運用資訊融入教學的概念，搭配學校各領域教學之實施，將幾年來的發展成果建置於武林國小e化「線上教學中心」上，提供校內、校際教師間分享教學資源的網路資料庫。

(6)校園蝴蝶生態教育團隊：校園蝴蝶生態教育課程之規畫與推動，融入低年級生活課程、中高年級自然與科技領域及生命教育之議題中實施。

對於這些教學團隊的正向行動力，我們是以行政引導、支援的角度來推動，讓行政、教師與家長有高度的共識與凝聚力，成為動力的重要核心。學校行政採用以下之策略：

①凝聚教師共識，確立學校願景目標：透過學年、領域及課程發展委員會不斷的對話，學校教師清楚的知道學校課程特色目標「自然」、「資訊」、「英語」及「藝術表演」，而所有教師團隊之研究也朝此學校目標而深入。

②學校行政有效支援、規畫：校內教師本身在課程及教學相關的研究上，行動力本身就相當之高，因此有各種課程及教學研究團隊的成形。對於各種專案計畫的申請，一方面我們先與教師行動團隊進行意見的交流，以申請專案經費補助，來支援教學、課程之研究相關耗費及聘請教授專家指導。

③種子教師研究精神的擴散：我們以「教學研究團隊」成員為「點」，擴散至其他教師研究動機的「線」，帶出學校在課程與教學的全「面」研究的氛圍。

④參與各項發表，鼓舞教學團隊士氣：相關的成果產出後，行政將之彙整成冊。若有相關的成果展示及發表競賽，則由學校行政撰寫報告，利用外部評鑑的方式，一方面樹立教師本身專業的形象，一方面給與正面肯定的激勵。

⑤教學團隊成果分享交流並融入學校課程中：各項專案團隊研究成果，以學校網站即是「網路教學平台」的建立模式分享研究成果，並透過學年、領域及課程發展會議的深度會談，將深入探究的研究成果，運用及融入學校部分自編與補充教材中，目前已有許多成果教材發表。

3.學校經營創新績效

學校課程規畫團隊	1. InnoSchool 2004 全國學校經營創新獎「課程與教學貢獻組」。 2. 方案名稱：活動課程化，獲優等。
「社區有教室」課程探索團隊	1. 辦理台北縣政府 91、92、93 學年度「社區有教室專案」，調查社區資源並將社區資源融入學校課程中（本教材目前已編輯完成）。 2. 參與三鶯區區域特色課程之課程聯盟，本校教材內容編輯於《薪傳風櫃店》一書中（已出版，書目編號：ISBN 957-01-9297-6）。 3. 本團隊參加 Inno school 2003 全國學校經營創新發表會「課程與教學貢獻組」，獲入選甲等。
大同山自然生態團隊	1. 參與教育部 2004 年中小學科學計畫，主題為「大同山地質、土壤之研究及其教材研發與推廣」，並有教學內容規畫書籍之出版及 CAI 數位教材之建立（市立台北師範學院自然科學系主任許民楊教授指導，致贈國家圖書館藏書，書目編號：ISBN 957-01-9153-8）。 2. 2005 年教育部科學教育計畫：「大同山植物生態教學與教材發展」之研究（獲教育部審核通過，全額補助 15 萬元進行專案研究）。
英語教學深耕	1. 推動縣府 91 至 93 學年度「引進大學資源，活絡英語教學」活動，本活動參加北縣 92 學年度優質英語學習活動，獲靜態資料組特優。 2. 申辦縣府 92、93 學年度「英語繪本導讀教學計畫」：本活動參加台北縣 92 學年度優質英語多樣性學習活動，獲靜態資料組特優。 3. 班級英語劇團推展：參加台北縣 92 學年度優質英語多樣性學習活動，獲動態展演組三項團隊特優，一項入選。 4. 教育部行動研究計畫：「國小學童英語識字能力提升之行動研究（已獲教育部審核通過，全額補助 15 萬元進行專案研究）。 5. 93、94 學年度提出與大學攜手合作深耕九年一貫課程與教學實施計畫：英語教學深耕計畫，獲教育部專案補助 40 萬元推動。
藝術與人文：「布袋戲」、棉花糖劇團	1. 除校內固定展演活動外，還能對外公演。 2. 93 學年度學生參加本縣中一區美術展覽活動，共獲 18 獎項。 3. 本團隊參加 GreaTeach 2004 全國創意教學獎「藝文領域──台灣的小孩」獲優等；「藝文領域──戲偶畫人生及大樹離家記」獲甲等。
資訊融入教學	1. 93 學年度獲選教育部資訊種子學校，進行資訊融入教學相關研究。 2. 行動研究計畫：資訊融入語文科教學之效能。獲教育部評為優等
蝴蝶生態教育團隊	1. 與心源文教基金會（MOXA）合作，共同推動「校園蝴蝶生態計畫」。 2. 參加全國學校經營創新發表會「校園環境美化組」，獲入選甲等。

(三)方案名稱：資訊整合社區學習資源的無限可能

1. 學校經營創新背景分析

(1)社區豐富教學素材的整合：

①人文資源：由於所處社區環境相關機關團體早已是學年教師進行教學及運用的場所，諸如警察局、監理所、郵局、工業區、光華營區，且校內「社區有教室團隊」也配合社區人文歷史的探究與融入教學設計加以整合，但實際在進行融入教學情境，有教學進度壓力、參訪場所是否容納那麼多師生以及時間配合的問題。

②自然素材：學校區大同山區的自然資源豐富，適合在各領域進行融入教學及體驗學習，且本校「大同山自然探索團隊」（各項自然生態豐富的社區資源）及「校園蝴蝶生態團隊」（校園特色資源「蝴蝶」課程之規畫與實施），利用這塊資源更進一步深入應用發展。

(2)數位資訊科技融入教學的發展：

①家長、社區的期許：隨著資訊時代的到來，整合學習的概念以及全人化的教育已經成為培育下一代的理念；成人教育與終身學習的落實，資訊融入學習的應用，已成為整合應用的工具及契機。

②教師、學童的期待：融入資訊的教學優勢，促使學生與教師也試著在這塊領域嘗試中，得到解決教學上、學習上困境的模式。

(3)相關計畫的整合與教學的落實：

①資訊種子初級學校：93 學年度獲選教育部初級資訊種子學校，進行資訊融入教學相關研究。

②教育部科教計畫：93 學年度「大同山土壤、地層與教材發展」及 94 學年度「大同山植物生態教學與教材發展」之研究。

③教育部行動研究計畫：「資訊融入生態主題教學之探討與運用：以蝴蝶生態教學為例」計畫（已申請）。

④「社區有教室」計畫：辦理縣府 91、92、93 學年度「社區有教室專案計畫」，調查社區資源並將社區資源融入學校課程中。

2. 學校經營創新內涵與策略

本校自 91 學年度起申辦台北縣政府「社區有教室融入教學」計畫，並成

立「社區有教室課程探索團隊」；以社區資源作取材，融入各領域及校本特色課程作為方向，提供教師教學實施的參考。另外因應老師對鄉土自然教學之需求，向教育部申辦 93、94 學年度科學教育計畫，成立了學校「大同山自然生態團隊」，針對「大同山的地層、植物、動物等資源」進行為期 3 年的深究與教材結合之課程研發，並與財團法人 MOXA 心源教育基金會的合作建立蝴蝶網室，從事蝴蝶生態教育課程之規畫與推動，融入低年級生活課程，中高年級自然與科技及生命教育之議題中實施。

93 學年度我們的資訊種子教師團隊，在發展資訊融入教學的探討過程中，認為若能以現今學校發展計畫（社區有教室人文探索、大同山自然生態及蝴蝶生態）所研發之課程成果，整合目前已發展及發展中的各領域數位教學教材，提供師生及家長、社區人士線上學習的資源，另外也結合資訊科技與線上學習，增進學童自主學習及延伸學習的能力。因此我們採用以下之策略：

⑴行動研究的精神與架構：

　　①協助教師以資訊整合社區資源，發展各種資訊融入教學模式，進行實際教學。

　　②資訊融入教學模式實證教學的探討與分析。

⑵整合既有教學團隊社區教學資源研究成果的網路平台：

　　搭配各領域專長教師，組成「資訊融入教學團隊」，運用資訊融入教學的概念，將幾年來社區學習資源（社區有教室人文探索、大同山自然生態及蝴蝶生態）所研發之課程成果，建置於武林國小 e 化線上教學中心上，提供校內、校際教師間分享教學資源的網路資料庫；並規畫學校網站為教學平台之模式，使其成為教學的重要資源之一。

⑶社區鄉土數位化資源素材的教材設計：

　　目前本校網站已建置完成的數位化資源素材有：武林線上教學中心、武林線上知識隨選系統、大同山情境學習遊戲網頁、線上蝴蝶學習討論區、樹林聖蹟亭線上教材、互動式鄉土地圖──樹林市等數位化鄉土教材。

⑷打造數位的情境學習系統。

⑸建立親、師、生共同的學習環境。

(6)合作夥伴的協同與擴展。

目前本校已參加三鶯地區學校所組織發展的區域特色課程之聯盟,未來我們更希望透過分享本校資訊整合社區學習資源融入教學之經驗及成果,結合各校社區特色之優勢,共同成長。

3.資訊整合社區學習資源的成效

(1)行政規畫成效:

①武林線上教學中心。

②武林線上知識隨選系統。

③大同山情境學習遊戲網頁。

④線上蝴蝶學習討論區。

⑤樹林聖蹟亭線上教材。

⑥互動式鄉土地圖——樹林市。

(2)教師資訊融入教學成效:

①能利用本校線上教學平台,實施社區資源教學的資訊融入教學。

②能運用各社區、自然教學研究團隊的發展成果,配合本校各種教學資源優勢及網際網路資源,發展各領域之資訊融入教學模式。

③能經由資訊融入教學的推廣實施,增進資訊融入教學意願以及能力。

(3)學生學習能力:

①能充分利用本校線上教學中心資源,達成相關領域課程(社區資源)學習目標。

②能經由社區資源結合各領域之資訊融入教學,提升學習動機及學習成就。

③能運用資訊技能,完成社區資源教學成果的具體呈現。

(4)家長成長支援:

①經由推動社區成人資訊教育,提升社區家長資訊學習意願及能力。

②經由推廣本校資訊融入教學,促進家長重視並投入成長支援,擴展本校資訊融入教學網站之家庭使用機會。

(5)學校資訊環境:

①建置多元整合之教學資源平台,供師生、家長使用,並結合夥伴學校,逐步擴展資源,成為社區教育資源中心。

②整合無線網路環境，增加戶外資訊融入教學之機會，擴展資訊融入教學空間。

㈣**方案名稱**：How to learn more and learn happily?

1. 學校經營創新背景

(1)學區英語文化不利之因素：

本校位於台北縣樹林市之農、工、商業雜處區，雖為縣轄市之轄區，但居民大都從中南部到台北縣來打拚謀生活者，家長之社經地位普遍較低落，學童外在之英語文化刺激普遍不足，而眾多英語教學活動的推展，彌補了學區孩童文化不利的因素。

(2)學校英語情境的不足：

因國教經費的不足，學校英語情境的建置普遍貧乏，如何尋求外在的經費挹注及人力支援，營造一個優質的英語學習情境，是我們團隊努力的目標。

(3)學校師資面臨的困境：

本校目前雖有合格英語教師4位，但2位教師兼學校行政工作（擔任組長），1位教師兼班級級任導師，僅有1位是單純的英語科任老師，英語教師常因行政工作的忙碌及課務繁多，較無時間進行教學心得經驗分享。

2. 學校經營創新內涵與策略

引導讓學童有興趣的學英語，讓英語更貼近生活為出發點，作為本校在深耕英語課程推動的起點想法。在透過團隊教師深度會談的共識下，我們從課程、情境的營造，刊物、師資的強化等方式多管齊下，在全員投入的情況下，目前也有十分豐碩的產出，以下針對本校活絡學童英語學習的各項計畫與活動的經營內涵與策略分別敘述。

(1)繪本導讀教學：

繪本教學，一個時髦的教學方法，在許多人提出閱讀對孩子心靈成長的重要性之後，隨著台北縣英語繪本導讀計畫的推展，老師們終於能帶領著學生拋開枯燥的教科書，天馬行空地悠遊於繪本的世界，不但可以作一次中西文化交流，也可以讓學生體驗不同的風俗民情。

(2)班級英語劇團：

透過多元知能的表現，是學童呈現學習成效的最佳方式。將英語學習結合劇團的模式，不僅提供小朋友英語學習與多領域的統學習歷程，也在激盪師生彼此的創意下，發揮教與學的活力。

(3)引進大學資源、活絡英語教學：

此項計畫結合大專資源，讓小學校園注入新血，使教學更加充實與多元，同時提供機會與環境給大專學生一展所長，所帶來的不只是雙贏，而是國小、大專、參與學生及教師皆獲益良多，以下是這幾年我們與國立台北師範學院兒童英語系及輔仁大學英語系師生合作的經驗項目：

①協助成立英語表演劇團。

②辦理英語假期育樂營。

③學習輔導「補救教學」。

(4)晨間英語廣播秀：

透過教育部九年一貫英語深耕計畫，學校在校長的大力支持下，組成一個英語廣播教學團隊，大力推行「Blah Blah Show」英語廣播教育活動，透過廣播教學及有獎徵答活動讓孩子們有更多接觸英語的機會。

①全校聯播的「Blah Blah Show」英語廣播教學節目。

②每週一句、有獎徵答、字母歌、英語廣播社。

以簡單又實用的「每週一句」，讓各班導師可以融入日常教學；簡單又朗朗上口的英語字母歌，也讓所有孩子們自然而然的向英語靠近；在兒童朝會時更有一批優秀的小主持人，帶領全校學生複習「Blah Blah Show」內容，並進行有獎徵答活動。

③雙週刊

《Blah Blah Show 英語雙週刊》每隔雙週發刊，讓全校小朋友可以隨時複習學習過的內容，也可以預習即將學習到的重點。

(5)英語朗讀、演講：

本校推展英語學習的觸角是多元的，英語朗讀、演講是其中的一環。透過口語的英語表達過程中，希望小朋友能聽、能說、能用肢體來表達自己的想法；同時，也藉由樹立標竿過程中，給與小朋友楷模學習的效應，進一步帶動彼此英語學習的腳步，也激發英語學習及口語表達的自

信心。

(6)英語教學情境布置：

　學習語言需要情境，看看孩子牙牙學語的時候，那種習得方式是最自然的，我們嘗試著營造一個好玩有趣的英語情境給小朋友。

　①校園情境布置→英語教學走廊、標誌雙語化、創意生活情境布置（跳格子、拍球）、結合節慶布置（萬聖節、聖誕節等）。

　②班級情境布置→融入教學雙語布置教室是學習重要的情境，雙語化的情境布置，不僅給與小朋友直觀的學習環境，也營造出是「生活英語」的學習氣氛。

(7)英語教學行動研究：

　研究計畫名稱：國小學童英語識字能力提升之行動研究——英語聲韻覺識訓練介入對學童英語識字能力提升之效能

　研究目的：

　①透過聲韻覺識測驗，篩選出早期英語聲韻覺識能力發展低落者，並施以聲韻覺識訓練。

　②探討英語聲韻覺識訓練與識字能力發展之間的關係。

　③分析國小學童在不同學習背景下（性別、學習英語時間長短、家庭社經地位）其英語聲韻覺識及識字能力發展之情形。

3.學校經營創新績效

(1)推動縣府 91、92 及 93 學年度「引進大學資源，活絡英語教學活動」：相關活動參加台北縣 92 學年度優質英語多樣性學習活動，獲靜態資料觀摩組特優。

(2)申辦縣府 92、93 學年度「英語繪本導讀教學計畫」：相關活動參加台北縣 92 學年度優質英語多樣性學習活動，獲靜態資料觀摩組特優。

(3)班級英語劇團推展：參加台北縣 92 學年度優質英語多樣性學習活動，獲動態展演組三項班級團隊特優，一項入選。

(4)本年度提出與大學攜手合作深耕九年一貫課程與教學實施計畫：英語教學深耕計畫，獲教育部專案補助 40 萬元推動。

(5)教育部行動研究計畫：「國小學童英語識字能力提升之行動研究——英語聲韻覺識訓練介入對學童英語識字能力提升之效能」之研究（已獲教

育部審核通過，全額補助 15 萬元進行專案研究）。

(6)本團隊參加 Inno school 2004 全國學校經營創新發表會「學生活動展能組」，獲入選甲等。

玖、結　語

「教育無它，愛與榜樣而已」，如何讓愛深入師生的心靈當中，唯有更貼近社區與學校的活動，從文化的脈絡找尋共通處，愛的力量才有交流與滋長的路徑。學校行政人員應具備豐厚的人文情懷和人際交流技巧，從教育的理想出發，去導引與提升學校文化內涵，維持良好教育品質。以優質的教育產出成為學校行銷的基礎，同時加強和社區交流、發揮社教功能，讓社區認同學校，讓學校成為社區重要的文教中心，也讓學校成為社區導進的重要力量。

（參考文獻略）

作者簡介

1960 年 12 月 20 日出生於台南縣下營鄉，1973 年畢業於下營國小，1976 年自下營國中畢業後即考上省立嘉義師專。1981 年被分發至南投縣山上偏遠小學服務，1985 年考上台灣師大教育系進修部，隔年北上服務和進修大學教育。1989 年考上國小主任並分發至台北縣鼻頭國小擔任教導主任，1990 年調到北縣文林國小擔任輔導主任。1993～1996 年暑假赴高雄師大研究所 40 學分班進修，並於 1995 年考上國北師初等教育研究所碩士班。1998 年台灣省 89 期候用校長儲訓結業，1999 年初派台北縣雙城國小擔任校長，2003 年遴派至台北縣武林國小擔任校長至今。

曾經留下的腳印——我的校長之路

蔡永利
原任台北縣育林國小校長
現任台北縣安溪國小校長

壹、楔 子

　　念小學的時候，有一天姊姊對我說：「燦仔（筆者的乳名），你後擺邁去做國校仔ㄟ老師啦，雖然畢業後是一定有頭路，但是賺的錢少，卡無前途啦！」想不到，我竟然哪壺不開提哪壺，偏偏濫竽充數到國民小學校園之中！姊姊的那一番話，倒是基於善意，用意在激勵我奮發向上，並不是對小學老師存有任何鄙視或不敬的念頭，或許，她只是在反映當時世俗的標準罷了！

　　到了我就讀國民中學二年級之時，班導師也經常以高亢的口吻提醒我：「永利，你千萬一定要報考師專哦，在師專讀書不但不用學費，吃飯住宿服裝費都由國家負責供應，每個月還有零用錢可以領，而且畢業後一定有工作；你的個性內向溫和，才華也不錯，很適合去讀師專的。」唉！想不到專長是數學的級任導師，竟然也是如此靈驗的一位算命師啊！

　　後來，我真的考上了師專，當了老師、組長、主任，終於，也當了校長。

貳、擔任校長前的準備工作

　　作家詹冰寫了一首兒童詩：
　　「小弟弟，我們來遊戲。」
　　「姊姊當老師，
　　你當學生。」
　　「姊姊，那麼，小妹妹呢？」

「小妹妹太小了，
她什麼也不會做。
我看──
讓她當校長算了。」

一、何時開始想不開的

就個人直覺判斷，每一位能當上校長的人，機率是幾千萬分之一。

當校長不是一項簡單輕鬆的工作，不可能從小就立志要當校長。個人開始有擔任校長的念頭，是在 1990 年底進入板橋教師研習會參加主任班受訓之時，那一次考試，筆者很幸運，第 1 次報名參加主任班考試，就很僥倖在偏遠地區組錄取。在當時，一定要現任主任，或曾經有擔任主任經歷，才可能報考校長。在研習會 10 週的訓練當中，受到來自全省各地夥伴的激勵薰陶，也吸收許多教育的新理念和新策略，於是痛下決心，決定朝崎嶇坎坷的校長之路逐步邁進。因此在研習會受訓時，一有空閒，我就經常會到合作社選購可能對考試有助益的教育書籍閱讀。

二、想法的醞釀，步伐的邁進

「一命、二運、三風水、四修行、五讀書」，是許多前輩校長對想考校長的後輩說的話。

這句話的意思是，能不能考上校長，不是只有讀書這一件事，還包括有其他難以測知的繁多因素。也就是說要能順利通過校長甄試這一關卡，除了努力，當然還帶點運氣。但是，若沒有經歷一番紮實的努力作為基礎，而想能順利通過校長這個門檻，那是萬萬不可能的事情。因此，報考校長這種念頭，通常會先在自己內心起伏掙扎良久，就好比面對一個心儀的女生，很想去追求，卻又怕被澆冷水，故這個念頭通常是不會輕易告訴別人，包括自己的另一半。

自個人決心報考校長甄試以後，即開始作有系統有步驟的規畫與執行。

當時（約 1998 年之前教育廳主辦之時）校長考試分成基本分數、筆試與口試，必須具備有豐實的理論基礎與深厚的實務經驗，才有錄取的可能，因而在準備過程筆者採雙管齊下策略，即在工作上認真投入力求績效，也利用工作之餘盡量了解有關教育之新的政策、新的理念與新的法規，並將之蒐集建檔備用。

筆者在一所偏遠小學擔任教導主任之時，即把學校現有之教務、訓導、輔導及相關檔案徹底檢視一番，還沒有擬出實施計畫或辦法的，立即構思擬訂，已經有實施計畫或辦法的，則從頭抄寫整理一遍，然後把每項業務都貼上檔案名稱標籤，大大提升處理業務之方便性。在這過程中，使筆者練習把鋼筆字寫得更清秀工整，也無形中增強自己撰寫計畫的能力與速度。這是參加校長甄試很重要的一項能力。工作之餘，經常至台北市重慶南路的書局購買新書閱讀，此外，收聽教育廣播電台之教育與新聞節目也是平常的功課，尤其是在開車時，身邊一定有教育廣播電台相隨。若有進修的機會也都盡量把握，除可充實教育專業知能，更能為報考校長班之基本分數加分。另外，筆者也積極撰寫鄉土教材、交通安全教材、學習單、教育著作等參加比賽，除有助於理論與實務內涵的增長，也能增加著作與特殊貢獻的分數，使基本分數達到能報考（筆試與口試）門檻。

三、美麗與哀愁──儲訓時光的回想

每位到校長班受訓的夥伴，心裡都不免存有終於熬出頭的興奮甜蜜之情愫，未來是達成自我實現的時刻，每個人內心不免憧憬著璀璨瑰麗的圖像。然而由於研習會的成績良窳關係著自身分發的優先順序，每個學員表面上風度翩翩輕鬆悠閒，實際上暗地裡不免使出「鴨子滑水」策略，一股緊張的氛圍，迴盪在研習會的每個角落。可以說，在研習會的日子，有美麗也有哀愁。

筆者是台灣省教育廳招考校長班的倒數第2期（第89期），來自全省各縣市的錄取者都齊聚在板橋教師研習會接受洗禮薰陶。在課程上安排方面，有教育理論與實際的講授，有實務經驗的示範演練，也有學員與專家學者對話的安排。理論的課程使自己的教育理念更加飽實而有系統，前輩校長的實務經驗有助於避免自己日後重蹈覆轍，對話的機制使自身立足於學校領域的信心更為堅定。這些內容對目前校長這個職務都有一定程度的效果。

其次，校長儲訓班就是一全省校長的大鎔爐，每個人都是別人的珍貴資源，在此所建立的人脈，都是未來服務時可資運用的對象。

四、聽君一席話，勝讀 10 年書

在未擔任校長前，有些觀念和經驗也有助於一所學校的經營。

1979 年，筆者在金門服預備軍官役，在某部兵營擔任後勤官，經常要押著大卡車載送補給物品，在一次營對抗的時候，某連負責送便當的阿兵哥突然發現他放在卡車上的步槍不見了，阿兵哥緊張得臉孔鐵青手足無措，不知如何是好，副營長安撫他不要緊張，要他再仔細想一定找得到。事後副營長告訴我們一句話：「千金難買回頭望」，他說他在當連長時，一定會提醒弟兄們，在任何地方休息之後，要離開之前一定要徹底再檢查有無遺漏東西，尤其是槍枝或其他武器。後來那位阿兵哥的槍找到了，原來這位阿兵哥下車時沒有把槍一起帶下來，而那部卡車又去執行另一個任務去了。「千金難買回頭望」這句話至今我都還奉為圭臬，經常提醒自己、家人、同事和朋友。

筆者以前的論文指導老師前政大教授王洪鈞先生，曾於新聞學的課堂上提到，他因工作需要，經常一次就要寄好幾封信，因此在王老師要把信封封死以前，他一定會再把信紙抽出檢查信紙和信封名字是否同一人，以免錯置而鬧笑話。這種一絲不苟的精神，在行政上也有可以師法之處。

此外，生活中許多俗話如「人情留一線，久後好相見」、「窮寇莫追」、「登天難，求人更難」、「信言不美，美言不信」、「疑人不用、用人不疑」也都含有深沉的行政與領導哲理，在服務過程中做決策時，也都可以派上用場。

參、校務經營理念與具體策略

一、個人教育思想探源

在大學念書的時候，曾經做過一次人格測驗。有一天心血來潮跑去見輔導老師，輔導老師看看測驗結果後告訴我，我的人格特徵是順從特質高於支配特質。這個測驗似乎滿準確的，我的個性是屬於溫和順從型，故在做人處事上，都不至於太過強勢與獨斷。因此個人在處理校務或做各項決定時，除非是應堅持的事項之外，「以和為貴」乃最高指導原則，絕不挑起同事之間無謂的紛爭，不釀成負面的學校氣氛，若遇到不同意見僵持之時，則盡量溝通協調，尋求順

利圓滿的解決方式。

　　每個人以其自身的特質與學習背景，都會對教育有個人的見解，這個見解將主導他對教育工作投入的方向與深度。筆者認為自己對教育的一些了解，來自於師資養成教育和進修期間的薰陶最多，其次在教學現場教育先進的言行及個人體會也形成自己對教育的一些想法，還有，校長班受訓10週的密集課程，使個人對教育的認識更有系統，信念亦更為堅定，最後，教育當局因應時代變遷所頒布的一些教育政策，則也加深個人教育事業的執著與愛戀。

　　個人廁身國民小學20餘年，實不敢大言有何教育理念，謹將個人對教育工作的粗淺認知臚列如下：

（一）教育是為孩子構築美景、實現夢想、創造希望、誘發潛力的助人事業。

（二）教育的本質——生命的基本現象之一，人無可逃遁的生活項目。

（三）教育的功能——在使人趨向文明優雅，去除野蠻習性，回歸人性本質。

（四）教育是為使人類一代比一代活得更好的精神工程。

（五）教育活動不但使人的生活更多采多姿，也更彰顯人之所以為人的意義。

（六）教育活動使人更加認識他自己，知道要在社會上扮演何種角色，並巧妙地促成人的分工合作，使人類能互享彼此的貢獻和成果。

（七）教育工作是由家庭、學校、社會（傳播媒體）三者共同合作而成，缺一不可，只要某一方未盡力，教育效果就會打折扣。

　　這些想法要能實現，則必須有具體的策略方能竟其功。因此個人覺得要體現以上這些想法，可由以下幾個層面加以努力來達成：

（一）誠懇溝通密切協調，建立共識齊一做法；

（二）訂定校務發展計畫，依據進度確實執行；

（三）校長確實以身作則，建立師生良好榜樣；

（四）適才適用廣結善緣，組織優質教學團隊；

（五）順應兒童發展需求，建構優質學習環境；

（六）全面落實資訊教育，減少校園數位落差；

（七）實施課程教學領導，提升學生學習成效；

（八）採行知識管理策略，增進學校教育效能；

（九）落實全面品管理念，確實維護教育品質；

（十）形塑學習型之學校，增進同仁專業知能；

㈦運用服務領導理念，凝聚全體夥伴力量；

㈦鼓勵同仁進修研習，充實精進教育理念；

㈢融合家長支持力量，協助校務順暢運作；

㈣孕育優質校園文化，形塑美麗溫馨校園；

㈤設置研究發展單位，創新教學策略方法；

㈥適時激勵同仁士氣，增強夥伴認同向心；

㈦建立社會資源檔案，有效支援學校辦學；

㈧結合地方人士力量，共創學校美好願景；

㈨經常反省工作得失，增進行事品質效率；

㈩從事 SWOTA 分析，確實發揮學校潛力。

二、落實行政領導，形塑優質校園

學校行政團隊是教育工作的骨幹，所有的教學工作，必須在行政人員的有效支援下，方能順利而且圓滿的實施教學活動，才能達成預定目標。職是之故，經營有效的行政團隊，是學校校長重要任務之一。

以身作則是帶領全體教職員工的前提，每天上下學路隊，筆者一定親身參加督導，放學時段也一定都會把學生送出校門；所有的教師進修也一定親自全程參與；此外，筆者也曾以服務過程中所體會的做事 16 要訣，和行政夥伴們一起奉行努力。做事 16 要訣如下：

㈠思考要周密；㈡警覺應敏銳；㈢方向宜正確；㈣重點須把握；㈤效率重維持；㈥關懷最基本；㈦禮節要周到；㈧格局要宏大；㈨心胸要寬廣；㈩情緒保穩定；㈦精神採主動；㈦不以私害公；㈦進度常管控；㈦觀念時創新；㈦品質求精緻；㈦隨時在感恩。此外，筆者把服務與進修過程中對行政的印象與認知，提出以下 10 項從事行政的的體認。

㈠行政的精義在支援教學

學校行政一方面在執行自己的專業工作，一方面在支援教學活動，發揮教學效能。

(二)行政的本質是服務奉獻

行政在服務教師、家長、兒童甚至社區人士，發揮教學效能，促進學生有效且精緻的學習。

(三)行政的原則是以身作則

行政領導的前提是以身作則，自己做不到的，不可要求別人，亦即要做到「己所不欲，勿施於人」。

(四)成功的學校因素繁多

學校的成功，集合校內外因素，綜合多種層面，如經費、理念、用心程度、支持力量等。校內則是一景一物、一草一木，甚至每一位成員包括工友、守衛都有功勞的，而不僅是校長一人。

(五)領導者提供願景責無旁貸

領導者所能發揮的最大特色是提供正確的方向，提示瑰麗願景，以及未卜先知的能力，能防範於未然。

(六)安全至上是學校領導鐵則

領導者對於提供一個安全無虞的環境，要經常地注意、維持，要比任何人更用心思。

(七)激勵是校長領導最佳良藥

領導者運用激勵策略，可使好者更好，使差者知所警惕。

(八)溝通是學校組織的血脈

溝通是血管，訊息是血液，學校如身體，沒有血管和血液，則無生命，所以沒有溝通和訊息，就沒有學校。

(九)行政人員必備之修養

情緒管理能力（EQ）、克服逆境能力（AQ）、時間管理（TQ）、同理心、抗壓能力、自我管理、溝通能力、統觀能力、多元思考、批判思考、創造思考、幽默感等等，都是必備的修養。

(十)校長領導的最新趨勢

決策參與化、措施人性化、態度民主化、氣氛溫馨化、成果分享化。

早期校長偏重行政領導層面，對教學領導比較不那麼重視，然而進入21世紀的今天，家長水準普遍提升，對孩子教育亦相對的重視，故對學校的要求較多且標準較高，在此一態勢下，唯有經由教師有效的教學與學生有效率的學習，才可能達成鵠的。因此，校長的教學領導成效，也成為學校教學品質良窳的關鍵所在。

三、實施課程教學領導，提升學生學習成效

教學是學校最為核心的工作。

為了與教師們一同發揮教學成效，我們從幾個方面做起，其一是新教學方法的引介，邀請這方面的學者專家蒞校與教師們做專業對話。其次，經常辦理教學觀摩，提供教師互相學習切磋機會，使教師教學技巧更為精進圓熟。其三，辦理教學研究會與領域研討會，檢討教學之利弊得失，作為改進教學之依據。

課程領導，是目前教育領域的顯學。

九年一貫課程公布實施後，清楚地指出要培養具有10大能力的優質國民，身負如此重要任務的一套新課程，唯有落實確實有效的課程領導策略，才能使九年一貫課程發揮其特質與功能。

在九年一貫課程實施前後，為使全體教職員工能確實貫徹此一重大教育政策，本校著實下了不少的功夫。在各年級各領域教學內容的規畫上，依教師專長分配至各領域，訂定規畫時間表，經過充分溝通、討論、刪改，而成為該學期學生學習的主要架構。此外，成立課程發展委員會、建置九年一貫書籍專櫃、辦理九年一貫知能系列研習、實施行動研究等等，這些措施都有助於九年一貫課程的落實。

四、各項教育資源的爭取與有效運用

為了有效支援教學，本校曾由行政人員與教師共同建立了教育資源明細表，包含人力、物力設施等層面。人力資源以志工和家長會的成員為主，負責學校安全、導護、綠美化、圖書館服務，另有些家長有拼布、插花、捏麵人的專長，他們就能協助教師擔任教學工作。社區人士或家長的車輛、堆高機等，也都是學生外出比賽或搬運物品時的資源。學校經費的主要來源，除縣政府外，則是家長委員和家長會顧問、市民代表、市公所、縣議員、立法委員等，都鼎力支持協助。

此外，相關資源需求評估採用普查方式，由教務處分發各項設備器材需求表，請全體教職員工填列，經整理歸納後，提供教師最需要之設備、器材，以協助教師教學。

依筆者的觀察，學校最容易獲得的額外經費來自市民代表及縣議員，只要與家長會的人員誠心拜訪，說明用途與需求，通常都能獲得滿意的結果。

五、與外界建立友善關係

學校為一開放系統，在與外界的互動過程中，自然會受到外界的影響。評估外界影響力，使校長在校務經營上更為得心應手。筆者係經由擔任教師、主任、校長期間之所見所聞來了解，外界這些層面在平時即應維持一個友善的關係，並了解其資源種類與資源數量。有需要協助時，若能親自拜訪表現誠意，自然能得到所期望的協助。

六、整合家長會力量，協助學校發展特色

家長是學校的顧客，學校應該在符合情、理、法範圍內，盡量滿足他們的需求。家長會是學校最親密的組織，他們對學校的了解多過其他的家長，與他們維持適當良好的關係，他們將會成為學校的助力，若疏於經營，有時反而成為燙手山芋。適度參與他們的活動、聆聽他們的想法、適時行銷學校、表揚表現優異之教師、肯定他們子女在校表現、尊重他們所提意見並能盡速解決等等，是與家長會成員相處的一些重要技巧。

通常，在開學初的家長代表大會，即應把學校的教育目標、學校概況告知

家長,並且向家長說明關心校務和干預校務之差別,使之明瞭。筆者認為應該要對家長及家長會負起績效責任,一方面是負責的表現,一方面也是給自身一股奮發的動力。做法上,可利用書面資料或各種家長會之會議,說明學校概況及列舉各種績效,並對校務優劣得失做一番檢討省思。

七、對內關係經營之道

學校教育的辦理,是多數人智慧和體力的綜合體,絕對不是少數人可以擔當得起。身為校長一定要能確實整合校內人力物力,方能落實各種教學方案,達成九年一貫課程的目標。因此,對內關係的經營,成為校長工作之一重要面向。以筆者而言,通常採取如下的做法。

(一)和顏悅色——經常面帶微笑,面容慈祥和藹,真正把同仁當成自己朋友。

(二)鼓勵表揚——經常激勵老師,只要有優良事蹟,就公開讚許並表達謝意。

(三)主動問好——與同仁相遇都主動問好,順便藉以察言觀色,了解其心境。

(四)積極協助——同仁之公事私事,在可能範圍內均予積極協助,讓其放心。

(五)適時關心——教師遇到困難或挫折之時,務必伸出溫暖之手,協助解決。

(六)尊重專業——屬教師專業層面事項,則不予干預掣肘,使其能大膽發揮。

筆者覺得,與校內教師關係的維持是一門藝術,其原則應該有點黏,但又不能太黏。

八、我是孩子的大玩偶

孩子是大人在學校留下的眼睛。

學校的一花一草、一景一物,孩子都會向父母親描述,老師的一顰一笑、一舉一動,孩子都會向家人報告。校長與孩子相處不融洽,等於讓孩子一家人對你產生不良印象。不過,對孩子友善,本就是校長的天職,而不應有任何其他額外目的。

孩子的特質是個性純真、心地善良、依賴大人、充滿幻想、好奇心強。

因應這些特質,我和孩子建立了不錯的關係。當我扮演魔術師,我的戲法讓孩子嘖嘖稱奇,雖然投以懷疑的眼光,還是不得不佩服;當我穿上小丑服裝時,小孩子喜歡用手戳戳我的汽球肚,還和我摟摟抱抱;兒童節,我用管樂器巴里洞(Baritone)吹奏好聽的歌獻給孩子;一年級迎新會,我演布袋戲,學生

指指點點、比手畫腳、如癡如醉。我還扮演過國王企鵝、超人、聖誕老人等等。校長室設置遊戲角，擺放象棋、圍棋、跳棋、陀螺、竹蜻蜓、布袋戲偶，供學生下課來玩耍聊天、徜徉遊憩。

　　不過，與學生的相處宜分清楚場合，在正式場合如各種典禮、教學時段，筆者會採溫和而堅持的態度與學生對話，且輔以幽默的口吻，少採訓誡命令式的單向溝通，以價值澄清的對話方式，讓學生明瞭是非對錯，或者講述含意深遠的小故事，吸引學生吸收，又能有所體會。在非正式場合，如各種晚會、下課時段、放學後時間，我會和他們一起玩躲避球、羽球、溜滑梯，或坐在階梯上和他們一起聊天。我可以和小男生勾肩搭背，就像一對哥兒們。

　　本校操場建了一座宏偉的才藝表演台（以前稱司令台），但為了拉近和學生的距離，升旗典禮時，所有師長都不上表演台，因為學生的隊形採像部隊一樣的講話隊形，所有師長同樣站在台下遭太陽曬、讓風刮、被雨淋。

　　學生與我是親近的、是熟悉的，因為他們見到我，總是笑嘻嘻地打招呼，有的還會向我扮鬼臉，很多還會跑來抱住我。當我手伸出去，就是摸摸他們的頭。從學生早上第一次見面的溫馨的「校長早安」和下課時熱烈說出的「校長再見」，我知道，我多年的用心和努力沒有白費。

肆、環境對校務運作的衝擊與因應之道

　　現今許多當校長者都會慨嘆實在是生不逢辰。當我們讀小學時之時，老師體罰學生乃稀鬆平常之事，有些家長還拜託老師要多打自己的孩子幾下。而等到我們擔任老師時，教育當局開始倡導愛的教育，強調不可以對學生施以體罰。我們當老師的時代，校長有無上的權威，然而等到我們當校長的時候，卻已經是校園民主化了，校長不過是老師的夥伴罷了。

　　當今社會是處在所謂的後現代情境之中，政治、社會、文化、經濟等層面均與以往有很大的不同，整體而言，現在是一個反中心、反權威、反體制、反專家……的時代，anything goes，使現在的人們心裡一下子難以完全適應，因為社會道德、價值觀、傳統倫理觀念不是變形就是即將消失，令人慨嘆當年那good days 到哪裡去了。

　　在此種時代趨勢下，個人認為對學校造成以下的幾點影響：

一、校園決策民主化——打破以往校長一人決定校務的局面。

二、校園對立衝突——教師享有專業自主權,而行政人員又有倡導的任務,兩者容易引起摩擦、產生衝突。

三、教育效果很容易被抵銷——學校把正向積極的一面教給學生,但是社會上卻有很多壞的示範,如不遵守交通規則、詐騙事件、兄弟為財產而面紅耳赤告上法庭等。

四、教育人員的威望逐漸式微——家長教育水準提高,獲得知識的管道多元,教育人員的重要性乃相對降低許多。

為因應此一態勢,筆者採用民主參與的領導方式,凡事多徵詢教師和家長意見,遇有紛爭或齟齬,則請當事人當面溝通協調解決,務求達到和諧而圓滿的境地。

因此,筆者服務 6 年來,學校在一片溫馨和諧的氛圍中運作發展,獲得許多具體成效,諸如國語文成績優異、各項社團表現傑出、校園平安零事故、家長積極認同學校、各種競賽都名列前茅、校務評鑑榮獲優良等等。

伍、有關價值與倫理的思考

行政決定攸關一位學校領導者的成敗,故校長做決定時應有其判準。筆者做各項行政決定時所秉持的原則如下:

一、學生受教權優先原則。

二、可行原則。

三、公平原則。

四、經濟原則。

五、績效原則。

當家長、學生、教師及外界各項需求有所衝突時,筆者都是以對學生最有利的方向來做決定。資優生和學習不利學生需求有所衝突時之情境,本校未曾發生過,不過若是發生在本校,則我做決定的準則是犧牲資優生來維護學習不利學生,因為既已是資優生自有其潛力,我們不必太過擔心的。

做任何決定,均以「有利於學生,有利於教育」為前提。

陸、發展學習社群，奠定專業根基

對於教師繼續進修，個人都公開積極鼓勵，並且以身作則。筆者曾修習一個文學士學位（大眾傳播學）、一個教育學士學位，及一個文學碩士學位（大眾傳播學），目前也已修完國民教育研究所學校行政碩士專班學分，現正撰寫論文中。校內目前也有 1 位主任獲得教育領導與發展研究所的碩士學位，還有 1 位在美國大學修習課程與教學碩士，即將畢業，他尚有攻讀博士學位的意願，目前正在努力爭取獎學金。在國內各研究所碩士班就讀的教師計有 5 位，進修風氣可謂鼎盛。

本校也組成行政人員讀書會，由輔導室主辦，依個人專長及興趣，分配主題，定期發表及相互討論。

柒、學校推動德智體群美的具體做法

不管舊課程或新課程，都是以德、智、體、群、美五育為主軸，這是極為明顯的事實，雖然有人戲稱九年一貫課程沒有道德這一領域，是「缺德」的課程，不過德育是要在生活中實踐，父母、師長的身教示範就是最好的道德課程與教材。就課程結構而言，九年一貫課程明顯以智育為大宗，時間數最多，其餘德、體、群、美則時間數相對少了許多，故若說是「均衡發展」則絕非事實，了不起是「並行發展」罷了。對於新課程的實施，學校並沒有多少自主的能力與空間，是故對於五育的推行，則著重教學正常化、落實多元評量、成就感教學、發展多元智慧，在全體教師兢兢業業的的奉獻下，似乎尚未見到所謂困難之處。

捌、形塑優質學校文化

學校文化是一不太容易定義的名詞，依個人粗淺的看法，所謂學校文化就是學校經常長時間發展運作之後，能被他人與自己所見所感覺到在有形與無形

兩方面的具體表現和作為。

面對學校傳統的傳承，筆者所依循的原則，仍是以大多數成員的的意向為主，對於學校的校徽等固有的標幟，決不擅意更改，筆者對之前的 2 位校長，除了尊敬與稱讚，就再沒有其他的言語，這是個人服務過程的原則與堅持，也是教育人員應有的特質與表現。只要有重大活動，2 位前輩都還會回校參與，與我們這些後輩們寒喧幾句，使我們備感溫暖與安慰。在準備考校長的口試題目有一題是這樣的：「當你被遴選到一所學校後，你所要做的第一件事情是什麼？」這一題我們有一罐頭答案：「我會先把整個學校上上下下、裡裡外外徹底巡視一遍，以了解學校環境並發現有無需要改進之處。」是的，經由學校有形環境的了解，再仔細分析學校過去種種表現，及成員的專長與特質，即可了解學校尚可發揮的空間是在哪裡。

玖、學校家庭兩者兼顧，迎向人生美好境界

個人認為，營養均衡、睡眠充足、適度運動、聆賞音樂、閱讀文學是身心健康的秘訣。工作的成效與家庭的美滿不一定是衝突的。在報考之前，一定是家人也採認同與支持的態度，才會有如此的舉措。校長忙不忙碌，有時決定在自身的判斷與抉擇，在各種行程之中，一定要親身參與的才自己參與，可委請主任代理的則請主任代理，能不必參加的，自然就免了。人生本來就是不斷的抉擇所累積起來的，人的每一個作為都一定含有機會成本，家庭幸福或美滿的條件也不一定就是全家天天在一起，縱然同一個家庭的人也必須有自己的暗室，必須自我成長，必須有孤獨靜默的時刻。因此校長的忙碌，不必然會引起家人的反對，家裡有人能達成自我實現的境地，這種圓滿結果反而更增加家庭成員的尊榮感與凝聚力。或許我們可以如此解釋，在夫妻都屬高學歷的狀況下，反而要有更多的私人時間，從事個人職務所需，也就是這種夫妻的相處，重於質的好壞，而非量的多寡。

拾、校長功夫哪裡來

　　當校長的功夫到底是自己學來的，或是他人教出來的，是一個值得思考的問題。就筆者而言，應該是自己觀察學習占較大部分，很少校長會刻意教人如何當校長，而儲訓班的授課時數所占比例也不多。在筆者擔任教師與組長期間，總共與 5 位校長共事過，擔任主任其間則追隨過 3 位校長，這些校長各有不同人格特質，領導風格也互有差異。由於主任的角色會與校長更為接近，故筆者認為當主任其間，校長對我的影響應該是更大的。回想起來，這幾年的校長生涯，有些場景的演出幾乎是出自當時校長的模式，如所做的決策、危機處理策略、某些場合的表達話語等等。

　　領導是一門綜合的藝術，所該具有的知識內涵是無窮多的。若要詳細加以分析，則校長應學會的內涵，筆者認為可包含下列各領域知識：

一、教育理論與實際——這是教育理念的源頭活水。

二、教學原理與評量方法——此為做好教學領導最基本的科目。

三、教育法規與法律常識——可使校長們避免觸法而不自知。

四、學校行銷與公共關係——現在已經是學校行銷的時代。

五、資訊科學與網路教學——多用網路則可少用馬路。

六、教育哲學與人生哲學——使校長們留在教育界的決心更加穩固。

七、校園規畫與設計實務——境教亦為教育工作重要之一環。

八、主持會議技術——嫻熟的主持會議技術，使會議效率提高，各項問題獲得完滿解決。

九、現代文學寫作——校長經常要致詞及寫文章，修習此門使談話更有深度內涵，文章辭藻更為華麗而能吸引他人閱讀欣賞。

十、口才訓練——校長經常要面對許多層面的人與事，流利的口才，除了給人良好第一印象，說話也較能把握重點，同時也是說服他人的要訣。

　　如果我擔任師傅校長，我會鼓勵別人以下 6 個向度來當個優質校長：

一、涵養優良人格品德，供作師生學習楷模。

二、充實豐富學識內涵，陶融正確教育理念。

三、落實自我反省實踐，檢討工作實施成效。

四、廣泛結交良師益友，經常互相請益諮詢。

五、調養個人健全身心，邁向美麗幸福人生。

六、維持達觀開闊胸襟，拓展長遠瑰麗視野。

拾壹、校長的最大貢獻

就個人在教學現場的體驗，校長的最大貢獻如下。

一、是老師的靠山與支柱

老師服務過程中，課業與管教上與家長有意見上的差異，只要家長告訴我這樣的訊息，我都站在客觀公正的立場加以分析，讓家長服氣，也就不至於再繼續和老師有所爭執。

二、明智理性的行政決定

所做決策都有助教學品質的提升，有助於教師士氣的激勵，而且沒有負面的反應產生。

三、形塑溫馨快樂校園

教師快樂的教，學生輕鬆的學，家長放心讓孩子到學校。

四、防患於未然，見人所未見

這個修養使得校園平安零事故。筆者是「蝴蝶效應」的忠實信徒，只要國內外有安全事件發生，一定蒐集案例分析研判，並向師生宣導，避免事件重演。

為了使筆者的影響力，對學校對教育的貢獻極大化，筆者秉持下列六項特質，作為校長之路的圭臬，並以此與教育先進共勉。

㈠決心──是起步的原動力。

㈡毅力──是奮鬥的催化劑。

㈢堅忍──是持久的強心針。

㈣遠見──是前途的方向盤。

㈤愛心──是致勝的吸引力。

㈥反省——是錯誤的修正液。

拾貳、停筆之前

歷史不可能重演，時代不可能複製。

時間一直在流逝，觀念隨時在更新，價值不斷在改變，知識天天在創發。面對此一現實，身為一校之長，回憶過去，可以，和過去比較，可以。面對此一狀況，身為一校之長，感嘆何以如此，沒必要，希望回到過去，沒必要也不可能。

處在21世紀的校長，沒有回頭的權利，沒有懊惱的機會。處在21世紀的校長，唯有隨時充實自己，秉持教育良心，跟隨政府政策步調，以瑰麗的願景、周全的思維、精緻的向度、穩定的步伐，以教育界的一分子自居，與老師、家長共同打拚，走向教育不可知的未來。

身為人類，唯一相同的任務，就是選定一個角色扮演，走一條自己該走的路，而且，忠實地扮演那個角色，漂亮地走完那一條路。沒有後悔，不用回盼。能夠如此，就連老天爺也沒有什麼話說了吧！

教育，是唯一不用我們操心憂煩的一個東西，它，自然會跟隨那個時代的所有條件，形成它所應有的——那個樣子。

因為——歷史不可能重演，時代不可能複製。

作者簡介

出生：台灣省台中縣沙鹿鎮清泉里。

學歷：台中縣沙鹿鎮公明國民小學、沙鹿國民中學、新竹師範專科
　　　學校國教師資科、國立台北師範學院初等教育系輔導組學士、
　　　輔仁大學大眾傳播學文學士、大眾傳播學研究所文學碩士、
　　　國立台北師範學院國民教育研究所學校行政碩士班肄業。

簡要經歷：曾任小學導師、教學組長、資料組長、教導主任、訓導
　　　　　主任、總務主任、輔導主任。借調台北縣政府教育局國
　　　　　民教育課1年。台灣省第65期主任班、第89期校長班。
現職：台北縣安溪國小校長。

校長之路快樂行

何秋蘭
原任台北市修德國小校長
現任台北市永安國小校長

壹、前　言

　　「教育家的風範、企業家的經營、宗教家的奉獻」，是我初任校長第 1 年對校長圖像的自我期許。我也常反思校長的價值何在？是頭銜？是光環或是使命？迨至校長退休，若仍能得到曾經服務過學校的教職員工、家長及學生們的尊敬與感念，那才是我心目中理想的好校長。

　　回顧服務 32 年的國小教育，從年少輕狂豪語──「我也會當校長」開始，到當主任，爾後我參加過數回的校長甄試，經歷官派校長年代的多次甄試落敗，直到校長遴選時代來臨的第 2 年校長甄試錄取，終於在 48 歲踏上台北市國小校長之路。

　　目前在台北市 40 班的中型學校擔任校長第 5 年，我勝任愉快並獲得學校老師、家長及小朋友的喜愛，和教育局長官的讚美與肯定，願藉此分享我的校長經驗。

一、校長的醞釀期

　　若問何時有當校長的念頭？醞釀期有多長？可從不同職務階段敘述之。

(一)從級任教師看行政

　　師專畢業隨即分發到台北市大型學校任教，當年學校行政作風官僚，主任權大位高，推動校務無須溝通協調，只需一紙令下老師就得全數配合，不敢絲毫有所推辭。若想分派好的職務，平日還得巴結主任討好校長。

當年我雖是第 2 年的資淺教師，但因師專曾選修學校行政，對於學校行政知所一二，實在看不慣學校行政的官僚作風，遂向學年老師發下豪語說：「校長如果這麼好當，我也會當校長。」孰知年少輕狂的不平則鳴，竟成為走上校長之路的起心動念。

(二)從主任角色看校長

擔任級任老師 12 年，在毫無行政經驗的情況下，一試考上主任甄試，當了 15 年的主任，歷經 4 位不同領導風格的校長。有的圓融善於溝通、親和力又強；有的個性孤僻難溝通；有的權威又無建樹，有的學術專業聲望高。

不同的校長領導風格，展現不同的學校文化與氛圍，果然是「有怎樣的校長，就有怎樣的學校」。擔任主任期間，不論是主任工作的實務經驗，或在師院國教所修習的學校行政，對我個人的教育理念及校務經營的認知，都有著深刻的啟發；我確信有朝一日自己必定是一位好校長。

主任畢竟僅是校長的幕僚，若想實現個人的辦學理念，就得更上層樓考取校長資格，所以縱然在多次的校長甄試挫敗，我仍一再的鼓起勇氣應試，希望有機會實現自己的辦學理念。

二、校長儲訓的省思

台北市教師研習中心對校長儲訓期間的課程安排相當用心，許多的儲訓課程都有助於初任校長的專業成長；尤其在就任校長之後，儲訓課程的典範校長的經驗分享以及師傅校長一對一的 1 週實習課程對我的影響最深。

不同的典範校長，分享不同經驗的校務經營，我從各校不同的實務分享中，體悟到校長的難為及應為。當時雖然不確定自己是否能勝任校長的職務，但是典範校長們的勉勵期許以及「要進廚房就不怕熱」的啟示，已經給我做了一個很好的心理準備。

迨至校長上任之後，我最為感謝的是師傅校長實習期間的傾囊相授；在一對一的 1 週實習，我亦步亦趨的跟隨師傅校長全天候觀摩學習。師傅校長的身教言教，我看在眼裡聽在心裡，他親切優雅的氣質，以及營造溫馨和諧的校園氛圍，令我欣賞。爾後我當了校長，5 年以來每天清晨站在校門口迎接學生上學，以及待學生、老師及家長的親和力，和溫文儒雅的氣質，都是得之於師傅

校長——胡應銘校長的深刻影響。

　　師徒制本是候用校長到師傅校長的學校，接受一對一的觀摩學習；但這層師徒關係，一直到我擔任校長之後，遇到了校務的疑難雜症，第一個請教的也就是師傅校長了。師徒制是幫助初任校長校務經營積極成長的好制度。

　　至於儲訓期間，有位典範校長在分享處理校務困境實例，所告訴我們的一句頗有擔當的話——「面對問題，解決問題」，也深深的影響我日後面對學校困難事情處理的心態。我把「面對問題，解決問題」視為大有為校長應有的處事態度，因此我面對問題時，勇敢的接受挑戰，認真的解決問題。儲訓當時我怎麼也沒料到這8字箴言，竟讓我磨練成為一個有擔當、有肩膀的好校長。

三、校務經營的理念和具體策略

　　我個人深信「教育之道無它，惟愛與榜樣而已」。教育的對象是人，而教育的成功，必須教育工作者人人心中有愛；教育也是以心換心的心靈工作，老師若有愛心，又能以言教、身教為學生的榜樣，如此的教育才能感動人，也才能真正培育出心中有愛的學生。

　　校長行政領導的成功與否，並非取決於具有多少高深的專業知識，而是端看校長是否具有領導者的人格特質。如：善於溝通協調，具有親和力，有好的情緒智商、寬大的胸襟，良好的人際關係等。

　　以下就本人校務經營的實務經驗，分別述之。

㈠經營有績效的行政團隊

　　「行政支援教學」是行政團隊應有的服務理念，然而各處室行政如何有效支援教學，且讓身居教學第一線的老師能有所感受，是我對行政團隊的首要要求。基於以上的理念，我先從制度、態度、人員及資源方面著手改善。

　　首先我要求行政團隊，在公文的處理上要重時效，並要求文書組長，月末必須統計分析各單位歸檔的公文，讓統計數字呈現各處室公文處理的績效，實施公文績效考核之後，行政效率果然倍增。其次在行政服務的態度上，要求主任及組長，務必養成主動積極、令顧客滿意的行政服務態度，不能等待老師或家長來被動的要求行政；為了提升服務的滿意度，還特地設計一份需要行政支援服務的申請表，只要有老師提出服務需求，行政幹部就一定要想辦法全力支

援協助。

　　行政團隊的運作，人員的因素也是很重要；所以在學校人員出缺時，公開招考，杜絕人情關說，慎選學校所需人才。在我擔任校長的初期，招考晉用了 2 位專任組長和 1 位工友。每逢有人員出缺時，我會先針對學校目前的人力需求做通盤檢討，再就需要的人力條件訂出徵才標準。因此，我陸續有計畫性的晉用 3 位新夥伴，都令大家十分滿意，在往後的行政工作上也確實發揮了極大的助益。

　　學校資源的有效分配運用，也是不容忽視的一環。通常校內的許多爭議，因於資源的不均或不足；所以我嚴格要求校產要一一登錄列帳，並做合理的分配，讓資源能充分發揮效用。在管理維護上，也要求專人專責，並設有各類維護管理的日報表及週報表，以落實各部門的績效考核。

(二)引領多元創新的課程教學

　　在九年一貫正式實施前，本校即積極參與九年一貫的試辦課程，校長親自擔任群組的中心學校召集人。老師們在學校辦理的各項講座中，有機會經常獲得教授及專家的蒞校指導。由於校長是負責推動群組學校的各項課程計畫，本校老師也就因而成為帶動群組學校課程發展的火車頭。因此九年一貫的試辦以及正式課程的實施，本校一直都處於引導的地位。

　　本校在綜合領域方面，鼓勵老師自編教材，多元活潑而富創意的綜合活動，成為本校的特色課程，也是全校學生快樂學習的活動課程。校長支持並鼓勵老師全心投入教學活動，以公假推派老師參與各項的研習進修，讓老師們在教學及進修方面能相得益彰。期末的課發會，則安排各領域老師做教學經驗分享，老師們相互觀摩學習，並將分享的內容做成教學資源檔，提供老師參閱。

　　本校老師的課程教學多元活潑，深受小朋友的喜愛和家長們的肯定。但是老師們往往投入教學的心力勝過研究，因此學校在推展行動研究方面很難有所發展，這是我亟需努力突破的地方。下學年度，預計帶領部分有積極研究意願的教師先行推動，讓這群種子教師來影響其他的教師夥伴。

(三)優先關懷學生的特殊需求

　　所謂教育機會均等，是讓每一位學生得到他應有的個人學習需求。基本上

在學習的舞台沒有學生會被遺忘或漠視，老師珍視每一位學生，因此在各項學習活動中，學生們都有自己的展現舞台。

每學期初，輔導室一一調查優先關懷的學生，為他們安排必要的輔導措施及申請社會資源。學校教師成立愛心基金，幫助社經不利、經濟弱勢的學生。對於特殊學生的需求，學校除了尋求教育局助理教師的人力支援之外，資源教室及普通班融合教育的成功推展，使特殊學生得以在愛與尊重的教育環境中，快樂而有尊嚴的學習。

㈣共創三贏的校園氛圍

學生是教育的主體，不論是行政、教師或家長，都應尊重學生受教的主體性，共同維護學生的受教權。家長及家長會是教育的合夥人，教師及教師會和學校行政職工是學校團隊的好夥伴。在校務經營的思維上，學校事務的決議，應以學生的學習為考量；站在教育合夥人的立場，若有所爭，任何一方都應擁有適切的參與空間，避免單方面的零和遊戲。

面對行政、教師會、家長會三方校務的參與，校長運籌帷幄必須圓融謙沖，立場要公正不偏，把握家長參與而不干預的原則，對於老師則需給與真誠的關懷和讚美。本校教師會長每週參與行政會報，了解各處室主任報告的行政工作，並提供教師的意見。家長委員則每個月列席處務會議，充分了解學校的行政事務，以便積極協助校務推展。我為了要讓全校教職員工感受到校長的個別關懷，我會在每位教職員工生日當天，親自贈送壽星生日卡及禮物，並祝福與讚美老師。

㈤掌握組織的變革契機

「21世紀唯一的不變即是變」，這句話是我剛到這所學校就不斷傳達的一個觀念，希望學校行政及老師要有前瞻的想法，也要有應變的勇氣。

在多元參與、決策民主的時代，做任何討論或決議之前，宜多運用非正式溝通凝定共識。未正式浮到檯面的問題，大家若能在事前即達成共識，則會議的進行就成為形式的程序。任何會議，應鼓勵大家提出個人或單位的意見；校長在主持會議時不宜先有偏見，心中更不宜預設答案，處理事務立場要中立，言語要中肯，讓與會的成員受到尊重，如此議決的事項，大都雖不滿意亦能接

受。

對於上級單位交辦的事情或學校想要發展的事項，首先應向行政團隊提出說明或先加以討論，如此推動到老師層級時阻力會變小一些，而助力也會相對的增加。在推動變革或參與對外比賽活動時，為了要幫助老師獲得更多的成就感，行政夥伴往往投入加倍的心力，協助老師們完成許多費時費力的瑣事，以增強老師的信心，減少挫折感。

愛與藝術也是學校發展的特色，本校老師年輕、熱忱有活力，並且大都為初任教師，相當投入教學工作，對於學生的愛心關照，常令家長為之感動，因此校園的溫馨氛圍，是老師樂在教學，小朋友喜歡上學的原動力。

抱持環境造人的境教理念，把校園營造為一所優質的學習環境，讓學生在優質的境教中潛移默化變化氣質，這也是我積極推動的校務之一。我在擔任校長的第 1 年，就把歷屆畢業美展作品，懸掛在校園，年復一年畢業美展作品布滿校園，藝術校園成為最具特色的優質境教。逐年完成的校園整修工程以及整體美化綠化的維護，校園之美成為人人稱羨的學校特色。

(六)建立親密、信任的師生關係

個人認為小學教育的對象是孩子，若校長經營學校不能貼近孩子的心靈，又哪能了解孩子們的真正需要呢？所以我就任校長開始，即每天清晨站在校門口親自迎接小朋友上學，希望讓孩子們上學有被歡迎的感覺。5 年以來，每天和小朋友在校門口見面所建立起來的親密關係，校長和小校朋友的感情像家人一般，而對全校 1,000 多位學生，我都十分熟識而不陌生。

校長和全校小朋友建立了親密的信任關係之後，學校推動的活動，就常以和校長合照，或和校長共進午餐成為最受小朋友歡迎的獎賞。輔導室推動的榮譽制度，還特意安排獲得最高榮譽獎的小朋友，可以坐在校長的寶座和校長合照。於是愛心志工的子女或班上有特殊表現的學生或需要特別獎勵的小朋友，都可以由輔導室安排「與校長有約」的午餐約會。小朋友們把和校長共進午餐視為最高的鼓勵，而我在與小朋友共進午餐的活動中，小朋友們反映的心聲，其實對我在校務經營的思考上，較能站在孩子的角度看問題！

四、校務經營的面面觀

　　校務經營看似簡單實為複雜，在準備校長考試那段期間，以為讀遍群籍，榮登金榜，就可以安穩當上校長；其實在實際經營一所學校之後，才知道考試所讀的理論只不過是一塊敲門磚罷了，真正當校長的功夫，還得在實務現場接受考驗。以下就校務經營的實務面，提出個人的心得和大家分享：

(一)校務經營的法律層面

　　校長雖以行政及課程領導為首，但校務經營需要接觸的法律層面，也是不容忽視的；否則執行公務稍不慎違法犯紀，豈不遺憾！

　　我很慶幸大學時代念的是法律系，所以比其他的校長較具法學素養，閱讀法條或詮釋法規，對我而言並不困難。知法守法的認知，以及家長、老師們知道校長是法律系畢業的高材生後，所投以尊崇信任的讚嘆，是我在法律系修習時，所未料及的附加價值。

　　由於校長本身具有法學背景，又在擔任過總務主任職務時熟悉《政府採購法》，所以在面對法律事務方面，我法學背景的實質優勢。在處理學校事務上，若有涉法所規範的則依法處理，若無法規限制的則以教師需求及學生主體為考量，在合理的範圍內，兼顧情理。凡有所爭議的事項，不得牴觸或曲解法律；除卻法規之外，大家都可以坐下來好好談。校長是學法律的，本身又對法規遵行嚴謹，久而久之，學校教職員工及家長的法治觀念也因而建立，甚至老師們在法律知識不足的情況下，經常會請教校長有關教師權益的法規。

　　在《政府採購法》頒布之後，總務採購都須依法行事不得有所逾越，然而總務工作繁瑣及法律條文的多如牛毛，是擔任總務部門者的一大難題。擔任校長5年以來，我以過來人的經驗，栽培了2位總務主任，而在總務主任養成期間，最需要校長給他指導的即是《政府採購法》的了解及對條文的解讀，還有契約訂定的審核。這些涉法的事項，在教師及主任培訓課程裡是甚少涉及的，所以，學校有一位具法學素養又有政府採購法實務經驗的校長，學校的總務工作也就成為行政業務的強項了。

　　校長是公務員，執行公務必須依法行事，若校長本身對法律或法規認知有所欠缺，其實是不利的。有些老師或家長，若具法學背景，而校長若在不知法

的情況下做決策，是會受到質疑的。建議教育局，可以辦理一些法學課程，來提升校長們的法學素養和法律常識。校長本身若覺法律常識不足，也可以到大學院校修習相關法學課程，增進個人的法律素養。

(二)校務運作的環境層面

校長因應社會變遷所面臨的衝擊，不可不知，更應預先防備，尤其是這幾年政治和經濟的因素以及社會現象和多元文化的推動，在校園裡所產生的質變與量變，是校務運作必須有所警覺之處。

校園裡老師們的政治立場，家長們的政治認同，已不再單一單純化，力主校園政治中立是校長、老師及家長必須一致遵行的原則。校長不論是對政治問題或涉及老師們次級文化的紛爭，都要維持中立原則，避免捲入紛爭的某一方；學校是教育的場所，而非勢力角逐的是非之地。否則校園的亂象，就會從教師會或家長會裡引發，形成校園的不和諧。

對於社會亂象或經濟衰退所帶來的衝擊，我是不斷藉助教師早會傳達教師的應有的作為，讓老師們以愛和榜樣成為學生的經師與人師。並且在學校的輔導措施上，優先關懷弱勢者，減輕家庭社經不利因素對學生的影響，並且主動爭取經費，以支援教學活動的推動，及充實教學設備等。

面對多元文化的入主校園，推動鄉土語言教學，不得因校長或老師的喜好設科，必須以學生及家長的需求為開班設課考量。師資不足的部分，則爭取教育局支援教師的經費補助；目前本校各年級都有開設閩南語、客家語及原住民語的鄉土語言課程。文化的多元性，充實了學生學習的內涵，而深耕閱讀的推廣，更把文化學習的觸角延伸到國際化，打開了學生學習的視野和胸襟。

對於外在環境的變遷，校長必須先啟動內在環境的動念，突破以往封閉的經營思維，敞開校門勇於接受環境變遷的考驗。校園在變動中的因應之道，是需要先改變學校教職員工的觀念和態度，過度安逸的校園會形成煮蛙效應而不自覺。校長要有先知先覺的敏感度，不要等到家長或老師提出要求後才做改變。學校應該走在時代變遷的先端，以因應環境變遷的步調。

雖然學校是教育政策最末端的執行者，但各項教育政策如何轉化到校園裡實施，需仰賴校長或老師是否以正向而富創意的心態去接受。我經常鼓勵教師創新求變，並安排許多老師們想要的研習進修，對於願意主動積極參與實驗行

動的教師團隊，學校會給與最大的肯定和協助，讓成功的經驗，強化教師勇於接受挑戰的信心。

我希望教育部或教育局在推動各項教育政策或行動方案時，能多籌措經費及訂定實質的獎勵辦法，讓願意配合政令的學校校長有更多推動的籌碼。這幾年，學校在資源有限的條件下，我不斷的鼓勵教師群及行政團隊，主動參加教育局或教育部推動的各項行動方案。學校在經費、資源方面因而相對增加，這也是本校配合政策推動的另一項收穫。

(三)學校文化的精神層面

在校長任期內，要想完成校舍環境的改造只需有錢即可成事，但要塑造優質的學校文化，則非發揮校長為學校靈魂人物的影響力不可。

初任校長之際，我常以福祿貝爾的名言「教育之道無它，唯愛與榜樣而已」自勉，且以「教育家的風範」自我期許，凡事以維護學生的受教權為最大的考量。我自律甚嚴，但對部屬及教師或學生則極為包容，在尊重個體的原則下，圓融地維護行政決定的合宜性與適切性。

在這所校齡不及 10 年的學校，我是第 3 任校長，自許校長的階段任務為永續經營，以致提出多元、創新與卓越的學校遠景，主張年輕的校齡，應是尚在建構階段，不宜固著學校的傳統，要老師勿過度沉迷既有的成果，對任何質疑或爭議的事務，都可以提出個人的看法，一旦做成決議之後，則必須遵行。

我把學校視為大家庭，也是大團體，所以我特別重視大家庭的氣氛，以及團體的動力。我把學校人的因素看得很重要，因為做事常比做人難；如果校園內部人的因素沒有安頓好，要談校務推動常是難之又難。目前本校的教師文化積極正向，在溝通協調方面且能秉持理性和諧的角度思考，彼此相互尊重，共創雙贏。

學校教職員工以服務顧客的觀念，來服務學生和家長，尤其行政團隊的服務態度和行政績效獲得家長及教師的滿意度很高。自覺學校可能面臨招生競爭及少子化的衝擊，努力於學校行銷是近幾年來全體教師和家長們的共識。舉辦創意開學日活動，家長參觀教學日，多元活潑的教學活動等，都是提升學校知名度，爭取學生入學的積極做法。

校長個人的辦學風格以及學校聲望，也是提升學校知名度的重要因素之

一，我以民主開放，充滿活力的領導風格，親近學生、老師及家長，讓大家感受到校長的親和力和辦學用心。學校在台北市的各項比賽常有很好的成果，校長在辦學績效及個人領導風格的展現上，獲得家長及老師的好評，因此校長實至名歸的成為推動校務發展的靈魂人物。而這2年學生的就學率不但沒有流失，反而陸續提升，校長的辦學魅力，也是家長選讀本校的考量因素。

(四)多元發展的教學層面

「把每一個孩子帶上來」，永不放棄任何一個修德的孩子，是我對教師教學的基本要求，修德的小朋友能充分得到老師的愛與接納，每個孩子在學習舞台上都是閃亮的主角。

老師對孩子的學習成果，不做選擇性或明星式的鼓勵；每班教室的成績公布欄上，有每個孩子的作品；同學間相互觀摩學習。在這個學校多元智能的發展備受重視，不論是表演活動或社團選拔，避免人才集中式的明星選拔，孩子只要有興趣，都可以報名參加。多樣化的社團活動，讓孩子們在探索學習中，找到自己的強勢。

學校推崇多元智慧的發展，對修德的小朋友而言，鼓勵五育均衡發展是具體的行動。學校沒有競爭只有合作，學生沒有明星只有學習的主角。雖然家長們面對升國中後的課業壓力，希望學校多加強國語數學的能力；但是我在許多親職教育的場合上，一再呼籲家長，重視小學教育應以生活教育、品德教育為主；並以學生樂於學習、主動求知為主。但是家長們看到周邊學校不斷的朝國語數學方面加強學生的升學競爭力時，對學校多元活潑的教學未免也會心存疑慮，這也是學校課程發展上，面臨是否需要有所修正或轉型的考驗。

本校的畢業典禮一向學生人人有獎；雖然獎品數量幾近200份，但是讓每一位畢業生能在師長的獎勵中完成國小第一階段的學習課程，相信是孩子學習生涯的成功經驗和美好回憶。每年看到修德的孩子們，自信滿滿的離開校門，我內心有無比的感動和欣慰！

因應資訊來臨的e化校園，不論是電腦行政化或資訊科技應用於各科教學，在近幾年的校園都面臨到很大的衝擊，尤其許多老師們在師資養成階段，並沒有接受到資訊課程，要想在短短的幾年內，要求老師資訊素養全面的提升，學校行政如何幫助老師完成這麼龐大的任務，就得發揮火車頭推動的力量了。

　　學校資訊教育推動的初期，我積極選派具有資訊素養的少數老師擔任資訊種子教師，利用週三下午或課後做有計畫的培訓，並且鼓勵老師參加各類資訊行動方案或競賽，如：接受教育局的資訊評鑑及教育部的資訊種子學校申請等，一方面提升學校教師的資訊能力，另一方面則可以爭取資訊經費的補助。老師在校長的策略引導下，明白要接受評鑑就得有所成果展現，所以透過多次專家及教授們的蒞校指導，老師們對資訊融入教學及學校行政電腦化等的信心大增，而學校資訊教育的推展也因而圓滿順利。

五、校長之路快樂行的相關因素

　　擔任主任是奉行校長辦學理念，謹守幕僚輔佐原則，以致無法知道自己有多少校務經營的實力；擔任校長之後，擁有屬於自己的舞台，我沉穩的領導風格以及交出亮麗的辦學績效，讓許多往日的行政夥伴刮目相看，也應證了我果然是一位好校長的自信。

　　今年，我擔任校長第 5 年，在 40 班的學校，能把學校經營得令家長稱道，著實欣慰。校長之路何以能如此快樂行，以下相關因素足以為道。

(一)得力於資深前輩校長的指導

　　在擔任校長之前，有幸在資深優秀——戴寶蓮校長帶領的行政團隊，擔任 5 年主任。戴校長是台北市極具聲望的優秀校長，她穩健的校務經營能力以及高度專業的教學領導風格，使我在主任工作期間得到諸多的啟蒙。在初任校長的前 2 年，我雖然不能天天親自就教於戴校長，但我重拾過去的行政經驗，回憶戴校長處理校務的種種情境，猶如倒帶的影片，一件件的擷取學習的範例，再融合為自己的決策。

　　資深前輩校長中，除了戴校長是我的直屬長官之外，多位當年因準備校長考試，同為讀書會的校長朋友，也是我初任校長的諮詢導師；而儲訓期間的典範校長和正式受教的師傅校長，更是我遇到學校諸多疑難雜症時的最佳導師。

(二)具有成功領導者的人格特質

　　我個性活潑開朗，有很好的情緒智商，不發脾氣。行事風格民主圓融，因此，能經營出溫馨而和諧的校園氛圍。本身律己嚴但待人寬容，重視人際關係

的和諧。在學校行政、教師、家長三足鼎立的局面能有效掌握三方的均勢，並能運籌圓融而無所偏頗，遵行「處是理性、待人感性」的原則，以大格局的氣度，成為學校最具影響力的靈魂人物。

(三)身心健康及家人的支持是強有力的後盾

女人擔任行政工作本是一件辛苦之事，若無家人的全力支持相信也是很難登上校長之路。我是屬於幸運的女人，不論是娘家或夫家，所有的親人都是一路支持我擔任行政職務，不論是「吾家有女當校長」或是「吾家有妻是校長」，父母、先生及子女們都以我擔任校長為榮。

由於我在孩子都已成年之後才擔任校長，所以並無後顧之憂，我常幽默自己「現在每天只做校長這一件事」，晚年當校長正是我可以放心全力以赴的時機。我每天將近 6 點下班，先生為了體諒我擔任校長的辛勞，主動分攤家事，並且晚餐改採外食方式以減輕家事負擔。先生以疼惜的心情，來照顧我這位太太校長的生活起居。

校長的工作雖忙碌，但身心的健康更不容輕忽，這 2 年，我養成 1 週運動3 天的好習慣，勤打網球、練游泳。週休 2 日則常逛書店，閱讀新書，偶爾和先生共享美食。身心得以適度的紓解，校長生活其實也甚為愜意！

(四)勇於省思和自我要求是經驗智慧的累積

初任校長第 1 年，我養成寫工作日誌的習慣，遇到困難或疑議，除了請教前輩校長之外，自己花很多的心思在尋找解決問題的方法，並且做成工作備忘錄累積經驗智慧。

我嚴謹的解決每一個問題，並且從問題解決的經驗中，累積自己校務處理的功力。我以堅定的信心，面對問題、解決問題，絕不因解決眼前的問題，而衍生出另一個麻煩事。所以，我初任校長的第 1 年，就有許多校長同儕說我「不像是新手上路」。校長儲訓當年，我比同一期的校長儲訓的同學，早一年被遴選為校長，因此第 2 年擔任校長時，我已是第二批上任校長的辦學顧問了！

貳、結　語

　　擔任校長是安慰親心，也是我個人生涯規畫的自我實現。5 年以來，獲得諸多肯定的辦學績效，應驗我是好校長的自我期許。在生命的舞台，我體會到站得更高，才能看得更遠的道理。我常鼓勵年輕的主任們，告訴他們校長之路是值得追尋的途徑；唯有親自站上校長的舞台，才能真正知道自己是不是一位稱職的好校長，我自認校長之路是一個值得自我挑戰的生涯規畫。

　　「擔任校長是影響力的發揮」這不但是當年考試時拿來套用的佳句，而今我真正看到了校長的辦學理念以及人格感召，在校園裡發揮了影響力。縱然在這變遷的時代，校長甚是難為，但我不後悔躬逢其盛的在這遴選時代擔任校長。對於未來想當校長的主任們，我倒建議各位無須急著考上校長，應先充實嫻熟豐富的行政經驗，並要培養個人成功領導者的人格特質及良好的情緒智商，和基本的法律常識。

　　反觀現在許多在職校長，同樣具有豐富的專業素養，但校務經營仍常難如人意。其實校務經營的成敗常取決於校長的人格特質，希望校長培育機構未來在規畫校長培育的課程實，不妨多朝向心靈層面的成長課程，讓即將擔任校長者有更佳的人格特質和人際溝通的技巧。

　　擔任本校的校長已是第 2 任期，這些年來，雖然學校各項硬體設施都已逐漸完備，但我最期望的是來年任滿離開這所學校時，能留下足以令人感念的「優質學校文化和美麗校園」。

作者簡介

　　何秋蘭，台灣省新竹縣人，41 年次，現任台北市永安國民小學校長。

　　新竹師專國校師資科 62 級畢業，文化大學法律系畢業，台北市立師

範學院國民教育研究所教育碩士。1981年全國性公務人員高等考試及格，具法務行政「觀護人」資格。

　　曾擔任級任教師12年，輔導主任及總務主任等行政工作15年，2000年8月初任台北市修德國民小學校長。

　　擔任教師期間，曾榮獲台北市國語文競賽國語演說教師組第一名及多語文競賽客家語演說教師組第一名。分別當選為文化大學及新竹師範學院傑出校友。代表台北市國小校長在93學年度全國教育局長會議上，做創意學校日的經驗分享。

耕耘心中之美——辛亥樂園

邱春堂
原任台北市辛亥國小校長
現任台北市銘傳國小校長

　　你在學校剛畢業時，想過要當怎樣的一個老師？你準備要如何安排你的生涯？如果有一些職位，可以更有效率的幫你實現夢想，要去努力，即使付出一些代價，也是值得。

——一起坐車上班的許先生

　　也許就是這段話吧！讓我積極的走入想當校長的念頭。那時3歲的大兒子，每日帶著天真活潑的笑容迎接我回家，我坐著公車回家的路上，一位在總統府上班的許先生，喜歡在車上和我聊天。我看他在台北火車站後站買了好玩的玩具，他告訴我那是他三年級的女兒月考成績優良的禮物，我們也談了許多學校的事，那時候正是1994年，我們的教育正在轉型，教師會、家長會正在興起，大家正在面臨嘗試摸索的階段，各學校行政面臨空前衝擊，許多人深感行政工作很不好當。

　　當時我在學校擔任過9年導師工作，然後接任組長，我努力做好自己分內的工作。遇有衝突糾紛事情來時，上面有主任可以請教，主任很優秀，所以工作起來覺得輕鬆愉快，在教學、工作及家庭各方面日子過得很好。很想就這樣過一輩子，不要天天為了大家爭權奪利且意念不同而忙得焦頭爛額。但是許先生的一段話：「你在學校剛畢業時，想過要當怎樣的一個老師？你準備要如何安排你的生涯？如果有一些職位，可以更有效率的幫你實現夢想，要去努力，即使付出一些代價，也是值得。」

　　回到家中，看著我可愛的兒子，沉思許久，對呀！我不是也常告訴我的兒子：「去試試看呀！沒有試過，你怎麼知道你會做不好呢！」我決定要當主任、校長，想要為孩子們辦好的教育，即使付出一些辛苦代價，我也認為值得。

你是不是台北市大佳國小的邱主任，我對你印象深刻。

——鄭崇趁教授

　　我擔任主任的第 1 站——台北市大佳國小，當時黃校長文瑞先生請我到學校擔任主任時，因為學校經過基隆河截彎取直整治工程後，主要學區都變成基隆河行水區，學生大量流失。學生人數一度少至全校只剩下 47 位小朋友，一所瀕臨廢校的小學，社區民眾非常不希望被廢校，當時「教育選擇權」的觀念受到重視，於是我們配合爭取開放學區、籌畫通學校車，並展開數次學校特色宣導說明會。使學生由 47 人逐步回流至每年級 2 個班，學生 200 多人。當時因為有學生來源的危機，學校行政、教師、家長、社區民眾們團結合作，得到不錯的學生回流成效，免除社區居民所不願見到的廢校危機，也提供家長們另一個教育的選擇機會。有一次，教育局轉教育部一個公文，希望接受各縣市申請設立「中途學校」。我們也去爭取，校長要徵求一位向教育部官員做簡報說明的主任。我和校長說我很願意試試看，這件事雖然教育部官員有多項因素考量，後來並未設立，但是有一次，我在一場演講會上遇到當時來視察的教育部訓委會官員鄭崇趁教授，雖僅一面之緣，他告訴我：「你是大佳國小的那位邱主任嗎？我對你那一次簡報的認真努力印象深刻。」他對我的鼓勵很大，讓我不只看到危機與困難，而是看到每一個危機後面的機會，從「好」的方向去執行政府的政策。教育選擇權的提出，勢必有利有弊，何妨把握機會，發揮自己的能力，看到它好的一面，讓我們的主管、學生，因為有我們的努力與智慧而達成教育的目標，同時也要不斷的把握機會，培育人才。這些想法，對我日後擔任校長幫助很大。

　　讓我們一起經營一個陽光、水分充足，土壤肥沃的教育園地。

——遴選校長時的一句話

　　到辛亥國小來遴選校長，我希望經營一所陽光、水分充足，土壤肥沃的教育園地。我認為尊重老師，留住好老師，把每一個小朋友都當作人才來培養是我經營的方針。經由家長的支援，努力經營，一定可以讓教育發揮最大的可能。人力資源是任何組織的命脈，所以擔任學校的校長，應隨時從正面的觀點，從

鼓勵的行動，帶領積極向上的學校文化氣氛，是我一直秉持的理念。秉持此種積極向上的精神，行政團隊能時常彼此分享與虛心反省，有效發揮行政服務的功能。舉例來說，任何一種活動，除了重視周全的籌備，我們也重視事後的分享與檢討，希望透過大家的智慧與創意，能夠把團隊效率與功能發揮出來。

　　我不時在校園走動，去看看每一個地方的工作負載，想想我還可以解決哪些問題，激勵、鼓勵哪一些人。

——師傳校長戴寶蓮

　　在教學、行政以及課程領導上，我也秉持此一理念，我要如何帶好這一群孩子們呢？新課程的實施，如何帶動老師們專業能力的發展？對於弱勢的孩子、特殊的學生，我們如何以有效的策略，來讓學生看到自己的優點，自信的走出自己的路來？辛亥國小的老師們比較年輕，學校生生不息的活力，需要行政以身作則的帶動。我思考這些問題，依據情境試圖找出好的對策，雖然不是事必躬親，但也隨時和主任關心每一件事務的發展，讓大家感受校長的關心與重視。在教育局主辦各項課程推動方案上，我們全力鼓勵老師們參加，也獲致不錯的成績。我們在九年一貫實施幾年來，均透過排課技巧，讓老師們有更多相同的空堂時間，來做對話與經驗交流，我們藝術與人文環境的布置與教學，讓到校的客人在很短的時間內感受到，辛亥國小是一個處處充滿老師教學智慧與適合學生學習的樂園。

　　50 歲的溫世仁，決定不再做生意人，要把錢花在有意義的地方，要為生活的意義而活。

——科技遊俠溫世仁先生

　　當然如常地，我到學校就做了各項人力、物力資源的調查。有些人非常的熱心；也有些人是比較含蓄內隱的。適當的我們會透過活動，廣為介紹熱心服務者，為大家所做的貢獻，也不斷的在適宜的時機，推介公民社會裡「社會資本」的觀念，讓大家知道從事義工活動與關心社區的服務，是促使文明社會進步的動力、當今社會的潮流，同時也會開展每個人的公共關係網絡。參與學校

社區與義工及公益的活動，透過共同學習、付出、相處、回饋、貢獻，讓人生更有意義，我們的家長會長，因為參與活動繼而選上民意代表，就是一個例子。

我們學校軟硬體成熟，社區人力資源豐富，有待學校好好運用與統合。
　　　　　　　　　　　　　　　　　　——行政會議與行政同仁共勉

　　孩子在學校學習，每一個人都關心子女的教育，再加上我們學校附近沒有社區公園，平常以學校為公園，到學校來活動、運動的家長及社區民眾非常的多，學校自然的就成為大家活動的中心與關注的議題。因此，當有家長提供各種學校資源，校長一定代表前往感謝或爭取，對於地方仕紳、媒體、民意代表、企業及各級政府單位，校長就是應全力的把學校辦好，贏得大家的口碑與信任，來發揮正面的影響力，例如有位家長任教於大學，希望提供大學生學習服務，擔任義工的人力資源，可以到學校來協助社團活動、補救教學，校長一定親自前往感謝與爭取。

　　行政、教師、家長，一定要以學生學習權益為第一考量，才能化解彼此立場的紛爭。
　　　　　　　　　　　　　　　　　　　　　　　——一位學者的話

　　基本上，家長會與教師會的經營，對於一個現代的校長來說，當然是非常的重要。他們代表著群體的期待，我的看法基本上還是認真、坦誠相待，真誠表達你希望辦好學生教育的決心。也許有時看法、立場會相左，但是行政同仁，就是要適切的表達出自己無私的立場。校長負學校領導成敗之責，當然也要在必要時機，闡明自己的理念與領導，激發老師們為學生教育的奉獻心，「把學生帶好」也許路徑不同，終究是我們共同努力的方向與目標。

　　校長在屆齡退休的前夕，靜靜的，獨自一人，像個學生「揹了一袋書」前往監獄探視受刑的學生，告訴他，好好看書，你永遠是清華大學的學生。
　　　　　　　　　　　　　　　　　——清華大學劉炯朗校長退休之報導

　　對於學生關係的經營，當然也是我關注的重點。我時常回想在求學過程中所遇到過的校長，也時常問朋友他心目中的好校長，逐步去建構、反思。有一次，我出遊，在一個沙坑上和一位小學生閒聊，我們聊到他的校長，他和我說：「我也是喜歡我的校長，不過我實在很不喜歡他愛和我們講故事，他在司令台上很涼，我們在下面熱得半死！」我告訴他：「你們校長一定想教好你們，想個辦法，讓他知道你的感受。」我始終認為，維持校長和孩子的親近關係很重要的。每一位小朋友親切的叫我一聲「校長好」時，我心懷感謝的體認到，應該辦好教育，並和他建立親切的關係，當要教育他的時侯，我也一定會表明校長為什麼高興、生氣，希望他們了解我，我也一直努力以孩子的角度，來建立真誠親切的校長形象。

　　希望我們是教育政策有效的放大鏡，而不是過濾器。

——與行政人員的共勉

　　本文開頭我就指出自己的理念，不管是在當主任或校長，我認為任何一項教育政策，絕對可以找出它的優勢與弱點。站在執行第一線的行政人或老師要往它的優勢來看，制定政策者一定有他的政策決定考量，我們身為基層人員，就是要以智慧放大它的好處，並積極的提出執行困難改進意見，配合上級調整措施，積極的尋求最佳改進之道，運用智慧、解決困難，讓它可行。當資源不足時，也要適度求助。至於平行單位，當然在許可範圍內，讓教育的影響力擴及至社會、環保等部門，這當然也是一位基層主管所應努力經營的方向。

　　我們在教師朝會上，拿出兼具台北市悠遊卡的學校識別證，說明我們以身為台北市政府教育人員為榮，台北市是台灣首善之區，局長的精緻教育政策，符合教育追求至善的精神，是我們邁向品質的正確方向，我們如何去追求與建構一個優質學校的理想，當然也應該確實反映基層的問題，讓大家覺得我們雖然只是一所小學，我們是很團結的。這雖然是一件小事，卻是我們重視的。這也是我們不斷告訴行政同仁，在看公文時，要用智慧，把自己當作政策的促進者（Facilitator）、政策的放大鏡，而不要當政策過濾器（把政府的美意存參掉），不受限於問題，而是看到問題後面的機會。

　　學校特色的發展，當然應該有整體的思維與考量——教師、學生、資源、

教育價值等等，學校本身的歷史傳承，都要兼顧，校長的任務是要了解它，統合學校的資源來促進它，讓它能在陽光、水分充足土壤肥沃的條件下開花結果，展現出學校可看性的一面。校長一定要隨時關心它，充分掌握與發揮老師的專長（從各項人事背景資料獲得）。如所發展的特色剛好符合校長本身的專長，可以推動得很深入。如果不是，也要把自己的眼光視野放大，透過深入的關心、投注，讓自己變成此一特色領域的推展者。

　　教育事務牽涉百年樹人之大事，一般而言，對於新的教育變革，我抱持隨時接受的態度，也全力引導老師，外在環境不斷更迭，我們絕對無法原地踏步，故步自封。只要改革之後比較好，大家就需要加以調整，更新我們的觀念與想法。整體上，我認為教育影響重大，應該要以漸進的方式來推展，但是如果面臨重大的危機，也會把大家匯集過來，凝聚共識。讓大家集合智慧，大幅度調整步伐，以應付環境改變及時機的需要。

　　教育人員之工作、待遇及進修，應以法律訂定之。

　　　　　　　　　　　　　　　　　　　　　　——教育基本法

　　依法行政，做事合法。是一個公家單位基本要求，所以校長經營辦理學校，也一定要有充分的法律知識，一位校長除非原來是法學背景出身，否則在校長養成過程，所受的法律知識與訓練，是有其不足的地方，除了要靠不斷自修、個人多加閱讀相關的法律規章之外，請教具有此方面良好背景之前輩校長，相關主管科室、學生家長中具有法學背景的人，虛心就問題討教，都可以得到很大的助益，校長是一校之主管，任何措施都要合法合理，所以希望持續給校長針對實際個案問題的繼續教育，也建議在教育局設聘任顧問律師，讓學校遇到困難問題時有可供諮詢的管道。

　　雖然我們沒有游泳池，我們也要落實、彈性去執行游泳課，針對能力，分組教學，不使游泳政策美意，變成「玩水課」。

　　　　　　　　　　　　　　　　　　　　　　——和體育老師聊天

　　環境隨時在變，人的觀念本來也要隨之轉變，這一切，就是要有前瞻的眼

光，提前準備，及早因應，「勿恃敵之不來，正恃吾有之待之」，我們始終的態度與做法就是如此，及早告之，詳加準備，及早合作，以為因應。

舉最近教育局的 2 項政策，閱讀活動及游泳政策為例，我們堅持一貫的做法，先由行政討論，再向老師們宣導，凝聚我們的共識，同時發現問題來解決，並尋求解決之資源，所以我們推行了「親子共讀」的分享閱讀書包，讓每一位家長看到其他家長與小朋友互動的過程，讓小朋友在短短 2 年內閱讀了許多經典之著。

我們是沒有泳池的學校，為了推動學童的游泳課。請求鄰近學校協助，交通車幫忙，讓學生分組教學，因材施教，並請家長義工幫忙，使政府的游泳政策，真正落實，讓泳池檢測合格比例大幅提高，不致使游泳政策之美意變「玩水課」，我們雖然學校沒有泳池，但在教育局所舉辦的游泳比賽中從不缺席。

每一個政策，我們都遙望政策制定者的美意能讓孩童受惠。我們的建議是如同我們和老師們宣導、凝聚共識時相同，當政府制定政策時，應先和相關的第一線行政人員充分溝通意見，把相關的問題，利弊得失及衍生問題，做好配套措施。再經由宣導後，抱定堅定執行的決心去執行。當然也不是每件事都能在此理想的狀況上，但至少盡量如此，對政策的公信力、順從力將會大幅的提高。

　　透過教育的力量，讓貧窮弱勢的孩子，有機會翻身，能夠力爭上游，是最合乎社會成本的事。

　　　　　　　　　　　　　　　　　　　　——師院老師的教誨

涉及到兩難衝突時，我秉持的最大原則，還是讓「獲利最大、影響更多，傷害最輕、範圍最小」為考量，還有，學校是教導正義的地方，對於弱勢的學生更要盡一份補足的力量，因為那是校長身負社會所託應該努力去做的，還記得教育局陳益興副局長的話：「校長一定要有一碗湯麵故事中，那位麵店老闆為窮苦孩子們加把麵的精神」。

當然聰明者、富有者有可能獲得更多更好的教育資源，但在國民教育單位，要維持一個基本公平的起點。協助弱者能有翻身的機會，一定能得到大部分人的認同，至於決定會不會有困難，我想有時是肯定的，還是回歸第一句話，

要「獲益最大，傷害最輕」，更要維持教育教導正義的本質。

對於教師專業的成長，我們的做法是「以身作則、提供資源、全力鼓勵、想盡辦法」。因為領導者一定要不斷的自我求進，才能帶領風氣，進而有新的訊息與專業的示範。同時資源一定要好，學習須要有人帶領，永遠別忘記人力資源是組織的命脈，所以投資於教師專業成長，建立學習的社群，是為了組織能力提升，是會讓學生立即受惠的。我們遇到的困難是個別動機差異很大，具體的做法是鼓勵走在前的教師，適度的支援他、鼓勵他，讓他的成果來帶動大家，讓大家見賢思齊，一起得到學習的好處。

學校的學生有多元的智能，所以要重視五育均衡，讓每一種能力的小朋友都能有他發揮的舞台，因此學校所辦的活動要多元化，大的活動、體育表演會，才藝發表會，鼓勵不同能力的小朋友，在動的、靜的方面都能有所發揮，同時校長要重視每一個領域會議所提的相關問題，謀求正常有效的教學。國民教育，就是要培養五育均衡的健康國民，校長也一定有能力評鑑一堂課的優缺點，然再帶著行政團隊去替老師爭取資源，解決困難，提升教學水準，在各領域科目上，提供不同能力的小朋友，發現自己的長處，實現自己獨特美好的未來。

「以資訊作為組織效率的加速器」是我們秉持的觀念。學校在推動行政電腦化、資訊融入教學等，的確能幫上很大的忙，如何提供一個便利而方便的使用環境，讓老師們從互相分享中進步，是我們落實推動的方向，每次教師晨會，我們花很短的時間，做一個應用成功的例子推介，讓老師了解別人怎麼做，怎樣去獲取資訊融入教學，學校網頁逐步去建置成為訊息中心，讓老師、學生隨時可以在上面得到最新，最實用的知識，也可以經由它來做推介、整理、教學、說明等等資訊輔助教學的功能。

科技，始終來自人性。

——Nokia 廣告詞

善用資訊，發揮它的教育功能，以它來提升我們的效率，不受限於工具上的限制，科技始終還是來自人性，我們也常為此做許多的溝通，這些溝通，是要讓我們的資訊設備與能力，更活有效的應用於教學與行政。

愛、學習、傳承

──辛亥國小願景

　　我認為學校文化，就是我們大家共同的價值、信念與經驗。我們隨時都不知不覺的受到它的影響，所以，我們也常藉著學校的故事、儀式、典禮、重要的事件來塑造、傳達我們的價值。例如，在川堂的老樹根，我們會用明顯的標示來告訴小朋友們，當時這顆樹就是長在這裡的，我們要感念這顆樹及前人辛苦奔走、奉獻，讓一片山坡能平地起高樓，現在大家才能在這個充滿朗朗讀書聲的辛亥樂園裡面學習，我們給孩子們許多類似的「辛亥國小故事」來傳遞我們的學校精神及價值，我們要所有辛亥人相互幫助，綿延傳承。

　　對於我個人來說，大概是第4年之後，覺得校長工作做得十分順暢，也許每個人有很大的差別，而辛亥是我首任經營的學校，我盡量使自己的精神與態度一致，時間的經歷會讓校長對學生、社區、家長、老師有深入的了解，問題的處理也較能充分掌握。透過不斷的努力與學習，發現自己努力的績效不斷顯現，看到小朋友在老師認真的帶領下，很快樂的學習，到校的客人都稱讚學校很美。開晨會時老師勇敢提出自己的意見，整體的氣氛卻是融洽的，心中覺得雖然也有很辛苦的時候，能為大家服務，共同解決問題的快樂，也很有成就感。

　　如果我是主管單位教育部長、教育局長，我也一定會想辦法去把校長帶領好。給他們充分的支持與鼓勵，尤其是一個國家，一個地方教育主管的教育政策一定要有周延的考量，因為它會影響整個國家的人力資源發展，決定國家在未來是否具有競爭力。對於教育政策的制定與執行，要審慎周延務實，定期發覺第一線執行人員所遇到的困難與執行的心聲，並努力尋求理想的解決方案。

　　校長平日任務十分繁忙，但是學習成長，經驗傳承與終身學習還是要兼顧。個人覺得台北市政府教育局經營得很好，不管定期或臨時的校長會議研討，都是想盡辦法想讓校長們不斷的進步與成長。

有強健的體力，健康的身心，才能更沉穩的為孩子們辦教育

──深刻的體悟

　　具有良好的身心健康及家庭生活，是每一個人所必須經營的。身為校長，

因為平常有太多的場合，要肩負「象徵領導」的角色，因為無法缺席。所以在此繁忙的工作中，上下班時常無法正常，的確非常需要得到另一半及家人孩子們的體諒與支持。

個人認為，身心健康與家人的支持，是重要而長久的。所以，如果能在工作及課餘之暇，和另一半及家人培養共同的運動興趣、習慣（例如：晨起快走）是非常好的。要知道，一定要有強健的體力，校長才能解決校內永不停息的問題，承受各種不同的壓力，讓自己的身體保持最佳狀況，才能更沉穩的為孩子們辦教育。

如果大家要有共同的運動及相處的時間，不但以上所說的能夠兼顧，其中與另一半的傾吐過程中，我也時常得到我工作上苦思不解的啟示。犧牲貢獻，雖然是美德，但如果太過而造成廢寢忘食、弄壞身體……尤其是忽略了家庭子女，那是無法彌補的。有一位資深校長與我們談到他年輕時因為太投入行政工作因而忽略與子女相處的時間，他現在年紀大了，有一天他專程去看他結了婚的女兒，路上人都問他說：「校長你要來看外孫呀！」他說：「我要去看我的女兒呀！」我聽了頗為感動，也應該給繁忙的我們一些警惕，要為我們的家庭、為學校，留得青山在，會有更多貢獻的機會。也對平常辛苦的另一半，在我行政忙碌與進修時，全心全力照顧家庭以及小孩，獻上最真誠的感謝。

如果重新來過，我還是會同樣積極努力，和大家共同努力，發揮自己才能、立場來準備邁向校長之路。我在考主任和校長的路上還算走得順暢，所以我非常感謝先輩及教育局長官對我的器重與栽培，要感謝生命中太多幫助我的貴人，我認為最好的做法就是好好辦學，把學生教好。

> 不要讓那些個性與我們很不同的人，因為他的個性風格與我不同而有所犧牲；假如他們因此無法發揮他們的長處，這將是一個學校的損失。
>
> ——一位校長的省思

大體上來講，走上校長之路，我並沒有改變太多我原先的想法與做法。只是時間與環境的改變，會讓我覺得做是需要面面俱到，有時又要寬宏、大量堅持理想，也要有容納異己的雅量。不要讓那些個性與我們很不同的人，因為他的個性風格與我不同而有所犧牲；假如他們因此無法發揮他們的長處，這將是

一個學校的損失。

　　同時，校長也無法隻手遮天，需要團隊的智慧貢獻、共同努力，才能發揮學校的團體效能。所以校長要謙虛努力，不斷地從辦學中學習。要立場堅定、態度和悅、語氣和緩，讓事情能圓融處理。相信老師仍然是這個社會中堅安定的力量、優秀的一群，我有機會來帶領他們，為學生家長服務，我就要相信大部分的人會為學生的學習考量，來做付出與努力。我也應該有足夠的勇氣、容人的雅量；足夠的智慧、適當的幽默感來面對問題與解決困境，為學生創造良好的學習環境。

　　我是如何學會當校長的？我認為自己的態度、學校的歷練、在職進修……都有很大的影響與幫助，而且也發揮分別的影響力，不能偏廢；實在沒辦法說哪個比較重要。關於校長應該學會哪些？內容順序為何？學習方式聽講與實務演練何者重要？我想必定有許多理論與學者探討，也許見仁見智也必定有不同的看法。我的基本想法就是要「均衡」。因為擔任一位校長，就是要接受一個學校不同層面的問題考驗，沒有前瞻性的理念、教育理論引導、法律基礎依據，就無法論述清楚，說服大家。如果沒有經驗的傳承、實際的經驗，就很難了解如何把知識理論之精神加以活用。真實的情境，也因每所學校的背景環境殊異而有太多可行性的差異。太多事情無法傳授，需要根據自己的狀況去體悟。

　　我覺得有人採用「以問題為基礎的學習——PBL」（Problem Based Learning）讓這種從臨床問題中，跨領域的經由問題不斷反省學習，建構自己環境脈絡下的觀點，並強調學習者主動地學習如何帶人，領導團隊去解決問題發揮組織效能，與我感受的實際經驗比較接近。

　　如果我擔任師傅校長，我一定會如同前面所提的，像我成為校長的過程中，幫助我的那些貴人一般，把我的所學所經歷，傾囊相授傳給實習校長。希望他能在未來的校長之路，能為小朋友、老師、社區大眾提供更好的服務。

　　當然，我也可以會在此過程中一起成長。我會請實習校長寫下每日的觀察報告，透過它的觀察、想法、詮釋……，在每日結束的互動討論中，我們一定會有許多不同觀點與立場的學習與成長。

　　現在回想起來，我認為我擔任校長最大的貢獻在於我用各種影響力，不斷地向大家傳遞一個訊息——台北市辛亥國小是一所很好的學校，並全力的促成它的實現。

　　我積極在推動一個正向思考的文化——只要你往好的方向想，去尊重，去肯定，動腦筋去克服困難，展現自己的誠意，別人的態度會改變，你的理想也會實現。所以我們一定要帶領學生，引導家長尊重肯定老師的好表現，留住好老師來教導傑出的學生，辦好學校教育教好學生來感謝家長對學校教育的支持。讓大家在此環境下互相協助；相互信任，進而可以有一個安全的基礎，去面對、解決我們的共同問題。經由此種「正面思考—建立關係—安全互信—真誠解決問題」的過程，我們學校氣氛與文化也朝正面轉變。

　　近年來，由於我們大家的努力與合作，學生逐步的增加。對於各項教育資源與經費，學校團隊絕對全力爭取。除教育局應有的額度全部努力規畫有效執行之外，我們也不斷申請教育部、自來水公司、台電公司等相關補助款來挹注學校的各項建設。

　　讓學校從穩定中發展，讓所有來辛亥的人隨時能感受到這裡的藝術與人文之美，這也是我們引以為榮的地方。台北縣鷺江國小柯份校長是我們深為敬佩的資深前輩校長，他蒞臨本校校務評鑑，過了幾個禮拜，他帶著全校的主任來看我們藝術與人文的環境布置，我們很高興為他們介紹與說明。有一些桃園縣的老師蒞校參觀，他們說，剛看過造價數十億的私立小學，卻發覺辛亥國小的藝術與人文環境的布置，讓他印象更為深刻，因為「靈感來自環境，環境塑造品格」。我們的學生，帶了好多書籍到台東利嘉國小和原住民小朋友一起體驗豐富的原住民文化，我們學校的老師借調到馬來西亞吉隆坡中華台北學校，去海外經營教育、推展中華文化，我們深深認為：

　　我們是台北市一所小學校，能把好的台北經驗推展出去，也是我們最引以為榮的。

　　車水馬龍的台北市辛亥路、萬美街口，矗立馬蒂斯風格的壁畫，上面寫著「一個幫助孩子們實現夢想的地方——辛亥國小」。我們努力經營，「陽光、水分充足，土壤肥沃，一個小而美的園地——辛亥樂園」。

作者簡介

　　邱春堂，原任台北市辛亥國小校長，現任台北市銘傳國小校長。台灣桃園縣人。1961 年生。省立新竹師範專科學校國校師資科美勞組、國立台灣師範大學教育系、台北市立師範學院初等教育研究所碩士班畢業。目前是國立台北教育大學教育政策與管理研究所博士候選人。

　　在學校經歷方面，1981 年師專畢業，分發於桃園縣八德鄉廣興國民小學。擔任級任老師並兼會計文書等行政工作，因為學校小，每個人都身兼數職，因而練就許多行政知能。1986 年為了方便就讀師大，調職台北市南港區胡適國民小學，大部分時間擔任級任教師工作。1988 年任台北市大同區日新國小開始擔任行政組長工作，1993 年考上台北市國小主任。1994 年任職台北市中山區大佳國民小學，歷任教務、訓導、總務主任，2000 年考取台北市候用校長，當年遴選為台北市文山區辛亥國民小學校長。

　　喜歡和孩子聊天，永遠不忘年少時對文學喜愛的初衷；陶醉於畫畫的時光，追尋求心靈的美麗樂園。對國民教育議題研究充滿興趣，熱愛稚幼的生命，希望辦好教育，讓每個人都能享受人生。

我是這樣當校長的——行政領導行為分析

曾文鑑

新竹縣芎林國小校長

壹、楔子：二則領導的例子

　　夏日午後，一群小朋友在社區公園玩遊戲，只見其中一位小男生，雖然個頭不很高大，但是嗓門卻很大：「來，過來，大家聽我說，我們今天來演戲，大個兒，你就當壞人好了，小珍，妳演公主，小虎，你演王子……，就這樣了，大家好好演吧！」只見其他小朋友凝神傾聽，隨後一陣歡呼，就在榕樹下演開來了。

　　巷口那家便利商店，開了有半年，當初這家便利商店開幕時，社區大夥兒都很高興，「以後買報紙可以少走一段路了。」陳老伯曾經這樣說過。但是說也奇怪，這家店生意總是冷冷清清的，有許多街坊鄰居，還是寧願多走幾步路到街口原先那間便利商店去。大家都說，這家新開的店雖然是連鎖店，但是老闆看起來怪怪的，連帶的夥計辦起事來，一點也不俐落，也難得見到笑容。但最近 2 星期，再經過這家店，卻發現人氣增加不少，聽說旁邊社區的人也到這家店消費，探聽緣由，原來是換了老闆，氣象也一新了……。

　　從上述的 2 個例子裡，不論是公園的小男生或便利商店的老闆，我們都看到「領導者」的影子。但什麼是領導？為什麼公園的那位小男生，能讓其他小朋友服從他的指令？為什麼同樣一家便利商店，換了老闆以後，業績就能突飛猛進？

　　上述的 2 個例子，不難發現「領導」在我們生活周遭處處可見。但我們也

需體認一個事實,即世界上沒有完全相同的兩個人,所以沒有完全相同的領導者和領導模式。領導的迷人之處,就在這裡,會因人、因地、因時而產生許多奧妙無窮、讓人驚奇讚嘆的成功案例,但也有可能將組織帶入挫敗的地步中。馬馬虎虎的領導當然不難當,難的是當一個稱職的、有能力、有效率和有效能的領導;說些冠冕堂皇的領導也容易,難的是得體的溝通、對話,恰如其分的激勵,以帶領整個組織有效的「動」起來。

我曾經將領導解讀為「影響他人共襄盛舉,達成目標或任務的歷程」。依此解讀來說,領導是用來影響別人,讓他們全心投入,為達成共同目標奮戰不懈。這是一種影響力的發揮。同樣的,在一個學校中,校長是一位領導者,也會藉由「影響力」來達成學校的教育目標、使命及願景。只不過,從這幾年來的校長歷練,我想要更進一步說的是,學校領導透過校長對學校日復一日例行工作的關注與反應,校長在學校的影響力更能彰顯出來。

貳、我想呈現「實踐」的先備知識

我習慣說「跳出來看看」,這是一種非常好的後設思考方式。跳出來看看擔任校長這些年在做些什麼?為什麼要這樣做?重心擺在哪裡?曾經看過哪些書?和哪些人接觸?在學校中和老師的相處?學生、家長、老師、教育局長官對你的評價如何?這一系列的問題,足夠讓我們去做省思與事後歸納。依此理路做方向思考自己的行政作為,似乎都有脈絡可尋的先備知識作為根源。仔細推敲,也許轉型領導或超越轉型領導的概念是最契合的。所以先讓讀者了解其概要,再與實踐的文本相互對照,對讀者而言應是必要的交代。

轉型領導是最新也最有希望的領導演進階段,這種強調著重在「由內而外」引導,導引成員激發內在潛能,從而突破自己的能力,以達成組織的目標的轉型領導行為,在 1980 年代後漸漸成為領導的新典範(new leadership paradigm)(Bryman, 1992)。再者,面對瞬息萬變的社會,教育組織要有新的思維,來配合新的情勢與需求,這需要領導者跳出既有之框框來從事各種考量(秦夢群,1997)。誠如 Silins(1994)所說:「轉型領導之概念,有助於教育的革新與進步,學校領導者應透過轉型領導的運用,使改革更加成功。」因此就長遠的觀點來看,轉型領導在未來教育組織發展上,必有其一定之地位。

　　轉型領導配合領導者的個人特質、魅力、權力運用，提出共同願景，以提升部屬的需求、改變的期望、提升道德層次等，達成組織目標，改變組織文化。筆者將轉型領導定義為：「領導者能影響成員之態度與假定的重大改變，藉著獨特的影響力，與成員發展共享的願景，且運用各種激勵策略，與成員做良好互動，以提升成員高層次動機與道德，使其能做額外的努力，創造超越期望之表現」。

　　就轉型領導層面來看，可從四個層面說明（Bass,1985; Bass & Avolio, 2003）：

一、理想化影響（idealized influence）：領導者是被欣賞、尊重和信任的。成員能感同身受並想盡力趕上領導者。具高標準的道德及倫理行為，是一位強而有力的角色楷模，能深得成員的敬重。

二、激勵動機（inspiration motivation）：領導者能具體詳實的描繪未來動人的願景，激發成員的工作動機，賦與成員工作的重要意義。使員工相信自己能表現的比預期的標準來得好。

三、智識啟發（intellectual stimulation）：領導者藉著質疑假定、建構問題、鼓勵成員以質疑舊的假設、傳統及信念，以新的觀點來看待為問題，鼓勵及培養成員的創造力與創新做法，及陳述自己的構想及理由。

四、個別關懷（individualized consideration）：領導者能了解成員的需求、能力及抱負，在工作上能給與成員充分發展其潛能，並能在工作情境中發展支持性的文化。

　　雖然實證研究證明轉型領導對學校的組織發展與教師的行為表現有正面的影響，但並非是促進學校組織效能與因組織變革的萬靈丹。例如它可能產生理論觀點的虛幻化、受到領導情境的限制、成員主體性的喪失、誇大領導者的功能……等限制。於是又陸續有專家學者根據其批判提出附加的看法，筆者試著將其歸納並提出「起而行」的願景、價值領導、團隊建立三個概念，以使轉型領導更臻完善。

一、「起而行」的願景：領導是領導者對未來要擁有遠景，組織需要有遠景，才能引導成員的努力方向。領導者要與所有的相關利害人（Stakeholders）互動，並發揮獨特的動察力與前瞻的視野，與成員「共創願景」。領導者也必須提出能夠達成願景的策略，讓成員清楚知道如何達成願景，這樣的

策略擁有幾個與組織成員的價值一致的主題，其所涉及的範圍不應太過廣泛，否則會造成成員的混淆與缺乏活力，同時可避免如烏托邦式的空幻。

二、價值領導：價值是指一個人對於人、事、物的看法或原則。凡是自己覺得重要的、想追求的就是自己的價值觀。價值領導（value leadership）或可定義為：「領導與其部屬之間是以價值觀為基礎的關係」，這種領導形式，特別適用於今日知識經濟中的知識型成員，知識型成員都受過很好的教育，易於接受新事物。更關心人生的價值，希望把自己的使命，投入到有價值的事業之中去。因此，組織的領導者有可能通過向組織注入價值觀來喚起員工的共鳴。

三、建立團隊：大家分工合作，發揮個人專長，充分展現了團隊的精神與力量。要發揮團隊的精神，懂得善用團隊的力量，事情方能圓滿。現今已不是個人英雄主義的時代，而是建立團隊的時代，懂得建立高績效團隊，便愈容易達成團隊之成立目標。

參、轉型領導與超越轉型領導的實踐──一位國小校長的行政行為

本文並不介紹相關理論及核心概念，而擬依平常的觀察所得，就校長在實際領導行為構面上，提出「偏向轉型領導」的校長，較常表現以下的特質或行為。

一、理想化影響的建立（idealized influence）：校長是被欣賞、尊重和信任的。同仁能感同身受並想盡力趕上他。校長應具高標準的道德及倫理行為，是一位強而有力的角色楷模，能深得學校成員的敬重。

㈠重視專業形象，樹立專業權威：校長要成為學校專業工作者的強力楷模，本身的專業知能與相關領域應能成為成員「學習」或「崇拜」的對象，而深得成員的敬重。偏向轉型領導的校長，在專業領域上都有專精的表現，並利用適合的時機，展現足以讓學校教師「眼睛為之一亮」的專業行為，從而樹立專業權威，以發揮理想化的影響。

1.什麼是學校本位課程設計，校長今天就提出一個完整範例，等一下的討

論就先針對這個範例的形成過程及內涵部分，在我說明過後，再請各位提出自己的疑問或意見……。

2. 昨天本縣某國中發生學生吸食芳香劑中毒緊急送醫的案例，假設本校突然發生這種情況，我們應該如何處理呢？……校長現在根據各位的意見及自己的看法，提出了以下 10 點作為……。

3. 什麼是「教學」？即是「any conscious activities by one person designed to enhance learning in another」。從這個英文定義，可以得知幾種組成要素……。

㈡高尚的道德操守：雖然環境急遽的變遷，但是中國人道德第一的訴求依然沒變。尤其是教育這項職業具有很大的人際敏感性，而且很多都是和德行連繫在一起。校長想要建立理想的影響力，就必須要有值得同仁學習的道德榜樣。所謂「其身正，不令而行；其身不正，雖令不從」，良好的道德品質是領導者成功的保證。校長必須有完整的道德觀，除此之外別無選擇。分析有以下幾個較為人所重視的道德操守：

1. 正直：無論在人前或人後，言行都要一致。外在的表現就是內心本質的展現。

我寫行政札記的主要用意之一是要反省自己的言行是否前後一致，每天利用幾分鐘做一次檢核，將更能了解自己今天的言行是否合宜，同時了解自己說過的話是否有兌現，而不致有「黃牛」的事情發生。

2. 遵守法紀，嚴以律己：清廉自持，不貪不求，不收受廠商的招待，不拿任何的回扣。一切公開，讓大家的眼睛所見成為你最佳的人證。

3. 不鬧緋聞：一位有能力的校長，一旦成為第三者或因鬧緋聞而成為他人談話的主題，其背後的眼光就帶有顏色，也不再是信任，同時也會對校長的言行產生懷疑，其理想化的影響力必然降低，甚至盪然無存。

㈢保持穩定情緒，展現親和魅力：校長面對學校教育成敗之責，承受壓力自然較大，享有「高人一等」的光環，也得忍受「高處不勝寒」苦處。調整心情笑臉以對、不擺著臉孔，都是展現親和與尊重教師的必要外表效度。偏向轉型領導者，在這方面的表現較其他領導型校長強些，此亦是內方外圓的功夫。

1. 即面臨情緒起伏、困境時，依然應調整心情笑臉以對。目前為止，不會

在公開場合責罵老師，當眾難堪，這是心中堅持的原則。

2. 大家有緣成為同事，且都是知識分子，不需擺著臉孔，而應從「心」出發，真誠以待。

㈣持續不斷的進修，形塑學習動力的楷模：偏向轉型領導的校長，通常會透過「以身作則」的示範，來塑造學校整體的學習氣氛。

1. 從事不斷的進修，除了是自己的興趣外，更重要的是想讓所有與我共事的學習同仁都能感受這股以身作則的精神，而讓大家都有學習的動力。在校長的帶領下能夠產生見賢思齊的效果。

2. 在時間沒有衝突的情況下，學校規畫的週三進修活動，我一定會參加。一方面與老師們共同接受新知，同時在討論或回饋時，帶領教師做更深入的討論，這對於教師的專業對話與如何提問會有很大的幫助。

3. 也許我自己就是一個故事。從師專畢業後，就在「學而後知不足，教而後知困」的情況下，即不斷的從事進修。經歷了學士班、40學分班、國民教育研究所，及博士班的課程。也許重點不在於經歷多少種學習的課程，而是在於享受學習的樂趣及將所學的一點點心得應用於學校現場中。將這些所經歷的過程用真實故事化的方式來與同事分享，也許就會覺得學習是一件快樂的事了！

二、激勵動機（inspirational motivation）：校長能具體詳實的描繪未來動人的願景，激發成員的工作動機，賦與成員工作的重要意義。使成員相信自己能表現的比預期的標準來得好。

㈠清楚表達具有吸引力的願景，且能解釋願景如何達成：偏向轉型領導者能敘述較簡明清晰的願景。

1. 校長會主動與教師討論如何達成學校發展遠景的做法與對學校未來發展願景的看法與教師分享。讓老師知道如何去做，做完後有何成果！而非盲然的呼口號，而永遠與實際做法連結不起。

2. 今天的開會（課程發展委員會）的主要目的，是讓各位腦力激盪，看看即將發展的學校本位課程，應如何有效的與願景緊密結合。願景必須能轉化為「起而行」的行動，以產生與願景相符的產品或結果。使得「願景（vision）→行動（action）→結果（outcome）」能相符一致……

㈡能在適當的時機，激勵成員的士氣與動機。

　　1.在推動的過程中，各位老師都非常的認真，這點是值得肯定的。當然，成果的顯現可能還要一段時間。也有可能是其中有些環節我們沒有注意到，這些我們可以再來討論。有一句諺語：「當人生送來的是酸澀的檸檬時，不妨想辦法把它榨成一杯甜美的檸檬汁！」我們再接再勵不要氣餒……。

　　2.這次的校務評鑑，全校同仁都很認真積極的投入，使得本校成為這一小組的第一名。但有鑑於嘉獎只有6個名額，除了校長的那一份將留給老師外，還要向教育局爭取每位同仁都有獎狀的鼓勵……。

　　3.這幾年我們所堅持的「教學為重」、「學生第一」的教學領導理念，在這一次小六學力測驗有了很好的結果，本校國語、數學及英語的成績都在全縣平均之上。感謝各位老師為坪林子弟的奉獻，讓我們再更上層樓……。

㈢以情感人——轉型領導者的任務：偏向轉型領導的校長會以最有效的方式來理解和增進自己的和下屬之間的感情。作為一位領導者，應當可以引導團隊的情感。當他積極地激發團隊成員情感時，團隊中的每一個人都將發揮自己的最好狀態。校長可以點燃了同仁的熱情，鼓舞了他們，並引起共鳴。做好這些工作的關鍵，在於領導者的情緒智商：即如何控制好自己和處理好人際關係。

　　1.「菜包校長今天又買了菜包來給各位當早餐了。」曾幾何時，我居然成為菜包校長，但我欣然接受這個由同仁笑意盎然的臉龐所喊出的綽號。當初只是單純的想，有的老師及替代役可能還沒有吃早餐，上班途中經過「阿嬌菜包」，就買了全校同仁1人1份。往後，有時1個星期買1次，有時2個星期買1次，就這樣的不間斷到今天，我也成了「菜包」校長。小小的菜包可以凝聚同仁的情感，我樂意為之，因為我認為菜包已超越菜包的有形價值了！

　　2.當老師帶著他的子女來上課時，我會先向小朋友打招呼，小朋友會很高興，然後我再和教師問早。我也很喜歡看一看教師子女的功課，甚至會在他們寫功課時，待在旁邊（那時他們的父母不在身旁）指導他們的功課，我拿起一個橡皮擦，把他們功課上不滿意的地方擦掉再指導他們重

寫。事後也許孩子會說，也許不會說，但這都不是重點，重要的是，我讓老師覺得學校就是一家人的感覺。

㈣傳達對教育的熱情，激起工作的意義與價值：校長必須對所從事的教育工作充滿熱情，且能傳達這份熱情給同仁，並感染他們。偏向轉型領導者不僅自己的主動性很強，還要能點燃成員的工作熱情，一個不能夠燃燒成員工作熱情的人，或者說不會激勵成員的領導者，只是依例辦事的工作者。當然，僅有教育熱情是不夠的，也很難量化，但它卻是學校完成目標和任務的一種催化劑。

1. 鄭石岩在《教師的大愛》中有一句話是我非常喜歡的：「打起水波水濺月，今夜葉葉有月」。教育是愛人的事業，唯有讓每位學生感受老師的教育愛，才能發揮教育的真正功能。就像那每片葉上的水滴，都有晶瑩剔透的月光照著它……。

2. 我在基層推展行動研究與教學札記，其實很重要的原因是要喚回教師的熱情。行動研究讓人產「創造性蛻變」的收穫。教學札記則讓記錄者可以有新的體悟與發現。否則日復一日，學生來來去去，多有雄心壯志的老師，可能在循環 2、3 次後，教育熱情就消耗光了。

㈤說故事來傳達理念與形塑文化：校長在學校中應致力發掘或蒐集有意義的「故事」，並藉由故事來傳達校長的價值觀或辦學理念。校長無論在正式或非正式，在有意或無意間訴說故事，產生了最有效的、最有價值的溝通與激勵。在這一過程中，這樣有意義故事不僅能被聆聽與理解，同時也能被認真關注。校長藉此可以引導學校同仁加深對學校價值觀、學校本質的認知和認同，並在以後的工作中恪守這種共有價值觀。

1. 昨天，我發現一件十分令人感動的事。○○老師雖然中午參加社區重要的聚餐，到了下午 1 點，想到下午還有課，隨即請主任載他回來。這件事我看在眼裡，想各位表達的是：學校強調「學生在、教師在」的原則，強調「教學工作才是學校本質工作」的立場，都在這位即將退休老師（64 歲）的實踐作為中展現出來。我想各位老師應該可以把這件事在心上，讓它成為我們的默契與故事……。

2. 同學們昨天聽了校長所講「知錯能改的馬車夫」故事後，幾位不知名但做錯事的同學，馬上把階梯上亂寫的粉筆字洗掉。所以這幾位校長不知

道名字的同學，自己也是知錯能改的故事。校長希望你們能在未來的日子中，能把自己的故事拿來當借鏡。其他同學們，也可以把這兩個故事的啟示好好的思考一下，這代表著我們○○國小全校師生「不貳過」的精神。

3. 那麼貼近我們的生活，我們特別請她來跟各位同學說一說她照顧曾祖父的心情故事……。

三、智識啟發（intellectual stimulation）：校長藉著質疑假定、建構問題、鼓勵成員以質疑舊的假設、傳統及信念，以新的觀點來看待為問題，鼓勵及培養學校成員的創造力與創新做法，及陳述自己的構想及理由。

㈠鼓勵分享經驗，促進專業對話：學校教室常被形容為雞蛋永不碰頭的「egg crate」，是一個個獨立的「象牙塔」。這種現象，造成教師心理及知識的孤立。偏向轉型領導的校長，會試圖打破這種孤立感，在知識管理的影響下，鼓勵分享，刺激學習，讓經驗彼此交流，達到智識啟發的目的。

1. 經過幾次發展性教學視導的研習，我們可以了解教學視導的目的以同儕關係，建立融洽的、信賴的、專業的、分享的、支持的良性氣氛，提升每一位教師的教學技巧與教學效能，而不是為了考核。所以我鼓勵各位教師可以到其他班級去做同儕成長的觀摩，找出其他教師教學的優點及盲點所在，讓大家都能有所成長。

2. 昨天，我在經過周老師教室時，發現周老師當時的教具非常吸引學生的注意力，是不是請周老師能說明製作的方式和用途……。

㈡主動發掘教師優點，協助生涯發展：每個老師都曾經是最優秀的學生，有很多才能與專長。但很多優秀的人才，一旦當上老師後，忙於教學及行政工作，原本的才能與專長可能就被埋沒了。如果校長能主動發掘，鼓勵繼續發展，則更能增進其知識，在工作上處理事物更加圓融。

1. 鍾老師，昨天的研習海報，每位看過的老師都讚不絕口。記得當初你參加教師甄選時，所製作的瓦楞紙立體雕刻，也是令人印象深刻，所以我覺得你在這方面真的好有天分，有機會不妨好好發揮或是找機會上層樓……。

2. 劉老師，你的書法作品與 4 年前的相比進步很多，可見得你這幾年的努力並沒有白費……。

3.學校舉辦這次的團康活動，我們發掘了一位超新星，原來王主任除了學識豐富外，更是帶動唱及團康高手，有機會可要推薦給負責全縣童軍活動及康輔策畫的校長……。

4.陳老師雖然不是自然科本系學生，但他秉持著「做什麼，像什麼」的精神，不斷的自我充實與進修。在他的指導下，學校的科展 2 年來都得到很好的成績，陳老師自己也成為指導科展的專家，真是恭喜啊！……。

㈢從既有基礎引導成員進行創新：偏向轉型領導的校長，不會墨守成規一成不變。當然校長也能了解教師面對事物、新挑戰，可能產生的心理壓力，因此，能以漸進的方式鼓勵同仁創新。校長也能提示自己的經驗與見解，供同仁參考；更扮演「支援者」的角色，協助蒐集資料。

1.每年所舉辦的全校才藝表演會，應該都有一點創新的活動。例如，第 1 年只是單純的學生表演；第 2 年則可加入老師的才藝表演；第 3 年也可加入家長與學生的表演或親師生的合作演出。在既有的基礎上加入一點不同的創新或不同的調味料，就會有不同的感覺與視野。

2.試著在固定的、例行的工作上加入一點變化，就會產生不同的感受。例如兒童朝會，如果能做妥善的規畫，就不會讓學生覺得兒童朝會只是訓話典禮而已……。

3.我要向各位介紹一個名詞：「批判性的同仁」。這類夥伴對問題的看法，往往會從另外的角度切入而提出不同的意見。這些意見可能是我們所沒有設想到的。所以我們應該珍惜這類的朋友，因為他為我們帶來新的視野與看法，可以讓我們的思考更加多元，更加完善。

四、個別關懷（individualized consideration）：校長能了解成員的需求、能力及抱負，在工作上能給與成員充分發展其潛能，並能在工作情境中發展支持性的文化。

㈠展現更多的同理心：同理心係指要以「站在他人的立場去體驗他的感受」的心理。偏向轉型領導的校長，會以更多的「同理心」設身處地的站在他人的立場來考量，所以可以體諒感知同仁的心理感受，了解他們的情緒，因此更能依成員個人的需求，而給與個別的關懷與協助，此會讓雙方在互信互賴的關係上，共同面對問題，同仁覺得深受重視而更加努力。同理心

同時強調傾聽及理解，校長是一個有權力的首長。但是雖然有權力，卻更要謹記真誠的關心他人的感受，才是好校長的表現。

1. 王主任，你現在心裡一定覺得應該先讓校長讀博士班，還是自己先去讀而感到兩難。我倒認為我才到這個學校沒多久，應該以校務為重，你就放心大膽的先去讀。等 2 年下來，學校如果走向一定的軌道，那時我再去試試看。更何況你比我年輕許多，畢業後較有發展，所以一句話，「趕快去讀書吧！」

2. 站在你的立場上來想，baby 還那麼小，又要上班，真的是很辛苦……。

3. 這幾天的運動會預演，各位老師辛苦了，尤其是聲音的耗損最大。我特別購買了幾罐濃縮的楊桃汁、桑椹汁及蜂蜜醋，需要以 1：12 的比例沖泡，希望對各位老師的喉嚨及聲音能有幫助……。

㈡行政身軀法的應用：行政身軀法的運用，強調的是敏於環境的變化及真誠的關懷，讓別人感覺是「打心裡願意」的誠意。

1. 眼到：能認真的觀察到他人的難處，以獨具的慧眼看出他人面具下的真形象（或困難所在）。

2. 耳到：能多聽，願傾聽。用敏銳的雙耳聽出他言語的弦外之音或難言之隱。

3. 口到：關懷在心口常開。勇敢的說出對他人的關懷。平時對員工噓寒問暖以營造出一團和氣。

4. 肩到：有擔當，有所為，有所不為。且能坦然面對自己所犯的錯誤，認為是經驗的學習，而不是失敗。

5. 心到：是發自於心的真誠相待，開放地與他人交流，告訴他人其真實的想法。

6. 腳到：走向教師群體，實施走動領導，不要做一個孤芳自賞的校長。

五、建立團隊：在重視績效的今日，高績效團隊、學習型組織團隊、各種團隊理論受到了學者、專家的重視，它兼具複雜性與分工協調性的特色，它不是靠個人的力量可以獨立完成的。大家分工合作，發揮個人專長，充分展現了團隊的精神與力量。身為一個領導者，要懂得建立團隊的方法，多了解學校組織成員的需求及特質，對組織成員要勞務均攤，利益共享，並且懂得尋找特質、能力互補的夥伴，並懂得包容不同特質的人、傾聽不同的

聲音,知人善任,團隊目標自然容易達成。

㈠人和才有真正的團隊:每天在學校裡至少8個小時的時間,對每一位教職
　員工來說,學校就像是第2個家。學校同仁之間、師生之間都和諧,學校
　才能和諧及贏得更多的發展機會,在這裡工作也才會更快樂。尤其學校並
　不是營利單位,較沒有辦法長期利用外部利益的誘因馬上組建具「戰鬥
　力」的團隊,所以要建立具有效能的學校工作團隊,其內部和諧更顯重
　要:
　各位夥伴,我們平常多給一個微笑,多給一聲問候,多給一點關懷,多給
　一點禮讓,多在別人困難時雪中送炭,也許別人回饋給你的只是一個微
　笑,一聲謝謝,甚至是持續的冷漠。但其實在實質上卻是更多人的關心、
　理解與融解冷漠,和一個有利於我們學校發展的和諧環境……。

㈡高度與真誠的對話溝通才有團隊:在有效的溝通上,人員會表達自己的真
　實感受,若成員不能表述自己的真實感受,在計畫上、進度上就沒有辦法
　實施,那麼即使有團體之名,也無團隊之效。所以引導學校成員做「專業
　對話」上的「練習」,讓「學校是語言豐富的公共空間」的觀念,不斷的
　在老師心中產生激盪與迴響,也讓學校團隊會針對問題與變革,提出具體
　的、真正的建議與想法。以下是我第1次與老師談論到這個話題時的情形:
　我:各位老師,星期三下午到各班進行2小時的教室布置觀摩,我們約好
　　　今天要給老師們做回饋,請各位對於各班教室布置的優缺點,進行建
　　　設性的建議。
　荷老師:我覺得各班布置很認真,值得我努力去學習。
　蓮老師:看了各班的布置,我覺得自己還有很多改進的空間,我會加油
　　　　　的。
　梅老師:二年級教室布置的好漂亮,真是我學習的對象。
　……
　我:各位教師,我想各位的陳述是比較概念性的。但是這樣永遠沒有辦法
　　　知道真正好在哪裡,可改進之處在哪裡。這對於改善或發揚光大是沒
　　　有助益的。以下是我個人的觀察所得,提供給各位做參考:「二年級
　　　的教室,利用廢棄的牛奶盒做成一隻隻的孔雀,布置在大公布欄的框
　　　格中,不但結合美勞更讓所有同學有參與感。學習角以家庭的概念來

設計，在桌子配上一張小花巾，更有畫龍點睛之效。它的窗戶，以人造綠色藤蔓攀附在上，充滿綠意盎然的感覺。……唯，教師的講桌，書籍紙張沒有歸定位，是美中不足之處……」，我想要各位對話的是具體的意見，我們下星期一再來一次回饋性的研討。

星期一的討論

梅老師：在各班的布置中，我覺得四年級最有創意，因為他使用立體紙雕的方式，設計各類「大明星」，鼓勵他們……。

荷老師：在一年級的教室裡，我最喜歡他們那種乾淨素雅的感覺，進去教室會有眼睛忽然一亮的清新感，尤其學習角部分，有坐墊、懶骨頭及……等東西，我都好想在那裡做事……。

肆、代結語：還有更多的事例與故事

一個場景

一個校長拿著《7 號夢工廠》的繪本，走進一年級的教室，「校長講故事了」一個孩子喊著。「有一天，三年級的老師帶著班上的同學去參觀帝國大廈，那是一個好高好高的建築物，高到雲朵只飄在身旁而已，那時有一個小朋友，看到了一朵有眼睛、有嘴巴的雲精靈……」。這位校長，自己徜徉在自己的想像世界裡，好像回到了童年在草屋旁偷看吳承恩《西遊記》的情景……，抬起頭來是一雙雙充滿期待的眼睛，此時，那位校長似乎講得更起勁了，因為他看到孩子眼中閱讀的希望，一個未來的希望……孩子那眼中閱讀的希望。

從這一個實踐的場景來看，一位校長在 6 班的學校重視閱讀活動，他樂於去推展、去影響。在此，我仍要重申對校長領導的實務性看法，即「對學校日復一日例行工作的關注與反應，所產生影響力的發揮」。當校長遴選到學校後，其職掌為「綜理校務」。這是多麼簡明的職責，但卻是責任重大的。我們唯有先釐清學校的本質性工作（學生的學、老師的教），然後進行對老師專業概念的提升與建設，讓校長的影響力藉著實際的行政作為不斷的擴大與深化，從而

達教育目標。

　以上所陳述的，僅是個人在研究許多轉型領導的文章後與校長實際領導行為或特質做交叉比對而提出的看法。內文中所引述的文字是當事人所做的「行政札記」與「教師晨會校長報告紀錄」。文中尚有許多不周詳之處，亟需改進。然而實例分析尚不多見，本人願效野人獻曝之行，勉而為之，希望能帶給讀者一些小小的啟示。

作者簡介

　我是曾文鑑，出生於風城，新埔則是我目前居住的小鎮。選擇教育作為我終生的志業，是因為與孩子相處時，那種發自心底愉悅之情，總是占住我滿滿的心。自 1985 年踏出新竹師專校門後，即本著「教而後知不足，學而後知困」的終身學習精神，參加各類專業成長，並先後進入大學部、40 學分班、碩士班及博士班就讀，期能不斷的提升自我視野與專業知能，以使學生能獲得學習的大可能及行政的有效運作。再者，在教學及行政過程中，深深體會研究是使知識深化及解決教學問題的根本途徑；教師即研究者的精神更是提升教師專業化與專業地位的有效方法。因此，致力於研究工作與專業實踐，因而多次獲得教育部、廳研究著作及縣內論文發表的肯定。目前，擔任國小校長，更本著學校是為學生學習而設立的場域的理念，致力學校本質工作的推展。最後，個人覺得我也漸漸能在精神上，體會那種「教不厭、誨不倦」為人服務的快樂。我願貢獻所學，服務更多的人，讓更多人分享我的智慧與理想，那將是我最大的喜悅。

走過一任還有七任——談校長與校務

梁坤明
原任台北縣大觀國小校長
現任台北縣光復國中校長

壹、與教育的結緣

　　幼年在鄉下成長，鄉下環境的自然與所提供的無憂無慮童年，乃是城市長大者所無法體驗與欠缺的，但鄉下較為貧困的生活環境，卻也是都市人所不能理解的。每逢國中小期末考時節，卻也是鄉下農耕最繁忙的時期，鄉下長輩都沒念過什麼書，對於讀書也不重視，在看天吃飯，飽餐都有問題的現實下，讀書對小孩來說，變成一種額外的奢侈。因為鄉下的貧困，使得當時以公費為招生誘因，以保障工作為畢業訴求的師專，變成鄉下小孩的讀書目標，也就因此踏入教育一途。

　　從就讀師專開始，所見所學幾乎與教育脫離不了關係；尤其師專畢業後，更直接的擔任教學工作，對於教學、與學生相處且由其中所得到的成就感，一直是個人的興趣所在，當然教育也變成了一生的志業。由於當時任教職者大多生長在較為貧困的家庭，便容易將自己求學過程的感受，帶入教學的工作上，所以對於如何把書給讀好，對教育的重視程度也較高，更能深刻體會讀書求學對轉變生涯的重要性。

貳、踏上校長之路

　　在擔任教師之時，並未想到要擔任行政工作，更遑論是擔任校長，走上行政的初衷是為了避開服務未期滿不得進修的限制。要擔任校長是接觸教育行政之後的想法，尤其在教育局任職時，實在無法兼顧到學業、家庭，常常要犧牲

許多的時間與心力,甚至危害到身體的健康,而若回到學校去服務,至少有較多可自我控制的時間,也較符合自己的個性。

要擔任校長可以循著擔任教師、組長、主任到校長,此是一般在學校中的生涯進階過程;這樣的過程,若以現在與以前相較,已經變得比較容易,只要自己有此規畫,可以先擔任組長,學習行政技巧與觀念,透過主任的甄選儲訓取得主任的資格,再經校長甄選儲訓,取得校長資格,再來就是等候校長遴選到一個學校服務,多數的校長是這樣來的。

除此之外,也有其他的途徑(請參閱《教育人員任用條例》及《國民教育法》)。透過取得相關的資格,以使自己可以擔任校長。如在台灣省尚未精省之前,已擔任教育行政人員七職等 3 年以上,並取得督學課長甄選儲訓合格人員者,也視同取得國民中小學校長的資格,因為我個人是具有此資格,所以在此一階段,實際上即具國民中小學校長的任用資格;後來《國民教育法》修訂,校長由派任改遴選、台灣省精省等各種因素,自己又去參加台北縣第 1 次自辦的國民小學校長甄選儲訓,雙重取得台北縣的國民小學校長資格,當然擔任起校長工作就更有把握與信心。以下將依自己擔任校長一段時間之後,對於有關校長的角色、功能及實務工作上的了解等,做進一步的說明。

參、校長的角色

校長是一校之長,校長的角色功能雖然隨著時代的變化,權力與影響力已不再如以往的多,但是仍扮演許多的角色,在工作上也可以發揮諸多的功能。而且與學校組織中的各種不同職務比較起來,校長無疑是最具影響力者。

在學校中不同人員的領導並不相同,Zenger 和 Folkman 表示,在組織內的不同階層,領導者行為和運作技巧也不同(林宜萱譯,2003)。校長居於學校組織的最高層,與教師、組長或主任相較,所需要的是更高的領導行為和運作的技巧,而其領導的對象,則包含教師、組長和主任等校內各類人員,當然比起此些人員要具備更多的能力。

校長因是學校的領導者,其常被認為要扮演不同的角色,基本上,校長需扮演以下的角色,始能發揮職責上的功能。

一、掌舵者

掌舵者是校長常被比喻的角色，學校被比喻如一艘船，要航向哪一個方向，如何前進，常會因校長的不同而產生不同轉變。常言道「有什麼樣的校長，就有什麼樣的學校」，直接的會產生什麼樣的學生，可見校長的重要性，所以學校的願景及理想，就成為校長要去建構及思索的，如何達成？採用哪些策略？也是一位校長要擬訂的。有的學校因為校長的更迭，整個學校的風格完全的轉變，甚至將多年建立起來的特色全盤的消除，都是因為校長的更換，造成校務經營理念與辦學方向調整的差異所造成，所以校長此位掌舵者應清楚自己的方向，做長期的規畫，才不至於跌跌撞撞，找不到目標。

二、衝突解決者

公正的排解教師間的不如意與親師間的衝突，對校長而言是極富挑戰的角色，也是無法做到盡善盡美、人人滿意的一種角色。尤其在教育改革與校園民主化的現代校園中，校內原有的各種倫理與規則已經不被遵循。所以，一位校長勢必面臨校園的各種衝突，包括師生之間、教師之間、教師與行政之間、親師之間，如何有效而公正的處理衝突事件，是校長工作上愈來愈會面臨，也愈來愈棘手的重要事務。

除了處理他人的衝突外，校長自己的角色也會產生衝突。行政繁雜與接觸面的多與廣，使得學校行政工作處理時，面對的是許多不同的角色期望與需求，此時也會造成校長自己本身角色的衝突。所以衝突對校長而言，需要對不同的衝突解決方式，也要對自己所面臨的各種衝突做積極的適應與調整。

三、敏銳的判斷者

學校應重視與學校有關的蝴蝶效應（butterfly effect），校長要具有見微知著的敏銳度，做適當的判斷與改變，關注隱身在背後的人、物或因素。社會環境愈趨複雜化，面臨的可能是更混沌（chaos）不清的情境，如何有效的處理此些可能影響因子，一位校長必須要有敏銳的想法與眼光。其實，當校長放開心胸時，各種有利或不利於學校的訊息，即會透過各種管道，進入到校長的耳中，判斷訊息來源與訊息本身的正確與否，是校長要具備的角色。而將訊息妥善的

分析，找出影響因素，則可事先預防，預做處理。

四、專業領導者

多數人可能都會認為校長是需要專業的，但是校長的工作卻又是十分龐雜瑣碎，小到校園開放的時間要由幾點到幾點，大到對於學校校務發展的整理與規畫等，都是校長要參與或做決定的範圍，但是學校的多數決定往往被批評是垃圾桶的決策模式，每一位有權做決定者，如校長、主任、組長等都依照自己的背景或經驗作判斷，少有依據較為嚴謹的決策流程與步驟。

專業的領導者要具備企業管理的思維、人文的精神，兼顧領導與被領導者的需求與想法，以企業來說，校長就如企業的專業經理人，負有將學校辦好的職責。隨時的吸收新的領導理念，兼顧組織的理想與教職員的需求，做一個專業的教育領導者。

五、改革推動者

學校與教育正面臨各種的改革，雖然說教育改革的成敗關鍵在老師，但是教育改革的推動力量則在於校長。校長若對教育改革沒有意願，不願意推動，那教育改革將是僅止於教師個人、點狀分散的型態，校長的角色則可以使教師單點的型態，串連成線，進而擴大，達到全面的推動。所以如果使校長願意推動教育改革，教育改革的工作實際上已經成功一半。

肆、校長的功能

校長若能體察教育的脈動，並依其學校本身的特性進行教育的領導，則將有更多的角色發揮，產生更好的功能，校長在學校可以發揮的功能包括：

一、分配資源

多數學校額外的資源可能都是校長努力的結果，資源最後要如何的運用，也是校長做最後的決定。學校的資源大體可以分成來自於政府與民間；政府的資源以縣市政府及鄉鎮市公所為主，民間的資源，包括各種基金會、慈善團體、家長會和社區捐助的資源。不論這些資源由何而來，校長必定會被視為是補助

對象的代表，也就是帳會記在校長的身上，所以校長也必須要和各種可能資源的來源者打交道。

校長是所有資源的源頭也是最後的定奪，校長需有效的運用每一分錢，將一塊錢當兩塊錢用，充分發揮功效。另外，對於資源做合理的分配，則需要對於學校的了解，過分的偏重於某一團體甚至個人都是不智的資源分配方式。

二、代表學校

校長代表學校，所以重要的會議，校長有沒有出席即成為被注目的一個焦點，有些會議校長派主任、組長出席，會被認為不夠重視，校長親自出席也代表對於會議的重視程度，尤其當同一個會議各校都由校長出席，而自己請主任代表時，即會發覺不相稱，雖然會議時可能不會被諮詢或不會被要求提供意見，但是校長代表學校的象徵性意義，在此時即十分的明顯與清楚。尤其國民習慣將學校的校長視為學校的代表，會做校際間的比較，校長在某些場合即要適時的出現，以表對會議的重視。

三、爭取經費

經費對於每一所學校都是十分重要的，所謂「巧婦難為無米之炊」，現代的教育如果沒有經費的支援，辦起事來會有施展不開之嘆。偏偏現今的政府財政不似 10 年前一般的充足與豐裕，各種經費能省則省，校長即需自己再去爭取一些必須的經費，各種經費爭取可以分工進行，像對於民意代表的補助，可以讓家長或社區人士去協助爭取，政府的補助，則要校長親自前往，校長也可以和社區一起合作，共同為學校爭取較充裕的經費。

四、改善環境

校長的工作是綜理校務，負校務推動成敗之責，對於將學校環境變得更好，也是責無旁貸之責，教師在教學上所需的教具或設備，學生活動的空間或器材，遊憩的場所及設施的安排等，都有賴校長的努力，協調各種的力量，一起為理想付出。學校的環境是立即可見的，要請教師有所發揮，校長應將學校環境做適度的規畫與安排；家長也常會對學校的環境提出建議，校長應運用各種的資源做分配，相對的要求教師盡力教學時，才會更有立論的基礎。

五、決定品質

　　校長每日都在做許多的決定，這些決定隨時隨地在進行。雖說學校當中約有 70%至 80%是屬例行性的工作，如果學校同仁能夠仔細的研究以往的行事，將可以減少校長需另做決定的機會，除非校長要做調整與改變，否則校長的重要決定，可僅限在處理所剩的 20%至 30%的新事務。但多數學校人員習於聽命行事，造成位處學校組織結構最上層者的校長，必須做各種大大小小的決定，相對的就讓做決定變得瑣碎、繁雜，也可能造成決定品質的不夠細緻。

　　校長在做決定前，應該要有較多的決策參考數據或是決策事件的背景分析，作為專業決策的重要參考。例如校園開放的時間，可以做問卷的調查，並依每日民眾使用的情況與人數做統計與記錄，如此才可以做符合需要的決策。對於校務發展的規畫，需要更多背景的了解與對未來發展需求的分析，才能符合實際的校務發展需求。

伍、對校務的推動

　　校長的主要工作在於經營一所學校，自己在辦學中投入的程度有多少，別人相對的有會多少的回饋，如果校長真的以校為家，事必躬親，則學校其他人員也會有相同的感受，投入的時間也不至於太少。但是如果校長是一味單方面的要求，自己不以身作則，那就不易達成自己的想法，而擔任校長者欲使校務的推動更順暢，常要去思索做什麼？如何做？找誰做及何時做？

一、做什麼

　　校務的內容很廣泛，對校長而言，必須衡量學校本身的狀況，將重點給明確的描繪出來，可以找出最有利者；有些是配合教育改革的潮流，有些是學校本身的特性，有些則是社區的想法，學校本身的條件在哪裡？教師的專長優勢有哪些？學校、社區與家長們一起討論，很多的事情與想法就會出現，就容易找到交集，共同規畫與努力。

二、如何做

要如何做，則是行事的策略與技巧，透過討論找出學校要做的事與要走的方向，讓主任先做事先的規畫，強化處室之間的連繫與討論，建立較完整與嚴謹的行事原則，多方面多角度的思考，運用這些人力資源且建立制度，比校長一人去想還要有一些效果，事情辦理完畢，也不忘做檢討並做成紀錄，以為下一次精進之用。此外，企業管理的精神，與企業的做法，轉化為適合學校運用的做法，對於學校的經營有參考的必要。

三、找誰做

校務涵蓋的面向很多，要找誰做，就變成一門學問，有些人可能認為誰做都一樣，但其結果是不同的人做就是不一樣。主任是校務推動的重要助手，找到適宜的主任人選，協助處理大半的事務，將是使校長個人在校務的處理上，有更多迴旋的有利空間，讓校長對於工作任務的推動與協助，會有更多的思考與調整機制，套句台北縣府教育局長官的話：「主任能幹，校長就吹電風扇。」台語所謂「涼涼的做」，就是指在一位優秀主任的統籌與協助下，校長是可以輕鬆的辦學，留給自己更多思考的空間，做更好的發揮。有些主任對業務雖不是非常熟練，但是願意花費時間與心力投入，使其比起他人更人快速的掌握業務，也就駕輕就熟，很快的進入狀況。

四、何時做

對於與教師、學生有關的事，早一點做比晚一點做好，早一點做，學生可以早一些享受或使用。例如採購設備或是教學方式的調整，都與教師、學生息息相關，等到學生都要畢業了做，就失去意義。許多的工作與計畫，如果可以在暑假時完成，則可使一整學年的工作順利，有更多的時間可以規畫、掌握。

陸、超越學校的圍牆

以組織的型態而言，學校是開放的系統（謝文全，2003；Hoy & Miskel, 2001）。學校會和環境產生交互作用，在國民小學學生就學的區域化與學區制

的特性，使國民小學與學區內的人、事、物，產生緊密相連的關係。學校本身
即是社區的一員，所謂學校社區化及社區學校化，讓學校成為社區的一部分，
彼此之間密不可分，社區中的人員經常會要求學校配合相關的事務，這些事務
如何處理是一種藝術，秦夢群（1999）即指出，校長若與地方顯赫之士交惡，
則辦起行政來必難。但是過分接近，有時礙於人情，也不得不做讓步。可見校
長對於學校以外人員相處，關係上是有點黏又不太黏，這些校外人員的關係處
理，包括如下。

一、家長、社區關係的處理

　　社區是學校學生的來源，學校也提供給社區一個活動的空間，不論是偏遠
的學校或是城市的學校，國民小學的校園都會有社區民眾要求到校活動，其中
做運動者是占大多數，也有許多是到校辦理活動，對於校園的開放與否及開放
的時間，即會有很多的意見。類似這樣的想法，包括學校學生的行為、學校音
量的大小、學校對於附近環境的貢獻……等，都會受到矚目與關心，所以對於
社區的此些回應應該要快速，且要有實質的內容。

　　另外，家長和社區會針對學校教師的做法提出意見，如對教師教學、班級
經營、學生成績處理、學生問題處理……等，多數家長基於尊重學校的立場，
大多會隱忍不說，當他說時，代表已經無法認同，更需加以重視與處理。

二、教育行政機關的關係

　　國民小學直屬的上級機關是縣市政府教育局，故其關係更必須加以重視。
尤其大部分的國小，其經費編列並無學校單位預算，經費需要經由教育局做全
縣的分配與撥付補助，故與上級教育行政機關的關係良窳，直接影響的是經費
的多寡。另外也會直接或間接影響對於校長個人的遴選，所以有些校長即專心
於此一關係的建立與營造。

　　校長與教育行政機關的關係和以往相較，因候用校長借調教育局者增加，
所以關係密切許多，校長應妥善使用此一關係，作為對建設或校務處理的助力，
而不可以此作為校長遴選、建立個人利益為優先的想法。

三、民意代表與學校

學校是公共組織，應重視政治層面的因素（梁坤明，2005）。與學校最直接相關的政治因素是民意代表，民意代表握有審核預算與協助家長處理學生事務的作為，這些民意代表都有其參選的區域，選民服務也是他們工作的重點。對學校來說，每一位民意代表都擁有政府分配的補助款，如能由其補助款中爭取到經費用於學校，使學校經費運用的靈活度更高、更充裕。當然民意代表除了補助給學校經費外，選舉時也會要求校長給與協助與支持；另外對於學生的入學、編班上，也會要學校給與方便或特殊待遇，有些甚至會造成學校的困擾。對於民意代表的要求在合理與合法的先決條件下，適度的回應與協助應是必要的；但若是不合規定，甚至不合法的，充分的說明並尋求體諒，比出國不理會應是更好的方式。

四、媒體與學校

媒體的功能正如流水，可以載舟也可以覆舟，學校與媒體間如果有良好的關係，當會在必要的關鍵時刻，透過媒體的傳播功能，達到良好形象塑造與宣傳的機會，但是若未能做適當的處理，則其結果卻可能是相反的。而且媒體對校園意外事件的報導很有興趣，也會想挖掘更多的新聞。對於媒體，坦白而誠實的面對，是最好的一種方式。

如果要在媒體宣傳上產生好的效果，一個與活動或主題相配合的口號是有其必要，口號與教育內容之間的關係是相輔相成的，一個響亮的口號，也可以使教育的成效更加彰顯。

柒、對教育的看法

教育是動態的歷程與工作，校長工作內容雖然繁雜，但亦需隨時反省自己工作的內容與辦學的方向，Brown 和 Irby（1997）即指出，校長需要經常反思自己的領導信念、行為和經驗。以下將由幾個比較大的層面，省思自己對教育及校長生涯的看法。

一、教育的改革

對於教育的做法，甚至對於教學的方法與管教的態度，幾乎是人人都可以談論，但是其中有許多的理念似是而非，有些必須要加以導正，尤其是教師和家長對於教育改革的憂心，似乎一直都未被加以重視，甚為可惜。

雖然在教師會成立之後，許多的工作被質疑是否與教學有關，但是質疑了一段時間過後，真正改變的事項仍然有限，如教師在意的導護工作、有關九年一貫課程的配套、有關學校自我經費運用的管控減少、政治對於教育與學校的干擾與限制⋯⋯等，往往是在一陣時間過後，熱潮過後，又消失的無聲無息了。

一般人似是而非的觀念與想法，有時卻影響到學校的辦學與教師的教學，這些想法有時不一定是真實的或經過進一步的思考，其存在著太多的限制與無奈，在一個無奈與限制的情形下，教育改革的成效自然易被質疑。以學校本位管理或自主來說，授權不足但又要求學校本位自主式的決策，根本是讓學校困擾之事。

二、教育理念

教育的活動仍然非常的多，有許多的學校為了活動而辦理活動，但卻不去重視活動的教育意涵，正如各校都挖空心思的搞創意畢業典禮一般，對於教導學生感恩，在畢業之後如何進一步學習等，反而很少人談，也被忽視。

理念的差異讓學校辦學不易齊一步伐，理念的差異會造成結果的不同，例如對學生活動多寡的想法，即會產生不同的辦學走向，有的校長會以辦理各種的活動來要求老師加以配合，有的則盡量以學生的學習為考量，兩者的差異使學校的活動的多少有別。前一段時間公共電視播出有關教育改革系列的節目，對於某些學校的批判，即在於學校活動是否與學生的學習有關，當然如能在活動的過程當中，加入各種有關的學習活動，對於學生而言，不也是一種難得的經驗，但是若過於強調，則活動會被扭曲，為活動而活動的結果，一定會妨礙教學工作的進行。

三、學校教育

學校教育的逐漸走向花枝招展、華而不實、譁眾取寵的情況中，一個學校

的教育要有一些火花，會產生一些新鮮感，但是對於國民小學而言，有許多的工作是需要紮紮實實去做的，這些是在對學生做能力打底的工作。然而如果我們沒有將這些工作做得很有基礎，對於未來的學習當會產生不利的影響。而活潑的教學過程需要有內容的教學為基礎，作為基本的教育內涵，避免到一些華而不實的作為。

四、生涯發展

教育的工作若能堅持，亦是值得進行的一項工作，有許多的基層老師堅守教育的崗位，一輩子對教育貢獻與付出，對教育的成敗盡最大的努力，雖然沒有實質的鼓勵，但也甘之如飴，令人敬佩。每個人在不同的生涯發展階段，需要不同的技能（林宜萱譯，2003）。校長在初任階段、成熟階段與將退休階段，辦學的想法與做法應該都會不同，比較好的是以初任階段的熱情加上成熟與將退休階段的經驗，全力的付出才是學校之福。然對於校長來說，在同一階段學校的教育工作，校長是學校教育職務的最高點，大部分的校長到退休前都不會轉換職務，僅會轉換到不同的學校擔任校長，所以扮演好不同學校的好校長，由偏遠學校到市區學校是多數校長的生涯發展規畫，但也是「沒有生涯進階」的生涯規畫。

捌、校務處理的甘與苦

對於校務的處理當然是樂多於苦，雖然大部分的時間都是愉悅的，但是還是有一些是無法改變之事，此為大多數學校校長，甚至是多數教育工作同仁的想法，當然如果在擔任校長的時候，培養出 1、2 位特別優秀的學生，那就更能對工作生涯回味許久，在校長工作中令人最為困擾者，包括如下。

一、人事的和諧

學校的人事是否和諧，嚴重影響學校的運作是否順暢，一個不和諧的學校，處室之間彼此掣肘，教師對行政工作的冷漠對待、彼此相互對立，將使校園氣氛詭異，工作進行困難重重，動盪不安的校園如未妥處，將使校園變成諜對諜的狀態，許多的校務都會受阻。

二、腳步的配合

學校非單一人所能成事，其發展的良窳，有待校長的規畫與全體親師生的努力，在理念的溝通無法獲得全體同仁的認同與理解下，其受支持的強度會有限，如果未能因此而增強或改善腳步的動能，則將阻礙學校的發展。如全體的親師生都配合前進，將是校務推展最為順利之事。

授權式的工作領導，可以使成熟的主任與行政同仁享有更大與更多的發揮空間，相對的，如果是一個鬆散的組織或工作的連結性較低的情況下，需要強而有力的工作要求。

三、會議過多

學校民主化的結果，使學校產生了許多的委員會，這些委員會有些發揮了功能，但是有一些卻僅成為一種形式，而為民主而民主的結果，造成多數教師開會無心，不願意發表，也無充分的時間可以參與。

有時候上班時間是一個會議接一個會議的進行，大大小小的會議使人根本無法做思考，只能運用下班後的時間做思考。

四、評鑑頻繁

政府要推動的政策或是重點，經常會以學校為推動的重點單位，尤其「從小紮根」的想法，使得國民小學變成各種政策推動的實驗場，因此，政府各部門要推動政策，就是以國民小學為第一線，這些若僅是落實、融入教學工作中便罷，但推動之後，接著就是一連串的評鑑或訪視，往往造成學校的困擾，要準備也不是，不準備也不是，令人困擾，如果已經有校務評鑑，評鑑工作的整合是有必要進行。

評鑑或是由教育局所發送問卷調查的統計結果，在學校的實務工作推動上較少被重視，殊為可惜，學校或教育行政機關，應真正運用這些資料，作為教育的重要參考。

五、經費的不足

學校的經費實在是不足，學校要做調整與改善，經費是重要的因素之一，

工作的重點項目也許可以獲得一些經費，但進一步精緻的教育則不易做到；經費的支援在硬體設備方面，在教學工作的軟體或人力協助等，都需要經費，故對校長來說，經費實在很需要的資源。

玖、結　語

　　教育工作是一連串的接續所組合而成的，學校校長的工作也是一棒接一棒的接續傳遞著，要將校務的工作做好，不是否定前人的作為，打擊前人來突顯自己，而是將自己的想法融入到原有的基礎之上，將原有的優點給發揚光大，將不足的部分給與補足。故如 Brown 和 Irby（1997）認為，校長的工作是多方面的、吃力的（demanding）、步調快的（fast-paced），有時要面對緊急的、壓力的和混亂的情境。在這樣的一個情況下，有時校長每日就像是一個不停旋轉的陀螺，永遠都有忙不完的工作，有些事務當然可以讓主任去處理，但是如果沒有隨時的「看頭看尾」也放不下心。

　　每一所學校的校務處理都與學校的不同組成產生質的變化，這些不同的組成包括：學校的歷史、學校規模、學校所處的地區特性、學校的教職員年齡與工作經驗、對於學校的認同、學校的工作特性與組成等，都會影響學校。所以必須重視情境的重要性（Hoy & Miskel, 2001）。從對學校的觀察與體認，自己愈來愈相信，每一個學校都是一個「個案」，此正如 Blasé 和 Blasé（1994）所指所有的學校都是獨特的（unique），有不同的人員，有不同的社會、文化和政治的脈絡。Prosser（1999）亦指出，學校看來雖相似其實是不相同的。故每一位校長在各個學校都有需要處理的事，既當任校長也只好多多努力了。

（參考文獻略）

作者簡介

　　本文作者生長在彰化鄉下的一個傳統家庭，因家庭經濟因素，捨棄明星高中而就讀師專，為了完成自己無法就讀高中、大學的就學遺憾，不斷的想辦法升學，在擔任教師等工作時在職進修，完成理想獲得博士學位。其間也參加各種的考試，包括教育行政人員高考、台灣省督學課長甄選儲訓、台北縣國民小學校長甄選儲訓等考試及格。曾擔任台北縣市國小教師，並透過前述的考試及格，陸續擔任過台北市縣教育局的科（課）員、督學、課長及校長等工作，原任台北縣大觀國小校長，現任台北縣光復國中校長。

校長的心──永不放棄

張信務
原任台北縣鼻頭國小校長
現任台北縣新泰國小校長

　　記得，剛到鼻頭接任校長時，聽著前任校長敘述在鼻頭辛苦奮鬥的歷程，他說以前曾有老師被分發到鼻頭來，一到校門口，看到學校的景象，行李一放在門口足足哭了 5 分鐘才入校報到。鼻頭國小的老師每年更替，孩子的學習受到很大的影響。而為了補強教室的結構，曾經動員家長三進三出的協助搬動教室，家長願意到學校來幫忙，這可是鼻頭破天荒的事，因為，大部分的家長忙於生計，無暇參與學校工作，而近年來魚獲大量減少，生活變得更加辛苦，因此，也連帶的影響了孩子的學習，有許多孩子是由祖父母教養，生活上變得較為依賴、被動，不喜歡讀書，而家長也認為孩子長大會捕魚就好了，對於課業的要求也較不積極，親子之間也時有衝突，更遑論參與學校的事務。

　　面對這樣的困境，有的家長勸我說：「校長，再怎麼努力也沒有用，這裡的孩子不會有成就的！」但我心想，鼻頭真的就比別人差嗎？不會的，我們堅信只要「有心」，鼻頭的孩子一樣能出頭天，他們只是沒有良好的學習環境與學習動力而已；因此，一開始我們的教育團隊就擬訂了全新的學校願景，舉行擴大校務會議，邀請全校的家長與老師共同商討，如何讓鼻頭的孩子活出自信與未來。結果，來參與的家長寥寥可數，我們覺得好難過，但是我們並沒有放棄。

壹、你的、他的、「我們的」孩子

　　我鼓勵老師下課後，進行密集式的家庭訪問，在學生的家裡、服務區小吃攤、漁船、海邊都可以見到老師和家長溝通的身影；我則利用閒暇和假日，不

斷地和家長們互動，說明我們對孩子的期望與學校經營理念，真誠地邀請家長共同參與，一起來教育「我們的孩子」。或許是家長們感受到我們是真心為孩子著想，感動地表示：「一般都是家長到學校去拜託老師，從來沒有看過校長到家裡來拜託家長一起教育孩子的」、「你們這些老師真的都把學生當成自己的孩子耶！還拜託我們家長來共同教育他們，真是歹勢」。這份「學生是我們的孩子」的心念，讓我們把家長一個個地帶了起來。我相信只要老師和家長合作，一定可以讓鼻頭的孩子不再自卑和放棄學習，而事實也證明孩子們漸漸展露才能，活出自信。

貳、孩子嫌怨出身低 「社區學習」提自信

有一次無意間聽到孩子的談話，孩子嫌怨自己為什麼這麼倒楣會出生在鼻頭這個小地方，父母親又沒讀什麼書，每天只會捕魚和嘮叨，他看不起爸爸媽媽，只想趕快長大好離開這個鬼地方……。聽到這樣的想法，我非常心痛，原來我們的孩子這麼不喜歡家鄉，更瞧不起學歷不高的父母親。於是，在校務會議上我提到這項嚴重的問題：如果孩子不喜歡這裡，我們再怎麼努力的教育也是枉然的，我們必須要建立他們對家鄉和父母的信心。因此，我們規畫了「家鄉導覽」的課程，將學習的環境移往社區各個點，譬如漁船、餐廳、廟宇、咕咾石屋、燈塔、步道、海蝕平台等，一共有15處「社區學習教室」。這項課程的目的是將家鄉之美納入學習中，讓孩子能藉由了解家鄉，進而認同家鄉、親愛家鄉，將來學有所成還可以回饋家鄉，這樣鼻頭才有永續發展的可能。

而為了建立孩子對父母親的信心，我們積極的拜訪社區耆老與具有專長的家長（如熟悉鼻頭人文典故、海洋捕撈技術、地質地貌景觀、海產認識、海鮮烹調及漁村風貌建築等），邀請他們擔任學校的「社區老師」，在每個星期五的「家鄉探索」課程中，實地帶領孩子上山下海，探索鼻頭的奧妙。

這項課程至今已實施了2年，許多令人感動的畫面幾乎每個星期都會上演，例如：家長們平常捕魚只需穿輕便衣物即可，但是為了當社區老師，他們穿戴起塵封已久的皮鞋和領帶，笑說除了結婚，這是他們生平第2次穿得這麼體面；而有的家長也改掉抽菸的習慣和隨口而出的「口頭禪」，因為，當老師可是神聖的工作，他們非常的珍惜和驕傲，他們說：「想不到捕了一輩子的魚，還能

用來教給下一代！」看到這些家長們扮演社區老師所展現的丰采，以及孩子上課時驚訝的神情和快樂的笑聲，我知道鼻頭的自信與希望又回來了。

　　當然，起初這項課程的推展並不順利，有些家長認為常常帶孩子到社區去，沒有在學校上課，會學不到什麼東西，所以他們抱持著觀望和質疑的態度；有時甚至還會帶走孩子，不讓他們參加學習；但是我們覺得這是改變孩子對家鄉態度的最佳方式，於是，我從拜訪老會長、社區發展協會開始，獲得社區耆老的支持，先進行「鼻頭歷史」的講授，並帶孩子實地進行「家鄉導覽」，逐漸的由一而二、二成四，家長由觀望變支持，由質疑轉參與，最後共聘到了17位家長願意當社區教師，協助學校教學。在每星期五的社區學習中，社區老師們賣力地講解鼻頭的廟宇歷史典故、如何駕駛漁船、海鮮烹調以及搜尋潮間帶生物等知識；另在學校的一隅，也有家長揮著汗水整理花木、除草與油漆，社區與學校緊密結合，處處顯現出活力十足的鼻頭風貌。

參、身懷胎兒上議場　身教激發學子心

　　還記得去年母親節前夕，在學校電話亭旁聽到有位孩子因為功課沒帶，正在打電話「叫」媽媽替他送來，口氣非常不好；過了不久，看到微胖的媽媽氣喘如牛的爬上階梯到了學校，孩子從媽媽的手裡拿了課本，還怪媽媽為什麼這麼慢送來……；見到如此情景，心好痛，我們的孩子怎麼會如此對待媽媽？「孝順」的觀念跑到哪裡去了？於是，和老師商議以後，決定要辦一個讓孩子們能夠深刻體驗媽媽辛勞的活動——「懷孕體驗」。

　　老師們用心地設計了一個「懷孕體驗」的系列學習活動。首先，每位孩子都要先訪問自己的媽媽，將在懷他時候的感受、生活上的不方便、生產時的痛苦等等，填寫在學習單中；接著在母親節前一天，辦理了「懷孕體驗」活動，我和孩子們約法三章，這一天，校長、老師、學生以及到學校來的來賓們，每個人都要放一個大氣球在肚子裡，模擬懷孕的感覺，走到哪裡都不能拿下來，即使是上廁所、洗手、運動，也一定要盡全力保護肚子裡的「氣球胎兒」；下午會請同學互相幫忙把「胎兒」生下來，再共同分享心得。

　　我從早上放了「氣球胎兒」在肚子後，就深深的感受到懷孕的辛苦，坐在辦公桌前無法批閱公文，要站著批閱；上廁所更是苦不堪言，蹲都蹲不下去；

有幾個六年級的男生挑戰失敗，「氣球胎兒」破了，傷心不已；其他孩子也會互相問候對方的「氣球胎兒」乖不乖，感覺如何；他們走路變慢了，不再橫衝直撞；洗手時搆不到水龍頭，會側著身體洗；而當天我剛好要到東北角管理處開會，開車出去時看到好多孩子正注視著我，看我會不會把「氣球胎兒」拿下來。到了會議議場時，許多人都好奇的問我為什麼不拿下來，反正孩子也看不到，但是，我仍然挺著肚子參加會議，不管他人的議論，我覺得這是和孩子的約定，我一定要守信。

開車回校時，因為腳都踩不到油門與煞車板，更看不清楚前方的路況，更感受到懷孕的辛苦，想起「妻子」懷我那兩個寶貝時的辛勞，不禁濕了眼眶；回到學校時，果然看到許多小朋友圍了過來，摸著我的「氣球胎兒」，高興的說：「校長好守約定喲，我們祝福校長的『氣球胎兒』平安健康！」我想，對於孩子的教育，應該「以身作則」、「說到做到」，孩子會觀察和模仿大人的行為，因此，我們更應該做孩子的最佳榜樣。

活動結束，心得分享時，我們邀請家長到校來聽聽孩子的心得。有的孩子說這次的懷孕體驗真的非常辛苦，肚子好大中午都吃不下、全天的行動都不方便；而那位對母親很不禮貌的孩子更說到哭了起來，他說他很不孝順，因為，他才挺著「氣球胎兒」一天就非常痛苦，聽媽媽說在懷他的時候，他常常踢媽媽的肚子，有時候媽媽在補漁網、採海菜時，常常會痛的要躺在岩石旁休息，這樣的日子要過 10 個月……，說到此，他的媽媽已經抱著他嚎啕大哭，大家也都跟著紅了眼眶。我想，經過這樣的教育，鼻頭的孩子多少能體會到媽媽的辛勞，將來也更能疼惜自己的太太和禮讓老弱婦孺。

肆、因勢善導靜坐冥想　學習效果更加明顯

鼻頭的風是出了名的，也因此孩子們上學要比其他學校辛苦多了，他們除了每天要走一段山路及爬上百餘階的好漢坡，才能到校外，風大的時候，全體老師都要出動到山下保護孩子上學，在校門口常常可以看到大家被風吹的東倒西歪的景象，雖然辛苦但師生的情感卻更加濃郁。我勉勵孩子雖然環境惡劣，卻正是考驗我們毅力的最好時候，我們更要抬頭挺胸到校努力學習。我覺得善巧地利用鼻頭特殊的地理及氣候環境來教育孩子，正可激發孩子們面對逆境潛

在的意志力，這也是鼻頭孩子們得天獨厚的地方。

　　而海邊的孩子比較活潑，下課時總是玩得滿身大汗，再氣喘如牛的跑進教室上課。每次上課時，我總是要孩子們閉起眼睛，雙手背到後面，交替著規律的深呼吸、吐氣，並說：「你們已經慢慢的靜了下來，大家想像隨著我來到一個翠綠、泛著花香的草原，徐徐的微風吹來，你們已經沉靜下來了……」，如此反覆 5 分鐘後，所有的孩子已經都呼吸沉穩了，我才請他們打開眼睛正式上課，而那堂課的學習效果，也會明顯的增加。

　　好動是孩子的天性，我常與老師分享，教學要有效果，必須要讓孩子的心緒沉穩下來，所以 40 分鐘的上課時間，不妨分 3 個階段進行：前面的 5 分鐘，可讓孩子學習靜坐與冥想，它能幫助孩子快速的平復激動的情緒、緩和急促的呼吸，更能藉由冥想，產生心靈的寂靜，這有助於上課更專注，而老師也能運用這 5 分鐘，說些人生的道理，為人處事應有的作為等。閉起眼睛，反而打開了更多的感覺器官，對孩子的吸收更有幫助；接著，中間的 30 分鐘，進行有效的教學，最後的 5 分鐘，則讓孩子們說說心得或做些簡易的評量。這樣的教學方式，效果滿不錯，否則，孩子人在教室坐，心在空中飛，浪費時間好可惜。

伍、經驗傳承創佳績　善用資源展新頁

　　我覺得，校長雖然是學校教育的掌舵者，老師卻是推動教育的動力，要能有效推動學校各項校務，得先把老師給帶起來，形成一個堅強的教育團隊；鼻頭在這幾年的運作當中，以安定老師的教學生活為主軸，爭取經費為老師規畫一個溫馨的窩，每間教師宿舍都是套房式的設備，讓老師們能夠安心的在鼻頭教書，這樣孩子才有更好的學習機會；另一方面，我們不側重成果，重視團隊努力過程，個人優點公開，缺失私下檢討，團隊榮辱與共，激勵老師善用專長，讓老手帶新手，經驗傳承，彼此支援；我們還成立「親師讀書會」，由 1、2 位家長參與，到最後連孩子的祖父母都來參加了，有時到學校討論，有時到社區辦理發表會，老師與家長共同成長，分享經驗與心得，藉由彼此的支持與激勵，我們成功的創造了鼻頭特有的學習文化。

　　我們的學校，面積雖然不到 1 公頃，學生人數不到 70 人，但是我們學習的場域卻是無限的寬廣，學校、社區和大自然都是我們的教室，在老師們的努力

教導下，學生善良有禮貌、純樸有創意；教導陳虹君主任更積極推動「觀功念恩」、「米飯實驗」、「說好話、做好事」活動，讓孩子的心性有了很大的轉變；偶有一些較不聽話的孩子，老師們也都能用愛心慢慢勸導，家長也願密切合作，學校與社區更緊密的結合，讓學生更具多元能力、變得有自信、喜愛家鄉，整個學校與社區都動了起來。

　　現在，我們不再以悲情自居，轉化而成的是充滿自信與希望，我相信，只要用心，絕不放棄，鼻頭的孩子一定能活出亮麗光燦的未來。

作者簡介

　　張信務校長，現服務於台北縣新莊市新泰國小，台灣師範大學社會教育研究所畢業，以他所學經營學校，積極推展學習型組織於校務當中，初任校長為台灣東北角的鼻頭國小，在 4 年校務經營，將一個偏遠的小學塑造成有特色的學校，不但獲得教育部第一屆標竿 100 學校的肯定，更榮獲 2003 年全國學校創新經營特優獎、全國創意領導獎的殊榮，校務經營中也曾歷經挫折，他以學校與社區的密切結合，善用社會資源，發揮組織動力，終於克服困難，開創校務佳績，心路歷程頗值參考。

從《閱讀世紀》到《打開一本書》——談學校經營與特色建立

葉國輝
原任台北市興華國小校長
現任台北市明湖國小校長

壹、楔　子

　　從事教育工作今年已邁入第 24 年。記憶猶似昨日般清晰,當第一次帶著重重的行囊踏進竹師校園的剎那,這輩子似乎就已與教育結下不解之緣。雖然那時少年的懵懂,還不太能體會責任的加持,但是大禮堂的「鐵肩擔教育,笑臉迎兒童」以及「願終生以教育,願教育以終身」的勵志,回想起來,對教育的職志,在潛移默化中,原來它早已在我的心靈中生了根、發了芽!

　　24 年的教學生涯,除前 2 年當兵外,擔任導師 3 年後,從此就與行政工作結下不解之緣。從組長、主任到校長,歷經教務、訓導、總務、輔導四個處室,奠定了後來擔任校長職務的紮實基礎。在一路走來的教育服務中,最感慶幸的是始終有貴人指點、幫助,在工作與人生中出現低潮的時候,適時出聲、出現,讓我在迷霧之中,終能堅持選擇,對正方向。其中印象最深刻的就是在台灣師大進修時,當時的導師正是現任北市教育局長的吳清基博士,他在畢業前夕對班上同學的一番談話,對我們產生了暮鼓晨鐘的惕勵效果。他勉勵我們教育工作是一個非常好的進德修業、福國利人的志業,不單是對社會的貢獻,就是從人生因果循環來看,教育工作更是最好的善業。他更期勉同學,選定教育志業後,要不斷進修才不會自誤誤人。有志往教育行政者,就參加高普考試;有志往學校行政者,就循序歷練組長、主任、校長工作。而擔任行政工作的準則,他提出了 10 大原則:「把握目標群策群力、了解人性適時增強、面對問題負責

擔當、有容乃大無欲則剛、設身置地為人著想、外圓內方廣結善緣、任怨任勞不計私利、虛懷若谷從善如流、借重專才集思廣益、注重研究專業領導」，而這10句箴言，正是我擔任行政工作10多年來深刻體會的座右銘，而他的理念，也正是我選擇教育志業全力以赴的動力。這對正處於徬徨人生十字路口的青年來說，是一個非常重要的提醒。

台北市興華國小是我初任校長的第1所學校，也是我擔任8年主任的學校。1991年，剛結束陽明山教師研習中心主任儲訓班的洗禮，經過1年的沉澱，隨即至剛創校的興華國小擔任輔導主任。因興華第一次招生，雖然一切制度有待建立，但在溫明正校長的領導之下，建構了一支厚實的行政團隊，不但打響了興華資訊特色的招牌，也建立了興華成為一所優質學校的口碑：除了活動辦得快又好，學校在各項評比中也都能名列前茅。而我個人也就在這樣的工作環境中，由輔導而訓導，再擔任總務工作，最後在對行政的體會愈深、磨練更多之後，終於也在2000年考上校長，並且在溫校長榮升東門國小之後，有機會在興華遴選校長。雖然有部分遴選委員在考量學校發展是否會有「近親繁殖」的不利影響而稍有波折，所幸在同仁及家長的支持之下，終於還是擔任了興華的第2任的校長。

2000年8月1日走馬上任擔任校長之後，壓力感開始漫天撲地而來。一方面是責任感的加重；另一方面，所謂的「包袱」也是存在的：第一個包袱就是角色的轉換。由「主任」頭銜改稱「校長」，口頭上，同仁要適應，我也不太習慣。更重要的是，同仁似乎也正在密切注意「葉主任」與「葉校長」的角色是否符合他們的期望，你的一舉一動，你的決策，是全校的焦點所在。第二個包袱，壓力更重：前任校長的優秀加上興華的優質，更形成了全面而巨大的鏡子，不但別人要檢視你，自己也要不斷地自我鞭策、惕勵。因此，在這樣的氛圍之下，興華的發展，興華是否能另起高峰，就這樣日日夜夜隨時提醒著你。而我比其他初任校長更感壓力的是：別人新到一所學校，可以有觀察期、適應期，等學習並熟悉學校所有背景條件之後，再展開新局。而我這個興華的「老人」，卻沒有這個特權，當下在腦海中其實只能自我期許：沒有空窗期！馬上行動！

要做什麼才能另起高峰?! 當時在與行政團隊討論之後，更密集與各學年、各處室同仁，包括職員、警衛、工友等，舉辦「與校長有約」。大家彼此知無

不言、言無不盡，最後歸納結論並統合對學生、家長、老師的問卷，建構了學校發展的 3 個主軸：1 為發展學校中長程計畫，建立學校願景與學習圖像；1 為維繫學校優良傳統，包括資訊特色、童軍發展特色與環教特色，並在學校的溝通管道上，更加民主多元；最後 1 個主軸，就是在資訊發展逐漸普遍並衍為教學工具之後，如何找出一個新的並能觀照到學生學習層面的新興華特色，是團隊應該努力達成的目標。

　　在一番思考、討論、推敲之後，我們終於找到了未來兼顧學生多元發展的優質特色目標，那就是「閱讀」。我們今天在這裡談「學校經營」、談「校長的領導」，我非常願意提供這個經驗。因為藉由「深耕閱讀」，不但我個人成長了許多，學生學習的收穫更多，而興華推展閱讀的名聲更是不脛而走。興華藉由閱讀共讀的推展，不但整合了課發會課程發展的運作青澀，也深化了老師課程設計創新教學與行動研究的能力。它的邊際效益更促使了興華成為北市推展閱讀 4 年發展計畫的工作群組之一（諮詢組），也間接促使興華榮獲教育部九年一貫標竿學校及北市行動研究全市第二名的殊榮。因此，閱讀共讀的推展成功，對一位校長而言，它是一個成功的領導作為，有行政領導、課程領導，也有教學領導。我將在以下的單元中介紹它的緣起、發展，它所碰到的困難、瓶頸及解決策略，並在推展過程的反省當中，歸納深藏其中對領導觀念的領悟。也會試著提供一套我個人初任校長，並在建構「閱讀」這個學校特色時，所經歷的一些領導作為發展程序的體悟，可作為其他初任校長在發展一所新任學校特色時的參考。但要別聲明的是：學校特色的建立，一定要建構在學生學習本質的基礎之上，如果只是為了建立特色而特色，那麼恐怕也只是曇花一現罷了。

貳、看那來時路

　　《閱讀世紀》是興華國小編纂的第 1 本閱讀專輯。《打開一本書》是遠流出版、興華編纂的第 2 本閱讀專輯。如果說第 1 本是蓽路藍縷，第 2 本時就已是遍撒種子、是繁花似錦了；因為第 1 本是推展閱讀的初探出頭，第 2 本經歷了校內意見歧異，最後終能經由智慧碰撞而匯聚同志形成共識。第 1 本與第 2 本看似一小步，但是中間蜿蜒行走的路途豈可以道里計。縱然不以成敗論英雄，但經過多年的心血努力，「看那來時路」，心中也不禁是感動萬分的。

一、準備期

　　興華推展閱讀的種子萌芽於 1999 年。當時教育部有一筆小班教學經費，每班 5,000 元，提供給學校添購教學之所需。這個議題開放給老師做討論後，有些人提議買視聽器材、也有人建議買書或套書充實圖書室，大家意見分歧，莫衷一是。就在此時，剛調至學校服務不久的作家凌拂就被徵詢了。凌拂認為，在聲光視聽如此盛行的年代，都市的孩子無法接觸大自然已經夠可憐了，如果連讓孩子靜下心來好好閱讀的機會都喪失的話，孩子的思考將更淺碟，生活也將更缺乏想像的顏色了。因此，她贊同買書。但是 5,000 元能買什麼書？如何可以買得多又好？凌拂在她的「從五千到十八萬」（記載興華閱讀旅程）文中說道：「是不是可以把每 1 班的 5,000 元集中起來，這樣就有 18 萬。這 18 萬，每 1 班都去選 1 本書，每 1 本都買 35 冊，1 班的量，而後交換閱讀，這樣每班只貢獻 1 本，但是可以讀到 36 本。36 本經過討論，經過共同對話，深度討論，這是一個使閱讀紮根，讓書成為一種話題，讓書成為一種生活，使閱讀落實，使思考成為一種習慣的重要機會與方式」。這個提議，深得老師的支持。至此，興華推展閱讀「共讀」，在此時播下了第一顆的種子。

　　而後，凌拂在初期也找了幾位志同道合的老師們，一起討論推動，包括美芸、碧琴、陸英、惠芳、翊瑅、蔚貞、彥麟等，再歷經一個學期左右，教務處也把推展的一些成果匯集成《閱讀世紀》，上頭的目錄包括：「語文教室經營與管理實施計畫」、「談語文教室」、「語文教室暨圖書借用規則」、「語文教室書目表」、「深度閱讀基本原則」、「兒童閱讀指導研習」、「導讀及書評」、「閱讀教學活動」、「學生閱讀心得報告」、「小小讀書人計畫」、以及「書香教室經營剪影」等，當時也把中國時報及國語日報對學校推動共讀的剪報「一本書買它 35 本」及「鼓勵小朋友讀好書」附在上頭。這是興華邁出的第 1 步，而由各班經費彙總 18 萬所購買的「語文教室」套書，也累積至 60 套。

　　2000 年 8 月 1 日，前任溫校長榮升東門國小後，本人接掌興華，決定以「接續傳承以平穩、創造特色以進步」自許。在原校接掌校長，壓力與包袱固不待言，但是同仁的期許與眼光，也讓自己下定決心「絕對不能漏氣」。因此在衡酌興華的發展歷程後，擘畫了往後努力的方針：一方面打造學校良好的基本學習，包括正常教學及良好生活習慣等品格養成；另一方面也接續發展興華

傳統特色：資訊、環境及童軍教育；再另一方面就是最嚴屬的考驗了：「如何
再創學校另一高峰」以發展學校新特色？此時，團隊也建議了「閱讀」的發展。
對於此提議，當下實有一番猶豫。因為以推展面來說，特色的發展，一定要以
全校共同推動參與為原則，也要以全校小朋友為受惠對象。但是以當時的閱讀
推動，雖有部分同仁在實施，但大部分同仁仍在觀望，甚至有不贊同以「共讀」
為閱讀的發展模式，他們認為：閱讀應是一件輕鬆的事，把共讀當成教科書般
指引導讀，不啻是增加小朋友的負擔。輕鬆閱讀，讀了就好，何必嚴肅。因為
持此觀點的同仁不少，因此我想再多一些了解，決定不惜麻煩舉辦「與同仁有
約」的座談，並發下問卷，以廣徵並了解同仁的想法，隨後再與凌拂以及老師
等深談後，大家產生一種共識，覺得在興華推展「閱讀」應是一件非常有意義
的事，而且應該有成功的希望。但是也有一個關鍵點待克服：應該怎麼做，才
能把老師的意願、熱力激發出來？老師的共讀指導的能力要如何建構才能勝任
指導的工作？

二、發展期

我對凌拂說：「推展共讀，行政會全力支持！」此時的興華，團隊的努力
除了營造一個優質的學習及環境外，各處室還各自負責一個重點工作以發展學
校特色，那時的安排是：教務負責「深耕閱讀」、訓導負責「童軍教育」、總
務負責「資訊推展」、輔導負責「生命教育」。就在這樣的規畫下，興華的新
發展團隊及學校願景正式踏上征途。閱讀尤其是重點中的重點。不過，因為種
種原因，在我校長任內第 1 年，閱讀的推展，其成果並不顯著。歸結較關鍵的
因素，一方面是觀望的老師仍多，對「共讀」的看法仍然紛歧；另一方面也因
部分的老師誤解行政推動的努力與誠意不夠，而有了打退堂鼓的念頭。所幸，
經過再三解釋及具體行動後，誤解得以消弭、冰釋。

行政支持的第一步具體行動，是在第 2 年新教務盧金鳳主任上任後，我給
他的重大使命是：全力發展閱讀，只許成功，不許失敗！經過幾次的討論後，
行政與閱讀團隊，將「共讀」的發展定調，並且選定 100 本好書，依照程度放
在國小學習全程的 12 個學期，平均 1 個學期共讀 6 至 8 本好書。不過，面臨的
問題是要做好閱讀的指導工作，首先就必須要將這些書做好各項課程設計。在
經過幾次的宣導，老師所表現出來認養書籍並編寫的熱忱，令人感動！短短的

時間之內，4、50 位老師就將書籍認養一空。而我也表示了對這件事的重視，主動認養了 3 本書籍，分別是《失落的一角》、《失落的一角大圓滿》以及《日落台北城》。而更令人感動的是，所有的課程設計完成後，凌拂老師不但親手修改並與作者對談，作品就在長時間的對話、討論之下，逐步精緻完成。作品完成後，遠流出版公司展現了高度的興趣，表示願意出版這些閱讀書目的課程設計，並深信這部書將會是未來推展閱讀的重要著作。《打開一本書》就在這樣的時空背景，並在大家共同努力、期盼之下，被興華師生孵了出來。

在新書出版時，興華同仁表現出來的高貴情操，尤其令人動容。《打開一本書》出版至今已經好幾版，同仁不但把稿費捐出，還成立了「興華圖書發展基金」，希望這些基金能嘉惠興華學子。這些基金全部使用於購買圖書及圖書設備，在良性成長及循環之下，大家發夢想像：興華出版了第 1 本書，也希望有第 2 本、第 3 本……，基金不斷壯大，興華的師生就經常可以運用這筆基金買書，師生不但可以讀好書，也可以永遠沉浸在書香之中。讓我們非常高興的是，這個夢想已經初步實現了。

值得一提的是，在新書的發表會上，我們邀請到前教育部長曾志朗及台北市長馬英九的蒞臨與會。我們非常感謝兩位長官的指導，兩位先生對閱讀的推展非常的不遺餘力。曾部長上任時，即在 2000 年 9 月推動「全國兒童閱讀運動實施計畫」本校也躬逢其盛參與了教育部「閱讀學校與閱讀教室模式建立計畫」示範學校。目前教育部也繼續推動全國性閱讀運動，認為閱讀是帶領台灣走進 21 世紀知識寶庫的重要媒介；馬英九市長對於閱讀的推動更是積極主動，不但倡導書香社會，在落實的部分，更敦促教育局推出「閱讀發展 4 年計畫」。本校也與有榮焉，擔任推動小組諮詢組的工作。這些配合政策的閱讀推展作為，對興華來說，其實是無心插柳柳成蔭，在不計利害的閱讀運動中，我們還會繼續為學生打造更優質更好的閱讀教育與情境，而在整體社會推展中，我們也願意做一顆小小的鞏固根本的螺絲釘。

在推展閱讀過程中，有計畫的作為除了學生在教室的學習之外，與團隊討論之後，認為應該如何擴大參與是非常重要的課題。既然規畫「深度閱讀」為興華的校本課程，因此全校同仁都應對此課題有所認識與了解。有了這個共識之後，就選定了「課發會」與「週三進修」作為互動與學習成長的重要場所。課發會的運作，在當時九年一貫課程推動歷程之中，大家仍然很不熟悉。除了

各領域課程計畫大家都在摸索之外，各領域小組及各年級小組的橫向、縱向討論且更生疏。因此對於閱讀課程設計與計畫在課發會中互動討論，最後終能運用純熟；而當時大家對於「協同教學」與「統整教學」也都一知半解，推動小組就鼓勵以學年為單位，以閱讀或其他領域為題材，在週三進修中提出成果並上場操練。猶記得當時各學年均使出渾身解數，積極準備，大家高聲談，大家暢懷笑，就在談笑之間學習成長；再來，當時正在倡導「行動研究」，而「行動研究」是什麼？教學現場的老師根本不知如何下手，推動小組也巧妙運用週三進修，邀請講座指導，再鼓勵老師以閱讀教學為課題作行動研究，果然讓老師起初覺得身處迷霧之中，而終能撥開雲霧，愈釐愈清。

三、成長期

當「深度閱讀」成為興華的校本課程之後、當興華的同仁熟悉課程設計重拾武功之後，也當興華同仁能協同、能統整、能合作教學之後，我鼓勵同仁應該走出教室、走出校園與他校分享，我希望興華的每一分子都能和他人分享閱讀的教學與作為。如此一來，除了有利他校便於參考推動；二來同仁愈能走出校園分享，信心就會愈足，對興華閱讀的認同就更高，那麼作為校本課程的推動，就紮根愈深。在這樣的認知並在盧主任的帶動之下，興華的閱讀遠征軍不但在北市分享，慕名邀約的學校更跨越縣市，甚至遠赴金門。在這段成長期間，興華也會積極扮演好北市閱讀計畫工作小組諮詢組的工作；在行動研究及創新教學的發展上，繼續不斷成長進步，這是作為一個校長，催化學校發展的積極角色。

四、展望期

連任興華第 2 任校長時，我曾經發表了對閱讀發展的展望——「從深度閱讀走向閱讀的多元發展」，顯示身為校長在校務經營、發展學校特色應有的前瞻性作為。我節錄其中片段，作為對團隊努力作為的肯定，也記錄未來發展的里程碑：

4 年來，我們的教師群接受他校邀約，彼此分享。在互動的過程中，很多學校對興華投以欣羨與讚賞的眼光，教師群也在他校的回饋中獲得寶貴的經驗。如果說，課程發展是一個繼續不斷的歷程，那麼興華的深度閱讀應該可以好上

加好、精益求精。這樣的思維可以建立在以下的兩個基礎上。

(一)「深度閱讀」實施的新陳代謝

以深度閱讀本身來說，它是學校閱讀課程的核心，可以在「質」與「量」上促進學生學習品質的新陳代謝。

1. 在「量」的調整上：100 本好書固然都是難得的經典之作，但是應時的好書也不斷出現，甚至也有很多遺珠有待開發。因此，100 本好書的增刪與選擇，都可每年在課發會中提出討論，並經由好書認養程序，做成相關的課程設計。

2. 在「質」的轉化上：深度閱讀的課程設計編寫，在興華固然有一定的模式，但是卻可以在運用上靈活變化。比如說，改變提問或引導問題的內容及方式；「延伸問題」的拓展及變化；融入不同領域的統整或主題教學活動。當然，也可以依照教學者本身所具備的背景知識，建立自己的教學主軸或風格。這些都是跳脫原先閱讀課程固定的設計形式，以提升或延伸教學的效果。

(二)形成完整的學校閱讀建構

深度閱讀固然可以藉由閱讀的指導及熱烈的討論，有效地導引多元的學習活動，也培養學生如何鑑賞或評析一本好書，但是要擴大閱讀的效果，增進閱讀的深度與廣度，學校也可藉由以下之措施，達到精進學習的目標。

1. 有效推展圖書館利用教育：本校圖書室擁有大圖書室（中、高年級使用）、教師研究室、小圖書室（C 階教室、低年級使用）及有聲圖書室（CD 及視訊），經由書籍、CD、錄音帶等增購及汰舊換新，配合書香獎勵制度，鼓勵學生大量閱讀，以收閱讀學習及潛移默化之效果。

2. 整合圖書經費及資源：除每年編列圖書經費之外，也可向外募集款項或藉由舊愛新歡換書等活動，充實圖書。當然，本校老師的共同夢想屋——《打開一本書》圖書版稅，也是可以期待的圖書資源（已有第 5 版的版稅收入）。

3. 建立同仁及家長讀書會及親子劇團：要指導小朋友愛書及養成閱讀習慣，惟有大人也愛書及知書，才能收到身教及言教之效果。興華的讀書會，可

以從老師的課發會、教學研究會或學年學群來組成；家長則可由成長班來推動。尤其親子劇團的成立，更可以將閱讀立體化，並在演劇中揣摩人生百態，體會生命的價值。

4.推展社區及親子閱讀：學習不只是學校的事，如果能將閱讀向家庭及社區推展，便能將孩子的閱讀層面串聯起來。當然，經由有效的閱讀指導及讀書會的訓練，會將家長的閱讀興味及引導的信心向上提升。

閱讀是知識的最佳來源。「讀第一等書、做第一等事」更是知識份子的自我期許。要培養閱讀的興趣不容易，要建構一個完整的學校閱讀網絡更是不簡單。但是有心去做，將是排除萬難的第一步。

參、一番領悟在心中（反思）

以上的閱讀發展歷程，是記錄一個初任校長校務經營的特色建構史。現代的校長難為，在遴選的制度上，校長的能力與形象必須是全方位的，才能獲得校內外遴選委員的青睞。遴選校長的制度的確為校園帶來一股新的風貌。還記得 6 年前遴選制度實施之初，有太多的校長打退堂鼓。縱然遴選制與派任制的優缺點被討論許久，但是實施之後，有些人在遴選現場還是無法自在，並緬懷派任制的尊重感。尤其遴選制度甫出，每個學校都沒有實施的經驗，或許誠如某位校長所言：感覺自己像被在一堆橘子中挑三揀四；或許也如某些專家所言：怕熱就不要下廚房！類似如此不同角色的發言，時而挑起大家敏感的神經。然而時至今日，遴選的功過缺失其實已不在於應不應該做了，因為隨著思潮與社會民主制度的演進，這個制度的討論焦點，以目前來說，除了繼續鼓勵民主多元參與之外，但對校長候選人來說，如何加入更多的專業、尊重與人性化，是努力的方向。

遴選校長後的制度，象徵著校園的民主參與、多元參與是潮流之所趨。從傳統制度走來的校長，躬逢其會：家長會的法制化、教師會的成立，加上教評會、課發會的相繼運作，在在都考驗著校長的智慧，校長要有更多的專業、更圓融的人際EQ、更佳的說服力。換句話說，校長真正是要在作行政領導之外，課程領導與教學領導的角色更是不遑多讓。個人深感榮幸在遴選潮流中有這個機會接受考驗，因此 5 年來兢兢業業，不斷充實檢討精進，在校園中與同仁建

立感情,並嫻熟行政、教師、家長三方互動之道;在改革中與同仁一起學習九年一貫課程、充實資訊能力、提升行動研究知能。一路走來,雖然遭遇不少波折、困境,鬢上也多了不少飛霜,但是終能否極泰來,帶著學校平穩前進。其中推展閱讀建立校園學習特色的經驗,在校務經營中,幫助我學習這一波教育改革,它也讓大家了解九年一貫課程當中:課發會如何運作、課程如何設計、行動研究如何撰寫……,這真是一段美好的經驗啊!

閱讀的推展過程,是一個初任校長在各方期待、從無到有的學校特色建構歷程,它記錄了一個校長的成長。在發展過程中,除了上述事實的記載之外,對於校務經營、校長領導也有了一番體悟與了解;筆者也願意藉著從歷程中人事物的交錯互動,從中粹取校園發展學校特色的概念,以作為新任校長者學校經營的參考。

一、我所把握的 10 個領導理念

㈠校長是一個資源的統合者,而非壟斷者。
㈡衝突管理是學校領導概念中很重要的概念。
㈢抓住教育本質是在教育改革鐘擺中唯一不會出錯的原則。
㈣校長要有非常強的理念與政策說服力。
㈤校長要能掌握最好的危機管理能力。
㈥校長要有因才用人的能力與度量。
㈦走動式人性化的服務管理。
㈧教學領導、課程領導與行政領導同等重要。
㈨依法行政、依制度行事。
㈩營造特色全校共享。

二、我的領導概念歷程分析

㈠觀察

1. 了解學校優劣勢。
2. 體察時勢與文化。

(二)立與廢

1.維繫優良傳統。
2.廢棄不合時宜。
3.開創新局建立特色。

(三)深耕發展

1.建構堅強執行團隊。
2.厚植發展理論基礎。
3.用人唯才百花齊放。
4.培養成員參與能力。

(四)檢討與反省

1.人人有反省。
2.事事要檢討。
3.教學要創新。
4.活動有熱力。
5.虛心與尊重。

肆、札記心情

　　在興華推展閱讀的旅程當中，《閱讀世紀》與《打開一本書》各自代表了推展過程中重要的印記。我很以興華為榮，深深以參與興華這一段發展歷史為榮。我不知道興華推展「深耕閱讀」對近幾年社會風起雲湧的閱讀倡議產生多少動力，但是至少個人感覺在盡綿薄之力的同時，生命感覺是豐富了許多。而在這當中對校務經營的反省心得，也希望對走在這條道路上的教育同好具有一些參考價值，以此來共勉！

作者簡介

　　本文作者葉國煇，原任台北市興華國小校長，現任台北市明湖國小校長。畢業於新竹師專語文組、台灣師大教育系、高雄師大教育研究所40學分班，並進修於國北師國研所及台北市立體育學院運科所。作者從1981年開始擔任教職，歷經苗栗縣三灣鄉永和國小、台北縣五股國小、台北市東新國小、永吉國小及興華國小等校服務。服務期間各種工作歷練，奠定其良好的實務基礎，包括擔任級任教師、教學組長、註冊組長、訓育組長、輔導主任、訓導主任及總務主任等職務。2000年在興華國小服務期間考取校長後，同年在原校遴選成功。

以教育愛為經實踐為緯的校務經營

蕭玉香
原任台北市士東國小校長
現任台北市西門國小校長

壹、前　言

　　主任儲訓班分組到本校做實務探討，我告訴他們，人生是要有目標和理想，但可以邊走邊修正，尤其現代的社會價值觀多元，壓力及競爭大，所訂的人生目標範圍可以稍稍放大一點，給自己較寬的發展空間，人生才可以過得較自在快樂；最美好的是目標也達成了，人生也過得紮實快樂。

　　我生長在屏東市郊的農村，父親是農家極少數書讀得好的，所以家父每天騎著腳踏車進市區去教書，父親的薪水雖然微薄，還好每個月有穩定的收入，足以提供一個家庭基本的生活，因此母親從我們小時候就經常告訴我們，女孩子把書讀好，目的就是將來能去學校教書，然後找個好丈夫，生兒育女，並擁有自己的房子，這樣的圖像就是一個美滿幸福的人生了；在這樣的教誨之下，我從來沒有計畫要嘗試行政事務，更遑論要擔任校長職務了。

貳、自我了解，水到渠成

　　我從進入學校，只一心一意的想把班上的孩子教好。我努力研究的是課文的賞析怎麼教，作文怎麼教，數學怎麼畫圖、怎麼解析，因此在班級經營方面，我得心應手。校長看我的教學成效不錯，動作也快，點子也多，就安排我擔任教學組長，這是我第1次在台北市學校擔任行政工作；實際上在進台北市之前，台灣省的老師都要分擔任行政工作的。

　　也許是做事比較有條理，行政工作也沒有延誤到班級經營及班上學生的學

習，於是會被前輩校長主任們，鼓勵去考主任看看。他們會提供我一些資料，教我參加主任甄選的方法，甚至給我一些機會來指導比賽的團隊，或參與規畫辦理一些跨校或全市性的活動，以累積較多的嘉獎在積分上能增加機會。事實上在累積積分的同時，最寶貴的應是累積了做事的經驗。在積分足夠時，可能辦理行政工作的經驗也較充足了，此時自然水到渠成，在計畫執行當中，自然流露出能獨當一面的自信和顯現做事的品質，也就順利的甄選上了主任。

另一方面，行政能力和是否能勝任愉快，也要經過一番的自我認識。需檢視自己的性向是否適合長期擔任行政工作。行政是要優先處理別人的難題和情緒，自己的難題和情緒只好暫時冷凍著，但這種感覺卻是要內發的歡喜做、甘願做，如果要壓抑內心的不平，長期下來，情緒及壓力的累積，對身心是有傷害的。

參、儲訓是經驗的系統整理

校長儲訓的 8 週在教育的生涯中雖短，分量卻很重。這 8 週最重要的一項是調整我們的思考方向和角度，涵養身為校長的氣度與風範。有句很通俗的話，「換了位置就換了腦袋」；我們開始會站在統觀、巨觀的立場去看事情，漸漸跳脫了只站在「教務」、「訓導」的處室觀點去看事情。另外在校長的角色任務也有了更深入的認識，由於實務的需要，研習中心用心的設計課程，提出許多需要校長處理解決的實務難題，讓我們在討論的過程中，很深入的，在教授指導的理論依據下更客觀的理出解決的方法。在這過程中，我們大家很驚訝的發現一個共同的看法，同樣一個在當主任時遇過的問題，現在拿出來討論，卻會有不同的看法或做法。

在公共關係及危機處理方面，經過儲訓也有較多的收穫。公共關係是校長角色任務中一項其他人無法可替代的，因此過去也沒有實際學習的機會；雖然學校是辦教育的機構，看來不需很著力於公共關係的營造，但以目前教育的開放、社會的關注、家長的參與，公共關係卻是溝通、匯集社會資源所必須的要項；但如何確守分際，又能圓融通達，保持教育人的清高風範，是要用心體會和學習的。另外，危機處理除了處理的技巧、時效、程序之外也涉及到法規、社會資源的運用、和新聞媒體的互動，過去只在自己負責的業務中去看，不免

不夠周延或掛一漏萬。

　　儲訓中留下深刻印象的，令我有深層自我調整的一個課程是由企業管理顧問公司為我們進行的成長營，內容有「學校組織的價值觀」、「建立完美團隊」、「善用行為風格強化工作關係」、「問題分析與解決的技巧」。這些課程，在培養我們成為一位冷靜、有膽識、有擔當和使命感、大氣度的校長。

肆、過去的經驗是今日辦學的助力

　　在任教滿26年後擔任校長，並不覺得太慢，反而是經過了年齡的增長和多年處事的經驗，以及學校各種職務的磨練後，對於校長需了解的種種和需解決的困難，因為有了先前的經驗，處理校務還能得心應手。對學校的各種業務和了解辦此業務者的心情，也就更能產生同理心。我曾擔任一至六年級的級任導師及科任老師，也擔任過出納組長、教學組長、輔導組長、教務主任、總務主任、輔導主任，因此學校基本的行政架構，都曾親身經驗，在遇到什麼瓶頸難題，過去的經驗自然浮現腦中，能很貼切的針對事情去和老師討論解決。

　　另外過去在級任時和家長的互動，及在輔導主任時和志工家長、特殊孩子的家長交換意見、辦親職教育講座、處理家長信箱、和社區人士的溝通，這些經驗使我能迅速的了解家長心中最關心的是什麼，用什麼樣的角度和口氣和家長互動是家長能接受的，因此和家長溝通起來很順利，家長及社區人士會覺得我非常的親和，是很有同理心的校長。

　　另外學校群組一起辦大型活動也是一個很好的先備經驗，學到他校團隊的優點之外，更可以從實際去看到校長們如何做周詳的計畫，如何做溝通協調、如何做統整、如何和媒體互動。

伍、小時腦海的印象內心的刻痕，是教育思想的源頭

　　我熱愛教育，這心境完全源自於父親的影響。在我服務的2個學校，我推行的幾件事：一是力行公平正義，每一個個體才能機會均等，另一是注重環境

的美化綠化、整齊清潔和秩序感,培養學生有次第的處世態度。我很喜歡在校園裡種花,因為綠色的植物讓空氣新鮮,讓眼睛得以休息調和,彩色的花朵亦可柔軟孩子的心情,對孩子的感情教育和薰陶是潛在的,是我們察覺不到但卻存在的。

每每聽到學者專家會說:一個人的生長背景和受教育的過程,會深深影響他最深層的源頭思慮和價值觀。以下的敘述可看出我父親多麼的熱愛教育,以及身體力行「教育機會均等」和「社會的公平正義更應在班級裡實現」的理念;這是深深影響我日後選擇教育工作的原因。

我的父親是農家子弟,全家 7 個兄弟姊妹,就屬他書讀得最好,所以在日據時代他可以進入台南師範任教。但當時的小學老師,人家都稱為「教員」,薪水十分微薄,連溫飽都有問題。那時需考初中,因此補習十分盛行,補習費是一筆額外的收入。1995 年,當時祖父是屏東水利會的重要委員,在法院替父親覓得文書一職;但父親捨不下那 60 多位小蘿蔔頭和殷切希望子弟能考上初中的家長,並沒有接受當時薪水至少是 3 倍的安排;因此氣得祖父有許多年不和父親說話。當時配給的米不夠吃,而農家最多的米,卻要父親去米店買,米店老闆十分吃驚,在當時的崇蘭村,也曾是人們談論的話題。

當時人們普遍都很窮,醫生、布行、藥店、中央市場雜貨店、飛行員、軍官、法院、市政府的孩子,補習費收 20 元,窮一點的收 10 元,完全付不起的,父親總是叫他們繼續來補習,因此幾乎全班都補習,所以有時候可看到家長抓了 2 隻雞,或是 2、3 隻鯉魚來感謝父親。當時隔壁班的老師就不是這樣,他的班上補習的學生較少,付不起的就不要來,因為他覺得集中火力教家境較好的學生,上第一志願較多,也顯現得老師比較會教。我最記得父親說:「他家已經很窮了,替他們栽培孩子是我們老師做得到的,將來也才能改善他們的生活,說不定這孩子將來能做大事呢!」

小學有一個很深刻的印象,班上有一個牙醫的女兒,每天上學衣服都是燙過的,尤其是摺裙,一摺合著一摺,翻出來的白領更是又挺又白,前面的紅絲帶領結,我們的是已經捲成一個圓條,而且有一點黑,還不能丟掉,而她的卻是天天又亮又平又寬。我們穿的是破了好幾個洞的布鞋,她穿的是天天擦的亮晶晶的皮鞋。那時我心中經常想,她家一定有好幾個傭人,心中非常羨慕。到了六年級畢業,她得了儀容端正獎,那麼少的人得獎,我們都羨慕得很,她卻

哭了，因為她希望得的是「品學兼優」獎。那時我幼小的心裡常想，到底我要怎樣認真，書要讀到多好，才可以穿沒有破洞的布鞋？鉛筆短一點就可以換新？因此現在我經營學校，很注重教育機會的均等。尤其在《教育基本法》公布之後，不但經常宣導，還從具體的做法中呈現這種理念。例如設有愛心基金，以協助家境清寒的兒童。社經背景較不利的家長，也可以到學校來當志工，學校日、親師座談，尤其要請這樣的家長來，讓他們感受到教育的溫暖。

陸、小時候的校園美景，常烙心頭

小時候我讀屏東市中正國小，印象中的校園很美，圍牆旁有高大的大葉合歡，合歡樹下有不同高度的單槓和爬竿。後門的圍牆旁種滿莢竹桃和橡膠樹，另一邊的圍牆旁種的是高大的椰子樹和朱蕉，整個校區就在大樹與紅花的環抱中。正門進去就有一個淺淺的噴水池塘，有魚有荷花，矮牆種滿「春不老」，是一種會開小花的灌木，印象最深刻的是前庭一棵稱為「猢猻麵」的很高的樹，開的花很大很奇怪，後來才知道那是全省唯一的 1 棵，當時的屏東農專（屏科大的前身）森林科把它列為極度保護的樹種，可惜後來還是得病死了。古老典雅的舊禮堂旁有 2 棵高大的麵包樹，升旗台旁也有一棵茂密如傘狀的老榕樹。

記得我小學讀二部制，輪到下午班的那個禮拜六就要帶一塊薄木版和一張矮椅子，全年級就坐在樹下一起上課，那時感到很好玩，微風、藍天、白雲、綠樹，好浪漫的上課環境啊！那一天，老師也特別好，不會叫我們罰站，更不會大聲罵我們（長大後才知道，那麼多老師一起上課，罵學生是很沒形象的），寫的功課也特別少。直到長大自己當了老師，也很喜歡把學生帶到樹下去上課，重溫那另一種閒適的上課情境。

因此過去我服務的雨聲國小，雖然校地不大，美化綠化已經做得不錯，有茂盛的爬牆虎，6 棵高大的南洋杉；小果園裡有柚子、香蕉、柳丁，最美的是俗稱粉撲花，有大有小，鮮紅的點綴在校園，非常美麗。我另外加強的是，開闢蔬菜區，整地成一畦畦的，每班一區，配合自然課栽植蔬菜。再把校園中很多空的大石灰材質花盆，種滿綠色植物。幼稚園前後的花圃都重新造景，種花，2 棟教室的走廊種植九重葛。廁所也重新整修，空間、排水、磁磚，都重視隱敝性與優雅性，在入口處砌了一道拱形的半高牆，中間稍挖空可放一盆矮花木，

可遮住外面人的視線，不會站在廁所外面，裡面如廁的光景一覽無遺。

現在的士東國小，門面的圍牆，重新種3排矮仙丹，長大後會茂密且大紅的花朵，花期也長。第1棟教室旁種植桂花，秋天桂花飄香，正好和對面的矮仙丹相映成趣。操場邊6棵老黑松和幾棵年輕的松樹，原本就已經是校園的主角，我們就在操場旁的花圃重新種上不同種類的茉蓳和仙丹和馬英丹，希望能招蜂引蝶，希望校園能四季都有花開。這樣的理念和做法，是能激起共鳴的，我們就有一位老校友，捐贈了20棵吉野櫻，隔年的春天就有漂亮的櫻花欣賞了。現在又在編概算的時間了，舊教室旁的一大塊空地，準備布置成自然科教學區，枯木、果樹留著，再栽植一些原生蕨類。破舊的水泥地敲掉，預計換鋪小石頭步道或植草磚步道，增加地面吸收雨水的面積，朝永續綠色校園來經營。

看來童年美麗校園的回憶一直引導著成年的我去逐夢築夢，將心比心，美好的校園和溫暖的師生關係，善意的同儕關係，也一直在引導學生喜歡學校生活。

柒、以「信任」來激發行政團隊的凝聚力

初至士東，在主任的人選上我都繼續任用，並未刻意安排自己的人馬，是因為基於對人與人之間的互信和對專業的信任。對於四處主任及人事主任、會計主任、幼稚園園長，我先了解他們在專業上的專長和個性的長處和限制。除了盡量激發他們的長處之外，每週的行政會報，我經常會先聽聽主任們對事情的看法，或在主任面前坦然的檢討自己的缺失，這樣的結果使主任們也能經常虛心的自我檢討或互相砥礪，互相提出看法。由於有公開提出看法的管道，也就沒有私下批評的聲音，所以行政團隊的凝聚力是很高的。另外主任們及組長2至3年輪調一次，讓每一個位置3年輪流讓不同的人做做看，這樣做的好處是，在消極面比較有同理心去體會別人的辛苦和難處，有句台灣諺語「看別人挑擔真輕鬆」，當自己去挑挑看才知擔子的重啊！當然在積極面的意義是能納入更多人的創意和活力。

我常有幾句話是掛在嘴邊的：「一加一等於三」、「我是這個團隊的正因子」、「補位才能圓滿」、「我們是孩子的貴人」、「沒有能者多勞，大家應有公平的表現機會」。

捌、一加一等於三

現在是團隊合作的時代，再也不是以前可以各人把自己的班級經營好即可。全學年的課程設計，需要級任、科任、行政、家長共同來完成。台北市的公幼，也是 1 班 2 位老師，這樣的情況下，人與人的相處要更緊密了，溝通協調的技巧和個人的 EQ 就更重要了。因此如何讓老師們養成合作的習慣，有了合作就會減少單打獨鬥的焦慮，也就有勇氣接受新事務的挑戰。因為互相依賴、互相學習、互相激勵、互相激發點子、互相分享，在工作中就不孤獨；工作快樂、有成就感、教學就充滿了創意，學生學習就有效率，這是一個良性的循環。因此我們常從計畫中引導老師的群體合作，例如教學觀摩，3 位老師一組，1 位負責教和運用電腦，另 2 位負責編寫教案和準備教具。

玖、引導每位成員成為團隊的正因子

校內總有少數幾位不參與校務甚至還在旁邊說風涼話的教師，以目前的學校生態，校長如果運用法職權不見得這種老師就會參與校務，甚至還會群起攻校長，學校氣氛弄得十分惡劣。我在學期初分配工作讓大家認養工作，也讓老師自己去找工作夥伴，共同去完成某件任務；例如教學觀摩、科學展覽或行動研究；此時就顯現一種現象；有某位老師大家都搶著想和他同組，有某位老師大家都怕和他同組，全校包括他自己都心知肚明，在這樣的自然現象中，是否也給老師有了反省的機會。當然是需要一些時間，但漸漸的這樣的老師在同儕的壓力下，也會自求進步，不求進步的，熬到了退休年齡，也就悻悻然的退了。

拾、補位才能圓滿

處室間分工但也要合作，自己處室的組長雖然各組自有本身的業務，要能互相補位，才是能及時的服務學生、家長和老師的教學。因此在這樣的觀念下，本處室的業務，不管是哪一組，大家彼此都要稍做了解。組長除了做行政工作

之外，也需要上課或是出去研習或開會，留在處室裡的，就要能補位，立刻提供立即的服務。因此我以身作則，在主任、組長已分身乏術時，校長也可以補位；當然也須落實職務代理人分工的制度，請假時要在請假單上寫明第一代理人、第二代理人。事情一定要有人做，而不是隨口向尋求支援的老師或家長拋下一句「某某組長今天不在，明天再辦」就沒事了。

拾壹、我們是孩子的貴人

我常和老師談個案，當發現老師的用心是很具專業時，我總會熱情的告訴老師：「你用這個方法再好也不過了」、「真佩服老師你這麼了解小朋友」、「老師，你真是這小朋友的貴人啊」，老師需要激勵，需要參考專業的技巧，只有熱心沒有方法是無法有效的幫助孩子的，要能從輔導技巧去引導孩子，因此從幾個方面去增進老師的輔導知能。週三進修請專家教授演講、模擬，安排學年的個案輔導會議，把輔導的經驗和技巧提出來分享討論。教師早會做簡要的提示及宣導。

有一例提出來分享：我常利用兒童朝會在隊伍中走動，發現一位男同學，三天兩頭手腳就有幾塊瘀青，他都說是打球撞到，或是在家跌倒，甚至是騎腳踏車跌倒。次數稍頻，就覺怪異，深入追查，發現父親的管教過於嚴厲，會有吊起來痛打的惡習，母親也不敢求情，否則一起打。哥哥也會痛打弟弟，弟弟就生活在這雙重的家庭暴力之間。但經仔細了解，這位父親是大學畢業，又是公司的總經理，級任老師想協助，都被母親懇求攔阻下來；唯一找到父親的一次，還被訓斥：「以我的背景還不知道怎麼管教孩子嗎？」

就在一次發現孩子又瘀青時，我立刻打電話到公司給父親，是秘書接的，也不回話。當天，我只要有空就打電話，一直反覆的要秘書簡要的轉告他「校長說，孩子的傷，已請健康中心在敷藥」。此法果真奏效，好久就不再有此現象，但我了解到家暴的習慣性，只要一發生，我就再打電話。最起碼因為我的努力，免除了母親和孩子在父親暴力下的恐懼。

拾貳、適性教學激發多元潛能

　　首先在我心中必須很清楚的知道：資優生家長關心我對資優孩子的看法，一般生的家長，也很注意的在看「校長是否公平對待每一位學生」。

　　在遴選校長時，家長會長問我對資優教育的看法，當時在毫無了解他們的用意之下，我以了解家長會代表都是企業界，因此很中肯的回答「您們都很在乎國家是否有競爭力，因此，設資優班有其價值性，為國家社會栽培菁英人才」。但資優班的老師告訴我們，他們在學校很低調，因為很多家長對資優班的孩子有偏見；但另一方面，資優班的家長亦十分在乎校長對他們的支援和關注。

　　目前政府對身心失能孩子的照顧可說愈來愈周延，資源班老師的設置和編制，已漸步入先進國家的行列。但對於資優教育及特殊才能教育這一環，我個人認為是不及身心障礙類；家長和老師也較缺乏對這類學生的認識，尤其是在人格教育方面如何引導的知識和技巧。我發現，資優及特殊才能的孩子常會被同學甚至是老師或其他家長認為是「恃才而驕」，事實上不然，這樣的孩子他們會有異乎常人的人格特質，例如：因為太專注於某事，而忽略老師或同學認為的正事。對於反覆練習的枯燥行動顯得極度不耐煩、對於反應太慢的同儕會有不屑的態度，最難處理的是對於普通班老師一視同仁的要求會相應不理或不停的提出質疑等等。

　　當然對資優生基本的認知是需要的，因此安排專家對全體老師演講，另安排針對資優生家庭需如何參與孩子的學習、指導孩子的生活教育、品格教育；另外也很重要的，對一般的家長舉辦對特殊孩子的認識的演講，當親師對於特殊孩子能了解時，就能減少不必要的另生枝節。在班級的安排上，先對普通班老師的特質和觀念做過評估，能接受的再把 2 至 4 位資優生放進去。對於非常特殊，難和班上步調一致的資優學生，學校會採原則性的做法，給與這樣的孩子較寬的空間，當全校教師都看到這樣的原則，若無法接受，認為對這樣孩子有特權的老師，就避開安排這樣的孩子去他的班級。

　　最難的是當資優生和一般學生發生衝突時的處理；一般的學生，甚至他的家長會用放大鏡來檢視老師的處理是否會偏袒資優生。幾次的經驗顯現，最能

有效率、家長學生較能接受的方法是：處理過程中，級任老師需要和資優班導師、特教組長一起共同合作處理。因為一般級任老師會本著「手心手背都是肉」的做法，並不會偏袒哪一方，資優班導師會以孩子能接受的方式去開導資優孩子，而特教組長是做一個客觀的第三者。出現好幾次的現象是，當 3 位老師看法一致時，孩子也比較能心服口服。

對於特殊才能孩子的培訓及發展，本校有游泳隊借外面的溫水泳池做有計畫性的長期練習，由於早上需練習的關係，因此經常會遲到。學校會採政策性的決定，由家長寫申請書，學校即能准予這些孩子去練習，至於班上早晨需完成的課業或公共的打掃，讓他們利用下課時間完成。如此一來，孩子才會以自己的專長為榮，並專心的發揮，而不再會認為他們總是虧欠老師虧欠同學的特例份子。這種決定竟然有立即性的效果顯現出來，練游泳的同學增多，這學期本校參加台北市國小聯合運動會，總成績名列第六，勝過許多有溫水泳池的學校。

拾參、如何營造學校的特色

吳明清教授對學校特色下的注解是對教育有正面的價值和教育意義的，不是只有少數人受惠的或少數人做代表的；是這個學校特有的和他校不同的。

雨聲國小早期是情報局的子弟學校，全國獨一無二的；但在時代愈開放，一般民眾的生活愈提升，教育也愈來愈進步，情報局的子弟也就不一定要到這裡來就讀。我從以前的女將軍校長得知，當時的幾點特色是，學校的牆壁大都跟著情報局漆成綠色；對學生的生活教育和民族精神教育、培養建強體魄的教育特別重視。早在民國40、50年代，要進入雨聲任教或任職，都須經過嚴格的身家了解及口試才行。但後來，雨聲從70年代起就不再有軍情色彩，學校經營的方向和特色就得轉型了，轉成小班小校實施開放教育及大學區制的學校。因為學校位置稍偏安靜的角落，又在情報局的環繞中，十分安全，校園美而寧靜，又有 2 套吸引孩子們的體能遊具，因此吸引許多大台北地區的子弟到這裡就讀；所以校園完全開放，家長們送孩子來，會坐在樹下聊一聊，放學了讓孩子在校園玩一會兒再帶孩子們回去，像一個大家庭。每學期 4 次的戶外教學也是讓家長選擇這裡的重要原因。

現在服務的士東國小，在硬體的特色很明顯的是中山北路旁的新建大樓，和已經成為美國學校口中的「pencil school」的標識——一長一短佇立在校門旁的利百代鉛筆和橡皮擦。操場內有 6 棵蒼勁挺拔的黑松，松樹下有階梯和木板圍椅，在松樹下坐著談天，又悠閒又交心，在每一位師生家長記憶中都非常美好。但我們要避免的是，留在人們腦海中的特色只是鉛筆和黑松，因此在接任士東，就積極的思考我要把士東帶往哪個位置，在基本的教學和輔導之外，如何營造士東的特色。我問學校老師、家長和教育界朋友和社區民眾，他們對士東的鮮明印象是什麼？們最喜歡士東的什麼？他們還希望士東改善的是什麼？

在彙整大家的看法後，便積極的朝目標努力。目前走過士東的人，還能說出其他的特色，是有桂花香味的學校、是大樓晚間會亮陶燈的學校、是足球桌球游泳很棒的學校、是每年和美國學校、日本人學校交流的學校。

拾肆、沒有經費，家長會長又無法支援之下，我們辦 50 週年校慶

雨聲國小由於是軍事情報局子弟學校特殊的背景，因此從未出版過慶祝校慶的專輯。我在 2002 年，正好躬逢其盛，遇到創校 50 週年，幾經深思熟慮，想對雨聲的走過半世紀有交代，我決定要好好的來辦這 50 歲的生日。因為這裡老師的流動量較大，老師對於學校 50 歲並沒有特別的感覺，要讓師生家長有感覺，甚至能了解學校的背景，能熱烈參與來慶祝學校的 50 歲生日，是要行政團隊來設計包裝、引導。當行政團隊提出計畫，家長會和老師也都認同，唯一最頭痛的問題是家長會經費上完全無法支援。估量 50 歲專輯和運動會、懷舊照片展、美展、才藝表演會，總共須有 30 萬的經費。

行政團隊開始了募款的大行動，首先校長自己以身作則，捐了 1 萬 7 千元，幾位主任老師還有幼稚園園長，捐了 5,000 元、3,000 元；接著有家長也捐了 1、2 萬元。另外幫忙翻拍放大舊照片的家長，完全免費做義工，還自己出材料費；大約節省了 4 萬元。雨聲的校歌已不合時宜，我特別請國小新式健身操音樂的作者幫忙譜曲，這位徐老師也免費做義工，不但譜好曲，還配製 CD。最重要的是，已 90 歲的老將軍校長姜毅英捐助 2 萬元，校友高怡萍小姐捐助 1 萬

元。另外,專輯由學校自己排版,出版社只負責印刷,也可再省下幾萬元。就這樣的,把50週年活動也辦得十分圓滿成功。當時中國時報也曾因為這個學校的獨特性用半版來介紹。

拾伍、爭取社區及家長資源的經驗分享

學校總有少數幾位家長是想要協助學校建設或做一些有意義的事情,但在學校內這些家長是很低調的,他們會有安全的顧慮。所以在家長會的募款,他只會和別人捐一樣的經費,但他們會告訴校長,學校如果特別需要幫忙,他會特別協助。基於對教育的重視和對校長的尊重,家長不會對安全的顧慮講得很白;因此我把我的計畫和經費明細表寫一封信,由孩子的特別保姆轉交給家長。過幾天,他的秘書就帶著設計師來看,就開始進行了穿堂的整修計畫,由他們直接找設計師及木工來。這期間,家長會長也很熱切的表示,他可以陪我一起去見見這位企業家,我婉拒了,我也很清楚,他只要校長這單一窗口。

上學期也為了公共藝術的小需求向社區仕紳募款,其實他們都很願意,但在這舊的社區,尤其是所謂的「在地人」,他們是有輩分的,基於捐獻不想曝光及尊重輩分免得被說「只有你才關心教育」的疑慮,校長在募款時要相當的有智慧,仕紳們的心理感受要做第一線的考慮。

於此段擬提出以下心得:為校長者,社會大學這門課需要熟稔,與地方士紳及企業家互動,了解他們的顧忌,讓他們理解學校急需他們的協助,及為何學校在急需方面無法從政府獲得補助的原因,再把握他們的有限時間,做充分的準備。事情完成後後,照片及感謝狀要慎重的處理,並把對小朋友產生的效益,用照片來呈現,使捐獻者能深切領悟到小朋友的受惠,是他的功德一件。

拾陸、面對場地開放政策及市民公德心低落的無奈,是要敦親睦鄰?還是要確保學校的財產?

政府及民眾都覺得學校是公共財,尤其在寸土寸金的台北市,學校的設施

最好能開放給社區社區民眾使用。但國內民眾的公德心是很無法信賴的，夜間在穿堂烤肉，被我看見了，雖然想叫他們立刻走開，但又怕他們報復把學校弄得更糟，只好告訴他們烤肉後要清理乾淨，水槽及水管和滅火彈的位置，讓他們明確的知道，以防火災。

學校的球場開放，國高中學生為了灌籃耍酷，整個籃框連木板掉下來已不是 1、2 次而已；維護費有限，本來想做消極懲罰性的措施，慢一點維修，讓他們嚐嚐沒有籃框的不便，但立刻發現我們卻先懲罰了無辜要上課的本校學生。

本段擬於此提出以下感想與建議：體諒台北市地窄人稠，青少年無處運動消耗體力，反而衍生更多的社會問題，消耗更多的社會成本，因此願意開放場地但也建議學校的場地開放費，應提撥一定的比例做維修，其餘再繳庫。

拾柒、校長只有無限的責任，政府授與的法職權不能用？

目前的學校生態，經常出現能做事的老師或願做事的老師，事情總是做個不完，不做事的老師卻有時間說風涼話，為自己爭權益年終考核也是甲等，最後走到群起效之，學校因此愈來愈退步。老師的職務分配，從上排到下，積分計算只算年資，政府的記功不算，行動研究不算等等，老師按積分高低及志願選填，看來，校長只有無限的責任卻沒有相當的權力。雖然老師說這積分辦法行之多年，但為校長者要有道德勇氣，有勇氣在是非之間做抉擇。我提出法規及公文日期字號，向老師們說明：依照局頒學校分層負責明細表，校長受命於局長，綜理校務，教師職務由教務主任擬定，校長核定。再談法之外，一方面也需透過溝通及表達理念，讓老師們了解，校長並非不尊重老師的意願，而是在老師的意願無限上張時，校長無法對於特殊性的老師做最妥善的安排，也會忽視了學生的受教權。

校務的參與和執行，不可「能者多勞」，甚至需要「不能的人多練習」，例如今年的學年主任做不好，明年再做一次，由主任指導。如此這個學校在消極面是勞逸平均，在積極面是在大家工作表現機會均等之下，能發覺默默耕耘的老師的長才，也讓做事方法有待成長的老師，有磨練的機會。

拾捌、談校長遴選初期的怪現象

我個人是台北市少數已經過 2 次校長遴選的，校長的遴選在這 2 年來已步入穩定、較合乎教育理想的局面，發揮了保障教育品質的功效，也給極少數個人品德有嚴重瑕疵的校長有很重的警惕。

回想第 1 次遴選，是剛有校長遴選制度，教育局、教師協會、家長聯合會又都沒什麼這樣的經驗，教育局的主管科也尚未能研擬出妥善的制度。例如當時有一個 50 多班學校出缺，當我們把 20 本厚厚的遴選資料做完報名之後，才知道都沒有現任校長去遴選。在遴選現場，遴選委員會只開 20 分鐘的會，也沒有給已做充分準備的候選人有說明經營理念的機會，就由主管科科長走出來，告訴我們這些參與遴選的候用校長，這個學校不適合候用校長去經營，出缺！對我們花了這麼多精神去了解一個學校，寫出經營理念的候用校長真是情何以堪！

教育局組成的遴選委員會，也還能客觀尊重的聽取校長們的報告。但在各校所組成的遴選委員會就不是那麼的客觀、尊重了。尤其，到各校去報告教育理念，最讓校長們受屈辱，也嚴重損傷了教育的尊嚴。所以北市的遴選辦法在那之後立刻修改，最人性化的兩點，一是所送的遴選資料最多只能幾頁，一是明文規定各校遴選委員會不可邀集候選校長到各校報告。

還記得早在《教師法》剛實施，教育局不再做老師調校的集中作業；有較資深的優秀老師因為遷居，去遴選他校，除了要交很多的個人教學檔案之外，竟然在口試時有表達力極差、態度傲慢的年輕老師代表校內教師會來做口試委員，而且提出「進來本校之後，你會有幾節課，你還需指導什麼社團，並訓練什麼比賽等等」，讓老師對此現象失望極了。其實校長遴選之初，情況比這個還差呢！有些學校是由教師會主導，有些學校是由家長會主導，更有學校是 2、3 派在那兒角力，到底要和誰對口才是？這當然也牽扯到許多複雜的因素。因此在報告的現場，許多光怪陸離的問題都出現了，例如家長代表竟然問：「你認為比前任校長優秀的舉手！」、「我們這個社區家長學經歷很高，有多少碩博士，有多少教授、董事長、總經理，以你們較窄的師範系統，校長要如何領導我們家長？」

遴選後進入學校，家長會長擺的氣焰很高，「校長是我遴選進來的，有問題我去向校長說」經常是掛在她嘴邊。她對前任校長已安排好的教師職務不滿意，要我換掉3位老師，她要我直接用行政裁量權讓老師必須收醫生的孩子，我都堅決的拒絕了，她到校長室拍桌大罵：「妳這麼不聽話，我選妳進來幹什麼？」真是士可殺不可辱，教育的尊嚴不可再讓她踐踏，於是我當場立刻向她爭取，請她再把遴選委員會的委員請過來，或由她出面向教育局提出邀請，我們把今天的爭論點讓大家裁決，如果是我的錯，我可辭職，如果我沒有錯，也請會長不可再過度的干預校務。意外的是我這樣的骨氣，反而使她收了手，不再到學校來任意管校長，管老師。

在遴選過程中，也有一些很詭異的現象出現；老師們會去打聽，老師們不希望太認真的校長，老師們也比較不歡迎女校長。但主張這樣的老師們怎麼不反過來想想，當家長說比較喜歡女老師教時，男老師也會不高興家長的性別差異觀念啊！

拾玖、結　語

學期又即將進入尾聲，暮色蒼茫中的校園顯得特別的優雅寧靜。坐在黑松下和來校運動的家長們談著，忽然間領悟到，教育的價值，應不在於教育活動辦完後去享受成功的果實，而是去體驗在過程中那段可歌可泣的日子，以及與親師生交融的感動。感謝這次的機會，讓我在忙忙碌碌中，沉澱下來，省視來時路，最大的收穫是，原來自己還有需要再進步的大空間呢！。

作者簡介

玉香曾任北市雨聲國小、士東國小校長，現任西門國小校長。

我生長於屏東市郊的小農村，世代務農，但家父卻獨鍾教育，於小學服務。由於父母的重視教育，孕育了我樸實、誠懇、樂觀，以教育為

終身職趣的人生觀。育有 3 子，均已大學及研究所畢業，外子任職交通部高鐵局，全家都支持我在教育方面的投入。

畢業於屏東師專暑期進修部，和台北市立師院大學進修部。在台灣師大修教育研究所 40 學分班，最後再取得台北市立師院體育教學碩士學位。

由於個人的興趣和專長，這些年也做了一些事。1997 年參與教育部發行的國小新式健身操研發，1998 年參與幼兒健身操研發，2003 年主導台北市民健身操研發，2004 年參與九年一貫健身操研發。目前也擔任健康體育領域輔導團主任委員。

附錄
「中小學校長談校務經營：理念與做法」
撰寫大綱

林文律 2005.01.14

1. 擔任校長之前的準備工作

　(1)何時有擔任校長的念頭？

　(2)對擔任校長之事，想法如何醞釀？做法上，如何逐步邁向該目標？

　(3)對校長儲訓的反省。校長儲訓對日後擔任校長最有用的地方在哪裡？

　(4)擔任校長之前，哪一些想法與經驗對日後擔任校長幫助最大？

2. 校務經營理念與具體策略

　(1)探尋你的教育思想與領導思想的源頭

　　你的教育理念與領導理念。身為教育工作者，你對自己教育特質有何反省？你的教育理念與領導理念如何體現？

　(2)行政領導：你如何經營有效的行政團隊？行政團隊戰力如何有效發揮？請舉具體實例說明。

　(3)教學領導：這裡指的是引導老師發揮教學成效，以力求把學生教好的具體做法。在這一方面，你的想法與具體做法為何？回想起來，最滿意與最不滿意的地方為何？何以致之？

　(4)課程領導：在學生學習的內容上，如何妥善規畫對各年級、各領域、各種需求的學生的學習內容？在九年一貫實施之前及之後，如何配合教育部或教育局在課程方面的各項指示，在學校有效推動各項課程方案？在哪些地方，有自己的創意？從哪些地方，可看出自己著力的痕跡，並引以為傲？有何實際的困難？如何克服？

(5)對特殊學生的需求，如何顧及？

  ①學校有否學科資優班及各類藝能科之才藝班？如何經營？如無資優班，對於學科及術科資優生，是用什麼方法讓他們優秀的資質更加提升？具體策略與成效如何？

  ②對於智能、行為、情緒、社交、學習等方面有障礙之學生，你如何評估他們的需求？用何具體措施來協助他們在學校的生活適應與學習？

  ③對於其他需求之學童（如單親、原住民、隔代教養等或任何方面不利者），你有何具體協助措施？成效如何？

(6)各項教育資源的爭取與有效運用

  國小或國中、高中，可運用的校內外各項教育資源（人力、物力、財力、空間）有哪些？你如何對學校的需求作一番評估？如何調查各項資源蘊藏情形？如何有效爭取？如何充分利用？這些資源對教師教學及學生學習的相關性與成效，如何看出？

(7)對外關係的經營（社區、地方仕紳、媒體、民意代表、企業、各級政府單位等），你如何評估外界對學校的影響力？你如何善用外界對學校的影響力？你如何防止外界對學校產生不利的影響？可否舉一、二實例說明。

(8)與家長及家長會關係的經營

  你如何看待家長及家長會？你如何與家長及家長會維持良好的關係？你如何讓家長及家長會參與學校校務，但又不干預校務？你是否認為你有必要對家長及家長會，負起績效責任？你的具體做法為何？成效如何？

(9)對內關係的經營（與老師、教師會、行政人員、職工關係的經營）

  與教師、教師會、校內行政體系之部屬，如何維持良好關係？具體做法為何？你對你與他們之間的關係，做了評估之後，有何看法？

(10)與學生關係的經營

  你如何在學生心目中，建立你的形象？學生對你的評價如何？是熟悉？是遙遠？是親近？如何看出？

(11)與上級單位關係的經營

  你如何界定你、學校與上級單位（教育部或教育局）的關係？是照章行事？是選擇性執行任務？是主動提供意見與建議？是極力爭取資源？與

教育部或教育局的平行單位（行政院其他部會或社會局、環保局）等的
關係，是否刻意經營？或順其自然？如何看出？如果是小學，與教育部
的關係又如何經營？

⑿發展學校特色

學校特色如何看出？基於學校歷史？歷屆及現任校長的價值觀？基於社
區家長期待？基於教師想法？基於校長專長？基於學生喜好？發展學校
特色的具體做法如何？有何回顧？

⒀ 學校變革的經營

對變革事項、變革幅度與變革順序的掌握、對推動變革的契機的掌握、
推動變革的決心與持久力。針對變革的各項層面，你的具體做法如何？
成效如何？

3. 學校經營的法律層面

從學生安全、教師權、學生權、校地、學校財產，與媒體及其他外界關係
等方面，都可看出學校經營的法律層面。你覺得你在一般法律方面的知
識，具備到何種地步？你的法律知識，對你擔任校長有何有利與不利之
處？你如何善用家長與社區中具備法律知識之人士的資源，引導學校安然
無虞，不受不利因素之影響，進而能健全發展？在一般法律與規章（如
《民法》、《刑法》、《政府採購法》）及教育法規方面，你的知識如何
具備充分？有否不足之處？如何充實？對於校長充實法律與法規知識，你
有何建議？

4. 環境對學校校務運作的衝擊與學校因應之道

當今社會各項變遷，各項政治、社會、文化、經濟的發展，有哪些特別之
處？針對以上各項發展對教育（尤其是學校經營與發展）的衝擊，你如何
作一準確的評估？你的具體做法如何？成效如何？

5. 對於最近 10 年來，教育部及教育局所推動的各項教育政策與行動方案，
在小學及中學階段落實程度的反省與評析。請以一、二例作說明。身為各
項教育政策最末端的執行者，你如何看待各項教育政策？在執行時，有何
感受？有何無奈？有何創見？有何建議？如果你是政策制定者，你會如何
做？

6. 有關價值與倫理的思考

身為校長，你做各項行政決定時，秉持的原則為何？當家長、學生、教師及外界各項需求有所衝突時，是否你所做各項決定，都是對學生最有利？或有時無法兼顧學生的最大利益？當各種學生（資優生 vs.學習不利學生）需求有所衝突時，你做決定的準則為何？你做決定的來源為何？有人說：「聰明的人與富有的人、有權、有勢的人，比較有可能獲得更多、更好的資源。」針對這一點，你在學校做決定時，曾有困難的決定嗎？可否著墨一二？

7. 發展學校成為學習的社群：具體想法與做法

校長在學校，可以帶動老師、學生、家長、職工（甚至社區）等各種身分的人整體的學習。因此校長可以是「學習的領導者」，即領導學校各種人的學習。在此方面，你有何具體的做法與成效？有何困難？如何解決？

8. 在學校推動德、智、體、群、美的具體做法

不論潮流為何，德、智、體、群、美永遠不會也不應受忽視。你在學校如何經營學生此五育的均衡發展？具體的做法與成效為何？有何困難？如何克服？

9. 校務行政電腦化、資訊融入教學

資訊在學校行政、教師教學、學生學習等各方面的落實程度。在以上這些方面，你有何理念與具體做法？在學校推動有何困難？如何克服？

10. 塑造學校的文化

你對學校文化，如何定義？你對學校傳統如何傳承？你怎麼看出學校有可以另行發展之契機？你對於塑造教師的新習慣，學生在知識的追求與人格陶冶等方面，有何獨特的看法？你如何塑造學校的精神與靈魂？具體的做法與困難為何？如何獲致成效？

11. 對校務的嫻熟

自擔任校長之後，在哪一個階段，你覺得得心應手？何以致之？是因你個人的敏銳？用心學習？如何使你自己進入得心應手、水到渠成的境界？

12. 對教育部或教育局與學校關係的建議

如果你是教育部長或教育局長，你會如何引導中小學校長把學校經營好？對中小學校長的校務經營，你會訂定何種政策？教育局長的身分之一應是把校長帶領得好。從教育部長或教育局長的角度來看，你對校長的學習與

成長，會有何具體做法？

13.校長的身心健康的維護與家庭的經營

擔任校長，非常忙碌。你如何維持身心健康？校長的各項需求繁多，如何不疏於照顧家庭？如何獲得家人的支持？

14.如果你重新來過

不論你已擔任校長多久，如果你重新來過，你會怎麼準備好「邁向校長之路」？你對真正走上校長之路，之前與之後，是否會有不同的做法？或是會維持原有的做法？為什麼？不論是擔任校長之前的準備工作，或實際擔任校長的工作，在哪些方面，你會有不同的做法？有哪些事情，你會掌握得更好？

15.對校長培育的反省

　⑴再一次：你如何學會當校長？是自己學來的？或是誰教出來的？或兩者兼而有之？如果由你來設計一套校長培育課程，你對校長培育課程的內涵有何想法？你認為校長應學會哪些？學習內容的順序為何？學習的方式為何？聽講的用處與實務演練的用處，何者為大？

　⑵可能你已是師傅校長，可能尚未擔任師傅校長。如果由你擔任師傅校長，你的教學理念（意指教導他人成為好校長）與具體做法為何？

16.校長最大的貢獻所在 （對自己擔任校長的深刻反省）

　⑴現在回想起來，你認為你擔任校長的最大的貢獻在哪裡？從什麼地方可以看出？可否舉一、二例說明。

　⑵你用什麼方式使你的影響力與對學校、對教育的貢獻極大化？

國家圖書館出版品預行編目資料

中小學校長談校務經營／林文律主編. —初版.—臺北市：
　心理, 2006（民 95）
　　　冊；　　公分.--（校長學；1-2）

　ISBN 978-957-702-850-1（上冊；平裝）--
　ISBN 978-957-702-851-8（下冊；平裝）

　1.校長—論文，講詞等　2.教育—行政—論文，講詞等
　3.學校管理—論文，講詞等

526.4207　　　　　　　　　　　　　　　94021852

校長學 2　**中小學校長談校務經營【下冊】**

主　　編：林文律
責任編輯：郭佳玲
總 編 輯：林敬堯
發 行 人：洪有義
封面底圖設計：翁世盟
出 版 者：心理出版社股份有限公司
社　　址：台北市和平東路一段 180 號 7 樓
總　　機：(02) 23671490　傳　真：(02) 23671457
郵　　撥：19293172　心理出版社股份有限公司
電子信箱：psychoco@ms15.hinet.net
網　　址：www.psy.com.tw
駐美代表：Lisa Wu　　tel: 973 546-5845　　fax: 973 546-7651
登 記 證：局版北市業字第 1372 號
電腦排版：亞帛電腦製作有限公司
印 刷 者：博創印藝文化事業有限公司
初版一刷：2006 年 1 月
初版二刷：2008 年 10 月

讀者意見回函卡

No. _____   填寫日期：　年　月　日

感謝您購買本公司出版品。為提升我們的服務品質，請惠填以下資料寄
回本社【或傳真(02)2367-1457】提供我們出書、修訂及辦活動之參考。
您將不定期收到本公司最新出版及活動訊息。謝謝您！

姓名：_____　性別：1□男　2□女

職業：1□教師 2□學生 3□上班族 4□家庭主婦 5□自由業 6□其他_____

學歷：1□博士 2□碩士 3□大學 4□專科 5□高中 6□國中 7□國中以下

服務單位：_____　部門：_____　職稱：_____

服務地址：_____　電話：_____　傳真：_____

住家地址：_____　電話：_____　傳真：_____

電子郵件地址：_____

書名：_____

一、您認為本書的優點：（可複選）

　❶□內容 ❷□文筆 ❸□校對 ❹□編排 ❺□封面 ❻□其他_____

二、您認為本書需再加強的地方：（可複選）

　❶□內容 ❷□文筆 ❸□校對 ❹□編排 ❺□封面 ❻□其他_____

三、您購買本書的消息來源：（請單選）

　❶□本公司 ❷□逛書局⇨_____書局 ❸□老師或親友介紹

　❹□書展⇨____書展 ❺□心理心雜誌 ❻□書評 ❼其他_____

四、您希望我們舉辦何種活動：（可複選）

　❶□作者演講 ❷□研習會 ❸□研討會 ❹□書展 ❺□其他_____

五、您購買本書的原因：（可複選）

　❶□對主題感興趣 ❷□上課教材⇨課程名稱_____

　❸□舉辦活動　❹□其他_____　（請翻頁繼續）

| 廣 告 回 信 處 |
| 台 北 郵 局 登 記 證 |
| 台 北 廣 字 第 940 號 |

（免貼郵票）

 心理出版社 股份有限公司
台北市 106 和平東路一段 180 號 7 樓

TEL: (02) 2367-1490
FAX: (02) 2367-1457
EMAIL:psychoco@ms15.hinet.net

沿線對折訂好後寄回

六、您希望我們多出版何種類型的書籍

　❶□心理　❷□輔導　❸□教育　❹□社工　❺□測驗　❻□其他

七、如果您是老師，是否有撰寫教科書的計劃：□有□無

　　書名／課程：＿＿＿＿＿＿＿＿＿＿＿＿＿＿＿＿＿＿＿＿

八、您教授／修習的課程：

上學期：＿＿＿＿＿＿＿＿＿＿＿＿＿＿＿＿＿＿＿＿＿

下學期：＿＿＿＿＿＿＿＿＿＿＿＿＿＿＿＿＿＿＿＿＿

進修班：＿＿＿＿＿＿＿＿＿＿＿＿＿＿＿＿＿＿＿＿＿

暑　假：＿＿＿＿＿＿＿＿＿＿＿＿＿＿＿＿＿＿＿＿＿

寒　假：＿＿＿＿＿＿＿＿＿＿＿＿＿＿＿＿＿＿＿＿＿

學分班：＿＿＿＿＿＿＿＿＿＿＿＿＿＿＿＿＿＿＿＿＿

九、您的其他意見

＿＿＿＿＿＿＿＿＿＿＿＿＿＿＿＿＿＿＿＿＿＿＿＿＿＿

謝謝您的指教！　　　　　　　　　　　　　41702